SCHÄFFER
POESCHEL

Ulrich Baßeler/Jürgen Heinrich/
Burkhard Utecht

Grundlagen und Probleme der Volkswirtschaft

19., überarbeitete Auflage

2010
Schäffer-Poeschel Verlag Stuttgart

Prof. Dr. Ulrich Baßeler, Institut für Wirtschaftstheorie, Freie Universität Berlin;
Prof. Dr. em. Jürgen Heinrich;
Prof. Dr. Burkhard Utecht, Berufsakademie Thüringen, Eisenach

Dozenten finden pdf-Daten der
Abbildungen aus diesem Lehrbuch unter
www.sp-dozenten.de/2928
(Anmeldung erforderlich).

Bibliografische Information Der Deutschen Nationalbibliothek
Die Deutsche Nationalbibliothek verzeichnet diese Publikation in der Deutschen
Nationalbibliografie; detaillierte bibliografische Daten sind im Internet
über <http://dnb.d-nb.de> abrufbar.

Gedruckt auf chlorfrei gebleichtem, säurefreiem und alterungsbeständigem Papier

ISBN 978-3-7910-2928-3

Dieses Werk einschließlich aller seiner Teile ist urheberrechtlich geschützt.
Jede Verwertung außerhalb der engen Grenzen des Urheberrechtsgesetzes ist ohne
Zustimmung des Verlages unzulässig und strafbar. Das gilt insbesondere für
Vervielfältigungen, Übersetzungen, Mikroverfilmungen und die Einspeicherung
und Verarbeitung in elektronischen Systemen.

© 2010 Schäffer-Poeschel Verlag für Wirtschaft · Steuern · Recht GmbH
www.schaeffer-poeschel.de
info@schaeffer-poeschel.de

Einbandgestaltung: Melanie Frasch (Abbildung: MEV Verlag GmbH, Augsburg)
Druck und Bindung: CPI – Ebner & Spiegel, Ulm
Layout: Ingrid Gnoth | GD 90
Lektorat: Bernd Marquard, Stuttgart
Satz: Dörr + Schiller GmbH, Stuttgart

Printed in Germany
März 2010

Schäffer-Poeschel Verlag Stuttgart
Ein Tochterunternehmen der Verlagsgruppe Handelsblatt

Vorwort zur 19. Auflage

Die 19. Auflage wurde wiederum gründlich überarbeitet und aktualisiert, zudem ist ein neues Layout eingeführt worden.

Inhaltliche Neuerungen betreffen vor allem folgende Bereiche: Im 3. Kapitel wird die Darstellung der Transformation und Entwicklung der ehemaligen DDR gestrichen, weil 20 Jahre nach ihrem Zusammenbruch eine gesonderte Darstellung nicht mehr sinnvoll erscheint. Im Bereich der Mikroökonomie wird in Kapitel 4 das Konzept der Konsumentenrente und in Kapitel 5 die Produzentenrente als Wohlfahrtsmaß eingeführt und für die Analyse der Wohlfahrtswirkungen von Eingriffen in Wettbewerbsmärkte angewendet. Im Kapitel 6 wird die Preisbildung im heterogenen Oligopol ausführlicher behandelt, zum Teil auf Basis der Spieltheorie. Außerdem werden Wohlfahrtswirkungen von Märkten mit unvollständiger Konkurrenz analysiert. Neu bearbeitet wurde auch die Darstellung des monetären Sektors in Kapitel 16. Hier wird der komplette Finanzbereich einer Volkswirtschaft, also der Kapital- und Geldbereich, in seinen Grundzügen und Zusammenhängen vorgestellt. Dies erlaubt die Einordnung und Analyse der Finanzkrise 2008/2009. Die Geldtheorie verbleibt in Kapitel 17, während die Geldpolitik einschließlich ihrer institutionellen Ausprägung im ESZB in Kapitel 18 zusammengefasst wird.

Die Änderungen in den übrigen Kapiteln betreffen vor allem notwendige Aktualisierungen: Hervorzuheben ist die ausführlichere Darstellung der Konzentration (Kapitel 7), die Straffung und Aktualisierung der Volkswirtschaftlichen Gesamtrechnung (Kapitel 8), die notwendigen Aktualisierungen im Bereich der internationalen Währungspolitik (Kapitel 21), der Europäischen Union (Kapitel 22 und 23), der Arbeitslosigkeit (Kapitel 26) und der Entwicklungsländer (Kapitel 30). Inhaltlich erweitert und umstrukturiert wurde die Darstellung der Entwicklungsländer.

Schließlich wurde das statistische Material umfassend aktualisiert, und die Literaturhinweise sind auf den aktuellen Stand gebracht worden. Unser Dank gilt schließlich dem sorgfältigen Lektorat des Verlages durch Frank Katzenmayer und Bernd Marquard.

Berlin, Dortmund, Eisenach, im Dezember 2009

Ulrich Baßeler
Jürgen Heinrich
Burkhard Utecht

Inhaltsübersicht

	Einleitung: Einteilung und Aufgaben der Wirtschaftswissenschaft	1
1	Grundtatbestände von Wirtschaftsgesellschaften	13
2	Funktionsweise der Marktwirtschaft (Überblick)	41
3	Funktionsweise der Sozialistischen Zentralverwaltungswirtschaft	67
4	Nachfrage der Haushalte	87
5	Produktion, Kosten und Angebot der Unternehmen	129
6	Preisbildung auf unterschiedlichen Märkten	167
7	Wettbewerb, Konzentration und Wettbewerbspolitik	199
8	Aufbau und Bedeutung der Volkswirtschaftlichen Gesamtrechnung (VGR)	229
9	Reales Inlandsprodukt, Zahlungsbilanz und Strukturgrößen der deutschen Volkswirtschaft	281
10	Basismodelle der klassischen und keynesianischen Makroökonomik	309
11	Weiterentwicklungen von keynesianischer und klassischer Theorie	345
12	Neuere Entwicklungen in der Einkommens- und Beschäftigungstheorie	377
13	Einnahmen und Ausgaben des Staates	395
14	Staatshaushalt, Staatsverschuldung und Stabilisierungspolitik	425
15	Grundlagen der Sozialen Sicherung	453
16	Organisationen und Märkte des Finanzbereiches einer Volkswirtschaft	491
17	Geldangebot, Geldnachfrage und Geldwirkungen	525
18	Geldpolitik der Europäischen Zentralbank	551
19	Bedeutung, Ordnung, Bestimmungsgründe und Globalisierung des internationalen Handels	571
20	Funktionsweise verschiedener Währungssysteme	597
21	Internationale Währungsordnung und Europäische Wirtschafts- und Währungsunion	651
22	Grundlagen der Europäischen Union	685
23	Der Binnenmarkt und begleitende Politikbereiche	721
24	Inflation	751
25	Einkommens- und Vermögensverteilung	773
26	Arbeitslosigkeit: empirischer Befund und Theorie	811
27	Bedeutung und Sicherung des Wachstums	841
28	Konjunktur und Krise	883
29	Umweltökonomie	905
30	Probleme der Entwicklungsländer	927

Inhaltsverzeichnis

	Abkürzungsverzeichnis	XXV
	Einleitung: Einteilung und Aufgaben der Wirtschaftswissenschaft	1
1	**Grundtatbestände von Wirtschaftsgesellschaften**	**13**
1.1	Vorbemerkungen	13
1.2	Bedürfnisse	14
1.3	Güter	16
1.4	Produktion	18
1.5	Produktionsmöglichkeiten	19
1.6	Knappheit	21
1.7	Arbeitsteilung	22
1.8	Tausch, Transaktionen und Transaktionskosten	24
1.9	Koordination	26
1.10	Wirtschaftssysteme	27
1.10.1	Wirtschaftssystem und Wirtschaftsverfassung	27
1.10.2	Bausteine von Wirtschaftssystemen	28
1.10.3	Einteilung der Wirtschaftssysteme	30
1.11	Der (neue) Analyseansatz der Ökonomie – Institutionen und Institutionenökonomik	31
1.11.1	Methodologischer Individualismus	31
1.11.2	Rationalität der Individuen	32
1.11.3	Transaktionen, Transaktionskosten und Institutionen	33
1.11.4	Prinzipal-Agent-Theorie	34
1.11.5	Reputationseffekte und Minimalmoral	35
2	**Funktionsweise der Marktwirtschaft (Überblick)**	**41**
2.1	Koordinierungsmechanismus Markt	41
2.2	Privateigentum an Produktionsmitteln	46
2.2.1	Ausgestaltung von Eigentumsrechten	46
2.2.2	Privateigentum als Leistungsanreiz	46
2.2.3	Privateigentum als Fundament persönlicher Freiheit	47
2.3	Die prinzipielle Optimalität der kapitalistischen Marktwirtschaft	48
2.4	Marktversagen	50
2.4.1	Öffentliche Güter	50
2.4.2	Externe Effekte	52
2.4.3	Strukturprobleme des Wettbewerbs	52
2.4.4	Mangelnde Transparenz für die Konsumenten	53
2.4.5	Marktversagen und seine Regulierung	54
2.5	Funktionsprobleme der Marktwirtschaft	55
2.5.1	Schwankungen der wirtschaftlichen Aktivitäten	55

2.5.2	Ungleiche Einkommens- und Vermögensverteilung	55
2.6	Das klassisch-liberale Wirtschaftssystem – das einfache System der natürlichen Freiheit	56
2.7	Soziale Marktwirtschaft	57
2.7.1	Ordoliberalismus als eine Wurzel der sozialen Marktwirtschaft	57
2.7.2	Grundidee der Sozialen Marktwirtschaft	59
2.7.3	Wettbewerb als Aufgabe	60
2.7.4	Umverteilung von Einkommen und Vermögen	60
2.7.5	Stabilisierung der Konjunktur	61
2.7.6	Wirtschaftsverfassung und Soziale Marktwirtschaft	62
2.7.6.1	Wirtschaftsverfassung und Koordinierungsmechanismus	62
2.7.6.2	Wirtschaftsverfassung und Eigentumsordnung	63
2.8	Staatsversagen	64

3	**Funktionsweise der Sozialistischen Zentralverwaltungswirtschaft**	**67**
3.1	Marxistische Kapitalismuskritik	67
3.1.1	Vorbemerkungen	67
3.1.2	Kritik am Privateigentum an Produktionsmitteln	68
3.1.2.1	Kapitalistische Ausbeutung	69
3.1.2.2	Tendenzieller Fall der Profitrate	73
3.1.3	Kritik am Koordinationsmechanismus	74
3.2	Zentrale Planung	76
3.2.1	Grundkonzeption der zentralen Planung	76
3.2.2	Grundprinzip der Mengenplanung	77
3.2.3	Probleme zentraler Planung	81
3.2.3.1	Das Informationsproblem	81
3.2.3.2	Das Sanktionsproblem	82
3.2.3.3	Fehlende Innovationsdynamik	83
3.2.3.4	Fazit: Effizienzmangel	83

4	**Nachfrage der Haushalte**	**87**
4.1	Vorbemerkungen	87
4.2	Markt	89
4.3	Nachfrage privater Haushalte	89
4.3.1	Bestimmungsgründe der Nachfrage eines privaten Haushalts	89
4.3.2	Nachfrage nach einem Gut in Abhängigkeit von seinem Preis	91
4.3.3	Preis- und Einkommensempfindlichkeit der Nachfrage	96
4.3.3.1	Direkte Preiselastizität	96
4.3.3.2	Kreuzpreiselastizität	101
4.3.3.3	Einkommenselastizität	103
4.4	Marktnachfrage	104
4.5	Ein genauerer Blick hinter die Nachfragekurven	105

4.5.1	Die möglichen Konsumgüterbündel	106
4.5.2	Die Bedarfsstruktur (Präferenzordnung) des Haushalts	107
4.5.3	Die Auswahl des besten Konsumgüterbündels	110
4.5.4	Die Wirkung einer Preissenkung eines Gutes	112
4.5.5	Einkommens- und Substitutionseffekt	113
4.5.6	Erhöhung des Geldeinkommens (Nominaleinkommens)	115
4.5.7	Intertemporale Substitution	116
4.5.8	Arbeitsangebot	119
4.5.9	Nutzenfunktion und individuelle Konsumentenrente	122
5	**Produktion, Kosten und Angebot der Unternehmen**	**129**
5.1	Die Produktionsfunktion	130
5.2	Typen von Produktionsfunktionen	130
5.2.1	Linear-limitationale Produktionsfunktion	131
5.2.2	Substitutionale Produktionsfunktion	131
5.2.2.1	Ertragsgesetz	131
5.2.2.2	Isoquanten	135
5.3	Skalenerträge	138
5.4	Produktionsfunktion und minimale Kosten	138
5.4.1	Minimalkostenkombination bei substitutionaler Produktionsfunktion	139
5.4.2	Kostenfunktion	144
5.5	Fixe und variable Kosten	145
5.6	Durchschnittsproduktivität und Kosten	148
5.6.1	Durchschnittsproduktivität	148
5.6.2	Zusammenhang von Produktivität und Kosten	149
5.7	Arbeitsnachfrage	152
5.8	Güterangebot eines einzelnen Unternehmens	154
5.9	Individuelle Produzentenrente	157
5.10	Marktangebot	159
5.11	Private Investitionen	160
6	**Preisbildung auf unterschiedlichen Märkten**	**167**
6.1	Einteilung der Märkte	167
6.2	Preisbildung bei vollkommener Konkurrenz auf einem Auktionsmarkt (Börse)	169
6.2.1	Preisbildung bei vollkommener Konkurrenz	169
6.2.2	Konsumentenrente und Effizienz auf Wettbewerbsmärkten	171
6.2.2.1	Wettbewerbsmärkte mit konstanter Anbieterzahl	171
6.2.2.2	Langfristiges Gleichgewicht bei wechselnder Anbieterzahl	176
6.2.3	Wirkungen von Angebots- und Nachfrageverschiebungen auf den Gleichgewichtspreis	177
6.3	Preissetzung durch Anbieter	179
6.3.1	Grundvorstellung	179
6.3.2	Preissetzung im Monopol	181

6.3.2.1	Das Monopolmodell	181
6.3.2.2	Der Wohlfahrtsverlust im Monopol	184
6.3.3	Preissetzung im Oligopol	185
6.3.3.1	Grundsätzliche Überlegungen	185
6.3.3.2	Ein möglicher Preissetzungsprozess im heterogenen Oligopol	187
6.3.3.3	Der spieltheoretische Ansatz	190
6.3.4	Preissetzung im heterogenen Polypol	192
6.3.4.1	Das Modell	192
6.3.4.2	Wohlfahrtswirkungen im heterogenen Polypol	194
6.4	Zusammenfassung der wesentlichen Funktionen des Preismechanismus	196

7 Wettbewerb, Konzentration und Wettbewerbspolitik 199

7.1	Wettbewerb	199
7.1.1	Wettbewerbsbegriff	199
7.1.2	Aufgaben des Wettbewerbs	200
7.1.3	Leitbilder und Konzeptionen der Wettbewerbspolitik	201
7.1.4	Marktzutritt und Marktzutrittsschranken	204
7.1.5	Marktabgrenzung – der relevante Markt	206
7.2	Konzentration	206
7.2.1	Begriff, Messung und Formen der Konzentration	206
7.2.2	Ursachen und Folgen der Konzentration	210
7.2.2.1	Ursachen der Konzentration	210
7.2.2.2	Folgen der Konzentration	213
7.2.2.3	Ausmaß der Konzentration	214
7.3	Wettbewerbspolitik in Deutschland	215
7.3.1	Grundsatz des Kartellverbots	216
7.3.2	Missbrauchsaufsicht über marktbeherrschende Unternehmen	219
7.3.3	Zusammenschlusskontrolle	222
7.3.4	Sanktionsmöglichkeiten des GWB	224
7.3.5	Beurteilung und Ausblick	225

8 Aufbau und Bedeutung der Volkswirtschaftlichen Gesamtrechnung (VGR) 229

8.1	Was sind Volkswirtschaftliche Gesamtrechnungen und welche Aufgaben haben sie?	230
8.2	Volkswirtschaftliche Gesamtrechnung im engeren Sinne	232
8.2.1	Das Kreislaufprinzip	233
8.2.2	Gliederung der Transaktionen nach ökonomischen Funktionen	235
8.2.3	Nationales Produktionskonto	237
8.2.3.1	Wesentliche Aspekte von Produktion und Einkommensbildung	237
8.2.3.2	Nationales Produktionskonto 1: produktionswertorientiert	239
8.2.3.3	Nationales Produktionskonto 2: verwendungsorientiert	242

8.2.3.4	Nationales Produktionskonto 3: Gesamtkonsum und Gesamtinvestition	243
8.2.4	Nationales Einkommenskonto	245
8.2.5	Nationales Vermögensänderungskonto	247
8.2.6	Auslandskonto	250
8.3	Staat, Private Haushalte und Banken in der VGR	252
8.3.1	Staatlicher Konsum	252
8.3.2	Nichtmarktproduktion des Sektors Private Haushalte und schattenwirtschaftliche Aktivitäten	256
8.3.3	Die Produktion der Banken und ihre Verwendung	257
8.4	Sektoren in der neuen VGR	259
8.5	Wichtige definitorische Beziehungen	261
8.5.1	Das Inlandsprodukt von der Verwendungsseite	261
8.5.2	Das Nationaleinkommen von der Aufteilungsseite	262
8.5.3	Die Vermögensbildung	262
8.5.4	Die Kreislaufgleichungen für die geschlossene Volkswirtschaft	264
8.6	Erweiterungen und Probleme	266
8.6.1	Mängel bei der Erfassung von Produktionsoutput und Produktionsinput	266
8.6.2	Die enge Fassung des Begriffs des Produktivvermögens einer Volkswirtschaft	268
8.6.3	Wer verbraucht die Nichtmarktproduktion des Staates?	269
8.7	Das vollständige Kontensystem der Privaten Haushalte	269
9	**Reales Inlandsprodukt, Zahlungsbilanz und Strukturgrößen der deutschen Volkswirtschaft**	**281**
9.1	Nominales und reales Inlandsprodukt und Nationaleinkommen	282
9.1.1	Festpreisbasis und Vorjahrespreisbasis	282
9.1.2	Qualitätsänderungen	290
9.1.3	Realeinkommen	291
9.2	Zahlungsbilanz	292
9.2.1	Begriff und konzeptioneller Aufbau der Zahlungsbilanz	292
9.2.2	Die Zahlungsbilanz der Bundesrepublik Deutschland	296
9.3	Zeitliche Entwicklung des Inlandsproduktes und der Strukturgrößen für Deutschland	301
9.3.1	Wachstumsraten des Inlandsproduktes national und im internationalen Vergleich	301
9.3.2	Strukturdaten der deutschen Volkswirtschaft	302
10	**Basismodelle der klassischen und keynesianischen Makroökonomik**	**309**
10.1	Vorbemerkungen	309
10.2	Das klassische Modell	312
10.2.1	Der Arbeitsmarkt und das Güterangebot	312

10.2.2	Güternachfrage und Gütermarktgleichgewicht	314
10.2.3	Der Geldmarkt	319
10.3	Der traditionelle Keynesianismus	323
10.3.1	Der keynesianische Gütermarkt	323
10.3.2	Die IS-Kurve	330
10.3.3	Der Geldmarkt und die LM-Kurve	334
10.3.4	Simultanes Gleichgewicht auf dem Güter- und Geldmarkt	339
10.3.5	Der Einkommensmultiplikator bei Berücksichtigung von Güter- und Geldmarkt	340
11	**Weiterentwicklungen von keynesianischer und klassischer Theorie**	**345**
11.1	Das Modell der neoklassischen Synthese (Festlohnfall)	346
11.1.1	IS/LM-Gleichgewicht bei variablem Preisniveau	346
11.1.2	Arbeitsmarkt und Güterangebot	353
11.1.3	Das vollständige Modell der neoklassischen Synthese	356
11.1.3.1	Gleichgewicht auf dem Gütermarkt	356
11.1.3.2	Wirtschaftspolitik im Modell der neoklassischen Synthese	357
11.1.4	Vollbeschäftigung durch Nachfragesteuerung oder Lohnsenkung?	359
11.2	Unvollkommene Information und adaptive Erwartungen	364
11.2.1	Ein neoklassisches »Kontrakt-Modell« mit adaptiven Erwartungen	367
11.2.2	Die Friedmansche Phillips-Kurve	369
11.2.2.1	Die traditionell keynesianische Phillips-Kurve	369
11.2.2.2	Die monetaristische Phillips-Kurve (Friedman/Phelps)	371
12	**Neuere Entwicklungen in der Einkommens- und Beschäftigungstheorie**	**377**
12.1	Neue Klassische Makroökonomik	377
12.1.1	Rationale Erwartungen	377
12.1.2	Politikunwirksamkeit	378
12.2	Neuere Entwicklungen der keynesianischen Beschäftigungstheorie	380
12.2.1	Rationierungstheorie	381
12.3	Der »Neue Keynesianismus«	386
13	**Einnahmen und Ausgaben des Staates**	**395**
13.1	Abgrenzung des Staates	395
13.2	Begründung staatlicher Finanzwirtschaft: Allokation, Distribution und Stabilisierung	396
13.2.1	Staatliche Allokationspolitik	397
13.2.2	Staatliche Distribution und Stabilisierung	399
13.3	Steuern	400

13.3.1	Grundsätze der Besteuerung	400
13.3.2	Wichtige Steuern in der Bundesrepublik Deutschland	403
13.3.3	Das Ausmaß der steuerlichen Belastung: der Steuertarif	407
13.3.4	Steuerwirkungen	411
13.3.5	Steuerreform	413
13.4	Andere staatliche Einnahmen	415
13.5	Staatsausgaben	416
13.5.1	Struktur und Entwicklung der Staatsausgaben	416
13.5.2	Subventionen	417
13.5.3	Erklärungen der Staatsausgaben	419
13.5.4	Finanzausgleich	421

14	**Staatshaushalt, Staatsverschuldung und Stabilisierungspolitik**	**425**
14.1	Staatshaushalt	425
14.1.1	Begriff und Bestimmung des Staatshaushalts	425
14.1.2	Haushaltsgrundsätze	427
14.1.3	Haushaltskreislauf	428
14.1.4	Haushaltssystematik	430
14.1.5	Mittelfristige Finanzplanung	432
14.2	Staatsverschuldung	433
14.2.1	Struktur und Entwicklung der Staatsverschuldung	433
14.2.2	Grenzen und Problematik der Staatsverschuldung	436
14.2.2.1	Rechtliche Grenzen der Staatsverschuldung	436
14.2.2.2	Ökonomische Grenzen der Staatsverschuldung	437
14.3	Stabilisierungspolitik und Fiskalpolitik	442
14.3.1	Konzeption der Fiskalpolitik	442
14.3.2	Fiskalpolitik durch Steuerpolitik	443
14.3.3	Fiskalpolitik durch Ausgabenpolitik	445
14.3.4	Automatische Stabilisatoren	446
14.3.5	Das Stabilitätsgesetz	447
14.3.6	Probleme der Fiskalpolitik	449

15	**Grundlagen der Sozialen Sicherung**	**453**
15.1	Grundprinzipien der Sozialen Sicherung	453
15.2	Einrichtungen der Sozialen Sicherung	456
15.2.1	Das deutsche Sozialbudget nach Institutionen, Funktionen und Finanzierungsarten	457
15.2.2	Die Gesetzliche Rentenversicherung (GRV)	465
15.2.3	Die Gesetzliche Krankenversicherung (GKV)	467
15.2.4	Die Gesetzliche Unfallversicherung (GUV)	469
15.2.5	Die Arbeitslosenversicherung (ALV)	470
15.2.6	Die Gesetzliche Pflegeversicherung (GPV)	473
15.3	Probleme der Sozialen Sicherung	475

15.3.1	Kostenentwicklung und Kostenverteilung der Sozialen Sicherung	475
15.3.2	Spezielle Probleme in der Gesetzlichen Rentenversicherung	479
15.3.3	Spezielle Probleme in der Gesetzlichen Krankenversicherung	485

16	**Organisationen und Märkte des Finanzbereiches einer Volkswirtschaft**	**491**
16.1	Der Finanzbereich einer Volkswirtschaft	491
16.1.1	Grundprobleme und Grundfunktionen des Finanzbereiches im klassischen System	491
16.1.2	Neue Entwicklungen im Finanzbereich	493
16.1.3	Institutionenökonomik des Finanzbereiches	494
16.1.4	Ziele und Strategien der Anleger	495
16.2	Produkte und Funktionsweise des Kapitalmarktes	497
16.2.1	Grundstruktur und Handelsformen des Kapitalmarktes	497
16.2.2	Klassische Kapitalmarktpapiere – Aktien und Anleihen	498
16.2.2.1	Aktien	498
16.2.2.2	Anleihen	499
16.2.3	Neuere Kapitalmarktpapiere	499
16.3	Produkte und Funktionsweise des Geldmarktes	503
16.3.1	Begriff und Funktionen des Geldes	504
16.3.2	Erscheinungsformen des Geldes	505
16.3.3	Geldmenge	506
16.3.4	Geldmarkt	508
16.4	Akteure des Finanzbereiches	511
16.4.1	Zentralbanken	511
16.4.2	Geschäftsbanken (Kreditinstitute)	512
16.4.3	Kapitalanlagegesellschaften	516
16.5	Kontrolle des Finanzbereiches	518
16.5.1	Notwendigkeit von Kontrollen	518
16.5.2	Kontrollregeln	518
16.5.3	Ratingagenturen	519
16.5.4	Kontrolleure	520
16.5.5	Kritik der Kontrollen	521

17	**Geldangebot, Geldnachfrage und Geldwirkungen**	**525**
17.1	Geldschöpfung und Geldvernichtung	525
17.1.1	Zentralbankgeld	526
17.1.2	Geschäftsbankengiral(buch-)geld	528
17.2	Grenzen der Geldschöpfung	530
17.2.1	Geldschöpfungspotenzial der Zentralbank	530
17.2.2	Geldschöpfungspotenzial der Geschäftsbanken	531
17.2.2.1	Grenzen der Geldschöpfung einer einzelnen Bank	531
17.2.2.2	Grenzen der Geldschöpfung des Geschäftsbankensystems	532
17.3	Geldangebot, Geldnachfrage und Geldmarktgleichgewicht	537

17.3.1	Geldangebot der Geschäftsbanken	537
17.3.2	Geldnachfrage der Nichtbanken	539
17.3.3	Geldmarktgleichgewicht und Gleichgewichtszins	543
17.4	Geldwirkungen	544

18	**Geldpolitik der Europäischen Zentralbank**	**551**
18.1	Ziele und Mittel der Geldpolitik	551
18.2	Die Europäische Zentralbank und das Europäische System der Zentralbanken	553
18.2.1	Organisation	553
18.2.1.1	Eurosystem und ESZB	553
18.2.1.2	Die Europäische Zentralbank	553
18.2.2	Ziele und Aufgaben von ESZB und EZB	554
18.2.3	Die Unabhängigkeit der EZB	555
18.3	Offenmarktpolitik	556
18.3.1	Begriff und prinzipielle Funktionsweise	556
18.3.2	Offenmarktpolitik der Europäischen Zentralbank	558
18.4	Ständige Fazilitäten	560
18.5	Mindestreservepolitik	562
18.6	Geldpolitische Strategien	564
18.6.1	Geldpolitische Strategien in Europa im Überblick	564
18.6.2	Die geldpolitische Strategie des Eurosystems	566

19	**Bedeutung, Ordnung, Bestimmungsgründe und Globalisierung des internationalen Handels**	**571**
19.1	Bedeutung des internationalen Handels für Deutschland	571
19.2	Begründung und Erklärung des internationalen Handels	573
19.2.1	Vorteile der weltweiten Arbeitsteilung insgesamt	573
19.2.2	Preisdifferenzen als Ursache internationaler Handelsströme	574
19.2.2.1	Unterschiede im Produktionsverfahren	574
19.2.2.2	Unterschiede in der Faktorausstattung	575
19.2.3	Produktdifferenzierung als Bestimmungsgrund von internationalen Handelsströmen	577
19.2.4	Das Theorem der komparativen Kosten (Ricardo)	578
19.2.5	Die Vorteilhaftigkeit des internationalen Handels	581
19.3	Freihandel oder Protektionismus?	581
19.4	Instrumente der Außenhandelspolitik	583
19.5	Die Terms of Trade (Das reale Austauschverhältnis)	584
19.6	Gestaltung der Welthandelsordnung	585
19.6.1	Grundprinzipien des GATT	585
19.6.2	Weiterentwicklung des GATT zur WTO	586
19.7	Globalisierung der Weltwirtschaft	588
19.7.1	Begriff der Globalisierung	588
19.7.2	Ebenen der Globalisierung	589
19.7.3	Ursachen der Globalisierung	590

19.7.4	Folgen der Globalisierung	591
19.8	Standortwettbewerb von Staaten und Beschränkung der nationalen Autonomie	592

20 Funktionsweise verschiedener Währungssysteme ... 597

20.1	Währungspolitische Alternativen	597
20.2	Die Bestimmungsgründe des Außenbeitrages	599
20.2.1	Wechselkurs und Außenbeitrag (Wechselkursmechanismus)	600
20.2.2	Preisänderung und Außenbeitrag (Preismechanismus)	604
20.2.3	Änderung des Nationaleinkommens und Außenbeitrag (Einkommensmechanismus)	605
20.3	Währungssystem mit flexiblen Wechselkursen	605
20.3.1	Der Devisenmarkt	605
20.3.2	Veränderungen des flexiblen Wechselkurses	607
20.3.3	Bestimmungsgründe des flexiblen Wechselkurses	609
20.4	Währungssystem mit festen Wechselkursen	612
20.4.1	Finanzierung eines Zahlungsbilanzungleichgewichtes	613
20.4.2	Korrektur eines Zahlungsbilanzungleichgewichtes	617
20.5	Feste oder flexible Wechselkurse?	619
20.6	Währungsunion und Theorie des optimalen Währungsraumes	622
20.7	Das IS/LM-Modell der offenen Volkswirtschaft bei flexiblen und festen Wechselkursen (Mundell/Fleming-Modell)	623
20.7.1	Ausgangsbetrachtungen	624
20.7.2	Güter-, Geld- und Devisenmarktgleichgewicht	626
20.7.3	Flexibler Wechselkurs im Mundell/Fleming-Modell (bei vollkommener Kapitalmobilität)	635
20.7.4	Fester Wechselkurs im Mundell/Fleming-Modell (bei vollkommener Kapitalmobilität)	640

21 Internationale Währungsordnung und Europäische Wirtschafts- und Währungsunion ... 651

21.1	Das Währungssystem des Internationalen Währungsfonds (IWF)	651
21.1.1	Vorbemerkungen	651
21.1.2	Entstehung, Mitgliedschaft, Organisation und Grundprinzip des IWF	652
21.1.3	Das Wechselkurssystem im IWF-Abkommen	653
21.1.3.1	Die Entwicklung des Wechselkurssystems	653
21.1.3.2	Vielfalt der Wechselkurssysteme	654
21.1.3.3	Formen und Risiken der Wechselkursbindung	655
21.1.4	Kreditmöglichkeiten im IWF-System	656
21.1.4.1	Quoten	657
21.1.4.2	Weitere Mittelbeschaffungen des IWF	658
21.1.4.3	Sonderziehungsrechte	658

21.1.4.4	Zusätzliche Kreditmöglichkeiten	660
21.1.4.5	Bedingungen der Kreditgewährung	661
21.1.5	Probleme und Reformbedarf im IWF-System	662
21.2	Die Finanzierung des Welthandels- und Zahlungsverkehrs – Volumen und Struktur der internationalen Liquidität	663
21.2.1	Die offizielle internationale Liquidität	663
21.2.2	Die private internationale Liquidität	666
21.3	Die Europäische Wirtschafts- und Währungsunion (EWWU)	668
21.3.1	Vorgeschichte: Währungsschlange und EWS	668
21.3.2	Der politische Weg zur Europäischen Wirtschafts- und Währungsunion	669
21.3.3	Der ökonomische Weg zur Europäischen Wirtschafts- und Währungsunion: die Konvergenz der Wirtschaftspolitik	669
21.3.4	Funktionsweise der EWWU: einheitliche Geldpolitik und koordinierte Fiskalpolitik	671
21.3.4.1	Errichtung der EWWU	671
21.3.4.2	Einheitliche Geldpolitik in der EWWU	672
21.3.4.3	Koordinierung der Wirtschafts- und Fiskalpolitik	672
21.3.5	Problematik der EWWU: Zentrale Bedeutung der Lohn- und Arbeitsmarktpolitik als Anpassungsmechanismus	676
21.3.6	Wechselkursmechanismus II (WKM II)	678
21.3.7	Die wirtschaftliche Entwicklung in der EWWU	679
21.3.8	Kosten und Nutzen der EWWU	681
22	**Grundlagen der Europäischen Union**	**685**
22.1	Der Weg zur europäischen Einheit	685
22.1.1	Der Weg zur Zollunion	685
22.1.2	Der Weg zum Binnenmarkt	686
22.1.3	Der Weg zur Europäischen Union	687
22.1.4	Die regionalen Erweiterungen der europäischen Integration	689
22.2	Chancen und Risiken einer regional begrenzten Integration von Märkten	691
22.2.1	Integrationsformen	691
22.2.2	Integrationseffekte	692
22.2.3	Integrationsprobleme	693
22.3	Das institutionelle System der EU	694
22.3.1	Die Kommission	694
22.3.2	Der Rat	695
22.3.3	Das Europäische Parlament	697
22.3.4	Der Europäische Gerichtshof	698
22.3.5	Der Europäische Rat	698
22.3.6	Weitere Organe der EU	699
22.4	Der Haushalt der EU	699
22.4.1	Jährlicher Haushalt	699
22.4.2	Ausgaben	700

22.4.3	Einnahmen	701
22.4.4	Finanzielle Vorausschau	703
22.4.5	Nettoposition	703
22.5	Agrarpolitik der EU	706
22.5.1	Begründung staatlicher Regulierung des Agrarsektors	706
22.5.2	Grundstruktur der traditionellen EU-Agrarpolitik	707
22.5.3	Funktionsweise von Intervention und Agrarabschöpfung	708
22.5.4	Bewertung	709
22.5.5	Reform der Agrarpolitik	709
22.6	Strukturpolitik der EU	710
22.7	Die Osterweiterung der EU	714
22.7.1	Die Herausforderung der Erweiterung für die Beitrittsländer	714
22.7.2	Die Herausforderung der Erweiterung für die EU	716
22.7.3	Wohlfahrtseffekte der Erweiterung	716

23	**Der Binnenmarkt und begleitende Politikbereiche**	**721**
23.1	Theorie der Integrationspolitik	721
23.1.1	Integrationsverfahren	721
23.1.2	Integrationsebenen	723
23.1.3	Anwendungsbeispiele	723
23.1.4	Integrationspolitik im EG-Vertrag	724
23.2	Grundstrukturen des Binnenmarktes	725
23.2.1	Prinzipien und Bereiche des Binnenmarktes	725
23.2.2	Beseitigung der Grenzkontrollen	726
23.2.3	Technische Harmonisierung und Normung	727
23.2.4	Liberalisierung des öffentlichen Auftragswesens	728
23.2.5	Freizügigkeit	728
23.2.6	Dienstleistungsfreiheit	730
23.2.7	Liberalisierung des Kapitalverkehrs und des Zahlungsverkehrs	732
23.2.8	Förderung der Kooperation von Unternehmen	732
23.2.9	Steuerharmonisierung	733
23.2.9.1	Probleme einer Harmonisierung der indirekten Steuern	734
23.2.9.2	Perspektiven einer Harmonisierung der direkten Steuern	735
23.2.10	Bewertung	736
23.3	Begleitende Politikbereiche	737
23.3.1	Überblick	737
23.3.2	Sozialpolitik	738
23.3.2.1	Aktivitäten der EU	738
23.3.2.2	Grundprobleme der EU-Sozialpolitik	740
23.3.3	Umweltpolitik	740
23.3.3.1	Aktivitäten der EU	740
23.3.3.2	Grundprobleme einer EU-Umweltpolitik	742
23.3.4	Industrie-, Forschungs- und Technologiepolitik	743
23.3.5	Wettbewerbspolitik der EU	744

23.3.5.1	Grundstruktur und Anwendungsbereich der EU-Wettbewerbspolitik	744
23.3.5.2	Wettbewerbspolitik im engeren Sinne	745
23.3.5.3	Beihilfenkontrolle	747
24	**Inflation**	**751**
24.1	Definition, Messung und Bedeutung der Inflation	751
24.2	Arten und Ausmaß der Inflation	755
24.3	Erklärung der Inflation	756
24.3.1	Nachfrageinflation	756
24.3.2	Angebotsinflation	758
24.3.2.1	Kostendruckinflation	759
24.3.2.2	Gewinndruckinflation	762
24.3.3	Überlagerung von Nachfrage- und Angebotsinflation	763
24.3.4	Monetaristische Inflationserklärung	763
24.3.5	Inflation als Verteilungskampf	764
24.4	Wirkungen der Inflation	765
24.4.1	Beschäftigungswirkungen	765
24.4.2	Wirkungen auf die Einkommens- und Vermögensverteilung	766
24.4.3	Wirkungen auf das Wachstum	767
24.5	Antiinflationspolitik	768
24.5.1	Bekämpfung der Nachfrageinflation	768
24.5.2	Bekämpfung der Kosteninflation	768
25	**Einkommens- und Vermögensverteilung**	**773**
25.1	Zur Bedeutung der Verteilung	773
25.2	Einkommensentstehung und Einkommensverteilung	774
25.2.1	Einkommensentstehung	774
25.2.2	Funktionelle und personelle Einkommensverteilung	775
25.2.3	Primäre und sekundäre Einkommensverteilung	776
25.2.4	Lohnquote und ihre verteilungspolitische Bedeutung	776
25.3	Bestimmungsgründe der Einkommensverteilung	779
25.3.1	Grundprinzipien der Verteilungstheorien	779
25.3.2	Klassische Theorien der Einkommensverteilung	779
25.3.3	Grenzproduktivitätstheorie der Verteilung	781
25.3.4	Ungleichheit der Löhne	782
25.3.5	Gewinne und Risikoprämien als Ursachen der Ungleichheit	784
25.3.6	Ungleiche Machtverteilung als Ursache der Ungleichheit	784
25.4	Normen der Verteilungsgerechtigkeit	785
25.4.1	Leistungsgerechtigkeit	785
25.4.2	Bedarfsgerechtigkeit	786
25.4.3	Abstimmung hinter dem Schleier des Nichtwissens	787
25.4.4	Funktionale Notwendigkeit der Ungleichheit	787
25.5	Einkommensverteilung in Deutschland	788
25.5.1	Lohnquote und Verteilung des Volkseinkommens	788

25.5.2	Personelle Einkommensverteilung	789
25.5.2.1	Die Verteilungsstatistik	789
25.5.2.2	Verteilungsmaße der Einkommen	790
25.5.2.3	Verteilungsmaße des Lohnes	792
25.6	Strategien zur Veränderung der Einkommensverteilung	793
25.6.1	Institutionelle Gegebenheiten: Tarifvertrag, Tarifparteien und Arbeitskampf	793
25.6.2	Expansive (aggressive) Lohnpolitik der Gewerkschaften	796
25.6.3	Staatliche Umverteilung durch Steuern und Sozialtransfers	798
25.7	Vermögensverteilung	800
25.7.1	Vermögen und Vermögensverteilung	800
25.7.2	Maßnahmen zur Veränderung der Vermögensverteilung	803
25.7.2.1	Eingriff in bestehende Eigentumsverhältnisse	804
25.7.2.2	Umverteilung der Vermögenszuwächse	805

26	**Arbeitslosigkeit: empirischer Befund und Theorie**	**811**
26.1	Vorbemerkungen	811
26.2	Definitorisches und Statistisches	812
26.3	Ein Analyserahmen zur Erklärung dauerhaft fortbestehender Arbeitslosigkeit	820
26.3.1	Allgemeines	820
26.3.2	Ein Modell mit »gleichgewichtiger« Arbeitslosigkeit	821
26.3.3	Sozial- und Steuerpolitik als mögliche Ursache eines Anstiegs der gleichgewichtigen Arbeitslosigkeit	826
26.3.4	»Mismatch« als mögliche Ursache eines Anstiegs der gleichgewichtigen Arbeitslosigkeit	830
26.3.5	»Hysterese« als mögliche Ursache eines Anstiegs der gleichgewichtigen Arbeitslosigkeit	833
26.4	Unzureichendes Nachfragewachstum als mögliche Ursache wachsender Arbeitslosigkeit	835
26.5	Aktuelle Lösungsansätze für die anhaltende Arbeitsmarktkrise	837

27	**Bedeutung und Sicherung des Wachstums**	**841**
27.1	Begriff des wirtschaftlichen Wachstums	841
27.2	Begründung und Kritik des Wachstums	843
27.2.1	Begründung des Wachstumsziels	843
27.2.2	Wachstumskritik	844
27.3	Bestimmungsgründe des Wachstums: Investitionen und technischer Fortschritt	846
27.4	Ansatzpunkte einer Wachstumspolitik	849
27.5	Sonstige Vorbedingungen und Antriebskräfte des Wachstums	851
27.6	Kosten des Wachstums	853
27.6.1	Opportunitätskosten des Wachstums in Form entgangenen Gegenwartskonsums	853

27.6.2	Umweltschäden	854
27.7	Strukturwandel als Begleiterscheinung des Wachstums	855
27.8	Grenzen des Wachstums	857
27.8.1	Ertragsgesetz	857
27.8.2	Natürliche Grenzen des Wachstums	858
27.8.3	Schumpeters These von der »Stagnation der kapitalistischen Entwicklung«	860
27.9	Grundmodelle der Wachstumstheorie	860
27.9.1	Postkeynesianische Wachstumstheorie	861
27.9.1.1	Die Modellannahmen des postkeynesianischen Wachstumsmodells	861
27.9.1.2	Der gleichgewichtige Wachstumspfad des postkeynesianischen Wachstumsmodells	864
27.9.1.3	Konjunkturelle Instabilität (»Wachstum auf Messers Schneide«)	866
27.9.1.4	Säkulare Instabilität	867
27.9.2	Neoklassische Wachstumstheorie	868
27.9.2.1	Die Modellannahmen des neoklassischen Wachstumsmodells	868
27.9.2.2	Der gleichgewichtige Wachstumspfad des neoklassischen Wachstumsmodells (Steady-State)	871
27.9.2.3	Stabilität des Steady-State-Gleichgewichtes	875
27.9.3	Die »neue« Wachstumstheorie	876

28	**Konjunktur und Krise**	**883**
28.1	Das Erscheinungsbild der Konjunktur	883
28.2	Konjunkturindikatoren	886
28.3	Erklärung des Konjunkturzyklus	889
28.3.1	Das postkeynesianische Konjunkturmodell (Akzelerator-Multiplikator-Modell)	890
28.3.2	Beharrungsvermögen der Konsumausgaben	898
28.3.3	Schwankungen der Gewinne	899
28.3.4	Schumpeters Konjunkturerklärung	900
28.3.5	Staatliche Wirtschaftspolitik	900

29	**Umweltökonomie**	**905**
29.1	Vorbemerkungen	905
29.2	Begriff und Nutzung der Umwelt	906
29.3	Ursachen für Umweltbelastungen	907
29.3.1	Entwicklungsbedingte Zunahme der Produktion	907
29.3.2	Versagen des Preismechanismus	908
29.4	Erfassung der Umweltqualität	909
29.5	Umweltpolitische Ziele und Prinzipien	915
29.5.1	Ziele der Umweltpolitik	915
29.5.2	Prinzipien der Umweltpolitik	917
29.6	Instrumente der Umweltpolitik	919
29.6.1	Die Leitidee der Internalisierung externer Umwelteffekte	919

29.6.2	Internalisierung externer Effekte durch Verhandlungen	919
29.6.3	Internalisierung externer Effekte durch das Umwelthaftungsrecht	920
29.6.4	Internalisierung externer Effekte durch Steuern und Subventionen	921
29.6.5	Umweltauflagen	922
29.7	Globale Umweltprobleme	924
30	**Probleme der Entwicklungsländer**	**927**
30.1	Was ist ein Entwicklungsland?	928
30.1.1	Definitorisches	928
30.1.2	Gemeinsamkeiten und Unterschiede bei Entwicklungsländern	930
30.1.2.1	Gemeinsamkeiten von Entwicklungsländern	930
30.1.2.2	Unterschiede bei Entwicklungsländern	934
30.2	Ziele der Entwicklungszusammenarbeit	936
30.2.1	Der Zielkatalog	936
30.2.2	Der Zielerreichungsgrad	939
30.3	Ursachen der Unterentwicklung und entwicklungspolitische Strategien	944
30.3.1	Überblick	944
30.3.2	Grundschema eines Entwicklungsprozesses	944
30.3.3	Kapitalmangel	946
30.3.4	Technischer Fortschritt	947
30.3.5	Bevölkerungswachstum	948
30.3.6	Auslandsverschuldung als beschränkender Faktor für die Kapitalakkumulation	949
30.3.7	»Enge« der heimischen Märkte	950
30.3.8	»Dependenz« als Ursache von Unterentwicklung	952
30.3.9	Kulturelle Ursachen der Unterentwicklung	957
30.3.10	Der »Washington Konsensus«	957
30.3.11	Neue Ansätze nach dem Washington Konsensus	959
30.4	»Entwicklungshilfe«	962
30.4.1	Definitorisches	962
30.4.2	Formen der Hilfe und Höhe der Leistungen Deutschlands	963
	Sachregister	**971**
	Basistraining Volkswirtschaft	**983**

Abkürzungsverzeichnis

Abkürzung	Bedeutung	Kapitel
ABS	Asset Backed Securities	16
AG	Aktiengesellschaft	2
AKP-Staaten	Entwicklungsländer Afrikas (südlich der Sahara), der Karibik und des Pazifiks	19, 30
ALG	Arbeitslosengeld	15
ALV	Arbeitslosenversicherung	15
AnV	Rentenversicherung der Angestellten	15
ArV	Rentenversicherung der Arbeiter	15
BA	Bundesagentur für Arbeit	26
BDA	Bundesvereinigung der Deutschen Arbeitgeberverbände	25
BIP	Bruttoinlandsprodukt	8
BIZ (BIS)	Bank für Internationalen Zahlungsausgleich (Bank for International Settlements)	21
BMZ	Bundesministerium für Zusammenarbeit und Entwicklung	30
BNE	Bruttonationaleinkommen	22
CARDS	Community Assistance for Reconstruction, Democracy and Stabilisation	30
CDF	Comprehensive Development Framework	30
CDO	Collateralized Debt Obligation	16
cif	cost, insurance, freight	9
DAC	Development Assistance Committee	30
DGB	Deutscher Gewerkschaftsbund	25
DIN	Deutsche Industrienorm	23
DIW	Deutsches Institut für Wirtschaftsforschung (Berlin)	
EEA	Einheitliche Europäische Akte	22
EFRE	Europäischer Fonds für regionale Entwicklung	22
EG	Europäische Gemeinschaft	22
EGKS	Europäische Gemeinschaft für Kohle und Stahl	22
EGV	EG-Vertrag	/
E-Money	elektronisches Geld	16
EONIA	Euro Overnight Index Average	16, 18
EP	Europäisches Parlament	22
ERP	European Recovery Program (auch »Marshall-Plan«)	13
ESF	Europäischer Sozialfonds	22
ESVG	Europäisches System Volkswirtschaftlicher Gesamtrechnungen	8
ESZB	Europäisches System der Zentralbanken	18
EU	Europäische Union	22

Abkürzung	Bedeutung	Kapitel
EuGH	Europäischer Gerichtshof	22
EURIBOR	Europe Interbank Offered Rate	16
EUROSTAT	Statistical Office of the European Communities	26
EUV	EU-Vertrag	22
EVS	Einkommens- und Verbrauchsstichprobe	25
EWG	Europäische Wirtschaftsgemeinschaft	22
EWS	Europäisches Währungssystem	21
EWWU	Europäische Wirtschafts- und Währungsunion	19, 21
EZB	Europäische Zentralbank	16, 18
F & E-Ausgaben	Ausgaben für Forschung und Entwicklung	8
Fibor	Frankfurt Interbank Offered Rate	16
FISIM	Financial Intermediation Services Indirectly Measured	8
fob	free on board	9
GAP	Gemeinsame Agrarpolitik	22
GASP	Gemeinsame Außen- und Sicherheitspolitik	22
GATS	General Agreement on Trade in Services	19
GATT	General Agreement on Tariffs and Trade	19
Geld b.a.w.	Geld bis auf weiteres	16
GG	Grundgesetz	2, 14, 17
GKV	Gesetzliche Krankenversicherung	15
GmbH	Gesellschaft mit beschränkter Haftung	2
GPV	Gesetzliche Pflegeversicherung	15
GRV	Gesetzliche Rentenversicherung	15
GUV	Gesetzliche Unfallversicherung	15
GWB	Gesetz gegen Wettbewerbsbeschränkungen	7
HGB	Handelsgesetzbuch	7
HIPC	Highly Indebted Poor Countries	30
HVPI	Harmonisierter Verbraucherpreisindex	24
HWWI	Hamburger WeltWirtschaftsInstitut	
IAS	International Accounting Standards	16
IFO	Institut für Wirtschaftsforschung (München)	
IW	Institut der deutschen Wirtschaft Köln	
IWF (IMF)	Internationaler Währungsfonds (International Monetary Fund)	21
IWH	Institut für Wirtschaftsforschung, Halle	
KAGG	Kapitalanlagegesellschaftsgesetz	16
KMU	Kleine und mittlere Unternehmen	23
LDC	Least Developed Countries	30
Libor	London Interbank Offered Rate	16
LSK	Lohnsetzungskurve	26
MDG	Millennium Development Goals	30
MFI	Monetäre Finanzinstitute	16

Abkürzung	Bedeutung	Kapitel
MOB	Mindestoptimale Betriebsgröße	7
MZ	Millenniumsziele	30
NAIRU	Non-Accelerating Inflation Rate of Unemployment	26
NIP	Nettoinlandsprodukt	8
NZB	Nationale Zentralbank	18
ODA	Official Development Assistance	30
OECD	Organisation for Economic Cooperation and Development	8, 30
OEEC	Organisation for European Economic Cooperation	8
OPEC	Organization of the Petroleum Exporting Countries	
OTC	Over The Counter	16
PRS	Poverty Reduction Strategy	30
QUERU	Quasi Equilibrium Rate of Unemployment	26
RWI	Rheinisch-Westfälisches Institut für Wirtschaftsforschung, Essen	
SNA	System of National Accounts	8
SOEP	Sozio-ökonomisches Panel	25
SPE	Statut für die Europäische Privatgesellschaft	23
StGB	Strafgesetzbuch	7
SZR (SDR)	Sonderziehungsrecht (Special Drawing Right)	21
TRIPS	Trade-related Aspects of Intellectual Property Rights	19
UGR	Umweltökonomische Gesamtrechnungen	29
UNCTAD	United Nations Conference on Trade and Development	19
UNDP	United Nations Development Program	30
U-Schätze	Unverzinsliche Schatzanweisungen	16
VGR	Volkswirtschaftliche Gesamtrechnung	8
WKM II	Wechselkursmechanismus II	21
WTO	World Trade Organization	22

Einleitung: Einteilung und Aufgaben der Wirtschaftswissenschaft

Einteilung der Wirtschaftswissenschaft

Gegenstandsbereich der Wirtschaftswissenschaft ist die Erforschung der wirtschaftlichen Wirklichkeit (vgl. Kapitel 1). Damit ist die Wirtschaftswissenschaft eine Erfahrungs- oder Realwissenschaft im Gegensatz zu Idealwissenschaften wie z. B. der Mathematik oder der Logik. Die Realwissenschaften werden nach ihrem Gegenstand in Naturwissenschaft, Geisteswissenschaft und Sozialwissenschaft unterteilt. Weil die Wirtschaftswissenschaft sich (auch) mit dem wirtschaftlichen Handeln von Menschen befasst, wird sie zu den Sozialwissenschaften gerechnet.

Wirtschaftswissenschaft als Sozialwissenschaft

Die **Gliederung** der Wirtschaftswissenschaft trennt vor allem in Volkswirtschaftslehre und Betriebswirtschaftslehre. Die Betriebswirtschaftslehre erklärt vor allem das Wirtschaften des einzelnen Betriebes, also z. B. Fragen von Investition und Finanzierung, von Marketing und Management oder Beschaffung und Produktion. Die Volkswirtschaftslehre zielt mehr auf gesamtwirtschaftliche Fragestellungen wie Wachstum und Verteilung, Arbeitslosigkeit und Inflation oder Steuern und Staatsausgaben. Eine ganz klare Trennung zwischen Betriebswirtschaftslehre und Volkswirtschaftslehre existiert nicht, weil sich auch die Volkswirtschaftslehre mit einzelnen Wirtschaftseinheiten wie Haushalt und Unternehmen befasst. In diesem Buch wird ausschließlich die Volkswirtschaftslehre behandelt.

Volkswirtschaftslehre und Betriebswirtschaftslehre

Die **Volkswirtschaftslehre** gliedert sich traditionell in folgende Bereiche:
- Wirtschaftstheorie,
- Wirtschaftspolitik und
- Finanzwissenschaft.

Gliederung der Volkswirtschaftslehre

Dabei wird die Wirtschaftstheorie in der Regel zusätzlich in Mikroökonomik und Makroökonomik unterteilt: In der Mikroökonomik wird das wirtschaftliche Verhalten einzelner Wirtschaftssubjekte wie Haushalte und Unternehmen untersucht; in der Makroökonomik wird das gesamtwirtschaftliche Verhalten der großen Gruppen wie Unternehmen, Haushalte oder Staat insgesamt behandelt.

Im **vorliegenden Buch** streben wir an, die herkömmliche Trennung der Volkswirtschaftslehre ein wenig aufzuheben und stattdessen eine am Objekt oder am Problem orientierte Darstellung der zentralen ökonomischen Erkenntnisse zu bieten. Wir beginnen mit einer Klärung der Grundtatbestände der Wirtschaft (Kapitel 1) und der Beschreibung der Funktionsweise und der Funktionsprobleme der beiden grundlegenden Wirtschaftssysteme der kapitalisti-

Aufbau des Buches

schen Marktwirtschaft (Kapitel 2) und der sozialistischen Zentralplanwirtschaft (Kapitel 3). Daran schließen sich drei Kapitel an, die üblicherweise der mikroökonomischen Wirtschaftstheorie zugerechnet werden, die Theorie des Haushalts (Kapitel 4), die Theorie des Unternehmens (Kapitel 5) und die Preistheorie (Kapitel 6). Diese Kapitel erklären die zentralen wirtschaftlichen Verhaltensweisen der Wirtschaftssubjekte, nämlich konsumieren und produzieren, sowie die grundlegende Koordination durch den Preis. Und das Kapitel über Wettbewerb (7) beschreibt den zentralen Antriebsmechanismus der Marktwirtschaft, seine Bedrohung und das Bemühen der Wettbewerbspolitik, den Wettbewerb zu schützen. Damit sind die Grundlagen der Mikroökonomik behandelt.

Die folgenden fünf Kapitel sind dann der klassischen Makroökonomik zuzuordnen: Zunächst werden die Methoden beschrieben, die angewendet werden, um die gesamtwirtschaftlichen Leistungsströme zu erfassen, also die Volkswirtschaftlichen Gesamtrechnungen (Kapitel 8) und die Zahlungsbilanz (Kapitel 9) und anschließend werden die Bestimmungsgründe der Höhe des Volkseinkommens und der Beschäftigung analysiert, zunächst im Rahmen des Grundmodells (Kapitel 10), das nachfolgend um grundlegende Weiterentwicklungen ergänzt wird (Kapitel 11 und 12).

Kapitel 13 und 14 sind der Finanzwissenschaft zuzuordnen: Hier werden Steuern und Staatsausgaben beschrieben und das Konzept der Fiskalpolitik vorgestellt. Das Kapitel 15 beschreibt das System der Sozialen Sicherung in Deutschland. Die folgenden sechs Kapitel verbinden jeweils Elemente der Wirtschaftstheorie und der Wirtschaftspolitik und behandeln Grundlagen des Finanzbereiches einer Volkswirtschaft (Kapitel 16), die Grundzüge von Geldtheorie und Geldpolitik (Kapitel 17 und 18) und die Grundlagen des Außenhandels (19) und der Währungstheorie bzw. -politik (Kapitel 20). Die zwei Kapitel über die Europäische Integration (Kapitel 22, 23) schließen den Komplex von Außenhandel und Währungspolitik ab, sie passen sich nicht nahtlos in die herkömmliche Gliederung der Volkswirtschaftslehre ein, werden aber wegen der überragenden Bedeutung der europäischen Wirtschaftspolitik für alle Bereiche der nationalen Wirtschaften eingefügt. Die letzten sieben Kapitel behandeln dann in kompakter Form die zentralen Probleme der Volkswirtschaft und der Volkswirtschaftslehre: Die Inflation, die Verteilung von Einkommen und Vermögen, die Arbeitslosigkeit, Wachstum und Konjunkturschwankungen, Umweltökonomie und wirtschaftliche Entwicklung.

Die Kapitel bauen im Prinzip aufeinander auf. Sie sind aber in sich abgeschlossen und eignen sich daher jeweils als Lektüre-, Lern- und Diskussionseinheit. Je nach Erkenntnisziel können die Teile des Buches, die stärker der formalen Theorie gewidmet sind, zunächst überschlagen werden, ohne dass damit Zusammenhänge verloren gehen, insbesondere Kapitel 11 und 12 oder die als Exkurs behandelten Theorieabschnitte. Gleichwohl ist die formale Theorie, die Modellbildung und das Arbeiten mit ökonomischen Modellen unverzichtbar und von unschätzbarem Wert für das Verständnis ökonomischer Zusammenhänge. Dies soll im Folgenden gezeigt werden.

Die **Aufgaben der Wirtschaftswissenschaft** lassen sich vier Bereichen zuordnen:
- die Beschreibung der Wirtschaft,
- die Erklärung der Wirtschaft,
- die Prognose der Wirtschaft und
- die Beratung der Politik.

Schon die Beschreibung der Wirtschaft setzt neben einer geeigneten Fachsprache das Wissen um Zusammenhänge voraus, soll sie nicht letztlich inhaltsleer bleiben; und die Prognose wirtschaftlicher Entwicklungen sowie die Beratung der Politik setzt die Erklärung wirtschaftlicher Zusammenhänge zwingend voraus.

> Die Erklärung der Wirtschaft ist daher die zentrale Aufgabe der Wirtschaftswissenschaft.

Die Erklärung der Wirtschaft ist allerdings schwierig, weil die Zusammenhänge in der Regel äußerst vielfältig sind und nicht den klaren Gesetzen z. B. der Naturwissenschaften unterliegen.

Will man etwa die Arbeitslosigkeit erklären, also die Ursachen der Arbeitslosigkeit erfassen, so muss man sich in einem ersten Schritt Gedanken darüber machen, welche Faktoren die Arbeitslosigkeit bewirkt haben könnten. So kann Arbeitslosigkeit bestehen, weil zum Beispiel
- die Nachfrage nach Konsumgütern zu gering ist;
- die Investitionstätigkeit zurückgegangen ist;
- die Löhne zu hoch sind;
- der technische Fortschritt Arbeitskräfte freisetzt;
- der Wert des Euro im Ausland gestiegen ist;
- das Arbeitskräfteangebot zugenommen hat.

Eine solche Zusammenstellung von vermuteten Erklärungszusammenhängen (so genannte Hypothesen) muss äußerst sorgfältig erfolgen. Ein bekannter Wirtschaftswissenschaftler, *Herbert Giersch* (geb. 1921), bemerkt hierzu sehr illustrativ: »Wie dem Detektiv, der ein Verbrechen aufklären soll, muss uns zunächst alles, was überhaupt von Bedeutung sein könnte, verdächtig erscheinen.«

Zusammenstellung vermuteter Erklärungsfaktoren (Hypothesenbildung)

Für eine präzise Erklärung wirtschaftlicher Zusammenhänge reicht aber auch eine solche Zusammenstellung möglicher Erklärungsursachen nicht aus. Es müssen vielmehr Aussagen über die vermutete genaue Form der Ursachen-(Kausal-)Zusammenhänge gemacht werden, etwa dergestalt: Wenn die Nachfrage nach Konsumgütern um soundsoviel Prozent zunimmt, dann nimmt die Arbeitslosigkeit um soundsoviel Prozent ab. Bei weniger exakten Untersuchungen wird häufig auf eine solche Quantifizierung der Hypothesen verzichtet.

Quantifizierung von Hypothesen

Überdenkt man die oben beispielhaft genannten Ursachen der Arbeitslosigkeit, so erkennt man, dass die in Betracht gezogenen Faktoren ihrerseits wie-

Einflussfaktoren sind ihrerseits erklärungsbedürftig

derum erklärungsbedürftig sind. Die Nachfrage nach Konsumgütern kann zum Beispiel zurückgegangen sein, weil die Einkommen der Haushalte zu gering sind oder weil die Haushalte mehr sparen wollen. Die höhere Sparneigung wiederum kann z. B. auf pessimistische Zukunftserwartungen, auf erwartete Preissenkungen oder auf allgemeinen Konsumüberdruss zurückzuführen sein. Und die pessimistischen Zukunftserwartungen schließlich könnten durch allgemeinpolitische Krisensituationen bedingt sein. In ähnlicher Weise müssten die übrigen genannten Einflussfaktoren ihrerseits erklärt werden; etwa die Zunahme des Arbeitsangebotes durch geburtenstarke Jahrgänge, die auf den Arbeitsmarkt drängen, durch verstärkte Frauenarbeit oder durch eine Zuwanderung.

Wechselbeziehungen zwischen Ursache und Wirkung

Man erkennt ferner, dass Ursache und Wirkung in einer untrennbaren Wechselbeziehung zueinander stehen können: eine zu niedrige private Konsumnachfrage als Begründung der Arbeitslosigkeit und Arbeitslosigkeit als Begründung für eine zu niedrige private Konsumnachfrage.

Kausalbeziehungen zwischen Einflussfaktoren

Und schließlich wird im Allgemeinen auch zwischen den verschiedenen Ursachen der Arbeitslosigkeit eine kausale Beziehung bestehen. Eine abnehmende Konsumgüternachfrage kann die Investitionstätigkeit negativ beeinflussen; ein hoher Lohn kann den technischen Fortschritt (Rationalisierung) fördern oder den Wert des Euro im Ausland vermindern usw. Festzuhalten ist, dass es sich nicht um einfache monokausale Beziehungen, sondern um ein komplexes Beziehungsgeflecht handelt, um ein System **allgemeiner Interdependenz**.

Vollständige Erklärung macht die Einbeziehung anderer Wissenschaften notwendig

Damit wird deutlich, dass man eine außerordentliche Fülle möglicher Ursachen und gegenseitiger Abhängigkeiten beachten muss und man häufig auch auf Zusammenhänge stößt, die man nicht mithilfe der Volkswirtschaftslehre, sondern mithilfe anderer Wissenschaften wie der Psychologie, Politologie, Soziologie oder Medizin erklären muss.

Abbildung 1 verdeutlicht und verallgemeinert diese Zusammenhänge.

Die zu erklärende Größe (die Arbeitslosigkeit) ist hier von den unmittelbaren Einflussgrößen 1 bis 6 abhängig, wobei die Einflussrichtung durch die Pfeilrichtung gekennzeichnet ist. Auf eine Quantifizierung der Kausalbeziehungen ist zur Vereinfachung verzichtet worden. Es ist angenommen worden, dass der unmittelbare Einflussfaktor 1 gleichzeitig von der zu erklärenden Größe beeinflusst wird (im obigen Beispiel wäre der private Konsum Einflussfaktor 1). Außerdem wird in Abbildung 1 davon ausgegangen, dass der unmittelbare Einflussfaktor 1 auch auf den unmittelbaren Einflussfaktor 2 wirkt (bei der Erklärung der Arbeitslosigkeit: der Konsum wirkt auf die privaten Investitionen). Die unmittelbaren Einflussfaktoren werden ihrerseits durch weitere Einflussfaktoren bestimmt, die in der Abbildung durch große Buchstaben (A bis S) gekennzeichnet sind.

Es ist unterstellt, dass auf jeden unmittelbaren Einflussfaktor drei mittelbare Einflussfaktoren wirken. Selbstverständlich können auch Wechselbeziehungen zwischen unmittelbaren und mittelbaren Einflussfaktoren (wie z. B. zwischen Einflussfaktor F und Einflussfaktor 2 in Abbildung 1) sowie zwischen mittelbaren Einflussfaktoren (z. B. zwischen den Einflussfaktoren K und L der

Abb. 1

Die Erklärung wirtschaftlicher Vorgänge

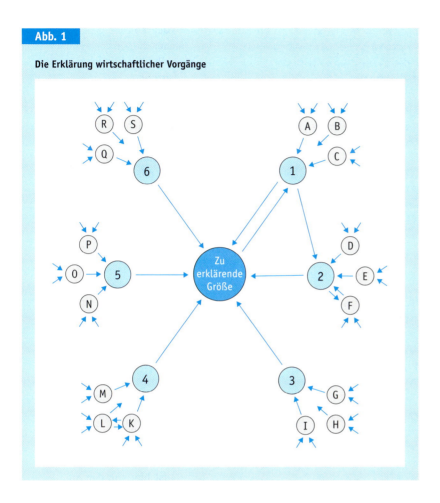

Abbildung 1) bestehen. Um anzudeuten, dass auch die mittelbaren Einflussfaktoren A, B, ..., S erklärungsbedürftig sind, sind weitere Pfeile eingezeichnet.

Da die wirtschaftliche Wirklichkeit im Allgemeinen also äußerst komplex und mit ihren vielfältigen Abhängigkeiten kaum zu überschauen ist, ist es unmöglich, im Rahmen der Erklärung wirtschaftlicher Ereignisse alle Einzelheiten zu erfassen und zu berücksichtigen. Daher muss man sich ein – manchmal rigoros – vereinfachtes Abbild der Wirklichkeit konstruieren, um damit die Wirklichkeit wenigstens grob erklären zu können. Diese Vereinfachung der wirtschaftlichen Wirklichkeit auf eine überschaubare Anzahl wesentlicher Zusammenhänge nennt man ein **Modell**.

Notwendigkeit der Modellbildung

Die Vereinfachung besteht dabei im Prinzip aus drei Schritten.
1. Es werden nur solche vermuteten Kausalbeziehungen berücksichtigt, von denen man annimmt, dass sie das zu erklärende Ereignis – hier die Arbeitslosigkeit – wesentlich beeinflussen.

Vereinfachungen bei der Modellbildung

2. Die Erklärungskette wird an bestimmten Stellen unterbrochen, weil man sich sonst in andere Wissensgebiete vorwagen müsste oder einfach deshalb, weil man eben nicht »alles auf einmal« erklären kann.
3. Die Kausalbeziehungen zwischen den berücksichtigten wirtschaftlichen Größen werden in möglichst einfacher Form quantifiziert.

Beschränkung auf die wesentlichen Einflussfaktoren

Die Bildung eines Modells lässt sich, ausgehend von Abbildung 1, anschaulich erläutern. Im ersten Schritt werden die Einflussfaktoren ausgewählt, deren Wirkung als wesentlich angesehen wird. Zur Illustration wollen wir annehmen, dass der Einfluss der Faktoren 3, 4, 5 und 6 auf die Arbeitslosigkeit vernachlässigbar sei (was in der Realität nicht der Fall sein muss), sodass diese Kausalbeziehungen in dem Modell unberücksichtigt bleiben können. Es verbleiben dann die unmittelbaren Einflussfaktoren 1 und 2 (Konsum- und Investitionsgüternachfrage).

Unterbrechung der Erklärungskette

Im zweiten Schritt wird die Erklärungskette unterbrochen, z. B. bei den mittelbaren Einflussfaktoren A, B, C, D, E und F. Man berücksichtigt dann zwar, dass die Konsumnachfrage vom Einkommen der Haushalte (A), von ihrer Sparneigung (B) und ihrem Vermögen (C) abhängt und die Investitionstätigkeit von der Höhe der erwarteten Gewinne (D), dem erwarteten Absatz (E) und dem Zinssatz (F) bestimmt wird; Einkommen, Sparneigung, Vermögen, Gewinne, Absatz und Zinssatz werden ihrerseits aber nicht mehr erklärt. Sie sind **Daten** (exogene Variablen) des Modells. Weil in diesem Fall bestimmte Einflussfaktoren konstant gehalten werden, spricht man auch von der **Ceteris-paribus-Klausel** (ceteris paribus: wobei alles Übrige konstant bleibt). Schließlich werden in einem dritten Schritt die aufgezeigten Kausalbeziehungen quantitativ in möglichst einfacher Form erfasst, indem zum Beispiel angenommen wird, dass zwischen der Höhe des Konsums der Haushalte und ihrem Einkommen eine proportionale Beziehung besteht.

Einfache mathematische Formulierung der Kausalbeziehungen

Abbildung 2 zeigt die Struktur des sich so ergebenden Modells, wobei (wie in Abbildung 1) zur Vereinfachung auf eine Quantifizierung der Hypothesen verzichtet worden ist.

Erklärungsanspruch eines Modells ist begrenzt ...

Welchem Erklärungsanspruch kann ein solches Modell grundsätzlich gerecht werden? Offenbar kann das Modell nur dann die Wirklichkeit erklären, wenn die Auswahl der als wesentlich angesehenen Einflussfaktoren richtig getroffen und ihr genauer Einfluss auf die zu erklärende Größe exakt eingeschätzt wird. Beides wird in der Praxis nur unvollkommen gelingen. Die uneingeschränkt richtige Auswahl der wichtigen Einflussfaktoren scheitert im Allgemeinen daran, dass die exakte Trennung zwischen Wesentlichem und Unwesentlichem streng genommen voraussetzt, dass man die Erklärung schon kennt. Da dies in der Praxis eben nicht der Fall ist – sonst gäbe es nicht mehr viel zu erklären –, hat man in der Volkswirtschaftslehre nicht selten mehrere, miteinander **konkurrierende Erklärungsansätze** bzw. Modelle. Und die genaue Quantifizierung scheitert, weil die Kausalbeziehungen zwischen wirtschaftlichen Größen sehr häufig vom menschlichen Verhalten bestimmt werden. Menschliche Verhaltensweisen aber unterliegen Schwankungen und können deshalb nie so exakt berechnet werden wie zum Beispiel die Umlaufbahn von Satelliten um die Erde.

... weil die Auswahl der wesentlichen Einflussfaktoren sehr schwierig ist ...

... und menschliche Verhaltensweisen Schwankungen unterliegen.

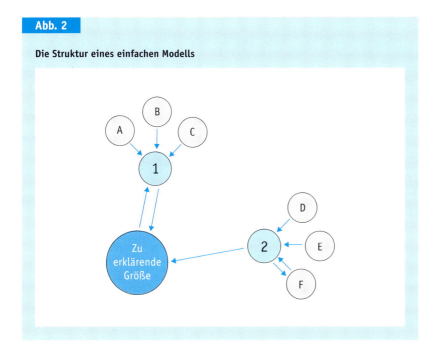

Abb. 2

Die Struktur eines einfachen Modells

Beide Faktoren bewirken, dass ein Modell praktisch niemals geeignet ist, ein konkretes wirtschaftliches Ereignis genau zu erklären.

Für welches Modell soll man sich aber entscheiden, wenn unterschiedliche Erklärungen desselben wirtschaftlichen Vorgangs geliefert werden? Allgemein kann gesagt werden, dass dem Modell der Vorzug zu geben ist, das den geringsten Teil der Veränderungen der zu erklärenden Größe unerklärt lässt und zu empirischen Beobachtungen nicht in Widerspruch steht. Solange das verfügbare statistische Material einen solchen Rückschluss durch »Testen der Modelle« nicht eindeutig zulässt, gelten die konkurrierenden Erklärungsansätze gleichermaßen als (vorläufig) richtig, genauer: als nicht falsifiziert (widerlegt).

> Modelle müssen an der Wirklichkeit überprüft werden.

Um das Modelldenken zu üben, das Denken in wirtschaftlichen Kausalzusammenhängen und Interdependenzen, haben wir zum vorliegenden Buch eine CD-ROM entwickelt, die es erlaubt, das Denken in den zentralen Modellen der Volkswirtschaftslehre interaktiv zu üben. Ein solches Denken ist unverzichtbar, weil nur auf diese Weise Zusammenhänge erkannt und eingeordnet werden können.

Ob die **Festsetzung wirtschaftspolitischer Ziele** zu den Aufgaben der Volkswirtschaftslehre gehört, ist seit langem umstritten. Das Problem liegt darin, dass Ziele bereits eine Bewertung wirtschaftlicher Sachverhalte voraussetzen und etwas Gewolltes, Angestrebtes zum Ausdruck bringen, also ein Urteil über das enthalten, was »sein soll«, ein so genanntes **Werturteil**. Setzt man

> Ist eine wissenschaftliche Formulierung der Ziele möglich?

z. B. als Ziel eine gleichmäßigere Einkommens- und Vermögensverteilung fest, so beinhaltet dies das Werturteil, dass eine solche Verteilung erstrebenswert ist. Ob und inwieweit nun Werturteile Platz in einer Wissenschaft haben, darüber waren und sind die Meinungen sehr geteilt (so genannte Werturteilsproblematik) – eine Frage, die weit über den Bereich der Volkswirtschaftslehre hinausgehend zu den Grundproblemen der Wissenschaften überhaupt zählt. In der Regel wird die Meinung vertreten, dass Werturteile (und damit auch Ziele) wissenschaftlich nicht ableitbar und überprüfbar sind und deshalb mit Wissenschaft im strengen Sinn nichts zu tun haben. Wo sie dennoch in die Beschreibung, Erklärung oder Prognose des Wirtschaftsprozesses einfließen, sind sie eindeutig als Wertungen kenntlich zu machen, um der Argumentation jede Scheinobjektivität zu nehmen. Um Missverständnisse zu vermeiden: Auch diese »wertfreie« Position erkennt die Existenz von Werturteilen an, z. B. in Form der Zielsetzungen von Unternehmen, Haushalten und politischen Entscheidungsträgern. Sie nimmt diese Wertungen aber als »von außen gegeben«, als Daten hin. Die Festsetzung von gesellschaftspolitischen Zielen jedenfalls kann nach dieser Auffassung niemals Aufgabe der Wissenschaft sein, sondern muss rein politisch erfolgen. Dies wird an der gesellschaftspolitischen Diskussion über Einkommens- und Vermögensverteilung, Wachstum und Umwelt besonders deutlich.

Gesamtwirtschaftliche Ziele des Staates in der Bundesrepublik Deutschland

In der Bundesrepublik Deutschland sind die gesamtwirtschaftlichen Ziele im »Gesetz zur Förderung der Stabilität und des Wachstums der Wirtschaft« vom 08.06.1967 (im so genannten »Stabilitätsgesetz«, vgl. Kapitel 14.3.5) festgelegt worden.

Für Deutschland gilt es, die vier Ziele Vollbeschäftigung, Stabilität des Preisniveaus, außenwirtschaftliches Gleichgewicht und stetiges und angemessenes Wirtschaftswachstum im Rahmen einer marktwirtschaftlichen Ordnung zu erreichen. Ein weiteres wichtiges Ziel, das häufig genannt wird, ist eine gleichmäßigere Einkommens- und Vermögensverteilung (vgl. Kapitel 25).

Je nachdem, wie viele Ziele in den gesamtwirtschaftlichen Zielkatalog einbezogen sind, spricht man vom »magischen« Dreieck, Viereck oder allgemein vom »magischen« Vieleck.

Das Verhältnis zwischen den Zielen ist komplex und die Ziele sind nur schwer gleichzeitig erreichbar.

Die Bezeichnung »magisch« soll dabei zum Ausdruck bringen, dass das Verhältnis zwischen den Zielen sehr komplex und allgemein kaum zu erfassen ist und vor allem, dass es schwierig ist, alle Ziele zugleich zu erreichen.

Insbesondere, wenn ein Ziel nur auf Kosten eines anderen (in stärkerem Ausmaß) verwirklicht werden kann, ist offenbar die gleichzeitige Erreichung aller Ziele unmöglich. Man spricht in diesem wichtigen Fall von einer **Zielkonkurrenz**. So wird z. B. häufig von einer Konkurrenz der Ziele Vollbeschäftigung und Preisstabilität oder Wachstum und Preisstabilität ausgegangen. Das hieße, ein Mehr an Beschäftigung oder Wachstum würde zulasten der Preisstabilität gehen. Nun sind aber die Beziehungen zwischen den Zielen nicht ein für allemal gegeben. Ob eine Zielkonkurrenz vorliegt, hängt entscheidend von der

Die Zielbeziehung hängt ab ...

wirtschaftlichen Lage und den gewählten Instrumenten der Wirtschaftspolitik ab.

Einleitung

So kann bei bestehender Massenarbeitslosigkeit und Preisstabilität eine Zunahme der staatlichen Nachfrage nach Gütern im Allgemeinen die Beschäftigung erhöhen, ohne das Ziel der Preisstabilität kurzfristig zu gefährden. Besteht hingegen schon eine Inflation, dann wird die Erhöhung der Staatsnachfrage zwar die Beschäftigungssituation verbessern, aber gleichzeitig die Preissteigerungstendenzen verstärken.

... von der Ausgangslage ...

Wenn zur Bekämpfung der Arbeitslosigkeit eine Lohnsenkung bzw. »Lohnpause« vorgeschlagen wird, wie verschiedentlich vom Sachverständigenrat zur Begutachtung der gesamtwirtschaftlichen Entwicklung, dann wird dies als ein Instrument angesehen, das Vollbeschäftigung und Preisstabilität zugleich erreichen lässt.

... von den gewählten Instrumenten ...

Damit ist angesprochen, dass die vermutete Zielbeziehung auch von dem gewählten Erklärungsansatz (Modell) abhängt. Da, wie wir ausgeführt haben, oft mehrere, miteinander konkurrierende Erklärungsansätze existieren, gibt es auch für die gleiche Lage und das gleiche Instrument im Vorhinein mehrere mögliche Zielbeziehungen. So wird insbesondere von den Gewerkschaften bestritten, dass Lohnsenkungen zu einer höheren Beschäftigung führen. Die Gewerkschaften würden also glauben, dass Lohnsenkungen vielleicht Preisstabilität, aber nicht Vollbeschäftigung herbeiführen könnten.

... und von dem gewählten Erklärungsansatz.

Man kann diese Frage inhaltlich nicht in der Einleitung diskutieren, aber wir wollen deutlich machen, vor welch schwierigen Aufgaben die Wirtschaftspolitik steht, die entscheiden muss, mit welchen Mitteln unter Abwägung der unterschiedlichsten Interessen welche Ziele, in welchem Umfang und in welcher Frist erreicht werden können und sollen.

Unter der Lupe

Der Sachverständigenrat

Der Sachverständigenrat zur Begutachtung der gesamtwirtschaftlichen Entwicklung wurde vom Gesetzgeber 1963 ins Leben gerufen. Seine Aufgabe ist die periodische Begutachtung der gesamtwirtschaftlichen Entwicklung in der Bundesrepublik Deutschland zwecks Erleichterung der Urteilsbildung bei allen wirtschaftlichen Instanzen und in der Öffentlichkeit. Der Sachverständigenrat ist ein unabhängiges Gremium, das aus fünf Mitgliedern besteht, die – so fordert es das Gesetz – über besondere wirtschaftswissenschaftliche Kenntnisse und volkswirtschaftliche Erfahrungen verfügen müssen. Die Mitglieder des Sachverständigenrates werden auf Vorschlag der Bundesregierung vom Bundespräsidenten für die Dauer von fünf Jahren ernannt. Turnusmäßig scheidet jährlich ein Mitglied aus und ein neues Mitglied wird ernannt. Zu dem jeweiligen Jahresgutachten des Sachverständigenrates über die gesamtwirtschaftliche Lage und deren absehbare Entwicklung nimmt die Bundesregierung in ihrem Jahreswirtschaftsbericht Stellung. Treten auf Teilgebieten der Volkswirtschaft Entwicklungen ein, die die gesamtwirtschaftlichen Ziele gefährden, so erstellt der Sachverständigenrat ein Sondergutachten.

Einleitung

Wirtschaft ist von zentraler Bedeutung

Die Komplexität der Sachverhalte, die Existenz meist unterschiedlicher Theorien und die persönliche Fundierung von Werturteilen führt dazu, dass die Positionen, Meinungen und Begutachtungen von Ökonomen selten einhellig sind. Dennoch ist die Beschäftigung mit der Wirtschaft und der Wirtschaftswissenschaft von zentraler Bedeutung. Wirtschaft geht uns alle an (so *Jürgen Eick*, langjähriger Mitherausgeber der Frankfurter Allgemeinen Zeitung), Wirtschaft beeinflusst das Leben aller Bürger als Arbeiter, Konsument oder Sparer, als Steuerzahler, Geldanleger oder Schuldner, und Wirtschaft hat in gewisser Weise den funktionalen Primat (Vorrang) vor der Politik, weil die Wirtschaft den Entfaltungsbereich der Politik begrenzt (ob Zinssenkungen zu mehr Investitionen führen, entscheiden z. B. die Unternehmen, oder ob Steuersenkungen den Konsum ankurbeln, entscheiden auch die Haushalte usw.). Die Politik kann Wirtschaft nicht befehlen, die Politik kann nur Anreize setzen und Rahmenbedingungen schaffen.

Dabei üben die Konzepte der Wirtschaftswissenschaft einen nachhaltigen Einfluss auf Politik und wirtschaftliche Praxis aus. So ist die Diskussion über die europäische Integration, über die Steuerreform, über die Reform des Gesundheitswesens und der sozialen Sicherheit, über Unternehmensverfassungen oder die Globalisierung der Weltwirtschaft entscheidend von ökonomischen Konzepten geprägt. *John Maynard Keynes* (1883–1946, einer der bedeutendsten Ökonomen überhaupt) glaubte sogar, dass die Welt von nicht viel anderem beherrscht wird: »Von dieser zeitgenössischen Stimmung (damals in der Weltwirtschaftskrise) abgesehen, sind aber die Gedanken der Ökonomen und Staatsphilosophen, sowohl wenn sie im Recht, als wenn sie im Unrecht sind, einflussreicher, als gemeinhin angenommen wird. Die Welt wird in der Tat durch nicht viel anderes beherrscht.« (Allgemeine Theorie der Beschäftigung, des Zinses und des Geldes, Berlin 1936, S. 323).

Literatur

Einen guten Überblick über die in der Einleitung angesprochenen Problemkreise gibt:
Bartel, Rainer: Charakteristik, Methodik und wissenschaftsmethodische Probleme der Wirtschaftswissenschaften, in: Wirtschaftswissenschaftliches Studium (WiSt), Heft 2, 1990, S. 54–59.

Aufgaben und Methoden der Volkswirtschaftslehre werden übersichtlich dargestellt in:
Stobbe, Alfred: Volkswirtschaftliches Rechnungswesen, 8. Aufl., Berlin u. a. 1994.
Heertje, Arnold: Die Bedeutung der deduktiven Methode für das Studium der Wirtschaftswissenschaften, in: Wirtschaftswissenschaftliches Studium (WiSt), 8. Jg. (1979), S. 145–149.

Speziell zur Modellbildung in der Ökonomik informiert allgemein verständlich:
Bombach, Gottfried: Die Modellbildung in der Wirtschaftswissenschaft, in: Studium Generale 18 (1965), S. 339–346.

Eine geschlossene Darstellung der Methoden bieten:
Kromphardt, Jürgen / Peter Clever / Heinz Klippert: Methoden der Wirtschafts- und Sozialwissenschaften, Wiesbaden 1979.

Einzelbeiträge zu Themenbereichen der Wissenschaftstheorie enthalten die Sammelbände:
Albert, Hans (Hrsg.): Theorie und Realität. Ausgewählte Aufsätze zur Wissenschaftslehre oder Sozialwissenschaften, 2. Aufl., Tübingen 1972.
Jochimsen, Reimut / Helmut Knobel (Hrsg.): Gegenstand und Methoden der Nationalökonomie, Köln 1971.
Raffée, Hans / Bodo Abel (Hrsg.): Wissenschaftstheoretische Grundlagen der Wirtschaftswissenschaften, München 1979.

1 Grundtatbestände von Wirtschaftsgesellschaften

Leitfragen

Was sind Grundtatbestände des Wirtschaftens?

▶ Was sind Bedürfnisse?

▶ Wie werden Güter produziert?

▶ Wie lassen sich die Produktionsmöglichkeiten einer Volkswirtschaft beschreiben?

▶ Warum besteht Knappheit und welche Möglichkeiten gibt es, sie zu vermindern?

▶ Welche Vor- und Nachteile sind mit der Arbeitsteilung verbunden?

▶ Welche Kosten entstehen im Tauschprozess?

▶ Wie können Koordinationsprobleme grundsätzlich gelöst werden?

▶ Worin liegt der zentrale Unterschied im Koordinationsmechanismus einer Marktwirtschaft und einer zentralgeleiteten Wirtschaft?

▶ Welche Eigentumsordnung kennzeichnet ein kapitalistisches, welche ein sozialistisches Wirtschaftssystem?

▶ Welche »reinen« Formen von Wirtschaftssystemen gibt es?

▶ Welche Rolle spielen Institutionen im Tauschprozess?

1.1 Vorbemerkungen

Gegenstandsbereich der Wirtschaftswissenschaften ist die Analyse von Produktion, Distribution (Verteilung) und Konsum von Gütern und Dienstleistungen, und ihre zentrale Frage ist die Zuordnung knapper Mittel auf alternative Ziele, also die Frage der Allokation (Verteilung) der Ressourcen (Produktivkräfte) in einer Welt der Knappheit. Dieser Frage kann zunächst sehr grundlegend nachgegangen werden. In jeder Wirtschaftsgesellschaft haben die Menschen eine Fülle von Wünschen und Bedürfnissen. Die Mittel, die zur Befriedigung dieser Bedürfnisse dienen, nennt man Güter. Güter müssen in der Regel produziert werden, d. h. man benötigt Mittel zur Erstellung von Gütern (Produktionsmittel). Die Produktionsmittel, über die eine Volkswirtschaft verfügt, sind begrenzt und damit auch die Güter, die maximal produziert werden können, die Produktionsmöglichkeiten. Im Gegensatz zu im Prinzip unendlichen Bedürfnissen gibt es also in jeder Wirtschaftsgesellschaft nur in begrenztem Umfang Güter, sodass Knappheit existiert. Diese Knappheit kann nur vermindert werden, wenn man entweder die Bedürfnisse einschränkt oder die Produktionsmöglichkeiten erhöht. Der wichtigste und in allen Gesellschaften verwirklichte Weg zur

Zentral: Allokation knapper Ressourcen

Erhöhung der Produktionsmöglichkeiten ist Arbeitsteilung und Tausch der arbeitsteilig erstellten Güter. Mit der Arbeitsteilung ergibt sich das Problem der Koordination der Wirtschaftspläne der Wirtschaftssubjekte. Eine Koordination setzt wiederum geeignete Informations- und Sanktionssysteme (auch Motivationssysteme genannt) voraus. Diese werden in unterschiedlichen Wirtschaftssystemen in unterschiedlicher Weise organisiert. Darüber hinaus existieren in jedem Wirtschaftssystem Institutionen, die die Koordination der Wirtschaftspläne in der arbeitsteiligen Tauschwirtschaft erleichtern.

Damit gibt es folgende Grundtatbestände des Wirtschaftens:
- Bedürfnisse
- Güter
- Produktion
- Produktionsmöglichkeiten
- Knappheit
- Arbeitsteilung
- Tausch
- Koordination
- Wirtschaftssystem und
- Institutionen.

Diese werden im Folgenden beschrieben.

1.2 Bedürfnisse

Bedürfnisse sind Gefühle des Mangels.

Bedürfnisse lassen sich allgemein definieren als Gefühle des Mangels, die von dem Wunsch begleitet sind, den Mangel zu beseitigen. In genauerer Differenzierung unterscheidet man häufig das Bedürfnis als handlungswirksame Antriebsempfindung, das aber noch nicht auf konkrete Objekte der Bedürfnisbefriedigung gerichtet ist und den Bedarf, der sich auf ein konkretes Objekt richtet. Über die häufig zu findende Gliederung der Bedürfnisse in »primäre« (angeborene, triebhafte) und »sekundäre« (aus den sozialen Kontakten erworbene) Bedürfnisse hinaus kann man mit dem amerikanischen Psychologen *A. Maslow* mehrere **Bedürfnisebenen** unterscheiden:

Mehrere Bedürfnisebenen können unterschieden werden.

- Grundbedürfnisse (physiologische Bedürfnisse), also Hunger, Durst, Verlangen nach Schlaf, Wohnung und Sexualität.
- Sicherheitsbedürfnisse, die sich darauf richten, die Befriedigung der Grundbedürfnisse auch für die Zukunft zu sichern.
- Soziale Bedürfnisse, die aus den sozialen Kontakten des Individuums hervorgehen und sich in dem Wunsch nach Leben in der Gemeinschaft, nach Geselligkeit und ähnlichem niederschlagen. Man spricht auch vom Bedürfnis nach Zugehörigkeit.
- Wertschätzungsbedürfnisse, die sich auf Anerkennung und Bestätigung durch andere richten.

- Entwicklungsbedürfnisse, die insbesondere auf Selbstverwirklichung zielen und sich von dem Wunsch nach Bestätigung durch die Gesellschaft lösen.

Die verschiedenen Bedürfnisebenen stehen nicht beziehungslos nebeneinander, sondern bauen aufeinander auf: Solange die Grundbedürfnisse nicht ausreichend befriedigt sind, sind sie bestimmend für die menschlichen Bedürfnisse überhaupt und überdecken die übrigen Bedürfnisebenen. Erst wenn die Grundbedürfnisse befriedigt sind, will der Mensch mehr, zunächst eine gewisse Sicherheit. Wenn diese gegeben ist, strebt er nach sozialen Kontakten, innerhalb derer der Mensch Anerkennung und Bestätigung von außen sucht, was schließlich das Bedürfnis nach Selbstverwirklichung entstehen lässt.

Stufenleiter der Bedürfnisse

Auch innerhalb der einzelnen Bedürfnisebenen kann man eine Stufenleiter erkennen, die von dem Wunsch nach einer beliebigen und möglichst ausreichenden bis zu einer qualitativ hochwertigen und exzessiven Form der Bedürfnisbefriedigung reicht. Auf das Grundbedürfnis Hunger bezogen bedeutet dies: In Zeiten akuter Mangellage ist es dem Menschen nahezu gleichgültig, durch welche Güter (»Brot oder Kartoffeln«) sein Hunger gestillt wird. In Zeiten des Überflusses aber entsteht im Zusammenhang mit der Entwicklung der übrigen Bedürfnisebenen der Wunsch nach qualitativ immer besseren, differenzierteren und quantitativ umfassenderen Formen der Befriedigung des Grundbedürfnisses, es entsteht der Wunsch nach »Kaviar und Rehrücken«. Die Abbildung 1-1 zeigt die verschiedenen Bedürfnisebenen in Form der so genannten *Maslow*-Pyramide.

Wichtig ist, zu erkennen, dass eine Wechselbeziehung zwischen den auftretenden Bedürfnissen und dem Grad der Bedürfnisbefriedigung besteht. Es scheint, als wenn in doppelter Beziehung eine bessere Bedürfnisbefriedigung zu einer Zunahme der Bedürfnisse führt: Zum einen durch die Erschließung »höherer« Bedürfnisebenen, zum anderen durch eine angestrebte bessere Befriedigung der schon bisher vorhandenen Bedürfnisse (qualitativ und quantitativ).

Wechselbeziehungen zwischen Bedürfnisbefriedigung und Bedürfnissen

In welchem Umfang Bedürfnisse angeboren sind bzw. in welchem Umfang sie durch Werbung, durch die Entwicklung neuer Produkte oder durch die Lebensumstände verändert werden (können), ist nicht genau bekannt. Die Position der Ökonomie – als etwa allgemein akzeptierte Anschauung von Wirtschaftswissenschaftlern – ist die Folgende: Es wird angenommen, dass Bedürfnisse als grundlegende Antriebsempfindungen für Leben, Gesundheit, Unterhaltung, Anerkennung usw. sich im Zeitablauf nicht substanziell ändern und dass sich auch die Bedürfnisse von Menschen in verschiedenen Kulturen und Gesellschaften nicht sehr voneinander unterscheiden, dass aber der konkrete Bedarf erheblichen Veränderungen unterworfen ist. Um nur ein Beispiel zu nennen: Das Bedürfnis nach Unterhaltung ist vermutlich universell und zeitlos gegeben. Der Bedarf nach einer Buschtrommel, einem Buch, einem Farbfernsehgerät oder einem Handy ist aber abhängig von den Lebensumständen, von der Entwicklung solcher Produkte und von der Werbung.

Sind Bedürfnisse angeboren oder veränderbar?

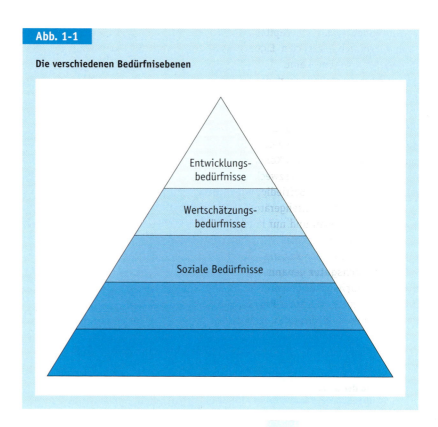

Abb. 1-1

Die verschiedenen Bedürfnisebenen

Entwicklungsbedürfnisse

Wertschätzungsbedürfnisse

Soziale Bedürfnisse

1.3 Güter

Güter sind Mittel der Bedürfnisbefriedigung.

Güter sind Mittel der Bedürfnisbefriedigung, sei es direkt oder auf Umwegen, ihr Verbrauch bzw. ihre Nutzung erhöht die Wohlfahrt der Menschen.

Güter lassen sich nach zahlreichen Gesichtspunkten einteilen; üblich ist vor allem eine Differenzierung nach ihrem materiellen Gehalt, nach ihrer Dauerhaftigkeit und nach ihrem primären Verwendungszweck.

Einteilung der Güter: nach ihrem materiellen Gehalt ...

Nach ihrem materiellen Gehalt unterscheidet man Sachgüter und Dienstleistungen. **Sachgüter**, wie Brot und Bier, haben einen materiellen Gehalt und sie sind daher lagerfähig. **Dienstleistungen** sind immateriell. Bei ihnen fallen Produktion und Verbrauch zeitlich zusammen, sie sind nicht lagerfähig und Eigentumsrechte können oft nur mit Mühe durchgesetzt werden. Beispiele sind die Dienstleistungen eines Arztes, eines Busfahrers oder einer Sängerin. Wenn in der Ökonomie allgemein von Gütern gesprochen wird, sind in der Regel sowohl Sachgüter als auch Dienstleistungen gemeint. Daneben lässt sich streng genommen eine weitere Kategorie von Gütern abgrenzen, die **Nutzungen** oder Leistungen, die von den Produktionsfaktoren Arbeit, Boden und Kapital abgegeben werden (vgl. auch Kapitel 1.4). Diese unterscheiden sich von Dienstleistungen dadurch, dass man Eigentum an den Produktionsfaktoren und ihren Nutzungen erwerben kann.

Nach der Dauerhaftigkeit der Nutzung unterscheidet man **dauerhafte Güter**, die während ihrer Lebenszeit einen Strom von Nutzungen abgeben, wie z. B. ein Kühlschrank oder ein PC, und **nicht dauerhafte Güter**, die bei ihrer Verwendung einer Verwandlung unterworfen sind oder untergehen, wie z. B. Nahrungsmittel oder Energie. Dauerhaftigkeit ist hier also kein physisches, sondern ein ökonomisches Konzept.

... nach ihrer Dauerhaftigkeit ...

Nach dem Verwendungszweck unterscheidet man vor allem **Konsumgüter**, die der unmittelbaren Befriedigung von Bedürfnissen dienen wie z. B. Bier oder die Nutzung eines Fernsehgerätes, und **Produktionsgüter**, die zur Herstellung anderer Güter dienen und nur mittelbar der Bedürfnisbefriedigung dienen, wie z. B. Bagger oder Baukräne.

... nach ihrem Verwendungszweck

In Kombination der Kriterien lassen sich jetzt dauerhafte Konsumgüter, die auch **Gebrauchsgüter** genannt werden, und nicht dauerhafte Konsumgüter, die auch **Verbrauchsgüter** genannt werden, genauso unterscheiden wie dauerhafte Produktionsgüter, die auch **Produktionsfaktoren** genannt werden, und nicht dauerhafte Produktionsgüter. Abbildung 1-2 stellt die Einteilungen zusammen.

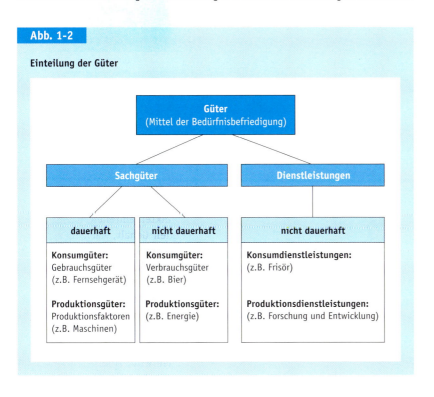

Abb. 1-2 Einteilung der Güter

1.4 Produktion

Produktion ist der von Menschen gelenkte Erstellungsprozess von Sachgütern und Dienstleistungen unter Einsatz von Produktionsmitteln. Alle Güter, die in einem solchen Produktionsprozess eingesetzt werden, nennt man Produktionsgüter oder **Produktionsmittel**. Die dauerhaften Produktionsmittel nennt man üblicherweise **Produktionsfaktoren.** Diese gehen nicht selbst in die produzierten Güter ein, sondern nur die von ihnen abgegebenen Nutzungen oder Leistungen; die Produktionsfaktoren selbst bleiben über längere Zeiträume erhalten.

Einteilung der Produktionsfaktoren

Bei den Produktionsfaktoren unterscheidet man meist Arbeit, Boden und Kapital. Der Produktionsfaktor **Arbeit** ist das gesamte Arbeitskräftepotenzial einer Wirtschaftsgesellschaft einschließlich der in der Arbeitskraft steckenden Potenziale an Wissen und Fähigkeiten. Man spricht in der Ökonomie auch von **Humankapital.** Zum Produktionsfaktor **Boden** zählt man die für die Produktion verwendete Bodenfläche einschließlich der von der Natur bzw. Umwelt abgegebenen Nutzungen. Der Produktionsfaktor **Kapital** umfasst die produzierten Produktionsmittel, die Werkzeuge, die Maschinen, die Gebäude und die Anlagen sowie die Infrastruktur in Form der Verkehrs- und Kommunikationswege. Kapital ist in diesem Sinne als **Realkapital** zu sehen, nicht als eine Geldsumme, die dem Wert des Realkapitals entspricht bzw. zu seinem Kauf verwendet werden kann (Geldkapital).

Kapitalbildung durch Sparen und Investieren

Kapital entsteht durch Sparen und Investieren. Zunächst muss ein Konsumverzicht vorliegen (= Sparen). Damit werden Ressourcen freigesetzt, mit denen das Kapitalgut erstellt werden kann. Diese Ressourcen müssen dann auch tatsächlich für die Kapitalbildung eingesetzt werden (= Investieren): Die Erhöhung des Bestandes an Kapitalgütern wird **Investition** genannt, sie erhöht die zukünftigen Produktions- und Einkommensmöglichkeiten einer Gesellschaft.

Produktionsumweg

Dieser Zusammenhang sei anhand des von *Böhm-Bawerk* (österreichischer Nationalökonom, 1851–1914) verwendeten Beispiels illustriert: Ein Fischer fängt täglich drei Fische und verwendet diese zur Ernährung seiner Familie. Dieser Fischer entschließt sich nun zu sparen und legt jeden Tag einen Fisch zur Vorratshaltung beiseite (= Konsumverzicht). Nach neun Tagen sind genügend Fische angesammelt worden, damit der Fischer drei Tage lang ein Netz knüpfen kann (= Investition), ohne dass er und seine Familie verhungern. Dies ist ein Produktionsumweg, der die Produktivität nachfolgend erhöht: Mit dem Netz kann der Fischer täglich mehr als drei Fische fangen.

Technischer Fortschritt erhöht die Produktivität.

Die Produktivität der Produktionsfaktoren Arbeit, Boden und Kapital wird entscheidend vom **Stand des technischen Wissens** beeinflusst. Die Zunahme des technischen Wissens, der technische Fortschritt, führt zur Entwicklung und Verbreitung neuerer und/oder verbesserter Produkte (Produktinnovation) und Produktionsverfahren (Prozessinnovation). Dieser technische Fortschritt wird bisweilen auch als eigenständiger Produktionsfaktor definiert; in der Regel wird aber der technische Fortschritt nur in seiner Wirkung auf die Produktivität der vorhandenen Faktoren erfasst.

Neben den dauerhaften Produktionsmitteln werden im Produktionsprozess auch nicht dauerhafte Produktionsmittel wie z. B. Rohstoffe, Verbrauchsmaterial und Energie eingesetzt. Sofern diese nicht dauerhaften Produktionsmittel von anderen Unternehmen geliefert werden – was meistens der Fall ist –, nennt man sie auch **Vorleistungen.**

Eine zentrale Fragestellung der Ökonomen ist die Analyse der Möglichkeiten, eine gegebene Produktion mit den geringsten Kosten bzw. mit gegebenen Kosten eine größtmögliche Produktionsmenge zu erstellen. Dieser Fragestellung gehen wir im fünften Kapitel nach. Hier im ersten Kapitel erläutern wir das zentrale Konzept der insgesamt beschränkten Produktionsmöglichkeiten, das Konzept der Transformationskurve.

1.5 Produktionsmöglichkeiten

Der Bestand an Produktionsfaktoren begrenzt die Produktionsmöglichkeiten einer Volkswirtschaft.

Diese Tatsache kann anhand einer einfachen Modelldarstellung – der Kurve der volkswirtschaftlichen Produktionsmöglichkeiten – verdeutlicht werden. Wir nehmen an, in einer Volkswirtschaft werden nur zwei Güter – ein Konsumgut (Nahrungsmittel) und ein Investitionsgut (Maschinen) – hergestellt. Setzt man alle vorhandenen Produktionsfaktoren zur Produktion von Nahrungsmitteln ein, ohne Produktionsfaktoren zu verschwenden, so kann man höchstens eine bestimmte Menge Nahrungsmittel herstellen (z. B. 1.000 Tonnen). Setzt man hingegen alle vorhandenen Produktionsfaktoren zur Produktion von Maschinen ein, so kann man auch hiermit nur eine bestimmte Höchstmenge (z. B. 500 Maschinen) erzeugen (vgl. Abbildung 1-3).

Die entscheidende Überlegung ist nun: Will man, ausgehend von der Höchstmenge an überhaupt produzierbaren Nahrungsmitteln, auch einige Maschinen erstellen (z. B. 100), so ist dies nur möglich, wenn ein Teil der Produktionsmittel, die bisher für die Nahrungsmittelproduktion eingesetzt wurden, jetzt zur Maschinenproduktion verwendet wird. Folglich können jetzt nur weniger als 1.000 Tonnen Nahrungsmittel erzeugt werden (z. B. 860). In der Volkswirtschaft wird damit der Punkt A in Abbildung 1-3 verwirklicht. Ausgehend von diesen Produktionsmengen (100 Maschinen, 860 Tonnen Nahrungsmittel) kann die obige Überlegung wiederholt werden: Will man noch mehr Maschinen erzeugen, so müssen weitere Produktionsfaktoren für die Maschinenproduktion abgezogen werden. Die Mehrproduktion von einem Gut ist also nur auf Kosten der Produktion des anderen Gutes möglich. Diesen Verzicht auf die Produktion des »anderen« Gutes nennt man **Opportunitätskosten**. Sämtliche Produktionsmengen der beiden Güter, die in der betrachteten Volkswirtschaft hergestellt werden können, liegen also auf einer fallenden Kurve (vgl. Abbildung 1-3).

Man nennt diese Kurve die Kurve der volkswirtschaftlichen Produktionsmöglichkeiten oder auch (volkswirtschaftliche) **Transformationskurve**. Sie bringt

Die Produktionskapazität einer Volkswirtschaft ist begrenzt.

1.5 Grundtatbestände von Wirtschaftsgesellschaften
Produktionsmöglichkeiten

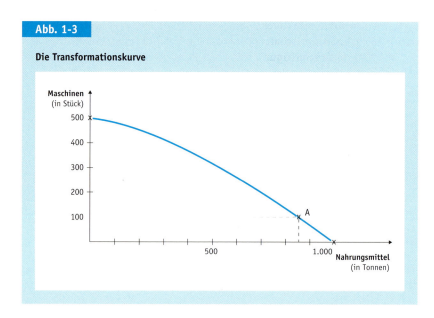

Abb. 1-3

Die Transformationskurve

in Modellform die Begrenztheit der Güterproduktion jeder Volkswirtschaft plastisch zum Ausdruck.

> Die Transformationskurve gibt alle Gütermengenkombinationen an, die in der Volkswirtschaft mit dem gegebenen Bestand an Produktionsfaktoren maximal produziert werden können.

Die Transformationskurve ist konkav

Der Leser mag sich fragen, warum die Transformationskurve nach oben gekrümmt (konkav) gezeichnet worden ist. Ökonomisch bedeutet dies, dass die Produktion weiterer Mengeneinheiten des einen Gutes nur durch Verzicht auf immer größere Mengen des anderen Gutes erreicht werden kann. Die einfachste Erklärung ist die, dass es immer schwieriger wird, die Produktionsfaktoren, die bisher für die Herstellung von Nahrungsmitteln eingesetzt wurden, bei der Erzeugung von Maschinen zu verwenden, weil die Ergiebigkeit eines bestimmten Produktionsfaktors in der Regel in einer der beiden Produktionen größer ist (»Ein Dreher ist meist kein guter Melker«).

Verschiebung der Transformationskurve

Erhöht sich der Bestand an Produktionsfaktoren, so ist klar, dass mehr von jedem Gut erzeugt werden kann: Die Transformationskurve verschiebt sich nach außen. Zu einer solchen Verschiebung kann es z. B. dadurch kommen, dass die Volkswirtschaft mit der Zeit ihren Bestand an Kapitalgütern erhöht. Eine andere Möglichkeit, die Transformationskurve nach außen zu verschieben, stellt der technische Fortschritt dar, der, einfach ausgedrückt, die Qualität der Produktionsfaktoren verbessert.

Es ist keine Selbstverständlichkeit, dass die tatsächliche Produktion der Volkswirtschaft einem Punkt auf der Transformationskurve entspricht. Werden nicht alle Produktionsfaktoren beschäftigt (z. B. infolge Arbeitslosigkeit), so verzichtet die Volkswirtschaft auf einen Teil ihrer Produktionsmöglichkeiten. Es besteht **Unterbeschäftigung** eines oder mehrerer Produktionsfaktoren (vgl. Abbildung 1-4, Punkt B, der eine Gütermengenkombination darstellt, bei der ungefähr 320 Maschinen und 135 t Nahrungsmittel produziert werden, während z. B. circa 320 Maschinen und 580 t Nahrungsmittel bzw. 135 t Nahrungsmittel und 480 Maschinen erstellt werden könnten).

Produktionsfaktoren können unterbeschäftigt sein.

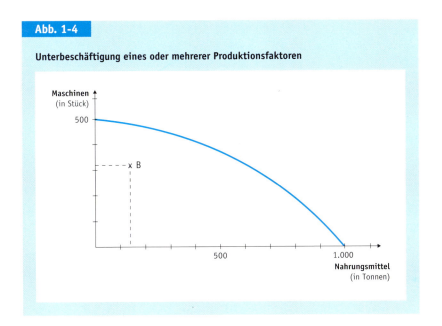

Abb. 1-4

Unterbeschäftigung eines oder mehrerer Produktionsfaktoren

1.6 Knappheit

Wir haben bisher die Bedürfnisse, die Produktion und die Produktionsmöglichkeiten betrachtet. Wie wir festgestellt haben, sind die Produktionsmöglichkeiten einer Volkswirtschaft zu einem gegebenen Zeitpunkt begrenzt. Wie aber sieht es mit dem Wunsch aus, Güter zur Befriedigung der Bedürfnisse zu erhalten? Es ist schwierig, die Bedürfnisse einer Volkswirtschaft mengenmäßig zu erfassen. Man wird aber davon ausgehen können, dass sich bei vollständiger Erfüllung sämtlicher Bedürfnisse Gütermengenkombinationen ergeben, die außerhalb der Transformationskurve der Volkswirtschaft liegen (vgl. Punkt A in Abbildung 1-5).

Das aber bedeutet, dass die Güter, gemessen an den Bedürfnissen, knapp sind. Sie sind deshalb knapp, weil nicht beliebig viele Produktionsfaktoren zur Herstellung der Güter zur Verfügung stehen.

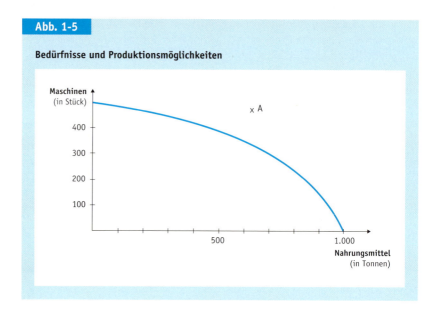

Abb. 1-5

Bedürfnisse und Produktionsmöglichkeiten

Knappheit als Grundgesetz der Ökonomie

Die Knappheit ist zentrales Charakteristikum aller Wirtschaftsgesellschaften, Knappheit ist das Grundgesetz der Ökonomie: Zwar ist es denkbar, dass einzelne Menschen »wunschlos glücklich« sind und die Knappheit individuell nicht spüren. Aber für eine Wirtschaftsgesellschaft insgesamt übersteigt die Summe der Bedürfnisse die Summe der Produktionsmöglichkeiten in jedem Fall. Die Fülle individueller Wünsche z. B. nach einem Auto, einem Haus oder einer Weltreise und die Fülle der gesellschaftlichen Aufgaben, z. B. im Bereich der Bildung, der Gesundheit oder der Verkehrsinfrastruktur, mag die Knappheit anschaulich machen und der Hinweis auf die Armut in weiten Teilen der Welt (vgl. Kapitel 30) macht die Knappheit als zentrales Problem der Weltwirtschaft deutlich.

Wirtschaften heißt, knappe Güter planmäßig zur Erfüllung menschlicher Bedürfnisse einzusetzen.

Die Existenz von Knappheit erfordert Wirtschaften als planmäßigen Einsatz knapper Güter zur Erfüllung menschlicher Bedürfnisse. Und die zentrale Aufgabe der Wirtschaftswissenschaft ist es zu erforschen, wie die Knappheit vermindert werden kann. Als wesentliche Organisationsform des Wirtschaftens gilt die Arbeitsteilung, die in herausragender Weise geeignet ist, die Knappheit zu vermindern.

1.7 Arbeitsteilung

Menschliches Wirtschaften beginnt, historisch gesehen, mit der einfachen Selbstversorgungswirtschaft. Hier produzieren die Menschen das, was sie konsumieren im Wesentlichen selbst und das, was sie produzieren, konsumieren sie

1.7 Arbeitsteilung

im Wesentlichen selbst. Aufgrund der Vorteilhaftigkeit der Arbeitsteilung entstand dann im Zuge der Entwicklung der Menschheit eine zunehmend arbeitsteilige Produktion. Die Vorteilhaftigkeit der **Arbeitsteilung** wird besonders anschaulich im berühmten Stecknadelbeispiel von *Adam Smith* (1723–1790, Begründer der Volkswirtschaftslehre) dargestellt:

»Der eine Arbeiter zieht den Draht, ein anderer streckt ihn, ein dritter schneidet ihn ab, ein vierter spitzt ihn zu, ein fünfter schleift ihn am oberen Ende, damit der Kopf angesetzt werden kann. Die Anfertigung des Kopfes macht wiederum zwei oder drei verschiedene Tätigkeiten erforderlich: das Ansetzen desselben ist eine Arbeit für sich, das Weißglühen der Nadeln ebenso, ja sogar das Einwickeln der Nadeln in Papier bildet eine selbständige Arbeit. Auf diese Weise zerfällt die schwierige Aufgabe, eine Stecknadel herzustellen, in etwa achtzehn verschiedene Teilarbeiten, die in manchen Fabriken alle von verschiedenen Händen ausgeführt werden, während in anderen zuweilen zwei oder drei derselben von einem Arbeiter allein besorgt werden. Ich habe eine kleine Manufaktur dieser Art gesehen, in der nur zehn Mann beschäftigt waren und folglich einige zwei oder drei verschiedene Arbeiten zu übernehmen hatten. Obgleich sie nur sehr arm und infolgedessen mit den nötigen Maschinen nur ungenügend versehen waren, so konnten sie doch, wenn sie sich tüchtig daran hielten, an einem Tage zusammen etwa zwölf Pfund Stecknadeln anfertigen. Ein Pfund enthält über viertausend Nadeln mittlerer Größe. Diese zehn Arbeiter konnten demnach täglich über achtundvierzigtausend Nadeln herstellen. Da nun auf jeden der zehnte Teil von achtundvierzigtausend Nadeln entfällt, so kann man auch sagen, dass jeder täglich viertausendachthundert Nadeln herstellte. Hätten sie dagegen alle einzeln und unabhängig voneinander gearbeitet und wäre niemand besonders angelernt gewesen, so hätte gewiss keiner zwanzig, vielleicht sogar nicht einmal einer eine Nadel täglich anfertigen können, d. h. sicher nicht den zweihundertvierzigsten, vielleicht nicht einmal den viertausendachthundertsten Teil von dem, was sie jetzt infolge einer entsprechenden Teilung und Vereinigung der verschiedenen Arbeitsvorgänge zu leisten imstande sind.« (Smith, 1924, S. 5 f. Dieses klassische Buch ist einer der größten Erfolge der wirtschaftswissenschaftlichen Weltliteratur.)

Aus dem Stecknadelbeispiel lässt sich der **Begriff der Arbeitsteilung** ableiten. Man versteht darunter die Zerlegung der Produktion in Teilverrichtungen, die von spezialisierten Arbeitern oder Betrieben durchgeführt werden. Voll zieht sich die Spezialisierung innerhalb eines Betriebes, so spricht man von **innerbetrieblicher** Arbeitsteilung. Vollzieht sie sich zwischen Betrieben, so spricht man von **zwischenbetrieblicher** Arbeitsteilung. Gehören die Betriebe dabei zu unterschiedlichen Volkswirtschaften, so liegt **internationale Arbeitsteilung** vor.

Die Vorteile der Arbeitsteilung liegen auf der Hand:
- Arbeitsteilung ermöglicht den Einsatz spezialisierter Maschinen und damit kostengünstige Massenproduktion. Das ist ihr zentraler Vorteil.
- Die Spezialisierung auf einige wenige Tätigkeiten erhöht die Schnelligkeit, mit der diese Tätigkeiten ausgeführt werden können.

> Menschen mit den unterschiedlichsten Fertigkeiten können so im Produktionsprozess eingesetzt werden, dass ihre speziellen Fertigkeiten am besten ausgeschöpft werden.

Nachteile der Arbeitsteilung

Es darf aber nicht übersehen werden, dass mit der Arbeitsteilung auch Nachteile verbunden sind:
> Die Arbeit wird fremdbestimmt, d. h. man produziert nicht mehr das, was man konsumiert, und konsumiert nicht mehr das, was man produziert. Dies begründet die Notwendigkeit von Hierarchien und die Schaffung von Leistungsanreizen.
> Arbeitsteilung zwingt zu einer straffen Arbeitsdisziplin.
> Arbeitsteilung schafft Abhängigkeiten der Menschen, Betriebe usw. voneinander, die in Krisenzeiten zu Versorgungsproblemen führen können.
> Sofern die Art und Menge der Nachfrage im Voraus nicht mit Sicherheit bekannt ist, kann es zu Über- und Unterproduktion kommen.
> Da nur noch Teile gefertigt werden, geht die Beziehung zum Arbeitsprodukt verloren.
> Mit der Fließbandfertigung können auch negative psychische Rückwirkungen verbunden sein. Einseitige Beanspruchung des Beschäftigten und vorgegebenes Arbeitstempo vermindern oft die Arbeitslust.

Arbeitsteilung ist eine wesentliche Quelle der Wohlstandssteigerung.

Per Saldo überwiegen die wirtschaftlichen Vorteile der Arbeitsteilung ihre Nachteile aber bei weitem. Insgesamt ist die Arbeitsteilung die wesentliche Quelle der Produktivitätssteigerungen und damit die wesentliche Quelle der Wohlstandssteigerung der Menschheit.

Mittlerweile hat die Arbeitsteilung weltweite Dimensionen erreicht. Man spricht von einer Globalisierung der Weltwirtschaft. **Globalisierung** heißt nichts anderes als eine zunehmend weltweite (globale) Arbeitsteilung.

Gesellschaftlicher Charakter der Produktion

In der Arbeitsteilung, im Verzicht auf Selbstversorgung und in der Bereitschaft zur Spezialisierung offenbart sich der gesellschaftliche Charakter der Produktion. In der arbeitsteiligen Produktion sind die Menschen von anderen Menschen abhängig, die Gesellschaft ist auf die wirtschaftliche Leistung ihrer Mitglieder angewiesen und die Menschen benötigen gesellschaftliche Regeln zur Organisation der arbeitsteiligen Produktion. Arbeitsteilung bedeutet gesellschaftliches Wirtschaften.

1.8 Tausch, Transaktionen und Transaktionskosten

Die arbeitsteilige Wirtschaft ist zugleich eine Tauschwirtschaft. Wirtschaftssubjekte tauschen die von ihnen erstellten Güter auf dem Umweg über Lohnzahlungen und Geld in Güter, die ihrer unmittelbaren Bedürfnisbefriedigung dienen. Dieser Tausch setzt Märkte (vgl. Kapitel 2) und ein entwickeltes Geldwesen (vgl. Kapitel 16) voraus.

1.8 Tausch, Transaktionen und Transaktionskosten

Im Zuge der Weiterentwicklung der Wirtschaftswissenschaft wird nicht nur der Austausch von Gütern als Tausch interpretiert, sondern letztlich das gesamte gesellschaftliche Handeln. Individuen tauschen nicht nur ihre Arbeitskraft gegen Lohn und Güter, sondern sie tauschen generell ihre Zeit und ihr Geld gegen Dinge, die sie für vorteilhaft halten. So tauschen z. B. Studierende Zeit und Geld gegen eine Berufsausbildung. Der Wahlbürger tauscht seine Stimme gegen die Wahlversprechen der Politiker und sogar persönliche Beziehungen wie z. B. die Ehe werden als Tauschbeziehung interpretiert. »Man bringt sich in diese Beziehung ein«, wenn man dies für vorteilhaft hält. Für den Fortgang der Analyse ist es nicht entscheidend, ob Sie einer so weitgehenden ökonomischen Analyse menschlichen Verhaltens folgen wollen, weil wir im Folgenden die Analyse auf den Gütertausch beschränken.

Gesellschaftliches Handeln wird als Tausch interpretiert.

In der neueren Wirtschaftstheorie wird der Tausch mittlerweile zunehmend als **Transaktion** bezeichnet, um den umfassenden Charakter von Tauschbeziehungen deutlich zu machen, und diesem Sprachgebrauch müssen wir folgen.

Tausch als Transaktion

Jeder Tausch (= Transaktion) beruht auf Verträgen, auf so genannten Kontrakten. Das sind entweder so genannte **explizite Kontrakte**, also ausformulierte Verträge wie z. B. normale Kaufverträge. Oder es sind **implizite Kontrakte**, denen nicht ausformulierte und nicht ausgesprochene Erwartungen zugrunde liegen. Wenn Sie in Ihrer Stammkneipe ein »König Pils« bestellen, ist dies ein einfacher impliziter Kontrakt: Sie erwarten, ein frisches Bier Ihrer Wahl zu bekommen und der Wirt erwartet die Bezahlung. Wenn Sie ein Haus kaufen, schließen Sie in der Regel einen genau ausformulierten Kaufvertrag, in dem sehr viele Eventualitäten geregelt sind: Dies ist ein expliziter Kontrakt. Und wenn Sie sich an einer Hochschule für einen Studiengang einschreiben, schließen Sie einen recht impliziten Vertrag: Hier haben Sie nur sehr grobe implizite Erwartungen hinsichtlich Inhalt, Qualität und Dauer der Ausbildung.

In diesen Beispielen wird ein Wesensmerkmal von Transaktionen (= Tauschbeziehungen) deutlich: Wesensmerkmal von Transaktionen ist die Unsicherheit, die Unvollkommenheit der Information darüber, ob sich die Transaktion lohnt, ob die Erwartungen auch erfüllt werden. Dies begründet die Notwendigkeit, Informationen einzuholen, um die Vorteilhaftigkeit der Transaktion beurteilen zu können. Die Kosten dieser Information sind wesentlicher Teil der so genannten Transaktionskosten. Transaktionskosten entstehen in der Vorbereitung und Durchführung von Tauschprozessen. Solche Transaktionskosten sind vor allem:

Wesensmerkmal von Transaktionen ist die Unsicherheit.

▸ Kosten der Sammlung von Informationen über Preise, Qualitäten und Modalitäten;
▸ Kosten der Aushandlung und des Abschlusses von Verträgen und
▸ Kosten der Kontrolle der Einhaltung der Verträge z. B. in Bezug auf Termine, Qualitäten und Mengen.

Transaktionskosten

Transaktionskosten sind also in aller Regel Informations- und Kommunikationskosten. Sie bestehen zu einem großen Teil aus dem Zeitverbrauch für die oben genannten Aktivitäten.

Transaktionskosten hängen von der Komplexität der Tauschbeziehung ab. Sie sind niedrig, im Grunde gleich null, wenn Sie in Ihrer Stammkneipe Ihr »König Pils« bestellen. Sie sind höher, wenn Sie z. B. einen Anzug kaufen und sie sind sehr hoch, wenn Sie ein Haus kaufen, einen Standort für Ihre Existenzgründung suchen oder wenn Sie einen Lebensgefährten auswählen.

Zentrale Bedeutung der Transaktionskosten

Transaktionskosten, die in einer Tauschwirtschaft als eigenständige Kostenkategorie neben den Produktionskosten und neben den Transportkosten zu unterscheiden sind, spielen eine sehr große Rolle im Wirtschaftsleben entwickelter Wirtschaftsgesellschaften: Sie werden mittlerweile auf etwa 60 Prozent des Bruttoinlandsproduktes (vgl. Kapitel 9) geschätzt. Da im Zuge der Globalisierung der Weltwirtschaft Arbeitsteilung und Tausch zunehmen, werden grundsätzlich auch die Transaktionskosten steigen. Diese Zunahme der Transaktionskosten, die ja im Wesentlichen Informationskosten sind, verstärkt die Bedeutung der Information und verstärkt den allgemeinen Trend der Entwicklung zur Informationsgesellschaft.

1.9 Koordination

Die beschriebene arbeitsteilige Tauschwirtschaft mit ihren vielen Millionen Produktions- und Konsumplänen muss koordiniert werden:

Das Koordinationsproblem

- ▸ Die Produktionspläne müssen aufeinander abgestimmt werden, d. h. die Rohstoffproduktion, die Produktion von Zwischenprodukten und die Produktion von Endprodukten muss in vielfältiger Weise koordiniert werden, z. B. so, dass genügend Stahl, genügend Blech oder genügend Speicherchips für die Automobilproduktion erstellt werden und
- ▸ die Produktionspläne müssen den Konsumplänen der Verbraucher entsprechen.

In diesem Zusammenhang müssen folgende zentrale Fragen geklärt werden:
- ▸ Was soll produziert werden?
- ▸ Wie viel soll produziert werden?
- ▸ Wo und wie soll produziert werden, mit welcher Produktionstechnik und in welcher Organisationsform?
- ▸ Für wen soll produziert werden? Wer erhält was und wie viel vom Produktionsergebnis?

Dies ist insgesamt ein riesiges Koordinationsproblem, weil es viele Millionen von Gütern, von Produktionsverfahren und von Konsumenten mit ganz unterschiedlichen Präferenzen gibt, weil alle Entscheidungen interdependent sind und weil im Zuge des technischen Fortschritts die Produktionsverfahren und im Zuge der gesellschaftlichen Entwicklung die Konsumentenpräferenzen einem permanenten Wandel unterworfen sind.

Eine Koordination setzt ein Informations- und ein Sanktionssystem (Motivationssystem) voraus: Die Wirtschaftssubjekte müssen über Produktionsmöglichkeiten und Konsumwünsche informiert werden und zugleich muss sichergestellt werden, dass die Wirtschaftssubjekte einen Anreiz haben, den Informationen gemäß zu handeln.

Information und Sanktion als Voraussetzung der Koordination

Abgesehen von sehr alten Gesellschaften, in denen häufig überlieferte Traditionen die Wirtschaftspläne koordiniert haben, gibt es zwei große Verfahren der Koordination der arbeitsteiligen Tauschwirtschaft: das Verfahren der zentralen Planung und das Verfahren der dezentralen Planung. Bei **zentraler Planung** entscheidet eine zentrale Instanz, meistens die Spitze des Staates, über Produktion und Konsum und setzt die Entscheidungen in einem System von Hierarchien mit direkten Leistungsanweisungen und Erfolgskontrollen durch. Weil die Entscheidungen von oben nach unten gefällt und durchgesetzt werden, spricht man auch von einer **vertikalen Koordination**. Bei einer **dezentralen Planung** entscheiden die Unternehmen und die Haushalte über Produktion und Konsum, gesteuert über den Preismechanismus in einer Wettbewerbsordnung und motiviert über Lohndifferenzen und das Privateigentum an Produktionsmitteln. Weil hier die Entscheidungen auf allen Ebenen formal gleichberechtigt getroffen werden und keiner zentralen Instanz unterliegen, spricht man auch von **horizontaler Koordination** (die Funktionsweise der dezentralen Planung wird in Kapitel 2 beschrieben).

Verfahren der Koordination:

… die zentrale Planung

… die dezentrale Planung

1.10 Wirtschaftssysteme

Wie gezeigt, ergibt sich aus der Tatsache der hochgradig arbeitsteiligen Produktion die Notwendigkeit, ein Wirtschaftssystem zu konzipieren, das insbesondere das Problem der sinnvollen Abstimmung der Wirtschaftspläne (Koordination) löst. Soll ein ungeordnetes Nebeneinander einzelwirtschaftlicher Tätigkeiten vermieden werden, so sind Regeln, Normen und Institutionen für wirtschaftliches Handeln erforderlich. Diese konstituieren das Wirtschaftssystem.

1.10.1 Wirtschaftssystem und Wirtschaftsverfassung

Als **Wirtschaftssystem** bezeichnen wir den gesamten organisatorischen Aufbau und Ablauf einer Volkswirtschaft. Da diese Organisationsstruktur in einer hochgradig arbeitsteiligen Volkswirtschaft sehr komplex ist und viele Elemente umfasst, ist eine genauere inhaltliche Bestimmung des Begriffs Wirtschaftssystem schwierig. Trotzdem wird eine solche Konkretisierung häufig vorgenommen, indem man ein Wirtschaftssystem definiert als die Gesamtheit der
- rechtlichen Vorschriften,

Wirtschaftssystem: Aufbau und Ablauf einer Volkswirtschaft

- Koordinationsmechanismen,
- Zielsetzungen, Verhaltensweisen und
- Institutionen,

die den Aufbau und Ablauf einer Volkswirtschaft bestimmen.

Dabei gehören zu den Institutionen sowohl die für die Wirtschaftspolitik des Staates (Bund, Länder und Gemeinden) verantwortlichen Parlamente, Ministerien, Ausschüsse als auch z. B. die Ordnung des Geldwesens, die Wettbewerbsordnung oder die Ordnung des Arbeitsmarktes mit Gewerkschaften und Arbeitgeberverbänden. Zu den Zielen gehören die einzelwirtschaftlichen Zielsetzungen des Unternehmens (z. B. höchstmöglicher Gewinn) und Verbraucher (z. B. größtmögliche Bedürfnisbefriedigung) ebenso wie gesamtwirtschaftliche Ziele (z. B. Vollbeschäftigung und Preisstabilität). Das Verhalten von Wirtschaftseinheiten, etwa bei Tarifverhandlungen, im Arbeitsprozess, bei Entscheidungen über Arbeitsplatzbesetzung und -gestaltung, ist entscheidend geprägt durch ihre Interessenslage und Machtposition. Ergänzend kommen mit unterschiedlichem Gewicht religiöse und weltanschauliche Bestimmungsfaktoren hinzu.

Bei dem Koordinationsmechanismus geht es um das schon angesprochene Problem, wie die Vielzahl von Wirtschaftsplänen aufeinander abgestimmt wird. Zentrale und dezentrale Planung sind die Pole, an denen sich konkrete Koordinationsmechanismen orientieren.

Die rechtlichen Vorschriften einer Volkswirtschaft, die in den wirtschaftlichen Bereich eingreifen, beeinflussen oder bestimmen die bisher angesprochenen Elemente der Wirtschaftsordnung. Die Gesamtheit der in einer Volkswirtschaft bedeutsamen wirtschaftsrechtlichen Vorschriften nennt man **Wirtschaftsverfassung**. Zu beachten ist, dass zur Wirtschaftsverfassung nicht nur die in den Verfassungen von Bund und Ländern verankerten Vorschriften gehören, sondern auch wirtschaftlich bedeutsame Bundes- und Landesgesetze (z. B. das Aktiengesetz, das Gesetz gegen Wettbewerbsbeschränkungen, die Steuergesetze, die Bankgesetze oder das Tarifvertragsrecht).

Wirtschaftsverfassung: Gesamtheit der für die Wirtschaftsordnung bedeutsamen rechtlichen Vorschriften

1.10.2 Bausteine von Wirtschaftssystemen

Zur vollständigen Beschreibung eines Wirtschaftssystems müssten sämtliche Bausteine herangezogen werden. Zwei der Bausteine spielen indes in der Diskussion eine besondere Rolle:
- der Koordinationsmechanismus und
- die Eigentumsordnung für Produktionsmittel.

Zentrale Bedeutung des Koordinationsmechanismus und der Eigentumsordnung

Es ist fraglich, ob diese beiden Elemente eines Wirtschaftssystems voneinander unabhängig sind. Wahrscheinlich funktioniert die Koordination über Preise bei Privateigentum anders als bei Gemeineigentum an Produktionsmitteln. Und möglicherweise setzt eine zentrale Planung die Aufhebung des Privateigentums voraus. Dennoch unterstellen wir im Folgenden eine gedankliche Isolierung dieser Bausteine. Neben diesen beiden zentralen Bausteinen eines Wirtschaftssystems wird bisweilen als dritte Determinante die Art der Motivation der Menschen eingeführt, nämlich Handeln aus Tradition, aus Eigennutz, aus Altruismus oder unter Zwang. Da in der Wirtschaftswissenschaft angenommen wird, dass der Eigennutz dominierendes Handlungsmotiv der Menschen ist (nicht: sein soll), verzichten wir auf diese zusätzliche Unterscheidung.

Im Rahmen des bereits beschriebenen Koordinationsmechanismus unterscheidet man
- die zentrale Planung, auch zentrale Verwaltungswirtschaft, Kommandowirtschaft, vertikale Koordination oder verkürzt nur Planwirtschaft genannt und
- die dezentrale Planung, auch Marktwirtschaft, horizontale Koordination oder freie Verkehrswirtschaft genannt.

Zentrale und dezentrale Planung

Die **Eigentumsordnung** gilt als zentrales Element, bisweilen sogar als entscheidendes Element eines Wirtschaftssystems, weil sie die Art des Sanktionssystems wesentlich bestimmt. Dabei geht es nur um die Frage des Eigentums an Produktionsmitteln (Maschinen, Anlagen, Fabriken: kurz um das »Kapital«), weil die Handlungsmotive von Unternehmern von zentraler Bedeutung sind. Das Eigentum an Konsumgütern wird dagegen in allen Wirtschaftssystemen immer als Privateigentum vorgesehen. Eigentum an Produktionsmitteln kann grundsätzlich zwei Formen annehmen:
- Privateigentum und
- Gemeineigentum (Gesellschafts-, Volks- oder Staatseigentum).

Eine Gesellschaft, in der die Produktionsmittel Privaten gehören, bezeichnet man als **kapitalistisches** Wirtschaftssystem. Eine Gesellschaft, in der die Produktionsmittel Gemeineigentum sind, nennt man ein **sozialistisches** Wirtschaftssystem. Hervorzuheben ist, dass die Begriffe »kapitalistisch« und »sozialistisch« hier ohne jede Wertung als Fachbegriffe nur für die bestehende Eigentumsordnung verwendet werden.

Kapitalistisches und Sozialistisches Wirtschaftssystem

1.10.3 Einteilung der Wirtschaftssysteme

Aus der Kombination der zentralen Bauelemente ergibt sich die in Abbildung 1-6 gezeigte Einteilung der Wirtschaftssysteme.

Abb. 1-6

Einteilung der Wirtschaftssysteme nach Eigentumsordnung und Koordinationsprinzip

Koordinationsprinzip ↓ / Eigentumsordnung →	Privateigentum an Produktionsmitteln	Gemeineigentum an Produktionsmitteln
Dezentrale Planung	Kapitalistische Marktwirtschaft	Sozialistische Marktwirtschaft
Zentrale Planung	Kapitalistische Zentralverwaltungswirtschaft	Sozialistische Zentralverwaltungswirtschaft

Es sei betont, dass diese Aufstellung Modellcharakter hat. Die in der Wirklichkeit zu beobachtenden Wirtschaftsordnungen stellen Mischformen dar, bei denen das Koordinationsproblem überwiegend marktwirtschaftlich oder überwiegend zentral geplant gelöst ist und die Eigentumsordnung überwiegend kapitalistisch oder sozialistisch ist. Das Modell der »sozialistischen Marktwirtschaft« war z. B. in Ansätzen in Ungarn und Jugoslawien verwirklicht oder kapitalistische Planwirtschaften wurden z. B. in Kriegszeiten errichtet. Zurzeit existieren sozialistische Zentralplanwirtschaften nur noch in einigen Resten in China, in Kuba und in Nordkorea. Es ist auch nicht zu erwarten, dass eine zentrale Planwirtschaft und/oder Gemeineigentum an Produktionsmitteln in naher Zukunft wieder in größerem Umfang eingeführt werden. Dennoch ist eine Betrachtung der grundlegenden Gestaltungsmöglichkeiten eines Wirtschaftssystems sinnvoll, weil in der jeweiligen Gegenüberstellung der Elemente ihre Funktionsmechanismen deutlicher werden.

Schließlich sollte beachtet werden, dass eine Marktwirtschaft, ein System horizontaler Koordination, in großem Umfang auch Elemente einer zentralen Planung, einer vertikalen Koordination, umfasst, nämlich die Unternehmen. Innerhalb eines Unternehmens gibt es eine zentrale Unternehmensplanung, Hierarchien, Leistungsanweisungen und direkte Erfolgskontrollen, also eine vertikale Koordination. Im Unterschied zu zentralen Planwirtschaften entscheidet in einer Marktwirtschaft aber der Markt selbst, im Rahmen des Wettbewerbs von Unternehmen, ob sich ein Unternehmen in der dominierenden Marktkoordination als effizient erweist. Insofern ist die Vorstellung, dass auch ein ganzes Land im Prinzip wie ein Riesenkonzern organisiert werden könnte, ein Trugschluss, dem z. B. Lenin erlegen war. Es ist ein Trugschluss, weil in einem sol-

Das Unternehmen als System zentraler Planung

chen nationalen Riesenkonzern auf den Wettbewerb als dominierendes Koordinations- und Kontrollprinzip verzichtet würde.

1.11 Der (neue) Analyseansatz der Ökonomie – Institutionen und Institutionenökonomik

Die Wirtschaftswissenschaft hat eine besondere Sichtweise zur Erklärung und Analyse wirtschaftlicher und gesellschaftlicher Vorgänge. Ihr Analyseansatz ist der individualistische Rationalansatz, der seit einiger Zeit zur Neuen Institutionenökonomik weiterentwickelt wird. Diese **Neue Institutionenökonomik** bietet eine detaillierte Präzisierung der einzelnen Bausteine des individualistischen Rationalansatzes. Diese Bausteine sollen hier zusammenfassend dargestellt werden:

▸ Methodologischer Individualismus als Fundament der Analyse,
▸ Rationalität bzw. Opportunismus der Individuen als grundlegende Verhaltensannahme,
▸ die Interpretation gesellschaftlichen Handelns als Tausch,
▸ die große Rolle der Transaktionskosten im Tausch,
▸ die Bildung von Institutionen zur Verringerung der Transaktionskosten,
▸ die Asymmetrie der Informiertheit der Tauschpartner und daraus folgende
▸ Prinzipal-Agent-Beziehungen und schließlich
▸ die Bedeutung von Reputationseffekten und ergänzend die Vorstellung einer Minimalmoral der Akteure.

Die Neue Institutionenökonomik präzisiert die einzelnen Bausteine des Rationalansatzes

1.11.1 Methodologischer Individualismus

Im Rahmen des methodologischen Individualismus wird dem Individuum die zentrale Rolle als Akteur und Wertmaßstab zuerkannt. Dies hat zwei Implikationen:

• Das in einer Gesellschaft beobachtbare Geschehen muss immer auf das Handeln von Individuen zurückgeführt werden können und es ist erst dann erklärt, wenn eine solche Reduktion auf individuelles Handeln gelingt. »Die Gesellschaft«, »der Staat«, »das Unternehmen« usw. sind nicht als Kollektive zu verstehen, sondern es handeln immer Individuen wie Angela Merkel, Wolfgang Schäuble oder Josef Ackermann – in den Grenzen ihrer Organisationen.
• Das in einer Gesellschaft beobachtbare Geschehen muss letztlich mit den Wertmaßstäben der Individuen bewertet werden. Es ist erst dann legitimiert, wenn es explizit oder wenigstens implizit auf die Willensentscheidungen der individuell Betroffenen zurückgeführt werden kann. Eine solche Anbindung an die Wertmaßstäbe der Betroffenen bietet grundsätzlich der Markt (vgl. Kapitel 2.3), aber nicht grundsätzlich die Politik.

Das Individuum ist der zentrale Akteur und Wertmaßstab.

1.11.2 Rationalität der Individuen

Die Annahme rationalen Verhaltens verbindet Eigennutz und Vernunft. Individuen streben nach Nutzenmaximierung und wählen stets die Möglichkeiten, die ihnen am vorteilhaftesten erscheinen. Damit entspricht rationales Handeln dem Begriff der Vernünftigkeit, dem in der gesamten sozialwissenschaftlichen Theorie üblichen Standardbegriff:

»Von einem vernunftgeleiteten Menschen wird also wie üblich angenommen, daß er ein widerspruchsfreies System von Präferenzen bezüglich der ihm offenstehenden Möglichkeiten hat. Er bringt sie in eine Rangordnung nach ihrer Dienlichkeit für seine Zwecke; er folgt dem Plan, der möglichst viele von seinen Wünschen erfüllt und der eine möglichst gute Aussicht auf erfolgreiche Verwirklichung bietet.« (Rawls 2009, S. 166 f.)

Rationales Handeln impliziert die Bewertung und Abwägung von Alternativen.

Rationales Handeln impliziert mithin die Bewertung und die Auswahl von Alternativen anhand ihrer Kosten und Nutzen. Eine solche **Kosten-Nutzen-Analyse** stellt häufig auf monetäre Bewertungen ab, aber keineswegs ausschließlich. Auch Vorteile wie Macht, Annehmlichkeit, Prestige usw. können als Vorteile bewertet werden, genauso wie Stress, mangelnde Anerkennung oder fehlende Möglichkeiten der Selbstverwirklichung als Kosten interpretiert werden können.

Einigen häufigen Fehlinterpretationen der Rationalitätsannahme muss vorgebeugt werden: Die Annahme rationalen Verhaltens ist ein Ansatz zur Erklärung sozialen Verhaltens als Tauschbeziehung, als System von Leistung und Gegenleistung. Individuen sollen nicht so handeln, es handeln sicher nicht alle so. Aber die alternative Vorstellung, Menschen handelten im Durchschnitt irrational und altruistisch, ergibt keine sinnvolle Basis zur Erklärung sozialen Verhaltens.

Kosten der Informationsbeschaffung und -verarbeitung führen zur rationalen Ignoranz

Rationalität impliziert nicht, dass der vielbelächelte »Homo oeconomicus« vollständig informiert ist. Gerade im Gegenteil: Kosten der Sammlung und der Verarbeitung von Informationen schließen in der Regel eine vollständige Information des Individuums aus. Es resultiert die so genannte **rationale Ignoranz.**

Und angesichts dieser beschränkten Information ist es rational, dass die Individuen sich nicht als Maximierer, sondern als so genannte Satisfizierer verhalten. Sie streben nicht generell nach einem Optimum, das sie ja nicht kennen, sondern nach Verbesserungen des gegenwärtigen Zustands; sie denken in **marginalen** Veränderungen.

Rationale Ignoranz kann sehr fruchtbar für das Verhalten der Wirtschaftssubjekte unterstellt werden. Kein Konsument hat die Zeit, täglich alle Konsumgüterangebote zu prüfen, und kein Unternehmer hat die Zeit, täglich alle möglichen Produktions- und Investitionsentscheidungen zu bewerten und auch kein angehender Student hat die Zeit, alle möglichen Studiengänge oder Berufsmöglichkeiten zu prüfen. Und dies hat nichts mit der mangelnden intellektuellen Fähigkeit der Wirtschaftssubjekte zu tun, sondern damit, dass eine umfassende Informiertheit sehr teuer ist; insbesondere sind die Opportunitätskosten des Zeitverbrauchs sehr hoch.

Strittig ist, ob über die Rationalität hinaus auch Opportunismus unterstellt werden muss. **Opportunistisches Verhalten** verbindet Eigennutz mit der Bereitschaft der Individuen, zu lügen, Verträge zu brechen und Gesetze zu missachten, wenn ihnen dies unter Abwägung von Vorteilen und möglichen Sanktionen als vorteilhaft erscheint. Opportunismus ist also weitergehend als Handeln aus Eigennutz. Ein Mensch, der völlig ehrlich ist, nie sein Wort bricht und sein Wissen niemals verzerrt oder unvollständig weitergibt, kann sehr wohl eigennützig handeln, aber er handelt nicht opportunistisch. Die Neue Institutionenökonomik setzt Opportunismus voraus.

Opportunistisches Verhalten wird als Verhalten aus Eigennutz gedeutet.

1.11.3 Transaktionen, Transaktionskosten und Institutionen

Der Komplex des Tausches ist, als grundlegende Kategorie des Wirtschaften, bereits unter den Grundtatbeständen behandelt worden (Kapitel 1.8). Dort ist dargelegt worden, dass die arbeitsteilige Wirtschaft zugleich eine Tauschwirtschaft ist und dass ein Tausch = Transaktion je nach der Unsicherheit und der Komplexität der Transaktion in unterschiedlicher Weise, aber generell in erheblichem Umfang, Transaktionskosten verursacht. Im Zuge der Entwicklung der Wirtschaftssysteme bilden sich nun Einrichtungen, Normen, Regeln oder Gepflogenheiten heraus, die geeignet sind, Transaktionskosten zu sparen. Diese werden Institutionen genannt. Eine **Institution** ist ein System von wechselseitig respektierten Regeln einschließlich ihrer Garantieinstrumente, die bei den Individuen wechselseitig verlässliche Verhaltensweisen bewirken. Sie strukturieren das tägliche Leben und verringern dessen Unsicherheiten. Die ökonomische Funktion der Institution besteht darin, Handlungsspielräume der Individuen einzugrenzen, zu stabilisieren und stabile Verhaltenserwartungen herauszubilden. Dies reduziert die Informationskosten, indem die Unsicherheit und Komplexität von Entscheidungssituationen verringert wird: Institutionen ersparen Transaktionskosten.

Institutionen sparen Transaktionskosten.

In diesem Sinne ist z.B. die Marke »König Pils« eine Institution wie jeder andere Markenname auch. Ihre Stammkneipe ist eine Institution (weil Sie verlässlich wissen, dass Sie dort ein gutes Bier bekommen und bekannte Leute treffen ...), das Unternehmen als Netzwerk von Verträgen ist eine Institution (weil es Arbeitsprozesse verlässlich regelt), der Markt ist eine Institution (weil er Tauschprozesse erleichtert) und auch das Geld ist eine Institution (weil ein allgemein akzeptiertes Zahlungsmittel ebenfalls die Tauschprozesse erleichtert). Im Grunde können wohl alle Einrichtungen des Wirtschaftslebens als Institutionen interpretiert werden. Darüber hinaus können auch Einrichtungen/Regelungen außerhalb des Wirtschaftslebens als Institutionen interpretiert werden, z.B. die Familie, die das Verhalten der Familienmitglieder kanalisiert und stabilisiert und sogar die Ehe, die mit dem öffentlichen Versprechen, von der Möglichkeit der (Ehe-)Vertragskündigung keinen Gebrauch machen zu wollen, das Zusammenleben stabilisiert, ist eine Institution.

Beispiele für Institutionen

Grundtatbestände von Wirtschaftsgesellschaften
Der (neue) Analyseansatz der Ökonomie

Institutionenökonomik

Die Institutionenökonomik untersucht zum einen die Ursachen für die Entstehung und den Wandel von Institutionen und zum anderen die Wirkungen von Institutionen, letztlich mit dem Ziel, optimale Institutionen zu beschreiben. Die heutige Institutionenökonomik wird häufig auch als »Neue Institutionenökonomik« bezeichnet, weil sich auch die ältere Wirtschaftswissenschaft, z. B. die deutsche historische Schule (*Roscher*, *Schmoller*), mit der Rolle von Institutionen befasst hat. Bezüglich der Entstehung und des Wandels von Institutionen existieren zwei unterschiedliche Denkrichtungen. Zum einen die Vorstellung des englischen Liberalismus, Institutionen entstünden als spontanes Ergebnis individueller Handlungen, autonom und nicht als Ergebnis geplanter menschlicher Vernunft. Zum anderen die Vorstellung eines eher französischen Liberalismus, Institutionen entstünden (oder könnten entstehen) als Ergebnis rationaler Planung im Sinne der vertragstheoretischen Denkrichtung.

Entstehung und Wandel von Institutionen

Wirkungen von Institutionen

Bezüglich der Wirkungen von Institutionen kann man Wohlfahrtseffekte und Verteilungseffekte unterscheiden. Wohlfahrtseffekte entstehen im Übergang zu effizienteren Institutionen, beispielsweise im Übergang von der Institution der Personengesellschaft zur Institution der Kapitalgesellschaft, die das Wachstum in kapitalistischen Marktwirtschaften im Grunde erst ermöglicht hat. Verteilungseffekte entstehen, wenn solche Institutionen entstehen, die individuelle Verteilungsgewinne und nicht kollektive Wohlfahrtsgewinne realisieren beispielsweise im Übergang von Allgemeineigentum zum Privateigentum an Produktionsmitteln.

Die Institutionenökonomik rückt den institutionellen Rahmen menschlichen Handelns stärker in den Blickpunkt ökonomischer Forschung, sie erklärt die Existenz zahlreicher Einrichtungen des Wirtschaftslebens mit ihrer Effizienz. Sie bietet damit eine neue Interpretation der Wirtschaft, aber sie bietet keine grundlegend neuen Erkenntnisse bezüglich ihrer Funktionsweise und bezüglich alternativer Organisationsformen der Wirtschaft.

1.11.4 Prinzipal-Agent-Theorie

Asymmetrie der Information

Im Zuge von Tauschprozessen/Transaktionen spielt die Asymmetrie der Information (eigentlich Asymmetrie der Informiertheit) der Tauschpartner eine besondere Rolle. In der Regel kennt der Verkäufer die Qualität des Produktes ungleich besser als der Käufer, insbesondere bei komplexen Gütern wie z. B. bei einem Essen im Restaurant, bei Gebrauchtwagen oder bei dem Kauf eines Hauses. Vielleicht noch bedeutsamer ist die Asymmetrie der Information beim Erwerb von Dienstleistungen, etwa bei einem Arztbesuch, bei der Konsultation eines Rechtsanwaltes oder bei der Auswahl geeigneter Manager durch die Eigentümer eines Unternehmens. Diese Asymmetrie der Information erhöht die Transaktionskosten des Tauschprozesses und verstärkt die Bemühungen, durch geeignete Institutionen Transaktionskosten wieder einzusparen. Insbesondere begründet die Asymmetrie der Information die Notwendigkeit spezieller und verstärkter Schutzmechanismen, um eine Übervorteilung des schlechter informierten Tauschpartners zu verhindern. Diese Fragen werden im Rahmen der Prinzipal-Agent-Theorie behandelt, die als Teil der Institutionenökonomik angesehen werden kann.

Die **Prinzipal-Agent-Theorie** (principal-agent-theory) untersucht die ökonomischen Beziehungen zwischen Auftraggeber (Prinzipal) und Auftragnehmer (Agent) bei
- Unsicherheit,
- Informationsasymmetrie und
- Opportunismus.

Prinzipal-Agent-Theorie als Teil der Institutionenökonomik

Es besteht Unsicherheit über die Folgen ökonomischer Aktivitäten, wobei der Auftragnehmer, der Agent, einen Wissensvorsprung gegenüber dem Auftraggeber, dem Prinzipal, hat. Und der Auftragnehmer, der Agent, handelt opportunistisch, d.h. er verfolgt seine eigenen Interessen und ist auch bereit, Informationen zu unterdrücken oder verzerrt weiterzugeben. Dies ist die in der Neuen Institutionenökonomik übliche Annahme über das Verhalten von Menschen. Solche Prinzipal-Agent-Beziehungen bestehen vor allem in den verschiedenen Formen von Arbeitgeber-Arbeitnehmer-Beziehungen wie Eigentümer-Manager, Patient-Arzt, Klient-Rechtsanwalt oder Kunde-Handwerker und in den verschiedenen Arten von Käufer-Verkäufer-Beziehungen speziell bei komplexen Gütern wie Versicherungen, Gebrauchtwagen, Urlaubsreisen, Häusern usw.

Der Agent verfügt also über Handlungsspielräume, weil der Prinzipal bei seinem beschränkten Informationsstand detaillierte Handlungsanweisungen nicht geben und nicht kontrollieren kann. Dies ist problematisch, weil der Agent andere Interessen als der Prinzipal hat. Der Agent wird nämlich seinen eigenen Nutzen auch dann maximieren, wenn seinem Vorteil ein größerer Schaden bei dem Prinzipal gegenübersteht, insgesamt also Wohlfahrtsverluste entstehen. Umgekehrt wird der Prinzipal versuchen, durch geeignete Kontrollverfahren einen Schaden für sich zu vermeiden.

Handlungsspielraum des Agenten

Die Prinzipal-Agent-Problematik erfordert Phantasie und Logik bei der Konzipierung geeigneter Institutionen, die das Anreiz- und Kontrollproblem lösen können. Prinzipiell geeignete Institutionen sind z.B. Garantien, eine Verkäufer/Produzenten-Haftung für Schäden, eine Erfolgsbeteiligung des Agenten (z.B. Erfolgsprämien von Managern) oder auch entwickelte Berufsnormen wie der ärztliche Eid.

1.11.5 Reputationseffekte und Minimalmoral

In den beschriebenen komplexen Tauschprozessen mit ausgeprägter Asymmetrie der Information spielt der gute Ruf der Tauschpartner, meist vor allem der gute Ruf des Verkäufers/des Agenten eine wichtige Rolle. Wenn nämlich die erwarteten Verluste aus dem Ausstieg des Tauschpartners – in der Regel der Gewinnentgang des Verkäufers angesichts anderenfalls wiederholter Käufe – hö-

Informationsasymmetrie in wiederholten Tauschprozessen ist ein Anreiz zum Aufbau einer Reputation.

her sind als der kurzfristige Täuschungsgewinn des Verkäufers, ergibt sich ein Anreiz, durch die Produktion dauerhaft guter Qualität eine **Reputation**, einen Markennamen zu erwerben. Zwar kann der Käufer die Qualität/Nichtqualität der Produktion meist gar nicht erkennen, aber das Risiko, bei einer einzigen Täuschung ertappt zu werden und Käufer für immer zu verlieren, ist oft genügend Anreiz für den Verkäufer, gute Qualität zu liefern. Daher wird der Wirt in der Stammkneipe kein falsches Bier ausschenken, daher reagiert Daimler Benz auf entdeckte Mängel so panisch wie nach dem Elchtest und daher produziert die »Frankfurter Allgemeine«, die FAZ, permanent hervorragende journalistische Qualität, obwohl der Leser die Qualität einzelner Beiträge und Ausgaben nicht erkennen kann. Gerade bei langfristigen Tauschbeziehungen ist der Markenname, die Reputation, für beide Partner des Tauschgeschäfts wichtig: Der Käufer kann sich auf eine gewisse Qualität verlassen und der Verkäufer erwirbt einen langfristigen Kundenstamm. Wichtig ist, zu erkennen, dass in solchen Fällen die Lieferung einer meist nicht erkennbar guten Qualität nicht (nur) der Moral des Verkäufers folgt, sondern aus seinem Gewinnmaximierungskalkül.

Eine Wirtschaftsgesellschaft setzt kein moralisches Handeln voraus.

Moralisches Handeln ist in der Wirtschaft also nicht unbedingt notwendig für die Funktionsweise einer Wirtschaftsgesellschaft. Man sagt, »die Marktwirtschaft sei auch unter Teufeln funktionsfähig«. Allerdings glaubt die Ökonomie nicht, dass Moral wertlos oder überflüssig ist, sie ist im Gegenteil auch ökonomisch überaus nützlich für die Funktionsweise einer Gesellschaft, weil sie die Kosten für das Bereithalten von Schutzmechanismen für die schlechter informierten Tauschpartner mindert und/oder die Täuschungsverluste selbst verringert. Ökonomen vermuten nur, dass es vorsichtshalber sinnvoll ist, die Anreize für individuelles Handeln so zu setzen, dass moralisches Handeln überflüssig ist und die Individuen das gewünschte Verhalten aus Eigennutz zeigen. Moral ist kein Ersatz für Recht – sagen die Juristen – und auch kein Ersatz für die Zurechnung von Handlungsfolgen – sagen die Ökonomen. Und wenn den Menschen Gemeinsinn abverlangt werden soll, dann entspricht es ökonomischem Denken, weniger an Appelle zu glauben als an Regelungen, die die Kosten für das Praktizieren von Gemeinsinn senken und/oder ihren Nutzen erhöhen. Beispiele gibt es genügend: Galabälle des Deutschen Roten Kreuz oder der Aids-Stiftung, die Verewigung eines Spendernamens auf Messingschildern, die Einblendung der Spendernamen im Fernsehen und vor allem Steuerabzugsmöglichkeiten.

Es gibt ein moralisch fundiertes Pflichtbewusstsein und Fairness im Sinne einer Minimalmoral.

Indes glauben Ökonomen, dass Menschen im Prinzip und im Durchschnitt durchaus geneigt sind, moralisch zu handeln, allerdings nur, wenn dies nicht zu große Opfer erfordert. In diesem Sinne entspricht die Konzeption einer **Minimalmoral** ökonomischem Denken, dies hatte schon Adam Smith beschrieben. Es scheint ein gewisses, moralisch fundiertes Pflichtbewusstsein der Menschen zu geben und eine gewisse, moralisch fundierte Vorstellung von Fairness. Man schließt dies z. B. aus der Beobachtung, dass Bürger ein gewisses politisches Engagement zeigen – sie informieren sich über Politik und gehen zur Wahl –, obwohl dies völlig irrational ist. Weil die Wahrscheinlichkeit, dass **eine**

Stimme in einer politischen Wahl von Bedeutung ist, gleich null ist, lohnt es eigentlich nicht, zur Wahl zu gehen, und es lohnt auch eigentlich nicht, knappe Zeit-Ressourcen in politische Informiertheit zu investieren. So geht der rationale Bürger vermutlich aus einem moralischen Pflichtbewusstsein zur Wahl, aber nur, wenn die Kosten in Form eines Regenwetters oder die Opportunitätskosten in Form eines goldenen Herbsttages nicht zu hoch sind.

Auch in den neuerdings verstärkt durchgeführten Experimenten der so genannten **experimentellen Wirtschaftsforschung** werden Beobachtungen gemacht, die auf eine Vorstellung von Fairness schließen lassen. Dies wird gerne mit dem so genannten Ultimatum-Spiel zwischen zwei Spielern demonstriert: Spieler A erhält 100 Euro geschenkt, aber nur, wenn er Spieler B einen Teil davon abgibt. Und nur, wenn B das Angebot akzeptiert, darf jeder seinen Teil behalten, sonst gehen beide leer aus. In der reinen Rationaltheorie würde A dem B (nur) einen einzigen Euro abgeben und B würde akzeptieren, weil ein Euro besser ist als gar nichts. In diesem Spiel hat sich aber häufig herausgestellt, dass B einen sehr kleinen Betrag als unfair ablehnt und dann lieber gar nichts bekommt. Dies ahnt Spieler A und vermeidet unfaire Angebote und bietet mehr als einen Euro an – meist etwa ein Viertel des Gesamtbetrages. Menschen handeln wohl tatsächlich nicht immer rechnerisch rational und egoistisch, sondern auch unvernünftig und kooperativ und begrenzt moralisch. Dennoch bleibt die Rationalität die grundlegende Annahme über das Verhalten von Konsumenten und Produzenten in der Wirtschaft.

Arbeitsaufgaben Kapitel 1

1. Definieren Sie folgende Begriffe:
   - Produktion,
   - Güter,
   - Knappheit,
   - Arbeitsteilung,
   - Kapital,
   - Investitionen,
   - Institution.

2. Diskutieren Sie die Wechselbeziehung zwischen Bedürfnissen und Produktion anhand von Beispielen. Welche Rolle spielt die Werbung in diesem Zusammenhang?

3. Warum entstehen im Rahmen von Tauschprozessen Transaktionskosten?

4. Warum führt Arbeitsteilung zur Notwendigkeit von Leistungsanreizen und Hierarchien?

5. Diskutieren Sie Vor- und Nachteile der Arbeitsteilung.

6. Was sind die zentralen Bausteine eines Wirtschaftssystems?

7. In einer Volkswirtschaft kann bei Einsatz sämtlicher Produktionsfaktoren eine Produktion von entweder 5.000 Einheiten Investitionsgütern oder 20.000 Einheiten Konsumgütern erstellt werden. Stellen Sie das Wahlproblem dieser Volkswirtschaft mithilfe der volkswirtschaftlichen Transformationskurve dar.

8. Zeigen Sie anhand von Beispielen, in welchen Formen Transaktionskosten entstehen und zeigen Sie, was die Höhe der Transaktionskosten bestimmt.

9. Bewerten Sie die Prinzipal-Agent-Problematik und nennen Sie Institutionen, die zu seiner Lösung beitragen können.

10. Nennen und erläutern Sie die zentralen Fragen, die der Koordinierungsmechanismus einer Volkswirtschaft beantworten muss.

Lösungsvorschläge für die Arbeitsaufgaben finden Sie im »Übungsbuch zu Grundlagen und Probleme der Volkswirtschaft«.

Literatur Kapitel 1

Smith, Adam: Der Reichtum der Nationen, Erster Band, Leipzig 1924. (deutsche Übersetzung von: The Wealth of Nations. 1776).

Die Grundbegriffe des ersten Kapitels werden in zahlreichen einführenden Werken zur Volkswirtschaftslehre erklärt. Wir nennen insbesondere:
Siebert, Horst: Einführung in die Volkswirtschaftslehre, 15. Aufl., Stuttgart u. a. 2007, 1. Kapitel.
Stobbe, Alfred: Volkswirtschaftliches Rechnungswesen, 8. Aufl., Berlin u. a. 1994, 1. Kapitel.
Woll, Artur: Volkswirtschaftslehre, 15. Aufl., München 2006, 2. Kapitel.

Speziell zum Themenkreis »Bedürfnisse« siehe:
May, Hermann: Die menschlichen Bedürfnisse, in: May, H., (Hrsg.), Handbuch zur ökonomischen Bildung, 9. Aufl., München 2008, Kapitel 1.1.
sowie das Standardwerk von:
Kroeber-Riel, Werner / Peter Weinberg / Andrea Gröppel-Klein: Konsumentenverhalten, 9. Aufl., München 2008.

Zum Themenkreis »Wirtschaftsordnung, Wirtschaftsverfassung und Wirtschaftssystem« informieren kurz:
Leipold, Helmut: Wirtschafts- und Gesellschaftssysteme im Vergleich, 5. Aufl., Stuttgart 1988, insbesondere im ersten Teil.
Thieme, H. Jörg: Wirtschaftssysteme, in: Vahlens Kompendium der Wirtschaftstheorie und Wirtschaftspolitik, Bd. 1, 9. Aufl., München 2007.

Zum Themenkreis Institutionenökonomik informiert kurz:
Richter, Rudolf: Institutionen ökonomisch analysiert, Tübingen 1994.
ausführlich:
Richter, Rudolf / Eirik G. Furubotn: Neue Institutionenökonomik, 3. Aufl., Tübingen 2003.

Zum Themenkreis »Moral« informiert:
Kirchgässner, Gebhart: Bemerkungen zur Minimalmoral, in: Zeitschrift für Wirtschafts- und Sozialwissenschaften, 116. Jg., 1996, S. 223–251.

Das grundlegende Werk zum Themenkreis »Gerechtigkeit« stammt von:
Rawls, John: Eine Theorie der Gerechtigkeit, 15. Aufl., Frankfurt/M. 2009 (deutsche Übersetzung von A Theory of Justice, Harvard 1971).

Eine Einführung in die Spieltheorie bietet:
Rieck, Christian: Spieltheorie. Eine Einführung, Eschborn 2007.

2 Funktionsweise der Marktwirtschaft (Überblick)

Leitfragen

Wie gestaltet sich die Funktionsweise der kapitalistischen Marktwirtschaft im Prinzip?

▸ Welches sind die Grundprinzipien dieses Wirtschaftssystems?

▸ Wie sieht der einfache Wirtschaftskreislauf in einer Marktwirtschaft aus?

▸ Wie werden die Fragen des »Was«, »Wie« und »Für Wen« der Produktion im marktwirtschaftlichen Modell gelöst?

▸ Welche ökonomischen Funktionen hat das Privateigentum an Produktionsmitteln?

▸ Wie funktioniert das Informations- und das Sanktionssystem?

▸ Was sind die Grundvorstellungen des klassischen Liberalismus?

Worin ist ein mögliches Marktversagen begründet und was sind die Funktionsprobleme der Marktwirtschaft?

▸ Warum muss der Staat die Produktion bestimmter Güter übernehmen?

▸ Welche Ursachen und Konsequenzen hat das Auseinanderfallen von privaten und sozialen Kosten und Erträgen?

▸ Unter welchen Bedingungen kann der Wettbewerb nicht funktionieren?

▸ Bei welchen Gütern ist eine staatliche Qualitätskontrolle sinnvoll?

▸ Inwiefern besteht eine Tendenz zur Ungleichheit der Einkommens- und Vermögensverteilung?

Wie gestaltet sich die Soziale Marktwirtschaft als konkretes Wirtschaftssystem?

▸ Was sind die Grundelemente der Sozialen Marktwirtschaft?

▸ Welche Bedeutung hat die Wettbewerbspolitik?

▸ Welche Rolle spielt die Stabilisierungspolitik?

▸ Was sind die Grundzüge der Politik der Umverteilung?

▸ Schreibt das Grundgesetz ein bestimmtes Wirtschaftssystem vor?

▸ Warum ist auch ein Staatsversagen zu befürchten?

2.1 Koordinierungsmechanismus Markt

Die kapitalistische Marktwirtschaft, kurz auch nur Marktwirtschaft genannt, beruht auf dem dezentralen Koordinationsmechanismus des Marktes und auf

2.1 Funktionsweise der Marktwirtschaft (Überblick)
Koordinierungsmechanismus Markt

dem Prinzip des Privateigentums an Produktionsmitteln. Beide Elemente zusammen konstituieren ein Wirtschaftssystem, das durch Effizienz und Freiheit gekennzeichnet ist. Allerdings gibt es eine Reihe von Ausnahmetatbeständen, bei denen der Markt nicht gut funktioniert, die ein so genanntes Marktversagen begründen. Daneben gibt es in der Marktwirtschaft das grundsätzliche Problem der Ungleichheit der Einkommens- und Vermögensverteilung und das temporäre Problem von Konjunkturschwankungen. In der konkreten Gestaltung von Wirtschaftssystemen wird stets versucht, ein Marktversagen zu korrigieren und die Marktprobleme zu lösen. Die so genannte Soziale Marktwirtschaft ist ein Beispiel für ein solches Wirtschaftssystem. Bei Diagnose und Therapie von Marktversagen und Marktproblemen darf nicht außer Acht gelassen werden, dass auch der Staat und die staatliche (Wirtschafts-)Politik versagen können. Diese Elemente der Marktwirtschaft werden in diesem Kapitel kurz beschrieben und analysiert. Zum Schluss geben wir einen Überblick über die theoriegeschichtlichen Wurzeln der kapitalistischen Marktwirtschaft.

Bevor wir den Koordinationsmechanismus »Markt« näher betrachten, wollen wir zunächst den Wirtschaftskreislauf modellhaft darstellen. Wir fassen sämtliche private Haushalte zu einer großen Gruppe Haushalte zusammen (man spricht auch vom Sektor Haushalte). Ebenso verfahren wir mit den Unternehmen, die zusammengefasst den Sektor Unternehmen bilden. In unserem einfachen Modell sehen wir ab von staatlicher wirtschaftlicher Tätigkeit und von außenwirtschaftlichen Beziehungen. Die beiden Sektoren Haushalte und Unternehmen sind auf zweierlei Weise miteinander ökonomisch verbunden. Wenn die privaten Haushalte Konsumgüter kaufen wollen, treten sie auf den Konsumgütermärkten als Nachfrager auf, wo die Unternehmen ihrerseits Konsumgüter anbieten. Da Käufe mit Geld bezahlt werden, fließt dem Strom der Konsumgüter von Unternehmen an die Haushalte ein wertgleicher Strom von Konsumausgaben (Geldstrom) entgegen. Zum anderen begegnen sich Haushalte und Unternehmen auf den Märkten für Produktivleistungen. Für die Produktion müssen die Unternehmen Produktionsfaktoren einsetzen, für deren Nutzung sie den Haushalten ein Geldeinkommen zahlen. Dem Strom der Produktivleistungen (z. B. der Arbeitskraft) fließt auch hier ein Geldstrom entgegen.

Konsumgüter fließen von Unternehmen an Haushalte; entsprechende Konsumausgaben von den Haushalten an die Unternehmen

Produktivleistungen fließen von Haushalten an Unternehmen; entsprechende Einkommen von Unternehmen an Haushalte

Wie in Abbildung 2-1 dargestellt, fließt also zwischen dem Sektor private Haushalte und dem Sektor private Unternehmen ein Güterstrom und entgegengesetzt ein Geldstrom. Man spricht daher in Anlehnung an den Blutkreislauf vom **Wirtschaftskreislauf**.

Mithilfe des Wirtschaftskreislaufs und seiner Märkte soll die marktwirtschaftliche Lösung des Koordinationsproblems erläutert werden. Dabei sind einige Vorgriffe auf die Preisbildung notwendig, die wir in Kapitel 6 eingehend behandeln werden. Zudem ist hervorzuheben, dass es sich bei den folgenden Erörterungen um eine reine Modellbetrachtung handelt. Erläutert wird, wie der Marktmechanismus grundsätzlich funktioniert. Beobachtbare Mängel marktwirtschaftlicher Systeme und die sich daraus ergebenden Einschränkungen für die folgenden Ausführungen werden in Kapitel 2.4 und 2.5 behandelt.

Koordinierungsmechanismus Markt **2.1**

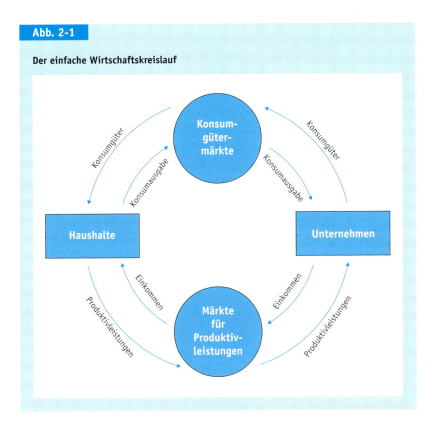

Abb. 2-1

Der einfache Wirtschaftskreislauf

Wie wird in der Marktwirtschaft entschieden, welche Güter in welchen Mengen produziert werden? (Das **»Was«** der Produktion.)

Auf den **Konsumgütermärkten** treffen Angebot und Nachfrage nach Gütern zusammen und bestimmen die Preise der Güter. Bei diesen »gleichgewichtigen« Preisen sind Angebot und Nachfrage ausgeglichen, und die Unternehmen erzielen einen bestimmten Gewinn.

Angenommen, die Nachfrage nach einem Gut (z. B. nach Einfamilienhäusern) steigt, ohne dass sich zunächst die Produktionskosten wesentlich verändern. Die Folge wird sein, dass der Preis für dieses Gut steigt und der Gewinn in diesem Produktionszweig zunimmt. Dies veranlasst die Unternehmer, ihre Produktion des Gutes auszudehnen, und lockt neue Unternehmer auf den lukrativen Markt. D.h. aber zugleich, dass insbesondere mehr Arbeiter und Maschinen, Boden und Rohstoffe zur Produktion von Einfamilienhäusern gebraucht werden.

Was bedeuten diese Vorgänge für das **»Was«** der Produktion? Die gestiegene Nachfrage, die letztlich Käuferwünsche widerspiegelt, regt über den gestiegenen Preis und Gewinn die Produktion dieses Gutes an.

Das »Was« der Produktion

2.1 Funktionsweise der Marktwirtschaft (Überblick)
Koordinierungsmechanismus Markt

> Die Nachfrager entscheiden also letztlich durch ihre Käufe (»Stimmzettel«), was in der Volkswirtschaft in welchen Mengen produziert wird.

Man spricht deshalb auch von der **Konsumentensouveränität**. Mit der Entscheidung über die Menge der zu produzierenden Güter wird gleichzeitig entschieden, in welche Verwendungen die knappen Produktionsfaktoren der Volkswirtschaft fließen. Preise und Gewinne haben in diesem Prozess die wichtige Aufgabe, dem Unternehmer zu signalisieren, welche Produktion die Konsumenten wünschen. Nur solche Unternehmer, die diese Signale beachten, können langfristig am Markt bleiben.

Das »Für Wen« der Produktion

Wenden wir uns der Frage zu, **»Für Wen«** in der Marktwirtschaft produziert wird.

Güter kann nur kaufen, wer ein Einkommen erzielt. (Zur Vereinfachung wollen wir von Käufen aus Vermögen absehen.) Ein Einkommen erzielt nur, wer seine Arbeitskraft oder sonstige Produktivleistungen für Produktionsprozesse erfolgreich anbietet. Die Höhe des Einkommens ergibt sich dabei – abgesehen vom Gewinn, der sich als Restgröße ergibt (Umsatz – Kosten) – als mathematisches Produkt aus der Menge der verkauften Leistungen und ihrem Preis. Die Preise und die ge- bzw. verkauften Mengen der Produktivleistungen ergeben sich auf den so genannten **Faktormärkten**, die Preise für die Arbeitskraft z. B. auf dem Arbeitsmarkt.

Die Angebots- und Nachfragesituation auf den Faktormärkten entscheidet also über die Höhe der Einkommen und damit über das »Für Wen« der Produktion.

Das »Wie« der Produktion

Wie, d. h. durch Einsatz welcher Produktionsfaktoren, werden die produzierten Güter erzeugt?

Angenommen, der Faktor Arbeit ist aufgrund einer hohen Nachfrage nach Arbeit relativ (d. h. im Verhältnis zu anderen Produktionsfaktoren) teuer. Es leuchtet ein, dass die Unternehmer, die zum Zwecke der Gewinnerhöhung möglichst niedrige Kosten anstreben, in einem solchen Fall versuchen werden, möglichst wenig Arbeitskraft einzusetzen, Arbeitskraft also durch Kapital zu ersetzen.

Da sich der Preis des Faktors Arbeit (Lohn) und des Faktors Kapital (Zins) auf den Faktormärkten bildet, entscheidet – bei gegebenem Stand des technischen Wissens – die Preisbildung auf den Faktormärkten über das Einsatzverhältnis der Produktionsfaktoren und damit über das »Wie« der Produktion.

Die Steuerung der Konsumgütermärkte und der Märkte für Produktivleistungen erfolgt durch die Preise auf diesen Märkten. Diese Preise reflektieren die Präferenzen der Konsumenten und die Kosten der Produktion. Sie steuern nicht nur isoliert die Tauschprozesse auf den einzelnen Märkten, sondern auch die Beziehungen zwischen den Güter- und Faktormärkten. Damit haben die Tauschprozesse auf den Gütermärkten ebenso Rückwirkungen auf die Faktormärkte wie die Tauschprozesse auf den Faktormärkten auf die Gütermärkte.

Wenn wie in obigem Beispiel der Preis für Einfamilienhäuser steigt und daraufhin die Produktion ausgedehnt wird, nimmt in der Volkswirtschaft die

Nachfrage nach Arbeitskräften für diese Branche zu. Die Nachfrage nach Arbeit ist also, wie die Nachfrage nach Produktivleistungen überhaupt, eine **abgeleitete Nachfrage**. Die Löhne steigen und damit verändert sich die Kostensituation bei der Konsumgüterproduktion, was nicht ohne Rückwirkungen auf die Produktionsentscheidungen bleibt: Einerseits lohnt es sich in dieser Branche tendenziell, Arbeit durch Kapital zu ersetzen. Andererseits führen die gestiegenen Kosten im Marktmodell zu einer Abnahme der Produktion. Ferner ist zu berücksichtigen, dass die gestiegenen Löhne Einkommen darstellen und damit nachfragewirksam werden. Hier wird der wechselseitige Zusammenhang zwischen den Märkten einer Volkswirtschaft – die **generelle ökonomische Interdependenz** – sehr deutlich.

Die Nachfrage nach Produktionsfaktoren ist eine abgeleitete Nachfrage.

Im Zusammenspiel von Angebot und Nachfrage bilden sich im freien Wettbewerb Preise, die im Prinzip und im Durchschnitt Produktionskosten und Konsumentenpräferenzen reflektieren. Es bilden sich also Knappheitspreise, ohne dass eine Behörde diese berechnen muss. Es ist geradezu die Überzeugung der Ökonomen, dass der Markt im Preis die Informationen der Wirtschaft besser verarbeiten kann als ein Computer oder ein Planungsamt. Die Grundvorstellung ist, dass ein Markt mit Hunderten von Teilnehmern in seiner Gesamtheit klüger ist als eine Behörde, weil alle diese Teilnehmer Informationen liefern, sammeln und verarbeiten und dabei, anders als die Behörde, finanzielle Risiken tragen. Der Markt verfügt also über mehr »Experten« als die Behörde und hat zugleich die besseren Anreizmechanismen in Form des Privateigentums. Das ist kurz gefasst die **Hypothese vom effizienten Markt**. Sie besagt, dass die tatsächlichen Preise die besten Schätzungen für den Wert von Gütern sind, basierend auf allen verfügbaren Informationen. Diese Idee wird etwa in den zahlreichen Wahlprognosemärkten, z. B. an der Universität Kiel (www.forecastmarkets.org/uni-kiel) angewendet oder in der Internetbörse Policy Analysis Market (PAM) des Pentagon, an der interessierte Händler auf das Geschehen z. B. im Nahen Osten wetten können.

Knappheitspreise reflektieren Kosten und Präferenzen.

Die Vorzüge der Marktkoordination durch den Preis sind zusammengefasst:
- die große Zahl der Teilnehmer (die »Weisheit der Massen«),
- ihre überlegene spezifische Kenntnis des Marktes (z. B. Golfgeräteproduzenten und Golfspieler kennen den Golfgerätemarkt besser als andere Wirtschaftssubjekte) und
- die finanzielle Motivation der Teilnehmer.

Im Zuge der Finanzkrise ist die Hypothese vom effizienten Markt ein wenig in Misskredit geraten, die Grundvorstellung ist aber sicher richtig: Märkte verarbeiten besser als andere Informationsverarbeitungssysteme eine Fülle von Informationen über Konsumentenpräferenzen, über Kostenverläufe und über Knappheiten in einem einzigen Indikator, nämlich im Preis, und dieser Preis ist damit ein sehr gutes Informationskonzentrat und ein sehr gutes Lenkungsmittel.

Der Preis ist ein sehr gutes Informationskonzentrat.

2.2 Privateigentum an Produktionsmitteln

2.2.1 Ausgestaltung von Eigentumsrechten

Eigentumsrechte (Property Rights) sind Rechte in Form von
- Nutzungsrechten (Recht auf Nutzung und Erträge) und
- Verfügungsrechten (Recht auf Erwerb, Verwendung und Übertragung).

Bisweilen wird noch weiter differenziert in das Recht auf Nutzung, das Recht auf Einbehaltung der Gewinne, das Recht auf Veränderung und das Recht auf Veräußerung. Ausgestaltung und Umfang dieser Rechte können sehr unterschiedlich sein. So ist z. B. möglich, dass alle Mitglieder der Gesellschaft das Recht haben, den Meeresstrand zu nutzen (wie in Frankreich). Oder es ist möglich, dass private Nutzungsrechte, aber keine Verfügungsrechte bestehen, wie z. B. bei der Erbpacht, oder es ist möglich, dass Nutzungs- und Verfügungsrechte bestehen, diese aber sehr eng definiert sind, wie z. B. bei Arztpraxen, oder es können unbeschränkte Nutzungs- und Verfügungsrechte bestehen, was in der Regel für das Eigentum an dauerhaften Konsumgütern gilt.

Privateigentum ist ein Eigentum, dass dem Eigentümer volle Nutzungs- und Verfügungsrechte einräumt. Hier wird die Bedeutung des Wortes privat deutlich: Privat kommt von privare (lat.: berauben) und Privateigentum wird so genannt, weil es die Nichteigentümer der Nutzung und der Verfügung »beraubt«.

Funktion des Privateigentums

Die zentrale Funktion des Privateigentums ist die Zurechnung von Handlungsfolgen auf den Verursacher; mit Privateigentum z. B. an einem Unternehmen darf der Eigentümer das Unternehmen nutzen. Er kann über den Einsatz der Produktionsmittel frei entscheiden und über die erwirtschafteten Gewinne frei verfügen und/oder das Unternehmen ganz oder teilweise verkaufen. Privateigentum wird im Wesentlichen mit zwei Argumenten begründet:

Begründung des Privateigentums

- Privateigentum als Leistungsanreiz und
- Privateigentum als Fundament persönlicher Freiheit.

2.2.2 Privateigentum als Leistungsanreiz

Die Zurechnung von Handlungsfolgen auf den Privateigentümer gilt als optimales Leistungsanreizsystem. Man glaubt, dass die Inrechnungstellung von erwarteten Gewinnen und Verlusten die unternehmerischen Entscheidungen über Investitionen und über den Einsatz der Produktionsmittel optimiert. Die Kosten- und Erfolgsrechnung bei Privateigentum an Produktionsmitteln erscheint effizienter und flexibler als andere mögliche Zurechnungen. Wenn die Zurechnung von Handlungsfolgen gesichert ist, kann mit Eigeninitiative, Innovationsbereitschaft und großer Sorgfalt bei der Kalkulation von unternehmerischen Entscheidungen gerechnet werden. Unternehmer beachten im eigenen Interesse dann die Signale des Marktes, z. B. die Nachfragewünsche der Konsumenten, die Veränderungen von Knappheit und Preisen oder die Veränderung im Bereich der Produktionstechnik. Mit dieser Argumentation wird zunächst der Typ des klassischen Unternehmers begründet, der sowohl Eigentümer als auch Geschäftsführer seines Unternehmens ist.

Begründung des Eigentümer-Unternehmers

In der heute üblichen Kapitalgesellschaft existiert aber keine persönliche Haftung der Eigentümer, sondern ihre Haftung ist beschränkt auf das Eigentum des Unternehmens. Rechtsformen sind vor allem die Aktiengesellschaft (AG) und die Gesellschaft mit beschränkter Haftung (GmbH). Der oder die Eigentümer sind in der Regel nicht mehr zugleich Geschäftsführer, sondern die Geschäftsführung wird von angestellten Managern übernommen. In diesem Fall haben die Eigentümer nur noch die Funktion, die richtigen, also die besten Manager auszuwählen und Anreizsysteme zu entwickeln, die die Manager anspornen, eine Leistung zu erbringen, die den Zielen der Eigentümer entspricht. Dies ist eine klassische Prinzipal-Agent-Beziehung; geeignet erscheinende Anreizsysteme sind hier Gehaltsdifferenzierungen und Gewinnbeteiligungen. Im Fall der modernen Kapitalgesellschaft mit der Trennung von Geschäftsführung und Eigentum scheint die Funktion des Privateigentums gering zu sein. Diese Überlegung hatte dazu geführt, Unternehmen auch in Staatseigentum zu überführen und die Geschäftsführung auf angestellte Manager zu übertragen. Weil Funktionäre des Staates aber kein Eigentum an dem staatlichen Unternehmen haben, also auch nicht das Recht haben, Dividenden zu erzielen und Anteile an staatlichen Unternehmen zu verkaufen, verringert sich der Anreiz, die richtigen Manager auszuwählen und ihre Geschäftsführung zu überwachen. Manager von Staatsunternehmen waren dementsprechend sehr häufig »verdiente Parteigenossen«, deren Einsatz in der Politik nicht mehr gewünscht war, die aber keine guten Manager waren.

Beschränkte Haftung in Kapitalgesellschaften

2.2.3 Privateigentum als Fundament persönlicher Freiheit

Privateigentum, allerdings nicht nur an Produktionsmitteln, sondern an Vermögen ganz allgemein, schafft einen Lebensraum für den Menschen, eine Sphäre persönlicher Freiheit, einen Schutzzaun vor staatlicher Machtentfaltung und vor persönlichen Abhängigkeiten. Eigentumsrechte definieren also einen gesetzlich geschützten Freiheitsspielraum, daher wurde und wird Eigentum häufig mit Freiheit gleichgesetzt. »Freiheit besteht im sicheren und geheiligten Besitz von des Menschen Eigentum« (*Charles J. Fox*, englischer Staatsmann, 1749–1806). Zugleich wurde aber gesehen, dass dies nur für den gilt, der Eigentum hat. Mithin ist mit dieser Begründung zugleich die Forderung nach einer relativ gleichmäßigen Vermögensverteilung verknüpft. »Wealth is like muck. It is not good but if it be spread.« (»Wohlstand ist wie Mist. Er taugt nichts, wenn er nicht gestreut ist.« Ausspruch von *Francis Bacon*, englischer Staatsmann und Philosoph, 1561–1626.) Dies ist die Basis der in der Aufbauphase Deutschlands so populär gewesenen Forderung »Wohlstand für alle«. Zugleich ist damit vorzugsweise eine bestimmte Form des Eigentums gemeint, ein

Begründung einer gleichmäßigen Vermögensverteilung

Eigentum, das sich zur Streuung eignet und zugleich von vitaler Bedeutung ist: das Haus- und Bodeneigentum. »Der Industriearbeiter, den wir nicht zum Handwerker machen können, kann und soll wenigstens zum Eigentümer seines Hauses und eines Garten- oder Ackerlandes werden, das ihm neben seinem Hauptberuf und während seiner freiwilligen oder unfreiwilligen Muße als Produktionseigentum dienen kann und zwar zur Produktion des Lebenswichtigsten, mit der er endlich den Tücken des Marktes mit seinen Lohn- und Preiskämpfen und mit seinen Konjunkturen entrinnt« (Röpke 1979).

2.3 Die prinzipielle Optimalität der kapitalistischen Marktwirtschaft

Die in ihren Grundzügen dargestellte kapitalistische Marktwirtschaft wird konstituiert durch
▸ ein gut funktionierendes Informationssystem in Form des beschriebenen Markt- bzw. Preismechanismus und
▸ ein gut funktionierendes Sanktionssystem in Form des Privateigentums an Produktionsmitteln.

Wesensmerkmale dieses Systems sind die **Effizienz** und die **Freiheit**.
Die **Effizienz** resultiert aus der Kombination der beschriebenen Informations- und Sanktionssysteme. In der Preisbildung auf dem Markt, im Preismechanismus, werden in einem System von Wissensteilung – analog zum System der Arbeitsteilung – das technische und wirtschaftliche Wissen, die technischen und wirtschaftlichen Fähigkeiten sowie die Präferenzen aller Marktteilnehmer genutzt bzw. berücksichtigt, ohne dass an einer Stelle dieses Wissen zentralisiert werden muss. Es werden nur Wissensfragmente kombiniert, die in ihrer Gesamtheit aber ein optimales Informationskonzentrat bilden. Damit sind auch die Ziele, denen der Marktmechanismus folgt, die Ziele aller Marktteilnehmer in all ihrer Vielfältigkeit und Gegensätzlichkeit. Und in Verbindung mit dem Privateigentum ergibt sich ein Anreiz für die Marktteilnehmer, sich im Wettbewerb die benötigten Informationen zu beschaffen und anderen Marktteilnehmern Informationen zu liefern, neue Produkte anzubieten und neue Produktionsverfahren anzuwenden. Dies ist die Interpretation von Wettbewerb als optimales Entdeckungsverfahren, die insbesondere auf *Friedrich August von Hayek* (1899–1992) zurückgeht.

Daneben konstituiert dieses System die **formale Freiheit** aller Marktteilnehmer. Die Freiheit der Wirtschaftssubjekte wird durch Märkte gesichert. Märkte sind notwendig, um die Freiheit der Arbeitsplatzwahl, die Freiheit der Konsumwahl und die Unternehmerfreiheit zu ermöglichen. Man sieht Anbieter und Nachfrager sozusagen freiwillig auf die Marktsignale reagieren, die gewählten Tauschgeschäfte werden offenbar freiwillig anderen Möglichkeiten vorgezogen. Man konsumiert, produziert und arbeitet allenfalls vom »sanften Druck

---

System von Wissensteilung

Wettbewerb als optimales Entdeckungsverfahren

Sicherung der formalen Freiheitsrechte

des Hungers« getrieben, und solche unpersönlichen Autoritäten werden wohl weniger drückend empfunden als persönliche Befehle oder Anweisungen einer Behörde.

Insgesamt resultiert ein System effizienter Produktionsweise bei formaler Freiheit der Wirtschaftssubjekte: Ohne Zwang wird effizient produziert in dem Sinne, dass nur wenig Produktionsmittel verschwendet werden und dass etwa gemäß den Konsumentenpräferenzen produziert wird.

Unter bestimmten Annahmen, nämlich unter den allerdings sehr wirklichkeitsfremden Annahmen der **vollständigen Konkurrenz** lässt sich sogar beweisen, dass im freien Wettbewerb der Anbieter eine optimale Allokation der Ressourcen resultiert. Das verwendete Wohlfahrtsmaß, die Rente von Konsumenten und Produzenten zusammen, wird maximal (vgl. Kapitel 6.2.2). Oder anders formuliert: Es resultiert ein so genanntes **Pareto-Optimum** (*Vilfredo Pareto*, 1848–1923). Dies ist ein Zustand, der dadurch gekennzeichnet ist, dass

Beweis der Optimalität

- durch keine Reorganisation des Wirtschaftsprozesses es möglich wird, von einem Gut mehr zu produzieren, ohne von einem anderen weniger zu produzieren (Produktionsoptimum) und
- durch keine Umverteilung der Produktion es möglich ist, den Nutzen eines Menschen zu steigern, ohne den Nutzen eines anderen gleichzeitig zu mindern (Tauschoptimum).

Im Pareto-Optimum wird sozusagen nichts verschwendet. Wohl wäre es möglich, statt Maschinen Konsumgüter zu produzieren, aber nicht von beidem mehr, oder wohl wäre es möglich, dass der Reiche dem Armen etwas abgibt, aber beide zusammen können nicht mehr Güter erhalten.

Sehr viel relevanter und wirklichkeitsnäher ist die Interpretation des Marktes und des **Wettbewerbs als optimales Entdeckungsverfahren**. Beweisen lässt sich die Optimalität des Marktes dann allerdings nicht mehr, sie ist lediglich plausibel und durch die Geschichte bestätigt. Der Markt erfüllt in dieser weniger stringenten Interpretation positive Funktionen im Sinne erfahrungsgestützter Erwartungen über Verlaufsmuster, die funktionierenden Märkten eigen sind.

Plausibilität der Optimalität

Es wird dann angenommen, dass Märkte gut funktionieren, wenn folgende Strukturbedingungen erfüllt sind:

Strukturbedingungen gut funktionierender Märkte

- Auf dem Markt werden angemessen definierte Eigentumsrechte getauscht, also Nutzungs- und Verfügungsrechte an Gütern und Dienstleistungen.
- Die Marktteilnehmer haben eine gute Transparenz bezüglich der Qualitäten, der Nutzen und der Preise der gehandelten Güter und Dienstleistungen.
- Die Strukturbedingungen für gut funktionierenden Wettbewerb sind erfüllt.

Wenn diese Bedingungen nicht erfüllt sind, resultiert das so genannte Marktversagen, das nachfolgend beschrieben wird.

Zuvor muss in aller Deutlichkeit darauf hingewiesen werden, dass die allokative und produktive Effizienz der kapitalistischen Marktwirtschaft nichts mit

Effizienz und Gerechtigkeit stehen in einem nicht aufgelösten Konkurrenzverhältnis.

Gerechtigkeit zu tun hat. Effizienz und Gerechtigkeit stehen vielmehr in einem nicht aufgelösten Konkurrenzverhältnis, weil der Markt im Wettbewerb Leistungsanreize benötigt und bietet, die mit einer materiellen Gleichbehandlung der Menschen nicht vereinbar sind.

2.4 Marktversagen

Die Behauptung der Optimalität der kapitalistischen Marktwirtschaft gilt, wie ausgeführt, nur grundsätzlich, nur bei Erfüllung der oben genannten Bedingungen:
- Definition und Durchsetzung von Eigentumsrechten ist möglich;
- Strukturbedingungen des Wettbewerbs sind erfüllt und
- Markttransparenz ist gegeben.

Ausnahmetatbestände

Wenn diese Bedingungen nicht hinreichend erfüllt sind – in der Regel ist dies eine Frage des Grades, nicht der Existenz – resultieren eine Reihe von Ausnahmetatbeständen, die in der Ökonomie unter dem Begriff **Marktversagen** zusammengefasst werden. In diesen Fällen funktioniert die Allokation durch Märkte nicht optimal. Das bedeutet dann allerdings nicht, dass andere Organisationsmodelle a priori überlegen sind. Dies könnte nur durch konkrete Kosten-Nutzen-Analysen festgestellt werden.

Die Ausnahmetatbestände sind:
- die Existenz öffentlicher Güter,
- die Existenz externer Effekte (in beiden Fällen können bzw. sollen Eigentumsrechte nicht definiert und durchgesetzt werden),
- die Existenz kontinuierlich sinkender Durchschnittskosten der Produktion (diese begründen Strukturprobleme des Wettbewerbs) und
- die Existenz von Informationsmängeln, insbesondere der Konsumenten.

2.4.1 Öffentliche Güter

Öffentliche Güter sind durch …

Ein Gut hat den Charakter eines reinen öffentlichen Gutes, wenn es ohne Rivalität von allen Nachfragern konsumiert werden kann (Nicht-Rivalität) und wenn ein Ausschluss vom Konsum nicht möglich ist (Nicht-Ausschluss). Dies steht im Gegensatz zu einem privaten Gut, wie z. B. Champagner, bei dem Nicht-Zahler von der Nutzung im Regelfall ausgeschlossen werden und der Konsum durch einen Konsumenten den Konsum durch einen anderen Konsumenten ausschließt.

… Nicht-Rivalität im Konsum …

Nicht-Rivalität im Konsum liegt dann vor, wenn ein Gut von vielen Personen gleichzeitig konsumiert werden kann, ohne dass der Konsum einer Person den Konsum anderer Personen beschränkt. Beispiele sind zahlreich zu finden, etwa die Nicht-Rivalität im Konsum der Güter Sicherheit, saubere Umwelt, Straßenbeleuchtung, Fernsehprogramme, Informationen usw.

Nicht-Ausschluss (Versagen des Marktausschlussprinzips) liegt vor, wenn potenzielle Konsumenten nicht von der Nutzung des Gutes ausgeschlossen werden können – auch dann nicht, wenn sie keinen (angemessenen) Beitrag zur Finanzierung der Produktion leisten (Free-Rider oder Trittbrettfahrer). Die Möglichkeit des Ausschlusses bzw. Nicht-Ausschlusses ist, anders als bei der Nicht-Rivalität, in der Regel eine Frage der Technik und der Kosten. So könnte man Nicht-Zahler von der Straßennutzung oder der Nutzung eines Leuchtturms oder der Nutzung eines Rundfunkprogramms ausschließen, aber dies ist in der Regel teuer. Der Leser wird erkennen, dass ein Ausschluss vom Gut Sicherheit auch technisch nicht möglich ist.

… und die Nicht-anwendbarkeit des Marktausschlussprinzips definiert.

Die Konsequenzen dieser Tatbestände sind zweierlei. Wenn Nicht-Rivalität im Konsum besteht, dann ist es nicht sinnvoll, Preise zu fordern und damit einen Konsumenten vom Konsum auszuschließen, denn dieser zusätzliche Konsument würde ja keine zusätzlichen gesellschaftlichen Ressourcen verbrauchen. In der Sprache der Theorie der Eigentumsrechte ausgedrückt, ist die Definition und Durchsetzung von Eigentumsrechten nicht effizient, sie würde unnötige volkswirtschaftliche Kosten verursachen. Andererseits ist zu sehen, dass die Produktion eines solchen Gutes auch Kosten verursacht und dass diese Kosten gedeckt werden müssen.

Hieraus resultiert ein **Dilemma**: Entweder finanzieren die privaten Konsumenten – sofern möglich – ihren privaten Konsum doch durch Preise, die die Nutzung durch andere dann ausschließen (z. B. Pay-TV), oder ein Typ kollektiver Finanzierung durch alle bezahlt die Produktion, was dazu führt, dass der individuelle Finanzierungsbeitrag im Allgemeinen nicht der individuellen Nutzung entspricht (z. B. bei der Gebührenfinanzierung des öffentlich-rechtlichen Rundfunks). Aus diesem Dilemma resultieren die volkswirtschaftlich nicht optimale Produktionsmenge, Produktionsstruktur und Zuteilung dieses Gütertyps. Man spricht von **Suboptimalität**: Es wird zu viel, zu wenig oder in falscher Zusammensetzung produziert.

Dilemma-Situation bei Nicht-Rivalität

Wenn Nicht-Ausschluss gegeben ist, dann können Preisforderungen nicht durchgesetzt werden. In der Sprache der Theorie der Eigentumsrechte können Eigentumsrechte also nicht definiert und durchgesetzt werden. Kein ökonomisch rational handelnder Konsument würde nämlich für ein Gut zahlen, von dessen Nutzung er nicht ausgeschlossen werden kann. Er könnte vielmehr als Free-Rider unentgeltlich in den Genuss solcher Güter kommen. Da Preisforderungen also nicht durchgesetzt werden können, wird auch kein privater Unternehmer bereit sein, ein solches öffentliches Gut zu produzieren. Gemessen an den ja durchaus vorhandenen Präferenzen der Konsumenten für ein solches Gut wird es dann in zu geringem Umfang oder gar nicht produziert. Man spricht von **Unterproduktion**; klassische Beispiele sind der Umweltschutz, die innere und äußere Sicherheit und die Grundlagenforschung.

Öffentliche Güter werden nicht gemäß den Präferenzen der Konsumenten produziert.

2.4.2 Externe Effekte

Externe Effekte sind die unmittelbaren Auswirkungen der ökonomischen Aktivitäten eines Wirtschaftssubjekts, die vom Verursacher nicht berücksichtigt werden und – im Gegensatz zu anderen ökonomischen Transaktionen – zwischen den Beteiligten keine Rechte auf Entgelt oder Kompensation begründen. Es sind also Wirkungen auf unbeteiligte Dritte (Drittwirkungen). Wenn es externe Effekte gibt, kann die Marktproduktion die optimale Allokation nicht gewährleisten, weil die Drittwirkungen ex definitione nicht in die privaten Kosten-Nutzen-Kalküle der Produzenten eingehen.

Keine optimale Allokation bei externen Effekten

Die privaten Kosten und Erträge entsprechen somit nicht den sozialen (gesellschaftlichen) Kosten und Erträgen.

Externe Effekte gibt es in großer Fülle. Von großer praktischer Bedeutung sind externe Effekte im Umweltbereich (vgl. Kapitel 29.3.2). Typisches Beispiel ist ein Unternehmen, das seine Abwässer und Abgase an die Umwelt abgibt, ohne für die Schädigung zu zahlen. Da niemand Privateigentum an Luft und Wasser besitzt, werden den Verursachern die entstandenen Schäden nicht in Rechnung gestellt. Entsprechende Überlegungen gelten für den privaten Konsumenten – man denke z. B. an die Luftverschmutzung durch Autoabgase. Es gibt dann keine Preise, z. B. für die Luftverschmutzung, und die Konsumenten und Produzenten haben keinen Anreiz, die Luftverschmutzung einzuschränken.

2.4.3 Strukturprobleme des Wettbewerbs

Strukturprobleme des Wettbewerbs resultieren in Märkten, in denen erhebliche Größenvorteile der Produktion oder ausgeprägte Fixkostendegressionen bestehen. Beide Charakteristika werden oft miteinander verwechselt, sind gleichwohl analytisch streng zu unterscheiden.

Wenig Wettbewerb bei Größenvorteilen der Produktion

Größenvorteile der Produktion bestehen, wenn ein großer Betrieb billiger produziert als ein kleiner Betrieb, wenn die Stückkosten der Produktion mit steigender Ausbringung sinken. Ursache sind die so genannten economies of scale und scope (vgl. Kapitel 7.2.2.1). Dies ist typisch etwa für die Stahlproduktion, die Automobilproduktion oder die Produktion von Energie. In einem solchen Fall bietet der Markt nur wenigen Betrieben ein konkurrenzfähiges Überleben, es gibt dann nur wenige Wettbewerber und wenig Wettbewerb. Wenn die Stückkosten sogar kontinuierlich sinken, bietet der Markt nur Raum für einen einzigen Anbieter, denn am billigsten produziert dann der Alleinanbieter, der Monopolist. Man spricht von einem **natürlichen Monopol**. Wettbewerb kann es in einem solchen Markt von Natur aus nicht geben, er muss vielmehr veranstaltet werden (vgl. Kapitel 7.3.2).

Signifikante **Fixkostendegressionen** entstehen in Betrieben, die mit einem hohen Anteil an fixen Kosten produzieren, also mit Kosten, die von der Produktionsmenge unabhängig sind (vgl. Kapitel 5.5). Einen hohen Fixkostenanteil haben z. B. Verkehrsbetriebe, Telekommunikationsnetze oder Fernsehveranstalter. Diese haben nämlich praktisch nur fixe Kosten, unabhängig davon wie viele Personen befördert werden, wie viele Telefongespräche geführt werden oder wie viele Zuschauer ein Programm sehen. Eine solche Fixkostendegression ist ein starker Anreiz, vorhandene Kapazitäten auszunutzen und hierzu auch aggressive Verkaufsmethoden einzusetzen. Daher werben z. B. die Lufttransportunternehmen, die Telekommunikationsnetzbetreiber oder Pay-TV-Veranstalter mit immer neuen Tarifen, mit Lockvogelangeboten, mit Rabatten und Sonderkonditionen. Hier ist der Wettbewerb in der Regel aggressiv und bisweilen ruinös. Der Wettbewerb muss in solchen Branchen speziell überwacht werden.

Aggressiver Wettbewerb bei großer Fixkostendegression

2.4.4 Mangelnde Transparenz für die Konsumenten

Ob der Wettbewerb eine vom Konsumenten gewünschte Qualität hervorbringt, hängt auch davon ab, ob Konsumenten die Qualität der Produkte erkennen und bewerten können. Hier gibt es erhebliche Mängel. Ganz generell besteht ein strukturelles Informationsgefälle zwischen Produzent und Konsument. Der Produzent kennt die Qualität seiner Produkte in der Regel ungleich besser als der Konsument und kann die Transparenz zudem durch Werbung beeinflussen. Dies gilt insbesondere für Güter, deren Qualität sehr komplex ist und weder vor dem Kauf noch nach dem Kauf richtig beurteilt werden kann. Dies gilt z. B. ausgeprägt für die Qualität medizinischer Leistungen, für die Qualität von Arzneimitteln, aber auch für die Qualität von Bildungseinrichtungen, von Versicherungen oder komplexen Finanzprodukten.

Zentrale Folge der Qualitätsunkenntnis und der Asymmetrie der Information ist die so genannte »adverse Auslese« (adverse selection). Wenn Konsumenten die Qualität von Produkten vor dem Kauf und vor dem Konsum nicht beurteilen können und wenn sie sich dessen bewusst sind, sind sie bei rationalem Verhalten auch nicht bereit, eine bessere und üblicherweise teurere Qualität zu bezahlen. Denn immer würde das Risiko bestehen, ein Produkt von minderer Qualität zu erwerben, ohne es zu merken. Entsprechend besteht für Produzenten kein Anreiz, eine bessere Qualität mit höheren Kosten anzubieten, weil die Konsumenten dies nicht erkennen können und nicht mit höheren Nachfragepreisen honorieren würden. Das bewirkt, dass nur die schlechtere gleich billigere Qualität auf den Markt kommt, die Produkte mit höherer Qualität verlassen den Markt. Es kommt zu einem so genannten **Marktversagen in Bezug auf die Produktqualität**, weil die Konsumenten eigentlich bereit wären, die bessere Qualität nachzufragen und zu bezahlen, wenn sie nur sicher sein könnten, die bessere Qualität auch zu bekommen. Die adverse Auslese hat zur Folge, dass der Preis und die angebotene Qualität so lange sinken, bis am Ende nur noch schlechte Qualität angeboten wird.

Adverse Auslese bei Qualitätsunkenntnis

2.4.5 Marktversagen und seine Regulierung

Die beschriebenen Bereiche möglichen Marktversagens sind Gegenstandsbereich staatlicher Wirtschaftspolitik. Diese Verhaltensbeeinflussung von Unternehmen mit dem Ziel, Marktversagen zu korrigieren, bezeichnet man als **Regulierung.** Grundsätzlich sollen dabei Marktergebnisse simuliert werden. Klassisches Feld der Regulierung sind die natürlichen Monopole, insbesondere Versorgungs-, Telekommunikations- und Verkehrsunternehmen, daneben die Festlegung von Qualitätsstandards bei mangelnder Markttransparenz, insbesondere bei Banken und Versicherungen sowie im medizinischen Bereich, und schließlich Umweltschutzauflagen zur Korrektur negativer externer Effekte.

Es gibt zwei Formen der Regulierung:
- die öffentliche Kontrolle privater Unternehmen und
- öffentliche Unternehmen mit einem öffentlichen Auftrag.

Die öffentliche Kontrolle privater Unternehmen ist insbesondere in den USA ausgeübt worden: Hier waren Verkehrs-, Telekommunikations- und Versorgungsbetriebe meist private Unternehmen, die aber durch spezielle Regulierungskommissionen überwacht wurden (z. B. die Federal Communication Commission FCC). In Deutschland hat man eher öffentliche Unternehmen mit einem spezifischen öffentlichen Auftrag versehen, so seinerzeit die Versorgungsunternehmen, die Deutsche Bundesbahn, die Deutsche Bundespost oder staatliche Krankenhäuser. Oder es gibt eine staatliche Qualitätskontrolle, so bei Arzneimitteln oder bei Automobilen.

Gegenstandsbereich der Regulierung sind je nach Marktgegebenheiten der Preis, die Produktqualität und oder die Produktionsmenge. So wurde bei den Versorgungsunternehmen eine Preiskontrolle ausgeübt, bei Bank- und Versicherungsdienstleistungen wird die Qualität überwacht, insbesondere die Sicherheit, und bei der Post und den Versorgungsunternehmen gibt es z. B. einen Zwang zur Belieferung, auch in ungünstig gelegene Gebiete wie Halligen oder Bergbauernhöfe.

Mittlerweile wird angestrebt, viele Regulierungen abzubauen, weil man eingesehen hat, dass der Staat mit manchen Kontrollen überfordert ist, dass auch der Staat versagen kann (vgl. Kapitel 2.8) und dass die private Wirtschaft Mechanismen entwickeln kann, mit Marktversagen umzugehen. So ist die Etablierung eines Markennamens mit dem Versprechen gleich bleibender guter Qualität eine Möglichkeit, die mangelnde Markttransparenz für die Konsumenten bezüglich der Qualität auszugleichen. Garantien und Haftungen können Konsumenten schützen. Den Abbau von Regulierungen bezeichnet man als **Deregulierung,** sichtbar seit Jahren in vielen Bereichen der Wirtschaft.

Ziel der Regulierung ist es, Marktversagen zu korrigieren.

Zwei Formen der Regulierung: Öffentliche Kontrolle und öffentliche Unternehmen

2.5 Funktionsprobleme der Marktwirtschaft

2.5.1 Schwankungen der wirtschaftlichen Aktivitäten

Wie die geschichtliche Entwicklung gezeigt hat, stürzt die Marktwirtschaft mehr oder weniger periodisch in Wirtschaftskrisen, die durch Erscheinungen wie Unternehmenszusammenbrüche (Insolvenzen), Arbeitslosigkeit, allgemeine wirtschaftliche Stagnation oder sogar wirtschaftlichen Rückgang gekennzeichnet sind.

Dies wird als Indiz dafür gewertet, dass eine automatische Tendenz zur **Vollbeschäftigung** in der Marktwirtschaft nicht gegeben ist. Man muss dann durch staatliche Beeinflussung des Wirtschaftsablaufs versuchen, die Schwankungen wirtschaftlicher Größen (insbesondere der Beschäftigung und der Preise) möglichst gering zu halten. Dieser Standpunkt ist jedoch nicht unbestritten. Manche Ökonomen sind der Meinung, dass gerade die Beeinflussung der Wirtschaftsprozesse durch den Staat solche Schwankungen erst hervorruft (vgl. Kapitel 28).

Besteht eine automatische Tendenz zur Vollbeschäftigung?

Die in Marktwirtschaften häufig zu beobachtenden permanenten Preissteigerungen (Inflation, vgl. Kapitel 24) kann man als Zeichen dafür ansehen, dass das marktwirtschaftliche System auch nicht automatisch zur **Preisstabilität** führt. Daher hat in allen entwickelten Volkswirtschaften die jeweilige Zentralbank die vornehmliche Aufgabe, für Preisstabilität zu sorgen. Auch hier ist jedoch nicht sicher, inwieweit nicht Fehler in der vom Staat geregelten Geldversorgung für inflationäre Preissteigerungen zumindest mitverantwortlich sind.

Ist Inflation notwendige Begleiterscheinung?

2.5.2 Ungleiche Einkommens- und Vermögensverteilung

Ein zentraler Mangel des marktwirtschaftlichen Systems wird in der sich ergebenden ungleichen Einkommens- und Vermögensverteilung gesehen (vgl. Kapitel 25). Eine solche Tendenz zur Ungleichheit ist dem marktwirtschaftlichen System aus zwei Gründen systemeigen. Erstens weil die Tatbestände, die letztlich zum Einkommens- und Vermögenserwerb führen, in der Bevölkerung ungleich verteilt sind. Man denke an Geschicklichkeit, Intelligenz, Ausdauer, Durchsetzungsvermögen, Glück, Erbschaft oder Verzinsung von Vermögen. Diese Tendenz wird mit fortschreitender Zeit – sofern keine Korrekturen vorgenommen werden – verstärkt, weil die zunächst entstehenden Ungleichheiten sich selbst verstärken: Wer wenig verdient, kann auch nur wenig in seine Ausbildung investieren und kein Vermögen bilden. Damit werden zwei der entscheidenden Bestimmungsgründe der Einkommenshöhe durch niedrige Einkommen selbst negativ beeinflusst. Zweitens, weil Einkommensunterschiede als Leistungsanreize und Steuerungsinstrumente in der Marktwirtschaft funktional notwendig sind. Es muss Einkommensunterschiede geben, damit höhere Anstrengungen auch entlohnt werden und damit die Wirtschaftssubjekte sich anstrengen, mehr zu leisten.

Tendenz zur Ungleichheit in der Marktwirtschaft

Preis als unsoziales Zuteilungsprinzip

Bei ungleicher Einkommens- und Vermögensverteilung wird schließlich deutlich, dass das grundlegende Steuerungsprinzip der Marktwirtschaft, der Preis, ein unsoziales Zuteilungsprinzip ist. Um dies mit einem extremen Beispiel zu demonstrieren: Es ist denkbar, dass – weil Milch knapp und teuer ist – wohl die Reichen Milch für ihre Katzen, nicht aber die Armen Milch für ihre Kinder kaufen können. Man kann die Allokationswirkung von Preisen (die Funktion, Angebot und Nachfrage zu lenken) nicht von der Verteilungswirkung (die Auswirkung auf die Verteilung von Konsumgütern, Einkommen und Vermögen) trennen.

2.6 Das klassisch-liberale Wirtschaftssystem – das einfache System der natürlichen Freiheit

Die von uns dargestellte kapitalistische Marktwirtschaft entspricht weitgehend dem von *Adam Smith* (1723–1790) konzipierten wirtschaftspolitischen Leitbild des Liberalismus, das heute meist als klassischer englischer Liberalismus bezeichnet wird. Wichtige Vertreter nach *Adam Smith* waren insbesondere *David Ricardo* (1772–1823) und *John Stuart Mill* (1806–1873).

Recht auf persönliche Freiheit

Grundlage des Liberalismus war die Überzeugung, jeder Mensch habe ein angeborenes, allgemeines und unveräußerliches Recht auf **persönliche Freiheit**, also Freiheit von Zwang und Freiheit zur persönlichen Selbstgestaltung des Lebens. Dies war deswegen revolutionär, weil bis dahin die persönliche Freiheit an das Eigentum von Produktionsmitteln gebunden war, also Vorrecht der Privilegierten war. Der grundlegende Anspruch des Liberalismus ist damit die Auflösung von Herrschaftsverhältnissen und persönlichen Abhängigkeiten generell und er findet eine spezifisch liberale Ausprägung in der Forderung nach persönlicher Freiheit gegenüber dem Staat. Der Einfluss des Staates auf das Leben seiner Bürger sollte auf ein Minimum beschränkt werden. Daraus folgt die Forderung nach einem Abbau der staatlichen Beschränkungen der Wirtschaft.

Handeln aus Eigennutz

Triebfeder menschlichen Handelns ist nach *Smith*, und diese Überzeugung wird in der herrschenden Ökonomik geteilt, der **Eigennutz**, das egoistische Erwerbsstreben freier und gleicher Menschen. Jedem Menschen wird zugestanden, dass er seine eigenen Interessen selbst am besten kenne und selbst am besten verfolgen könne. Daraus folgt die Konstituierung fundamentaler wirtschaftlicher Freiheitsrechte:

- die **Produzentensouveränität**, d. h. die Freiheit des Unternehmers, zu produzieren, was ihm am vorteilhaftesten erscheint und sich niederzulassen, wo es ihm beliebt (Produktions-, Investitions- und Gewerbefreiheit),
- die **Konsumentensouveränität**, d. h. Freiheit der Konsumwahl und die Lenkung der Produktion durch den Konsumenten. Die Wohlfahrt des Einzelnen, nicht ein obrigkeitlich verordnetes Glück, sollte der Wertmaßstab sein, der die Produktion lenkt,

▸ die **Arbeitnehmersouveränität**, d. h. die Freiheit der Berufswahl und der Arbeitsplatzwahl des Einzelnen.

Die Abstimmung der im Prinzip von unterschiedlichen Interessen geleiteten Aktionen von Arbeitern, Produzenten und Konsumenten sollte auf dem Markt durch den freien Wettbewerb erfolgen.
▸ Die **unsichtbare Hand des freien Wettbewerbs**, so die Überzeugung der Klassiker des Liberalismus, sorge dafür, dass die jeweils im Interesse des Eigennutzes getroffenen Entscheidungen von Arbeitern, Produzenten und Konsumenten nicht nur miteinander vereinbar sind, sondern ungewollt auch ein **gesellschaftliches Gesamtwohl** herbeiführen, wie es besser nicht erreicht würde, wenn statt des eigenen ein Gesamtinteresse verfolgt würde.

Koordinierung durch den Wettbewerb führt zum Gesamtwohl.

▸ Das **Privateigentum an Produktionsmitteln** wird schließlich als ein elementares Grundrecht gewertet, das in einem inneren Zusammenhang mit der persönlichen Freiheit gesehen wird: Ein Eigentum ermöglicht einen Freiheitsspielraum gegenüber anderen und dem Staat. Zugleich fördert Privateigentum die Leistungsbereitschaft.

Ergänzt werden diese grundlegenden Elemente durch einige wichtige dem Staat verbleibende Aufgaben. Der Staat sollte die Rechtsordnung und eine geregelte Verwaltung garantieren, er sollte für innere und äußere Sicherheit, für das Verkehrswesen und für Bildung und Gesundheit sorgen und schließlich dem Einzelnen, der in Not geraten ist, helfen.

Begrenzte Staatsaufgaben

Dies einfache System der natürlichen Freiheit ist, wie man sieht, immer noch die zentrale Grundlage unseres Wirtschaftssystems. Neuere Ergänzungen beziehen sich insbesondere auf die staatliche Wirtschaftspolitik in folgenden Bereichen:
▸ im Bereich der Wettbewerbspolitik,
▸ im Bereich der Sozialpolitik und
▸ im Bereich der Konjunkturpolitik.

2.7 Soziale Marktwirtschaft

2.7.1 Ordoliberalismus als eine Wurzel der sozialen Marktwirtschaft

Die klassisch-liberale Wirtschaftsordnung ist in der Folgezeit in den Ländern der westlichen Welt in Grundzügen ähnlich, in den konkreten Ausprägungen indes unterschiedlich adaptiert worden. Grundlegend waren immer das Privateigentum an Produktionsmitteln und die weitgehende Koordination der Wirtschaftspläne durch den Markt. Und unstrittig sind für alle Marktwirtschaften prinzipiell die staatliche Gewährleistung der Produktion öffentlicher Güter – vor allem innere und äußere Sicherheit, Bildung und Infrastruktur –, die staat-

Die Grundzüge der klassisch-liberalen Wirtschaftsordnung wurden in der westlichen Welt akzeptiert.

liche Regulierung im Fall externer Effekte – insbesondere im Umweltbereich – und die Regulierung bei mangelnder Markttransparenz – z. B. die Bundesaufsicht über Finanzdienstleistungen. Daneben werden in manchmal unterschiedlicher Weise Konzeptionen zur Wettbewerbspolitik, zur Umverteilungspolitik und zur Stabilisierungspolitik verwirklicht. Wir beschränken uns auf die Darstellung der sozialen Marktwirtschaft, die in Deutschland maßgeblich konzipiert worden ist und unsere Wirtschaftsordnung prägt.

Eine für Deutschland zentrale Ergänzung der klassisch-liberalen Wirtschaftsordnung war der **Ordoliberalismus**. Vertreter des Ordoliberalismus, der so genannten Freiburger Schule, waren insbesondere *Walter Eucken* (1891–1950), daneben *Franz Böhm* (1895–1977), *Alexander Rüstow* (1885–1963) und *Wilhelm Röpke* (1899–1966). Der Ordoliberalismus begründete das Denken in Ordnungen und betonte die Bedeutung der Ordnungspolitik. Der Staat soll Rahmenbedingungen für privatwirtschaftliches Handeln setzen, sich aber punktueller, diskretionärer und nichtmarktkonformer Eingriffe in die Wirtschaft enthalten. Die wesentlichen Prinzipien des Ordoliberalismus sind:

Die Prinzipien des Ordoliberalismus

- Schutz des Wettbewerbs. Der Wettbewerb möglichst vieler kleiner Anbieter am besten in der Marktform der vollkommenen Konkurrenz soll die Entstehung privater Marktmacht verhindern, und der Staat hat die Aufgabe, mit einer starken Wettbewerbspolitik diesen Wettbewerb zu schützen (Wettbewerb als Aufgabe).
- Sicherung der freien Marktpreisbildung und Abkehr dirigistischer Maßnahmen, die den Preismechanismus beeinträchtigen könnten. Gewährleistung offener Märkte und Abbau von Marktzutrittsschranken.
- Vorrang der Währungspolitik mit dem Ziel der Geldwertstabilität.
- Konstanz der Wirtschaftspolitik.
- Volle persönliche Haftung des Unternehmers für seine unternehmerischen Entscheidungen.

Diese Positionen haben die spezifisch deutsche Variante des Liberalismus in Form der Sozialen Marktwirtschaft geprägt, allerdings haben sich nicht alle Positionen durchsetzen können (s. u.). Eine volle persönliche Haftung des Unternehmers hätte bedeutet, die Institution der Kapitalgesellschaft abzuschaffen, die ja gerade die persönliche Haftung des Unternehmers ausschließt und die Haftung auf das Vermögen des Unternehmens beschränkt. Dies hätte das Wachstum der Wirtschaft wesentlich gebremst, das stark durch die Beschränkung der Haftung für unternehmerische Entscheidungen und Verluste gefördert wird. Das war nicht gewollt. Allerdings ist in der Finanzkrise 2008/2009 deutlich geworden, dass ein fast völliger Ausschluss der Haftung für Verluste zu Fehlentwicklungen der Wirtschaft führt.

Seitdem wird, auch unter Verweis auf ordoliberale Ideen, wieder darüber nachgedacht, das Haftungsprinzip wieder stärker in der sozialen Marktwirtschaft zu verankern.

2.7.2 Grundidee der Sozialen Marktwirtschaft

»Die Soziale Marktwirtschaft zielt als eine wirtschaftspolitische Konzeption auf eine Synthese zwischen rechtsstaatlich gesicherter Freiheit, wirtschaftlicher Freiheit – die wegen der Unteilbarkeit der Freiheit als notwendiger Bestandteil einer freiheitlichen Ordnung überhaupt angesehen wird – und den sozialstaatlichen Idealen der sozialen Sicherheit und der sozialen Gerechtigkeit. Diese Zielkombination von Freiheit und Gerechtigkeit gibt der Begriff Soziale Marktwirtschaft wieder: Marktwirtschaft steht für wirtschaftliche Freiheit. Sie besteht in der Freiheit der Verbraucher, Güter nach beliebiger Wahl aus dem Inlandsprodukt zu kaufen (Konsumfreiheit), in der Freiheit der Produktionsmitteleigentümer, ihre Arbeitskraft, ihr Geld, ihre Sachgüter und unternehmerischen Fähigkeiten nach eigener Wahl einzusetzen (Gewerbefreiheit, Freiheit der Berufs- und Arbeitsplatzwahl, Freiheit der Eigentumsnutzung), in der Freiheit der Unternehmer, Güter eigener Wahl zu produzieren und abzusetzen (Produktions- und Handelsfreiheit), und in der Freiheit jedes Käufers und Verkäufers von Gütern oder Leistungen, sich neben anderen um das gleiche Ziel zu bemühen (Wettbewerbsfreiheit). Ihre Grenzen finden diese Freiheitsrechte da, wo die Rechte Dritter, die verfassungsmäßige Ordnung oder das Sittengesetz verletzt werden (Art. 2 GG). Das Attribut ›sozial‹ soll zum Ausdruck bringen:

1. dass die Marktwirtschaft allein wegen ihrer wirtschaftlichen Leistungsfähigkeit, wegen der Schaffung der wirtschaftlichen Voraussetzungen eines ›Wohlstands für alle‹ und wegen der Gewährung wirtschaftlicher Freiheitsrechte, die an den Rechten Dritter ihre Schranken finden, einen sozialen Charakter trägt;
2. dass die Marktfreiheit aus sozialen Gründen dort beschränkt werden soll, wo sie sozial unerwünschte Ergebnisse zeitigen würde, bzw. dass die Ergebnisse eines freien Wirtschaftsprozesses korrigiert werden sollen, wenn sie nach den Wertvorstellungen der Gesellschaft nicht sozial genug erscheinen.« (Lampert/Bossert 1997, S. 88 ff.)

Synthese von Freiheit und Gerechtigkeit als Ziel

Nach *Müller-Armack* kann der Begriff der Sozialen Marktwirtschaft »als eine ordnungspolitische Idee definiert werden, deren Ziel es ist, auf der Basis der Wettbewerbswirtschaft die freie Initiative mit einem gerade durch die marktwirtschaftliche Leistung gesicherten sozialen Fortschritt zu verbinden. Auf der Grundlage einer marktwirtschaftlichen Ordnung kann ein vielgestaltiges und vollständiges System sozialen Schutzes errichtet werden.« (Müller-Armack 1956, S. 390)

Wichtig ist, dass die Soziale Marktwirtschaft eine **Idee** ist, deren Realisierung im Bereich des »Sozialen« immer auf besondere Probleme stößt. Wir beschreiben im Folgenden einige Grundzüge der Wirtschaftsordnung der Bundesrepublik Deutschland und verstehen diese als Prototyp der Sozialen Marktwirtschaft.

Die Realisierung des sozialen Anspruchs steht noch aus.

2.7.3 Wettbewerb als Aufgabe

Im Marktmodell ist das Prinzip des Wettbewerbs von entscheidender Bedeutung: Nur wenn Wettbewerb herrscht, werden über die Preise und Gewinne die Wirtschaftspläne so aufeinander abgestimmt, dass die Wirtschaft quasi automatisch dem bestmöglichen Zustand zustrebt. Und generell besteht die Einsicht, dass sich Wettbewerb nicht von selbst veranstaltet, sondern vor Beschränkungen geschützt werden muss (Wettbewerb als staatliche Aufgabe). Der Ordoliberalismus hatte hier noch recht rigide Vorstellungen. Er plädierte dafür, dass auf jedem Markt der Volkswirtschaft ein Wettbewerb zwischen sehr vielen Anbietern und sehr vielen Nachfragern herrscht, sodass jeder Anbieter oder Nachfrager nur einen winzigen Anteil des Gesamtangebotes bzw. der Gesamtnachfrage auf dem Markt repräsentiert. Man spricht hier sehr plastisch von der **atomistischen bzw. vollkommenen Konkurrenz** (vgl. Kapitel 6). Sie ist ursprünglich das wettbewerbspolitische Leitbild der Wettbewerbsordnung Deutschlands gewesen. Allerdings zeigte sich doch sehr bald, dass im Zuge des technischen Fortschritts und damit letztlich auch im Interesse der Konsumenten in manchen Bereichen der Volkswirtschaft große, leistungsfähige Betriebe mit Massenproduktion erforderlich sind. Schon von der Technik her kann es deshalb auf manchen Märkten nur sehr wenige Anbieter geben. Die Wettbewerbskonzeption des **»funktionsfähigen Wettbewerbs«** trägt dieser Entwicklung Rechnung. Entscheidend ist nicht die Zahl der Anbieter, sondern ein befriedigendes Marktergebnis, d. h. dass sich bei steigender Produktivität, sinkenden Kosten und Preisen eine steigende Produktion und Qualitätsverbesserungen und somit eine verbesserte Versorgung der Verbraucher ergeben (vgl. Kapitel 7).

Funktionsfähiger Wettbewerb als Leitbild der Wirtschaftsordnungspolitik

2.7.4 Umverteilung von Einkommen und Vermögen

Ausgehend von der zu erwartenden Ungleichheit der Einkommens- und Vermögensverteilung im Modell der reinen Marktwirtschaft haben die Initiatoren der Sozialen Marktwirtschaft die Notwendigkeit einer Umverteilung von Einkommen und Vermögen im Prinzip ebenso erkannt wie die Repräsentanten der Parteien und der Tarifpartner.

Auf eine solche Umverteilung sind heute bestimmte Bereiche der staatlichen Einnahmen- und Ausgabenpolitik ansatzweise ebenso angelegt wie die Lohnpolitik der Gewerkschaften. Auf Instrumente zur Umverteilung, wie z. B. die Progression bestimmter Steuern (vgl. Kapitel 13), das System der sozialen Sicherung (vgl. Kapitel 15), die aktive (aggressive) Lohnpolitik der Gewerkschaften und Vermögensumverteilung (vgl. Kapitel 25), wird später eingegangen.

Ansätze der Umverteilung

Gerade in Verbindung mit der ungleichen Einkommens- und Vermögensverteilung zeigt sich die ungerecht erscheinende Zuteilung der Güter durch den Preismechanismus, der die jeweils weniger kaufkräftigen Nachfrager nicht zum Zuge kommen lässt. Mithin gehört auch die unentgeltliche Bereitstellung bestimmter Güter wie Bildung, Gesundheit und Sicherheit durch den Staat prinzipiell zu den Umverteilungsmaßnahmen.

Die Einkommensverteilung ist auch regional und sektoral ungleichmäßig. So ergibt sich die Notwendigkeit, bestimmte Regionen Deutschlands, wie z. B. die neuen Bundesländer oder die Westküste Schleswig-Holsteins, oder einzelne Sektoren der Volkswirtschaft, wie z. B. die Landwirtschaft und den Bergbau, durch spezielle staatliche Maßnahmen zu stützen (so genannte regionale und sektorale **Strukturpolitik**).

Gesellschaftliche Hilfe soll vor allem solchen Mitgliedern der Gesellschaft zugutekommen, die kein eigenes Einkommen erzielen können, vor allem Kinder, Alte, Kranke, Behinderte und Arbeitslose. Eine solche Umverteilungspolitik wird in der Bundesrepublik Deutschland in breitem Umfang durch Zahlungen und Leistungen im System der **sozialen Sicherung** betrieben. Der Aufbau dieses Systems wurde 1883 von *Otto v. Bismarck* mit der Schaffung der Krankenversicherung für gewerbliche Arbeiter (1884: Unfallversicherung; 1889: Rentenversicherung) begonnen und seitdem ständig weiter ausgebaut (1927: Arbeitslosenversicherung; 1938: Altersversicherung für das Handwerk; 1957: Altershilfe für Landwirte; 1960: Wohngeld usw.). Dabei gilt als Prinzip, nicht nur das Existenzminimum derjenigen zu sichern, die am Leistungswettbewerb nicht, noch nicht oder nicht mehr teilnehmen können, sondern ihnen auch eine **Teilhabe am wirtschaftlichen Fortschritt** der Volkswirtschaft zu gewähren. Aus diesem Grund ist die Höhe der Rentenzahlungen an die Entwicklung der Löhne und Gehälter der Volkswirtschaft gekoppelt (Prinzip der »dynamischen« Rente).

Auf- und Ausbau des Systems der sozialen Sicherung

2.7.5 Stabilisierung der Konjunktur

Die geschichtliche Erfahrung zeigt, dass die Intensität wirtschaftlicher Tätigkeit in marktwirtschaftlichen Systemen Schwankungen unterworfen ist. Es existieren relativ ausgeprägte **Konjunkturzyklen** (vgl. Kapitel 28). In der ersten Phase der Entwicklung der Sozialen Marktwirtschaft Deutschlands traten Konjunkturschwankungen allerdings nicht deutlich hervor. Konjunkturelle Schwankungen wurden überlagert durch den kräftigen Wachstumsprozess der Wiederaufbauphase. Staatliche Wirtschaftspolitik konnte sich – entsprechend den zu der Zeit vorherrschenden klassisch-liberalen Ideen – weitgehend auf die Setzung von Rahmenbedingungen beschränken. Die **Ordnungspolitik**, vor allem die »Veranstaltung« des Wettbewerbs stand im Vordergrund. **Ablaufpolitik** (also eine auf die Beeinflussung der ökonomischen Aktivität zielende staatliche Wirtschaftspolitik) gab es nur im Rahmen der Geldpolitik (Veränderung der Geldmenge und Zinssätze, vgl. Kapitel 16 bis 18).

Erst als Mitte der 1960er-Jahre deutlicher wurde, dass mit einer solchen Politik ein fühlbarer Rückgang der Produktion und Beschäftigung nicht wirksam zu bekämpfen war, setzte sich der Gedanke einer auch die **Finanzpolitik** (Veränderung der Staatseinnahmen und -ausgaben) umfassenden **Globalsteuerung**

Konjunkturzyklen kennzeichnen die Entwicklung von Marktwirtschaften.

Bis Mitte der 1960er-Jahre praktisch nur ordnungspolitische Maßnahmen in Deutschland

durch. Diese Entwicklung fand ihren Niederschlag im Gesetz zur Förderung der Stabilität und des Wachstums der Wirtschaft (1967). Grundgedanke der Globalsteuerung ist es, dass der Staat zwar aktiv mit geld- und fiskalpolitischen Mitteln eine Stabilisierungspolitik betreibt, sich aber auf marktkonforme Maßnahmen beschränkt (vgl. Kapitel 14). Dies bedeutet, dass die Maßnahmen den Marktmechanismus nicht außer Kraft setzen dürfen. Direkte Eingriffe wie Lohn- und Preisstopps scheiden also nach dieser Konzeption aus.

Seit Mitte der 1960er-Jahre versuchte man verstärkt, auch den Wirtschaftsablauf zu beeinflussen.

Die Vorstellung, der Staat könne mit den Instrumenten der Globalpolitik – nach ihrem »Erfinder«, dem Engländer *John Maynard Keynes* (1883–1946) auch keynesianische Wirtschaftspolitik genannt – den Wirtschaftsablauf steuern, wurde in der Bekämpfung der kleinen Wirtschaftskrise von 1967 zunächst glänzend bestätigt. Die 1974/75 beginnende erste »Ölkrise« und die folgende Krise von 1981/82 haben dann allerdings die Euphorie bezüglich der Steuerbarkeit der kapitalistischen Marktwirtschaft wieder erheblich gedämpft. Und auch in der Wissenschaft wurde der Keynesianismus zunehmend wieder durch den mehr an klassischen Ideen orientierten Monetarismus verdrängt (vgl. Kapitel 11 und 12).

Erneute Skepsis bezüglich der Steuerbarkeit der Marktwirtschaft

2.7.6 Wirtschaftsverfassung und Soziale Marktwirtschaft

Bisher ist die Frage offen geblieben, ob im Grundgesetz und in sonstigen rechtlichen Vorschriften ein bestimmtes Wirtschaftssystem zwingend vorgeschrieben ist und ob die oben aufgezeigten Merkmale der Sozialen Marktwirtschaft dieser Wirtschaftsverfassung entsprechen. Wir wollen dieser Frage getrennt für die entscheidenden Bauelemente eines Wirtschaftssystems, den Koordinierungsmechanismus und die Eigentumsordnung, nachgehen.

Grundgesetz und Soziale Marktwirtschaft

2.7.6.1 Wirtschaftsverfassung und Koordinierungsmechanismus

Das Grundgesetz Deutschlands garantiert dem einzelnen Bürger eine Vielzahl von Freiheitsrechten: Die freie Entfaltung der Persönlichkeit schließt Konsumfreiheit, Unternehmensfreiheit und Wettbewerbsfreiheit ein. Hinzu kommen die persönliche Freizügigkeit, die Freiheit der Berufs- und Arbeitsplatzwahl sowie die Vereinigungsfreiheit, die z. B. die Bildung von Gewerkschaften und Arbeitgeberverbänden zulässt. Damit ist nach herrschender Meinung eine zentrale Lenkung des Wirtschaftsprozesses ausgeschlossen. Andererseits bestimmt Art. 20 Abs. 1 Grundgesetz:

Zentrale Lenkung ist durch das Grundgesetz ebenso ausgeschlossen …

»Die Bundesrepublik Deutschland ist ein demokratischer und sozialer Bundesstaat.«

Damit wird auch ein extrem liberalistisches Wirtschaftssystem ausgeschlossen, das nicht genügend Raum für soziale Korrekturen des Marktergebnisses lässt. Welcher Spielraum für direkte Eingriffe in den Wirtschaftsprozess besteht und

… wie ein extrem liberalistisches Wirtschaftssystem.

welche Einengung insbesondere der Unternehmensfreiheit möglich ist, ist im Grundgesetz nicht eindeutig beantwortet.

2.7.6.2 Wirtschaftsverfassung und Eigentumsordnung
Grundsätzliche Entscheidungen über die Eigentumsordnung sind in Art. 14 und 15 Grundgesetz verankert:

Art. 14 Eigentum, Erbrecht, Enteignung
(1) Das Eigentum und das Erbrecht werden gewährleistet. Inhalt und Schranken werden durch die Gesetze bestimmt.
(2) Eigentum verpflichtet. Sein Gebrauch soll zugleich dem Wohle der Allgemeinheit dienen.
(3) Eine Enteignung ist nur zum Wohle der Allgemeinheit zulässig. Sie darf nur durch Gesetz und auf Grund eines Gesetzes erfolgen, das Art und Ausmaß der Entschädigung regelt ...

Art. 15 Sozialisierung
Grund und Boden, Naturschätze und Produktionsmittel können zum Zwecke der Vergesellschaftung durch ein Gesetz, das Art und Ausmaß der Entschädigung regelt, in Gemeineigentum oder in andere Formen der Gemeinwirtschaft überführt werden ...

Es gilt also der Grundsatz des **Privateigentums**, und zwar trotz des Wortlautes des Artikels 15 nach herrschender Meinung auch für Produktionsmittel. Allerdings unterliegt das Privateigentum einer Sozialbindung. Das schlägt sich vor allem in der Verpflichtungsklausel des Art. 14 Abs. 2 Grundgesetz nieder, aber auch in der Möglichkeit zur Enteignung zum Wohle der Allgemeinheit (Art. 14.3, Art. 15). Eine Einengung des Eigentumsrechtes ergibt sich darüber hinaus aus der Möglichkeit einer entschädigungsfreien Begrenzung des Eigentumsrechts, wie sie z. B. im Wohnraumbewirtschaftungsgesetz, im Städtebau- und Raumordnungsgesetz und in den Gesetzen über die wirtschaftlichen Mitbestimmungsrechte der Arbeitnehmer festgelegt ist.

    Zusammenfassend ist festzuhalten, dass es keinem Zweifel unterliegen kann, dass die in der Bundesrepublik Deutschland verwirklichte Form der Sozialen Marktwirtschaft fest auf dem Boden des Grundgesetzes steht, also die im Grundgesetz festgelegten Rahmenbedingungen für eine Wirtschaftsverfassung positiv umsetzt. Das bedeutet aber nicht, dass eine Soziale Marktwirtschaft nur in dieser spezifischen Ausprägung vorgeschrieben ist, das Grundgesetz lässt Raum für entsprechende Veränderungen.

Marginalien:
- Grundsatz des Privateigentums auch für Produktionsmittel
- Sozialbindung des Eigentums

2.8 Staatsversagen

Marktversagen und Funktionsprobleme der Marktwirtschaft sind nur eine notwendige, aber keine hinreichende Begründung für eine staatliche Wirtschaftspolitik.

Auch Staatsversagen/Politikversagen muss ins Kalkül gezogen werden, d. h. durch staatliches Handeln herbeigeführte Fehlallokation von Ressourcen. Als wesentliche Begründung für ein Staatsversagen können die folgenden Probleme angeführt werden.

Das Informationsproblem: Grundsätzlich entstehen Kosten der Informationsbeschaffung und -verarbeitung, weil sich der Staat über ein mögliches Marktversagen und seine Regulierung erst informieren muss. Weiterhin entstehen Such-, Entscheidungs- und Kontrollkosten, wenn der Staat Regulierungsmaßnahmen prüft und durchführt. Häufig können die regulierungsrelevanten Informationen auch prinzipiell nicht gewonnen werden, weil hier – etwa im Bereich einer Monopolkontrolle, im Bereich einer Bereitstellung öffentlicher Güter oder im Bereich der Abschätzung von externen Effekten – äußerst komplexe Tatbestände und Wirkungszusammenhänge erkannt werden müssten, die eine zentrale Institution gar nicht erfassen kann.

Das Interessenproblem: Staatliches Handeln ist Handeln von Individuen, die sich im Staatsdienst befinden. Ihre Interessen sind nicht die Interessen »der Allgemeinheit« (diese kennt niemand), sondern ihre eigenen Interessen. Politiker wollen wiedergewählt werden und die auf sie entfallenden Stimmen maximieren. Sie verfolgen daher Ziele, die sichtbar werden und die von Wählergruppen nachgefragt werden: Und das sind spezielle Interessen spezieller Gruppen. Und Bürokraten wollen ihren Einfluss vergrößern, ihren Aufstieg fördern und ihr Einkommen vermehren. Sie setzen sich daher ein für die Größe ihres Büros, ihrer Abteilung, ihrer Behörde und ihres Gehaltes, aber nicht für die Interessen eines Allgemeinwohls. Daher werden gerne zusätzliche Regulierungsbehörden geschaffen, wie z. B. das Bundesamt für Güterverkehr oder die Bundesnetzagentur oder die Landesmedienanstalten.

Das Problem der **Ineffizienz** bürokratischen Handelns: Wenn die Regulierung durch öffentliche Unternehmen wie z. B. durch die öffentlich rechtlichen Rundfunkanstalten oder staatliche Universitäten erfolgt, dann ist von mangelnder produktiver Effizienz auszugehen; Ursache sind fehlender Wettbewerb, fehlende Sanktionen ineffizienten Verhaltens (etwa durch das Insolvenzrecht), die Unkündbarkeit und die wenig leistungsorientierte Lohn- und Gehaltsstruktur des öffentlichen Dienstes.

Begründung des Staatsversagens:

– zu wenig Informationen

– individueller Egoismus

– fehlende Sanktionen ineffizienten Verhaltens

Arbeitsaufgaben Kapitel 2

1. Worauf gründet sich die Vorstellung von der prinzipiellen Optimalität der kapitalistischen Marktwirtschaft?

2. In einer Volkswirtschaft gebe es nur Unternehmen und private Haushalte. Die Unternehmen produzieren Konsum- und Investitionsgüter, die Haushalte liefern Arbeitskraft und sonstige Produktivleistungen an die Unternehmen. Zeichnen Sie den entsprechenden Wirtschaftskreislauf.

3. Erläutern Sie die Vorgänge, die in einer marktwirtschaftlich organisierten Volkswirtschaft durch eine Nachfragesteigerung nach Automobilen ausgelöst werden. Zeigen Sie an diesem Beispiel, wie in einer Marktwirtschaft über die Fragen des »Was«, »Wie« und »Für Wen« der Produktion entschieden wird.

4. Nehmen Sie Stellung zu folgender These: »Der marktwirtschaftliche Koordinierungsmechanismus sorgt dafür, dass diejenigen Güter produziert werden, die den Bedürfnissen der Bevölkerung entsprechen. Es herrscht also Konsumentensouveränität.«

5. Nennen Sie Beispiele für das Auseinanderfallen von privaten und sozialen Kosten und Erträgen. Welche Probleme werden durch die Unterschiede zwischen privaten und sozialen Kosten und Erträgen aufgeworfen?

6. Warum muss der Staat die Produktion des öffentlichen Gutes »Grundlagenforschung« organisieren?

7. Warum ergibt sich in marktwirtschaftlichen Ordnungen in der Regel eine ungleiche Verteilung von Einkommen und Vermögen?

8. Beschreiben Sie die Grundvorstellungen des klassischen Liberalismus.

9. Welche Aussagen enthält das Grundgesetz über die Ausgestaltung des Wirtschaftssystems?

10. Warum ist bei staatlicher Wirtschaftspolitik grundsätzlich ein Staatsversagen in Rechnung zu stellen?

Lösungsvorschläge für die Arbeitsaufgaben finden Sie im »Übungsbuch zu Grundlagen und Probleme der Volkswirtschaft«.

Literatur Kapitel 2

Lampert, Heinz: Die Wirtschafts- und Sozialordnung der Bundesrepublik Deutschland, 13. Aufl., München/Wien 1997.
Müller-Armack, Alfred: Soziale Marktwirtschaft, in: Handwörterbuch der Sozialwissenschaften, (HdSW), Bd. 9, Stuttgart, Tübingen, Göttingen 1956.
Röpke, Wilhelm: Civitas Humana, 4. Auflage, Bern 1979.

Speziell die Marktwirtschaft und die Soziale Marktwirtschaft werden umfassend beschrieben von:
Thieme, H. Jörg: Soziale Marktwirtschaft. Ordnungskonzeption und wirtschaftspolitische Gestaltung, 2. Aufl., München 1994.
Lampert, Heinz: Die Wirtschafts- und Sozialordnung der Bundesrepublik Deutschland, 14. Aufl., München 2001.
Ludwig-Erhard-Stiftung (Hrsg.): Ludwig Erhard 1897–1997. Soziale Marktwirtschaft als historische Weichenstellung, Düsseldorf 1997.

Zur Vertiefung, insbesondere in theoretischer Perspektive, werden empfohlen:
Kromphardt, Jürgen: Konzeptionen und Analysen des Kapitalismus. Von seiner Entstehung bis zur Gegenwart, 4. Aufl., Göttingen 2004.
Streissler, Erich / Christian Watrin (Hrsg.): Zur Theorie marktwirtschaftlicher Ordnungen, Tübingen 1980.

Im Rahmen breiter angelegter Publikationen zum Gesamtkomplex von Wirtschaftssystemen wird die Marktwirtschaft behandelt von:
Baßeler, Ulrich/Jürgen Heinrich: Wirtschaftssysteme, Würzburg/Wien 1984.
Leipold, Helmut: Wirtschafts- und Gesellschaftssysteme im Vergleich, 5. Aufl., Stuttgart 1988.
Thieme, H. Jörg: Wirtschaftssysteme, in: Vahlens Kompendium der Wirtschaftstheorie und Wirtschaftspolitik, Band 1, 9. Aufl., München 2007.

Marktversagen beschreiben detailliert:
Fritsch, Michael/Thomas Wein/Hans-Jürgen Ewers: Marktversagen und Wirtschaftspolitik, 7. Aufl., München 2007.

Den Komplex der Regulierung behandeln:
Empter, Stefan/Frank Frick/Robert Vehrkamp: Auf dem Weg zu moderner Regulierung, Gütersloh 2005.

Eher philosophische Abhandlungen zum Problem von Marktwirtschaft und Freiheit sind die grundlegend vom Liberalismus geprägten und umgekehrt den modernen Liberalismus prägenden Bücher von:
Hayek, Friedrich August von: Die Verfassung der Freiheit (dt. Übersetzung), Tübingen 2005.
Friedman, Milton: Kapitalismus und Freiheit (dt. Übersetzung), Frankfurt/M. 2002.

3 Funktionsweise der Sozialistischen Zentralverwaltungswirtschaft

Leitfragen

Mit welchen Argumenten kritisiert Marx Privateigentum an Produktionsmitteln und marktwirtschaftliche Koordination?

▸ Was ist der Mehrwert (das Mehrprodukt)?

▸ Wie eignet sich nach Marx der »Kapitalist« das Mehrprodukt (den Mehrwert) in einer Marktwirtschaft an?

▸ Was ist die Aussage der Marx'schen Arbeitswertlehre?

▸ Was ist nach Marx die Quelle jeden Mehrwertes?

▸ Warum kommt es nach Marx zu einem Fall der Profitrate?

▸ Warum hat die marktwirtschaftliche Produktion nach Marx anarchischen Charakter?

Wie funktioniert prinzipiell ein Wirtschaftssystem zentraler Planung?

▸ Wie sieht die Grundkonzeption einer zentralen Planung aus?

▸ Was ist eine Mengenplanung und wie wird diese mit Produktbilanzen durchgeführt?

▸ Was sind die wesentlichen Informationsprobleme der zentralen Planung?

▸ Was sind die wesentlichen Sanktionsprobleme der zentralen Planung?

▸ Warum ist der technische Fortschritt in zentralen Verwaltungswirtschaften so schwierig durchzusetzen?

3.1 Marxistische Kapitalismuskritik

3.1.1 Vorbemerkungen

Die sozialistische Zentralverwaltungswirtschaft gibt es vorläufig wohl nur noch für eine Übergangsperiode in wenigen Ländern der Welt. Im Übrigen ist dieses Wirtschaftssystem nach seinen Misserfolgen abgeschafft worden. Dennoch soll es in seinen Grundzügen beschrieben werden. Dies hat folgende Gründe:

▸ *Marx'* Beschreibung und Kritik der kapitalistischen Marktwirtschaft als theoretisches Fundament der sozialistischen Zentralverwaltungswirtschaft ist von bleibendem Wert und vermittelt Einsichten in ihre Funktionsweise, die zum Verständnis »unseres« Wirtschaftssystems unverzichtbar sind. *Karl Marx* (1818–1883, deutscher Philosoph und Volkswirt) gehört nach wie vor zu den

großen Ökonomen der Geschichte. Der entscheidende Fehler war, mit dem Marxismus an die Existenz einer »objektiven Wahrheit« zu glauben, statt, wie in den pluralistischen westlichen Gesellschaften, auf die prinzipielle Offenheit und den Wandel des Erkenntnisprozesses zu setzen.
▸ Die immer wieder diskutierten Vorschläge zur Gestaltung einer Wirtschaftsordnung »zwischen Kapitalismus und Sozialismus« setzen stets auf einige Elemente der zentralen Planung und/oder des Sozialismus. Daher ist es sinnvoll, die Funktionsweise dieser Elemente in Grundzügen zu kennen.

Es sei vorab darauf hingewiesen, dass es falsch ist, aus der Kritik an einem Wirtschaftssystem darauf zu schließen, dass die Alternative besser ist. Die Alternative kann sehr wohl wesentlich schlechter sein.

In seiner Analyse der kapitalistischen Marktwirtschaft formuliert *Marx* vor allem eine Kritik am kapitalistischen Privateigentum und am marktwirtschaftlichen Koordinationsmechanismus.

3.1.2 Kritik am Privateigentum an Produktionsmitteln

Marx lehnt das kapitalistische Privateigentum ab, d. h. das Privateigentum an Produktionsmitteln, das die Arbeit fremder Menschen verwertet.
Seine Argumente sind im Wesentlichen:
▸ Privateigentum an Produktionsmitteln führt zur Ausbeutung der Arbeiter;
▸ Privateigentum an Produktionsmitteln erfüllt keine positiven ökonomischen Funktionen, sondern behindert die schrankenlose Entwicklung der Produktivkräfte durch den Fall der Profitrate und die damit verbundenen Krisen.

Um diese Argumente verstehen zu können, müssen die Grundlinien marxistischer Wirtschaftstheorie entwickelt werden. Hier wird wie folgt argumentiert: Mit Ausnahme völlig unterentwickelter Gesellschaften wird in jeder Gesellschaft – auch in einer sozialistischen – ein Gesamtprodukt erzeugt, das über den notwendigen Konsum der an seiner Erstellung Beteiligten und den Ersatzbedarf an bei der Produktion verbrauchten Maschinen, Werkzeugen, Vorprodukten und Rohstoffen hinausgeht. Es wird also ein Überschuss, ein **Mehrprodukt** erzeugt (vgl. Abbildung 3-1).

Produktion eines Mehrproduktes

Vorsozialistische Gesellschaften zeichnen sich dadurch aus, dass das von anderen Menschen hergestellte Mehrprodukt mit dem Ziel, sich zu bereichern, **privat angeeignet** wird. Entsprechend wird die Geschichte als Geschichte von Klassenkämpfen interpretiert, als Kampf um das Mehrprodukt. Vorsozialistische Gesellschaften beruhen auf Ausbeutung, auch wenn die Art und Weise der Aneignung des Mehrproduktes sich in der Sklavenhaltergesellschaft und der feudalistischen Gesellschaft voneinander unterscheidet.

Private Aneignung des Mehrproduktes

Die Entstehung des Mehrproduktes in einer kapitalistischen Wirtschaft erläutert *Marx* anhand des durchschnittlichen Arbeitstages.

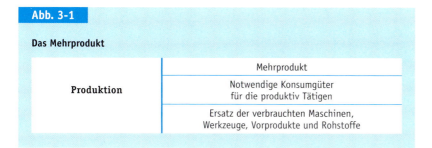

Abb. 3-1

Das Mehrprodukt

Produktion	Mehrprodukt
	Notwendige Konsumgüter für die produktiv Tätigen
	Ersatz der verbrauchten Maschinen, Werkzeuge, Vorprodukte und Rohstoffe

Die Arbeiter arbeiten z. B. im Durchschnitt zehn Stunden pro Tag. Sie erhalten dafür einen Lohn, der ausreicht, ihre Arbeitskraft zu »reproduzieren«, der also ausreicht, die notwendigen Ausgaben für Essen, Wohnen, Kleidung und Unterhalt für sich und ihre Familien zu bestreiten. Die Produktion dieser Güter (Konsumgüter, Wohnungen usw.) beansprucht nun eine durchschnittliche Arbeitszeit der Arbeiter von weniger als zehn Stunden, z. B. sieben Stunden (»notwendige« Arbeit). In den drei Stunden (»Mehr-« oder »Surplus«arbeit) erarbeiten die Arbeiter also einen Überschuss. *Marx* bezeichnet den Wert dieses Überschusses als Mehrwert und als Mehrwertrate das Verhältnis der Mehrarbeit zur notwendigen Arbeit (im Beispiel beträgt der Mehrwert 3 Stunden und die Mehrwertrate 3/7).

Zweiteilung des durchschnittlichen Arbeitstags in »notwendige« Arbeit und Mehrarbeit

3.1.2.1 Kapitalistische Ausbeutung

Charakteristisch für die kapitalistische Produktionsweise ist nach *Marx* die **Form**, wie dieser Überschuss aus der Produktion entnommen wird. Um die spezielle Form der kapitalistischen Ausbeutung, die nach *Marx* durch die freie Lohn- und Preisbildung nur verschleiert wird, zu verstehen, muss die Marx'sche **Arbeitswertlehre** skizziert werden.

Arbeitswertlehre

Marx postuliert, dass der Wert eines Gutes sich nach der durchschnittlichen, gesellschaftlich notwendigen Arbeitszeit bemisst, die benötigt wird, um dieses Gut zu produzieren. Wenn also zur Produktion eines Tisches im Durchschnitt 12 Stunden und zur Produktion eines Zentners Kartoffeln im Durchschnitt 2 Stunden benötigt werden, verhält sich der Wert von einem Tisch zu einem Zentner Kartoffeln wie 12 zu 2.

Grundprinzip der Marx'schen Analyse ist der **wertäquivalente Tausch**: Alle Waren (Waren sind in der Marx'schen Begriffswelt Güter, die für den Austausch produziert werden) tauschen sich zu ihrem Wert, dem Arbeitswert. So wird auch die Ware Arbeitskraft auf dem Markt zu ihrem Wert – der in ihr steckenden Arbeitskraft – getauscht, d. h. die Ware Arbeitskraft erhält einen Lohn, der ausreicht, den Arbeiter und seine Familie zu »reproduzieren«. Für den besitzlosen Arbeiter besteht nämlich der ökonomische Zwang, die einzige Ware, die er besitzt – seine Arbeitskraft –, an die Eigentümer der Produktionsmittel zu verkaufen. Der Kapitalist erwirbt also die Arbeitskraft und setzt sie im Produktionsprozess ein.

Waren tauschen sich zu ihrem Wert.

3.1 Funktionsweise der Sozialistischen Zentralverwaltungswirtschaft
Marxistische Kapitalismuskritik

Die Arbeit hat nach *Marx* die einzigartige Fähigkeit, mehr Wert zu produzieren, als der Wert der Arbeitskraft selbst beträgt.

In unserem Beispiel hat die Arbeitskraft einen Wert von 7 (7 Arbeitsstunden sind erforderlich, um die existenznotwendigen Konsumgüter zu erzeugen) und produziert insgesamt einen Wert von 10. Die Differenz, den Mehrwert, eignet sich auf dem Wege des wertäquivalenten Tausches der Eigentümer der Produktionsmittel (der Kapitalist) an, der als Eigentümer der Produktionsmittel auch das Eigentum an den produzierten Waren erwirbt und diese auf dem Markt in der Regel zu den in ihnen steckenden Arbeitswerten (in unserem Beispiel 10) verkaufen kann. In diesem Sinne spricht *Marx* von Ausbeutung: Ausgebeutet wird also der Arbeiter, der einen größeren Wert produziert, als er an Lohn erhält. Das Verhältnis des Mehrwerts m (10 – 7 = 3) zum lebensnotwendigen Konsum v (= 7) bezeichnet Marx als **Mehrwertrate** $\left(\frac{m}{v}\right)$.

Lohn ist kleiner als der Wert des Arbeitsproduktes.

»Die Rate des Mehrwerts ist daher der exakte Ausdruck für den Exploitationsgrad (Ausbeutungsgrad) der Arbeitskraft durch das Kapital oder des Arbeiters durch den Kapitalisten.« (Marx 2008, S. 232)

Mehrwertrate als Maß der Ausbeutung

Die Ausbeutung bleibt im Kapitalismus hinter dem Prinzip des wertäquivalenten Tausches verborgen – Kapitalisten erwerben ja die Arbeitskraft zu ihrem Wert. Sie wird daher nicht so deutlich erkennbar wie z. B. die Fronarbeit als Form der Ausbeutung im Feudalismus.

In der Beurteilung dieser Analyse ist zunächst drei häufigen Fehlinterpretationen vorzubeugen.

Fehlinterpretationen

(1) Es ist müßig, darüber zu streiten, ob der Wert eines Gutes »wirklich« durch die notwendige Arbeitszeit bestimmt wird. Es reicht, diese Aussage als Arbeitshypothese im Rahmen eines ökonomischen Modells anzusehen. Diese Arbeitshypothese ergibt jedenfalls das Fundament für eine gehaltvolle Erklärung der Entstehung des Gewinns.

(2) *Marx* behauptet nicht, dass man durch Mehreinsatz von Kapital (Maschinen) nicht eine größere Gütermenge mit entsprechend höherem Wert produzieren kann. *Marx* behauptet lediglich, dass der Wert der Produktion allein von der eingesetzten Menge an durchschnittlich notwendiger Arbeit bestimmt wird und ein Mehrwert nur von der eingesetzten (lebendigen) Arbeit erzeugt wird.

Wir wollen dies kurz anhand der Marx'schen Wertformel verdeutlichen. Nach *Marx* setzt sich der Wert einer Ware aus drei Elementen zusammen:
▸ dem Wert der in der Produktion verbrauchten Maschinen, Werkzeuge, Vorprodukte und Rohstoffe (das so genannte »konstante« Kapital);
▸ dem Wert der unmittelbar eingesetzten Arbeitskraft (»variables« Kapital, entspricht dem existenznotwendigen Konsum);
▸ dem Mehrwert.

Diese Form der Bestimmung des Wertes einer Ware steht keineswegs im Gegensatz zur Arbeitswertlehre, sondern ergibt sich unmittelbar aus dieser. Arbeitskraft fließt ja in zweifacher Form in das Produkt ein:

- in Form der Arbeitskraft, die in den verbrauchten Maschinen, Werkzeugen, Vorprodukten und Maschinen gespeichert ist (so genannte »geronnene« Arbeit);
- in Form von »lebendiger« Arbeit bei der laufenden Produktion.

Entscheidend ist nun, dass die geronnene Arbeit nur ihren eigenen Wert auf das neue Produkt überträgt (deshalb wählt *Marx* die Bezeichnung »konstantes« Kapital). Die lebendige Arbeit dagegen reproduziert wertmäßig ihr eigenes Äquivalent und einen Überschuss darüber, den Mehrwert (deshalb wählt *Marx* die Bezeichnung »variables« Kapital).

Bezeichnet man den Wert des Gutes mit w, das konstante Kapital mit c, das variable Kapital mit v und den Mehrwert mit m, so gilt also nach *Marx*:

w = c + v + m   (vgl. Abbildung 3-2)

Abb. 3-2

Die Wertbildung bei *Marx*

Mehrwert = m	Mehrarbeit = Surplusarbeit			
Wert der bei dieser Produktion eingesetzten Arbeitskraft = variables Kapital = v	notwendige Arbeit = Reproduktionskosten der Arbeitskraft	Lohn	lebendige Arbeit	Wert der Ware = w (entspricht im Durchschnitt dem Preis)
Wert der verbrauchten Maschinen, Werkzeuge, Vorprodukte, Rohstoffe = konstantes Kapital = c	Reproduktionskosten des konstanten Kapitals		geronnene Arbeit	

(3) Auch in einer sozialistischen Volkswirtschaft wird ein Überschuss, ein Mehrwert geschaffen, der nicht zur Gänze den Arbeitern zufließt. *Marx* fordert nicht, dass den Arbeitern der gesamte Mehrwert für Konsumzwecke zufließen soll. Einen Teil des Mehrwertes braucht man in jeder Gesellschaft, die sich weiterentwickeln soll, vor allem zur Investition (Akkumulation von konstantem Kapital), den Rest für den individuellen Konsum der nicht produktiv Tätigen und für den gesellschaftlichen Konsum (die staatlich bereitgestellten Güter). Es ist deshalb ein Irrtum zu glauben (und auch *Marx* hat vor diesem Irrtum gewarnt), dass sich der Lebensstandard der Arbeiter kurzfristig nennenswert erhöhen würde, wenn die Kapitalisten sich den Mehrwert nicht länger aneigneten. Letztlich verbliebe zum Mehrkonsum der Arbeiter nur das, was man Luxuskonsum der Unternehmer nennt, und dieser ist gesamtwirtschaftlich verhältnismäßig unbedeutend.

Die Aneignung des Mehrwerts ist für Marx primär kein Verteilungsproblem.

3.1 Funktionsweise der Sozialistischen Zentralverwaltungswirtschaft
Marxistische Kapitalismuskritik

Kritik der Konzentration der Entscheidungsbefugnis

Politisch bedeutsam ist das Argument von *Marx*, die Übertragung der Entscheidungsbefugnis über Produktion, Beschäftigung, Investitionen und Preise an die relativ kleine Gruppe der Eigentümer an Produktionsmitteln spalte die Gesellschaft in eine kleine Gruppe von Verfügungsberechtigten und eine große Gruppe von Befehlsempfängern. Diese Kritik wird durch folgende Argumente relativiert:
- In jedem Wirtschaftssystem wird es eine Zweiteilung in Verfügungsberechtigte und Verfügungsverpflichtete geben, weil nicht über jede betriebliche Entscheidung abgestimmt werden kann.
- In der kapitalistischen Marktwirtschaft entscheiden letztlich die Nachfrager über Volumen und Struktur der Produktion, jedenfalls bei gut funktionierendem Wettbewerb.
- Schließlich lässt sich auch in kapitalistischen Marktwirtschaften eine gewisse Mitbestimmung der Arbeiter realisieren, sei es durch Mitbestimmungsgesetze oder sei es durch eine Förderung der Streuung des Produktiveigentums.

Beurteilung der Ausbeutungshypothese

Ein gewisses Maß an Ausbeutung im *Marx*'schen Sinne existiert in der Tat in kapitalistischen Marktwirtschaften. Zwar erhalten die Arbeiter nicht nur einen Lohn in Höhe ihrer »Reproduktionskosten«, wie auch immer der Umfang des existenzminimalen Konsums festgelegt werden mag. Aber die Arbeiter erhalten im Durchschnitt und in der Regel auch nicht den gesamten Gegenwert ihrer Arbeitsleistung. Üblicherweise verbleibt den Eigentümern der Produktionsmittel

Ausbeutung und Gewinn sind funktional notwendig.

ein Gewinn, und dieser Gewinn ist im Sinne von *Marx* Ausbeutung, aber der Gewinn (und damit die »Ausbeutung«) ist funktional notwendig als Leistungsanreiz und Erfolgskontrolle.

Dies war wohl der entscheidende Fehler in der *Marx*'schen Analyse: Übersehen zu haben, dass die beschriebene Form der Organisation von Arbeitsbeziehungen – die Ausbeutung in einem kapitalistischen Unternehmen – funktional notwendig oder zumindest funktional sinnvoll ist. Das Konzept der Ausbeutung – die Aneignung der Arbeit anderer Menschen – ist ja letztlich nur dann eine sinnvolle Bezeichnung, wenn eine materiell bessere Alternative realisierbar ist. Die denkbare Alternative ist das **Arbeiterunternehmen**: Arbeiter

Arbeiterunternehmen haben nicht funktioniert.

schließen sich zusammen, beschaffen sich Kapital, produzieren gemeinsam und teilen das Arbeitsergebnis unter sich auf. Solche Arbeiterunternehmen haben in der Praxis meist nicht zufrieden stellend funktioniert, vor allem weil ein erfolgreiches Unternehmen offenbar Hierarchien, Leistungsanreize und Erfolgskontrollen voraussetzt, die in einem Arbeiterunternehmen nur schwer durchsetzbar sind. Umgekehrt scheint das kapitalistische Unternehmen ein ausreichendes Maß an Organisationseffizienz aufzuweisen und kann damit den Arbeitern – trotz Ausbeutung – einen höheren Lohn zahlen als die Arbeiterunternehmen – ohne Ausbeutung. Daher ist der Begriff »Ausbeutung« irreführend.

3.1.2.2 Tendenzieller Fall der Profitrate

Neben der Ausbeutung begründet das Privateigentum an Produktionsmitteln nach *Marx* ein Hindernis für die Entwicklung der Produktivkräfte. Das Hemmnis ist der »tendenzielle Fall der Profitrate« (**Profitrate** = Verhältnis von Gewinn zu eingesetztem Kapital) und die damit verbundenen Krisen. Damit erhob der Sozialismus, was häufig übersehen wird, nicht nur den Anspruch, eine gerechtere, sondern auch den Anspruch, eine materiell wohlhabendere Gesellschaft zu schaffen.

Marx argumentiert, dass die Profitrate die Tendenz habe, im Zuge der langfristigen Investitionstätigkeit (Kapitalakkumulation) zu fallen. Und da die Profitrate nach Marx'scher Ansicht die treibende Kraft der kapitalistischen Produktion ist, produziert diese Produktion gleichsam die eigene Schranke für ihre ungehinderte Expansion.

Ohne auf die Einzelheiten einzugehen, wollen wir die Grundstruktur der *Marx*'schen Erklärung skizzieren. Im Zuge des Wachstumsprozesses zwingt die Konkurrenz zu dauernder **Kapitalakkumulation**, weil jeder einzelne Unternehmer danach strebt, jeweils modernere Produktionsverfahren anzuwenden und damit einen **Extraprofit** zu machen. Das Verhältnis der Produktionsfaktoren Kapital zu Arbeit – die **Kapitalintensität** – nimmt damit laufend zu. Relativ immer weniger Arbeiter produzieren mit relativ immer mehr Kapital. Da nach *Marx* nur die lebendige Arbeit einen Mehrwert (letztlich einen Gewinn) erzeugt, wird das Verhältnis von Gewinn zu eingesetztem Kapital, also die Profitrate, dann abnehmen, wenn der Profit, den der einzelne Arbeiter produziert, im Zuge der Entwicklung konstant bleibt.

> Die Profitrate fällt, weil die Kapitalintensität zunimmt.

Drücken wir die Aussage in der Terminologie von *Marx* aus. Im Zuge der wirtschaftlichen Entwicklung steigt der Wert des konstanten Kapitals c (Materialaufwand und Abschreibung pro Periode) stärker als der Wert des variablen Kapitals v (notwendige Lohnkosten pro Periode). Da das konstante Kapital lediglich seinen eigenen Wert auf das Produkt überträgt und nur die im variablen Kapital verkörperte Arbeit einen Mehrwert m produziert, wird die Profitrate p

$$p = \frac{m}{c + v}$$

dann abnehmen, wenn die **Mehrwertrate** $\frac{m}{v}$ konstant bleibt. (Es steigt ja nur das c im Nenner des obigen Ausdrucks. Im Übrigen sind weitere spezielle Kombinationen denkbar, die hier nicht beschrieben werden sollen.) Der Leser wird bemerken, dass für *Marx* Kapital etwas anderes ist, als nach dem heutigen Sprachgebrauch üblich, doch trifft die obige Darstellung in heutigen Begriffen den Kern der Marx'schen Behauptung.

> Voraussetzung: die Konstanz der Mehrwertrate

Von fundamentaler Bedeutung für die Richtigkeit des berühmten **Gesetzes vom tendenziellen Fall der Profitrate** ist die Annahme, dass die Mehrwertrate bei fortgesetzter Kapitalakkumulation tatsächlich konstant bleibt oder mindestens nicht stärker steigt als zur Aufrechterhaltung des Gesetzes notwendig.

Und dies ist fraglich, weil die Entwicklung der Arbeitsproduktivität im Lohngütersektor im Zuge der Kapitalakkumulation eben auch die Tendenz hat, die Mehrwertrate zu erhöhen.

Entscheidender ist ein zweiter Einwand. Eine fallende Profitrate und im Extremfall eine Profitrate von null bedeutet, dass eine Investition gerade noch so viel einbringt, wie sie kostet. Und in einem solchen Fall lohnt die Investition im Sozialismus genauso wenig wie im Kapitalismus.

<aside>Konjunkturkrisen begleiten den Fall der Profitrate.</aside>

Der Fall der Profitrate wird nun nach *Marx* von **Konjunkturkrisen** begleitet. Eine mögliche Erklärung bietet die »Selbstreinigungskrise«. Wenn die Profitrate allgemein sinkt, versucht jeder Unternehmer für sich, dies zu verhindern, indem er besonders fortschrittliche Produktionsmethoden anwendet und damit einen Extraprofit erwirtschaftet und/oder die Produktionsmenge ausdehnt, um das, was er an der Profit**rate** verliert, durch die Profit**menge** zu kompensieren. Die Konkurrenz zwingt mithin zu allgemeiner Überproduktion, und die Kaufkraft der Arbeiter steigt nicht entsprechend, weil die Unternehmen mit dem Fall der Profitrate auch die Ausbeutungsrate erhöhen: Es kommt dann zur Krise, zu Konkursen, zur Vernichtung von Kapital. Wenn genügend Kapital vernichtet ist, steigt die Profitrate wieder an, der Akkumulationsprozess kann wieder beginnen.

<aside>Krisen werden größer und führen zur Revolution.</aside>

Nach *Marx* werden diese Krisen immer größer. Die Arbeiter verarmen im Zyklus immer mehr, bis es sich für sie lohnt, zu revoltieren und die Kapitalisten zu enteignen. Dies sei ein unvermeidbarer geschichtlicher Prozess.

Es genügt, darauf zu verweisen, dass die Ausbeutung im Trend und im Zyklus nicht zugenommen, sondern abgenommen hat; produktivitätsorientierte Löhne (vgl. Kapitel 25) und eine gewisse Vermögensbildung der Arbeitnehmer waren die wesentlichen Elemente der Beteiligung der Arbeitnehmer am wirtschaftlichen Fortschritt.

3.1.3 Kritik am Koordinationsmechanismus

In marxistischer Sicht ist die private Aneignung des von den eigentlichen Produzenten (den Arbeitern) hervorgebrachten Mehrproduktes durch die »Kapitalisten« die eigentliche Ursache für den bemängelten »anarchischen« (ohne jede Ordnung) Charakter der Produktion.

<aside>»Anarchischer« Charakter der Produktion in der Marktwirtschaft</aside>

Die Entscheidung über die Produktion von Gütern und die Entscheidung über die Nachfrage nach Gütern wird nach marxistischer Auffassung von zwei unabhängig voneinander entscheidenden Gruppen auf der Grundlage unterschiedlicher Motivation gefällt.

<aside>Unterschiedliche Interessenlage von Produzenten und Konsumenten</aside>

Während die »Kapitalisten« solche Güter produzieren, von denen sie sich den höchsten Profit (einen Tauschwert) versprechen, haben die Haushalte ein Interesse an den Gütern, die sie am meisten benötigen, am Gebrauchswert. Damit ist nicht von vornherein sichergestellt, dass die Waren, die produziert werden, auch den Konsumentenbedürfnissen entsprechen.

Ergibt sich schon aus diesem Grund ein anarchischer Charakter der Produktion, so wird dieser Aspekt noch verstärkt durch die Tatsache, dass die Unternehmen ihre Produktionsentscheidungen unabhängig voneinander treffen. Der Einzelne weiß also nicht, was der andere produziert. Selbst wenn der einzelne Produzent eine vorhandene Nachfrage richtig abschätzt, kann es sein, dass die Gesamtheit der Unternehmer an der Nachfrage vorbeiproduziert. Jedenfalls stellt sich die Richtigkeit der unternehmerischen Entscheidung erst nachträglich anhand nicht absetzbarer Gütermengen oder Fehlmengen heraus. Die Unternehmen produzieren in dieser Sicht also ins »Blaue« hinein. Bei nicht absetzbaren Mengen sind knappe Produktionsfaktoren vergeudet worden und bei unzureichender Produktion mit Fehlmengen offenbart sich eine Fehlallokation der Ressourcen, die über steigende Preise der zu knappen Güter sogar noch honoriert wird.

Unternehmer treffen ihre Produktionsentscheidungen unabhängig voneinander.

Schließlich begründet die Ausrichtung der Produktion auf die Tauschprozesse eines anonymen Marktes mit unbekannten Käufern und unbekannten Bedürfnissen eine **Entfremdung** des Menschen. Es fehlt die rationale Gesamtplanung des Produktionsprozesses und es fehlt das Bewusstsein, nützliche Dinge für die Mitglieder der Gesellschaft zu produzieren. Der Mensch entfremdet sich nach *Marx* von seiner Tätigkeit, von »seinem« Produkt, von den Mitmenschen und schließlich von sich selbst als gesellschaftlich schöpferischem Menschen.

Ebenen der Entfremdung

Will man eine Bewertung dieser Argumentation vornehmen, so ist richtig, dass der Marktmechanismus über Gewinne und Verluste die Unternehmerentscheidungen erst nachträglich bewertet. Das bringt wegen der Unabhängigkeit der unternehmerischen Entscheidungen und wegen der subjektiven Ungewissheit in gewissem Umfang eine Verschwendung volkswirtschaftlicher Produktivkräfte mit sich. Es wird dabei aber die Verbindung zwischen Gewinnstreben und Nachfrageanalyse der Unternehmer verkannt: Weil der Unternehmer im Verlustfall sein Kapital verliert, hat der kapitalistische Unternehmer den größtmöglichen Anreiz, sich die richtigen Informationen zu beschaffen und diese im Produktionsprozess zu verwerten. Letztlich ist es für eine Bewertung des marktwirtschaftlichen Systems entscheidend, in welchem Verhältnis die Verschwendung volkswirtschaftlicher Produktivkräfte im Vergleich zu Alternativsystemen steht. Diese Frage hat die Geschichte eindrucksvoll zugunsten der Marktkoordination beantwortet.

Markt bewertet Unternehmerentscheidungen erst nachträglich.

Verbindung zwischen Gewinnstreben und Nachfrage wird übersehen.

Das Konzept der Entfremdung ist schwer fassbar, schwer nachvollziehbar. Aber auch hier hat jedenfalls der »real existierende Sozialismus« seine behauptete Überlegenheit nicht nachweisen können.

Marx' Kritik der kapitalistischen Marktwirtschaft hat ein Wirtschaftssystem begründet, in dem das kapitalistische Privateigentum an Produktionsmitteln aufgehoben wird und die Marktkoordination durch »etwas anderes« ersetzt wird. Dabei ist die positive Beschreibung der Alternative durch Marx unterblieben. Es war auch nicht ganz klar, ob die zentrale Planung notwendigerweise zur Sozialisierung der Produktionsmittel gehört. Allerdings ermöglicht das gesellschaftliche Eigentum an Produktionsmitteln die zentrale Planung, und die Kritik der Marktkoordination legt ja eine Form der zentralen Planung nahe. Jeden-

Marx beschreibt das alternative Wirtschaftssystem nicht ...

Funktionsweise der Sozialistischen Zentralverwaltungswirtschaft
Zentrale Planung

| ... aber eine zentrale Planung liegt nahe. | falls ist Sozialismus im Wesentlichen – von einigen Reformversuchen in Jugoslawien und Ungarn abgesehen – immer mit zentraler Planung verbunden gewesen. Diese zentrale Planung, die in ihrer Grundkonzeption in der Sowjetunion nach dem Ersten Weltkrieg entwickelt worden ist und später u. a. auch in der DDR übernommen worden ist, soll im Folgenden in ihren Grundzügen beschrieben werden, so wie sie in der DDR verwirklicht war. |

Die Eigentumsordnung, die in der DDR verwirklicht war, war naturgemäß eine sozialistische Eigentumsordnung; Privateigentum an Produktionsmitteln existierte nur in ganz geringem Umfang für rund fünf Prozent der Beschäftigten in kleinen, auf persönlicher Arbeit beruhenden Gewerbebetrieben, vor allem im Einzelhandel und im Gaststättengewerbe. Im Übrigen bestand gesellschaftliches Eigentum an Produktionsmitteln. Darauf gehen wir nicht mehr ein.

3.2 Zentrale Planung

3.2.1 Grundkonzeption der zentralen Planung

In einer zentralgeleiteten Verwaltungswirtschaft (Zentralplanwirtschaft) – häufig auch nur Planwirtschaft genannt – wird versucht, die wirtschaftliche Tätigkeit der Millionen Produktions- und Konsumeinheiten (Betriebe und Haushalte) in einem zentralen Plan im Voraus aufeinander abzustimmen und festzulegen.

Gesellschaftliche Ziele sollen zwingend die wirtschaftlichen Handlungen der Betriebe und Haushalte bestimmen.

Ausgangspunkt und Grundlage dieses Planes sind die gesellschaftlichen Zielsetzungen und Produktionsmöglichkeiten. Im Grundsatz bestimmen also die für die Volkswirtschaft festgelegten Gesamtziele (z. B. größtmögliches Wachstum, forcierter Ausbau der Schwerindustrie) über entsprechende Planauflagen zwingend die wirtschaftliche Tätigkeit der planausführenden Betriebe und Haushalte. Hierin liegt ein ganz **wesentlicher Unterschied zum Modell der Marktwirtschaft**, in dem die individuellen Ziele der Millionen von Haushalte und Unternehmen unmittelbar deren wirtschaftliches Handeln und damit mittelbar auch das gesamtwirtschaftliche Geschehen bestimmen. Dass man in der marktwirtschaftlichen Praxis das gesamtwirtschaftliche Geschehen seit geraumer Zeit ebenfalls im Sinne bestimmter gesamtwirtschaftlicher Ziele (wie Vollbeschäftigung und Preisstabilität) zu beeinflussen versucht, beeinträchtigt diese Feststellung nicht, da grundsätzlich keine direkten Eingriffe in die einzelwirtschaftliche Tätigkeit (durch so genannte Einzel- oder Mikrosteuerung) vorgenommen werden, sondern die einzelwirtschaftlichen Pläne nur indirekt (im Rahmen einer so genannten Gesamt- oder Makro- oder Globalsteuerung) beeinflusst werden.

Wie kann man sich die **Funktionsweise** einer zentralgeleiteten Volkswirtschaft im Prinzip vorstellen?

Eine aus Experten bestehende zentrale Plankommission legt den politischen Entscheidungsinstanzen (auf der Grundlage ihrer Erfahrung und in Zusammenarbeit mit untergeordneten Planbehörden und den Betrieben) Möglichkeiten für die gesamtwirtschaftliche Produktion vor (sie zeigt gewissermaßen einige Punkte der volkswirtschaftlichen Transformationskurve auf). Die politischen Entscheidungsträger wählen aufgrund ihrer gesellschaftlichen Zielvorstellungen eine Kombination aus, die damit zum verbindlichen zentralen Plan für die Volkswirtschaft wird. Die zentrale Planungskommission setzt auf dieser Grundlage (wieder in Kooperation mit untergeordneten Planbehörden) die Produktion der entsprechenden Güter für die einzelnen Betriebe der Volkswirtschaft fest und ordnet eine dem Plan entsprechende Verteilung der Güter an. Die Betriebe handeln auf der Grundlage dieser Planauflagen und melden das Ergebnis ihrer Tätigkeit der zentralen Planbehörde, die damit die Durchführung kontrollieren kann.

Zentrale Plankommission arbeitet Alternativen aus.

Politische Zentrale wählt eine Alternative aus.

Zentrale Plankommission leitet aus dem Gesamtplan Plandirektiven für die Betriebe ab.

3.2.2 Grundprinzip der Mengenplanung

Das Planverfahren ist überaus kompliziert. Die Planbehörde muss genaue Kenntnisse von den Produktionsbedingungen in den einzelnen Betrieben der Volkswirtschaft haben. Sie muss z. B. für einen bestimmten Betrieb X wissen, wie viel Arbeitskräfte und Maschinen zu Beginn der Planungsperiode (z. B. eines Jahres) zur Verfügung stehen, welche Lagerbestände an Vorprodukten im Betrieb vorhanden sind, welche zusätzlichen Vorprodukte und welche Kapitalgüter dem Betrieb X von anderen Betrieben der Volkswirtschaft oder durch Importe zu welchen Zeitpunkten zur Verfügung gestellt werden können, welche Produkte in dem Betrieb beim gegenwärtigen Stand des technischen Wissens mit welchen Produktionsverfahren in welcher Zeit hergestellt werden können usw. Aus der Zusammenfügung solcher Informationen für die gesamte Volkswirtschaft kann die Planbehörde dann letztlich die gesamten Produktionsmöglichkeiten in der Volkswirtschaft bestimmen. Wird auf dieser Grundlage der endgültige Volkswirtschaftsplan beschlossen, so kann die Planbehörde auf der Basis der bei der Planaufstellung verwendeten Informationen den einzelnen Betrieben entsprechende Planauflagen machen.

Hoher Informationsbedarf der Planbehörde

Hauptinstrument der zentralen Planung war das System der so genannten **Planbilanzen**, mit dem Produktionsmengen geplant wurden. So gab es in der DDR in der Mitte der 1980er-Jahre etwa 4.500 solcher Bilanzen. Das Prinzip sei anhand eines Beispiels erläutert.

System der Planbilanzen

Angenommen, das Industrieministerium meldet einen Bedarf von 1.100 Automobilen an und lässt die Möglichkeit zur Bedarfserfüllung von der Plankommission durchrechnen. Die Plankommission stellt diesen Bedarf dem angenommenen Lagerbestand von 50 und den geplanten Importen von 50 gegenüber und ermittelt so eine notwendige Produktion von 1.000 Autos:

3.2 Funktionsweise der Sozialistischen Zentralverwaltungswirtschaft
Zentrale Planung

Bedarfsbilanz Autos			
Geplante Möglichkeiten der Bedarfsdeckung		**Bedarf**	
Lagerbestand	50	inländischer Konsum	1.100
Importe	50		
Produktion	1.000		
	1.100		1.100

Im nächsten Schritt werden die notwendigen Gütereinsatzmengen zur Produktion der 1.000 Autos bestimmt. Ausgehend von Erfahrungswerten für den Faktorverbrauch (so genannte »Normen«) kommt man zu folgender Aufstellung (wir beschränken uns der Einfachheit halber auf drei homogene Produktionsgüter):

Produktionsbilanz Autos			
Notwendige Faktoreinsatzmengen		**Produktion**	
Arbeit	5.000 Std.	Produktion	1.000 Stück
Maschinen	500 Std.		
Blech	10.000 m²		

Um die Durchführungsmöglichkeiten zu überprüfen, muss die Planungskommission nun für sämtliche Faktoren feststellen, ob sie im notwendigen Umfang zur Verfügung stehen (d. h. Produktbilanzen aufstellen). Das bedeutet, dass die Produktion sämtlicher Güter mit in die Betrachtung einbezogen werden muss, für die diese spezielle Form der Arbeitskraft, der Maschinenleistung sowie Blech notwendig sind.

In unserem Beispiel verfolgen wir nur die Verfügbarkeit des Produktionsgutes Blech.

Die für Blech zuständige Abteilung des Planungsstabes erhält die Bedarfsmeldung für die sonstigen blechverarbeitenden Industrien (z. B. 50.000 m² für Panzer und 20.000 m² für Schiffe). Sie stellt dem Gesamtbedarf (einschließlich der Automobilindustrie) in Höhe von 80.000 m² den Bestand von 5.000 m² und die Importe von 5.000 m² gegenüber und ermittelt so die notwendige Produktionsmenge von 70.000 m² (wir unterstellen dabei vereinfachend, dass es sich immer um die gleiche Blechsorte handelt).

Bedarfsbilanz Blech			
Geplante Möglichkeiten der Bedarfsdeckung		**Bedarf**	
Lagerbestand	5.000 m²	Automobile	10.000 m²
Importe	5.000 m²	Panzer und Schiffe	70.000 m²
Produktion	70.000 m²		
	80.000 m²		80.000 m²

Anschließend werden die notwendigen Gütereinsatzmengen für die Blechproduktion von 70.000 m² ermittelt.

Produktionsbilanz Blech

Notwendige Faktoreinsatzmengen		Produktion	
Arbeit	1 500 Std.	Blech	70.000 m²
Maschinen	1.000 Std.		
Stahl	7.000 t		
davon für die Produktion von			
Autos	1.000 t		
Panzern	4.000 t		
Schiffen	2.000 t		

Um die Produktionsmöglichkeiten für Blech zu ermitteln, muss die Plankommission die Verfügbarkeit sämtlicher Produktionsgüter weiter verfolgen. Wir beschränken uns hier auf den Faktor Stahl, dessen Verbrauchsmengen deshalb in obiger Aufstellung schon aufgegliedert sind.

Die Stahlabteilung erhält die Bedarfsmeldungen der Blechabteilung (7.000 t) und der übrigen stahlverarbeitenden Industrien (z. B. für den Maschinenbau 8.000 t). Aufgrund von Anfangsbeständen (1.000 t) und Importen (1.000 t) ermittelt die Stahlabteilung eine Produktionsmenge von 13.000 t.

Bedarfsbilanz Stahl

Geplante Möglichkeiten der Bedarfsdeckung		Bedarf für	
Lagerbestand	1.000 t	Blech	7.000 t
Importe	1.000 t	Sonst. stahlverarbeitende	
Produktion	13.000 t	Industrien	8.000 t
	15.000 t		15.000 t

Wiederum sind die Verbrauchsmengen an Produktionsgütern zu ermitteln.

Produktionsbilanz Stahl

Notwendige Faktoreinsatzmengen		Produktion	
Arbeit	200 Std.	Stahl	13.000 t
Maschinen	100 Std.		
Eisenerz	33.000 t		
davon für:			
Blechindustrie	14.000 t		
1.000 Autos	2.000 t		
100 Panzer	8.000 t		
10 Schiffe	4.000 t		
Maschinenbau	19.000 t		
200 Kräne	10.000 t		
3.000 Werkzeugmaschinen	9.000 t		

Zu prüfen ist wiederum, ob die notwendigen Arbeitsstunden, Maschinenstunden und das notwendige Eisenerz zur Verfügung stehen. Wir beschränken uns auf das Produktionsgut Eisenerz.

Die Eisenerzabteilung erhält nun die Bedarfsmeldung der Stahlabteilung (33.000 t) und ermittelt aufgrund von Anfangsbeständen (0 t) und Importen (15.000 t) eine notwendige Produktionsmenge von 18.000 t Eisenerz. Damit

3.2 Funktionsweise der Sozialistischen Zentralverwaltungswirtschaft
Zentrale Planung

sind wir bei der Grundstoffindustrie angelangt, deren Produktionskapazitäten durch die Abbaumöglichkeiten in der Planperiode begrenzt sind.

Angenommen, es können nur 15.000 t Eisenerz abgebaut werden. Es verbleibt eine **Fehlmenge** von 3.000 t Eisenerz.

Mengenplanung mittels eines Systems miteinander verbundener Produktbilanzen

Das Beispiel gibt uns einen guten Einblick in das Kernstück der **Mengenplanung** in einer zentralgeleiteten Volkswirtschaft, das System von miteinander verbundenen **Produktbilanzen**.

Bedarfsbilanz Erz

Geplante Möglichkeiten der Bedarfsdeckung		Bedarf	
Anfangsbestand	0 t	Blech	14.000 t
Importe	15.000 t	davon für	
Produktion	15.000 t	1.000 Autos 2.000 t	
Fehlmenge	3.000 t	100 Panzer 8.000 t	
		10 Schiffe 4.000 t	
		Maschinenbau	19.000 t
		davon für	
		200 Kräne 10.000 t	
		3.000 Werkzeugbänke 9.000 t	
	33.000 t		33.000 t

In unserem Beispiel ergibt sich kein »stimmiges« System von Produktbilanzen, da beim Eisenerz eine Fehlmenge von 3.000 t entsteht (Eisenerz ist offenbar ein sehr knappes Produktionsmittel). Die Plankommission steht deshalb vor der Aufgabe, für einen Ausgleich zu sorgen. Hierzu hat sie mehrere Möglichkeiten, die einzeln oder kombiniert zur Anwendung kommen können.

Möglichkeiten des Ausgleichs der Produktbilanzen

▸ Sie kann versuchen, zusätzliches Eisenerz durch Importe zu beschaffen.
▸ Sie kann versuchen, die Normen zu ändern, z. B. für die Automobilindustrie nur 8 m² Blech pro Auto anzusetzen (»Normendruck«).
▸ Sie kann prüfen, ob einzelne Produkte nicht auch mithilfe von anderen Rohstoffen erzeugt werden können (z. B. Kunststoff für Autos).
▸ Sie kann die Produktion von Gütern, bei denen Eisenerz benötigt wird, vermindern, also z. B. die Automobilproduktion, den Maschinenbau usw.

In der Praxis zentralgeleiteter Verwaltungswirtschaften wurde von sämtlichen Möglichkeiten Gebrauch gemacht.

Nehmen wir an, die ersten drei Möglichkeiten würden ausscheiden, sodass der Plan bezüglich des »Was« der Produktion revidiert werden müsste. Es muss dann entschieden werden, wie die Produktion von Autos, Panzern, Schiffen, Kränen oder Werkzeugmaschinen eingeschränkt werden soll. Eine Entscheidungshilfe wird den politischen Instanzen durch die an Eisenerz gemessenen Alternativkosten der Produktion der verschiedenen Güter gegeben. Im obigen Beispiel:

1 Auto kostet in Erz	2 Tonnen
1 Panzer kostet in Erz	80 Tonnen
1 Schiff kostet in Erz	400 Tonnen
1 Kran kostet in Erz	50 Tonnen
1 Werkzeugmaschine kostet in Erz	3 Tonnen

Es ergeben sich mithin folgende Transformationsraten:
1 Schiff = 5 Panzer = 8 Kräne = $133\,^1/_3$ Werkzeugmaschinen = 200 Autos.

Die Rangordnung der Bedürfnisse muss jetzt herangezogen werden, um zu einer Entscheidung über das »Was« der Produktion zu kommen. Um zu einer Entscheidung über die endgültige Zusammensetzung der Produktion zu gelangen, müssen zusätzlich zu der Kostenüberlegung Nutzenüberlegungen herangezogen werden. Es muss also berücksichtigt werden, welchen Nutzen z. B. 1 Auto, 1 Kran oder 1 Panzer für die Gesellschaft hat. Kennt man diesen Nutzen, so kann man unmittelbar den Nutzen pro Tonne Eisenerz bestimmen, die für Autos, Kräne usw. verwendet wird. Die Produktionseinschränkung ist dann so vorzunehmen, dass

Kosten- und Nutzenüberlegungen bei Produktionseinschränkungen

- die Fehlmenge verschwindet und
- der Nutzen jeder Tonne Eisenerz, die in Autos, in Panzer, in Schiffe, in Kräne und Werkzeugmaschinen gesteckt wird, für die Gesellschaft gleich groß ist.

Wir haben dieses Beispiel so ausführlich geschildert, damit wenigstens ungefähr eine Vorstellung über die ganz gewaltigen Planungsprobleme einer zentralen Verwaltungswirtschaft vermittelt werden kann. Zugleich soll dabei auch noch einmal deutlich werden, welche Koordinierungsaufgaben der Markt quasi nebenbei erfüllt. Eine solche Planung konnte wegen ihrer Komplexität nur für eine begrenzte Zahl wichtiger Güter, so genannte Prioritätsgüter, erstellt werden. In der DDR wurde die Mengenplanung in etwa 4.500 Produktbilanzen durchgeführt. Die Mengenplanung wurde ergänzt durch eine Wertplanung, eine Planung unter Zuhilfenahme von Preisen, die hier allerdings nicht mehr beschrieben werden soll.

3.2.3 Probleme zentraler Planung

Das grundlegende Problem zentraler Planung war die Unmöglichkeit, das Informationsproblem und das Sanktionsproblem zu lösen.

3.2.3.1 Das Informationsproblem
Die Aufstellung des zentralen Planes erfordert die zentrale Kenntnis
- der vorhandenen Ressourcen,
- der (optimalen) Produktionsverfahren und,
- jedenfalls idealiter, der Präferenzen der Konsumenten.

3.2 Funktionsweise der Sozialistischen Zentralverwaltungswirtschaft
Zentrale Planung

Tendenz zu weichen Plänen

Weil die relevanten Informationen von den Betrieben selbst geliefert werden und die Betriebe nicht an »harten« Plänen interessiert sind, die schwer zu erfüllen sind, liefern die Betriebe in der Regel nach unten manipulierte Informationen. Es resultieren dann die so genannten »weichen« Pläne, die das volkswirtschaftliche Produktionspotenzial nicht ausschöpfen. Aber selbst wenn die »richtigen« Informationen geliefert würden, bleibt zu bezweifeln, dass eine zentrale Behörde diese Informationen befriedigend verarbeiten kann.

Das Grundproblem ist die prinzipielle Unfähigkeit der Planbehörde, die Produktion **optimal** zu koordinieren. In kapitalistischen Marktwirtschaften existieren Knappheitspreise, und diese Knappheitspreise reflektieren hinlänglich genau
- die Knappheit der vorhandenen Ressourcen,
- den Stand moderner Produktionstechnik und
- die Präferenzen der Konsumenten.

Knappheitspreise existieren nicht …

Solche Knappheitspreise existieren in der sozialistischen Planwirtschaft nicht, und daher ist es für die Planbehörde unmöglich, den optimalen Plan zu erstellen. Die Planbehörde kann z. B. nicht wissen, ob Strom billiger durch Braunkohle- oder Atomkraftwerke produziert wird oder ob Importe wirtschaftlicher sind. Und sie kann nicht wissen, ob Automobile besser vertikal integriert in einem großen Werk oder eher dezentralisiert in kleineren Betrieben produziert werden sollten usw. Die Planbehörde kann mithin allenfalls einen Plan aufstellen, der in sich stimmt, aber niemals eine optimale Koordination erreichen. Die zentrale Planung vergeudet mithin volkswirtschaftliche Ressourcen.

… daher konnte der optimale Plan nicht aufgestellt werden.

3.2.3.2 Das Sanktionsproblem

Die Hoffnung, in sozialistischen Wirtschaftssystemen eine Übereinstimmung von Handlungsmotiv und gesellschaftlicher Funktion erreichen zu können, hat getrogen. Es war falsch anzunehmen, dass Individuen die Interessen der Gesellschaft kennen, sich mit diesen identifizieren und nach ihnen handeln. Auch im Sozialismus verfolgen die Menschen ihre eigenen Interessen und Leistungsanreize und Erfolgskontrollen müssen daher geschaffen werden.

Leistungsanreize und Kontrollen mussten veranstaltet werden.

Während in kapitalistischen Marktwirtschaften der Preis- und Gewinnmechanismus Leistungsanreiz und Erfolgskontrolle quasi automatisch und nebenbei produziert, muss dies in sozialistischen Planwirtschaften veranstaltet werden. Erfolgsmaßstab ist hier die Planerfüllung.

Erfolg = Istproduktion − Sollproduktion

Der Erfolgsmaßstab war falsch.

Aus leicht einsichtigen Gründen ist das Interesse der produktiv Tätigen dabei niemals auf eine Maximierung der Istproduktion, sondern immer auf eine Minimierung der Sollproduktion gerichtet. Dies, weil die Planerfüllung dieses Jahres die Basis für die Planfestsetzung des nächsten Jahres ist. Alle Versuche, dies zu ändern, waren erfolglos.

3.2.3.3 Fehlende Innovationsdynamik

Sozialistische Planwirtschaften sind durch einen ganz zentralen Mangel an Innovationsdynamik gekennzeichnet. Die Entwicklung neuer Produkte (Produktinnovation) und die Entwicklung neuer Verfahren (Prozessinnovation) sind hier ungleich seltener als in kapitalistischen Marktwirtschaften. Dies ist einsichtig, denn in diesem Feld kumulieren sich die Informations- und Sanktionsprobleme.

> Bei der Innovation kumulieren sich die Informations- und Sanktionsprobleme.

- Eine Prozessinnovation ist kaum planbar. Woher soll die Planbehörde wissen, wie man effizienter produziert?
- Eine Produktinnovation ist ebenfalls kaum planbar, weil die Mengenplanung mit quantifizierbaren Produktionsauflagen arbeiten muss und eine Qualitätsverbesserung oder eine Neuerung nicht quantifiziert werden kann (wie soll man die Schönheit von Sommerkleidern oder den Geschmack von Wurst quantifizieren?).
- Vor allem haben die Produzenten – die Betriebe und die Arbeitnehmer – kein Interesse an Innovationen. Diese würden in der Einführungsphase den eingefahrenen Betriebsablauf und damit den zentralen Plan nur stören und in der Folgezeit zu entsprechend revidierten Planauflagen führen. Die Nachteile für den Betrieb würden die Vorteile bei weitem übersteigen.

3.2.3.4 Fazit: Effizienzmangel

Diese zentralen Mängel lassen sich vielfältig ergänzen. Genannt seien die folgenden Punkte:
- die Kumulation von Fehlplanungen und Planuntererfüllungen,
- die darauf folgende Neigung, »strategische Reserven« zu bilden, um bei ausbleibenden Lieferungen dennoch weiter produzieren zu können,
- der schrittweise Übergang zu bilateralen Tauschgeschäften zwischen Betrieben und zwischen Endverbrauchern,
- die »Tonnenideologie«, die Neigung, Produktionsauflagen, die in Gewicht, Menge usw. formuliert werden, durch die Produktion besonders schwerer, besonders großer oder besonders vieler Produkte zu erfüllen. Damit wird z. B. ein Speditionsbetrieb, dessen Planproduktion in Tonnenkilometern vorgegeben wird, besonders viel und besonders umwegreich fahren. Ein Anreiz, Transportwege zu minimieren, besteht jedenfalls nicht;
- die ausgeprägte Beharrungstendenz: Fehler werden schwerer erkannt und werden, wenn überhaupt, nur mühsam beseitigt (z. B. die Konzentration auf die Braunkohleproduktion in der DDR).

Das Resultat war eine ganz deutliche ökonomische Ineffizienz der sozialistischen Planwirtschaft. Folgende grobe Kalkulation gibt sicherlich die Größenordnung richtig wieder: »Im Endergebnis liegt der Lebensstandard in der DDR heute (1989) bei etwa einem Drittel des unsrigen. Das also ist das Ergebnis der besten aller Planwirtschaften.« (Wirtschaftswoche Nr. 48 v. 24.11.1989, S. 174). Eine Wertung des politischen Systems soll hier unterbleiben. Faktisch hat sich indes in allen sozialistischen Zentralverwaltungswirtschaften die »**Unteilbar-**

keit der Freiheit« bestätigt: Wirtschaftliche Freiheit war ohne politische Freiheit und politische Freiheit war ohne wirtschaftliche Freiheit nicht zu realisieren. Ob die Entwicklung in China, wo weitgehende wirtschaftliche Freiheit ohne politische Freiheit existiert, diese Aussage falsifiziert, bleibt abzuwarten.

Arbeitsaufgaben Kapitel 3

1. Erläutern Sie folgende Konzepte von Marx:
   - Mehrprodukt,
   - Mehrwert,
   - Ausbeutung,
   - Profitrate,
   - Entfremdung.

2. Welche Voraussetzungen müssen erfüllt sein, damit kapitalistische Ausbeutung im Sinne von Marx stattfindet?

3. Diskutieren Sie die Marx'sche Ausbeutungskonzeption. Was erscheint Ihnen auf die heutige Zeit als übertragbar, was erscheint Ihnen als fragwürdig?

4. Diskutieren Sie das Konzept des Arbeiterunternehmens unter dem Gesichtspunkt der Effizienz.

5. Beschreiben Sie Voraussetzung, Wirkung und Ergebnis des Gesetzes vom tendenziellen Fall der Profitrate.

6. Warum kann die Planbehörde nicht einen Plan aufstellen, der die volkswirtschaftlichen Ressourcen optimal nutzt?

7. Beschreiben Sie das Sanktionsproblem im Rahmen einer zentralen Wirtschaftsplanung.

8. Warum ist technischer Fortschritt eher Fremdkörper im System sozialistischer Zentralverwaltungswirtschaft?

9. Diskutieren Sie das Konzept der »Unteilbarkeit der Freiheit«.

10. Was sind die Grundprobleme der Transformation von sozialistischen Zentralplanwirtschaften in kapitalistische Marktwirtschaften?

Lösungsvorschläge für die Arbeitsaufgaben finden Sie im »Übungsbuch zu Grundlagen und Probleme der Volkswirtschaft«.

Literatur Kapitel 3

Marx, Karl: Das Kapital, Kritik der politischen Ökonomie, Erster Band, Berlin 2008.

Die sozialistische Zentralverwaltungswirtschaft wird in zahlreichen Werken zum Vergleich der Wirtschaftssysteme beschrieben. Einen kurzen Überblick bietet:
Thieme, H. Jörg: Wirtschaftssysteme, in: Vahlens Kompendium der Wirtschaftstheorie und Wirtschaftspolitik, Band 1, 9. Aufl., München 2007.

Ausführlicher sind:
Leipold, Helmut: Wirtschafts- und Gesellschaftssysteme im Vergleich, 5. Aufl., Stuttgart 1988.
Baßeler, Ulrich/Jürgen Heinrich: Wirtschaftssysteme, Würzburg/Wien 1984.

Die Marxistische Wirtschaftstheorie wird knapp und klar dargestellt in:
Kromphardt, Jürgen: Konzeptionen und Analysen des Kapitalismus, 4. Aufl., Göttingen 2004, Kapitel III, D.

Das Leben und das Werk von Marx wird meist in den Büchern zur Geschichte ökonomischer Theorien behandelt. Wir nennen:
Issing, Otmar (Hrsg.): Geschichte der Nationalökonomie, 4. Aufl., München 2002.
Kurz, Heinz D. (Hrsg.): Klassiker des ökonomischen Denkens 01: Von Adam Smith bis Alfred Marshall, München 2008.
Piper, Nikolaus (Hrsg.): Die großen Ökonomen, 2. Aufl., Stuttgart 1996.
Starbatty, Joachim (Hrsg.): Klassiker des ökonomischen Denkens, Gütersloh 2008.

Speziell das Wirtschaftssystem der ehemaligen DDR wird beschrieben von:
Gutmann, Gernot (Hrsg.): Das Wirtschaftssystem der DDR. Wirtschaftspolitische Gestaltungsprobleme, Stuttgart/New York 1983.

Sowie sehr detailliert in den vom früheren Bundesministerium für innerdeutsche Beziehungen herausgegebenen Bänden:
Materialien zum Bericht zur Lage der Nation im geteilten Deutschland 1987, Bonn 1987.
DDR-Handbuch, Köln 1985.

4 Nachfrage der Haushalte

Leitfragen

Was bestimmt die Höhe und Struktur der Konsumgüternachfrage der Haushalte?

▸ Was ist ein Markt und welche Funktionen erfüllt er?

▸ Welche Größen haben Einfluss auf die Konsumgüternachfrage der Haushalte?

▸ Was ist eine Nachfragefunktion?

Wie misst man die Preis- und Einkommensempfindlichkeit der Nachfrage?

▸ Was gibt die direkte Preiselastizität an?

▸ Was gibt die Einkommenselastizität an?

▸ Welche Bedeutung hat die direkte Preiselastizität für die Ausgaben der Haushalte und die Preisbildungsspielräume der Firmen?

▸ Welche Bedeutung hat die Einkommenselastizität für die Entwicklung einzelner Wirtschaftszweige?

Wie kann die Nachfrageentscheidung eines Haushalts erklärt werden?

▸ Welche Konsumgüterbündel kann der Haushalt mit seinem Einkommen (Budget) erwerben?

▸ Wie kann man die Rangordnung näher beschreiben, in die der Haushalt unterschiedliche Konsumgüterbündel bringt?

▸ Wodurch ist das beste Konsumgüterbündel gekennzeichnet, welches er sich leisten kann?

▸ Wie verändert sich dieses beste Konsumgüterbündel mit den Preisen der Güter und dem Haushaltseinkommen (-budget)?

4.1 Vorbemerkungen

Jede entwickelte Wirtschaft, in der die Güter in einem arbeitsteiligen Produktionsprozess erstellt werden, ist **eine Tauschwirtschaft in Form einer Geldwirtschaft**, da die Vielzahl der notwendigen Tauschakte ohne die Zwischenschaltung des Tauschmediums Geld gar nicht zu realisieren wäre. Deshalb wird der in grauer Vorzeit übliche Tausch »Ware gegen Ware« seit langem ersetzt durch einen Verkaufsakt »Ware gegen Geld«, womit der Verkäufer allgemein verwendbare Kaufkraft erwirbt, und einen Kaufakt »Geld gegen Ware«. Im Allgemeinen wird der Tausch heute auch nicht mehr direkt zwischen den ursprünglichen Produzenten und den Verbrauchern durchgeführt, sondern der Zwischenhandel konzentriert die Nachfrage und bringt das Angebot in die

4.1 Nachfrage der Haushalte
Vorbemerkungen

Die relativen Preise bestimmen das reale Tauschverhältnis zwischen den Gütern.

Reichweite der Käufer und erfüllt damit eine wichtige ökonomische Funktion. Bei jedem Tausch muss es nun ein **Tauschverhältnis** geben, und bei dem Tausch »Ware gegen Geld« und »Geld gegen Ware« muss es in Geld ausgedrückte Preise der Güter geben. Setzt man zwei Geldpreise zueinander ins Verhältnis, so ergibt sich das **reale Austauschverhältnis** zwischen den beiden Gütern:

$$\frac{P_1}{P_2} = \frac{x \, \text{€}/ME_1}{y \, \text{€}/ME_2} = \frac{\frac{x}{y} \, \text{ME von Gut 2}}{1 \, \text{ME von Gut 1}}.$$

Beträgt der (Geld-)Preis eines Buches p_1 = 10 Euro und der einer Aktentasche p_2 = 30 Euro, so wird eine Aktentasche gegen drei Bücher getauscht. Die **Güterpreise** »bilden sich auf dem Markt«, sie hängen ab von Angebot und Nachfrage, von den Kosten der Produktion, vom Gewinnstreben der Marktteilnehmer und von der Möglichkeit, Gewinne gegen Konkurrenz und Nachfrageinteressen durchzusetzen.

Die folgende Abbildung 4-1 gibt einen Überblick über die Bestimmungsgründe der Preisbildung.

Wichtig ist, dass der Leser sich daran erinnert (vgl. Kapitel 2.1), dass es die Preise sind, die in einer Marktwirtschaft die Wirtschaftspläne der unabhängig voneinander handelnden Anbieter (meist Produzenten) und Nachfrager (oft Konsumenten) aufeinander abstimmen und für einen Ausgleich der Interessen von Anbietern und Nachfragern sorgen.

Selbststeuerung der Marktwirtschaft durch den Preismechanismus

> Der Preismechanismus übernimmt die Lenkung des Wirtschaftsprozesses in Marktwirtschaften.

Nach einer Klärung des Begriffes »Markt« in Kapitel 4.2 wollen wir die oben aufgezählten Bestimmungsgründe der Nachfrage in den Kapiteln 4.3 bis 4.5 erörtern. Die Bestimmungsründe des Angebotes werden in Kapitel 5 untersucht.

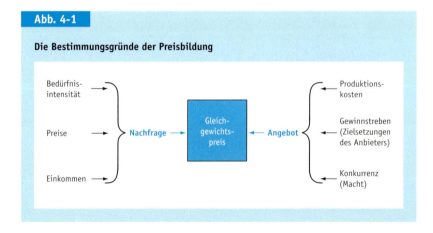

Abb. 4-1
Die Bestimmungsgründe der Preisbildung

4.2 Markt

Wenn man das Wort »Markt« hört, denkt man vielleicht zunächst an einen Wochenmarkt. Hier treffen sich zu bestimmten Tagen Anbieter (Verkäufer) und Nachfrager (Käufer) an einem bestimmten Ort, um Güter zu kaufen und zu verkaufen. Ein ähnlich **organisiertes** Zusammentreffen von Anbietern und Nachfragern kann man auf Waren- und Wertpapierbörsen, bei Auktionen und Versteigerungen beobachten, so z. B. auf dem Frankfurter Wertpapiermarkt oder dem Hamburger Fischmarkt. Nun sind solche örtlich konzentrierten Märkte vergleichsweise selten. »Der« Markt für Wohnungen in einer großen Stadt manifestiert sich in den Zeitungsangeboten und -nachfragen sowie den Karteien der Wohnungsmakler für Wohnungen bestimmter Größe, Lage und Qualität zu einem bestimmten Zeitpunkt. Ähnlich wird »der« Arbeitsmarkt in den Stellenangeboten und -gesuchen in Zeitungen, im Internet sowie in den Datenbänken der Arbeitsagenturen sichtbar. Bei näherem Hinsehen entpuppt sich »der« Markt als eine Vielzahl von Teilmärkten, die sich durch qualitative, räumliche oder zeitliche Charakteristika des gehandelten Objektes unterscheiden. Genau genommen ist es häufig recht schwer, einen Markt, den man allgemein als die Gesamtheit der Angebots- und Nachfragebeziehungen für ein Gut oder eine Gütergruppe definieren kann, abzugrenzen und zu bestimmen. Ein in der Praxis häufig verwendetes Kriterium ist die Enge der Substitutionsbeziehung zwischen den Gütern (vgl. hierzu Kapitel 7.1.5).

Der Markt als gedankliche Konstruktion

Der Markt ist letztlich eine Einrichtung, die die für einen geplanten Tausch notwendigen Informationen (Preise, Kauf- und Verkaufswünsche anderer Personen) und Gelegenheiten (Kontakte zwischen Tauschpartnern) bietet und damit die Tauschmodalitäten gegenüber dem individuellen direkten und indirekten Tausch wesentlich erleichtert.

Der Markt erleichtert die Tauschprozesse.

4.3 Nachfrage privater Haushalte

4.3.1 Bestimmungsgründe der Nachfrage eines privaten Haushalts

Als typischen Nachfrager wählen wir den privaten Verbraucher (Konsumenten), behalten jedoch in Erinnerung, dass auch der Unternehmer Güter und Dienstleistungen nachfragt, die er im Produktionsprozess einsetzen will, und der Staat Güter zur Befriedigung von Kollektivbedürfnissen erwirbt. Da wir alle Konsumenten sind, werden wir die **Bestimmungsgründe** unserer Nachfrage nach dauerhaften und nicht dauerhaften Konsumgütern unschwer erkennen. Die Nachfrage eines Haushalts, z. B. nach einem Auto, hängt ab:
- vom Preis dieses Autos,

4.3 Nachfrage der Haushalte
Nachfrage privater Haushalte

Die Nachfrage nach Konsumgütern hängt ab von den Preisen, vom verfügbaren Einkommen und von der Bedarfsstruktur.

- vom Preis vergleichbarer Automobile und von den Preisen der Güter, die mit der Nutzung eines Automobils verbunden sind (Benzin, Öl, Versicherung, Reparatur, Steuer, Garagenmiete usw.),
- von den Preisen sonstiger vom Haushalt nachgefragter Güter,
- von seinem verfügbaren Einkommen, d. h. dem Einkommen nach Abzug der Abgaben (Steuern und Sozialversicherung) bzw. genauer von dem Teil seines verfügbaren Einkommens, den der Haushalt für Konsumgüter auszugeben plant (seine Konsumsumme, zur Vereinfachung sprechen wir im Folgenden vom Einkommen),
- von der subjektiven Wertschätzung, die der mögliche Nachfrager mit dem Auto im Vergleich zu anderen Gütern verbindet (z. B. Komfort, Schnelligkeit, Unabhängigkeit usw.); diese subjektive Nutzenvorstellung wird auch Bedarfsstruktur oder Präferenzordnung genannt.

Produktinnovationen und Werbung beeinflussen die Bedarfsstruktur.

Die **Bedarfsstruktur** eines Haushalts ist nun nicht unveränderlich, sondern wesentlich bestimmt von der Einführung neuer Produkte (Produktinnovation), der Werbung und der Altersstruktur des Haushalts. So ist unmittelbar einsichtig, dass das Bedürfnis nach einem Fernsehgerät oder einem DVD-Recorder im Wesentlichen erst nach deren Produktion entstanden sein kann und der Kaufentschluss bzw. die Auswahl zwischen verschiedenen Geräten sich nicht unbeeinflusst von der Werbung vollzieht. Das Ausmaß der Beeinflussung der Verbraucher durch Werbung und Produktinnovationen ist im Grunde nicht bekannt. Sicher wird man nicht sagen können, dass alle Bedürfnisse angeboren sind, und sicher auch nicht, dass alle Bedürfnisse durch Werbung bestimmt sind. Grundbedürfnisse und Wünsche allgemeiner Art sind dem Menschen wohl eher angeboren, wie z. B. das Bedürfnis nach Essen, Trinken, Wohnung, Kleidung oder die Wünsche nach Freiheit, Abenteuer, Unterhaltung, Gemütlichkeit usw. Dass allerdings das Bedürfnis nach Trinken wesentlich von der Brause X oder der Wunsch nach Freiheit vom Rasierwasser Y und der Wunsch nach Abenteuern vom Rauchen einer Zigarette Z befriedigt wird, ist als Ergebnis der Werbung anzusehen (vgl. hierzu auch Kapitel 1.3).

Die Nachfrage, die ein Haushalt nach Konsumgütern entfaltet, hängt also von den Preisen der Konsumgüter, von seinem verfügbaren Einkommen und von seiner Bedarfsstruktur ab.

Komplexität der wirtschaftlichen Wirklichkeit

Die Nachfrage eines Haushalts ist – um einen auch in der Volkswirtschaftslehre häufig verwendeten Begriff zu gebrauchen – eine **Funktion** (d. h.: ist abhängig von) einer Vielzahl von Einflussgrößen. Wir können an diesem Beispiel sehen, dass unsere Aufgabe, die wirtschaftliche Wirklichkeit zu erklären, außerordentlich schwierig ist. Die Wirklichkeit ist von so unübersehbarer Vielfalt, dass es unmöglich ist, sie in all ihren Spielarten zu beschreiben oder gar zu erklären. Und selbst wenn dies möglich wäre, wäre es im Allgemeinen nicht einmal zweckmäßig. Wir sind also zum einen gezwungen, für unwichtig gehaltene Einzelheiten zu vernachlässigen, von uns unwesentlich Erscheinendem zu abstrahieren. Zum anderen ist es oft schwierig, die Wirkung der aufgezählten Einflussgrößen Einkommen, Preise und Bedarfsstruktur gleichzeitig zu erklären.

Zum Beispiel wird es nicht oder nur unter sehr großen Schwierigkeiten möglich sein zu erklären, wie sich die Nachfrage nach Butter verändern wird, wenn der Butterpreis sinkt, das Einkommen sinkt, die Preise anderer Güter ebenfalls eine Veränderung erfahren und sich schließlich noch die Bedarfsstruktur verschiebt. Um mögliche Gesetzmäßigkeiten erkennen zu können, müssen wir also zwei Dinge tun:

1. Wir müssen von Einzelheiten absehen, die für das untersuchte Problem weniger wichtig erscheinen. Wir vereinfachen die vielfältigen Erscheinungsformen in der Realität auf ein einfaches System, das wir **Modell** nennen. Anhand dieses Modells versuchen wir, die wesentlichen Erkenntnisse zu gewinnen. Die Methode des Modelldenkens ist für die Volkswirtschaftslehre unabdingbar, doch sollte man sich ihrer Problematik bewusst bleiben. Zum einen kann man im Voraus nicht sicher wissen, welche Einzelheiten als unwesentlich vom Wesentlichen getrennt werden können, zum anderen muss man bei der Anwendung der Erkenntnisse auf konkrete Probleme immer prüfen, inwieweit die Voraussetzungen und Vereinfachungen angemessen sind.

Notwendigkeit des Modelldenkens

2. Die Wirkung der als wesentlich erkannten Einflussgrößen können wir in aller Klarheit nur erkennen, wenn wir sie einzeln betrachten. Daher nehmen wir in einem Denkmodell häufig an, dass bis auf eine Einflussgröße alle übrigen Determinanten fest vorgegeben sind, d. h. für unsere Untersuchung ein Datum sind. Wir arbeiten mit der Annahme, »dass alles Übrige gleich bleibt« **(Ceteris-paribus-Klausel).**

Notwendigkeit der Ceteris-paribus-Methode

4.3.2 Nachfrage nach einem Gut in Abhängigkeit von seinem Preis

Entsprechend der Notwendigkeit des Modelldenkens und der Ceteris-paribus-Methode nehmen wir nun an, dass Einkommen, Bedarfsstruktur und Güterpreise mit Ausnahme des Preises des Gutes, das wir betrachten, eine vorgegebene konstante Höhe bzw. Struktur haben. Wir wollen also wissen, wie die Nachfrage z. B. nach Butter vom Butterpreis allein abhängt. Zu diesem Zweck befragen wir einen Haushalt nach seiner geplanten Butternachfrage bei unterschiedlichen Butterpreisen und konstanten Preisen der übrigen Güter sowie konstantem Einkommen. Das Ergebnis ist in Tabelle 4-1 aufgezeichnet.

Bevor wir auf den Verlauf der Nachfrage eingehen, wollen wir das Ergebnis der Befragung in einer anderen Form – in einer Grafik – darstellen: Auf der senkrechten Achse (Ordinate) tragen wir den Butterpreis ein, auf der waagerechten Achse (Abszisse) die zu diesem Preis nachgefragte Buttermenge. Dann tragen wir die Preise und Mengen aus der Tabelle 4-1 ein und verbinden die Punkte. Damit haben wir eine (in diesem Fall gerade) Linie, die uns jetzt angibt, welche Menge Butter bei verschiedenen Preisen nachgefragt wird, z. B. 12 Pfund Butter bei einem Preis von 4,– Euro pro Pfund (vgl. Abbildung 4-2, dabei steht GE für Geldeinheiten z. B. Euro, ME für Mengeneinheiten und GE/ME für Geldeinheiten pro 1 ME). Da die nachgefragte Menge vom Preis abhängt,

4.3 Nachfrage der Haushalte
Nachfrage privater Haushalte

Tab. 4-1

Geplante Butternachfrage des Haushalts pro Monat

Butterpreis pro Pfund in Geldeinheiten (GE)	Nachgefragte Menge in Pfund pro Monat
10,–	0
9,–	2
8,–	4
7,–	6
6,–	8
5,–	10
4,–	12
3,–	14
2,–	16
1,–	18
0,–	20

Abb. 4-2

Die Nachfragekurve

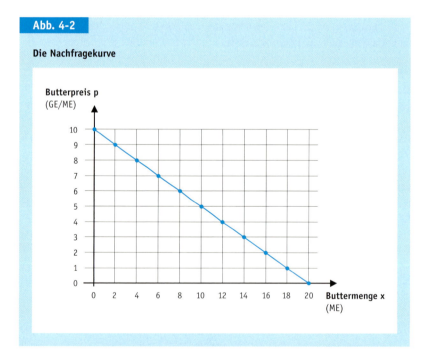

kann man auch sagen, der Preis ist die Ursache (die unabhängige Variable) und die nachgefragte Menge die Wirkung (die abhängige Variable).

4.3 Nachfrage privater Haushalte

Schließlich können wir das Nachfrageverhalten des Haushalts auch algebraisch ausdrücken:

$x = f(p)$.

Dies soll einfach bedeuten: x (die nachgefragte Gütermenge) ist f (eine Funktion) von p (vom Preis). Für unser Beispiel nimmt diese Funktion eine spezielle Form an:

$x = 20 - 2\,p$.

Setzt man jetzt für den Preis p bestimmte Werte ein, z. B. p = 2,50 Euro, so erhält man die nachgefragte Menge an Butter

$x = 20 - 2 \cdot 2{,}50 = 15$ Pfund Butter.

Eine solche Funktion wird als **Nachfragefunktion** bezeichnet. Für einen einzelnen Konsumenten gibt sie an, welche Mengen des betreffenden Gutes der Haushalt nachfragen würde, wenn der Preis des Gutes verschiedene Höhen annehmen würde, bei Konstanz des Einkommens, der übrigen Preise und der Bedarfsstruktur.

Nachfragefunktion

Das grafische Abbild der Nachfragefunktion wird als Nachfragekurve bezeichnet (auch wenn es, wie hier, eine gerade Linie ist). Die Erfahrung zeigt, dass die nachgefragte Menge eines Konsumenten nach einem Gut in der Regel mit sinkendem Preis des Gutes ceteris paribus zunimmt und umgekehrt mit steigendem Preis abnimmt. Die Steigung der Nachfragekurve ist also im Regelfall negativ. Es lassen sich hierfür zwei Begründungen angeben.

1. Der Substitutionseffekt
   Steigt z. B. der Butterpreis und bleiben die anderen Preise konstant, so wird Butter relativ teurer, andere Güter wie Margarine und Öl relativ billiger. Dann lohnt es sich für jeden Verbraucher, das relativ teurer gewordene Gut durch das relativ billigere zu ersetzen (zu substituieren).

Begründung für eine fallende Nachfragekurve

2. Der Einkommenseffekt
   Hat man ein bestimmtes Geldeinkommen, das man zum Kauf von Konsumgütern verwenden will, so wird man merken, dass bei gegebener nominaler Höhe des Einkommens mit steigenden Preisen eines Gutes geringere Mengen davon gekauft werden können. Jede Preissteigerung führt also – sofern das teurer gewordene Gut noch nachgefragt wird – zu einer Senkung des **Realeinkommens**, die besonders spürbar wird, wenn es sich um Preise für Güter handelt, die einen großen Raum im Rahmen der Haushaltsausgaben einnehmen (z. B. Mieten), oder wenn es sich um allgemeine Preissteigerungen in Zeiten inflationärer Entwicklung ohne entsprechende Einkommenssteigerungen handelt. Mit Ausnahme einiger weniger Spezialfälle wird dieser (Real-)Einkommenseffekt in die gleiche Richtung wirken wie der Substitutionseffekt des in seinem Preis gestiegenen Gutes: Mit sinkendem Realeinkommen wird die nachgefragte Menge abnehmen.

4.3 Nachfrage der Haushalte
Nachfrage privater Haushalte

Insgesamt wird also in der Regel eine Preiserhöhung zu einer Verringerung der Nachfrage nach dem verteuerten Gut führen.

Daneben kann es Güter geben, die von einigen Haushalten mehr nachgefragt werden, gerade weil ceteris paribus ihr Preis gestiegen ist. Man spricht in diesem Zusammenhang in der Literatur auch vom so genannten **Prestigeeffekt** (*Veblen*-Effekt).

Außerdem werden in der Realität der so genannte Mitläufereffekt und der Snobeffekt beobachtet.

Der **Mitläufereffekt** besteht darin, dass die Nachfrage eines Haushalts nach einem Gut ceteris paribus zunimmt, wenn der Gesamtabsatz des Gutes auf dem Markt steigt.

Der **Snobeffekt** ist das Gegenstück zum Mitläufereffekt: Die Nachfrage eines Snobs nimmt ab, wenn die Gesamtnachfrage nach dem Gut steigt. Darin drückt sich das Streben nach Exklusivität aus, das Streben anders zu sein, mit der großen Masse nichts zu tun haben zu wollen.

Beschränkter Aussagegehalt der Nachfragefunktion

Es ist wichtig, dass der Leser über den Aussagewert einer Nachfragefunktion völlige Klarheit besitzt und sich insbesondere der Einschränkung ihres Aussagegehaltes durch die Ceteris-paribus-Klausel stets bewusst ist. Die Nachfragefunktion

$$x = 20 - 2p$$

gilt nur bei gegebenem Geldeinkommen (Budget), gegebener Bedarfsstruktur und konstanten Preisen der übrigen Güter. Nur unter dieser Voraussetzung wird die nachgefragte Menge in der durch die Befragung ermittelten Weise auf Preisänderungen reagieren. Wir sprechen dann von einer **Bewegung auf der Nachfragekurve** (Veränderung der nachgefragten Menge aufgrund von Preisänderungen des Gutes bei unveränderter Nachfragefunktion, vgl. Abbildung 4-3).

Bewegung auf der Nachfragekurve

Verschiebungen der Nachfragekurve

Streng von Bewegungen auf der Nachfragekurve zu unterscheiden sind **Verschiebungen** der Nachfragekurve selbst. In der Regel wird immer dann, wenn die übrigen Preise oder das Einkommen andere Werte annehmen oder die Bedarfsstruktur sich verändert, die ceteris paribus ermittelte Nachfragefunktion eine Verschiebung erfahren. So könnte sich die in Abbildung 4-4 dargestellte Rechtsverschiebung der Nachfragekurve nach dem betrachteten Gut dadurch ergeben, dass der Preis eines anderen Gutes ansteigt.

Beobachtungen zeigen, dass – oftmals in scheinbarem Gegensatz zu dem in Abbildung 4-3 dargestellten Zusammenhang – die nachgefragte Menge vieler Güter zugenommen hat, obwohl deren Preise gestiegen sind. Diese Tatsache widerlegt jedoch nicht die übliche Erfahrung, dass die Haushalte **ceteris paribus** planen, bei steigendem Preis eines Gutes weniger von diesem nachzufragen. Dass trotz steigender Preise in der Praxis häufig mehr nachgefragt wird, kann damit erklärt werden, dass

▸ das Geldeinkommen gestiegen ist,
▸ die Bedarfsstruktur sich verändert hat,
▸ die Preise anderer Güter stärker gestiegen sind,

4.3 Nachfrage privater Haushalte

Abb. 4-3

Bewegung auf der Nachfragekurve

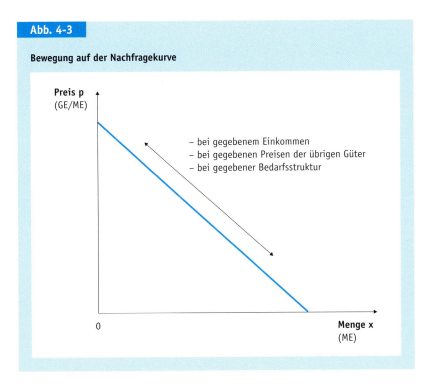

– bei gegebenem Einkommen
– bei gegebenen Preisen der übrigen Güter
– bei gegebener Bedarfsstruktur

Abb. 4-4

Verschiebung der Nachfragekurve

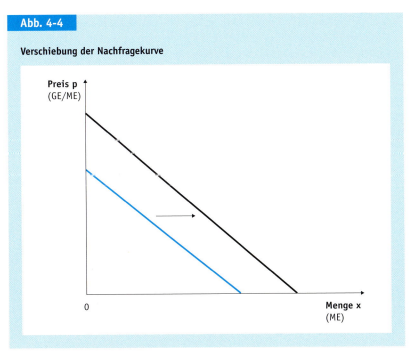

▸ in der Zukunft weiter steigende Preise erwartet werden und man daher lieber heute kauft als morgen, wenn das Gut noch teurer geworden ist (Inflationsmentalität).

4.3.3 Preis- und Einkommensempfindlichkeit der Nachfrage

4.3.3.1 Direkte Preiselastizität

Mit der einfachen Feststellung, dass die Nachfrage nach einem Gut ceteris paribus vom Preis dieses Gutes abhängt und im Regelfall mit steigendem Preis abnimmt, kann sich der Volkswirt nicht begnügen.

Die Nachfrage nach den Gütern reagiert unterschiedlich stark auf Preisänderungen.

Da man bei den verschiedenen Gütern beobachten kann, dass die Nachfrage auf Preisänderungen unterschiedlich stark reagiert, will man auch das **Ausmaß** dieser Reaktion erkennen und messen; man will wissen, wie »stark« oder wie »schwach« die nachgefragte Menge eines Gutes auf eine Preisänderung reagiert.

Zunächst soll ein Beispiel die Bedeutung der Kenntnis des Zusammenhangs zwischen Preis- und daraufhin erfolgender Mengenänderung klarmachen.

Ein Fußballverein, der bei einem wichtigen Europacupspiel seine Einnahmen erhöhen will, muss sich überlegen, wie stark bei einer Preiserhöhung der Eintrittskarten die Nachfrage nach diesen zurückgeht. Ohne bereits die exakte Formulierung zu kennen, kann man vermuten, dass sich die Preiserhöhung lohnen wird, wenn sich die Nachfrage daraufhin »kaum« ändert. Auf der anderen Seite kann eine Preissenkung für Eintrittskarten zu unattraktiven Spielen so viele zusätzliche Zuschauer anlocken, dass die Gesamteinnahmen steigen.

Die direkte Preiselastizität der Nachfrage misst die Intensität der Reaktion der Nachfrage nach einem Gut auf eine Änderung seines Preises.

Um ausdrücken zu können, wie stark die von einer Preisänderung eines Gutes ausgelöste Änderung der nachgefragten Menge dieses Gutes ist, wird in der Volkswirtschaftslehre der Begriff der **Elastizität** der Nachfrage nach einem Gut in Bezug auf den Preis dieses Gutes – kurz: **direkte Preiselastizität** – verwendet. Damit dieses Maß allgemein vergleichbar und für die Charakterisierung einer Nachfragebeziehung generell verwendbar ist, genügt es nicht, die absoluten Preis- und Mengenveränderungen ins Verhältnis zu setzen. Ein Beispiel mag dieses zeigen.

Ein Haushalt kauft bei einem Bierpreis von 0,50 Euro pro Flasche 100 Flaschen pro Monat und bei einem Schokoladenpreis von 1,– Euro pro Tafel 10 Tafeln pro Monat. Angenommen, die Preise für beide Güter steigen. Der neue Bierpreis betrage 0,75 Euro pro Flasche, die Nachfrage sinke auf 80 Flaschen. Der Schokoladenpreis steige auf 1,25 Euro pro Tafel, die Nachfrage sinke auf 5 Tafeln.

Abgesehen davon, dass es sich bei diesem Beispiel um verschiedene Güter und Maßeinheiten handelt (Tafeln Schokolade und Flaschen Bier) und schon von daher ihre Vergleichbarkeit außerordentlich schwierig ist, besagt der Vergleich der absoluten Änderungen nichts. Um ihre Bedeutung zu erkennen, muss man sie auf ihre Ausgangsgrößen beziehen, also **relative Änderungen** betrachten – das Verhältnis der Änderung zur Ausgangsgröße. So ist die Infor-

4.3 Nachfrage privater Haushalte

mation, dass bei einer Bierpreiserhöhung von 0,25 Euro die Nachfrage um 20 Flaschen sinkt, sehr viel weniger aussagekräftig als die folgende Behauptung: Bei einer Bierpreiserhöhung um 50 Prozent sinkt die nachgefragte Menge pro Monat um 20 Prozent.

Daher – und es ist wichtig, sich dies ganz klar zu machen – handelt es sich bei dem Begriff der Elastizität immer um zwei relative Änderungen, die miteinander in Beziehung gesetzt werden. Allgemein misst die Elastizität die Stärke eines Ursache-Wirkung-Zusammenhanges. Es gilt folgende Formulierung:

$$\text{Elastizität} = \frac{\text{relative Änderung der Wirkung (in \%)}}{\text{relative Änderung der Ursache (in \%)}}$$

Man versteht dann speziell unter der **direkten Preiselastizität** der Nachfrage das Verhältnis der relativen (prozentualen) Änderung der nachgefragten Menge eines Gutes bezogen auf die sie bewirkende relative (prozentuale) Änderung des Preises dieses Gutes.

Etwas einfacher, wenn auch nicht ganz exakt, kann man sagen: Die direkte Preiselastizität der Nachfrage gibt an, um wie viel Prozent sich die nachgefragte Menge ändert, wenn sich der Preis um 1 Prozent verändert.

Sagt man z. B., die Nachfrage nach Zigaretten der Marke Z habe eine direkte Preiselastizität von –5, so bedeutet dies, dass bei einer Preiserhöhung von 1 Prozent die nachgefragte Menge sich um 5 Prozent verringern wird.

Umgekehrt könnte man aus der Beobachtung des Nachfrageverhaltens die Preiselastizität berechnen. Verwenden wir hierfür unser Beispiel, um die Elastizität der Bier- und Schokoladennachfrage zu berechnen, und schreiben wir unsere Elastizitätsdefinition in einer Formel auf. Die direkte Preiselastizität ist

Berechnung der direkten Preiselastizität der Nachfrage am Beispiel

$$E = \frac{\text{relative Mengenänderung}}{\text{relative Preisänderung}}.$$

Bezeichnen wir die Ausgangsmenge mit x, ihre (absolute) Änderung mit Δx, den Ausgangspreis mit p und seine (absolute) Änderung mit Δp, so können wir auch schreiben.

$$E = \frac{\frac{\Delta x}{x}}{\frac{\Delta p}{p}}.$$

Die relative Änderung der Biernachfrage beträgt dann:

$$\frac{\Delta x}{x} = \frac{-20 \text{ Flaschen}}{100 \text{ Flaschen}} = -\frac{1}{5};$$

die relative Preisänderung ist:

$$\frac{\Delta p}{p} = \frac{0,25\ €}{0,50\ €} = +\frac{1}{2}.$$

Die Preiselastizität der Biernachfrage ist also:

$$\frac{\frac{\Delta x}{x}}{\frac{\Delta p}{p}} = \frac{\frac{-20 \text{ Flaschen}}{100 \text{ Flaschen}}}{\frac{0{,}25\ \text{€}}{0{,}50\ \text{€}}} = \frac{-\frac{1}{5}}{+\frac{1}{2}} = -\frac{2}{5}.$$

Entsprechend berechnen wir die direkte Preiselastizität der Schokoladennachfrage:

$$\frac{\frac{\Delta x}{x}}{\frac{\Delta p}{p}} = \frac{\frac{-5 \text{ Tafeln}}{10 \text{ Tafeln}}}{\frac{0{,}25\ \text{€}}{1{,}00\ \text{€}}} = \frac{-\frac{1}{2}}{+\frac{1}{4}} = -2.$$

Die direkte Preiselastizität ist immer dann negativ, wenn eine Preiserhöhung (+) mit einer Nachfragesenkung (−) einhergeht. Häufig lässt man jedoch das Minuszeichen weg und betrachtet nur den Betrag der Elastizität.

Die numerische Größe der Elastizität kann nun zur Charakterisierung des Nachfrageverhaltens dienen. Es muss jedoch darauf hingewiesen werden, dass immer nur von der **Elastizität bei einem bestimmten Preis** gesprochen werden kann und dass diese Elastizität bei einem anderen Ausgangspreis in aller Regel einen anderen Wert aufweist.

Sehen wir uns zur Erläuterung die Nachfragefunktion $x = 20 - 2 \cdot p$ noch einmal an. Jeder Preiserhöhung von 1,– Euro entspricht eine jeweils gleiche absolute Verringerung der nachgefragten Menge von 2 Einheiten. Die relativen Änderungen weisen jedoch erhebliche Unterschiede auf:

Steigt der Preis von 1,– Euro auf 2,– Euro, so sinkt die nachgefragte Menge Butter von 18 auf 16 Pfund. Die Elastizität beträgt dann

$$E = \frac{\frac{\Delta x}{x}}{\frac{\Delta p}{p}} = \frac{-\frac{2}{18}}{+\frac{1}{1}} = -\frac{1}{9}.$$

Steigt der Preis aber von 8,– Euro auf 9,– Euro, so sinkt die nachgefragte Menge von 4 auf 2 Pfund Butter, und die Elastizität beträgt:

$$E = \frac{\frac{\Delta x}{x}}{\frac{\Delta p}{p}} = \frac{-\frac{2}{4}}{+\frac{1}{8}} = -4.$$

Man kann die einer geradlinigen (linearen) Nachfragekurve entsprechenden Elastizitätswerte anhand der Abbildung 4-5 ermitteln (wir lassen im Folgenden das Minuszeichen weg, sofern keine Verwechselung möglich ist): Punkt X ist ein Punkt auf der Nachfragekurve. Die direkte Preiselastizität in diesem Punkt der Nachfragekurve ist dann gegeben durch das Verhältnis der Strecken XB : XA. Daraus ergeben sich die eingezeichneten Elastizitätswerte.

Die direkte Preiselastizität ändert sich im Regelfall mit der Preishöhe.

Abb. 4-5

Veränderung der direkten Preiselastizität bei linearer Nachfrage

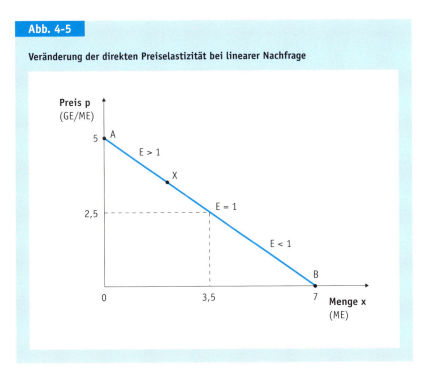

Beim Höchstpreis 5 (in Punkt A) ist E unendlich groß, beim halben Höchstpreis (2,5) ist E = 1, und beim Preis von 0 (in Punkt B) ist E = 0.

Wichtig ist, ob die Elastizität größer oder kleiner als 1 ist. Bei einer Elastizität zwischen unendlich und 1 spricht man von einer **elastischen Nachfrage**. Steigt der Preis um 1 Prozent, so wird die nachgefragte Menge um mehr als 1 Prozent sinken. Bei einer Elastizität zwischen 1 und null spricht man von einer **unelastischen Nachfrage**. Eine Preissteigerung von 1 Prozent führt hier zu einem Nachfragerückgang von weniger als 1 Prozent.

Die Tabelle 4-2 gibt die direkten Preiselastizitäten der Nachfrage für einige ausgewählte Produkte in den USA und in Neuseeland an.

Einige weitere Werte von direkten Preiselastizitäten beziehen sich auf Deutschland: Kraftfahrzeugnutzung – 0,36, Kraftfahrzeugreparaturen – 0,29, Brot- und Backwaren – 1,8, Bildung und Unterhaltung – 2,9, Körper- und Gesundheitspflege + 0,3 (Woll 1993, S. 4).

Bei der Interpretation von Elastizitäten ist zu beachten, dass diese Werte zu einer bestimmten Zeit gemessen wurden, insbesondere bei den gegebenen Preis- und Einkommensverhältnissen. Die Elastizitäten können sich mithin inzwischen durchaus verändert haben oder zukünftig verändern.

Um die Bedeutung des Unterschiedes zwischen einer elastischen und unelastischen Nachfrage zu erkennen, kehren wir zu unserem Bier-Schokolade-Beispiel zurück. Insbesondere interessiert uns, wie der dem Konsum von Bier

Elastische Nachfrage

Unelastische Nachfrage

Tab. 4-2

Direkte Preiselastizitäten ausgewählter Güter

Produkt	Elastizität
Konfitüre	−4,34
Salziges Kleingebäck	−4,33
Toilettenpapier	−4,16
Eiscreme	−4,10
Butter	−3,75
Kartoffelchips	−3,48
Waschpulver	−2,71
Wattepads	−2,56
Mineralwasser	−2,40
Neuseeländischer Thunfisch	−2,35
Wattestäbchen	−2,33
Weiße Bohnen in Tomatensoße (Baked Beans)	−2,15
Margarine	−2,13
Orangensaft	−1,92
Geschirrspülmittel	−1,87
Instantnudeln	−1,82
Spaghetti	−1,80
Shampoo	−1,78
US-Thunfisch	−1,51
Zahnpasta	−1,42
Kaffee	−1,38
Heftpflaster	−1,37
Wundpflaster	−1,24
Watterollen	−1,17
Wegwerfwindeln	−0,86
Vermischte Butter	−0,63

Quelle: Danaher, Peter J., Brodie, Roderick J., Understanding the Characteristics of Price Elasticities for Frequently Purchased Packaged Goods, in: Journal of Marketing Management, Vol. 16 (2000), 917ff. Die Zahlen beziehen sich auf Daten aus den USA bzw. Neuseeland.

Reaktion der Ausgabe auf Preisänderungen

bzw. Schokolade gewidmete Geldbetrag – die **Ausgabe** des Haushalts (und damit die Einnahme, der Umsatz des Unternehmens) – mit Preisänderungen variiert. Die Ausgabe für ein Gut ergibt sich als Produkt aus Preis und nachgefragter Menge des Gutes. In der Tabelle 4-3 sind die entsprechenden Werte aufgezeichnet.

Tab. 4-3
Ausgabe bei unterschiedlichen Preisen (in Euro)

	Bier				Schokolade		
Situation	Preis	Menge	Ausgabe	Situation	Preis	Menge	Ausgabe
1.	0,50	100	50,–	1.	1,–	10	10,–
2.	0,75	80	60,–	2.	1,25	5	6,25

In beiden Fällen steigt der Preis und sinkt die nachgefragte Menge. Beim Bier steigt die Ausgabe jedoch von 50,– Euro auf 60,– Euro; im Falle der Schokolade sinkt die Ausgabe von 10,– Euro auf 6,25 Euro. Dies liegt daran, dass die Biernachfrage mit E = 2/5 unelastisch ist. Der Preis steigt relativ stärker als die nachgefragte Menge prozentual sinkt; damit muss das Produkt aus beiden Größen zunehmen. Auf der anderen Seite ist die Schokoladennachfrage elastisch, d. h. die nachgefragte Menge sinkt relativ stärker als der Preis prozentual steigt, und das Produkt aus diesen Größen nimmt in diesem Falle ab. Als Regel kann man folgenden Satz aufstellen:

> Ist die Nachfrage bei einem bestimmten Preis elastisch (unelastisch), so nimmt bei einer kleinen Preiserhöhung die Ausgabe für dieses Gut ab (zu).

Bei unelastischer Nachfrage steigt die Ausgabe bei einer Preiserhöhung.

Bei elastischer Nachfrage nimmt die Ausgabe bei einer Preiserhöhung ab.

So ist z. B. die Nachfrage nach Wohnraum relativ preisunelastisch; bei einer Mieterhöhung wird also die Mietausgabe steigen und bei einer Mietsenkung abnehmen. Auf der anderen Seite ist die Nachfrage nach Limonade der Marke W vermutlich preiselastisch, hier wird bei einer Preiserhöhung (-senkung) die Ausgabe abnehmen (zunehmen).

> Eine hohe Preiselastizität der Nachfrage begrenzt also den Spielraum für Preiserhöhungen der Hersteller sehr wirksam.

Eine sehr preiselastische Nachfrage begrenzt den Spielraum für Preiserhöhungen stark.

4.3.3.2 Kreuzpreiselastizität

Ebenfalls von Bedeutung ist der Zusammenhang zwischen der nachgefragten Menge x_1 eines Gutes Nr. 1 (z. B. eines VW-Golf) und dem Preis p_2 eines anderen Gutes Nr. 2 (z. B. eines Opel Astra, dem Benzinpreis oder dem Preis für CDs) ceteris paribus. Wie schon den Beispielen zu entnehmen ist, kann dieser Zusammenhang prinzipiell drei Formen annehmen: Mit steigendem Preis des Gutes Nr. 2 (Opel Astra) steigt ceteris paribus die Nachfrage nach dem Gut Nr. 1 (VW-Golf vgl. Abbildung 4-6). In diesem Fall spricht man von **substitutionalen Gütern** oder kurz von **Substituten**.

Bei substitutionalen Gütern steigt die Nachfrage nach dem einen Gut, wenn der Preis des anderen Gutes steigt.

Der Grad der Substituierbarkeit und damit das Ausmaß einer möglichen Konkurrenz zwischen den Anbietern der beiden Güter wird häufig durch die **Kreuzpreiselastizität** gemessen. Die Kreuzpreiselastizität gibt an, um wie viel Prozent sich die nachgefragte Menge eines Gutes Nr. 1 ändert, wenn sich der Preis

4.3 Nachfrage der Haushalte
Nachfrage privater Haushalte

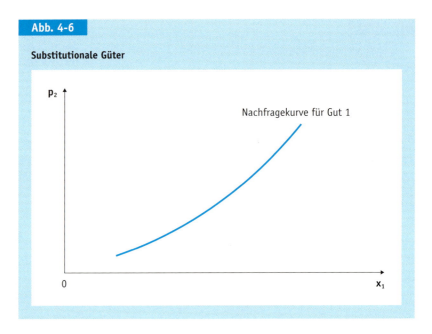

Abb. 4-6

Substitutionale Güter

Nachfragekurve für Gut 1

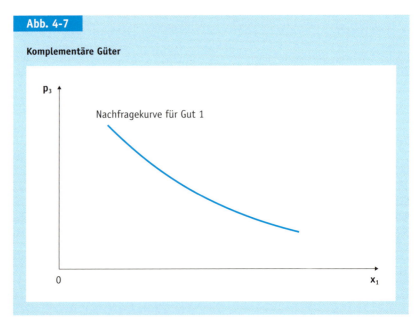

Abb. 4-7

Komplementäre Güter

Nachfragekurve für Gut 1

eines Gutes Nr. 2 um 1 Prozent erhöht. Oder noch genauer: die Kreuzpreiselastizität ist das Verhältnis der relativen Änderung der nachgefragten Menge eines Gutes Nr. 1 zur relativen Preisänderung eines anderen Gutes Nr. 2. Diese Elasti-

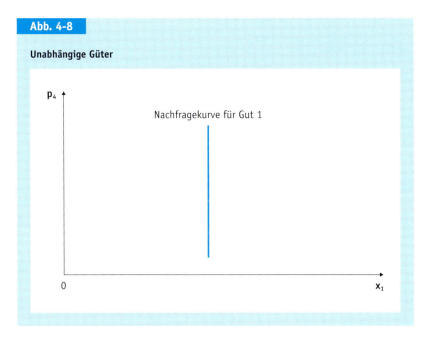

Abb. 4-8

Unabhängige Güter

zität ist bei Substituten immer positiv. Je größer die Kreuzpreiselastizität, desto stärker werden die Nachfrager bei einseitigen Preiserhöhungen das Konkurrenzprodukt kaufen. So wird die Kreuzpreiselastizität bei Gütern, die im Urteil der Nachfrager als relativ gleichwertig angesehen werden (z. B. verschiedene Benzinmarken, Zigarettensorten oder auch Reifenmarken), sehr hoch sein.

Mit steigendem Preis eines Gutes Nr. 3 sinkt ceteris paribus die Nachfrage nach dem Gut Nr. 1 (vgl. Abbildung 4-7). Dies ist der Fall bei den so genannten **Komplementen** bzw. **komplementären Gütern** (z. B. Auto und Reifen, Pfeife und Tabak). Bei komplementären Gütern ist die Kreuzpreiselastizität negativ. Erhöht der Hersteller des Gutes Nr. 3 seinen Preis, so beeinflusst er damit auch die Nachfrage nach komplementären Produkten anderer Hersteller negativ (in unserem Fall Gut Nr. 1).

Schließlich kann die nachgefragte Menge des Gutes Nr. 1 gänzlich **unabhängig** sein vom Preis des Gutes Nr. 4 (z. B. Klavier/Spazierstöcke; Möbel/Salz, vgl. Abbildung 4-8). In diesem Fall ist die Kreuzpreiselastizität gleich null. Von der Preiserhöhung eines Gutes gehen dann keine Nachfragewirkungen auf das andere Gut aus.

> Die Kreuzpreiselastizität der Nachfrage misst die Intensität der Reaktion der Nachfrage nach einem Gut auf eine Änderung des Preises eines anderen Gutes.

> Bei komplementären Gütern sinkt die Nachfrage nach dem einen Gut, wenn der Preis des anderen Gutes steigt.

4.3.3.3 Einkommenselastizität

Aus empirischen Untersuchungen weiß man, dass der Betrag, den man insgesamt für Konsumgüter ausgeben will – die Konsumsumme bzw. das Budget für Konsumausgaben – mit steigendem Einkommen zunimmt. Die Frage ist dann, wie sich dieser Betrag auf die einzelnen Güter verteilt. In der Regel wird die Nachfrage nach einem Gut mit steigendem Einkommen (Budget) zunehmen, man spricht dann von **superioren** Gütern. Ganz sicher gilt dies für »Güter des gehobenen Bedarfs« – wie Möbel, Reisen, Automobile und Luxusgüter. Daneben gibt es einige Ausnahmen: Vor allem Güter einfacher oder minderer Qualität, wie z. B. Margarine, Kunsthonig, billiger Alkohol usw. werden mit steigendem Einkommen weniger nachgefragt. Man kann es sich eben leisten, statt Margarine und Kartoffeln mehr Butter, Fleisch und Obst zu kaufen. Güter, deren nachgefragte Menge mit steigendem Einkommen (Budget) sinkt, nennt man **inferiore Güter**.

Etwas genauer kann man den Zusammenhang von Einkommen und Nachfrage mithilfe der Einkommenselastizität der Nachfrage beschreiben. Die **Einkommenselastizität** ist das Verhältnis der relativen Änderung der nachgefragten Menge zur relativen Änderung des Einkommens. Anschaulicher ausgedrückt gibt diese Elastizität an, um wie viel Prozent die nachgefragte Menge eines Gutes sich ceteris paribus verändert, wenn das Einkommen um 1 Prozent zunimmt.

> Die Werte der Einkommenselastizität für verschiedene Produkte bzw. Produktgruppen entscheiden über die Entwicklung der Nachfrage nach diesen Gütern und damit über die wirtschaftliche Zukunft der entsprechenden Herstellergruppen.

So weist die Nachfrage nach Agrarprodukten im Allgemeinen einen Wert für die Einkommenselastizität von kleiner als 1 auf, bisweilen ist sie sogar negativ.

Das bedeutet, dass der Anteil der Nachfrage nach Agrarprodukten an der Gesamtnachfrage und damit die Bedeutung dieses Sektors langfristig abnehmen wird. Umgekehrt wird die Bedeutung der Industriezweige, die Güter mit einer Einkommenselastizität von größer als 1 herstellen, langfristig zunehmen.

Die Einkommenselastizität der Nachfrage misst die Intensität der Reaktion der Nachfrage nach einem Gut auf eine Änderung des Einkommens.

4.4 Marktnachfrage

Obwohl oben schon verschiedentlich neben der individuellen Nachfrage eines Haushalts auch die Marktnachfrage angesprochen worden ist, wollen wir das Verhältnis zwischen individueller Nachfrage und Marktnachfrage hier kurz erläutern.

Aus der Gesamtheit der individuellen Nachfragefunktionen kann die Marktnachfrage abgeleitet werden, indem bei jedem Preis die individuellen Nachfragen addiert werden. Abbildung 4-9 zeigt dies beispielhaft für zwei Konsumenten. Die individuellen Nachfragen sind mit N_1 bzw. N_2 bezeichnet, die Marktnachfrage mit N. Dabei ist angenommen – um Knicke in der Marktnachfragekurve zu vermeiden –, dass sämtliche Nachfrager denselben Höchstpreis haben (so genannter Reservationspreis). Die sich bei wenigen Nachfragern normalerweise ergebende Knicke würden sowieso verschwinden, wenn man von Tausenden, Hunderttausenden oder sogar Millionen von Nachfragern ausgeht.

Abb. 4-9

Individuelle Nachfragen und Marktnachfrage

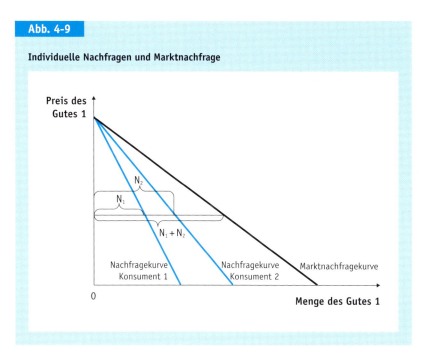

Die schwarz gezeichnete Marktnachfragekurve ergibt sich aus den beiden blau gezeichneten individuellen Nachfragekurven, indem letztere »horizontal addiert« werden.

Man beachte, dass die individuelle Nachfragekurve nach einem Gut unter der Voraussetzung gegebener Preise der übrigen Güter und des Einkommens des Haushalts abgeleitet wurde. Eine ähnliche Einschränkung gilt bezüglich der Marktnachfragekurve, die jeweils nur bei gegebenen Preisen der übrigen Güter und der Einkommen aller Haushalte gilt. Verändern sich diese Daten der Marktnachfrage, so **verschiebt** sich diese (vgl. hierzu auch Kapitel 4.5.6 und Kapitel 6.2.3). Dasselbe gilt, wenn sich die Bedarfsstruktur der Konsumenten ändert oder ihre für die Zukunft erwarteten Preise und Einkommen eine Änderung erfahren.

4.5 Ein genauerer Blick hinter die Nachfragekurven

In Lehrbüchern wird häufig ein etwas genauerer Blick hinter das beschriebene Nachfrageverhalten der Haushalte geworfen. Der hieran weniger interessierte Leser kann dieses Kapitel überschlagen.

Den Ausgangspunkt der Analyse bildet die Annahme, dass der Haushalt bei seiner Entscheidung über die Nachfrage nach Konsumgütern versucht, das für

4.5 Nachfrage der Haushalte
Ein genauerer Blick hinter die Nachfragekurven

ihn »**beste**« **Güterbündel** zu kaufen, das er sich leisten kann. Unterstellt wird also, dass der Haushalt das Konsumgüterbündel wählt, welches er allen anderen mit seinem Einkommen (Budget) »kaufbaren« Konsumgüterbündeln vorzieht.

Das Entscheidungsproblem des Haushalts

Dieses Entscheidungsproblem des Haushalts kann in drei Schritte zerlegt werden:
1. Welches sind die möglichen Konsumgüterbündel, die der Haushalt bei Ausschöpfung seines Budgets kaufen kann?
2. Wie sieht die Bedarfsstruktur des Haushalts nach Konsumgüterbündeln aus?
3. Wie wird die Auswahl des besten Konsumgüterbündels getroffen?

4.5.1 Die möglichen Konsumgüterbündel

Welche Konsumgüterbündel kann sich der Haushalt leisten?

Welche Konsumgüterbündel kann der Haushalt mit seinem Einkommen bzw. Budget kaufen, wenn die Preise der Güter gegebene Größen sind, auf die der einzelne Haushalt keinen Einfluss hat?

Abbildung 4-10 zeigt die so genannte **Budgetgerade**, die angibt, welche Güterbündel (d. h. Mengenkombinationen der hier allein betrachteten Güter 1 und 2) der Haushalt bei vollständiger Verausgabung seines Konsumgüterbudgets kaufen kann. Wir finden diese Linie mittels einer einfachen Überlegung: Wenn der Haushalt sein gesamtes Budget B für den Kauf des Gutes 1 ausgibt, so kann er B/p_1 Mengeneinheiten dieses Gutes kaufen (vgl. Abbildung 4-10,

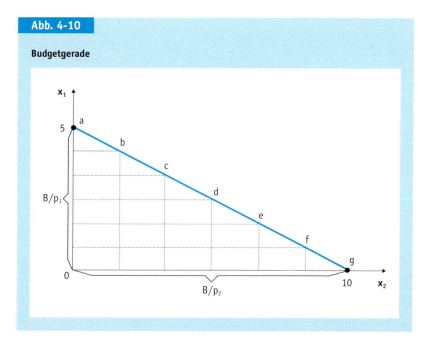

Abb. 4-10 Budgetgerade

Punkt a), verwendet der Haushalt sein ganzes Budget für den Kauf des Gutes 2, so kann er die Menge B/p$_2$ erwerben (vgl. Abbildung 4-10, Punkt g). Da das Preisverhältnis als gegeben und damit insbesondere als unabhängig vom Nachfrageverhalten des einzelnen Haushalts angenommen wird, kann der Haushalt durch **Umschichtung seiner Ausgaben** für die beiden Güter eine durch das Preisverhältnis bestimmte Menge des Gutes 1 gegen eine Mengeneinheit des Gutes 2 (und umgekehrt) eintauschen. Beträgt das Preisverhältnis

Das Preisverhältnis zeigt, in welchem Umfang der Haushalt über die Märkte das eine Gut durch das andere ersetzen kann.

$$\frac{p_1}{p_2} = \frac{20}{10} = 2 \ ,$$

so kann der Haushalt anstelle einer Einheit von Gut 1 zwei Einheiten von Gut 2 kaufen (Markttauschrate).

> Die **Markttauschrate** ist dasjenige Austauschverhältnis, zu welchem zwei Güter auf dem Markt bei gegebenen Güterpreisen getauscht werden können, also die »objektive« Austauschrate.

Bei einem Budget in Höhe von B =100 ergeben sich also in Abbildung 4-10, ausgehend von Punkt a, zunächst die Punkte b, c, d, …, g als mögliche Punkte auf der Budgetgeraden.

Die Budgetgerade spiegelt die einkommensmäßige Beschränkung des Haushalts bei seiner Nachfrageentscheidung wider.

Wir wollen annehmen, dass die Güter in beliebig kleine Einheiten zerlegt werden können (wie etwa Mehl in Gramm und Milligramm). Dann sind auch die Punkte auf der Verbindungslinie zwischen den Punkten a, b, c,…, g durch Kauf realisierbare Güterbündel für den Haushalt.

> Auf der Budgetgeraden liegen alle Konsumgüterbündel, die der Haushalt bei vollständiger Verausgabung seines Budgets bei den gegebenen Preisen kaufen kann.

Zum »Möglichkeitsbereich« des Haushalts gehören natürlich auch die unterhalb der Budgetgeraden (einschließlich der Achsen) liegenden Güterbündel. In der Regel kommen diese aber – wie wir noch sehen werden – für eine Wahl nicht infrage.

Doch welche Mengeneinheiten der Güter 1 und 2 wird der Haushalt wählen, was ist seine beste Position? Um diese Frage zu beantworten, müssen wir etwas darüber wissen, wie der Haushalt unterschiedliche Güterbündel in Bezug auf sein Wohlergehen (seine »Wohlfahrt« bzw. seinen »Nutzen«) einschätzt und wie diese Rangordnung in der Ökonomie beschrieben wird.

4.5.2 Die Bedarfsstruktur (Präferenzordnung) des Haushalts

Die Präferenzordnung gibt an, in welche Rangordnung der Haushalt unterschiedlich zusammengesetzte Güterbündel bringt.

> Der Ökonom nennt die Bewertung unterschiedlicher Konsumgüterbündel durch den Haushalt und die damit geschaffene Rangordnung unterschiedlicher Konsumgüterbündel »**Präferenzordnung**«.

4.5 Nachfrage der Haushalte
Ein genauerer Blick hinter die Nachfragekurven

Das hört sich vielleicht etwas gekünstelt an, ist aber im Prinzip recht einfach. Gemeint ist, dass der Haushalt von je zwei Güterbündeln – unabhängig davon wie teuer diese sind und ob er sie sich leisten kann – sagen kann, ob (und gegebenenfalls welches) der beiden Güterbündel er bevorzugen (»präferieren«) würde oder ob er die beiden Güterbündel als gleichwertig einschätzt (also diesbezüglich »indifferent« ist). Der Leser beachte die Annahme, dass der Haushalt diese Bewertung unabhängig von seinem Einkommen und den herrschenden Preisen vornehmen soll – eine Annahme, die häufig zu Verständnisschwierigkeiten führt.

Eigenschaften der Präferenzordnung

Die Präferenzordnung lässt sich durch ein System von sich nicht schneidenden Indifferenzkurven darstellen, wenn man von recht allgemeinen Eigenschaften der Präferenzordnung des Haushaltes ausgeht. Im Einzelnen sind dies:
- »Vollständigkeit« (der Haushalt kann alle Konsumgüterbündel vergleichen),
- »Widerspruchsfreiheit« (wenn der Haushalt ein Güterbündel 1 einem anderen Güterbündel 2 vorzieht und Güterbündel 2 gegenüber einem weiteren Güterbündel 3 präferiert, zieht er auch Güterbündel 1 dem Güterbündel 3 vor),
- »Nicht-Sättigung« (jede zusätzliche Mengeneinheit eines Gutes bei Konstanz der Versorgung mit allen anderen Gütern stellt den Haushalt besser).

Jede **Indifferenzkurve** bildet alle Güterbündel ab, welche im Urteil des Haushalts ein bestimmtes (konstantes) Wohlfahrts- bzw. Nutzenniveau repräsentieren. Anders ausgedrückt: Auf einer gegebenen Indifferenzkurve bleibt der Nutzen des Haushalts unverändert. Sie hat wegen der Annahme der Nicht-Sättigung notwendig einen fallenden Verlauf. Dies wird in Abbildung 4-10 anhand von Punkt A deutlich. Jedes Güterbündel, das im Quadranten I oder III liegt (einschließlich der Achsen) muss im Urteil des Haushalts besser oder schlechter sein als das durch Punkt A gekennzeichnete Güterbündel: In Quadrant I hat der Haushalt von keinem der Güter weniger und zumindest von einem Gut mehr als in Punkt A (er würde sich also besser stellen), in Quadrant III hat der Haushalt von keinem der Güter mehr und zumindest von einem Gut weniger als in Punkt A (er würde sich also schlechter stellen). Also kann ein gleichwertiges Güterbündel nur im Quadranten II oder IV liegen (ohne die Achsen). Das aber heißt, dass die Indifferenzkurve »fallend« verlaufen muss. Außerdem wird angenommen, dass eine Indifferenzkurve zum Ursprung des Koordinatensystems gekrümmt verläuft (streng konvex) (vgl. Abbildung 4-11). Wie wir gleich sehen werden, ist die Annahme der »strengen Konvexität« nicht so willkürlich, wie es zunächst vielleicht den Anschein hat, sie ist aber auch nicht selbstverständlich.

Streng konvexer Verlauf der Indifferenzkurven

Die Krümmung der Indifferenzkurve (formal ihre Steigung) gibt in jedem Punkt an, welche sehr kleine zusätzliche Menge von Gut 2 der Haushalt gerade als Ausgleich für den Verlust einer sehr kleinen Menge von Gut 1 ansieht. In Abbildung 4-11 sind z.B. die Güterbündel B (x_2^0, x_1^0) und C ($x_2^0 + \Delta x_2^0$, $x_1^0 - \Delta x_1^0$) für den Haushalt gleichwertig. $\Delta x_1 / \Delta x_2$ wird als »**Grenzrate der Substitution**« bezeichnet. Abbildung 4-11 zeigt, dass die **Grenzrate**

Abb. 4-11

Indifferenzkurve

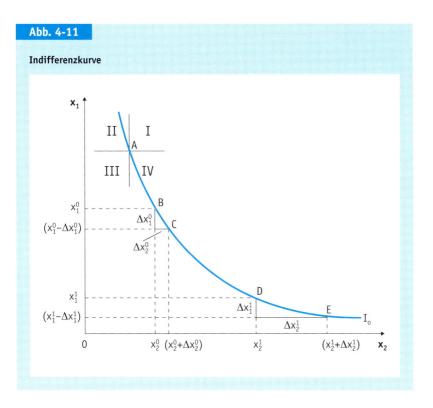

der Substitution entlang einer Indifferenzkurve, also mit zunehmender Menge x_2, abnimmt (vgl. $\Delta x_1 / \Delta x_2$ ausgehend von Punkt B und von Punkt D).

Das scheint im Allgemeinen plausibel, da für den Haushalt Gut 2 immer reichlicher vorhanden ist und Gut 1 immer knapper wird. Insoweit ist auch der konvexe Verlauf der Indifferenzkurven plausibel.
Wir halten fest:

> Die Grenzrate der Substitution ist das »subjektive« Austauschverhältnis zwischen den Gütern, bei dem das Versorgungsniveau sich aus der Sicht des Haushalts nicht verändert. Es ist also dasjenige Tauschverhältnis, zu welchem der Haushalt gerade noch bereit wäre, das eine Gut gegen das andere Gut zu tauschen.

Die Grenzrate der Substitution gibt das subjektive Austauschverhältnis der Güter an.

Jede Indifferenzkurve, die oberhalb einer anderen liegt, enthält Güterbündel, die der Haushalt denen der näher zum Ursprung liegenden Indifferenzkurve vorzieht. Das folgt unmittelbar aus der Nicht-Sättigungs-Annahme: Erhöht sich bei Konstanz der Gütermenge x_1 (x_2) die Gütermenge x_2 (x_1) um einen beliebigen kleinen Betrag Δx_2 (Δx_1) oder erhöht sich die Versorgungsmenge mit beiden Gütern, so verbessert sich die Versorgungsposition des Haushaltes. Jeder Punkt »oberhalb« der betrachteten Indifferenzkurve repräsentiert also ein

4.5 Nachfrage der Haushalte
Ein genauerer Blick hinter die Nachfragekurven

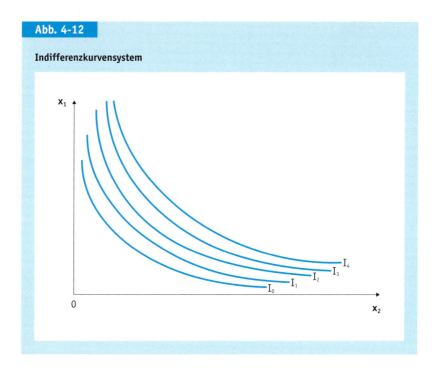

Abb. 4-12

Indifferenzkurvensystem

Die Präferenzordnung kann grafisch durch ein System von Indifferenzkurven abgebildet werden.

Güterbündel, welches der Haushalt höher einschätzt, also auf einer anderen Indifferenzkurve mit einem höheren Wohlfahrts- bzw. Nutzenniveau liegt. Diese Überlegungen machen auch deutlich, dass Indifferenzkurven – wie oben schon erwähnt – sich nicht schneiden können. Außerdem würden sich schneidende Indifferenzkurven die Annahme der Widerspruchslosigkeit der Präferenzordnung verletzen. Die Präferenzordnung des Haushalts kann also durch ein System sich nicht schneidender Indifferenzkurven beschrieben werden, die streng genommen unendlich »dicht« beieinander liegen. Je höher eine Indifferenzkurve liegt, desto höher ist das Versorgungsniveau (das Nutzenniveau), das der Haushalt den auf der betrachteten Indifferenzkurve liegenden Güterbündeln beimisst (vgl. Abbildung 4-12).

4.5.3 Die Auswahl des besten Konsumgüterbündels

Durch Zusammenführung der Budgetgeraden und der Präferenzordnung in Gestalt des Indifferenzkurvensystems können wir nun die Auswahl des besten Güterbündels für den Haushalt beschreiben.

Wandern wir in Abbildung 4-13, ausgehend von Punkt A, auf der Budgetgeraden nach rechts unten, so erreicht der Haushalt Schritt für Schritt ein Güterbündel, das er, wie die Indifferenzkurven zeigen, den weiter oben auf der Budgetgeraden liegenden Güterbündeln vorzieht. Das liegt daran, dass der

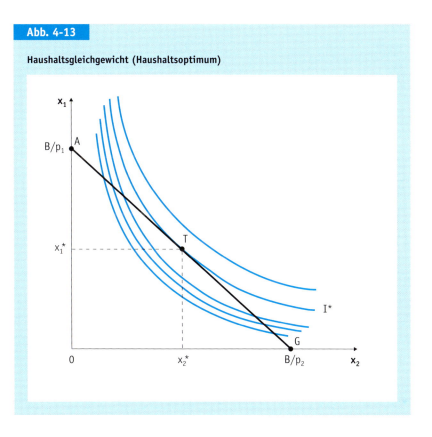

Abb. 4-13

Haushaltsgleichgewicht (Haushaltsoptimum)

Haushalt, wenn er sich auf der Budgetgeraden nach unten bewegt, auf den Märkten durch Umschichtung seiner Ausgabe beim gegebenen Preisverhältnis $p_1/p_2 = 2$ zwei Mengeneinheiten vom Gut 2 anstelle von einer Mengeneinheit des Gutes 1 erhält. Subjektiv reichen aber gemäß der Grenzrate der Substitution (bei die Budgetgerade von oben schneidenden Indifferenzkurven) weniger als zwei Gütereinheiten von Gut 2 aus, um den Haushalt für den Verlust einer Mengeneinheit von Gut 1 zu entschädigen. Die beschriebene Wanderung auf der Budgetgeraden ist also für den Haushalt vorteilhaft. Dies gilt so lange, bis der Haushalt den Punkt T erreicht hat. Hier stimmt das Verhältnis, zu dem er durch Umschichtung seiner Ausgaben von Gut 1 auf Gut 2 die beiden Güter über den Markt substituieren kann (Markttauschrate p_1/p_2), mit seiner subjektiven Tauschrate (der Grenzrate der Substitution) überein. Er bekommt also über den Markt genau jene zwei Gütereinheiten von Gut 2 für eine Gütereinheit von Gut 1, die nach seiner subjektiven Einschätzung den Verlust einer Mengeneinheit von Gut 1 gerade noch ausgleichen, sodass keine weitere Substitution lohnend ist. Eine entsprechende Überlegung gilt, wenn man, ausgehend vom Punkt G, nach links oben auf der Budgetgeraden wandert: Durch Umschichtung seiner Ausgaben von Gut 2 auf Gut 1 bekommt der Haushalt auf dem Markt die Hälfte

Der Haushalt sucht auf seiner Budgetgeraden diejenige Indifferenzkurve, die er gerade noch erreichen kann.

einer Mengeneinheit von Gut 1 für eine Mengeneinheit von Gut 2. Subjektiv fühlt er sich aber – wie die Grenzrate der Substitution an dieser Stelle zeigt – für den Verlust von einer Mengeneinheit des Gutes 2 schon durch weniger als eine halbe Mengeneinheit des Gutes 1 entschädigt. Nimmt der Haushalt also die Umschichtung seiner Ausgaben vor, so stellt er sich subjektiv besser als vorher, d. h., das jeweils neue Güterbündel wird von ihm als besser eingestuft. Dies gilt, bis der Punkt T erreicht ist.

Im Haushaltsgleichgewicht entspricht das objektive Tauschverhältnis zwischen den Gütern der subjektiven Tauschbereitschaft.

Im Haushaltsgleichgewicht (-optimum) ist das Preisverhältnis p_2/p_1 gleich dem Betrag der Grenzrate der Substitution von Gut 1 durch Gut 2. Bei gegebener Rangordnung der Güterbündel, wie sie durch das Indifferenzkurvensystem beschrieben ist, wird der Haushalt bei dem gegebenen Budget B also das durch den Punkt T bestimmte Güterbündel (x_1^*, x_2^*) wählen und nachfragen, wenn er sich so gut wie möglich stellen will. Hier gilt, dass die Steigung der Indifferenzkurve und der Budgetgeraden einander entsprechen: $\frac{dx_1}{dx_2} = \frac{p_2}{p_1}$. Güterbündel auf höheren Indifferenzkurven kann er bei den gegebenen Preisen mit seinem Budget nicht realisieren. Güterbündel unterhalb der Budgetgeraden wird er nicht wählen, wenn er sich (was hier implizit unterstellt ist) für Konsumausgaben in Höhe von B bei den gegebenen Preisen entschieden hat, denn dann würde seine Ressourcen (also B) nicht optimal nutzen.

Wie ändern sich die nachgefragten Mengen des Haushalts nach einem Gut mit dem Preis dieses Gutes und dem Einkommen? Um diese Frage zu beantworten, betrachten wir hier die Auswirkungen einer Preissenkung des Gutes 1 bei Konstanz des Einkommens (bzw. Budgets) und des Preises p_2 sowie die Wirkung einer Erhöhung des Einkommens bei Konstanz beider Preise.

4.5.4 Die Wirkung einer Preissenkung eines Gutes

Die Preisänderung verändert das Markttauschverhältnis zwischen den Gütern und die Kaufkraft des Haushalts bei gegebenem Budget.

Sinkt der Preis des Gutes 1 (bei Konstanz des Preises des Gutes 2 und des Budgets B), so wird, wie Abbildung 4-14 zeigt, der Achsenabschnitt B/p_1 größer. Dagegen bleibt der Abszissenabschnitt B/p_2 unverändert. Insgesamt wird die Budgetgerade steiler (die absolute Steigung nimmt zu). Die Budgetgerade dreht sich also im Punkt G nach oben. Die beste für den Haushalt erreichbare Position ist jetzt T'. In Abbildung 4-14 enthält das T' entsprechende Güterbündel mehr von Gut 1, das Ergebnis entspricht also dem im Normalfall erwarteten Effekt einer Preissenkung dieses Gutes. Darüber hinaus hat sich in dem hier dargestellten Fall die optimale Nachfragemenge von Gut 2 vermindert. Es sei hier schon erwähnt, dass diese Ergebnisse nicht zwangsläufig sind.

Abb. 4-14

Wirkung einer Preissenkung beim Gut 1

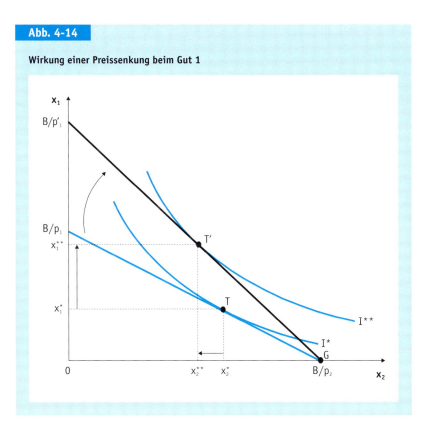

4.5.5 Einkommens- und Substitutionseffekt

Wie kann man nun die mengenmäßige Veränderung der Nachfrage nach Gut 1 (und auch der Nachfrage nach Gut 2) als Folge der ceteris paribus durchgeführten Preissenkung des Gutes 1 in den in Kapitel 4.3.2 erwähnten **Substitutions**- und **Einkommenseffekt** aufspalten? Hierzu überlegen wir uns, dass durch die Preissenkung des Gutes 1 der Haushalt (abgesehen von Punkt G) mehr von beiden Gütern erwerben kann, sein in Güterkaufkraft gemessenes Einkommen bzw. Budget also gestiegen ist. Im hier betrachteten Normalfall, d. h. wenn die Güter superior sind (vgl. Kapitel 4.3.3), führt eine gestiegene Kaufkraft bei unveränderten relativen Preisen zu einem höheren Konsum der Güter. Die gedankliche Aufspaltung der sich aus der Preisänderung ergebenden Änderung von x_1^* (und x_2^*) in den Einkommens- und den Substitutionseffekt erfolgt nun so, dass man fiktiv die Kaufkrafterhöhung des Haushalts rückgängig macht, aber das neue Preisverhältnis beibehält. Die sich dann ergebende Änderung von x_1 ist allein auf die Veränderung der Austauschrelation zwischen Gut 1 und Gut 2 zurückzuführen, also die Veränderung des Preisverhältnisses p_1/p_2. Fiktiv kann man die aus der Preissenkung von Gut 1 resultierende Erhöhung der Kauf-

> Die Wirkung der Veränderung von Tauschrelation und Kaufkraft lasst sich gedanklich in Substitutions- und Einkommenseffekt aufspalten.

kraft rückgängig machen, indem man unterstellt, dass der Haushalt nach wie vor nur die Indifferenzkurve I* erreichen und damit ein Güterbündel kaufen kann, das in der Einschätzung des Haushalts dem Güterbündel des ursprünglichen Optimalpunktes T gleichwertig ist. Wenn der Haushalt seine bestmögliche Position realisieren will, so muss er das neue Preisverhältnis berücksichtigen, was in Abbildung 4-15 durch die (gestrichelt gezeichnete) fiktive Budgetgerade geschieht.

Wo diese fiktive Budgetgerade die Indifferenzkurve I* berührt (Punkt T″), ist die beste Position des Haushalts unter Berücksichtigung der Veränderung des Preisverhältnisses und der gedanklichen Eliminierung der sie begleitenden Kaufkraftänderung. SE_1 bzw. SE_2 ist dann der Teil der Nachfrageänderung nach Gut 1 bzw. Gut 2, der allein auf die Änderung des Preisverhältnisses zurückzuführen ist (also der jeweilige **Substitutionseffekt**). EE_1 bzw. EE_2 gibt den Teil der Nachfrageänderung nach Gut 1 bzw. Gut 2 an, der auf die aus der Preissenkung resultierende Kaufkrafterhöhung zurückführen ist (also der jeweilige **Einkommenseffekt**). Es ist zu erkennen, dass Substitutions- und Einkommenseffekt im vorliegenden Fall in Bezug auf Gut 1 in dieselbe (positive) Richtung wirken. In Bezug auf Gut 2 ist dagegen der Substitutionseffekt negativ, der Einkom-

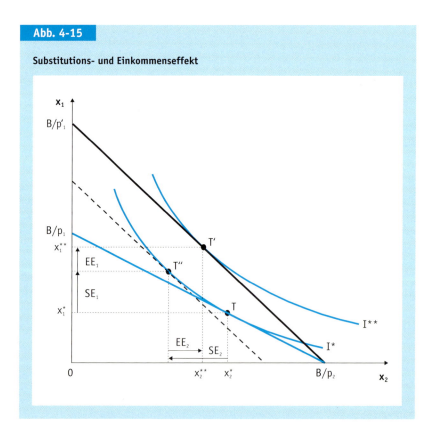

Abb. 4-15

Substitutions- und Einkommenseffekt

menseffekt dagegen positiv, sodass die Gesamtwirkung a priori, d.h. ohne weitere Annahmen unbestimmt ist. Im hier betrachteten Fall dominiert der negative Substitutionseffekt, die Güter sind hier also Substitute (vgl. Kapitel 4.3.3.2). Würde der Einkommenseffekt dominieren, wären Gut 1 und Gut 2 komplementäre Güter und die Nachfrage von Gut 2 würde nicht sinken, sondern wie die von Gut 1 zunehmen.

4.5.6 Erhöhung des Geldeinkommens (Nominaleinkommens)

Nach den vorangegangenen Erläuterungen ist es relativ einfach, die Wirkungen einer Zunahme des Geldeinkommens auf die Nachfrage nach einem Gut bei Konstanz der beiden Preise zu untersuchen. Wir setzen wieder voraus, dass eine solche Einkommenserhöhung auch zu einer Zunahme des Budgets für Konsumausgaben des Haushalts führt. Steigt das Budget des Haushalts, so steigen die maximal realisierbaren Mengen der Güter 1 und 2. Da annahmegemäß die Preise und damit auch das Preisverhältnis der Güter unverändert bleiben, verändert sich die Steigung der Budgetgeraden nicht, sie verschiebt sich also parallel nach außen. Abbildung 4-16 zeigt die Ergebnisse für den Fall, dass beide Güter **superior** sind. Die Nachfrage nach den Gütern steigt, wenn das Geldeinkommen bzw. Budget des Haushalts zunimmt.

Superiore und inferiore Güter

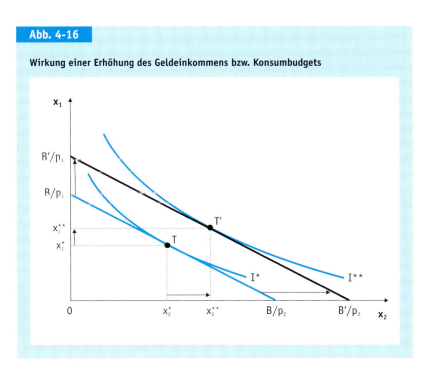

Abb. 4-16

Wirkung einer Erhöhung des Geldeinkommens bzw. Konsumbudgets

4.5 Nachfrage der Haushalte
Ein genauerer Blick hinter die Nachfragekurven

Denkbar ist allerdings bei entsprechender Gestalt der Indifferenzkurven auch (der hier grafisch nicht dargestellte Fall), dass die Nachfrage nach einem der Güter ceteris paribus bei einer Erhöhung des Einkommens abnimmt, der Einkommenseffekt ist dann negativ und nicht wie im Normalfall positiv. Man nennt ein solches Gut »**inferior**« (Gut minderwertiger Qualität), weil dieser Effekt bei – am Einkommen des Haushalts gemessen – eher minderwertigen Gütern eintreten kann. Ein Beispiel könnte die Nachfrage nach Kartoffeln sein, wenn der Haushalt bei steigendem Einkommen seine Ernährung stärker von Kartoffeln auf Gemüse, Fleisch und höherwertigen Reis umstellt. Die mögliche negative Reaktion der nachgefragten Menge nach einem Gut auf eine Erhöhung des Geldeinkommens bei konstanten Preisen erklärt auch, warum eine Preissenkung nicht notwendig zu einer Erhöhung der Nachfrage nach einem inferioren Gut führen muss: Zwar wird eine Preissenkung von Kartoffeln tendenziell die Neigung des Haushalts verstärken, den Kartoffelkauf auf Kosten anderer Güter zu erhöhen, der nachfragemindernde Einkommenseffekt kann aber bei einem inferioren Gut diesen Nachfrage vermehrenden Substitutionseffekt überkompensieren. Man spricht in so einem Fall auch von einem *Giffen-Gut*.

4.5.7 Intertemporale Substitution

Der Haushalt muss nicht nur über die Aufteilung seines Konsumbudgets auf die verschiedenen Konsumgüterarten entscheiden, er muss auch entscheiden, welchen Teil seines gegenwärtigen Einkommens er für seinen aktuellen Konsum verwenden will (laufendes Konsumbudget) und welchen Teil er für zukünftige Konsumzwecke (gegebenenfalls) sparen möchte. Wir vereinfachen dieses **intertemporale Entscheidungsproblem**, indem wir annehmen, es würde nur 2 Perioden (z. B. Jahre) geben, in denen der Haushalt die realen Arbeitseinkommen e_1 und e_2 erzielt. Das »reale Arbeitseinkommen« bestimmt sich aus dem Quotienten zwischen dem Geld(arbeits)einkommen des Haushalts und dem Preisniveau (Konsumentenpreisindex). Es gibt an, wie viele Einheiten des vom Haushalt präferierten Güterbündels dieser mit seinem Arbeitseinkommen finanzieren kann. Des Weiteren wollen wir unterstellen, dass er über kein Ausgangsvermögen verfügt und am Ende der zweiten Periode nichts vererben möchte.

> Ein intertemporales Entscheidungsproblem für den Haushalt besteht darin, in jeder Periode sein Einkommen auf Konsum und Ersparnis optimal aufzuteilen.

Der Haushalt muss also entscheiden, ob er
- in der ersten Periode bei dem gegebenen Zinssatz i sparen will, ob er
- sich in der ersten Periode zum Zinssatz i verschulden will oder aber
- in jeder Periode genau sein jeweiliges Einkommen konsumieren möchte.

Im ersten Fall ist der reale Konsum in Periode 1 (c_1) kleiner als das reale Einkommen e_1 der Periode, sodass ihm für seinen Konsum in Periode 2 neben seinem dann anfallenden Arbeitseinkommen e_2 auch Vermögen und Kapitalerträge zur Verfügung stehen. Im zweiten Fall nimmt der Haushalt in der ersten Periode einen (Konsumenten-)Kredit auf und konsumiert mehr als er an Einkom-

4.5 Ein genauerer Blick hinter die Nachfragekurven

men in dieser Periode erzielt ($c_1 > e_1$). Der Haushalt muss dann den Kredit einschließlich Zinsen zu Beginn der Periode 2 aus seinem Arbeitseinkommen e_2 zurückzahlen.

Zur Lösung des Entscheidungsproblems sehen wir uns die **Möglichkeiten** des Haushalts etwas genauer an.

Der Möglichkeitsbereich des Haushalts

In der ersten Periode kann der Haushalt (im eigentlichen Wortsinne) sparen oder eine negative Ersparnis durch entsprechende Verschuldung verwirklichen. Bezeichnen wir die Ersparnis mit s, so gilt also:

$c_1 = e_1 - s_1$ bzw. $s_1 = e_1 - c_1$.

Das ist die Beschränkung (die Budgetrestriktion), welcher der Haushalt in der Periode 1 unterliegt. Dabei kann die Ersparnis – wie schon gesagt – negativ sein, d. h. einem Kredit entsprechen, der dann zu Beginn der Periode 2 zuzüglich Zinsen aus dem Einkommen der Periode 2 zurückgezahlt werden muss, sodass sich die Konsummöglichkeiten für die zweite Periode entsprechend verringern.

Wodurch ist der Konsum des Haushalts in der zweiten Periode beschränkt? Der Haushalt kann in der Periode 2 das Arbeitseinkommen der Periode 2 zuzüglich der Ersparnis aus Periode 1 zuzüglich der Verzinsung der Ersparnis in Periode 1 konsumieren, also:

$c_2 = e_2 + s_1 + s_1 \cdot i = e_2 + (1+i) \cdot s_1$.

Wenn die Ersparnis positiv ist, ist die Interpretation dieser Budgetrestriktion für die Periode 2 unmittelbar klar. Ist s_1 negativ, so stellt es einfach den Kredit dar, den der Haushalt samt Zinsen zu Beginn der Periode 2 zurückzahlen muss.

Da der Haushalt in beiden Perioden seine Budgetrestriktion einhalten muss, kann man die »intertemporale« **Budgetrestriktion**, die über beide Perioden gilt, einfach durch gleichzeitige Berücksichtigung beider Budgetrestriktionen erhalten. Mathematisch geschieht dies, indem wir die Budgetrestriktion für die erste Periode in die der zweiten Periode einsetzen. Wir ersetzen s_1 in der zweiten Budgetrestriktion, indem wir s_1 aus der ersten Budgetrestriktion in die Budgetrestriktion für die zweite Periode einsetzen: $c_2 = e_2 + (1+i) \cdot (e_1 - c_1)$. Beachtet man, dass c_1 und c_2 gegebene (konstante) Größen sind, so sieht man sofort, dass die Budgetrestriktion für beide Perioden einen negativen linearen Zusammenhang zwischen c_2 und c_1 definiert. Dieser Zusammenhang ist in Abbildung 4-17 durch die Gerade $^0c_2^{max}\ ^0c_1^{max}$ wiedergegeben, wobei ein Zinssatz ^0i angenommen wurde. Der Leser beachte, dass die Steigung der Kurve durch $(1+^0i)$ gegeben, also bei positivem Zinssatz absolut größer als 1 ist. Ökonomisch bedeutet dies, dass $c_2^{max} > c_1^{max}$. Man beachte ferner, dass für $c_1 = e_1$ auch $c_2 = e_2$ wird, d. h. die Budgetgerade verläuft immer durch die Koordinaten für e_1 und e_2 (Punkt A in Abbildung 4-17).

4.5 Nachfrage der Haushalte
Ein genauerer Blick hinter die Nachfragekurven

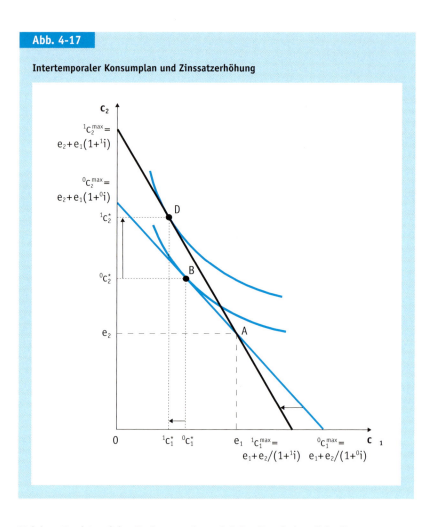

Abb. 4-17

Intertemporaler Konsumplan und Zinssatzerhöhung

Die intertemporale Präferenzordnung des Haushalts

Welchen Punkt auf der Budgetgeraden wird der Haushalt wählen?

Es leuchtet ein, dass dies von seiner Vorliebe (seinen **Präferenzen**) für **Gegenwarts- und Zukunftskonsum** abhängt. Diese lassen sich, wie bei der Wahl des optimalen Konsumbündels des Haushalts, durch ein System von **Indifferenzkurven** darstellen, für die auch hier ein (streng) konvexer Verlauf plausibel ist. Das Gewicht der Einschätzung von Gegenwarts- und Zukunftskonsum kommt dabei in der Steigung der Indifferenzkurve(n) zum Ausdruck.

Die optimale intertemporale Entscheidung

Wenn der Haushalt seinen Nutzen maximieren will, so wird er die Kombination von c_1 und c_2 wählen, bei welcher seine intertemporale Budgetrestriktion die höchste erreichbare Indifferenzkurve (also die Indifferenzkurve mit dem höchsten Nutzenniveau) gerade noch tangiert.

In Abbildung 4-17 ist das der Tangentialpunkt B mit dem Konsum $^0c_1{}^*$ und $^0c_2{}^*$. Es handelt sich also um einen Haushalt, der in Periode 1 **positiv spart**, also einen Konsum c_1 wählt, der kleiner ist als das Einkommen der Periode 1. Diese Lösung ist aber keineswegs zwangsläufig. Je nach Gestalt der Indifferenzkurven – und damit der Präferenz des Haushalts für Gegenwarts- und Zukunftskonsum – kann das Optimum auch bei einem Verbrauch in Periode 1 liegen, der größer ist als das Einkommen der Periode 1.

Wichtig ist nun noch zu untersuchen, wie sich $c_1{}^*$ und $c_2{}^*$ anpassen, wenn sich der Zinssatz i ändert.

Gehen wir von einer Zinssteigerung von ^0i auf ^1i aus. Das Indifferenzkurvensystem als solches wird von der Zinssteigerung nicht verändert, wohl aber die intertemporale Budgetgerade. Die Zinssteigerung erhöht die Konsummöglichkeiten für Haushalte, die positiv sparen, da die Zinserträge steigen. Für einen Haushalt, der sich in Periode 1 verschuldet, werden dagegen die Konsummöglichkeiten geringer, da er mehr Zinsen zahlen muss. Da der Haushalt in Periode 1 sein Einkommen voll konsumieren kann, Punkt A also weiterhin realisierbar bleibt, muss die neue Budgetgerade ebenfalls durch Punkt A verlaufen. Sie dreht sich also im Uhrzeigersinn im Punkt A, da $c_2{}^{max}$ von $^0c_2{}^{max}$ auf $^1c_2{}^{max}$ steigt und $c_1{}^{max}$ von $^0c_1{}^{max}$ auf $^1c_1{}^{max}$ fällt (vgl. Abbildung 4-17).

Das intertemporale Haushaltsoptimum bei unterschiedlichen Zinssätzen

Der Haushalt passt seinen intertemporalen Konsumplan an diese neuen Rahmenbedingungen an. Im dargestellten Fall konsumiert er in Periode 1 weniger ($^1c_1{}^*$), d. h. er erhöht sein Sparvolumen, während er in der Periode 2 mehr konsumiert ($^1c_2{}^*$) (vgl. Punkt D in Abbildung 4-17).

Vor diesem theoretischen Hintergrund nimmt die klassische Makrotheorie (vgl. Kapitel 10) (bei gegebenem laufenden und gegebenem zukünftig erwarteten Einkommen) eine negative Zinsabhängigkeit des Gegenwartskonsums an. Dies ist ein Beispiel für die heute stark im Vordergrund stehende Mikrofundierung der Makroökonomik.

Die klassische Konsumhypothese

Eine solche negative Zinsabhängigkeit von c_1 ist allerdings **nicht zwingend**. Hat der Haushalt in der Ausgangssituation in Periode 1 bei steigendem Zins eine positive Ersparnis, so wird zwar der Gegenwartskonsum wegen der gestiegenen Opportunitätskosten teurer (negativer Substitutionseffekt für c_1), gleichzeitig steigt aber das Realeinkommen des Haushalts, da er mehr Zinsen bekommt und sich deshalb mehr Konsum in beiden Perioden leisten kann (positiver Einkommenseffekt für c_1). Bei einer geringeren Präferenz des Haushalts für Zukunftskonsum als in Abbildung 4-17 durch die Gestalt der Indifferenzkurven implizit angenommen, ist es deshalb denkbar, dass der positive Einkommenseffekt den negativen Substitutionseffekt überkompensiert und c_1 bei einer Zinssteigerung zunimmt.

4.5.8 Arbeitsangebot

Arbeit als Produktionsfaktor wird von den privaten Haushalten angeboten. Der einzelne Haushalt hat ein »Gesamtbudget« an Zeit Z (z. B. 18 Stunden pro Tag),

Der Haushalt muss sich zwischen Freizeit und Einkommen entscheiden.

welches aufgeteilt werden kann in Freizeit (F) und Arbeitszeit (Z–F). Für eine Arbeitszeiteinheit erhält der Haushalt eine (reale) Entlohnung in Höhe des Reallohnsatzes w. Sein (reales) Gesamteinkommen e entspricht dann (wenn wir zur Vereinfachung von Kapitaleinkommen absehen) dem Produkt aus Reallohnsatz w und Arbeitszeit (Z–F):

$e = w \cdot (Z-F)$.

Die Einkommensrestriktion

Dieses ist die so genannte **Einkommensrestriktion** (Einkommensgerade), welcher der Haushalt bei seiner Arbeitsangebots- bzw. Freizeitentscheidung unterliegt. Sein Arbeitsangebot entspricht also gerade Z–F. Setzt er Z ganz für Arbeit ein, so erzielt er ein Einkommen in Höhe von w·Z, arbeitet er gar nicht (F=Z), so ist sein Einkommen null. In Abbildung 4-18 sind zwei derartige Einkommensgeraden für unterschiedliche Reallohnsätze w_0 und w_1 eingezeichnet.

Optimale Arbeitsangebotsentscheidung und Reallohnsatz

Der Haushalt hat darüber hinaus eine Präferenzordnung bezüglich seiner Freizeit und seines Realeinkommens. Diese kann analog zu unseren vorangegangenen Betrachtungen durch ein Indifferenzkurvensystem abgebildet werden. Er wird dann bei seiner Arbeitsangebotsentscheidung gerade denjenigen Punkt auf der Einkommensgeraden wählen, in welchem die höchste erreichbare Indifferenzkurve gerade noch von der Einkommensgeraden tangiert wird. Ein

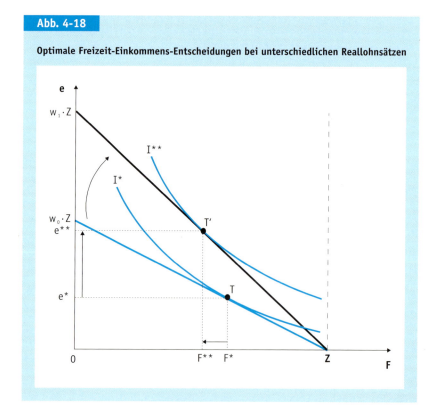

Abb. 4-18

Optimale Freizeit-Einkommens-Entscheidungen bei unterschiedlichen Reallohnsätzen

solcher Optimalpunkt ist Punkt T in Abbildung 4-18 mit einem Freizeitvolumen F* und Einkommen e* beim Reallohnsatz w_0 sowie T' mit F** und e** beim höheren Reallohnsatz w_1. Im dargestellten Fall führt also die Erhöhung des Reallohnsatzes zu einer Verminderung der gewünschten Freizeit und damit zu einer Ausdehnung des Arbeitsangebotes des Haushalts. Die Bewegung von T nach T' lässt sich wieder in Substitutions- und Einkommenseffekte zerlegen: Einerseits erhöht sich mit dem Reallohnsatzanstieg der »Preis« der Freizeit, weil nun jede konsumierte Freizeiteinheit einen höheren Einkommensverzicht als zuvor mit sich bringt. Dies führt zu einem negativen Substitutionseffekt in Bezug auf die Freizeit. Andererseits verbessert sich mit dem Anstieg des Reallohnsatzes gewissermaßen die »Kaufkraft« des dem Haushalt zur Verfügung stehenden Zeitvolumens (der Haushalt erlangt für jede Arbeitszeiteinheit eine höhere Entlohnung als im Ausgangspunkt), was einen im Hinblick auf die Freizeit positiven Einkommenseffekt bewirkt. Dominiert der Substitutionseffekt, so ergibt sich ein mit dem Reallohnsatz wachsendes Arbeitsangebot, wie in Abbildung 4-18 dargestellt.

Wie der Leser schon vermuten wird, ist jedoch auch dieses Ergebnis nicht zwingend, weil natürlich auch der Einkommenseffekt den Substitutionseffekt der Freizeit überkompensieren könnte. In diesem Fall würde mit steigendem Reallohnsatz das gewünschte Freizeitvolumen zu- und damit das Arbeitsangebot des Haushalts abnehmen. Variante a) in Abbildung 4-19 zeigt eine Arbeitsangebotsfunktion, bei welcher der Substitutionseffekt durchgängig dominiert,

Alternative Verläufe der Arbeitsangebotsfunktion

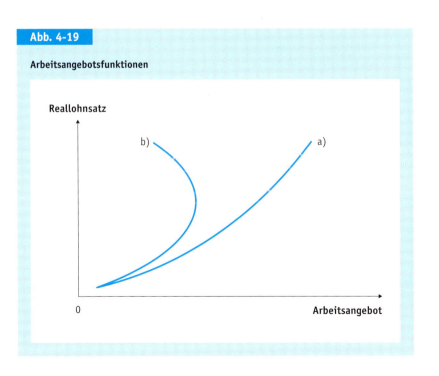

Abb. 4-19

Arbeitsangebotsfunktionen

sodass das Arbeitsangebot bei steigendem Reallohnsatz **stets** zunimmt. Dem gegenüber zeigt Variante b) eine Arbeitsangebotsfunktion, bei der für hinreichend hohe Reallohnsätze (aufgrund steigender Freizeitpräferenzen) der Einkommenseffekt den Substitutionseffekt der Freizeit dominiert, sodass das Arbeitsangebot mit weiter steigendem Reallohnsatz (wieder) abnimmt.

4.5.9 Nutzenfunktion und individuelle Konsumentenrente

Die dargestellte Wahl des optimalen Konsumbündels und die Veränderung der optimalen Nachfrage nach einem Gut bei Preis- bzw. Einkommensänderungen sowie die intertemporale Konsumentscheidung usw. werden in der Literatur häufig auch mittels der so genannten Nutzenfunktion des Haushalts dargestellt. Diese Nutzenfunktion ordnet alternativen Güterbündeln des Haushalts (bzw. Konsumniveaus der Periode) eine bestimmte (Nutzen-)Zahl zu. In gewissem Maße haben wir bereits in den vorangegangenen Ausführungen hierauf Bezug genommen, ohne jedoch den Begriff der »Nutzenfunktion« explizit verwendet zu haben. Wir wollen deshalb abschließend zur Theorie des Haushalts kurz die Beziehung zwischen einer solchen Nutzenfunktion und der beschriebenen Präferenzordnung skizzieren.

Wenn der Haushalt bestimmte Güterbündel als gleichwertig ansieht, so kann man diesen Sachverhalt auch so ausdrücken, dass die Güterbündel für den Haushalt denselben »Nutzen« stiften. Eine Nutzenfunktion des Haushalts erhält man, wenn man sämtlichen Güterbündeln, denen gegenüber sich der Haushalt jeweils indifferent verhält, eine bestimmte Zahl (als Nutzenindex) zuordnet. Güterbündel, die auf einer »höheren« Indifferenzkurve liegen, erhalten eine größere Nutzenzahl als Güterbündel die auf einer »niedrigeren« Indifferenzkurve liegen. Da die Zugehörigkeit eines Güterbündels zu einer höheren Indifferenzkurve nur aussagt, dass der Haushalt dieses Güterbündel für besser hält als eines auf einer niedrigeren Indifferenzkurve – nicht aber, um wie viel besser –, geben die Nutzenindizes nur eine Rangordnung der Güterbündel an. Man spricht von einer **ordinalen** Nutzenfunktion, die die Präferenzordnung des Haushalts widerspiegelt.

Gelegentlich wird heute wieder davon ausgegangen, dass der Nutzen kardinal in Geldeinheiten gemessen und dann auch interpersonell direkt verglichen werden kann. Ein Güterbündel mit dem Nutzen von 30 Geldeinheiten ist dann für den Haushalt genau dreimal so wertvoll wie ein Güterbündel mit einem Nutzen von 10 Geldeinheiten. Nur wenn man diese kardinale Messbarkeit des Nutzens annimmt, ist der so genannte Grenznutzen, d. h. der zusätzliche Nutzen, den eine zusätzliche Gütereinheit eines Gutes Nr. 1 bei Konstanz der übrigen Gütermengen, dem Konsumenten stiftet, eine Größe, welche einen quantitativen Vergleich bei Nutzenänderungen erlaubt.

Basierend auf der kardinalen Nutzenmessung hat der deutsche Volkswirt *Hermann Gossen* (1810–1858) sein berühmtes Gesetz vom abnehmenden Grenznutzen formuliert. Danach nimmt der Nutzenzuwachs (der Grenznutzen), der

Die Präferenzordnung kann auch durch eine ordinale Nutzenfunktion abgebildet werden.

sich aus dem Konsum einer zusätzlichen Einheit eines Gutes bei Konstanz des Konsums der übrigen Güter ergibt, ab (**1. Gossensches Gesetz**). Hat also das erste verzehrte Hühnerei z. B. einen Nutzen (der bei der ersten verzehrten Gutseinheit gleich dem Gesamtnutzen ist) von 10, dann hat das zweite Ei etwa einen Grenznutzen von 8, das dritte einen von 4 usw.

Das 1. Gossensche Gesetz

Nimmt man an, das der Nutzen kardinal in Geldeinheiten gemessen werden kann, dann lässt sich die Nachfragekurve eines Haushalts in Verbindung mit dem 1. *Gossen*schen Gesetz auch leicht verständlich folgendermaßen ableiten: Der Haushalt wird eine zusätzliche Einheit eines Gutes Nr. 1 nachfragen, wenn sein Grenznutzen größer ist als der Preis. Ist der Grenznutzen fallend, so könnte z. B. die in Abbildung 4-20 gezeichnete Kurve den Grenznutzen des Haushalts für Gut Nr. 1 wiedergeben.

Für die erste (hier unendlich kleine) Einheit des Gutes entsteht dem Haushalt der höchste zusätzliche Grenznutzen, der dann mit jeder weiteren konsumierten Einheit abnimmt. Beim Preise p_1 würde der Gesamtnutzen des Haushalts (aus dem Verzehr dieses Gutes) am Größten werden (er würde seinen Nutzen maximieren), wenn er die Menge x_1 kaufen würde, da für alle vorherigen Gütereinheiten der zusätzliche Nutzen, den sie dem Haushalt erbringen,

Die Grenznutzenkurve des Haushalts kann als seine Nachfragekurve interpretiert werden.

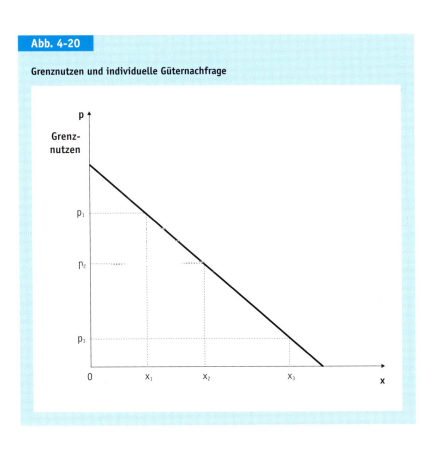

Abb. 4-20

Grenznutzen und individuelle Güternachfrage

größer ist als der Preis, den der Haushalt bezahlt. Entsprechendes gilt für die übrigen Preise p_2 und p_3. Die Grenznutzenkurve kann dann als **Nachfragekurve des Haushalts** (bei insbesondere konstantem Einkommen) interpretiert werden.

Bei kardinaler Nutzenmessung lassen sich die Bedingungen des Haushaltsgleichgewichtes auch im Mehrgüterfall anschaulicher interpretieren als bei ordinaler Nutzenmessung. Zur Vereinfachung beschränken wir uns auf den 2-Güter-Fall. Bei ordinaler Nutzenmessung hatten wir abgeleitet, dass im Haushaltsoptimum die Grenzrate der Substitution von Gut 1 durch Gut 2 dem Preisverhältnis zwischen den Gütern 2 und 1 entspricht: $\left|\dfrac{dx_1}{dx_2}\right| = \dfrac{p_2}{p_1}$. Bei kardinaler Nutzenmessung lässt sich die Grenzrate der Substitution von Gut 1 durch Gut 2 auch ausdrücken durch das Verhältnis des Grenznutzen von Gut 2 zu dem Grenznutzen Gut 1. Auf den Beweis wollen wir hier verzichten. Die optimale Wahl des Haushalts ist dann auch gegeben, wenn sich die Güterpreise wie die Grenznutzen der Güter zueinander verhalten:

$$\frac{\text{Grenznutzen von Gut 1}}{\text{Grenznutzen von Gut 2}} = \frac{p_1}{p_2}$$

Formt man diesen Ausdruck leicht um, indem man die Preise jeweils in den Nenner bringt, so ergibt sich:

$\dfrac{\text{Grenznutzen von Gut 1}}{p_1} = \dfrac{\text{Grenznutzen von Gut 2}}{p_2}$. Danach maximiert der Haushalt seinen Nutzen, wenn er seine Konsumausgaben so auf die beiden Güter aufteilt, dass der Grenznutzen jedes ausgegebenen Euros für jedes Gut gleich groß ist – eine unmittelbar einsichtige Optimumbedingung, die auch für den Fall von mehr als zwei Gütern gilt. Man spricht auch vom **2. *Gossen*schen Gesetz.**

Das 2. Gossensche Gesetz

Betrachten wir nun Abbildung 4-21. Angenommen, der Preis, der auf dem Markt für das Gut bezahlt werden muss, sei p_2^* und gemäß der Nachfragekurve die nachgefragte (gekaufte) Menge x_2^*. Alle Gütereinheiten, die der Haushalt zu diesem Preis auf dem Markt erwirbt (mit Ausnahme der letzten, hier unendlich kleinen Einheit) bringen ihm einen höheren zusätzlichen Nutzen als der Marktpreis. Der Betrag des zusätzlichen Nutzens, der den Marktpreis übersteigt, kann deshalb als Vorteil des Haushalts aus der Tätigung dieses Kaufes interpretiert werden. In der Ökonomie spricht man hier von einer »Rente«, der Haushalt bzw. Konsument erzielt. Kauft er beim Marktpreis p_2^* insgesamt die Menge x_2^*, so ist die Summe der erzielten Renten, die den Haushaltsnutzen aus seiner Marktaktivität angeben, durch das blaue Dreieck gegeben, das die individuelle **Konsumentenrente** unseres Haushalts aus seinem Marktkauf wiedergibt.

Man kann den soeben beschriebenen Zusammenhang auch etwas anders ausdrücken, **ohne auf den Nutzen Bezug** zu nehmen, sodass die Argumentation

4.5 Ein genauerer Blick hinter die Nachfragekurven

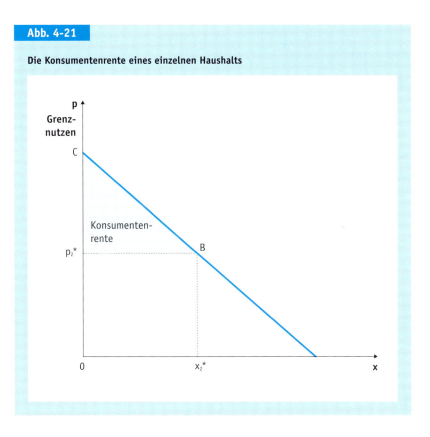

Abb. 4-21

Die Konsumentenrente eines einzelnen Haushalts

auch bei nicht kardinaler Nutzenmessung gültig ist. Die Punkte auf der Nachfragekurve drücken die **Zahlungsbereitschaft** aus, die der Haushalt bei den unterschiedlichen Mengen für das Gut besitzt. Je größer die Menge, die der Haushalt nachfragt, desto geringer seine Zahlungsbereitschaft. Kauft der Haushalt die Menge x_2^*, so besitzt er die Zahlungsbereitschaft p_2^*. Bei allen davor liegenden Gütereinheiten (also für alle $x < x_2^*$) ist die Zahlungsbereitschaft des Haushalts größer. Bis zu der Menge x_2 entspricht die zusammengefasste Zahlungsbereitschaft des Konsumenten dem Rechteck 0 x_2^* B p_2^* **plus** dem Dreieck p_2^* B C (insgesamt also der Fläche unter der Nachfragekurve im Bereich der Menge 0 bis x_2^*). Tatsächlich bezahlen muss der Haushalt auf dem Markt aber beim Kauf der Menge x_2^* den Preis p_2^* und damit betrug seine Ausgabe $x_2^* p_2^*$. Dieser Ausgabe entspricht das Rechteck 0 x_2^* B p_2^*. Netto erzielt der Konsument also einen Überschuss, eine Rente, in Höhe des Dreiecks p_2^* B C.

Punkte auf der Nachfragekurve geben die Zahlungsbereitschaft des Haushalts für die jeweils nächste Guteinheit an.

Arbeitsaufgaben Kapitel 4

1. Erläutern Sie die folgenden Begriffe:
   - Markt,
   - Nachfragefunktion,
   - direkte Preiselastizität der Nachfrage,
   - Kreuzpreiselastizität,
   - Konsumfunktion,
   - Budgetgerade,
   - Präferenzordnung,
   - Indifferenzkurve,
   - inferiores Gut,
   - Giffen-Gut.
   - individuelle Konsumentenrente

2. Geben Sie allgemein die Bestimmungsgründe der Nachfrage eines Haushalts nach einem Konsumgut an.

3. a) Geben Sie genau die Dimension des Preises eines Gutes an.
   b) Was gibt das Preisverhältnis zwischen zwei Gütern X und Y an?

4. In welche Richtung und um wie viel Prozent verändert sich die Ausgabe eines Haushalts für Rindfleisch, wenn seine entsprechende Preiselastizität der Nachfrage $-0,5$ beträgt und der Rindfleischpreis um 10 Prozent steigt?

5. Wie verändert sich die direkte Preiselastizität entlang einer linearen Nachfragefunktion und wie kann man die Elastizität grafisch bestimmen?

6. Worin sehen Sie den Sinn des Elastizitätsmaßes?

7. Was bedeutet für ein Land, welches im Wesentlichen nur Bananen exportiert, die Aussage, dass die Einkommenselastizität der Nachfrage nach Bananen
   a) positiv, aber kleiner als 1 ist,
   b) negativ ist?

8. Es wird gesagt, dass die nachgefragte Menge mit steigendem Preis stets abnimmt. Diese Aussage ist offenbar falsch, da die Preise, wie man weiß, meist steigen und die Nachfrage dennoch nicht zurückgeht. Versuchen Sie, diesen Widerspruch zu lösen.

9. Wie verschiebt sich die Budgetgerade eines Haushalts wenn
   a) die Preise beider Güter und das Konsumbudget des Haushalts um 10 Prozent zunehmen?
   b) das Konsumbudget ceteris paribus fällt?
   c) ceteris paribus der Preis des Gutes 1 steigt und der des Gutes 2 fällt?

10. Spalten Sie grafisch die Wirkung einer Preiserhöhung des Gutes 2 bei Konstanz des Konsumbudgets und des Preises des Gutes 1 in den Substitutions- und den Einkommenseffekt auf.

11. Erläutern Sie die intertemporale Konsumentscheidung des Haushalts.

12. Unter welchen Bedingungen verschiebt sich die preisabhängige Nachfragefunktion eines Haushalts nach einem Gut Nr.1?

Lösungsvorschläge für die Arbeitsaufgaben finden Sie im »Übungsbuch zu Grundlagen und Probleme der Volkswirtschaft«.

Literatur Kapitel 4

Woll, Artur: Allgemeine Volkswirtschaftslehre, 11. Aufl., München 1993.

Elementare Einführungen in die Theorie der privaten Nachfrage bieten:
Demmler, Horst: Einführung in die Volkswirtschaftslehre. Elementare Preistheorie, 10. Aufl., München, Wien 2001.
Herdzina, Klaus/Stephan Seiter: Einführung in die Mikroökonomik, 11. Aufl., München 2009.
Dieses Buch besitzt den Vorteil, dass es den Erklärungswert der hier dargestellten traditionellen Theorie problematisiert und auch alternative Erklärungsansätze diskutiert.

Eine sehr klare Darstellung (unter Verwendung einfacher formaler Instrumente) findet der Leser bei:
Schneider, Erich: Einführung in die Wirtschaftstheorie, Bd. 2, 13. Aufl., Tübingen 1972, Kapitel I, §§ 1–4.

Elementare und vertiefende Aspekte der Nachfragetheorie sind dargestellt bei:
Cezanne, Wolfgang: Allgemeine Volkswirtschaftslehre, 6. Aufl., München 2005.
Mankiw, N. Gregory/Mark P. Taylor: Grundzüge der Volkswirtschaftslehre, 4. Aufl., Stuttgart 2008, Kapitel 4 und 5.
Pindyck, Robert S./Daniel L. Rubinfeld: Mikroökonomie, 6. Aufl., München 2005, Kapitel 2, 3 und 4.
Schumann, Jochen/Ulrich Meyer/Wolfgang J. Ströbele: Grundzüge der mikroökonomischen Theorie, 8. Aufl., Berlin u. a. 2007.
Varian, Hal R.: Grundzüge der Mikroökonomik, 7. Aufl., München 2007.

Zur Vertiefung der Modellzusammenhänge in grafischer Form eignet sich das Computerprogramm auf der beiliegenden CD.

5 Produktion, Kosten und Angebot der Unternehmen

Leitfragen

Welcher Zusammenhang besteht zwischen Produktion, Faktoreinsatz und Kosten?

▸ Was ist eine Produktionsfunktion?

▸ Wodurch ist eine linear-limitationale Produktionsfunktion gekennzeichnet?

▸ Wie ergeben sich die minimalen Kosten bei linear-limitationaler Technologie?

▸ Was ist eine substitutionale Produktionsfunktion?

▸ Was sind die Eigenschaften einer substitutionalen Produktionsfunktion bei partieller Faktorvariation und bei Skalenvariation?

▸ Wie bestimmt man bei einer substitutionalen Produktionsfunktion die Minimalkostenkombination und die Kostenfunktion?

▸ Welche Rolle spielen »economies of scale« für den Kostenverlauf?

Welche wichtigen Kostenbegriffe werden unterschieden?

▸ Was sind variable, fixe und Grenzkosten?

▸ Was sind Durchschnittskosten und wie hängen sie mit den Grenzkosten zusammen?

Was ist die Durchschnittsproduktivität eines Faktors, und welchen Einfluss hat diese auf die Kosten?

▸ Was ist die Durchschnittsproduktivität eines Faktors?

▸ Welche Produktivitätsbegriffe sind gebräuchlich?

▸ Wie werden über den Preis und die Durchschnittsproduktivität eines Produktionsmittels seine Durchschnittskosten bestimmt?

Wie lässt sich die Güterangebotskurve eines Unternehmens bei vollständiger Konkurrenz bestimmen?

▸ Von welcher Zielsetzung des Unternehmens wird ausgegangen?

▸ Wann herrscht auf einem Markt vollständige Konkurrenz?

▸ Wie ist die Produktmenge gekennzeichnet, bei der der Gewinn eines Unternehmens am größten wird?

▸ Welches ist bei unterschiedlichen Preisen des Produktes die gewinnmaximierende Angebotsmenge des Unternehmens?

▸ Wie gelangt man von der Angebotskurve des einzelnen Unternehmers zur gesamten Marktangebotskurve?

5.1 Die Produktionsfunktion

Bevor Güter auf den Märkten ver- und gekauft werden, müssen sie in aller Regel unter Einsatz von Produktionsmitteln wie Arbeit, Boden, Kapital, Material, Energie und technisches Wissen produziert werden. Da der Einsatz der Produktionsmittel (im Folgenden auch kurz »Faktoren« genannt) Kosten verursacht, muss man sie **wirtschaftlich** einsetzen. Hierzu muss der Produzent zunächst wissen, wie die **technische Beziehung** zwischen den Faktoreinsatzmengen und der Produktionsmenge aussieht, d. h. er muss die so genannte Produktionsfunktion kennen.

Begriff der Produktionsfunktion

> Die Produktionsfunktion gibt an, welche Produktionsmenge (welchen Output) man maximal erstellen kann, wenn die Faktoreinsatzmengen (Inputs) vorgegeben sind.

Im Gegensatz zum Nutzen, bei dem davon ausgegangen wird, dass er nur ordinal gemessen werden kann (vgl. Kapitel 4.5.9), ist die Produktionsmenge mit so genannten Kardinalzahlen (kardinal) messbar, d. h. es werden absolute Beträge gemessen. Das liegt daran, dass man das Produktionsergebnis genau zählen, wiegen oder abmessen kann, während dies beim Nutzen nicht möglich ist.

Produktionsfunktion als gedankliche Konstruktion

Die Produktionsfunktion kann man sich als ein Verfahrenshandbuch vorstellen, in dem angegeben ist, welche verschiedenen Möglichkeiten bestehen, z. B. Getreide, Stahl oder Automobile zu produzieren. Mit wachsendem technischen Fortschritt ändern sich die Verfahren und damit die Produktionsfunktionen. Es ist wichtig, dass der Leser den Charakter der Produktionsfunktion als nützliche und einfache Gedankenkonstruktion erkennt. So ist es für manche Fragestellungen sinnvoll, sich die Produktion z. B. der Bundesrepublik Deutschland anhand einer Produktionsfunktion vorzustellen:

$Y = f (A, B, K, TW)$, d. h.

die maximal mögliche (technisch effiziente) Produktion der Bundesrepublik Deutschland pro Jahr (Y) ist eine Funktion (f) der zur Verfügung stehenden Produktionsfaktoren Arbeit (A), Boden (B), Kapital (d. h. Maschinen und Gebäude und Anlagen einschließlich des Bestandes an Zwischenprodukten, K) und technisches Wissen (TW). Es gibt sehr unterschiedliche Produktionsfunktionen, mit denen wir uns im Folgenden etwas näher beschäftigen wollen.

5.2 Typen von Produktionsfunktionen

Zwei wichtige Beispiele für Technologien

Zwei besonders wichtige Typen von Produktionsfunktionen (Technologien) sind
▸ die linear-limitationale Produktionsfunktion,
▸ die substitutionale Produktionsfunktion.

Bei der ersten Technologie müssen die Produktionsmittel, wenn man von der Möglichkeit der Verschwendung von Faktoren absieht, in einem festen Verhältnis zueinander eingesetzt werden; bei der zweiten Technologie kann das Einsatzverhältnis zwischen den Faktoren (zumindest in bestimmten Grenzen) variiert werden.

5.2.1 Linear-limitationale Produktionsfunktion

Betrachten wir das Ausheben einer Baugrube mittels eines Baggers und eines Baggerführers im Ein-Schicht-Betrieb. Die Hinzufügung eines zweiten Baggers ohne zusätzlichen Führer erhöht ebenso wenig die Produktion wie die alleinige Erhöhung der Zahl der Baggerführer. Die Produktionsmittel stehen in einem komplementären Verhältnis zueinander. Will man die Produktionsleistung verdoppeln, so muss man die Zahl der eingesetzten Bagger und Baggerführer verdoppeln. Ähnlich stehen bei einer typischen Fließbandfertigung die Zahl der eingesetzten Arbeiter, das verarbeitete Material und die eingesetzten Maschinen in einem (praktisch) fixen Verhältnis zueinander. Es erhöht die Produktion nicht, wenn allein ein zusätzlicher Arbeiter an das Band gestellt wird.

Konstante Faktorproportionen bei linear-limitationaler Produktionsfunktion

5.2.2 Substitutionale Produktionsfunktion

Einen ganz anderen Technologietyp spiegelt die substitutionale Produktionsfunktion wider.

> Die substitutionale Produktionsfunktion ist dadurch gekennzeichnet, dass (zumindest innerhalb bestimmter Grenzen) der verminderte Einsatz eines Faktors durch vermehrten Einsatz eines anderen Faktors ausgeglichen werden kann.

Möglichkeit der Faktorsubstitution

Eine bestimmte Produktmenge kann also mit vielen Faktormengenkombinationen technisch effizient erstellt werden.

Als praktisches Beispiel für eine substitutionale Produktionsfunktion wird häufig eine landwirtschaftliche Produktion herangezogen: Es ist möglich, eine bestimmte Menge Weizen mit den unterschiedlichsten Kombinationen von Arbeit, Boden, Saatgut und Düngemitteln zu erzeugen. Bei intensiver Bewirtschaftung werden viel Arbeit und viele Düngemittel auf wenig Bodenfläche eingesetzt. Bei extensiver Bewirtschaftung ersetzt die zunehmende Bodenfläche Arbeitsstunden und Düngemittel.

5.2.2.1 Ertragsgesetz

Bei substitutionaler Produktionsfunktion ist es möglich, den verminderten Einsatz des Faktors 1 (2) bei unveränderter Produktion durch den Mehreinsatz des Faktors 2 (1) auszugleichen. Das impliziert, dass ein einzelner Faktor auch bei isoliertem Mehreinsatz zusätzlich produktiv ist. Erhöht man also die Einsatz-

5.2 Produktion, Kosten und Angebot der Unternehmen
Typen von Produktionsfunktionen

Positives Grenzprodukt bei Variation eines Faktors

menge des Faktors 1 (2) bei Konstanz der Einsatzmenge des Faktors 2 (1) – nimmt man also eine so genannte **partielle Faktorvariation** vor –, so ergibt sich eine zusätzliche Produktion (ein positives **Grenzprodukt**). Diese Zusammenhänge sind Gegenstand des Ertragsgesetzes. Betrachten wir hierzu das folgende Beispiel.

Wir halten in einem Experiment den Einsatz der Faktoren Boden, Saatgut und Arbeit konstant und erhöhen lediglich den Einsatz des Düngemittels. Das Ergebnis dieses Experiments ist in Tabelle 5-1 festgehalten.

Tab. 5-1

Abhängigkeit des Ernteertrages von der Düngung

Düngung in Gramm pro Flächeneinheit (1)	Körnerertrag von Roggen in Gramm pro Flächeneinheit (2)	Durchschnittliche Roggenproduktion pro 1 Gramm Düngemittel (3) = (2)/(1)	Zusätzliche Roggenproduktion (Grenzprodukt) in Gramm pro 1 Gramm zusätzlich eingesetztes Düngemittel (4) = $\frac{\Delta (2)}{\Delta (1)}$
0	5,8	–	–
2,5	10,4	4,16	1,84
5,0	15,5	3,1	2,04
7,5	19,3	2,57	1,52
10,0	21,7	2,17	0,96
15,0	17,8	1,19	–0,78
20,0	16,2	0,81	–0,32

Quelle: Laur, Wirtschaftslehre des Landbaus, Berlin 1930, S. 143.

Die Tabelle 5-1 zeigt, dass die Produktion mit zunehmendem Düngemitteleinsatz – bei Konstanz der Menge der übrigen Produktionsfaktoren – zunächst deutlich zunimmt, dann immer langsamer zunimmt und schließlich sogar abnimmt. Anders ausgedrückt: der **Produktionszuwachs** – das Grenzprodukt – (Spalte (4) der Tabelle) nimmt von einem bestimmten Punkt an ab und wird schließlich sogar negativ, wenn lediglich ein Produktionsfaktor vermehrt eingesetzt wird.

Diese Aussage ist – verallgemeinert – Inhalt des berühmten **»Gesetzes vom abnehmenden Ertragszuwachs«**, das schon Mitte des 18. Jahrhunderts formuliert worden ist.

> Wird der Einsatz eines Produktionsfaktors bei Konstanz der Menge der übrigen Faktoren kontinuierlich erhöht, so wird von einem bestimmten Punkt ab der Ertragszuwachs abnehmen, möglicherweise schließlich sogar negativ werden.

Die Aussage des Ertragsgesetzes ist plausibel, weil der variable Faktor bei zunehmender Einsatzmenge schließlich in ein immer größer werdendes Missverhältnis zu den konstant gehaltenen Faktoren gerät.

Grafisch können wir das Ertragsgesetz verdeutlichen, indem wir einmal die Gesamtproduktion x und zum anderen den Ertragszuwachs ∆x jeweils in Abhängigkeit vom Einsatz eines einzigen Produktionsfaktors, z. B. Arbeit, aufzeichnen (vgl. Abbildung 5-1).

Im gesamtwirtschaftlichen Bereich konnte man die im Experiment festgestellte Entwicklung der Produktion sehr deutlich im 18. und beginnenden 19. Jahrhundert beobachten. Es gab im Wesentlichen nur die Produktionsfaktoren Arbeit und Boden. Mit der in Europa einsetzenden Bevölkerungsentwick-

Vermeintliche Auswirkungen des Ertragsgesetzes in der Historie

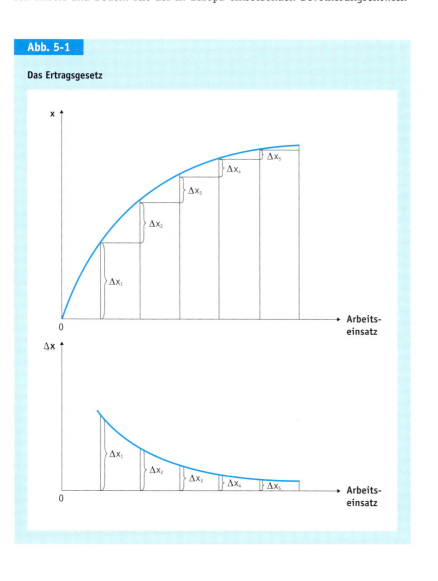

Abb. 5-1

Das Ertragsgesetz

lung bei nicht vermehrbarer Bodenfläche nahm also der Produktionsfaktor Arbeit bei Konstanz des Produktionsfaktors Boden laufend zu und der Produktionszuwachs pro mehr eingesetzter Arbeitskraft wurde immer geringer. Der Menschheit drohten Armut und Hunger, da jeder zusätzlich geborene Mensch nur einen immer kleiner werdenden Produktionszuwachs an Nahrungsmitteln erzeugen konnte. Die Bedeutung des abnehmenden Produktionszuwachses der Arbeit wurde von dem berühmten klassischen Nationalökonomen *Robert Thomas Malthus* (1766–1834) in aller Klarheit erkannt. Er glaubte, dass sich die Bevölkerung in geometrischer Progression (1, 2, 4, 8, 16 …) entwickeln werde, während aufgrund des abnehmenden Arbeitsertragszuwachses die Nahrungsmittelproduktion nur in arithmetischer Progression (1, 2, 3, 4, 5 …) wachse. Dass die prophezeite Katastrophe nicht eintrat, lag schließlich u. a. an dem vermehrten Kapitaleinsatz und dem mit ihm einhergehenden technischen Fortschritt.

Den technischen Fortschritt hatten auch jene zahlreichen Ökonomen unterschätzt, die abnehmende Grenzerträge des Kapitals prognostizierten, als im Zuge der industriellen Revolution der Einsatz von Kapital im Verhältnis zum Arbeitseinsatz gewaltig anstieg. Durch den technischen Fortschritt verschob sich aber die Kurve der Gesamtproduktion in Abhängigkeit vom Kapitaleinsatz bis heute laufend nach oben (vgl. Abbildung 5-2), das Kapital wurde immer produktiver.

Abb. 5-2

Die Verschiebung der »speziellen« Produktionsfunktion mit zunehmendem technischen Wissen

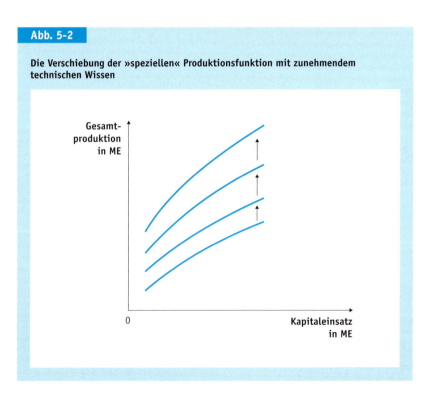

5.2.2.2 Isoquanten

Bei Substituierbarkeit der Produktionsmittel kann man, wie schon erwähnt, den verminderten Einsatz eines Faktors durch vermehrten Einsatz eines anderen Faktors so ausgleichen, dass die Produktmenge konstant bleibt. Wie sieht unter diesen Bedingungen eine **Isoquante** aus, die alle Faktormengenkombinationen angibt, mit der eine bestimmte Produktmenge x produziert werden kann?

Isoquante einer substitutionalen Produktionsfunktion

Unterstellt man bei 2 variablen Produktionsmitteln für beide Faktoren positive, aber abnehmende Grenzerträge und nimmt weiterhin an, dass der Grenzertrag des Faktors 1 (2) mit zunehmendem Einsatz des Faktors 2 (1) zunimmt, so verlaufen die Isoquanten wie die in Abbildung 5-3 dargestellte Isoquante $\bar{x}$, »streng konvex zum Ursprung«.

Praktisch beinhaltet der konvexe Verlauf, dass sich bei einer Wanderung auf einer Isoquante das Substitutionsverhältnis zwischen den Faktoren permanent verändert. Betrachten wir diesen Zusammenhang etwas genauer.

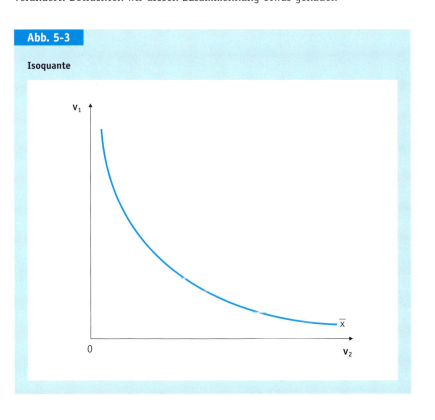

Abb. 5-3

Isoquante

Abb. 5-4

Abnehmende Grenzrate der technischen Substitution

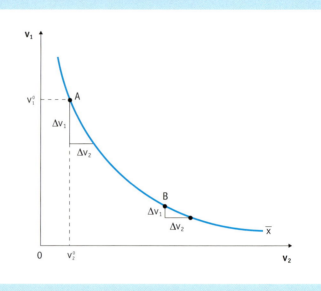

Abb. 5-5

Partielle Faktorvariation von v_1 (a) und v_2 (b) und proportionale Erhöhung der Einsatzmengen beider Faktoren (c)

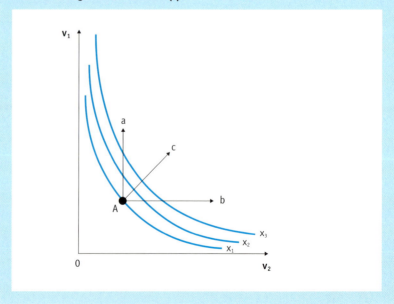

5.2 Typen von Produktionsfunktionen

In Abbildung 5-4 zeige der Punkt A die realisierte Einsatzmenge der beiden variablen Faktoren (v_1^0, v_2^0). Erhöht man nur v_2 um einen sehr kleinen Betrag Δv_2, so kann bei konstantem $x = \bar{x}$ von v_1 der Betrag Δv_1 weniger eingesetzt werden. Den Quotienten $\Delta v_1/\Delta v_2$ nennt man auch **»Grenzrate der technischen Substitution«** von Faktor 1 durch Faktor 2.

Betrachtet man nur den absoluten Wert der Grenzrate, so zeigt Abbildung 5-4, dass dieser bei fortgesetzter Substitution von Faktor 1 durch Faktor 2 permanent abnimmt. Dies wird deutlich, wenn man in Abbildung 5-4 $\Delta v_1/\Delta v_2$ in Punkt A und in Punkt B vergleicht.

<small>Abnehmende Grenzrate der technischen Substitution</small>

Setzt man in Abbildung 5-5 – ausgehend von Punkt A auf der Isoquante x_1 – etwas mehr von dem Faktor 2 (1) bei Konstanz der Einsatzmenge des Faktors 1 (2) oder etwas mehr von beiden Faktoren ein, so muss – wegen der positiven Grenzerträge – die zugehörige Produktmenge zunehmen, d. h. die Faktormengenkombinationen müssen auf einer Isoquante liegen, die eine größere Produktmenge repräsentiert. Da diese Überlegung für jeden Punkt der Isoquante x_1 und auch für jede andere Isoquante wiederholt werden kann, liegen rechts von x_1 Isoquanten für größere Produktmengen, die alle fallenden Verlauf aufweisen und sich niemals schneiden können (vgl. Abbildung 5-6). Hier stehen die Isoquanten I_0 bis I_4 für die Produktmengen x_0, x_1, x_2, x_3 und x_4, wobei gilt $x_0 < x_1 < x_2 < x_3 < x_4$.

<small>Die substitutionale Technologie, dargestellt durch eine Schar von Isoquanten</small>

Abb. 5-6

Isoquantenschar

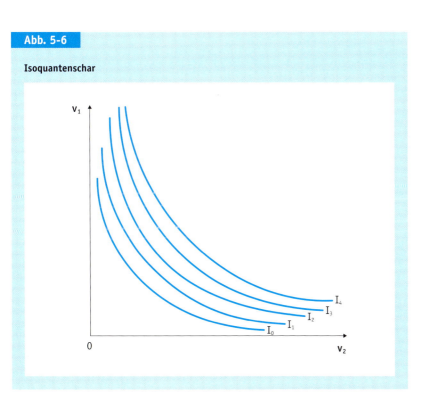

5.3 Skalenerträge

Für die im nächsten Kapitel behandelten Zusammenhänge zwischen der Produktionsfunktion und den Kosten sind die so genannten **Skaleneigenschaften** der Produktionsfunktion bedeutsam. Sie geben an, wie die Produktionsmenge reagiert, wenn **alle** Faktoren bei unverändertem Einsatzverhältnis vermehrt eingesetzt werden, also alle Faktoreinsatzmengen um denselben Prozentsatz erhöht werden. Man spricht dann von einer so genannten **Skalenvariation** (Niveauvariation, totale Faktorvariation).

Denkbar ist eine zur Erhöhung der Faktoreinsatzmengen proportionale, unterproportionale oder überproportionale Erhöhung des Outputs. Dementsprechend liegen dann konstante, abnehmende oder zunehmende Skalenerträge vor.

Konstante Skalenerträge

Werden wirklich sämtliche Faktoreinsatzmengen vervielfacht, so erwartet man **konstante Skalenerträge**, da man praktisch eine Fabrik neben die andere stellt.

Abnehmende Skalenerträge

In der Praxis werden bei der Erhöhung der Produktion jedoch häufig bestimmte Faktoren nicht oder nicht proportional zu den anderen Faktoren vermehrt eingesetzt. Die Existenz solcher fixer Faktoren verhindert dann eine vollständige Skalenvariation, und es kann zu **abnehmenden Skalenerträgen** kommen. Ein einfaches Beispiel ist ein Unternehmen, das bei Betriebsgrößenerhöhungen sein Management nicht erweitert.

Zunehmende Skalenerträge

Große praktische Bedeutung wird häufig **zunehmenden Skalenerträgen** beigemessen: Eine Vervielfachung der Faktoreinsatzmengen mit einem Faktor k > 1 führt zu einer Erhöhung der Produktionsmenge um mehr als das k-fache. Oder umgekehrt ausgedrückt: Eine bestimmte Vervielfachung der Ausbringung macht nur eine geringere Vervielfachung der Faktoreinsatzmengen notwendig. Ein Beispiel bietet der Flugzeugbau. Eine Verdoppelung, Verdreifachung, Verzehnfachung des Output ist hier häufig möglich, ohne dass die Faktoreinsatzmengen entsprechend vervielfacht werden müssen, da bei der Produktion der ersten Maschinen Lerneffekte auftreten. Ähnliche **»economies of scale«** werden häufig Forschungsaufwendungen und Aufwendungen für die Organisation und die Werbung zugeschrieben.

5.4 Produktionsfunktion und minimale Kosten

Bei linear-limitationaler Produktionsfunktion legt die Technik eindeutig die Faktoreinsatzmengen für einen bestimmten Output fest. Bei gegebenen Preisen q der Produktionsmittel sind damit auch die Kosten bestimmt.

Bei einer substitutionalen Produktionsfunktion existieren sehr viele Einsatzmengenkombinationen der Faktoren, die es gestatten, dieselbe Produktmenge x zu produzieren. Für den Unternehmer entsteht dann das Problem, die billigste Faktormengenkombination (»Minimalkostenkombination«) zu finden.

5.4.1 Minimalkostenkombination bei substitutionaler Produktionsfunktion

Wir nehmen wieder an, dass die Preise der Produktionsmittel (q) Größen sind, die das Unternehmen nicht beeinflussen kann und die unabhängig von den gekauften Mengen gegeben sind. Zwecks einfacher grafischer Darstellungsmöglichkeit gehen wir darüber hinaus davon aus, dass die betrachtete Produktionstechnologie nur die Faktoren 1 und 2 benötigt, welche gegeneinander substituiert und von den Unternehmen in ihren Mengen frei angepasst werden können. Die Kosten K sind dann

$K = v_1 \cdot q_1 + v_2 \cdot q_2$,

und das Problem besteht darin, jene Faktoreinsatzmengen v_1^* und v_2^* zu bestimmen, bei denen die Kosten (bei gegebener Ausbringungsmenge) so niedrig wie möglich sind.

Für eine gegebene Kostensumme $K = \overline{K}$ lässt sich die obige Kostengleichung anschaulich grafisch darstellen. Sind z. B. $q_1 = 4$, $q_2 = 2$ und $\overline{K} = 20$, so gilt:

Konstruktion einer Isokostengeraden

$20 = 4 \cdot v_1 + 2 \cdot v_2$.

Würde das Unternehmen die gesamte Kostensumme für den Kauf des Faktors 1 verwenden, erhielte es 5 Mengeneinheiten von diesem. Entsprechend ergibt sich der Achsenabschnitt $\overline{0A}$ der Abbildung 5-7. Würde das Unternehmen die

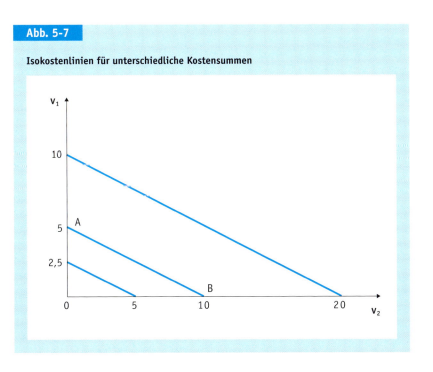

Abb. 5-7

Isokostenlinien für unterschiedliche Kostensummen

5.4 Produktion, Kosten und Angebot der Unternehmen
Produktionsfunktion und minimale Kosten

gesamte Kostensumme für den Kauf des Faktors 2 verwenden, so erhielte es 10 Mengeneinheiten. Entsprechend ergibt sich der Achsenabschnitt $\overline{0B}$.

Kauft das Unternehmen nun, ausgehend vom Punkt A, sukzessive eine Mengeneinheit von Faktor 2 hinzu – anstatt das Geld für den Faktor 1 auszugeben –, so vermindert sich die vom Faktor 1 erwerbbare Menge bei dem gegebenen Preisverhältnis jeweils um 1/2 Mengeneinheit.

Die so genannte **Isokostengerade**, die alle Faktormengenkombinationen angibt, welche dieselben Kosten verursachen, hat also eine konstante, durch das Faktorpreisverhältnis q_2/q_1 gegebene Steigung und verläuft im Beispiel durch die Punkte A und B. (Dabei ist angenommen worden, dass beliebig kleine Mengeneinheiten der Faktoren gekauft werden können.)

Steigt die Kostensumme auf 40, so verdoppeln sich die Achsenabschnitte auf der Abszisse und der Ordinate ($v_1 = 10$, $v_2 = 20$), wobei die Neigung der Kurve unverändert bleibt (obere Gerade in Abbildung 5-7). Entsprechend liegt die Isokostenlinie für eine Kostensumme von K = 10 näher zum Ursprung (unterste Gerade in Abbildung 5-7). Insgesamt kann man sich die (v_1,v_2)-Ebene überdeckt von sehr vielen Isokostenlinien für unterschiedliche Kostensummen, die jeweils eine gleiche Steigung aufweisen, vorstellen (vgl. Abbildung 5-8). Je weiter rechts die Kurve liegt, desto größer die Kostensumme, die sie repräsentiert.

Grafische Bestimmung der Minimalkostenkombination

Welches sind nun für eine **bestimmte Produktmenge** die Faktoreinsatzmengen, die diese Produktmenge mit den geringsten Kosten herzustellen gestatten? Um dies zu ermitteln, betrachten wir die Isoquante für $x = \bar{x}$, die

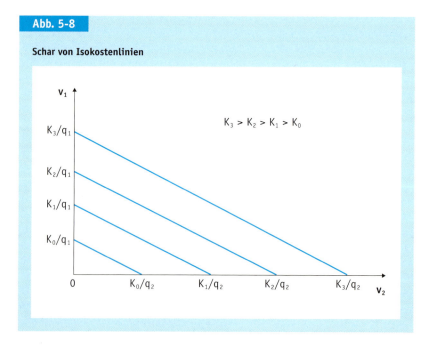

Abb. 5-8

Schar von Isokostenlinien

5.4 Produktionsfunktion und minimale Kosten

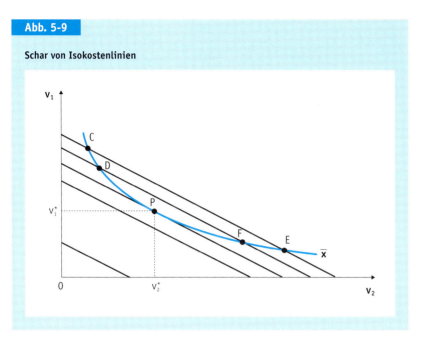

Abb. 5-9

Schar von Isokostenlinien

durch die in Abbildung 5-9 eingezeichnete Kurve gegeben sein soll, und eine Schar von Isokostenlinien.

Kann der Punkt C in Abbildung 5-9 die billigste Faktormengenkombination angeben? Dies ist offenbar nicht der Fall, denn wenn das Unternehmen z. B. Punkt D verwirklichen würde (der durch eine kleinere Menge von Faktor 1 und eine größere Menge von Faktor 2 gekennzeichnet ist), so würde es auf eine Isokostenlinie gelangen, die durch geringere Kosten gekennzeichnet ist. Dies ist auch nicht verwunderlich: Die Technik, die in der Isoquante $\bar{x}$ ihren Ausdruck findet, gestattet in der Nähe von Punkt C **bei unveränderter Produktion** eine Einschränkung der Einsatzmenge von Faktor 1 um mehr als 1/2 Mengeneinheiten, wenn die Einsatzmenge von Faktor 2 um eine Einheit erhoht wird. Wenn das Unternehmen aber Faktor 1 um mehr als 1/2 Mengeneinheiten einschränkt, spart es bei einem Faktorpreis $q_1 = 4$ mehr als 2 Euro, während es nur 2 Euro für eine zusätzliche Einheit des Faktors 2 zahlen muss. Seine Kosten werden also durch diese Faktorsubstitution sinken.

Unter Verwendung des Begriffs der »Grenzrate der technischen Substitution« kann man den soeben beschriebenen Sachverhalt auch ausdrücken, indem man sagt: In Punkt C ist die Grenzrate der technischen Substitution von Faktor 1 durch Faktor 2 $\Delta v_1 / \Delta v_2$ absolut (d. h. ohne Berücksichtigung des wegen $\Delta v_1 < 0$ negativen Vorzeichens) größer als die durch das Faktorpreisverhältnis ausgedrückte Marktsubstitutionsrate. Offenbar lohnt sich eine Substitution von Faktor 1 durch Faktor 2, bis Punkt P erreicht ist, in dem die

Übereinstimmung von Grenzrate der technischen Substitution und dem (umgekehrten) Faktorpreisverhältnis

5.4 Produktion, Kosten und Angebot der Unternehmen
Produktionsfunktion und minimale Kosten

Grenzrate der technischen Substitution gleich ist der durch die Faktorpreise bestimmten Marktsubstitutionsrate.

Ganz entsprechend lohnt es sich, Faktor 2 durch Faktor 1 teilweise zu ersetzen, wenn das Unternehmen sich in der Ausgangssituation auf der Isoquante rechts von Punkt P, z. B. im Punkt E befindet.

Man kann zeigen, dass die Aussage, dass die **Minimalkostenkombination** der Faktoren gekennzeichnet ist durch die Gleichheit von technischer Grenzrate der Substitution und umgekehrtem Faktorpreisverhältnis, identisch ist mit der Aussage, dass bei Verwirklichung der Minimalkostenkombination die Grenzprodukte der Faktoren (GP) sich zueinander verhalten wie die Faktorpreise:

$$\frac{GP_1}{GP_2} = \frac{q_1}{q_2}$$

Gleiches Grenzprodukt pro letztem verausgabtem Euro für alle Faktoren

Diese Bedingung leuchtet unmittelbar ein, wenn man sie umformt zu

$$\frac{GP_1}{q_1} = \frac{GP_2}{q_2}$$

Diese Gleichung besagt, dass bei Verwirklichung der Minimalkostenkombination der letzte für jeden Faktor ausgegebene Euro dasselbe Grenzprodukt hervorbringt. Wäre dies nicht der Fall, so wäre für das Unternehmen offenbar eine Umschichtung innerhalb seiner Kostensumme lohnend. Es würde sich besser stellen, wenn es mehr (weniger) von dem Faktor mit dem größeren (kleineren) Grenzprodukt pro letztem verausgabtem Euro kaufen und in der Produktion einsetzen würde.

Betrachten wir kurz, wie sich eine Erhöhung des Preises eines Faktors bei Konstanz des Preises des anderen Faktors auswirken würde.

Konsequenzen der Erhöhung des Preises eines Faktors ...

Die Zunahme von q_2 bedeutet in Abbildung 5-10, dass der Achsenabschnitt auf der v_2-Achse kleiner wird: Bei gegebener Kostensumme kann bei vollständiger Verausgabung der Kostensumme allein für diesen Faktor nur noch weniger von diesem gekauft werden als bisher. Da q_1 unverändert bleibt, ändert sich die maximal erwerbbare Menge des Faktors 1 nicht. Insgesamt dreht sich also die Isokostenlinie in Punkt A, wobei die Veränderung der Steigung das veränderte Preisverhältnis q_2/q_1 und damit das veränderte reale Marktaustauschverhältnis zwischen den Faktoren zum Ausdruck bringt. Für eine Mengeneinheit des Faktors 1, die das Unternehmen weniger kauft, kann es jetzt weniger Mengeneinheiten von Faktor 2 kaufen als bisher. Hieraus ergeben sich zumindest drei Konsequenzen:

... die Produktion wird teurer

1. Die alte Kostensumme reicht – wie Abbildung 5-10 zeigt – nicht mehr aus, um $\bar{x}$ zu produzieren: Die Kosten für $\bar{x}$ steigen.

... der verteuerte Faktor wird teilweise substituiert

2. Zur Produktion von $\bar{x}$ wird das Unternehmen die höhere Kostensumme so aufteilen, dass es mehr von Faktor 1 und weniger von dem teurer gewordenen Faktor 2 einsetzt. Diesen Substitutionseffekt zeigt Abbildung 5-10, in der P' die Minimalkostenkombination für $\bar{x}$ bei dem gestiegenen Preis q_2 angibt.

5.4 Produktionsfunktion und minimale Kosten

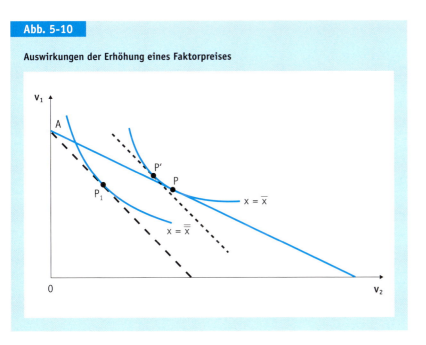

Abb. 5-10

Auswirkungen der Erhöhung eines Faktorpreises

3. Mit der alten Kostensumme könnte das Unternehmen nur noch $\bar{\bar{x}} < \bar{x}$ im Punkt P_1 kostenminimierend produzieren. Wegen der gestiegenen Kosten wird für das Unternehmen die Herstellung einer kleineren Produktmenge $\bar{\bar{x}} < \bar{x}$ optimal sein und damit eine weitere – über den unter (2) beschriebenen Substitutionseffekt hinausgehende – Nachfragesenkung für Faktor 2 eintreten. Man könnte die nochmals verminderte Einsatzmenge von v_2 in Anlehnung an den Einkommenseffekt in der Konsumtheorie als Realkosteneffekt der Faktorpreiserhöhung bezeichnen.

... die Produktion sinkt.

Stellt man sich nun vor, der teurer gewordene Faktor 2 sei der Faktor Arbeit, so erkennt man in den beschriebenen Konsequenzen die Argumente, die in Wirtschaft und Politik immer wieder gegen Lohnerhöhungen (oder »zu hohe« Lohnerhöhungen) ins Feld geführt werden.
Man beachte bei der Würdigung dieser Argumente:
▸ Der Substitutionseffekt ergibt sich nur, wenn sich der Preis des zweiten Faktors nicht oder nur um einen geringeren Prozentsatz ändert, sodass sich das Faktorpreisverhältnis zuungunsten des ersten Faktors (Arbeit) verschiebt.
▸ Es wird von unveränderter Technik ausgegangen.
▸ Die Argumentation ist rein »angebotsorientiert« oder »kostenorientiert«. Es mag Situationen geben, in denen der »Kaufkrafteffekt« von Lohnerhöhungen gesamtwirtschaftlich bedeutsamer ist als der Kosteneffekt.

5.4.2 Kostenfunktion

Die Kostenfunktion gibt die minimalen Kosten in Abhängigkeit von der Produktmenge an.

Bei der Bestimmung der Minimalkostenkombination sind wir von einer bestimmten Produktmenge x ausgegangen. Es stellt sich nun die Frage, welcher Zusammenhang allgemein zwischen einer beliebigen Produktmenge x und den zu ihrer Erstellung notwendigen (minimalen) Kosten besteht, welchen Verlauf also die so genannte (Minimal-)**Kostenfunktion** $K = K(x)$ (bei konstanten Faktorpreisen) hat. Dieses explizit vorzuführen ist mit einigen rechnerischen Schwierigkeiten verbunden und soll hier unterbleiben. Wir beschränken uns stattdessen auf die Darlegung einiger zentraler Ergebnisse (vgl. Abbildung 5-11 (a) – (c)).

Kostenverläufe und Skalenerträge

Zunächst ist es unmittelbar plausibel, dass mit steigendem Output die minimalen Kosten zunehmen müssen, $K(x)$ hat also einen steigenden Verlauf. Darüber hinaus lässt sich zeigen, dass bei **konstanten Skalenerträgen** eine Vervielfachung der Ausbringung dann kostenminimal erfolgt, wenn auch sämtliche Faktoreinsatzmengen entsprechend vervielfacht werden. Mit einer Verdoppelung der Produktion verdoppeln sich dann die Faktoreinsatzmengen und damit (bei konstanten Faktorpreisen) die Kosten. Dies bedeutet, dass die Kostenfunktion $K(x)$ linear ist, also der sich aus der Produktion einer weiteren Outputeinheit ergebende Kostenzuwachs (Grenzkosten) immer derselbe bleibt. Bei **zunehmenden Skalenerträgen** ist es möglich, die doppelte Produktmenge mit weniger als der doppelten Faktoreinsatzmenge zu erzeugen, sodass die minimalen Kosten mit der Ausbringungsmenge **degressiv** zunehmen werden: Der sich

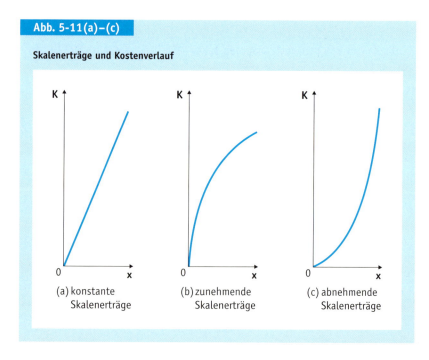

Abb. 5-11(a)–(c)

Skalenerträge und Kostenverlauf

(a) konstante Skalenerträge
(b) zunehmende Skalenerträge
(c) abnehmende Skalenerträge

Abb. 5-12

»S«-förmiger Kostenverlauf

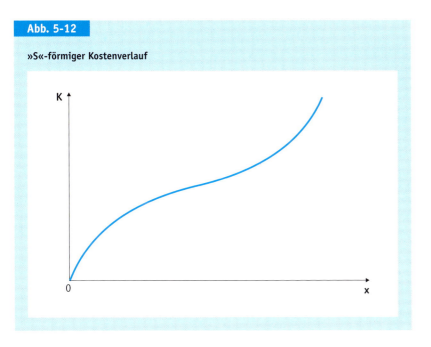

bei Ausweitung der Produktion um eine weitere Einheit ergebende Kostenzuwachs fällt hier also umso geringer aus, je mehr produziert wird. Entsprechend führen **abnehmende Skalenerträge** zu einer **progressiven** Veränderung der (minimalen) Kosten bei Zunahme der Produktmenge.

Häufig nimmt man auch zunächst steigende, dann fallende Skalenerträge an, sodass sich der viel zitierte (umgekehrt) S-förmige Kostenverlauf ergibt (vgl. Abbildung 5-12).

5.5 Fixe und variable Kosten

Die bisherige Argumentation unterstellte, dass alle Produktionsfaktoren in ihren Mengen durch das Unternehmen angepasst werden können. Dies ist langfristig sicherlich der Fall, jedoch nicht notwendigerweise auch in der kurzen Frist. Manche Faktoreinsatzentscheidungen sind kurzfristig nicht revidierbar. So können z. B. Kündigungsschutzbestimmungen eine kurzfristige Anpassung der Beschäftigtenzahl eines Unternehmen verhindern. Ebenso können bestehende Produktionskapazitäten häufig nicht »von heute auf morgen« einer veränderten Absatzlage angepasst werden. Ist ein Produktionsfaktor im Betrachtungszeitraum bezüglich seiner Einsatzmenge nicht anpassbar, so spricht man von einem fixen Faktor. Die hieraus resultierenden Kosten sind dann ebenfalls im Betrachtungszeitraum fix und werden entsprechend als Fixkosten bezeich-

Kurzfristige Nichtanpassbarkeit von einzelnen Faktoren

5.5 Produktion, Kosten und Angebot der Unternehmen
Fixe und variable Kosten

net. Dagegen sind solche Faktoren, die im Betrachtungszeitraum in ihrer Einsatzmenge anpassbar sind, variable Faktoren mit entsprechend variablen Kosten.

Kurzfristige und langfristige Kostenfunktion

Entsprechend des zugrunde gelegten Zeitraumes müssen deshalb zwei Typen von Kostenfunktion unterschieden werden, die kurzfristige und die langfristige. Bei der kurzfristigen Kostenfunktion ist insbesondere der Kapitalbestand (die Betriebsgröße) gewählt und kurzfristig fix mit entsprechenden fixen Kosten für Abschreibungen und gezahlte Zinsen bzw. Opportunitätskosten für das eingesetzte Kapital. Bei der langfristigen Kostenfunktion ist auch der Kapitalbestand variabel. Gehen wir von einer linear-homogenen Produktionsfunktion mit den Faktoren Arbeit und Kapital aus, also von konstanten Skalenerträgen, so ist die langfristige Gesamtkostenfunktion eine Gerade durch den Ursprung (vgl. Abbildung 5-11 (a)). Die langfristigen Grenzkosten sind dann konstant und gleich der Steigung der Gesamtkostenkurve. Die durchschnittlichen variablen Kosten entsprechen den Grenzkosten.

Wir beschränken uns im Folgenden auf die Betrachtung der Kosten bei gegebenem Kapitalstock, also mit gegebenen Fixkosten.

Kostenbegriffe

Fixe Kosten plus variable Kosten ergeben die **Gesamtkosten**, auch totale Kosten genannt.

> **Fixe (feste) Kosten** sind die Kosten, die für den Einsatz der fixen Produktionsfaktoren anfallen. Sie fallen auch dann an, wenn in der Periode nichts produziert wird, und sind damit unabhängig von der Größe der Produktion.

> **Variable Kosten** sind die Kosten, die für den Einsatz der variablen Faktoren anfallen. Sie sind von der Produktmenge x abhängig.

> Ein weiterer wichtiger Begriff ist der der **Grenzkosten** (Kostenzuwachs). Hierunter versteht man den Zuwachs an Kosten, der entsteht, wenn eine kleine Produkteinheit mehr produziert wird.

Schließlich werden die gesamten fixen Kosten, die gesamten variablen Kosten und die Gesamtkosten häufig auf die produzierte Gütermenge bezogen und so die durchschnittlichen Fixkosten, die durchschnittlichen variablen Kosten und die durchschnittlichen totalen Kosten (**Stückkosten**) bestimmt.

Am Beispiel der Anmietung eines Tagungsraumes in einem Hotel für ein einwöchiges Fortbildungsseminar für Mediziner, ausgerichtet und bezahlt von der Pharmaindustrie, seien die verschieden Kostenbegriffe noch einmal erläutert.

Es sei angenommen, dass das Hotel für die Anmietung des Konferenzraumes für eine Woche einen Sockelbetrag von 1.000 Euro verlangt. Zusätzlich werden pro Seminarteilnehmer für Getränke und sonstigen Service in der Woche 100 Euro berechnet.

Der Sockelbetrag von 1.000 Euro stellt den fixen Kostenanteil dar. Er muss gezahlt werden, auch wenn kein Teilnehmer zum Seminar erscheint und bleibt unverändert, auch wenn die Saalkapazität von 25 Teilnehmern voll ausgenutzt

5.5 Fixe und variable Kosten

Abb. 5-13

Gesamtkosten, Grenzkosten und Durchschnittskosten bei linearem Gesamtkostenverlauf

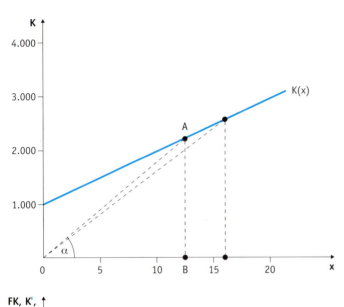

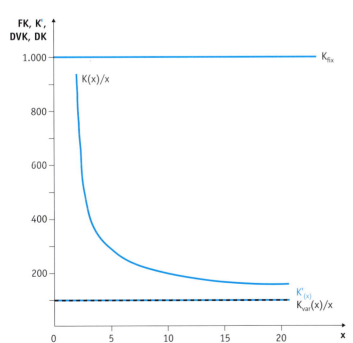

wird. Die gesamten variablen Kosten ergeben sich als Produkt aus der Zahl der Seminarteilnehmer multipliziert mit 100. Bei 20 Seminarteilnehmern betragen die gesamten variablen Kosten also 2.000 Euro.

Die Gesamtkosten für 20 Teilnehmer ergeben sich aus den gesamten fixen Kosten und gesamten variablen Kosten, also K(x) = 1.000 + 100 · x = 1.000 + 100 · 20 = 3.000; wobei alle Beträge (abgesehen von der Zahl der Teilnehmer) in Euro zu verstehen sind. Die Stückkosten (Durchschnittskosten) $\frac{K(x)}{x}$ pro Einheit bei 20 Teilnehmern ermittelt man, indem man die Gesamtkosten von 3.000 Euro durch die Anzahl der Produktion (hier Seminarteilnehmer) teilt, also Stückkosten = 3.000 : 20 = 150.

Die Grenzkosten eines zusätzlichen Teilnehmers K'(x) sind 100 Euro, sie entsprechen wegen der konstanten Grenzkosten den durchschnittlichen variablen Kosten $\frac{K_{variabel}}{x}$.

Die Abbildung 5-13 verdeutlicht die Zusammenhänge.

Angemerkt sei, dass die Grenzkosten durch die Steigung der Gesamtkostenkurve in jedem Punkt gegeben sind. Da die Steigung der Gesamtkostenkurve (K) in dem gewählten Beispiel konstant ist, sind auch die Grenzkosten konstant. Die Durchschnittskosten ergeben sich in der obigen Grafik durch den Tangens des Winkels α, den der Fahrstrahl vom 0-Punkt des Koordinatensystems an die Gesamtkostenkurve bildet. Der Tangens des Winkels α gibt ja den Quotienten aus den Strecken BA und OB an (»Gegenkathete zu Ankathete«), also den Quotienten aus Gesamtkosten K und Produktmenge x. Das aber sind definitionsgemäß die Durchschnittskosten. Entsprechend kann man für jede Produktmenge die Durchschnittskosten grafisch bestimmen. Wie die obige Abbildung zeigt, nimmt der Winkel des Fahrstrahles vom Koordinatenursprung an die Kostenkurve mit zunehmendem x ab (und damit ebenfalls die Durchschnittskosten). Der ökonomische Grund für das Abnehmen der Durchschnittskosten sind bei konstanten Grenzkosten allein die Fixkosten von 1.000, die sich mit zunehmendem x auf eine immer größere Produktionsmenge verteilen (Fixkostendegression).

5.6 Durchschnittsproduktivität und Kosten

5.6.1 Durchschnittsproduktivität

Als Durchschnittsproduktivität (häufig auch nur Produktivität genannt) bezeichnet man das Verhältnis von gesamter Produktionsmenge zur Einsatzmenge **eines einzigen** Produktionsfaktors. Produziert z. B. ein Arbeiter mit einem Mähdrescher auf 2 Hektar Ackerfläche 10 Tonnen Weizen pro Stunde, kann man die Arbeitsproduktivität, die Kapitalproduktivität und die Bodenproduktivität berechnen.

5.6 Durchschnittsproduktivität und Kosten

$$\text{Arbeitsproduktivität} = \frac{10 \text{ Tonnen Weizen}}{1 \text{ Arbeitsstunde}}$$

$$\text{Kapitalproduktivität} = \frac{10 \text{ Tonnen Weizen}}{1 \text{ Mähdrescherstunde}}$$

$$\text{Bodenproduktivität} = \frac{10 \text{ Tonnen Weizen}}{2 \text{ Hektar Boden}} = \frac{5 \text{ Tonnen Weizen}}{1 \text{ Hektar Boden}}$$

Die Durchschnittsproduktivität (im Folgenden sprechen wir nur von Produktivität) ist also eine reine Mengengröße und kann, da in diesem Begriff die von allen Produktionsfaktoren gemeinsam erstellte Ausbringung ins Verhältnis zum Einsatz eines einzigen Produktionsfaktors gesetzt wird, niemals die Leistungsfähigkeit oder den produktiven Beitrag dieses einen Produktionsfaktors isoliert angeben. Alle Versuche, den produktiven Beitrag der einzelnen Produktionsfaktoren gesondert zu ermitteln, erweisen sich als unmöglich.

Die Produktivität misst nicht den produktiven Beitrag einzelner Faktoren.

Wird ein Produktionsfaktor im Produktionsprozess vermehrt eingesetzt, erhöht sich die Ausbringung. Dies bewirkt, dass sich die Produktivitäten der übrigen Faktoren erhöhen. Steigt in unserem Beispiel der Einsatz von Kapital – der Arbeiter produziert jetzt mit einem verbesserten Mähdrescher –, so erhöht sich die Produktion z. B. auf 15 Tonnen Weizen pro Stunde. Und es steigt die Arbeitsproduktivität, obwohl der Arbeiter nicht mehr leistet.

Die gesamtwirtschaftliche Arbeitsproduktivität definiert als Gesamtproduktion einer Volkswirtschaft dividiert durch den gesamten Arbeitsstundeneinsatz, ist von herausragender Bedeutung für die Entwicklung des materiellen Wohlstands der Bevölkerung. Je mehr ein Arbeiter pro Arbeitsstunde produziert, desto mehr kann – bei gleich bleibender Arbeitszeit – die Bevölkerung im Durchschnitt konsumieren. Anders formuliert: Der Output pro Kopf der Beschäftigten, abzüglich des Teiles, der für die Erhaltung von Maschinen und Anlagen benötigt wird, bleibt für den Konsum der Bevölkerung und für eine Erhöhung des Bestandes an Maschinen und Anlagen (Nettoinvestitionen) übrig.

Bedeutung der gesamtwirtschaftlichen Arbeitsproduktivität

5.6.2 Zusammenhang von Produktivität und Kosten

Die Produktionskosten eines Gutes setzen sich im Allgemeinen aus einer Vielzahl von Kostenarten zusammen, wie Material- und Energiekosten, Abschreibungen, Steuern, Zinsen, Löhne, Gehälter, Versicherungsbeiträge usw. Überdenkt man, welche Kostenarten nun wiederum in den aufgezählten Kosten stecken, so erkennt man, dass letztlich alle Kosten sich zusammensetzen aus

Kostenbestandteile

- Löhnen (Arbeit),
- Zinsen und Abschreibungen (Kapital),
- Bodenpacht (Boden),

5.6 Produktion, Kosten und Angebot der Unternehmen
Durchschnittsproduktivität und Kosten

- Steuern (Staat) und
- Kosten importierter Produktionsfaktoren (Ausland).

Lässt man – der Einfachheit halber – einmal den Staat und das Ausland außer Acht, so bleiben nur die Kosten der Produktionsfaktoren Arbeit, Kapital und Boden übrig.

Will man die Kosten der Produktion einer Einheit eines Gutes – die Stückkosten – ermitteln, so setzen sich diese zusammen aus den
- Lohnstückkosten,
- Kapitalstückkosten und
- Bodenstückkosten.

Und diese jeweiligen Stückkosten hängen ab von Preis und Produktivität der Produktionsfaktoren. Ein einfaches Beispiel, in dem auch von den im Allgemeinen nicht besonders ins Gewicht fallenden Bodenpachten abgesehen werden soll, kann dies zeigen.

Ein Arbeiter produziert mit einem einfachen Mähdrescher 10 Tonnen Weizen pro Stunde. Der Lohnsatz betrage 20,- Euro pro Stunde, die Zinskosten für den Mähdrescher betragen 100,- Euro pro Stunde. Andere denkbare Kosten, die aber immer auf Löhne, Zinsen oder Pachten zurückgeführt werden könnten, sollen nicht berücksichtigt werden.

Dividieren wir den Faktorpreis durch die entsprechende Produktivität, so erhalten wir die Lohnstück- bzw. Kapitalstückkosten.

$$\text{Lohnstückkosten} = \frac{\text{Lohnsatz}}{\text{Arbeitsproduktivität}}$$

$$= \frac{20\ \text{€ Lohnkosten pro Stunde}}{10\ \text{Tonnen Weizen pro Stunde}}$$

$$= \frac{2\ \text{€ Lohnkosten}}{1\ \text{Tonne Weizen}}$$

$$\text{Kapitalstückkosten} = \frac{\text{Kapitalkosten pro Stunde}}{\text{Kapitalproduktivität}}$$

$$= \frac{100\ \text{€ Kapitalkosten pro Stunde}}{10\ \text{Tonnen Weizen pro Stunde}}$$

$$= \frac{10\ \text{€ Kapitalkosten}}{1\ \text{Tonne Weizen}}$$

Die Stückkosten hängen ab von Preis und Produktivität der Produktionsfaktoren.

Vernachlässigen wir die Kosten für Boden, Düngemittel und Saatgut, so ergeben sich die Produktionskosten pro Stück als Summe von Lohn- und Kapitalstückkosten zu 12,- Euro pro Tonne Weizen.

Diese Stückkosten ändern sich mit veränderter Produktivität und/oder Faktorpreisen. Wird in unserem Beispiel jetzt ein besserer Mähdrescher eingesetzt, der 200,- Euro pro Stunde kostet und die Produktion pro Stunde verdoppelt, so ergeben sich folgende Werte:

$$\text{Lohnstückkosten} = \frac{\text{Lohnsatz}}{\text{Arbeitsproduktivität}}$$

$$= \frac{20\ €\ \text{Lohnkosten pro Stunde}}{20\ \text{Tonnen Weizen pro Stunde}}$$

$$= \frac{1\ €\ \text{Lohnkosten}}{1\ \text{Tonne Weizen}}$$

$$\text{Kapitalstückkosten} = \frac{\text{Kapitalkosten pro Stunde}}{\text{Kapitalproduktivität}}$$

$$= \frac{200\ €\ \text{Kapitalkosten pro Stunde}}{20\ \text{Tonnen Weizen pro Stunde}}$$

$$= \frac{10\ €\ \text{Kapitalkosten}}{1\ \text{Tonne Weizen}}$$

Die Lohnstückkosten haben sich halbiert, die Kapitalstückkosten bleiben konstant, und die Produktionskosten pro Stück ergeben 11,- Euro pro Tonne Weizen. Der Mehreinsatz von Kapital in Form eines besseren und teureren Mähdreschers hat sich also gelohnt, vorausgesetzt, die Mehrproduktion kann auch verkauft werden.

Verdoppelt man nun den Lohnsatz auf 40,- Euro pro Stunde, so erhöhen sich die Lohnstückkosten wiederum auf den Ausgangswert von 2,- Euro pro Tonne. Bei Verdoppelung von Lohnsatz und Arbeitsproduktivität bleiben die Lohnstückkosten konstant. Bleiben dann auch noch die Kapitalstückkosten konstant, dann verändern sich auch die Produktionskosten pro Stück, wie in unserem Beispiel, nicht.

Anhand unseres Beispiels sollen die Grundlagen der **produktivitätsorientierten Lohnpolitik** (vgl. Kapitel 25) aufgezeigt werden, die eine Lohnerhöhung im Ausmaß der Zunahme der Arbeitsproduktivität vorsieht.

Steigen die Löhne um denselben Prozentsatz wie die Arbeitsproduktivität, so bleiben die Lohnstückkosten konstant. Wenn die Preise so gebildet werden, dass immer ein konstanter Aufschlag auf die Lohnstückkosten erhoben wird, dann bleiben bei der produktivitätsorientierten Lohnpolitik auch die Preise konstant. Wenn die Preise aber so gebildet werden, dass immer ein konstanter Aufschlag auf die gesamten Produktionskosten pro Stück erhoben wird, ist für die Preisbildung auch die Veränderung der Kapitalstückkosten (und der hier vernachlässigten Bodenstückkosten) bedeutsam.

Produktivitätsorientierte Lohnpolitik

In unserem Beispiel blieben die Kapitalstückkosten bei Einsatz des verbesserten Mähdreschers konstant, mithin könnten trotz Verdoppelung der Lohnsätze und bei konstantem Gewinnaufschlag die Preise konstant bleiben. Nun setzt dies aber voraus, dass die Kapitalstückkosten tatsächlich konstant bleiben, was dann der Fall ist, wenn bei einer Verdoppelung der Kapitalkosten sich auch die Produktion verdoppelt (also doppelt so teurer = doppelt so produktiver Mähdrescher). Dies war in der Bundesrepublik Deutschland in den letzten Jahrzehnten in der Tat näherungsweise der Fall. Ob dies in Zukunft so bleibt, hängt wesentlich davon ab, ob der technische Fortschritt, der seiner Natur nach nicht vorausberechenbar ist, auch weiterhin dafür sorgt, dass »doppelt so teure Maschinen auch doppelt so produktiv sind«.

5.7 Arbeitsnachfrage

Die Höhe der nachgefragten Arbeit richtet sich nach dem Beitrag, den die Arbeit als Produktionsfaktor für die Einnahmen des Unternehmens hat, im Verhältnis zu dem Einfluss der Arbeit auf die Kosten. Genauer gesagt geht es darum, wie sich der Grenzumsatz der zusätzlichen Arbeitseinheit (der Wert des Grenzproduktes $p \cdot dx/dN$) im Vergleich zu den Grenzkosten der zusätzlichen Arbeitseinheit (dem Geldlohnsatz) entwickelt. Solange der Wert des Grenzproduktes der Arbeit höher ist als die Grenzkosten, wird ein Unternehmen mehr Arbeit nachfragen, da der Gewinn dadurch gesteigert werden kann (vorausgesetzt, der zusätzliche Output kann auch abgesetzt werden).

Im Gewinnmaximum ist der Wert des Grenzproduktes der Arbeit gleich dem Geldlohnsatz (Nominallohnsatz).

Damit hängt die Arbeitsnachfrage von folgenden Größen ab:
- Grenzprodukt
- Preis des Produktes
- Geldlohnsatz.

Reallohnsatzabhängigkeit der Arbeitsnachfrage

Das Verhältnis von Geldlohnsatz zum Güterpreis des betrachteten Unternehmens bezeichnet man als Reallohnsatz des Unternehmens. Er gibt als relativer Preis das Tauschverhältnis zwischen einer (Zeit-)Einheit Arbeit und einer neu produzierten Gütereinheit an. Der Reallohnsatz bringt letztlich zum Ausdruck, wie viel Zeit der Arbeiter anbieten muss, um eine Einheit des betrachteten Gutes kaufen zu können, und umgekehrt, welchen Teil der Produktionsmenge das Unternehmen (rechnerisch) einem Arbeitnehmer für eine Zeiteinheit Arbeit überlassen muss. Der Vergleich zwischen Reallohnsatz und Grenzprodukt entscheidet also über die Vorteilhaftigkeit, mehr Arbeit einzusetzen, sofern die Produkte auch absetzbar sind.

Arbeitsnachfragekurve

Die Arbeitsnachfrage eines Unternehmens wird damit üblicherweise als vom Reallohnsatz abhängig angesehen. Da nach dem Gesetz vom abnehmenden Ertragszuwachs (vgl. Kapitel 5.2.2.1) das Grenzprodukt der Arbeit mit steigendem Arbeitseinsatz abnimmt, wird ceteris paribus nur ein fallender Reallohnsatz den Einsatz zusätzlicher Arbeit lohnend machen. Umgekehrt kann man sehen, dass mit steigendem Reallohnsatz die Arbeitsnachfrage des Unterneh-

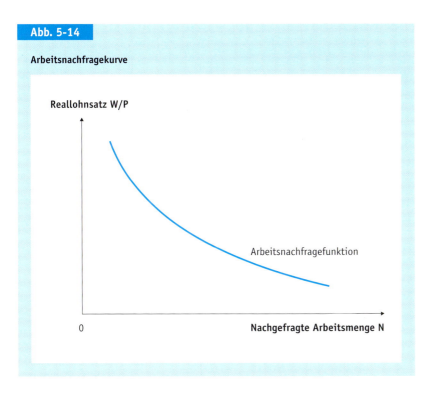

Abb. 5-14

Arbeitsnachfragekurve

mens sinkt, da ein höheres Grenzprodukt der Arbeit ceteris paribus nur bei einer geringeren Arbeitsmenge erreicht werden kann. Dies bringt Abbildung 5-14 zum Ausdruck.

Man sollte indes die Bedingungen für die Existenz einer negativ geneigten Arbeitsnachfrage beachten. Diese sind insbesondere ein abnehmendes Grenzprodukt der Arbeit, die Konstanz des Einsatzes der übrigen Produktionsfaktoren und die Gleichgewichtsposition des Produktpreises, sodass die geplante Menge auch verkauft werden kann.

Konstanz des Einsatzes der übrigen Faktoren bedeutet vor allem konstante Technik und konstanter Kapitaleinsatz. Die negativ geneigte Arbeitsnachfragefunktion gilt damit für die kurze Frist. Mittel- und langfristig ist es dagegen das typische Erscheinungsbild moderner Industriegesellschaften, dass Kapitaleinsatz und technischer Fortschritt zunehmen. Dies verschiebt die (kurzfristige) Arbeitsnachfragefunktion nach rechts, sofern es hierbei zu einem Anstieg der Grenzprodukte der Arbeit kommt. Dies bedeutet inhaltlich, dass der zusätzliche Output der jeweils nächsten Einheit Arbeit umso größer ausfallen wird, je größer der Kapitaleinsatz bzw. je höher der technische Fortschritt ist.

5.8 Güterangebot eines einzelnen Unternehmens

Welche Gütermenge wird ein Unternehmen auf dem Markt anbieten? Diese Frage ist nur beantwortbar, wenn man die Zielsetzung des Unternehmens, die technischen Bedingungen der Produktion, die schließlich ihren Niederschlag in der Kostenfunktion finden, und die Organisation der Märkte, auf denen das Unternehmen sein Produkt verkauft bzw. auf denen es die eingesetzten Produktionsmittel erwirbt, kennt.

Gewinnmaximierung als Verhaltensannahme

Üblicherweise wird angenommen, dass ein Unternehmen nach Gewinnmaximierung strebt. Das mag in der Praxis nicht in jedem einzelnen Fall zutreffen, und ergänzende Zielsetzungen können auch Bedeutung besitzen. Zur Vereinfachung vernachlässigen wir solche ergänzenden Ziele hier und unterstellen Gewinnmaximierung als alleiniges Unternehmensziel.

Gegebene Güter- und Faktorpreise

Die Absatz- und die Beschaffungsmärkte des Unternehmens sollen Märkte mit **»vollständiger Konkurrenz«** sein, auf denen das Unternehmen als Anbieter oder Nachfrager »einer« von »sehr vielen« ist (vgl. Kapitel 6.2.1). Dementsprechend soll der Preis des Produktes und sollen die Preise der Produktionsmittel für das Unternehmen vorgegebene Größen sein. Die Technik des betrachteten Unternehmens soll so sein, dass es sich steigenden Grenzkosten bei gegebenen Fixkosten gegenübersieht. Wir betrachten also die kurze Frist (vgl. auch Kapitel 5.5).

Wenn ein Unternehmen auf dem Absatzmarkt für sein Produkt einen so geringen Marktanteil hat, dass es den Produktpreis nicht beeinflussen kann und bei dem gegebenen Produktpreis jede beliebige Menge absetzen kann, so wird es diese abgesetzte Menge so festzulegen versuchen, dass sein Gewinn maximiert wird. Man spricht auch vom **Mengenanpasserverhalten** des Unternehmers auf dem Absatzmarkt.

Das Gewinnmaximierungskalkül eines Mengenanpassers

Der **Gewinn** des Unternehmens ist gegeben als Differenz aus seinem Umsatz (verkaufte Menge multipliziert mit dem Preis) und den (Produktions-)Kosten der verkauften Produktmenge:

$$G = x \cdot p - K(x)$$

Um herauszufinden, bei welcher Produktmenge das Unternehmen seinen Gewinn maximiert, führen wir die folgende Überlegung durch: Angenommen, das Unternehmen bietet bisher eine bestimmte Produktmenge x_0 auf dem Markt an. Bei dieser Produktmenge x_0 erzielt es den Umsatz $U_0 = x_0 \cdot p_0$ und die Kosten betragen $K_0 = K(x_0)$. Wie kann das Unternehmen feststellen, ob x_0 seine gewinnmaximierende Produktmenge ist? Das Einfachste wird sein, es prüft, wie sich sein Gewinn verändert, wenn es seinen Absatz um eine Mengeneinheit erhöht oder vermindert. Überlegen wir, was passiert, wenn das Unternehmen seinen Absatz um eine Mengeneinheit erhöht. Da der Umsatz das Produkt aus abgesetzter Menge und dem fest vorgegebenen Preis ist, wird die Erhöhung des Absatzes x um eine Mengeneinheit den Umsatz gerade um den Preis p_0 erhöhen. Diese Absatz- und Umsatzerhöhung ist für das Unternehmen auch mit einer Erhöhung der Kosten verbunden, und zwar in Höhe der Grenzkosten.

Offenbar nimmt als Folge der Erhöhung der Absatzmenge um eine Einheit der Gewinn des Unternehmens zu, wenn der zusätzliche Umsatz, den das Unternehmen durch die zusätzliche Mengeneinheit realisiert, also der Preis, größer ist als die mit der zusätzlichen Mengeneinheit verbundenen zusätzlichen Kosten (die Grenzkosten).

Das Unternehmen wird also seine Produktion so lange ausdehnen, bis der mit der letzten Mengeneinheit verbundene zusätzliche Umsatz (Grenzumsatz), der wegen des angenommenen Konkurrenzmarktes gleich dem Preis ist, den Grenzkosten der letzten Produktionseinheit entspricht.

Preis = Grenzkosten

Wir verdeutlichen diese Überlegung grafisch, indem wir auf der Ordinate den Produktpreis sowie die als steigend angenommenen Grenzkosten des Unternehmens und auf der Abszisse die Produktions- und Absatzmenge eintragen (vgl. Abbildung 5-15).

Zeichnen wir in dieses Koordinatensystem den Verlauf der Grenzkosten des Unternehmens ein, so finden wir die gewinnmaximierende Produktmenge bei einem gegebenen Produktpreis p_0, indem wir jenen Punkt suchen, bei dem die Grenzkosten gerade gleich dem Preis sind, in Abbildung 5-15 der Punkt T mit der Menge x^*. Bei Produktmengen links von x^* (z. B. bei x') könnte das Unternehmen durch Ausdehnung der Produktion seinen Gewinn steigern, da der zusätzliche Umsatz p_0 immer größer ist als die zusätzlichen Kosten; rechts von x^* (z. B. bei x'') könnte es seinen Gewinn erhöhen, indem es die Produktionsmenge senkt, denn nun wäre die Einschränkung der Produktion mit einer Kostensenkung verbunden, die größer ist als der Umsatzrückgang.

Abb. 5-15

Gewinnmaximierende Produktion und individuelle Güterangebotskurve eines einzelnen Unternehmens

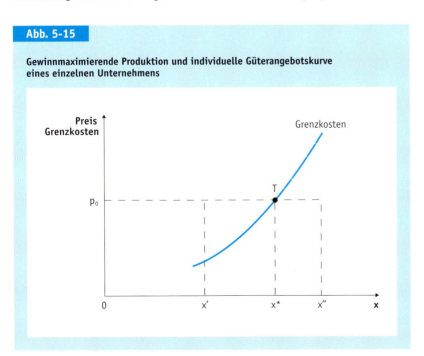

5.8 Produktion, Kosten und Angebot der Unternehmen
Güterangebot eines einzelnen Unternehmens

Ändert sich der auf dem Markt gültige Produktpreis für das Unternehmen, so ändert sich, bei dem angenommenen Verlauf der Grenzkosten, auch seine angebotene Produktmenge: Ein steigender Produktpreis zieht eine steigende gewinnmaximierende Produkt- und Absatzmenge des Unternehmens nach sich.

Die Angebotskurve des Unternehmens

Wir können also festhalten: Die steigende Grenzkostenkurve stellt die Angebotskurve des Unternehmens für unterschiedliche Marktpreise dar.

Einschränkend ist hinzuzufügen, dass der Preis langfristig so hoch sein muss, dass er die Durchschnittskosten der Produktion zumindest deckt.

Wir können die Überlegungen zur gewinnmaximierenden Güterangebotsmenge noch in einer etwas anderen Form illustrieren. In einem Koordinatensystem tragen wir in Abbildung 5-16 auf der Ordinate den Umsatz und die Gesamtkosten des Unternehmens und auf der Abszisse die Produkt- und Absatzmenge x ab. Da der Umsatz das Produkt aus dem vorgegebenen Marktpreis und der Produktmenge ist, ergibt sich die Umsatzkurve für einen gegebenen Preis als eine Ursprungsgerade, deren Steigung durch den Produktpreis bestimmt ist. Beträgt der Produktpreis z. B. 10, so ergibt sich für eine Absatzmenge von 10 der Umsatz von 100; ist die Absatzmenge 20, so beträgt der Umsatz 200. Tragen wir in das gleiche Diagramm die totalen Kosten des Unternehmens ein, so stellt die vertikale Differenz zwischen Umsatzlinie und Kostenlinie den Gesamtgewinn

Ein Umsatz-Gesamtkosten-Diagramm

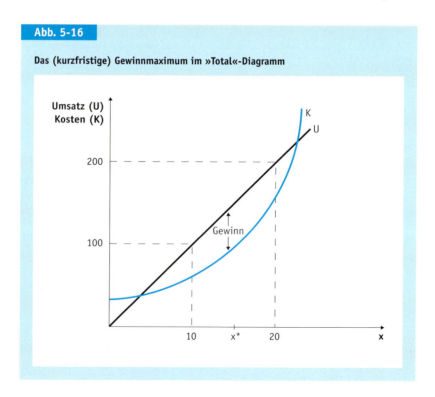

Abb. 5-16

Das (kurzfristige) Gewinnmaximum im »Total«-Diagramm

des Unternehmens dar. Wie sich nachweisen lässt, ist die Produktmenge, bei der der vertikale Abstand zwischen Umsatzlinie und Kostenkurve am größten ist, diejenige, bei der die Neigung (Steigung) beider Kurven gleich ist. Da die Steigung der Umsatzlinie durch den Preis bestimmt ist und die Steigung der Kostenkurve die Grenzkosten angibt, ist die gewinnmaximierende Produktmenge x* durch die Gleichheit von Grenzkosten und Preis charakterisiert.

5.9 Individuelle Produzentenrente

In der Abbildung 5-17 ist zur Vereinfachung angenommen, dass die individuelle Angebotskurve unseres unter den Bedingungen der vollständigen Konkurrenz produzierenden Anbieters bei der (infinitesimal kleinen) Menge 1, also praktisch an der Ordinate beginnt.

Wie gezeigt, ist die Angebotskurve durch den steigenden Ast der Grenzkostenkurve gegeben. Wir erinnern uns: Die Grenzkosten sind die zusätzlichen Kosten einer zusätzliche produzierten Gütereinheit (Produktionseinheit). Summiert man die Grenzkosten für eine bestimmte Produktmenge x_1 auf, so erhält man die »summierten Grenzkosten«, das heißt die gesamten variablen Kosten für diese Produktmenge. Anders ausgedrückt: Die Fläche zwischen der Grenz-

Die Fläche unter der Grenzkostenkurve entspricht den variablen Produktionskosten.

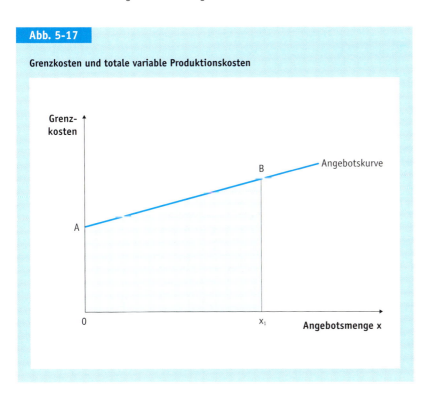

Abb. 5-17

Grenzkosten und totale variable Produktionskosten

5.9 Produktion, Kosten und Angebot der Unternehmen
Individuelle Produzentenrente

kostenkurve (Angebotskurve), der Ordinate, der x-Achse und der Senkrechten in x_1 entspricht den variablen Produktionskosten. Das ist in Abbildung 5-17 die blaue Fläche 0 A B x_1.

Für die Menge x_1 sind die variablen Kosten also durch die blaue Fläche gegeben.

Angenommen nun, der Unternehmer kann sein Gut auf dem Wettbewerbsmarkt zum Preis p_1 verkaufen, bietet entsprechend die Menge x^* an und verkauft diese auch (vgl. Abbildung 5-18).

Der Unternehmer erzielt dann von der ersten Produkteinheit an einen höheren Preis als seine Grenzkosten betragen, sodass er einen positiven Grenzgewinn realisiert. Das gilt für jede Produkteinheit bis zur x^*-ten Einheit, bei der der Preis gerade den Grenzkosten entspricht, der Grenzgewinn null ist und das Gewinnmaximum erreicht ist. Die jeweilige Differenz zwischen dem Preis und den Grenzkosten wird auch als individuelle **Produzentenrente** der einzelnen Produkteinheit bezeichnet, die der Unternehmer durch seine Teilnahme am Markt erzielt. Über alle verkauften Produkteinheiten summiert ergibt sich die gesamte (individuelle) Produzentenrente. In Abbildung 5-18 wird die individuelle Produzentenrente durch das graue Dreieck A p_1 B gegeben. Da der Umsatz des Unternehmers dem Produkt $p_1 \cdot x^*$ entspricht (in Abbildung 5-18 gegeben durch das Rechteck 0 x^* B p_1) und die zugehörigen variablen Kosten durch die blaue Fläche unter der Angebotskurve gegeben sind, entspricht die Produzentenrente der verbleibenden grauen Fläche, d. h. dem variablen Gewinn (Gewinn plus fixe Kosten).

> Die Produzentenrente entspricht der Differenz zwischen Preis und Grenzkosten, über alle verkauften Produkteinheiten summiert.

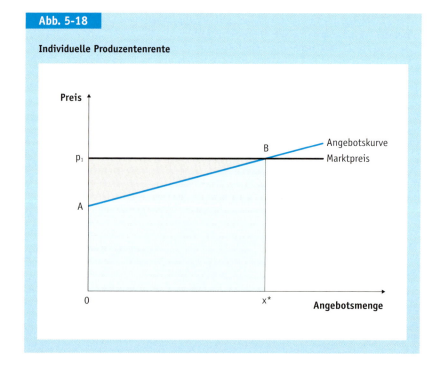

Abb. 5-18

Individuelle Produzentenrente

Wie bei der Konsumentenrente kann man den Sachverhalt auch bei der Produzentenrente etwas anders beschreiben. Die Punkte auf der Angebotskurve können als Zahlungsforderung des Anbieters interpretiert werden. Liegt die Zahlungsbereitschaft der Käufer über der Zahlungsforderung des Anbieters, so erzielt der Unternehmer aus seiner Marktteilnahme einen Vorteil, die Produzentenrente. Da die Zahlungsforderung des Unternehmers mit zunehmendem Angebot zunimmt, nimmt der zusätzliche Vorteil, beginnend mit der ersten Produktionseinheit, mit jeder weiteren Produktionseinheit ab, bleibt aber bis zur Menge x^* positiv. Hier wird deshalb die kumulierte (individuelle) Produzentenrente (der variable Gewinn) am größten.

5.10 Marktangebot

Wir haben im Kapitel 5.8 gezeigt, dass – bei steigenden Grenzkosten, die bei Existenz eines oder mehrerer kurzfristig konstanter Faktoren in einem Unternehmen (Gebäude, Boden, Maschinenbestand) realistisch sind – die kurzfristige Angebotskurve eines Unternehmens durch den steigenden Teil seiner Grenzkostenkurve gegeben ist (vgl. Abbildung 5-19).

Befindet sich eine Vielzahl von Anbietern dieses Produktes auf dem Markt, so erhält man das von ihnen getätigte Gesamtangebot, indem man bei jedem

Die Gesamtangebotsmenge auf dem Markt ergibt sich, indem bei jedem Preis die individuellen Angebotsmengen addiert werden.

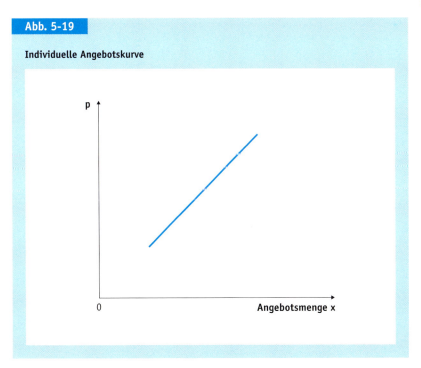

Abb. 5-19

Individuelle Angebotskurve

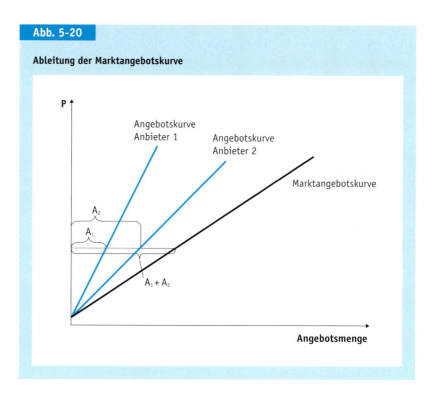

Abb. 5-20

Ableitung der Marktangebotskurve

Preis die individuellen Angebotsmengen addiert. Abbildung 5-20 zeigt die individuellen Angebotskurven von zwei Unternehmen und die resultierende Marktangebotskurve.

5.11 Private Investitionen

Investitionen im weitesten Begriffssinne

> Als Investitionsausgaben können im weitesten Sinne sämtliche Ausgaben verstanden werden, die ein bestehendes Einkommen sichern bzw. zukünftige Einkommensmöglichkeiten erhöhen.

Investitionen im engeren Begriffssinne

In diesem umfassenden Sinn wird der Investitionsbegriff selten in der Volkswirtschaftslehre verwendet. In Anlehnung an die volkswirtschaftliche Gesamtrechnung beschränkt man ihn in der Regel auf Ausgaben, die Unternehmen zwecks Erhaltung, Erweiterung oder Verbesserung ihres sachlichen Produktionsapparates tätigen. Anstatt von Investitionen spricht man gelegentlich auch von Akkumulation des Kapitals oder von Realkapitalbildung.

Da der Produktionsapparat einem Verschleiß durch Gebrauch unterliegt (Abschreibung), ist die Investition, die gerade diesen Kapitalverzehr ausgleicht, lediglich **Ersatzinvestition** (oder Reinvestition).

Die darüber hinausreichende Investition ist die **Nettoinvestition.** Ersatz- und Nettoinvestition bilden zusammen die **Bruttoinvestition.**

Nettoinvestitionen können der bloßen Vergrößerung eines qualitativ unveränderten Produktionsapparates dienen (**Erweiterungsinvestitionen**) oder den Produktionsapparat in seiner Effizienz verbessern (**Rationalisierungsinvestitionen**). Allerdings können auch Ersatzinvestitionen der Rationalisierung dienen, die Gliederungskriterien überschneiden sich hier ein wenig.

Nach einem weiteren Gliederungskriterium unterscheidet man bei den Brutto- und Nettoinvestitionen **zwischen Anlage- und Lagerinvestitionen**. Anlageinvestitionen betreffen das Produktionspotenzial der Volkswirtschaft, sie können **Ausrüstungsinvestitionen** (Maschinen, maschinelle Anlagen, Fahrzeuge, Betriebs- und Geschäftsausstattung) oder **Bauinvestitionen** (Wohnbauten, gewerbliche Bauten, Straßen, Brücken) sein. Die Lagerinvestition besteht aus der Änderung der Bestände der Volkswirtschaft an nicht dauerhaften Produktionsmitteln und Halb- und Fertigfabrikaten der Betriebe.

Die Abbildung 5-21 zeigt am Beispiel der gesamtwirtschaftlichen Investitionen der Unternehmen, dass die privaten Investitionen relativ stark schwanken, sodass man plastisch von **Investitionswellen** sprechen kann.

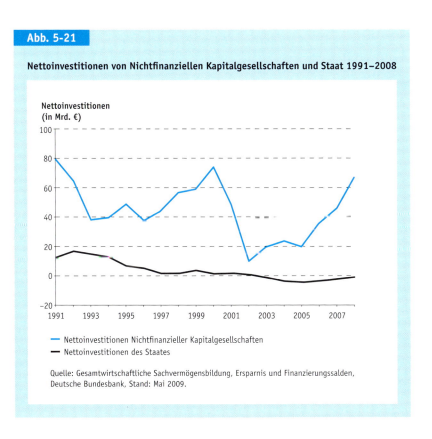

Abb. 5-21

Nettoinvestitionen von Nichtfinanziellen Kapitalgesellschaften und Staat 1991–2008

Quelle: Gesamtwirtschaftliche Sachvermögensbildung, Ersparnis und Finanzierungssalden, Deutsche Bundesbank, Stand: Mai 2009.

5.11 Produktion, Kosten und Angebot der Unternehmen
Private Investitionen

Um erkennen zu können, welche Faktoren die Investitionstätigkeit der Unternehmen beeinflussen, wollen wir prüfen, wann eine Investition für den Investor lohnend ist. Dabei wird sich zeigen, dass hier ein wichtiger Faktor der Marktzins ist.

Bei jeder Investition entstehen zu Beginn Anschaffungs- oder Herstellungskosten (A), und üblicherweise erbringt jede Investition während ihrer Lebensdauer einen Strom von jährlichen Nettoeinnahmen (E, Einnahmen minus Betriebsausgaben, ohne Abschreibungen).

Beispiel einer Wirtschaftlichkeitsüberlegung

Ein Beispiel stellt der Kauf einer Fotokopiermaschine dar, mit der der Investor gegen ein bestimmtes Entgelt pro angefertigter Fotokopie als selbstständiger Unternehmer Kopierarbeiten übernehmen will. Am Anfang der Investition steht der Kauf der Maschine, der zu einem Preis von 5.000 Euro (Anschaffungsausgabe) erfolgen soll. Der Investor schätzt, dass das Gerät eine wirtschaftliche und technische Lebensdauer von 4 Jahren haben wird und danach ohne Restkaufwert (aber auch ohne Kosten) verschrottet wird. Während der vier Jahre seiner Lebensdauer werden mithilfe des Gerätes Nettoeinnahmen erzielt, die sich in jedem Jahr aus dem Umsatz (verkaufte Fotokopien mal Stückpreis) vermindert um die Betriebsausgaben für Papier, Strom, Raummiete, Reparaturen, Arbeitslohn und Ähnlichem, ergeben.

Bezeichnen wir die erwarteten Nettoeinnahmen der Betriebsjahre des Gerätes mit E_1, E_2, E_3 und E_4, so können wir die Investition schematisch wie in Tabelle 5-2 darstellen.

Tab. 5-2

Investition als Auszahlungs- und Einzahlungsreihe

0	1. Jahr	2. Jahr	3. Jahr	4. Jahr
−A	+E_1	+E_2	+E_3	+E_4
(−5.000)	(+1.700)	(+1.700)	(+1.700)	(+1.700)

Natürlich wird es für den Unternehmer im Einzelfall eine schwierige Aufgabe sein, die jährlichen Nettoeinnahmen und die wirtschaftliche Lebensdauer der Investition zu ermitteln. Da es sich um Zukunftsgrößen handelt, können sie je nach Art der Investition nur mit mehr oder weniger **Unsicherheit** geschätzt werden. Wir wollen die Unsicherheit zur Vereinfachung zunächst vernachlässigen und fragen, wann sich eine Investition unter diesen vereinfachten Bedingungen lohnt. Später berücksichtigen wir dann auch die Unsicherheit.

Damit wir nicht zwischen einer Kreditfinanzierung und einer Eigenfinanzierung zu unterscheiden brauchen, wollen wir annehmen, dass der Zinssatz für einen aufgenommenen Kredit dem Zinssatz entspricht, den man für eine Geldanlage im finanziellen Bereich erhält – im Folgenden repräsentiert durch den Wertpapiermarkt. Es soll also nur **einen** Marktzinssatz für finanzielle Aktiva in der Volkswirtschaft geben. Ferner sei angenommen, dass es jederzeit möglich ist, zum Marktzinssatz Kredite im gewünschten Umfang zu erhalten oder liquide Mittel anzulegen.

In unserem Beispiel wendet der Investor heute 5.000 Euro (im Zeitpunkt 0) für den Kauf der Fotokopiermaschine auf. Er erhält – so wollen wir annehmen – **am Ende** jedes der vier Betriebsjahre der Maschine in einer Summe eine Nettoeinnahme von 1.700 Euro, insgesamt also 6.800 Euro. Damit ist die Summe der zukünftigen Nettoeinnahmen größer als die Anschaffungsausgabe. Dies ist zwar eine notwendige, nicht aber eine hinreichende Bedingung für die Wirtschaftlichkeit einer Investition. Es ist zu bedenken, dass z. B. 1.700 Euro, die nach vier Jahren dem Investor zufließen, heute nicht 1.700 Euro wert sind, sondern nur einen **Barwert** (= Gegenwartswert) haben in Höhe des Betrages, der – heute – angelegt in vier Jahren mit Zins und Zinseszins auf 1.700 Euro anwächst. Also sind die 1.700 Euro über vier Jahre mit dem Marktzins abzuzinsen, ihr Gegenwartswert beträgt

$$\frac{1.700}{(1+i)^4},$$

wobei i den Marktzinssatz bezeichnet.

Entsprechende Überlegungen gelten für die nach drei, zwei und nach einem Jahr anfallenden Nettoeinnahmen. Der Gegenwartswert sämtlicher Nettoeinnahmen ist dann gegeben als:

$$\frac{1.700}{(1+i)^1} + \frac{1.700}{(1+i)^2} + \frac{1.700}{(1+i)^3} + \frac{1.700}{(1+i)^4}.$$

Bei einem Marktzinssatz i per annum von z. B. 0,1 (10 Prozent) ergibt dies:

1.545 + 1.405 + 1.277 + 1.161 = 5.388.

Die Summe der abgezinsten (diskontierten) Nettoeinnahmen ist also mit 5.388 Euro größer als die Anschaffungsausgabe von 5.000 Euro. Das aber bedeutet nichts anderes, als dass der Investor sich schlechter stehen würde, wenn er anstelle des Kaufes der Maschine das investierte Kapital vier Jahre mit Zins und Zinseszins in Wertpapieren anlegen würde. Denn der Gegenwartswert der Nettoeinnahmen (im Beispiel 5.388 Euro – zinstragend auf dem Wertpapiermarkt angelegt) würde einen höheren Ertrag erbringen als die Wertpapieranlage des vor Investitionsbeginn verfügbaren Kapitals von Euro 5.000. Das Kapital wird also bei Durchführung der **Realinvestition** höher verzinst als bei Alternativanlage auf dem Wertpapiermarkt (**Finanzinvestition**).

Wir halten fest:

> Eine (Real-)Investition ist lohnend, wenn die Summe der auf den Ausgabezeitpunkt für das Investitionsobjekt abgezinsten Nettoeinnahmen (ihr »Gegenwartswert«) größer ist als die Anschaffungsausgabe.

Prüfung der Wirtschaftlichkeit einer Investition

5.11 Produktion, Kosten und Angebot der Unternehmen
Private Investitionen

Kapitalwertmethode

Bezeichnet man die Differenz aus der Summe der abgezinsten Nettoeinnahmen und der Anschaffungsausgabe als den **Kapitalwert** der Investition, so kann man die obige Bedingung für die Vorteilhaftigkeit einer Investition auch folgendermaßen ausdrücken: Eine (Real-)Investition ist lohnend, wenn ihr Kapitalwert positiv (im Grenzfall null) ist.

Investitionen sind abhängig vom Marktzins.

Die obigen Überlegungen zeigen, dass der Kapitalwert einer Investition bei gegebener Höhe und zeitlicher Verteilung der Nettoeinnahmen und gegebener Anschaffungsausgabe von **dem** Zinssatz abhängt, mit dem die zukünftigen Nettoeinnahmen abgezinst werden müssen. Je höher dieser Zinssatz ist, desto geringer ist ceteris paribus der Kapitalwert. Im Beispiel ergibt sich ein negativer Kapitalwert, wenn man von einem Zinssatz von 14 Prozent ausgeht. Die Realinvestition ist dann nicht lohnend, denn der Investor würde sich besser stellen, wenn er sein Kapital zu 14 Prozent Zinsen auf dem Wertpapiermarkt anlegen würde.

Eine Investition ist also ceteris paribus umso eher lohnend, je niedriger der Marktzins ist.

Wir können unsere Überlegungen zur Wirtschaftlichkeit einer Investition noch in einer etwas anderen Weise ausdrücken, die für unsere weiteren Betrachtungen bedeutsam ist. Die zugrunde liegende Überlegung ist bei der Darstellung der Kapitalwertmethode schon angeklungen: Ein positiver Kapitalwert impliziert, dass die Verzinsung der Realinvestition größer ist als der zur Abzinsung der Nettoeinnahmen verwendete Zins. Ein negativer Kapitalwert zeigt an, dass die Verzinsung der Realinvestition kleiner ist als der zur Abzinsung der Nettoeinnahmen verwendete Zins. Ein Kapitalwert von null zeigt also an, dass die Verzinsung (**Rendite**) der Realinvestition gleich ist dem zur Abzinsung der Nettoeinnahmen verwendeten Zins. Man kann also die Rendite der Realinvestition bestimmen, indem man **den** Zins sucht, der zu einem Kapitalwert der Investition von null führt. Man nennt diesen Zins auch den **internen Zins** oder

Die *Keynes*'sche Grenzleistungsfähigkeit des Kapitals

in Anlehnung an *Keynes* die **Grenzleistungsfähigkeit des Kapitals**. In unserem Beispiel ist der interne Zins r der Zins, der die Gleichung

$$\frac{1.700}{(1+r)^1} + \frac{1.700}{(1+r)^2} + \frac{1.700}{(1+r)^3} + \frac{1.700}{(1+r)^4} = 5.000$$

erfüllt. Auf die Beschreibung der rechnerischen Bestimmung des internen Zinses – die sehr kompliziert sein kann – soll hier nicht eingegangen werden.

Im Beispiel kann man durch Probieren finden, dass der interne Zins circa 13,5 Prozent beträgt. Bei einem Marktzins von 10 Prozent würde sich der Kauf der Fotokopiermaschine also lohnen, weil die Verzinsung, die mit dieser Realinvestition verbunden ist (13,5 Prozent), höher ist als die auf dem Wertpapiermarkt erzielbare Verzinsung (10 Prozent). Anstatt zu sagen, eine Investition ist lohnend, wenn ihr Kapitalwert größer als null ist, kann man also – logisch äquivalent – formulieren:

Eine Realinvestition ist rentabel, wenn die Grenzleistungsfähigkeit des Kapitals größer ist als der Marktzins.

Auch in dieser Formulierung wird deutlich, dass sich ein bestimmtes Investitionsprojekt umso eher lohnt, je niedriger der Marktzins in der Volkswirtschaft ist. Hätte der Marktzins im Beispiel 14 Prozent betragen, so wäre die Investition nicht rentabel gewesen.

Arbeitsaufgaben Kapitel 5

1. Was verstehen Sie unter einer Produktionsfunktion?

2. Wodurch ist eine linear-limitationale, wodurch eine substitutionale Produktionsfunktion gekennzeichnet?

3. Was versteht man unter einer Isoquante, und wie verläuft diese bei einer substitutionalen Produktionsfunktion?

4. Was besagt das »Gesetz vom abnehmenden Ertragszuwachs«?

5. Wodurch ist die Minimalkostenkombination gekennzeichnet? Interpretieren Sie die Bedingung(en).

6. Erläutern Sie, warum der Verlauf der (Minimal-)Kostenkurve von den Skaleneigenschaften der Produktionsfunktion abhängt.

7. Zeichnen Sie bei einem »S«-förmigem Gesamtkostenverlauf und Existenz von Fixkosten die
   ▸ Grenzkostenkurve,
   ▸ Kurve der durchschnittlichen variablen Kosten,
   ▸ Kurve der durchschnittlichen totalen Kosten.

8. Gegeben sei die Produktionsfunktion eines Unternehmens, das sich auf Absatz- und Beschaffungsmärkten als Mengenanpasser verhält.
   Seine kurzfristige Gewinnfunktion lautet:

   $G = p \cdot y(N, \overline{K}) - W \cdot N - i \cdot \overline{K} = p \cdot a \cdot N^{\beta} - W \cdot N - i \cdot \overline{K}$.

   Leiten Sie die kurzfristige Arbeitsnachfrage als Funktion des Reallohnsatzes her!

9. Geben Sie mögliche Begründungen für die negative Zinsabhängigkeit der Investitionen.

10. Erläutern Sie die der produktivitätsorientierten Lohnpolitik zugrunde liegenden theoretischen Zusammenhänge.

11. Erläutern Sie die »Preis = Grenzkosten«-Regel für einen als Mengenanpasser handelnden Unternehmer.

Lösungsvorschläge für die Arbeitsaufgaben finden Sie im »Übungsbuch zu Grundlagen und Probleme der Volkswirtschaft«.

Literatur Kapitel 5

Eine präzise, trotzdem einfach gehaltene Darstellung grundlegender produktions- und kostentheoretischer Begriffe und Zusammenhänge findet der Leser bei:
Demmler, Horst: Einführung in die Volkswirtschaftslehre. Elementare Preistheorie, 10. Aufl., München, Wien 2001.

Standardlehrbücher sind:
Mankiw, N. Gregory/Mark P. Taylor: Grundzüge der Volkswirtschaftslehre, 4. Aufl., Stuttgart 2008, Kapitel 4, 6 und 7.
Pindyck, Robert S./Daniel L. Rubinfeld: Mikroökonomie, 6. Aufl., München 2005, Kapitel 2, 6, 7 und 8.
Schumann, Jochen/Ulrich Meyer/Wolfgang J. Ströbele: Grundzüge der mikroökonomischen Theorie, 8. Aufl., Berlin u. a. 2007.
Varian, Hal R.: Grundzüge der Mikroökonomik, 7. Aufl., München 2007.

Empfehlenswert – aber mathematische Kenntnisse voraussetzend – ist der Übersichtsartikel von:
Gabisch, Günter: Haushalte und Unternehmungen. In: Vahlens Kompendium der Wirtschaftstheorie und Wirtschaftspolitik, Bd. 2, 9. Aufl., München 2007, Kap. 1.

Zur Vertiefung der Modellzusammenhänge in grafischer Form eignet sich das Computerprogramm auf der beiliegenden CD.

6 Preisbildung auf unterschiedlichen Märkten

Leitfragen

Wie bilden sich die Preise an einer Börse?

▶ Wie beeinflusst der Preis Angebot und Nachfrage?

▶ Wie beeinflussen Angebot und Nachfrage den Preis?

▶ Wie hängen die Einnahmen der Anbieter von der Preisbildung ab?

Welche Bedeutung hat die Marktform »vollkommene Konkurrenz«?

▶ Wie bilden sich Preise bei vollkommener Konkurrenz?

▶ Welche Konsumenten- und Produzentenrente ergeben sich?

▶ Wie wirken sich Eingriffe in den Marktmechanismus auf die Renten aus?

▶ Welche Vorzüge weist die vollkommene Konkurrenz auf?

▶ Warum ist vollkommene Konkurrenz nicht realisiert?

Welche Faktoren begrenzen den Preissetzungsspielraum eines den Preis selbst festsetzenden Anbieters?

▶ Wie wird üblicherweise der Preis kalkuliert?

▶ Welche Kontrollmechanismen begrenzen den Preisbildungsspielraum eines Monopolisten?

▶ Wie wird der gewinnmaximierende Monopolpreis ermittelt?

▶ Welche Wohlfahrtsverluste ergeben sich bei Preissetzungsverhalten der Anbieter?

▶ Was ist ein natürliches Monopol?

▶ Was versteht man unter monopolistischer Konkurrenz?

▶ Welche Kontrollmechanismen begrenzen den Preisbildungsspielraum eines Oligopolisten?

6.1 Einteilung der Märkte

Märkte können verschiedene Erscheinungsformen annehmen. Diese unterschiedlichen Ausprägungen üben einen Einfluss auf den Preisbildungsprozess aus. Wir wollen uns damit begnügen, zwei Einflussgrößen herauszugreifen, die Organisationsform des Marktes und die Zahl der Anbieter und Nachfrager. Hinsichtlich der Organisationsform sind zu unterscheiden:

1. Märkte, auf denen die Preise durch einen **Auktionator** nach Angebot und Nachfrage festgesetzt werden (Börsen). Auf solchen Märkten werden im Regelfall **homogene Güter** gehandelt, welche von einer sehr großen Zahl

Märkte werden häufig nach der Zahl der Marktteilnehmer und nach der Organisationsform eingeteilt.

6.1 Preisbildung auf unterschiedlichen Märkten
Einteilung der Märkte

Anbieter und Nachfrager sind Preisnehmer

von Anbietern produziert und einer ebenfalls sehr großen Zahl von Wirtschaftseinheiten nachgefragt werden (**homogenes Polypol** bzw. vollständige Konkurrenz). Homogene Güter bedeutet, dass die von den verschiedenen Produzenten angebotenen Güter im Urteil der Nachfrager identisch sind, also perfekte Substitute darstellen (z. B. unverarbeitete Rohstoffe). Es gibt also auf Seiten der Nachfrager keine »Präferenzen« sachlicher, räumlicher oder persönlicher Natur in Bezug auf die einzelnen Anbieter bzw. deren Angebote. Aufgrund dessen kann es zwischen den Preisen der einzelnen Produzenten keine Unterschiede geben, da die Nachfrager bei Preisunterschieden sofort vollständig auf die preisgünstigsten Angebote ausweichen werden. Es wird sich ein **einheitlicher Marktpreis** einstellen, den beide Marktseiten (aufgrund ihrer »Gewichtslosigkeit« am Markt) als ein nicht von ihnen beeinflussbares Datum ansehen. Die Wirtschaftseinheiten sind hier also **Preisnehmer** bzw. Mengenanpasser (vgl. Kapitel 5.8), d. h. sie verfügen über keine eigene Preissetzungsmacht.

Anbieter sind Preisfixierer

2. Märkte, auf denen der Anbieter den Preis seines Produktes festsetzt (**Preisfixierer**). Diese Form der Preisbildung setzt voraus, dass der Anbieter zumindest ein gewisses Maß an Preissetzungsmacht besitzt. Dies könnte z. B. darauf begründet sein, dass die Zahl der Anbieter eher klein ist, sodass der einzelne Anbieter »Gewicht« am Markt hat. Oder es existieren zu dem Produkt des Anbieters keine perfekten, sondern bestenfalls unvollkommene Substitute anderer Anbieter auf dem Markt. Natürlich kann auch beides gleichzeitig vorliegen. Preissetzung durch die Anbieter ist üblich für Industrie, Handwerk und Handel. Im Folgenden werden wir das Preissetzungsverhalten von Anbietern, die einer sehr großen Zahl von Nachfragern gegenüberstehen, für den Fall des **Monopols** (der Anbieter hat keine Konkurrenten), des **Oligopols** (der Anbieter hat einige wenige Konkurrenten) und des **heterogenen Polypols** (monopolistische Konkurrenz, der Anbieter hat viele Konkurrenten, die **ähnliche** Güter anbieten) untersuchen.

Von Spezialformen der Preisbildung wollen wir absehen, lediglich einige Hinweise geben. Von Bedeutung ist die Preisbildung auf dem **Arbeitsmarkt**. Hier stehen sich häufig ein Anbieter (Gewerkschaft als Vertreter der Arbeitnehmer) und ein Nachfrager (Arbeitgeberverband als Nachfrager nach Arbeit) in einem so genannten bilateralen (zweiseitigen) Monopol gegenüber. Hier hängt die Höhe des Preises der Arbeit (Geldlohnsatz) von der Stärke der Vertragsparteien (die unter anderem durch die gesamtwirtschaftliche Lage mitbestimmt wird) und von der Verhandlungsstrategie und -taktik der Tarifpartner ab.

Von Bedeutung ist auch die Festsetzung staatlicher Preise (z. B. bei Post-, Verkehrs- und kommunalen Versorgungsbetrieben) und staatlich kontrollierter Preise (insbesondere beim Agrarmarkt der Europäischen Union). Wir beschränken uns auf die Beschreibung der Preisbildung im Bereich der privaten Wirtschaft und bei staatlichen Monopolen.

6.2 Preisbildung bei vollkommener Konkurrenz auf einem Auktionsmarkt (Börse)

6.2.1 Preisbildung bei vollkommener Konkurrenz

Wir beschreiben die Preisbildung bei vollkommener Konkurrenz, weil sie lange Zeit Leitbildcharakter für den Koordinationsmechanismus in einer Marktwirtschaft besaß und auch heute zum Teil noch besitzt.

Vollkommene Konkurrenz als Leitbild?

Wie schon eingangs erläutert, spricht man von **vollkommener Konkurrenz** bzw. von einem **homogenen Polypol**, wenn ein Markt folgendermaßen beschrieben werden kann:

- Es stehen sich auf jeder Marktseite eine **sehr große Zahl** von Anbietern und Nachfragern gegenüber, deren individuelle Größe für den Gesamtmarkt unbedeutend ist. Ihr jeweiliger Anteil an der Gesamtkapazität von Angebot und Nachfrage ist also verschwindend gering.

Große Zahl von Marktteilnehmern

- Der Markt ist vollkommen in dem Sinn, dass alle Anbieter und Nachfrager ein praktisch **identisches (homogenes) Gut** handeln, dass sie über die Preise bestens informiert sind (**vollkommene Transparenz**) und dass sie auch ansonsten keinen Grund haben, einen Marktteilnehmer einem anderen vorzuziehen (**keine persönlichen oder räumlichen Präferenzen**).

Vollkommener Markt

Es stellt sich nun die Frage, wie sich der Preisbildungsprozess innerhalb eines solchen Marktes vollziehen kann. Die »natürliche« Organisationsform ist hier die Auktion in Form einer Börse. Der Auktionator (Börsenveranstalter) ermittelt über die Kauf- und Verkaufsgebote der Marktteilnehmer denjenigen Preis, welcher Angebot und Nachfrage ins Gleichgewicht bringt. Der Marktpreis wird auf dieser Höhe festgesetzt und die Marktteilnehmer tätigen dann ihre bei diesem Preis geplanten Käufe und Verkäufe. Es herrscht Marktgleichgewicht. Der Auktionator kann diesen Gleichgewichtspreis – bildlich gesprochen – ermitteln, indem er für verschiedene Preise die jeweiligen Angebots- und Nachfragemengen miteinander vergleicht. Er wird also Preise »ausrufen«, zu denen die Marktteilnehmer ihrer jeweiligen Mengenplanungen äußern. Solange noch keine Übereinstimmung von Angebot und Nachfrage hergestellt ist, wird er bei einem Nachfrageüberhang den ausgerufenen Preis erhöhen, bei einem Angebotsüberhang dagegen den ausgerufenen Preis senken. Da – wie bereits in den Kapiteln 4 und 5 erläutert – die nachgefragte Menge mit dem Preis abnimmt, die angebotene Menge dagegen zunimmt, wird über dieses »Trial-and-Error«-Verfahren schließlich der Gleichgewichtspreis bzw. Marktpreis gefunden (p* in Abbildung 6-1), zu welchem die gewünschten Mengen (x*) dann gehandelt werden. (Es sei darauf hingewiesen, dass Transaktionen **vor** der Bestimmung des Gleichgewichtspreises hier **nicht** möglich sind.)

Die Börse als »natürliche« Marktorganisation bei vollkommener Konkurrenz

6.2 Preisbildung auf unterschiedlichen Märkten
Preisbildung bei vollkommener Konkurrenz

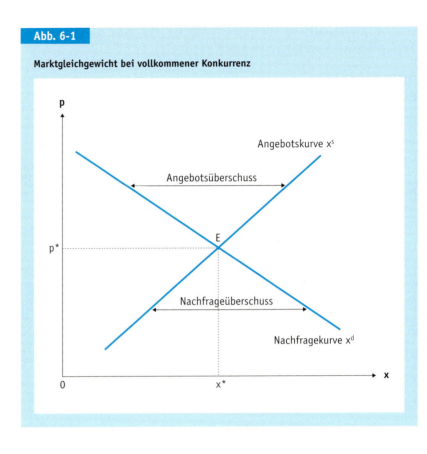

Abb. 6-1

Marktgleichgewicht bei vollkommener Konkurrenz

Der Markt als Institution für die Koordination der Wirtschaftspläne

Am Auktionsbeispiel wird die herausragende Bedeutung der Institution »Markt« für die Koordination der Wirtschaftspläne in einer Volkswirtschaft deutlich: Obwohl alle Marktteilnehmer ihre Pläne **unabhängig voneinander** aufstellen, führt der Preisbildungsprozess zu einer Abstimmung der Pläne, die es allen Marktteilnehmern ermöglicht, die von ihnen gewünschten Angebots- und Nachfragemengen auch tatsächlich zu realisieren. Der Leser mache sich klar, dass im Rahmen unseres Auktionsbeispiels die hierfür notwendigen Informationen der Marktteilnehmer denkbar gering sind. Genau genommen ist hier nur die Kenntnis des letztlich geltenden Marktpreises erforderlich, weil über den Auktionator sichergestellt ist, dass die bei diesem Preis gewünschten Transaktionen auch tatsächlich durchführbar sind. Für die Koordination der Wirtschaftspläne genügen hier also lediglich **Preissignale**.

Koordinationsprobleme bei Fehlen eines Auktionators

In der Literatur, insbesondere auch in den meisten Lehrbüchern, wird die Marktform der vollständigen Konkurrenz (des homogenen Polypols) mit Preisnehmerverhalten auf beiden Marktseiten häufig auch für eine Vielzahl von nicht organisierten Märkten als repräsentativ unterstellt. Als Beispiele werden dann etwa die Speiseeisverkäufer in einer großen Stadt, die Anbieter von landwirtschaftlichen Produkten oder der Weizenmarkt in den USA genannt. Bei genaturer Betrachtung sind die meisten Beispiele nicht unproblematisch. Häufig handelt es sich um Börsen bzw. Auktionen, wie die großen Rohstoffbörsen. Darüber hinaus ist z. B. Speiseeis in einer größeren Stadt meistens kein wirklich homogenes Produkt. Die Autoren kennen in ihren Städten jeweils ganz bestimmte Eisdielen, die tatsächlich oder vermeintlich besonders leckeres Eis anbieten und zu denen deshalb die Massen strömen, selbst wenn die Eiskugel hier ein paar Cent teurer ist. Die Produkte sind bei genauem Hinsehen meistens zwar ähnlich, keineswegs aber so homogen, dass keine Präferenzen von Käuferseite bestehen.

Außerdem stellt sich die Frage, wie sich der Preisbildungsprozess innerhalb eines solchen Marktes ohne Auktionator vollziehen kann. Natürlich müssten die Unternehmen den Preis ihres Gutes selbst setzen. Um dennoch (sofort) zu einem gleichgewichtigen Preis zu kommen, welcher die Absetzbarkeit der Produktmenge des einzelnen Anbieters gerade noch sicherstellt, ist hier jedoch der Informationsbedarf auf der Angebotsseite ungleich höher als im Auktionsfall. Genau genommen muss jeder Anbieter vollkommene Information über alle wirtschaftlichen Tatbestände besitzen, welche Einfluss auf das Angebots- und Nachfrageverhalten der anderen Teilnehmer auf seinem Markt haben. Nur dann kann er denjenigen (höchsten) Preis korrekt antizipieren, zu welchem er seine Absatzplanungen auch verwirklichen kann. Da ein solcher Informationsgrad unrealistisch ist, wird auch hier das Marktgleichgewicht bestenfalls über einen »Trial and Error«-Prozess erreichbar sein: Setzt das Unternehmen seinen Preis z. B. zu hoch, so wird es feststellen, dass es nicht die gewünschte Menge absetzen kann. Setzt es den Preis zu niedrig, so wird es mit einem Nachfrageüberhang konfrontiert werden, was nichts anderes bedeutet, als dass es seine Absatzmenge zu einem höheren Preis hätte verkaufen können. Die Fehleinschätzung zeigt sich hier also erst nachträglich (ex post) und ist mit entsprechenden Kosten verbunden (sei es in Form unerwünschter Lagerbestände bei zu hohem Preis oder in Form entgangener Gewinne bei zu niedrigem Preis).

Preisbildungsprozess ohne Auktionator ist ein »Trial and Error«-Prozess

Trotz dieser Bedenken gegen die Existenz oder zumindest die oft vermutete Häufigkeit unorganisierter Märkte mit vollständiger Konkurrenz handelt es sich auch bei dem unorganisierten Markt um ein hervorragendes **Denkmodell**, um die Funktionsweise und Ergebnisse einer Marktwirtschaft zu analysieren. Überwiegend in diesem Sinn und wegen seines Leitbildcharakters für den Koordinationsmechanismus in einer Marktwirtschaft wird das Modell auch in diesem Buch ausführlich behandelt.

Marktform der vollständigen Konkurrenz als Denkmodell

6.2.2 Konsumentenrente und Effizienz auf Wettbewerbsmärkten

6.2.2.1 Wettbewerbsmärkte mit konstanter Anbieterzahl
In Kapitel 4 und 5 haben wir die Konzepte Konsumentenrente und Produzentenrente auf einzelwirtschaftlicher Grundlage kennen gelernt. Beide Konzepte lassen auf Märkte übertragen.

Die Abbildung 6-2 zeigt einen typischen Wettbewerbsmarkt.

6.2 Preisbildung auf unterschiedlichen Märkten
Preisbildung bei vollkommener Konkurrenz

Konsumentenrente und Produzentenrente am Wettbewerbsmarkt

Der gestrichelt gezeichnete Bereich der Nachfragekurve zeigt eine Zahlungsbereitschaft der Käufer, die für alle Mengen, die kleiner sind als x*, über dem zu zahlenden Marktpreis liegt. Wer mehr für ein Gut zu zahlen bereit ist, als er tatsächlich auf dem Markt zahlen muss, erzielt durch seinen Kauf einen Vorteil, eine individuelle Konsumentenrente (genauer: eine Käuferrente). Dementsprechend erzielen die Käufer in ihrer Gesamtheit eine (aggregierte) Konsumentenrente, die der hellblauen Fläche entspricht.

Zu erwähnen ist, dass zwar die Addition von »Zahlungsbereitschaftsüberschüssen« unterschiedlicher Käufer problemlos möglich ist. Wenn man hieraus aber Rückschlüsse auf die Wohlfahrt und damit den Nutzen der Konsumenten zieht, werden implizit interpersonelle Wohlfahrtsvergleiche gemacht. Es wird nämlich unterstellt, dass ein Überschuss der Zahlungsbereitschaft in Höhe von x bei allen Käufern denselben Zusatznutzen erzeugt. Eine solche Annahme ist nicht unproblematisch, trotzdem schließen wir uns dieser Vorgehensweise im Folgenden an.

Der gestrichelt gezeichnete Bereich der Angebotskurve gibt die Höhe der Grenzkosten der am günstigsten produzierenden Anbieter und deren Zahlungsforderung an. Sofern der Gleichgewichtspreis über den Grenzkosten liegt, erzie-

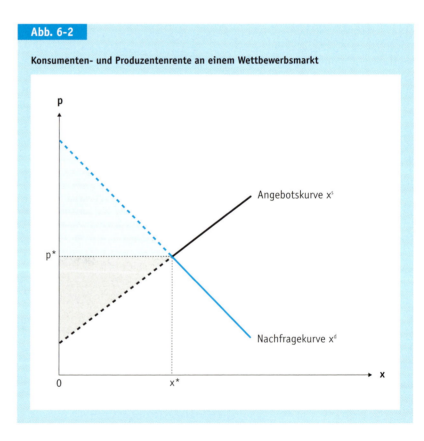

Abb. 6-2

Konsumenten- und Produzentenrente an einem Wettbewerbsmarkt

len die entsprechenden Unternehmer eine Produzentenrente (hellgraue Fläche). Die bezüglich der Wohlfahrtsrelevanz der aggregierten Konsumentenrente geäußerten Vorbehalte gelten entsprechend auch hier.

Die Abbildung 6-2 zeigt, dass diejenigen Nachfrager mit der höchsten Kaufbereitschaft die verkauften Güter erwerben und die Renten erzielen. Der Markt ist in diesem Sinne effizient. Allerdings sagt dies nichts darüber aus, ob diese Erwerber auch diejenigen sind, die das Gut am notwendigsten benötigten, denn signalisierte Kaufbereitschaft setzt Kaufkraft (Einkommen und/oder Vermögen) voraus. Die Abbildung 6-2 zeigt auch, dass die am kostengünstigsten produzierenden Anbieter ihre Produkte verkaufen und die Renten erzielen. Auch dies zeigt die Effizienz des Marktes.

Markteffizienz

Hingewiesen sei auch darauf, dass die Summe aus Konsumenten- und Produzentenrente bei keinem Preis größer wird als beim Gleichgewichtspreis, sondern im Gegenteil bei allen Preisen unter oder über dem Gleichgewichtspreis kleiner wird. Dies wird in Abbildung 6-3 für den Fall eines über dem Gleichgewichtspreis liegenden Preis p^o mit der gehandelten Menge x^o gezeigt.

Ein Wettbewerbsmarkt maximiert die Summe aus Konsumenten- und Produzentenrente.

Konsumenten und Produzenten kommen im Umfang der Menge $x^* - x^o$ am Markt nicht zum Zuge. Deswegen fallen in Höhe der blauen bzw. grauen Drei-

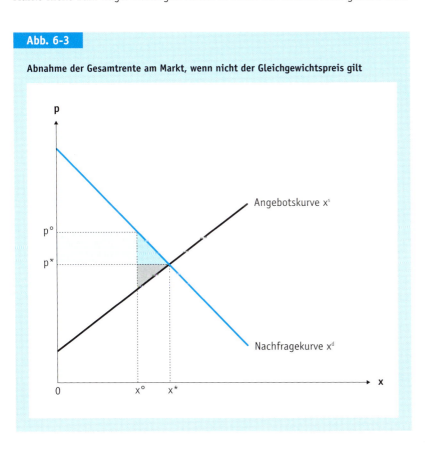

Abb. 6-3

Abnahme der Gesamtrente am Markt, wenn nicht der Gleichgewichtspreis gilt

ecke Konsumenten- bzw. Produzentenrenten aus. In Höhe des hellblauen Rechtecks wird Konsumentenrente zu Produzentenrente, ohne dass der Umfang der Gesamtrente berührt wird. Es wird deutlich, dass die Gesamtrente auf dem Markt durch einen Preis oberhalb des Gleichgewichtspreises abnimmt. Entsprechendes würde gelten, wenn der auf dem Markt geltende Preis unter dem Gleichgewichtspreis liegen würde.

Die Summe der Renten misst die Effizienz des Marktes.

Die Summe der Renten ist heute ein viel verwendetes **Maß für die Effizienz eines Marktes** und seinen Beitrag zur Wohlfahrt der Marktteilnehmer. Die Allokation (d.h. die Verteilung der knappen Ressourcen) ist effizient, wenn es keinen Konsumenten mit einer Zahlungsbereitschaft von mindestens p* gibt, der vom Markt nicht bedient wird, und wenn es nicht möglich ist, die Produktion auf billiger produzierende Unternehmen umzuschichten. Beide Bedingungen sind auf einem Wettbewerbsmarkt im Gleichgewicht erfüllt. Akzeptiert man die Gesamtrente auf dem Markt als Maß für die Wohlfahrt der Marktteilnehmer, so ist die Wohlfahrt maximal, wenn ein Wettbewerbsmarkt im Gleichgewicht ist, da dann die Summe aus Konsumenten- und Produzentenrente – also die Gesamtrente – maximiert wird.

Die mikroökonomische Theorie hat – sofern Marktversagen nicht vorliegt – subtilere Nachweise der Effizienz einer Volkswirtschaft mit Wettbewerbsmärkten entwickelt. So hat unsere Analyse in Kapitel 4 ergeben, dass ein einzelner Haushalt im Zweigüterfall seinen Nutzen maximiert, wenn er diejenige Güterkombination wählt, bei der die Grenzrate der Substitution der Güter dem Preisverhältnis der Güter entspricht. Da sämtlich Haushalte Preisnehmer sind, stehen sie alle derselben Relation der Güterpreise gegenüber. Deshalb maximieren sämtlich Haushalte ihren Nutzen bei derselben Grenzrate der Substitution: Die Grenzrate der Substitution für die beiden Güter ist im Optimum für alle Haushalte identisch. Das gilt auch für den Fall von mehr als zwei Gütern und ist eine der so genannten **Marginalbedingungen** für ein Wohlfahrtsoptimum. Andererseits realisieren alle Unternehmen, die dasselbe Gut herstellen, bei Verwirklichung der Minimalkostenkombination dieselbe Grenzrate der technischen Substitution, da sie annahmegemäß alle denselben Faktorpreisrelationen gegenüberstehen. Damit ist eine weitere Marginalbedingung beschrieben. Auf die Darstellung der übrigen Marginalbedingungen wollen wir hier nicht eingehen.

Wie wirkt eine staatliche Intervention auf Konsumenten- und Produzentenrente?

Um die Auswirkungen staatlicher Intervention auf die Produzenten und die Konsumentenrente auf einem Wettbewerbsmarkt zu demonstrieren, wollen wir abschließend die Wirkungen der Einführung einer Gütersteuer untersuchen (wie der Benzinsteuer, die pro Liter verkauften Benzins mit einem bestimmten Centbetrag das Produkt belastet). Man kann den Vorgang so sehen, dass sich die Grenzkosten des Anbieters pro Gütereinheit um den Betrag t erhöhen. Der Betrag t multipliziert mit der neuen Gleichgewichtsmenge auf dem Markt ergibt das Aufkommen aus der Steuer. Abbildung 6-4 verdeutlicht die Zusammenhänge.

Vor Erhebung der Steuer wird auf dem Markt die Menge x* zum Preis p* gehandelt und die Marktteilnehmer erzielen eine Gesamtrente in Höhe des durch die gestrichelt gezeichneten Teile der Angebots- und Nachfragekurve gebilde-

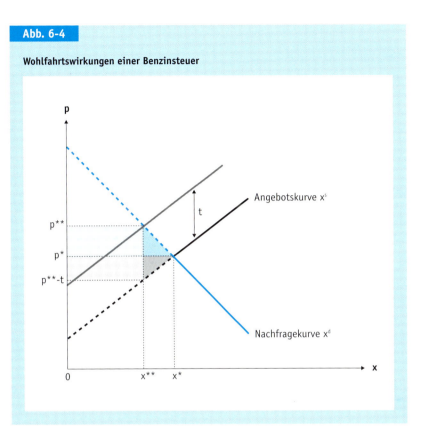

Abb. 6-4

Wohlfahrtswirkungen einer Benzinsteuer

ten Dreiecks. Durch Einführung der Steuer reduziert sich die gehandelte Menge auf x^{**} und der Gleichgewichtspreis steigt auf p^{**}. Da der Nettopreis, den die Verkäufer erhalten, $p^{**}-t$ beträgt und sich die verkaufte Menge auf x^{**} vermindert, reduziert sich die Produzentenrente um das graue Dreieck und das hellgraue Rechteck. Die Konsumenten zahlen einen um $p^{**}-p^{*}$ erhöhten Preis, was ihre Konsumentenrente reduziert (hellblaues Rechteck). Da sie außerdem weniger Produkte erhalten, vermindert sich ihre Rente zusätzlich um das blaue Dreieck. Der Verlust an Rente in Höhe der beiden Rechtecke entspricht dem Steueraufkommen $[p^{**}-(p^{**}-t)] \cdot x^{**} = t \cdot x^{**}$. In dieser Höhe wechselt quasi nur der Empfänger der Rente (von Haushalten und Unternehmen zum Staat). Ein echter **Nettowohlfahrtsverlust**, eine Zusatzlast zur Steuer, die den Marktakteuren aufgebürdet wird, liegt also in Höhe der blauen und grauen Dreiecke vor.

In dem in Abbildung 6-4 dargestellten Fall erleiden die Konsumenten durch den Staatseingriff einen höheren Wohlfahrtsverlust als die Produzenten. Das liegt in der willkürlich angenommenen Steigung der Angebots- und Nachfragekurve begründet, genauer in deren Elastizität: Je elastischer die Nachfrage in Relation zum Angebot ist, umso stärker ist der Wohlfahrtsverlust der Produzenten.

Die Steuer impliziert einen Nettowohlfahrtsverlust

6.2.2.2 Langfristiges Gleichgewicht bei wechselnder Anbieterzahl

Im langfristigen Marktgleichgewicht ist der Gewinn null.

Bei der Darstellung des Marktgleichgewichtes bei vollständiger Konkurrenz sind wir bisher implizit davon ausgegangen, dass die Zahl der Anbieter konstant ist. In der Realität werden jedoch Anbieter hinzukommen und Anbieter ausscheiden. Als entscheidendes Argument für den Markteintritt (-austritt) wird dabei ein positiver (negativer) Gewinn gesehen. Erst wenn der Gewinn sämtlicher Unternehmen auf dem Markt null beträgt, ist das langfristige Marktgleichgewicht erreicht. Dabei ist zu beachten, dass der Gewinn als Differenz zwischen Umsatz und Kosten definiert ist und Kosten Güterverzehr im Zuge der Produktion darstellten (vgl. Kapitel 5). Damit zählen zu den Kosten auch die bewertete Arbeitskraft des Unternehmers, der keinen expliziten Lohn erhält und die Verzinsung des eingesetzten Kapitals, gemessen an seinem Ertrag in einer alternativen Anlagemöglichkeit. Wegen dieser Berücksichtigung der Opportunitätskosten in dem allgemeinen Kostenbegriff geht der Unternehmer bei einem Gewinn von null nicht leer aus und bleibt auf dem Markt, solange er keine bessere Marktalternative (mit positiven Gewinnen) sieht. Solange positive Gewinne auftreten, treten neue Anbieter in den Markt ein, da die Kapitalverzinsung auf diesem Markt dann über dem Durchschnitt auf Wettbewerbsmärkten

Abb. 6-5

Angebotskurve und Nachfragekurve im langfristigen Konkurrenzgleichgewicht

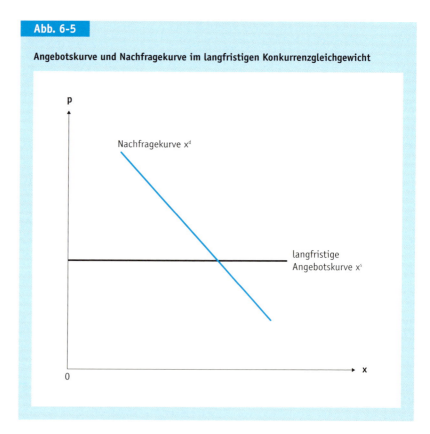

liegt. Unternehmer, deren Durchschnittskosten über dem Preis liegen, scheiden dagegen aus dem Markt aus.

Bei eintretenden Anbietern wird die Annahme gemacht, dass sie das kostengünstigste Unternehmen imitieren können. Mit zunehmender Zahl von kostengünstig produzierenden Anbietern sinkt der Preis auf dem Markt und das Angebot nimmt zu. Letztlich wird die Marktangebotskurve eine Parallele zur Preisachse in Höhe des Minimums der Durchschnittskosten der alle gleichermaßen günstig produzierenden Unternehmen. Implizit sind damit konstante Skalenerträge impliziert, da ein zusätzliches identisches Unternehmen eine multiplikative Erhöhung aller Inputs darstellt.

> Langfristig ist die Marktangebotskurve eine Parallele zur x-Achse.

Unter den genannten Bedingungen ist die Produzentenrente auf dem Markt null und die Gesamtrente ist durch die Konsumentenrente bestimmt.

6.2.3 Wirkungen von Angebots- und Nachfrageverschiebungen auf den Gleichgewichtspreis

Wie wirken nun Angebots- oder Nachfrageverschiebungen auf die Höhe des Gleichgewichtspreises? Dies kann man sehr einfach durch Verschiebungen der Kurven in unserem Angebots-Nachfrage-Diagramm aufzeigen (Abbildungen 6-6, 6-7).

Nehmen wir z. B. an, dass auf dem betrachteten Markt zusätzliche Unternehmen als Anbieter auftreten. Dies führt dazu, dass sich jetzt bei jedem Preis des Gutes eine größere Angebotsmenge als zuvor ergibt. Die Angebotskurve verschiebt sich also nach rechts von x_1^s auf x_2^s. Beim alten Gleichgewichtspreis läge nun ein Angebotsüberhang vor. Infolgedessen sinkt der Gleichgewichtspreis von p_1^* auf p_2^*, während sich die gleichgewichtige Absatzmenge von x_1^* auf x_2^* erhöht (vgl. Abbildung 6-6).

> Bei unveränderter Nachfragekurve bewirkt eine Angebotserhöhung (Rechtsverschiebung der Angebotskurve) einen Preisrückgang und umgekehrt eine Angebotsverringerung (Linksverschiebung der Angebotskurve) eine Preiserhöhung.

Es stellt sich dabei die Frage, welche Auswirkungen sich auf den Gesamtumsatz der Unternehmen durch die Erhöhung der Absatzmenge bei gleichzeitig sinkendem Güterpreis ergeben. In Kapitel 4.3.3.1 haben wir das Konzept der direkten Preiselastizität erläutert, welche die relative Mengenänderung zur relativen Preisänderung in Beziehung setzt. Ist die Nachfrage »unelastisch«, so wird die für das Gleichgewicht notwendige Preissenkung so stark ausfallen, dass die Unternehmen trotz gestiegener Absatzmenge einen geringeren Gesamtumsatz als vorher erzielen; die prozentuale Mengenerhöhung ist also geringer als der Betrag der sie bewirkenden prozentualen Preisverringerung. Bei »elastischer« Nachfrage wird dagegen die Preissenkung so gering sein, dass die Erhöhung der Absatzmenge ausreicht, um trotz gesunkenen Preises einen höheren Gesamt-

> Die Veränderung des Umsatzes bei Erhöhung des Angebotes hängt ab von der direkten Preiselastizität der Nachfrage.

6.2 Preisbildung auf unterschiedlichen Märkten
Preisbildung bei vollkommener Konkurrenz

Steigt das Angebot bei unveränderter Nachfrage, so sinkt der gleichgewichtige Preis und die gleichgewichtige Absatzmenge steigt.

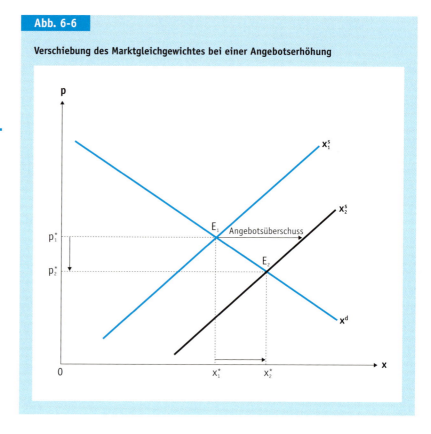

Abb. 6-6

Verschiebung des Marktgleichgewichtes bei einer Angebotserhöhung

umsatz als zuvor zu erreichen; hier ist die prozentuale Zunahme der Nachfrage betragsmäßig größer als die sie bewirkende prozentuale Preissenkung.

Kommt es z. B. zu einem Anstieg der Güternachfrage aus dem Ausland (vgl. Abbildung 6-7), so wird die Nachfragekurve nach rechts verschoben (von x_1^d auf x_2^d), d. h. bei jedem Preis des Gutes wird nun eine größere Menge nachgefragt als zuvor. Beim alten Gleichgewichtspreis entsteht ein Nachfrageüberhang, der zu einer Erhöhung des Gleichgewichtspreises (von p_1^* auf p_2^*) und der gleichgewichtigen Absatzmenge (von x_1^* auf x_2^*) führt.

Bei unveränderter Angebotskurve bewirkt eine Erhöhung der Nachfrage (Rechtsverschiebung der Nachfragekurve) einen Preisanstieg. Umgekehrt würde ein Rückgang der Nachfrage (Linksverschiebung der Nachfragekurve) eine Preissenkung hervorrufen.

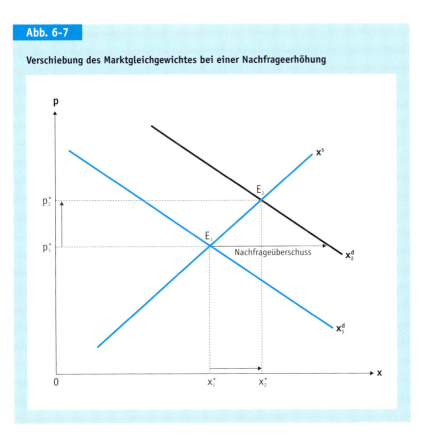

Abb. 6-7

Verschiebung des Marktgleichgewichtes bei einer Nachfrageerhöhung

Steigt die Nachfrage bei unverändertem Angebot, so erhöhen sich der gleichgewichtige Preis und die gleichgewichtige Absatzmenge.

6.3 Preissetzung durch Anbieter

6.3.1 Grundvorstellung

Industrie, Handel und Handwerk setzen zumeist selbst die Preise fest, zu denen sie ihre Produkte zu verkaufen bereit sind, anstatt die Preisbildung einem Auktionator zu überlassen. Diese Preise sollen im Allgemeinen die Herstellungskosten decken und den Produzenten einen Gewinn erbringen.

In volkswirtschaftlichen Lehrbüchern wird in diesem Zusammenhang häufig davon ausgegangen, dass die Anbieter nach maximalem Gewinn streben (**Gewinnmaximierungshypothese**, vgl. Kapitel 5.8). Ob dies tatsächlich der Fall ist, oder ob häufig nicht eher ein »angemessener« Gewinn angestrebt wird, sei hier dahingestellt. Jedenfalls ist Gewinnstreben in einer Marktwirtschaft durchaus notwendig und auch ein legitimes Ziel, da bei Gewinnmaximierung die Kaufbereitschaft der Güternachfrager (und damit deren Bedarfsstruktur) adäquat Berücksichtigung findet.

6.3 Preisbildung auf unterschiedlichen Märkten
Preissetzung durch Anbieter

Gewinnmaximierung erfolgt bei Gleichheit von Grenzerlös und Grenzkosten.

Jede unternehmerische Planung muss sich nun im Grunde auf den Vergleich der zusätzlichen Kosten (Grenzkosten) einer Maßnahme mit dem daraus resultierenden zusätzlichen Umsatz (Grenzumsatz bzw. Grenzerlös) zurückführen lassen. Solange die Grenzkosten von Produktion und Absatz kleiner sind als der zusätzliche Umsatz, erhöht eine Produktionsausweitung den Gewinn des Anbieters (möglicherweise vermindert sie auch nur seinen Verlust). Entsprechendes gilt umgekehrt. Wenn Anbieter also nach maximalem Gewinn streben, müssten sie den Preis für ihr Produkt so festsetzen, dass **Grenzerlös gleich Grenzkosten** ist.

In der Praxis erfolgt häufig ein Aufschlag auf die Normalkosten.

In der Praxis scheint eine solche Grenzkalkulation jedoch häufig zu kompliziert zu sein, insbesondere da Grenzerlös und Grenzkosten oft gar nicht bekannt sind. Anbieter setzen ihre Preise deshalb häufig so, dass sie auf die Stückkosten der Produktion, die bei normaler Kapazitätsauslastung anfallen (Normalkosten), einen Aufschlag erheben. Bei fallendem Verlauf der Stückkostenkurve kann dann die Preisbildung durch die folgende Abbildung 6-8 illustriert werden.

Geht die Firma von einer normalen Kapazitätsauslastung z. B. x_1 aus und setzt den Preis p_1, hat sie einen Gewinnaufschlag in Höhe von g. Diese Gewinn-

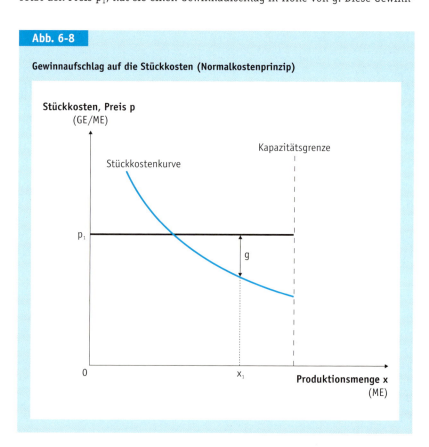

Abb. 6-8

Gewinnaufschlag auf die Stückkosten (Normalkostenprinzip)

spanne wird bei konstantem Preis steigen, wenn die Firma ihre Kapazität zu mehr als x_1 auslasten kann, und sinken, wenn sie ihre Kapazität aufgrund geringer Nachfrage zu weniger als x_1 auslasten kann. Dass die Gewinne mit sinkender Kapazitätsauslastung sinken, ist ein Argument, mit dem Anbieter Preiserhöhungen bei sinkender Nachfrage begründen. Es wären dann umgekehrt mit steigender Nachfrage – die bei konstantem Preis ja Gewinnspanne und Gesamtgewinn erhöht – sinkende Preise zu erwarten. Doch fehlt bei steigender Nachfrage der Druck, Preise zu senken, sofern nicht Anbieterkonkurrenz dafür sorgt. Mit der Existenz bzw. Nicht-Existenz dieser Konkurrenz wollen wir uns im Folgenden befassen.

6.3.2 Preissetzung im Monopol

6.3.2.1 Das Monopolmodell

Man spricht von einem **Monopol**, wenn auf einem Markt nur ein Anbieter vorhanden ist. Der Monopolist hat also keine Konkurrenten, die das gleiche Gut oder (hinreichend) ähnliche Güter produzieren. Unter ähnlichen Gütern versteht man hier solche Güter, die in einer engen Substitutionskonkurrenz zueinander stehen (hohe positive Kreuzpreiselastizität, vgl. Kapitel 4.3.3.2). Der Absatz des Monopolisten ist dann nicht fühlbar von den Preisen **einzelner** anderer Anbieter abhängig. Um falsche Vorstellungen zu vermeiden, wollen wir auf drei Dinge hinweisen:

Ein Monopolist hat keine Konkurrenten auf seinem Markt.

1. Ein Monopolist kann nicht seinen Preis und gleichzeitig unabhängig davon die Menge festsetzen, die er verkaufen will. Er muss sehr wohl das **Verhalten der Nachfrager** in Rechnung stellen und berücksichtigen, dass er in der Regel umso weniger absetzen kann, je höher er seinen Preis setzt. Er steht also einer fallenden Nachfragekurve für sein Produkt gegenüber (**Preis-Absatz-Kurve**).
2. Kein Monopolist im obigen Begriffssinne ist z. B. der Produzent von BMW-Automobilen. BMW ist zwar der einzige Anbieter von BMW-Automobilen, steht aber dennoch in enger **Substitutionskonkurrenz** z. B. zu Mercedes, Porsche, Alfa Romeo usw.
3. Ein Monopolist muss normalerweise die so genannte **latente Konkurrenz** berücksichtigen. Es ist möglich, dass bei sehr hohen Gewinnen auch andere Anbieter auf diesen Markt drängen, wenn auch die Tatsache, dass ein Monopol besteht, i. d. R. darauf hinweist, dass der Zugang zu diesem Markt erschwert ist oder die Marktgröße bei der gegebenen Technologie nur einem Anbieter Gewinnmöglichkeiten lässt.

Die Marktgegenseite kann unterschiedliche Strukturen aufweisen. Wir unterstellen hier ein Nachfragepolypol.

Wie setzt ein Monopolist seinen Preis, wenn er nach größtmöglichem Gewinn strebt?

Abbildung 6-9 zeigt eine normal verlaufende Nachfragekurve, der der Monopolist gegenübersteht und die ihm bekannt sein soll. Da er im Allgemeinen versuchen wird, den gewinnmaximierenden Preis (Aktionsparameter) festzulegen, der zu einer bestimmten Absatzmenge (Erwartungsparameter) führen wird, bezeichnet man die Nachfragekurve aus der Sicht des Monopolisten auch als seine **Preis-Absatz-Kurve**. Welchen Punkt auf der Nachfragekurve wird er bei der angenommenen Zielsetzung realisieren? Wie schon ausgeführt, ist die grundsätzliche Überlegung die des Vergleichs zwischen Grenzerlös (Grenzumsatz) und Grenzkosten. Das Gewinnmaximum ist durch die Gleichheit von Grenzerlös und Grenzkosten gekennzeichnet. Da der Monopolist, ausgehend von einer beliebigen Preis-Mengen-Kombination auf der Nachfragekurve, seinen Absatz nur steigern kann, wenn er mit dem Preis heruntergeht, ist der Grenzerlös kleiner als der Preis. Für die zusätzlich abgesetzte Gütereinheit erhält er den (gesenkten) Preis, gleichzeitig müssen die bisher abgesetzten Produkteinheiten ebenfalls zu dem niedrigeren Preis abgesetzt werden. Die Grenzerlöskurve verläuft deshalb in ihrem ganzen Bereich unterhalb der Nachfragekurve. Bei einer linearen Absatzfunktion hat sie den in Abbildung 6-9 eingezeichneten Verlauf. Man be-

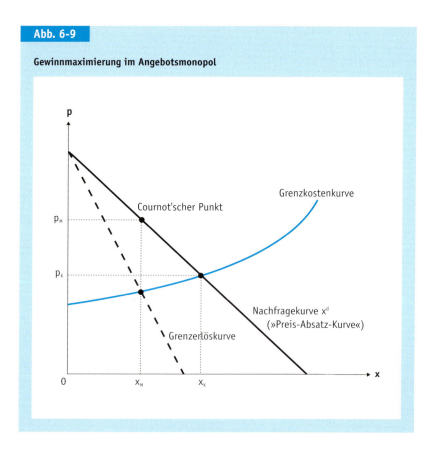

Abb. 6-9

Gewinnmaximierung im Angebotsmonopol

achte, dass – abhängig von der Elastizität der Nachfrage – der Grenzerlös auch negative Werte annimmt, eben dann, wenn die aufsummierten Preiseinbußen bei der bisherigen Absatzmenge den Preis der letzten Absatzeinheit überschreiten. Durch den Punkt, in dem sich Grenzerlöskurve und Grenzkostenkurve schneiden und damit die Grenzkosten dem Grenzerlös entsprechen, ist die gewinnmaximierende Menge x_M bestimmt. Der dieser Menge entsprechende Monopolpreis ist auf der Nachfragekurve durch p_M gegeben. Dieser Punkt **auf der Nachfragekurve** wird auch als *Cournot'scher Punkt* bezeichnet (*Antoine Augustin Cournot*, 1801–1877, französischer Mathematiker, Ökonom und Philosoph).

<small>Bei der Cournotmenge x_M ist der Grenzerlös des Monopolisten gleich seinen Grenzkosten.</small>

Würde sich der Monopolist wie die Anbieter bei vollständiger Konkurrenz verhalten, so würde er der »Preis = Grenzkosten«-Regel folgen und die Menge x_K zum Preise p_K anbieten (Wettbewerbslösung). Aus diesem Grund wird der Monopolist in der Volkswirtschaftslehre kritisch beurteilt: Er produziert weniger und verlangt einen höheren Preis als Anbieter unter Konkurrenzbedingungen. Allerdings ist zu dieser Argumentation anzumerken, dass sie eine Identität der aggregierten Grenzkostenkurve der Konkurrenzanbieter und der des Monopolisten unterstellt. Dies ist jedoch nicht zwingend (vermutlich nicht einmal wahrscheinlich), denn es ist nicht auszuschließen, dass die Betriebsgröße des einzelnen Anbieters Einfluss auf die einzelwirtschaftlich optimale Technologie und damit auf den Grenzkostenverlauf hat.

Was sind die **Gründe für die Entstehung eines Monopols?** Zwei Gründe sind zentral:

<small>Warum gibt es Monopole?</small>

1. Der Zugang zu einem Markt, auf dem aufgrund der Marktgröße mehrere Unternehmen mit Gewinn oder zumindest kostendeckend anbieten könnten, ist künstlich auf einen Anbieter beschränkt. Das kann z. B. durch Patente, Urheberrechte oder durch Gewährung staatlicher Lizenzen bedingt sein, wie z. B. lange Zeit das alleinige Recht der deutschen Post, Briefe zu befördern.

<small>Künstliche Zugangsbeschränkungen</small>

2. Aufgrund der technischen Bedingungen (Größenvorteile der Produktion durch zunehmende Skalenerträge) nehmen die Durchschnittskosten eines großen Anbieters mit steigender Produktion kontinuierlich ab, gegebenenfalls bis zur Erreichung der Sättigungsmenge des Marktes. In diesem Fall ist es am wirtschaftlichsten, wenn nur ein Unternehmen (der Monopolist) die Produktion durchführt, da mehrere kleine Unternehmen immer mit höheren Durchschnittskosten produzieren müssten und nicht wettbewerbsfähig wären. Dies ist der Fall des so genannten natürlichen Monopols.

<small>»Natürliche« Zugangsbeschränkungen</small>

Für die Marktform des (reinen) Monopols lassen sich nur relativ wenige Beispiele finden. Zu der unter 1. beschriebenen Gruppe gehörte etwa das frühere Zündholz-Monopol in Deutschland. Private Monopole mit größerer wirtschaftlicher Bedeutung sind kaum zu finden. Häufig gibt es kleinere, meist regional beschränkte Monopole, wie die Skischule eines Wintersportortes. Die unter 2. erläuterten besonderen technischen Bedingungen wurden (vor der Liberalisierung der Energie- und Telekommunikationsmärkte in Deutschland) häufig als

<small>Beispiele für Monopole</small>

Rechtfertigung monopolistischer kommunaler Versorgungsunternehmen angeführt, wie Elektrizitätswerke, Erdgasanbieter oder Telefongesellschaften. Solche Versorgungsunternehmen werden gerne als Beispiel für ein »natürliches« Monopol genannt, weil die Technologie hier im Regelfall gewaltige Investitionen (und damit Fixkosten) voraussetzt. Sinnvoll kann es in einer solchen Situation sein, dem Staat die entsprechende Produktion zu übertragen und ihn zu verpflichten, zu kostendeckenden Preisen anzubieten, also zum Preis, bei dem die Durchschnittskosten gerade gedeckt werden. Problematisch an dieser Argumentation ist vor allem, dass solche staatlichen Unternehmen häufig nicht sehr auf Kostensenkung achten und/oder die Kosten zu hoch beziffern, was ein Motiv für die häufig geforderte Liberalisierung sein mag.

6.3.2.2 Der Wohlfahrtsverlust im Monopol

Nettowohlfahrtsverlust im Fall des Angebotsmonopols

Im *Cournot*'schen Punkt wird nur die gegenüber dem Konkurrenzfall geringere Menge x_M gehandelt (vgl. Abbildung 6-10). Deshalb entfällt Konsumentenrente in Höhe der blauen und Produzentenrente in Höhe der grauen Fläche. Da der Preis im Monopol mit p_M höher ist als der Konkurrenzpreis p_K, wird Konsumen-

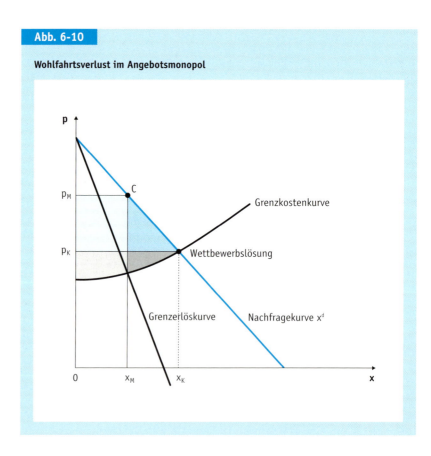

Abb. 6-10

Wohlfahrtsverlust im Angebotsmonopol

tenrente in Höhe der hellblauen Fläche zu Produzentenrente. Bewertet man Konsumentenrente und Produzentenrente gleich, so ergibt sich also eine Nettoreduktion der Gesamtrente in Höhe der grauen Fläche plus des blauen Dreiecks. Dies wird als **Nettowohlfahrtsverlust** interpretiert.

6.3.3 Preissetzung im Oligopol

6.3.3.1 Grundsätzliche Überlegungen

Befinden sich auf einem Markt einige **wenige, relativ große Anbieter,** so spricht man von einem Oligopol. Sind die angebotenen Produkte im Urteil der Käufer (praktisch) identisch, so handelt es sich um ein **homogenes Oligopol**, sonst um ein **heterogenes Oligopol**. Wir wollen uns hier auf die Behandlung des heterogenen Oligopols beschränken. In diesem Fall bieten die Oligopolisten ähnliche (aber nicht identische) Güter an und der Absatz eines Anbieters ist nicht nur von seinem eigenen Preis abhängig (wie beim Monopol), sondern auch vom Preis jedes einzelnen der Mitanbieter. Sind zwei Anbieter auf dem Markt (Duopol), so könnte die Preis-Absatz-Funktion des Duopolisten 1 z. B. wie folgt aussehen:

Oligopole als vorherrschende Marktform einer modernen Wirtschaft

$x_1 = 18 - 3p_1 + p_2$.

Der Absatz nimmt also bei Zunahme des eigenen Preises ab, während er mit der Zunahme des Preises des Konkurrenten steigt.

Die wechselseitige Abhängigkeit ist umso größer, je homogener die Produkte in den Augen der Käufer sind. Wiederum gehen wir davon aus, dass auf der Nachfrageseite viele kleine Käufer vorhanden sind. Beispiele für die Marktform des (heterogenen) Oligopols sind in großer Zahl zu finden: der Markt für Automobile bestimmter Klassen, Reifen, Mineralöl, Zigaretten, Stahl und Kunststoffe.

> Man kann sagen, dass das Oligopol die vorherrschende Marktform einer modernen Wirtschaft ist.

Während ein Monopolist bei seiner Preissetzung nur die Reaktion der Nachfrager berücksichtigen muss und gegebenenfalls die latente Konkurrenz, hat ein Oligopolist gewissermaßen zwei Fronten zu berücksichtigen: Da der Absatz der Konkurrenten des Oligopolisten fühlbar von seinem Preis abhängt, werden diese auf seine Preisänderungen reagieren. Ein Oligopolist muss also sowohl die Marktseite der Nachfrager beobachten als auch das Verhalten seiner Konkurrenten in seine Planungen einbeziehen.

Generell gilt, dass die Preise, die ein oligopolistischer Anbieter fordern kann, im Wesentlichen durch die Preise der Konkurrenten bestimmt sind. So können die Benzinpreise verschiedener Firmen nicht wesentlich differieren, so kann ein VW Golf nicht merklich teurer sein als ein Honda Civic, so muss ein VW Golf billiger sein als ein 3er BMW und dieser wiederum billiger als ein

Der Preissetzungsspielraum eines Oligopolisten wird begrenzt durch die Preise seiner Konkurrenten.

6.3 Preisbildung auf unterschiedlichen Märkten
Preissetzung durch Anbieter

Audi A 6. Die Gewinnspanne der Hersteller hängt damit im Wesentlichen von ihrer Kostenkurve ab. Je rationeller die Fertigungsmethoden, desto größer die Gewinnspanne.

Besonders deutlich wird die wechselseitige Preisabhängigkeit bei beabsichtigten Preisänderungen, die ein Anbieter sehr sorgfältig planen muss.

Überlegungen bei ...

... einer beabsichtigten Preissenkung

Senkt ein oligopolistischer Anbieter seinen Preis, werden die Konkurrenten einen großen Teil ihres Absatzes verlieren, wenn die Nachfrager keinen wesentlichen Unterschied bei den Produkten sehen. Um den Absatzverlust zu verhindern, werden die Konkurrenten ebenfalls ihre Preise senken müssen, möglicherweise in gleichem Ausmaß oder noch stärker. So wird jeder Anbieter die auf ihn entfallende Nachfrage unter der Voraussetzung schätzen müssen, dass bei einer Preissenkung die Konkurrenten folgen werden. Die Konsequenz ist, dass jeder Anbieter sich eine Preissenkung sehr genau überlegen muss, vor allem, da er nicht sicher sein kann, dass sich nicht aus der ursprünglichen Preissenkung ein ruinöser Preiskampf entwickelt.

... einer beabsichtigten Preiserhöhung

Erhöht ein oligopolistischer Anbieter seinen Preis, wird sein Absatz fühlbar zurückgehen, der Absatz der übrigen hingegen zunehmen, wenn diese ihre Preise konstant lassen. Während bei einer Preissenkung eines einzelnen Anbieters für diesen zu »befürchten« ist, dass die Konkurrenten folgen, muss er jetzt »befürchten«, dass sie einer Preiserhöhung nicht folgen. Daher muss auch eine Preiserhöhung vom Anbieter gründlich überlegt sein.

Aus dieser Unsicherheit über die Reaktion der Konkurrenten ergeben sich Risiken für den Anbieter, der mit der Preisänderung beginnt. Dies ist eine Erklärung dafür, dass man auf oligopolistischen Märkten häufig lange Perioden fester Preise beobachten kann, auch wenn sich Kosten und Nachfrage verändern. Diese Preisstarrheit bei Kosten und/oder Nachfrageverschiebungen bezeichnet man oft mit dem Begriff **»administrierte Preise«**, die nicht mit »administrativen Preisen«, also staatlich festgesetzten Preisen verwechselt werden dürfen.

Die Gewinnspanne und der Gesamtgewinn oligopolistischer Anbieter hängen mithin – bei vergleichsweise großer Preisstarrheit und gegebenem Stückkostenverlauf – von der Höhe der Nachfrage ab. Es liegt folglich die in Kapitel 6.3.1 (Abbildung 6-8) dargestellte Situation vor.

Mögliche Gruppensolidarität

Wegen der starken wechselseitigen Abhängigkeit der Anbieter können sich in einem Lernprozess bestimmte Verhaltensregeln herausbilden mit dem Ziel, das Risiko von Einzelaktionen zu vermindern. Möglich ist z. B. die Anerkennung eines **Preisführers**. Ein Anbieter erhöht seine Preise und gibt seinen Konkurrenten damit das Signal zu Preiserhöhungen ihrerseits. Wenn sie alle ihre Preise erhöhen, so haben alle einen Vorteil, sofern die Nachfrage nicht drastisch reagiert; wenn die Konkurrenten dagegen der Preiserhöhung nicht folgen, wäre auch der Preisführer gezwungen, seinen Preis wieder zu senken, und kein Anbieter hätte dann einen Vorteil. Weitergehende Möglichkeiten, die Rivalität unter den Anbietern zu verringern, wären direkte Absprachen über gemeinsame Preisänderungen oder andere Formen eines Kartells.

Die Frage ist, ob der Wettbewerb im Oligopol seine Funktionen erfüllt. Der Wettbewerb zwischen Anbietern sollte unter anderem dafür sorgen, dass:
- die Gewinnspanne der Hersteller auf die Dauer nicht ungerechtfertigt hoch ist;
- laufend neue Produkte eingeführt werden, die den Verbraucherwünschen besser entsprechen als die alten;
- laufend verbesserte Produktionsverfahren angewendet werden, die die Herstellkosten und Preise der Produkte senken.

Zu den Aufgaben des Wettbewerbs vergleiche im Einzelnen das Kapitel 7.

Grundsätzlich **kann** der Wettbewerb einiger weniger Anbieter diese Funktionen erfüllen. Jedenfalls besteht ein Anreiz, die eigenen Gewinne durch Produktinnovationen oder verbesserte Produktionsverfahren zu erhöhen; nur der Druck zu Preissenkungen ist nicht sehr ausgeprägt, weil Oligopolisten immer annehmen müssen, dass Konkurrenten der Preissenkung folgen.

Zum Schaden der Verbraucher ist es allerdings oft einfacher, statt neue Produkte zu entwickeln, dem Verbraucher mit den Mitteln der Werbung einzureden, eine neue Verpackung oder ein neuer Werbeslogan bedeuteten ein neues Produkt. Und generell sind stets mögliche Absprachen ein einfaches Mittel, unerwünschtem Wettbewerb zu entgehen. Dass aber Absprachen getroffen werden, ist nicht die notwendige Folge oligopolistischer Märkte.

Wesentlich für unsere Wirtschaftordnung ist es, dass **Kontrollmechanismen** vorhanden sind, die die wirtschaftliche Macht von einzelnen Marktteilnehmern beschränken. Wichtig ist hier vor allem die Sicherung des freien Marktzuganges.

6.3.3.2 Ein möglicher Preissetzungsprozess im heterogenen Oligopol

Zur Präzisierung und Verdeutlichung unserer Überlegungen wollen wir den möglichen Preissetzungsprozess in einem heterogenen Oligopol mit etwa gleich großen Duopolisten betrachten. Wir machen die plausible Annahme, dass die Anbieter den Preis so setzen, dass sie bei gegebenem Preis des jeweils anderen Anbieters ihren Gewinn maximieren. Wir verwenden dabei die oben schon genannte Nachfragefunktion $x_1 = 18 - 3p_1 + p_2$ und unterstellen zur Vereinfachung, dass die Produktion keine Kosten verursacht. Der Gewinn des Unternehmens 1 (U_1) ist dann gegeben als:

$G_1 = p_1 x_1$

Setzt man hierin die Nachfragefunktion ein, so ergibt sich:

$G_1 = p_1 \cdot (18 - 3p_1 + p_2)$.

Die Maximierung dieser Funktion in Bezug auf p_1 bei als vorgegeben angenommenem p_2 ergibt

$p_1^* = 3 + \frac{1}{6} p_2$.

6.3 Preisbildung auf unterschiedlichen Märkten
Preissetzung durch Anbieter

Die Reaktionsfunktion

Diese Gleichung gibt uns den gewinnmaximierenden Preis von U_1 an, wenn U_2 unterschiedliche Preise p_2 setzt. Sie wird als **Reaktionsfunktion** von Unternehmen 1 auf Preise des Unternehmens 2 bezeichnet. Die Tabelle 6-1 zeigt einige Werte von p_1^*, wenn p_2 die Werte 1 bis 10 annimmt, wobei selbstverständlich auch nicht ganzzahlige Werte von p_2 berücksichtigt werden könnten. Setzt U_2 zum Beispiel den Preis 3, so wird U_1 den (gewinnmaximierenden) Preis 3,5 setzen. Entscheidet sich U_2 dagegen für den Preis 6, so wird U_1 den Preis 4 setzen usw.

Tab. 6-1

Gewinnmaximierende Preise von U_1, wenn U_2 die Preise 1 bis 10 setzt

p_2	1	2	3	4	5	6	7	8	9	10
p_1^*	3,17	3,33	3,5	3,67	3,83	4	4,17	4,33	4,5	4,67

Um das Modell formal so einfach wie möglich zu halten, nehmen wir an, dass U_2 der gleichen Nachfragefunktion gegenübersteht, nur dass jetzt Preiserhöhungen von U_2 absatzsenkend wirken, während Preiserhöhungen von U_1 den Absatz von Unternehmen 2 erhöhen:

$x_2 = 18 - 3p_2 + p_1$.

Wieder soll die Produktion keine Kosten verursachen, sodass für sich für Unternehmen 2 aus der Maximierung ihres Gewinns die zu U_1 spiegelbildliche Reaktionsfunktion ergibt

$p_2^* = 3 + \frac{1}{6}p_1$,

die entsprechend der Reaktionsfunktion von Unternehmen 1 zu interpretieren ist.

In Abbildung 6-11 sind beide Reaktionsfunktionen im p_1, p_2-Diagramm wiedergegeben.

Das Nash-Gleichgewicht liegt im Schnittpunkt der Reaktionsfunktionen.

Was zeigt uns die Grafik? Bei dem Preis $p_1^* = p_2^* = 3,60$ schneiden sich die Reaktionsfunktionen. Dies bedeutet, dass jeder Duopolist bei seiner Preisentscheidung von dem tatsächlich gesetzten Preis des Konkurrenten ausgeht. Die Preiskombination stellt ein so genanntes **Nash-Gleichgewicht** dar, da die Akteure ihren Entscheidungen (hier ihren Preis) unter Einbeziehung der Strategie des Konkurrenten festgelegt haben und keinen Anlass mehr haben, ihre Entscheidung zu ändern.

Doch wie erreichen die Duopolisten dieses Gleichgewicht? Wenn man gleichzeitige Preissetzung voraussetzt, so können sie diesen Preis sofort setzen, wenn sie alle Marktbedingungen kennen (ihre eigene Nachfrage, die Nachfrage des Konkurrenten, die jeweiligen Kosten und die Preisbildungsregel) und selbst den Gleichgewichtspreis ausrechnen. Unterstellt man weniger Informationen, so werden die Akteure zunächst von falschen Preisen des Konkurrenten ausge-

6.3 Preissetzung durch Anbieter

Abb. 6-11

Reaktionsfunktion des Unternehmens 1 (R_1) und Reaktionsfunktion des Unternehmens 2 (R_2)

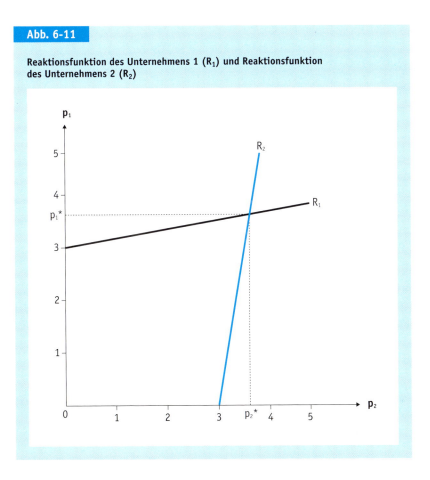

hen und sich dabei Schritt für Schritt dem Gleichgewicht nähern, wie die folgende beispielhafte Betrachtung zeigt.

Wenn Unternehmen 1 (U_1) davon ausgeht, dass Unternehmen 2 (U_2) den Preis 1 setzt, wird U_1 gemäß seiner Gewinnmaximierungsüberlegung bzw. gemäß der hieraus abgeleiteten Reaktionsfunktion den Preis 3,17 setzten. U_2 gehe vom Preis 1,5 des Konkurrenten aus und verlangt 3,25. In der zweiten Runde legt U_1 den beobachteten Konkurrenzpreis von 3,25 zugrunde und verlangt selbst 3,54. U_2 geht von dem beobachteten Preis 3,17 aus und setzt selbst den Preis 3,53. In Runde 3 legt U_1 den Konkurrenzpreis 3,53 zugrunde und verlangt selbst 3,59. Man erkennt, dass sich beide Anbieter auf den Gleichgewichtspreis 3,60 zubewegen und diesen schließlich erreichen.

Nur zur Vorbereitung der Ausführungen im nächsten Kapitel ermitteln wir abschließend den Gewinn beider Anbieter beim Preis 3,60. Dazu setzt man 3,60 für die Preise beider Anbieter in deren Gewinnfunktion ein und erhält für jeden Anbieter den Gewinn 38,88.

Welchen Preis und Gewinn würden die Duopolisten erzielen, wenn sie sich gemeinsam als Monopolist verhielten und diesen Gewinn maximieren würden? Die Rechnung, die wir wieder unterschlagen, führt zu einem Preis von 4,50 und einem Gesamtgewinn von 81 und damit zu einem Gewinn pro Anbieter von 40,50.

6.3.3.3 Der spieltheoretische Ansatz

Spieltheorie als Analyserahmen für die Oligopolproblematik

In den beiden letzten Jahrzehnten ist die Oligopolproblematik verstärkt im Rahmen der Spieltheorie behandelt worden. Die Spieltheorie ist ein ursprünglich rein mathematischer Ansatz, der in wesentlichen Aspekten aber auch verbal beschreibbar ist. Kern ist die Analyse von Situationen, in denen die Akteure (Spieler) Entscheidungen treffen müssen, die auch die Handlungen und Reaktionen von Mitspielern berücksichtigen müssen. Insofern ist die Oligopolproblematik ein Paradebeispiel für die Anwendung der Spieltheorie.

Zur Vereinfachung der Argumentation beschränken wir unsere Ausführungen auf den Fall zweier oligopolistischer Anbieter, auf das so genannte Duopol. Die Duopolisten sind die Spieler, die bei ihren Entscheidungen (z. B. bei der Preissetzung) die Handlungen und Reaktionen des Konkurrenten auf eigene Handlungen einbeziehen müssen, wodurch eine Spielsituation geschaffen wird.

Das Gefangenendilemma

Eine typische Spielsituation, die sich unmittelbar auf das Duopol übertragen lässt, ist das so genannte Gefangenendilemma. Hierbei geht es um zwei Personen A und B, die eines schweren Verbrechens beschuldigt werden und in getrennten Zellen verhört werden – ihnen ist jeder Kontakt untereinander unmöglich. Da eindeutige Zeugenaussagen fehlen, wird ihnen getrennt vom Staatsanwalt folgendes Angebot gemacht: Gesteht ein Häftling die Tat, so erhält der Gestehende 1 Jahr Gefängnis, während der nicht gestehende mutmaßliche Komplize 8 Jahre Gefängnisstrafe erhält. Gestehen beide Beschuldigten, erhalten beide 4 Jahre. Gesteht keiner der beiden, so muss ein Indizienprozess geführt werden und beide werden mit 2 Jahren Gefängnis bestraft. Diese möglichen Ergebnisse der unterschiedlichen Verhaltensweisen der beiden Gefangenen A und B sind in einer »Auszahlungsmatrix« zusammengefasst, die Kernelement jeden Spiels ist (vgl. Abbildung 6-12).

Abb. 6-12

Auszahlungsmatrix beim Gefangenendilemma

Häftling A \ Häftling B	Geständnis	Schweigen
Geständnis	A: 4 Jahre B: 4 Jahre	A: 1 Jahr B: 8 Jahre
Schweigen	A: 8 Jahre B: 1 Jahr	A: 2 Jahre B: 2 Jahre

Wie stellt sich die Entscheidungssituation von A und B dar? Betrachten wir zunächst A. Er hat die Wahl zwischen der »A gesteht«-Strategie und der »A schweigt«-Strategie. Bei der »A gesteht«-Strategie drohen ihm 4 Jahre, wenn B auch gesteht, und 1 Jahr, wenn B schweigt. Bei der »A schweigt«-Strategie drohen ihm 8 Jahre, wenn B gesteht, und 2 Jahre, wenn B schweigt. Die Entscheidung ist deshalb für A eindeutig: Er wird gestehen, er wählt die »A gesteht«-Strategie. Man spricht auch von einer dominanten Strategie.

Wie sieht die Sache für B aus? Bei der »B gesteht«-Strategie erhält B 4 Jahre Haft, wenn auch A gesteht, und nur 1 Jahr, wenn A schweigt. Dem stehen bei der »B schweigt«-Strategie 8 Jahre gegenüber, wenn A gesteht, und 2 Jahre, wenn auch A schweigt.

Somit ist die »Gesteht-Strategie« für beide Akteure die bessere – die dominante – Strategie, nach der sie handeln und deshalb beide 4 Jahre Haft bekommen. Keiner der Akteure hat Anlass, seine Entscheidung für diese Strategie zu ändern. Es handelt sich deshalb um ein so genanntes **Nash-Gleichgewicht**, ein Gleichgewicht, bei dem die Parteien ihre Entscheidungen unter Berücksichtigung des strategischen Verhaltens der anderen Parteien fällen und keinen Anlass zur Revision ihrer Entscheidung haben. Und dies, obwohl jeder der beiden Gefangenen sich besser stellen könnte, wenn beide schweigen. Darauf aber kann keiner der beiden vertrauen, weil jeder Angeklagte sich individuell besser stellen kann, wenn er gesteht und der Kumpan schweigt. Das ist ihr Dilemma.

Das Spiel Gefangenendilemma hat ein Nash-Gleichgewicht zum Ergebnis.

Betrachten wir nun die Situation der Duopolisten, die über ihre Preise zu entscheiden haben und dabei die erwartete Strategie des Konkurrenten in ihre Entscheidung einbeziehen müssen (vgl. Abbildung 6-13). Wir übernehmen bei der Erstellung der Auszahlungsmatrix, die jetzt die Gewinne der Duopolisten bei verschiedenen Preisstrategien der Anbieter wiedergibt, die fiktiven Nachfragefunktionen der Anbieter aus dem vorherigen Absatz, also:

$x_1 = 18 - 3p_1 + p_2$.

und

$x_2 = 18 - 3p_2 + p_1$.

Abb. 6-13

Auszahlungsmatrix bei unterschiedlichen Preisstrategien

U_1 \ U_2	Preis 3,60	Preis 4,50
Preis 3,60	U_1: 38,88 U_2: 38,88	U_1: 42,12 U_2: 36,45
Preis 4,50	U_1: 36,45 U_2: 42,12	U_1: 40,50 U_2: 40,50

Der Gewinn in Höhe von 38,88 ist der schon im vorigen Absatz ermittelte Gewinn beider Anbieter im *Nash*-Gleichgewicht. 40,50 sind die individuellen Gewinne, wenn sich beide Duopolisten gemeinsam als Monopolist verhalten. Der Gewinn von 42,12 für U_1 und 36,45 für U_2 ergibt sich, wenn U_1 den Preis 3,60 verlangt, während U_2 den Monopolpreis 4,50 setzt. Wegen der symmetrischen Gestaltung von Nachfragefunktionen und Kosten ergibt sich umgekehrt ein Gewinn von 42,12 für U_2, wenn U_2 3,60 verlangt und U_1 den Preis auf 4,50 setzt.

Wählt U_1 die Tiefpreisstrategie, so erzielt er, wenn U_2 ebenfalls 3,60 verlangt, einen Gewinn von 38,88, bleibt U_2 dagegen beim Monopolpreis, so steigt der Gewinn von U_1 auf 42,12.

Wählt U_1 die Monopolpreisstrategie und entscheidet sich U_2 für den Tiefpreis, dann erzielt U_1 einen Gewinn von nur 36,45. Setzt U_2 ebenfalls den Höchstpreis, so erzielt U_1 einen Gewinn von 40,50.

Dominante Strategien

Die Tiefpreisstrategie ist also für U_1 dominant, und da die Situation symmetrisch ist, ist sie auch die dominante Strategie für U_2. Also entscheiden sich beide Duopolisten für den Preis 3,60 und realisieren das *Nash*-Gleichgewicht. Obwohl das Monopolergebnis für beide zusammen den höchsten Gesamtgewinn bringen würde, wird sich das Nash-Gleichgewicht einstellen. Kein Anbieter kann darauf vertrauen, dass der jeweils andere Anbieter beim Monopolpreis bleibt. Denn jeder Anbieter kann sich individuell noch besser stellen als im Monopolfall, wenn er den Preis senkt und der Konkurrent beim Monopolpreis bleibt. Man beachte die Parallele zum Gefangenendilemma. Auch dort wäre es für beide Beschuldigten gegenüber der Situation im *Nash*-Gleichgewicht besser, wenn beide schweigen würden und beide mit je zwei Jahren Gefängnis davonkämen. Trotzdem landen sie im *Nash*-Gleichgewicht mit je vier Jahren Gefängnis. Das liegt daran, dass keiner dem anderen trauen kann, da jeder Angeklagte individuell noch besser davonkommen kann als mit zwei Jahren Gefängnis, wenn er gesteht und der andere nicht.

Das Gefangenendilemma tritt nur bei einmaligen Spielen auf.

Einschränkend ist allerdings zu sagen, dass das obige Ergebnis nur für eine einmalige Preissetzung gilt. Sind die Unternehmen länger am Markt, so kann sich ein bestimmtes Vertrauen zwischen ihnen herausbilden, das dann doch zu einem gemeinsamen Preis von 4,50 führen kann. In der Spieltheorie spricht man im Fall wiederholter Spiele von sequenziellen Spielen, die zu anderen Ergebnissen führen.

6.3.4 Preissetzung im heterogenen Polypol

6.3.4.1 Das Modell

Das heterogene Polypol ist eine Marktform zwischen Monopol und vollkommener Konkurrenz.

Sowohl vollkommene Konkurrenz als auch Monopole gibt es in der Realität selten. Wir wollen deshalb auf eine Zwischenform von Konkurrenz und Monopol hinweisen: die **monopolistische Konkurrenz** bzw. das heterogene Polypol. Diese Marktform ist durch das Bestehen vieler Anbieter (polypolistische Konkurrenz) gekennzeichnet, die aber nicht auf einem vollkommenen Markt ein homogenes Gut, sondern **heterogene, jedoch ähnliche Güter** anbieten. Dies hat – wie im Fall des heterogenen Oligopols – die Folge, dass für den einzelnen Anbieter nachfrageseitige **Preisspielräume innerhalb bestimmter Grenzen** existieren. Im Unterschied zum Oligopol muss der Anbieter hier jedoch aufgrund seines (verschwindend) geringen Marktanteils **nicht** befürchten, dass eigene Preisänderungen zu spürbaren Reaktionen der Mitanbieter auf dem Markt führen. Die Frage ist allerdings, wie groß der Preisspielraum des einzelnen Anbieters ist, innerhalb dessen Preisänderungen nur zu **moderaten** Anpassungen der Nachfrage nach seinem Gut führen werden (»monopolistischer Preisspielraum«). Hier wird üblicherweise zwischen zwei Fällen unterschieden:

1. Der monopolistische Preisspielraum umfasst den gesamten Bereich der Preis-Absatz-Funktion des Anbieters, d.h. der Absatz passt sich durchgehend moderat an Preisänderungen des Monopolisten an.
2. Der monopolistische Preisspielraum umfasst nur einen eingeschränkten Bereich um den Durchschnittspreis der Konkurrenten herum, während jenseits dieses Bereiches von Preisänderungen des Anbieters **drastische** Anpassungen der Nachfrage nach seinem Gut ausgehen werden.

Zwei unterschiedliche Formen der Preis-Absatz-Funktion

Betrachten wir zunächst den 1. Fall: Der – monopolistischer Konkurrenz unterliegende – einzelne Anbieter sieht sich hier einer Preis-Absatz-Funktion bzw. Nachfragekurve gegenüber, welche grundsätzlich dieselbe Gestalt hat wie die Preis-Absatz-Funktion eines »echten« Monopolisten. Allerdings ist sie nur auf ein kleines Marktsegment bezogen. Das individuelle Marktgleichgewicht lässt sich für diesen Anbieter wie im Monopolfall gemäß der »Grenzerlös = Grenzkosten«-Regel bestimmen. Die gewinnmaximale Position wird wie gehabt im *Cournot*'schen Punkt erreicht (vgl. Abbildungen 6-9 und 6-14).

Das Geschehen auf einem solchen Markt wird allerdings nicht nur durch viele grundsätzlich konkurrierende Anbieter bestimmt, sondern auch durch die Möglichkeit eines leichten Marktzugangs, von dem neue Anbieter immer dann Gebrauch machen werden, wenn sie durch Extragewinne auf diesem Markt angelockt werden. Unter Extragewinnen versteht man solche Gewinne, welche über die »normale« Verzinsung des Kapitals hinausgehen. Dies ist so lange der Fall, wie der gewinnmaximierende Preis des Anbieters oberhalb der Stückkosten liegt (vgl. Punkt C in Abbildung 6-14). Mit dem Markteintritt neuer Anbieter verteilt sich dann die insgesamt vorhandene Nachfrage auf mehr Anbieter, d.h. die individuelle Preis-Absatz-Kurve verschiebt sich nach links. Dieser Prozess vollzieht sich so lange, bis der Extragewinn auf null abgebaut ist. Die neue Nachfragekurve des betrachteten Anbieters (x_2^d) ist dann Tangente der Stückkostenkurve, wobei der Tangentialpunkt gleichzeitig der neue (langfristige) *Cournot*'sche Punkt C' ist.

Kurz- und langfristige Gewinnsituation des Anbieters

Im 2. Fall erstreckt sich der monopolistische Preisspielraum – wie bereits oben erläutert – nicht über die gesamte Preis-Absatz-Funktion (was auch eine extreme Bindung der Nachfrager an die jeweiligen Anbieter voraussetzen würde), sondern er ist nach oben und unten begrenzt. Innerhalb dieses Bereiches führen Preisänderungen nur zu geringen Absatzveränderungen, jenseits dagegen zu drastischen. Die Abbildung 6-15 verdeutlicht den Sachverhalt: Der

Die »doppelt geknickte« Preis-Absatz-Funktion

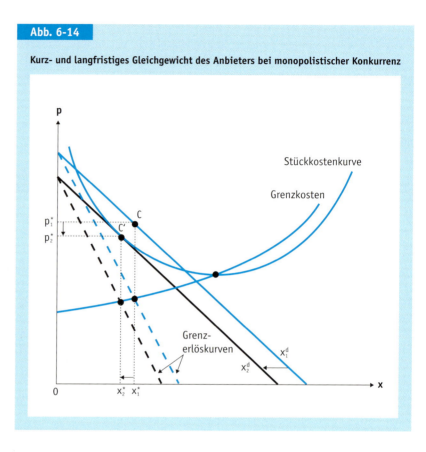

Abb. 6-14

Kurz- und langfristiges Gleichgewicht des Anbieters bei monopolistischer Konkurrenz

monopolistische Preisspielraum liegt innerhalb des Preisintervalls [p_A, p_B]. Der Versuch, den Preis über p_B hinaus anzuheben, würde mit einem praktisch vollständigen Wegbrechen der Nachfrage sanktioniert werden, d. h. einem Abwandern der Nachfrager zur Konkurrenz. Eine Senkung des Preises unter p_A würde **bei unverändertem Preisverhalten der Mitanbieter** zu einer massiven Abwerbung der Nachfrager der Konkurrenten führen. Die dadurch bedingte Zunahme des Marktanteils des betrachteten Anbieters wäre jedoch für die Konkurrenten deutlich spürbar, sodass diese ebenfalls ihre Preise senken würden. Die Folge wäre – ähnlich wie im Fall des heterogenen Oligopols – ein ruinöser Preiswettbewerb.

6.3.4.2 Wohlfahrtswirkungen im heterogenen Polypol

Auch im heterogenen Polypol (mit Anpassung der Anbieterzahl) sind die gehandelte Menge mit x_2^* kleiner und der Preis p_2^* höher als die entsprechenden Werte bei vollständiger Konkurrenz. Von daher können wir die Wohlfahrtswirkungen kurz verbal zusammenfassen. Wegen der geringeren Gleichgewichtsmenge gehen Teile von Konsumenten- und Produzentenrente endgültig verlo-

6.3 Preissetzung durch Anbieter

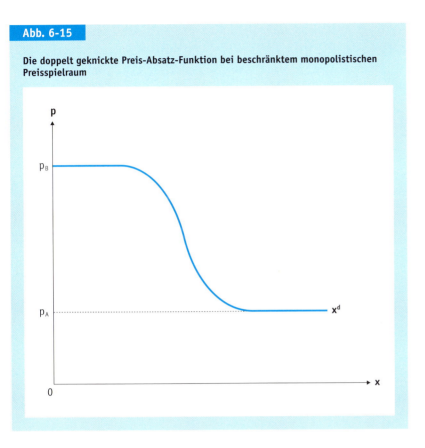

Abb. 6-15

Die doppelt geknickte Preis-Absatz-Funktion bei beschränktem monopolistischen Preisspielraum

ren (Nettowohlfahrtsverlust). Zusätzlich ergibt sich wegen des höheren Preises eine Transformation von Konsumentenrente in Produzentenrente.

Das heterogene Polypol ist also schon insoweit mit Ineffizienzen belastet. Bedenkt man zusätzlich, dass im Gleichgewicht bei vollständiger Konkurrenz mit wechselnder Anbieterzahl der Preis auf die minimalen Durchschnittskosten sinkt, während der heterogene Polypolist bei Durchschnittskosten über dem Minimum produziert, kommt eine weitere Ineffizienz hinzu – Verschwendung von Ressourcen.

Auf der anderen Seite muss man jedoch sehen, dass polypolistische Konkurrenz **Produktvielfalt** bedeutet. Es gibt nicht nur einen grauen Pullover, sondern hunderte in den unterschiedlichsten Ausführungen usw. Das kompensiert in den Augen vieler Leute die aufgezeigten Ineffizienzen im heterogenen Polypol oder überkompensiert diese sogar.

Ein heterogenes Polypol bedeutet Ineffizienz ...

... hat aber auch den Vorteil der Produktvielfalt.

6.4 Zusammenfassung der wesentlichen Funktionen des Preismechanismus

Zusammenfassend können wir feststellen: Im Grundsatz unabhängig von der Marktform kommt dem Preis die zentrale Rolle zu, die Pläne der Anbieter und Nachfrager ohne dirigistische Maßnahmen aufeinander abzustimmen. Dies gelingt durch die **Funktionsweise des Preismechanismus**, die hier noch einmal dargestellt werden soll.

Ist das geplante Angebot größer als die geplante Nachfrage, so sinkt der Preis. Daraufhin steigt die nachgefragte Menge, und das geplante Angebot geht zurück bis Gleichgewicht herrscht. Ist umgekehrt die geplante Nachfrage größer als das geplante Angebot, so steigt der Preis. Mit steigendem Preis sinkt die nachgefragte Menge, und es erhöht sich das geplante Angebot so lange, bis Gleichgewicht herrscht (**Gleichgewichtsfunktion des Preises**). Es gibt auf die Dauer weder unverkäufliche Mengen bei den Produzenten (kein Angebotsüberhang) noch eine Nachfrage, die bei diesem Preis nicht befriedigt wird (kein Nachfrageüberhang).

Man muss dabei aber sehen, dass die Koordination durch den Preis in einem bestimmten Sinn unsozial ist: Ein steigender Preis »rationiert« die Nachfrage und beschränkt tendenziell die Nachfrage der weniger Kaufkräftigen. Wegen dieser unsozialen Rationierungsfunktion des Preises (vgl. Kapitel 6.2) werden bei der Koordination der Wirtschaftspläne von Produzenten und Konsumenten also eher die Bedürfnisse der kaufkräftigen Nachfrager berücksichtigt als die Wünsche aller Verbraucher. So wird teures Hundefutter produziert, während manche Menschen sich kein Fleisch kaufen können.

Der Preis ist weiterhin ein ideales Instrument, die für die Entscheidungen von Produzenten und Konsumenten notwendigen Informationen zu liefern. Verschiebt sich z. B. die Nachfragekurve nach rechts (Erhöhung der Nachfrage), so wird bei dem alten Preis ein Nachfrageüberhang entstehen, und die Konkurrenz unter den Nachfragern wird den Preis in die Höhe treiben. Dies ist dann ein Signal für die bisherigen Anbieter, mehr zu produzieren, und für andere Anbieter, ebenfalls auf diesem Markt zu produzieren und anzubieten (**Informationsfunktion des Preises**). Es müssen dann mehr Produktionsfaktoren (Arbeitskräfte und Rohstoffe) für die Produktion auf diesem Markt nachgefragt werden, und somit lenkt der Preis auch die Verteilung der Produktivkräfte (**Allokation der Ressourcen**) auf die Produktion von Gütern, die von den kaufkräftigen Verbrauchern begehrt werden. Andererseits »lenken« die Preise wiederum die Nachfrage: Wird z. B. ein Rohstoff (etwa Zinn) knapp, so werden die steigenden Preise für Zinnprodukte dem Verbraucher signalisieren, weniger davon zu kaufen. Es sollte gesehen werden, dass der Preis die Informationen so wirtschaftlich wie möglich vor allem an diejenigen liefert, für die sie von Bedeutung sind (z. B. nur an mögliche Nachfrager von Zinnprodukten) und nur in einem Ausmaß, das notwendig ist (so braucht man nicht zu wissen, warum Zinn knapp und teuer ist).

Die Information durch den Preis genügt jedoch nicht; es muss auch erreicht werden, dass die Produzenten das Gewünschte produzieren. Dazu ist ein **Sank-**

tionssystem erforderlich, das in einer Marktwirtschaft durch die Möglichkeit der Gewinnerzielung geschaffen wird. Anbieter, die sich einer veränderten Marktlage schneller anpassen als ihre Konkurrenten, werden durch vorübergehend höhere Gewinne oder geringere Verluste belohnt, Nachzügler durch entgangene Gewinne oder größere Verluste bestraft. Dass auf diese Weise der Egoismus der einzelnen Produzenten zu einem gesamtwirtschaftlichen Vorteil führt, ist eine Erkenntnis, die der Begründer der Volkswirtschaftslehre, *Adam Smith*, bereits vor über 200 Jahren formulierte: »Nicht von dem Wohlwollen des Fleischers, Brauers oder Bäckers erwarten wir unsere Mahlzeit, sondern von ihrer Bedachtnahme auf ihr eigenes Interesse. Wir wenden uns nicht an ihre Humanität, sondern an ihren Egoismus und sprechen ihnen nie von unseren Bedürfnissen, sondern von ihren Vorteilen« (*Smith* 1776).

Der Gewinn ist auf dem Markt eine Belohnung für kostengünstige Produktion, für schnelles Eingehen auf die Wünsche der Nachfrager; also Leistungsanreiz und Erfolgskontrolle.

Funktioniert der Preismechanismus ungestört, so kommt es zu einer optimalen Allokation der Ressourcen. Auf einem einzelnen Wettbewerbsmarkt zeigt sich dies in einer maximalen Gesamtrente, die sich in der Regel aus Produzenten- und Konsumentenrente zusammensetzt. Eingriffe in dem Marktmechanismus reduzieren die Gesamtrente und können ceteris paribus als Wohlfahrtsverlust interpretiert werden. Allerdings kann das Erreichen von Zielen, die den Markteingriff begründen (und damit die Ceteris-paribus-Klausel außer Kraft setzen), kompensierend oder sogar überkompensierend wirken. Man denke etwa an eine Besteuerung von Zigaretten, mit dem Ziel, den Zigarettenkonsum aus gesundheitlichen Gründen zu reduzieren.

Arbeitsaufgaben Kapitel 6

1. Erklären Sie folgende Begriffe:
   - Monopol,
   - Oligopol,
   - vollkommene Konkurrenz,
   - monopolistische Konkurrenz,
   - latente Konkurrenz,
   - administrierte Preise.

2. Was verstehen Sie unter dem Preismechanismus und welche Funktionen hat er in einer Marktwirtschaft?

3. Wie funktioniert ein Auktionsmarkt bei vollkommener Konkurrenz?

4. Welche Koordinationsprobleme ergeben sich in der Realität, wenn die Preisbildung ohne Auktionator erfolgt?

5. Erläutern Sie das Konzept der Produzenten- und Konsumentenrente auf einem Wettbewerbsmarkt.

6. Wie verändern sich die Einnahmen der Anbieter, die bei unelastischer Nachfrage ihre Angebotsmenge erhöhen (verringern)?

7. Erläutern Sie das Preissetzungskalkül eines Monopolisten?

8. Zeigen Sie den Nettowohlfahrtsverlust im Monopol.

9. Erläutern Sie den folgenden Satz: »Der Preissetzungsspielraum eines Monopolisten fällt umso größer aus, je unelastischer die Nachfrage ist.«

10. Schildern Sie die Überlegungen, die ein oligopolistischer Anbieter bei geplanten Preisänderungen anstellen muss.

11. Stellen Sie eine Liste der Kontrollmechanismen auf, die eine schrankenlose Preiserhöhung von Anbietern verhindern.

12. Was verstehen Sie unter monopolistischer Konkurrenz?

Lösungsvorschläge für die Arbeitsaufgaben finden Sie im »Übungsbuch zu Grundlagen und Probleme der Volkswirtschaft«.

Literatur Kapitel 6

Fachwissenschaftlich vertretbare, allgemein verständlich gehaltene Einführungen existieren kaum. Der Leser sei verwiesen auf:
Demmler, Horst: Einführung in die Volkswirtschaftslehre. Elementare Preistheorie, 10. Aufl., München, Wien 2001.

Zum Teil anspruchsvolle Standardlehrbücher sind:
Schumann, Jochen/Ulrich Meyer/Wolfgang J. Ströbele: Grundzüge der mikroökonomischen Theorie, 8. Aufl., Berlin u. a. 2007.
Mankiw, N. Gregory/Mark P. Taylor: Grundzüge der Volkswirtschaftslehre, 4. Aufl., Stuttgart 2008, Kapitel 7 und 8.
Pindyck, Robert S./Daniel L. Rubinfeld: Mikroökonomie, 6. Aufl., München 2005, Kapitel 9–12 und 13.
Varian, Hal R.: Grundzüge der Mikroökonomik, 7. Aufl., München 2007.
Wiese, Harald: Mikroökonomik, 4. Aufl., Berlin 2005.

Zur Vertiefung der Modellzusammenhänge in grafischer Form eignet sich das Computerprogramm auf der beiliegenden CD.

7 Wettbewerb, Konzentration und Wettbewerbspolitik

Leitfragen

Worin liegt die Bedeutung des Wettbewerbs für die Funktionsfähigkeit einer Marktwirtschaft?

▸ Was bedeutet Wettbewerb?

▸ Inwiefern lenkt der Wettbewerb die Produktionsfaktoren einer Volkswirtschaft und sorgt für ihre sparsame Verwendung?

▸ Wie kommt es zur Innovationsfunktion des Wettbewerbs?

▸ Was versteht man unter funktionsfähigem Wettbewerb?

▸ Ist ein funktionsfähiger Wettbewerb im Oligopol gesichert? Welche Rolle spielt ein freier Marktzutritt?

Was versteht man unter der Unternehmenskonzentration und wie ist sie zu beurteilen?

▸ Was heißt Konzentration im wirtschaftlichen Bereich?

▸ Welches sind die wichtigsten Formen der Unternehmenskonzentration?

▸ Was sind die Ursachen der Konzentration?

▸ Was sind die Folgen der Konzentration?

▸ Inwiefern kann es zu einem Konflikt zwischen Wettbewerb und produktiver Effizienz kommen?

Wie schützt der Gesetzgeber die Volkswirtschaft gegen Wettbewerbsbeschränkungen?

▸ Was sind Kartelle und wie werden sie im Gesetz gegen Wettbewerbsbeschränkungen (GWB) behandelt?

▸ Was sind marktbeherrschende Unternehmen und wann üben sie ihre Macht missbräuchlich aus?

▸ Welche Maßnahmen zum Schutz des Wettbewerbs sind bei Unternehmenszusammenschlüssen vorgesehen?

▸ Welche »Strafen« sieht das GWB vor?

▸ Was sind grundsätzliche Probleme einer Kontrolle des Wettbewerbs?

7.1 Wettbewerb

7.1.1 Wettbewerbsbegriff

Wettbewerb ist ein dynamisches Ausleseverfahren, bei dem die Wettbewerber (z. B. Unternehmen) das gleiche Ziel haben und außenstehende Dritte (z. B. Käufer) darüber entscheiden, wer das Ziel in welchem Umfang erreicht. Daraus ergeben sich eine **Rivalität** und ein **gegenseitiges Abhängigkeitsverhältnis** zwischen den Wettbewerbern, eine so genannte parametrische Interdependenz.

Was ist Wettbewerb?

Wettbewerb, Konzentration und Wettbewerbspolitik
Wettbewerb

> Wettbewerb lässt sich damit – auf die Wirtschaft bezogen – verstehen als ein Verhältnis wechselseitiger Abhängigkeit und Rivalität zwischen Marktteilnehmern.

7.1.2 Aufgaben des Wettbewerbs

Wettbewerb ist kein Selbstzweck

Wettbewerbsfreiheit hat als individuelles Freiheitsrecht auch einen individuellen Nutzen, aber vor allem soll der Wettbewerb gesamtwirtschaftlich vorteilhafte Ergebnisse erbringen. Wettbewerb soll den Marktteilnehmern die fundamentalen ökonomischen Freiheitsrechte gewähren:

Wettbewerb soll Freiheit und Effizienz sichern

- Freiheit der Unternehmertätigkeit,
- Freiheit der Konsumwahl und
- Freiheit der Arbeitsplatzwahl.

Daneben soll Wettbewerb die optimale Allokation der Ressourcen sichern:
- die Produktionsfaktoren nachfrage- und kostengerecht lenken (Allokationsfunktion),
- zu Produkt- und Prozessinnovationen anregen (Innovationsfunktion),
- eine leistungsgerechte Einkommensverteilung gewährleisten (Verteilungsfunktion),
- und schließlich soll der Wettbewerb die Entstehung dauerhafter wirtschaftlicher Machtpositionen verhindern (Kontrollfunktion).

Diese Funktionen werden im Folgenden modellhaft erläutert.

Lenkung der Produktionsfaktoren

Der Wettbewerb soll die knappen Produktionsfaktoren der Volkswirtschaft in die von den Nachfragern gewünschte Verwendung lenken und dafür sorgen, dass die Produktionsfaktoren in den einzelnen Unternehmen möglichst sparsam verwendet werden (**Allokationsfunktion** des Wettbewerbs).

Prozess- und Produktinnovationen

Der Wettbewerb soll die Unternehmen dazu anregen, einerseits kostengünstigere Produktionsverfahren einzuführen – man spricht von Prozessinnovation – und andererseits neue Produkte zu entwickeln und/oder die Qualität der Produkte zu verbessern – man spricht von Produktinnovation und insgesamt von der **Innovationsfunktion** des Wettbewerbs. Zur Entwicklung und Anwendung kostengünstigerer Produktionsverfahren werden die Unternehmer im Wettbewerb angeregt, weil hieraus Kosten- und Gewinnvorteile gegenüber weniger fortschrittlichen Konkurrenten entstehen. Und die Entwicklung und marktmäßige Durchsetzung neuer und qualitativ verbesserter Produkte wird durch den Wettbewerb angeregt, weil damit höhere Preise erzielt werden können und/oder ein größerer Absatz möglich wird. Diese Vorreiter im Wettbewerb werden Pionierunternehmen genannt (*Joseph A. Schumpeter*, 1883–1950, einer der berühmtesten Ökonomen des 20. Jahrhunderts). Im Wettbewerb haben die durch Produkt- und Verfahrenserneuerungen erzielbaren Sondergewinne der Pionierunternehmen jedoch nur kurzfristig Bestand. Mittelfristig werden die Wettbewerber nachziehen und selbst kostengünstigere Produktionsverfahren einfüh-

Abfolge von Innovation und Imitation

ren und/oder die neuen Produkte imitieren bzw. selbst neue Produkte entwickeln. Dies baut die Pioniergewinne des Pionierunternehmens wieder ab. In diesem Sinne kommt es idealtypisch zu einer Abfolge von Innovation und Imitation. *Schumpeter* spricht von einem »Prozess der schöpferischen Zerstörung«.

Da bei funktionierendem Wettbewerb nur die Unternehmen Gewinne erzielen, die sich nachfragegerecht und kostenbewusst verhalten, trägt der Wettbewerb zu einer der Marktleistung entsprechenden Verteilung der Unternehmenseinkommen bei (**Verteilungsfunktion**). Ob diese Verteilung gerecht ist, ist eine andere Frage (vgl. Kapitel 25).

Unternehmen besitzen wirtschaftliche Macht, wenn sie einen Preis durchsetzen können, der deutlich über den Kosten (einschließlich der Entwicklungskosten und normaler Kapitalverzinsung) liegt, ihnen also die Erzielung überdurchschnittlicher Gewinne gestattet. Die Möglichkeit hierzu ist im Wettbewerbssystem in Form der erwähnten Pioniergewinne vorgesehen und erwünscht. Der Wettbewerb soll aber zugleich dafür sorgen, dass diese wirtschaftliche Machtposition nicht dauerhaft ist (**Kontrollfunktion**). Eine erfolgreiche Bekämpfung dauerhafter wirtschaftlicher Machtpositionen durch den Wettbewerb hat über den wirtschaftlichen Bereich hinaus einen bedeutsamen gesamtgesellschaftlichen Aspekt: Die Umsetzung wirtschaftlicher Macht in politische Macht wird erschwert.

Wirtschaftliche Macht darf nicht dauerhaft sein.

Mit diesen beschriebenen Funktionen ist der Wettbewerb das zentrale Ordnungs- und Entwicklungsverfahren der kapitalistischen Marktwirtschaft und mit dieser untrennbar verbunden.

7.1.3 Leitbilder und Konzeptionen der Wettbewerbspolitik

Die Vorstellungen darüber, wie und unter welchen Voraussetzungen der Wettbewerb (gut) funktioniert, sind im Zeitablauf Wandlungen unterworfen gewesen, verschiedene Leitbilder der Wettbewerbspolitik sind entwickelt worden und konkurrieren miteinander, wobei die Unterschiede nicht immer deutlich werden.

Für die Vertreter des **klassischen Liberalismus**, insbesondere *Adam Smith* (1723–1790) und *John Stuart Mill* (1806–1873) war ein freier Leistungswettbewerb das prinzipiell optimale Steuerungsinstrument der Wirtschaft. Voraussetzung eines freien Leistungswettbewerbs war insbesondere die Beseitigung staatlicher Wettbewerbshemmnisse (z. B. Schutzzölle, Steuerprivilegien oder der Schutz von Berufsständen) und die Freiheit des Marktzutritts; eine Bedrohung des Wettbewerbs durch Unternehmenskonzentration sahen die Klassiker dagegen allenfalls in zweiter Linie.

Freier Leistungswettbewerb im Liberalismus

In der Folgezeit verengte sich die Wettbewerbstheorie zunehmend zu einer statischen Preistheorie und zur Analyse eines vollständigen Produktions- und Tauschgleichgewichtes auf der Basis der Marktform der **vollkommene Konkurrenz** (vgl. Kapitel 6.2), insbesondere durch *Leon Walras* (1834–1910) und

Allgemeines Gleichgewicht in der vollständigen Konkurrenz

7.1 Wettbewerb, Konzentration und Wettbewerbspolitik
Wettbewerb

Alfred Marshall (1842–1924) begründet. Dieses Modell der vollständigen Konkurrenz ist als Leitbild der Wettbewerbspolitik, vor allem auf Drängen der Vertreter des Ordoliberalismus (*Walter Eucken* 1891–1950) später in die Konzeption des 1958 in Kraft getretenen »Gesetzes gegen Wettbewerbsbeschränkung« (GWB) eingegangen. Nach diesem Leitbild hätte die Wettbewerbspolitik recht einfache Handlungsregeln gehabt: Der Wettbewerb wird umso besser, je mehr Anbieter auf dem Markt miteinander konkurrieren und je größer die Transparenz auf dem Markt ist. Weil in diesem Leitbild aber einseitig die Kontrolle der wirtschaftlichen Macht im Vordergrund des Interesses stand, hingegen die dynamischen Innovationsfunktionen des Wettbewerbs und die Effizienzvorteile großer Unternehmen ausgeblendet blieben, wurde das Leitbild der vollständigen Konkurrenz sehr bald durch Leitbilder ersetzt, die die Dynamik des Wettbewerbs betonen, insbesondere die Innovationsfunktion des Wettbewerbs.

Mangelnde Berücksichtigung der Dynamik

Wesentlich ist die Vorstellung von Wettbewerb als einem dynamischen Prozess, in dem Unternehmen marktstrategische Vorstöße vornehmen – sie senken Preise, verbessern die Qualität der Produkte, schaffen neue Produkte oder Verfahren – und in dem Imitatoren nachstoßen, nicht sofort, aber auch nicht mit großer Verzögerung, damit der Vorsprung einholbar bleibt und die Nachfrager in ihrer Gesamtheit die Vorteile besserer und/oder billigerer Produkte erlangen.

Der funktionsfähige Wettbewerb

Das **Leitbild des funktionsfähigen Wettbewerbs** (workable competition) hat lange Zeit die Wettbewerbspolitik in der Bundesrepublik Deutschland geprägt und ist auch heute noch in den Entscheidungen des Bundeskartellamtes vorherrschend. Dieses Leitbild stellt weniger auf die Marktform, sondern mehr auf die Erfüllung der genannten Funktionen des Wettbewerbs ab. Allerdings liegt auch diesem Leitbild die Vorstellung zugrunde, dass die Marktstruktur, also die Zahl und die Größe der Anbieter, insgesamt das Marktverhalten und das Marktergebnis beeinflusst, wenngleich nur im Sinne von wahrscheinlichen Abläufen.

Unternehmenszusammenschluss und Abnahme der Marktübersicht

Bei diesem Wettbewerbskonzept kann die Zu- oder Abnahme der Zahl der Wettbewerber nicht ohne Weiteres als Zu- oder Abnahme des Wettbewerbs interpretiert werden. Schließen sich z. B. auf einem Markt zwei Unternehmen zusammen, so können sie gerade durch diesen Zusammenschluss eine Marktstärke erlangen, die es ihnen ermöglicht, mit den übrigen Anbietern des Marktes in Wettbewerb zu treten, um so den Wettbewerb auf dem Markt zu fördern. Auch ist keineswegs sicher, dass eine zunehmende Markttransparenz sich immer positiv auf den Wettbewerb auswirkt. Häufig kann der einzelne Anbieter sogar nur im Schutze einer unvollständigen Markttransparenz seiner Konkurrenten Preissenkungen durchführen, die er bei vollkommener Markttransparenz wegen der zu befürchtenden parallelen Reaktion der Konkurrenten unterlassen müsste.

Wettbewerb im Oligopol

Mit dem Konzept des funktionsfähigen Wettbewerbs sind im Prinzip auch oligopolistische Märkte vereinbar, die bei dem hohen Konzentrationsgrad in der Bundesrepublik Deutschland typisch sind. Allerdings nur, solange sichergestellt ist, dass zwischen den verbleibenden Marktparteien tatsächlich Wettbewerb herrscht. Ob und inwieweit dies im Allgemeinen der Fall ist, bleibt strittig. In der Regel wird aber angenommen, dass Märkte, die durch einen hohen Grad an Konzentration gekennzeichnet sind, für die zudem hohe Marktzutrittsschranken bestehen und die sich in der Marktsättigungsphase befinden (**»enge« und »reife« Oligopole),** keine günstigen Wettbewerbsvoraussetzungen bieten. Infolge der starken gegenseitigen Absatzinterdependenz wird sich in der Regel eine Gruppensolidarität der Marktteilnehmer herausbilden, die einen Wettbewerb infrage stellt.

Gruppensolidarität ist möglich.

Günstige Wettbewerbsvoraussetzungen werden auf solchen Märkten vermutet, die weder eine sehr hohe noch eine sehr niedrige Wettbewerbsintensität aufweisen, sondern die so genannte **optimale Wettbewerbsintensität.**
Die optimale Wettbewerbsintensität wird nach *Kantzenbach* zu vermuten sein

Bedingungen für die optimale Wettbewerbsintensität

▸ bei weiten Oligopolen, also Oligopolen, in denen aufgrund der Vielzahl der Konkurrenten die gegenseitige Abhängigkeit nicht so groß ist, dass wettbewerbliche Aktionen unterbleiben, aber auch nicht so klein, dass Reaktionen ausbleiben, und
▸ bei mäßiger Produktdifferenzierung, also mäßiger Unterschiedlichkeit der Produkte.

Wenngleich dieses Konzept der optimalen Wettbewerbsintensität vermutlich zu stringent ist – ein funktionsfähiger Wettbewerb ist letztlich nicht an die Erfüllung bestimmter Strukturmerkmale gebunden – so dient es doch als Grundlage für eine grobe Evaluierung der Wettbewerbsbedingungen.

Das **Leitbild der Wettbewerbsfreiheit** wird in Deutschland vor allem von *Friedrich August von Hayek* und *Erich Hoppmann* auch unter dem Begriff der neuklassischen Wettbewerbsfreiheit vertreten; in den USA ist es als Konzept der »Chicago School« bekannt. Das Leitbild der Wettbewerbsfreiheit setzt stark auf die Offenheit des Wettbewerbsprozesses, auf die Selbstheilungskräfte des Marktes und konkret auf die wettbewerblichen Wirkungen eines **freien Marktzutritts**; auf bestimmte Marktstrukturen und Unternehmenskonzentrationen kommt es dagegen weniger an. Damit ist, wie bei den Klassikern, die Vorstellung verbunden, dass wirksamer Wettbewerb dauerhaft nur dann erhalten bleibt, wenn für neue Anbieter die Möglichkeit des Marktzutritts besteht, und umgekehrt die Vorstellung, dass die Möglichkeit des Marktzutritts hinreichend für die Funktionsfähigkeit des Wettbewerbs ist. Die stärkere Betonung der Rolle des Marktzutritts ist sicher richtig, die bisweilen damit verbundene Ausschließlichkeit vermutlich zu rigoros. In der Wettbewerbspolitik der Bundesrepublik Deutschland hat das Leitbild der Wettbewerbsfreiheit das Leitbild des funktionsfähigen Wettbewerbs inzwischen in den Hintergrund gedrängt.

Das Leitbild der Wettbewerbsfreiheit setzt auf die Offenheit des Wettbewerbs.

Freier Marktzutritt spielt eine große Rolle für den Wettbewerb.

7.1.4 Marktzutritt und Marktzutrittsschranken

Die Möglichkeit eines Marktzutritts ist essenziell für den Wettbewerb, und die Höhe von Marktzutrittsschranken ist damit wichtig zur Beurteilung des Potenzials an Wettbewerb. Es lassen sich drei Arten von Zutrittsschranken unterscheiden:

▸ Strukturelle Marktzutrittsschranken, die unabhängig vom aktuellen Unternehmensverhalten existieren; hierzu gehören insbesondere absolute Kostenvorteile, Betriebsgrößenvorteile und Produktdifferenzierungsvorteile.
▸ Institutionelle Marktzutrittsschranken, die auf politischen Rahmenbedingungen beruhen (z. B. staatliche Rundfunkfrequenzvergabe).
▸ Strategische Marktzutrittsschranken, die auf zutrittssperrende Handlungen der etablierten Anbieter zurückgehen. Hierzu zählen die Limitpreisstrategie, die Schaffung von Überkapazitäten und Produktdifferenzierungsstrategien.

Als **strukturelle Marktzutrittsschranken** werden die Vorteile bezeichnet, die etablierte Anbieter gegenüber potenziellen Konkurrenten genießen, die es jenen erlauben würden, ihren Preis dauerhaft über ein kompetitives Niveau anzuheben, ohne neue Firmen zum Eintritt zu bewegen. Dabei werden meist drei Formen von Marktzutrittsschranken unterschieden:

▸ Absolute Kostenvorteile
Ein etablierter Anbieter besitzt absolute Kostenvorteile gegenüber einem potenziellen Konkurrenten, wenn seine Durchschnittskosten für jede Produktionsmenge geringer sind als die des potenziellen Konkurrenten. Die langfristige Durchschnittskostenkurve der etablierten Unternehmen verläuft also im relevanten Bereich unterhalb der der potenziellen Konkurrenten. Ursachen dafür können die besseren Verfügungsmöglichkeiten über Rohstoffe, Kapital und geeignete Arbeitskräfte sein, aber auch ein überlegenes technisches Wissen.
▸ Vorteile der Produktdifferenzierung
Produktdifferenzierungsvorteile etablierter Unternehmen gegenüber potenziellen Wettbewerbern haben ihren Ursprung darin, dass die Präferenzen der Kunden für etablierte Produkte tendenziell größer sind als für neue und unbekannte Substitute. Dies hat seinen Grund in der Vertrautheit der Kunden mit den etablierten Produkten, die durch langjährige Marketingleistungen (z. B. Werbung und Kundendienst) aufgebaut worden sein kann.
▸ Betriebsgrößenvorteile (economies of scale)
Betriebsgrößenvorteile stellen dann eine Marktzutrittsschranke dar, wenn der Marktzutritt wegen der beschränkten Marktnachfrage in einer Betriebsgröße erfolgen muss, die unter der mindestoptimalen Betriebsgröße liegt. Dann muss der Newcomer ja mit höheren Kosten produzieren als der etablierte Anbieter.

Strategische Marktzutrittsschranken bestehen dann, wenn das im Markt befindliche Unternehmen bewusst strategische Entscheidungen trifft, die ohne die Existenz seines potenziellen Konkurrenten nicht getroffen worden wären und die den Marktzutritt erschweren. Strategische Marktzutrittsschranken können nach der Art der eingesetzten Aktionsparameter unterschieden werden:

Formen strategischer Marktzutrittsschranken

- Unternehmen, die eine Limitpreisstrategie betreiben, versuchen den Markteintritt potenzieller Konkurrenten dadurch zu unterbinden, dass sie bei Aufrechterhaltung der Angebotsmenge (Mengenbehauptungsstrategie) den Angebotspreis so weit senken, bis für potenzielle Konkurrenten kein kostendeckender Markteintritt mehr möglich ist.
- Wenn in einem Markt etablierte Unternehmen über genügend große Reservekapazitäten verfügen, können diese Unternehmen zusätzlich entstehende Nachfrage schneller und möglicherweise auch kostengünstiger befriedigen als Neuanbieter und auf diese Weise potenzielle Konkurrenten vom Markt fernhalten. Darüber hinaus können sie durch eine Ausdehnung der Produktionsmenge den Preis wiederum auf ein Niveau senken, das dem potenziellen Neuanbieter eine Kostendeckung nach einem Markteintritt nicht ermöglicht.
- Bei einer Produktdifferenzierungsstrategie wird potenziellen Konkurrenten der Marktzutritt dadurch erschwert, dass die etablierten Unternehmen die Zahl der Produktvarianten strategisch ausdehnen, um damit Marktnischen für neue Produktvarianten zu schließen.

Institutionelle Marktzutrittsschranken sind durch staatliche Hoheitsgewalt verfügt. Beispiele gibt es z. B. im Rundfunksektor in Form der öffentlich regulierten Frequenz- und Lizenzvergabe und partiell in den Bereichen der Versorgung, der Post und des Verkehrs.

Eine gewisse formale Weiterentwicklung des Konzeptes der Marktzutrittsfreiheit liefert die Theorie der **angreifbaren Märkte** (contestable markets). Hier wird darauf verwiesen, dass ein Markt auch dann wettbewerbsfähig (angreifbar, contestable) ist, wenn die Kosten des Marktzutritts im Falle eines Misslingens nicht versunken sind, sondern reversibel sind. Das ist der Fall, wenn die investierten Ressourcen nach dem Marktaustritt anderweitig verwendet werden können. Dann ist ein solcher Markt naturgemäß angreifbar und man spricht dann von einem **angreifbaren** oder **bestreitbaren Markt** (contestable market) und kann annehmen, dass auf solchen Märkten Bedingungen wie bei einem aktuellen Wettbewerb herrschen. Allerdings ist zu vermuten, dass solche bestreitbaren Märkte selten sind, weil mindestens die Kosten des Marketings in aller Regel irreversibel sind. Im Übrigen kommt es darauf an, ob die erworbenen Maschinen und Anlagen anderweitig verwendet werden können, wie z. B. Lkw im Speditionsgewerbe, oder nicht, wie z. B. bei Kernkraftwerken.

Marktzutritt bei bestreitbaren Märkten

Für die Wettbewerbspolitik ist es wichtig zu erkennen, ob bestehende Marktzutrittsschranken das (erwünschte) Ergebnis einer effizienten Unternehmensführung sind und daher kaum zu ahnden sind, was bei den strukturellen Schranken zu vermuten ist, oder ob die Schranken das Ergebnis eines wettbewerbsbeschränkenden Verhaltens sind, was bei institutionellen und strategischen Schranken zu vermuten ist. In diesem Fall wären die Zutrittsschranken abzubauen.

7.1.5 Marktabgrenzung – der relevante Markt

Wettbewerb und Wettbewerbspolitik beziehen sich auf Märkte. Wie viele Anbieter auf einem Markt anbieten, wie hoch die Konzentration ist, wie ausgeprägt die Marktbeherrschung ist, kann nur für einen konkreten Markt untersucht werden. Die Abgrenzung dieses so genannten **relevanten Marktes** ist sowohl theoretisch als auch insbesondere praktisch äußerst schwierig.

> Allgemein ist der relevante Markt der Bereich wirksamer Konkurrenz, und den relevanten Markt definieren alle die Produkte, die aus der Sicht der Nachfrager kurzfristig substituierbar sind.

Eine hohe Kreuzpreiselastizität zeigt Konkurrenz an.

Diese Substitutionsmöglichkeiten werden durch Substitutionselastizitäten gemessen, insbesondere durch die **Kreuzpreiselastizität** (vgl. Kapitel 4.3.3.2). Denn ein absolut genommen hoher Wert der Kreuzpreiselastizität bedeutet, dass eine Änderung des Preises des Gutes 1 um beispielsweise 10 Prozent bei einem anderen Gut 2 zu einer deutlich spürbaren Nachfrageänderung führt. Eine solche hohe Kreuzpreiselastizität wird dann als Indiz dafür genommen, dass die Güter substituierbar sind, dass zwischen ihnen Konkurrenz besteht, dass sie mithin den relevanten Markt bilden. In diesem Sinn gehören sicherlich Autos der gleichen Klasse, z. B. der unteren Mittelklasse, zum gleichen relevanten Markt, aber es ist schon fraglich, ob Autos der gehobenen Mittelklasse dazugehören.

Die Praxis verwendet das Konzept der funktionalen Austauschbarkeit.

Da in der Praxis solche Kreuzpreiselastizitäten in der Regel nicht ermittelt werden können, stützt man sich häufig auf Befragungen und Plausibilitätserwägungen. So verwendet das Bundeskartellamt – die Behörde, die in der Bundesrepublik Deutschland den Wettbewerb überwacht – das Konzept der »**funktionalen Austauschbarkeit aus der Sicht des verständigen Verbrauchers (Abnehmers)**«. Dabei wird in erster Linie die funktionale Austauschbarkeit anhand einer vergleichenden Analyse der Produkteigenschaften und Verwendungszwecke erfasst. So kann man z. B. sicher vermuten, dass Erdöl und Erdgas auf dem Brennstoffmarkt miteinander funktional austauschbar sind, während z. B. die Bildzeitung und die Süddeutsche Zeitung funktional sicher nicht austauschbar sind, obwohl beide Tageszeitungen sind.

7.2 Konzentration

7.2.1 Begriff, Messung und Formen der Konzentration

Konzentration bezeichnet eine Ballung von Merkmalen, eine Häufung von Merkmalen auf Merkmalsträger. Um welche Merkmale und um welche Merkmalsträger es sich handeln soll, hängt ab vom Untersuchungsziel. Untersuchungsziele der Ökonomie, bei denen Konzentration eine wichtige Rolle spielt, sind die Verteilung von Einkommen und Vermögen (Einkommenskonzentration/Vermögenskonzentration), die räumliche Bindung von Entwicklungsprozessen (Agglomerationen/Ballungsräume) und vor allem die Analyse der Bestimmungsgründe des Wettbewerbs, die Analyse der Unternehmenskonzentration. Darum geht es in diesem Kapitel. Merkmalsträger sind hier die Unternehmen als rechtliche und wirtschaftliche Einheiten, und das zentrale Merkmal ist der Umsatz als Kriterium der wirtschaftlichen Größe.

Zu unterscheiden ist die absolute und die relative Konzentration. Die **absolute Konzentration** erfasst die Zahl der Unternehmen und ihren Umsatzanteil im Markt, unabhängig von ihrer relativen Größe. Die übliche Maßgröße ist die so genannte **Konzentrationsrate**, auch Konzentrationskoeffizient genannt (nach der englischen Bezeichnung concentration ratio häufig mit CR abgekürzt). Gemessen wird hier der Merkmalsanteil (meist Umsatzanteil) der jeweils größten 3 oder der größten 6 oder der größten 10 Unternehmen eines Marktes usw. In Kurzform spricht man dann von CR-3, CR-6, CR-10 usw. und fügt die Konzentrationsrate an. CR-10 = 80 bedeutet dann, dass die 10 größten Firmen des Marktes 80 Prozent des Umsatzes auf sich vereinen.

> Absolute und relative Konzentration sind zu unterscheiden.

Die **relative Konzentration** erfasst dagegen die Unterschiedlichkeit der Größe der Unternehmen, ihre Disparität. So würden z. B. drei (und nur drei) gleich große Unternehmen im Markt eine große absolute, aber gar keine relative Konzentration bedeuten. Die relative Konzentration wird meist mit dem Gini-Koeffizienten gemessen; zur bildlichen Darstellung wird die Lorenzkurve verwendet.

Zur Unternehmenskonzentration kann es – abgesehen von vom Markt ausscheidenden oder neu gegründeten Unternehmen – auf zwei Arten kommen:
- durch **internes Wachstum** eines Unternehmens, d. h. durch die Umsatzerweiterung eines bestehenden Unternehmens, die über dem Durchschnitt des Umsatzzuwachses anderer Gruppenmitglieder liegt, oder
- durch **externes Wachstum**, d. h. durch einen Zusammenschluss bestehender Unternehmen.

> Unternehmenskonzentration durch internes und externes Unternehmenswachstum

Formen des externen Wachstums, also Formen von Unternehmenszusammenschlüssen, stehen im Mittelpunkt wettbewerbspolitischer Analysen und Aktivitäten, weil sie wesentlich häufiger als internes Wachstum zu beobachten sind und weil ihre Auswirkungen auf den Wettbewerb besonders problematisch sind.

Unternehmen können auf vielfältige Weise miteinander verbunden sein. Alle möglichen Verbindungen liegen zwischen den beiden extremen Tauschformen Markt auf der einen Seite und Unternehmen auf der anderen Seite. Auf dem Markt findet der Tausch zwischen selbstständig bleibenden Einheiten statt, und im Unternehmen sind alle Transaktionen in einer Einheit integriert. Dazwischen liegt ein Spektrum mehr oder weniger enger Unternehmensbeziehungen, wobei insbesondere die Höhe der Kapitalbeteiligungen die Enge der Beziehung bestimmt. So wird z. B. ab einer Kapitalbeteiligung von 20 Prozent eine dauernde Verbindung vermutet (§ 271, Abs. 1 HGB). Von zentraler wettbewerbspolitischer Bedeutung ist, dass durch jede Form von Unternehmensverflechtungen das Marktverhalten der Beteiligten ex ante in gewisser Weise koordiniert wird.

7.2 Wettbewerb, Konzentration und Wettbewerbspolitik
Konzentration

Formen der Unternehmenskonzentration

Eine solche Koordination reduziert im Prinzip den Entscheidungs- und Handlungsspielraum aller Beteiligten, reduziert also die Freiheit des Wettbewerbs. Nach dem Grad der Verbindlichkeit der Ex-ante-Koordination unterscheidet man die Fusion, den Konzern, die Gemeinschaftsunternehmung (Joint Venture), Kartelle und ein kooperatives Marktverhalten selbstständig bleibender Unternehmen. Die Grenzen sind fließend.

Bei einer **Fusion** vereinigen sich die Unternehmen zu einer neuen rechtlichen (und wirtschaftlichen) Einheit. Diese Konzentrationsform ist praktisch unbedeutend. Umgangssprachlich und in der juristischen Praxis wird der Begriff Fusion aber häufig auch als Sammelbegriff für alle Formen von Unternehmenszusammenschlüssen verwendet.

Eine **Konzernbildung** liegt vor, wenn mehrere rechtlich selbstständige und selbstständig bleibende Unternehmen sich zu einer wirtschaftlichen Einheit unter einheitlicher Leitung zusammenschließen. Dabei ist die **Einheitlichkeit der Leitung** das entscheidende Merkmal.

Man unterscheidet:

Konzernarten

▸ Vertragskonzerne, die auf Gesellschaftsverträgen beruhen und faktische Konzerne, die aufgrund einer faktischen, wirtschaftlichen Beherrschung ohne Vertrag existieren, sowie
▸ Unterordnungskonzerne mit Mutter- und Tochtergesellschaften sowie
▸ Gleichordnungskonzerne, bei denen die beteiligten Unternehmen gleichberechtigt eine einheitliche Leitung begründen.

Am häufigsten ist der Unterordnungskonzern anzutreffen

In der Praxis dominiert der Unterordnungskonzern auf vertraglicher Basis. Es existiert eine Muttergesellschaft und die Einheitlichkeit der Leitung wird begründet durch

▸ einen Beherrschungsvertrag,
▸ einen Gewinnabführungsvertrag und
▸ eine Mehrheitsbeteiligung.

Unternehmen selbst sprechen ungern von einem Konzern, sie bezeichnen sich dann lieber als »Gruppe« und bevorzugt englisch als »Group«.

Neben den Beteiligungen, die einen Konzern begründen, gibt es eine kaum übersehbare Zahl von Beteiligungen zwischen Unternehmen, die deutlich unter 50 Prozent liegen und in der Regel Abhängigkeiten begründen, ohne indes zu einem Konzern zu führen.

Formen der Abhängigkeit von Unternehmen

Eine **Gemeinschaftsunternehmung** (GU), auch Joint Venture genannt, entsteht, wenn sich mehrere Unternehmen gleichzeitig oder nacheinander an einem anderen Unternehmen beteiligen oder ein Unternehmen als rechtlich selbstständige Geschäftseinheit neu gründen. Diese Art von Zusammenarbeit spielt zunehmend eine große Rolle. Wettbewerbspolitisch problematisch ist dabei vor allem, dass die beteiligten Unternehmen auf dem gemeinsamen Markt ebenso wie auf anderen Märkten auf die Zusammenarbeit im Gemeinschaftsunternehmen Rücksicht nehmen, eine Abnahme des Wettbewerbs ist daher auf Dauer zu erwarten.

Eine sehr bedeutsame Form der Konzentration ist das **Kartell**. Es handelt sich dabei um eine Vereinbarung unter juristisch und zum Teil auch wirtschaftlich selbstständig bleibenden Unternehmen mit dem Ziel, den Wettbewerb zwischen den Kartellmitgliedern zu beschränken (siehe Kapitel 7.3.1).

Kooperatives Marktverhalten selbstständig bleibender Unternehmen kann außerordentlich viele Formen annehmen. Nach dem Grad der eingegangenen Bindungen reicht das Spektrum der Verhaltenskoordination von Absprachen, verschiedenen Formen vertraglicher Vereinbarungen bis hin zu »Gentlemen Agreements«, und die Verhaltenskoordination kann sich auf ganz unterschiedliche Wettbewerbsparameter beziehen, z. B. auf den Einkauf, den Vertrieb oder Forschung und Entwicklung.

Mittlerweile werden viele Unternehmensverbindungen »strategisch« genannt. Als **strategische Allianz** bezeichnet man förmliche, langfristige Verbindungen von rechtlich und wirtschaftlich selbstständig bleibenden Unternehmen, die bestimmte Aspekte der Geschäftstätigkeit wie z. B. Lieferverträge, Lizenzverträge, Vertriebsverträge oder gemeinsame Forschungs- und Entwicklungsaktivitäten miteinander vereinbaren. Eine **strategische Gruppe** ist die Gruppe der Unternehmen in einer Branche, die dieselbe oder eine ähnliche Strategie entsprechend den strategischen Dimensionen (Lieferanten, Abnehmer, Wettbewerb) verfolgt. Als **strategische Familie** werden mehrere Unternehmen bezeichnet, deren Erfolg am Markt entscheidend voneinander abhängt und deren Strategien komplementär sind, etwa Abnehmer und Lieferanten oder Unternehmen und Hausbank.

Formen strategischer Unternehmensverbindungen

Bei den Verflechtungsebenen differenziert man nach der Art der betroffenen Märkte.

- Bei der **horizontalen Konzentration** sind die beteiligten Unternehmen auf dem gleichen relevanten Markt tätig, ein Beispiel ist der Zusammenschluss von Commerzbank und Dresdner Bank.
- Bei der **vertikalen Konzentration** sind Unternehmen beteiligt, die auf vor- und/oder nachgelagerten Produktionsstufen tätig sind und in einer Abnehmer-Lieferanten-Beziehung stehen, ein Beispiel war die Beteiligung des Filmhändlers Leo Kirch an ProSieben und SAT 1 und an Filmproduktionsfirmen sowie Kinos.
- Bei der **diagonalen (konglomeraten) Konzentration** sind Unternehmen beteiligt, die auf unterschiedlichen relevanten Märkten tätig sind und nicht in einer Abnehmer-Lieferanten-Beziehung stehen.

Horizontale, vertikale und diagonale Konzentration

Faktisch ist die Konzentration ein fortlaufender Prozess, bei dem sich die Zahl der selbstständigen Wirtschaftseinheiten als wettbewerblicher Entscheidungsträger verringert. Dabei sind die Formen der Konzentration außerordentlich vielfältig und häufigen Veränderungen unterworfen, und die Transparenz über diese Prozesse ist gering. Das macht eine Analyse und nachfolgend eine Bekämpfung der Konzentration sehr schwierig.

7.2.2 Ursachen und Folgen der Konzentration

Ursachen und Folgen der Konzentration sind kaum zu trennen, weil erwartete Folgen oft die Ursache von Konzentrationsprozessen sind. Dennoch soll wenigstens gedanklich eine Trennung versucht werden.

7.2.2.1 Ursachen der Konzentration

Wesentliche Ursachen für Konzentration

Die Abbildung 7-1 enthält die wesentlichen Ursachen der Konzentration. In der Regel liefert die zunehmende Firmengröße – als begleitendes Element der Konzentration – ökonomische Vorteile für die beteiligten Unternehmen.

Abb. 7-1

Ursachen der Unternehmenskonzentration

Größenvorteile (economies of scale, Lernkurveneffekte)	Diversifizierungsvorteile (economies of scope)	Transaktionskostenersparnisse	Sonstige Ursachen ▸ staatliche Wirtschaftspolitik ▸ Finanzierungsvorteile ▸ Wettbewerbsausschluss ▸ Kontrollvorteile ▸ Marktzutrittsvorteile ▸ Managervorteile

Größenvorteile (economies of scale)

Größenvorteile liegen vor, wenn mit wachsender Betriebsgröße die Produktionskosten langsamer wachsen als die Ausbringungsmenge, wenn also die Stückkosten der Produktion mit steigender Betriebsgröße sinken. Die Ursachen hierfür sind vielfältig. Man kann unteilbare Maschinenkapazitäten besser nutzen, man kommt mit relativ weniger Reserven an Ersatzteilen aus, die so genannte 2/3-Regel begründet, dass der Materialaufwand für zylindrische Produktionskapazitäten (z. B. Hochöfen, Pipelines, aber auch annähernd Schiffe usw.) in der zweiten, das Volumen hingegen in der dritten Potenz wächst. Auch Lerneffekte (learning by doing) sind relevant: Wenn ein Betrieb immer das Gleiche produziert, steigt die Geschicklichkeit der Arbeiter, die Werksleitung lernt besser zu organisieren und die Werkzeuge können optimal angepasst werden. So hat man z. B. in der Flugzeugindustrie eine 80-Prozent-Lernkurve ermittelt, d. h. bei jeder Verdoppelung der Ausbringung sinkt der durchschnittliche Arbeitsinput um 20 Prozent auf 80 Prozent des vorangegangenen Arbeitsinputs pro Stück. Das bedeutet dann, dass ein kleinerer Betrieb, der nur wenige Flugzeuge pro Jahr produziert, diese Lernkurveneffekte sehr viel geringer nutzen kann als ein Großbetrieb. Solche Größenvorteile begründen vor allem eine horizontale Konzentration.

Unteilbarkeiten

2/3-Regel

Lerneffekte

Diversifizierungsvorteile (economies of scope)

Diversifizierungsvorteile – auch Verbundvorteile genannt – liegen vor, wenn die Herstellung mehrerer Produkte durch das gleiche Unternehmen zu niedrigeren Gesamtkosten führt, als wenn die einzelnen Produkte von jeweils unterschiedlichen Unternehmen produziert würden. So hat ein Unternehmen, das, wie z. B. Bertelsmann, sowohl Bücher, Zeitschriften und Zeitungen produziert als auch Spielfilme, Tonträger und Fernsehprogramme, gewisse Vorteile gegenüber Firmen, die sich auf nur eine Produktion spezialisieren. Die Vorteile ergeben sich z. B. daraus, dass bestimmte Produktionsfaktoren oft nicht teilbar sind und daher in einer einzigen Aktivität nicht ganz verbraucht werden – z. B. Leistungen des Managements und der Verwaltung –, dass bestimmte Produktionsfaktoren überhaupt nicht verbraucht werden – z. B. Urheberrechte an Büchern und Filmen – oder dass an den gleichen Nachfrager verkauft wird – z. B. verkaufen Buchhandlungen Bücher und Zeitungen, und das nutzt die Kapazitäten besser, als wenn nur Bücher oder nur Zeitungen verkauft würden. Diversifizierungsvorteile begründen vor allem eine diagonale Konzentration.

Unteilbarkeiten

Nichtverbrauch von Produktionsfaktoren

Economies of scale and scope begründen die Vorteilhaftigkeit wachsender Betriebsgrößen. In der Regel existiert für jeden Produktionszweig eine **mindestoptimale Betriebsgröße (MOB),** das ist diejenige Produktionskapazität, bei der das Minimum der Stückkosten erreicht wird. Nachfolgend gibt es Effekte, die die Vorteilhaftigkeit einer wachsenden Betriebsgröße wieder zunichtemachen, insbesondere Transportkosten und die Effizienzverluste einer zunehmenden Bürokratisierung. Schematisch werden diese Zusammenhänge in Abbildung 7-2 dargestellt: Zunächst sinken die Stückkosten mit steigender Produktionskapazität, dann bleiben sie für eine Weile etwa konstant, um schließlich wieder anzusteigen.

Bei der mindestoptimalen Betriebsgröße wird das Minimum der Stückkosten erreicht.

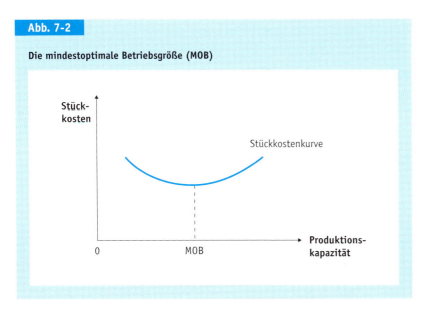

Abb. 7-2

Die mindestoptimale Betriebsgröße (MOB)

Ersparnis von Transaktionskosten

Der Tausch von Gütern auf dem Markt, die so genannte Markttransaktion, verursacht Kosten, die so genannten Transaktionskosten. Dies sind vor allem Suchkosten, Informationskosten, Vereinbarungskosten, Kontrollkosten und Anpassungskosten (vgl. Kapitel 1.8). Durch eine Eingliederung vor- und/oder nachgelagerter Produktions- bzw. Handelsstufen in das Unternehmen, also durch eine vertikale Konzentration, können Transaktionskosten gespart werden. Ein Fernsehveranstalter, der seine Beiträge selbst produziert, also auf den Markt verzichtet, spart Transaktionskosten; oder ein Automobilproduzent, der z. B. seine Motoren oder seine Bremssysteme selbst produziert, spart solche Transaktionskosten. Dies ist ein wesentliches Motiv für eine vertikale Konzentration, also hier für den Zusammenschluss von Fernsehveranstalter und Filmproduzent oder von Automobilproduzent und Zulieferer.

Sonstige Ursachen der Konzentration

Weitere Ursachen für Konzentration von Unternehmen

Neben den genannten Ursachen für Konzentrationsprozesse existieren einige weitere, die hier kurz aufgezählt werden sollen.

▸ **Staatliche Wirtschaftspolitik**
Die Wirtschaftspolitik begünstigt häufig größere Unternehmen, etwa durch Subventionen, die gerade großen Unternehmen zufließen, wie den Banken in der Finanzkrise 2008/2009. Oder Forschungsförderungen fließen eher großen Unternehmen zu, die über politischen Einfluss und über das Know-how zur Akquirierung von Subventionen verfügen.

▸ **Finanzierungsvorteile**
Finanzierungsvorteile bestehen für große Unternehmen, weil diese in der Regel leichter und billiger Kredite erhalten als kleine Unternehmen. Dies hat aus der Sicht der Banken den Grund, dass das Rückzahlungsrisiko für geringer gehalten wird.

▸ **Wettbewerbsausschluss**
Ein Zusammenschluss von Unternehmen erspart diesen den preissteigernden Wettbewerb um Zulieferungen und erspart diesen den preissenkenden Wettbewerb um den Verkauf ihrer Produkte.

▸ **Kontrollvorteile**
Möglicherweise wird durch einen Unternehmenszusammenschluss ein ineffizientes Management durch ein besseres Management ersetzt. Der Übernehmer glaubt, das übernommene Unternehmen besser führen zu können als die bisherige Unternehmensleitung. Wenn das tatsächlich so ist, werden Effizienzvorteile realisiert.

▸ **Marktzutrittsvorteile**
Ein Marktzutritt setzt im Regelfall erhebliche Investitionen voraus, deren Erfolg unsicher ist. Durch Beteiligungen oder Aufkäufe kann die Unsicherheit eines Marktzutritts erheblich verringert werden. Dieses Motiv ist häufig bei Auslandinvestitionen oder bei Investitionen in Märkte mit großem Know-how-Bedarf zu erkennen (z. B. die Verflechtung von Time Warner mit AOL, um den Zugang zum Internetmarkt zu schaffen).

▸ **Managervorteile**
Diese begründen Zusammenschlüsse mit deren Vorteilen für die Manager der übernehmenden Firma. Diese Erklärung ist recht plausibel, weil die Bezüge des Managements in der Regel an Größenkennziffern gekoppelt sind, weil eine aktive Übernahme eines anderen Unternehmens die passive Übernahmewahrscheinlichkeit durch ein anderes Unternehmen senkt und damit die Arbeitsplatzsicherheit des übernehmenden Managements erhöht, weil Zusammenschlüsse regelmäßig zu einer weiteren Streuung der Aktien beitragen und damit den Einfluss von Großaktionären reduzieren, weil neue Aufstiegsmöglichkeiten eröffnet werden und weil das Streben nach Prestige befriedigt wird. All diese Gründe haben sicher auch zum seinerzeitigen Zusammenschluss von Daimler und Chrysler beigetragen. Managertheorien können auch erklären, warum Unternehmenszusammenschlüsse häufig wenig erfolgreich sind. Neuere Untersuchungen zeigen, dass die Erfolgschancen von Zusammenschlüssen mit den Erfolgschancen eines Münzwurfs (50 Prozent) verglichen werden können.

7.2.2.2 Folgen der Konzentration

Die in diesem Zusammenhang zentrale Frage ist die nach den Wettbewerbswirkungen einer zunehmenden Konzentration. Leider kann man diese Frage nicht eindeutig beantworten.
▸ Die Wettbewerbsbedingungen können sich verbessern, z. B. wenn auf einem Markt, auf dem bisher ein großer und 17 kleine Anbieter vorhanden waren, diese 17 sich zu 3 großen Anbietern zusammenschließen, die dann als gleich starke Wettbewerber auftreten (**»Aufholfusion«**).
▸ Die Wettbewerbsbedingungen können insgesamt etwa unverändert bleiben.
▸ Die Wettbewerbsbedingungen können sich auch verschlechtern, nämlich dann, wenn den Unternehmen durch den Zusammenschluss (weitere) Macht zuwächst, die ihnen einen dauerhaften Wettbewerbsvorsprung sichert und damit vor allem den Marktzutritt von möglicherweise neuen Anbietern erschwert.

Konzentration kann den Wettbewerb verbessern und verschlechtern.

Nur wenn sich die Wettbewerbsbedingungen verschlechtern, hat zunehmende Konzentration die ihr häufig zugeschriebenen negativen Auswirkungen: Die Preise sind zu hoch, die Innovationstätigkeit erlahmt, die Flexibilität der Anpassung an veränderte Marktbedingungen nimmt ab, und die Möglichkeit, die marktbeherrschende Stellung zu einer Behinderung der Wettbewerbsmöglichkeiten anderer zu missbrauchen, nimmt zu.

Negative Folgen bei Verschlechterung des Wettbewerbs

Zum **Konflikt** zwischen Wettbewerb an sich und produktiver Effizienz kommt es immer dann, wenn ein Markt von gegebener Größe weniger kostenoptimalen Unternehmen – die also die mindestoptimale Betriebsgröße (MOB) aufweisen – Raum bietet, als ein »guter« Wettbewerb erfordert. Wenn man in solchen Fällen die Märkte nicht erweitern kann – etwa durch eine Zollunion oder einen Binnenmarkt (vgl. z. B. die Integration der EU, Kapitel 22 und 23) –, dann bleibt abzuwägen zwischen ökonomischen Effizienzgesichtspunkten und

Konflikt zwischen Wettbewerb und Effizienz denkbar

7.2 Wettbewerb, Konzentration und Wettbewerbspolitik
Konzentration

den machtbegrenzenden Aspekten eines Wettbewerbs per se. Hier wird je nach wettbewerbspolitischer Grundüberzeugung unterschiedlich entschieden. Dabei sollte eine mögliche **Dilemmasituation** ins Kalkül gezogen werden: Entscheidet man sich für effizient produzierende Großunternehmen, so ist damit nicht sichergestellt, dass die Effizienzvorteile an die Verbraucher weitergegeben werden, wenn der Wettbewerb fehlt.

Missbrauch ökonomischer Macht als politische Macht möglich

Für die Entscheidung in einer solchen Konfliktsituation muss dann auch bedacht werden, dass die ökonomische Macht, die als Konzentrationsfolge entsteht, als politische Macht gegenüber staatlichen Entscheidungsträgern missbraucht werden kann, indem z. B. Entscheidungen in der Steuerpolitik, Verkehrspolitik (Bau von Autobahnen oder Testzentren …) oder der Subventionspolitik zugunsten von Großunternehmen beeinflusst werden.

Die Frage, was Konzentration bedeutet, ist also nicht einfach und eindeutig zu beantworten. Es kommt, wie generell in der Wettbewerbspolitik, immer auf den Einzelfall an, und selbst dieser ist oft nicht eindeutig zu beurteilen.

7.2.2.3 Ausmaß der Konzentration

Das Ausmaß von Konzentration wird häufig anhand der in Kapitel 7.2.1 genannten Konzentrationsrate für die verschiedenen Märkte dargestellt. So erstellt die Monopolkommission (vgl. Kapitel 7.3) regelmäßig umfangreiche Be-

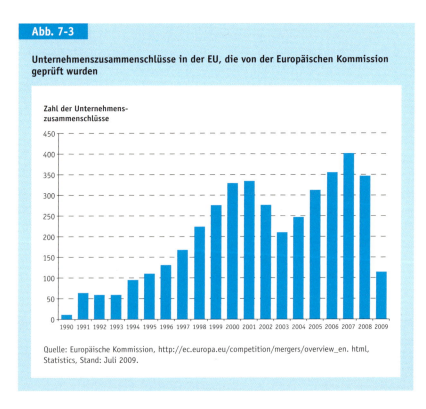

Abb. 7-3

Unternehmenszusammenschlüsse in der EU, die von der Europäischen Kommission geprüft wurden

Quelle: Europäische Kommission, http://ec.europa.eu/competition/mergers/overview_en.html, Statistics, Stand: Juli 2009.

richte zum Stand der Konzentration, wobei auch andere Konzentrationsmaße verwendet werden. Wir wollen auf eine Wiedergabe solcher meist umfangreichen Tabellen verzichten und nur einen Eindruck von der Zunahme der Konzentration anhand der Zahl der Zusammenschlussfälle (kurz »Fusionen« genannt) vermitteln.

Die Abbildung 7-3 zeigt, dass sich die Europäische Kommission zwischen 1990 und 2009 mit über 4.100 Unternehmenszusammenschlüssen auf europäischer Ebene befasst hat. Das Transaktionsvolumen der Zusammenschlüsse ist in diesem Zeitraum erheblich angestiegen. Spektakuläre Megafusionen waren dabei der Zusammenschluss von Vodafone und Mannesmann mit einem Transaktionsvolumen von rund 200 Milliarden Dollar und der Zusammenschluss von AOL mit dem Medienkonzern Time Warner mit einem Volumen von rund 185 Milliarden Dollar. In Deutschland bietet das Bundeskartellamt regelmäßig einen Überblick über laufende Zusammenschlussverfahren und in seinem zweijährlichen Tätigkeitsbericht einen Überblick über angemeldete Zusammenschlüsse. Dies waren im Zeitraum von 1990 bis 2008 insgesamt 28957 (Bericht des Bundeskartellamtes 2007/2008, S. 177).

Erhebliche Zunahme der Zahl ...

... und des Volumens der Zusammenschlüsse weltweit

Die Ursachen dieser Konzentrationswelle sind ganz allgemein die in Kapitel 7.2.2.1 genannten Ursachen. Sie sind allerdings ganz erheblich durch die einsetzende weltweite **Deregulierung** der Wirtschaft und durch die **Globalisierung** der Weltwirtschaft (vgl. Kapitel 19) verstärkt worden.

7.3 Wettbewerbspolitik in Deutschland

Der Schutz des Wettbewerbs ist eine zentrale staatliche Aufgabe und zugleich eine schwierige Aufgabe, weil die Zahl der in der Praxis vorfindbaren Wettbewerbsbeschränkungen groß ist, weil dem Erfindungsgeist der Marktteilnehmer kaum Grenzen gesetzt sind und weil eine Beweisführung meist schwierig ist.

Schutz des Wettbewerbs als staatliche Aufgabe

Zum Schutz des Wettbewerbs ist in Deutschland am 01.01.1958 das Gesetz gegen Wettbewerbsbeschränkungen (GWB) in Kraft getreten. Es ist bisher insgesamt siebenmal überarbeitet worden (1965, 1973, 1976, 1980, 1989, 1998 und 2005). Im Rahmen der sechsten GWB-Novelle ist das Gesetz grundlegend neu geordnet und gestrafft worden und an europäische Wettbewerbsregeln angepasst worden und im Rahmen der siebten GWB-Novelle ist eine weitere erhebliche Anpassung an europäisches Recht erfolgt.

Das GWB wird häufig als ein **Grundgesetz der Wirtschaftsordnung** bezeichnet. Es wird durch das Bundeskartellamt durchgesetzt, eine selbstständige Bundesoberbehörde mit Sitz in Bonn; die nächsten Instanzen im Beschwerdeverfahren sind die Kartellsenate der Oberlandesgerichte und der Bundesgerichtshof. Ist die Wettbewerbsbeschränkung auf ein einzelnes Bundesland bezogen, so werden Landeskartellbehörden tätig. Die Kartellbehörden können Auskünfte verlangen sowie Durchsuchungen und Vereidigungen vom Amtsgericht anordnen lassen (§§ 57 ff.).

Das Gesetz gegen Wettbewerbsbeschränkungen (GWB) als Grundgesetz der Wirtschaftsordnung

7.3 Wettbewerb, Konzentration und Wettbewerbspolitik
Wettbewerbspolitik in Deutschland

Die Monopolkommission als Begutachterin

Zur Begutachtung von Konzentration, Wettbewerb und Wettbewerbspolitik ist 1973 die **Monopolkommission** errichtet worden. Diese berichtet in ihren alle zwei Jahre erstellten Hauptgutachten über den Stand der Unternehmenskonzentration, wertet die Wettbewerbspolitik des Bundeskartellamtes und nimmt zu wichtigen Fragen des Wettbewerbs Stellung. Die fünf unabhängigen Mitglieder der Kommission werden auf Vorschlag der Bundesregierung für vier Jahre berufen; eigenständige Auskunfts-, Untersuchungs- und Entscheidungsbefugnisse bestehen nicht (§§ 44 bis 47 GWB).

Die **internationale Reichweite** des GWB ist ein wenig strittig. Nach § 130 Abs. 2 gilt das GWB für sämtliche Wettbewerbsbeschränkungen, die sich im Inland auswirken, auch wenn sie im Ausland veranlasst wurden, z. B. wenn sich ausländische Unternehmen zusammenschließen, die über Tochtergesellschaften im Inland tätig sind. Zugleich gilt neben dem GWB das Wettbewerbsrecht der EU. Dies umfasst, ähnlich wie das GWB, vor allem ein Kartellverbot (Art. 81 EGV), eine Missbrauchsaufsicht (Art. 82 EGV) und eine Zusammenschlusskontrolle (Fusionskontrollverordnung, ABl. 1997, Nr. L. 180/1). Dabei gilt grundsätzlich der Vorrang des Gemeinschaftsrechts der EU vor nationalem Wettbewerbsrecht. Das Wettbewerbsrecht der EU wird in Kapitel 23 dargestellt.

Vorrang des EU-Wettbewerbsrechts

Das GWB umfasst folgende zentrale Bereiche:

Die Grundstruktur des GWB

- das Kartellverbot (§ 1),
- die Missbrauchsaufsicht über marktbeherrschende Unternehmen (§§ 19 ff.) und
- die Zusammenschlusskontrolle (§§ 35 ff.).

Daneben existieren weniger bedeutsame Regelungen für Wettbewerbsregeln von Wirtschafts- und Berufsverbänden (§§ 24 ff.), zu Ausnahmebereichen (§§ 28 ff.), zu Sanktionen (§§ 32 ff.) und zu Verfahrensfragen (§§ 54 ff.).

7.3.1 Grundsatz des Kartellverbots

Nach dem GWB sind Kartelle grundsätzlich verboten. § 1 GWB lautet:

Kartellverbot

»**Verbot wettbewerbsbeschränkender Vereinbarungen.**
Vereinbarungen zwischen Unternehmen, Beschlüsse von Unternehmensvereinigungen und aufeinander abgestimmte Verhaltensweisen, die eine Verhinderung, Einschränkung oder Verfälschung des Wettbewerbs bezwecken oder bewirken, sind verboten.«

Auch Verbot eines aufeinander abgestimmten Verhaltens

Verboten sind also nicht nur explizite Vereinbarungen, sondern auch ein aufeinander abgestimmtes Verhalten. Ein **aufeinander abgestimmtes Verhalten** liegt vor, wenn Unternehmen ihr Verhalten bewusst und gewollt voneinander abhängig machen und damit die Risiken des Wettbewerbs, insbesondere die Unsicherheiten über das wechselseitige Verhalten, beseitigen. Entscheidend ist die Verständigung im Voraus, wie auch immer diese bewerkstelligt worden ist; ein bloßes Parallelverhalten reicht als Indiz für ein aufeinander abgestimmtes Verhalten nicht aus. Von einem **Parallelverhalten** spricht man, wenn Konkurrenten ihre Wettbewerbsparameter – insbesondere die Preise – in (etwa) glei-

Kein Verbot eines bloßen Parallelverhaltens

chem Ausmaß und in gleicher Richtung variieren. Ein solches Parallelverhalten kann die Folge einer formlosen Abstimmung sein, kann aber genauso gut die Folge einer starken wechselseitigen Abhängigkeit der Marktteilnehmer sein (vgl. Kapitel 6). Daher kann von außen nicht beurteilt werden, ob z. B. die häufigen und in der Regel gleichgerichteten Preisänderungen bei Benzin nur Parallelverhalten darstellen – was nicht verboten ist – oder Ergebnis eines aufeinander abgestimmten Verhaltens sind. Daher ist der Nachweis eines aufeinander abgestimmten Verhaltens sehr schwer zu führen.

Das Kartellverbot umfasst jetzt horizontale und vertikale Wettbewerbsbeschränkungen. **Horizontale Absprachen** sind Absprachen zwischen Unternehmen, die auf dem gleichen Markt agieren. Nach dem Ansatzpunkt der Wettbewerbsbeschränkung unterscheidet man verschiedene Arten von horizontalen Absprachen, von denen hier beispielhaft die wichtigsten genannt seien:

- das **Preiskartell**, bei dem verabredet wird, einen bestimmten Preis beim Verkauf nicht zu unterschreiten;
- das **Gebietsschutzkartell**, bei dem der Markt regional zwischen den Mitgliedern aufgeteilt wird;
- das **Kontingentierungs(Quoten-)Kartell**, bei dem die Mitglieder sich verpflichten, einen bestimmten Absatz (bzw. einen bestimmten Anteil am Absatz) nicht zu überschreiten.

> Wichtige horizontale Kartellarten

Vertikale Absprachen sind Absprachen zwischen Unternehmen, die zueinander in einer Lieferanten-Abnehmer-Beziehung stehen. Solche Vereinbarungen können den Wettbewerb beschränken. Von großer praktischer Relevanz sind Preisbindungen und Preisempfehlungen sowie Vereinbarungen über die Ausschließlichkeit von Lieferbeziehungen (Ausschließlichkeitsbindungen).

> Wichtige vertikale Kartellarten

Preisbindung und Preisempfehlung

Preisbindung (»der zweiten Hand«) liegt vor, wenn ein Unternehmer den Abnehmer seines Gutes durch Vertrag verpflichtet, das Gut nur zu einem bestimmten Preis zu verkaufen.

Die Wettbewerbsbeschränkung bei der Preisbindung ist offensichtlich: Auf der Handelsstufe entfällt der Preiswettbewerb. Häufig ist allerdings auch eine Abnahme des Wettbewerbs auf der Ebene der Hersteller zu beobachten, wenn es nämlich ihren Abnehmern weniger auf niedrige Preise als auf hohe gebundene Handelsspannen ankommt.

Preisbindungen sind grundsätzlich verboten (§ 1 GWB). Eine Ausnahme vom Verbot der Preisbindung gilt nur für Zeitungen und Zeitschriften (§ 30 GWB). Diese sollen für alle Bürger zu den gleichen Bedingungen erhältlich sein. Diese Preisbindung unterliegt jedoch einer Missbrauchsaufsicht durch die Kartellbehörde und einer sehr kritischen Beurteilung durch die EU-Kommission.

> Preisbindungen sind verboten (Ausnahme: Verlagserzeugnisse).

Zulässig sind **Preisempfehlungen** für Markenartikel, die mit gleichartigen Waren in Wettbewerb stehen. Die Preisempfehlungen müssen jedoch ausdrücklich als unverbindlich bezeichnet werden, und es darf kein irgendwie gearteter Druck zu ihrer Durchsetzung ausgeübt werden. Die Preisempfehlung setzt auch voraus, dass der empfohlene Preis demjenigen entspricht, der von der Mehrheit der Händler voraussichtlich gefordert wird (keine »Mondpreise«). Die Preisempfehlungen unterliegen, obwohl nicht anmeldepflichtig, der Missbrauchsaufsicht durch die Kartellbehörde. Liegt ein solcher Missbrauch vor, so kann die Behörde die Empfehlung für unzulässig erklären und eine gleichartige Empfehlung für dieses Produkt zukünftig untersagen.

Ausschließlichkeitsbindung

Ausschließlichkeitsbindungen sind grundsätzlich verboten

Wie bei der Preisbindung handelt es sich auch bei der **Ausschließlichkeitsbindung** um eine vertraglich festgelegte vertikale Wettbewerbsbeschränkung: Ein Vertragspartner verpflichtet sich zum ausschließlichen Bezug (zur ausschließlichen Lieferung) eines Gutes nur von dem (an den) anderen Vertragspartner. Der praktisch bedeutsamste Fall der Ausschließlichkeitsbindung ist der der Bindung des Verkäufers. Bekannte Beispiele sind der Bier-, Benzin- und Kfz-Bezug durch Gaststätten, Tankstellen und Autohändler. Die Wettbewerbsbeschränkung ist offensichtlich: Der gebundene Vertragspartner kann sich seinen Verkäufer (oder Käufer) nicht von Fall zu Fall nach Belieben aussuchen, wodurch der Wettbewerb zwischen den Anbietern (oder Nachfragern) abnimmt.

So kann man sich z. B. gut vorstellen, dass die Brauereien sich in saisonbedingten Flautezeiten ohne Ausschließlichkeitsverträge gegenseitig unterbieten würden, um mehr Bier an die Gaststätten verkaufen zu können. Mit Ausschließlichkeitsbindungen beschränkt sich der Wettbewerb auf das Konkurrieren um die dauerhaften Abnehmer, wobei räumliche Abgrenzungen häufig für zusätzliche Wettbewerbshemmnisse sorgen. Andererseits wird argumentiert, dass die Ausschließlichkeitsbindung einem neu auf den Markt drängenden Anbieter (Erzeuger) eine wertvolle »Einstiegshilfe« in einen erstarrten Oligopolmarkt bieten könne.

Nach dem GWB unterliegen Ausschließlichkeitsbindungen dem Grundsatz des Kartellverbots nach § 1 GWB.

Freistellung und Legalausnahme

Freistellungsmöglichkeiten

Vom Grundsatz des Kartellverbots gibt es eine als Generalklausel formulierte Freistellungsmöglichkeit, die exakt geltendem EU-Recht (Art. 81, Abs. 3) entspricht: § 2 (GWB) lautet

»(1) **Freigestellte Vereinbarungen** Vom Verbot des § 1 freigestellt sind Vereinbarungen zwischen Unternehmen, Beschlüsse von Unternehmensvereinigungen oder aufeinander abgestimmte Verhaltensweisen, die unter angemessener Beteiligung der Verbraucher an dem entsprechenden Gewinn zur Verbesserung der Warenerzeugung oder -verteilung oder zur Förderung des technischen oder wirtschaftlichen Fortschritts beitragen, ohne dass den beteiligten Unternehmen

1. Beschränkungen auferlegt werden, die für die Verwirklichung dieser Ziele nicht unerlässlich sind oder
2. Möglichkeiten eröffnet werden, für einen wesentlichen Teil der betroffenen Waren den Wettbewerb auszuschalten.«

Kartelle sind also nicht mehr per se verboten, sondern sie unterliegen einer Art von Kosten-Nutzen-Analyse. Sie können erlaubt sein, wenn die mit ihnen verbundenen Wettbewerbsbeschränkungen auch Vorteile haben, an denen die Verbraucher beteiligt werden. Bekannter Anwendungsfall ist die Kritik des Bundeskartellamtes an der zentralen Vermarktung der Fußallübertragungsrechte durch die deutsche Fußballiga (DFL). Ein solches Kartell sei nur zulässig, wenn die wesentlichen Spiele, die Samstagsspiele, vor 20 Uhr im Free-TV übertragen werden können (Pressemitteilung des Bundeskartellamtes vom 17.07.2008). Zudem werden so genannte Mittelstandskartelle freigestellt (§ 3 GWB), das sind Vereinbarungen, die wirtschaftliche Vorgänge rationalisieren (z.B. Absprachen über die übliche Breite von Tapeten) und die Wettbewerbsfähigkeit kleiner oder mittlerer Unternehmen verbessern.

Kosten-Nutzen-Analyse der Kartelle

Sehr neu für das deutsche Kartellrecht ist das nach EU-Vorbild eingeführte System der **Legalausnahme.** Es gibt nicht mehr das alte behördliche Kontroll- und Erlaubnissystem, sondern die Unternehmen sollen selbst einschätzen, ob ihre Vereinbarungen unter die Freistellungsvoraussetzungen fallen. Das Kartellamt soll nur nachträglich, aufgrund eigener Marktbeobachtung oder auf der Grundlage von Beschwerden Dritter im Streitfall klären, ob die Selbsteinschätzung richtig war. Dieses Prinzip der Legalausnahme entlastet einerseits die Unternehmen vom bürokratischen Aufwand der früher vorgeschriebenen Anmeldung und entlastet andererseits das Kartellamt von den zahlreichen Prüfungen oft unproblematischer Vereinbarungen. Im Übrigen werden sich erhebliche Veränderungen in der Rechtspraxis ergeben, deren Auswirkungen bislang nicht abgeschätzt werden können.

7.3.2 Missbrauchsaufsicht über marktbeherrschende Unternehmen

Wettbewerbsbeschränkungen können sich daraus ergeben, dass ein Unternehmen oder eine Gruppe von Unternehmen den Markt beherrscht, völlig unabhängig davon, wie es zu dieser Marktbeherrschung gekommen ist (durch Zusammenschluss, durch internes Unternehmenswachstum, durch Ausscheiden von Konkurrenten). Nimmt das GWB die Existenz solcher Unternehmen hin, so ist doch wenigstens eine **missbräuchliche Ausübung ihrer Marktmacht** untersagt (§ 19, Abs. 1). Entscheidend für die Eingriffsmöglichkeit des Kartellamtes sind die Tatbestandsmerkmale:
- Marktbeherrschung und
- Missbrauch der Marktmacht

Missbräuchliche Ausübung von Marktmacht ist untersagt

Marktbeherrschung definiert § 19 Abs. 2 GWB:
»(2) Ein Unternehmen ist marktbeherrschend, soweit es als Anbieter oder Nachfrager einer bestimmten Art von Waren oder gewerblichen Leistungen auf dem sachlich und räumlich relevanten Markt

7.3 Wettbewerb, Konzentration und Wettbewerbspolitik
Wettbewerbspolitik in Deutschland

Kriterien der Marktbeherrschung

1. ohne Wettbewerber ist oder keinem wesentlichen Wettbewerb ausgesetzt ist oder
2. eine im Verhältnis zu seinen Wettbewerbern überragende Marktstellung hat; hierbei sind insbesondere sein Marktanteil, seine Finanzkraft, sein Zugang zu den Beschaffungs- oder Absatzmärkten, Verflechtungen mit anderen Unternehmen, rechtliche oder tatsächliche Schranken für den Marktzutritt anderer Unternehmen, der tatsächliche oder potenzielle Wettbewerb durch innerhalb oder außerhalb des Geltungsbereiches dieses Gesetzes ansässige Unternehmen, die Fähigkeit, sein Angebot oder seine Nachfrage auf andere Waren oder gewerbliche Leistungen umzustellen, sowie die Möglichkeit der Marktgegenseite, auf andere Unternehmen auszuweichen, zu berücksichtigen.

Zwei oder mehr Unternehmen sind marktbeherrschend, soweit zwischen ihnen für eine bestimmte Art von Waren oder gewerblichen Leistungen ein wesentlicher Wettbewerb nicht besteht und soweit sie in ihrer Gesamtheit die Voraussetzungen des Satzes 1 erfüllen ... «

Marktbeherrschungsvermutung

Um den schwierigen Nachweis der Existenz einer marktbeherrschenden Stellung durch das Kartellamt und die Gerichte zu erleichtern, besteht nach dem GWB die **Vermutung** einer solchen **Marktbeherrschung,** wenn von dem oder den Unternehmen ein bestimmter Marktanteil sowie bestimmte Jahresumsätze erreicht werden (§ 19, Abs. 3 GWB).

Diese Marktanteile, die die Vermutung einer marktbeherrschenden Stellung begründen, sind:
1 Unternehmen ≥ ein Drittel
3 Unternehmen ≥ die Hälfte
5 Unternehmen ≥ zwei Drittel.

Missbrauch von Marktmacht

Missbrauch definieren § 19 Abs. 4 sowie § 20 und § 21 GWG: Wir fassen zusammen und unterscheiden insbesondere zwei Fälle von missbräuchlicher Ausübung von Marktmacht: den Behinderungsmissbrauch und den Ausbeutungsmissbrauch.

Behinderungsmissbrauch

Behinderungsmissbrauch liegt vor, wenn ein marktbeherrschendes Unternehmen als Anbieter oder Nachfrager eines Gutes
- »die Wettbewerbsmöglichkeiten anderer Unternehmen in einer für den Wettbewerb erheblichen Weise ohne sachlich gerechtfertigten Grund beeinträchtigt«; oder
- »sich weigert, einem anderen Unternehmen gegen angemessenes Entgelt Zugang zu den eigenen Netzen oder anderen Infrastruktureinrichtungen zu gewähren, wenn es dem anderen Unternehmen aus rechtlichen oder tatsächlichen Gründen ohne die Mitbenutzung nicht möglich ist, auf dem vor- oder nachgelagerten Markt als Wettbewerber des marktbeherrschenden Unternehmens tätig zu werden; dies gilt nicht, wenn das marktbeherrschende Unternehmen nachweist, dass die Mitbenutzung aus betriebsbedingten oder sonstigen Gründen nicht möglich oder nicht zumutbar ist« (§ 19 Abs. 4 Ziffer 1 und Ziffer 4).

Die Kontrolle eines Behinderungsmissbrauchs ist von zentraler Bedeutung für die Wettbewerbspolitik, weil eine missbräuchliche Behinderung von Konkurrenten den Wettbewerb stark einschränkt. Wichtige Formen der Behinderung sind die folgenden:

- **Ausschließlichkeitsbindungen** von Lieferanten (nur den Marktbeherrscher zu beliefern) oder von Abnehmern (nur Produkte des Marktbeherrschers zu führen);
- Verpflichtende **Koppelungsgeschäfte** (z. B. Verkauf nur im Paket);
- **Gegenseitigkeitsgeschäfte** (der Marktbeherrscher kauft nur bei Lieferanten, die auch bei ihm kaufen);
- **Sperrkäufe** wichtiger Ressourcen (z. B. Film- und Sportübertragungsrechte), um Konkurrenten am Marktzutritt zu hindern;
- **Diskriminierungen** von Marktteilnehmern durch unterschiedliche Preise oder unterschiedliche Belieferungen (§ 20, Abs. 1);
- ein »**Squeezing**« von Konkurrenten dadurch, dass der Marktbeherrscher, der sowohl auf dem Markt für Vorleistungen als auch auf dem Markt für Endprodukte dominiert, Preise für Vorleistungen erhöht und den Preis des Endproduktes reduziert;
- ein Verkauf von Waren nicht nur gelegentlich **unter Einstandspreis** (§ 20, Abs. 4).

Formen des Behinderungsmissbrauchs

Recht neu und von erheblicher Relevanz ist die in § 19 Abs. 4 Ziffer 4 entwickelte Forderung nach einem allgemeinen Netzzugang, die sich eng an die in der US-amerikanischen Rechtsprechung entwickelte »**Essential Facilities Doctrine**« anlehnt. Hiernach muss ein marktbeherrschender Inhaber eines Netzes oder einer anderen wichtigen Infrastruktur anderen Unternehmen in der Regel einen nichtdiskriminierenden Netzzugang ermöglichen. Dies ist relevant vor allem für die Netze der Telekommunikation, für Verkehrsnetze und für die Netze der Versorgungsunternehmen (Strom, Gas, Wasser). Zum Teil ist hier der freie Netzzugang allerdings schon aufgrund spezieller Gesetze gefordert (z. B. Telekommunikationsgesetz).

Allgemeiner Netzzugang

Ausbeutungsmissbrauch ist nach dem Gesetz gegeben, wenn ein marktbeherrschendes Unternehmen:

- »Entgelte oder sonstige Geschäftsbedingungen fordert, die von denjenigen abweichen, die sich bei wirksamem Wettbewerb mit hoher Wahrscheinlichkeit ergeben würden; hierbei sind insbesondere die Verhaltensweisen von Unternehmen auf vergleichbaren Märkten mit wirksamem Wettbewerb zu berücksichtigen« (so genanntes **sachliches Vergleichsmarktkonzept**);
- »ungünstigere Entgelte oder sonstige Geschäftsbedingungen fordert, als sie das marktbeherrschende Unternehmen selbst auf vergleichbaren Märkten von gleichartigen Abnehmern fordert, es sei denn, dass der Unterschied sachlich gerechtfertigt ist« (so genanntes **räumliches Vergleichsmarktkonzept**; § 19 Abs. 4 Ziffer 2 und 3).

Problem der Bestimmung des Wettbewerbspreises

Den Maßstab dafür, ob der Preis eines marktbeherrschenden Unternehmens missbräuchlich überhöht ist, bildet also der Preis, der sich bei Existenz echten Wettbewerbs einstellen würde (Vorstellung von der »Als-ob-Konkurrenz«). Ein solcher fiktiver Konkurrenzpreis kann allerdings kaum bestimmt werden, weil es in der Marktwirtschaft keine Obergrenze für den Gewinnaufschlag gibt. Auch hohe Gewinnspannen können, z. B. durch intensive Forschungstätigkeit in der Vergangenheit, als Innovationsgewinne gerechtfertigt sein. Zudem ist eine Umrechnung der Kosten auf ein spezielles Produkt bei einem MehrproduktUnternehmen recht schwierig, jedenfalls für eine gerichtsfeste Begründung. Auch Vergleiche mit sachlich oder räumlich gleichartigen Märkten halten in der Regel vor Gericht nicht stand. Daher wird die Missbrauchsaufsicht über Preise vom Bundeskartellamt nur sehr vorsichtig ausgeübt; andere Bereiche der Wettbewerbspolitik erscheinen wichtiger und einfacher zu verfolgen.

7.3.3 Zusammenschlusskontrolle

Ein Zusammenschluss von Unternehmen ist wettbewerbspolitisch nicht eindeutig zu beurteilen (vgl. Kapitel 7.2.2.2); in der Regel kann indes von einer Wettbewerbsbeschränkung ausgegangen werden. Entsprechend formuliert das Gesetz (§ 36 Abs. 1):

Grundsatz des Verbots eines Zusammenschlusses ...

»(1) Ein Zusammenschluss, von dem zu erwarten ist, dass er eine marktbeherrschende Stellung begründet oder verstärkt, ist vom Bundeskartellamt zu untersagen, es sei denn, die beteiligten Unternehmen weisen nach, dass durch den Zusammenschluss auch Verbesserungen der Wettbewerbsbedingungen eintreten und dass diese Verbesserungen die Nachteile der Marktbeherrschung überwiegen.«

... bei entstehender Marktbeherrschung

Voraussetzung für ein Verbot ist also die **Prognose** über die Entstehung oder Verstärkung einer marktbeherrschenden Stellung – dabei sind die Kriterien der Marktbeherrschung von § 19, die im Kapitel 7.3.2 bereits dargestellt worden sind, heranzuziehen. Diesem Verbot können die Unternehmen durch den Nachweis entgehen, dass durch den Zusammenschluss der Wettbewerb verbessert wird – z. B. durch die beschriebene Aufholfusion (Kapitel 7.2.2.2).

Zusammenschlusskriterien

Der **Zusammenschlusstatbestand** ist recht weit gefasst; als Zusammenschluss gilt vor allem:
- ein Anteilserwerb an einem anderen Unternehmen, wenn dadurch 25 Prozent oder 50 Prozent des Kapitals oder der Stimmrechte erreicht werden (diese zweifache Grenze ermöglicht eine erneute Kontrolle eines Zusammenschlusses, wenn z. B. der erste Erwerb von 25 Prozent der Anteile nicht untersagt worden ist, bei der Aufstockung der Anteile auf 50 Prozent und mehr);
- der Erwerb der Kontrolle über ein anderes Unternehmen;
- der Erwerb des Vermögens eines anderen Unternehmens ganz oder zu einem wesentlichen Teil und
- jede sonstige Verbindung von Unternehmen, aufgrund derer ein wettbewerblich erheblicher Einfluss auf ein anderes Unternehmen ausgeübt werden kann (§ 37).

Das Konzept des **Kontrollerwerbs**, das der europäischen Wettbewerbspolitik entlehnt ist, ist recht auslegungsbedürftig. Ein Kontrollerwerb gilt dann als gegeben, wenn ein Unternehmen insbesondere über Eigentums- und Nutzungsrechte bzw. über Rechte und Verträge einen bestimmenden Einfluss auf ein anderes Unternehmen ausüben kann, etwa auf die Unternehmensstrategie oder die Besetzung der Geschäftsführungsorgane. Hier wird eine ausreichende Klarheit erst nach langjähriger Rechtsanwendung erreicht werden können. Auch ein **wettbewerblich erheblicher Einfluss** ist recht schwer zu fassen: Er gilt als gegeben, wenn ein Unternehmen, trotz einer Minderheitsbeteiligung unter 25 Prozent, die gesicherte Fähigkeit erwirbt, seine eigenen Interessen bei dem anderen Unternehmen zur Geltung zu bringen. Unmittelbar einsichtig und leicht feststellbar ist die Grenze des Anteilserwerbs von 25 Prozent: Ab einem Anteil von 25 Prozent gilt eine Sperrminorität der Hauptversammlung (der Versammlung der Eigentümer) bei wichtigen Beschlüssen einer Aktiengesellschaft (§§ 179 ff. Aktiengesetz).

Auslegungsbedürftige Konzepte: Kontrollerwerb und wettbewerblich erheblicher Einfluss

Zusammenschlüsse müssen vor ihrem Vollzug beim Bundeskartellamt angemeldet werden (§ 39 Abs. 1). Es gilt das Prinzip der generellen **Prävention** (Vorbeugung).

Anmeldepflicht

All diese Vorschriften gelten nur für größere Unternehmen, d.h. wenn
- die beteiligten Unternehmen weltweite Umsatzerlöse von mehr als 500 Millionen Euro aufweisen und
- mindestens ein Unternehmen im Inland Umsatzerlöse von mehr als 25 Millionen Euro erzielt (§ 35 Abs. 1).

Daneben gilt eine **Bagatellklausel**; demnach fallen nicht unter die Zusammenschlusskontrolle:
- der Zusammenschluss eines Unternehmens mit weltweit weniger als 10 Millionen Euro Umsatz mit einem beliebigen anderen Unternehmen;
- Zusammenschlüsse auf einem mindestens fünf Jahre alten Markt mit weniger als 15 Millionen Euro Gesamtumsatz (§ 35 Abs. 2)

Ausnahme für kleine Unternehmen

Daneben werden explizit solche »großen« Zusammenschlüsse ausgenommen, die nach der Fusionskontrollverordnung der EU unter die Zuständigkeit der Europäischen Kommission fallen (§ 35 Abs. 3; vgl. Kapitel 23.3.5).

Zuständigkeit der EU für »große« Zusammenschlüsse

Schließlich kann der Bundeswirtschaftsminister einen Zusammenschluss erlauben, »wenn im Einzelfall die Wettbewerbsbeschränkung von gesamtwirtschaftlichen Vorteilen des Zusammenschlusses aufgewogen wird oder der Zusammenschluss durch ein überragendes Interesse der Allgemeinheit gerechtfertigt ist« (§ 42). Während das Bundeskartellamt bei seinen Entscheidungen immer nur Wettbewerbswirkungen in Rechnung stellen darf, kann der Bundeswirtschaftsminister also auch andere Interessen, wie z.B. Arbeitsplätze, Umweltschutz oder weltweite Wettbewerbsfähigkeit, berücksichtigen. Solche Ministererlaubnisse werden recht selten ausgesprochen, bekanntes Beispiel ist der Zusammenschluss von Daimler Benz und Messerschmitt-Bölkow-Blohm.

Ministererlaubnis möglich

Generell werden Zusammenschlüsse relativ selten zu untersagen sein. Dies liegt daran, dass die Unternehmen zu klein sind oder dass eine Verbesserung des Wettbewerbs erwartet werden kann oder dass die Prognose über eine Marktbeherrschung nicht leicht fundiert werden kann. Dies ist insbesondere schwierig bei einem vertikalen Zusammenschluss, weil sich ein vertikaler Zusammenschluss auf unterschiedliche relevante Märkte bezieht und daher Marktanteile nicht einfach addiert werden können. Hier kann im Wesentlichen nur geprüft werden, ob sich der wettbewerbliche Verhaltensspielraum der zusammengeschlossenen Unternehmen durch die Verbindung mit Abnehmern oder Lieferanten wesentlich erweitert hat. Ein Beispiel ist der Zusammenschluss eines marktbeherrschenden Zeitungsverlages (Springer) mit einem bedeutenden Einzelhändler (Stilke; Bahnhofsbuchhandlungen). Praktisch nicht zu untersagen sind konglomerate Zusammenschlüsse, auch wenn es sich um Größtfusionen handelt wie im Fall von Daimler Benz und AEG, weil es sich um unterschiedliche Märkte handelt. Zum Befund der schwierigen Beweisführung passt, dass von 1973 bis Ende 2004 insgesamt rund 33.000 angezeigte Zusammenschlüsse auch vollzogen worden sind und dass nur 81 geplante Zusammenschlüsse endgültig rechtskräftig untersagt worden sind (Bericht des Bundeskartellamtes und Bericht der Monopolkommission).

Hervorzuheben ist, dass bestehende Machtzusammenballungen, die in der Zeit vor 1973 ihren Ursprung haben, und generell Großunternehmen nach internem Wachstum nicht »entflochten« werden können. Hier bleibt nur die Möglichkeit der Missbrauchsaufsicht.

7.3.4 Sanktionsmöglichkeiten des GWB

In Deutschland gelten die Verstöße gegen die Verbote des GWB grundsätzlich nicht als Straftaten und damit nicht als kriminelles Unrecht, sondern nur als Ordnungswidrigkeiten (§ 81 GWB). Diese Ordnungswidrigkeiten werden mit Geldbußen bestraft. Der Bußgeldrahmen beläuft sich auf 1 Million Euro und darüber hinaus auf die Abschöpfung des durch die Zuwiderhandlung erzielten Mehrerlöses.

Die verhängten Bußgelder sind z.T. durchaus spürbar gewesen. So betrug die Summe der verhängten Bußgelder in den Jahren 1997 bis 2004 insgesamt 1.116,3 Millionen Euro. Besonders hoch war das Bußgeld, das gegen 12 Unternehmen der Zementbranche verhängt worden ist: Wegen verbotener Preis- und Gebietsabsprachen sind ihnen im Jahr 2003 Bußgelder in Höhe von 702 Millionen Euro auferlegt worden oder 2005 sind zahlreiche Versicherungen mit Bußgeldern in Höhe von 150 Millionen Euro belegt worden (Bericht des Bundeskartellamtes über seine Tätigkeit in den Jahren 2002/2004, S. 35ff.).

Daneben besteht eine Schadensersatzpflicht bei schuldhaften Verstößen gegen Schutzgesetze oder Schutzverfügungen, und schließlich kann unter bestimmten Voraussetzungen ein Unternehmen, das über ein Kartell z.B. den Zuschlag für ein Bauvorhaben erhält, wegen Submissionsbetrugs bestraft werden

(§ 298 StGB). Ein Beispiel ist das vom »Stern« aufgedeckte Kartell von vier Baufirmen im Stuttgarter Raum, die Preise und Auftragsquoten abgesprochen haben (»Stern« vom 01.12.1994). Nach § 33 GWB kann jetzt jeder Betroffene Unterlassungs- und Schadensersatzansprüche geltend machen. Die Verletzung einer Schutznorm wird nicht mehr vorausgesetzt.

7.3.5 Beurteilung und Ausblick

Das GWB hat die ordnungspolitische Aufgabe, den Wettbewerb in unserer Wirtschaft zu sichern. Aufgrund der rasanten Entwicklung der Märkte und der wettbewerblichen Beurteilungsmaßstäbe ist das GWB häufig revidiert worden. Es hat in seiner derzeitigen Fassung indes starken Kompromisscharakter. So geht es zwar grundsätzlich vom Kartellverbot aus, aber der generelle Freistellungstatbestand in § 2 GWB schwächt die Klarheit des Gesetzes und schafft Spielräume für Begehrlichkeit. Die verstärkte Anwendung einer Kosten-Nutzen-Analyse von Kartellen sowie das Prinzip der Legalausnahme müssen sich in der Praxis erst einmal bewähren, bislang können sie nicht fundiert beurteilt werden.

Generell könnten indes auch Änderungen des Gesetzestextes die grundsätzliche Schwierigkeit des Kartellamtes nicht beseitigen, Verstöße gegen das Gesetz beweisen zu müssen. Die Beweislast ist bei einem Kartell offensichtlich, aber auch Ausbeutungs- und Behinderungsmissbrauch sind in der Regel sehr schwer zu beweisen. Zudem ist jedenfalls das deutsche Kartellamt mit seinen gut 300 Mitarbeitern eine kleine, unzureichend ausgestattete Behörde. Von zentraler Bedeutung werden zunehmend die weltweite Kooperation von Kartellbehörden und die Errichtung von weltweit agierenden Kartellbehörden sein. Doch dies ist ein weiter Weg.

Die Beweislast für das Kartellamt ist groß.

Arbeitsaufgaben Kapitel 7

1. *Definieren Sie folgende Begriffe:*
   - *Wettbewerb,*
   - *Konzentration, Umsatzkonzentration,*
   - *Konzern,*
   - *Kartell,*
   - *Marktbeherrschung,*
   - *Machtmissbrauch.*

2. *Inwiefern kann man beim GWB vom »Grundgesetz der Wirtschaftsordnung« sprechen?*

3. Erläutern Sie das Konzept der optimalen Wettbewerbsintensität. Nennen Sie einige Beispiele.

4. Diskutieren Sie die Bedeutung eines freien Marktzutritts für den Wettbewerb.

5. Welche speziellen wettbewerbspolitischen Probleme ergeben sich im »engen« Oligopol?

6. Warum hat das Kartellamt seine Bemühungen, einen Preismissbrauch zu verfolgen, so gut wie aufgegeben?

7. Was verstehen Sie unter Behinderungsmissbrauch? Suchen Sie hierzu einige Beispiele aus dem Bericht des Bundeskartellamtes über seine Tätigkeit.

8. Welche Regelungen sieht das GWB bei Unternehmenszusammenschlüssen vor?

9. Stellen Sie dar, welche Kriterien das Kartellamt bei der Beurteilung einer Wettbewerbsbeschränkung verwendet und welche gegebenenfalls der Bundesminister für Wirtschaft bei einer Sondererlaubnis anwendet?

10. Wie wird in der Theorie und wie in der Praxis der relevante Markt abgegrenzt?

Lösungsvorschläge für die Arbeitsaufgaben finden Sie im »Übungsbuch zu Grundlagen und Probleme der Volkswirtschaft«.

Literatur Kapitel 7

Funktionen des Wettbewerbs, Konzepte des Wettbewerbs und die Grundzüge der Wettbewerbspolitik werden knapp, aber doch umfassend dargestellt von:
Berg, Hartmut: Wettbewerbspolitik, in: Vahlens Kompendium der Wirtschaftstheorie und Wirtschaftspolitik, Band 2, 9. Aufl., München 2007.

Eher ökonomisch orientierte Lehrbücher sind:
Herdzina, Klaus: Wettbewerbspolitik, 5. Aufl., Stuttgart 2007.
Motta, Massimo: Competition Policy, Cambridge 2004.
Neumann, Manfred: Wettbewerbspolitik, Wiesbaden 2000.
Schmidt, Ingo: Wettbewerbspolitik und Kartellrecht, 11. Aufl., Stuttgart, New York 2008.

Eher juristisch orientiert ist das Lehrbuch von:
Emmerich, Volker: Kartellrecht, 9. Aufl., München 2001.

Zur Praxis der Wettbewerbspolitik in Deutschland informieren regelmäßig:
Bundeskartellamt: Bericht des Bundeskartellamtes über seine Tätigkeit in den Jahren ... (alle zwei Jahre).
Monopolkommission: Hauptgutachten ... (alle zwei Jahre)

sowie monatlich die Zeitschrift:
Wirtschaft und Wettbewerb (WuW).

Über Megafusionen informiert umfassend:
Kleinert, Jörn /Henning Klodt: Megafusionen: Trends, Ursachen und Implikationen, Kieler Studie 302, Tübingen 2000.

8 Aufbau und Bedeutung der Volkswirtschaftlichen Gesamtrechnung (VGR)

Leitfragen

Was sind Volkswirtschaftliche Gesamtrechnungen und welche Aufgaben haben sie?

▶ Was sind Volkswirtschaftliche Gesamtrechnungen?

▶ Welche Aufgaben haben die Volkswirtschaftlichen Gesamtrechnungen?

▶ Welche Teilsysteme werden unterschieden?

▶ Welches methodische Vorgehen ist für die Volkswirtschaftlichen Gesamtrechnungen kennzeichnend?

Was versteht man unter der »traditionellen« Volkswirtschaftlichen Gesamtrechnung« und wie ist sie aufgebaut?

▶ Was wird in der traditionellen VGR erfasst?

▶ Inwiefern basiert die VGR auf dem Kreislaufprinzip?

▶ Welche ökonomischen Funktionen der Wirtschaftseinheiten werden in der VGR unterschieden und wie sind diese definiert?

▶ Wie ist der Grundaufbau des Nationalen Produktionskontos, des Nationalen Einkommenskontos und des Nationalen Vermögensänderungskontos? Welche Kontensalden und sonstigen wichtigen Aggregate werden ausgewiesen?

▶ Warum entsprechen sich das Nettoinlandsprodukt und die im Inland entstandenen Primäreinkommen?

▶ Welche Funktion hat das Auslandskonto?

▶ Welche Besonderheiten sind, insbesondere bezüglich der Produktion, beim Staat, den privaten Haushalten und den Banken zu beachten?

▶ Welche Sektoren und Sektorenkonten werden in der VGR des Statistischen Bundesamtes unterschieden und was sind die Gliederungskriterien?

▶ Welche zentralen Kreislaufbeziehungen lassen sich aus dem Kontensystem der VGR für die offene und die geschlossene Volkswirtschaft ableiten?

Wie sind Inlandsprodukt und Nationaleinkommen in Bezug auf ihren Aussagegehalt zu beurteilen?

Welche Besonderheiten bezüglich der Bildung von Funktionskonten und der Bewertung sind im Kontensystem des Statistischen Bundesamtes zu beachten?

▶ Welche Funktionskonten werden im Kontensystem des Statistischen Bundesamtes für einen Sektor unterschieden und was besagen die Salden der Konten?

▶ Was bedeutet die Bewertung der Produktion zu Herstellungspreisen und welche Bedeutung hat sie für die Interpretation der Nettowertschöpfung und andere Aggregate der Sektoren?

8.1 Aufbau und Bedeutung der Volkswirtschaftlichen Gesamtrechnung (VGR)
Was sind Volkswirtschaftliche Gesamtrechnungen?

8.1 Was sind Volkswirtschaftliche Gesamtrechnungen und welche Aufgaben haben sie?

Im Kapitel 2 über die grundsätzliche Funktionsweise des marktwirtschaftlichen Systems wurde bereits gesagt, dass hier Millionen von privaten Wirtschaftseinheiten aufgrund eigener Zielvorstellungen im Rahmen der ihnen gesetzten Daten (wie technische Gegebenheiten, Steuersätze u. a.) selbstständig ihre Produktions-, Verbrauchs-, Investitions-, Finanzierungs- und sonstigen Wirtschaftspläne aufstellen.

In den marktwirtschaftlich orientierten Volkswirtschaften unserer Zeit sind indes die privaten Haushalte und Unternehmen und das Ausland nicht die einzigen Akteure. Bekanntlich greift der Staat insbesondere zwecks Verwirklichung gesamtgesellschaftlicher Wertvorstellungen sowie wegen bestimmter Defizite der Marktmechanismen in das »freie Spiel der Kräfte« ein. Neben die Ziele der einzelnen Wirtschaftseinheiten treten damit die gesamtwirtschaftlichen Ziele wie z. B. Vollbeschäftigung, Preisstabilität, Wachstum, gerechte Einkommensverteilung.

Warum braucht man Volkswirtschaftliche Gesamtrechnungen?

Um diese gesamtwirtschaftlichen Ziele erreichen zu können, braucht der Staat vielfältige Informationen über die Ausgangssituation der Volkswirtschaft: über die Höhe und Zusammensetzung der derzeitigen Produktion, über die bestehende Einkommens- und Vermögensverteilung, über die Bedeutung einzelner Wirtschaftsbereiche, über die interindustriellen Verknüpfungen, über die Sach- und Geldvermögensbestände und ihre Veränderungen usw. Entsprechende Informationen können auch für private Entscheidungsträger und die Forschung von großer Bedeutung sein.

Solche Informationen bereitzustellen ist eine wichtige Aufgabe der Volkswirtschaftlichen Gesamtrechnungen, die einen wesentlichen Teil der Gesamtwirtschaftlichen Rechnungssysteme darstellen.

Das Statistische Bundesamt ist für die Bundesrepublik Deutschland für die Erstellung der Volkswirtschaftlichen Gesamtrechnung gemäß gesetzlichem Auftrag verpflichtet. Es definiert die Aufgabe der Volkswirtschaftlichen Gesamtrechnung wie folgt: »Die Volkswirtschaftlichen Gesamtrechnungen haben die Aufgabe, für einen bestimmten Zeitraum ein möglichst umfassendes, übersichtliches, hinreichend gegliedertes, quantitatives Gesamtbild des wirtschaftlichen Geschehens in einer Volkswirtschaft zu geben.« (Statistisches Bundesamt 2009).

Aggregation ist zur Erstellung der Volkswirtschaftlichen Gesamtrechnungen nötig.

Die Volkswirtschaftlichen Gesamtrechnungen sind **makroökonomische Rechnungssysteme,** d. h. dass nicht die wirtschaftlichen Handlungen einzelner Wirtschaftseinheiten erfasst werden, sondern dass große Gruppen von Wirtschaftseinheiten (Sektoren, wie z. B. der Sektor »Private Haushalte«) und die von ihnen durchgeführten aggregierten Transaktionen dargestellt werden (z. B. der Konsum der Privaten Haushalte). Bei der Aggregation gehen zwangsläufig viele Informationen verloren. So kann man dem Aggregat »Gesamtwirtschaftlicher Konsum« nicht entnehmen, welche individuellen Wirtschaftseinheiten oder Teilgruppen der Volkswirtschaft die Konsumgüter gekauft haben. Die Notwendigkeit der Aggregation liegt darin begründet, dass sie die registrierten Daten überhaupt erst **überschaubar** werden lässt.

Die Volkswirtschaftlichen Gesamtrechnungen erfassen das wirtschaftliche Geschehen, d. h. die ökonomischen Transaktionen einer abgelaufenen Periode. Es handelt sich also um eine Strömungsrechnung, in der Mengen- oder Wertgrößen dargestellt werden, die sich auf einen bestimmten abgeschlossenen Zeitraum beziehen (**Strömungsgrößen**), wie z. B. der Wert der Produktion des Jahres 2008 oder des 3. Quartals des Jahres 2008. Grundsätzlich ist in den Volkswirtschaftlichen Gesamtrechnungen auch die Registrierung von **Bestandsgrößen** vorgesehen, die sich auf einen bestimmten Zeitpunkt beziehen (z. B. die Höhe des Volksvermögens am 31.12.2008). Die statistische Basis ist aber derzeit für eine lückenlose und konsistente Erfassung dieser Größen noch zu wenig entwickelt. Ziel ist es, schließlich ein Rechnungssystem zu entwickeln, in dem ausgehend von den Anfangsbeständen einer Periode das wirtschaftliche Geschehen einer Periode erfasst wird, das die Verbindung zu den Endbeständen der Periode herstellt.

Strömungsgrößen und Bestandsgrößen

Die Registrierung der ökonomischen Vorgänge erfolgt **systematisch**, d. h. dass innerhalb des Rechnungssystems Konzepte (z. B.: Soll das Rechnungssystem eher der konjunkturellen Analyse dienen oder dem Zweck der Wohlstandsmessung?), Definitionen (z. B. der Investitionen des Staates oder der Konsum der privaten Haushalte) und Klassifikationen (z. B. die Sektorenbildung, Abgrenzung der Wirtschaftszeige oder die Abgrenzung von Konsum und Investitionen) aufeinander abgestimmt sind und die Erfassung der Transaktionen widerspruchsfrei ist. So ist z. B. der Konsum des Staates in allen Volkswirtschaftlichen Gesamtrechnungen einheitlich definiert. Wird die Größe an unterschiedlichen Stellen des Rechnungssystems ausgewiesen, so erfolgt der Ausweis wertgleich.

Die oben zitierte Definition der Volkswirtschaftlichen Gesamtrechnungen des Statistischen Bundesamtes sagt nichts darüber aus, welche Teilbereiche oder Aspekte des »wirtschaftlichen Geschehens«, das nicht näher definiert wird, erfasst werden sollen. Dies wird bewusst offen gelassen, da sich hierin die verschiedenen **Zweige der Volkswirtschaftlichen Gesamtrechnungen** unterscheiden. Derzeit werden folgende Teilsystem publiziert:

▸ die Volkswirtschaftliche Gesamtrechnung im engeren Sinne, die wir hier als **traditionelle Volkswirtschaftliche Gesamtrechnung** bezeichnen und mit VGR abkürzen. »Traditionelle« VGR, weil dieser Zweig der volkswirtschaftlichen Gesamtrechnungen historisch gesehen die erste entwickelte und wohl heute auch noch wichtigste Variante der Volkswirtschaftlichen Gesamtrechnungen ist. Hier werden die ökonomischen Transaktionen erfasst, die mit der Darstellung der Entstehung, Verteilung und Verwendung von Inlandsprodukt (zentrales gesamtwirtschaftliches Produktionsmaß) und Nationaleinkommen (zentrales gesamtwirtschaftliches Einkommensmaß) und – im Zusammenhang hiermit – mit der Bildung neuen Vermögens verbunden sind.

Standardsysteme der Volkswirtschaftlichen Gesamtrechnungen und ihre Bedeutung

- die **Zahlungsbilanz,** in der die wirtschaftlichen Transaktionen zwischen Inländern und Ausländern für eine abgelaufene Periode dargestellt werden;
- die **Finanzierungsrechnung**, die die Ströme von Forderungen und Verbindlichkeiten zwischen den Sektoren der Volkswirtschaft und dem Ausland aufzeichnet;
- die **Input-Output-Rechnung,** in der die interindustriellen Lieferverflechtungen dargestellt werden;
- **Satellitensysteme**, wie die Umweltökonomische Gesamtrechnung (vgl. Kapitel 29) und die Haushaltsproduktionsrechnung.

Andere Gesamtwirtschaftliche Rechnungssysteme und Systeme, die nicht zu den Volkswirtschaftlichen Gesamtrechnungen gehören, sind z. B.
- das System Sozialer Indikatoren und
- die Bankstatistischen Gesamtrechnungen.

Das zentrale Rechnungssystem der Volkswirtschaftlichen Gesamtrechnungen ist nach wie vor die **traditionelle Volkswirtschaftliche Gesamtrechnung.** Sie wird in diesem Kapitel ausschließlich und unter Verwendung der Preise des betrachteten Jahres dargestellt (in »laufenden« Preisen). Im nächsten Kapitel gehen wir dann auf »reale« Größen der VGR, auf aus der VGR ableitbare **Strukturgrößen** für die deutsche Volkswirtschaft sowie auf die **Zahlungsbilanz** ein.

8.2 Volkswirtschaftliche Gesamtrechnung im engeren Sinne

Definition VGR

Die VGR beschreibt für eine abgelaufene Periode (ex post) die mit der Entstehung, Verteilung und Verwendung von Inlandsprodukt und Nationaleinkommen sowie mit der Bildung neuen Vermögens der Volkswirtschaft verbundenen ökonomischen Transaktionen.

Damit die Volkswirtschaftlichen Gesamtrechnungen und die aus ihnen abgeleiteten Größen **international vergleichbar** sind, existieren »**Handbücher**«, die für eine möglichst große Einheitlichkeit sorgen sollten. Solche Handbücher sind seit dem Zweiten Weltkrieg von verschiedenen internationalen Organisationen wie den Vereinten Nationen oder der OEEC (Organisation for European Economic Cooperation, Vorgängerin der späteren OECD – Organisation for Economic Cooperation and Development) entwickelt worden. Trotzdem wurde in Deutschland bis 1999 vom Statistischen Bundesamt ein in den 1960er-Jahren entwickeltes relativ eigenständiges System praktiziert. Seit 1999 ist für die

Das Europäische System Volkswirtschaftlicher Gesamtrechnungen

Volkswirtschaftliche Gesamtrechnung der EU-Mitgliedstaaten das »**Europäische System Volkswirtschaftlicher Gesamtrechnungen**« von 1995 (**ESVG 1995**) zwingend als Bezugsgrundlage vorgeschrieben. Es handelt sich um ein Handbuch der VGR, das seinerseits auf dem **System of National Accounts** von 1993 (**SNA 1993**) basiert, einem von den Vereinten Nationen und mehreren anderen internationaler Organisationen erstellten Standardsystem, aber speziell auf die Erfordernisse der EU abgestimmt ist. Damit ist ein entscheidender Schritt in Richtung auf die **Harmonisierung** der europäischen Volkswirtschaftlichen Gesamtrechnungen vollzogen worden.

Ziel dieses Kapitels ist es, die VGR in ihren Grundzügen darzustellen und aus ihr ableitbare Begriffe wie Inlandsprodukt, Nationaleinkommen, Investitionen und Sparen, die in der wirtschaftspolitischen Tagesdiskussion eine besondere Rolle spielen, näher zu beleuchten.

8.2.1 Das Kreislaufprinzip

Wie oben ausgeführt, werden in der VGR ökonomische Transaktionen eines Zeitraumes systematisch erfasst, wie Güterkäufe und -verkäufe, Forderung- und Gütertransfers sowie der Realtausch von Gütern. Nicht erfasst werden Finanztransaktionen, also Veränderungen von Forderungen und Verbindlichkeiten, auch wenn sie mit Güterkäufen oder Forderungstransfers verbunden sind. Finanztransaktionen werden in der Finanzierungsrechnung dargestellt.

Eine typische ökonomische Transaktion, die in der VGR erfasst wird, ist der Verkauf von produzierten Konsumgütern durch ein Unternehmen (U 1), zum Beispiel an einen privaten Haushalt (H 1), sagen wir im Werte von 100 Euro. Dabei fließt der Konsumgüterstrom von U 1 nach H 1 und ein wertgleicher monetärer Strom (eine Konsumausgabe) von H 1 nach U 1. Abbildung 8-1 illustriert diesen Zusammenhang.

Ein einfaches Modell ökonomischer Transaktionen

In der VGR erfasst man vereinbarungsgemäß nur die **monetären Ströme**, also die Konsumausgabe. Wie man erkennt, ist hiermit kein Informationsverlust verbunden, da beide Ströme wertgleich (spiegelbildlich) sind und denselben Sachverhalt beschreiben. Falls ein monetärer Strom nicht existiert, wie

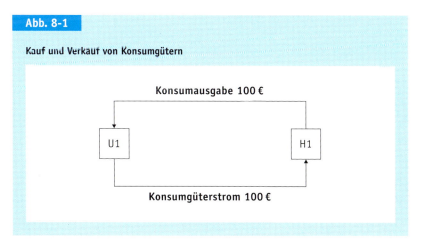

Abb. 8-1

Kauf und Verkauf von Konsumgütern

z. B. bei einer Güterschenkung, unterstellt man fiktiv einen monetären Strom entsprechender Größe.

Selbstverständlich beschreibt die obige Transaktion nur einen winzigen Teil der ökonomischen Vorgänge einer Periode. Der Haushalt kann die Konsumausgabe nicht tätigen, ohne Einkommen zu erzielen (oder sein Vermögen anzugreifen), und das Unternehmen wird für die Produktion der verkauften Güter Inputs einkaufen müssen. Nehmen wir an, H 1 arbeitet bei U 2, das H 1 einen Lohn von 150 Euro zahlt. Außerdem verkauft U 2 Konsumgüter an H 2 im Werte von 110 Euro. H 2 arbeitet bei U 1 und bezieht von dort einen Lohn von 120 Euro. Außerdem liefere U 1 Produktionsgüter an U 2 im Werte von 50 Euro. Werden nur die monetären Transaktionen erfasst, die zu den realen Transaktionen spiegelbildlich sind, ergibt sich die Abbildung 8-2.

Wesentliche Eigenschaften des Wirtschaftskreislaufs

Ströme wie die in der Abbildung 8-2 dargestellten bezeichnet man in der Volkswirtschaftslehre als **Kreislauf**. Die Haushalte und Unternehmen sind dabei die »**Pole**« des Kreislaufs, einer abstrakten Bezeichnung für die Einheiten, zwischen denen Ströme fließen. Natürlich handelt es sich in dem Beispiel um einen extrem einfachen Kreislauf mit nur vier Polen und fünf Strömen. Aber schon an diesem einfachen Kreislauf ist eine wesentliche Eigenschaft jedes Kreislaufs erkennbar: Da jedem Zustrom eines Pols ein gleich hoher Abfluss bei einem anderen Pol entspricht, ist über alle Pole gesehen, die Wertsumme der abfließenden Ströme gleich der Wertsumme aller zufließenden Ströme. Das gilt auch für sehr viel komplexere Kreisläufe mit Millionen von Polen (private Haushalte, Unternehmen, Gebietskörperschaften usw.) und Milliarden von Strömen, wie dem in der VGR in aggregierter Form erfassten Kreislauf. Denn auch hier muss – korrekte Erfassung aller Ströme vorausgesetzt – die Wertsumme der bei sämtlichen Polen abfließenden Ströme gleich sein der Wertsumme der sämtlichen Polen zufließenden Ströme. Diese Eigenschaft eines Kreislaufs ist wichtig

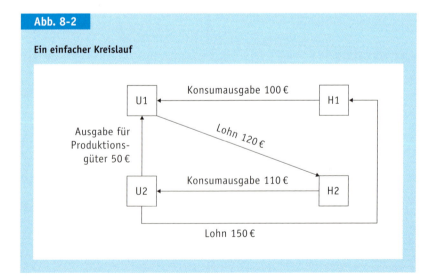

Abb. 8-2

Ein einfacher Kreislauf

für die VGR: Sie sichert die Widerspruchsfreiheit (Konsistenz) des Rechnungssystems. Wichtig ist, dass der Leser den Kreislauf als Grundprinzip der VGR versteht, die ja aus der Erfassung der Transaktionen (Ströme) zwischen den inländischen Wirtschaftseinheiten (Polen) einer Volkswirtschaft und zwischen den inländischen Polen und dem Ausland besteht. *Francois Quesnay* (1694–1776), der französische Begründer der VGR als Kreislaufrechnung, hat den Kreislaufgedanken vielleicht etwas überspitzt formuliert, wenn er ihn mit dem Blutkreislauf des Menschen vergleicht. Denn in einer Volkswirtschaft fließt in aller Regel nichts wirklich »im Kreise«: Der Konsumausgabenstrom von den Haushalten an die Unternehmen (z. B. in Form einer Geldzahlung) endet zunächst bei diesen. Ebenso endet der Einkommensstrom von U 2 an H 1 zunächst bei dem Haushalt. Ob H 1 das empfangene Einkommen ganz oder teilweise und für welchen Zweck wieder ausgibt und wann die entsprechende Ausgabe fließt, ist offen. Das Kreislaufprinzip bringt aber den wechselseitigen Zusammenhang (die **Interdependenz**) zwischen den Wirtschafteinheiten in prägnanter Weise zum Ausdruck, dessen Erfassung und Berücksichtigung letztlich die Makroökonomie ausmacht und neben dem Aggregationsgrad von der Mikroökonomie unterscheidet.

8.2.2 Gliederung der Transaktionen nach ökonomischen Funktionen

Wie schon oben erwähnt, können in einem gesamtwirtschaftlichen Rechnungssystem nicht die Millionen von handelnden Wirtschaftseinheiten und ihrer Abermillionen von Transaktionen individuell erfasst werden, sondern es müssen unter bestimmten Gesichtspunkten gleichartige Wirtschaftseinheiten (Pole) und Transaktionen zu **Aggregaten** zusammengefasst werden. Dementsprechend aggregiert man z. B. sämtliche privaten Haushalte zum Sektor (gesamtwirtschaftlichen Pol) »Private Haushalte« und ihre gesamten Konsumgüterkäufe zum Aggregat »Private Konsumausgaben«. Aber auch nach einer solchen Aggregation würde die VGR sehr unübersichtlich bleiben, würde man sämtliche beim Sektor Haushalte zu- und abfließenden Ströme ohne weitere Untergliederung bei einem einzigen Pol (dem des Sektors private Haushalte) erfassen oder alle den Unternehmen zu- und abfließenden Ströme dem Pol Unternehmen zuordnen. Deshalb untergliedert man die makroökonomischen Pole, wie den Sektor private Haushalte oder den Sektor Staat, gedanklich in mehrere **fiktive Teilpole**, die jeweils bestimmte wirtschaftliche Aktivitäten des Sektors beschreiben und bei denen nur die zu diesen Aktivitäten gehörigen Transaktionen registriert werden. Das wichtigste Kriterium, nach dem in der VGR die wirtschaftlichen Aktivitäten einer Wirtschaftseinheit, eines Sektors oder einer gesamten Volkswirtschaft gegliedert und damit übersichtlich gemacht werden, besteht in der Gliederung verschiedener Transaktionen nach **ökonomischen Funktionen (**das Statistische Bundesamt spricht von »Phasen« des Wirtschaftsprozesses), denen sie zugeordnet werden können. Obwohl die

> Wirtschaftliche Einheiten werden zu Sektoren und Transaktionen werden zu Aggregaten zusammengefasst.

8.2 Aufbau und Bedeutung der Volkswirtschaftlichen Gesamtrechnung (VGR)
Volkswirtschaftliche Gesamtrechnung im engeren Sinne

Gliederungstiefe der Funktionsbereiche in der VGR unterschiedlich gestaltet werden kann, hat sich als didaktisches Konzept die Unterscheidung der Funktionsbereiche
- Produktion und Einkommensentstehung,
- Einkommensverteilung, -umverteilung und -verwendung sowie
- Vermögensbildung

als nützlich erwiesen. Bei der **kontenmäßigen Erfassung** des wirtschaftlichen Geschehens, die sich als die allein machbare herauskristallisiert hat, unterscheiden wir dementsprechend drei Konten:

- das **Produktionskonto**
  erfasst sämtliche mit der Produktion und der Einkommensentstehung verbundenen ökonomischen Transaktionen der inländischen Wirtschafteinheiten,
- das **Einkommenskonto**
  zeigt die Verteilung der im Produktionsprozess entstandenen Einkommen, ihre Umverteilung (insbesondere durch den Staat) und ihre Verwendung und
- das **Vermögensänderungskonto**
  erfasst die Bildung neuen Vermögens, insbesondere durch Sparen, und die Form, in der sich dieses niederschlägt (als Real- oder Geldvermögen).

Erfassung des wirtschaftlichen Geschehens in drei Konten.

Natürlich ist die Bedeutung der verschiedenen Funktionskonten für die Sektoren unterschiedlich. Wenn man z. B. die privaten Haushalte ausschließlich in ihrer Funktion als Einkommensbezieher, Konsumenten und Sparer sieht, so hat das Produktionskonto für den Sektor keine Bedeutung, während es für den Sektor Unternehmen zentral ist. Andererseits hat das Einkommensverwendungskonto für Unternehmen kaum eine Bedeutung, da diese definitionsgemäß nicht konsumieren und investive Verwendungen ihres Einkommens nicht das Einkommensverwendungskonto, sondern das Vermögensänderungskonto betreffen. Trotzdem wird jedes Funktionskonto einschließlich der zugehörigen Transaktionen für jeden inländischen Sektor geführt. Damit ergibt sich das in Abbildung 8-3 gezeigte Grundschema der VGR.

Im Kontensystem des Statistischen Bundesamtes werden stärker disaggregierte Funktionskonten für die inländischen Sektoren gebildet. In dieser Einführung in die VGR stellen wir die vom Statistischen Bundesamt vorgesehenen Unterkonten der Sektoren der Volkswirtschaft in Kapitel 8.7 exemplarisch nur am Beispiel des Sektors Private Haushalte vor. Außerdem beschränken wir uns zunächst auf den für die einzelne Volkswirtschaft höchsten Aggregationsgrad und betrachten nur die nationalen Funktionskonten. Unter dem Kreislaufaspekt hat das zwar den Nachteil, dass sehr viele ökonomische Vorgänge sich jetzt als Zu- und Abgänge innerhalb des Pols »Inländische Volkswirtschaft« mit seinen fiktiven Teilpolen niederschlagen, trotzdem bleibt das Kreislaufprinzip unangetastet.

8.2 Volkswirtschaftliche Gesamtrechnung im engeren Sinne

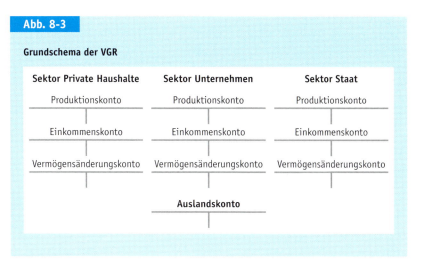

Abb. 8-3

Grundschema der VGR

8.2.3 Nationales Produktionskonto

Wesentliche Aspekte von Produktion und Einkommensbildung in einer Volkswirtschaft lassen sich an einem einfachen Beispiel verdeutlichen, das sich auf die Marktproduktion bezieht, also eine Produktion, die grundsätzlich für den Verkauf bestimmt ist.

8.2.3.1 Wesentliche Aspekte von Produktion und Einkommensbildung

Stellen Sie sich einen Schneider vor, der einen Anzug herstellt. Nehmen wir an, der fertige Anzug wird von ihm für 300 Euro verkauft. Damit ist klar, dass der Marktwert der Produktion des Schneiders (Fachterminus: der Produktionswert zu Marktpreisen) 300 Euro beträgt. Zur Erstellung des Anzuges musste der Schneider verschiedene Inputs verwenden. Nehmen wir an, er benötigt Anzugstoff im Werte von 100 Euro und sonstige Vorprodukte wie Garn, Knöpfe, Futterstoff usw. im Werte von 50 Euro. Außerdem braucht er für Beleuchtung, Heizung und Maschinenstrom 30 Euro und seine Maschinen nutzen durch die Erstellung des Anzuges im Werte von 10 Euro ab.

Ein einfaches Beispiel zur Erfassung der Produktionsaktivität

---

Unter der Lupe

Netto und Brutto

Die Zusätze »Netto« oder »Brutto« beziehen sich – insbesondere in Verbindung mit den Begriffen Inlandsprodukt, Nationaleinkommen, Investitionen, Wertschöpfung – in der VGR in der Regel darauf, ob die Abschreibungen abgezogen worden sind oder nicht. Gelegentlich wird aber hier auch von »Netto«-Produktion in dem Sinne gesprochen, dass die Vorleistungen herausgerechnet sind. Wir sprechen dann von einem **Netto-Produktionsmaß**.

8.2 Aufbau und Bedeutung der Volkswirtschaftlichen Gesamtrechnung (VGR)
Volkswirtschaftliche Gesamtrechnung im engeren Sinne

Erfassung der Nettoproduktion

Eine zentrale Frage ist nun, wie viel Güter der Schneider wertmäßig **zusätzlich neu produziert** hat. Würde die Antwort hierauf 300 Euro lauten, so wäre sie wenig überzeugend, denn Anzugstoff, sonstige Vorprodukte einschließlich Strom im Wert von insgesamt 180 Euro mussten zunächst eingesetzt werden, um den Anzug zu erstellen. Also kann der durch die Tätigkeit des Schneiders »hinzugefügte Wert« (ohne Abzug des Wertes der Abnutzungen der Maschinen – Abschreibungen) nur 120 Euro betragen. Berücksichtigt man zusätzlich die Abschreibungen, so beträgt der Wert der »netto« zusätzlich neu produzierten Güter 110 Euro. Beachten wir nun noch, dass der wertmäßige Verbrauch an nicht dauerhaften Produktionsmitteln im Zuge der Produktion (im Beispiel 180 Euro) in der VGR als **Vorleistungen** bezeichnet wird, so lässt sich der beschriebene Produktionsvorgang (einschließlich des Verkaufs) in Kontenform wie folgt darstellen:

Produktionskonto

Verwendung			*Aufkommen*
Vorleistungen	180	Produktion und Verkauf des Anzuges	300
Abschreibungen	10		
Wert der zusätzlich neu geschaffenen Güter	110		
Produktionswert zu Marktpreisen	300	Produktionswert zu Marktpreisen	300

Man erkennt, dass es zu erheblichen **Doppelzählungen** kommen würde, wenn man als Maß für die Nettoproduktion in einer Volkswirtschaft einfach die Produktionswerte (also den Wert der neu produzierten Güter) addieren würde. Schon der Wert des Anzugstoffes und des Anzuges würden sich auf 400 addieren und der Anzugstoff damit zweimal als Produktion erfasst: Direkt bei dem Stoffhersteller und indirekt im Wert des Anzuges. Das Produktionsmaß der VGR basiert aber auf einem **Nettoproduktionskonzept** und muss deshalb solche Doppelzählungen vermeiden.

Welche Einkommen sind entstanden?

Welche **Einkommen** sind nun im Zuge der Produktion des Schneiders entstanden? Vom Verkaufserlös der Produktion sind auf der linken Seite des Kontos mit den Vorleistungen und den Abschreibungen alle Produktionsaufwendungen abgezogen worden, bei denen die in Rechnung gestellten Entgelte nicht direkt Einkommen derjenigen Wirtschaftseinheiten sind, die die Inputs zur Verfügung stellen. Folglich muss der verbleibende Rest, der identisch ist mit dem Wert der zusätzlich neu produzierten Güter, zugleich dem im Zuge der Produktion und des Verkaufs **entstandenen Einkommen** entsprechen. Dieses entstandene Einkommen (nach dem ESVG 1995 »Primäreinkommen« genannt) kann entweder für Einkommenszahlungen an andere Wirtschaftseinheiten verwendet werden (Arbeitnehmerentgelte, Zinsen für aufgenommenes Kapital, Pacht, Gewinnausschüttung an eventuelle Teilhaber) oder sie verbleiben als Gewinneinkommen des Schneiders.

Wichtig ist, die **Symmetrie** zwischen dem Wert der Produktion neuer zusätzlicher Güter durch eine Produktionseinheit und dem Wert der hierdurch geschaffenen Einkommen zu erkennen. Es handelt sich um zwei Seiten derselben Medaille.

8.2.3.2 Nationales Produktionskonto 1: produktionswertorientiert

Nach diesen Vorüberlegungen können wir den Aufbau des gesamtwirtschaftlichen Produktionskontos erläutern. Das Konto entsteht, indem die Produktionskonten sämtlicher im Inland ansässigen Wirtschaftseinheiten zum **Nationalen Produktionskonto** aggregiert werden. Staatsangehörigkeit und Eigentumsverhältnisse spielen dabei grundsätzlich keine Rolle. Die Produktion eines im Inland produzierenden Unternehmens, das sich in ausländischem Eigentum befindet, gehört also zur Inlandsproduktion (so genanntes Inlandskonzept).

Im Produktionsbereich gilt das Inlandskonzept.

Wir verwenden bei den folgenden Darstellungen in diesem Kapitel durchgängig die Zahlen für Deutschland im Jahr 2008, angegeben in Milliarden Euro (Stand Februar 2009). Wie das Statistische Bundesamt bezeichnen wir die rechte Seite des Produktions- und Einkommenskontos mit »Aufkommen«, die linke Seite mit »Verwendung«. Beim Vermögensänderungskonto werden die Bezeichnungen »Veränderung der Passiva« (rechte Kontenseite) und Veränderung der Aktiva (linke Kontenseite) verwendet.

Nationales Produktionskonto 1

Verwendung		Aufkommen	
Vorleistungen	2.400,51	Produktionswert der inländischen Wirtschaftseinheiten (Bewertung zu Marktpreisen)	4.892,51
Abschreibungen	363,12		
Saldo: Nettoinlandsprodukt (NIP)	2.128,88		
Produktionswert zu Marktpreisen	4.892,51	Produktionswert zu Marktpreisen	4.892,51

Das Inlandsprodukt (IP) ergibt sich, indem man vom zu Marktpreisen bewerteten Produktionswert des Inlandes die Vorleistungen abzieht. Ohne die Subtraktion der Abschreibungen erhält man das Bruttoinlandsprodukt (BIP). Zieht man auch die Abschreibungen ab, so erhält man das Nettoinlandsprodukt (NIP). Das Inlandsprodukt (ob brutto oder netto) ist das wichtigste gesamtwirtschaftliche Produktionsmaß.

Dass in der Praxis häufig lieber das Brutto- als das Nettoinlandsprodukt als Produktionsmaß verwendet wird, liegt daran, dass die Abschreibungen kaum genau zu ermitteln sind und deshalb das NIP ein höheres Fehlerpotenzial aufweist.

Nach der im obigen Konto vorgestellten Weise bestimmt, spricht man auch von einer Ermittlung des Inlandsproduktes von der **Entstehungsseite**. Häufig wird dabei die inländische Volkswirtschaft in Wirtschaftsbereiche aufgespalten (wie produzierendes Gewerbe, Handel usw.).

Im Kontensystem des Statistischen Bundesamtes wird auf den Produktionskonten der Sektoren nur der obige Produktionswert ausgewiesen, der nicht – wie weiter unten dargestellt – nach Verwendungen der Produktion aufgespal-

8.2 Aufbau und Bedeutung der Volkswirtschaftlichen Gesamtrechnung (VGR)
Volkswirtschaftliche Gesamtrechnung im engeren Sinne

Bewertung der Produktion zu Marktpreisen und Bewertung zu Herstellungspreisen

ten wird. Außerdem wird im offiziellen Kontensystem die Produktion nicht zu Marktpreisen, sondern zu so genannten **Herstellungspreisen** bewertet. Etwas vereinfacht ausgedrückt bedeutet dies, dass von den Marktpreisen die Mehrwertsteuer und Verbrauchsteuern (wie die Energiesteuer, Tabaksteuer, Branntweinsteuer, Biersteuer) **abgezogen** und auf die Produktion der Gütereinheiten vom Staat und der EU gewährte Subventionen (so genannte Gütersubventionen) zu den Marktpreisen **addiert** werden. Es gilt also:

Bewertung zu Herstellungspreisen
= Bewertung zu Marktpreisen
− Gütersteuern
+ Gütersubventionen.

Sinn dieser Bewertungsweise ist es gemäß ESVG 1995 die Produktion mit den Preisen zu bewerten, die dem Produzenten tatsächlich zufließen. Da die Gütersteuern und Subventionen aber trotzdem zum Inlandsprodukt und zu den von den inländischen Produktionseinheiten geschaffenen Einkommen gerechnet werden, müssen bei der Berechnung des Inlandsproduktes und des Nationaleinkommens die Subventionen abgezogen und die Gütersteuern addiert werden. Jedoch folgen wir der Darstellungsweise des Statistischen Bundesamtes, die durch das ESVG 1995 zwingend vorgeschrieben ist, an dieser Stelle nicht und erläutern das Konzept nur in unserem Exkurs zum Kontensystem des Statistischen Bundesamtes am Schluss dieses Kapitels näher.

Das Nationale Produktionskonto 1 zeigt noch nicht die **Verwendung des Inlandsproduktes** in der üblichen Form, die auch das Statistische Bundesamt in vielen Publikationen verwendet. Diese Form ist auch für unsere theoretischen Überlegungen in den Kapiteln 10 ff. zentral. Um diese Form darzustellen, sind nun noch einige Überlegungen und damit verbundene Veränderungen des Kontos notwendig.

Die Aufteilung des Produktionswerts in Vorleistungen und Endprodukte

Der auf der rechten Seite des Produktionskontos ausgewiesene Marktwert der Produktion der inländischen Wirtschaftseinheiten lässt sich danach aufgliedern (»klassifizieren«), um welche Art von Gütern es sich handelt. In der Verwendungsrechnung für den Produktionswert wird dabei unterschieden

▸ ob es sich um Vorleistungen oder (im Inland produzierte) Endprodukte handelt und
▸ ob es sich bei den Endprodukten um Konsum-, Investitions- oder Exportgüter handelt.

Die Abbildung 8-4 illustriert diese Klassifizierung.

Den Begriff der **Vorleistungen** haben wir bereits grob erläutert. Es handelt sich um den wertmäßigen Verbrauch an nicht dauerhaften Produktionsmitteln im Zuge der inländischen Produktion (sofern das Entgelt für die Zurverfügungstellung der Produktionsmittel nicht unmittelbar Einkommen der liefernden Wirtschaftseinheit darstellt). In betriebswirtschaftlicher Ausdrucksweise besteht ein Großteil der Vorleistungen aus Aufwendungen für Roh-, Hilfs- und Betriebsstoffe. Einerseits ist der Begriff der Vorleistungen insofern erheblich

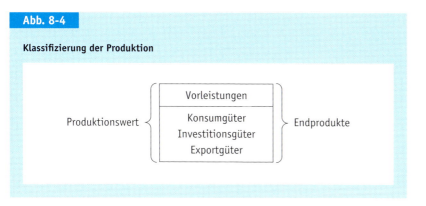

Abb. 8-4

Klassifizierung der Produktion

weiter, als er auch von anderen Produktionseinheiten gelieferte Dienstleistungen einschließt. Zu den Vorleistungen gehören also z. B. auch Postgebühren, Anwaltskosten, gewerbliche Mieten und Benutzungsgebühren für öffentliche Einrichtungen. Andererseits ist der Begriff Vorleistungen enger als der der Aufwendungen in der betrieblichen Gewinn- und Verlustrechnung. Es zählen nur solche Aufwendungen zu den Vorleistungen, die nicht unmittelbar Einkommen der leistenden Wirtschaftseinheiten sind. So sind Löhne, Zinsen und Pachten zwar Aufwendungen in der Gewinn- und Verlustrechnung, nicht aber Vorleistungen in der VGR. Aufwendungen stellen auch die Abschreibungen dar, die aber ebenfalls nicht zu den Vorleistungen gerechnet werden.

Endprodukte sind solche in der Periode produzierten Güter, die in derselben Periode in keinem inländischen Produktionsprozess (vollständig) als Inputs eingehen. Endprodukte werden unterschieden in Konsumgüter, Investitionsgüter und Exportgüter.

Die Aufteilung der Endprodukte in Konsum-, Investitions- und Exportgüter

▸ **Konsumgüter** sind solche Endprodukte, die zur direkten Bedürfnisbefriedigung dienen. In der VGR ist es dabei gleichgültig, ob es sich um nicht dauerhafte Konsumgüter (Milch, Kartoffeln) oder um dauerhafte Konsumgüter (Automobile) handelt. Auch dauerhafte Konsumgüter gelten im Augenblick ihres Kaufes als untergegangen (verzehrt).

▸ **Investitionsgüter** haben wir in Kapitel 5.11 schon als solche Güter definiert, die die Möglichkeit der Einkommenserzielung der Wirtschaftseinheit erhöhen oder sichern. In der VGR wird der Investitionsbegriff jedoch deutlich **enger** gefasst. Man unterscheidet Bruttoanlageinvestitionen und Vorrats-(Lager-)Investitionen. Bruttoanlageinvestitionen sind dauerhafte (materielle und immaterielle) Güter, die im Produktionsprozess über mehr als ein Jahr eingesetzt werden (Maschinen, Gebäude, Computerprogramme).

Investitionen werden unterschieden in Bruttoanlageinvestitionen und Vorratsinvestitionen

Vorratsinvestitionen sind solche in der Periode produzierten Halb- und Fertigfabrikate, die in der Periode von den Wirtschaftseinheiten auf Lager genommen worden sind. Die in einem Jahr produzierten Investitionsgüter bilden die **Bruttoinvestitionen** aus inländischer Produktion. Zieht man von den Bruttoinvestitionen jenen Teil ab, der zum Ersatz von in der Periode im

Produktionsprozess abgenutzten Anlagegütern dient, so ergeben sich die **Nettoinvestitionen**. Schließlich kann man noch danach unterscheiden, ob Investitionsgüter von privaten Wirtschaftseinheiten oder vom Staat gekauft werden (öffentliche Straßen, Brücken, Gebäude usw.). Im ersten Fall spricht man von **Privatinvestitionen**, im zweiten von **staatlichen Investitionen**.

▸ Einfach ist die Definition der **Exportgüter**: Es sind solche Güter, die von Inländern an Ausländer fließen, gleichgültig, ob sie dort als Vorleistungen, Konsumgüter oder als Investitionsgüter verwendet werden. Entsprechend sind **Importgüter** Waren und Dienstleistungen, die von Ausländern an Inländer fließen. Importgüter können im Inland als Vorleistungen, zum Konsum oder zur Investition verwendet werden.

8.2.3.3 Nationales Produktionskonto 2: verwendungsorientiert

Nach diesen Begriffsklärungen können wir uns einer **verwendungsorientierten Form** des Nationalen Produktionskontos zuwenden.

Nationales Produktionskonto 2

Verwendung	Aufkommen
Aus dem Inland bezogene Vorleistungen V_I	Produktion, die den Verbrauch an aus dem Inland bezogenen Vorleistungen kompensiert (Inländische Vorleistungslieferungen) V_I
Abschreibungen D	Produktion, die den Verschleiß von Investitionsgütern im Zuge der Produktion kompensiert (Ersatzinvestition) I_I^{Ersatz}
Vom Ausland bezogene Vorleistungen V_A	Konsum aus inländischer Produktion C_I
Saldo: **Nettoinlandsprodukt NIP**	Investitionen (netto) aus inländischer Produktion I_I
	Export aus inländischer Produktion Ex_I
Produktionswert zu Marktpreisen	Produktionswert zu Marktpreisen

Der Marktwert der Produktion: Vorleistungen und Ersatzinvestitionen

Auf der Aufkommensseite des Produktionskontos ist der Marktwert der gesamten Produktion nach Güterarten klassifiziert dargestellt. Dabei sind zunächst diejenigen (Werte der) Produktionen inländischer Wirtschaftseinheiten aufgeführt, die nur einen Ausgleich für entsprechende Inputs im Produktionsprozess sind und deshalb nicht zur Nettoproduktion der Volkswirtschaft gehören: Im Inland produzierte Vorleistungsgüter (V_I) und die Ersatzinvestitionen (I_I^{Ersatz}), die die Abschreibungen (D) gütermäßig kompensieren. Auf der Verwendungsseite des Kontos sind zunächst die aus inländischen Quellen stammenden Inputs aufgelistet, die bei der Bestimmung der Nettoproduktion vom Produktionswert abgezogen werden müssen: die aus inländischer Produktion stammenden Vorleistungen (V_I) und die Abschreibungen (D). Die entsprechenden Outputs und Inputs sind auf dem Produktionskonto 2 grau unterlegt.

Auf der Aufkommensseite des Kontos verbleiben dann die zu den Endprodukten der heimischen Volkswirtschaft gehörigen Güter, also die aus inländischer Produktion stammenden Konsumgüter (C_I), Investitionsgüter (netto, I_I)

Volkswirtschaftliche Gesamtrechnung im engeren Sinne **8.2**

und die Exportgüter (Ex_I). Auf der Inputseite ist zu berücksichtigen, dass über die aus inländischer Produktion stammenden Vorleistungen hinaus Vorleistungen aus dem Ausland (V_A) zur Erstellung der Konsum-, Investitions- und Exportgüter verwendet worden sind. Um die Nettoproduktion der Volkswirtschaft zu bestimmen, müssen diese von den im Inland produzierten Endprodukten abgezogen werden. Als Saldo verbleibt dann das Nettoinlandsprodukt (NIP).

Der Marktwert der Produktion: Unterscheidung der Endprodukte nach Güterarten

Die auf dem Konto dargestellten Zusammenhänge lassen sich in Gleichungsform wie folgt ausdrücken:

$$BIP = NIP + D = C_I + I_I^b + Ex_I - V_A$$

bzw., wenn man auf beiden Seiten der Gleichung die Abschreibungen abzieht,

$$NIP = C_I + I_I + Ex_I - V_A$$

> Das Nettoinlandsprodukt wird gegeben durch die Wertsumme der aus **inländischer Produktion** stammenden Konsum-, Investitions- und Exportgüter, vermindert um die Vorleistungsimporte. Bei dieser (zweiten) Form der Berechnung des Inlandsproduktes spricht man von der Darstellung des Inlandsproduktes von der **Verwendungsseite**.

Das Nettoinlandsprodukt von der Verwendungsseite.

Da Exportgüter praktisch immer im Inland produziert worden sind, setzen wir im Folgenden $Ex_I = Ex$.

8.2.3.4 Nationales Produktionskonto 3: Gesamtkonsum und Gesamtinvestition

In der allgemein üblichen Darstellungsweise der Verwendung des Inlandsproduktes werden nun aber nicht nur die im Inland produzierten Konsum-, Investitions- und Exportgüter ausgewiesen, sondern auf der Verwendungsseite erscheinen der **gesamte Konsum**, die **gesamten Investitionen** und der **gesamte Export** (ob aus inländischer Produktion oder aus dem Ausland importiert). Damit sich als Saldo des Kontos trotzdem das Nettoinlandsprodukt ergibt, muss man die durch Importe beschafften Teile der volkswirtschaftlichen Endnachfrage wieder abziehen, da diese **nichts mit der heimischen Produktion zu tun haben.** Man kann die notwendige Berichtigung durchführen, indem man die importierten Endprodukte mit den importierten Vorleistungen zusammen als Gesamtimport ausweist und subtrahiert:

Produktion der Endprodukte im Inland und im Ausland.

$$NIP = \underbrace{(C_I + C_A)}_{C} + \underbrace{(I_I + I_A)}_{I} + Ex - \underbrace{(V_A + C_A + I_A)}_{Im}$$

$$NIP = C + I + Ex - Im,$$

mit $Im = V_A + C_A + I_A$

Bezeichnet man die Differenz aus Exporten und Importen von Sachgütern und Dienstleistungen als **Außenbeitrag**, so lässt sich die letzte Gleichung auch wie folgt ausdrücken:

8.2 Aufbau und Bedeutung der Volkswirtschaftlichen Gesamtrechnung (VGR)
Volkswirtschaftliche Gesamtrechnung im engeren Sinne

> Das Nettoinlandsprodukt ist von der Verwendungsseite gegeben durch die Wertsumme aus gesamtwirtschaftlichem Konsum, gesamtwirtschaftlichen Nettoinvestitionen und Außenbeitrag.

Häufig findet man auch eine Darstellung des **Brutto**inlandsproduktes von der Verwendungsseite. Um diese Darstellungsweise zu erhalten, addieren wir auf beiden Seiten der letzten Gleichung wieder die Abschreibungen D. Als Ergebnis erhalten wir:

$$NIP + D = C + (I + D) + Ex - Im \quad \text{bzw.}$$

$$BIP = C + I^b + Ex - Im$$

wobei I (I^b) für die Nettoinvestitionen (Bruttoinvestitionen) steht.

Für Deutschland ergibt sich in dieser Darstellung von der **Verwendungsseite** für das Jahr 2008 das folgende Nationale Produktionskonto (Angaben in Milliarden Euro):

Nationales Produktionskonto 3

Verwendung		Aufkommen	
		Konsum	1.854,29
Abschreibungen	363,12	Investitionen (brutto)	480,64
Saldo:		Exporte	1.177,14
Nettoinlandsprodukt (NIP)	2.128,88	– Importe	–1.020,07
Bruttoinlandsprodukt	2.492,00	Bruttoinlandsprodukt	2.492,00

An dieser Stelle sei noch einmal angemerkt, dass dem Nettoinlandsprodukt ein gleich hohes (durch die Produktion der Periode entstandenes) Einkommen entspricht, das man als **Inlandsprimäreinkommen** bezeichnen könnte. Es setzt sich aus drei Komponenten zusammen:

Die Zusammensetzung des Inlandsprimäreinkommens

- den im Inland entstandenen Arbeitnehmerentgelten
  (Bruttolöhne und -gehälter einschließlich Arbeitgeber- und Arbeitnehmeranteil an der Sozialversicherung),
- den im Inland entstandenen Gewinnen und Vermögenseinkommen und
- den Nettoproduktionsabgaben
  (Gesamte Produktionsabgaben an Staat und EU abzüglich der gesamten Subventionen vom Staat und von der EU, vgl. im Einzelnen Kapitel 8.7).

In Zahlen von 2008 bedeutet dies (Angaben in Milliarden Euro)

Entstandene Arbeitnehmerentgelte	1.225,56
Entstandene Gewinne und Vermögenseinkommen	615,71
Nettoproduktionsabgaben	287,61
Inlandsprimäreinkommen (= Nettoinlandsprodukt)	2.128,88

Unter der Lupe

Was sind Arbeitsentgelte?

Der Begriff Arbeitsentgelt ist weit gefasst. Er umfasst sämtlich Löhne und Gehälter (einschließlich etwaiger Naturalentgelte) vor Steuerabzug und einschließlich der Sozialabgaben von Arbeitnehmern und Arbeitgebern. Bei Beamten werden auch unterstellte Sozialleistungen einbezogen.

Das Inlandsprodukt kann damit konzeptionell von **drei Seiten** dargestellt werden: von der Entstehungsseite, von der Verwendungsseite und von der Verteilungsseite.

Drei Darstellungsarten des Nettoinlandsproduktes

I. Entstehungsrechnung	
Produktionswert zu Marktpreisen	4.892,51
– Vorleistungen	2.400,51
– Abschreibungen	363,12

II. Verwendungsrechnung	
Konsumausgaben	1.854,29
+ Nettoinvestitionen	117,52
+ Exporte – Importe	157,07

= (Netto-)Inlandsprodukt 2.128,88

III. Verteilungsrechnung	
Im Inland entstandene Arbeitnehmerentgelte	1.225,56
+ Gewinne und Vermögenseinkommen	615,71
+ Nettoproduktionsabgaben	287,61

Der Leser beachte auch die Relation zwischen dem Netto-Produktionsmaß Nettoinlandsprodukt und dem Produktionswert zu Marktpreisen. Letzterer war mit 4.892,51 Milliarden Euro (4,893 Billionen Euro) mehr als doppelt so groß wie das Nettoinlandsprodukt mit 2.128,88 Milliarden Euro. Deshalb ist die häufig in den Medien zu findende Beschreibung für das Inlandsprodukt als »Maß für die insgesamt in der Volkswirtschaft in einem Jahr produzierten Güter und Dienstleistungen« nicht nur konzeptionell falsch, sondern auch in Bezug auf die suggerierte Größenordnung stark verzerrend.

8.2.4 Nationales Einkommenskonto

In der neuen VGR werden verschiedene Varianten sektoraler Einkommenskonten vorgestellt, auf die wir hier nicht eingehen können (vgl. aber Kapitel 8.7).
Entscheidend ist zunächst der Übergang von den im Verständnis des neuen Systems Volkswirtschaftlicher Gesamtrechnung **güterbezogenen Größen** zu **Einkommensgrößen**. Ausgangspunkt ist, dass das Inlandsprodukt (und das ihm entsprechende Inlandsprimäreinkommen) als Saldo des Produktionskontos übernommen wird. Bei der Berechnung des **Nationaleinkommens** geht es jetzt aber nicht mehr um die Erfassung der in den geographischen Grenzen eines

Der Übergang von güterbezogenen Größen zu Einkommensgrößen

Landes hergestellten Güter (Inlandskonzept) und der dabei entstandenen Einkommen (gleichgültig, ob diese Einkommen Inländern oder Ausländern zufließen), sondern um die **Inländern zugeflossenen (Primär-)Einkommen**. Man spricht in Abgrenzung vom Inlandskonzept vom **Inländerkonzept,** das im Einkommensbereich Anwendung findet. In offenen Volkswirtschaften (offene Volkswirtschaften haben wirtschaftliche Beziehungen zum Ausland) wird es in der Regel so sein, dass ein Teil der im Inland im Zuge der Produktion geschaffenen Einkommen an Ausländer abfließt. Andererseits werden Inländer am im Ausland geschaffenen Einkommen partizipieren. Es gilt also:

> Nettoinlandsprodukt (= Inlandsprimäreinkommen)
> − Primäreinkommen vom Inland an Ausländer
> + Primäreinkommen vom Ausland an Inländer
> = Nettonationaleinkommen (Primäreinkommen der Inländer).

Der Saldo der internationalen Primäreinkommensströme setzt sich nach dem neuen Einkommenskonzept aus drei Komponenten zusammen:
- dem Saldo der Arbeitnehmerentgelte, die zwischen Inland und Ausland fließen,
- dem Saldo der Unternehmens- und Vermögenseinkommen, die zwischen Inland und Ausland fließen sowie
- dem Saldo der Produktionsabgaben und Subventionen (Nettoproduktionsabgaben) zwischen In-und Ausland (zwischen EU und Deutschland).

Der Übergang vom Inlandsprodukt zum Nationaleinkommen

Das nachfolgend dargestellte Nationale Einkommenskonto zeigt zunächst den Übergang vom Inlandsprodukt zum Nationaleinkommen (Zwischensaldo 1). Derzeit bestehen zwischen dem Inlandsprodukt (dem Inlandsprimäreinkommen) und dem Nationaleinkommen für Deutschland keine gravierenden quantitativen, wohl aber wichtige konzeptionelle Unterschiede. In Ländern, in denen die Einkommensströme zwischen Inländern und Ausländern einen erheblichen Teil des Nationaleinkommens ausmachen und einer dieser Ströme deutlich dominiert, sind die Unterschiede auch quantitativ bedeutsam.

Der Übergang vom Nationaleinkommen zum verfügbaren Einkommen

In einer offenen Volkswirtschaft finden **Transfers** (also Leistungen ohne Gegenleistungen) zwischen Inländern sowie zwischen Inländern und Ausländern statt. Dabei ist zunächst wichtig, dass auf den Einkommenskonten immer nur »**laufende**« Transfers erfasst werden, die für beide beteiligten Parteien »normale« Vorgänge darstellen. Auf dem Nationalen Einkommenskonto entsprechen sich die geleisteten und die empfangenen laufenden Transfers innerhalb des Inlandes (z. B. die Einkommensteuerzahlungen zwischen Staat und Privaten Haushalten), da jedem empfangenen Betrag ein gleich hoher geleisteter Betrag gegenübersteht. Deshalb rechnet man solche intranationalen Transfers – wie im obigen Nationalen Einkommenskonto – im Allgemeinen gegeneinander auf (man »konsolidiert« sie). Übrig bleiben dann nur laufende Transfers zwischen Inland und Ausland. Berücksichtigt man diese, so wird aus dem Nationaleinkommen das »**Verfügbare Nationaleinkommen**« (Zwischensaldo 2).

8.2 Volkswirtschaftliche Gesamtrechnung im engeren Sinne

Nationales Einkommenskonto

Verwendung		Aufkommen	
Arbeitnehmerentgelte vom Inland an Ausländer	6,69	Saldo des nationalen Produktionskontos: Nettoinlandsprodukt (Inlandsprimäreinkommen)	2.128,88
Unternehmens- und Vermögenseinkommen vom Inland an Ausländer	199,46		
Produktionsabgaben ans Ausland (EU)	8,13	Arbeitnehmerentgelte vom Ausland an Inländer	6,97
Zwischensaldo 1: Primäreinkommen (Inländer) = **Nettonationaleinkommen**	2.165,48	Unternehmens- und Vermögenseinkommen vom Ausland an Inländer	238,07
		Subventionen vom Ausland (EU)	5,84
Geleistete lfd. Transfers ans Ausland	41,90	Empf. lfd. Transfers vom Ausland	13,51
Zwischensaldo 2: Verfügbares Nationaleinkommen	2.137,09		
Gesamtwirtschaftlicher Konsum	1.854,29		
Saldo: Gesamtwirtschaftliches Sparen	282,80		
Summe (ohne Zwischensalden)	2.393,27	Summe	2.393,27

Das verfügbare Nationaleinkommen kann entweder konsumiert oder gespart werden. Damit ergibt sich, wie auf dem Nationalen Einkommenskonto dargestellt, das **»Sparen«** (S) der gesamten Volkswirtschaft, indem man von dem verfügbaren Einkommen die gesamtwirtschaftlichen Konsumausgaben abzieht. Die Abbildung 8-5 fasst die bislang erläuterten Zusammenhänge zusammen.

8.2.5 Nationales Vermögensänderungskonto

Das Grundschema einer **Bilanz** sieht wie folgt aus:

Bilanz

Aktiva	Passiva
Sachvermögen	Verbindlichkeiten
Forderungen	Saldo: Reinvermögen (Eigenkapital)
Summe	= Summe

Grundschema einer Bilanz

In Gleichungsform dargestellt:

Sachvermögen + Forderungen = Verbindlichkeiten + Reinvermögen (Eigenkapital).

Wenn man in der Realität auftauchende Bilanzen auf ein solch einfaches Grundschema zurückführen will, müssen die Vermögenskomponenten Sachvermögen, Forderungen und Verbindlichkeiten natürlich entsprechend breit definiert sein. An den folgenden Überlegungen ändert sich allerdings konzeptionell

8.2 Aufbau und Bedeutung der Volkswirtschaftlichen Gesamtrechnung (VGR)
Volkswirtschaftliche Gesamtrechnung im engeren Sinne

Abb. 8-5

Produktionswert, Inlandsprodukt, Nationaleinkommen und Volkseinkommen

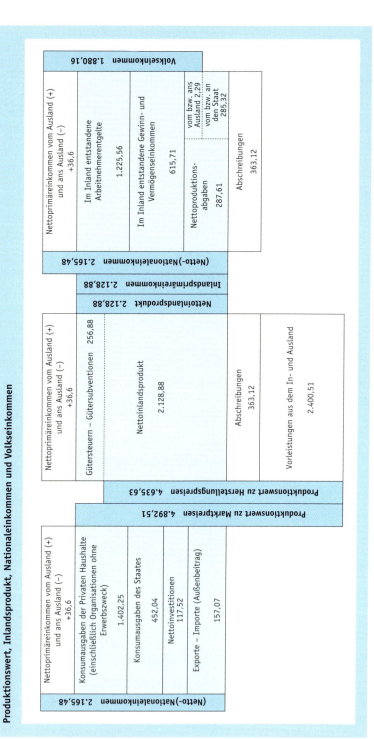

nichts, wenn man weitere Vermögenskomponenten explizit mit berücksichtigt, z. B. das immaterielle Anlagevermögen. Immer gilt eine Bilanzgleichung der Art a + b + c + d = e + f +g, in der die Buchstaben a, b, c, d den Wert beliebiger Aktiva wiedergeben, die Buchstaben e und f die Werte beliebiger Passiva repräsentieren und g das Reinvermögen darstellt

Definiert man die Differenz aus Forderungen und Verbindlichkeiten als **Geldvermögen**, so folgt, dass das **Reinvermögen** einer Wirtschaftseinheit gegeben wird durch die Summe aus dem Real- oder **Sachvermögen** und dem Geldvermögen. Dementsprechend muss in einer **Veränderungsbilanz** jeder Änderung des Reinvermögens die Summe der Änderungen des Sach(Real)vermögens und des Geldvermögens entsprechen:

Grundschema einer Veränderungsbilanz

Veränderungsbilanz

Veränderung der Aktiva		*Veränderung der Passiva*
Veränderung des Sachvermögens	Veränderung des Reinvermögens	
Veränderung des Geldvermögens		
Summe	=	Summe

Genau diese Bestandsveränderungen werden auf dem **Vermögensänderungskonto** eines Wirtschaftssubjektes, eines Teilsektors der Volkswirtschaft (z. B. des Staates) oder der gesamten Volkswirtschaft erfasst. Sie beschreiben auf jeder Aggregationsebene den Vorgang der **Vermögensbildung** während eines bestimmten Zeitraumes. Bewegt man sich auf der gesamtwirtschaftliche Ebene, so ist zu berücksichtigen, dass sich Forderungen und Verbindlichkeiten und deren Veränderungen zwischen Inländern gegenseitig aufheben. Das Geldvermögen (bzw. seine Veränderung) besteht dann nur aus den Nettoforderungen (bzw. deren Veränderung) gegenüber dem Ausland.

Bei der Übertragung der beschriebenen Systematik auf das Vermögensänderungskonto in der VGR sind allerdings terminologische Besonderheiten zu beachten: In der Sprache der VGR heißt die Reinvermögensänderung ohne Berücksichtigung der so genannten Vermögenstransfers »**Sparen**«, die Sachvermögensänderung (einschließlich immaterieller Güter) »**Nettoinvestition**« und die Geldvermögensänderung »**Finanzierungssaldo**«. Vermögenstransfers sind für zumindest eine der beteiligten Wirtschaftseinheiten kein »normaler« Wirtschaftsvorgang, als Beispiel der hohe Lottogewinn für den Gewinner. Um vom Sparen als Saldo des Nationalen Einkommenskontos (das nur so genannte »laufende« Transaktionen und damit auch nur die laufenden Transfers enthält) zur Reinvermögensänderung zu kommen, muss man vom Sparen die an das Ausland geflossenen Vermögenstransfers (etwa eine einmalige Kapitalhilfe oder einen Schuldenerlass) abziehen und die vom Ausland empfangenen Vermögenstransfers addieren.

Besonderheiten in der Terminologie der VGR

Damit ergibt sich für das Nationale Vermögensänderungskonto folgender Aufbau, wobei zur Illustration wieder die Zahlen für Deutschland im Jahr 2008 verwendet werden (in Milliarden Euro):

Vermögensänderungskonto

Veränderung der Aktiva		*Veränderung der Passiva*	
Vermögenstransfers ans Ausland	3,37	Vermögenstransfers vom Ausland	3,29
Veränderung des Realvermögens (Nettoinvestitionen)	117,52	Gesamtwirtschaftliches Sparen	282,80
Veränderung des Geldvermögens (Finanzierungssaldo)	165,20		
Summe	286,09	Summe	286,09

Die um die Nettovermögenstransfers an das Ausland korrigierte gesamtwirtschaftliche Ersparnis führt zu einer Reinvermögensänderung der Volkswirtschaft von 282,72 Milliarden Euro, die sich niederschlägt in einer Nettoinvestition von 117,52 Milliarden Euro und einer Geldvermögenserhöhung (Finanzierungssaldo) von 165,20 Milliarden Euro.

Natürlich kann man auf beiden Seiten des Kontos die gesamtwirtschaftlichen Abschreibungen addieren und dann auf der linken Seite des Kontos die Bruttoinvestition ausweisen, denen auf der rechten Seite die Abschreibungen gegenüberstehen.

8.2.6 Auslandskonto

Das Auslandskonto als Konto für die Gegenbuchungen bei Transaktionen zwischen Inländern und Ausländern schließt das System

Auf den ersten Blick scheinen alle ökonomischen Vorgänge in dem bisher vorgestellten Kontensystem doppelt und wertgleich erfasst worden zu sein, sodass die Wertsumme der Zugänge bei allen Polen (Konten) der Wertsumme der Abgänge bei sämtlichen Polen (Konten) entspricht (Kreislaufaxiom). So sind die gesamten Konsumgüterkäufe der Haushalte (gleichgültig ob im Inland oder im Ausland produziert) auf der Aufkommensseite des Nationalen Produktionskontos und wertgleich auf der Verwendungsseite des Nationalen Einkommenskontos ausgewiesen. Entsprechendes gilt für die Bruttoinvestitionen und die Abschreibungen, die auf dem Nationalen Produktionskonto und dem Nationalen Vermögensänderungskonto festgehalten sind.

Vorgänge zwischen Inländern und Ausländern sind jedoch in dem bisher dargestellten Kontensystem nicht doppelt erfasst. Besonders gut erkennbar ist dies bei den Primäreinkommens- und Transferströmen, den Vorleistungsimporten und den Güterexporten zwischen Inländern und Ausländern, die nur auf den Konten der Inländer erfasst sind. Um die Gültigkeit des Kreislaufaxioms und damit die Konsistenz der Gesamtrechnung zu sichern, werden diese Vorgänge auf einem gesonderten Pol erfasst, dem Ausland (»Übrige Welt«). Zu den auf dem Auslandskonto zu erfassenden Vorgängen gehören dabei auch die im Konsum der Haushalte und den Bruttoinvestitionen des Inlandes enthaltenen importierten Konsum- und Investitionsgüter, die in den Importen des Nationalen Produktionskontos ihren Niederschlag finden, ohne dass kreislaufmäßig eine entsprechende Gegenposition existiert.

Wir erhalten also das Auslandskonto, indem wir nacheinander das Nationale Produktionskonto, das nationale Einkommenskonto und das Vermögensänderungskonto nach Vorgängen untersuchen, die zwischen Inländern und Ausländern stattgefunden haben und diese Vorgänge auf einem besonderen Konto, Auslandskonto genannt, gegenbuchen. Bei der Darstellung dieses Kontos folgen wir bei der Verwendung der Begriffe Exporte und Importe der inländischen Sichtweise.

Die Zahlen des Auslandskontos gelten für Deutschland im Jahr 2008 und sind in Milliarden Euro angegeben. Wir wollen auf die Zahlen dieses Kontos an dieser Stelle nicht im Einzelnen eingehen, da sie im Zusammenhang mit der Darstellung der Zahlungsbilanz in Kapitel 9 noch ausführlich erörtert werden.

Auslandskonto

Verwendung		Aufkommen	
Exporte	1.177,14	Importe	1.020,07
Arbeitsentgelte vom Ausland	6,97	Arbeitsentgelte ans Ausland	6,69
Unternehmens- und Vermögenseinkommen vom Ausland	238,07	Unternehmens- und Vermögenseinkommen ans Ausland	199,46
Subventionen vom Ausland	5,84	Produktionsabgaben ans Ausland	8,13
Empfangene laufende Transfers vom Ausland	13,51	Geleistete laufende Transfers ans Ausland	41,90
Empfangene Vermögenstransfers vom Ausland	3,29	Geleistete Vermögenstransfers ans Ausland	3,37
		Finanzierungsüberschuss	165,20
Summe	1.444,82	Summe	1.444,82

Hingewiesen sei nur auf
- den deutlichen Positivsaldo aus den Güterex- und -importen;
- die relativ ausgeglichene Bilanz bei den Primäreinkommensströmen, ein Teil der Produktionsabgaben an die EU (Zölle) sind Teil der EU-Eigenmittel;
- den Überschuss an geleisteten gegenüber empfangenen laufenden Transfers, woran die Zahlungen der ausländischen Arbeitnehmer in Deutschland (Inländer im Sinne der Statistik) an ihre im Ausland lebenden Familien erheblich beteiligt sind;
- den Tatbestand, dass wegen des Kreislaufprinzips der Finanzierungssaldo auf dem Auslandskonto dem Finanzierungssaldo auf dem Nationalen Vermögensänderungskonto entsprechen muss. (Auf den inländischen Funktionskonten ist jeweils nur »ein Ende« einer internationalen Transaktion verbucht, während sämtliche übrigen Transaktionen doppelt gebucht sind. Als Saldo des Vermögensänderungskontos verbleibt damit der Saldo der internationalen Transaktionen, der sich auch auf dem Auslandskonto ergibt.)

8.3 Staat, Private Haushalte und Banken in der VGR

Die VGR erfasst hautsächlich Vorgänge auf dem Markt.

Die VGR ist primär drauf angelegt, **Marktvorgänge** zu erfassen. Zwei Gründe stehen dabei im Vordergrund:
- die Schwierigkeiten bei der Bewertung von nicht über Märkte laufenden Transaktionen,
- Marktvorgänge werden für die Erklärung des wirtschaftlichen Geschehens (z. B. für die Konjunkturanalyse) als wichtiger angesehen als nicht über Märkte laufende Vorgänge.

Trotzdem werden in der VGR einige quantitativ bedeutsame Nichtmarktvorgänge erfasst, die dann in der Regel das Produktions- sowie das Einkommens- oder das Vermögensänderungskonto berühren.

Viele Produktionsvorgänge laufen nicht über den Markt.

Das Produktionskonto ist auf die wirtschaftliche Tätigkeit von Produktionsunternehmen zugeschnitten, die auch einen Großteil der Produktion der Volkswirtschaft erstellen. Neben den Produktionsunternehmen produzieren allerdings auch der Staat, Finanzielle Unternehmen (Kreditinstitute und Versicherungsunternehmen), die Privaten Haushalte, die Privaten Organisationen ohne Erwerbszweck (Kirchen, Gewerkschaften, Wohlfahrtsverbände, Vereine u. Ä.). Auch diese Produktionen werden zumindest teilweise in der VGR erfasst.

Das Statistische Bundesamt unterscheidet auf der Grundlage des ESVG 1995 zwischen der marktbestimmten Produktion (Marktproduktion) und der Nichtmarktproduktion der Volkswirtschaft. Bei Letzterer wird weiter differenziert zwischen der »Nichtmarktproduktion für den Eigenverwendung« (z. B. in der Landwirtschaft produzierte Nahrungsmittel für den Eigenkonsum der Landwirte oder selbst erstellte Anlagen der Unternehmen) und der »Sonstigen Nichtmarktproduktion«. Zu letzterer gehören vor allem der ganz überwiegende Teil der Produktion des Staates und der Produktion der so genannten Privaten Organisationen ohne Erwerbszweck.

Warum ist die Unterscheidung nach der Marktbestimmung wichtig?

Die Unterscheidung nach der Marktbestimmung ist besonders wichtig, da sie einerseits ein zentraler Gesichtspunkt bei der Entscheidung ist, ob eine Produktion überhaupt in der VGR erfasst wird oder nicht. Andererseits ist die Unterscheidung auch bedeutsam für die Bewertung der Produktion: Die Marktproduktion und die Nichtmarktproduktion für die Eigenverwendung werden zu Marktpreisen (bzw. Herstellungspreisen) bewertet, während die gesamte Produktion der sonstigen Nichtmarktproduzenten von der Kostenseite her (Herstellungs**kosten**) bewertet wird.

8.3.1 Staatlicher Konsum

Da die staatlichen Unternehmen ganz überwiegend dem Unternehmenssektor zugeordnet werden, könnte man der Meinung sein, dass der Staat keine Güter produziert. Wir haben aber schon im ersten Kapitel dieses Buches öffentliche Güter (Kollektivgüter) wie öffentliche Sicherheit, Bereitstellung von Verkehrswegen, Ausbildungsmöglichkeiten und Ähnliche kennen gelernt. Diese Güter werden vom Staat mithilfe seiner Arbeitskräfte, Gebäude und sonstigen Anlagen (Straßen, Wasserwege, Schulen, Universitätsgebäude) sowie der von ihm eingekauften Vorleistungen produziert und der Öffentlichkeit normalerweise **ohne direktes Entgelt** zur Verfügung gestellt. Zwar zahlt der Bürger Steuern für diese staatlichen Leistungen, jedoch lässt sich oft keine unmittelbare Zuordnung zwischen Steuern und Inanspruchnahme der öffentlichen Güter herstellen. So ist es z. B. für die Steuerschuld unerheblich, ob die eigenen Kinder höhere Schulen besuchen oder ob Sie häufig oder selten den Stadtpark benutzen. Die vom Staat produzierten Güter müssen – wenn man die Produktion der Volkswirtschaft einigermaßen vollständig bestimmen will – auf der Aufkommensseite des staatlichen Produktionskontos erfasst werden. Für die Erfassung der staatlichen Produktion spricht auch, dass ihre Erstellung mit Markttransaktionen in enger Verbindung steht (vor allem dem Kauf von Arbeitskräften und Vorleistungen). Da die staatliche Nichtmarktproduktion definitionsgemäß nicht verkauft wird, kennt man ihren Marktwert nicht, und es erhebt sich die zunächst die Frage, wie man ihren Wert bestimmen kann. Man behilft sich hier, indem man die bei ihrer Produktion entstehenden **Kosten** addiert. Der Wert der staatlichen Produktion wird durch Aufsummierung der Kosten erfasst: Löhne und Gehälter von Arbeitern, Angestellten und Beamten des Staates, Abschreibungen und Vorleistungskäufe des Staates. Zu den Vorleistungskäufen des Staates rechnet man neben z. B. den Ausgaben für Energie und Gebäudereinigung, Käufen von Papier und Schreibmitteln auch die Käufe der meisten militärischen Güter wie Flugzeuge, Panzer, Kanonen usw., mit denen der Staat mithilfe weiterer Produktionsfaktoren das Gut »äußere Sicherheit« produziert. Abschreibungen beziehen sich auf die Abnutzung öffentlicher Gebäude und Anlagen, wozu (seit 2000) auch) der Verschleiß bei öffentlichen Tiefbauten gehört (Straßen, Brücken und Wasserstraßen, Kanalisation, Brücken). Nicht in die Berechnung der Kosten der staatlichen Nichtmarktproduktion gehen Zinsen ein, die der Staat auf seine Schulden bezahlt und, gemäß ESVG 1995, auch nicht der Mietwert eigengenutzter Gebäude.

> Eine wichtige Komponente der Nichtmarktproduktion einer Volkswirtschaft ist die staatliche Produktion.

Als nächstes muss gefragt werden, **wer die staatliche Produktion in Anspruch nimmt**, d. h. verbraucht. Genau genommen müsste die Produktion bei den die Güter nutzenden Privaten Haushalten als Konsum, bei den die Güter nutzenden Unternehmen als Vorleistungen und bei Ausländern als Nutzern als Export ausgewiesen werden. In der neuen VGR versucht man dem zumindest teilweise Rechnung zu tragen, indem man beim staatlichen Konsum zwischen dem **Ausgabenkonzept** und dem **Verbrauchskonzept** unterscheidet, und beim Verbrauchskonzept den privaten Haushalten einen Teil des »staatlichen Konsums« zurechnet.

> Unterschieden werden das Ausgaben- und das Verbrauchskonzept.

Nach dem **Ausgabenkonzept** wird die Gesamtheit der vom Staat unentgeltlich bereitgestellten Dienstleistungen zu den **»Konsumausgaben des Staates«** gerechnet, da der Staat die Ausgaben (genauer: Aufwendungen) für ihre Produktion trägt. Nicht in den staatlichen Konsum einbezogen wird auch nach dem Ausgabenkonzept der Wert derjenigen vom Staat produzierten Güter, die der Staat verkauft (staatliche Marktproduktion). Von einem Verkauf wird ausgegangen, wenn der Erlös mindestens 50 Prozent der bei der Güterproduktion entstandenen Kosten deckt.

Zusätzlich zum Wert der Sonstigen Nichtmarktproduktion des Staates werden nach dem Ausgabenkonzept die so genannten **sozialen Sachleistungen** des Staates mit zu den staatlichen Konsumausgaben gerechnet. Da es sich bei den sozialen Sachleistungen 2008 immerhin um einen Posten in Höhe von fast 200 Milliarden Euro handelt, muss diese Position kurz erläutert werden. Bei den sozialen Sachleistungen handelt sich um den Wert solcher Güter, die vom Staat (vor allem der Sozialversicherung) bezahlt und privaten Haushalten direkt vom Produzenten zur Verfügung gestellt werden. Zu diesen Gütern gehören Arztleistungen, Medikamente, Krankenhausleistungen und ähnliche Leistungen, die von der Sozialversicherung bezahlt werden (vor allem der gesetzlichen Krankenversicherung und der Bundesagentur für Arbeit). Nicht von der Sozialversicherung getragene soziale Sachleistungen der Gebietskörperschaften (Bund, Länder und Gemeinden) werden vor allem im Rahmen der Sozialhilfe, der Jugendhilfe und der Kriegsopferfürsorge erbracht und gehen ebenfalls in den staatlichen Konsum nach dem Ausgabenkonzept ein.

Wer verbraucht die staatliche Nichtmarktproduktion?

Nach dem **Verbrauchskonzept** sollen sämtliche **individualisierbaren Konsumausgaben** des Staates den privaten Haushalte zugerechnet werden. Zusammen mit den übrigen Konsumausgaben der privaten Haushalte werden die individualisierbaren Konsumausgaben zum **Individualkonsum** der privaten Haushalte zusammengefasst. Zu den individualisierbaren Teilen des staatlichen Konsums zählen zum einen die soeben erwähnten sozialen Sachleistungen. Zum anderen werden die »**individuell zurechenbaren Sachleistungen**« aus der Sonstigen Nichtmarktproduktion des Staates herausgerechnet und dem Individualkonsum der Haushalte zugeordnet. Damit kein Missverständnis entsteht: Der Oberbegriff ist der der individualisierbaren Konsumausgaben, zu denen zum einen die sozialen Sachleistungen und zum anderen die individuell zurechenbaren Sachleistungen (ein Teil der Sonstigen Nichtmarktproduktion des Staates) gehören.

Für den Staat legt das ESVG 1995 fest, welche Produktionsbereiche dem Individualverbrauch zwingend zuzurechnen sind. Es sind dies die Bereiche Unterrichtswesen (einschließlich Hochschulen), Gesundheitswesen, soziale Sicherung, Sport und Erholung sowie Kultur. Bei diesen Bereichen wird davon ausgegangen, dass sie nur den privaten Haushalten zugutekommen. Die Konsumausgaben des Staates werden dann entsprechend gemindert und es verbleibt der Kollektivverbrauch. Zum Individualkonsum werden auch die von den Privaten Organisationen ohne Erwerbszweck (z. B. Wohltätigkeitsorganisationen) produzierten und nicht verkauften Güter gerechnet, d. h. der gesamte Konsum dieser Einrichtungen nach dem Ausgabenkonzept. Im Jahr 2008 beliefen sich die individuell zurechenbaren Sachleistungen auf 80,14 Milliarden

Euro und Konsumausgaben der Privaten Organisationen ohne Erwerbszweck auf 37,08 Milliarden Euro.

Als Kollektivverbrauch des Staates verbleiben die Ausgaben für die Bereiche
- Verwaltung der Gesellschaft,
- Gewährleistung von Sicherheit und Verteidigung,
- Aufrechterhaltung der öffentlichen Ordnung und Gesetzgebung,
- Aufrechterhaltung der öffentlichen Gesundheit,
- Umweltschutz,
- Forschung und Entwicklung,
- Infrastruktur und Wirtschaftsförderung.

Kollektivverbrauch des Staates

Für 2008 ergibt sich das folgende Zahlenbild für den Staat (Angaben in Milliarden Euro):

Unentgeltlich bereitgestellte Güter des Staates aus eigener Produktion (Sonstige Nichtmarktproduktion des Staates)	267,10
+ Soziale Sachleistungen des Staates	+ 184,94
= Konsum des Staates nach dem Ausgabenkonzept	**= 452,04**
− Soziale Sachleistungen des Staates	− 184,94
− individuell zurechenbare Sachleistungen des Staates (einschließlich des Konsums der Privaten Organisationen ohne Erwerbszweck)	− 80,14
= Konsum des Staates nach dem Verbrauchskonzept (= Kollektivkonsum)	**= 186,96**

Für die Privaten Haushalte ergibt sich:

Konsumausgaben der privaten Haushalte	1.365,17
Konsumausgaben der privaten Organisationen ohne Erwerbszweck	+ 37,08
+ Soziale Sachleistungen des Staates	+ 184,94
+ individuell zurechenbare Sachleistungen des Staates	+ 80,14
= Konsum der Privaten Haushalte nach dem Verbrauchskonzept (= Individualkonsum)	**= 1.667,33**

Damit die »fiktive« Verminderung (Erhöhung) des staatlichen Konsums (privaten Konsums) im Rahmen des Verbrauchskonzeptes nicht die Ersparnis und den Finanzierungssaldo der Sektoren verfälscht (die Ausgaben werden in Wirklichkeit vom Staat und den Privaten Organisationen bezahlt und mindern daher die Ersparnis und die Finanzierungssalden dieser Sektoren), belastet man den Staat und die Privaten Organisationen ohne Erwerbszweck auf dem Einkommenskonto mit einem entsprechenden sozialen Sachtransfer, der den Haushalten auf dem Einkommenskonto gutgeschrieben wird.

Im Rahmen des Kontensystems des Statistischen Bundesamtes findet allerdings bisher nur das Ausgabenkonzept Berücksichtigung. Der Konsum nach dem Verbrauchskonzept wird derzeit nur in Zusatztabellen ausgewiesen. Für die Zukunft sind aber weitere Unterkonten für die Erfassung des Konsums nach dem Verbrauchsprinzip vorgesehen.

8.3.2 Nichtmarktproduktion des Sektors Private Haushalte und schattenwirtschaftliche Aktivitäten

Auch die Privaten Haushalte erstellen in großem Umfang Güter, die nicht auf Märkten gehandelt werden.

Schwierigkeiten ergeben sich auch bei der Erfassung der Produktion der privaten Haushalte in ihrer Eigenschaft als Einkommensbezieher und Konsumenten. Denn im weiterem Sinn des Wortes gibt es eine Vielzahl von Produktionstätigkeiten in Haushalten, wie Essen kochen, Wohnung putzen, Kindererziehung, Wohnungsrenovierung, Beziehungsarbeit und für das Studium lernen. Bei einer entsprechend weit definierten »Produktionsgrenze« wäre der Wert dieser Tätigkeiten auf dem Produktionskonto der Haushalte als Konsumgüterproduktion (z. B. Essen kochen) oder als Investitionsgüterproduktion (z. B. Wohnungsrenovierung, Wissen produzieren) zu erfassen und auf dem Einkommens- oder Vermögensänderungskonto (als Konsum oder Investition) gegenzubuchen. Unter anderem weil man nicht weiß, mit welchem Wert man diese Produktionen ansetzen soll und/oder weil die Grenze zwischen Freizeittätigkeit und Produktion schwer zu ziehen ist, vor allem aber, **weil man der Erfassung der Marktvorgänge (Konjunkturaspekt) gegenüber dem Aspekt der Wohlfahrtmessung in der VGR den Vorrang gibt**, berücksichtigt man in der VGR nur wenige Komponenten der Produktion der privaten Haushalte im engeren Sinne (ohne Einzelunternehmen und Selbstständige). Gemäß dem ESVG 1995 werden nur die häuslichen Dienste durch bezahlte Hausangestellte (bewertet über die entsprechende Entlohnung), Eigenleistungen im Wohnungsbau und bei der Eigenrenovierung von Wohnungen erfasst. Viele der oben erwähnten Haushaltsaktivitäten mit einem beträchtlichen Produktionswert werden in der VGR also nicht als Produktion der Haushalte berücksichtigt. Allerdings gehört zu den Volkswirtschaftlichen Gesamtrechnungen inzwischen ein Satellitensystem »Haushaltproduktion«, in dem auch die genannten häuslichen Aktivitäten ausgewiesen werden.

Da dem Haushaltssektor seit dem Jahr 2000 auch Einzelunternehmen und Selbstständige zugeordnet werden (vgl. Kapitel 8.4), werden neben der Marktproduktion dieser Unternehmen auch Nichtmarktproduktionen dieser Unternehmen für die Eigenverwendung in ihren Haushalten, wie der Eigenkonsum der Landwirtschaft und die Eigennutzung von Wohnungen, als Produktion des Haushaltssektors erfasst.

Wie können Vorgänge in der Schattenwirtschaft erfasst werden?

Ein weiteres Problem der Produktionsgrenze (production boundary) in der VGR stellt die Erfassung wirtschaftlicher Aktivitäten im Bereich der **Schattenwirtschaft** dar. Der Begriff »Schattenwirtschaft« wird unterschiedlich verwendet: Schwarzarbeit, Reparaturen ohne Rechnung, Eigenleistungen und Nachbarschaftshilfe am Bau und sogar illegale – und damit strafbare Aktivitäten – werden zum Teil unter diesen Begriff subsumiert.

Trotz dieser unklaren Begriffsbestimmung legt das ESVG 1995 fest, dass schattenwirtschaftliche Aktivitäten unter den Produktionsbegriff fallen. Deshalb bezieht auch das Statistische Bundesamt Produktionen und Einkommen im Bereich der Schattenwirtschaft grundsätzlich mit in seine Berechnungen ein. Dieses geschieht zum einen durch Zuschläge im Bereich des Handwerks, des Gaststättengewerbes und des Handels sowie durch Sondererhebungen für Trinkgelder und für Eigenleistungen am Bau. Zum anderen werden schattenwirtschaftliche Aktivitäten – und zwar völlig unabhängig vom der Meldung an das Finanzamt oder an die Sozialversicherung – teilweise implizit durch die Art der Datenermittlung bei der Berechnung der Produktion und der Einkommen erfasst. Ein Beispiel hierfür stellen die Wohnungsmieten dar, die nicht auf der Basis der versteuerten Mieteinnahmen ermittelt werden, sondern anhand des Bestandes an Wohnungen (gegliedert nach Größe und anderen Merkmalen wie Wohnungslage und qualitative Ausstattung) und der jeweiligen durchschnittlichen Mieten pro Quadratmeter. Das Statistische Bundesamt führt aber ansonsten keine Sondererhebungen zur Erfassung der Produktion in der Schattenwirtschaft durch. Außerdem werden schattenwirtschaftliche Tätigkeiten in der VGR – da aufgrund der beschriebenen Erfassungsmethode zum Teil nicht getrennt ermittelbar – nicht gesondert ausgewiesen.

8.3.3 Die Produktion der Banken und ihre Verwendung

Bei den Finanziellen Unternehmen (vor allen bei den Banken) wird schon länger davon ausgegangen, dass diese nur einen Teil ihrer tatsächlich erbrachten Dienstleistungen in Form von Gebühren (z. B. für Bankschließfächer, Depots und Kontoverwaltung) den Kunden explizit in Rechnung stellen und unterstellt, dass die Banken in Wirklichkeit mehr an Dienstleistungen produzieren und ihren Kunden ohne direktes Entgelt zu Verfügung stellen. Das zentrale Argument war, dass solche Dienstleistungen implizit über entsprechend höhere Zinsen, die die Kreditnehmer zahlen, finanziell entgolten werden. Wenn also z. B. ein Kunde Kreditzinsen zahlt, so unterstellte man, dass ein Teil dieser Zinsen eigentlich ein Entgelt für Dienstleistungen darstellt, die die Bank für den Kreditnehmer über die Laufzeit des Kredites erbringt, wie Überprüfung und Dokumentierung des Schuldenstandes und der Zinsleistungen, Beratung bei Rückzahlungsproblemen, Information über neue Zinssätze bei variabler Verzinsung und Abrechnung des abgewickelten Kredites.

Vor allem Banken erstellen unentgeltlich Dienstleistungen.

Erkennt man dieses Argument an, so ist eine zusätzliche Dienstleistungsproduktion der Banken in der VGR zu berücksichtigen. Dabei ist es allerdings schwierig zu entscheiden, ob diese Produktion marktbestimmt ist oder ob es sich um eine Nichtmarktproduktion handelt. Denn Kriterium für eine Marktproduktion ist, dass die Produktion zu einem weitgehend kostendeckenden Preis verkauft wird. Einen solchen Preis gibt es bei den »unterstellten Bankdienstleistungen« explizit nicht, sodass man von einer Nichtmarktproduktion ausgehen könnte. Aber auch das befriedigt nicht wirklich, da es ja Zahlungsströme (Zinsen) gibt, die diese unterstellten Transaktionen begleiten. Im ESVG 1995 wird die Dienstleistungsfunktion der Banken im Zusammenhang mit den Ausführungen zur Sektorenbildung folgerichtig der Marktproduktion zugeordnet.

8.3 Aufbau und Bedeutung der Volkswirtschaftlichen Gesamtrechnung (VGR)
Staat, Private Haushalte und Banken in der VGR

In der VGR werden Finanz-Serviceleistungen (FISIM) berücksichtigt.

Wie dem auch sei, schon seit einigen Jahrzehnten wurde in der VGR eine »**unterstellte Bankgebühr**« in Höhe der Differenz zwischen Kredit- und Einlagenzinsen der Banken als zusätzliche Produktion der Banken berücksichtigt. Da es in der Vergangenheit nicht möglich erschien, zu ermitteln, welchen anderen Bereichen diese Dienstleistungen als Vorleistungen, Konsum oder Export zuzuordnen waren, zog man einen gleich hohen Betrag – nach der Ermittlung von Produktionswerten und Wertschöpfungen der Sektoren – pauschal wieder als Vorleistungen ab, die von der inländischen Volkswirtschaft in Anspruch genommen wurden. Der Vorgang wirkte sich also nicht auf das Inlandsprodukt und das Nationaleinkommen aus und hatte lediglich den Sinn, den Produktionswert und die Wertschöpfung der inländischen Sektoren (bzw. der Wirtschaftsbereiche) präziser auszuweisen.

Diese Vorgehensweise hat sich mit den Revisionen der VGR im Jahre 2005 geändert. Die so genannten »Financial Intermediation Services Indirectly Measured« (**FISIM**), also die **Finanz-Serviceleistungen** (indirekte Messung), werden jetzt anders berechnet als die früheren »unterstellten Bankgebühren« und vor allem auch **den Nutzern zugeordnet**. Dabei wird eine Trennung zwischen Krediten und Einlagen vorgenommen.

Serviceleistungen bei Krediten

Bei den Krediten zahlt der Kreditnehmer (also z.B. ein Haushalt oder ein Unternehmen) einen Zins, der höher liegt als der als Bezugsgrundlage verwendete Zins für Kredite zwischen Banken (»Referenzzins« oder »reiner Zins«, ohne Risiko- und Dienstleistungszuschlag, Interbankenkreditzins). Es wird unterstellt, dass der Kreditnehmer über die Differenz zwischen Kredit- und Referenzzins implizit für die nicht in Rechnung gestellten Dienstleistungen zahlt. Die positive Differenz zwischen Kreditzins und Referenzzins multipliziert mit dem Kreditvolumen des kreditnehmenden Sektors bestimmt dabei den Wert der von diesem Sektor in Anspruch genommenen Finanzserviceleistungen (»FISIM auf Kredite«). Dieser Wert wird zu dem Produktionswert der Banken addiert und entweder als Konsum der privaten Haushalte, als Vorleistungen der Unternehmen bzw. des Staates oder – falls von ausländischen Wirtschaftseinheiten in Anspruch genommen – als Export gegengebucht.

Serviceleistungen bei Einlagen

Bei den Einlagen (Sicht-, Spar- und Termineinlagen) wird ähnlich verfahren, nur dass der Zins auf Einlagen jetzt niedriger liegt als der Referenzzins (Interbankenkreditzins). Die Differenz der Zinssätze multipliziert mit dem Einlagenvolumen wird als Dienstleistungsproduktion der Bank interpretiert, die sich die Bank durch einen entsprechend niedrigeren von ihr gezahlten Einlagenzins indirekt entgelten lässt. Der so ermittelte Wert der Dienstleistung wird dem Bankensektor als Produktion angerechnet (FISIM auf Einlagen) und die wertgleichen Gegenpositionen werden als Konsum, Export oder Vorleistung dem die Einlage haltenden Sektor in Rechnung gestellt (je nachdem, ob der Verbrauch der Dienstleistungen Endverbrauch oder Vorleistungen darstellt).

Erwähnt sei noch, dass durch die neue Behandlung der Bankdienstleistungen auch die Zinsströme verändert werden, da sich die Kreditzinsen jetzt fiktiv um die unterstellte Dienstleistungskomponente reduzieren und die Einlagenzinsen fiktiv um die Dienstleistungskomponente aufgestockt werden. Dies muss so sein, da sonst etwa bei einem Bankkredit der kreditnehmende Sektor doppelt belastet würde: bei einem Unternehmen einmal durch die die FISIM-Vorleistung und durch die gezahlten Zinsen, bei einem Haushalt (oder einem anderen Endverbraucher) durch den FISIM-Konsum und die gezahlten Zinsen.

Durch die neue Vorgehensweise sind die Bankdienstleistungen nicht mehr neutral in Bezug auf das Inlandsprodukt und das Nationaleinkommen. Beträgt z. B. der Wert der FISIM-Produktion der Banken 100 und werden hiervon 40 von Unternehmen als Vorleistungen und 60 als Konsum der privaten Haushalte in Anspruch genommen, so steigen Inlandsprodukt und Nationaleinkommen gegenüber der alten Berechnungsweise um 60.

Auswirkungen der erfassten Serviceleistungen auf Größen der VGR

In dem oben dargestellten Nationalen Produktions- und Einkommenskonto ist diese Neuerung zwar berücksichtigt, aber nicht erkennbar, da die FISIM-Produktion zwar im gesamtwirtschaftlichen Produktionswert und in den Gegenpositionen bei den Vorleistungen oder den Endverbrauchskomponenten enthalten, hier aber nicht aber getrennt ausgewiesen ist.

Sofern FISIM-Produktionen des Inlandes nicht als inländische Vorleistungen verwendet worden sind, stellen sie Endprodukte dar und erhöhen in diesem Umfang das Inlandsprodukt, im Vergleich zu der Vorgehensweise vor 2005. FISIM-Produktionen ausländischer Banken stellen für inländische Nutzer Vorleistungen oder Konsum dar. Sofern sie Konsum darstellen, erhöhen sich Endverbrauch und Importe um denselben Betrag, sodass das Inlandsprodukt nicht verändert wird. Soweit sie Vorleistungen darstellen, mindern die ausländischen FISIM-Leistungen das Inlandsprodukt.

Beim Nationaleinkommen sind die Auswirkungen etwas anders, da sich hier bisherige Primäreinkommen aus dem Ausland in Form von Zinsen um denselben Betrag reduzieren, wie die Dienstleistungsexporte zunehmen, bzw. bisherige Primäreinkommen an das Ausland in Form von Zinszahlungen vermindern, während sich die Dienstleistungsimporte betragsgleich erhöhen. Die Veränderungen bei den Primäreinkommen vom bzw. ans Ausland gleichen sich also mit entsprechenden gegenläufigen Änderungen bei den Dienstleistungsexporten und -importen aus. Beim Nationaleinkommen wirkt also nur die »inländische Komponente« der FISIM in Richtung auf eine Veränderung des Nationaleinkommens.

Um eine Vorstellung von der Größenordnung der FISIM-Produktion der Banken zu geben: Diese betrugen im Jahr 2008 knapp 61 Milliarden Euro.

8.4 Sektoren in der neuen VGR

Wie schon eingangs dieses Kapitels erläutert, ist es für eine überschaubare Darstellung des ökonomischen Geschehens in einer Volkswirtschaft zwingend notwendig, Wirtschaftseinheiten und wirtschaftliche Vorgänge zusammenzufassen. Was die Zusammenfassung von Wirtschaftseinheiten betrifft, haben wir uns bisher fast ausschließlich auf dem für ein Land höchsten Aggregations-

8.4 Aufbau und Bedeutung der Volkswirtschaftlichen Gesamtrechnung (VGR)
Sektoren in der neuen VGR

niveau bewegt, nämlich auf der Ebene der gesamten Volkswirtschaft. In der VGR wird darüber hinaus ein System von Funktionskonten für die inländischen Sektoren erstellt. Die Art der Zusammenfassung der Wirtschaftseinheiten richtet sich dabei vor allem nach drei Gesichtspunkten (die sich zum Teil überschneiden):

1. Art und Kombination der in den Wirtschaftseinheiten vereinigten Tätigkeiten.
2. Art ihrer Produktion, d. h. Marktproduktion, Nichtmarktproduktion für die Eigenverwendung oder Sonstige Nichtmarktproduktion.
3. Rechtlicher Status, wie Aktiengesellschaft, Einzelunternehmen oder staatliche Hoheitsträger, wovon auch die Finanzierungsmöglichkeiten der Wirtschaftseinheiten beeinflusst werden.

Teilsektoren einer Volkswirtschaft in der VGR

Als Teilsektoren der inländischen Volkswirtschaft werden im Kontensystem der neuen VGR unterschieden:
- Nichtfinanzielle Kapitalgesellschaften (einschließlich Quasi-Kapitalgesellschaften)
- Finanzielle Kapitalgesellschaften (einschließlich Quasi-Kapitalgesellschaften)
- Staat
- Private Haushalte und Organisationen ohne Erwerbszweck
- Übrige Welt

Primär auf die Güterproduktion ausgerichtete Kapitalgesellschaften werden von den Banken und Versicherungen getrennt.

Kapitalgesellschaften sind Aktiengesellschaften und Gesellschaften mit beschränkter Haftung, Quasi-Kapitalgesellschaften (Personengesellschaften: Offene Handelsgesellschaften und Kommanditgesellschaften) sowie rechtlich nicht selbstständige Eigenbetriebe des Staates und der Privaten Organisationen ohne Erwerbszweck (z. B. Krankenhäuser und Pflegeheime). Liegt der Handlungsschwerpunkt dieser Wirtschaftseinheiten im Bereich der Produktion von Sachgütern und nichtfinanziellen Dienstleistungen, so gehören die betreffenden Unternehmen zu den **Nichtfinanziellen Kapitalgesellschaften**, liegt ihr Handlungsschwerpunkt im Kredit- oder Versicherungsbereich, so werden sie den **Finanziellen Kapitalgesellschaften** zugerechnet. Nichtfinanzielle wie finanzielle Kapitalgesellschaften betreiben schwerpunktmäßig Marktproduktion.

Unter dem **Staat** selbst versteht man in der VGR die Gebietskörperschaften der verschiedenen Ebenen (Bund, Länder und Gemeinden) sowie die Sozialversicherung. Der Sektor übt zum Teil hoheitliche Funktionen aus, was sich im ökonomischen Bereich unter anderem in seinem Recht niederschlägt, Zwangsabgaben zu erheben (insbesondere Steuern). Weitere Handlungsschwerpunkte des Staates liegen in der Bereitstellung öffentlicher Güter und in der Umverteilung der Einkommen.

Der Sektor Haushalte erfasst Unternehmensaktivitäten und traditionelle Haushaltsaktivitäten.

Der Sektor **Private Haushalte** umfasst neben den privaten Haushalten im herkömmlichen Sinn (deren Handlungsschwerpunkt im Bereich der Einkommenserzielung, des Konsums und der Vermögensbildung durch Sparen gesehen wird) die Einzelunternehmen und die Gruppe der Selbstständigen. Dadurch vermischen sich im Sektor Private Haushalte Unternehmensaktivitäten und traditionelle Haushaltsaktivitäten, und neben die Nichtmarktproduktion tritt die Marktproduktion. Die Privaten Organisationen ohne Erwerbszweck, z. B. Kirchen, Gewerkschaften, politische Parteien, Wohlfahrtsverbände, Vereine usw., werden häufig zusammen mit den privaten Haushalten im Sektor Private Haushalte erfasst. Die Produktion der Organisationen ohne Erwerbszweck ist schwerpunktmäßig Sonstige Nichtmarktproduktion.

Der Begriff »Übrige Welt« ist gleichbedeutend mit Ausländern und löst die bisherigen Begriffe »Ausland« oder »Rest der Welt« ab, wobei wir hier den Begriff Ausland synonym verwenden.

Der Sektor Übrige Welt

Für jeden der inländischen Teilsektoren sieht die neue VGR ein System von Funktionskonten vor, das wir im Kapitel 8.7 beispielhaft anhand des Sektors Private Haushalte erläutern.

8.5 Wichtige definitorische Beziehungen

Die in Kapitel 8.2 vorgestellten nationalen Funktionskonten eignen sich zusammen mit dem Auslandskonto hervorragend, um einige Definitionen und Kreislaufgleichungen zu entwickeln, die insbesondere in den makroökonomischen Kapiteln 10 und 11 zur Einkommens- und Beschäftigungstheorie eine Rolle spielen.

8.5.1 Das Inlandsprodukt von der Verwendungsseite

Aus dem Nationalen Produktionskonto ergibt sich die Darstellung des Nettoinlandsproduktes von der Verwendungsseite als

Das Nettoinlandsprodukt von der Verwendungsseite

$NIP = C + I + Ex - Im$.

Definiert man den Saldo aus Güterexporten Ex und Güterimporten Im als **Außenbeitrag (AB),** so lässt sich das Nettoinlandsprodukt von der Verwendungsseite auch schreiben als

$NIP = C + I + AB$.

> Das Nettoinlandsprodukt kann für den gesamtwirtschaftlichen Konsum, die gesamtwirtschaftliche Investition und für den Außenbeitrag verwendet werden.

Noch etwas anschaulicher wird die Gleichung, wenn man die Importe auf die andere Seite der obigen Gleichung bringt:

$NIP + Im = C + I + Ex$.

Aufteilung von Konsum und Nettoinvestition in eine private und eine staatliche Komponente.

Das gesamte **verfügbare Güteraufkommen** (linke Seite der Gleichung) kann verwendet werden für den Konsum, die Investition und den Export (rechte Seite der Gleichung).

In den Gleichungen für die Verwendung des Nettoinlandsproduktes kann man die hochaggregierten Größen gesamtwirtschaftlicher Konsum (C) und gesamtwirtschaftliche Nettoinvestition jeweils in eine private (Index Pr) und eine staatliche Komponente (Index S) aufspalten. Die Gleichung für die Verwendung des Nettoinlandsproduktes lautet dann:

$$NIP = C_{Pr} + I_{Pr} + C_S + I_S + Ex - Im.$$

Fasst man den staatlichen Konsum und die staatlichen Investitionen zu den »Staatlichen Ausgaben für Güter und Dienste« G zusammen, so gilt

$$NIP = C_{Pr} + I_{Pr} + G + Ex - Im.$$

8.5.2 Das Nationaleinkommen von der Aufteilungsseite

Die Aufteilung der Verfügbaren Einkommens

Das Nationale Einkommenskonto zeigt, dass folgende Beziehungen gelten:

$$NNE = NIP + PE_{AI} - PE_{IA} \quad \text{und}$$

Verfügbares Nationaleinkommen $(NNE^V) = NNE - Tr_{IA}^l + Tr_{AI}^l$,
$$= C + S$$

PE bezeichnet die Primäreinkommen, Tr die Transferströme. Der hochgestellte Index l bezeichnet die laufenden Transfers, die tiefgestellten Indizes I (Inland) und A (Ausland) die Richtung der Ströme von Primäreinkommen bzw. Transfers: vom Inland ans Ausland mit IA, vom Ausland ans Inland mit AI.

> Das Verfügbare Nationaleinkommen kann entweder konsumiert oder gespart (S) werden.

Stellt man die Definitionsgleichung um, indem man die Transfers auf die rechte Seite der Gleichung bringt, so ergibt sich

$$NNE = C + S + Tr_{IA}^l - Tr_{AI}^l.$$

Das Nettonationaleinkommen kann aufgeteilt werden auf den gesamtwirtschaftlichen Konsum, die gesamtwirtschaftliche Ersparnis und die laufenden Nettotransfers vom Inland an das Ausland.

8.5.3 Die Vermögensbildung

Das Nationale Vermögensänderungskonto liefert – wenn man die Bruttoinvestition und die Abschreibungen zur Nettoinvestition aufrechnet – die Beziehung

$$S + Tr_{AI}^V - Tr_{IA}^V = I + FS,$$

wobei der hochgestellte Index V die Vermögenstransfers kennzeichnet. Damit steht links vom Gleichheitszeichen die Reinvermögensänderung, die sich in der Nettoinvestition und der Veränderung des Geldvermögens (= Finanzierungssaldo FS) niederschlägt.

Reinvermögensänderung, Nettoinvestition und Finanzierungssaldo in der offenen Volkswirtschaft

Dem Auslandskonto können wir entnehmen, dass der Finanzierungssaldo auch bestimmt ist als

$$FS = (Ex - Im) + (PE_{AI} - PE_{IA}) + (Tr_{AI}^l - Tr_{IA}^l) + (Tr_{AI}^V - Tr_{IA}^V),$$

wobei PE die Primäreinkommensströme (zwischen Inland und Ausland) bezeichnet. Setzt man diese Definition für den Finanzierungssaldo in die vorherige Gleichung ein, so kann man auf der rechten und linken Seite die Vermögenstransfers kürzen, und es verbleibt die Gleichung

$$S = I + (Ex - Im) + (PE_{AI} - PE_{IA}) + (Tr_{AI}^l - Tr_{IA}^l).$$

Diese »S = I«-Gleichung für die offene Volkswirtschaft ist nicht ganz leicht zu interpretieren. Man findet sie in den Lehrbüchern deshalb häufig stark vereinfacht in der Form

Eine stark vereinfachte Version der »S = I«-Gleichung für die offene Volkswirtschaft

$$S = I + Ex - Im,$$

und interpretiert: Die Ersparnis in einer Volkswirtschaft kann benutzt werden, um die heimischen Investition zu finanzieren und in Höhe des Außenbeitrages das Geldvermögen der Volkswirtschaft zu erhöhen. Die korrekte Gleichung zeigt, dass Einfachheit hier mit Verzicht auf Genauigkeit erkauft wird. Inwieweit dies vertretbar ist, hängt von der Größenordnung der vernachlässigten Beziehungen ab und kann deshalb allgemein nicht gesagt werden.

Eine wichtige Einkommensgröße war in der Vergangenheit das Volkseinkommen (VE). Obwohl diese Größe im ESVG 1995 nicht mehr definiert ist, wird sie vom Statistischen Bundesamt im Tabellenzusammenhang weiterhin bestimmt und veröffentlicht. Man erhält das Volkseinkommen, indem man vom Nettonationaleinkommen den Saldo aus Produktionsabgaben und Subventionen an den bzw. vom Staat abzieht. Man beachte, dass in der abzuziehenden Größe nicht die Produktionsabgaben an die und die Subventionen von der EU enthalten sind, da diese bereits bei der Berechnung des Nationaleinkommens berücksichtigt worden sind. Es gilt also

$$VE = NNE - PA_{IS} + Sub_{SI} = NNE - (PA_{IS} - Sub_{SI}),$$

wobei PA die Produktionsabgaben, Sub die Subventionen und die tiefgestellten Indizes die Richtung der Ströme von Produktionsabgaben bzw. Subventionen anzeigen: von den inländischen Sektoren an den Staat (IS), vom Staat an die inländischen Sektoren (SI).

8.5.4 Die Kreislaufgleichungen für die geschlossene Volkswirtschaft

Wenn man aus Vereinfachungsgründen auf die Berücksichtigung von wirtschaftlichen Beziehungen zum Ausland verzichtet und mit den Definitionen und Kreislaufbeziehungen für die so genannte geschlossene Volkswirtschaft arbeitet, vereinfachen sich die obigen Gleichungen erheblich.

Für die Verwendungsseite des Inlandsproduktes gilt dann

$NIP = C + I$,

bzw., stärker aufgespalten,

$NIP = C_{Pr} + I_{Pr} + C_S + I_S$ bzw.
$NIP = C_{Pr} + I_{Pr} + G$.

Bevor wir uns die anderen Kreislaufbeziehungen ansehen, sollten wir uns klar machen, dass in einer geschlossen Volkswirtschaft das Nationaleinkommen genauso groß ist wie das Inlandsprodukt. Bei der Ableitung des Nationaleinkommens waren wir vom Inlandsprodukt ausgegangen und hatten dann die Primäreinkommen vom bzw. ans Ausland addiert bzw. subtrahiert.

> Da in der geschlossenen Volkswirtschaft annahmegemäß keine Primäreinkommen zwischen Inland und Ausland fließen, müssen Nationaleinkommen und Inlandsprodukt identische Größen sein.

Die Gleichung für die Aufteilung des Nettonationaleinkommens lautet – da laufende Transfers zwischen Inland und Ausland annahmegemäß nicht existieren – einfach

$NIP = NNE = C + S$.

Setzt man die Verwendungsseite des Inlandsproduktes mit der Aufteilungsseite des Nettonationaleinkommens gleich, so ergibt sich

$C + I = C + S$,

woraus sich durch Kürzen von C auf beiden Seiten der Gleichung die berühmte Ex-post-Beziehung

$S = I$ ergibt.

In einer geschlossenen Volkswirtschaft gilt für jeden zurückliegenden Zeitraum (ex post), dass das Sparen gleich der Nettoinvestition ist.

Das muss so sein, weil der nicht konsumierte Teil des Nettoinlandsproduktes investiert worden sein muss und weil der nicht konsumierte Teil des Nationaleinkommens gespart worden sein muss. Da Inlandsprodukt und Nationaleinkommen gleich groß sind, muss also die Nettoinvestition gleich der Ersparnis sein.

8.5 Wichtige definitorische Beziehungen

Inlandsprodukt	
Konsum	Investition
Konsum	Sparen
Nationaleinkommen	

Diese berühmte S = I Gleichung ergibt sich auch unmittelbar aus dem Nationalen Vermögensänderungskonto. Da es in der geschlossenen Volkswirtschaft keine Vermögenstransfers zwischen Inland und Ausland gibt, besteht die Reinvermögensänderung nur aus der Ersparnis, und da keine Forderungen zwischen Inland und Ausland bestehen, kann sich die Reinvermögensänderung nicht in einer Geldvermögensänderung niederschlagen, sondern ausschließlich in einer Sachvermögensänderung (Nettoinvestition).

Vernachlässigt man in einer geschlossenen Volkswirtschaft die Existenz von Produktionsabgaben und Subventionen und unterstellt weiter, dass die Unternehmen ihre Gewinne voll an die Haushalte ausschütten, und der Staat keine von ihm selbst geschaffenen Primäreinkommen behält, so gilt für das verfügbare Einkommen der Haushalte

Eine stark vereinfachte Definition des verfügbaren Einkommens der Privaten Haushalte

$$NNE_H^V = NNE - T,$$

wobei T die Einkommen- und Vermögensteuer der Haushalte und der Index H (v) die Haushalte (das verfügbare Einkommen) bezeichnen. Mit dieser stark vereinfachten Definition des verfügbaren Einkommens der Privaten Haushalte arbeitet man in der Volkswirtschaftslehre oft.

Kommen wir zu einem letzten Kreislaufzusammenhang. Gemäß der Verwendungsrechnung gilt

$$NIP = C_{Pr} + I_{Pr} + G.$$

Ferner ist in der geschlossenen Volkswirtschaft definitionsgemäß NIP = NNE.

Also gilt auch: $NNE - T = C_{Pr} + I_{Pr} + G - T.$

Vermindert man das (auf der linken Seite der vorstehenden Gleichung stehende) verfügbare Einkommen der Haushalte um ihren Konsum, so erhält man die private Ersparnis. Wenn wir aber auf der linken Seite den privaten Konsum abziehen, müssen wir dies auch auf der rechten Seite tun:

$$NNE - T - C_{Pr} = S_{Pr} = I_{Pr} + G - T$$

Die Gleichung

$$S_{Pr} = I_{Pr} + G - T$$

ist einfach zu interpretieren. Da der Saldo aus Staatsausgaben für Güter und Dienste G und dem Steueraufkommen des Staates das **Haushaltsdefizit** des Staates angibt, bedeutet die Gleichung:

Die Ex-post-Identität von Sparen und der Summe aus Investition und Haushaltsdefizit des Staates

> In einer geschlossenen Volkswirtschaft muss die private Ersparnis ex post immer die privaten Nettoinvestitionen und das Staatsdefizit »finanzieren«.

Anders ausgedrückt: Bei gegebener privater Ersparnis bleibt umso weniger Raum für private Investitionen, je größer das staatliche Defizit ist. Praktisch kann dieser Zusammenhang dadurch hergestellt werden, dass steigende Zinsen die privaten Investitionen so stark reduzieren, bis das staatliche Defizit finanziert ist.

Bringen wir in

$$S_{Pr} = I_{Pr} + G - T$$

die Steuern auf die linke Seite, so ergibt sich:

$$S_{Pr} + T = I_{Pr} + G$$

Mit dieser Gleichung werden wir (zum Teil bei Vernachlässigung der Steuern T) in Kapitel 10 und 11 arbeiten. Sie besagt: Die Summe aus privater Ersparnis und dem Steueraufkommen muss immer gleich sein der Summe aus privaten Investitionen und Staatsausgaben für Güter und Dienste. Sie drückt damit den schon zuvor formulierten Zusammenhang nur etwas anders aus.

8.6 Erweiterungen und Probleme

Wir haben schon darauf hingewiesen, dass es Problembereiche in der VGR gibt, die die Aussagefähigkeit abgeleiteter Aggregate, wie des Inlandsproduktes oder der Investitionen, im Hinblick auf bestimmte Ziele (z. B. die Wohlfahrtsmessung) beeinträchtigen.

Im Prinzip sind drei Bereiche von Belang (die nicht überschneidungsfrei sind):
- Die Erfassung von Produktionsoutput und Produktionsinput
  - Erfassung des Produktionsoutputs,
  - Erfassung des Produktionsinputs.
- Die Erfassung der Investitionen und ihre Abgrenzung von Konsum und Vorleistungen.
- Die Zuordnung der Sonstigen Nichtmarktproduktion in Bezug auf ihre tatsächlichen Verwender.

8.6.1 Mängel bei der Erfassung von Produktionsoutput und Produktionsinput

Der enge Produktionsbegriff

Nichtmarktproduktionen werden in der VGR nur sehr begrenzt erfasst.

Traditionell ist die »production boundary« in der VGR immer eng gezogen worden, d. h. es wurde – abgesehen vom Staat – vor allem die Marktproduktion erfasst und die Nichtmarktproduktion schwerpunktmäßig nur, wenn für ihre Bewertung Marktpreise herangezogen werden konnten, wie z. B. bei der Eigennutzung von Gebäuden oder Teilen von Gebäuden (Eigentumswohnungen). Das neue System der VGR hat hier einen kleinen Schritt in Richtung vollständigerer Erfassung der Produktion gemacht, indem z. B. die Eigenrenovierung von Häusern und Wohnungen und die Eigennutzung von Garagen als Produktion und Konsum erfasst werden. Insbesondere aber im Bereich häuslicher Arbeit sind die Grenzen der Erfassung von Produktion sehr eng geblieben. Erwähnt seien nur häusliche Arbeiten wie Wohnungs- und Kleidungsreinigung, Kindererziehung und häusliche Fortbildung. Damit hat man weite Bereiche der häuslichen Produktion aus der VGR – und damit dem Inlandsprodukt und dem Nationaleinkommen – ausgeklammert. Das führt zu **Verzerrungen im internationalen bzw. intertemporalen Vergleich**, wenn der Grad der Vermarktung der Volkswirtschaften unterschiedliche ist oder sich im Zeitablauf signifikant ändert. Probleme entstehen also insbesondere bei internationalen und intertemporalen Vergleichen. Aber auch bei der kurzfristigen rein nationalen Betrachtung kommt es gelegentlich zu Ungereimtheiten. Gern zitiert wird in diesem Zusammenhang das Beispiel des Junggesellen, der seine Haushälterin heiratet und damit Marktproduktion in Gestalt von Wohnungspflege und Ähnlichem zu nicht erfasster Nichtmarktproduktion werden lässt. Das impliziert, dass nach den gegenwärtig gültigen Konventionen der VGR das Inlandsprodukt abnimmt. Insbesondere wenn man das Inlandsprodukt (total oder pro Kopf) als Maß für das Wohlergehen (die »Wohlfahrt«) einer Gesellschaft ansieht – was in vielen wohlfahrtsbasierten ökonomischen Analysen der Fall ist –, ist ein solches Ergebnis skeptisch zu bewerten.

In Anlehnung an internationale Bemühungen und Vorschläge der Vereinten Nationen versucht man, wie erwähnt, das Problem des engen Produktionsbegriffes in der VGR durch Bereitstellung zusätzliche Informationen in einem **Satellitensystems »Haushaltsproduktion«** zumindest partiell zu entschärfen.

Die unzureichende Erfassung von Produktionsinputs

Ein Teil der Nichterfassung von Vorleistungen in der VGR hängt mit der soeben beschriebenen engen Abgrenzung des Produktionsbegriffes zusammen. Wie erläutert sind Vorleistungen, etwas vereinfacht ausgedrückt, produzierte nicht dauerhafte Produktionsmittel, die in dem betrachteten Zeitraum vollständig wieder in andere Produktionsprozesse eingehen. Der Rest der Produktion besteht definitionsgemäß aus Endprodukten. Dies impliziert, dass Güter als Endprodukte eingestuft werden, weil der Prozess, in dem sie verbraucht werden, nicht zur Produktion im abgegrenzten Sinn gehört. So werden von einem Studenten gekaufte Fachbücher in der VGR als Konsum klassifiziert, weil die entsprechende Wissensakkumulation nicht als Produktion eines Investitionsgutes »Wissen« betrachtet wird, in die Fachbücher als Vorleistungen eingehen.

Nicht-Erfassung von Inputs als Folge des engen Produktionsbegriffes

Weitere erhebliche Einschränkungen in Bezug auf das Netto-Produktionsmaß Inlandsprodukt ergeben sich daraus, dass der Verbrauch nicht reproduzierbarer Ressourcen, wie der Abbau von Kohle-, Öl- und Gasfeldern, nicht als Vorleistungen der natürlichen Umwelt berücksichtigt wird. Ähnlich gelagert ist der Fall des Verzehrs von Umweltressourcen im Zuge von Produktions- und Konsumprozessen, der zwar signifikant in Wasser- und Luftverschmutzung sowie

Vorleistungen der Umwelt werden nicht berücksichtigt.

der Erderwärmung zum Ausdruck kommt, nicht aber als Produktionsinput (oder negativer Output) in der VGR erfasst wird. Wenn aber z. B. die Luft im Zuge eines Produktionsprozesses zusätzlich mit Schadstoffen belastet wird, so führt die Nichtberücksichtigung dieses Ressourcenverbrauchs zu privaten Kosten, die unter den gesellschaftlichen Kosten liegen und damit zu einer suboptimalen Allokation der Ressourcen. In einem gesamtwirtschaftlichen Netto-Produktionsmaß sollte dies Berücksichtigung finden. Allerdings ist auch hier auf die Entscheidung der hinter der Entwicklung der VGR stehenden Wissenschaftler und Politiker zu verweisen, dass die VGR ganz vorrangig Zwecken der kurzfristigen Konjunkturanalyse dienen soll und nicht der Wohlfahrts- und Umweltanalyse. Ein Rechnungssystem kann nur schwerlich allen wichtigen Zwecken dienen. Versucht man dies trotzdem, so kann es dazu kommen, dass das System schließlich keinem Zweck mehr adäquat dient.

8.6.2 Die enge Fassung des Begriffs des Produktivvermögens einer Volkswirtschaft

Unterschiede zwischen gesellschaftlichen und privaten Kosten und Erträgen

Die enge Fassung des Begriffs »Produktivvermögen« einer Volkswirtschaft« führt ebenfalls zu Ungereimtheiten in der VGR. Ein bekanntes Beispiel ist die Behandlung eines Sachschadens bei einem Autounfall und seiner Behebung. Wegen der Klassifizierung privater Automobile als Konsumgüter erfolgt im Schadensfall keine Abschreibung auf Sachvermögen. Dies wiederum führt dazu, dass die nachfolgende Reparatur – die ja in der Regel nur den alten Zustand wiederherstellt – positiv als Konsum in das Netto-Produktionsmaß Inlandsprodukt eingeht. Ähnlich gelagert ist die Behandlung der »F & E«-Ausgaben (Ausgaben für Forschung und Entwicklung) von Unternehmen. Da kein Kapitalgut »Wissen« bilanziert wird, werden die Ausgaben der Unternehmen für die Produktion dieses Gutes in der VGR nicht als investive Ausgaben, sondern als in Anspruch genommene Vorleistungen behandelt. Auch die oben erwähnte Umweltproblematik könnte in vielen Aspekten konzeptionell befriedigender gelöst werden, wenn ein Kapitalgut »Umwelt« mit entsprechenden Bruttoinvestitionen und Abschreibungen bilanziert würde. Die erheblichen Erfassungs- und Bewertungsprobleme sollen dabei hier nicht verkannt werden.

Um der Umweltproblematik gerecht zu werden, versucht das Statistische Bundesamt – wiederum in Anlehnung an das SNA 1993 und das ESVG 1995 – ein Satellitensystem »Umweltökonomische Gesamtrechnung« zu entwickeln. Außerdem soll in Bezug auf die Problematik des engen Investitionsbegriffs (und damit Kapitalbegriffs) nicht unerwähnt bleiben, dass das erweiterte Investitionskonzept in der neuen VGR für Verbesserungen gesorgt hat. Erwähnt sei hier insbesondere die Klassifizierung von selbst entwickelten oder gekauften Computerprogrammen als Investitionen in »Immaterielles Vermögen« sowie die breitere Erfassung des staatlichen Vermögens und von Abschreibungen hierauf.

8.6.3 Wer verbraucht die Nichtmarktproduktion des Staates?

Im Rahmen des Verbrauchskonzeptes versucht die neue VGR hier zu einer verbesserten Lösung zu kommen, indem ein Teil der Konsumausgaben des Staates den Privaten Haushalten als Individualkonsum zugerechnet und der Kollektivkonsum damit entsprechend reduziert wird. Trotzdem kann dies nur ein (quantitativ allerdings recht bedeutsamer) Anfang sein, denn Teile der vom Staat produzierten und den Wirtschaftseinheiten der Volkswirtschaft »unentgeltlich« bereitgestellten Dienstleistungen fließen auch an Unternehmen und müssten entsprechend als Vorleistungen behandelt werden. Dies hätte eine nicht unerhebliche Reduktion des ausgewiesenen Inlandsproduktes zur Folge.

Die meisten der angesprochenen Defizite sind eng mit dem Problem der Verwendung des Inlandsproduktes und des Inlandeinkommens als Wohlfahrtsmaß verknüpft. Es ist inzwischen aber wohl unbestritten, dass ein – wie auch immer konzipiertes – Produktions- und Einkommensmaß kein adäquater Wohlfahrtsmaßstab sein kann. In begrenztem Umfang können Produktions- und Einkommensmaße bei der Wohlfahrtmessung ein Kriterium unter vielen sein (Arbeitslosigkeit, soziale Gerechtigkeit, Gesundheitsversorgung, innere und äußere Sicherheit, Bildungsstandards, Zustand der Umwelt usw.). Mithilfe »Sozialer Indikatoren« wird hier versucht, bessere Maßgrößen zu finden, wobei die Auswahl der verwendeten Indikatoren und ihre Gewichtung kaum überwindbare Probleme zu sein scheinen. Trotzdem muss man sehen, dass Inlandsprodukt und Nationaleinkommen im Bereich der internationalen Transfers eine herausragende Rolle spielen. Es ist schon darauf hingewiesen worden, dass z. B. die Zahlungen der Mitgliedsländer an die EU entscheidend von der Höhe ihres Inlandsproduktes abhängen. Ähnlich verhält es sich mit Zahlungen der Staaten der Weltgemeinschaft an die Vereinten Nationen und andere internationale Organisationen. Auch erscheint plausibel, dass die Höhe des Nationaleinkommens entscheidende Bedeutung für die Kreditwürdigkeit eines Landes besitzt. Auch aus diesen Gründen ist es unumgänglich, möglichst befriedigende Produktions- und Einkommensmaße zu entwickeln.

> Das Inlandsprodukt dient nicht als Wohlstands-, sondern als Konjunkturindikator.

8.7 Das vollständige Kontensystem der Privaten Haushalte

Die Funktionskonten der Sektoren sind im Kontensystem des Statistischen Bundesamtes weiter disaggregiert als oben vorgestellt. Damit der Leser, der einen Blick auf das offizielle Kontensystem werfen möchte, einen guten Zugang findet, stellen wir das System hier exemplarisch am Beispiel des Sektors Private Haushalte dar.

8.7 Aufbau und Bedeutung der Volkswirtschaftlichen Gesamtrechnung (VGR)
Das vollständige Kontensystem der Privaten Haushalte

Detailliertere Darstellung der Funktionskonten am Beispiel Private Haushalte

Formal weitgehend unverändert zu dem von uns verwendeten Konto ist das **Produktionskonto**. Hier wird lediglich ein Zwischensaldo ausgewiesen, die Bruttowertschöpfung. Eine wesentliche inhaltliche Veränderung ergibt sich aber gegenüber unserer bisherigen Darstellung in Bezug auf die **Bewertung der Produktion**, die seit der großen Revision der VGR im Jahre 2000 zu **Herstellungspreisen** und nicht mehr zu Marktpreisen ausgewiesen wird. Mehr dazu weiter unten.

Das von uns verwendete **Einkommenskonto** wird in vier Teilkonten aufgespalten, die durch die jeweils gebildeten Teilsalden miteinander verbunden sind: Das Einkommensentstehungskonto, das primäre Einkommensverteilungskonto, das sekundäre Einkommensverteilungskonto und das Einkommensverwendungskonto.

Das **Vermögensänderungskonto** schließlich wird in das Konto der Reinvermögensänderung durch Sparen und Vermögenstransfers und das Sachvermögensänderungskonto unterteilt.

Für den Sektor Private Haushalte (einschließlich privater Organisationen ohne Erwerbszweck) ergibt sich damit das folgende Kontensystem (alle Zahlen gelten für Deutschland im Jahre 2008 und sind in Milliarden Euro angegeben).

Produktionskonto		
	Verwendung	*Aufkommen*
Produktionswert (zu Herstellungspreisen)		801,42
darunter FISIM		0
Vorleistungen	278,02	
darunter FISIM	15,27	
Bruttowertschöpfung	523,40	
Abschreibungen	108,90	
Nettowertschöpfung	414,50	

Einkommensentstehungskonto		
	Verwendung	*Aufkommen*
Nettowertschöpfung		414,50
Sonstige Subventionen		2,10
Arbeitnehmerentgelte	172,96	
Sonstige Produktionsangaben	10,56	
Nettobetriebsüberschuss/ Selbstständigeneinkommen	233,08	

8.7 Das vollständige Kontensystem der Privaten Haushalte

Primäres Einkommensverteilungskonto

	Verwendung	Aufkommen
Nettobetriebsüberschuss/ Selbstständigeneinkommen		233,08
Arbeitnehmerentgelte		1.225,84
Empfangene Produktions- und Importabgaben		0
Gütersteuern		0
Sonstige Produktionsabgaben		0
Vermögenseinkommen	68,24	431,63
Zinsen (FISIM korrigiert)	66,48	87,24
nachrichtl.: tatsächl. Zinsen	84,56	70,94
Ausschüttungen und Entnahmen	0	299,37
Reinvestierte Gewinne aus der übrigen Welt	0	0
Vermögenseinkommen aus Versicherungsverträgen	0	43,20
Pachteinkommen	1,76	1,83
Subventionen	0	
Gütersubventionen	0	
Sonstige Subventionen	0	
Primäreinkommen	Saldo 1.822,32	

Konto der sekundären Einkommensverteilung (Ausgabenkonzept)

	Verwendung	Aufkommen
Primäreinkommen		1.822,32
Einkommen- und Vermögensteuern	246,41	0
Einkommensteuern	238,93	0
Sonstige direkte Steuern und Abgaben	7,48	0
Sozialbeiträge	475,33	0,52
tatsächl. Sozialbeiträge	447,03	0
tatsächl. Sozialbeiträge der Arbeitgeber	201,73	0
Sozialbeiträge der Arbeitnehmer	171,88	0
Sozialbeiträge der Selbstständigen und Nichterwerbstätigen	73,42	0
Unterstellte Sozialbeiträge	28,30	0,52
Monetäre Sozialleistungen	0,52	452,30
Geldleistungen der Sozialversicherung	0	276,47
Sozialleistungen aus privaten Sicherungssystemen	0	33,68
Sonstige Sozialleistungen der Arbeitgeber	0,52	51,53
Sonstige soziale Geldleistungen	0	90,62
Sonstige laufende Transfers	77,25	76,72
Nettoprämien für Schadensversicherungen	57,42	0
Schadensversicherungsleistungen	0	57,12
Laufende Transfers innerhalb des Staatssektors	0	0
Laufende Transfers im Rahmen der internationalen Zusammenarbeit	0	0
Übrige laufende Transfers	19,83	19,83
darunter BNE-Eigenmittel	0	0
Verfügbares Einkommen	1.552,35	

8.7 Aufbau und Bedeutung der Volkswirtschaftlichen Gesamtrechnung (VGR)
Das vollständige Kontensystem der Privaten Haushalte

Einkommensverwendungskonto (Ausgabenkonzept)

	Verwendung	Aufkommen
Verfügbares Einkommen (Ausgabenkonzept)		1.552,35
Zunahme betrieblicher Versorgungsansprüche	0	31,44
Konsum (Ausgabenkonzept)	1.402,25	
darunter FISIM	*19,95*	
Sparen	181,54	

Konto der Reinvermögensänderung durch Sparen und Vermögenstransfers

	Veränderung der Aktiva	Veränderung der Passiva
Sparen		181,54
Vermögenstransfers	6,42	13,82
Vermögenswirksame Steuern	*4,77*	*0*
Investitionszuschüsse	*0*	*4,94*
Sonstige Vermögenstransfers	*1,65*	*8,88*
Reinvermögensänderung durch Sparen und Vermögenstransfers	188,94	

Sachvermögensbildungskonto

	Veränderung der Aktiva	Veränderung der Passiva
Reinvermögensänderung durch Sparen und Vermögenstransfers		188,94
Abschreibungen		108,90
Bruttoinvestitionen	161,46	
Bruttoanlageinvestitionen	*162,28*	
Vorratsveränderungen	*−1,72*	
Nettozugang an Wertsachen	*0,90*	
Nettozugang an nichtproduzierten Vermögensgütern	0,88	
Finanzierungssaldo	135,50	

Bewertung zu Marktpreisen – Bewertung zu Herstellungspreisen

Anders als bei unser Beschreibung des Nationalen Produktionskontos 1 (vgl. Kapitel 8.2.3), auf dem wir den Produktionswert zu Marktpreisen bewertet ausgewiesen haben, wird in dem neuen System der VGR der Produktionswert zu **Herstellungspreisen** bewertet, wobei diese nicht mit Herstellungskosten verwechselt werden dürfen.

Herstellungspreise ergeben sich, wenn man von den Marktpreisen die so genannten Gütersteuern abzieht und die so genannten Gütersubventionen addiert. Es gilt also:

Bewertung zu Herstellungspreisen
= Bewertung zu Marktpreisen
− (Gütersteuern − Gütersubventionen).

Um die unterschiedliche Bewertung zu verstehen, ist es notwendig, Gütersteuern und Gütersubventionen zu definieren, und da diese wiederum ein Teil der Produktionsabgaben (einschließlich Zölle) und der Subventionen sind, ist es zweckmäßig, zunächst die Oberbegriffe zu definieren.

Laut ESVG 1995 sind Produktions- und Importabgaben Zwangsabgaben, die der Staat oder Institutionen der Europäischen Union ohne Gegenleistung erheben auf

Produktionsabgaben und Sonstige Produktionsabgaben

▸ die Produktion (einschließlich Verkauf) und die Einfuhr von Waren und Dienstleistungen (Mehrwertsteuer; Verbrauchsteuern, z. B. Energiesteuer, Tabaksteuer, Branntweinsteuer, Zuckersteuer; Versicherungsteuern; Zölle und Abschöpfungsbeträge auf eingeführte Güter),
▸ die Beschäftigung von Arbeitskräften (Lohnsummensteuer) oder
▸ das Eigentum an oder den Einsatz von Grundstücken, Gebäuden oder anderen im Produktionsprozess eingesetzten Aktiva (z. B. Grundsteuer und Kfz-Steuer).

Gütersteuern sind der Teil der Produktionsabgaben (einschließlich Zölle), die auf die Menge oder den Wert einer Einheit des produzierten, abgesetzten oder importierten Gutes erhoben werden. Sie enthalten insbesondere den nichtabzugsfähigen Teil der Mehrwertsteuer, Importabgaben, Verbrauchsteuern, Versicherungsteuern sowie Produktionsabgaben an die EU (z. B. die Zuckerabgabe).

Den verbleibenden Rest der Produktionsabgaben bilden die »**Sonstigen Produktionsabgaben**«. Sie umfassen Produktionsabgaben, die von produzierenden Einheiten zwar aufgrund ihrer Produktions- und Verkaufstätigkeit zu entrichten sind, aber unabhängig von der Menge oder dem Wert der produzierten oder verkauften Güter sind. Hierzu gehören z. B. die Grundsteuer und die Kraftfahrzeugsteuer.

Subventionen sind laufende Zahlungen ohne Gegenleistungen vom Staat oder der Europäischen Union an inländischen produzierenden Wirtschaftseinheiten, vor allem also an Unternehmen.

Die Unterteilung der Subventionen in Gütersubventionen und Sonstige Subventionen entspricht der Unterteilung der Produktionsabgaben. **Gütersubventionen** werden auf die Mengen- oder die Werteinheit eines produzierten, verkauften oder eingeführten Gutes gezahlt, insbesondere um den Produktionspreis, die Produktionsmenge oder das Einkommen der beteiligten Produktionsfaktoren zu beeinflussen. Typische Beispiele sind Gütersubventionen im öffentlichen Personenverkehr und die Kohlesubventionen. **Sonstige Subventionen** sind sämtliche Subventionen, die nicht zu den Gütersubventionen gehören, z. B. ABM-Zuschüsse, Subventionen zur Verminderung der Umweltverschmutzung, Zinszuschüsse zur Erleichterung von Investitionen und Mehrwertsteuervergünstigungen in der Landwirtschaft.

Gütersubventionen und Sonstige Subventionen

Bei der Bewertung zu Herstellungspreisen werden also vom Marktpreis des produzierten oder verkauften Gutes die Gütersteuern abgezogen und die Gütersubventionen addiert. Diese Abweichung von den Marktpreisen bei der Bewertung auf der Produktionsebene macht die VGR nicht übersichtlicher, zumal auf

Übergang von Marktpreisen auf Herstellungspreise

der Verwendungsebene wieder zu Marktpreisen bewertet wird, also beim Konsum, den Investitionen und den Exporten. Die Autoren von SNA und ESVG rechtfertigen die Bewertung zu Herstellungspreisen mit dem Hinweis, dass der Produktionswert die Sicht des Verkäufers widerspiegeln soll. Der Verkäufer aber erhält vom Marktpreis nicht die Gütersteuern (die er an Staat oder EU abführen muss) und zusätzlich zum Marktpreis erhält er etwaige Gütersubventionen.

> Zieht man vom Produktionswert zu Herstellungspreisen die Vorleistungen ab, so ergibt sich die **Bruttowertschöpfung**. Subtrahiert man darüber hinaus die Abschreibungen, so ergibt sich als Saldo des Produktionskontos die **Nettowertschöpfung**. Brutto- und Nettowertschöpfung werden häufig zur Messung des Produktionsbeitrages der Sektoren, der Wirtschaftsbereiche und Regionen einer Volkswirtschaft verwendet.

Durch die Bewertung zu Herstellungspreisen wird die Interpretation der Wertschöpfung erschwert, denn diese gibt nicht mehr den gesamten »value added« an, also nicht den Wert der von dem Sektor zusätzlich und neu produzierten Güter bzw. die im Zuge dieser Nettoproduktion geschaffenen Einkommen des Sektors. Es fehlt jeweils die Differenz aus Gütersteuern und Gütersubventionen. Das Ganze ist umso verwirrender, als die so genannte Nettoproduktionsabgabe (die Differenz aus den gesamten Produktionsabgaben und den gesamten Subventionen) zum Primäreinkommen der Volkswirtschaft gerechnet wird. Wobei diese Berücksichtigung der Nettoproduktionsabgabe als Primäreinkommen wenig plausibel erscheint.

Das Produktionskonto

Betrachten wir nun die einzelnen Konten des Sektors etwas genauer. Das **Produktionskonto** entspricht, abgesehen von der Bewertung der Produktion, dem oben auch von uns verwendeten Aufbau des Produktionskontos. Allerdings wird, wie schon erwähnt, mit der Bruttowertschöpfung ein zusätzlicher Zwischensaldo eingeführt. Da Banken in Deutschland nicht als Einzelunternehmen agieren, ist der Wert der FISIM-Produktion der privaten Haushalte null. Wohl aber hat der Sektor Vorleistungen in Form von Finanzdienstleistungen (FISIM-Vorleistungen) in Anspruch genommen. Wegen der Nichtberücksichtigung der Nettogütersteuern entsprich der Saldo des Kontos, die Nettowertschöpfung, nicht vollständig dem Beitrag des Sektors zum Inlandsprodukt.

Obwohl die Nichtmarktproduktion der privaten Haushalte gemäß ESVG 1995 nur in sehr begrenztem Umfang erfasst wird, ist der Produktionswert zu Herstellungspreisen relativ hoch, da auch die Produktionen von Einzelunternehmen und Selbstständigen im Sektor Private Haushalte erfasst werden.

Das Einkommensentstehungskonto

Auf dem **Einkommensentstehungskonto** werden von der Nettowertschöpfung, die als Saldo des Produktionskontos übernommen wird, die Sonstigen Produktionsabgaben subtrahiert und die Sonstigen Subventionen addiert. Das ist folgerichtig, da der in der Regel positive Saldo aus diesen beiden Transaktionen den Produzenten nicht zur Verfügung steht. Zieht man noch die geleisteten Arbeitsentgelte des Sektors ab (auch die an den Haushaltssektor fließenden), so erhält man als Saldo des Kontos den Nettobetriebsüberschuss bzw. das

Selbstständigeneinkommen. Angemerkt sei, dass die Bezeichnung Einkommens»entstehungskonto« nicht ganz glücklich ist, da Einkommen – abgesehen von Einkommen die aus dem Ausland zufließen – nur durch inländische Produktion entstehen, also auf dem Produktionskonto.

Auf dem Konto der **primären Einkommensverteilung,** das den Saldo Nettobetriebsüberschuss/Selbstständigeneinkommen vom Einkommensentstehungskonto übernimmt, wird die Verteilung der Primäreinkommen beschrieben. Auf der Aufkommensseite werden sämtliche Einkommen erfasst, die dem Sektor Private Haushalte aus inländischen und ausländischen Produktionsprozessen zufließen bzw. die er selbst durch seine Produktionstätigkeit geschaffen hat. Auf der Verwendungsseite stehen die von den Haushalten verteilten Vermögenseinkommen, insbesondere Zinsen und Pachten, da die geleisteten Arbeitsentgelte schon auf dem Einkommensentstehungskonto erfasst sind. Man spricht hier von der »primären« Einkommensverteilung, weil – wenn man von den Produktionsabgaben und Subventionen absieht – keine Einkommens-Umverteilungstransaktionen des Staates erfasst werden. Den Saldo des Kontos bildet das Primäreinkommen des Sektors. Beachten Sie, dass die geleisteten und die empfangenen Zinsen »FISIM-korrigiert« sind (vgl. Kapitel 8.3.3). Nachrichtlich werden auch die tatsächlichen Zinsströme ausgewiesen, sodass man die FISIM-Komponenten berechnen kann. Auffällig sind die vielen Nullen auf diesem und auch auf den nachfolgenden Einkommenskonto für den Sektor Private Haushalte. Das liegt daran, dass jedes Funktionskonto und jede dazu gehörige Transaktion für jeden Sektor ausgewiesen wird, auch wenn bestimmte Transaktionen für den betrachteten Sektor keine Bedeutung haben.

Auf dem Konto der **sekundären Einkommensverteilung (Ausgabenkonzept),** das den Saldo des primären Einkommensverteilungskonto übernimmt, das Primäreinkommen des Sektors, kommen vor allem Umverteilungen des primären Einkommens der Sektoren durch den Staat (durch Einkommen- und Vermögensteuern, Sozialbeiträge der privaten Haushalte und monetäre Sozialleistungen an die privaten Haushalte) sowie laufende sonstige Transfers zwischen den Sektoren (z. B. Schadensversicherungsleistungen) zur Darstellung. Nicht überraschend ist, dass die sekundäre Einkommensverteilung zulasten der Privaten Haushalte geht, da ihr verfügbares Einkommen, das sich als Saldo des Kontos ergibt, mit 1.552,35 Milliarden Euro deutlich kleiner ist als ihr Primäreinkommen von 1.822,32 Milliarden Euro. Der entscheidende Grund sind die sich auf knapp 250 Milliarden Euro belaufenden Einkommen- und Vermögensteuern, die die Privaten Haushalte zu entrichten haben.

Das **Einkommensverwendungskonto** (Ausgabenkonzept) übernimmt als Saldoübertrag vom Konto der sekundären Einkommensverteilung das verfügbare Einkommen. Dieses wird auf der Aufkommensseite aufgestockt durch in der Periode entstandene betriebliche Versorgungsansprüche, die in gleicher Höhe zulasten der nichtfinanziellen und finanziellen Kapitalgesellschaften gehen. Beachtet werden sollte der hohe Konsumanteil am verfügbaren Einkommen. Trotzdem ist das Sparen der privaten Haushalte der für die Gesamtvermögensbildung der Volkswirtschaft bei weitem wichtigste Posten. Das wird deutlich,

Es wird zwischen primärer und sekundärer Einkommensverteilung unterschieden.

wenn man dem Sparen der privaten Haushalte in Höhe von 181,54 Milliarden Euro das Sparen der Nichtfinanziellen Kapitalgesellschaften, der Finanziellen Kapitalgesellschaften und des Staates in Höhe von (in dieser Reihenfolge) 47,49, 34,36 und 19,41 Milliarden Euro gegenüberstellt. Erstaunen mag, dass der Staat trotz seiner notorischen Haushaltsdefizite eine positive Ersparnis aufweist. Dies wäre in den USA anders, da dort die Ersparnis des Staates abzüglich der staatlichen Investitionen definiert wird, während nach dem ESVG die staatliche Ersparnis die Differenz aus Steuereinnahmen und staatlichem Konsum ist, also ohne Abzug der staatlichen Investitionsausgaben.

Konten für Rein- und Sachvermögensbildung

Unser Vermögensänderungskonto wird im offiziellen Kontensystem unter Bildung eines Zwischensaldos in zwei Teilkonten aufgespalten, das **»Konto der Reinvermögensbildung durch Sparen und Vermögenstransfers«** und das Konto **»Sachvermögensbildung«**. Wie der Name sagt, wird auf dem ersten Konto dem Umstand Rechnung getragen, dass in der VGR die Transfers in laufende und in Vermögenstransfers aufgespalten werden und nur die laufenden Transfers bei der Ermittlung des verfügbaren Einkommens abgezogen werden. Selbstverständlich erhält man die Reinvermögensänderung eines Sektors erst, wenn auch der Saldo der Vermögenstransfers, die ebenfalls reinvermögenswirksam sind, addiert oder subtrahiert wird.

Auf dem **Sachvermögensbildungskonto** wird dann der Reinvermögensänderung die Sach- oder Realvermögensbildung als Differenz aus Bruttoinvestitionen und Abschreibungen (vermehrt um den Nettozugang an nicht produzierten Vermögensgütern) gegenübergestellt. Als Saldo des Kontos ergibt sich damit die Geldvermögensänderung, die in der VGR Finanzierungssaldo heißt. Die Geldvermögensbildung bei den privaten Haushalten betrug 2008 135,5 Milliarden Euro, d. h. per Saldo hat sich die Nettogläubigerposition der privaten Haushalte genau um diesen Betrag erhöht. Alle übrigen inländischen Sektoren und das Ausland weisen negative Finanzierungssalden in einer Höhe auf, die zusammen genommen genau dem Finanzierungsüberschuss der privaten Haushalte entspricht. Das muss wegen des Kreislaufprinzips so sein, da über alle Pole gesehen die Summe der Zuflüsse der Summe der Abflüsse entsprechen muss und deshalb die Summe der Finanzierungssalden sämtlicher inländischer Sektoren und des Auslandes sich zu null aufsummieren müssen.

Arbeitsaufgaben Kapitel 8

1. Was versteht man unter den Volkswirtschaftlichen Gesamtrechnungen und welche Teilsysteme gibt es?

2. Wie definiert man die Volkswirtschaftliche Gesamtrechnung im engeren Sinn (VGR)?

3. Was bedeutet »Aggregation« und wie wird in der VGR aggregiert?

4. Klären Sie folgende Begriffe:
   a) Produktionswert zu Marktpreisen
   b) Gütersteuern und Gütersubventionen
   c) Produktionswert zu Herstellungspreisen
   d) Vorleistungen
   e) Abschreibungen
   f) Inlandsprodukt
   g) Nationaleinkommen
   h) Primäreinkommen
   i) Primäre Einkommensverteilung
   j) Sekundäre Einkommensverteilung
   k) Brutto- und Nettowertschöpfung
   l) Finanzierungssaldo

5. Beschreiben Sie den Aufbau des Nationalen Produktionskontos, des Nationalen Einkommenskontos und des Nationalen Vermögensänderungskontos.

6. Warum ist es nicht korrekt, die Produktion staatlicher Dienstleistungen, die den Nutzern unentgeltlich zur Verfügung gestellt wird, als staatlichen Konsum zu klassifizieren? Welche Lösungsansätze sind im System der neuen VGR vorgesehen?

7. Nennen Sie neben dem staatlichen Konsum weitere Nichtmarktproduktionen, die in der VGR berücksichtigt werden.

8. In einer Volkswirtschaft werden in einem Jahr die folgenden ökonomischen Vorgänge registriert:

Nr.	Transaktion	Wert
(1)	Inländische Private Haushalte (H) kaufen von inländischen Unternehmen (U) Konsumgüter aus der laufenden Produktion	1000
(2)	U kaufen Produktionsanlagen ▸ aus der laufenden inländischen Produktion ▸ aus dem Ausland	200 60
(3)	Verschleiß an dauerhaften Produktionsmittel bei U	30

Aufbau und Bedeutung der Volkswirtschaftlichen Gesamtrechnung (VGR)
Arbeitsaufgaben

Nr.	Transaktion	Wert
(4)	U verbrauchen Vorleistungen	
	▸ aus der laufenden Produktion von U	400
	▸ aus dem Ausland	80
(5)	H kaufen bei Reisen im Ausland Konsumgüter	20
(6)	U zahlen Arbeitsentgelte	
	▸ an H	600
	▸ an Ausländer	10
(7)	U erhalten Gewinne aus dem Ausland	30
(8)	U verkaufen Vorleistungen an das Ausland	100
(9)	U bauen Straßen für den Staat	75
(10)	Beim Staat werden im Laufe des Jahres registriert:	
	▸ Arbeitsentgelte an H	150
	▸ Vorleistungskäufe bei U	70
	▸ Abschreibungen	50
	Die hiermit erstellten Dienstleistungen werden dem Inland ohne direktes Entgelt zur Verfügung gestellt	
(11)	Ausländische Arbeitnehmer überweisen an ihre Familien im Ausland	20
(12)	Staat kassiert Einkommensteuer von H	200
(13)	U schütten ihre gesamten Gewinne an H aus	200

a) Stellen Sie das Nettoinlandsprodukt der Volkswirtschaft von der Verwendungsseite dar.

b) Wie hoch ist das Nationaleinkommen und wie verteilt es sich auf laufende Nettotransfers zwischen Inland und Ausland, gesamtwirtschaftlichen Konsum und Sparen?

c) Stellen Sie die Vermögensbildung bei H, U und dem Staat dar. Wie lauten die sektoralen Finanzierungssalden? Vergleichen Sie diese mit dem Finanzierungssaldo des Auslandes.

9. Zeigen Sie, dass in einer geschlossenen Volkswirtschaft ex post die Nettoinvestitionen gleich der Ersparnis sind.

10. Wie kommt es in der VGR zu der Symmetrie zwischen den zusätzlich neu produzierten Gütern und den im Zuge der Produktion entstandenen Einkommen?

11. »Eine Erhöhung der Beamtengehälter erhöht ceteris paribus das Inlandsprodukt.« Nehmen Sie Stellung zu dieser Behauptung.

Lösungsvorschläge für die Arbeitsaufgaben finden Sie im »Übungsbuch zu Grundlagen und Probleme der Volkswirtschaft«.

Literatur Kapitel 8

Literatur zur seit 2005 gültigen VGR ist noch relativ rar. Wir verweisen den Leser deshalb in erster Linie auf Publikationen des Statistischen Bundesamtes.
Statistisches Bundesamt: Volkswirtschaftliche Gesamtrechnungen, Wichtige Zusammenhänge im Überblick, Erschienen am 25.02.2009, www.destatis.de, Volkswirtschaftliche Gesamtrechnungen.

Der Leser, der bereits mit der (alten) VGR vertraut ist, findet die wichtigsten Änderungen durch die Revision von 1999 in:
Statistisches Bundesamt: Revision der Volkswirtschaftlichen Gesamtrechnungen 1999 – Anlass, Konzeptänderungen und neue Begriffe. Wirtschaft und Statistik, Heft 4/1999.

Auf die Revision von 1999 geht detailliert ein, aber auf den Bereich der Einkommensrechnung beschränkt:
Statistisches Bundesamt: Volkswirtschaftliche Gesamtrechnungen, Einkommensrechnungen, Wiesbaden 2001.
Dieser Beitrag enthält auch ein Glossar mit wichtigen Definitionen aus dem Bereich der Einkommensrechnung.

Eine umfassende, aber nicht immer einfach lesbare Darstellung findet der Leser im Originaltext zum neuen Europäischen System Volkswirtschaftlicher Gesamtrechnung, abgedruckt in:
Verordnung (EG) Nr. 2223/96 des Rates vom 25.06.1996.
Statistisches Bundesamt: Revision der Volkswirtschaftlichen Gesamtrechnungen 1991 bis 1998. Ergebnisse und Berechnungsmethoden. Wirtschaft und Statistik, Heft 6/1999.

Eine Lehrbuchdarstellung der VGR, die die Revision von 1999 einbezieht, geben
Brümmerhoff, Dieter: Volkswirtschaftliche Gesamtrechnungen, 9. Aufl., München, Wien 2007 und
Hildmann, Gabriele: Makroökonomie. Intensivtraining. 2. Aufl., Wiesbaden 2001.

Ausführlicher und gut verständlich ist
Graf, Gerhard: Grundlagen der Volkswirtschaftslehre, 2. Aufl., Heidelberg 2002.

9 Reales Inlandsprodukt, Zahlungsbilanz und Strukturgrößen der deutschen Volkswirtschaft

Leitfragen

Was ist der Unterschied zwischen dem nominalen und dem realen Inlandsprodukt und dem Nationaleinkommen?

▶ Was versteht man unter dem Begriff »reales Inlandsprodukt« bzw. »reales Nationaleinkommen«?

▶ Warum ist die Unterscheidung zwischen »realem« und »nominalem« Inlandsprodukt bedeutsam?

▶ Was versteht man unter der »Deflationierung« von Inlandsprodukt und Einkommensgrößen?

▶ Was bedeuten Festpreisbasis und Vorjahrespreisbasis?

Was versteht man unter einer Zahlungsbilanz?

▶ Welche Vorgänge werden in der Zahlungsbilanz erfasst?

▶ Wie ist der Grundaufbau einer Zahlungsbilanz?

▶ Welcher Zusammenhang besteht zwischen der Zahlungsbilanz und dem Auslandskonto der VGR?

Welche Struktur weist die Zahlungsbilanz Deutschlands auf?

▶ Welchen Aussagegehalt haben die Teilbilanzen der deutschen Zahlungsbilanz und ihre Salden?

▶ Warum gibt der ausgewiesene Saldo von Leistungs- und Vermögensübertragungsbilanz im Regelfall nicht die tatsächliche Änderung der Netto-Gläubigerposition der Bundesrepublik Deutschland an?

▶ Welches sind die wichtigsten Produktgruppen und Partnerländer des deutschen Außenhandels?

Wie lässt sich die Struktur der Wirtschaft der Bundesrepublik Deutschland beschreiben?

▶ Welche Produktions- und Einkommensgrößen sind besonders geeignet, die Struktur der deutschen Volkswirtschaft abzubilden?

▶ Welche Wirtschaftsbereiche sind für die Erstellung des deutschen Inlandsproduktes besonders bedeutsam?

▶ Wie verteilen sich die Produktionsbeiträge auf die Bundesländer?

▶ Welche Größenordnungen weisen die einzelnen Verwendungskomponenten des Inlandsproduktes auf?

9.1 Nominales und reales Inlandsprodukt und Nationaleinkommen

Im Kapitel 8 haben wir uns ausschließlich mit »laufenden« nominalen Größen beschäftigt, also – abgesehen von Größen wie Gewinnen, Einkommensteuern und sonstigen Geldtransfers – mit Wertgrößen, die durch Multiplikation von Gütermengen mit Preisen des betrachteten Jahres entstehen. Zu Beginn dieses Kapitels wollen wir aus den erläuterten Produktions- und Einkommensgrößen in laufenden Preisen so genannte reale Größen ableiten, die die mengenmäßige Veränderung, die Veränderungen im Volumen anzeigen. Danach wird mit der Zahlungsbilanz ein weiteres wichtiges System der volkswirtschaftlichen Gesamtrechnungen vorgestellt. Anschließend werden einige wesentliche Aspekte der Struktur und der Entwicklung der deutschen Volkswirtschaft dargestellt.

9.1.1 Festpreisbasis und Vorjahrespreisbasis

Nominalwerte sind häufig mathematische Produkte aus Gütermengen und Preisen.

Nominale Größen setzen sich, soweit es sich um den Wert von Waren und Dienstleistungen handelt, aus Mengen und Preisen zusammen. Eine Erhöhung des nominalen Inlandsproduktes 2008 ausgedrückt in Preisen des Jahres 2008 (das heißt zu »jeweiligen« laufenden Preisen) kann sich also, je nach Entwicklung der Preise, bei konstanten, steigenden und abnehmenden Mengen ergeben. Im Allgemeinen wird es bei den Millionen Gütern einer Volkswirtschaft so sein, dass rückschauend einzelne Gütermengen zu- oder abgenommen haben oder konstant geblieben sind.

> Eine wichtige Frage für die Wirtschaftspolitik ist nun, wie sich die gütermäßige Versorgung einer Volkswirtschaft entwickelt hat, ob diese also konstant geblieben ist, zugenommen oder abgenommen hat.

Man könnte auf die Idee kommen, zur Beantwortung dieser Frage einfach die Entwicklung der Gütermengen zu betrachten. Die Frage der »realen« Entwicklung der Volkswirtschaft könnte bei einer solchen Betrachtungsweise selbst richtungsmäßig aber nur dann eindeutig beantwortet werden, wenn
▸ mindestens eine Gütermenge bei Konstanz der übrigen Gütermengen zugenommen hätte oder
▸ mindestens eine Gütermenge bei Konstanz der übrigen Gütermengen abgenommen hätte oder
▸ sämtliche Gütermengen konstant geblieben wären.

Selbst in einem solch unrealistischen Fall könnte man bei einer Zu- oder Abnahme der Gütermengen nichts Genaues über die Größe der Veränderung der gütermäßigen Versorgung der Volkswirtschaft sagen, denn eine Zunahme der Menge der produzierten Flugzeuge ist etwas ganz anderes als die Zunahme der Zigarettenproduktion und die Zunahme der Zahl der produzierten Flugzeuge schlägt sich in der Zunahme der Zahl unterschiedlichen Flugzeugtypen (Großraumjet, Helikopter, kleine Propellermaschinen) nieder und selbst die Zunahme der Produktion eines bestimmte Flugzeugtyps setzt sich, je nach Produzenten, aus der Veränderung der Zahl unterschiedlicher Maschinen zusammen. Mit einer rein gütermäßigen Betrachtung kommt man also nicht weiter: Äpfel und Birnen lassen sich bekanntlich nicht addieren. Deshalb kann man auf die Funktion des Geldes als Recheneinheit und damit auf die Güterpreise auch bei der Betrachtung der »realen« Entwicklung nicht verzichten. Doch welche einleuchtend erscheinenden Verfahren werden verwendet, um die Preissteigerungskomponente z. B. aus dem Wert des nominalen Inlandsproduktes zu zwei unterschiedlichen Zeitpunkten »herauszurechnen«? Anders ausgedrückt: Welche Möglichkeiten der **»Deflationierung«** von Wertgrößen gibt es?

Bis vor Mitte 2005 hat man in der deutschen VGR zur Eliminierung der Preissteigerungskomponente aus den Wertgrößen die Gütermengen verschiedener Jahre, z. B. der Jahre 1995, 1996, 1997 und 1998, mit den Preisen eines **Preisbasisjahres** (z. B. des Jahres 1995) multipliziert (und damit gewichtet). Die so gewonnenen neuen (Wert-)Größen wurden als »Mengen«-Größen, als **reale Größen** oder auch als (Wert-)Größen in **konstanten Preisen** bezeichnet. Der Leser beachte, dass auch reale Größen, die durch eine Bewertung in einheitlichen Preisen berechnet werden, Wertgrößen (nominale Größen) sind.

Die Deflationierungsmethode der VGR bis Mitte 2005

Damit die als Bezugsbasis verwendete Preisstruktur nicht auf eine Güterstruktur angewendet werden musste, die sich mit fortschreitender Zeit qualitativ und in ihrer Zusammensetzung immer weiter von der des Basisjahres entfernte, ging man meistens alle fünf Jahre zu einem aktuelleren Preisbasisjahr über und berechnete die alten Zahlen für einen lang zurückliegenden Zeitraum entsprechend neu. Das letzte verwendete Preisbasisjahr in Deutschland war 1995. Im Jahr 2000 oder danach erfolgte allerdings keine Umstellung mehr, weil schon Ende 1998 wegen einer von der EU-Kommission erlassenen, für alle Mitgliedstaaten verbindlichen Richtlinie klar war, dass dieses Verfahren nicht mehr lange Anwendung finden würde. Deshalb blieb man bis Anfang 2005 zunächst bei dem Preisbasisjahr 1995.

Um das alte Verfahren genauer zu beleuchten und zugleich die Grundlage für die Betrachtung der neuen, in Deutschland seit Mitte 2005 im Rahmen der jüngsten Revisionen der VGR eingeführten **Vorjahrespreisbasis** zur Berechnung realer Inlandsproduktgrößen zu schaffen, wollen wir ein Zahlenbeispiel betrachten. Die ausführliche Behandlung der alten Methode ist auch deshalb wichtig, weil sie nach wie vor bei der Berechnung der Verbraucherpreisindexe für Deutschland und des harmonisierten Verbraucherpreisindexes für die Europäische Union zur Anwendung kommt (vgl. Kapitel 24). Zur Vereinfachung reduzieren wir die Zahl der produzieren Güter auf die Güter A, B und C und nennen die produzierten Mengen dieser Güter x_A, x_B und x_C und die zugehörigen Preise p_A, p_B und p_C. Zusätzlich verwenden wir eine hochgestellte Jahreszahl, also z. B. x_A^{1996}, zur Kennzeichnung des Jahres, auf das sich die Mengen, Preise und Werte beziehen. In Tabelle 9-1 sind die angenommenen Mengen, Preise

Ein Beispiel

9.1 Reales Inlandsprodukt, Zahlungsbilanz und Strukturgrößen
Nominales und reales Inlandsprodukt und Nationaleinkommen

Tab. 9-1

Gütermengen, Preise und laufende Nominalwerte (Beispiel)

Güter	1995			1996			1997			1998		
	Mengen	Preise	Werte	Mengen	Preise	Werte	Mengen	Preise	Werte	Mengen	Preise	Werte
A	300	4	1.200	280	5	1.400	350	6	2.100	300	7	2.100
B	50	20	1.000	54	25	1.350	60	30	1.800	60	20	1.200
C	200	10	2.000	220	15	3.300	200	20	4.000	220	18	3.960
Summe			4.200			6.050			7.900			7.260

und jeweiligen nominalen Wertsummen für die Jahre 1995, 1996, 1997 und 1998 wiedergegeben.

Reale Größen, bestimmt nach der Festpreismethode

Wir bezeichnen den aggregierten Volumenwert für sämtliche Güter des betrachteten Jahres mit X, also X^{1995}, X^{1996}, X^{1997}, X^{1998}. Wir wählen die Preise des Jahres 1995 als Basis (1995 ist also unser Preisbasisjahr), um die Gütermengen x_A, x_B und x_C, der einzelnen Jahre addieren zu können und kennzeichnen dies durch die zweite hochgestellte Jahreszahl 1995. $X^{1998,1995}$ ist dann der Volumenwert für 1998, berechnet auf der Basis der 1995 geltenden Preise.
Berechnen wir die Volumenwerte für die vier betrachteten Jahre, so ergibt sich:

▸ $X^{1995,1995} = x_A^{1995} \cdot p_A^{1995} + x_B^{1995} \cdot p_B^{1995} + x_C^{1995} \cdot p_C^{1995}$
  $= 300 \cdot 4 \ \ + 50 \ \cdot 20 \ \ + 200 \cdot 10 = 4.400$.

Für 1995 entspricht der Nominalwert natürlich dem Realwert, da die Preise von 1995, wie beim Nominalwert von 1995, zur Bewertung der Gütermengen herangezogen werden.

Reale Größen, bestimmt nach der Festpreismethode

▸ Für 1996 ergibt sich der »reale« Wert (Volumenwert) $X^{1996,1995}$ als

$X^{1996,1995} = x_A^{1996} \cdot p_A^{1995} + x_B^{1996} \cdot p_B^{1995} + x_C^{1996} \cdot p_C^{1995}$
  $= 280 \cdot 4 \ \ + 54 \ \cdot 20 \ \ + 220 \cdot 10 = 1.120 + 1.080 + 2.200 = 4.400$.

▸ Entsprechend ergibt sich der reale Wert für 1997 als:

$X^{1997,1995} = x_A^{1997} \cdot p_A^{1995} + x_B^{1997} \cdot p_B^{1995} + x_C^{1997} \cdot p_C^{1995}$
  $= 350 \cdot 4 \ \ + 60 \ \cdot 20 \ \ + 200 \cdot 10 = 1.400 + 1.200 + 2.000 = 4.600$.

▸ Der reale Wert für 1998 schließlich ergibt sich als

$X^{1998,1995} = x_A^{1998} \cdot p_A^{1995} + x_B^{1998} \cdot p_B^{1995} + x_C^{1998} \cdot p_C^{1995}$
  $= 300 \cdot 4 \ \ + 60 \ \cdot 20 \ \ + 220 \cdot 10 = 1.200 + 1.200 + 2.200 = 4.600$.

Das Laspeyres-Volumenmaß

Mit statistischen Grundkenntnissen werden Sie vermutlich erkennen, dass es sich wegen der **konstanten Preisbasis 1995** um ein so genanntes **Laspeyres-Volumenmaß** handelt. (Laspeyres-Volumenmaß, benannt nach dem Statistiker

Etienne Laspeyres, 1834–1913). Das Laspeyres-Mengenmaß (-Volumenmaß) lässt sich auch ermitteln, indem der zu laufenden Preisen ermittelte Nominalwert eines beliebigen betrachteten Jahres t (z. B. 1998) durch den Paasche-Preisindex für dieses Jahr bezogen auf das Basisjahr 1995 dividiert wird.

Preisindizes sind aggregierte, gewichtete Preismesszahlen, die versuchen, die Preisänderungsrate zwischen einem Basisjahr und einem betrachteten Jahr zu bestimmen. Es gibt in der Literatur unterschiedliche Berechnungsweisen eines Preisindexes. Herrmann Paasche (1851–1922) ist so vorgegangen, dass er die Preis des betrachteten Jahres (z. B. 1998) mit den Mengen ebenfalls des betrachteten Jahres multiplizierte und die sich so ergebende Wertsumme (Wert des laufenden Warenkorbes in laufenden Preisen) dividierte durch die Wertsumme, die sich ergibt, wenn man die Preise des Basisjahres 1995 ebenfalls mit den Gütermengen des Jahres 1998 multipliziert (Wert des laufenden Warenkorbes zu Preisen des Preisbasisjahres). Festes Gewichtungsschema sind also die Mengen des jeweils betrachteten Jahres:

Der Paasche-Preisindex

$$P_{Paasche}^{1998,1995} = \frac{\sum p^{1998} \cdot x^{1998}}{\sum p^{1995} \cdot x^{1998}},$$

wobei Σ für die Summierung von $p \cdot x$ über die einzelnen Güter steht. Berechnen wir den Paasche-Preisindex $P_{Paasche}^{1998,\ 1995}$ für unser Beispiel:

$$\sum p^{1998} \cdot x^{1998} = 7 \cdot 300 + 20 \cdot 60 + 18 \cdot 220 = 7.260.$$

Für $\sum p^{1995} \cdot x^{1998}$ ergibt sich $4 \cdot 300 + 20 \cdot 60 + 10 \cdot 220 = 4.600$ und damit für

$$P_{Paasche}^{1998,\ 1995} = \frac{7.260}{4.600} = 1{,}5783.$$

Nach diesem Maß sind die Preise von 1995 bis 1998 um 57,83 Prozent gestiegen.

Dividiert man den Wert der Produktion 1998, bewertet zu Preisen von 1998, durch den berechneten Paasche-Preisindex, so ergibt sich als Volumenmaß für die Produktion 1998: $7.260 : 1{,}5783 = 4.599{,}886$, wobei die minimale Abweichung zu dem oben bestimmten Wert von 4.600 auf Rundungen zurückzuführen ist.

Die auf einer konstanten Preisbasis berechneten realen Größen sind gut interpretierbar und miteinander vergleichbar. Gut interpretierbar sind die realen Größen, weil sie den Wert der Gütermengen im laufenden Jahr angeben, wenn man diese zu Preisen des Basisjahres bewertet. Gut vergleichbar sind die Größen, da die Gütermengen der verglichenen Jahre immer mit denselben Preisen gewichtet werden.

Gegen die vorgestellte Methode der Berechnung realer Größen für das Inlandsprodukt und seiner Verwendungskomponenten (Konsum, Investitionen, und Außenbeitrag; jeweils mit eigenen Preisindizes berechnet) werden vor allem auf internationaler Ebene zwei Einwände angeführt.

Einwände gegen das Berechnungsverfahren auf Grundlage eines Preisbasisjahres

- Die Preise des Basisjahres werden mit zunehmendem Zeitabstand zum laufenden Berichtsjahr immer unrealistischer, und zwar
  - sowohl in Bezug auf ihre absoluten Werte (die Preise von 1995 sind 1998 relativ wenig aussagefähig),
  - als auch in Bezug auf die Preisrelationen zwischen den Gütern A, B und C (1995: 4 : 20 : 10; 1998: 7 : 20 : 18) sowie
  - als auch in Bezug auf die Qualität der Produkte und in Hinsicht auf neue Produkte.
- Die realen Werte für zurückliegende Jahre müssen neu berechnet werden, wenn das Basisjahr (zwecks Aktualisierung der Gewichte) verändert wird und es damit immer wieder zu einer Änderung der »realen« Größen der VGR kommt.

Neue Deflationierungsmethode im SNA 1993 und ESVG 1995

Diese Kritik hat ihren Niederschlag in den aktuellen Standardsystemen Volkswirtschaftlicher Gesamtrechnungen SNA 1993 und ESVG 1995 gefunden, in denen ein neues Verfahren zur Bestimmung der realen Inlandsproduktwerte vorgeschlagen wird (Deutschland wurde in den zuständigen Gremien überstimmt). Wie schon erwähnt, hat die EU-Kommission auf der Basis der Standardsysteme im Jahr 1998 für alle Mitgliedstaaten verbindlich die so genannte **Vorjahrespreisbasis** zur Berechnung realer Größen im Inlandsproduktbereich vorgeschrieben, wobei Deutschland für diese Revision seiner VGR ein Zeitfenster bis 2005 zugestanden wurde.

Seit Mitte 2005 wird das **neue Verfahren** vom Statistischen Bundesamt angewandt. Das Amt hat auch entsprechende Umrechnungen für zurückliegende Jahre vorgestellt. Für unsere Betrachtungen ist zunächst entscheidend, dass zur Bestimmung der realen Entwicklung der Volkswirtschaft die Gütermengen des aktuellen Jahres nun mit den Preisen des Vorjahres gewichtet (multipliziert) und dann addiert werden.

Kommen wir auf unser Beispiel in Tabelle 9-1 zurück. Für das Jahr 1995 kann auf der Basis der dort gegebenen Daten keine Volumenangabe auf Vorjahrespreisbasis gemacht werden, da die Preise für 1994 nicht angegeben sind. Bezeichnen wir die nach dem neuen Verfahren berechneten Volumenwerte mit $\bar{X}$, so ergibt sich als Volumenwert für 1996 auf Vorjahrespreisbasis:

$$\begin{aligned}\bar{X}^{1996,1995} &= x_A^{1996} \cdot p_A^{1995} + x_B^{1996} \cdot p_B^{1995} + x_C^{1996} \cdot p_C^{1995} \\ &= 280 \cdot 4 \quad + 54 \cdot 20 \quad + 220 \cdot 10 = 1.120 + 1.080 + 2.200 = 4.400.\end{aligned}$$

Für das Jahr 1996 ergibt sich nach dem neuen Verfahren keine Veränderung des realen Wertes gegenüber dem alten Verfahren (4.400), da in dem auf das frühere Preisbasisjahr 1995 folgendem Jahr automatisch auch nach dem alten Verfahren die »Vorjahresbasis« Anwendung findet.

Dagegen verändern sich die realen Werte für 1997 und alle nachfolgenden Jahre gegenüber der Festpreismethode. Für 1997 müssen jetzt die Mengen dieses Jahres mit den Preisen des Jahres 1996 gewichtet werden. Es gilt also:

$$\begin{aligned}\bar{X}^{1997,1996} &= x_A^{1997} \cdot p_A^{1996} + x_B^{1997} \cdot p_B^{1996} + x_C^{1997} \cdot p_C^{1996} \\ &= 350 \cdot 5 \quad + 60 \cdot 25 \quad + 200 \cdot 15 = 1.750 + 1.500 + 3.000 = 6.250.\end{aligned}$$

9.1 Nominales und reales Inlandsprodukt und Nationaleinkommen

Entsprechend ergibt sich als Realwert für 1998, bezogen auf die Preise von 1997:

$$\overline{X}^{1998, 1997} = x_A^{1998} \cdot p_A^{1997} + x_B^{1998} \cdot p_B^{1997} + x_C^{1998} \cdot p_C^{1997}$$
$$= 300 \cdot 6 + 60 \cdot 30 + 220 \cdot 20 = 1.800 + 1.800 + 4.400 = 8.000.$$

Auch hier kann man natürlich den entsprechenden Volumenwert berechnen, indem man die Wertgröße zu laufenden Preisen dividiert durch den Paasche-Preisindex für das laufende Jahr, bezogen auf die Vorjahrespreise:

$$P_{Paasche}^{1998,1997} = \frac{300 \cdot 7 + 60 \cdot 20 + 220 \cdot 18}{300 \cdot 6 + 60 \cdot 30 + 220 \cdot 20} = \frac{7.260}{8.000} = 0{,}9075$$

$$\overline{X}^{1998} = \frac{\text{Nominaleinkommen 1998}}{P_P^{1998,1997}} = \frac{7.260}{0{,}9075} = 8.000$$

Das Dilemma der Vorjahrespreismethode ist nun aber, dass die Realwerte der einzelnen Jahre **nicht miteinander vergleichbar** sind, weil ihnen jeweils eine unterschiedliche Preisbasis zugrunde liegt. So ist das Realprodukt des Jahres 1998 – anderes als nach der alten Festpreismethode – nicht mit dem Realprodukt des Jahres 1997 vergleichbar, weil die Mengengrößen einmal mit Preisen von 1997 und einmal mit Preisen von 1996 multipliziert (gewichtet) werden. Anders ausgedrückt: Das Nominaleinkommen von 1998 wird durch den Paasche-Preisindex 1998 (Gütermengen von 1998, Preise von 1998 und 1997) dividiert, das Nominaleinkommen von 1997 wird durch den Paasche-Preisindex von 1997 dividiert (Gütermengen von 1997, Preise von 1997 und 1996). Man würde also »Äpfel und Birnen« miteinander vergleichen. Dasselbe gilt für den Vergleich der Realgrößen von 1998 und 1995.

<small>Die nach der Vorjahrespreismethode berechneten Realwerte sind nicht miteinander vergleichbar.</small>

Die Statistik liefert aber ein Verfahren, von dem man glaubt, solche Mängel beheben zu können: die Berechnung von Kettenindizes.

<small>Lösungsversuche</small>

Im **ersten Schritt** werden, wie soeben beschrieben, die Realwerte (z. B. für das Inlandsprodukt) bestimmt. Das geschieht – wie oben dargestellt – durch Multiplikation der Gütermengen des betrachteten Jahres mit den Preisen der Vorperiode **oder** durch Division des Nominaleinkommens des betrachteten Jahres durch den Paasche-Preisindex, wobei die Preise des betrachteten Jahres und die des Vorjahres neben den Mengen des betrachteten Jahres eingehen.

<small>Realwerte bestimmen</small>

Im **zweiten Schritt** werden für die Realprodukte der einzelnen Jahre (die noch absolute Größen darstellen) Volumen**indizes** (auch »Kettenglieder« genannt) berechnet, indem z. B. das für das Jahr 1996 berechnete Realprodukt bezogen wird auf die Mengen des Vorjahres bewertet zu Preisen des Vorjahres. Die sich so im Nenner ergebende Größe ist also identisch mit dem Nominalprodukt des Vorjahres:

<small>Volumenindizes berechnen</small>

$$I_{\overline{X}}^{1996,1995} = \frac{\sum x^{1996} \cdot p^{1995}}{\sum x^{1995} \cdot p^{1995}} = \frac{\text{Realprodukt}^{1996}}{\text{Nominalprodukt}^{1995}}$$

Allgemein: Stellt t das jeweils betrachtete Jahr dar und t-1 das Vorjahr, so gilt allgemein für die Berechnung des Kettengliedes:

9.1 Reales Inlandsprodukt, Zahlungsbilanz und Strukturgrößen
Nominales und reales Inlandsprodukt und Nationaleinkommen

$$I_{\bar{X}}^t = \frac{\sum x^t \cdot p^{t-1}}{\sum x^{t-1} \cdot p^{t-1}}$$

Berechnet man für unser Beispiel die entsprechenden Indizes, so ergibt sich

$$I_{\bar{X}}^{1996} = \frac{x^{1996} \cdot p^{1995}}{x^{1995} \cdot p^{1995}} = \frac{280 \cdot 4 + 54 \cdot 20 + 220 \cdot 10}{300 \cdot 4 + 50 \cdot 20 + 200 \cdot 10} = \frac{4.400}{4.200} = 1,476;$$

$$I_{\bar{X}}^{1997} = \frac{x^{1997} \cdot p^{1996}}{x^{1996} \cdot p^{1996}} = \frac{350 \cdot 5 + 60 \cdot 25 + 200 \cdot 15}{280 \cdot 5 + 54 \cdot 25 + 220 \cdot 15} = \frac{6.250}{6.050} = 1,0331 \quad \text{und}$$

$$I_{\bar{X}}^{1998} = \frac{x^{1998} \cdot p^{1997}}{x^{1997} \cdot p^{1997}} = \frac{300 \cdot 6 + 60 \cdot 30 + 220 \cdot 20}{350 \cdot 6 + 60 \cdot 30 + 200 \cdot 20} = \frac{8.000}{7.900} = 1,0127.$$

Die einzelnen Indizes sind für das jeweils betrachtete Jahr aussagefähig, da die Gütermengen im Zähler und Nenner des jeweiligen Indexes immer mit demselben Preisbündel gewichtet werden.

Kettenindizes bestimmen

In einem **dritten Schritt** werden nun so genannte **Kettenindizes** für die einzelnen Jahre bestimmt. Die Werte des verketteten Indexes ergeben sich, indem man, ausgehend von dem Indexwert 1 für ein ausgewähltes Referenzjahr, die obigen Indizes (auch **Kettenglieder** genannt) für die einzelnen Jahre multipliziert. Würde man z. B. 1996 als Referenzperiode wählen, indem man diesem Jahr den Index-Referenzwert 1 zuordnet, so würden sich in unserem Beispiel die Kettenindizes $\tilde{I}_{\bar{X}}$ (die Schlange über dem I weist auf die Verkettung hin) für die nachfolgenden Jahre ergeben als:

$$\tilde{I}_{\bar{X}}^{1997} = 1 \cdot I_{\bar{X}}^{1997} = 1 \cdot 1,0331 = 1,0331 \text{ und}$$

$$\tilde{I}_{\bar{X}}^{1998} = 1 \cdot I_{\bar{X}}^{1997} \cdot I_{\bar{X}}^{1998} = 1 \cdot 1,0331 \cdot 1,0127 = 1,0462.$$

Durch Multiplikation der obigen Kettenindizes mit 100 erhält man die **verketteten Indizes** für das Realprodukt, die das Statistische Bundesamt nunmehr – neben Wachstumsraten auf der Basis dieser Kettenindizes – nur noch veröffentlicht.

Aus diesen Kettenindizes für die einzelnen Jahre lassen sich leicht Wachstumsraten bestimmen: Da der Kettenindex für 1996 gleich 1 gesetzt worden ist, ist klar, dass die Wachstumsrate für 1997 gegenüber 1996 3,31 Prozent beträgt. Um die Wachstumsrate für das Jahr 1997 gegenüber1996 zu bestimmen, verwendet man einen Dreisatz: Der Kettenindex von 1997 mit 1,0331 entspricht 100 Prozent. Folglich entsprechen dem Kettenindex von 1998 mit 1,0127 98,03 Prozent. Die Wachstumsrate beträgt also –1,97 Prozent.

Probleme von Kettenindizes

Wie schon angemerkt, fehlen in den allgemein zugänglichen Veröffentlichung des Statistischen Bundesamtes seit 2005 sowohl die unverketteten absoluten Werte für das reale Inlandsprodukt und seine Komponenten als auch die verketteten Absolutwerte.

Abgesehen davon, dass das Verständnis der nunmehr veröffentlichten Zahlen erhebliches Abstraktionsvermögen voraussetzt und diese Zahlen ökonometrische Arbeiten erschweren (»Bruch« für lange Zeitreihen, da absolute Zahlen

Nominales und reales Inlandsprodukt und Nationaleinkommen 9.1

für das Realprodukt seit 2005 fehlen), haben Kettenindizes des dargestellten Typs Nachteile, die in der Literatur Anlass zu erheblicher Kritik gegeben haben. Wir möchten dies hier nicht im Einzelnen darlegen. Es sei jedoch erwähnt, warum die Verwendung von Kettenindizes des obigen Typs nicht unproblematisch ist. So enthält der Kettenindex für die Mengen von 1998 mit dem Jahr 1996 als Referenzjahr (das heißt, dass der Index für 1996 den Wert 1 bzw. 100 erhält) nicht nur – wie in der Vergangenheit – **eine Preisbezugsbasis,** sondern zusätzlich die Preise und Mengen der Jahre 1997 und 1998. Damit wird der Index schwer interpretierbar, da praktisch kaum noch etwas »fest« ist. Darüber hinaus resultieren schwerwiegende **Aggregationsprobleme**: Zum einen ergibt sich das Problem, dass die Addition der realen Verwendungskomponenten des Inlandsproduktes Konsum, Investitionen und Außenbeitrag in der Regel nicht mehr zu dem Gesamtaggregat »Reales Inlandsprodukt« führt. Zum anderen summiert sich z. B. das Inlandsprodukt der Bundesländer nicht mehr zum Inlandsprodukt Deutschlands. Man spricht in beiden Fällen vom Problem der »**Nichtadditivität**«.

Problem der Nichtadditivität

Diese Nachteile nimmt man wegen der größeren »Aktualität« der Vorjahrespreisbewertung gegenüber einer festen Preisbasis mit dem Ergebnis in Kauf, dass die ausgewiesenen Kettenindizes ein Mix von aktuellen Mengen und von Mengen und Preisen aus der Vergangenheit sind.

Zur Veranschaulichung sind in Tabelle 9-2 nominales Inlandsprodukt, Inlandsprodukt in Vorjahrespreisen, Kettenglieder und Kettenindex für die Jahre 2000 bis 2007 dargestellt. Referenzjahr ist das Jahr 2000. Die Autoren danken dem Statistischen Bundesamt für die Bereitstellung der teilweise nicht mehr veröffentlichten Zahlen.

Tab. 9-2

Nominale und reale Werte sowie Wachstumsraten des Inlandsproduktes in der VGR

Jahr	Nominal-einkommen (Mrd. €)	Werte in Vorjahrespreisen (reale Absolutwerte) (Mrd. €)	Realeinkommen des laufenden Jahres/Nominales Inlandsprodukt des Vorjahres mal 100 (Kettenglieder)	Ketten-index	Wachstums-rate (in %)
2000	2.062,50	2.076,68	100,32	100,00	3,2
2001	2.113,16	2.088,07	101,24	101,24	1,2
2002	2.143,18	2.113,10	100,00	101,24	0,0
2003	2.163,80	2.138,50	99,78	101,02	–0,2
2004	2.210,90	2.189,96	101,21	102,24	1,2
2005	2.243,20	2.227,94	100,77	103,03	0,8
2006	2.321,50	2.309,63	102,96	106,08	3,0
2007	2.422,90	2.378,67	102,46	108,69	2,5

Der weiter oben vorgestellte Weg zur Bestimmung von verketteten Mengenindizes kann anhand dieser Daten nachvollzogen werden. So ergibt sich z. B. für 2005:

$$\frac{\text{BIP}_{\text{real}}^{2005,\,2004}}{\text{BIP}_{\text{nominal}}^{2004}} = \frac{2.227,94}{2.210,90} = 1,0077 \text{ und}$$

$\tilde{I}^{2005} = 1 \cdot 1,0124 \cdot 1,0000 \cdot 0,9978 \cdot 1,0077 = 1,0303$

Auf den Ausgangsindex 100 bezogen ergibt sich der Index $\tilde{I}^{2005} = 103,03$

Die Wachstumsrate 2005 beträgt:

$\frac{100}{102,24} \cdot 103,03 - 100 = 100,77 - 100 = 0,77 \approx 0,8\,\%$

9.1.2 Qualitätsänderungen

Berücksichtigung von Qualitätsänderungen der Produkte bei der Berechnung von Preisänderungen

Wenn man die Preise eines Gutes, z. B. eines Pkw, zu unterschiedlichen Zeitpunkten vergleicht, so ist das nur sinnvoll, wenn sich die Qualität des Produktes zwischen den beiden Zeitpunkten nicht wesentlich verändert hat. Ist dies doch der Fall, so muss der Einfluss der besseren Qualität auf den neuen Preis herausgerechnet werden, um nur die »reine« Preissteigerung aus der Wertsumme zu laufenden Preisen zu eliminieren. Anders ausgedrückt: Es muss eine Qualitätsbereinigung vorgenommen werden, die das Ziel hat, den Geldwert der veränderten Güterqualität bei der Preismessung zu berücksichtigen. Die folgenden Ausführungen beziehen sich auf Qualitätsverbesserungen. Sie sind mit umgekehrten Vorzeichen anwendbar, wenn die Qualität sinkt.

Als Beispiel für eine Qualitätsbereinigung kann ein Pkw mit im Zeitablauf unterschiedlicher Serienausstattung dienen. Wenn z. B. die Klimaanlage von einem bestimmten Zeitpunkt an mit zur Serienausstattung des Pkw gehört und in seinem Kaufpreis enthalten ist, während die Klimaanlage vorher als Sonderausstattung bezahlt werden musste, so müsste zum Zwecke der Qualitätsbereinigung der Preis der Sonderausstattung (oder ein Teil hiervon) vom neuen Gesamtpreis abgezogen werden, um eine Vergleichbarkeit zum alten Preis herstellen zu können. Dies ist ein Beispiel für die so genannte Ausstattungsbereinigung, ein **traditionelles Qualitätsbereinigungsverfahren**, das schon lange in der VGR (und der Preisstatistik) verwendet wird.

»Hedonische« Preismessung

Ausgehend insbesondere von den USA hat sich seit Mitte der 1980er-Jahre ein neues Verfahren zur Berücksichtigung von Qualitätsänderungen bei Gütern herausgebildet, die **»hedonische« Preismesssung**. Hierbei werden einem Gut, welches einem raschen technischen Wandel unterliegt, wie z. B. einem Computer, bestimmte Qualitätsmerkmale wie Prozessorgeschwindigkeit, Festplattengröße, Größe des Arbeitsspeichers usw. zugeordnet. Mithilfe statistischer Methoden (der Regressionsanalyse) wird dann versucht, einen Zusammenhang zwischen dem Preis des Gutes und diesen Qualitätsmerkmalen herzustellen. Nimmt dann z. B. die Taktfrequenz des Prozessors zu, so wird dieser Qualitätsverbesserung eine bestimmte (in der Vergangenheit beobachtete) Preiserhöhung zugeordnet, die von dem Marktpreis des Gutes zwecks Qualitätsbereinigung des Preises abgezogen wird. Die hedonische Preismessung hat mit der Revision der VGR 2005 auch verstärkt Eingang in die Berechnung des realen Inlandsproduktes in Deutschland gefunden. Da – wie oben beschrieben – die Realgrößen durch Division des Wertes der Produkte zu jeweiligen Preisen durch einen geeigneten Preisindex ermittelt werden, ist klar, dass das Realprodukt umso höher ausfällt, je kleiner die berücksichtige »reine Preiserhöhung« ist. Sofern also Qualitätsverbesserungen aus den Preisen insbesondere von EDV-Erzeugnissen herausgerechnet werden, führt dieses zu einer Erhöhung des ausgewiesenen realen Inlandsproduktes.

9.1.3 Realeinkommen

Bei den Einkommensgrößen stellt sich das Problem, dass ihr Nominalwert in Zeiten sich verändernder Preise nichts Präzises über die Möglichkeiten der Einkommensempfänger aussagt, mit diesem Einkommen (insbesondere) durch Kauf über Güter verfügen zu können. Im Gegensatz zum Inlandsprodukt werden in der VGR auch kaum Deflationierungen (Preisbereinigungen) von Einkommensgrößen vorgenommen. Trotzdem steht es dem Datennutzer frei, unter Verwendung bestimmter Maße für die Preise bzw. Preissteigerungen ein Realeinkommen oder dessen Veränderung zu berechnen. Aber unter Verwendung welchen Warenkorbes soll ein solches Realeinkommen bestimmt werden? Offensichtlich ist hier z. B. die Sichtweise eines Arbeitnehmerhaushalts anders als die eines Unternehmerhaushalts. Denn während der Arbeitnehmerhaushalt vor allem an den gegenwärtigen und (abhängig von der Höhe seines geplanten Sparens) zukünftigen Preisen der in seinen Begehrskreis fallenden Konsumgüter (und evtl. den Preisen von Häusern und Wohnungen) interessiert ist, sind für den Unternehmerhaushalt sowohl Konsumgüter- als auch Investitionsgüterpreise für die Bestimmung seines Realeinkommens von Bedeutung. Die Entscheidung, welche Preise für eine Gruppe von Individuen repräsentativ sind, hängt also von den Gütern ab, die die verschiedenen Gruppen kaufen.

Realeinkommen und repräsentativer Warenkorb

Im Rahmen der Volkswirtschaftlichen Gesamtrechnung veröffentlicht das Statistische Bundesamt kaum noch reale Einkommenswerte. Wenn dies doch geschieht, so wird vom oben beschriebenen realen Inlandsproduktindex ausgegangen, der dann um die preisbereinigten Primäreinkommen aus dem Ausland erhöht und um die preisbereinigten Einkommen vom Inland an das Ausland (beide ausgedrückt als Index) vermindert wird.

Häufig wird der so genannte **Verbraucherpreisindex** zur Herausrechnung des Einflusses von Preisänderungen verwendet. Dies ist ein Preisindex, bei dem ein (meist im fünfjährigen Rhythmus wechselnder) Warenkorb, der dem durchschnittlichen Kaufverhalten der Konsumenten im Basisjahr entspricht, mit laufenden Preisen der enthaltenen Güter bewertet wird; die sich so ergebende Wertsumme wird dann durch die Ausgaben für diesen Warenkorb im Basisjahr dividiert. Methodisch entspricht der Index also dem oben dargestellten Festpreisansatz, wobei die Gewichte die Mengen der verschiedenen Güter im Warenkorb sind.

Die Zunahme des Realeinkommens zeigt dann, um wie viel die Kaufkraft der Einkommensempfänger sich verändert hat, wie viele Waren und Dienstleistungen sie also für ihr (Nominal-)Einkommen mehr oder weniger kaufen können als im Vergleichsjahr.

Einzelheiten zu diesem **Verbraucherpreisindex** werden in Kapitel 24 (Inflation) dargestellt.

9.2 Zahlungsbilanz

9.2.1 Begriff und konzeptioneller Aufbau der Zahlungsbilanz

Neben der traditionellen Volkswirtschaftlichen Gesamtrechnung stellt die Zahlungsbilanz ein wichtiges gesamtwirtschaftliches Rechnungssystem dar.

Unter der **Zahlungsbilanz** eines Landes versteht man eine – nach bestimmten Gesichtspunkten gegliederte – Aufzeichnung der ökonomischen Transaktionen, die in einer abgelaufenen Periode (z. B. innerhalb eines Jahres) zwischen Inländern und Ausländern stattgefunden haben.

Diese Begriffsbestimmung zeigt schon, dass der Name »Zahlungsbilanz« unglücklich gewählt ist: Erstens handelt es sich nicht um eine Bilanz, d. h. um eine Zeitpunktrechnung, sondern um eine auf einen Zeitraum bezogene Rechnung, und zweitens werden keineswegs nur »Zahlungs-Vorgänge« erfasst.

Wichtige Bestandteile der Definition sind die Begriffe Inländer, Ausländer und ökonomische Transaktionen. Auf den Begriff der **Inländer** sind wir schon im Rahmen der VGR eingegangen, er soll hier dennoch kurz wiederholt werden. Inländer sind Wirtschaftssubjekte, die ihren festen Wohnsitz im Inland haben, sowie Produktionsstätten, die sich im Inland befinden, unabhängig davon, ob sie sich in in- oder ausländischem Eigentum befinden. Nicht zu den Inländern gehören, abweichend von diesem Grundsatz, vor allem Angehörige ausländischer Streitkräfte und diplomatischer Vertretungen. Entsprechend sind Ausländer definiert als Wirtschaftseinheiten, die ihren festen Wohnsitz im Ausland haben bzw. Produktionsstätten im Ausland.

Wirtschaftliche Transaktionen liegen vor, wenn Güter (Sachgüter, Dienstleistungen und Faktorleistungen), Eigentumsrechte oder Forderungen und Verbindlichkeiten von einer Wirtschaftseinheit auf eine andere übertragen werden. Transaktionen können sich also beziehen auf Sachgüter (Waren), Dienstleistungen, Leistungen der Produktionsfaktoren Arbeit und Kapital sowie auf Forderungstitel (einschließlich Eigentumsrechten). Die Objekte können dabei durch Kauf (Verkauf), Tausch oder Transfer den Eigentümer wechseln.

Die Zahlungsbilanz lässt sich als ein System **doppelter Buchhaltung** verstehen, in der jede ökonomische Transaktion zwischen Inländern und Ausländern doppelt erfasst wird, einmal im Soll und einmal im Haben des Kontos. Daraus folgt, dass die Wertsumme aller Soll-Buchungen konzeptionell der Wertsumme aller Haben-Buchungen entsprechen muss: Die Zahlungsbilanz als Ganzes ist im Prinzip immer **ausgeglichen**. Salden können nur die Teilbilanzen aufweisen.

Wenn in den Medien trotzdem häufig vom »Saldo der Zahlungsbilanz« die Rede ist, so ist dies eine unpräzise Ausdrucksweise. Wie wir noch sehen werden, ist immer der Saldo einer Teilbilanz gemeint. Dass veröffentlichte Zahlungsbilanzen zumeist nur mithilfe eines buchhalterischen Kunstgriffes ausgeglichen werden können, ist auf Fehler bei der statistischen Erfassung der Transaktionen zurückzuführen. Empirische Zahlungsbilanzen enthalten deshalb zu ihrem buchhalterischen Ausgleich den Posten »Statistisch nicht aufgliederbare Transaktionen« (Restposten), im angelsächsischen Sprachgebrauch plastisch oft als »errors and omissions« (Irrtümer und Auslassungen) bezeichnet. Solche Fehler und Auslassungen ergeben sich z. B. daraus, dass Warenexporte beim Grenzübergang (oder über entsprechende Meldungen der exportierenden Firmen) erfasst werden, dem ausländischen Käufer der Güter aber ein in keiner Statistik erscheinender Zahlungsaufschub eingeräumt worden ist. Der finanzielle Gegenposten zu dem Warenexport erscheint dann erst in der Zahlungsbilanz, wenn sich im Bankensektor Zahlungsvorgänge ergeben.

Die Zahlungsbilanz der Deutschen Bundesbank ist nach dem in Abbildung 9-1 gezeigten Schema aufgebaut.

Erwähnt sei allerdings schon hier, dass die empirischen Zahlungsbilanzstatistiken nicht in Kontenform, sondern in **Tabellenform** veröffentlicht werden. »Aktiva« unserer obigen Kontendarstellung erscheinen dann häufig mit einem Pluszeichen, »Passiva« mit einem Minuszeichen in der Tabelle. Da dieses Prinzip aber nicht immer durchgängig eingehalten wird, ist es immer ratsam, die »Legende« der Statistiken mit entsprechenden Erläuterungen zu Rate zu ziehen.

Aus der Tatsache, dass empirische Zahlungsbilanzen im Tabellenform veröffentlicht werden, erklärt sich, dass in manchen Lehrbüchern z. B. die Warenexporte auf der Soll-Seite des Kontos, in anderen Lehrbüchern auf der Haben-Seite des Kontos ausgewiesen werden (die übrigen Buchungen erfolgen dann entsprechend). Logisch sind die Vorgehensweisen gleichwertig. Wir haben hier die Systematik gewählt, die sich aus dem Auslandskonto der VGR ergibt.

Eine Betrachtung des obigen Zahlungsbilanzschemas zeigt, dass wir mit dem **Auslandskonto** der VGR schon einen wichtigen Teil der Zahlungsbilanz kennen gelernt haben, nämlich den Teil, der über dem waagerechten dicken Strich in der Mitte der Abbildung 9-1 liegt. Die Unterschiede zwischen dem Auslandskonto und diesem Teil der Zahlungsbilanz sind marginal. So werden in der Zahlungsbilanz die Sachgüterexporte und -importe von den Dienstleistungsexporten und -importen getrennt ausgewiesen, während sie auf dem Auslandskonto nicht differenziert, sondern gemeinsam als Exporte und Importe erscheinen. Man erhält also den Außenbeitrag der VGR in der Zahlungsbilanz, indem man die Waren- und die Dienstleistungsbilanz zusammenfasst. Die Teilbilanzen der

---

Die Zahlungsbilanz ist ein System doppelter Buchhaltung …

… mit zeitweise erheblichen Erfassungsproblemen.

Empirische Zahlungsbilanzstatistik in Tabellenform

Das Auslandskonto ist ein Teil der Zahlungsbilanz.

9.2 Reales Inlandsprodukt, Zahlungsbilanz und Strukturgrößen
Zahlungsbilanz

Abb. 9-1

Schematische Darstellung der Zahlungsbilanz

Zahlungseingänge		Zahlungsausgänge
Warenexporte (fob)	Handelsbilanz	Warenimporte (fob)
Dienstleistungsexporte	Dienstleistungsbilanz	Dienstleistungsimporte
Empfangene Erwerbs- und Vermögenseinkommen	Bilanz der Erwerbs- und vermögenseinkommen	Geleistete Erwerbs- und Vermögenseinkommen
Empfangene laufende Übertragungen	Bilanz der laufenden Übertragungen	Geleistete laufende Übertragungen
Empfangene Vermögens-übertragungen	Bilanz der Vermögensübertragungen	Geleistete Vermögensübertragungen
Veränderung der Verbindlichkeiten		Veränderung der Forderungen
Netto-Direktinvestitionen von Ausländern im Inland		Netto-Direktinvestitionen von Inländern im Ausland
Netto-Erwerb von inländischen Wertpapieren durch Ausländer	Kapitalbilanz	Netto-Erwerb von ausländischen Wertpapieren durch Inländer
Sonstige Netto-Kapitalanlagen von Ausländern im Inland		Sonstige Netto-Kapitalanlagen von Inländern im Ausland
Veränderung der Währungsreserven (Abnahme)	Devisenbilanz	Veränderung der Währungsreserven (Zunahme)
		Saldo der statistisch nicht aufgliederbaren Transaktionen (Restposten)
Summe	=	**Summe**

»leistungsbezogenen« Transaktionen (das sind die Transaktionen »über dem Strich« in Abbildung 9-1) sind in der Tabelle benannt: Warenbilanz, Dienstleistungsbilanz, Bilanz der Erwerbs- und Vermögenseinkommen, Bilanz der laufenden Übertragung und die Bilanz der Vermögensübertragungen. Die blau unterlegten Teilbilanzen – also die leistungsbezogenen Vorgänge ohne die Vermögenstransfers – bilden zusammen die **Leistungsbilanz**.

Hinzuweisen ist noch auf ein Problem, das die Bewertung der Warenexporte und Warenimporte betrifft. Warenexporte (und Warenimporte, die aber die Exporte eines anderen Landes darstellen) werden nach Möglichkeit »fob« (»free on board«), d. h. an der Zollgrenze des jeweils exportierenden Landes erfasst. Noch anfallende Transport- und Versicherungskosten werden dann nicht in der Handelsbilanz, sondern in der Dienstleistungsbilanz verbucht. Die fob-Bewertung hat den Vorteil, dass die Zahlungsbilanzen der Länder besser vergleichbar werden. Wenn z.B. ein Export von Deutschland in die USA in beiden Ländern

Unterschiedliche Bewertungskonzepte für die Warenströme

fob bewertet wird, wird in der Handelsbilanz beider Ländern derselbe Wert der Transaktion erfasst – einmal als Warenexport und einmal als Warenimport. Die »**cif**«(costs, insurance, freight)-Bewertung der Importe an der Zollgrenze des importierenden Landes (d. h. einschließlich von Transport und Versicherungskosten der Einfuhr) ist nur ein Behelf, wenn es aus zeitlichen Gründen – wie in der unten dargestellten Zahlungsbilanz Deutschlands für das Jahr 2008 – bei den Importen noch nicht möglich ist, die fob-Werte rechtzeitig in Erfahrung zu bringen. Deutsche Importe erscheinen dann in der Zahlungsbilanzstatistik Deutschlands cif-bewertet, während die entsprechenden Exporte in der US-Statistik fob registriert werden.

Neu und zusätzlich gegenüber dem Auslandskonto der VGR ist in der Zahlungsbilanz der unter dem (die Tabelle teilenden) waagerechten Strich liegende Teil der Bilanz, welcher die **finanziellen Aspekte** der Transaktionen zwischen Inländern und Ausländern betrifft. Hier werden die **Veränderungen von Forderungen und Verbindlichkeiten** zwischen Inland und Ausland erfasst. Dabei sind die Begriffe Forderungen und Verbindlichkeiten weit definiert. Forderungen umfassen jeden Anspruch von Inländern auf das Vermögen des Auslandes, gleichgültig, ob es sich um eine »normale« (nicht verbriefte) Forderung, um eine in Wertpapieren (Schuldverschreibungen, Obligationen, staatliche Schuldtitel) verbriefte Forderung oder um einen Eigentümeranspruch (z. B. in Form von Aktien) handelt. Entsprechend umfassen die Verbindlichkeiten jeden Anspruch von Ausländern auf das Vermögen des Inlandes. Grundsätzlich werden die Veränderungen der Gläubiger- und Schuldnerbeziehungen nach den verschiedenen Arten der betroffenen Forderungen und Verbindlichkeiten in Direktinvestitionen, Wertpapiere, Kredite und sonstige Anlagen aufgegliedert.

Wegen der herausragenden Stellung der Deutschen Bundesbank werden die Veränderungen ihrer Forderungen und Verbindlichkeiten (Währungsreserven) getrennt ausgewiesen. Die »Teilbilanz« dieser Vorgänge wird häufig kurz auch »**Devisenbilanz**« genannt. Die Veränderungen der übrigen Forderungen und Verbindlichkeiten, also sämtlicher Kapitalanlagen im Ausland oder im Inland, werden in der so genannten **Kapitalbilanz** erfasst. Sie gliedert sich in die Bilanz der Direktinvestitionen, die Wertpapierbilanz und die Bilanz der sonstigen Kapitalanlagen. Unter Direktinvestitionen fallen alle grenzüberschreitenden Investitionen zum Zwecke der Gründung bzw. Erweiterung von bzw. der Beteiligung an Unternehmen, Produktionsstätten oder Niederlassungen, die mit einer gleichzeitigen Übernahme unternehmerischer Verantwortung verbunden sind. Zu den Direktinvestitionen werden u. a. gezählt Finanzbeziehungen zu ausländischen Unternehmen, an denen der Investor 10 Prozent oder mehr der Anteile oder Stimmrechte unmittelbar hält, sowie die Kreditgewährung deutscher Direktinvestoren an Unternehmen, bei denen sie Direktinvestitionen getätigt haben. Als Direktinvestitionen gelten ferner sämtliche Anlagen in Grundbesitz im Ausland. **Wertpapiere** sind verbriefte Forderungen und Verbindlichkeiten, einschließlich Aktien, sofern sie Anteilen oder Stimmrechten von weniger als 10 Prozent entsprechen. Zur Vereinfachung haben wir die »Finanzderivate« (Optionen und Finanztermingeschäfte) hier mit eingerechnet.

Aufspaltung des Finanzierungssaldos in die Veränderungen einzelner Arten von Forderungen und Verbindlichkeiten

Devisenbilanz und Kapitalbilanz

Teilbilanzen der Kapitalbilanz

Als dritter Teilbereich werden die Sonstigen Netto-Kapitalanlagen von Ausländern im Inland und von Inländern im Ausland ausgewiesen. Sie enthalten auch den normalen Kreditverkehr.

In Verbindung mit der Kapitalbilanz muss noch der wichtige Begriff der Kapitalexporte und Kapitalimporte erläutert werden. **Kapitalexporte** sind Kapitalanlagen von Inländern im Ausland, verstanden als Nettoerwerb von Forderungen gegenüber dem Ausland: ausländische Anteilsrechte, ausländische Wertpapiere, Kreditforderungen gegenüber dem Ausland und sonstige Forderungen. Dementsprechend sind **Kapitalimporte** Nettokapitalanlagen der verschiedenen Kategorien von Ausländern im Inland. Man beachte, dass es sich bei den Kapitalexporten und -importen schon um Nettogrößen handelt. So werden z. B. ausländische Wertpapiere in der betrachteten Periode von Inländern gekauft und verkauft. Die Differenz heißt trotzdem Kapitalexport bzw. Kapitalimport und erst die Differenz zwischen Kapitalexporten und Kapitalimporten wird als **Nettokapitalexport** oder **Nettokapitalimport** bezeichnet.

9.2.2 Die Zahlungsbilanz der Bundesrepublik Deutschland

Nachdem wir im vorangegangenen Kapitel den grundlegenden Aufbau der Zahlungsbilanz kennen gelernt haben, wollen wir nun die von der Deutschen Bundesbank erstellte Zahlungsbilanz der Bundesrepublik Deutschland für das Jahr 2008 in Kontenform betrachten (Abbildung 9-2).

Seit jeher ist die Handelsbilanz (Warenbilanz) Deutschlands praktisch für jeden Zeitraum »**positiv**« oder »**aktiv**«, das heißt die Warenexporte waren größer als die Warenimporte. Im Jahre 2008 betrug der Positivsaldo 166,4 Milliarden Euro, wobei zu berücksichtigen ist, dass vor allem die Warenexporte infolge der Finanzkrise im Herbst 2008 drastisch abfielen. Ein Defizit ergibt sich bei den Dienstleistungen zwischen Inländern und Ausländern, die in 2008 allerdings nur mit 12,7 Milliarden Euro defizitär waren. Das ist eine deutliche Verbesserung gegenüber den Vorjahren und beachtlich vor allem deshalb, weil allein im Reiseverkehr ein Defizit von 34,8 Milliarden Euro auftrat, das weitgehend kompensiert wurde, weil andere Dienstleistungsbereiche (z. B. Transport und Forschung und Entwicklung) Überschüsse erzielten. Deutlich positiv ist auch die Bilanz der Erwerbs- und Vermögenseinkommen, in der ein Überschuss von immerhin 44,8 Milliarden Euro erzielt wurde. Bei der Bilanz der laufenden Übertragungen spielen die Überweisungen der ausländischen Arbeitnehmer an ihre Familien im Ausland eine Rolle, mit entscheidend sind aber auch die hohen Nettoleistungen Deutschlands an den EU-Haushalt. Insgesamt wies die Leistungsbilanz einen Überschuss von 165,5 Milliarden Euro aus, was unter Einbeziehung der praktisch ausgeglichenen Vermögensübertragungen bedeutet, dass sich die Netto-Gläubigerposition Deutschlands gegenüber dem »Rest der Welt« um circa 165,4 Milliarden Euro erhöht hat. Die Kapitalbilanz weist unter Einbezug des Zuwachses der Bundesbank an Währungsreserven dagegen einen Nettokapitalexport von sogar 203 Milliarden Euro aus. Beide Positionen müssten sich

Abb. 9-2

Die Zahlungsbilanz der Bundesrepublik Deutschland für das Jahr 2008

Zahlungseingänge	Mrd. €		Zahlungsausgänge
A. Leistungsbilanz	**+165,5**		*Leistungsbilanzsaldo*
Warenexporte (fob)[1]	980,4	814,0	Warenimporte (fob)
		+166,4	*Saldo*
Dienstleistungsexporte	170	182,7	Dienstleistungsimporte
		– 12,70	*Saldo*
Empfangene Erwerbs- und Vermögenseinkommen	245,26	200,4	Geleistete Erwerbs- und Vermögenseinkommen
		+44,8	*Saldo*
Empfangene laufende Übertragungen	19,6	52,65	Geleistete laufende Übertragungen
		–33,0	*Saldo*
B. Bilanz der Vermögensübertragungen	**–0,1**		*Saldo Bilanz der Vermögensübertragungen*
Empfangene Vermögensübertragungen	3,3	3,4	Geleistete Vermögensübertragungen
Veränderung der Verbindlichkeiten			Veränderung der Forderungen
C. Kapitalbilanz (Kapitalexporte: –, Kapitalimporte: +)	**–201,0**		*Kapitalbilanzsaldo (ohne Währungsreserven)*
Direktinvestitionen von Ausländern im Inland (Netto)	17,0	106,8	Direktinvestitionen von Inländern im Ausland (Netto)
		– 89,8	*Saldo*
Erwerb von inländischen Wertpapieren durch Ausländer (Netto)	16,0	– 2,3	Erwerb von ausländischen Wertpapieren durch Inländer (einschl. Finanzderivate in Höhe von 25,6) (Netto)
		+18,3	*Saldo*
Sonstige Netto-Kapitalanlagen von Ausländern im Inland	5,3	134,8	Sonstige Netto-Kapitalanlagen von Inländern im Ausland
		–129,5	*Saldo*
D. Veränderung der Währungsreserven zu Transaktionswerten (Zunahme: +, Abnahme: –)	**– 2,0**		*Devisenbilanzsaldo*
		2,0	Nettodevisenzufluss
E. Saldo der statistisch nicht aufgliederbaren Transaktionen (Restposten)	**+ 37,6**		Summe der Salden von Leistungs-, Vermögensübertragungs-, Kapital- und Devisenbilanz
		+ 37,6	*Saldo (Restposten)*

1 Bereinigt um Ergänzungen zum Außenhandel

Leichte Abweichungen der Werte gegenüber denen des Kapitels 8 ergeben sich aus der aktuelleren Datenbasis für die Zahlungsbilanz.
Konzipiert auf der Basis von: Deutsche Bundesbank: Eurosystem, Zahlungsbilanzstatistik. Stand 10.08.2009.

9.2 Reales Inlandsprodukt, Zahlungsbilanz und Strukturgrößen
Zahlungsbilanz

im Prinzip entsprechen, wegen unvollständiger Erfassung insbesondere der Transaktionen im Finanzbereich, ist dies aber in der Praxis nicht der Fall, sodass sich ein fiktiver Ausgleichsposten (Restposten) in Höhe von 203,1 Milliarden Euro – 165,5 Milliarden Euro = 37,6 Milliarden Euro ergibt.

Die Abbildung 9-3 gibt die Entwicklung der deutschen Ausfuhren und Einfuhren von 1994 bis 2007 wieder. Die Abbildung bestätigt die schon oben getroffene Aussage, dass Deutschland traditionell ein Land mit einer positiven Handelsbilanz ist. Dies gilt – mit einigen Abstrichen für die ersten Jahre nach der Vereinigung – praktisch seit Mitte der 1950er-Jahre des 20. Jahrhunderts.

> Deutschlands Handelsbilanz ist seit Mitte der 1950er-Jahre traditionell positiv.

Auch nach 2007 ist es bei einem deutlichen Exportüberschuss geblieben, auch wenn im 3. Drittel 2008 und im ersten Halbjahr 2009 z. T. sogar rückläufige Gesamtausfuhren registriert wurden. Zum letzten Jahresdrittel 2009 scheint sich hier aber wieder eine deutliche Verbesserung abzuzeichnen.

Die Tabelle 9-3 vermittelt einen Eindruck davon, bei welchen Gütergruppen der Schwerpunkte unserer Warenexporte und -importe liegt.

> Exportüberschüsse bei Fahrzeugen, Maschinen und Chemischen Erzeugnissen

Exportüberschüsse wurden vor allem in den Güterklassen Kraftwagen und Kraftwagenteile, Maschinen, Chemische Erzeugnisse und Metallerzeugnisse sowie bei medizin-, mess- und steuerungstechnischen Produkten einschließlich optischer Erzeugnisse erzielt. **Importüberschüsse** finden sich dagegen insbesondere bei Erdöl und Erdgas, bei Büromaschinen und EDV-Geräten sowie bei Textilien und Bekleidung. Nettoimporteur war Deutschland allerdings auch bei einigen Hochtechnologieerzeugnissen wie Nachrichtentechnik einschließlich elektronischen Bauelementen. Die Tabelle zeigt damit, dass eine hohe internationale Wettbewerbsfähigkeit Deutschlands nach wie vor in den Bereichen

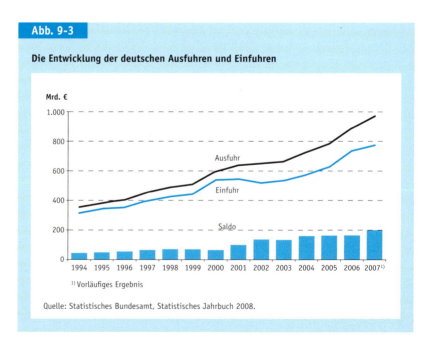

Abb. 9-3

Die Entwicklung der deutschen Ausfuhren und Einfuhren

[1] Vorläufiges Ergebnis

Quelle: Statistisches Bundesamt, Statistisches Jahrbuch 2008.

Tab. 9-3

Aus- und Einfuhren der Bundesrepublik Deutschland für das Jahr 2007 nach Güterabteilungen (vorläufiges Ergebnis)

Produkte	Importe Mio. €	%	Exporte Mio. €	%
Erdöl und Erdgas	61.069	7,9	2.847	0,3
Erzeugnisse des Ernährungsgewerbes	34.887	4,5	34.957	3,6
Textilien	12.478	1,6	11.703	1,2
Bekleidung	18.041	2,3	9.948	1,0
Chemische Erzeugnisse	90.493	11,7	127.577	13,2
Metallerzeugnisse	18.450	2,4	32.229	3,3
Maschinen	54.444	7,0	138.668	14,3
Büromaschinen, Datenverarbeitungsgeräte und -einrichtungen	31.120	4,0	24.494	2,5
Geräte der Elektrizitätserzeugnis und -verteilung u. Ä.	32.051	4,1	48.762	5,0
Nachrichtentechnik, Rundfunk- und Fernsehgeräte sowie elektronische Bauelemente	42.724	5,5	36.936	3,8
Medizin-, mess-, steuerungs-, regelungstechnische und optische Erzeugnisse; Uhren	22.155	2,9	39.859	4,1
Kraftwagen und Kraftwagenteile	76.366	9,9	180.850	18,7
Sonstige Fahrzeuge	26.028	3,4	31.006	3,2
Möbel, Schmuck, Musikinstrumente, Sportgeräte, Spielwaren und sonstige Erzeugnisse	16.824	2,2	17.474	1,8
Energie	1.677	0,2	3.610	0,4
Sonstige Waren	67.885	8,8	60.757	6,3

Quelle: Statistisches Bundesamt, Statistisches Jahrbuch 2008.

liegt, welche schon seit den 1960er-Jahren die Grundlage ihrer Exportstärke bildeten. Dagegen ist es der Bundesrepublik Deutschland (bisher) nicht gelungen, im Bereich der neuen Technologien (Mikroelektronik) eine vergleichbare Position aufzubauen, hier ist Deutschland Nettoimporteur. Das legt den Schluss nahe, dass Deutschland heute nur noch begrenzt als Hochtechnologieland angesehen werden kann.

Die Tabelle 9-4 zeigt die Verteilung des internationalen Handels der Bundesrepublik Deutschland auf verschiedene Regionen. Man erkennt, dass 63,6 Prozent der Warenexporte in EU-Länder gehen (davon 42,0 Prozent in die 15 EWU-Länder und 21,6 Prozent in die übrigen 12 EU-Länder, die nicht der Währungsunion angehören). Etwas überraschend stehen die Exporte an die Entwick-

Deutschland ist kein ausgesprochenes Hochtechnologieland.

Die wichtigsten Handelspartner Deutschlands sind überwiegend EU-Länder.

Tab. 9-4

Gliederung der deutschen Aus- und Einfuhren nach Regionen (2008)

Ländergruppe/Land	Anteile in %	Veränderung gegenüber Vorjahr in %
Ausfuhr		
Alle Länder	100,0	3,1
darunter:		
EWU-Länder (15)	42,0	1,3
Übrige EU-Länder (12)	21,6	1,9
darunter:		
9 neue Mitgliedsländer	11,2	6,8
Vereinigte Staaten	7,2	−2,5
Russische Föderation	3,3	14,8
Japan	1,3	−1,7
Südostasiatische Schwellenländer	3,3	1,0
China	3,4	14,0
OPEC-Länder	2,8	19,6
Entwicklungsländer ohne OPEC	8,7	6,3
Einfuhr		
Alle Länder	100,0	6,3
darunter:		
EWU-Länder (15)	38,9	6,7
Übrige EU-Länder (12)	19,5	5,4
darunter:		
9 neue Mitgliedsländer	10,9	5,7
Vereinigte Staaten	5,6	0,1
Russische Föderation	4,4	24,3
Japan	2,8	−5,3
Südostasiatische Schwellenländer	4,0	−7,3
China	7,3	5,2
OPEC-Länder	2,1	31,2
Entwicklungsländer ohne OPEC	9,4	−0,1

Quelle: Statistisches Bundesamt, Monatsbericht März 2009.

lungsländer (ohne OPEC) mit 8,2 Prozent an zweiter Stelle, erst dann folgen die USA mit 7,2 Prozent. Diese Rangverschiebung gegenüber früheren Statistiken hängt mit dem Einbruch der Exporte in die USA im Rahmen der Finanzkrise zusammen und dürfte sich perspektivisch wieder rückverschieben. Erwähnenswert ist auch, dass die Exporte nach China mit 3,4 Prozent inzwischen höher sind als die in die Russische Föderation (3,3 Prozent) und die in die Südostasiatischen Schwellenländer.

Auch bei den Einfuhren dominieren die EU-Länder mit 58,4 Prozent. An zweiter Stelle stehen wiederum die Entwicklungsländer ohne die OPEC.

9.3 Zeitliche Entwicklung des Inlandsproduktes und der Strukturgrößen für Deutschland

9.3.1 Wachstumsraten des Inlandsproduktes national und im internationalen Vergleich

Eine Frage, die in der Wirtschaftspolitik und im Urteil vieler Wirtschaftssubjekte einen besonderen Stellenwert aufweist, ist die nach den Wachstumsraten des realen Inlandsproduktes einer Volkswirtschaft im Zeitablauf (vgl. hierzu Kapitel 27, Wachstum). Dabei werden die Wachstumsraten durch die in Prozent

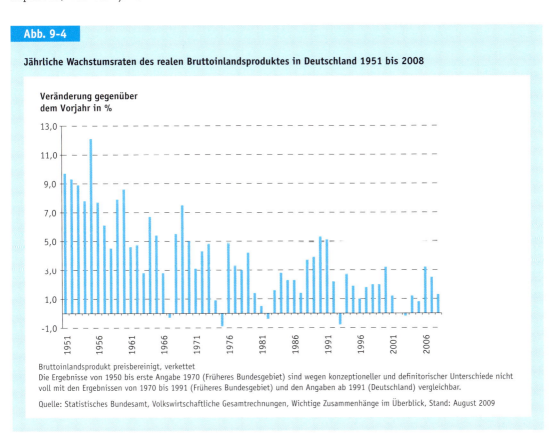

Abb. 9-4

Jährliche Wachstumsraten des realen Bruttoinlandsproduktes in Deutschland 1951 bis 2008

Bruttoinlandsprodukt preisbereinigt, verkettet
Die Ergebnisse von 1950 bis erste Angabe 1970 (Früheres Bundesgebiet) sind wegen konzeptioneller und definitorischer Unterschiede nicht voll mit den Ergebnissen von 1970 bis 1991 (Früheres Bundesgebiet) und den Angaben ab 1991 (Deutschland) vergleichbar.

Quelle: Statistisches Bundesamt, Volkswirtschaftliche Gesamtrechnungen, Wichtige Zusammenhänge im Überblick, Stand: August 2009

ausgedrückten Veränderungen des realen Inlandsproduktes (bzw. des entsprechenden Indexes) eines Jahres im Vergleich zu der entsprechenden Größe des Vorjahres bestimmt. Wie oben dargestellt, wird dabei neuerdings ab 1991 ein verketteter Index für die preisbereinigte Inlandsproduktentwicklung verwendet. Abbildung 9-4 zeigt die Veränderungsraten des realen Bruttoinlandsproduktes in Deutschland 1951 bis 2004.

Langfristig abnehmende Wachstumsraten des realen BIP in Deutschland

Die Abbildung belegt, dass das Wirtschaftswachstum in Deutschland im Zeitablauf im Gesamttrend deutlich abgenommen hat und zu Beginn des dritten Jahrtausends beängstigend klein geworden ist. Völlig zu Recht wird hierin ein herausragender Grund für die hohe Arbeitslosigkeit, die hohen Defizite in den öffentlichen Haushalten und die Probleme in den Sozialversicherungssystemen gesehen. Auch im internationalen Vergleich sind, wie Abbildung 9-5 zeigt, die Wachstumsraten in Deutschland nur im mittleren Bereich angesiedelt. Allerdings ist bei den hohen Wachstumsraten einiger neuer EU-Mitgliedstaaten, wie Lettland und Estland, das Ausgangs-Inlandsprodukt sehr klein. Erfahrungsgemäß sinken solche Wachstumsraten nach wenigen Jahren erheblich.

Leichte Wachstumsschwäche Deutschlands im internationalen Vergleich

9.3.2 Strukturdaten der deutschen Volkswirtschaft

Definition: Struktur einer Volkswirtschaft

Das Verhältnis von Teilen der Volkswirtschaft zueinander oder zur gesamten Volkswirtschaft beschreibt zu einem bestimmten Zeitpunkt die **Struktur** dieser Volkswirtschaft und im Zeitverlauf die Veränderung der Struktur. Wir wollen uns im Folgenden mit wichtigen – insbesondere durch Inlandsproduktdaten darstellbaren – Strukturgrößen der deutschen Volkswirtschaft beschäftigen. Abbildung 9-6 zeigt, welche Beiträge einzelne Wirtschaftsbereiche zur Bruttowertschöpfung in Deutschland im Jahre 1991 und 2008 geleistet haben. Die Abbildung zeigt, dass die Bruttowertschöpfung des Dienstleistungssektors (im weiteren Sinn, also einschließlich der Wohnungsvermietung, der Handelsleistung, der Leistungen des Gaststättengewerbes sowie der Bruttowertschöpfung der öffentlichen und privaten Dienstleister) von 62,2 Prozent im Jahr 1991 auf 69,3 Prozent der gesamten Bruttowertschöpfung im Jahr 2008 angestiegen ist. Der so genannte »Tertiäre Sektor« ist damit der bedeutendste Wirtschaftsbereich. Berücksichtigt man, dass dieser Wert Mitte der 1950er-Jahre noch erheblich niedriger lag, so findet die These von einem Trend zur **Tertiarisierung** der Wirtschaft also Bestätigung. Der früher einmal dominierende Beitrag des sekundären Sektors (produzierendes Gewerbe und Bauhauptgewerbe) zur Bruttowertschöpfung ist dagegen von 36,3 Prozent im Jahre 1991 auf 29 Prozent im Jahre 2008 gesunken. Verschwindend klein ist der Beitrag von Land- und Forstwirtschaft sowie Fischerei (»primärer« Sektor) mit nur circa 1 Prozent Anteil zur gesamtwirtschaftlichen Bruttowertschöpfung. Hier finden die im Kapitel 4.3.3.3 erwähnten niedrigen Einkommenselastizitäten der Nachfrage nach diesen Produkten ihren Niederschlag.

Tertiarisierung der deutschen Wirtschaft

9.3 Zeitliche Entwicklung des Inlandsproduktes

Abb. 9-5

Wachstumsraten im internationalen Vergleich

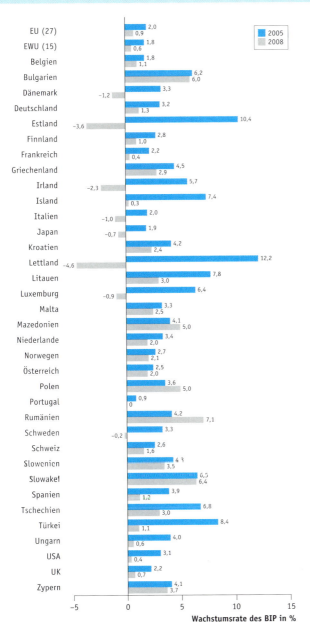

Quelle: Eurostat Datenbank, Reale BIP Wachstumsraten; letzte Aktualisierung 11.09.2009.

9.3 Reales Inlandsprodukt, Zahlungsbilanz und Strukturgrößen
Zeitliche Entwicklung des Inlandsproduktes

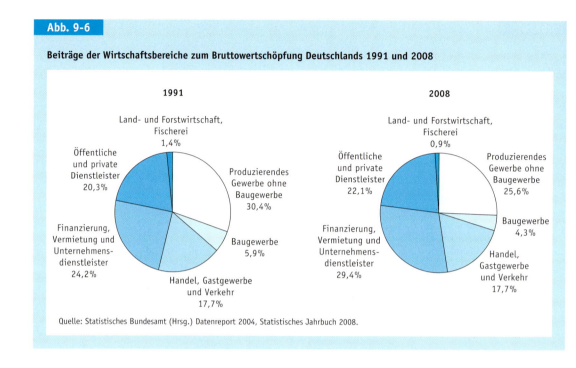

Abb. 9-6

Beiträge der Wirtschaftsbereiche zum Bruttowertschöpfung Deutschlands 1991 und 2008

1991:
- Land- und Forstwirtschaft, Fischerei 1,4%
- Öffentliche und private Dienstleister 20,3%
- Produzierendes Gewerbe ohne Baugewerbe 30,4%
- Finanzierung, Vermietung und Unternehmensdienstleister 24,2%
- Baugewerbe 5,9%
- Handel, Gastgewerbe und Verkehr 17,7%

2008:
- Land- und Forstwirtschaft, Fischerei 0,9%
- Öffentliche und private Dienstleister 22,1%
- Produzierendes Gewerbe ohne Baugewerbe 25,6%
- Baugewerbe 4,3%
- Finanzierung, Vermietung und Unternehmensdienstleister 29,4%
- Handel, Gastgewerbe und Verkehr 17,7%

Quelle: Statistisches Bundesamt (Hrsg.) Datenreport 2004, Statistisches Jahrbuch 2008.

Regionale Verteilung der Wertschöpfungsanteile in Deutschland

Abbildung 9-7 gibt für das Jahr 2008 an, welchen Beitrag die einzelnen Bundesländer zum Bruttoinlandsprodukt geleistet haben. Die Abbildung zeigt, dass Nordrhein-Westfalen mit 21,7 Prozent den größten Anteil an der Erstellung des Bruttoinlandsproduktes hatte (gefolgt von Bayern und Baden-Württemberg), während Bremen Schlusslicht ist. Die dominierende Position Nordrhein-Westfalens ist angesichts der jahrzehntelangen Strukturprobleme in diesem Bundesland (der Leser denke an den Niedergang in der Kohle- und Stahlindustrie) nicht selbstverständlich und unter anderem darauf zurückzuführen, dass NRW das bevölkerungsstärkste Bundesland ist, aber auch darauf, dass hier eine (zumindest relativ) erfolgreiche Strukturanpassungspolitik betrieben worden ist. In Pro-Kopf-Größen gerechnet liegen die süddeutschen Länder Bayern und Baden-Württemberg vor Nordrhein-Westfalen.

Hoher Anteil der konsumtiven Verwendung des Inlandsproduktes

Abbildung 9-8 zeigt für das Jahr 2008 den Anteil der Verwendungskomponenten Konsum, Bruttoinvestitionen und Außenbeitrag am Bruttoinlandsprodukt. Es wird deutlich, dass in Deutschland gegenwärtig 74,7 Prozent des Bruttoinlandsproduktes für den (privaten und öffentlichen) Konsum verwendet werden. Das erscheint positiv, wenn man bedenkt, dass alles Wirtschaften letztlich ja dem Konsum dienen soll. Andererseits ist der Anteil der Bruttoinvestitionen am Bruttoinlandsprodukt im historischen und auch im internationalen Vergleich niedrig. Das gilt umso mehr, wenn man bedenkt, dass der Zuwachs an Produktionskapazität vor allem von den **Netto**investitionen getragen wird. Wie die in Kapitel 8 dargestellten Zahlen zeigen, beliefen sich die

9.3 Zeitliche Entwicklung des Inlandsproduktes

Abb. 9-7

Die Beiträge der Bundesländer zum Bruttoinlandsprodukt Deutschlands 2008

Quelle: Statistisches Bundesamt, Statistisches Jahrbuch 2008.

Abb. 9-8

Die Verwendung des deutschen Bruttoinlandsproduktes im Jahr 2008 (Anteil am BIP in %)

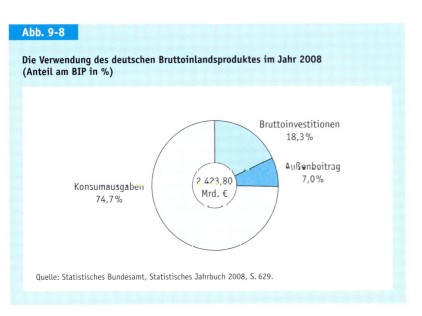

Quelle: Statistisches Bundesamt, Statistisches Jahrbuch 2008, S. 629.

Bruttoinvestitionen 2008 auf 480,6 Milliarden Euro und die Abschreibungen auf 363,1 Milliarden Euro, sodass die Nettoinvestitionen nur 117,5 Milliarden Euro betrugen. Berücksichtigt man weiter, dass in diesen Nettoinvestitionen auch noch die Lagerinvestitionen enthalten sind, so gingen 2008 die kapazitätswirksamen Investitionen gegen null. Im Sektor Staat waren die Nettoinvestitionen sogar negativ. Unter Wachstumsgesichtspunkten ist diese Entwicklung sicherlich mehr als bedenklich.

Arbeitsaufgaben Kapitel 9

1. Wie wird das so genannte »reale« Bruttoinlandsprodukt ermittelt und was sagt diese Größe aus?

2. Warum ist das nominale Nationaleinkommen ein nur beschränkt geeignetes Maß, um die Entwicklung der Konsummöglichkeiten einer Volkswirtschaft zu erfassen?

3. Was ist der »Preisindex für Lebenshaltung«?

4. Was verstehen Sie unter der Zahlungsbilanz eines Landes?

5. Beschreiben Sie den Grundaufbau einer Zahlungsbilanz. Wie heißen die wichtigsten Teilbilanzen?

6. Was versteht man unter der Leistungsbilanz?

7. Was ist der so genannte Restposten und wie wird er ermittelt?

8. Nennen Sie Beispiele für wirtschaftliche Vorgänge, welche
    ▸ die Handelsbilanz,
    ▸ die Dienstleistungsbilanz,
    ▸ die Bilanz der Erwerbs- und Vermögenseinkommen,
    ▸ die Bilanz der laufenden Übertragungen,
    ▸ die Bilanz der Vermögensübertragungen,
    ▸ die Kapitalbilanz
    berühren.

9. Wo liegen die Schwerpunkte Deutschlands bei den Warenexporten und -importen bezüglich der Produktgruppen und der Partnerländer?

10. *Versuchen Sie die deutliche Verschlechterung der Leistungsbilanz Deutschlands nach der Wiedervereinigung ökonomisch zu erklären.*

11. *Worin findet die so genannte Tertiarisierung entwickelter Ökonomien ihren Ausdruck?*

Lösungsvorschläge für die Arbeitsaufgaben finden Sie im »Übungsbuch zu Grundlagen und Probleme der Volkswirtschaft«.

Literatur Kapitel 9

Bezüglich der Berechnung des realen Inlandsproduktes gibt es in der Lehrbuchliteratur nur sehr allgemeine Hinweise. Der Leser muss deshalb auf die Veröffentlichungen des Statistischen Bundesamtes zurückgreifen, die allerdings relativ anspruchsvoll sind. Verwiesen sei auf:
Statistisches Bundesamt, Wirtschaft und Statistik, Heft 5, 2005, Revisionen der Volkswirtschaftlichen Gesamtrechnungen. Sitzung des Fachausschusses Volkswirtschaftliche Gesamtrechnungen am 26.11.2003, TOP 2.1.1, Einführung der Vorjahrespreisbasis.

Die Zahlungsbilanz wird in den einschlägigen Lehrbüchern zu den Volkswirtschaftlichen Gesamtrechnungen dargestellt. Hingewiesen sei insbesondere auf:
Brümmerhoff, D.: Volkswirtschaftliche Gesamtrechnungen, 8. Aufl. 2007.
Frenkel, M., John, D.: Volkswirtschaftliche Gesamtrechnung, 6. Aufl. 2006.

Umfangreiches empirisches Material und (zum Teil anspruchsvolle) methodische Erläuterungen findet der Leser über die Web-Seite der Deutschen Bundesbank. Insbesondere sei verweisen auf die Monatsberichte der Deutschen Bundesbank.

Strukturdaten zur Wirtschaft der Bundesrepublik Deutschland findet man, oft in übersichtlichen Grafiken aufbereitet, in:
Statistisches Bundesamt, Statistisches Jahrbuch. Jährliches Erscheinen. Zurzeit (30.08.2009) liegt das Jahrbuch 2008 vor. Hilfreiche Informationen findet man auch über die Website des Statistischen Bundesamtes, der Deutschen Bundesbank und der Europäischen Kommission.

10 Basismodelle der klassischen und keynesianischen Makroökonomik

Leitfragen

Was bestimmt die Höhe von Inlandsprodukt und Beschäftigung im System der Klassik?

▸ Was ist die zentrale Annahme über die Funktionsweise von Märkten?

▸ Wie wird das Güterangebot bestimmt?

▸ Welche Bedeutung hat das Theorem von *Say*?

▸ Welche Bedeutung hat der Zins?

▸ Welche Rolle spielt das Geld im System der Klassik?

Worin liegen die besonderen Annahmen und Ergebnisse der traditionellen keynesianischen Theorie?

▸ Welches sind die Komponenten der gesamtwirtschaftlichen Güternachfrage und was sind ihre Bestimmungsgründe?

▸ Welche Annahme wird bezüglich des Güterangebotes getroffen?

▸ Was bedeutet Gleichgewicht auf dem Gütermarkt und wie lässt es sich im keynesianischen Kreuz darstellen?

▸ Was ist die IS-Kurve?

▸ Welche Besonderheiten weist der keynesianische Geldmarkt im Vergleich zur Klassik auf?

▸ Was ist die LM-Kurve?

▸ Wie bestimmt sich das simultane Gleichgewicht auf dem Güter- und Geldmarkt (IS/LM-Gleichgewicht)?

▸ Wie wirken Staatsausgaben- und Geldmengenvariationen im IS/LM-Modell?

10.1 Vorbemerkungen

In den folgenden drei Kapiteln wollen wir untersuchen, welche Faktoren die Höhe des Inlandsproduktes und der Beschäftigung bestimmen. Dies ist eine zentrale Aufgabe der **Makroökonomik**, einer gesamtwirtschaftlichen Analyse, in der stark aggregierte (zusammengefasste) Größen, wie z. B. das Nationaleinkommen und das Preisniveau untersucht werden, nicht jedoch das Einkommen einzelner Individuen oder der Preis bestimmter Güter. Dieses Zusammenfassen zu gesamtwirtschaftlichen Größen ist notwendig, um – wie in der Einleitung und in Kapitel 8 dargelegt – die kaum überschaubare wirtschaftliche Wirklichkeit zu vereinfachen. Eine weitere Vereinfachung besteht darin, dass wir weitgehend von der ökonomischen Aktivität mit dem Ausland absehen (Modell der

10.1 Basismodelle der klassischen und keynesianischen Makroökonomik
Vorbemerkungen

Zeithorizonte der makroökonomischen Analyse

»geschlossenen« Volkswirtschaft) und zudem eine kurz- bis mittelfristige Analyse durchführen. In der **kurzfristigen Analyse** wird dabei unterstellt, dass die im betrachteten Zeitraum stattfindenden Veränderungen im Bestand und der Qualität der Produktionsfaktoren (Arbeit, Kapital, Boden und technisches Wissen) zumindest relativ so klein sind, dass sie vernachlässigt werden können. Außerdem wird häufig davon ausgegangen, dass Güterpreise und/oder Geldlöhne nicht voll flexibel – im Extremfall vollkommen starr – sind. In der **mittelfristigen Betrachtungsweise** werden die Bestände der Produktionsfaktoren weiter als konstant, die Preise aber als flexibel angesehen, sodass die Märkte über Preisanpassungen geräumt werden. Eine **langfristige Analyse**, in der die Preise voll flexibel sind und sich zusätzlich die Bestände an Produktionsfaktoren (einschließlich der zur Verfügung stehenden Technik) ändern, wird im Kapitel 27 vorgestellt.

Interdependenz der Märkte

Das wirtschaftliche Geschehen auf den einzelnen Märkten einer Volkswirtschaft ist miteinander verbunden. Letztlich kann man sagen, dass die Nachfrage nach den verschiedenen Gütern jeweils von den Preisen aller Güter und den Einkommen sämtlicher Haushalte abhängt. Auch das Angebot sämtlicher Güter wird von den Preisen aller Güter bestimmt, wenn auch teilweise fast unmerklich. Da man im Rahmen einer ökonomischen Analyse nicht Millionen von Märkten gleichzeitig betrachten kann, ist die wirtschaftliche Wirklichkeit auf eine überschaubare Anzahl wesentlicher Zusammenhänge zu vereinfachen. Im Einklang mit der üblichen makroökonomischen Darstellungsweise reduzieren wir die Zahl der betrachteten Märkte auf vier:

System der makroökonomischen Märkte

- den gesamtwirtschaftlichen Arbeitsmarkt,
- den gesamtwirtschaftlichen Gütermarkt,
- den gesamtwirtschaftlichen Geldmarkt und
- den gesamtwirtschaftlichen Wertpapiermarkt (der für die Gesamtheit der Märkte steht, auf denen zinstragende Aktiva gehandelt werden).

Mit dem extrem hohen Aggregationsgrad werden also Unterschiede zwischen den verschiedenen Arten von Gütern und Wertpapieren ignoriert. So wird auf dem Gütermarkt das homogene Inlandsprodukt gehandelt, das für die geschlossene Volkswirtschaft in Konsum- und Investitionsgüter unterteilt wird und von den privaten Haushalten, den Unternehmen und dem Staat nachgefragt wird. Die Interdependenz (gegenseitige Abhängigkeit) der Märkte wird formal besonders deutlich durch das **»Gesetz von *Walras*«** (*Léon Walras*, französischer Nationalökonom 1834–1910). Für jede rational handelnde Wirtschaftseinheit gilt, dass sie Ausgaben (Käufe) für die unterschiedlichen Zwecke (z. B. auch für den Erwerb von Wertpapieren oder von Bankguthaben) nur in Höhe der geplanten Einnahmen (Verkäufe) aus den unterschiedlichen Quellen (z. B. auch durch Verschuldung oder Auflösung von Bankguthaben oder Bargeldbeständen) veranschlagen wird. Dabei werden die Begriffe Ausgaben (Käufe) und Einnahmen (Verkäufe) sehr weit gefasst. Man spricht gelegentlich auch von »Aufkommen« und

Gesetz von *Walras*

»Verwendungen« finanzieller Mittel. Was für die einzelnen Wirtschaftseinheiten gilt, gilt hier auch für die Summe der von allen Wirtschaftseinheiten auf allen Märkten geplanten Ausgaben (Käufe), die der Summe der auf allen Märkten geplanten Einnahmen (Verkäufe) entspricht.

Für die vier makroökonomischen Märkte bedeutet das Gesetz von *Walras*: Ist der Wert der Käufe und Verkäufe auf drei Märkten ausgeglichen, so muss dies auch auf dem vierten Markt der Fall sein. Dadurch wird die übliche Vorgehensweise, bei makroökonomischen Modellen nur drei Märkte zu untersuchen, gerechtfertigt. Meist wird der Wertpapiermarkt vernachlässigt, eine Vorgehensweise, die wir hier übernehmen wollen.

Im Folgenden wollen wir kurz auf die betrachteten Märkte eingehen. Auf dem **Arbeitsmarkt** wird Arbeit gegen Lohn getauscht. Arbeitsanbieter sind die Wirtschaftseinheiten, die ihre Arbeitskraft verkaufen wollen und Arbeitsnachfrager sind die Wirtschaftssubjekte, die diese Arbeitskraft im Produktionsprozess einsetzen wollen. Auf dem **Gütermarkt** wird die gesamte Nettoproduktion einer Volkswirtschaft – also das Inlandsprodukt – angeboten und nachgefragt.

Der dritte Markt, den wir im Folgenden betrachten werden, ist der **Geldmarkt**. Als Geld wird das Zahlungsmittel bezeichnet, das im Tauschprozess zur Erfüllung von Verbindlichkeiten akzeptiert wird und gleichzeitig als Wertaufbewahrungsmittel dienen kann. Auf den ersten Blick entzieht sich der Geldmarkt der üblichen Vorstellung von einem Markt. Aber ebenso wie für andere Güter existiert auch für Geld ein Angebot und eine Nachfrage. Zu jedem Zeitpunkt existiert in einer Volkswirtschaft eine bestimmte Menge an Geld, ein **Geldbestand** (das Geldangebot), der (das) von irgendwelchen Wirtschaftseinheiten gehalten – d. h. nachgefragt – wird. Der Geldmarkt ist also ein Bestandsmarkt, er wird vor allem in Kapitel 17 detaillierter dargestellt. In den Kapiteln 10 bis 12 beschränken wir uns auf wenige Hinweise zum Geldmarkt.

Konkurrierende Erklärungsansätze

Wie in kaum einem anderen Zweig der Ökonomie konkurrieren in der makroökonomischen Analyse der Beschäftigung verschiedene Erklärungsansätze. Es lässt sich aber rechtfertigen, letztlich von nur zwei Erklärungsmustern (**Paradigmen**) zu sprechen. Auf der einen Seite steht die **klassische Makroökonomik**, die durch den **Monetarismus** und die **Neue Klassische Makroökonomik** neu begründet und verfeinert wurde.

Klassisches und keynesianisches Paradigma

Auf der anderen Seite steht die **keynesianische Makroökonomik**, geprägt durch den Engländer *John Maynard Keynes* (1883–1946). Eine bestimmte Interpretation seiner Theorie, das IS/LM-Modell, hat sich nach dem Zweiten Weltkrieg über viele Jahre in den ökonomischen Lehrbüchern zu einem relativ starren Lehrgebäude entwickelt. Diesen so genannten **traditionellen Keynesianismus** stellen wir neben dem **klassischen Modell** in diesem Kapitel dar. Als Antwort auf die Herausforderung durch die Neue Klassische Makroökonomik hat auch der Keynesianismus eine Neubegründung und Verfeinerung seines Paradigmas versucht. Hier sind die **Rationierungstheorie** und der **Neue Keyne-**

sianismus zu unterscheiden. Eine Zwitterstellung nimmt die **neoklassische Synthese** ein: Einerseits folgt sie im Hinblick auf die Angebotsseite weitgehend der klassischen Makroökonomik, andererseits enthält sie keynesianische Modellelemente, insbesondere in Bezug auf die Begründung einer preiselastischen kurzfristigen Güterangebotsfunktion sowie im Hinblick auf die Determinanten der Güternachfrage. Die moderneren Theorievarianten werden in den Kapiteln 11 und 12 dargestellt.

10.2 Das klassische Modell

Lange vor dem keynesianischen IS/LM-Modell, das wir im Kapitel 10.3 betrachten werden, existierte eine Vorstellung von der Funktionsweise der Volkswirtschaft, die als »Klassisches Modell« bezeichnet wird. Der Begriff Klassik wird leider nicht einheitlich verwendet: Meist versteht man darunter das theoretische Gedankengebäude von *Adam Smith*, *David Ricardo* und anderen Ökonomen des 18. und frühen 19. Jahrhunderts. Der Begriff wird auch für moderne Versionen des Modells verwendet, die z. T. aber auch als Neoklassik oder Neue Klassische Makroökonomie bezeichnet werden.

> Kennzeichnend für das klassische System ist die Vorstellung einer vollständigen **Flexibilität** von Zinsen, Güterpreisen und Löhnen, die immer für Markträumung (Gleichgewicht) sorgen.

Im Sinne von Überlegungen zum Zeithorizont von Modellen handelt es sich um einen mittelfristigen Ansatz, in dem die Preise auf den verschiedenen Märkten genügend Zeit haben, ihre Gleichgewichtswerte zu erreichen und es auch tun.

10.2.1 Der Arbeitsmarkt und das Güterangebot

Der Arbeitsmarkt ist das Herzstück der klassischen Analyse des Wirtschaftsprozesses. Auf dem Arbeitsmarkt stellen sich nach Vorstellung der Klassiker stets der **Vollbeschäftigungs-Reallohnsatz** und die **gleichgewichtige Arbeitsmenge** ein. Hierfür sorgt bei flexiblen Löhnen der Lohnmechanismus. Besteht Arbeitslosigkeit, so wird die Konkurrenz unter den Arbeitslosen den Lohnsatz so lange sinken lassen, bis Vollbeschäftigung erreicht ist. Entsprechendes gilt, wenn die Arbeitsnachfrage größer ist als das Arbeitsangebot: Hier wird der Wettbewerb um die Arbeitskräfte den Geldlohnsatz so lange in die Höhe treiben, bis der gleichgewichtige Reallohn erreicht ist. Bei gegebenem Kapitalbestand und gegebener Produktionstechnik bestimmt dann die Vollbeschäftigungs-Arbeitsmenge über die gesamtwirtschaftliche Produktionsfunktion die reale Produktion, das Güterangebot. Diese Zusammenhänge sind der nachfolgenden Abbildung 10-1 dargestellt. Beim Gleichgewichts-Reallohnsatz $(W/P)^*$

Abb. 10-1

Arbeitsmarkt und Güterangebot

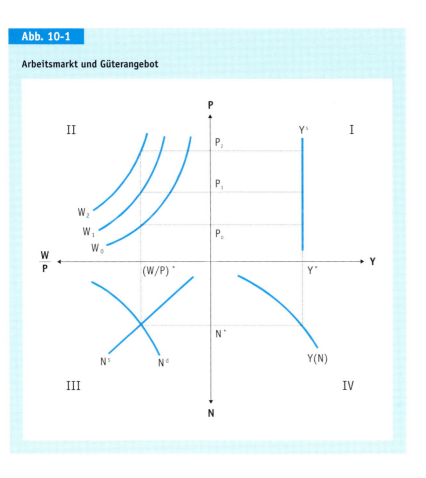

entspricht das Arbeitsangebot der Arbeitsnachfrage (III. Quadrant). Bei der eingesetzten Arbeitsmenge N^* (der Vollbeschäftigungsmenge) wird – gemäß der Produktionsfunktion – das Vollbeschäftigungs-Realeinkommen Y^* produziert (IV. Quadrant) und auf dem Gütermarkt angeboten (I. Quadrant). Dieses Güterangebot stellt für die Unternehmen die gewinnmaximierende Produktion dar, da die Unternehmen sich auf der Arbeitsnachfragefunktion befinden, die aus einem Gewinnmaximierungskalkül abgeleitet wird (vgl. Kapitel 5). Im II. Quadranten ist dargestellt, wie sich der Geldlohnsatz bei alternativen Preisniveaus anpassen muss, damit sich der gleichgewichtige Reallohn einstellt. Herrscht z. B. das Preisniveau P_2, so wird sich der Geldlohnsatz W_2 ergeben, herrscht dagegen das Preisniveau P_0, so stellt sich bei funktionierendem Wettbewerbsmechanismus der Geldlohnsatz W_0 ein usw. Für einen konstanten Geldlohnsatz zeigt die jeweils zugehörige Hyperbel die unterschiedlichen Reallöhne, die sich bei unterschiedlichen Preisniveaus ergeben.

Solange der Lohnmechanismus funktioniert, stellt sich also bei jedem Preisniveau der den Arbeitsmarkt räumende Reallohn ein, sodass das Güterangebot

Das Güterangebot ist unabhängig von der Höhe des Preisniveaus.

unabhängig von der Höhe des Preisniveaus ist. Es ergibt sich die im I. Quadranten dargestellte Güterangebotskurve, die eine Parallele zur Preisachse in Höhe von Y* darstellt.

10.2.2 Güternachfrage und Gütermarktgleichgewicht

Das der Vollbeschäftigung entsprechende Produktionsniveau wird von den Unternehmen nur dann erstellt, wenn das aus der Produktion resultierende Güterangebot auf eine gleich große Güternachfrage trifft. Diese Bedingung wird im System der Klassik als gesamtwirtschaftlich immer erfüllt angesehen. Man geht von der Gültigkeit des *Say*schen **Theorems** aus, wonach sich jedes Güterangebot gesamtwirtschaftlich seine entsprechende Nachfrage schafft (*J. Baptiste Say*, französischer Nationalökonom, 1767–1832).

Saysches Theorem und Gütermarkträumung über den Zins

Das **Saysche Theorem** stützt sich auf zwei Überlegungen:
▸ Jeder Produktion entspricht ein in gleicher Höhe geschaffenes Einkommen (vgl. Kapitel 8).
▸ Der Zinsmechanismus sorgt dafür, dass die gesamte Produktion auch nachgefragt und damit das Einkommen jeweils auch nachfragewirksam ausgegeben wird.

Jeder Produktion entspricht ein gleich hohes Einkommen.

Die erste Überlegung ergibt sich aus der Volkswirtschaftlichen Gesamtrechnung. Ein zentrales Ergebnis unserer Überlegungen im 8. Kapitel war, dass dem Inlandsprodukt ein gleich hohes, durch inländische Produktion geschaffenes Einkommen entspricht (das Inlandsprimäreinkommen). Trotzdem ist nicht sichergestellt, dass das gesamte Einkommen für Güterkäufe verwendet wird und damit das gesamte Angebot auch nachgefragt wird. Teile des Einkommens können von den Individuen nicht verausgabt, also gespart werden.

Der Zinsmechanismus bringt Güterangebot und Güternachfrage in Übereinstimmung.

Hier kommt die zweite Überlegung ins Spiel: Die Wirksamkeit des Zinsmechanismus zur Anpassung der Güternachfrage an das Güterangebot. Dieser Mechanismus im klassischen Modell kann auf zwei logisch letztlich identischen Wegen erläutert werden.

Der Zinsmechanismus I: Der ursprüngliche Gütermarkt

Private Konsum und Investitionen werden im klassischen Modell als negativ vom Zins abhängig angesehen. Das ist beim Konsum unmittelbar plausibel, da bei steigendem Zins (wegen der steigenden Opportunitätskosten des Konsums, die zugleich höhere Zinserträge auf Ersparnisse bedeuten) eine höhere Ersparnis und damit, bei gegebenem Einkommen, ein geringer Konsum, attraktiv wird (vgl. im Detail die Ausführungen im Kapitel 4.5.7). Die Investitionen hängen negativ vom Zins ab, weil höhere Zinsen die Finanzierungskosten der Investitionen verteuern, die im klassischen Modell als kreditfinanziert angenommen werden (zu Einzelheiten bezüglich der Zinsabhängigkeit der Investitionen vgl. Kapitel 5.11). Streng genommen hängt der Konsum natürlich auch von der Höhe des Einkommens ab, und zwar positiv. Da das Einkommen aber – wie oben

10.2 Das klassische Modell

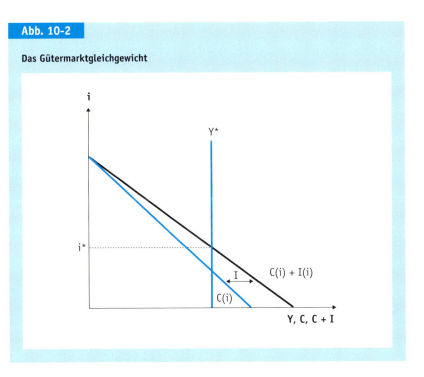

Abb. 10-2

Das Gütermarktgleichgewicht

gezeigt – im klassischen Modell auf dem Vollbeschäftigungseinkommen fixiert ist, kann man in der mittleren Frist die Bedeutung des Einkommens für den Konsum vernachlässigen. Für die Güternachfrage gilt also für die geschlossene Volkswirtschaft und ohne Berücksichtigung der staatlichen Nachfrage:

$Y^d = C(i) + I(i)$.

Da – wie oben erläutert – das Vollbeschäftigungs-Güterangebot über das Arbeitsmarktgleichgewicht und die Produktionsfunktion bestimmt wird, ergibt sich das in der Abbildung 10-2 dargestellte Gütermarktgleichgewicht.

Der Zins nimmt auf dem Gütermarkt den Wert i^* an, bei dem das Güterangebot Y^* gerade nachgefragt wird.

Steigt die gesamtwirtschaftliche Nachfrage aus irgendeinem Grund – etwa wegen einer Zunahme der so genannten autonomen Investitionen (zinsunabhängige Investitionen) – so verschiebt sich die gesamtwirtschaftliche Güternachfragekurve parallel nach außen. Wie die Abbildung 10-3 zeigt, kommt es zu einer Zinserhöhung von i^* auf $i^{*'}$, die die Zunahme der autonomen Investitionsnachfrage über eine Abnahme des negativ zinsabhängigen Konsums und der negativ zinsabhängigen Investitionen gerade ausgleicht. Entsprechendes würde gelten, wenn die Nachfrage plötzlich abnehmen würde. Wir können und dies folgendermaßen verdeutlichen: Würden die autonomen Investitionen wieder auf null sinken (ΔI geht auf null zurück), so würde der Zins wieder auf i^*

Wirkungsweise des Zinsmechanismus am Gütermarkt

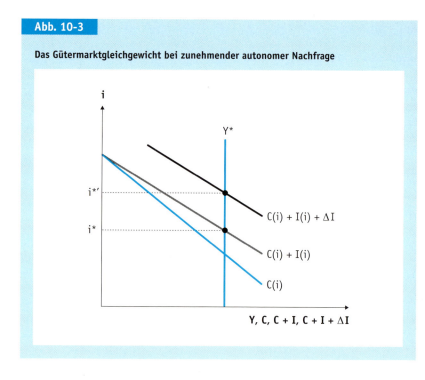

Abb. 10-3

Das Gütermarktgleichgewicht bei zunehmender autonomer Nachfrage

sinken, und sich dadurch die zinsabhängige private Konsum- und Investitionsnachfrage so erhöhen, dass sie den Wegfall der Nachfrage gerade ausgleicht. Würden wir in unserem Modell auch die autonomen Staatsausgaben für Güter und Dienste berücksichtigen, so würden sich Veränderungen von G in gleicher Weise lediglich als Veränderungen des Zinssatzes und als kompensatorische Anpassungen der zinsabhängigen privaten Investitionen und des zinsabhängigen privaten Konsums niederschlagen, nicht aber die Gesamtnachfrage verändern.

Ein Nachfrageausfall an einer Stelle wird in der Sicht der Klassiker also durch eine Nachfrageerhöhung an anderer Stelle gerade ausgeglichen. Ebenso würde eine zusätzliche auftretende Nachfrage durch eine Nachfragesenkung bei der zinsabhängigen Nachfrage gerade kompensiert. Dafür sorgt der **Zins**, der im Gleichgewicht eine solche Höhe erreicht, dass die Vollbeschäftigungsproduktion auch nachgefragt wird.

Der Zinsmechanismus II: Der modifizierte Gütermarkt (Kreditmarkt)

Die vorangegangenen Ausführungen mögen dem Leser ein wenig zu abstrakt sein. Warum passt sich der Zins gerade immer so an, dass die produzierten Güter auch nachgefragt werden? Und warum bildet sich der Zins auf dem Gütermarkt, anstatt auf dem Kreditmarkt? Zur Beantwortung dieser Fragen betrachten wir den Gütermarkt aus einer etwas anderen Perspektive.

1. Schritt: Ein Gütermarktgleichgewicht besteht, wenn das Nationaleinkommen Y* ganz für den Kauf von Konsum- und Investitionsgütern ausgegeben wird.

Zieht man vom Nationaleinkommen (Inlandsprodukt) Y* den privaten Konsum C(i) ab, so verbleibt die private Ersparnis S(i), die ebenfalls zinsabhängig ist, wobei die Ersparnis mit steigendem Zins (da der Konsum sinkt) zunimmt. Zieht man von der gesamtwirtschaftlichen Nachfrage ebenfalls den Konsum auch ab, so verbleiben die privaten Investitionen I(i).

Ein Gütermarktgleichgewicht ist also auch gegeben, wenn die zinsabhängig private Ersparnis den zinsabhängigen Investitionen entspricht:

S(i) = I(i).

Herleitung von I = S

Mathematisch stellt sich dieses Ergebnis unmittelbar ein, wenn man (wie soeben verbal durchgeführt) auf beiden Seiten der Gütermarktgleichgewichtsbedingung den privaten Konsum subtrahiert:

$$Y^* = C(i) + I(i)$$
$$\underbrace{Y^* - C(i)}_{S(i)} = I(i)$$

2. Schritt: In der Vorstellung der Klassiker wird Geld nur für die Durchführung von Güterkäufen gebraucht (Transaktionsmotiv), nicht aber zum Zwecke der Vermögensaufbewahrung (Vermögenshaltung), da Geldhaltung zum Zwecke der Vermögenshaltung wegen des in Kauf genommenen Zinsverlustes (mögliche Anlage der Geldbeträge auf dem Kreditmarkt) als irrational angesehen wird. Folglich wird der **gesamte Sparbetrag als Kredit angeboten.** Da die Investitionen als kreditfinanziert angenommen werden, **entspricht den Investitionen eine gleich hohe Kreditnachfrage**. Das Gütermarktgleichgewicht kann deshalb auch ausgedrückt werden durch die Bedingung, dass das zinsabhängige Kreditangebot der zinsabhängigen Kreditnachfrage entspricht. Die Abbildung 10-4 verdeutlicht die Zusammenhänge.

Sparen gleich Kreditangebot, Investition gleich Kreditnachfrage

Im linken Teil der Abbildung ist zunächst die Ersparnis und damit das Kreditangebot in Abhängigkeit vom Zins abgetragen. Bei jedem Zins entspricht die Ersparnis dabei genau der (horizontalen) Differenz zwischen dem Einkommen Y* und dem privaten Konsum im rechten Teil der Abbildung. Außerdem ist im linken Teil der Abbildung die Investitionsgüternachfrage dargestellt, die sich aus dem rechten Teil der Abbildung als Differenz zwischen der Gesamtnachfrage C(i) + I(i) und dem Konsum C(i) ergibt. Für S(i) = I(i) ergibt sich deshalb im linken Teil der Abbildung derselbe gleichgewichtige Zins wie in der rechten Abbildung. Und da die Ersparnis dem Kreditangebot entspricht und die Investition der Kreditnachfrage, lässt sich das Gütermarktgleichgewicht im linken Teil der Abbildung 10-4 auch durch die Gleichheit von Kreditangebot und Kreditnachfrage beschreiben.

Der Kreditmarkt ist das Spiegelbild des Gütermarktes.

Jetzt wird leicht einsichtig: Steigt etwa die Gesamtnachfrage zum Beispiel durch eine Zunahme einer nicht zinsabhängigen (»autonomen«) Komponente

10.2 Basismodelle der klassischen und keynesianischen Makroökonomik
Das klassische Modell

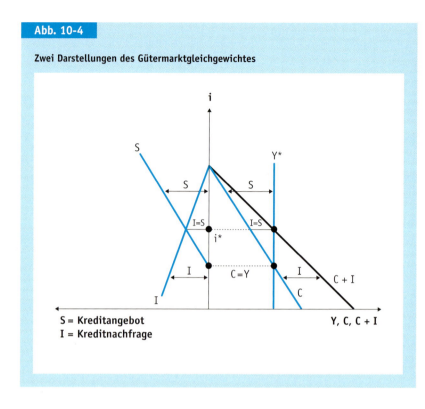

Abb. 10-4

Zwei Darstellungen des Gütermarktgleichgewichtes

S = Kreditangebot
I = Kreditnachfrage

der Nachfrage, so steigt die Kreditnachfrage um genau denselben Betrag und der Zins steigt so weit, bis er die zinsabhängige Nachfrage genau um den Betrag der Erhöhung autonomen Nachfrage vermindert hat. Man spricht von einem totalen Verdrängungseffekt (Crowding-out-Effekt) im klassischen Modell. Die Abbildung 10-5 verdeutlicht diesen Effekt.

Wirkung erhöhter Investitionen auf den Zins

Die zusätzliche Nachfrage ΔI verschiebt die gesamtwirtschaftliche Nachfragekurve im rechten Teil der Abbildung nach rechts und die Kreditnachfrage im linken Teil der Abbildung um denselben Betrag nach links. Die sich in beiden Teilen der Abbildung ergebende Zinserhöhung ist identisch. Entsprechendes gilt, wenn sich die gesamtwirtschaftliche Güternachfrage vermindern (also die Kurve nach innen verschieben) würde.

Würde man mit den Staatsausgaben für Güter und Dienste G eine weitere autonome Nachfragekomponente berücksichtigen, würde sich an den dargestellten Zusammenhängen prinzipiell nichts ändern. Am einfachsten ist das zu sehen, wenn man annimmt, dass G vollständig kreditfinanziert ist. Mit einer Erhöhung von G verschieben sich dann die gesamtwirtschaftliche Güternachfragekurve und die Kreditnachfragekurve um denselben Betrag nach rechts bzw. links.

Das klassische Modell ist angebotsseitig determiniert.

Im Zusammenhang mit Abbildung 10-1 haben wir gezeigt, dass über den Arbeitsmarkt und die Produktionsfunktion **sämtliche realen Größen des Systems** bestimmt sind: das reale Inlandsprodukt, die Beschäftigung und der

10.2 Das klassische Modell

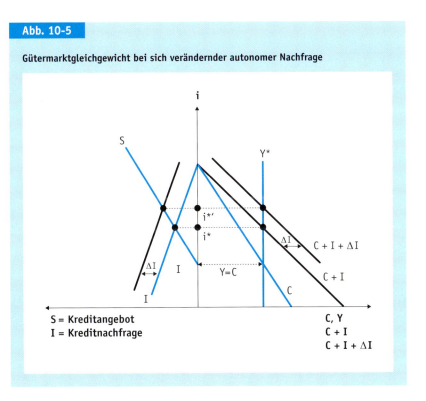

Abb. 10-5

Gütermarktgleichgewicht bei sich verändernder autonomer Nachfrage

S = Kreditangebot
I = Kreditnachfrage

Reallohnsatz. Man spricht deshalb beim klassischen Modell von einem **angebotsseitig determinierten Modell**. Lediglich die Aufteilung der Produktion auf Konsum und Investition wird über den Zins nachfrageseitig bestimmt.

10.2.3 Der Geldmarkt

Wir nehmen an, dass die nominale Geldmenge M vom Staat oder seiner Zentralbank exogen (d. h. durch Faktoren, die wir im vorliegenden Modell nicht untersuchen) bestimmt wird. Die Geldnachfrage ist im klassischen Modell nur abhängig vom Transaktionsvolumen, approximiert durch das Inlandsprodukt Y. Da Vermögenshaltung in Form von Kasse wegen der entstehenden Opportunitätskosten (Verlust an Zinsertrag aus der stets möglichen verzinslichen Anlage) als irrational angesehen wird, ist die Geldnachfrage nicht zinsabhängig. Im Allgemeinen wird eine lineare Beziehung zwischen der nachgefragten realen (in Gütereinheiten ausgedrückten) Transaktionskasse und Y unterstellt: $L^d = kY$.

Die Größe k ist der **Kassenhaltungskoeffizient**: $k = \frac{L^d}{Y}$.

Als verhaltensbestimmte Größe gibt der Kassenhaltungskoeffizient an, wie viele Euros die Wirtschaftseinheiten im Durchschnitt pro ein Euro Inlandspro-

Bestimmungsgrößen der Geldnachfrage

Der Kassenhaltungskoeffizient k beschreibt die durchschnittliche Verweildauer des Geldes.

10.2 Basismodelle der klassischen und keynesianischen Makroökonomik
Das klassische Modell

dukt halten wollen. Anders ausgedrückt entspricht k der gewünschten durchschnittlichen Verweildauer einer Geldeinheit in den Kassen der Wirtschaftssubjekte, bevor sie wieder für Güterkäufe verwendet wird. Hat k z. B. den Wert ½, so wird pro 1 Einheit Y ½ Euro für Güterkaufe gewünscht. Das bedeutet auch, dass 1 Euro auf das Jahr bezogen eine geplante Verweildauer von 6 Monaten aufweist. Man spricht in diesem Zusammenhang auch von der Umlaufgeschwindigkeit des Geldes v, die in unserem Beispiel 2 betragen würde: Dann wird jeder Euro im Durchschnitt im Jahr zweimal für Inlandsproduktkäufe verwendet.

Allgemein: $v = \dfrac{1}{k}$

Geldmarktgleichgewicht herrscht, wenn die reale Geldnachfrage L dem vorhandenen realen Geldbestand M/P (dem Geldangebot) entspricht:

$$L^d = k \cdot Y = \dfrac{M}{P}.$$

Man geht davon aus, dass der Kassenhaltungskoeffizient eine Verhaltensgröße ist, die durch die Zahlungssitten und den Entwicklungsstand des Geldsystems in einer Volkswirtschaft bestimmt wird und sich mittelfristig nicht ändert. Berücksichtigt man ferner, dass über den Gütermarkt das gleichgewichtige Y bestimmt ist, gilt:

$k = \bar{k}$ und $Y = Y^*$.

Dann ist mit der Geldmenge das Preisniveau fixiert:

$$\bar{k} \cdot Y^* = \dfrac{M}{P}$$

Außerdem erkennt man, dass P sich proportional zu M verändert. Steigt also die Geldmenge um 10 Prozent, so steigt im klassischen Modell das Preisniveau ebenfalls um 10 Prozent. Dieser Sachverhalt ist auch als **Quantitätstheorie des Geldes** bekannt.

Die Quantitätstheorie des Geldes: proportionaler Zusammenhang zwischen Geldmenge und Preisniveau.

Wegen $\bar{v} = \dfrac{1}{\bar{k}}$ lässt sich Geldmarktgleichgewicht auch beschreiben als:

$$\dfrac{1}{\bar{v}} \cdot Y^* = \dfrac{M}{P} \Rightarrow \bar{v} \cdot M = Y^* \cdot P,$$

einer häufig verwendeten Formulierungsvariante der Quantitätstheorie, die ebenfalls deutlich zeigt, dass das Preisniveau im klassischen Modell proportional zur Geldmenge ist.

Klassische Dichotomie und Neutralität des Geldes

Da Y aus dem realen Sektor (Arbeitsmarkt und Produktionsfunktion) als Y^* bestimmt ist, folgt, dass Geldmengenänderungen keinerlei reale Effekte auf die Volkswirtschaft haben. Der reale Sektor (bestehend aus Arbeitsmarkt, Produktionsfunktion und fixiertem Güterangebot) und der Geldmarkt bestehen verbindungslos nebeneinander (**klassische Dichotomie**). Geld hat keinen Einfluss auf die realen Größen des Systems (die reale Sphäre). Es ist also **Neutralität des Geldes** gegeben.

Die Geldmenge bestimmt nur das Preisniveau und damit bei gegebenen Werten der realen Variablen des Systems (z. B. Y^*, $(W/P)^*$ und N^*) durch Multiplikation mit P deren Nominalwerte (z. B. $Y^{*\,nom} = Y^* \cdot P$). Geld liegt wie ein »Schleier« über den realen Transaktionen, beeinflusst diese aber nicht.

Abb. 10-6

Quantitätstheorie

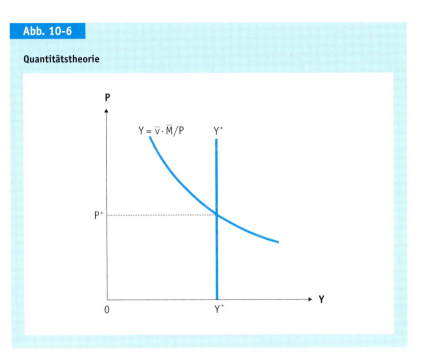

Der in der Quantitätstheorie formulierte Zusammenhang zwischen M und P wird häufig für gegebenes M grafisch mithilfe der Abbildung 10-6 illustriert.

In der Abbildung zeigt die eingezeichnete Kurve (Hyperbel), welche (P, Y)-Kombinationen bei gegebenem $\bar{v}$ mit einer gegebenen Geldmenge $\bar{M}$ vereinbar sind. Zeichnen wir zusätzlich das über den Arbeitsmarkt und die Produktionsfunktion gegebene Y* als Parallele zur P-Achse in die Abbildung ein, so erhalten wir das gleichgewichtige Preisniveau P*.

Abbildung 10-7 fasst unsere Betrachtungen zum klassischen Modell zusammen. In dem mit III bezeichneten Quadranten ist nochmals der Arbeitsmarkt dargestellt. Quadrant IV enthält die Produktionsfunktion, über die – zusammen mit dem Arbeitsmarktgleichgewicht – das Güterangebot bestimmt wird. Im Quadranten I wird das Preisniveau bestimmt. Wenn das Preisniveau und der Reallohnsatz feststehen, dann ist auch der in Geldeinheiten ausgedrückte Lohnsatz bestimmt, der sich immer so dem Preisniveau anpasst, dass der gleichgewichtige Reallohnsatz erhalten bleibt. Damit ist das Güterangebot unabhängig von der Höhe des Preisniveaus, was im Quadranten II grafisch illustriert ist. Im Quadranten V ist der Gütermarkt dargestellt. Man erkennt, wie über den gleichgewichtigen Zins i* die Güternachfrage an das Güterangebot angepasst und die Verwendung der Produktion für Konsum und Investitionen bestimmt wird. Wie schon erwähnt, haben wir zur Vereinfachung den Staat bei der Darstellung des klassischen Modells nicht berücksichtigt. In diesem Fall ist sehr einfach erkennbar, dass beim gleichgewichtigen Zins auch Investitionen und Ersparnis

10.2 Basismodelle der klassischen und keynesianischen Makroökonomik
Das klassische Modell

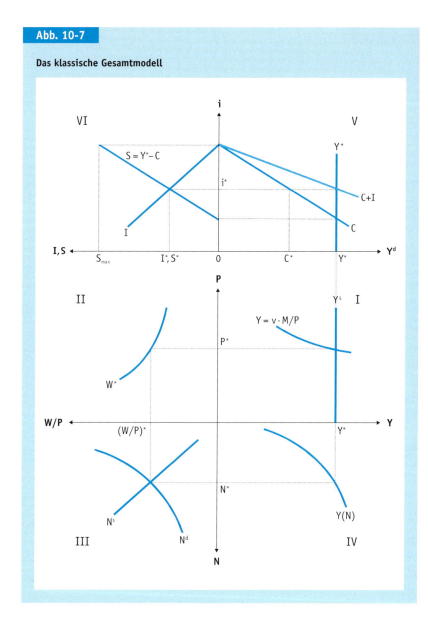

Abb. 10-7

Das klassische Gesamtmodell

Bestimmung des Gütermarktgleichgewichtes über die Übereinstimmung von Sparen und Investition

übereinstimmen. Besonders deutlich wird dies noch einmal im Quadranten VI, der unmittelbar aus der Gütermarktdarstellung abgeleitet wurde, also über den Demonstrationseffekt I = S hinaus keine eigenständige Funktion hat. Die private Ersparnis ergibt sich als horizontale Differenz zwischen privatem Konsum und dem Nationaleinkommen Y^*. Die Investitionen aus Quadrant V werden durch Spiegelung an der i-Achse in den Quadranten VI übertragen. Es bestätigt sich, dass sich das Gütermarktgleichgewicht in der geschlossen Volkswirtschaft ohne Staat auch als (I = S)-Gleichgewicht dargestellt werden kann. Als Besonderheit ist lediglich anzumerken, dass im klassischen System Sparen automatisch mit dem vollständigen Angebot der gesparten Mittel auf dem Wertpapiermarkt verbunden ist. Dies wäre nicht zwangsläufig, wenn man – anders als im klassischen Modell – Geldhortung zum Zwecke der Vermögenshaltung als rationale Alternative der Wirtschaftseinheiten zulassen würde.

10.3 Der traditionelle Keynesianismus

Auf dem Hintergrund der Weltwirtschaftskrise zu Beginn der 1930er-Jahre des letzten Jahrhunderts wurde immer offensichtlicher, dass das klassische Modell nicht die damalige Realität beschrieb. Insbesondere viele Millionen von Arbeitslosen waren schlecht mit der klassischen Sicht der Vollbeschäftigung vereinbar. Zwar wiesen Verteidiger der klassischen Theorie darauf hin, dass die Theorie langfristig (bzw. mittelfristig) konzipiert sei und zu ihrer Gültigkeit insbesondere auch Güterpreise und Geldlöhne flexibel sein müssten. Die reklamierte langfristige Gültigkeit des klassischen Modells wies *John Maynard Keynes*, der Begründer des späteren Keynesianismus, mit dem berühmt gewordenen Satz »in the long run we are all dead« medienwirksam zurück. *Keynes* formulierte in seinem Buch »A General Theory of Employment, Interest and Money«, das 1936 erschien, einen alternativen Theorieansatz, der kurzfristig orientiert war und im Gegensatz zum klassischen Modell die Rolle der Nachfrage in den Vordergrund der Analyse stellte.

Das sehr komplex geschriebene Werk wurde in der Folge insbesondere von den Ökonomen *Hicks* und *Hansen* in Form des berühmten »IS/LM-Modells« vereinfachend zusammengefasst und dominierte in dieser Form in der Folge über Jahrzehnte die Lehrbücher der Ökonomie, aber auch die praktische Wirtschaftspolitik.

Die Weltwirtschaftskrise der 1930er-Jahre brachte das klassische Modell in Schwierigkeiten.

10.3.1 Der keynesianische Gütermarkt

Die Grundidee der keynesianischen Theorie lasst sich am Gütermarkt festmachen. Da es sich um eine Analyse der kurzen Frist handelt (praktisch kann man sich hierunter einen Zeitraum von 1–3 Jahren vorstellen) und von unterausgelasteten Kapazitäten der Unternehmen ausgegangen wird, wird das Güterpreisniveau in der Volkswirtschaft ebenso wie auch der Lohnsatz bei Ausweitung der Produktion als gegeben angenommen.

Bei dem gegebenen Güterpreisniveau orientiert sich das Güterangebot (sofern es zumindest kostendeckend produziert werden kann) immer an der Güternachfrage. Steigt diese, wird sie von den Unternehmen durch Produktion eines höheren Inlandsproduktes befriedigt, sinkt die Nachfrage, passt sich die Produktion nach unten an.

Basismodelle der klassischen und keynesianischen Makroökonomik
Der traditionelle Keynesianismus

Das Angebot der Unternehmen wird durch die Nachfrage bestimmt.

Man kann das Angebotsverhalten der Unternehmer in dem Modell auch ausdrücken, indem man sagt, das Güterangebot sei bei dem gegebenen Preisniveau vollkommen elastisch (die Güterangebotskurve ist eine Parallele zur Outputachse im Abstand des gegebenen Preisniveaus). Welche Menge angeboten wird, hängt allein von der Nachfrage ab.

Die Höhe der »effektiven Nachfrage« ist also im traditionellen Keynesianismus die entscheidende Bestimmungsgröße für die Höhe der Produktion. Als »effektiv« wird die Nachfrage bezeichnet, weil es nicht die hypothetische Nachfrage ist, die bei einem geplanten optimalen Arbeitsangebot (vgl. Kapitel 4.5.8) und damit bei gegebenem Reallohn **geplanten** Einkommen getätigt wird, sondern diejenige, die sich beim tatsächlich (etwa auch bei Arbeitslosigkeit) erzielten Einkommen der Haushalte ergibt.

Die wesentlichen Komponenten der Endnachfrage haben wir in Kapitel 8 kennen gelernt: Die Nachfrage nach Endprodukten Y^d setzt sich in einer Volkswirtschaft ohne außenwirtschaftliche Beziehungen (Modell der geschlossenen Volkswirtschaft) zusammen aus der privaten Konsumnachfrage C_{Pr}, der privaten Investitionsnachfrage I_{Pr} und den staatlichen Ausgaben für Güter und Dienste G: $Y^d = C+I+G$. Sofern keine Missverständnisse möglich sind, lassen wir im Folgenden den tiefer gestellten Index »Pr« weg. Ohne Index ist C bzw. S dann immer der private Konsum bzw. die private Ersparnis. Die Höhe der staatlichen Nachfrage nach Gütern und Diensten wird in einfachen Analysen als von staatlichen Überlegungen abhängige, im Modellzusammenhang exogen gegebene Größe angesehen. Die Höhe der Investitionen wird bei gegebenen Zukunftseinschätzungen der Investoren von der Höhe des Wertpapierzinssatzes bestimmt (vgl. Kapitel 5.11). Wir wollen den Wertpapierzins und damit die Investitionen aber zunächst auch als konstant ansehen. Damit bleibt die Frage, was die Höhe der Konsumnachfrage der privaten Haushalte bestimmt.

Dominanz des laufenden verfügbaren Einkommens in der keynesianischen Konsumfunktion

Eine wichtige Annahme von Keynes ist, dass die private Konsumnachfrage vor allem vom **verfügbaren Einkommen** der Haushalte abhängt. Unter dem verfügbaren Einkommen verstehen wir vereinfachend die Differenz aus den Nationaleinkommen Y und den Nettoeinkommensteuern T (Einkommensteuern minus Staatstransfers an Haushalte). Von der Existenz sonstiger Steuern wird abgesehen.

Es gilt dann: Je höher das verfügbare Einkommen Y_v der Haushalte, desto höher ihr Konsum und umgekehrt (so genannte absolute Einkommenshypothese des Konsums). Genauer wird der Zusammenhang zwischen privatem Konsum der Haushalte und ihrem Einkommen häufig in der folgenden **Konsumfunktion** ausgedrückt:

$$C = C^a + c \cdot Y_v$$

Der Konsum in Abhängigkeit von Y

Wir unterstellen zur Vereinfachung, dass es keine Einkommensteuer und keine Transfers des Staates an die Privaten Haushalte gibt. Unter diesen Bedingungen ist das verfügbare Einkommen gleich ist dem Nationaleinkommen: $Y=Y_v$. Der Zusammenhang zwischen privatem Konsum der Haushalte und ihrem

Einkommen kann dann durch in die folgende **Konsumfunktion** ausgedrückt werden:

$C = C^a + c \cdot Y_v = C^a + c \cdot Y$.

Dabei bezeichnet C^a den vom Einkommen unabhängigen Teil des Konsums, der z. B. von sozialen Mindeststandards, dem Vermögen oder anderen außerhalb der Untersuchung stehenden Größen bestimmt wird. Wichtig in der Konsumfunktion ist die Größe c, bei der es sich um die berühmte keynesianische **Grenzneigung zum Konsum** handelt, auch **marginale Konsumquote** genannt. Die Quote gibt an, um wie viel der Konsum zunimmt (abnimmt), wenn das Einkommen der privaten Haushalte um eine Einheit steigt (sinkt).

In Abbildung 10-8 ist die Konsumfunktion $C = C^a + c \cdot Y$ für den Fall dargestellt, dass c konstant ist und zwischen 0 und 1 liegt. Empirische Untersuchungen zeigen, dass eine Konsumquote von circa 0,8 dem Verhalten der Privaten Haushalte näherungsweise entspricht. Die Funktion zeigt, dass der Konsum um c Einheiten zunimmt (zurückgeht), wenn das Einkommen um eine Einheit steigt (sinkt). Der nicht konsumierte Teil des Einkommens wird gespart. Bezeichnet man das zusätzliche Sparen, das mit einer zusätzlichen Einheit Einkommens einhergeht, als **marginale Sparquote**, so ergänzen sich

Marginale Konsum- und marginale Sparquote

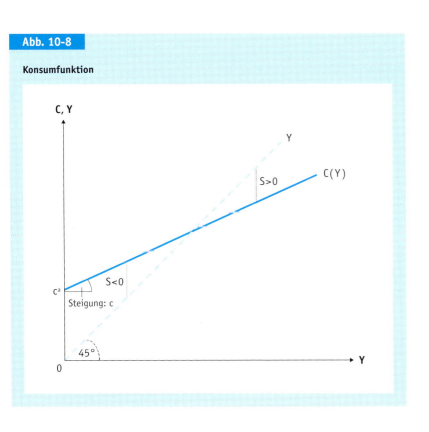

Abb. 10-8

Konsumfunktion

marginale Sparquote und marginale Konsumquote (beide in Bezug auf das Einkommen) zu eins. In der Grafik wird dies deutlich, indem wir die 45°-Linie als Hilfslinie verwenden, die die auf der Abszisse abgetragenen Einkommen als Ordinatenwert spiegelt. Die vertikalen Differenzen zwischen der Konsumfunktion und der 45°-Linie zeigen dann das geplante positive oder negative Sparen der Haushalte an.

Komponenten der gesamtwirtschaftlichen Güternachfrage

Neben dem Konsum haben wir in der geschlossenen Volkswirtschaft als weitere Bestandteile der gesamtwirtschaftlichen Güternachfrage die (annahmegemäß) einkommensunabhängigen Staatsausgaben für Güter und Dienste und die (annahmegemäß) ebenfalls von der Höhe des Einkommens unabhängigen Investitionen. Die Höhe der Investitionen ist mit der Höhe des Zinssatzes bestimmt (vgl. Kapitel 5.11), den wir zunächst ebenfalls als konstant betrachten wollen.

Bezeichnen wir die gesamtwirtschaftliche Güternachfrage mit Y^d, so gilt unter diesen Annahmen:

$$Y^d = C^a + c \cdot Y + I + G.$$

Gütermarktgleichgewicht

Bezeichnen wir das Güterangebot (das produzierte Inlandsprodukt) mit $Y^S = Y$ und unterstellen wir, dass sich das Güterangebot unverzüglich an die Güternachfrage anpasst, so herrscht bei sofortiger Anpassung stets Gleichgewicht auf dem Gütermarkt. Also gilt:

$$Y = C^a + c \cdot Y + I + G.$$

Löst man diese Gleichung nach Y auf, so ergibt sich:

$$Y = \frac{1}{1-c} \cdot (C^a + I + G)$$

Elementarer Multiplikator

Das Gleichgewichtseinkommen ist also ein durch den Ausdruck $1/(1-c) > 1$ gegebenes Vielfaches der gesamten **autonomen Nachfrage**. $C^a + I + G$. Der Bruch $1/(1-c)$ wird als **elementarer Einkommensmultiplikator** bezeichnet. Elementar wird dieser Multiplikator genannt, weil er sich nur auf den Gütermarkt bezieht. Man spricht auch vom Multiplikator im einfachen Einkommen-Ausgaben-Modell. Weiter unten lernen wir den IS/LM-Einkommensmultiplikator kennen, welcher etwaige Rückwirkungen von anderen Märkten berücksichtigt.

Das »keynesianische Kreuz«

Durch Verwendung der 45⁰-Linie, die das auf der Abszisse dargestellt Güterangebot auf die Ordinate spiegelt, können wir das Gütermarktgleichgewicht im »Keynesianischen Kreuz« durch Vergleich von Güternachfrage und Güterangebot auch übersichtlich **grafisch** darstellen (Abbildung 10-9).

Im Punkt E*, also beim Inlandsprodukt Y*, entsprechen sich in diesem einfachen **»Einkommen-Ausgaben-Modell«** Güterangebot und -nachfrage, der Gütermarkt ist also im Gleichgewicht. Allerdings liegt hier das gleichgewichtige Inlandsprodukt – im Unterschied zum klassischen Modell – **unterhalb** des Inlandsproduktes bei Vollbeschäftigung (Y_{VB}).

10.3 Der traditionelle Keynesianismus

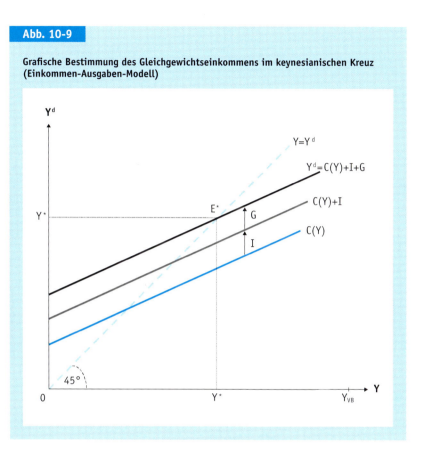

Abb. 10-9

Grafische Bestimmung des Gleichgewichtseinkommens im keynesianischen Kreuz (Einkommen-Ausgaben-Modell)

Links von Y^* ist die Güternachfrage größer als das Güterangebot. Das Güterangebot wird also steigen. Rechts von Y^* ist die Nachfrage kleiner als das Güterangebot, das Güterangebot wird also sinken.

Ein wichtiges Element des Keynesianismus lässt sich ebenfalls mithilfe des keynesianischen Kreuzes illustrieren: das Prinzip des **elementaren Einkommensmultiplikators** (Abbildung 10-10).

Will der Staat die Produktion und die Beschäftigung (eine hohere Produktion lässt sich bei gegebenem Kapitalbestand nur bei höherer Beschäftigung erstellen) anheben und steigert er deshalb seine Nachfrage **dauerhaft** um den Betrag 100, so erhöht sich das Gleichgewichtseinkommen um mehr als 100. Die Wirkungen der Finanzierung der Staatsausgaben werden im vorliegenden Modellzusammenhang vernachlässigt, ebenso etwaige Rückwirkungen auf den Zins und damit auf die Investitionen.

Man erkennt anhand der Grafik, dass die Zunahme des gleichgewichtigen Einkommens ΔY deutlich über der Zunahme der Staatsausgaben ΔG liegt. Zu diesem **multiplikativen Effekt** kommt es wie folgt: Wenn der Staat seine Ausgaben G um 100 steigert, so passen die Unternehmen ihr Güterangebot die-

Das Multiplikatorprinzip

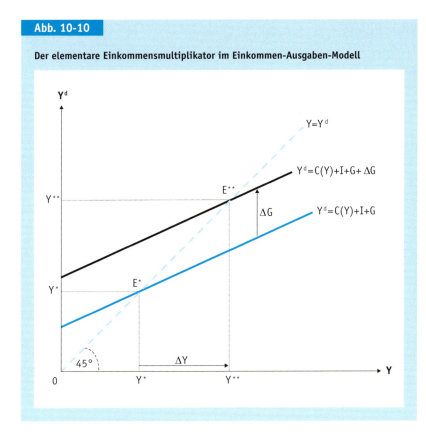

Abb. 10-10

Der elementare Einkommensmultiplikator im Einkommen-Ausgaben-Modell

ser Nachfrage an. Produktion und Einkommen steigen also durch diesen »Anstoßeffekt« um 100. Damit ist der Prozess jedoch nicht abgeschlossen. Da die Haushalte ihren Konsum am Einkommen orientieren und dieses gestiegen ist, werden sie mehr Güter nachfragen. Die Unternehmen befriedigen annahmegemäß die erhöhte Nachfrage, wodurch Produktion und Einkommen erneut steigen. Dieser Prozess der **konsuminduzierten Einkommenssteigerung** setzt sich – da ein Teil des zusätzlichen Einkommens annahmegemäß gespart wird ($0 < s = 1 - c < 1$) – mit kleiner werdenden Schritten fort, bis (theoretisch nach unendlich vielen, praktisch nach mehreren Schritten) das neue, höhere Gleichgewichtseinkommen erreicht wird.

Unterstellt man eine marginale Konsumquote in Bezug auf das Nationaleinkommen von 0,75 und eine verzögerte Reaktion des Konsums in Bezug auf das Einkommen um 1 Periode (z. B. um einen Monat), so kann man sich den Einkommensmultiplikator als Sequenz der in Tabelle 10-1 dargestellten Schritte vorstellen.

In **Periode 0** herrscht bei gegebener Höhe von Staatsausgaben, Investitionen, autonomen Konsum und Grenzneigung zum Konsum ein Gleichgewichtseinkommen von 3.200, denn bei diesem Einkommen entsprechen sich gerade

Tab. 10-1

Die Entwicklung von Y^d und Y bei einer dauerhaften Erhöhung der Staatsnachfrage

Periode	Staatsausgaben	Investitionen	Autonomer Konsum	Einkommensabhängiger Konsum	Nachfrage nach Y (Y^d)	Produktion (Y)
0	400	300	100	2.400	3.200	3.200
1	500	300	100	2.400	3.300	3.300
2	500	300	100	2.475	3.375	3.375
3	500	300	100	2.531,25	3.431,25	3.431,25
4	500	300	100	2.573,44	3.473,44	3.473,44
5	500	300	100	2.605,10	3.505,10	3.505,10
6	500	300	100	2.628,81	3.528,81	3.528,81
...	...	...	...	...	...	...
∞	500	300	100	2.700	3.600	3.600

Güternachfrage und Güterangebot. In **Periode 1** erhöht der Staat seine Ausgaben für Güter um 100. Da die Produktion annahmegemäß sofort auf die Erhöhung der Nachfrage mit einer gleich großen Erhöhung reagiert, steigen Inlandsprodukt und Nationaleinkommen in der Periode 1 um 100. In **Periode 2** reagieren die Haushalte auf die Erhöhung ihres Einkommens in Periode 1 um 100 gemäß ihrer marginalen Konsumquote mit einer Erhöhung ihrer einkommensabhängigen Nachfrage um 75 auf insgesamt 2.475. Die gesamtwirtschaftliche Nachfrage (einschließlich der Staatsnachfrage und Investitionen) beträgt also 3.375. Die Produktion reagiert unmittelbar auf diese Erhöhung der Nachfrage und steigt (gegenüber der Periode 1 um 75) auf ebenfalls 3.375. In **Periode 3** führt die erneute Einkommenssteigerung in Periode 2 in Höhe von 75 zu einer erneuten Zunahme des Konsums gegenüber der Periode 2 um $100 \cdot 0{,}75 \cdot 0{,}75 = 56{,}25$ auf insgesamt 2.531,25. Die Gesamtnachfrage steigt damit auf 3.431,25, einer Nachfrage, an die sich die Produktion sofort durch eine Erhöhung auf 3.431,25 anpasst. Aufgrund der Einkommenszunahme in Periode 3 um 56,25 steigt der Konsum in **Periode 4** im Vergleich zu Periode 3 nochmals um $0{,}75 \cdot 56{,}25 = 42{,}19$ auf 2.573,44, was einer Gesamtnachfrage von 3.473,44 entspricht. Die Unternehmer befriedigen diese gestiegene Nachfrage sofort und erstellen ein Inlandsprodukt in Höhe von 3.473,44 usw. Dieser Prozess der Aufschaukelung des Konsums und damit der Gesamtnachfrage setzt sich fort, bis schließlich (streng genommen nach unendlich vielen Perioden) das neue Gleichgewichtseinkommen bei Y = 3.600 erreicht wird. Eine einmalige dauerhafte Erhöhung der Staatsausgaben um 100 erhöht also das Gleichgewichtseinkommen in der Volkswirtschaft um 400.

Der Multiplikatorprozess als Formel

Es gilt:

$$\Delta Y = \frac{1}{1-0{,}75} \cdot 100 = 400 \text{ oder allgemein}$$

$$\Delta Y = \frac{1}{1-c} \cdot \Delta G = \frac{1}{s} \cdot \Delta G$$

mit $s = 1 - c$ als marginaler Sparquote.

Der Ausdruck $1/(1-c) > 1$ gibt den berühmten keynesianischen (elementaren) **Einkommensmultiplikator** an (hier in Bezug auf die autonomen Staatsausgaben). Er zeigt, dass die Einkommenserhöhung im neuen Gütermarktgleichgewicht nach einer einmaligen, aber dauerhaften Erhöhung der Staatsausgaben bei einer marginalen Konsumquote von 0,75 viermal so groß ist wie die Staatsausgabenerhöhung selbst.

Der Grund liegt in der zusätzlich zu der Staatsausgabenerhöhung erfolgenden **einkommensinduzierten Konsumerhöhung**. Der Multiplikator ist umso größer, je größer die marginale Konsumquote c ist. Welche Komponente der autonomen Nachfrage (G, C^a, I) sich erhöht, ist für die Höhe des Multiplikators und damit für die resultierende Einkommensänderung bedeutungslos.

10.3.2 Die IS-Kurve

Bislang haben wir im Rahmen der Bestimmung des Gleichgewichtseinkommens auf dem Gütermarkt und des elementaren Einkommensmultiplikators die Investitionen als exogen gegeben und konstant angenommen. Wir verallgemeinern jetzt unsere Überlegungen, indem wir zinsabhängige Investitionen berücksichtigen: $I = I(i)$, wobei die Investitionen mit abnehmendem Zins zunehmen. Die gesamtwirtschaftliche Güternachfrage ist dann gegeben als $Y^d = C(Y) + I(i) + G$ und im Gütermarktgleichgewicht gilt $Y = C(Y) + I(i) + G$.

Bei variablem Zins (und damit variablen Investitionen) ist allein durch Betrachtung des Gütermarktes kein eindeutiger Gleichgewichtsoutput Y^* bestimmbar, da dieser jetzt von der Höhe des Zinses abhängt. Je niedriger der Zinssatz, desto höher die Investitionen, desto höher das Gleichgewichtseinkommen, da sich mit zunehmenden Investitionen die Güternachfragekurve im keynesianischen Kreuz ceteris paribus (d.h. bei konstanter Konsumfunktion und konstantem G) nach oben verschiebt. Man nennt diesen Zusammenhang zwischen Zins und dem zugeordneten Gleichgewichtsoutput Y auf dem Gütermarkt IS-Funktion, ihr grafisches Bild die IS-Kurve.

Definition der IS-Kurve

Die **IS-Kurve** zeigt, bei welchen Kombinationen von Zins und Inlandsprodukt (Nationaleinkommen) Gleichgewicht auf dem Gütermarkt herrscht.

Die Steigung dieser Kurve ist negativ, da einem höheren Zins ein niedrigeres Gleichgewichtseinkommen und einem niedrigeren Zins ein höheres Gleichgewichtseinkommen entspricht.

10.3 Der traditionelle Keynesianismus

Abb. 10-11

Herleitung der IS-Kurve

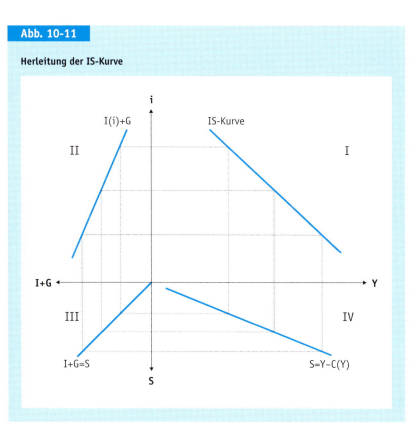

Grafische Herleitung der IS-Kurve

In der Abbildung 10-11 leiten wir die IS-Kurve etwas genauer ab und erkennen dabei, wovon es abhängt, ob die IS-Kurve steiler oder flacher verläuft. Dabei benutzen wir eine alternative Formulierung für das Gütermarktgleichgewicht (bei Vernachlässigung von Steuern):

Alternative Formulierung des Gütermarktgleichgewichtes

$I(i) + G = S(Y)$.

Diese Bedingung besagt nichts anderes, als dass das Güterangebot genau der Güternachfrage entspricht. Denn aus der Gütermarktgleichgewichtsbedingung

$Y = C(Y) + I(i) + G$

folgt nach Abzug des privaten Konsums auf beiden Seiten:

$Y - C(Y) = I(i) + G$.

Da das private Sparen S definiert ist als $S = Y - C(Y)$, folgt:

$S(Y) = I(i) + G$

oder kurz $S = I + G$.

10.3 Basismodelle der klassischen und keynesianischen Makroökonomik
Der traditionelle Keynesianismus

Im linken oberen Teil der Abbildung (Quadrant II) sind die zinsabhängigen Investitionen dargestellt, vermehrt um die konstanten Staatsausgaben G. Im rechten unteren Teil der Abbildung (Quadrant IV) ist die Sparfunktion in Abhängigkeit vom Einkommen abgetragen. Die 45°-Linie im Quadranten III repräsentiert alle Kombinationen von S und I+G, bei denen Gütermarktgleichgewicht (also I+G = S) herrscht. Bei einem bestimmten Zins ergibt sich ein bestimmter Wert von I+G (Quadrant II). Diesem Wert ist über die (I+G=S)-Gerade diejenige Ersparnis zugeordnet, bei der Gleichgewicht auf dem Gütermarkt herrscht (Quadrant III). Über die Sparfunktion wird dann in Quadrant IV das zugehörige Einkommen bestimmt. Die im Quadranten I dargestellte IS-Kurve stellt also alle Kombinationen von Y und i dar, welche mit der Sparfunktion (Quadrant IV), mit der Investitions- und Staatsausgabenfunktion (Quadrant II) und mit Gütermarktgleichgewicht (Quadrant III) kompatibel sind. Man kann unschwer erkennen, dass die IS Kurve umso flacher verläuft,

> Die konkrete Steigung der IS-Kurve hängt davon ab, wie stark die Investitionen auf Zinsänderungen und die Ersparnis auf Einkommensänderungen reagieren.

▸ je stärker die Investitionen auf den Zins reagieren (je flacher also die (I(i) + G)-Linie verläuft) und
▸ je flacher die Sparfunktion verläuft, je kleiner also die marginale Sparquote ist.

> Zinsunabhängige Investitionen: die erste »keynesianische Rigidität«

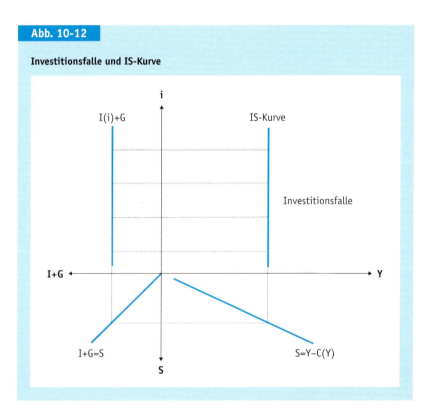

Abb. 10-12

Investitionsfalle und IS-Kurve

Ein Spezialfall ist gegeben, wenn die Investitionen nicht auf die Zinssatzänderung reagieren (»Investitionsfalle«): Es kommt dann weder zu einem Anstoß- noch zu einem Multiplikatoreffekt, sodass die gesamtwirtschaftliche Nachfrage und damit das gleichgewichtige Inlandsprodukt unverändert bleiben. Die IS-Kurve verläuft dann senkrecht (vgl. Abbildung 10-12).

Wir haben oben gezeigt, dass eine Erhöhung der Staatsausgaben bei konstantem Zinssatz und damit bei konstanten Investitionen einen expansiven Multiplikatorprozess auslöst. Diese Überlegung gilt für jeden Zinssatz der IS-Kurve. Deshalb verschiebt sich die IS-Kurve bei Erhöhung der Staatsausgaben für Güter und Dienste nach rechts: Bei jedem gegebenem Zinssatz steigt das zugehörige Gleichgewichtseinkommen gemäß dem **elementaren Multiplikator** an. Der Wert von G bestimmt also die Lage der IS-Kurve, ist »Lageparameter«.

Der Leser kann diesen Zusammenhang auch anhand von Abbildung 10-13 nachvollziehen.

Zum Abschluss noch eine Anmerkung zur Bezeichnung »IS-Kurve«. Wie bereits oben dargelegt, lässt sich das Gütermarktgleichgewicht auch beschreiben durch die Bedingung I+G = S. Eben solche Gleichgewichtswerte des Nationaleinkommens stellt die »I(i)+G = S(Y)«-Kurve dar, verkürzt geschrieben als »IS-Kurve«, für unterschiedliche Zinssätze im (Y,i)-Diagramm.

Abb. 10-13

Verschiebung der IS-Kurve durch eine Staatsausgabenerhöhung

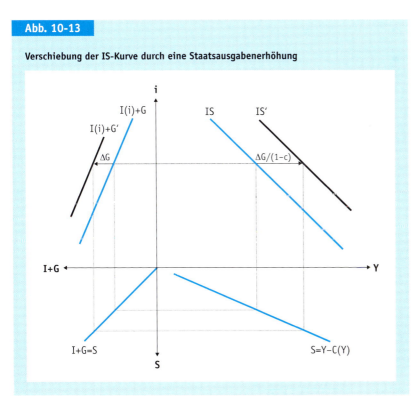

Eine dauerhafte Erhöhung von G verschiebt die IS-Kurve dem elementaren Multiplikator entsprechend nach rechts.

10.3.3 Der Geldmarkt und die LM-Kurve

Auf die Geldnachfrage und das Geldangebot wird im 17. Kapitel ausführlich eingegangen. Hier betrachten wir – wie im klassischen Modell – das nominale Geldangebot M, das gleich der Geldmenge in der Volkswirtschaft ist, als vom Staat (oder seiner Zentralbank) exogen festgelegte Größe.

Geld benötigt man (fragt man nach) – wie im klassischen Modell beschrieben –, um Zahlungen für Güterkäufe durchführen zu können. Geld kann aber auch nachgefragt werden, weil man sein Vermögen (oder Teile davon) in Form von Geld halten will. Diese Form der Geldhaltung (»spekulative Geldnachfrage«) hat zuerst *John Maynard Keynes* berücksichtigt. Die Neigung, sein Vermögen in Geldform halten zu wollen, wird mit abnehmendem Zins zunehmen, da die Opportunitätskosten der Geldhaltung – die entgangenen Wertpapierzinsen – sinken. Damit ist plausibel, dass die Geldnachfrage vom Inlandsprodukt (als Maßgröße für die geplanten Güterkäufe und -verkäufe) positiv und vom Zins negativ abhängt. Bezieht man sich auf die in Gütereinheiten ausgedrückte so genannte reale Geldnachfrage, so gilt also

Keynes sieht Geld auch als ein Mittel, um Vermögen zu halten.

$$L = L(\underset{+}{Y}, \underset{-}{i}),$$

wobei das Pluszeichen unter dem Y bzw. Minuszeichen unter dem i anzeigt, dass die reale Geldnachfrage bei einer **Zunahme** von Y steigt bzw. bei einer **Zunahme** von i sinkt.

Zeichnen wir die reale Geldnachfrage in einem Diagramm allein in Abhängigkeit vom Zins, so wird die Nachfragekurve einen fallenden Verlauf aufweisen, da der Wunsch nach Geldhaltung wegen der abnehmenden Zinserträge auf Wertpapiere zunimmt. Bei den im Modell unterstellten **fest**verzinslichen Wertpapieren kann es für Anleger attraktiv sein, eine etwaige Wertpapieranlage hinauszuschieben, weil sie auf einen hinreichend höheren Zins in der Zukunft spekulieren (**spekulative Geldhaltung**). Je niedriger der Zins ausfällt, umso mehr Haushalte werden in diesem Sinne spekulieren, sodass die Geldnachfrage mit sinkendem Zins zunimmt. Dabei wird häufig angenommen, dass die Geldnachfrage umso elastischer auf Zinsänderungen reagiert (also umso flacher verläuft), je niedriger der Zins bereits ist. Dies kann z. B. dadurch begründet werden, dass bei sehr niedrigen Zinsen der Wunsch nach Geldhaltung stark zunehmen wird, weil sich verzinsliche Anlagen auch in Anbetracht der mit der Geldanlage verbundenen Mühe kaum noch lohnen.

Die spekulative Geldhaltung nimmt mit steigendem Zins ab.

Im Geldmarktgleichgewicht wird sich dann genau derjenige Zins einstellen, bei dem die reale Geldnachfrage L dem realen Geldangebot M/P entspricht. Abbildung 10-14 verdeutlicht den Sachverhalt.

Der Zins räumt den Geldmarkt.

Da die Geldhaltung auch vom Inlandsprodukt abhängt, gilt die obige Geldnachfragekurve nur bei einem bestimmten Y_0. Bei i_0 sind bei dem gegebenen Y_0 Angebot und Nachfrage nach Geld ausgeglichen. Es herrscht Gleichgewicht auf dem Geldmarkt.

Bei einem höheren Inlandsprodukt $Y_1 > Y_0$ ist die Geldnachfrage wegen der gestiegenen Transaktionskassennachfrage bei jedem Zins größer. Für steigende

Abb. 10-14

Reale Geldnachfrage und Geldmarktgleichgewicht

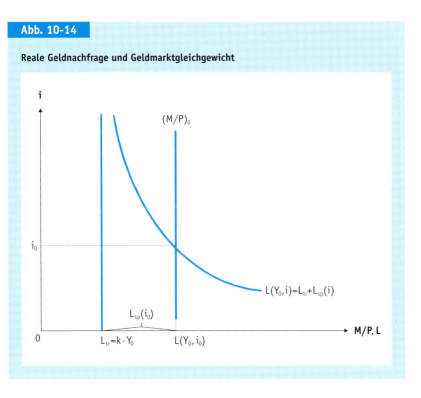

Inlandsprodukte erhält man also eine Schar von Geldnachfragekurven, die umso weiter rechts liegen, je höher Y ist.

Abbildung 10-15 verdeutlicht für die Inlandsprodukte Y_0 und Y_1 den Zusammenhang zwischen der Höhe des Inlandsproduktes und der Höhe des Gleichgewichtszinses.

Aus der Abbildung können wir unmittelbar entnehmen, dass der Gleichgewichtszins umso höher ausfällt, je größer Y und damit die gewünschte (reale) Transaktionskasse ist. Dieser Zusammenhang wird in der so genannten **LM-Kurve** festgehalten, die unterschiedlichen Inlandsprodukten unterschiedliche Gleichgewichtszinssätze zuordnet. Der Name erklärt sich daraus, dass der Kurve das Geldmarktgleichgewicht $L^{nominal} = P \cdot L = M$ zugrunde liegt. Den Zusammenhang zwischen Y und i bei Geldmarktgleichgewicht kann man sich plastisch auch wie folgt vorstellen: Das Inlandsprodukt steigt und die Wirtschaftseinheiten benötigen mehr Kasse zur Durchführung ihrer Güterkäufe. Da die Geldmenge insgesamt unverändert bleibt, versuchen die Wirtschaftseinheiten sich zusätzliches Geld durch Verkauf anderer Aktiva (z. B. von Wertpapieren) zu beschaffen. Dadurch werden vermehrt Wertpapiere angeboten, die nur bei einem höheren Zins auch nachgefragt werden.

Abbildung 10-16 zeigt, wie der Zusammenhang zwischen Y und dem Gleichgewichtszins auf dem Geldmarkt grafisch hergeleitet werden kann.

> Höheres Y impliziert ceteris paribus einen höheren Gleichgewichtszins.

10.3 Basismodelle der klassischen und keynesianischen Makroökonomik
Der traditionelle Keynesianismus

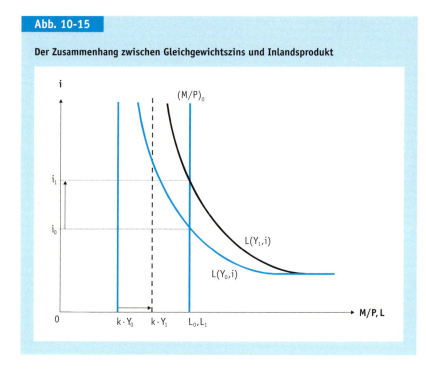

Abb. 10-15

Der Zusammenhang zwischen Gleichgewichtszins und Inlandsprodukt

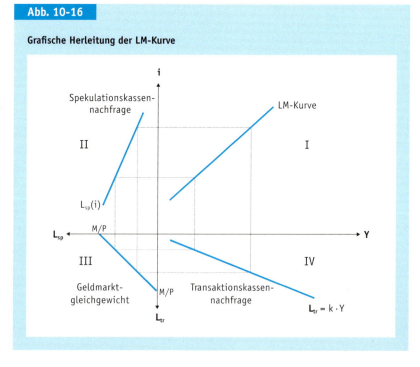

Abb. 10-16

Grafische Herleitung der LM-Kurve

Grafische Herleitung der LM-Kurve

Im Quadranten IV ist die Nachfrage nach (realer) Transaktionskasse in Abhängigkeit von Y dargestellt. Der Quadrant III zeigt die reale Geldmenge und ihre möglichen Aufteilungen auf Transaktions- und Spekulationskasse im Geldmarktgleichgewicht. Bei der für ein bestimmtes Y benötigten Transaktionskasse bleibt der Rest der realen Kasse zur Befriedigung der spekulativen Geldnachfrage. Damit kann bei gegebener spekulativer Geldnachfrage im Quadranten II der Gleichgewichtszins bestimmt und im Quadranten I die mit Geldmarktgleichgewicht vereinbare Kombination von Zins und Einkommen eingezeichnet werden. Wie schon erläutert, hat die LM-Kurve eine positive Steigung. Bei gegebenem Kassenhaltungskoeffizienten k wird die LM-Kurve umso flacher verlaufen, je zinsreagibler (flacher) die Nachfragekurve nach Spekulationskasse ist, je stärker die Wirtschaftseinheiten also mit ihrer spekulativen Geldhaltung auf eine gegebene Zinsänderung reagieren. Ein Grenzfall ist gegeben, wenn die Geldnachfrage zum Zwecke der Vermögensanlage vollkommen zinselastisch ist. Wie Abbildung 10-17 zeigt, ist die LM-Kurve dann (praktisch) eine Waagerechte, d.h. unabhängig von der Höhe von Y ist der zugeordnete Gleichgewichtszins (praktisch) identisch.

Was passiert, wenn (beim angenommen konstanten Preisniveau) die nominale Geldmenge steigt? Abbildung 10-18 zeigt die Auswirkungen der resultierenden Erhöhung der realen Geldmenge auf den Gleichgewichtszins bei gegebenem Y.

> Die LM-Kurve ist umso flacher, je stärker die spekulative Geldnachfrage auf Zinsänderungen reagiert.

Abb. 10-17

LM-Kurve und Liquiditätsfalle

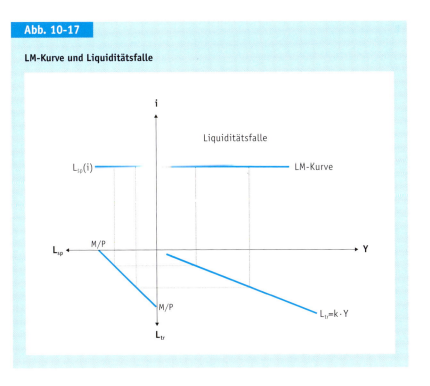

10.3 Basismodelle der klassischen und keynesianischen Makroökonomik
Der traditionelle Keynesianismus

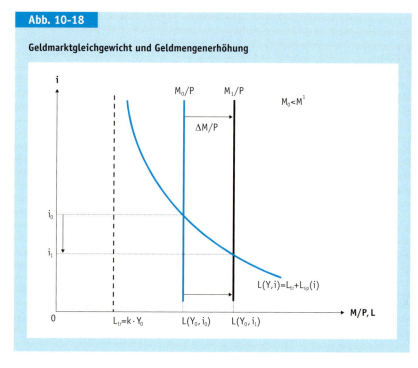

Abb. 10-18

Geldmarktgleichgewicht und Geldmengenerhöhung

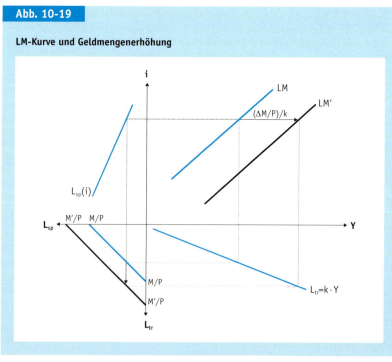

Abb. 10-19

LM-Kurve und Geldmengenerhöhung

Nach der Erhöhung der Geldmenge M könnte bei gegebenem Zins (also gegebener Spekulationskassen-Nachfrage) der Geldmarkt nur im Gleichgewicht bleiben, wenn die Nachfrage nach Transaktionskasse und damit Y hinreichend ansteigen würde. Da diese Feststellung für jedes i gilt, verschiebt sich die LM-Kurve nach rechts bzw. unten. Die **vertikale** Verschiebung wird dabei umso größer sein, je zinsunelastischer die Geldnachfrage reagiert. Der Grund ist, dass es bei geringer Zinsreagibilität der Geldnachfrage einer hohen Zinssenkung bedarf, damit die erhöhte Geldmenge bei gegebenem Y (also gegebener Nachfrage nach Transaktionskasse) von den Wirtschaftseinheiten gehalten werden würde. Die **horizontale** Verschiebung der LM-Kurve muss $1/k \cdot \Delta M/P$ betragen, da im Geldmarktgleichgewicht bei gegebenem Zins die Güternachfrage und damit auch das Inlandsprodukt Y so zunehmen müssten, dass die gesamte zusätzliche reale Geldmenge für Transaktionszwecke gehalten wird.

Abbildung 10-19 liefert eine grafische Herleitung der Verschiebung der LM-Kurve.

Auf den Sonderfall, dass der Schnittpunkt von realer Geldnachfragekurve und realer Geldmenge im vollkommen elastischen Bereich der Geldnachfragekurve liegt (Liquiditätsfalle), soll an dieser Stelle nicht näher eingegangen werden. Der Leser mache sich klar, dass die LM-Kurve in diesem Fall eine Waagerechte ist und Geldmengenerhöhungen zu keiner (spürbaren) Zinssenkung führen.

Liquiditätsfalle als Sonderfall

10.3.4 Simultanes Gleichgewicht auf dem Güter- und Geldmarkt

Es gibt sehr viele (streng genommen unendlich viele) Kombinationen von i und Y, die zu einem Gütermarktgleichgewicht führen, die also auf der IS-Kurve liegen. Ebenso gibt es sehr viele (streng genommen unendlich viele) Kombinationen von i und Y, die zu einem Gleichgewicht auf dem Geldmarkt führen, die also auf der LM-Kurve liegen.

> Zu gleichzeitigem (simultanem) Gleichgewicht auf dem Güter- und Geldmarkt führt aber nur eine (Y,i)-Kombination: die im Schnittpunkt von IS- und LM-Kurve.

Simultanes Gleichgewicht auf dem Geld- und Gütermarkt herrscht im Schnittpunkt von IS- und LM-Kurve beim Zinssatz i* und beim Inlandsprodukt Y* (das hier geringer als das Vollbeschäftigungsinlandsprodukt Y_{VB} ist, vgl. Abbildung 10-20). Sind Gleichgewichtsinlandsprodukt und Gleichgewichtszins bestimmt, so ergeben sich auch die Gleichgewichtswerte für den Konsum und die Investition. Man braucht nur Y* in die Konsumfunktion und i* in die Investitionsfunktion einzusetzen. Da vorausgesetzt wird, dass sich das Güterangebot allein an der Güternachfrage orientiert und sich dieser vollständig anpasst, kann man

Grafische Bestimmung der Gleichgewichtswerte von Y und i.

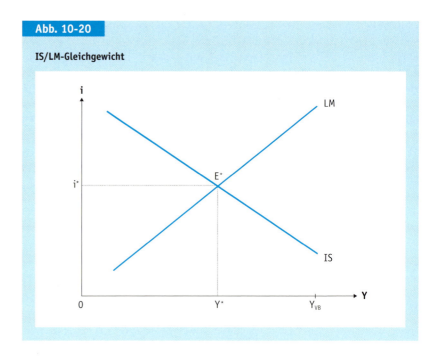

Abb. 10-20

IS/LM-Gleichgewicht

das IS/LM-Gleichgewicht auch als nachfrageseitiges Gleichgewicht und das Gleichgewichtsinlandsprodukt als **nachfrageseitiges Gleichgewichtseinkommen** bezeichnen.

10.3.5 Der Einkommensmultiplikator bei Berücksichtigung von Güter- und Geldmarkt

Wir wollen die Frage, wie die Multiplikatoranalyse zu modifizieren ist, wenn neben dem Gütermarkt (vgl. Kapitel 10.3.1) auch der Geldmarkt berücksichtigt wird, verbal und grafisch beantworten.

Aus Kapitel 10.3.2 wissen wir, dass eine Erhöhung der Staatsausgaben für Güter und Dienste (stellvertretend für die Erhöhung einer beliebigen Komponente der autonomen Nachfrage) die IS-Kurve nach rechts verschiebt. Abbildung 10-21 rekapituliert diesen Fall unter der Voraussetzung normal geneigter Gleichgewichtskurven.

Steigen die staatlichen Ausgaben für Güter und Dienste G, so ergibt sich wegen der Anstoßwirkung und der induzierten Konsumerhöhung ein expansiver Prozess: Das Inlandsprodukt steigt. Die Rechtsverschiebung der IS-Kurve entspricht dabei dem Multiplikatoreffekt der Staatsausgaben bei konstantem Zins (elementarer Multiplikator), wie wir sie im Kapitel 10.3.1 behandelt haben. Die Zunahme von Y hat Wirkungen auf den Geldmarkt (Spillover-Effekt), denn zur zahlungsmäßigen Bewältigung des höheren Inlandsproduktes wird mehr Trans-

Der IS/LM-Multiplikator einer Staatsausgabenerhöhung ist im Normalfall kleiner als der elementare Multiplikator ...

aktionskasse benötigt, ohne dass die Geldmenge steigt. Die Wirtschaftseinheiten versuchen sich die zusätzlich benötigte Kasse zu beschaffen, indem sie Wertpapiere verstärkt anbieten. Das erhöhte Wertpapierangebot kann nur untergebracht werden, wenn ein höherer Zins geboten wird. Das Zinsniveau in der Volkswirtschaft steigt. Dies hat Rückwirkungen (Feedback-Effekte) auf den Gütermarkt, denn zu einem höheren Zins gehören in der Regel niedrigere private Investitionen: Der expansive Prozess wird durch diesen Verdrängungseffekt privater Nachfrage durch staatliche Nachfrage über den Zins (»Crowding-out-Effekt« in der Höhe der Strecke C.O. in Abbildung 10-21) abgeschwächt, es bleibt aber – abgesehen von dem extremen Fall einer senkrechten LM-Kurve – bei einer Erhöhung des Gleichgewichtsinlandsproduktes von Y^* auf Y^{**} in Abbildung 10-21. Im Gegensatz zur reinen Gütermarktbetrachtung mit konstanten Investitionen ist hier allerdings nicht mehr sichergestellt, dass der Multiplikator größer als eins ist.

Bei Berücksichtigung des Geldmarktes sind die Multiplikatoreffekte einer Veränderung der autonomen Nachfrage schwächer als bei alleiniger Berücksichtigung des Gütermarktes. Das impliziert, dass die Wirtschaft insgesamt weniger sensibel auf exogene Ereignisse – z. B. eine Veränderung der Staatsausgaben, der Exporte oder der Ertragserwartungen (und damit einer Verschiebung der In-

... dies ist auf den »Crowding-out-Effekt« durch die Zinssteigerung zurückzuführen.

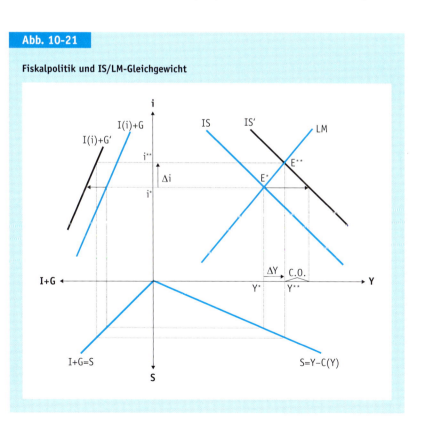

Abb. 10-21

Fiskalpolitik und IS/LM-Gleichgewicht

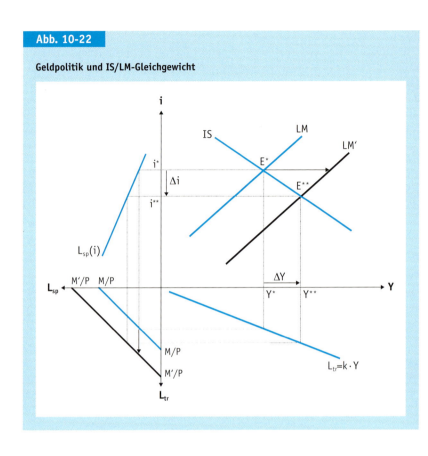

Abb. 10-22

Geldpolitik und IS/LM-Gleichgewicht

---

vestitionsfunktion) – reagiert. Betrachten wir abschließend die Wirkungen einer Geldmengenerhöhung im IS/LM-Modell.

Abbildung 10-22 zeigt den Effekt bei einem normalen Verlauf von IS- und LM-Kurve. Auch hier ergibt sich ein expansiver Prozess, der zu einem höheren Gleichgewichtseinkommen und damit zu höherer Beschäftigung führt.

Man beachte aber, dass die Wirkungen hier indirekter Natur sind. Die Geldmengenänderung wirkt zunächst auf dem Geldmarkt. Führt sie hier zu einer Zinssenkung (liegt also **keine Liquiditätsfalle** vor) und führt die Zinssenkung zu einer Erhöhung der Investitionen (liegt also **keine Investitionsfalle** vor), so setzt der expansive Multiplikatorprozess ein. Bei Vorliegen der Liquiditätsfalle oder der Investitionsfalle bleibt Geldpolitik im IS/LM-Modell dagegen wirkungslos. Hier liegt die Skepsis des traditionellen Keynesianismus gegenüber der Wirksamkeit der Geldpolitik begründet.

> Im Normalfall ist auch Geldpolitik effektiv.

> Ineffektivität der Geldpolitik bei Investitionsfalle oder Liquiditätsfalle

Arbeitsaufgaben Kapitel 10

1. Erläutern Sie kurz die makroökonomischen Märkte.

2. a. Was verstehen Sie unter dem Gesetz von Walras?
   b. Erläutern Sie die für eine einzelne Wirtschaftseinheit gültige Budgetrestriktion anhand eines Beispiels.
   c. Was bedeutet das Gesetz von Walras für ein System makroökonomischer Märkte?

3. Wie lässt sich eine negativ geneigte Arbeitsnachfragekurve begründen und wie ist es zu erklären, dass langfristig gesehen die Beschäftigung zugenommen hat, obwohl der Reallohnsatz gestiegen ist?

4. Beschreiben Sie den Arbeits- und den Gütermarkt im klassischen System und erläutern Sie in diesem Zusammenhang das Saysche Theorem.

5. Was besagt die Quantitätsgleichung und wie wird aus der Quantitätsgleichung die klassische Quantitätstheorie?

6. Interpretieren Sie die Begriffe »Neutralität des Geldes« und »klassische Dichotomie«.

7. Erläutern Sie die keynesianische Konsumhypothese.

8. Was besagt das Multiplikatorprinzip und wie ist es zu erklären?

9. Welche Rolle spielt eine zinsunelastische Investitionsnachfrage im keynesianischen Modell?

10. Erläutern Sie den keynesianischen Geldmarkt.

11. Definieren Sie IS- und LM-Kurve und erläutern Sie ihren Verlauf.

12. Erläutern Sie grafisch/verbal die Wirkungen einer Erhöhung der Staatsausgaben für Güter und Dienste im IS/LM-Modell. Wo liegen die wesentlichen Unterschiede im Ergebnis, wenn man nur den Gütermarkt betrachtet?

Lösungsvorschläge für die Arbeitsaufgaben finden Sie im »Übungsbuch zu Grundlagen und Probleme der Volkswirtschaft«.

Literatur Kapitel 10

Allgemeine Lehrbücher zur Makroökonomik sind:
Blanchard, Oliver/Erhard Illing: Makroökonomie, 5. Aufl., München 2009.
Branson, William, H.: Makroökonomie, 4. Aufl., München u. a. 1997.
Cezanne, Wolfgang: Allgemeine Volkswirtschaftslehre, 6. Aufl., München 2005.
Heubes, Jürgen: Makroökonomie, 4. Aufl., München 2001.
Kromphardt, Jürgen: Grundlagen der Makroökonomie, 3. Aufl., München 2006.
Mankiw, Nicholas Gregory: Makroökonomik, 5. Aufl., Stuttgart 2003.
Schäfer, Wolf: Volkswirtschaftstheorie, München 1997.

Besonders geeignet zur Wiederholung und Vertiefung des keynesianischen Modells sind:
Blanchard, Oliver/Erhard Illing: Makroökonomie, 5. Aufl., München 2009, Teil III, Kapitel 3, 4 5.
Mankiw, Nicholas Gregory: Makroökonomik, 5. Aufl., Stuttgart 2003, Teil III, Kapitel 9, 10, 12.

Zur Vertiefung der Modellzusammenhänge in grafischer Form eignet sich das Computerprogramm auf der beiliegenden CD.

11 Weiterentwicklungen von keynesianischer und klassischer Theorie

Leitfragen

Welche Bestandteile des keynesianischen und des klassisch-neoklassischen Basismodells werden in das Modell der »neoklassischen Synthese« übernommen?

▶ Wie wird die gesamtwirtschaftliche Güternachfrage bestimmt?

▶ Welche zentralen Modifikationen werden gegenüber dem keynesianischen Basismodell in Bezug auf das Güterangebot vorgenommen?

▶ Durch welche zentrale Annahme weicht der Angebotssektor von dem klassisch-neoklassischen ab?

Was ist ein klassisches Unterbeschäftigungsgleichgewicht und wie reagiert es auf wirtschaftspolitische Maßnahmen?

▶ Welche Gleichgewichtskonstellationen gibt es?

▶ Wie effizient sind Geld-, Fiskal- und Einkommenspolitik?

Wodurch unterscheidet sich das »Kontrakt-Modell« der neoklassischen Synthese mit unvollkommener Information und adaptiven Erwartungen vom Standardansatz der Synthese?

▶ Welche Rolle spielen Preiserwartungen im Kontrakt-Modell und wie bilden die Wirtschaftssubjekte ihre Erwartungen?

▶ Welche beschäftigungspolitischen Effekte ergeben sich aus expansiver Geld- und/oder Fiskalpolitik in der kurzen und in der langen Frist?

▶ Durch welchen Prozess wird die langfristige Neutralität des Geldes und die klassisch-neoklassische Dichotomie wiederhergestellt?

Wie lässt sich die Friedmansche Position mithilfe der Phillips-Kurve darstellen?

▶ Was ist die Phillips-Kurve und über welche Zusammenhänge kommt es zum dortigen »trade-off« zwischen Inflationsrate und Arbeitslosenquote?

▶ Wie unterscheidet sich die Friedmansche Phillips-Kurve von der traditionell keynesianischen?

11.1 Das Modell der neoklassischen Synthese (Festlohnfall)

11.1.1 IS/LM-Gleichgewicht bei variablem Preisniveau

Bisher waren wir bei der Darstellung des IS/LM-Gleichgewichtes von einem konstanten Preisniveau ausgegangen. Lassen wir diese Voraussetzung fallen, so ändern sich offenbar die Lösungen für Y* und i* mit Änderungen des Preisniveaus. Die Gütermarkt- und die Geldmarkt-Gleichgewichtsbedingungen lauten:

$Y = C(Y) + I(i) + G$
$M/P = L(Y,i)$

Y, L, C, G und I sind reale, d. h. in Inlandsprodukteinheiten ausgedrückte Größen, M bezeichnet die nominale Geldmenge. Die Gleichgewichtsbedingungen zeigen, dass das Preisniveau nur die Geldmarkt-Gleichgewichtsbedingung unmittelbar betrifft, da es nur hier als Variable auftaucht. Die Konsequenzen sind einfach: Verändert sich das Preisniveau, so verändert sich ceteris paribus die

Eine Preisniveauzunahme erhöht ceteris paribus den für Geldmarktgleichgewicht notwendigen Zins.

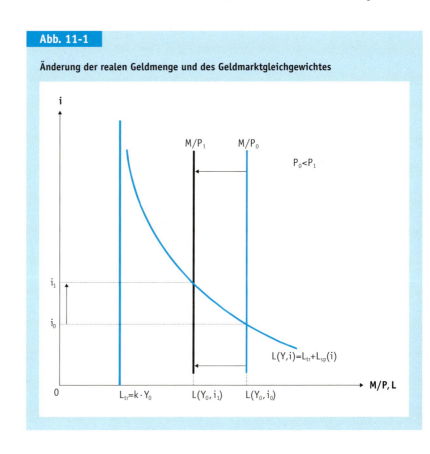

Abb. 11-1

Änderung der realen Geldmenge und des Geldmarktgleichgewichtes

reale Geldmenge M/P. Die sich hierdurch ergebenden Wirkungen auf dem gesamtwirtschaftlichen Geldmarkt sind in Abbildung 11-1 dargestellt.

Die Verringerung der realen Geldmenge infolge einer Zunahme des Preisniveaus erhöht bei gegebenem Einkommen Y_0 den Gleichgewichtszins auf dem Geldmarkt von i_0 auf i_1. Eine solche Zinserhöhung ergibt sich für jedes Einkommen, sodass auf dem Geldmarkt jedem Y ein höherer Zins zugeordnet ist. Das bedeutet, dass die LM-Kurve sich nach oben (links) verschiebt. Durch diese Verschiebung der LM-Kurve bei steigendem Preisniveau ergeben sich abnehmende Werte von Y als Gleichgewichtslösungen im IS/LM-System (vgl. Abbildung 11-2).

Der obere Teil der Abbildung 11-2 zeigt die Linksverschiebung der LM-Kurve bei steigendem Preisniveau. Der untere Teil zeigt die sich dadurch ergebende gesamtwirtschaftliche Güternachfragekurve Y^d. In der Abbildung ist Y^d ein mit zunehmendem P abnehmende Funktion.

Bei unveränderter IS-Kurve, die ja von Veränderungen des Preisniveaus nicht berührt wird, führt also eine Zunahme des Preisniveaus zu einer Abnahme des (nachfrageseitigen) Gleichgewichts-Inlandsproduktes. Die Kausalkette ist dabei:

$$P \uparrow \rightarrow \frac{\overline{M}}{P} \downarrow \rightarrow i \uparrow \rightarrow I \downarrow \rightarrow Y^d \downarrow$$

Man spricht auch von dem **Keynes-Effekt** einer Preisniveauänderung auf das gleichgewichtige Inlandsprodukt.

Der *Keynes*-Effekt

Nur wenn die preisbedingte Veränderung der realen Geldmenge nicht auf die Nachfrage durchschlägt, weil

▸ die Änderung der realen Geldmenge keine Wirkung auf den Zins hat (Liquiditätsfalle) oder
▸ die Zinsanpassung die Investitionen nicht beeinflusst (vollkommen zinsunelastische Investitionen, Investitionsfalle),

die obige Kausalkette also unterbrochen wird, ergeben sich keine Veränderungen des Gleichgewichts-Inlandsproduktes. Die gesamtwirtschaftliche Nachfragekurve verläuft dann parallel zur Preisachse. Abbildung 11-3 verdeutlicht diese Aussage.

In dieser preisunelastischen gesamtwirtschaftlichen Güternachfrage wird oft ein typisches Element traditioneller keynesianischer Theorie gesehen.

Wie verändert sich die Lage der Y^d-Kurve, wenn die realen Staatsausgaben für Güter und Dienste G erhöht werden? Aus der IS/LM-Analyse des vorigen Kapitels wissen wir, dass sich bei konstantem Preisniveau im IS/LM-System die IS-Kurve gemäß dem elementaren Einkommensmultiplikator nach rechts verschiebt, sodass sich ein neues IS/LM-Gleichgewicht bei (im Normalfall) höherem Y und höherem i ergibt. Da diese Überlegung für jedes Preisniveau gilt, kommt es zu der in Abbildung 11-4 dargestellten Rechtsverschiebung der gesamtwirtschaftlichen Güternachfragekurve; sie verschiebt sich gerade im Umfang der IS/LM-Multiplikatorwirkung einer Staatsausgabenerhöhung.

Die realen Staatsausgaben G sind Lageparameter der Y^d-Kurve.

11.1 Weiterentwicklungen von keynesianischer und klassischer Theorie
Das Modell der neoklassischen Synthese (Festlohnfall)

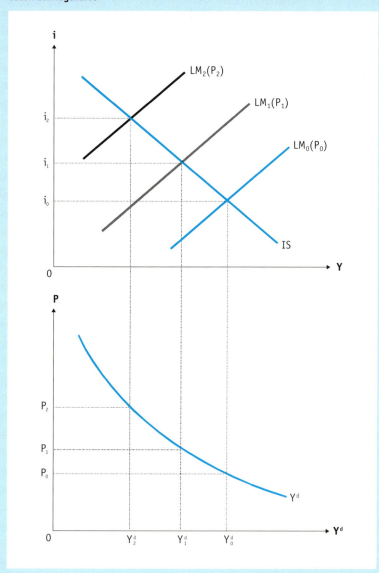

Abb. 11-2

Preisniveauänderungen im IS/LM-System und gesamtwirtschaftliche Güternachfragekurve

Steigende Preise führen zu sinkender Güternachfrage Y^d im IS/LM-System.

11.1 Das Modell der neoklassischen Synthese (Festlohnfall)

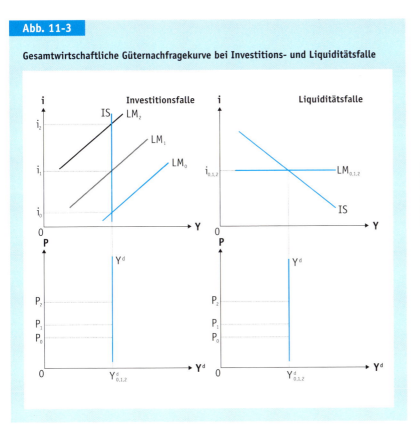

Abb. 11-3

Gesamtwirtschaftliche Güternachfragekurve bei Investitions- und Liquiditätsfalle

Bei »keynesianischen Rigiditäten« kommt es zu keinem *Keynes*-Effekt (preisunelastische Y^d-Kurve).

Dieses Ergebnis bleibt im Grundsatz auch bei Vorliegen der Investitions- und der Liquiditätsfalle erhalten, allerdings kommt hier der volle elementare Multiplikator zum Tragen (vgl. Abbildung 11-5). Bei Vorliegen der Investitionsfalle entsteht kein Crowding-out-Effekt, da der Zinsanstieg die hier zinsunelastischen Investitionen unberührt lässt. Bei Existenz der Liquiditätsfalle bleibt der Zins (praktisch) konstant (horizontale LM-Kurve), sodass es zu keiner Abnahme der Investitionen und damit ebenfalls zu keinem Crowding-out kommt.

Nach der Analyse der Wirkungen einer Erhöhung der Staatsausgaben auf die gesamtwirtschaftliche Güternachfragekurve ist noch auf die Effekte einer Erhöhung der nominalen Geldmenge M einzugehen. Die Geldmengenerhöhung führt bei konstantem Preisniveau zu einer Rechtsverschiebung der LM-Kurve und damit zu einem neuen IS/LM-Gleichgewicht mit im Normalfall gestiegenem Y und gesunkenem i. Diese Überlegung gilt bei jedem Preisniveau, sodass sich auch die gesamtwirtschaftliche Güternachfragekurve der IS/LM-Geldmengenmultiplikatorwirkung entsprechend nach rechts verschiebt. Abbildung 11-6 verdeutlicht diese Zusammenhänge. Der Leser beachte, dass die Rechtsver-

Die Geldmenge M ist ebenfalls Lageparameter der Y^d-Kurve.

11.1 Weiterentwicklungen von keynesianischer und klassischer Theorie
Das Modell der neoklassischen Synthese (Festlohnfall)

Eine Staatsausgabenerhöhung verschiebt die Y^d-Kurve nach rechts.

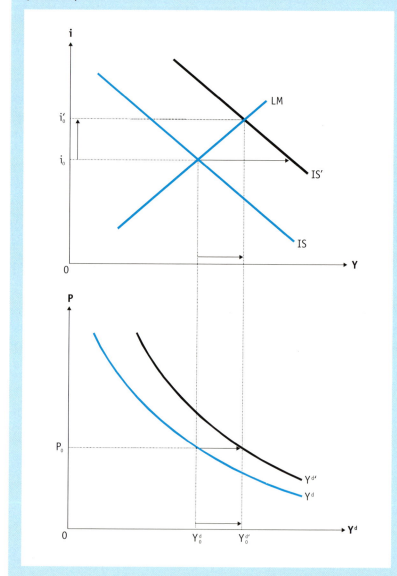

Abb. 11-4

Gesamtwirtschaftliche Güternachfragekurve und Staatsausgabenerhöhung (Normalfall)

11.1 Das Modell der neoklassischen Synthese (Festlohnfall)

Abb. 11-5

Staatsausgabenerhöhung bei Investitions- und bei Liquiditätsfalle

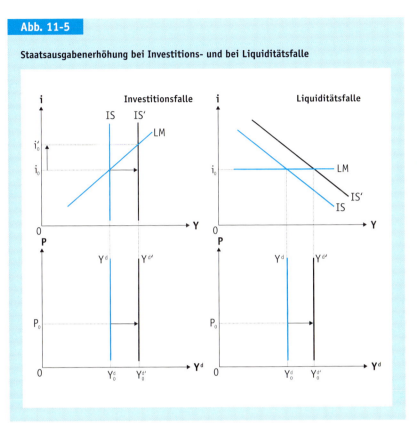

Bei Vorliegen der Investitionsfalle oder der Liquiditätsfalle verschiebt sich die Y^d-Kurve bei einer Staatsausgabenerhöhung entsprechend dem elementaren Multiplikator.

schiebung der Y^d-Kurve mit abnehmenden P zunimmt. Das liegt daran, dass eine im Absolutbetrag gegebene Geldmengenänderung sich auf die reale Geldmenge umso stärker auswirkt, je kleiner das Preisniveau ist. Je größer aber die Wirkung auf die reale Geldmenge, umso größer ceteris paribus die Zinswirkung.

Wichtig ist, dass eine Erhöhung der Geldmenge bei Vorliegen der Investitionsfalle und/oder der Liquiditätsfalle zu **keiner** Verschiebung der (dann senkrecht verlaufenden) gesamtwirtschaftlichen Güternachfragekurve führt. Bei der Liquiditätsfalle liegt dies daran, dass es erst gar nicht zu einer Zinssenkung kommt; bei der Investitionsfalle schlägt die Zinssenkung nicht auf die Nachfrage durch (vgl. Abbildung 11-7). Es gilt die oben angegebene Kausalkette:

$$\frac{M}{P} \uparrow \Rightarrow i \downarrow \rightarrow I \uparrow \rightarrow Y \uparrow ,$$

die durch die Investitions- oder die Liquiditätsfalle unterbrochen werden kann.

11.1 Weiterentwicklungen von keynesianischer und klassischer Theorie
Das Modell der neoklassischen Synthese (Festlohnfall)

Im Normalfall verschiebt eine Geldmengenerhöhung die Y^d-Kurve nach rechts.

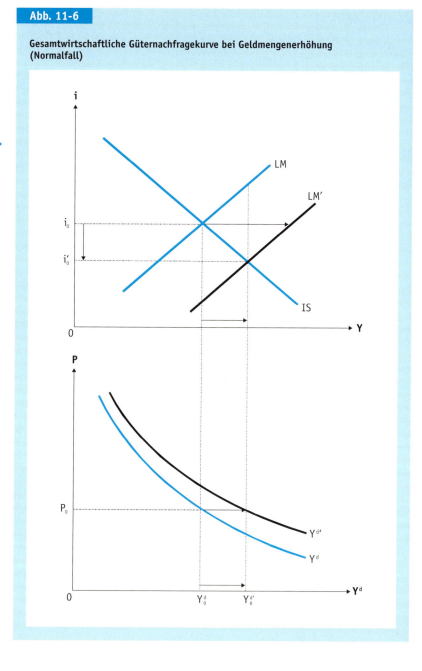

Abb. 11-6

Gesamtwirtschaftliche Güternachfragekurve bei Geldmengenerhöhung (Normalfall)

Abb. 11-7

Geldmengenerhöhung bei Investitions- und Liquiditätsfalle

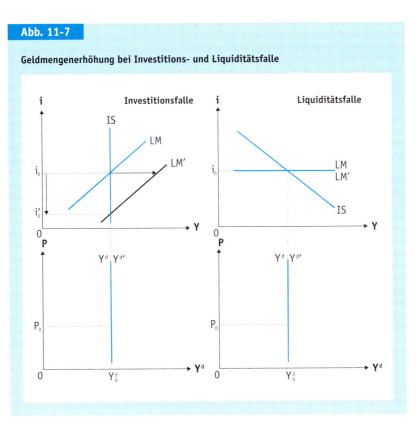

Bei Vorliegen der Investitionsfalle oder der Liquiditätsfalle verschiebt sich die Y^d-Kurve bei einer Geldmengenerhöhung nicht.

11.1.2 Arbeitsmarkt und Güterangebot

In unserem keynesianischen Modell hat bisher die Güterangebotsseite keine Rolle gespielt. Einfachen Modellen des traditionellen Keynesianismus folgend wurde angenommen, dass sich das Angebot an Gütern (bei dem fixierten Güterpreis) vollständig an die Güternachfrage anpasst. Wir haben deshalb auch von einem nachfrageseitigen Gleichgewicht gesprochen.

Wie im Kapitel 5 und im klassischen Modell (Kapitel 10) dargestellt, ist das Güterangebot der Unternehmen an der Zielsetzung Gewinnmaximierung ausgerichtet. Unter der vereinfachenden Annahme, dass Löhne der einzige variable Kostenfaktor sind, bedeutet dies, dass die Unternehmen ihre gewinnmaximierende Arbeitsnachfrage bestimmen (Grenzproduktivität der Arbeit entspricht dem Reallohnsatz) und diese über die Produktionsfunktion zugleich auch das gewinnmaximierende Güterangebot determiniert.

Das Güterangebot ergibt sich aus der gewinnmaximierenden Arbeitsnachfrage der Unternehmen.

Gewinnmaximierendes Güterangebot und gewinnmaximierende Arbeitsmenge sind also nur zwei Seiten derselben Medaille. Wir können also das Angebotsverhalten der Unternehmer auf dem Gütermarkt aus der Arbeitsmarktkonstellation ableiten.

11.1 Weiterentwicklungen von keynesianischer und klassischer Theorie
Das Modell der neoklassischen Synthese (Festlohnfall)

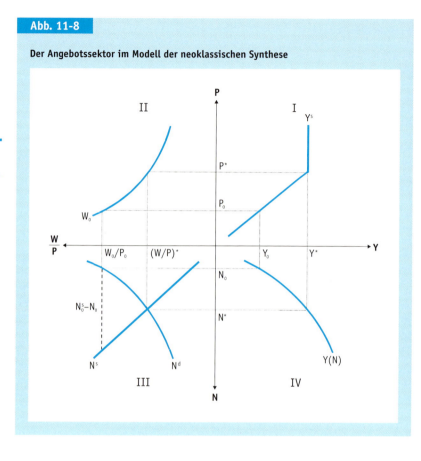

Abb. 11-8

Der Angebotssektor im Modell der neoklassischen Synthese

Bei einem festen Geldlohnsatz fällt der Reallohnsatz bei steigendem Preisniveau, wodurch das Güterangebot zunimmt.

Der Arbeitsmarkt, den wir den folgenden Überlegungen zugrunde legen wollen, weicht nur in einer wesentlichen Annahme vom klassischen Arbeitsmarkt ab (vgl. Kapitel 10).

Es wird bei Unterbeschäftigung ein nach unten nicht flexibler Geldlohnsatz angenommen.

Es wird der so genannte **Festlohnfall** unterstellt, d. h. dass der Geldlohnsatz bei Unterbeschäftigung fix ist, da die Arbeiter keine Reallohnsatzsenkung über eine Senkung des Geldlohnsatzes akzeptieren. Steigt bei Unterbeschäftigung das Preisniveau, so bleibt der Geldlohnsatz konstant oder steigt um einen geringeren Prozentsatz als das Preisniveau, sodass der Reallohnsatz abnimmt. Diese Reallohnsenkung »akzeptieren« die Arbeiter. Ist Vollbeschäftigung erreicht, so bewirken bei vollständiger Konkurrenz die Marktkräfte, dass Preisniveau und Geldlohnsatz um denselben Prozentsatz steigen. Der Reallohnsatz bleibt dann konstant.

Damit ergibt sich der in Abbildung 11-8 dargestellte Angebotssektor im Modell der neoklassischen Synthese.

Im Quadranten III sind – wie im klassischen Modell – die reallohnsatzabhängige Arbeitsnachfrage und das reallohnsatzabhängige Arbeitsangebot eingezeichnet. Die Ausgangssituation ist durch ein Überschussangebot auf dem Arbeitsmarkt (also Arbeitslosigkeit) beim Reallohnsatz W_0/P_0 und dem zugehörigen Geldlohnsatz W_0 gekennzeichnet.

Die Unternehmer realisieren dann die Arbeitsnachfrage N_0, mit der – gemäß der im Quadranten IV abgetragenen Produktionsfunktion – das Inlandsprodukt Y_0 zum Preis P_0 angeboten wird (Quadrant I). Steigt jetzt das Preisniveau (z. B. weil die gesamtwirtschaftliche Nachfrage steigt), so sinkt bei dem als fest angenommenen Geldlohnsatz W_0 der Reallohnsatz. Folglich wird von den Unternehmen mehr Arbeit nachgefragt (und eingesetzt) und damit ein höheres Inlandsprodukt angeboten.

Die gesamtwirtschaftliche Güterangebotsfunktion im Festlohnfall hat also eine positive Steigung, solange auf dem Arbeitsmarkt Unterbeschäftigung herrscht. Steigt das Preisniveau – wie in der Abbildung angenommen auf P^*, so wird der Vollbeschäftigungs-Output Y^* angeboten. Bei weiteren Preissteigerungen steigt unter den Bedingungen der vollständigen Konkurrenz der Geldlohnsatz proportional, sodass Reallohnsatz und Güterangebot konstant bleiben.

Gegenüber dem klassischen Modell ergibt sich also als wichtige Veränderung, dass die gesamtwirtschaftliche Güterangebotskurve nicht in ihrem ganzen Ver-

Abb. 11-9

Güterangebotsfunktion und Geldlohnsatzsenkung

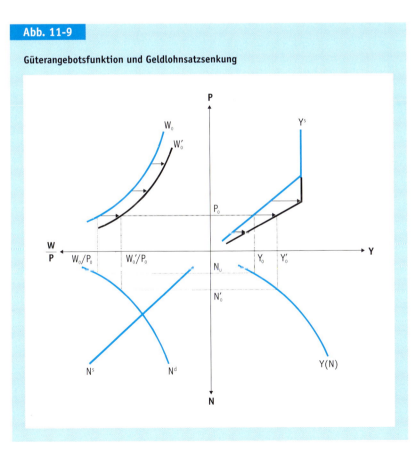

Bei einer Senkung des Geldlohnsatzes verschiebt sich der elastische Ast der Y^s-Kurve nach rechts.

> **Unter der Lupe**
>
> **Die Verschiebung des elastischen Teils der Güterangebotskurve**
>
> Wenn Arbeit der einzige variable Produktionsfaktor für ein Unternehmen ist, dann sind die variablen Kosten definiert als: $K_v = W \cdot N(Y)$ und die Grenzkosten des Unternehmens gegeben als $dK_v/dY = W \cdot dN/dY = W/(dY/dN)$. Verändert sich W, so ist die Veränderung der Grenzkosten umso größer, je kleiner (dY/dN) ist. Da die Produktionsfunktion $Y(N)$ sinkende Grenzerträge aufweist, ist dY/dN umso kleiner, je größer N und damit Y ist. Daher verschiebt sich bei sinkendem W die Güterangebotskurve umso stärker, je größer Y ist – und genau das zeigt die Abbildung 11-9.

lauf preisunabhängig ist, sondern dass ein preiselastischer Ast der Güterangebotskurve existiert. Gibt man die Festlohnannahme auf, so wird die Güterangebotsfunktion wieder eine preisunabhängige Senkrechte auf der Höhe von Y* wie im klassischen Modell.

Wie wirkt sich nun eine einmalige dauerhafte Senkung des Geldlohnsatzes W von W_0 auf W_1 im Angebotssektor aus? Die Antwort ist uns im Prinzip aus der Analyse des Unternehmensverhaltens im Kapitel 5 bekannt. Dort haben wir gesehen, dass ein Unternehmen bei vollständiger Konkurrenz gemäß seiner Grenzkostenkurve bzw. seiner Arbeitsnachfragefunktion Güter anbietet. Mit sinkendem Geldlohnsatz sinken (bei unveränderter Produktionsfunktion) die Grenzkosten für jede Produktmenge, sodass sich der elastische Teil der Güterangebotskurve nach unten verschiebt. Abbildung 11-9 macht dies in unserem Angebotsmodell deutlich.

11.1.3 Das vollständige Modell der neoklassischen Synthese

11.1.3.1 Gleichgewicht auf dem Gütermarkt

In der gesamtwirtschaftlichen Güternachfragefunktion Y^d, die in Kapitel 11.1.1 hergeleitet wurde, sind die Nachfragebedingungen in der Volkswirtschaft zusammengefasst. Die Funktion gibt an, welches nachfrageseitige reale Gleichgewichtsinlandsprodukt sich bei alternativen Preisniveaus ergibt.

Die gesamtwirtschaftliche Güterangebotsfunktion Y^s spiegelt die Arbeitsmarktkonstellation in der Volkswirtschaft wider. Sie gibt an, welche Güterangebotsmengen bei gegebenem Geldlohnsatz und alternativen Preisniveaus für die Produzenten gewinnmaximierend sind, also angebotsseitiges Gleichgewicht darstellen.

Gesamtwirtschaftliches Gleichgewicht herrscht im Schnittpunkt von gesamtwirtschaftlicher Güterangebots- und -nachfragekurve.

Gesamtwirtschaftliches Gleichgewicht herrscht bei dem Preisniveau, bei dem das angebotene Inlandsprodukt gleich ist dem nachgefragten Inlandsprodukt. Abbildung 11-10 zeigt ein solches Gleichgewicht bei Unterbeschäftigung. Streng genommen handelt es sich nicht um ein gesamtwirtschaftliches Gleichgewicht, da der steigende Ast der Güterangebotsfunktion mit Arbeitslosigkeit (Ungleichgewicht auf dem Arbeitsmarkt) einhergeht. Da der Zustand des Sys-

11.1 Das Modell der neoklassischen Synthese (Festlohnfall)

Abb. 11-10

Gesamtwirtschaftliches Unterbeschäftigungsgleichgewicht

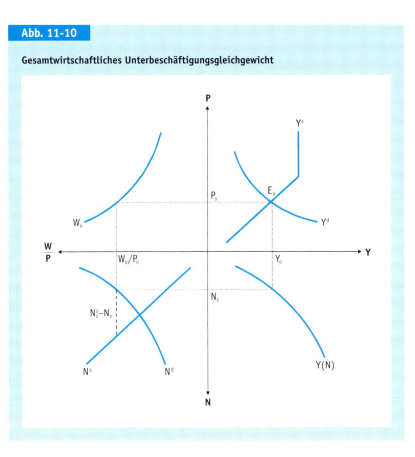

Bei niedrigem Nachfrageniveau ist ein Unterbeschäftigungsgleichgewicht möglich.

tems aber wegen des Gleichgewichtes auf dem IS/LM-Güter- und Geldmarkt und des fixen Geldlohnsatzes stabil ist, spricht man trotzdem von einem gesamtwirtschaftlichen Gleichgewicht.

Im Gegensatz zum IS/LM-Modell, in dem allein die Höhe der Güternachfrage (unter Einbeziehung der Wirkung der Geldmarktkonstellation auf die Nachfrage) die Höhe des Inlandsproduktes bestimmt, ist das Unterbeschäftigungsgleichgewicht in der neoklassische Synthese Resultat der Nachfrage- **und** Angebotsbedingungen in der Volkswirtschaft.

11.1.3.2 Wirtschaftspolitik im Modell der neoklassischen Synthese

Wir wollen im Folgenden die Wirkungen von Staatsausgaben-, Geldmengen- und Geldlohnsatzveränderungen untersuchen, wenn die gesamtwirtschaftliche Güternachfrage mit abnehmendem P zunimmt, also preiselastisch ist. Außerdem soll von einem Unterbeschäftigungsgleichgewicht ausgegangen werden. Die keynesianischen Rigiditäten, die zu einer preisunelastischen Güternachfragekurve führen, werden – abgesehen vom Fall der Geldlohnsatzsenkung – nur am Rande angesprochen.

Staatsausgaben- und Geldmengenerhöhung

Abbildung 11-11 zeigt die Wirkungen einer dauerhaften Erhöhung der Staatsausgaben (Fiskalpolitik) und/oder der Geldmenge (Geldpolitik) bei normalem Verlauf von Güterangebots- und Güternachfragekurve.

Es zeigt sich, dass beide Politiken expansiv wirken, also effektiv sind. Es ist allerdings zu bedenken, dass diese Aussage für die Geldpolitik an die Existenz einer preiselastischen Güternachfragefunktion gebunden ist. Verläuft diese vollkommen preisunelastisch (senkrecht), so ist Geldpolitik wirkungslos, weil sie in diesem Fall keine Verschiebung der Y^d-Kurve herbeiführen kann (vgl. Abbildung 11-7). Dies wäre bei der Investitions- oder Liquiditätsfalle gegeben.

Geldlohnsatzsenkung

Gedacht ist – um dies noch einmal hervorzuheben – an eine Senkung des Geldlohnsatzes bei dauerhafter Geltung des neuen Lohnsatzes. Die Vorarbeiten zur Analyse diese Falles haben wir in Kapitel 11.1.2 durchgeführt. Wir haben dort gesehen, dass sich der elastische Ast der Güterangebotskurve bei einer Geldlohnsatzsenkung nach unten verschiebt. Damit ergeben sich bei preiselastischer Güternachfragefunktion die in Abbildung 11-12 dargestellten Wirkungen.

Abb. 11-11

Fiskal- und/oder Geldpolitik im Modell der neoklassischen Synthese (Normalfall)

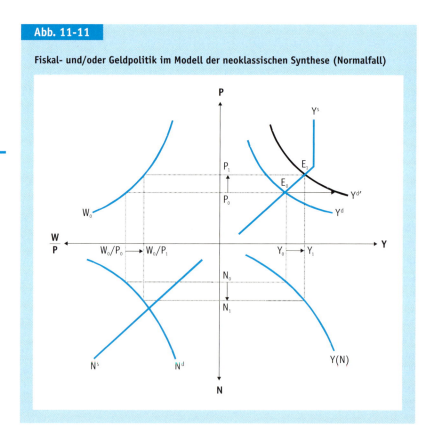

Eine Erhöhung der Staatsausgaben und/oder der Geldmenge erhöht im Normalfall Output und Beschäftigung.

Abb. 11-12

Geldlohnsatzsenkung und Gütermarktgleichgewicht (Normalfall)

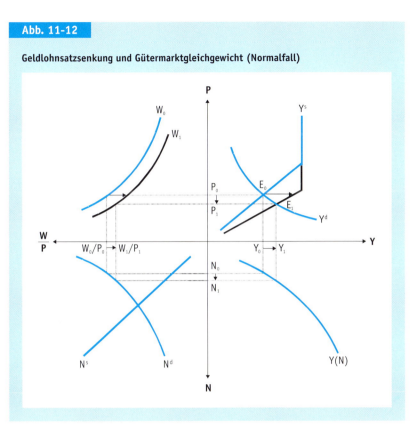

Eine Senkung des Geldlohnsatzes wirkt bei Unterbeschäftigung im Normalfall expansiv.

Die Geldlohnsatzsenkung erhöht also bei preiselastischer Güternachfragefunktion den Output Y und die Beschäftigung N, ist also unter diesem Gesichtspunkt effektiv. Eine Ausnahme würde gelten, wenn die Güternachfragefunktion vollkommen preisunelastisch wäre (vgl. das nachfolgende Kapitel 11.1.4).

Die aufgezeigten Implikationen des keynesianisch-neoklassischen Modells rechtfertigen also prinzipiell sowohl eine keynesianischem Gedankengut nahe stehende Nachfragesteuerung (Veränderung von G) als auch eine klassischem und neoklassischem Gedankengut entsprechende angebotsorientierte Politik (Kostensenkung durch Lohnzurückhaltung). Auch in Bezug auf diese Ergebnisse ist die Bezeichnung »Synthese« zutreffend.

11.1.4 Vollbeschäftigung durch Nachfragesteuerung oder Lohnsenkung?

Wie gezeigt, ergeben sich im Modell der neoklassischen Synthese sowohl durch Erhöhung der Güternachfrage als auch durch Senkung des Geldlohnsatzes im Unterbeschäftigungsfall expansive Effekte, sofern bestimmte Voraussetzungen

Der Crowding-out-Effekt beeinträchtigt die Effektivität von Nachfragepolitik

11.1 Weiterentwicklungen von keynesianischer und klassischer Theorie
Das Modell der neoklassischen Synthese (Festlohnfall)

erfüllt sind (z. B. eine preiselastische Güternachfragekurve bei der Geldpolitik und bei der Geldlohnsatzsenkung). Im Zuge der Renaissance der Neoklassik in den 1970er-Jahren wurden verstärkt Argumente vorgetragen, um die Ergebnisse des Modells zu relativieren. Vertreter der Neuen Klassischen Makroökonomik stellen dabei die Wirkungen der Nachfragesteuerung infrage und unterstreichen die Wirksamkeit des Lohnmechanismus, während keynesianische Ökonomen lange Zeit überwiegend eine entgegengesetzte Position einnahmen.

Als zentrales Argument gegen die beschäftigungsfördernde Wirkung einer Erhöhung der staatlichen Ausgaben werden verschiedene Varianten des Crowding-out-Argumentes angeführt.

Direktes und indirektes Crowding-out

Zunächst unterscheidet man zwischen direkten und indirekten Verdrängungseffekten. Bei ersteren verdrängt der Staat direkt private Investitionen, etwa wenn eine Stadt notwendige Parkplätze im Umfeld eines Unternehmens baut, sodass eine (nahezu identische) geplante Investition des Privatunternehmens entfällt. Beim indirekten Crowding-out dagegen führen unterschiedliche Wirkungsketten zu einer Verdrängung privater durch staatliche Investitionen, wobei die konkurrierenden Investitionsobjekte in der Regel ganz unterschiedlich sind.

Wir haben im Rahmen des IS/LM-Modells schon eine erste Form des indirekten Crowding-out kennen gelernt, das so genannte **Transaktionskassen-Crowding-out**. Dies entsteht dadurch, dass es im Zuge eines durch die Fiskalpolitik induzierten expansiven Prozesses über eine verstärkte Geldnachfrage zu Transaktionszwecken (bei konstanter Geldmenge) zu einer Zinssteigerung kommt, die zinsreagible private Investitionen reduziert. Da hier die Zunahme der wirtschaftlichen Aktivität Voraussetzung für die Zinserhöhung ist, kann das neue Gleichgewichts-Inlandsprodukt nicht kleiner sein als das vor der Erhöhung der Staatsausgaben.

Eine weitere Form des indirekten Crowding-out ist das so genannte **Vermögens-Crowding-out**, das z. B. im Zuge einer kreditfinanzierten Staatsausgabenerhöhung auftreten kann. Die relativ komplizierten Modellvarianten hierzu lassen sich wie folgt zusammenfassen: In der modernen Volkswirtschaftslehre spielt das Vermögen als Bestimmungsgröße für das Verhalten von Wirtschaftseinheiten eine wichtige Rolle. So wird z. B. häufig angenommen, dass der Konsum und die Geldnachfrage des privaten Sektors nicht nur vom laufenden Einkommen und vom Zins, sondern auch vom Vermögen des Sektors bestimmt werden. Unter dieser Prämisse führen Änderungen des privaten Vermögens zu Änderungen der Konsum- und der Geldnachfrage. Wie kommt es nun zu der Änderung des Vermögens des privaten Sektors im Zuge der kreditfinanzierten Staatsausgabenerhöhung? Private geben dem Staat Kredite zur Finanzierung seiner erhöhten Ausgaben, sodass Geld vom privaten Sektor an den Staat und Kreditforderungen gegenüber dem Staat (meist verbrieft in Form staatlicher Wertpapiere) an den privaten Sektor fließen.

Vermögenseffekte infolge von durch Staatsanleihen finanzierte Staatsausgaben

Im Zuge der Durchführung der zusätzlichen Ausgaben gelangen die Geldmittel wieder in den Besitz des privaten Sektors (z. B. an Unternehmen, die staatliche Aufträge durchführen), sodass dieser nunmehr zusätzlich die staatlichen Wertpapiere besitzt. Betrachtet man diesen zusätzlichen Wertpapierbestand als zusätzliches Vermögen des privaten Sektors, so kommt es zu der erwähnten Erhöhung der Konsum- und Geldnachfrage. Ist nun der expansive Effekt auf die Konsumnachfrage kleiner als der kontraktive Effekt, der sich über die erhöhte Geldnachfrage ergibt, so kommt es zum Vermögens-Crowding-out. Bei realistischer Einschätzung der relevanten Größenordnungen wird trotz eines solchen Vermögens-Crowding-out die staatliche Ausgabenpolitik zunächst expansiv wirken, da die Erhöhung der Nachfrage durch die Zunahme der staatlichen Ausgaben in aller Regel größer sein dürfte als der Nachfrage-Verdrängungseffekt. Die zunächst resultierende Erhöhung des Inlandsproduktes und die damit bei festen Steuersätzen verbundene Zunahme des Steueraufkommens dürfte in der Regel aber das Loch in den Staatsfinanzen nicht sofort schließen, sodass es in den Folgeperioden – bei jetzt unverändertem (wenn auch erhöhtem) Niveau der Staatsausgaben – zu weiterer Staatsverschuldung und damit zu einer weiteren Erhöhung des Vermögens des privaten Sektors mit (dem angenommenen) Vermögens-Crowding-out kommt. Das Inlandsprodukt sinkt dann ceteris paribus von Periode zu Periode, sodass es schließlich sogar zu einem Absinken der Produktion unter das Niveau vor der Staatsausgabenerhöhung kommt.

Der Leser beachte die zentralen Voraussetzungen, an die diese Ergebnisse geknüpft sind:

▸ Staatsschuldtitelfinanzierte Ausgaben erhöhen das Vermögen des privaten Sektors.

▸ Das Vermögen wirkt positiv auf den privaten Konsum und auf die private Geldnachfrage.

▸ Der expansive Nachfrageeffekt der Vermögenszunahme über den privaten Konsum wird überkompensiert vom negativen Nachfrageeffekt, der über die Wirkungskette »Erhöhung der Geldnachfrage, Zinssteigung, Abnahme der privaten Investitionen« ausgelöst wird.

Voraussetzungen des Vermögens-Crowding-out

Von diesen Voraussetzungen erscheint nur die zweite relativ unproblematisch. Entsprechend zweifelhaft ist die praktische Wirksamkeit des Vermögens-Crowding-out.

Abschließend sei auf eine Form des Crowding-out hingewiesen, die eine Zwischenstellung zwischen direktem und indirektem Crowding-out einnimmt, das so genannte **Erwartungs-Crowding-out**, bei dem die zusätzliche staatliche Verschuldung die Erwartungen der Wirtschaftseinheiten in Bezug auf zukünftige Lohn- und Gewinnerzielungsmöglichkeiten negativ beeinflusst und damit die gegenwärtige Konsum- und Investitionsnachfrage bremst oder das Güterangebot vermindert.

Erwartungs-Crowding-out

Wie die praktische Beurteilung der aufgeführten Formen des Crowding-out ausfallen muss, kann letztendlich nur empirisch beurteilt werden. Die Ergebnisse entsprechender Untersuchungen sind – wie sollte es auch anders sein – kontrovers, wobei die Arbeiten, die die Wirksamkeit des Crowding-out für die Bundesrepublik Deutschland skeptisch beurteilen, überwiegen. Die Autoren stimmen dem Urteil *Kromphardt*s zu, wenn dieser feststellt: »Für die Bundesrepublik Deutschland kann also das Fazit gezogen werden, dass bisher in den

11.1 Weiterentwicklungen von keynesianischer und klassischer Theorie
Das Modell der neoklassischen Synthese (Festlohnfall)

Zeiten, in denen eine expansive Fiskalpolitik verfolgt wurde, eine Verdrängung privater Nachfrage nicht – oder nur in geringem Umfange – aufgetreten ist, und diese Verdrängung hätte sich durch eine bessere Strukturierung der Fiskalpolitik und eine bessere Abstimmung zwischen Geld- und Fiskalpolitik wohl auch noch verringern lassen.« (Kromphardt 1987, S. 169)

Klassische Ökonomen setzen auf den Lohnmechanismus statt auf Nachfragesteuerung.

Anstelle einer Nachfragesteuerung fordern die klassischem Denken zugeneigten Ökonomen u. a. eine **Reaktivierung des Lohnmechanismus**: Wäre der Geldlohnsatz nach unten flexibel, so würde er bei Unterbeschäftigung sinken und so lange zu einer Rechtsverschiebung des elastischen Teils der Güterangebotskurve führen, bis es zu einem Schnittpunkt zwischen Güternachfragekurve und dem senkrechten Ast der Güterangebotskurve kommt, und damit Vollbeschäftigung erreicht ist (vgl. Abbildung 11-13).

Bei Keynesianern (und vor allem auch bei *Keynes* selbst) ist die Wirksamkeit des Lohnmechanismus insbesondere in der Vergangenheit auf Skepsis gestoßen. Verbreitet ist ein Argument, das sich auf ein Versagen des Preismechanismus infolge eines zu schwachen oder ganz ausbleibenden *Keynes*-Effektes stützt. Wie in Kapitel 11.1.3 dargelegt, führt eine als Folge einer Geldlohnsatzsenkung eintretende Preissenkung dann nicht zu einer Erhöhung des nachfrageseitigen Gleichgewichts-Inlandsproduktes, wenn die Liquiditätsfalle wirksam wird und/oder die Investitionen vollkommen zinsunelastisch sind. Geldlohnsatzsenkungen führen dann, wie aus Abbildung 11-14 ersichtlich, nicht zu einer Erhöhung des Inlandsproduktes und der Beschäftigung. Ähnlich ist die Situation bei einem sehr schwach ausgeprägten *Keynes*-Effekt.

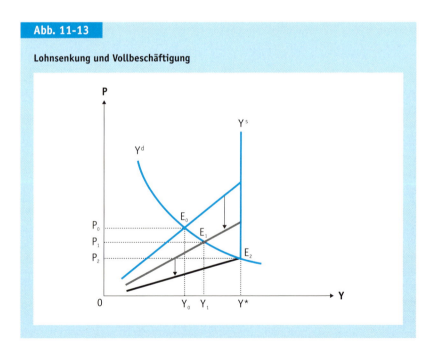

Abb. 11-13

Lohnsenkung und Vollbeschäftigung

11.1 Das Modell der neoklassischen Synthese (Festlohnfall)

Abb. 11-14

Vollständige Ineffektivität einer Geldlohnsatzsenkung bei fehlendem Keynes-Effekt

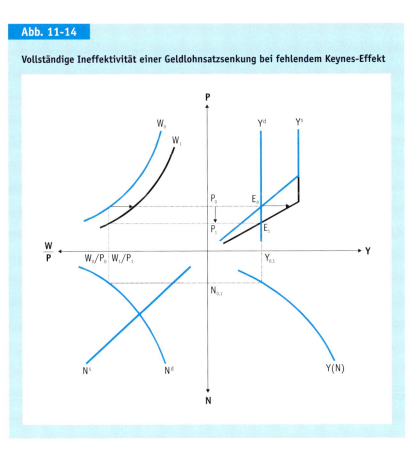

Neoklassische Ökonomen führen gegen diese Argumentation den so genannten *Pigou*-Effekt (*Arthur C. Pigou*, 1877–1959, britischer Ökonom, *Keynes*-Kritiker in Cambridge) ins Feld. Nach dieser auch als Realkasseneffekt bekannten Hypothese hat eine Preissenkung über die sie begleitende Erhöhung des Realwertes des Geldes nicht nur einen Zinseffekt, sondern erhöht über das steigende reale Vermögen der Geldbesitzer auch die Konsumnachfrage. Sofern diese Hypothese zutrifft, wird die gesamtwirtschaftliche Güternachfragekurve flacher. Ein schwacher oder fehlender *Keynes*-Effekt kann so kompensiert werden.

Alternativ oder ergänzend zu dem Argument einer preisunelastischen Güternachfragekurve wird von Keynesianern ein Verteilungsargument angeführt. In dem vorgestellten Modell der neoklassischen Synthese wird nicht zwischen einer Konsumfunktion für Lohneinkommensempfänger (mit einer relativ hohen marginalen Konsumquote) und einer Konsumfunktion für Gewinneinkommensempfänger (mit einer relativ niedrigen marginalen Konsumquote) unterschieden. Deshalb bleiben Einkommensumverteilungen mit Wirkung auf die Kaufkraft – wie sie sich als Ergebnis einer Geldlohnsatzsenkung ergeben könnten – in dem Modell ohne Effekt auf das Niveau der Nachfrage.

> Bei Existenz des *Pigou*-Effektes ist die Y^d-Kurve immer preiselastisch.

> Lohnsatzänderungen haben auch Verteilungswirkungen.

Vermutlich ist in der Realität das Verteilungsargument zutreffend. Wenn man allerdings auf die konsumtiven Nachfragewirkungen der Verteilung abstellt, so muss man auch die Wirkungen der Einkommensverteilung auf die Investitionsgüternachfrage in Rechnung stellen.

Schließlich wird gegen die aufgezeigte, mögliche positive Wirkung einer Lohnsenkung auf Inlandsprodukt und Beschäftigung eingewandt, dass in dem Modell lediglich zwei Gleichgewichtszustände miteinander verglichen werden. Selbst wenn man Stabilität des neuen Gleichgewichtes voraussetzt, bleibt offen, wie lang der Weg dorthin ist und welche Opfer auf ihm zu bringen sind.

Insbesondere wird in diesem Zusammenhang auf die Möglichkeit der Entstehung von Preissenkungserwartungen hingewiesen. Kommt es im Zuge der Lohn- und Preissenkungen bei den Wirtschaftseinheiten zu der Erwartung, dass Güter- und Faktorpreise weiter sinken werden, so ist nicht auszuschließen, dass geplante Nachfrage aufgeschoben wird und es zu einer Deflationsspirale kommt.

11.2 Unvollkommene Information und adaptive Erwartungen

Bei unvollkommener Information kann es auch bei flexiblen Löhnen zu »fehlerhafter« Lohnbildung kommen.

Abweichungen des tatsächlichen Beschäftigungsniveaus vom gleichgewichtigen Beschäftigungsniveau N* sind im Modell der neoklassischen Synthese **auch bei flexiblen Löhnen** möglich, wenn man in das Modell **unvollkommene Information** einführt. In diesem Fall können sich zwar die Geldlohnsätze flexibel anpassen, allerdings kommt es hier bei Fehlerwartungen der Wirtschaftssubjekte bezüglich der Güterpreisentwicklung zu anderen Geldlohnsatz-Vereinbarungen als bei korrekten Erwartungen.

Dogmenhistorisch geht dieser Ansatz auf *Milton Friedman* (1912–2006, Nobelpreisträger 1976, bekanntester Vertreter des so genannten Monetarismus) zurück, welcher zu Beginn der 1960er-Jahre die erste ernst zu nehmende Attacke gegen das Modell der neoklassischen Synthese führte. Er argumentierte, dass die Festlohnannahme des Modells, die die Ableitung eines Unterbeschäftigungsgleichgewichtes ermöglicht, ein willkürliches Element sei. Als Neoklassiker argumentierte er außerdem, dass eine wirksame Steuerung der Wirtschaft, sofern sie denn überhaupt möglich und/oder notwendig sei, auch bei flexiblem Geldlohnsatz (und Güterpreisen) theoretisch begründbar sein müsse. *Friedman* unterstellte im Rahmen seiner Theorie, dass die privaten Haushalte das aktuelle Preisniveau nicht unmittelbar beobachten können und daher diesbezüglich eine Erwartung bilden müssen. Abweichungen des tatsächlichen Beschäftigungsniveaus vom gleichgewichtigen bzw. (in der *Friedman*schen Wortwahl)

Friedmans »natürliches« Beschäftigungsniveau bei korrekten Erwartungen

»natürlichen« Beschäftigungsniveau sind hier nur bei **Erwartungsfehlern** möglich. *Friedman* ging dabei von so genannten **adaptiven Erwartungen** aus. Die Akteure korrigieren hier bei der Festlegung ihrer Preiserwartung für die laufende Periode t (P_t^e) ihre vorherige Erwartung für die Periode t-1 (P_{t-1}^e) um einen bestimmten Prozentsatz a ihres in der Vorperiode realisierten Erwartungsfehlers ($P_{t-1} - P^e_{t-1}$):

$P^e_t = P^e_{t-1} + a \cdot (P_{t-1} - P^e_{t-1})$ mit $0 < a \leq 1$.

Beträgt dieser Prozentsatz a gerade 100 Prozent, so werden die Akteure für die laufende Periode t gerade den Preis der vorangegangenen Periode t-1 erwarten ($P^e_t = P_{t-1}$), wovon im Weiteren der Einfachheit halber ausgegangen sei.

Innerhalb der neoklassischen Synthese selbst existieren unterschiedliche Ansätze, derartige informationelle Unvollkommenheiten in der Analyse zu berücksichtigen.

Im so genannten »**Informationsasymmetrie-Ansatz**« kennen **nur die Unternehmen** das aktuelle Preisniveau, während die Arbeitsanbieter diesbezüglich (adaptive) Erwartungen bilden müssen. Der Arbeitsmarkt wird hier als Auktionsmarkt behandelt, auf dem es – wie im klassisch-neoklassischen Modell – zu markträumenden Geldlohnsatzanpassungen kommt. Unterschätzen die Haushalte das Preisniveau, so wird das Arbeitsmarktgleichgewicht bei einem niedrigeren Geldlohnsatz und folglich bei einer höheren Beschäftigung als unter korrekten Erwartungen erreicht. Überschätzen die Haushalte das Preisniveau, so wird der Geldlohnsatz höher und die Beschäftigung niedriger als bei korrekten Erwartungen sein. Wir werden diesen Ansatz in modifizierter Form im Rahmen der Phillips-Kurven-Diskussion in Kapitel 11.2.2 behandeln.

Der »Informationsasymmetrie-Ansatz«

Zu qualitativ entsprechenden Ergebnissen kommt auch der so genannte »**Kontrakt-Ansatz**«, welcher insbesondere auf Arbeiten von *Jo Anna Gray* (1976) und *Stanley Fischer* (1977) zurückgeht. In diesem Modellrahmen werden auf dem Arbeitsmarkt für jede Periode verbindliche Tarifabschlüsse zwischen den Unternehmen und Arbeitnehmern (Gewerkschaften) vereinbart, wobei zum Zeitpunkt des Abschlusses das Preisniveau der anstehenden Tarifperiode **beiden Seiten nicht bekannt** ist. Die Tarifpartner vereinbaren dann denjenigen Geldlohnsatz, welcher bei Korrektheit der Preiserwartungen das Arbeitsmarktgleichgewicht herbeiführen würde. Gleichzeitig ist vertraglich geregelt, dass das tatsächliche Beschäftigungsvolumen in der Tarifperiode (d. h. die Arbeitszeit der Beschäftigten) einseitig durch die Unternehmen bestimmt wird ($N=N^d$, »**right-to-manage**«). Dabei ist zum Zeitpunkt der Beschäftigungsentscheidung der Unternehmen, welche dem Lohnvertragsabschluss zeitlich nachgelagert ist, das tatsächliche Preisniveau bereits bekannt. Bei Fehleinschätzungen über das Preisniveau zum Vertragszeitpunkt kann es folglich zu **Kurzarbeit** bzw. unfreiwilliger **Arbeitslosigkeit** oder zu (bezahlten) **Überstunden** kommen.

Der »Kontrakt-Ansatz«

Die **kurzfristige** Güterangebotsfunktion Y^s ist dann durchgehend preiselastisch und bestimmt sich aus dem Gewinnmaximierungskalkül bzw. der Arbeitsnachfrage der Unternehmen bei gegebenem Geldlohnsatz. Je höher bei gegebener Preiserwartung und damit gegebenem vertraglich vereinbartem Geldlohnsatz das tatsächliche Preisniveau ausfällt, umso niedriger ist der Reallohnsatz und umso größer sind Arbeitsnachfrage, Beschäftigung und Output der Unternehmen. Wir wollen dies am Beispiel der Güterangebotsfunktion Y^s in Abbildung 11-15 näher verdeutlichen. Dieser Angebotsfunktion liegt die an der P-

Preiselastisches Güterangebot im Kontrakt-Modell

11.2 Weiterentwicklungen von keynesianischer und klassischer Theorie
Unvollkommene Information und adaptive Erwartungen

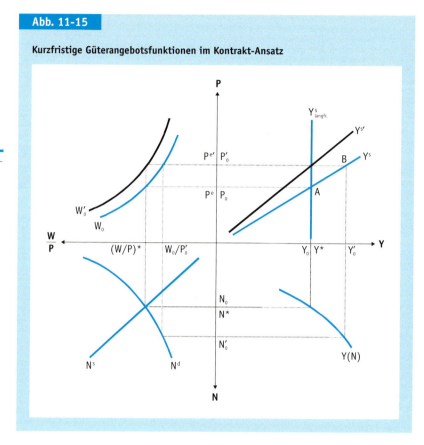

Abb. 11-15

Kurzfristige Güterangebotsfunktionen im Kontrakt-Ansatz

Preisniveauerwartungsänderungen führen zu Verschiebungen der kurzfristigen Güterangebotsfunktion.

Achse abgetragene Preiserwartung P^e mit dem korrespondierenden Geldlohnsatz W_0 zugrunde. Im Punkt A entspräche das tatsächliche Preisniveau dieser Preiserwartung und es ergäbe sich das gleichgewichtige Beschäftigungsniveau und damit der natürliche Output. Läge nun stattdessen das höhere Preisniveau P_0' vor, so würde bei unveränderter Preiserwartung und damit unverändertem Geldlohnsatz (W_0) ein geringerer Reallohnsatz und damit höhere Arbeitsnachfrage, höhere Beschäftigung und höheres Güterangebot resultieren (Punkt B). Je höher wiederum die Preiserwartung ist, umso höher wird der Geldlohnsatz ausfallen. Je höher aber der Geldlohnsatz, desto höher ist bei jedem tatsächlichen Preisniveau der Reallohn, umso weniger Arbeit wird gemäß der Arbeitsnachfragekurve eingesetzt und umso weniger Güter werden angeboten. Mit steigendem Geldlohnsatz W wird also bei jedem Preis P ein geringeres Y angeboten: Die kurzfristige Güterangebotskurve verschiebt sich nach links (oben). Da der Geldlohnsatz, wie ausgeführt, vom erwarteten Preisniveau bestimmt wird, kann man auch sagen, dass sich die kurzfristige Güterangebotskurve im (Y, P)-Diagramm mit dem erwarteten Preisniveau nach oben verschiebt. Für $P = P^e$ wird dabei immer der natürlich Output $Y^s_{langfristig}$ angeboten, d.h. bei $P^e = P_0$

und $P^{e'} = P'_0$ schneidet in Abbildung 11-15 die jeweilige kurzfristige Güterangebotskurve die langfriste Güterangebotskurve $Y^s_{\text{langfristig}}$. Der Leser kann sich dies unmittelbar verdeutlichen, wenn er die Lage der in Abbildung 11-15 eingezeichneten Güterangebotskurven Y^s (bei Preiserwartung P^e und Geldlohnsatz W_0) und $Y^{s'}$ (bei Preiserwartung $P^{e'} > P^e$ und Geldlohnsatz $W'_0 > W_0$) miteinander vergleicht. Sind die Erwartungen langfristig korrekt, ist die **langfristige** Güterangebotsfunktion wie im klassisch-neoklassischen Modell wieder vollkommen preis**un**elastisch und liegt auf der Höhe des natürlichen Outputs Y^*.

11.2.1 Ein neoklassisches »Kontrakt-Modell« mit adaptiven Erwartungen

Wir wollen nun die sich aus dem Kontrakt-Ansatz ergebenden kurz- und langfristigen Konsequenzen auf Beschäftigung und Produktion näher untersuchen (vgl. Abbildung 11-16).

In der Ausgangssituation (Periode 0) herrscht Arbeitsmarkt- und Gütermarktgleichgewicht mit $W_0/P_0 = (W/P)^*$, N^* und $Y^*(E_0)$. Das tatsächliche Preisniveau P_0 entspricht dem erwarteten Preisniveau P^e. In Periode 1 verschiebt sich z. B. aufgrund einer Geldmengenerhöhung die gesamtwirtschaftliche Güternachfragekurve von Y^d dauerhaft nach oben (rechts) auf $Y^{d'}$. Preisauftriebstendenzen sind die Folge der entstehenden Überschussnachfrage beim existierenden langfristigen Güterangebot Y^*. Da die Tarifpartner bei Tarifabschluss für Periode 1 jedoch abermals ein Preisniveau in Höhe von P_0 erwartet hatten, verblieb der verbindlich ausgehandelte Geldlohnsatz von Periode 1 auf der Höhe von W_0. Aufgrund des Preisanstiegs auf P_1 kommt es folglich zu einer Senkung des Reallohnsatzes, sodass die Arbeitsnachfrage der Unternehmen (und damit Beschäftigung und Output) ansteigt. Beim Preis P_1 entsprechen sich Güterangebot und Güternachfrage und es kommt zu einem kurzfristigen Gleichgewicht bei P_1, Y_1, N_1 (Gleichgewichtspunkt E_1).

Am Ende von Periode 1 handeln die Tarifpartner einen neuen Geldlohnsatz für Periode 2 aus. Da sie ihre jüngste Preisniveau-Unterschätzung erkannt haben, korrigieren sie ihre letzte Preiserwartung entsprechend nach oben ($P^e_2 = P_1$). Der neu ausgehandelte Geldlohnsatz W_2 fällt dann höher aus als in Periode 1 und zwar gerade so, dass sich bei Korrektheit dieser Erwartung (also einem unveränderten Preisniveau in Periode 2) der gleichgewichtige Reallohnsatz $(W/P)^*$ bzw. das natürliche Beschäftigungsniveau N^* ergeben würde. Der Anstieg des Geldlohnsatzes führt bei jedem Preisniveau zu einer Erhöhung des Reallohnsatzes, sodass sich die kurzfristige Güterangebotsfunktion von Y^s_1 nach oben bzw. links auf Y^s_2 verschiebt und es bei der gegebenen Güternachfrage erneut zu einem Preisanstieg kommt (P_2 in Abbildung 11-16). Das neue kurzfristige Gleichgewicht liegt in Punkt E_2. Wie der rechte obere Teil der Abbildung 11-16 zeigt, ist in E_2 das Inlandsprodukt Y_2 gegenüber Y_1 gesunken, aber immer noch größer als Y^*. Angebotsseitig liegt das an dem Reallohn, der im kurzfristigen Gleichgewicht der Periode 2 herrscht: Geht man in Abbil-

11.2 Weiterentwicklungen von keynesianischer und klassischer Theorie
Unvollkommene Information und adaptive Erwartungen

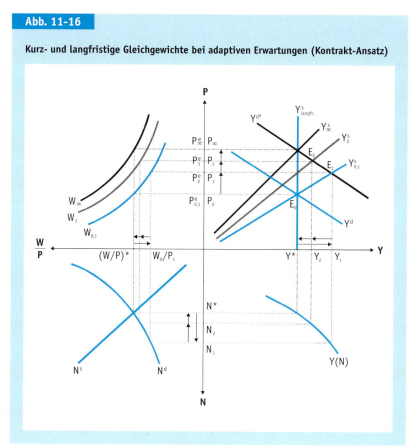

Abb. 11-16

Kurz- und langfristige Gleichgewichte bei adaptiven Erwartungen (Kontrakt-Ansatz)

Eine expansive Nachfragepolitik erhöht kurzfristig Output und Beschäftigung.

dung 11-16 vom Punkt E_2 waagerecht nach links bis an die W_2-Kurve und dann senkrecht nach unten auf die Reallohnachse W/P, so erkennt man, dass der Reallohn gegenüber Periode 1 gestiegen ist, jetzt also größer ist als W_0/P_1, aber immer noch kleiner ist als $(W/P)^*$, sodass die gegenüber Y^* größere Gütermenge Y_2 angeboten wird. Anders ausgedrückt: Ausgehend vom kurzfristigen Gleichgewicht der Periode 1 in E_1 ist in E_2 der Geldlohnsatz prozentual stärker gestiegen als das Preisniveau, sodass der Reallohn zu- und die Güterproduktion abgenommen haben. Auch in Periode 2 haben die Tarifpartner das Preisniveau unterschätzt ($P_2^e < P_2$), sodass sie für die Tarifverhandlungen der Periode 3 abermals ihre Preiserwartungen nach oben korrigieren und den Geldlohnsatz auf W_3 erhöhen. Dadurch wird sich die kurzfristige Güterangebotsfunktion erneut weiter nach oben (links) verschieben, das Preisniveau und der Reallohnsatz weiter ansteigen sowie Beschäftigung und Produktion weiter absinken. Diese Anpassungsprozesse laufen so lange, bis schließlich mit P_∞ ein neues langfristiges Gleichgewicht beim alten (natürlichen) Output Y^* und bei erfüllten Preiserwartungen erreicht ist.

Kurzfristig führt also die Geldmengenerhöhung bei unvollkommener Information und adaptiven Erwartungen zu einem Anstieg des Outputs über sein natürliches Niveau (und als Pendant dazu zu einem Anstieg der Beschäftigung über N*) sowie zu einer Preisniveausteigerung. Langfristig aber resultiert allein eine Preisniveausteigerung und ein konstanter Output, sodass die Neutralität des Geldes und die klassische Dichotomie wieder gelten.

Durch P_∞ verläuft wieder eine kurzfristige Güterangebotsfunktion, die relevant wird, wenn es zu weiteren Nachfrageschocks und damit Preisänderungen kommt.

Wie wir gesehen haben, kommt es also zu einer zeitweisen Ausdehnung des Güterangebotes, die allerdings an die Bedingung geknüpft ist, dass das tatsächliche Preisniveau größer ist als das von den Wirtschaftssubjekten erwartete: $P > P^e$. Man kann die Güterangebotsfunktion hier deshalb (vereinfachend linearisiert) schreiben als:

$$Y = Y^* + \beta \cdot (P - P^e)$$

wobei β ein positiver Faktor ist, dessen Höhe von der Reallohnsatzelastizität der Arbeitsnachfrage abhängt. Die Gleichung verdeutlicht, dass $Y = Y^*$ (natürlicher Output), sobald $P^e = P$. Löst man die Gleichung nach P auf, so ergibt sich:

$$P = P^e + (Y - Y^*)/\beta.$$

In dieser Form zeigt die Gleichung für das Güterangebot, dass sich die kurzfristige Y^s-Funktion mit dem erwarteten Preisniveau P^e nach oben verschiebt.

11.2.2 Die Friedmansche Phillips-Kurve

Friedman kommt in seinen eigenen Arbeiten zu Ergebnissen, welche denen des obigen Kontrakt-Modells sehr ähnlich sind. Allerdings argumentierte er innerhalb eines anderen Modellrahmens, nämlich dem so genannten **Phillips-Kurven-Modell**. Dabei wird in neoklassischer Manier von Markträumung (also von voll flexiblen Preisen und Löhnen) ausgegangen sowie von unvollständiger Informationen auf Seiten der Arbeiter (Arbeitsanbieter) bezüglich der Preisentwicklung, während diese andererseits den Unternehmen bekannt ist (**Informationsasymmetrie**). Die Arbeitsanbieter bilden dabei analog zu oben adaptive Erwartungen bezüglich der Inflationsrate. Um *Friedmans* Argumentation zu verstehen, ist es sinnvoll, zunächst die so genannte »keynesianische« *Phillips*-Kurve näher zu betrachten, gegen welche sich *Friedman* im Rahmen seiner eigenen – so genannten »monetaristischen« – *Phillips*-Kurven-Interpretation wandte.

Informationsasymmetrie im *Friedman*-Modell

11.2.2.1 Die traditionell keynesianische Phillips-Kurve

Nachdem *A. W. Phillips* 1958 eine langfristige empirische Studie über einen negativen, nicht-linearen und **stabilen** Zusammenhang zwischen den durchschnittlichen **Geldlohnsteigerungsraten** und den **Arbeitslosenquoten** im

Die ursprüngliche *Phillips*-Kurve

11.2 Weiterentwicklungen von keynesianischer und klassischer Theorie
Unvollkommene Information und adaptive Erwartungen

Vereinigten Königreich vorgelegt hatte, lieferten Frühkeynesianer wie *Lipsey* und *Hansen* eine theoretische Begründung für diesen empirischen Sachverhalt: Da Arbeit in der Realität kein homogenes, sondern vielmehr ein äußerst heterogenes Gut sei, komme es auf dem Arbeitsmarkt zu erheblichen Geldlohnunterschieden (Lohndifferenzialen), über welche die Arbeitsanbieter nicht vollständig informiert sind. Infolgedessen befindet sich stets ein Teil der Arbeitsanbieter in so genannter **Such- bzw. friktioneller Arbeitslosigkeit**, d.h. auf der Suche nach einem (hinreichend) attraktiveren Lohnangebot. Je schneller nun die Geldlöhne im Durchschnitt steigen, umso früher werden diese Sucharbeitslosen auf eine ihren Vorstellungen entsprechend besser bezahlte Beschäftigungsmöglichkeit stoßen, umso niedriger wird folglich die Arbeitslosenquote im Jahresdurchschnitt ausfallen.

Die späteren Nobelpreisträger *Samuelson* und *Solow* ersetzten über die Verwendung einer Preisaufschlagskalkulation auf die Löhne diese *Phillips*-Kurven-Version durch eine Beziehung zwischen Arbeitslosenquote und **Preisänderungsrate** (Inflationsrate). Die Unternehmen reagieren hier auf jede prozentuale Änderung des Geldlohnes mit einer im Wert entsprechenden prozentualen Änderung der Güterpreise, sodass sich die in Abbildung 11-17 dargestellte »modifizierte« *Phillips*-Kurve ergibt. *Samuelson* und *Solow* verstanden, wie die meisten Ökonomen der damaligen Zeit, die *Phillips*-Kurve als eine **im Zeitablauf stabile Beziehung**, die eine **Wahlmöglichkeit** (einen **»trade-off«**) zwi-

Die »modifizierte« keynesianische Phillips-Kurve bei Preisaufschlagskalkulation

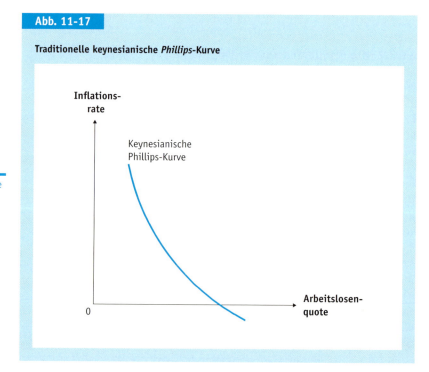

Abb. 11-17

Traditionelle keynesianische *Phillips*-Kurve

Traditionell keynesianische Phillips-Kurve mit dauerhaftem trade-off

schen Arbeitslosigkeit und Inflationsrate ermöglicht. Zum Ausdruck kam diese Auffassung z. B. in dem bekannten Ausspruch des damaligen Bundeskanzlers Helmut Schmidt »Lieber 5 Prozent Inflation als 5 Prozent Arbeitslosigkeit«. Wegen ihrer wirtschaftspolitischen und theoretischen Bedeutung wurde die *Phillips*-Kurven-Beziehung nachfolgend recht häufig empirisch überprüft, mit wechselndem, doch eher abnehmendem Erfolg.

11.2.2.2 Die monetaristische Phillips-Kurve (Friedman/Phelps)

Friedman (und mit ihm *Phelps*) wies diese Vorstellung einer stabilen *Phillips*-Kurve zurück. Er argumentierte, dass für den Arbeitsanbieter nicht der Geldlohn (bzw. dessen Steigerungsrate), sondern vielmehr sein erwarteter Reallohn (bzw. dessen Steigerungsrate) die entscheidende Größe sei. Die erwartete Steigerungsrate des Reallohnes erhält man, wenn man von der Geldlohnsteigerungsrate die **erwartete** Preissteigerungsrate (Inflationsrate) abzieht. Bei Preisaufschlagskalkulation à la *Samuelson/Solow* entspricht wieder die durchschnittliche Geldlohnsteigerungsrate der **tatsächlichen** Inflationsrate, sodass die von den Haushalten im Durchschnitt erwartete Steigerungsrate des Reallohnes gerade gleich ist der Differenz aus tatsächlicher und erwarteter Inflationsrate. Je höher diese Differenz ausfällt, je höher also die erwartete Reallohnsteigerungsrate ist, umso niedriger wird in *Friedman*s *Phillips*-Kurven-Interpretation die Arbeitslosenquote sein, wobei bei korrekter Inflationserwartung (d. h. bei einer im Durchschnitt erwarteten Reallohn-Steigerungsrate von null) die natürliche Arbeitslosenquote realisiert wird.

Da das Arbeitsangebotsverhalten der Sucharbeitslosen somit bei gegebener Geldlohnsteigerungs- bzw. Inflationsrate von der Höhe ihrer Inflationsratenerwartung abhängig ist und sich Letztere wiederum aufgrund adaptiver Erwartungen im Zeitverlauf ändert (sofern nötig), wurde das schöne Wunschbild einer stabilen Wahlmöglichkeit zwischen mehr Inflation und weniger Arbeitslosigkeit zerstört. Bezeichnet man mit u die tatsächliche Arbeitslosenquote und mit π bzw. π^e die tatsächliche bzw. die erwartete Inflationsrate, so ergibt sich aus *Friedman*s Herangehensweise der folgende (zur Vereinfachung lineare) Zusammenhang:

$$u = u^* - b \cdot (\pi - \pi^e)$$

Dabei bezeichnet b einen positiven Faktor. Die *Friedman*sche *Phillips*-Kurven-Gleichung weist trotz formaler Unterschiede auffällige Parallelen zu der kurzfristigen Güterangebotsfunktion im Kontrakt-Modell auf: Zwar bezieht sich die Mengengröße u nicht auf den Output, sondern auf die Arbeitslosigkeit, jedoch lässt sich der Bezug zum Güterangebot sofort über (1-u) (der Beschäftigungsquote) herstellen: Je höher die Beschäftigungsquote (je kleiner also die Arbeitslosenquote), umso höher der Output. Außerdem bezieht sich die Preisvariable nicht auf das absolute Preisniveau, sondern auf die Preisänderungsrate (Inflationsrate), was aber lediglich zum Ausdruck bringt, dass sich die Arbeitsanbieter in Friedmans Modell nicht am absoluten Preis- bzw. Reallohnniveau orientieren, sondern an den (erwarteten) Änderungsraten. Entscheidend ist,

*Friedman*s Kritik an der keynesianischen *Phillips*-Kurve

*Friedman*s *Phillips*-Kurven-Version

dass in beiden Fällen nur eine Differenz zwischen dem tatsächlichen und dem erwarteten Wert der Preisvariablen zu Beschäftigungs- und Outputabweichungen führt.

Entspricht die erwartete Inflationsrate π^e der tatsächlichen Inflationsrate π, so herrscht natürliche Arbeitslosigkeit. Steigt ausgehend von einem Niveau der tatsächlichen Inflationsrate $\pi_0 = \pi_0^e$ die tatsächliche Inflationsrate infolge einer expansiven Geldpolitik auf π_1 an, so erhöht sich im *Phillips*-Kurven-Modell bei zunächst unveränderter erwarteter Inflationsrate die Beschäftigung: Der Anstieg der Inflationsrate ist Ausdruck eines entsprechenden Anstiegs der Geldlohnänderungsrate. Dieser wird bei gegebener Inflationsratenerwartung als ein Anstieg der Reallohnsteigerungsrate (miss-) interpretiert, sodass die Sucharbeitslosen schneller auf ein aus ihrer (fehlerhaften) Sicht befriedigendes Lohnangebot stoßen und ein Beschäftigungsverhältnis eingehen. Die durchschnittliche Arbeitslosenquote der betrachteten Periode sinkt also ab, was einer Bewegung **auf** der kurzfristigen *Phillips*-Kurve nach links führt. Passen die Arbeiter im Rahmen eines adaptiven Erwartungsbildungsprozesses ihre Inflationsratenerwartung der tatsächlichen Inflationsrate an, so **verschiebt sich die Phillips-Kurve selbst** nach oben (rechts) und zwar gerade so, dass bei einer Inflationsrate, welche der neuen Inflationsratenerwartung entspricht, wieder die natürliche Arbeitslosenquote realisiert werden würde. Um dieselbe Arbeitslosenquote wie zuvor erreichen zu können, müsste dieselbe erwartete Reallohnsteigerungsrate wie zuvor vorliegen. Bei erhöhter Inflationsratenerwartung wäre dies nur möglich, wenn die Geldlohnsatzsteigerungsrate und damit (via Preisaufschlagskalkulation) die Inflationsrate gerade im Umfang der Inflationsratenerwartung ansteigen würde. Je höher also die Inflationsratenerwartung ist, umso höher muss auch die tatsächliche Inflationsrate sein, damit dieselbe Arbeitslosenquote erreicht werden kann.

Man kann also die *Friedman*sche *Phillips*-Kurven-Beziehung in einem (u,π)-Diagramm nur für gegebenes π^e zeichnen. Die *Phillips*-Kurve wird immer gerade so verlaufen, dass bei einer der Erwartung der Arbeitsanbieter entsprechenden Inflationsrate die natürliche Arbeitslosenquote erreicht wird; je höher die Inflationsratenerwartung ist, umso höher ist auch die Lage der *Phillips*-Kurve. Sie verhält sich damit im Ergebnis so wie die Güterangebotsfunktion des obigen Kontrakt-Modells (Abbildung 11-18).

Kurzfristig positive Output- und Beschäftigungseffekte durch expansive Nachfragepolitik, jedoch langfristige Ineffektivität

Arbeitslosenquoten unterhalb der natürlichen Arbeitslosenquote sind hier also nur möglich, wenn die Inflationsratenerwartung der Arbeitsanbieter hinter der tatsächlichen Inflationsrate zurückbleibt. Da die Arbeitsanbieter jedoch gemäß adaptiver Erwartungen nach einer Unterschätzung der Inflationsrate ihre Erwartung entsprechend nach oben korrigieren werden, wäre dauerhaftes Fortbestehen einer solchen Unterschätzung nur möglich, wenn der Staat mittels expansiver Geld- oder Fiskalpolitik die Inflationsrate immer weiter ansteigen ließe (**Akzelerationshypothese**). Eine solche Politik ist jedoch **langfristig** nicht durchhaltbar, wenn man unterstellt, dass im Hinblick auf die Funktionsfähigkeit einer Geldwirtschaft Obergrenzen bezüglich einer »akzeptablen« Inflationsrate existieren. Langfristig werden sich dann über den Anpassungspro-

Abb. 11-18

Monetaristische Phillips-Kurve

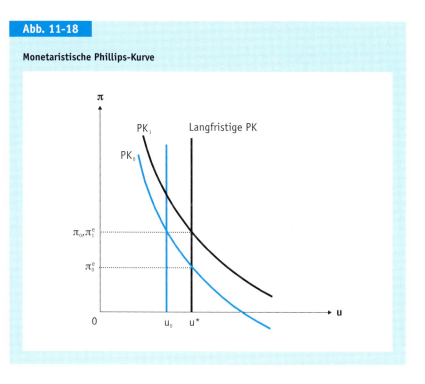

zess der Erwartungsbildung die Inflationserwartungen der Arbeitsanbieter immer an die tatsächliche Inflationsrate anpassen. Auch hier werden folglich Beschäftigung und Produktion langfristig zu ihren natürlichen Niveaus zurückkehren, von Geld- und Fiskalpolitik können diesbezüglich nur kurzfristige, jedoch keine langfristigen Effekte ausgehen.

Man sieht, dass eine einmalige Erhöhung der Inflationsrate nur kurzfristig zu einer Beschäftigungsausweitung führt, mittel- und langfristig aber wirkungslos in Bezug auf die realen Variablen Beschäftigung und Produktion bleibt. Anders ausgedrückt: Kurzfristig weist die *Phillips*-Kurve eine negative Steigung (und damit einen **trade-off** zwischen Inflationsrate und Arbeitslosenquote) auf, langfristig ist die *Phillips*-Kurve eine Senkrechte auf Höhe der natürlichen Arbeitslosenquote.

Friedman löste mit dieser *Phillips*-Kurven-Interpretation die traditionell keynesianische Theorie der *Phillips*-Kurve ab, da diese nicht erklären konnte, wie es bei unveränderten (oder sich sogar erhöhenden) Arbeitslosenquoten zu beobachtbaren erheblichen Steigerungen der Inflationsraten kommen konnte. Allerdings blieb auch dieser Theorieansatz nicht unwidersprochen, wie in Kapitel 12.1 noch deutlich werden wird.

Arbeitsaufgaben Kapitel 11

1. Leiten Sie grafisch aus dem IS/LM-Modell mit flexiblem Preisniveau die gesamtwirtschaftliche Güternachfrage her.

2. Welche Faktoren bestimmen die Steigung der gesamtwirtschaftlichen Güternachfragekurve?

3. Angenommen, die autonomen Investitionen steigen um 100. Ist dann die Rechtsverschiebung der gesamtwirtschaftlichen Güternachfragekurve größer, gleich oder kleiner 100? Begründen Sie Ihre Antwort.

4. Welche Gegebenheiten führen zu einem senkrechten Verlauf der Güternachfragekurve?

5. Was besagt die Festlohnannahme?

6. Wie wirkt sich die Festlohnannahme auf den Verlauf der gesamtwirtschaftlichen Güterangebotskurve aus?

7. Zeigen Sie grafisch, wie
   - eine Geldmengenerhöhung,
   - eine Erhöhung der Staatsausgaben,
   - eine Senkung des Geldlohnansatzes im Modell der neoklassischen Synthese auf das reale Inlandsprodukt wirken.

8. Worin sehen Sie die entscheidenden Unterschiede zwischen dem Standardmodell der neoklassischen Synthese und dem »Kontrakt-Modell«?

9. Beschreiben Sie genau, wie es im Kontrakt-Modell der neoklassischen Synthese bei einer geld- oder fiskalpolitisch bewirkten Zunahme der gesamtwirtschaftlichen Güternachfrage zu einer Zunahme der Beschäftigung kommt.

10. Warum sind im Kontrakt-Modell Einkommens- und Beschäftigungseffekte bei Nachfrageschocks nur temporär?

11. Was unterscheidet die traditionell keynesianische Phillips-Kurve von der Friedmans?

Lösungsvorschläge für die Arbeitsaufgaben finden Sie im »Übungsbuch zu Grundlagen und Probleme der Volkswirtschaft«.

Literatur Kapitel 11

Kromphardt, Jürgen: Arbeitslosigkeit und Inflation, 2. Aufl., Göttingen und Zürich 1998.

Allgemeine Lehrbücher zur Makroökonomik sind:
Blanchard, Oliver/Erhard Illing: Makroökonomie, 5. Aufl., München 2009.
Branson, William, H.: Makroökonomie, 4. Aufl., München u. a. 1997.
Cezanne, Wolfgang: Allgemeine Volkswirtschaftslehre, 6. Aufl., München 2005, Kapitel 11 und 12.
Heubes, Jürgen: Makroökonomie, 4. Aufl., München 2001.
Kromphardt, Jürgen: Grundlagen der Makroökonomie, 3. Aufl., München 2006.
Mankiw, Nicholas Gregory: Makroökonomik, 5. Aufl., Stuttgart 2003.
Schäfer, Wolf: Volkswirtschaftstheorie, München 1997.

Die verschiedenen Ansätze für eine preiselastische Güterangebotsfunktion im Rahmen der neoklassischen Synthese sowie die Philipps-Kurve beschreibt gut verständlich:
Mankiw, Nicholas Gregory: Makroökonomik, 5. Aufl., Stuttgart 2003, Kapitel 12.

Zur Vertiefung der Modellzusammenhänge in grafischer Form eignet sich das Computerprogramm auf der beiliegenden CD.

12 Neuere Entwicklungen in der Einkommens- und Beschäftigungstheorie

Leitfragen

Was sind die innovativen Elemente und die zentralen Ergebnisse der Neuen Klassischen Makroökonomik?

▸ Was bedeuten »rationale Erwartungen«?

▸ Was versteht man unter der Theorieschule »Neue Klassische Makroökonomik«?

▸ Wie begründet sich die »Überraschungs-Güterangebotsfunktion« der Neuen Klassischen Makroökonomik?

▸ Was besagt die »Politikineffektivitätshypothese« der Neuen Klassischen Makroökonomik?

Wie verändert die Berücksichtigung von relativ inflexiblen Preisen und von Marktungleichgewichten die Ergebnisse von makroökonomischen Gleichgewichtsmodellen?

▸ Welches sind im Vergleich zur allgemeinen Gleichgewichtstheorie die entscheidenden Annahmen der Rationierungstheorie?

▸ Warum und wie verändert sich bei Marktungleichgewichten und Preisstarrheit die Entscheidungsbasis der Wirtschaftseinheiten?

▸ Welche Übertragungs- und Rückkoppelungseffekte ergeben sich in einem interdependenten Marktsystem, wenn an irgendeiner Stelle des Systems Mengenbeschränkungen auftreten?

▸ Wie erklärt die Rationierungstheorie keynesianische Unterbeschäftigung?

Was ist die Grundidee des Neuen Keynesianismus?

▸ Was bedeutet eine mikroökonomische Fundierung von Preis- und Lohnstarrheiten?

▸ Inwiefern dürften nicht geräumte Märkte eher die Regel als die Ausnahme sein?

▸ Wie können »kleine« Menükosten »große« gesamtwirtschaftliche Folgewirkungen haben?

12.1 Neue Klassische Makroökonomik

12.1.1 Rationale Erwartungen

Die zum Abschluss von Kapitel 11 vorgestellte Theorie der adaptiven Erwartungen geriet Mitte der 1970er-Jahre zunehmend unter Kritik. Als zentrales Defizit dieser Theorie wurde angesehen, dass die Wirtschaftssubjekte dort ihre Erwartungen rein »mechanistisch« bilden, d. h. unabhängig von den spezifischen Umständen des jeweiligen Zeitpunktes ihre Erwartung um einen gegebenen An-

Kritik der adaptiven Erwartungsbildung

teil des vorangegangenen Schätzfehlers korrigieren (vgl. auch Kapitel 11.2). Dies sei »irrational«, denn etwaige zusätzlich zur Verfügung stehende Informationen über die allgemeine Wirtschaftslage u. Ä. würden in diesem Ansatz nicht berücksichtigt. Käme es z. B. zu einem Regierungswechsel und wäre bekannt, dass die neue Regierung eine andere Wirtschaftspolitik verfolgt als die vorherige, so würde dieses von »rationalen« Akteuren in ihrer Erwartungsbildung entsprechend berücksichtigt werden.

Ausgehend von dieser Kritik erlebte die Volkswirtschaftslehre Mitte der 1970-Jahre eine kleine Revolution: Das schon in den 1960er-Jahren von *John Muth* entwickelte Konzept der **»rationalen Erwartungen«,** zwischenzeitlich völlig in Vergessenheit geraten, wurde in gesamtwirtschaftliche Modelle integriert, wobei *Robert E. Lucas* (geb. 1937, Nobelpreisträger für Ökonomie) eine führende Rolle einnahm. Rationale Erwartungen werden in der Literatur unterschiedlich definiert. So formuliert der bekannte amerikanische Ökonom *Robert L. Gordon*: »Erwartungen sind rational, wenn die Leute mit den verfügbaren Daten die bestmögliche Voraussage machen. Es ist wichtig zu erkennen, dass diese Voraussage nicht korrekt sein muss ... Stattdessen argumentiert die Theorie der rationalen Erwartungen, dass die Leute nicht dauerhaft die gleichen Vorhersagefehler machen.« (Übersetzung durch die Autoren)

Andere Autoren definieren rationale Erwartungen sehr viel strenger (aber auch wirklichkeitsfremder). Rationale Erwartungen bedeuten in dieser strengen Version, dass die Wirtschaftseinheiten

▸ die Modellzusammenhänge (zumindest intuitiv) kennen, die in der Volkswirtschaft den Wert der zu prognostizierenden Variablen bestimmen, und zwar einschließlich der konkreten Werte der Verhaltensparameter und sonstigen Parameter der Modelle,

▸ die Regeln kennen, nach denen der Staat seine Wirtschaftspolitik betreibt.

12.1.2 Politikunwirksamkeit

Wir wollen nun zu dem in Kapitel 11.2 behandelten »Kontrakt-Modell« der neoklassischen Synthese zurückkehren, jedoch statt von adaptiven Erwartungen von rationalen Erwartungen ausgehen. Man spricht dann von einem Modell der so genannten Neuen Klassischen Makroökonomik (oder auch Neuklassischen Makroökonomik), wobei hierunter alle neoklassischen Modellansätze gefasst werden, welche unvollkommene Information **und** rationale Erwartungen unterstellen. Die gesamtwirtschaftliche Güterangebotsfunktion bestimmt sich dann aus

$$Y^s = Y^* + \beta \cdot (P - EP)$$

wobei EP den (rationalen) Erwartungswert des Preisniveaus angibt. Güterangebotsfunktionen dieses Typs werden in der Literatur gemeinhin als »Überraschungs-Güterangebotsfunktionen« bezeichnet, weil Abweichungen vom »natürlichen« Output nur dann möglich sind, wenn es zu unerwarteten Störungen

Unter der Lupe

Die »Überraschungs-Güterangebotsfunktion«

Die Herleitung der »Überraschungs-Güterangebotsfunktion« kann auch aus anderen Modellzusammenhängen als dem hier gewählten Kontrakt-Ansatz (Fischer-Modell) vorgeführt werden. Der in diesem Zusammenhang wohl bekannteste Ansatz ist das so genannte »Insel-Modell« von Lucas: Dieser betrachtet eine Ökonomie, welche in informationell von einander abgegrenzte Teilmärkte (»Inseln«) aufgespalten ist. Preise und Löhne sind vollkommen flexibel. Alle Akteure kennen nur die Geldlöhne und Preise auf demjenigen Teilmarkt, auf welchem sie selbst als Anbieter von Gütern oder Produktionsfaktoren auftreten, jedoch nicht die Löhne und Preise der anderen Märkte. Während nun für die Unternehmen (im Rahmen ihres Gewinnmaximierungskalküls) nur die eigenen (bekannten) Güter- und Faktorpreise von Bedeutung sind, müssen die Haushalte zur Einschätzung des realen Wertes ihres Geldlohnes einen Erwartungswert bezüglich des allgemeinen Preisniveaus (bzw. des Konsumentenpreisindexes) bilden. Das Arbeitsangebot der Haushalte wird dann bei gegebenem Geldlohnsatz umso niedriger sein, je höher ihre Preisniveauerwartung ausfällt. Eine ausführliche Darstellung dieses relativ komplexen Modellansatzes findet sich bei Utecht (1994).

(»Überraschungen«) kommt. Wir sehen, dass sich die obige Güterangebotsfunktion von der im »Kontrakt-Modell« aus Kapitel 11.2 nur im Hinblick auf die Erwartungsbildungshypothese unterscheidet.

Unterstellt man im Rahmen des Kontrakt-Ansatzes rationale Erwartungen im strengen Sinn (s. o.), dann »kennen« die Wirtschaftssubjekte die Geldpolitik oder auch die Fiskalpolitik des Staates (sofern sie systematisch, d. h. regelgebunden ist), und werden die sich aus der Politik ergebenden Preiswirkungen korrekt einschätzen, sodass immer $EP = P$.

> Aufgrund der Antizipation der Politikmaßnahmen (und deren Preiswirkungen) verlagert sich die kurzfristige Güterangebotskurve stets derart, dass sich im Gleichgewicht der natürliche Output einstellt, und es kommt zu der berühmten »Politikineffektivität« der Neuen Klassischen Makroökonomik.

Abbildung 12-1 stellt diesen Fall dar.

Wegen der genauen Kenntnis der Politikregel (antizipierte Politikmaßnahmen) und des Preisbildungsmechanismus verschieben sich Güternachfrage- und die Güterangebotsfunktion exakt um denselben Betrag nach oben. Unter diesen Bedingungen liegt der gleichgewichtige Output immer auf seinem »natürlichen« Niveau, d. h. es kommt zu einer Wirkungslosigkeit der Politik in Bezug auf die Beschäftigung und das gesamtwirtschaftliche Outputniveau. Lediglich das Preisniveau und der Geldlohnsatz erhöhen sich. Der Leser beachte aber genau die strengen Voraussetzungen für dieses Ergebnis:

12.2 Neuere Entwicklungen in der Einkommens- und Beschäftigungstheorie
Neuere Entwicklungen der keynesianischen Beschäftigungstheorie

Politikineffektivität bei rationalen Erwartungen im Kontrakt-Modell

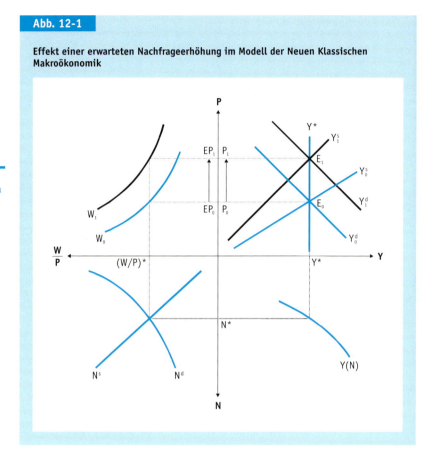

Abb. 12-1

Effekt einer erwarteten Nachfrageerhöhung im Modell der Neuen Klassischen Makroökonomik

- Kenntnis der Politikregel, nach der die Regierung verfährt,
- Kenntnis der Modellzusammenhänge, nach denen sich der Preis bildet.

Nicht antizipierte Politikmaßnahmen oder Maßnahmen, deren Effekte auf die Modellvariablen falsch eingeschätzt werden, bleiben dementsprechend wirksam.

12.2 Neuere Entwicklungen der keynesianischen Beschäftigungstheorie

Die im letzten Kapitel vorgestellten gesamtwirtschaftlichen Modelle sind im Prinzip Gleichgewichtsmodelle, d.h. sie stellen auf den Zustand in der Volkswirtschaft ab, der realisiert wird, wenn die endogenen Variablen ihre markträumenden Gleichgewichtswerte erreicht haben. Im Modell der neoklassischen Synthese gilt dabei die Besonderheit, dass, obwohl sämtliche makroökonomischen Märkte in die Analyse einbezogen werden, der Geldlohnsatz als eine zentrale Preisvariable in Unterbeschäftigungssituationen als nicht voll flexibel (im Grenzfall als konstant) angenommen wird. Dadurch wird der Gleichgewichtsreallohn nicht realisiert und es kann ein Unterbeschäftigungs»gleichgewicht« modelliert werden, das durch keynesianische Nachfragesteuerung beeinflusst werden kann. Auf dem Arbeitsmarkt, auf dem infolge der Fixierung des Geldlohnsatzes ein Überschussangebot, also unfreiwillige Arbeitslosigkeit besteht, kann von »Gleichgewicht« dabei nur in dem methodischen Sinne gesprochen werden, dass die gesamtwirtschaftliche Konstellation ohne wirtschaftspolitische Maßnahmen einen **Beharrungszustand** aufweist.

Der Keynesianismus hat sich seit Ende der 1950er-Jahre in vielfältiger Weise weiterentwickelt, wobei die für unterschiedliche Varianten verwendeten Bezeichnungen sich zum Teil überschneiden. In diesem Buch kann nur ein kurzer Überblick über einige wichtige Weiterentwicklungen gegeben werden. Skizziert werden im Folgenden die »Rationierungstheorie« und der »Neue Keynesianismus«.

12.2.1 Rationierungstheorie

Patinkin, *Clower* und *Leijonhufvud* haben in den 1960er-Jahren die Grundlage für eine *Keynes*-Interpretation gelegt, aus der sich dann in den 1970er-Jahren die Rationierungstheorie entwickelt hat – u. a. auch unter den Namen »Ungleichgewichtstheorie«, »Makroökonomik bei nicht geräumten Märkten« und »Neue Makroökonomik« bekannt.

Charakteristisch für die Rationierungstheorie sind folgende Annahmen:

Zentrale Elemente der Rationierungstheorie

- Es wird von – im Betrachtungszeitraum – stark inflexiblen (im Grenzfall fixen) Preisen ausgegangen (»Fixpreismethode«), während sich die Mengen der Marktsituation sofort anpassen können, also schneller als die Preise reagieren.
- Es wird unterstellt, dass auch bei Nicht-Gleichgewichtspreisen Käufe und Verkäufe auf den Märkten durchgeführt werden (»false trading«), wobei die »kürzere« Marktseite das Transaktionsvolumen bestimmt und damit die »längere« Marktseite **rationiert** (»Freiwilligkeit des Tauschs«).
- Es wird berücksichtigt, dass die von Rationierungen betroffenen Wirtschaftseinheiten ihre Wirtschaftspläne aufgrund der Rationierung ändern müssen (»**duale Entscheidungshypothese**«), wodurch es in dem interdependenten Marktsystem zu Übertragungs- und Rückkoppelungseffekten kommt (»Spillover«- und »Feedback«-Effekte).

Der Grundgedanke

In einem Marktsystem mit vollkommen flexiblen Preisen (Güterpreise, Lohnsätze und Zinssätze) gibt es unter bestimmten Bedingungen eine Konstellation der Preise, bei dem Gleichgewicht auf sämtlichen Märkten der Volkswirtschaft herrscht. Nimmt man an, dass die Preise sehr schnell auf Ungleichgewichte rea-

Bei vollkommen flexiblen Preisen auf allen Märkten kommt es zum Walrasianischen Gleichgewicht.

gieren, so ist es – sofern das Märktegleichgewicht stabil ist – plausibel anzunehmen, dass sich die Gleichgewichtspreise bald einstellen und es so zu einer wechselseitigen Übereinstimmung der Wirtschaftspläne und der Kauf- und Verkaufstransaktionen der Wirtschaftseinheiten der Volkswirtschaft kommt. Dies ist die Welt des **Walrasianischen Gleichgewichtes**, in der die Preise in der Volkswirtschaft ein für die Gleichgewichtsbildung ausreichendes Koordinierungsinstrument darstellen.

Preisrigidität als Merkmal von Märkten in der Realität

In der Realität moderner Industriegesellschaften sind Güter-, Faktor- und Aktivapreise – von Ausnahmen insbesondere auf den Finanzmärkten abgesehen – nicht so flexibel, dass sie in relativ kurzer Zeit ihre Gleichgewichtswerte erreichen. Trotzdem läuft der Wirtschaftsprozess weiter, d. h. auch auf den im Ungleichgewicht befindlichen Märkten finden Käufe und Verkäufe statt. Abbildung 12-2 verdeutlicht die hierdurch auf einem einzelnen Gütermarkt entstehende Situation.

Bei dem auf dem Markt herrschenden Preis p_1 wird auf der Grundlage dieses Preises und der Preise der übrigen Güter und Faktoren eine Angebotsmenge von x_2 und eine Nachfragemenge von x_1 geplant. Diese allein auf der Grundlage der

»Notionale« und »effektive« Pläne

herrschenden Preise bestimmten Angebots- und Nachfragemengen werden in der Rationierungstheorie auch als »**notionale**«, »hypothetische« oder »walra-

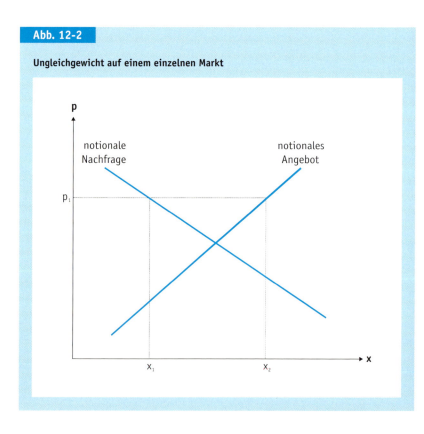

Abb. 12-2

Ungleichgewicht auf einem einzelnen Markt

sianische« Angebots- und Nachfragemengen bezeichnet. Bei den herrschenden Preisen wird auf dem Markt aber nur die Menge x_1 getauscht: Geplante (notionale) Verkäufe in Höhe von $x_2 - x_1$ können nicht durchgeführt werden, weil die Nachfrage das Angebot begrenzt. Man sagt, die Nachfrage **rationiert** das Angebot. Wenn die herrschenden Preise in einer solchen Situation als dauerhaft angesehen werden, so werden die Anbieter auf die Rationierung reagieren. Obwohl der Preis p_1 (und die sonstigen Preise in der Volkswirtschaft) ihnen eine notionale Angebotsmenge in Höhe von x_2 signalisieren, werden sie die absetzbare Menge x_1 in ihrem tatsächlichen Angebotsverhalten berücksichtigen und auf Dauer nur die tatsächliche Menge x_1 anbieten, sich auf dem Markt also mit der Menge anpassen. Diese Änderung der Verhaltensweise der Güteranbieter bleibt nicht ohne Rückwirkungen auf andere Märkte der Volkswirtschaft. Bei den herrschenden Preisen haben die Anbieter des obigen Marktes entsprechend der notionalen Güterangebotsmenge x_2 bestimmte notionale Nachfragemengen für Produktionsfaktoren geplant. Reduzieren sie nun ihr tatsächliches Güterangebot und die Güterproduktion auf die Menge x_1, so werden sie auch ihre tatsächlichen (»effektiven«) Nachfragemengen auf den Faktormärkten reduzieren. Dadurch werden die Anbieter der Produktionsfaktoren ihre notionalen Angebotsmengen nicht in vollem Umfang absetzen können, was wiederum Rückwirkungen auf die tatsächliche Nachfrage auf anderen Märkten hat. Dabei wird es auch zu Rückwirkungen auf dem hier betrachteten Teilmarkt kommen. Insgesamt entwickelt sich ein kontraktiver **Multiplikatorprozess**.

Damit wird deutlich: Befinden sich einzelne Märkte der Volkswirtschaft im Ungleichgewicht und sind die Preise nicht so flexibel, dass sie diese Ungleichgewichte rasch beseitigen, so erfahren Wirtschaftssubjekte auf den Märkten Mengenbeschränkungen, die sie in ihre tatsächlichen (»effektiven«) Angebots- und Nachfragepläne einbeziehen müssen. Die Entscheidungsbasis der rationierten Wirtschaftseinheiten ändert sich gegenüber der Situation des allgemeinen Gleichgewichtes: Während sie im Gleichgewicht ihre Pläne und Handlungen nur auf das Preissystem stützen können, bietet dieses im Ungleichgewicht keine hinreichende Planungsgrundlage mehr, sondern muss durch erfahrene und erwartete Mengenbeschränkungen ergänzt werden (**duale Entscheidungshypothese**).

Duale Entscheidungshypothese

Einkommens- und Beschäftigungstheorie mit Mengenbeschränkungen

Zur Vereinfachung berücksichtigen wir im Folgenden nur den gesamtwirtschaftlichen Güter- und Arbeitsmarkt. Ferner unterstellen wir, dass das Preisniveau P und der Geldlohnsatz W der Volkswirtschaft »eingefroren«, also während der gesamten Betrachtungsperiode fix sind und gerade so ausfallen, dass sich der (walrasianische) Gleichgewichtsreallohnsatz $(W/P)^*$ ergibt. Im Ausgangspunkt herrsche walrasianisches Gleichgewicht, d.h. alle Wirtschaftseinheiten können ihre notionalen Planungen erfüllen. Es ergibt sich dann die gleichgewichtige Beschäftigungsmenge N^* sowie das Vollbeschäftigungsinlandsprodukt Y^*, welches der notionalen Güternachfrage Y_0^d gerade entspricht (vgl. Abbildung 12-3).

12.2 Neuere Entwicklungen in der Einkommens- und Beschäftigungstheorie
Neuere Entwicklungen der keynesianischen Beschäftigungstheorie

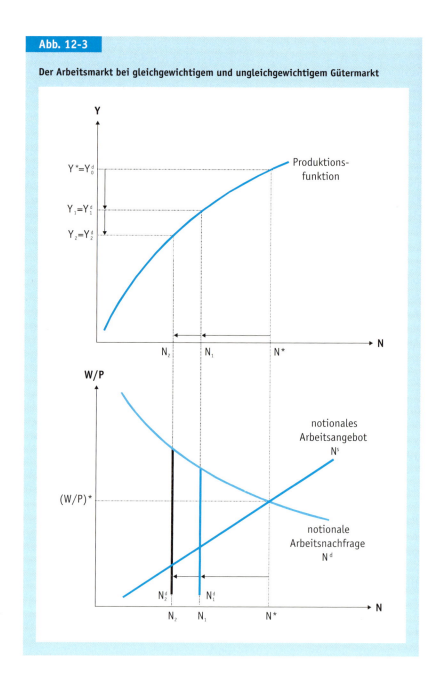

Abb. 12-3

Der Arbeitsmarkt bei gleichgewichtigem und ungleichgewichtigem Gütermarkt

Anpassung der effektiven Arbeitsnachfrage an einen Rückgang der Güternachfrage

Infolge eines Rückganges z. B. der Exporte kommt es zu einer Reduzierung der notionalen Güternachfrage auf Y_1^d und damit zu einem Angebotsüberschuss auf dem Gütermarkt. Da das Preisniveau annahmegemäß nicht auf diesen Angebotsüberschuss reagiert, werden die Güteranbieter ihre Produktion auf das neue Nachfrageniveau Y_1^d senken und nur noch das Inlandsprodukt $Y_1 = Y_1^d$ anbieten. Das niedrigere Inlandsprodukt erfordert zu seiner Produktion eine geringere Beschäftigung als N^*, in der Abbildung 12-3 die Beschäftigungsmenge $N_1 = N_1^d$. Obwohl der Reallohnsatz auf dem Gleichgewichtsniveau $(W/P)^*$ bleibt, entsteht auf dem Arbeitsmarkt ein Angebotsüberschuss an Arbeit, also unfreiwillige Arbeitslosigkeit. Die Beschäftigung würde sich in einer solchen Situation auch dann nicht erhöhen, wenn infolge der Arbeitslosigkeit der Geldlohnsatz bei konstantem Preisniveau absänke. Die resultierende Senkung des Reallohnsatzes würde zwar die **notionale** Arbeitsnachfrage ansteigen lassen, die – durch das rationierte Güterangebot bestimmte – **effektive** Arbeitsnachfrage aber bliebe unverändert. Die Arbeitsnachfragefunktion wird somit (in dem in Abbildung 12-3 eingezeichneten Bereich) vollkommen unelastisch im Bezug auf Reallohnsatzänderungen.

Die Haushalte können also (bei den herrschenden Preisen) ihr geplantes (notionales) Arbeitsangebot nicht absetzen, d. h. ihr tatsächliches Einkommen liegt unter ihrem notionalen Einkommen. Die Folge wird sein, dass sie ihre Güternachfrage einschränken (Spillover-Effekt), wodurch es zu einem weiteren Absinken der gesamtwirtschaftlichen Nachfrage (von Y_1^d auf Y_2^d), der Güterproduktion (auf $Y_2 = Y_2^d$) und der Beschäftigung (auf $N_2 = N_2^d$) kommt (Feedback-Effekte). Die damit verbundene abermalige Absenkung der Einkommen der Haushalte wird die Güternachfrage weiter reduzieren usw. Es ergibt sich also ein kontraktiver Multiplikatorprozess, welcher erst abgeschlossen ist, wenn das auf dem Gütermarkt angebotene Inlandsprodukt mit einer Arbeitsnachfrage verbunden ist, die ein tatsächliches Einkommen schafft, bei dem das angebotene Inlandsprodukt gerade nachgefragt wird. Dieses »**Rationierungsgleichgewicht**« wird also – bei fixen Preisen – durch Mengenanpassungen auf den Märkten erreicht.

Über Spillover- und Feedback-Effekte gelangt die Volkswirtschaft zum Rationierungsgleichgewicht.

Anders als im Modell der neoklassischen Synthese kann Arbeitslosigkeit von der Rationierungstheorie auch ohne Abweichung des herrschenden Reallohnsatzes vom Gleichgewichtsreallohnsatz erklärt werden. Eine Senkung des Reallohnsatzes führt bei bestimmten Marktkonstellationen nicht zu einer Zunahme der Beschäftigung. Die Beschäftigung kann dann nur durch eine Erhöhung des gesamtwirtschaftlichen Nachfrageniveaus erhöht werden. Dies ist genau das Szenario, welches der keynesianischen IS/LM-Analyse (implizit) zugrunde liegt. Den hier betrachteten Fall bezeichnet man daher auch als »**keynesianische Arbeitslosigkeit**«.

Bei keynesianischer Unterbeschäftigung ist unfreiwillige Arbeitslosigkeit auch beim gleichgewichtigen Reallohnsatz möglich.

Allerdings beschränkt sich die Rationierungstheorie nicht nur auf die Analyse der keynesianischen Arbeitslosigkeit, die durch eine Rationierungskonstellation gekennzeichnet ist, in der die Unternehmen ihre notionale Produktion und die arbeitsanbietenden Haushalte ihr notionales Arbeitsangebot nicht absetzen können. Auch andere Rationierungskonstellationen werden berücksichtigt, so z. B. die »**klassische Arbeitslosigkeit**«. Hier ist infolge eines zu hohen Reallohnsatzes für die Unternehmen die Produktion der nachgefragten Gütermenge nicht rentabel – es existiert also ein Nachfrageüberschuss auf dem Gütermarkt. Gleichzeitig führt in diesem »Regime« der über dem Gleichge-

Klassische Arbeitslosigkeit setzt stets einen zu hohen Reallohnsatz voraus.

wichtsniveau liegende Reallohnsatz auf dem Arbeitsmarkt zu einer Rationierung der Haushalte, sodass unfreiwillige Arbeitslosigkeit entsteht. In diesem Fall sind also die privaten Haushalte sowohl auf dem Arbeitsmarkt als auch auf dem Gütermarkt rationiert, während die Unternehmen auf beiden Märkten ihre notionalen Planungen umsetzen können.

Im Grenzfall fehlender Rationierung auf sämtlichen Märkten der Volkswirtschaft geht die Rationierungstheorie in die allgemeine Gleichgewichtstheorie über, d. h. aus makroökonomischer Sicht in das klassische Modell. Die Rationierungstheorie ermöglicht somit neben der traditionellen walrasianischen Gleichgewichtsanalyse die Analyse unterschiedlicher Ungleichgewichtssituationen (»Regime«) auf den Märkten der Volkswirtschaft.

> Manche Keynesianer bemängeln an der Rationierungstheorie das Festhalten am Gleichgewichtskonzept.

Trägt somit die Rationierungstheorie auch der von *Keynes* betonten Bedeutung der effektiven Nachfrage für das Beschäftigungsniveau Rechnung, so wird sie gleichwohl selbst von einigen Keynesianern kritisiert. Nach Meinung dieser Kritiker akzeptiert die Rationierungstheorie grundsätzlich den Analyserahmen der walrasianischen Gleichgewichtstheorie. Zwar berücksichtigt sie hierbei die mögliche Existenz von Ungleichgewichten auf Märkten, gleichwohl bleibt das Gleichgewichtskonzept letztlich der relevante Bezugsrahmen. Auf makroökonomischer Ebene wird dies am Konstrukt des Rationierungs**gleichgewichtes** deutlich, im mikroökonomischen Bereich an den lediglich um die Berücksichtigung von Mengenbeschränkungen erweiterten Gewinn- und Nutzenmaximierungskalkülen neoklassischer Prägung. Gleichgewichtsansätze vermögen nach Meinung dieser Keynesianer einem zentralen Phänomen der Wirtschaft, der Unsicherheit, nicht adäquat Rechnung zu tragen.

> Klassische Ökonomen bemängeln vor allem die fehlende ökonomische Begründung der Preisstarrheiten.

Im Vergleich zu dieser Kritik aus dem keynesianischen Lager sind die Einwände der Neoklassiker gegen die Rationierungstheorie fast moderat. In erster Linie wird kritisiert, dass die Rationierungstheorie keine theoretische Begründung für die angenommene Inflexibilität der Preise liefert, sondern diese einfach als »empirisch beobachtbares Phänomen« der Theorie zugrunde legt. Ansonsten werden die Ergebnisse der Rationierungstheorie mit dem Hinweis aufgenommen, dass eine Marktwirtschaft mit nicht flexiblen Preisen selbstverständlich nicht reibungslos funktionieren könne und deshalb auch Unterbeschäftigung möglich werde. Skeptisch sind die Neoklassiker bezüglich des Konzeptes des Rationierungsgleichgewichtes, da ein Zustand, in dem die Wirtschaftseinheiten ihre notionalen Angebots- und Nachfragepläne nicht verwirklichen können, kein dauerhaftes Gleichgewicht sein könne, sondern nach Veränderung strebe.

12.3 Der »Neue Keynesianismus«

Der Erfolg der Neuen Klassischen Makroökonomik in den späten 1970er- und in den 1980er-Jahren ist zum einen auf die Verwendung des Konzeptes der rationalen Erwartungen zurückzuführen, welches methodisch der »mechanisti-

12.3 Der »Neue Keynesianismus«

schen« Herangehensweise bei adaptiver Erwartungsbildung überlegen ist (vgl. Kapitel 12.1.1), zum anderen auf die formale Eleganz dieser Modelle sowie auf ihre mikroökonomische Fundierung. Demgegenüber wurden **keynesianische** Versuche, empirisch beobachtbare Friktionen auf den Märkten, seien es Informationsdefizite, Elemente der unvollständigen Konkurrenz und – im Zusammenhang hiermit – träge Löhne und Preise in makroökonomische Modelle einzubauen, stets weniger Aufmerksamkeit gewidmet. Auch der Rationierungstheorie, in der allseitige walrasianische Markträumung nur ein Grenzfall ist, war vor diesem Hintergrund viel weniger Erfolg im wissenschaftlichen Bereich beschieden, als sie es unseres Erachtens verdient hätte. Der Grund: Die angenommene Preisträgheit war nicht mikroökonomisch fundiert. Jedoch sind nicht geräumte Märkte in weiten Teilen der Ökonomie eher die Regel als die Ausnahme. Ist es nicht die Realität, wie *Gordon* zu Recht fragt, dass Arbeiter in der Rezession zum herrschenden Lohn ihre Arbeit nicht verkaufen können und Unternehmer bei den herrschenden Preisen auf ihren Produkten sitzen bleiben?

Die keynesianische Theorie der letzten zehn Jahre hat verstärkt versucht, Lohn- und Preisträgheiten auf der Basis von Nutzenmaximierungs- und Gewinnmaximierungskalkülen unter Verwendung der rationalen Erwartungsbildungshypothese mikroökonomisch zu fundieren und dann ihre Konsequenzen für die Gesamtwirtschaft aufzuzeigen. In diesem Zusammenhang ist es sogar zu einer gewissen Renaissance traditioneller keynesianischer Modellansätze gekommen – »mikroökonomisch fundiert« natürlich, eine Eigenschaft makroökonomischer Modelle, die seit den 1970er-Jahren (leider) viel mehr das Kriterium zur Beurteilung einer Theorie geworden zu sein scheint als der empirische Erklärungsgehalt der Theorie.

> Der Neue Keynesianismus versucht Lohn- und Preisrigiditäten als wirtschaftlich rational zu begründen.

Bevor wir zu einzelnen Bausteinen der Theorie kommen, sei an einer einfachen Definition die Bedeutung träger Preise demonstriert. Definitionsgemäß gilt

$$Y = \frac{Y^{nom}}{P}.$$

Das reale Inlandsprodukt Y entspricht dem nominalen Inlandsprodukt Y^{nom} geteilt durch das Preisniveau P. In Änderungsraten ausgedrückt gilt dann

$$\hat{Y} = \hat{Y}^{nom} - \hat{P},$$

d. h. die Änderungsrate des realen Inlandsproduktes ist gleich der Differenz zwischen den Änderungsraten des nominalen Inlandsproduktes und des Preisniveaus. Sinkt also das nominale Inlandsprodukt aufgrund eines Nachfrageeinbruchs um 5 Prozent und sinken die Preise nicht ebenfalls um 5 Prozent, sondern z. B. nur um 2 Prozent, so sinkt das reale Inlandsprodukt um 3 Prozent.

Preisträgheiten können bei Löhnen und Preisen (und natürlich auch bei Zinsen) auftreten. Ist z. B. der Nominallohnsatz träge, d. h. passt er sich bei einer Verschiebung der Arbeitsnachfragekurve nicht so schnell an, dass ein neues Gleichgewicht erreicht wird, so spricht man von einer **nominalen Preisträg-**

12.3 Neuere Entwicklungen in der Einkommens- und Beschäftigungstheorie
Der »Neue Keynesianismus«

Nominale und reale Preisträgheit

heit. Von **realer Preisträgheit** spricht man, wenn zwar Änderungen der absoluten Höhe des betrachteten Preises möglich sind, jedoch keine (oder keine hinreichenden) Anpassungen seiner Relation zum allgemeinen Preisniveau (Beispiel: W/P). Schon seit längerer Zeit beschäftigt sich die keynesianische Theorie mit den Trägheiten von Löhnen, z. B. bei langfristigen Tarifverträgen, die häufig für Unternehmer und Arbeiter optimal sind, da sie Verhandlungs- und Streikkosten verringern. Erst im letzten Jahrzehnt ist die Analyse der Ursachen und Wirkungen von Preisstarrheiten, und zwar nominaler und realer, mehr in den Vordergrund getreten.

Es würde in unserem Zusammenhang zu weit führen, diese Diskussion nachzeichnen zu wollen; vielmehr wollen wir uns auf ein Beispiel von nominaler Preisrigidität und ihrer gesamtwirtschaftlichen Auswirkungen beschränken. Die am bekanntesten gewordene Begründung einer (nominalen) Preisrigidität und die Analyse ihrer möglichen gesamtwirtschaftlichen Auswirkungen ist unter dem Stichwort der so genannten **Menükosten** diskutiert worden.

Menükosten als Ursache für rigide Güterpreise

Es geht darum, dass die Kosten des »Druckens von Speisekarten« (als Synonym für die Kosten, die einem Unternehmen durch eine Preisanpassung entstehen), das Unterlassen von Preisanpassungen für Unternehmen **rational** machen können. Aber auch wenn diese Preisanpassungskosten auf einzelwirtschaftlicher Ebene relativ gering sind, können **damit große gesamtwirtschaftliche Wirkungen** verbunden sein.

Wir wollen die Problematik der Menükosten an einem einzelnen (repräsentativen) Unternehmen vorführen. Zur Demonstration der obigen Aussage muss das betrachtete Unternehmen offensichtlich **Preissetzer** sein, also z. B. im Rahmen der monopolistischen Konkurrenz anbieten. Wie in Kapitel 5 im Einzelnen dargestellt, produziert hier jedes Unternehmen sein eigenes Produkt, welches sich von den Produkten aller anderen Unternehmen in mindestens einem für die Güternachfrager relevanten Merkmal unterscheidet. Dadurch ist jeder Anbieter streng genommen ein (kleiner) Monopolist, der Preissetzungsmacht für das von ihm produzierte Gut besitzt. Er steht dabei allerdings in Konkurrenz mit allen anderen Unternehmen um das aggregierte Budget der Güternachfrager, d. h. es gibt eine große Zahl von anderen Güterarten, welche von den anderen Unternehmen (ebenfalls als Monopolisten) produziert und von den Wirtschaftseinheiten nachgefragt werden. Für den einzelnen Anbieter ergibt sich damit die Situation, dass seine Preis-Absatz-Funktion, d. h. die Nachfragefunktion seines Gutes, nicht nur vom eigenen Preis, sondern auch von den Preisen der anderen Güter und natürlich vom Gesamtbudget der Güternachfrager abhängt. Aufgrund der gesamtwirtschaftlichen »Gewichtslosigkeit« des einzelnen Monopolisten kann dieser jedoch davon ausgehen, dass seine Preis-Absatz-Entscheidung keinen Einfluss auf die Preise der anderen Produzenten und auf das Gesamtbudget haben wird, sodass diese Größen aus seiner mikroökonomischen Perspektive gegebene, d. h. von ihm nicht beeinflussbare Rahmenbedingungen darstellen.

Rigide Güterpreise bei monopolistischer Konkurrenz

In Abbildung 12-4 ist die Nachfrage- und Kostensituation eines solchen Anbieters bei Vernachlässigung von Menükosten dargestellt, wobei die Absatz-

Abb. 12-4

Gewinnmaximale Entscheidungen eines Monopolisten (bei Vernachlässigung von Menükosten)

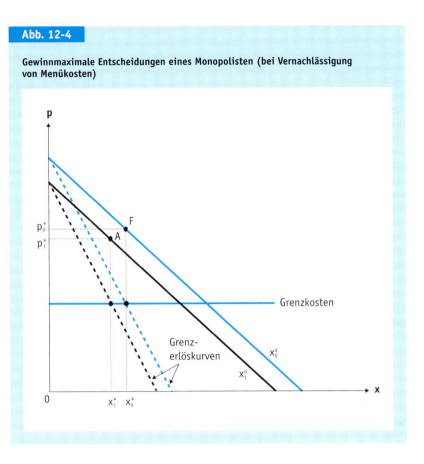

menge des betrachteten Produzenten mit x und der Preis für eine Mengeneinheit seines Gutes mit p gekennzeichnet sind. In der Ausgangssituation gilt (bei gegebener gesamtwirtschaftlicher Nachfrage) für den betrachteten Anbieter die Nachfragekurve x_0^d mit der entsprechenden Grenzerlöskurve (= Grenzumsatzkurve). Außerdem ist die Grenzkostenkurve des Unternehmens eingezeichnet, wobei der Einfachheit halber von konstanten Grenzkosten ausgegangen wird. Durch den Schnittpunkt von Grenzerlös- und Grenzkostenkurve ergibt sich die gewinnmaximierende Angebotsmenge x_0^*. Der entsprechende Punkt F auf der Nachfragekurve (Preis-Absatz-Funktion) gibt den Preis p_0^* an, zu dem die Menge x_0^* unter den gegebenen Rahmenbedingungen gerade noch abgesetzt werden kann (*Cournot*'scher Punkt). Diesen Preis wird der Anbieter fordern. Durch eine Abnahme der gesamtwirtschaftlichen Nachfrage, verursacht z. B. durch eine Verringerung der ausländischen Nachfrage, verschiebt sich die Nachfragekurve nach dem Produkt des betrachteten Unternehmens parallel nach links von x_0^d auf x_1^d, womit ebenfalls eine Linksverschiebung der Grenzerlöskurve verbunden ist. Das neue Gewinnmaximum des Anbieters wäre **ohne Menükosten** durch x_1^* und p_1^* (Punkt A) gegeben, sodass sich in diesem Punkt

12.3 Neuere Entwicklungen in der Einkommens- und Beschäftigungstheorie
Der »Neue Keynesianismus«

eine Abnahme der produzierten Menge und des geforderten Preises infolge der Nachfragesenkung einstellen würde.

Gewinnsituation des Anbieters nach einem Nachfrageeinbruch mit und ohne Preisanpassung

Als nächstes wollen wir untersuchen, wie sich der Gewinn des Unternehmens ändert, wenn es bei der gesunkenen Nachfrage den alten Preis p_0^* fordert, also **keine Preisanpassung** vornimmt. Um die Abbildung 12-4 nicht zu überladen, reproduzieren wir sie in Abbildung 12-5 ohne die Grenzerlöskurven. Im eingezeichneten Punkt B ergibt sich dann die ohne Preisanpassung resultierende Preis-Absatz-Konstellation.

Der Gewinn ergibt sich aus Umsatz minus Kosten. Der Umsatz ist Preis mal Menge, entspricht also **bei Preisanpassung** der Fläche des Rechtecks $[0, p_1^*, A, x_1^*]$. Die bei der Produktion von x_1^* entstehenden Kosten ergeben sich aus der Fläche des Rechtecks $[0, E, D, x_1^*]$ (also der Fläche unter der Grenzkostenkurve), sodass **bei Preisanpassung** das Rechteck $[E, p_1^*, A, D]$ den Gewinn unter Vernachlässigung etwaiger Menükosten angibt. Entsprechend ist **bei Beibehaltung des alten Preises** (mit einer Absatzmenge von $x_1 < x_1^*$) der Gewinn gleich dem Rechteck $[E, p_0^*, B, C]$. Bei Preisanpassung ist der Gewinn des Unternehmens **ohne Menükosten** also um das blaue Rechteck kleiner und um das graue

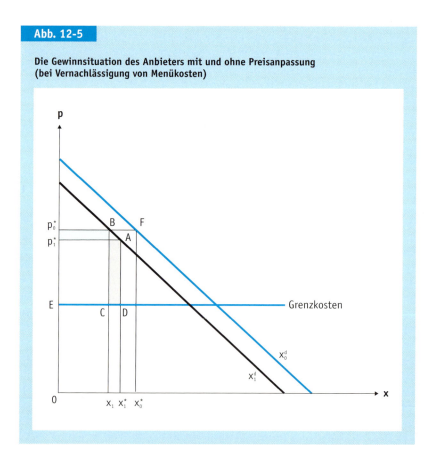

Abb. 12-5

Die Gewinnsituation des Anbieters mit und ohne Preisanpassung (bei Vernachlässigung von Menükosten)

Rechteck größer als ohne Preisanpassung, wobei das letzte Rechteck das größere von beiden ist. Ohne Menükosten ist also die Preisanpassung die vorteilhafte Alternative. Bei Existenz etwaiger Menükosten ist es jedoch möglich, dass diese größer sind als die sich bei der Preisanpassung ohne Menükosten gegenüber der Beibehaltung des alten Preises ergebende Gewinndifferenz. In diesem Fall ist die Nicht-Anpassung des Preises die vorteilhafte Alternative, der Monopolist wird also trotz des Nachfragerückganges seinen Preis nicht ändern. Es liegt eine nominale Preisrigidität vor, welche rational begründet ist, d. h. sich aus dem Gewinnmaximierungskalkül des Güteranbieters ergibt.

Im hier betrachteten Beispiel kommen sich beide Rechtecke einander in der Größe recht nahe, die Größendifferenz kann sich je nach den Annahmen über die Steigung der Nachfragekurve und den Verlauf der Grenzkostenkurve sogar noch vermindern, sodass **auch bei niedrigen Menükosten** die Gewinndifferenz leicht kleiner werden kann als die Menükosten und sich die Preisanpassung für das Unternehmen nicht lohnen würde.

Das Dramatische an diesem Ergebnis ist, dass kleine Menükosten hohe **gesellschaftliche** Kosten nach sich ziehen können. Wie die obige Abbildung zeigt, fällt die Produktion des betrachteten Unternehmens bei Nichtanpassung des Preises sehr stark (auf x_1). Da das bei allen betroffenen Unternehmen so ist – definitionsgemäß trifft ja ein gesamtwirtschaftlicher Nachfragerückgang alle Branchen gleichermaßen – ist die »gesamtwirtschaftliche Externalität« des Verhaltens der Anbieter unter Umständen von gewaltigem Ausmaß, zumal infolge der fehlenden Preissenkungen die reale Geldmenge nicht wieder ansteigt und sich damit die gesamtwirtschaftliche Nachfrage nicht wieder erhöht (*Keynes*-Effekt). Um dieser »Externalität« entgegenzuwirken, müsste der Staat mittels expansiver Geld- und/oder Fiskalpolitik so auf die gesamtwirtschaftliche Nachfrage einwirken, dass auf einzelwirtschaftlicher Ebene die Gütermenge x_1^* (statt x_1) bei dem gegebenen Preis p_0^* abgesetzt werden kann. Es sei angemerkt, dass diese Externalität durch Unterlassen gesellschaftlich wünschenswerten Verhaltens durch Unternehmen methodisch durchaus vergleichbar ist mit Luft- und Wasserverschmutzungen im Zuge der Produktion, für die die gesellschaftlichen Kosten von dem Unternehmen nicht getragen werden.

Kleine einzelwirtschaftliche, aber große gesamtwirtschaftliche Wirkungen von Preisrigiditäten

Arbeitsaufgaben Kapitel 12

1. Erläutern Sie, was Sie unter adaptiven Erwartungen verstehen und was der größte Mangel dieser Erwartungsbildungshypothese ist.

2. Was sind rationale Erwartungen? Erläutern Sie Ihnen bekannte unterschiedliche Ausprägungen dieser Hypothese.

3. Welche Rolle hat die Politikregel im Rahmen der Neuen Klassischen Makroökonomik?

4. Erläutern Sie, unter welchen Bedingungen im Modell der Neuen Klassischen Makroökonomik von einer Nachfrageverschiebung keine Wirkung auf den gesamtwirtschaftlichen Output ausgeht.

5. Warum sind bei Ungleichgewichtssituationen auf den Märkten der Volkswirtschaft die allein auf den Preisen beruhenden Wirtschaftspläne nicht durchführbar?

6. Was besagt die duale Entscheidungshypothese?

7. Welche Übertragungs- und Rückkoppelungseffekte ergeben sich in einer aus einem Güter- und einem Arbeitsmarkt bestehenden Volkswirtschaft, wenn, ausgehend von einem Vollbeschäftigungsgleichgewicht, die Nachfrage abnimmt? (Gehen Sie bei der Beantwortung der Frage von den Annahmen der Rationierungstheorie aus.)

8. Was ist ein Rationierungsgleichgewicht, und wie stellt es sich ein?

9. Erläutern Sie die wirtschaftspolitischen Konsequenzen der keynesianischen Unterbeschäftigung.

10. Geben Sie mögliche Begründungen für nominal träge Löhne und Preise.

11. Worin besteht der Unterschied zwischen nominalen und realen Rigiditäten?

12. Wie bestimmt ein Anbieter bei monopolistischer Konkurrenz seinen gewinnmaximierenden Preis?

13. Erläutern Sie, inwiefern »kleine« Menükosten »große« gesamtwirtschaftliche Wirkungen haben können.

Lösungsvorschläge für die Arbeitsaufgaben finden Sie im »Übungsbuch zu Grundlagen und Probleme der Volkswirtschaft«.

Literatur Kapitel 12

Allgemeine Lehrbücher zur Makroökonomik sind:
Branson, William H.: Makroökonomie, 2. Aufl., München u. a. 1997.
Heubes, Jürgen: Grundlagen der modernen Makroökonomik, München 1995.
Mankiw, Nicholas Gregory: Makroökonomik, 5. Aufl., Stuttgart 2003.
Schäfer, Wolf: Volkswirtschaftstheorie, München 1997.

Speziell zur Neuen Klassischen Makroökonomie sind empfehlenswert:
Utecht, Burkhard: Neuklassische Theorie, Marktunvollkommenheit und
    Beschäftigungspolitik, Berlin 1994.

Die Rationalisierung wird ausführlich dargestellt bei:
Hagemann, Harald / Heinz D. Kurz / Wolf Schäfer (Hrsg.): Die neue Makro-
    ökonomik, Frankfurt u.a. 1981.

Zur Vertiefung des »Kontrakt-Modells« mit rationalen Erwartungen in
grafischer Form eignet sich das Computerprogramm auf der beiliegenden CD.

13 Einnahmen und Ausgaben des Staates

Leitfragen

Nach welchen Grundprinzipien erfolgt die Erhebung und Verteilung der Staatseinnahmen in der Bundesrepublik Deutschland?

▸ Welches sind die wesentlichen staatlichen Einnahmearten?

▸ Was sind Steuern und wozu dienen sie?

▸ Wie sind die Steuereinnahmen auf Bund, Länder und Gemeinden verteilt?

▸ Welche relative Bedeutung haben die einzelnen Steuerarten?

▸ Was ist ein Steuertarif und wann spricht man von einem proportionalen, progressiven und regressiven Tarif?

▸ Wie lässt sich ein progressiver Einkommensteuertarif begründen?

Wie sind die Staatsaufgaben und -ausgaben in der Bundesrepublik Deutschland verteilt, und welche qualitativen und quantitativen Entwicklungen sind zu beobachten?

▸ Wie ist die Verteilung der Staatsaufgaben und -ausgaben auf die Gebietskörperschaften geregelt?

▸ Welche Entwicklung zeigen die Staatsausgaben insgesamt, und wie ist diese Entwicklung zu erklären?

▸ Wie verteilen sich die Staatsausgaben auf einzelne Ausgabearten und auf die Gebietskörperschaften?

13.1 Abgrenzung des Staates

Der Staat spielt auch in Marktwirtschaften eine zentrale Rolle bei der Produktion und Verteilung von Gütern und Dienstleistungen und bei der Steuerung von Wirtschaftsprozessen. Dies ist insbesondere mit dem Konzept des Marktversagens und der Existenz erheblicher Funktionsprobleme im Bereich der Wirtschaft zu begründen.

Diese zentrale Rolle des Staates auch in Marktwirtschaften wird deutlich, wenn man bedenkt, dass die Staatsquote, der Anteil der Staatsausgaben am BIP, in Deutschland wie in vielen anderen Ländern auch, gut 44 Prozent beträgt (2006: 44,2 Prozent). Damit wird fast die Hälfte der verfügbaren Ressourcen der Gesellschaft staatlich gelenkt.

Zum Sektor Staat werden nach der Konvention der Volkswirtschaftlichen Gesamtrechnung zusammengefasst:

Zentrale Rolle des Staates

- die **Gebietskörperschaften** (Bund, Länder, Gemeinden, Gemeindeverbände sowie Sonderfonds wie z. B. der Fonds »Deutsche Einheit« oder der Lastenausgleichsfonds und das ERP-Sondervermögen) und
- die **Sozialversicherungsträger** (insbesondere Renten-, Kranken-, Unfall-, Pflege- und Arbeitslosenversicherung) und die Bundesagentur für Arbeit.

Zu beachten ist, dass umgangssprachlich und in manchen Statistiken, so in der Finanzstatistik, nur die Gebietskörperschaften zum Staat gezählt werden, üblich ist aber obige Zuordnung.

Gemäß dem Prinzip der funktionalen Gliederung der Volkswirtschaftlichen Gesamtrechnung werden staatliche Unternehmen (Unternehmen im Eigentum des Staates) nicht zum Sektor Staat gezählt, sondern nur die Einrichtungen des Staates, die hoheitliche Funktionen ausüben. In diesen hoheitlichen Funktionen kann der Staat wirtschaftlichen **Zwang** ausüben, z. B. die Bürger zwingen, Steuern zu bezahlen oder ihre Heizung zu modernisieren. Dieser Zwang ist in der Regel gesetzlich und demokratisch legitimiert, stellt sich aber der Beurteilung durch das Recht und in gewissen Zeitabständen der Beurteilung durch die Wähler. Und staatliches Handeln ist **kollektives Handeln**, es basiert im Grundsatz auf Entscheidungen, die von Kollektiven (Wählern, Parteien, Parlamenten, Regierungen ...) getroffen werden. Im Idealfall bilden sich die Entscheidungen der Kollektive aus den individuellen Präferenzen ihrer Mitglieder. Aber auch in idealen Abstimmungsprozessen unterdrückt jede Mehrheitsentscheidung in gewissem Umfang die Präferenzen der Minderheit. Dies lässt sich in Abstimmungsprozessen nicht vermeiden.

Die Lehre von der Wirtschaftstätigkeit des Staates wird traditionell **Finanzwissenschaft** genannt und in ihrem Rahmen werden üblicherweise die Einnahmen und Ausgaben der Gebietskörperschaften, der Haushalt der Gebietskörperschaften und die Fiskalpolitik behandelt. Das System der sozialen Sicherung wird meist gesondert dargestellt, weil hier spezielle Ziele mit speziellen Mitteln verfolgt werden. So gehen auch wir vor.

Der Staat übt hoheitliche Funktionen aus.

13.2 Begründung staatlicher Finanzwirtschaft: Allokation, Distribution und Stabilisierung

Gemäß der Überzeugung von der prinzipiellen Optimalität der Marktwirtschaft wird dem Staat im Bereich der Wirtschaft nur die Aufgabe einer Korrektur marktwirtschaftlicher Ergebnisse übertragen, die Korrektur
- des Marktversagens, insbesondere die Bereitstellung öffentlicher Güter und die Vermeidung externer Effekte,
- der Ungleichheit der Einkommens- und Vermögensverteilung und
- der Schwankungen der wirtschaftlichen Aktivitäten.

Daher wird staatliches Handeln oft den Bereichen

- der Allokation (vor allem Bereitstellung öffentlicher Güter),
- der Distribution (Umverteilung von Einkommen und Vermögen) und
- der Stabilisierung (vor allem von Konjunktur und Wachstum)

zugeordnet.

Bereiche staatlichen Handelns

13.2.1 Staatliche Allokationspolitik

Im Bereich staatlicher Allokationspolitik soll der Staat Güter bereitstellen, die der Markt nicht oder nicht in ausreichendem Umfang bereitstellt, obwohl die Bürger als Individuen diese Güter begehren und im Prinzip auch bereit wären, für diese Güter zu zahlen. Dies sind die so genannten **öffentlichen Güter,** gekennzeichnet durch Nicht-Rivalität im Konsum und durch Nicht-Ausschluss (vgl. Kapitel 2.4.1). Ein wichtiger Bereich ist die innere und äußere Sicherheit, also Polizei, Justiz und Landesverteidigung. Hier wird das Gut Sicherheit produziert, von dessen Nutzung auch Nichtzahler nicht ausgeschlossen werden können und bei denen der Konsum durch einen Bürger den Konsum durch andere nicht beschränkt. Ein anderer wichtiger Bereich ist der Verkehr und die Infrastruktur: Hier wäre es, wie z.B. bei der Straßennutzung, zwar technisch möglich, Nichtzahler von der Nutzung auszuschließen, aber dies wäre zu umständlich und zu teuer. Um Missverständnisse zu vermeiden, sei darauf hingewiesen, dass der Staat nur die Finanzierung dieser Güterangebote sichern muss, dass diese kollektiv organisierte Finanzierung aber nicht notwendigerweise bedeutet, dass »Beamte« diese Aufgaben übernehmen. Der Staat könnte auch eine private Berufsarmee finanzieren und, wie es generell üblich ist, die Infrastruktur durch private Unternehmen erstellen lassen.

Der Staat stellt öffentliche Güter bereit.

Des Weiteren übernimmt der Staat die Bereitstellung solcher Güter, deren Konsum oder auch Nicht-Konsum gesellschaftspolitisch begründet wird. Man spricht von meritorischen bzw. demeritorischen Gütern. Sofern ein Mehrkonsum erreicht werden soll, wie z.B. bei Bildung und Ausbildung, spricht man von **meritorischen Gütern.** Wenn der Konsum reduziert werden soll, wie z.B. bei Alkohol und Rauschgift, spricht man von **demeritorischen Gütern.** Das Grundproblem eines solchen Konzeptes ist die Schwierigkeit, eine allgemein akzeptierte Basis für solche Werturteile zu finden, die sich über die geoffenbarten Präferenzen der Bürger hinwegsetzen.

Die klassische Begründung für Eingriffe in die Konsumentensouveränität ist die mögliche Existenz so genannter verzerrter Präferenzen aufgrund unvollkommener Information und/oder Irrationalität bzw. Willensschwäche. Das klassische Beispiel ist die Behauptung der systematischen Unterschätzung künftiger Bedürfnisse und künftiger Kosten (die mangelnde Weitsicht). Im Fall der systematischen Unterschätzung der Zukunft entsteht mithin eine verzerrte Wahrnehmung in der Abwägung von Kosten und Nutzen einer Aktivität. Bei meritorischen Gütern gilt: Die gegenwärtigen Kosten und Unannehmlichkeiten

13.2 Einnahmen und Ausgaben des Staates
Begründung staatl. Finanzwirtschaft: Allokation, Distribution u. Stabilisierung

Der Staat beeinflusst den Konsum meritorischer und demeritorischer Güter ...

sind hoch, bekannt und sofort spürbar, während der zukünftige Nutzen relativ unbekannt ist und erst in der Zukunft anfällt. Dies gilt für den Erwerb von Humankapital durch Bildung, Aus- und Weiterbildung und für den Erwerb von Gesundheit durch Sport und eine gesunde Lebensweise. Die Meritorik begründet z. B. die Schulpflicht und die kostenlose Bereitstellung von Schulmilch oder die Pflicht der Bürger, sich gegen die Risiken von Alter und Krankheit zu versichern; es müssen aber keine staatlichen Schulen oder staatlichen Versicherungen sein.

Bei demeritorischen Gütern gilt: Der Nutzen aus ihrem Konsum ist bekannt, fällt in der Gegenwart an und ist relativ hoch, während die Kosten relativ unbekannt sind und erst in der Zukunft anfallen. Dies gilt für die klassischen Suchtmittel wie Alkohol, Rauschgift und Tabak, die meist verboten oder hoch besteuert sind.

... reguliert externe Effekte ...

Eine weitere Begründung für staatliche Allokationspolitik liefert die Existenz **externer Effekte,** also Wirkungen, die von Aktivitäten ausgehen, ohne dass die Verursacher dafür bezahlen müssen oder dafür bezahlt werden (vgl. Kapitel 2.4.2). Das klassische Beispiel sind Umweltschäden, die bei einer Produktion anfallen oder Umweltleistungen, die z. B. die Forstwirtschaft erbringt. Hier greift der Staat regulierend ein (vgl. Kapitel 29). Wichtige positive externe Effekte liefern z. B. auch das Wissen oder die Forschungsleistung einer Gesellschaft. Daher und wegen ihrer Meritorik wird Wissenschaft und Forschung überwiegend staatlich finanziert.

In vielen Fällen kommen mehrere Begründungen staatlicher Allokationspolitik zusammen. Ein klassisches Beispiel ist der Impfschutz. Zum einen erscheint es gerechtfertigt, die Bürger zu ihrem »Glück zu zwingen«, sie also meritorisch zu zwingen, sich gegen Krankheiten impfen zu lassen, zum anderen, und dies ist in diesem Fall sicher wichtiger, steigt mit der Zahl der Geimpften auch der gesellschaftliche Nutzen, weil die Wahrscheinlichkeit von Epidemien verringert wird. Es entsteht ein positiver externer Effekt, der den staatlichen Impfzwang und auch seine subventionierte Durchführung legitimiert.

... und stellt Qualitätstransparenz her.

Weiterhin muss dafür Sorge getragen werden, dass in den Fällen gravierender **Transparenzmängel** (vgl. Kapitel 2.4.4), wie z. B. bei Arzneimitteln oder generell bei medizinischen Leistungen, entweder Transparenz hergestellt oder die Qualität der Produkte überwacht wird. Daher gibt es ein Bundesaufsichtsamt für das Gesundheitswesen oder einen technischen Überwachungsverein (TÜV) und unzählige andere Ämter, z. B. im Bereich der Lebensmittelüberwachung oder der Funktionsfähigkeit von Kinderspielzeug. Schließlich muss der Staat für den Schutz des Wettbewerbs sorgen (vgl. Kapitel 7).

Weil die Ökonomie aber von der prinzipiellen Optimalität des Marktes überzeugt ist, gilt in all diesen Feldern staatlicher Allokationspolitik der Grundsatz, so wenig staatliches Handeln wie möglich zuzulassen. In vielen Fällen sorgt der Markt schon für eine Lösung, etwa durch die Einrichtung der »Stiftung Warentest« oder generell dadurch, dass der Markenname eines Herstellers glaubwürdig Qualität verspricht. Und meist reicht eine kollektiv organisierte Finanzierung einer Aktivität, sie muss nicht durch »Beamte« ausgeführt werden. Professoren müssen nicht Beamte sein, genauso wenig wie Lehrer. Und generell muss beachtet werden, dass nicht nur ein Marktversagen möglich ist, sondern dass immer auch ein Staatsversagen in Rechnung gestellt werden muss (vgl. Kapitel 2.8).

13.2.2 Staatliche Distribution und Stabilisierung

Der Bereich der staatlichen Distributions- und Stabilisierungspolitik kann hier sehr kurz vorgestellt werden, weil er im Folgenden ausführlich dargestellt wird.

Staatliche Distributionspolitik ist im Wesentlichen eine Umverteilung von Einkommen und Vermögen (vgl. Kapitel 25) und eine Politik der sozialen Sicherung (vgl. Kapitel 15). Eine solche Politik ist notwendig, weil die Grundelemente der kapitalistischen Marktwirtschaft – Privateigentum an Produktionsmitteln und Steuerung durch den Preismechanismus im freien Wettbewerb – zwar grundsätzlich für eine hohe Effizienz der Produktionsweise sorgen, aber nicht zugleich soziale Gerechtigkeit bieten.

Distributionspolitik muss Effizienz und Gerechtigkeit verbinden.

Effizienz und Gerechtigkeit stehen vielmehr in einem unaufgelösten Spannungsverhältnis. Hier muss ein staatlich organisierter Kompromiss gefunden werden, ein Kompromiss, der auf der einen Seite die Anreiz- und Lenkungsfunktion des Marktes nicht verschüttet, auf der anderen Seite aber auch den armen Gruppen der Bevölkerung die Möglichkeit zur Teilhabe an der Produktion der Gesellschaft bietet. Diesen Kompromiss zwischen Effizienz und Gerechtigkeit zu finden, ist die wohl **schwierigste Aufgabe der Wirtschaftspolitik**.

Staatliche Stabilisierungspolitik wird meist damit begründet, dass eine Marktwirtschaft nicht automatisch zu Vollbeschäftigung, Preisstabilität und angemessenem Wirtschaftswachstum führt (vgl. Kapitel 2.5.1), sondern dass der Staat hier korrigierend eingreifen kann bzw. muss. Diese Positionen sind strittig. Unstrittig ist nur, dass der Staat, vertreten durch eine unabhängige Zentralbank, für Preisstabilität zu sorgen hat (vgl. Kapitel 18). Inwieweit es notwendig, möglich und sinnvoll ist, durch eine stabilisierende Fiskalpolitik Konjunkturschwankungen zu glätten, unterliegt wechselnden Einschätzungen; entsprechende Instrumente sind aber entwickelt worden (vgl. Kapitel 14). Wachstumspolitik beschränkt sich in der Regel auf das Setzen geeigneter Anreize sowie auf die staatliche Schaffung der Infrastruktur und die Förderung von Bildung, Forschung und technischem Wandel (vgl. Kapitel 27).

Diesen im Überblick beschriebenen Zielen im Bereich der Allokation, Distribution und Stabilisierung sollten die Instrumente des Staates, die Staatseinnahmen, die Staatsausgaben und die Gestaltung der Stabilisierungspolitik entsprechen.

13.3 Steuern

Staatliche Einnahmen

Wir beginnen mit den Einnahmen, über die jede staatliche Ebene verfügen muss, um ihre Aufgaben zu erfüllen. Staatliche Einnahmen sind vor allem Steuern, Zölle und Kredite, daneben Gebühren, Beiträge, Erwerbseinkünfte, Zinsen und sonstige Einnahmen wie Münzeinnahmen oder Geldstrafen. Die eindeutig wichtigsten Einnahmen des Staates sind Steuern.

13.3.1 Grundsätze der Besteuerung

Steuern als Zwangseinnahmen ohne spezielle Gegenleistung

Steuern sind Zwangseinnahmen des Staates ohne spezielle Gegenleistung. Die Gegenleistung wird den Bürgern vielmehr in allgemeiner Form ohne Zurechnung auf den einzelnen Steuerzahler erbracht.

Grundsätzlich (also mit Ausnahmen) gilt für die Steuereinnahmen das **Prinzip der Nichtzweckbindung** (Nonaffektation): Alle Steuereinnahmen dienen zur Finanzierung aller Ausgaben. Eine Ausnahme ist aber z. B. die Ökosteuer, deren Einnahmen zur Mitfinanzierung der Rentenversicherung zweckgebunden sind.

Hauptzweck der Steuererhebung ist in der Regel die Erzielung von Einnahmen, die der Staat benötigt, um seine Aufgaben im Bereich der Allokation zu erfüllen. Es können aber auch andere Ziele verfolgt werden, vor allem die Umverteilung von Einkommen und Vermögen, die Beeinflussung regionaler und sektoraler Wirtschaftsstrukturen oder die Stabilisierung von Konjunktur und Wachstum. Und schließlich ist es denkbar, dass der Staat in die Wahlhandlungen der Bürger eingreift, um sie zu einem erwünschten Verhalten anzuregen, z. B. durch die Besteuerung von Alkohol und Tabak oder durch eine Steuerermäßigung bei Kulturgütern wie Bücher, Theater und Museen.

Grundsätze der Besteuerung statt optimales Steuersystem

Diese Vielzahl möglicher Ziele macht es schwierig, ein optimales (rationales) Steuersystem zu konzipieren, ein Steuersystem, das all diesen Zielen entspricht. Es sind aber eine Reihe von plausiblen **Grundsätzen der Besteuerung** entwickelt worden, die im Folgenden erläutert werden.

Effizienz, Transparenz und Billigkeit der Besteuerung erfordern einfache durchschaubare Steuern, deren Erhebungskosten gering sind, also einfache Steuersätze, einfache und breite Bemessungsgrundlagen und wenig Ausnahmetatbestände. Diese Prinzipien können aber mit dem Ziel der Gerechtigkeit kollidieren, weil damit individuelle Lebenslagen nicht berücksichtigt werden.

Neutralität der Besteuerung erfordert, dass die marktliche Allokation der Ressourcen möglichst wenig beeinflusst wird (»Leave them as you find them«): der Wettbewerb der Privaten soll möglichst wenig verzerrt werden. Dies erfordert z. B. eine einheitliche Besteuerung von allen Unternehmen und allen Produkten, nicht spezielle Steuern für spezielle Bereiche.

Die Besteuerung sollte der **Stabilisierungs- und Wachstumspolitik** dienen, d. h. Leistungsanreize nicht verschütten und Konjunkturschwankungen mildern. Desgleichen sollte die Besteuerung eine sozial gerechte **Umverteilung** von Einkommen und Vermögen zulassen und fördern. Aber leider bestehen erhebliche Zielkonflikte, meist zwischen dem Ziel der Effizienz und dem Ziel der sozialen Gerechtigkeit.

In der Entwicklung der Besteuerung sind immer wieder Ideen entwickelt worden, wie eine Steuerlast möglichst gerecht auf die Steuerpflichtigen verteilt werden kann. Das ist letztlich eine normative Frage, die nicht ohne Werturteile beantwortet werden kann, aber die Diskussion der entwickelten Ideen erlaubt eine bessere Fundierung der Entscheidung über die anzuwendenden Grundsätze der Besteuerung.

Problem der gerechten Verteilung der Steuerlast

Die Erhebung von Steuern kann nach dem **Äquivalenzprinzip** erfolgen. Dabei werden sie als Einnahmen verstanden, die ein direktes Entgelt für vom Staat erbrachte Leistungen darstellen. Hintergrund ist eine individualistische Staatsauffassung, bei der der Staat ein zweckgerichteter Zusammenschluss seiner Bürger ist und folglich »bezahlt« wird, wenn er zu ihren Gunsten Leistungen erbringt (verfassungsökonomischer Staat). Insofern hätten Steuern den Charakter von Preisen, die für staatliche Leistungen bezahlt werden. Eine steuerliche Gleichbehandlung von Personen wäre immer dann geboten, wenn sie den gleichen Nutzen aus den staatlichen Leistungen zögen. Der Ansatz ist jedoch praktisch nicht anwendbar, weil der einem Individuum zufließende Nutzen staatlicher Leistungen generell nicht erfasst werden kann.

Steuern als Preis für staatliche Leistungen

Große faktische Bedeutung hat dagegen das **Leistungsfähigkeitsprinzip**. Hier ist es ohne Bedeutung, welche Leistungen der Staat zur Verfügung stellt und wer die Leistungen in Anspruch nimmt. Jeder soll nach seiner Leistungsfähigkeit zum Steueraufkommen beitragen. Dies impliziert eine Staatsauffassung, die davon ausgeht, dass der Staat ein geschichtlich gegebener Tatbestand ist, der als Voraussetzung für gesellschaftliches und individuelles Leben überhaupt angesehen werden muss. Die Individuen sind Mitglieder eines »Ganzen«, zu dessen Funktionsfähigkeit sie beizutragen haben.

Steuern nach Leistungsfähigkeit

Ganz einfach ist die Bestimmung der Leistungsfähigkeit auch nicht, aber in der Regel orientiert man sich an einfachen Hilfsgrößen, vor allem am Einkommen, am Vermögen, am Vermögenszuwachs oder am Konsum. Nach allgemeiner Meinung ist das Einkommen die wichtigste und der Konsum die einfachste Hilfsgröße. Entsprechend wird in den meisten Steuersystemen verfahren: Die steuerliche Belastung steigt mit steigendem Einkommen und mit steigendem Konsum.

Ob eine Belastung absolut, proportional oder progressiv steigen soll, wird mithilfe der **Opfertheorie** diskutiert, die in der Diskussion um ein gerechtes Steuersystem eine große Rolle spielt. Grundprinzip ist die als Werturteil postulierte Behauptung, eine Besteuerung sei gerecht, wenn sie jedem Steuerzahler das **gleiche Opfer** im Sinne einer gleichen Einbuße an Nutzen auferlegt. Wir betrachten dies für das Postulat eines **gleichen absoluten Opfers.**

Steuern nach dem Ausmaß der Nutzeneinbuße

Entscheidend für die Festlegung der Steuerlast ist hierbei die Abhängigkeit des Nutzens vom Einkommen. Üblicherweise wird angenommen, dass der Nutzen des Einkommens mit steigendem Einkommen zunimmt, aber mit abnehmender Rate; oder anders formuliert, dass der Grenznutzen des Einkommens gleichmäßig fällt. Dies zeigt Abbildung 13-1.

Ein gleicher Nutzenentgang um eine Einheit N bedingt bei dem höheren Einkommen E_1 eine Einkommenseinbuße (durch Besteuerung) von A, bei einem kleineren Einkommen von E_2 eine wesentlich kleinere Einkommenseinbuße (durch Besteuerung) von B. Wenn, wie in Abbildung 13-1 angenommen, der Grenznutzen des Einkommens linear fällt, folgt aus dem Postulat eines gleichen (absoluten) Opfers eine proportionale Steuer. Bei einem proportionalen Steuersatz von z. B. 25 Prozent zahlt der Einkommensmillionär also eine Steuer in Höhe von 250.000 Euro, und ein Malergeselle mit einem Einkommen in Höhe von 20.000 Euro zahlt 5.000 Euro an Steuern. Es wird vermutet, dass dies für beide das gleiche Opfer bedeutet, dass der Nutzenentgang für beide gleich groß ist. Weil man den Nutzen zwischen verschiedenen Personen aber nicht vergleichen kann, bleibt obige Behauptung eine Vermutung, zu beweisen ist sie nicht.

Ergänzend zum vorgestellten Postulat des gleichen absoluten Opfers sei erwähnt, dass daneben das Postulat des gleichen relativen Opfers entwickelt worden ist. Nach dem Postulat des **gleichen relativen Opfers** gilt eine Besteuerung als gerecht, wenn bei allen Steuerpflichtigen der durch die Besteuerung

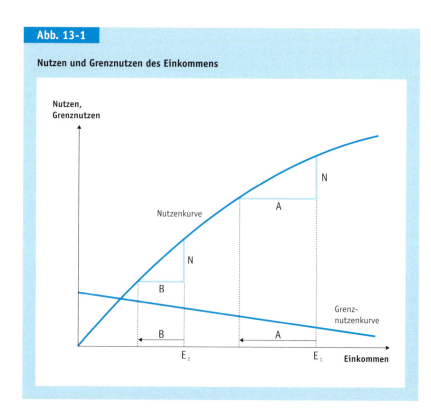

Abb. 13-1

Nutzen und Grenznutzen des Einkommens

bewirkte Nutzenentgang im Verhältnis zum Gesamtnutzen des Einkommens gleich bleibt. Dieses Postulat würde bei der in Abbildung 13-1 unterstellten Nutzenfunktion zu einer progressiven Besteuerung führen, also zu Steuersätzen, die mit steigendem Einkommen steigen. Eine progressive Steuer würde sich auch aus dem Postulat eines gleichen absoluten Opfers ergeben, wenn die Grenznutzenkurve eine Hyperbel wäre. Letztlich bedingt die Festlegung der Steuerlast ein politisches Werturteil, eine gerechte Verteilung lässt sich nicht berechnen.

13.3.2 Wichtige Steuern in der Bundesrepublik Deutschland

In Deutschland gibt es immer noch rund 35 Steuern, dabei sind in den letzten Jahren und Jahrzehnten viele Steuern abgeschafft worden, vor allem Bagatellsteuern wie z. B. die Spielkartensteuer oder die Zündwarensteuer. Um die Steuern gliedern zu können, sind unterschiedliche Systematisierungen entwickelt worden.

Häufig werden direkte und indirekte Steuern unterschieden, so in der Volkswirtschaftlichen Gesamtrechnung. **Direkte Steuern** sind Steuern, die die persönliche Leistungsfähigkeit des Steuerzahlers berücksichtigen, also etwa Lebensumstände und Reichtum. Zugleich wird vermutet, dass direkte Steuern nicht überwälzt werden, dass also derjenige, der die Steuer an das Finanzamt abführt, auch die wirtschaftliche Last der Steuer trägt. Direkte Steuern sind vor allem die Einkommensteuer und die Erbschaftsteuer. **Indirekte Steuern** berücksichtigen dagegen die persönliche Leistungsfähigkeit des Steuerzahlers nicht. Zugleich wird vermutet, dass sie überwälzt werden, dass also der Steuerzahler nicht die wirtschaftliche Last der Besteuerung trägt. Indirekte Steuern sind die Umsatzsteuer und alle speziellen Verbrauchsteuern: Sie werden überwälzt und berücksichtigen die persönliche Leistungsfähigkeit nicht.

Systematisierung der Steuerarten

Uns erscheint die Gliederung nach der Stellung im Wirtschaftskreislauf hilfreicher. So unterscheidet man:
- Steuern, die bei der Einkommensentstehung anfallen,
- Steuern, die bei der Einkommensverwendung anfallen und
- Steuern auf das Vermögen und den Vermögensverkehr.

Gliederung nach der Stellung im Wirtschaftskreislauf

Abbildung 13-2 gibt einen Überblick über wichtige Steuern in Deutschland, gegliedert nach dieser Systematik. Spezielle, meist auch regional gebundene Steuern, wie z. B. die Getränkesteuer, die Hundesteuer, die Vergnügungssteuer oder die Zweitwohnungssteuer sind darin nicht enthalten. Diese Zusammenstellung sollte zweckmäßigerweise zusammen mit Tabelle 13-1 gelesen werden, die die monetäre Bedeutung der wichtigen Steuern zeigt.

Von zentraler Bedeutung sind die Steuern, die bei der Einkommensentstehung anfallen, und hier die so genannte Einkommensteuer, die »Königin der Steuern«.

13.3 Einnahmen und Ausgaben des Staates
Steuern

Abb. 13-2

Wichtige Steuern in Deutschland

Steuern bei der Einkommensentstehung	Steuern bei der Einkommensverwendung	Steuern auf Vermögen[1] und Vermögensverkehr
▸ Lohnsteuer ▸ Veranlagte Einkommensteuer ▸ Kapitalertragsteuer ▸ Körperschaftsteuer ▸ Gewerbeertragsteuer	▸ Umsatzsteuer, oft Mehrwertsteuer genannt ▸ Einfuhrumsatzsteuer und ▸ Spezielle Verbrauchsteuern (Bier-, Branntwein-, Tabak-, Energie-, Kaffee-, Versicherungs- und Kraftfahrzeugsteuer) ▸ Zölle	▸ Grundsteuer ▸ Erbschaft- und Schenkungsteuer

[1] Die Vermögensteuer wird seit dem 01.01.1997 nicht mehr erhoben.

Die Einkommensteuer als Königin der Steuern

Die **Einkommensteuer** besteuert das Einkommen natürlicher Personen, nämlich die Einkünfte aus den sieben Einkommensarten (Land- und Forstwirtschaft, Gewerbebetrieb, selbstständige Arbeit, unselbstständige Arbeit, Kapitalvermögen, Vermietung und Verpachtung sowie sonstige Einkünfte, vor allem aus Renten). Von bestimmten Einkunftsarten wird die Einkommensteuer durch Steuerabzug an der Quelle, im so genannten **Quellenabzugsverfahren** erhoben. Dies ist die so genannte **Lohnsteuer**, die das Einkommen aus unselbstständiger Arbeit (den »Lohn«) an der Quelle im Abzugsverfahren besteuert, und die so genannte **Kapitalertragsteuer,** die das Einkommen aus Kapitalvermögen an der Quelle im Abzugsverfahren als Zinsabschlag besteuert. Die Einkommen aus den übrigen Einkommensarten, die in der Regel als Gewinn ermittelt werden, also als Überschuss der Einnahmen über die Ausgaben, werden im Rahmen der so genannten **veranlagten Einkommensteuer** besteuert. Diese verschiedenen Formen der Einkommensteuer unterscheiden sich also durch die Art ihrer Erhebung, nicht aber durch den Steuertarif. Dieser ist für alle Einkommensarten gleich und wird wegen seiner prinzipiellen Bedeutung in Kapitel 13.3.3 gesondert dargestellt.

Weitgehende Berücksichtigung der persönlichen Leistungsfähigkeit

Die Einkommensteuer ist eine direkte Steuer, hier wird, wie bei keiner anderen Steuer, die persönliche Leistungsfähigkeit des Steuerzahlers berücksichtigt. Zum einen werden die Lebensumstände berücksichtigt (wie Familienstand, Zahl der Kinder, außergewöhnliche Belastungen, Entfernung zur Arbeitsstätte usw.) und zum anderen ist der Steuersatz nach der Einkommenshöhe gestaffelt.

Die Einkommensteuer, in den drei Ausprägungen der Lohnsteuer, der veranlagten Einkommensteuer und der Kapitalertragsteuer, war im Jahr 2008 mit einem Anteil von 36,6 Prozent am gesamten Steueraufkommen die wichtigste Einzelsteuer im deutschen Steuersystem. Insbesondere die Lohnsteuer, als Einkommensteuer der unselbstständig Beschäftigten, und die veranlagte Einkommensteuer tragen fast ein Drittel der gesamten Steuerlast.

Tab. 13-1

Das Aufkommen wichtiger Steuern in Deutschland 1990–2008

	1990	2000	2004	2008	1990	2000	2004	2008
	in Mrd. €				in % des gesamten Steueraufkommens			
Einkommensteuer	130,4	168,8	146,0	204,6	46,4	36,1	33,0	36,6
davon: Lohnsteuer	90,8	135,7	123,9	141,9	32,3	29,0	28,0	25,6
veranlagte Einkommensteuer	18,7	12,2	5,4	32,7	6,6	2,6	1,2	5,9
Kapitalertragsteuer	5,5	20,9	16,7	30,0	2,0	4,5	3,8	5,4
Körperschaftsteuer[1]	15,3	23,6	13,1	15,9	5,5	5,1	3,0	2,9
Umsatzsteuer	39,9	107,1	104,7	130,8	14,2	22,9	23,6	23,6
Einfuhrumsatzsteuer	35,5	33,7	32,7	45,2	12,6	7,2	7,4	8,1
Gewerbesteuer	19,8	27,0	28,4	39,5	7,0	5,8	6,4	7,1
Energiesteuer[2]	17,7	37,8	41,8	39,2	6,3	8,1	9,4	7,1
Tabaksteuer	8,9	11,4	13,6	13,6	3,2	2,4	3,1	2,5
Kraftfahrzeugsteuer	4,2	7,0	7,7	8,8	1,5	1,5	1,7	1,6
Grundsteuer	4,4	8,8	9,9	10,7	1,6	1,9	2,2	1,9
Erbschaftsteuer	2,5	3,0	4,3	4,7	0,9	0,6	0,9	0,8
Zölle	3,6	3,4	3,1	4,0	1,3	0,7	0,7	0,7
Branntweinsteuer	2,1	2,2	2,2	2,2	0,8	0,5	0,5	0,4
Versicherungsteuer	–	8,2	8,8	10,5	–	2,0	2,0	1,9
Kaffeesteuer	–	1,0	1,0	1,0	–	0,2	0,2	0,2
insgesamt[3]	281,1	467,3	443,0	555,0	100	100	100	100

[1] Die Körperschaftsteuer wird oft zur Einkommensteuer hinzugezählt.
[2] Bis 2006 Mineralölsteuer.
[3] Die Differenz zur Gesamtsumme bzw. 100 Prozent in der letzten Zeile wird durch das Aufkommen nicht genannter oder zwischenzeitlich abgeschaffter Steuern (Grunderwerbsteuer, Rennwett- und Lotteriesteuern, Wechselsteuer, Kapitalverkehrsteuern, Zuckersteuer usw.) geschlossen.

Quelle: Statistisches Jahrbuch, verschiedene Jahrgänge, Monatsberichte der Deutschen Bundesbank und Angaben des Bundesministeriums der Finanzen.

Die **Körperschaftsteuer** besteuert das Einkommen juristischer Personen, umgangssprachlich sagt man, sie besteuert den Gewinn von Unternehmen. Dieser Gewinn kann im Unternehmen einbehalten oder an die Anteilseigner (meist Aktionäre) ausgeschüttet werden. Der Steuersatz beträgt seit 2001 in beiden Fällen 25 Prozent; ab 2008 15 Prozent. Die ausgeschütteten Gewinne sind Einkünfte aus Kapitalvermögen und unterliegen als solche der veranlagten Einkommensteuer für natürliche Personen. Weil die ausgeschütteten Gewinne durch die Körperschaftsteuer aber vorbelastet sind, werden sie nur zur Hälfte in die Bemessungsgrundlage für die persönliche Einkommensteuer einbezogen (Halbeinkünfteverfahren). Der Steuersatz, mit dem Unternehmensgewinne besteuert werden, spielt eine zentrale Rolle in der Diskussion um die Standort-

13.3 Einnahmen und Ausgaben des Staates
Steuern

Körperschaftsteuersatz als eine Determinante der Standortqualität

qualität von Ländern und um die Kapitalflucht von Unternehmen. Vor allem aus diesem Grund ist der Satz der Körperschaftsteuer in vielen Ländern fortlaufend gesenkt worden, so auch in Deutschland auf nunmehr 15 Prozent. Weitere Senkungen werden diskutiert. Dementsprechend gering ist der Anteil des Körperschaftsteueraufkommens am gesamten Steueraufkommen: Er beträgt 2008 knapp drei Prozent.

Die Steuern, die bei der Einkommensverwendung, ganz überwiegend beim Konsum, anfallen, sind relativ vielfältig. Von größter Bedeutung sind hier die **Umsatzsteuer**, die umgangssprachlich meist Mehrwertsteuer genannt wird, und die entsprechende Einfuhrumsatzsteuer, die eingeführte Waren der deutschen Umsatzsteuerbelastung anpasst. Dies geschieht dadurch, dass Einfuhren zunächst von der Umsatzsteuer des Auslands entlastet werden und dann mit der deutschen Umsatzsteuer belastet werden. Der Steuersatz ist also der gleiche wie für Umsätze in Deutschland. Diese Umsatzsteuer belastet letztlich den Endverbrauch, also die vom Endverbraucher (Staat und vor allem private Haushalte) erworbenen Güter und Dienstleistungen. Sie ist damit eine **allgemeine Verbrauchsteuer** (Konsumsteuer). Es gelten zwei Steuersätze, der allgemeine Steuersatz von 19 Prozent und der ermäßigte Steuersatz von 7 Prozent. Der ermäßigte Steuersatz gilt vor allem für Lebensmittel, für Kulturgüter wie Bücher und Zeitungen sowie für den Personennahverkehr. Die Umsatzsteuer wird in der Regel im Preis der Endverbrauchsgüter weitergegeben, also überwälzt. Die persönliche Leistungsfähigkeit der Steuerzahler wird nicht berücksichtigt. Mit einem Anteil von gut 30 Prozent am gesamten Steueraufkommen (einschließlich der Einfuhrumsatzsteuer) ist die Umsatzsteuer von ähnlicher Bedeutung wie die Einkommensteuer.

Die Umsatzsteuer (Mehrwertsteuer) als allgemeine Verbrauchsteuer

Die übrigen **speziellen Verbrauchsteuern** wie Energie-, Tabak- oder Branntweinsteuer sollen nicht detailliert beschrieben werden; ihre Ausgestaltung kann beim Bundesministerium der Finanzen abgerufen werden. Insbesondere die Energiesteuer und die Tabaksteuer sind von großer fiskalischer Bedeutung. Generell werden alle speziellen Verbrauchsteuern im Preis der entsprechenden Konsumgüter weitergegeben, also überwälzt. Die persönliche Leistungsfähigkeit der Steuerzahler wird nicht berücksichtigt. Dies gilt auch für Zölle. **Zölle** gelten als Verbrauchsteuern auf importierte Güter; sie fließen in voller Höhe als eigene Einnahmen in den Haushalt der EU (vgl. Kapitel 22.4).

Geringe Bedeutung der Steuern auf Vermögen

Steuern auf Vermögen und Vermögensverkehr sind mittlerweile relativ unbedeutend geworden. Die Vermögensteuer wird nach einem Urteil des Bundesverfassungsgerichtes, wonach die geringere steuerliche Belastung von Grundvermögen gegenüber der steuerlichen Belastung von sonstigem Vermögen verfassungswidrig war, seit dem 01.01.1997 nicht mehr erhoben. Als spezielle Form einer Vermögensteuer existiert nur noch die **Grundsteuer**, deren Ertrag den Gemeinden zufließt und die **Erbschafts- und Schenkungsteuer**, die das Vermögen besteuert, das der Erbe bzw. der Beschenkte erhält. Die Steuersätze sind nach dem Verwandtschaftsgrad und nach der Höhe des Erbes (der Schenkung) gestaffelt. Der höchste Steuersatz von 30 Prozent greift z. B. in der Steuerklasse I (Ehegatten, Kinder, Enkel ...) bei einem Erbe von über 26 Millionen Euro.

Die Einnahmen aus den Steuern fließen den Gebietskörperschaften zu: Die Hälfte der Einnahmen entfällt auf den Bund (2007: 50,0 Prozent), ein gutes Drittel entfällt auf die Länder (2007: 36,9 Prozent) und gut 10 Prozent auf die Gemeinden (2007: 13,1 Prozent). Dabei gibt es reine Bundessteuern, z. B. Zölle und Verbrauchsteuern (mit Ausnahme der Biersteuer), reine Ländersteuern wie Erbschaftsteuer, Kraftfahrzeugsteuer und Biersteuer, reine Gemeindesteuern wie Grundsteuer und örtliche Verbrauchsteuern. Die wichtigsten Steuern, nämlich die Einkommensteuer, die Körperschaftsteuer und die Umsatzsteuer sind **Gemeinschaftssteuern**. Sie stehen – mit Ausnahme eines 15-prozentigen Anteils der Gemeinden an der Lohn- und Einkommensteuer – dem Bund und den Ländern gemeinsam zu. Am Aufkommen der Einkommensteuer (nach Abzug des Gemeindeanteils) und der Körperschaftsteuer sind der Bund und die Länder je zur Hälfte beteiligt, wobei die Verteilung auf die Länder grundsätzlich nach dem örtlichen Aufkommen (zuständiges Finanzamt nach Wohnsitz oder Firmensitz) erfolgt. Die Anteile von Bund und Ländern an der Umsatzsteuer werden durch ein Bundesgesetz geregelt, das der Zustimmung des Bundesrates bedarf.

Verteilung der Einnahmen auf die Gebietskörperschaften

13.3.3 Das Ausmaß der steuerlichen Belastung: der Steuertarif

Für die Berechnung der steuerlichen Belastung des Einzelnen spielen der Steuertarif und die Steuerbemessungsgrundlage eine entscheidende Rolle. Beim Steuertarif unterscheidet man drei Typen:

Man spricht von einem **progressiven Tarif**, wenn mit steigender Bemessungsgrundlage (z. B. das zu versteuernde Einkommen) die steuerliche Belastung stärker steigt als die Bemessungsgrundlage. Man kann auch sagen, dass der Durchschnittssteuersatz mit wachsender Bemessungsgrundlage zunimmt. Der Verdeutlichung dient Abbildung 13-3, in der auf der senkrechten Achse der Steuerbetrag T und auf der waagerechten Achse die Bemessungsgrundlage Y (z. B. Einkommen) abgetragen sind. Der Tarif beginnt im Nullpunkt und steigt dann progressiv an. Die durchschnittliche Belastung im Punkt P_2, die durch $T_2 : Y_2$ ermittelt wird, ist größer als im Punkt P_1 (mit dem niedrigeren Einkommen Y_1).

Drei Tariftypen: progressiv, proportional und regressiv

> **Beispiel**
>
> ▶ Einkommen   Steuerbetrag   Durchschnittssteuersatz
> Y_1 = 1.000,- Euro T_1 = 100,- Euro $T_1/Y_1 = t_1 = 10\%$
> Y_2 = 2.000,- Euro T_1 = 250,- Euro $T_2/Y_2 = t_2 = 12,5\%$ ◂◂◂

Direkte Progression …

Tariftechnisch lässt sich die so genannte **indirekte Progression** durch den Einbau eines Freibetrages in einen linearen Steuertarif erreichen. Wie man aus Abbildung 13-4 ersehen kann, ist die durchschnittliche Belastung beim Einkommen Y_2 höher als bei Y_1. Es wird nur das den Freibetrag übersteigende Einkommen mit dem gleichen Steuersatz von z. B. 10 Prozent belastet.

Abb. 13-3

Steuertarif mit direkter Progression

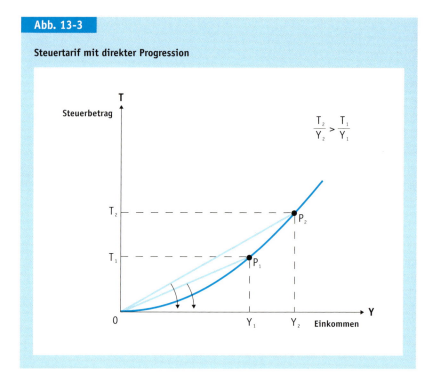

Abb. 13-4

Steuertarif mit indirekter Progression

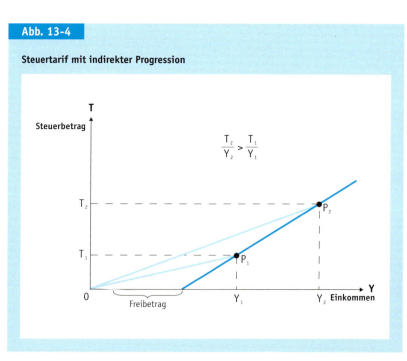

> **Beispiel**
>
> | Einkommen | Steuerbetrag | Durchschnittssteuersatz |
> |---|---|---|
> | Y_1 = 1.000,– Euro | T_1 = 50,– Euro | $T_1/Y_1 = t_1$ = 5 % |
> | Y_2 = 2.000,– Euro | T_2 = 150,– Euro | $T_2/Y_2 = t_2$ = 7,5 % |
> | Freibetrag 500,– Euro ◀◀◀ | | |

... und indirekte Progression

Ein **proportionaler Steuertarif** liegt vor, wenn die durchschnittliche steuerliche Belastung immer gleich hoch ist. Beispiel: Bei der Mehrwertsteuer beträgt gegenwärtig die Belastung im Regelfall 19 Prozent.

Sehr selten sind **regressive Tarife**, bei denen mit wachsender Bemessungsgrundlage das Ausmaß der steuerlichen Belastung abnimmt. Das Extrem stellt eine Kopfsteuer dar, bei der jeder Staatsbürger unabhängig von seiner Einkommenshöhe einen bestimmten Steuerbetrag zu entrichten hat.

Neben dem Durchschnittssteuersatz, an dessen Veränderung man den Tariftyp erkennen kann, spielt in der steuerpolitischen Diskussion der **Grenzsteuersatz** eine besondere Rolle. Er gibt an, wie viel Steuern man zusätzlich entrichten muss, wenn die Bemessungsgrundlage (z. B. das Einkommen) um eine Einheit steigt. Für höchste Einkommen wird der Grenzsteuersatz auch häufig **Spitzensteuersatz** genannt.

Zentrale Bedeutung des Grenzsteuersatzes

Wir erläutern die bisher verwendeten Begriffe anhand des ab dem Jahr 2010 geltenden Einkommensteuertarifs (Grundtabelle für Ledige, vgl. Abbildung 13-5). Nach diesem Tarif gilt:

▸ Bis zu einem steuerpflichtigen Einkommen von 8.004 Euro ist das Einkommen steuerfrei. 8.004 Euro ist der so genannte **Grundfreibetrag**.
▸ Ab einem steuerpflichtigen Einkommen von 8.004 Euro beginnt der Bereich der **Steuerprogression:** Von 8.004 bis 13.469 Euro steigt der Grenzsteuersatz von 14 Prozent – das ist der so genannte **Eingangssteuersatz** – relativ schnell auf 24 Prozent; von 13.470 bis 52.881 Euro steigt der Grenzsteuersatz dann etwas langsamer von 24 auf 42 Prozent. Das ist dann der **Spitzensteuersatz**.
▸ Man spricht von zwei linear-progressiven Zonen: Linear, weil der Grenzsteuersatz gleichmäßig ansteigt, und zwei Zonen unterscheidet man, weil der Anstieg des Grenzsteuersatzes in der ersten Zone schneller erfolgt als in der zweiten Zone.
▸ Ab einem steuerpflichtigen Einkommen von 52.882 Euro bis zum Betrag von 250.730 Euro bleibt der Grenzsteuersatz konstant bei 42 Prozent: Jeder Einkommenszuwachs wird jetzt mit 42 Prozent besteuert. Man spricht von der oberen **Proportionalzone**.
▸ Ab einem steuerpflichtigen Einkommen von 250.731 bleibt der Grenzsteuersatz konstant bei 45 Prozent.

Progressive Besteuerung des Einkommens

Durch den Grundfreibetrag und den Anstieg des Grenzsteuersatzes von 15 Prozent auf schließlich 45 Prozent ergibt sich ein Anstieg des Durchschnittssteuersatzes: Es gilt mithin eine progressive Besteuerung des Einkommens. (Hinzu kommen der Solidaritätszuschlag von 5,5 Prozent der Einkommensteuer und die Kirchensteuer von meist 9 Prozent der Einkommensteuer.)

13.3 Einnahmen und Ausgaben des Staates
Steuern

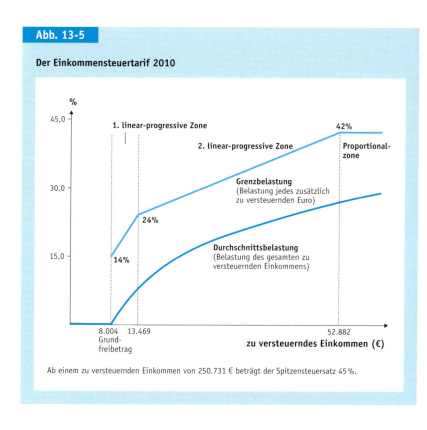

Abb. 13-5

Der Einkommensteuertarif 2010

Ab einem zu versteuernden Einkommen von 250.731 € beträgt der Spitzensteuersatz 45 %.

Begründung der Progression

Prinzip und Ausmaß der Progression waren und sind in der steuerpolitischen Diskussion immer heftig umstritten.

Progressive Einkommensteuertarife werden meist mit folgenden Argumenten begründet:

▸ Reiche sind leistungsfähiger als Arme und können daher einen höheren Anteil ihres Einkommens an Steuern aufbringen (Leistungsfähigkeitsprinzip).
▸ Reiche profitieren überproportional mehr als Arme von den staatlichen Leistungen wie Sicherheit und Infrastruktur und sollen daher einen höheren Anteil ihres Einkommens an Steuern aufbringen (Äquivalenzprinzip).
▸ Da Reiche wegen ihres in Bezug auf ihr Einkommen geringen Konsums einen relativ geringen Anteil indirekter Steuern (Regressionswirkung der indirekten Steuer) zu tragen haben, sollen sie als Kompensation bei den direkten Steuern überproportional herangezogen werden.
▸ Unter der Voraussetzung eines abnehmenden Grenznutzens des Einkommens (also desjenigen Nutzens, den ein zusätzlich verfügbarer Euro stiftet) werden die Reichen die Besteuerung zusätzlicher Einkommensteile als weniger schmerzhaft empfinden als die Bezieher niedriger Einkommen, sodass erstere entsprechend ihrer Opferfähigkeit progressiv belastet werden können (Opfertheorie).

Diese Argumente erscheinen plausibel. Sie enthalten aber Aussagen, die nicht messbar sind (Leistungsfähigkeit, Opfer, Nutzen) und sich daher einer wissenschaftlichen Fundierung entziehen.

Auch die Kritik der Progression verwendet Argumente, die plausibel, aber nicht messbar sind. Die zentrale Kritik lautet:

Kritik der Progression

- Eine progressive Einkommensbesteuerung verschüttet die Leistungsanreize und
- eine progressive Einkommensbesteuerung verführt zu Ausweichreaktionen, insbesondere zur Abwanderung in die Schattenwirtschaft (Schwarzarbeit) oder ins Ausland.

13.3.4 Steuerwirkungen

Bevor Steuerwirkungen in ihren Grundzügen beschrieben werden, sollen einige Begriffe geklärt werden. Zunächst muss man zwischen Steuerschuldner, Steuerzahler und Steuerträger unterscheiden.

- **Steuerschuldner** ist die Person, die nach dem Gesetz den Tatbestand erfüllt, an den die Steuerpflicht anknüpft. So ist der Arbeitnehmer Steuerschuldner der Lohnsteuer.
- **Steuerzahler** ist die Person, die die Steuer an das Finanzamt faktisch zahlt. Dies ist im Fall der Lohnsteuer der Arbeitgeber, der die Lohnsteuer einbehält und abführt.
- **Steuerträger** ist die Person, die die ökonomische Last der Steuer letztlich trägt. Wer dies ist, kann nicht immer leicht festgestellt werden, weil Steuerlasten auch überwälzt werden können (s. u.).

Will man die Steuern als Mittel zur Durchsetzung wirtschafts- und finanzpolitischer Ziele einsetzen, so ist die Kenntnis ihrer Wirkungen von Bedeutung. Dabei ist zu untersuchen, ob und wenn ja wie es den Besteuerten möglich ist, sich der Steuerbelastung zu entziehen (Steuerabwehrwirkungen).

Möglichkeiten der Steuerabwehr

Allgemein bekannt ist die **Steuerhinterziehung,** die eine rechtswidrige, durch das Steuerstrafrecht zu ahndende Form der Steuerminderung darstellt (z. B. Abgabe einer falschen Steuererklärung oder Schwarzarbeit). Demgegenüber ist die **Steuervermeidung** eine rechtlich zulässige, u. U. sogar erwünschte Form der Steuerminderung. Sie ist definiert als eine Einschränkung des steuerlichen Tatbestandes durch den Besteuerten (z. B. durch Einschränkung des Verbrauchs besteuerter Güter, durch Verlegung von Produktionsstätten in Steueroasen, durch Änderung der Rechtsform von Unternehmen). Bei der **Steuereinholung** versucht der Steuerschuldner, eine wachsende steuerliche Belastung durch eine Steigerung seiner Leistung zu kompensieren. Ein Zwang zu einem solchen Verhalten kann vorliegen, wenn man einen erreichten Lebensstandard halten möchte oder wenn man hohe laufende finanzielle Verpflichtungen zu erfüllen hat.

13.3 Einnahmen und Ausgaben des Staates
Steuern

Die wichtigste Steuerwirkung ist die **Steuerüberwälzung**, die man als den gelungenen Versuch des Steuerschuldners bezeichnen kann, ihm auferlegte Steuern im Preisbildungsprozess auf andere Marktteilnehmer zu verlagern (seinen Nachfragern durch höhere Preise, seinen Lieferanten durch niedrigere Preise). Während man bei den so genannten indirekten Steuern (Kostensteuern wie Verbrauchsteuern, Umsatzsteuern usw.) allgemein die Überwälzbarkeit unterstellen kann, ist diese Steuerwirkung bei den direkten Steuern (insbesondere bei der Einkommensteuer) umstritten.

Ausmaß der Steuerüberwälzung ...

Inwieweit Steuern überwälzt werden, lässt sich am Beispiel einer Mengensteuer partialanalytisch leicht zeigen, wenn man die üblichen Angebots- und Nachfragekurven bei vollständiger Konkurrenz unterstellt (vgl. Kapitel 4 und Kapitel 5.8). Pro verkaufte Mengeneinheit des Gutes müssen die Anbieter t Euro an den Staat abführen (wie z. B. bei der Energiesteuer). Der Anbieter wird auch in diesem Fall jeweils eine weitere Einheit des Gutes anbieten, wenn er dafür mindestens die Grenzkosten erhält. Die Grenzkosten (GK) erhöhen sich aber um den Betrag der Steuer, um t. Damit verschiebt sich die Angebotskurve, die der Grenzkostenkurve entspricht, um den Betrag t nach oben. Dies zeigt die Abbildung 13-6.

Die Steuer treibt sozusagen einen Keil zwischen den Preis, den der Anbieter erhält und den Preis, den der Nachfrager zahlt. Als Resultat steigt der Marktpreis P vom ursprünglichen Niveau P_1 auf den neuen Marktpreis P_2. Interessant ist nun, dass der Preisanstieg kleiner ist als der Steuerbetrag t. Dies liegt da-

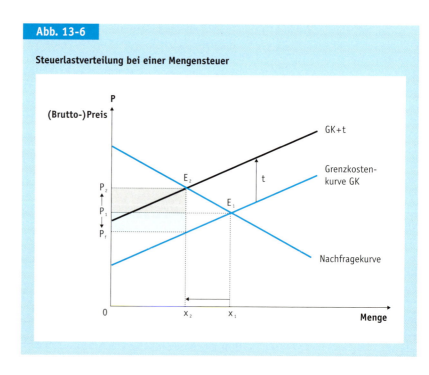

Abb. 13-6

Steuerlastverteilung bei einer Mengensteuer

ran, dass die Nachfrager auf die steuerinduzierte Preiserhöhung mit einem Rückgang der Nachfrage reagieren und diese Reaktion verhindert eine vollständige Weitergabe der Steuererhöhung im Preis. Dies ist der Normalfall. Über den Umfang, in dem die Steuer im Preis weitergegeben wird, entscheidet die Elastizität von Angebot und Nachfrage. Verläuft die Nachfragekurve z.B. senkrecht, ist sie also völlig preisunelastisch, dann wird die Steuer vollständig im Preis weitergegeben.

... hängt ab von der Elastizität von Angebot und Nachfrage

Welche Marktseite trägt nun die Steuerlast? Die Steuerlast entspricht der Menge x_2 multipliziert mit dem Steuersatz t. Dieser Betrag fließt an den Staat. Die Steuerlast wird zu einem Teil durch die Nachfrager getragen, nämlich zu dem Teil, der der Preiserhöhung von P_1 auf P_2 multipliziert mit x_2 entspricht. Das ist in der Abbildung 13-6 die graue Fläche. Zu einem Teil wird die Steuerlast aber auch durch die Anbieter getragen, nämlich zu dem Teil, der der Preissenkung von P_1 auf P_f entspricht. Das ist die hellblaue Fläche. Der Preis P_f ist der Nettopreis, den die Anbieter nach Abführung der Steuer t für sich behalten, und dieser Preis ist kleiner als der alte Marktpreis P_1.

Die Verteilung der Steuerlast

Entscheidend für die Steuerlastverteilung sind die Marktkräfte. Je elastischer die Nachfrager reagieren, je flacher also die Nachfragekurve verläuft, desto besser gelingt es den Nachfragern, die Steuerlast auf die Anbieter abzuwälzen. Und je elastischer die Anbieter reagieren, je flacher also die Angebotskurve verläuft, desto besser gelingt es den Anbietern, die Steuerlast auf die Nachfrager zurückzuwälzen. So kann man vermuten, dass die Last der Energiesteuer überwiegend von den Nachfragern getragen wird, weil die Nachfrage nach Energie relativ unelastisch ist.

Abschließend sei darauf hingewiesen, dass eine Besteuerung nicht nur die Steuerlast impliziert, die als Steueraufkommen an den Staat fließt (das graue und das hellblaue Rechteck in Abbildung 13-6), sondern auch eine **Zusatzlast** impliziert, weil die Konsumenten ihren Konsum einschränken (von x_1 auf x_2) und weil die Anbieter entsprechend weniger produzieren und weniger Gewinn erzielen.

Zusatzlast der Besteuerung infolge Rückgangs der Produktion.

13.3.5 Steuerreform

Eine Steuerreform steht eigentlich permanent auf der Tagesordnung der Politik. Dies liegt wohl daran, dass Steuern immer ein zentrales Wahlkampfthema sind und dass über spezielle Steuersenkungen oder auch Steuererhöhungen Wählerstimmen gewonnen werden können. Zudem erzwingt der globale Wettbewerb ein Nachdenken über eine Anpassung der Unternehmenssteuersätze und der Spitzensteuersätze der Einkommensteuer an ein für potenzielle Investoren attraktives Niveau (vgl. Kapitel 19.7 und 19.8).

Hintergrund solcher Reformbemühungen ist meist ein internationaler Vergleich der **Steuerquoten** (Steuern in Prozent des BIP) und/oder der **Abgabenquoten** (Steuern und Sozialabgaben in Prozent des BIP). Hier zeigt sich (vgl. Tabelle 13-2), dass die Belastung mit Steuern in Prozent des Bruttoinlandspro-

13.3 Einnahmen und Ausgaben des Staates
Steuern

Tab. 13-2

Entwicklung der Steuerquote im internationalen Vergleich (Steuern in Prozent des Bruttoinlandsproduktes)

	1970	1980	1990	2000	2007
Kanada	30,9	31,0	35,9	35,6	33,3
Dänemark	38,4	43,0	46,5	49,4	48,9
Frankreich	34,1	40,1	42,0	44,4	43,6
Deutschland	31,5	36,4	34,8	37,2	36,2
Japan	19,6	25,4	29,1	27,0	27,9[1]
Niederlande	35,6	42,9	42,9	39,7	38,0
Norwegen	34,5	42,4	41,0	42,6	43,4
Schweden	37,8	46,4	52,2	51,8	48,2
Schweiz	19,3	24,7	25,8	30,0	29,7
USA	27,0	26,4	27,3	29,9	28,3

[1] Zahl für 2006
Steuerquote in % des BIP nach Abgrenzungscharakteristika der OECD
Quelle: OECD, Revenue Statistics.

Mittlere Abgabenbelastung in Deutschland

duktes in den skandinavischen Ländern sowie Frankreich aktuell wie auch im historischen Vergleich der Jahre 1970–2007 am höchsten, in Japan, der Schweiz und den Vereinigten Staaten von Amerika demgegenüber am niedrigsten ist. Die Bundesrepublik Deutschland nimmt in diesem internationalen Vergleich einen Mittelplatz ein. Kritisch angemerkt sei an dieser Stelle allerdings, dass die internationalen Vergleiche aufgrund unterschiedlicher Berechnungsmethoden und der in den einzelnen Staaten unterschiedlichen Steuer- und Sozialversicherungssysteme immer problematisch sind und dass solche Zahlenangaben immer ein wenig differieren.

Eckpunkte von Steuerreformen

Im Zentrum der Diskussionen um eine Steuerreform stehen meist die Eckpunkte der Einkommensteuer:
- der Grundfreibetrag,
- die Eingangstarife,
- der Anstieg der Tarife (die mögliche Progression) und
- der Spitzensteuersatz sowie
- die Eckpunkte der Unternehmensbesteuerung:
- der Körperschaftsteuersatz und
- die Vorschriften zur Gewinnermittlung.

Reformmodelle

Ein weit reichendes Reformmodell, das Kirchhof-Modell, schlägt z.B. einen Grundfreibetrag von 10.000 Euro vor und dann einen gleich bleibenden Steuersatz von 25 Prozent, der dann auch der Grenzsteuersatz ist. Das Reformmodell der FDP schlägt einen Grundfreibetrag von 8.000 Euro und drei Grenzsteuer-

Tab. 13-3

Die Entwicklung des Einkommensteuertarifs 1998–2010

Jahr	Grundfreibetrag in Euro	Eingangs-steuersatz in %	Spitzen-steuersatz in %	Ab zu ver-steuerndem Jahreseinkommen
1998	6.322	25,9	53	61.355
1999	6.681	23,9	53	61.377
2000	6.902	22,9	51	58.643
2001	7.206	19,9	48,5	54.998
2002	7.235	19,9	48,5	55.007
2003	7.426	17	47	52.293
2005	7.664	15	42	52.152
2010	8.004	14	42	52.882[1]

[1] Der Spitzensteuersatz beträgt 45% ab einem zu versteuernden Einkommen von 250.731 Euro.

Quelle: Bundesministerium der Finanzen

sätze vor: von 10 Prozent (ab 8.000 Euro), von 25 Prozent (ab 20.000 Euro) und von 35 Prozent (gleich bleibend ab 50.000 Euro), während das Modell von CDU/CSU bislang von einer linear ansteigenden Progression bis zu einem Spitzentarif von 36 Prozent (ab 45.000 Euro) ausgeht. Im Einzelnen sollen diese Vorschläge nicht diskutiert werden, sie ändern sich auch schnell, zentral ist die Tendenz zu einem Abbau des Spitzensteuersatzes und die Vereinfachung des Steuersystems, die alle Reformmodelle anstreben.

Tendenz zur Vereinfachung und zum Abbau des Spitzensteuersatzes

Bereits in den Jahren 1998 bis 2010 sind deutliche Steuersenkungen durchgeführt worden: vor allem eine Senkung des Eingangssteuersatzes von 25,9 auf 14 Prozent und eine Senkung des Spitzensteuersatzes von 53 auf 42 Prozent. Dies ist in Tabelle 13-3 zusammengestellt.

13.4 Andere staatliche Einnahmen

Im Vergleich zu den Steuern haben die anderen Einnahmen der staatlichen Ebenen, auch in der wissenschaftlichen Diskussion, nur eine untergeordnete Bedeutung. Unter den **Erwerbseinkünften** versteht man die Einnahmen des Staates, die er durch eigene wirtschaftliche Tätigkeit erzielt (z. B. durch die Bundesdruckerei oder die Beteiligung an VW). Seine Funktion als Hoheitsträger ist dabei also unbeachtlich. Während die Erwerbseinkünfte marktwirtschaftliche Einnahmen darstellen, haben **Gebühren und Beiträge** Zwangscharakter. Sie unterscheiden sich aber von den Steuern dadurch, dass der Staat eine spezielle Gegenleistung bietet. Beispiele für Gebühren sind Gebühren bei der Ausstellung eines Reisepasses oder bei der Eheschließung. Ein Beispiel für Beiträge sind Straßenanliegerbeiträge. Während man sich der Zahlung von Gebühren durch Nichtinanspruchnahme der staatlichen Leistung entziehen kann, ist dies bei den Beiträgen nicht möglich. Daneben haben **Kredite**, die die öffentlichen Haushalte zur Deckung ihrer Defizite aufnehmen, erhebliche Bedeutung (vgl. Kapitel 14.2). Diese Kredite zählen ebenfalls zu den staatlichen Einnahmen.

13.5 Staatsausgaben

13.5.1 Struktur und Entwicklung der Staatsausgaben

Anstieg der Staatsausgaben

Staatsausgaben, also Ausgaben der Gebietskörperschaften und der Sozialversicherungen, sind im Zeitablauf meist gestiegen. Tabelle 13-4 gibt zunächst einen Überblick über die Entwicklung der Staatsausgaben von 1980 bis 2005, gegliedert nach Funktionsbereichen.

Die Tabelle 13-4 zeigt folgende Entwicklung:

- Die Staatsausgaben haben absolut zugenommen, von rund 380 Milliarden Euro auf rund 1.000 Milliarden Euro und pro Kopf von rund 6.000 Euro auf rund 12.000 Euro; eine Zunahme von 159 Prozent absolut und von 90 Prozent pro Kopf.

Staatsquote ist gesunken

- Die Staatsquote, der Anteil der Staatsausgaben am BIP, hat in den letzten 25 Jahren abgenommen.
- In der Struktur der Staatsausgaben fällt zunächst der sehr hohe Anteil für die soziale Sicherung auf, der weit über 50 Prozent beträgt. Erhebliche Anteile beanspruchen auch die Bereiche Schulen/Hochschulen/übriges Bildungswesen mit 7,9 Prozent sowie der Bereich Öffentliche Sicherheit und Rechtschutz (3,3 Prozent) und die Wirtschaftsförderung (2,6 Prozent).
- Im Zeitablauf sind deutliche Strukturverschiebungen zu erkennen:
  - Insbesondere hat der Anteil der Ausgaben für die Landesverteidigung von 5,5 Prozent im Jahr 1980 auf 2,4 Prozent im Jahr 2006 abgenommen. Dies ist sehr erfreulich, wenn, was zu vermuten ist, dadurch die Wahrscheinlichkeit von Frieden nicht ab-, sondern sogar noch zugenommen hat.
  - Auch die Anteile der Ausgaben für Verkehr und Nachrichtenwesen sowie für Gesundheit, Sport und Erholung haben deutlich abgenommen, z. T. eine Folge der Privatisierung in diesen Bereichen (z. B. Privatisierung der Post).

Abnahme des Anteils der Ausgaben für Bildung

  - Äußerst bedenklich ist die Abnahme des Anteils der Ausgaben für Bildung und Wissenschaft (Schulen, Hochschulen, Wissenschaft und Forschung zusammen) von 11,2 Prozent auf 7,9 Prozent. Dies ist für ein Land, dessen wirtschaftliche Leistungsfähigkeit vor allem von der Qualität des Humankapitals abhängt, nicht hinnehmbar.
  - Zugenommen hat ausschließlich der Anteil der Ausgaben für die soziale Sicherung auf nunmehr knapp 57 Prozent.

Tab. 13-4

Entwicklung der Staatsausgaben in der Bundesrepublik Deutschland 1980–2006

	1980		1991[1]		2000		2006	
	Mrd. €	%	Mrd. €	%	Mrd. €	%	Mrd. €	%
Verteidigung	20,9	5,5	28,4	3,8	23,1	2,4	23,9	2,4
Öffentliche Sicherheit und Rechtsschutz	11,4	3,0	17,9	2,4	30,0	3,1	33,2	3,3
Schulen, Hochschulen, übriges Bildungswesen	37,3	9,9	55,1	7,5	81,3	8,5	79,7	7,9
Wissenschaft, Forschung, Entwicklung außerhalb der Hochschulen	5,0	1,3	7,7	1,0	9,1	0,9	9,6	1,0
Kulturelle Angelegenheiten	2,6	0,7	5,7	0,8	8,2	0,9	8,1	0,8
Soziale Sicherung	173,4	45,7	456,8	61,9	513,0	53,4	570,5	56,8
Gesundheit, Sport, Erholung	16,5	4,4	26,9	3,7	14,4	1,5	16,3	1,6
Wohnungswesen, Raumordnung	16,0	4,2	10,6	1,4	27,6	2,9	21,8	2,2
Wirtschaftsförderung	14,9	3,9	21,2	2,9	37,3	3,9	26,5	2,6
Verkehr und Nachrichtenwesen	16,0	4,2	18,9	2,6	22,6	2,4	23,0	2,3
Sonstige	64,7	17,1	88,6	12,5	194,0	20,2	191,8	19,6
Insgesamt	379,0	100,0	737,8	100,0	981,2	100,0	1.004,9	100,0
Zum Vergleich:								
Staatsausgaben pro Kopf (in €)	6.157		9.116		11.691		12.200	
Staatsquote (in %)	47,9		46,3		47,6		44,2	

[1] ab 1991 Gesamtdeutschland

Quelle: Statistisches Bundesamt

13.5.2 Subventionen

Ein beträchtlicher Teil der Staatsausgaben sind Subventionen. **Subventionen** sind Geldleistungen des Staates an Unternehmen ohne marktliche Gegenleistung und spezielle Steuervergünstigungen. In differenzierter Betrachtung unterscheidet man **Finanzhilfen** (Geldleistungen) und **Steuervergünstigungen.** Tabelle 13-5 gibt einen Überblick über Volumen und Struktur der Finanzhilfen und Steuervergünstigungen, gewährt von Bund, Ländern und Gemeinden, sowie im Rahmen der ERP-Finanzhilfen (ERP: European Recovery Program, auch »Marshall-Plan«, ein Programm zum Wiederaufbau von Europa nach dem Zweiten Weltkrieg) und im Rahmen der Agrarsubventionen der EU (vgl. Kapitel 22.5).

Finanzhilfen werden z.B. gewährt zur Förderung des Steinkohlebergbaus oder für die Landwirtschaft. Steuervergünstigungen sind z.B. die Pendlerpauschale oder die Steuerfreiheit der Nachtzuschläge. Insgesamt listet der Subventionsbericht des Bundes eine Fülle von Finanzhilfen und Steuervergünstigun-

13.5 Einnahmen und Ausgaben des Staates
Staatsausgaben

Tab. 13-5

Gesamtvolumen der Subventionen in Deutschland 1990–2007 (in Mrd. €)

	1990	1995	2000	2001	2002	2003	2005	2007
	in Mrd. €							
Finanzhilfen								
Bund	7,3	9,4	10,1	9,5	8,1	7,7	6,1	5,7
Länder und Gemeinden	8,3	12,2	12,8	12,7	12,0	12,9	11,8	12,1
Steuervergünstigungen								
Bund	7,9	9,1	13,1	13,3	14,3	15,1	17,4	16,7
Länder und Gemeinden	9,2	12,9	12,0	10,5	10,6	11,1	12,5	12,2
ERP-Finanzhilfen	2,9	5,9	5,7	4,3	3,2	5,0	3,2	4,0
Marktordnungsausgaben der EU	4,9	5,4	5,6	5,9	6,2	6,8	6,5	...[1]
Insgesamt[2]	40,5	54,9	59,3	56,2	54,5	58,6	57,5	50,8

[1] Zahlen noch nicht verfügbar
[2] Abweichungen in den Summen durch Runden der Teilbeträge
Quelle: Institut der Deutschen Wirtschaft, Deutschland in Zahlen 2009.

Ursache für Subventionen

gen auf. Die Abgrenzung von Subventionen wird dabei nicht einhellig gehandhabt: Das Institut für Weltwirtschaft berechnet meist ein wesentlich höheres Subventionsvolumen als das Bundesfinanzministerium, z. B. für 2001 nicht 56,2 Milliarden Euro, sondern 156 Milliarden Euro.

Auslösendes Moment für die Gewährung von Subventionen ist sehr häufig der Strukturwandel der Wirtschaft als Folge der Veränderungen von Produktionsverfahren (Prozessinnovation) und der Einführung neuer Produkte (Produktinnovation). Dieser Strukturwandel ist in der Regel ein sektoraler Strukturwandel, d. h. ein Wandel der Produktionssektoren (z. B. Übergang von der Stahlindustrie auf Mikrosystemtechnologien), und/oder ein regionaler Strukturwandel, d. h. eine Veränderung der Produktionsstandorte (z. B. Abwanderung von Unternehmen aus dem Ruhrgebiet nach Ungarn). Subventionen haben oft das Ziel, die Anpassung von Unternehmen und Beschäftigten an diesen Strukturwandel zu erleichtern, dann spricht man von **Anpassungssubventionen**, oder sie haben das Ziel, Strukturen zu erhalten, dann spricht man von **Erhaltungssubventionen**.

Beurteilung von Subventionen

Subventionen werden in der Ökonomie generell sehr skeptisch beurteilt. Dies liegt an folgenden Problemen bzw. Nachteilen von Subventionen:
- Subventionen müssen bezahlt werden und belasten damit andere Produktionsprozesse und/oder andere Produkte, deren Wettbewerbschancen damit gemindert werden.
- Subventionen haben oft bloße Mitnahmeeffekte, d. h. dass Unternehmen, die auch ohne Subventionen neue Produktionsverfahren oder neue Produkte entwickelt hätten, die Subvention erhalten.

▸ Der Staat ist nicht klüger als der Markt: Der Staat weiß prinzipiell niemals besser als der Markt, welche Produktionsverfahren oder welche Produkte in der Zukunft wettbewerbsfähig sein werden, was sich also lohnt zu subventionieren. Dies deshalb nicht, weil »der Staat« nicht die Leistungsanreize hat, sich um zukunftsfähige Produkte/Verfahren zu kümmern, und weil der Staat nicht die Erfahrungen und Kenntnisse der vielen Unternehmen, die am Markt agieren, haben kann. Allenfalls zufällig kann der Staat richtig entscheiden, ob sich z.B. die Subvention von Atomstrom oder Windenergie lohnt.

Daraus folgt, dass Subventionen minimiert werden sollten, und wenn sie gewährt werden, sollten sie möglichst pauschal gewährt werden, also z.B. für die Forschungsförderung generell, aber nicht für die Förderung von Forschung zu ganz bestimmten Zwecken.

Möglichst pauschale Subventionen

13.5.3 Erklärungen der Staatsausgaben

In Struktur und Entwicklung der Staatsausgaben spiegelt sich – sehr begrenzt – die ökonomisch fundierte Begründung der wirtschaftlichen Tätigkeit des Staates wider, die in Kapitel 13.2 gegeben worden ist: der Katalog des Marktversagens und die Bereiche der Funktionsprobleme der Marktwirtschaft. So sind Verteidigung, öffentliche Sicherheit und Rechtsschutz klassische öffentliche Güter, die vom Markt nicht bereitgestellt werden, weil ein Ausschluss von Nichtzahlern praktisch nicht möglich ist. Der Bereich Bildung und Wissenschaft wird vor allem wegen seiner positiven externen Effekte gefördert, daneben kann zumindest die Bildung auch als meritorisches Gut angesehen werden und die Ergebnisse der Grundlagenforschung sind wiederum klassische öffentliche Güter. Kultur, Gesundheit/Sport/Erholung gelten vermutlich als meritorische Güter mit positiven externen Effekten. In der Förderung des Wohnungswesens verbinden sich meritorische und soziale Aspekte. Der Bereich der sozialen Sicherung ist der Distributionsfunktion des Staates zuzuordnen. Warum aber Nachrichtenwesen? Dies vor allem, weil eine staatlich kontrollierte Nachrichtenübermittlung für die Kriegsführung der Staaten von zentraler Bedeutung war und ist. Damit soll deutlich werden, dass die im Prinzip ja normativ geprägte Begründung der wirtschaftlichen Aktivität des Staates mit dem Katalog von Marktversagen und Marktmängeln nicht ausreicht, die faktisch vorzufindende Staatsaktivität zu erklären.

Erklärung der Staatsausgaben mit dem Konzept des Marktversagens

Ältere Erklärungen der Staatsausgaben stellen sehr häufig auf die relative Zunahme der Staatstätigkeiten ab. *Adolph Wagner* (1835–1917) hat daraus schon im 19. Jahrhundert ein berühmtes ökonomisches »Gesetz«, das »Gesetz der wachsenden Ausdehnung der Staatstätigkeiten«, abgeleitet und dies vor allem mit dem Übergang vom Ordnungsstaat (Justiz, Polizei und Militär) zum Kultur- und Wohlfahrtsstaat (Bildung, Gesundheit, soziale Sicherheit) begründet. Wenngleich heute die Staatstätigkeit relativ (gemessen an der Staats-

Ein altes »Gesetz der wachsenden Staatsausgaben«

quote) nicht mehr zuzunehmen scheint, so können die älteren Erklärungen doch zeigen, warum es trotz aller Bemühungen so schwierig ist, die Staatsquote zu senken.

Zunahme der Aufgaben

Erklärung der politischen Ökonomie

Ein Erklärungsmuster, das politökonomisch abgeleitet wird, versucht zu zeigen, warum der Staat im Zeitablauf immer mehr Aufgaben an sich zieht. Zum einen, weil die Akteure staatlichen Handelns, Politiker und Staatsbedienstete, aus Eigennutz dazu neigen, neue Tätigkeitsfelder zu erschließen, um ihr Ansehen (bei den Wählern) oder ihren Einfluss (innerhalb der staatlichen Verwaltung) zu erhöhen. Deshalb setzt sich der Abgeordnete, dessen Wahlkreis an der Küste liegt, für eine staatliche Schiffbauförderung ein oder der General der Luftwaffe setzt sich für die Anschaffung des Militärtransporters A400M ein (dies sind nur zwei Beispiele aus einer unendlichen Liste). Zum anderen, weil permanent bestimmte Gruppen der Gesellschaft versuchen, für ihre Gruppe Vorteile zu gewinnen und dies über eine staatliche Förderung ihrer Gruppeninteressen versuchen. Beispiele aus einer ebenfalls unendlichen Liste sind etwa die Förderung der Ausbildung von Binnenschiffern, die Förderung des Steinkohleabbaus oder die Subvention von Windenergie. Gemeinsam ist beiden Gruppen von Aktivitäten, dass die privaten Vorteile für den Politiker oder Staatsbediensteten oder für die Interessengruppe größer sind als die privaten Kosten und dies vor allem deshalb, weil die Hauptlast der Kosten fast unmerklich von der Allgemeinheit der Steuerzahler getragen wird. Hier werden also Staatsleistungen nachgefragt, die für den Nachfrager relativ kostenlos erhältlich sind, die die Allgemeinheit aber teuer bezahlen muss.

Zunahme der Kosten

Staatlich bereitgestellte Dienstleistungen weisen geringe Produktivitätssteigerungen auf.

Ein anderes zentrales Erklärungsmuster hoher oder zunehmender Staatstätigkeit stellt darauf ab, dass die Kosten staatlicher Leistung überproportional ansteigen, auch bei unverändertem Aufgabenkatalog. Dies wird häufig damit begründet, dass der Produktivitätsfortschritt im Bereich der vom Staat produzierten Dienstleistungen systembedingt klein ist (**Produktivitätslücke**). Dies trifft für einen großen Teil der staatlichen Dienstleistungen sicher zu: Die Produktivität im sehr personalintensiven Bildungssektor, im Bereich der medizinischen Leistungen und im Bereich von Justiz und Polizei lässt sich bei weitem nicht so leicht steigern wie im Bereich von Landwirtschaft und Industrie. Wenn, was der Fall ist, die Löhne generell etwa gleichmäßig steigen, führt diese Produktivitätslücke zu überproportional steigenden Kosten im staatlichen Sektor. Das ist die von *William J. Baumol* so genannte **Kostenkrankheit** des öffentlichen (und privaten) Dienstleistungssektors. Eine weitere Erklärung für die Zunahme der Kosten staatlicher Aktivitäten ist sicher die Ineffizienz bürokratischer Arbeitsabläufe.

13.5.4 Finanzausgleich

Bislang haben wir überwiegend von »dem Staat« gesprochen. Dies verdeckt, dass der Staat in aller Regel vertikal in verschiedene Ebenen gegliedert ist, die jeweils in unterschiedlicher Weise staatliche Aufgaben erfüllen. In Deutschland gibt es die drei Ebenen der Gebietskörperschaften: Bund, Länder und Gemeinden. Diese haben bestimmte Aufgaben, Ausgaben und Einnahmen, deren Verteilung das System des Finanzausgleichs regelt. Die Verteilung von Ausgaben und Einnahmen ist im Prinzip im Grundgesetz geregelt.

Verteilung der Aufgaben

Die Verteilung der Aufgaben geht vom prinzipiellen Primat der Länder aus: »Die Ausübung der staatlichen Befugnisse und die Erfüllung der staatlichen Aufgaben ist Sache der Länder, soweit dieses Grundgesetz keine andere Regelung trifft oder zulässt.« (Art. 30 Grundgesetz, Funktion der Länder)

Primat der Länder

In den Grundgesetzartikeln über die Gesetzgebung (Art. 70 ff.) ist die Aufgabenverteilung genauer festgelegt. Nach Art. 73 hat der **Bund** die **ausschließliche Gesetzgebung** beispielsweise über auswärtige Angelegenheiten, Verteidigung, Zivilschutz, Währungs- und Geldwesen, Bundesbahn und Bundespost. Die **konkurrierende Gesetzgebung** hat der Bund beispielsweise über das Bürgerliche Recht, das Strafrecht, die öffentliche Fürsorge, Versorgung der Kriegsbeschädigten und Kriegshinterbliebenen, das Arbeitsrecht, die Regelung der Ausbildungsbeihilfen und die Förderung der wissenschaftlichen Forschung. Sofern also der Bund nicht die ausschließliche Gesetzgebung hat und sofern er im Bereich der konkurrierenden Gesetzgebung nicht tätig geworden ist, erfüllen die **Länder** alle staatlichen Aufgaben. Den **Gemeinden** muss dabei das Recht gewährleistet sein, alle Angelegenheiten der örtlichen Gemeinschaft im Rahmen der Gesetze in eigener Verantwortung zu regeln.

Obwohl die Länder grundsätzlich die staatlichen Aufgaben zu erfüllen haben, ist auch in Deutschland eine zunehmende Zentralisierung von Aufgaben beim Bund festzustellen. Bei bestimmten Aufgaben wirkt der Bund bei der Erfüllung von Aufgaben der Länder mit, wenn diese Aufgaben für die Gesamtheit bedeutsam sind und die Mitwirkung des Bundes zur Verbesserung der Lebensverhältnisse erforderlich ist. Derartige Vorhaben nennt man **Gemeinschaftsaufgaben.** Zu ihnen gehören der Ausbau und Neubau wissenschaftlicher Hochschulen, die Verbesserung der regionalen Wirtschaftsstruktur sowie die Verbesserung der Agrarstruktur und des Küstenschutzes (Art. 91a Grundgesetz). Es ist darauf hinzuweisen, dass der Bund über die Gemeinschaftsaufgaben und sonstige Finanzzuweisungen Höhe und Struktur der Ausgaben der nachgeordneten Gebietskörperschaften z. T. nicht unwesentlich mitbestimmt.

Zentralisierung von Aufgaben

Generell wird in der Ökonomie eine solche Mischfinanzierung wegen der mit ihr verbundenen Vermischung der Verantwortlichkeiten sehr negativ beurteilt. Dies führt nämlich dazu, dass Aufgaben z. T. nur deshalb in Angriff genommen werden, weil dafür erhebliche Zuschüsse gewährt werden.

Kritik der Mischfinanzierung

13 Einnahmen und Ausgaben des Staates
Arbeitsaufgaben

Verteilung der Ausgaben

Aus der Verteilung der Aufgaben ergibt sich die Verteilung der Ausgaben nach Art. 104a Grundgesetz. Artikel 104a des Grundgesetzes (Lastenverteilung) lautet:

»(1) Der Bund und die Länder tragen gesondert die Ausgaben, die sich aus der Wahrnehmung ihrer Aufgaben ergeben, soweit dieses Grundgesetz nichts anderes bestimmt.

(2) Handeln die Länder im Auftrage des Bundes, trägt der Bund die sich daraus ergebenden Ausgaben.«

Ausgleichszahlungen

Um gemäß dem Auftrag des Grundgesetzes die Lebensverhältnisse in Deutschland zu vereinheitlichen, beteiligt sich einerseits der Bund mit so genannten Bundesergänzungszuweisungen an Aufgaben der Länder und Gemeinden (vertikaler aktiver Finanzausgleich) und andererseits sorgen die Länder unter sich für einen Ausgleich zwischen armen und reichen Ländern (horizontaler aktiver Finanzausgleich). Als problematisch gilt, dass damit die Leistungsanreize verschüttet werden: Reiche Länder werden mit Abschöpfungen bestraft und arme Länder werden mit Ausgleichszahlungen belohnt.

Arbeitsaufgaben Kapitel 13

1. Erläutern Sie die folgenden Begriffe:
    - Steuern,
    - Steuertarif,
    - Erwerbseinkünfte und
    - Gemeinschaftsaufgaben.

2. Nennen Sie wichtige Steuerarten, die in der Bundesrepublik Deutschland dem Bund zustehen, und solche, die den Ländern und Gemeinden zustehen. Halten Sie diese Aufteilung für sinnvoll? Mit welchen Argumenten würden Sie eine andere Verteilung befürworten?

3. Zeichnen Sie einen Steuertarif, der
    - proportional,
    - progressiv,
    - regressiv

   ist. Wie kann steuertechnisch aus einem proportionalen ein progressiver Tarif gemacht werden?

4. Erörtern Sie Ihnen bekannte Steuerabwehrwirkungen.

5. Welche Probleme wirft ein hoher Grenzsteuersatz auf?

6. Wie würden Sie eine progressive Einkommensteuer begründen?

7. Die derzeitige Aufgabenverteilung zwischen Bund und Ländern wird mit dem föderativen Prinzip begründet. Welche Aufgaben würden Sie lieber anderszugeordnet sehen?

8. Ein steigender Anteil der Staatsausgaben am Inlandsprodukt berührt das Verhältnis zwischen privatem und öffentlichem Konsum. Wie sehen und beurteilen Sie diesen Zusammenhang?

9. Wie lässt sich der langfristig zu beobachtende hohe Anteil der Staatsausgaben (gemessen als Prozentanteil am Inlandsprodukt) erklären?

10. Erörtern Sie mögliche Systematisierungen öffentlicher Ausgaben.

Lösungsvorschläge für die Arbeitsaufgaben finden Sie im »Übungsbuch zu Grundlagen und Probleme der Volkswirtschaft«.

Literatur Kapitel 13

Einführende Darstellungen des Gesamtgebietes der Finanzwissenschaft sind:
Blankart, Charles, B.: Öffentliche Finanzen in der Demokratie, 9. Aufl., München 2009.
Brümmerhoff, Dieter: Finanzwissenschaft, 7. Aufl., München 2008.
Petersen, Hans-Georg, Finanzwissenschaft I, 4. Aufl., Stuttgart u.a. 2009.
Wigger, Berthold, U.: Grundzüge der Finanzwirtschaft, 2. Aufl., Berlin u.a. 2006.
Zimmermann, Horst / Klaus-Dirk Henke: Finanzwissenschaft. Eine Einführung in die Lehre von der öffentlichen Finanzwirtschaft, 9. Aufl., München 2005.

Sehr konzis ist die Darstellung von:
Grossekettler, Heinz: Öffentliche Finanzen, in: Vahlens Kompendium der Wirtschaftstheorie und Wirtschaftspolitik, Band 1, 9. Aufl., München 2007.

Einen knappen Überblick über die Finanzverfassung der Bundesrepublik Deutschland gibt:
Lampert, Heinz / Albrecht Bossert: Die Wirtschafts- und Sozialordnung der Bundesrepublik Deutschland im Rahmen der Europäischen Union, 16. Aufl., München/Wien 2007.

Über Subventionen informiert der alle zwei Jahre erscheinende Subventionsbericht des Bundesfinanzministeriums; er ist online verfügbar auf der Webseite des Bundesfinanzministeriums.

14 Staatshaushalt, Staatsverschuldung und Stabilisierungspolitik

Leitfragen

Was ist ein Haushaltsplan und welche Prinzipien sind bei seiner Aufstellung zu beachten?

▸ Was versteht man unter einem Haushaltsplan?

▸ Welche Prinzipien gelten für die Aufstellung des Haushaltsplanes?

▸ Welche Struktur weist der Bundeshaushaltsplan auf?

Welche Probleme ergeben sich im Zusammenhang mit der Kreditfinanzierung eines Haushalts?

▸ Wie hat sich die Staatsverschuldung in Deutschland entwickelt?

▸ Gibt es rechtliche oder wirtschaftliche Grenzen der Staatsverschuldung?

Wie wirken die Instrumente der Fiskalpolitik und welches sind ihre Wirkungsbedingungen?

▸ Was versteht man unter antizyklischer Fiskalpolitik?

▸ Welche Hauptgruppen fiskalpolitischer Instrumente unterscheidet man?

▸ Was sind automatische Stabilisatoren und wie wirken sie im Bereich staatlicher Einnahmen und Ausgaben?

▸ Worin liegen die besonderen Probleme des fiskalpolitischen Mitteleinsatzes?

14.1 Staatshaushalt

14.1.1 Begriff und Bestimmung des Staatshaushalts

Kernstück staatlicher Finanzwirtschaft ist der Haushaltsplan, auch Budget genannt.

> Der Haushaltsplan ist eine systematische Zusammenstellung der für ein Haushaltsjahr veranschlagten Ausgaben und der zu ihrer Deckung vorgesehenen Einnahmen.

Mithilfe des Haushaltsplans (des Budgets) sollen im Prinzip die in Kapitel 13 beschriebenen Aufgaben erfüllt werden:
▸ die Allokation,
▸ die Distribution und
▸ die Stabilisierung.

14.1 Staatshaushalt, Staatsverschuldung und Stabilisierungspolitik
Staatshaushalt

Diese Aufgaben sind qualitativ beschrieben und prinzipiell begründet worden – mit dem Marktversagen, mit der Notwendigkeit einer Umverteilung der Markteinkommen und mit der Notwendigkeit einer Stabilisierung der wirtschaftlichen Entwicklung. Es ist aber nicht möglich, mit dieser qualitativen Begründung allein das Volumen und die Struktur eines optimalen Budgets quantitativ zu bestimmen.

Eine solche quantitative Bestimmung des Budgets versucht die **Theorie des optimalen Budgets** zu leisten. Im einfachsten Fall geht man von gleichartigen Präferenzen der Individuen bzw. von einer konzeptionellen Einheit der Steuerzahler aus. Die Einheit der Steuerzahler muss dann abwägen zwischen den Vorteilen, die ihr aus den Staatsausgaben entstehen und den Nachteilen der Steuerzahlung. Ausgehend von einem bestimmten Budgetvolumen ist dann zu prüfen, ob der zusätzliche Nutzen (der Grenznutzen) einer weiteren Ausgabeneinheit größer ist als der zusätzliche Nutzenentgang (die Grenzkosten) der dafür notwendig werdenden zusätzlichen Steuerzahlung. Wenn dies der Fall ist, sollte das Budgetvolumen erhöht werden. Bei dieser Kalkulation geht man davon aus, dass der Grenznutzen zusätzlicher Staatsausgaben mit steigendem Ausgabevolumen abnimmt und die Grenzkosten einer zusätzlichen Besteuerung mit steigender Steuerzahlung zunehmen. Die gesamtgesellschaftliche Wohlfahrt ist dann bei dem Budgetumfang maximiert, bei der der zusätzliche gesellschaftliche Nutzen einer weiteren Ausgabeeinheit gerade dem Nutzenentgang entspricht, der entsteht, wenn die zusätzliche Ausgabe durch Steuern finanziert wird. Damit ergibt sich eine Begrenzung des Budgetvolumens durch die abnehmende Bereitschaft der Steuerzahler, auf Teile ihres Einkommens und damit auf private Befriedigungsmöglichkeiten zu verzichten.

Beim optimalen Budget sind Grenznutzen der Staatsausgaben und Grenzkosten der Steuern gleich.

Weil man aber von einer konzeptionellen Einheit der Steuerzahler nicht ausgehen kann, lassen sich solche gesellschaftlichen Nutzenkurven nicht ableiten. Man müsste dazu interpersonelle Nutzenvergleiche anstellen können, was aber unmöglich ist. Die Grundidee, eine Kosten-Nutzen-Analyse des Budgets vorzunehmen und zu prüfen, ob die Kosten staatlicher Besteuerung auch durch den Nutzen staatlicher Ausgaben aufgewogen werden, ist aber richtig und entspricht ökonomischem Denken und der verfassungsökonomischen Vorstellung vom Staat.

Faktisch werden Volumen und Struktur des Budgets aber durch das Parlament und Regierungsparteien festgelegt. Die **ökonomische Theorie der Politik** geht davon aus, dass die Abgeordneten der Parteien vor allem danach streben, (wieder) gewählt zu werden und ihre Wählerstimmen zu maximieren. Das Budget wird nach diesem Ansatz dann so festgelegt, dass es zu einer maximalen Wählerstimmenzahl führt. Die wahlpolitische Zielsetzung besteht also nach der ökonomischen Theorie der Politik in der Maximierung der Wählerstimmen.

Wählerstimmenmaximierung nach der ökonomischen Theorie der Politik

Überträgt man diesen Ansatz auf die Haushaltspolitik, so lautet die Maxime: Die Ausgaben werden so lange gesteigert, bis der durch die letzte ausgegebene Geldeinheit erreichte Stimmengewinn dem Stimmenverlust gleich ist, der durch die letzte, aus den staatlichen Finanzquellen entnommene Geldeinheit verursacht wird. Um möglichst viele Stimmen zu gewinnen, empfehlen sich bei den Ausgaben merkliche Posten, z. B. Sozialausgaben, und um möglichst wenig Stimmen durch die Besteuerung zu verlieren, empfehlen sich bei der Finanzierung dagegen unmerkliche Posten, z. B. allgemeine Verbrauchsteuern oder insbesondere Kredite. Für diese Theorie sprechen die von den politischen Parteien gemachten Wahlversprechen und Wahlgeschenke sowie die stets zunehmende Staatsverschuldung.

14.1.2 Haushaltsgrundsätze

Jenseits der Fragen nach Umfang und Struktur des Budgets sind in der langjährigen Praxis der Aufstellung öffentlicher Haushalte eine Reihe von überwiegend formalen Grundsätzen aufgestellt worden, deren Einhaltung verpflichtend ist.

Der **Grundsatz der Spezialität** ist von besonderer Bedeutung. Danach dürfen die bewilligten Ausgaben grundsätzlich nur in der bewilligten Höhe, nur für den vorgesehenen Zweck und nur in der vorgesehenen Periode ausgegeben werden. So dürfen z. B. nicht verbrauchte Ausgabenansätze grundsätzlich nicht in das folgende Haushaltsjahr übertragen werden. Dies führt dann zum Jahresende regelmäßig zu einer ausgedehnten Bestellungspraxis in den Behörden (»Dezemberfieber«).

Besondere Bedeutung des Grundsatzes der Spezialität

Der Sinn des Grundsatzes der Spezialität ist es, die Entscheidungsgewalt des Parlaments über Volumen und Struktur der staatlichen Ausgaben zu erhalten. Das Recht, über den Haushalt zu bestimmen, gehört zu den zentralen Rechten des Parlaments und das Parlament will sich diese Entscheidungsgewalt nicht nehmen lassen.

Allerdings gibt es Ausnahmen vom Grundsatz der Spezialität, um einen sonst zu starren Haushaltsvollzug zu flexibilisieren:
- die **Übertragbarkeitserklärung,** nämlich die Ermächtigung, nicht verbrauchte Ausgaben in das Folgejahr zu übertragen und
- die Möglichkeit der gegenseitigen **Deckungsfähigkeit** von Ausgabeansätzen.

Diese Ausnahmen müssen aber im Haushaltsplan beschlossen worden sein, sie gelten nicht automatisch. Die Ansätze einer Flexibilisierung des Haushaltsvollzugs sind bislang allerdings relativ klein. Beispielsweise betrug für den Bundeshaushalt 2008 das flexibel zu handhabende Haushaltsvolumen 15,2 Milliarden DM, das sind rund fünf Prozent der gesamten Ausgaben.

Andere Grundsätze sind weniger strittig, sie sollen nur genannt werden. Die Grundsätze von Wahrheit und Klarheit und Vollständigkeit sprechen für sich. Sie sollen das **Prinzip der Öffentlichkeit** des Haushalts materiell sichern: Jeder Bürger soll sich ein Bild vom Staatshaushalt machen können, es darf nichts verschleiert oder versteckt werden. Diesem Ziel dient auch der Grundsatz der Einheit des Haushalts, der das Aufstellen von Sonderhaushalten verbietet (diese sind nur für Bundesbetriebe und Sondervermögen zugelassen) und das

Weitere Haushaltsgrundsätze

Staatshaushalt, Staatsverschuldung und Stabilisierungspolitik
Staatshaushalt

Bruttoprinzip, das eine Saldierung von Einnahmen und Ausgaben nicht erlaubt. Daneben gilt das Prinzip der Jährlichkeit, das heißt, ein Haushaltsplan wird immer für ein Jahr festgestellt, und das Prinzip der Vorherigkeit, das heißt, ein Haushaltsplan wird vor Beginn des Haushaltsjahres festgestellt. Schließlich gilt der Grundsatz der Wirtschaftlichkeit und Sparsamkeit, der aber eher nur formal zu interpretieren ist, und es gilt der Grundsatz des Haushaltsausgleichs, der verlangt, dass alle geplanten Ausgaben formal gedeckt sind, ggf. auch durch Kredite.

14.1.3 Haushaltskreislauf

Als Haushaltskreislauf bezeichnet man den gesetzlich vorgeschriebenen Weg des Haushalts. Drei Phasen können hierbei unterschieden werden:
- Aufstellung des Haushaltsplans,
- Vollzug des Haushalts sowie
- Kontrolle und Entlastung.

Aufstellung im Wesentlichen durch den Finanzminister

In der ersten Phase der **Aufstellung** leiten zunächst die einzelnen Ministerien ihre Anforderungen an das Finanzministerium. Der Finanzminister prüft diese Vorschläge und erstellt unter Berücksichtigung seiner finanziellen Möglichkeiten, die wesentlich durch Steuerschätzungen bestimmt sind, den Haushaltsplanentwurf, der dem Kabinett vorgelegt wird. Das Bundeskabinett prüft den Entwurf, nimmt ggf. Korrekturen vor (wobei der Finanzminister nur durch den Bundeskanzler überstimmt werden kann) und gibt den Entwurf als Gesetzesvorlage an die gesetzgebenden Organe, also an den Bundestag und den Bundesrat. Allerdings hat der Bundesrat nur ein aufschiebendes Einspruchsrecht, letztlich bedarf das Haushaltsgesetz nicht der Zustimmung des Bundesrates. Durch den Beschluss des Bundestages, nach der dritten Lesung, erlangt die Vorlage Gesetzeskraft. Dann tritt der Haushaltsplan zum 1. Januar des Haushaltsjahres in seine zweite Phase ein.

Bindung der Exekutive an die Legislative

Beim **Vollzug** des Haushaltsplans hat die Bundesregierung grundsätzlich die Aufgabe, den Beschluss des Gesetzgebers zu erfüllen, die Verwaltung ist also an die Beschlüsse der Legislative gebunden, und ist **ermächtigt**, die bewilligten Ausgaben zu leisten. Allerdings werden durch den Haushalt keine Ansprüche Dritter begründet. Die Regierung muss die vorgesehenen Ausgaben nur dann tätigen, wenn besondere andere Gesetze, z. B. Besoldungsgesetze, sie dazu verpflichten. Haushaltsüberschreitungen bedürfen einer besonderen Zustimmung des Bundesministers der Finanzen (Art. 112 GG), die auch nur bei unabweisbaren Bedürfnissen erteilt werden darf.

Die **Kontrolle** des Haushaltsplans erfolgt als begleitende Kontrolle und als nachfolgende Kontrolle. Von besonderer Bedeutung ist die nachfolgende Kontrolle, die in erster Instanz vom Bundesrechnungshof durchgeführt wird, der einen Prüfungsbericht erstellt. Auf der Grundlage dieses Berichtes erfolgt die parlamentarische Kontrolle. Der Haushaltskreislauf endet dann mit der Entlastung der Regierung durch Bundestag und Bundesrat. Abbildung 14-1 stellt diesen Haushaltskreislauf schematisch dar.

Eine wichtige Rolle für die Aufstellung des Haushaltsplans spielt die **Steuerschätzung**. Diese wird zweimal jährlich erstellt. Im Mai wird die »große« Steu-

Große und kleine Steuerschätzung

Abb. 14-1

Der Haushaltskreislauf

2005	
Dezember	▸ Rundschreiben des BMF an die Ressorts zur Aufstellung des Haushaltes 2007 und des Finanzplans 2006 bis 2010
2006	
März	▸ Voranschläge der Ressorts werden BMF übersandt
April	▸ Verhandlungen zwischen BMF und Ressorts auf Arbeitsebene
Mai	▸ Mittelfristige Prognose der Wirtschaftsentwicklung und mittelfristige Steuerschätzung ▸ Sitzung des Finanzplanungsrats ▸ Verhandlungen zwischen BMF und Ressort auf AL-Ebene
Juni	▸ Haushaltsverhandlungen auf Minister-Ebene (Chefgespräche) ▸ Kabinettentscheidung zum Haushaltsentwurf und Finanzplan
August	▸ Übersendung des Haushaltentwurfs an BT und BR zur Beratung und des Finanzplans zur Kenntnis
September	▸ 1. Lesung im BT ▸ 1. Beratung im BR ▸ Beginn der Beratungen im Haushaltsausschuss des BT
Oktober	▸ Beratungen im Haushaltsausschuss
November	▸ Kurzfristige Prognose der Wirtschaftsentwicklung und kurzfristige Steuerschätzung; Abschlussberatung im Haushaltsausschuss des BT (»Bereinigungssitzung«) ▸ Sitzung des Finanzplanungsrats ▸ 2. und 3. Lesung im BT
Dezember	▸ 2. Beratung im BR ▸ Rundschreiben des BMF an die Ressorts zur Haushaltsführung 2007
2007	
Januar	▸ Beginn der Haushaltsausführung
September	▸ Rundschreiben des BMF an die Ressorts zur Rechnungslegung für 2007
2008	
Januar bis März	▸ Erstellung der Haushalts- und Vermögensrechnung (Jahresrechnung)
April	▸ Übersendung der Jahresrechnung an BT, BR und BRH durch BMF
November	▸ Feststellungen zur Haushalts- und Vermögensrechnung des Bundes für das Haushaltsjahr 2007 im Jahresbericht des BRH
2009	
Februar	▸ Entlastung der Bundesregierung durch BR
Juli	▸ Entlastung der Bundesregierung durch BT

AL: Abteilungsleiter; BMF: Bundesministerium der Finanzen; BR: Bundesrat; BT: Bundestag

Quelle: Bundesministerium der Finanzen (2008), Das System der Öffentlichen Haushalte, www.bundesfinanzministerium.de.

erschätzung für die mittelfristige Finanzplanung (siehe Kapitel 14.1.5) erstellt und im November erfolgt die »kleine« Steuerschätzung mit der Prognose der voraussichtlichen Steuereinnahmen des kommenden Jahres. Diese Steuerschätzung wird vom »Arbeitskreis Steuerschätzung« erstellt. Die Mitglieder dieses Expertengremiums, das unter der Federführung des Bundesfinanzministeriums tagt, rekrutieren sich aus dem Bundesfinanz- und dem Bundeswirtschaftsministerium, aus allen 16 Länder-Finanzministerien, dem Sachverständigenrat, dem Statistischen Bundesamt und der Deutschen Bundesbank, aus den sechs großen Wirtschaftsforschungsinstituten und aus den kommunalen Spitzenverbänden.

Zentrale Prognose des Wachstums des BIP

Der Arbeitskreis stützt seine Schätzungen auf gesamtwirtschaftliche Eckdaten der Bundesregierung, insbesondere auf die von der Bundesregierung erstellte Prognose zur Wachstumsrate des BIP. Daher ist diese Prognose von großer materieller Bedeutung. Ein festes Prognosemodell wird vom Arbeitskreis nicht angewendet, vielmehr erörtern die Mitglieder des Arbeitskreises ihre Berechnungen so lange, bis ein Prognosekonsens erzielt ist. Die Ergebnisse dieser Steuerschätzung bestimmen die Eckdaten der Haushaltsplanung und die anschließende öffentliche Diskussion.

14.1.4 Haushaltssystematik

Der umfangreiche Gesamthaushaltsplan wird detailliert gegliedert. Zunächst wird in Einzelpläne gegliedert. Diese Einzelpläne werden überwiegend nach dem Ministerialprinzip aufgestellt, das heißt, jedem Ministerium wird ein Einzelplan zugewiesen. Daneben erhalten die oberen Bundesbehörden wie Bundesverfassungsgericht oder der Bundespräsident ebenfalls einen Einzelplan. Tabelle 14-1 gibt eine Übersicht über die zurzeit geltenden 22 Einzelpläne und die in ihnen veranschlagten **Ausgaben**.

Neben den Ausgaben werden auch die **Einnahmen** veranschlagt, die naturgemäß vor allem bei der allgemeinen Finanzverwaltung anfallen, also bei den Finanzämtern. Daneben werden **Verpflichtungsermächtigungen** ausgewiesen (diese ermächtigen die Verwaltung, Verträge einzugehen, die in künftigen Haushaltsjahren zu Ausgaben führen) sowie **Planstellen** und Stellen. Zusätzlich gibt es **Haushaltsvermerke**, die vor allem eine mögliche Übertragbarkeit und eine mögliche gegenseitige Deckungsfähigkeit beinhalten. Berühmt geworden ist der Haushaltsvermerk »kw«. Diesen Vermerk erhalten Planstellen, die in späteren Haushaltsjahren nicht mehr benötigt werden (= künftig wegfallend).

Gliederung der Ausgaben und Einnahmen nach Einzelplan, Kapitel und Titel

Nach der Gliederung in Einzelpläne erfolgt die Gliederung nach Kapitel, Titelgruppe und Titel. **Kapitel** gliedern grob nach Ministerium/Behörde oder großen Sachgebietskomplexen, **Titelgruppen** erfassen Titel mit einer übergeordneten Zweckbestimmung und **Titel** stellen dann die unterste Stufe der Haushaltsgliederung dar. Ergänzend erhalten die Posten dreistellige Funktionenkennziffern, die eine Zuordnung der Einnahmen und Ausgaben zu übergeordne-

Tab. 14-1

Ausgaben in den Einzelplänen des Bundeshaushalts 2009

Epl.	Bezeichnung	Summe Ausgaben 2009 (1.000 €)	Summe Ausgaben 2008 (1.000 €)	gegenüber 2008 mehr (+)/weniger (−) (1.000 €)
1	2	3	4	5
01	Bundespräsident und Bundespräsidialamt	27.626	24.880	+2.746
02	Deutscher Bundestag	677.086	632.504	+44.582
03	Bundesrat	21.283	21.697	−414
04	Bundeskanzlerin und Bundeskanzleramt	1.805.625	1.749.406	+56.219
05	Auswärtiges Amt	3.027.998	2.858.926	+169.072
06	Bundesministerium des Innern	5.620.446	5.065.755	+554.691
07	Bundesministerium der Justiz	500.501	468.493	+32.008
08	Bundesministerium der Finanzen	4.868.303	4.648.051	+220.252
09	Bundesministerium für Wirtschaft und Technologie	6.133.352	6.191.874	−58.522
10	Bundesministerium für Ernährung, Landwirtschaft und Verbraucherschutz	5.290.893	5.280.307	+10.586
11	Bundesministerium für Arbeit und Soziales	123.599.560	124.041.041	−441.481
12	Bundesministerium für Verkehr, Bau und Stadtentwicklung	26.690.242	24.390.574	+2.299.668
14	Bundesministerium der Verteidigung	31.179.477	29.450.466	+1.729.011
15	Bundesministerium für Gesundheit	4.426.357	2.898.602	+1.527.755
16	Bundesministerium für Umwelt, Naturschutz und Reaktorsicherheit	1.418.451	846.966	+571.485
17	Bundesministerium für Familie, Senioren, Frauen und Jugend	6.383.226	6.209.533	+173.693
19	Bundesverfassungsgericht	22.934	21.586	+1.348
20	Bundesrechnungshof	116.641	111.224	+5.417
23	Bundesministerium für wirtschaftliche Zusammenarbeit und Entwicklung	5.813.779	5.134.590	+679.189
30	Bundesministerium für Bildung und Forschung	10.204.214	9.350.636	+853.578
32	Bundesschuld	42.402.499	42.936.653	−534.154
60	Allgemeine Finanzverwaltung	9.769.507	10.866.236	−1.096.729
	Ausgaben	**290.000.000**	**283.200.000**	**+6.800.000**

Epl.: Einzelplan
Quelle: Bundesfinanzministerium, Gesamtplan des Bundeshaushaltsplans 2009, www.bundesfinanzministerium.de.

ten Funktionen erlauben. So fasst z. B. die Kennziffer 142 die Fördermaßnahmen für Studierende zusammen oder die Kennziffer 741 die Maßnahmen für den öffentlichen Personennahverkehr, egal in welchem Ministerium sie anfallen.

14.1 Staatshaushalt, Staatsverschuldung und Stabilisierungspolitik
Staatshaushalt

14.1.5 Mittelfristige Finanzplanung

Um die Haushaltswirtschaft von Bund, Ländern und Gemeinden nicht nur auf tagespolitische Unwägbarkeiten und Notwendigkeiten auszurichten, wird hier eine fünfjährige Finanzplanung zugrunde gelegt. In diesem Rechenwerk müssen für einen jeweils fünfjährigen Zeitraum der Umfang und die Zusammensetzung der voraussichtlichen Ausgaben, gegliedert nach Aufgabenbereichen, und ihre Finanzierung unter Berücksichtigung der Steuerschätzung dargestellt werden. Als Unterlagen für die mittelfristige Finanzplanung dienen die in den einzelnen Ministerien erarbeiteten Ausgaben- und Investitionsprojekte, die nach Dringlichkeit und Jahresabschnitten gegliedert sind. Für den Bund wird der Finanzplan vom Bundesminister der Finanzen aufgestellt und begründet. Die Bundesregierung beschließt ihn. Er stellt ein Handlungsprogramm der Regierung dar, das aber keine Vollzugsverbindlichkeit besitzt. Im Übrigen ist der Finanzplan jährlich der Entwicklung anzupassen und fortzuschreiben, das heißt, dass die Zahlen für das abgelaufene Haushaltsjahr gestrichen werden und dass eine Ergänzung um ein weiteres Jahr vorgenommen wird. Es ist also ein **gleitender Finanzplan.** Entsprechendes gilt für die Länder und die Gemeinden. Damit ist die mittelfristige Finanzplanung Orientierungsgrundlage für das Parlament und für die private Wirtschaft. Man kann erkennen, wo die Regierung sachliche und zeitliche Prioritäten setzen will.

Tabelle 14-2 zeigt die Eckdaten der Finanzplanung des Bundes von 2007 bis 2011. Darin wird auch die zeitliche Struktur der Finanzplanung deutlich. Das erste Planungsjahr ist das laufende Haushaltsjahr, das zweite Planungsjahr

Fünfjährige Finanzplanung als Handlungsprogramm …

… und als Orientierungsgrundlage

Tab. 14-2

Der Finanzplan des Bundes 2008 bis 2012 – Gesamtübersicht

	Ist 2008	Soll 2009	Entwurf 2009	Finanzplan		
				2010	2011	2012
	Mrd. €					
1	2	3	4	5	6	7
I. Ausgaben	270,4	283,2	288,4	292,4	295,2	300,6
Veränderung gegenüber Vorjahr in %		+ 4,7	+ 1,8	+ 1,4	+ 1,0	+ 1,8
II. Einnahmen	270,4	283,2	288,4	292,4	295,2	300,6
Steuereinnahmen	230,0	238,0	248,7	255,4	266,3	276,0
Sonstige Einnahmen	26,0	33,3	29,2	31,0	28,9	24,6
Nettokreditaufnahme	14,3	11,9	10,5	6,0	–	–
nachrichtlich: Ausgaben für Investitionen	26,2	24,7	25,9	25,9	25,5	25,3

Differenzen durch Rundung möglich.
Quelle: Bundesfinanzministerium, Der Finanzplan des Bundes 2008–2012, www.bundesfinanzministerium.de.

wird durch den Haushaltsentwurf für das kommende Jahr abgedeckt und dann folgen jeweils drei »echte« Planungsjahre. **Eckdaten der Finanzplanung** sind die Ausgaben, die erwarteten Einnahmen und die meist resultierende Nettokreditaufnahme; wichtig ist auch der Ausweis der Ausgaben für Investitionen.

14.2 Staatsverschuldung

14.2.1 Struktur und Entwicklung der Staatsverschuldung

Bei der Planung der Staatseinnahmen und -ausgaben wird es nur selten zu einem in Einnahmen und Ausgaben ausgeglichenen Budget kommen. Ende der 1950er-Jahre wurden in den Bundeshaushalten noch Überschüsse erzielt, die auf Konten bei der Zentralbank gehalten wurden. Heute ist es dagegen die Regel, dass der Staat Kredite aufnehmen muss, um seinen Haushalt auszugleichen. Aus Tabelle 14-3 geht die Höhe der Staatsverschuldung der Gebietskörperschaften in der Bundesrepublik Deutschland hervor. Die Entwicklung der öffentlichen Verschuldung in Deutschland zeigt einige bemerkenswerte Tendenzen:

- Sie ist im gesamten Zeitraum von 1950 bis 2008 gestiegen. Zwei Zeiträume starken Wachstums lassen sich dabei beobachten: einerseits die annähernde Vervierfachung in den Jahren von 1970 bis 1980, andererseits die annähernde Verdopplung im Zuge der Wiedervereinigung von 1990 bis 2000.
- Der Anteil des Bundes an der Gesamtverschuldung hat von 35 Prozent im Jahr 1950 auf gut 60 Prozent im Jahr 2008 zugenommen, bedingt allerdings auch durch die Übernahme der Schulden der Sondervermögen des Bundes.
- Die Aufgabenverteilung und -verlagerung spiegelt sich auch in den Zahlen für die Länder wider. Ihr Anteilswert sank bis Mitte der 1960er-Jahre relativ stark, um dann wieder leicht anzusteigen.
- Die Verschuldung der Gemeinden hat Anfang der 1970er-Jahre ihren relativen Höhepunkt erreicht. Seitdem ist ihr Anteil auf aktuell knapp 8 Prozent der Gesamtverschuldung zurückgegangen. Die sprichwörtliche Finanznot der Gemeinden, die die von den Länderregierungen festgelegten Verschuldungsgrenzen nicht überspringen können, kommt mit diesen Zahlen allerdings nur bedingt zum Ausdruck.

Tendenzen der Entwicklung der Staatsverschuldung

Die Staatsverschuldung der Bundesrepublik Deutschland ist also kontinuierlich gestiegen, wie in den meisten Ländern der Welt. Im Jahr 2008 beträgt die Gesamtverschuldung des Staates in Deutschland rund 1.642 Milliarden Euro, das sind 61,9 Prozent des Bruttoinlandsproduktes, und die Verschuldung pro Kopf beläuft sich auf gut 18.000 Euro. Im Jahr 2007 ist die Zunahme der Staatsverschuldung allerdings gering gewesen, Länder und Gemeinden haben sogar Schulden zurückgezahlt. Mit der Finanzkrise 2008/2009 ist diese Konsolidierung aber Makulatur geworden.

Kontinuierlicher Anstieg der Staatsverschuldung

14.2 Staatshaushalt, Staatsverschuldung und Stabilisierungspolitik
Staatsverschuldung

Tab. 14-3

Verschuldung der Gebietskörperschaften in Deutschland (Stand am Jahresende)

Jahr	Gesamt	Bund[1]	Länder	Gemeinden	Bundesbahn, ERP-Sonder-vermögen[2, 3]	Fonds deutsche Einheit	Erblasten-tilgungs-fonds[4]
\multicolumn{8}{c}{Verschuldung am Jahresende (in Mrd. €)}
1950	10,5	3,7	6,5	0,3	–	–	–
1960	26,2	11,6	7,5	5,7	1,9	–	–
1970	64,4	24,2	14,3	20,6	5,3	–	–
1980	239,8	118,8	70,2	49,2	1,7	–	–
1990	538,1	277,2	168,0	63,9	4,9	10,1	14,1
2000	1.211,4	715,8	338,1	98,5	18,4	40,6	0
2008	1.641,8	1.004,8	531,7	117,9	–	–	–
\multicolumn{8}{c}{Anteil an der Gesamtverschuldung (in %)}
1950	100	35,3	62,3	2,4	–	–	–
1960	100	43,3	28,2	21,4	7,1	–	–
1970	100	37,6	22,1	32,0	8,3	–	–
1980	100	49,5	29,3	20,5	0,7	–	–
1990	100	51,5	31,2	11,9	0,9	1,9	2,6
2000	100	59,1	27,9	8,1	1,5	3,4	0
2008	100	61,2	32,3	7,2	–	–	–

[1] Am 01.07.1999 wurden die Schulden des Erblastentilgungsfonds, des Bundeseisenbahnvermögens sowie des Ausgleichsfonds »Steinkohleneinsatz« durch den Bund übernommen und werden seither dort mit ausgewiesen.
[2] Darin eingeschlossen sind auch der »Ausgleichsfonds Steinkohleneinsatz« (seit 1974) und der »Entschädigungsfonds« (seit 1995).
[3] Ab 01.07.1999 nur noch ERP-Sondervermögen, ab 2008 ganz beim Bund.
[4] Im Erblastentilgungsfonds sind folgende Schulden, die im Zusammenhang mit der Wiedervereinigung entstanden sind, zusammengefasst worden: Kreditabwicklungsfonds, Treuhandanstalt, Wohnungsbau-Altverbindlichkeiten usw. Ab 1990 einschließlich der ostdeutschen Länder und Gemeinden.

Quelle: Monatsberichte der Deutschen Bundesbank.

Explizite plus implizite Verschuldung des Staates erreicht rund 330 Prozent des BIP.

Die genannten Zahlen beziehen sich indes nur auf die so genannte **explizite Verschuldung**, die offizielle ausgewiesene Verschuldung des Staates. Hinzu kommt die **implizite Verschuldung.** Diese resultiert aus der Verpflichtung des Staates, seine Zusagen zur Finanzierung der Ansprüche aus der gesetzlichen Rentenversicherung, der gesetzlichen Krankenversicherung und der Beamtenpensionen zu erfüllen. Der Sachverständigenrat schätzt die implizite Verschuldung des Staates für das Jahr 2002 auf 270,5 Prozent des Bruttoinlandsproduktes (Jahresgutachten des Sachverständigenrates 2003/2004, S. 276); insgesamt erreicht die Staatsverschuldung also rund 330 Prozent des BIP.

Vom Schuldenstand ist die jährliche **Neuverschuldung** zu unterscheiden. Diese kann brutto erfasst werden oder netto, nach Abzug der Schuldentilgung. Üblich ist der Ausweis der Nettoneuverschuldung, oft auch **Nettokreditauf-**

nahme oder (**Budget**-)**Defizit** genannt. Aus der Nettokreditaufnahme lässt sich dann auch die **Kreditfinanzierungsquote** berechnen, das ist der Anteil der Ausgaben der Gebietskörperschaften, der durch Kredite finanziert wird. Tabelle 14-4 gibt einen Überblick über diese und andere Kennziffern. Wichtig ist, dass die Verzinsung dieser Kredite seit Mitte der 1990er-Jahre regelmäßig gut 10 Prozent der Ausgaben der Gebietskörperschaften verschlingt.

Schließlich ist für die weitere Diskussion der Staatsverschuldung wichtig, wer die Gläubiger der Staatsschulden in Höhe von rund 1.600 Milliarden Euro

Gläubiger der Staatsschulden

Tab. 14-4

Strukturkennziffern der Staatsverschuldung

	1991	1995	2000	2007
Gesamtverschuldung in % des Bruttoinlandsproduktes				
Insgesamt	38,8	54,6	58,1	61,9
Bund	19,5	20,9	34,7	38,7
Sondervermögen des Bundes	3,1	14,7	2,8	–
Länder	11,6	13,9	16,2	19,9
Gemeinden/Gemeindeverbände	4,6	5,1	4,4	3,3
Nettokreditaufnahme[1] (in Mrd. €)				
Insgesamt	59,7	49,3	65,9	8,8
Bund	22,4	21,4	58,1	14,1
Sondervermögen des Bundes	19,2	2,6	2,0	–
Länder	11,2	21,8	10,5	–2,8
Gemeinden/Gemeindeverbände	6,9	3,5	–4,8	–2,5
Kreditfinanzierungsquoten[2]				
Insgesamt	12,7	8,8	10,6	1,2
Bund[3]	17,2	9,2	20,6	4,2
Länder	5,4	8,8	3,8	–0,9
Gemeinden/Gemeindeverbände	5,6	2,3	–3,2	–1,4
Neuverschuldung in % des Bruttoinlandsproduktes				
Insgesamt	3,9	2,7	3,2	0,2
Zinsausgaben in % der Gesamtausgaben				
Insgesamt	7,9	10,7	11,3	10,2
Pro-Kopf-Verschuldung (in €)				
Insgesamt	7.541	12.360	14.578	18.235

[1] – = Nettotilgung
[2] Nettokreditaufnahme (nach Abgrenzung der Finanzstatistik) in Prozent der Staatsausgaben (nach Abgrenzung der Volkswirtschaftlichen Gesamtrechnung ohne Sozialversicherung)
[3] einschließlich der Sondervermögen des Bundes

Quelle: Institut der deutschen Wirtschaft (Köln) und Statistisches Bundesamt.

Tab. 14-5

Gläubiger der Staatsschulden Ende 2008

	Schuld beim Gläubiger[1] (in Mio. €)	Schuldanteil beim Gläubiger (in % der Gesamtverschuldung)
Bundesbank	4.440	0,3
inländische Kreditinstitute	440.900	28,2
Sozialversicherungen	516	0,0
Sonstige	318.266	20,3
Ausland	800.000	51,1
Insgesamt	1.564.122	100,0

Differenzen durch Rundungen möglich
[1] ohne Verschuldung der Haushalte untereinander
Quelle: Monatsberichte der deutschen Bundesbank, Juni 2009, S. 59*, eigene Berechnungen.

sind. Nach Angaben der Deutschen Bundesbank sind das im Wesentlichen drei Gruppen: inländische Kreditinstitute, das Ausland und Sonstige, im Wesentlichen Private Haushalte und Unternehmen. Dies zeigt Tabelle 14-5. Zu knapp 50 Prozent ist der deutsche Staat also bei seinen eigenen Bürgern verschuldet, zu immerhin gut 50 Prozent aber gegenüber dem Ausland. Die Verschuldung gegenüber der Bundesbank besteht nur aus formalen Gründen und kann wegen ihres ganz geringen Umfangs vernachlässigt werden.

14.2.2 Grenzen und Problematik der Staatsverschuldung

Der Umfang und die bislang ungebremste Zunahme der Staatsverschuldung spielen in der öffentlichen Diskussion und in der Diskussion der Politik und der Wissenschaft eine große Rolle. Daher wollen wir die möglichen Grenzen und vor allem die Problematik der Staatsverschuldung diskutieren. Die Staatsverschuldung hat rechtliche Grenzen und ökonomische Folgen, die eine Begrenzung der Staatsverschuldung nahe legen. Beginnen wir mit den rechtlichen Grenzen.

14.2.2.1 Rechtliche Grenzen der Staatsverschuldung

Grenze nach Art. 115 GG

Artikel 115, Abs. 1 Grundgesetz lautet: »Die Aufnahme von Krediten sowie die Übernahme von Bürgschaften .., die zu Ausgaben in künftigen Rechnungsjahren führen können, bedürfen einer ... Ermächtigung durch Bundesgesetz. Die Einnahmen aus Krediten dürfen die Summe der im Haushaltsplan veranschlagten Ausgaben für Investitionen nicht überschreiten; Ausnahmen sind nur zulässig zur Abwehr einer Störung des gesamtwirtschaftlichen Gleichgewichts ...«

Kredite bedürfen also einer gesetzlichen Ermächtigung, und die Neuverschuldung darf grundsätzlich nicht höher sein als die Summe der geplanten Investitionen. Diese Formulierung geht auf die alte Überlegung zurück, dass Investitionen in der Regel Erträge bringen, die dann zur Verzinsung und Tilgung der Kredite verwendet werden können. Dies ist allerdings bei staatlichen Investitionen unsicher. Der Ausnahmefall »zur Abwehr einer Störung des gesamtwirtschaftlichen Gleichgewichts« bezieht sich auf § 1 des Stabilitätsgesetzes (siehe Kapitel 14.3). Dies kann so interpretiert werden, dass eine solche Störung des gesamtwirtschaftlichen Gleichgewichtes, die dann eine Kreditfinanzierung über das Volumen der Investitionen hinaus zulässt, vor allem bei hoher Arbeitslosigkeit zu vermuten ist. Insgesamt kann man sagen, dass die rechtlichen Grenzen der Staatsverschuldung nach dem Grundgesetz (und entsprechenden Länderverfassungen) nicht eindeutig gezogen werden können, sondern einem Interpretationsspielraum unterliegen, den letztlich nur das Bundesverfassungsgericht ausloten kann.

Rechtliche Grenze nicht eindeutig

In einem Urteil vom 09.07.2007 hat das Bundesverfassungsgericht folgerichtig dann eine Korrektur dieser Schuldengrenze angemahnt. Dies hat die Föderalismuskommission II umgesetzt und sich im März 2009 auf grundlegende Reformen geeinigt. Danach soll die jährliche Nettokreditaufnahme des Bundes ab 2016 in normalen Zeiten grundsätzlich auf höchstens 0,35 Prozent des Bruttoinlandsproduktes beschränkt werden, Länder sollen ab 2020 grundsätzlich keine neuen Schulden mehr machen (vgl. Deutsche Bundesbank, Monatsbericht Mai 2009, S. 82 f.). Diese Reform, deren Umsetzung in weiter Zukunft liegt, orientiert sich an europäischen Regelungen.

Korrekturen der Schuldengrenzen geplant

Die Vorschriften zur Zulässigkeit der Staatsverschuldung sind im EG-Vertrag (Artikel 104 EGV) und in dem ihn verschärfenden Stabilitäts- und Wachstumspakt der EU geregelt (vgl. Kapitel 21.3.4.3). Hier wurde das Ziel quantifiziert, ein übermäßiges Defizit zu vermeiden. Es gilt als verletzt bei der Überschreitung folgender Referenzwerte:

▸ Der Referenzwert für die Neuverschuldung, das jährliche Defizit, beträgt drei Prozent des Bruttoinlandsproduktes (**Defizitquote**) und

Grenze nach Art. 104 EGV

▸ der Referenzwert für den Schuldenstand insgesamt beträgt 60 Prozent des Bruttoinlandsproduktes (**Schuldenquote**).

Zahlreiche Ausnahmen weichen diese klaren Grenzwerte indes erheblich auf. Auch hier gibt es also erhebliche Interpretationsspielräume, die letztlich nur der EuGH ausloten kann.

14.2.2.2 Ökonomische Grenzen der Staatsverschuldung
Ökonomische Grenzen der Staatsverschuldung resultieren aus den als nachteilig zu bewertenden ökonomischen Folgen der Staatsverschuldung.

Beschränkung des Handlungsspielraumes der Budgetgestaltung
Tabelle 14-4 zeigt, dass die Ausgaben des Staates für Zinsen auf die Staatsschuld seit 1995 auf mittlerweile einen Anteil von gut zehn Prozent angewachsen sind. Das ist mehr als der Staat z. B. für Bildung und Forschung ausgibt und ist mittlerweile, nach dem Ausgabenblock für soziale Sicherung, der zweit-

größte Ausgabenblock des Staates. Die Verzinsung und ggf. die Tilgung der Staatsschulden schränken die Freiheit der Budgetgestaltung ein – wenn man diesen Zustand mit einem Zustand der Schuldenfreiheit vergleicht. Wenn dagegen Schulden und Schuldendienst sich in gleichem Maße entwickeln wie die Steuereinnahmen und das BIP, so könnte der Handlungsspielraum theoretisch auch gleich bleiben. Der Handlungsspielraum reduziert sich aber immer dann, wenn die Neuverschuldung reduziert wird und/oder wenn der Zinssatz höher ist als die Wachstumsrate des BIP. Das ist mittlerweile der Regelfall. Daher kann man davon ausgehen, dass die Staatsverschuldung den Handlungsspielraum der Finanzpolitik einschränkt.

Handlungsspielraum wird in der Regel beschränkt.

Folgen für Wachstum und Beschäftigung
Wir unterstellen, dass der Staat auf dem Kapitalmarkt zusätzliche Kredite nachfragt und damit zusätzliche Ausgaben in gleicher Höhe finanziert. Eine solche kreditfinanzierte Erhöhung der Staatsausgaben führt einerseits über den Multiplikatoreffekt zu einer Erhöhung des Gleichgewichtsinlandsproduktes (vgl. Kapitel 10.3.1 bzw. 10.3.5), erhöht also Wachstum und Beschäftigung. Andererseits muss aber berücksichtigt werden, dass die zusätzliche staatliche Kreditnachfrage den Marktzins für Kredite erhöhen kann. Diese Zinserhöhung vermindert dann die private Investitionstätigkeit insbesondere im Bereich der zinsempfindlichen Investitionen wie Wohnungsbau oder Industrieanlagen. Dieser Rückgang der privaten Investitionen aufgrund staatlicher Kreditnachfrage wird **Crowding-out** (Verdrängung) genannt (vgl. die genaue Analyse in Kapitel 10.3.4 und Kapitel 11.1.4). Weil Staatsausgaben in der Regel weniger produktiv sind als private Investitionen – ein kommunales Schwimmbad ist weniger produktiv als eine private Automobilfabrik – resultiert ein Effizienzverlust für die gesamte Volkswirtschaft mit negativen Folgen für Wachstum und Beschäftigung.

Dieser Crowding-out-Effekt ist prinzipiell nicht strittig, aber seine Wirkungen lassen sich leider nicht allgemein gültig quantifizieren. Entscheidend für die Reichweite des Crowding-out-Effektes ist zum einen die Reagibilität des Zinssatzes auf einen Anstieg der Kreditnachfrage und zum anderen die Zinsempfindlichkeit privater Investoren. Beide Reaktionsmuster sind Schwankungen unterworfen, die nicht allgemein darstellbar sind. Es kommt also, wie so häufig, darauf an, wie Wirtschaftssubjekte im konkreten Fall reagieren. Generell und in langer Sicht überwiegt in der Ökonomie aber die Skepsis bzgl. der positiven Effekte der Staatsverschuldung auf Wachstum und Beschäftigung. Dies liegt daran, dass die Staatsverschuldung im Prinzip und langfristig die Staatsquote, den Anteil des Staates am BIP, erhöht und damit die größere Effizienz des privaten Sektors zurückdrängt.

Folgen für Wachstum und Beschäftigung sind nicht eindeutig, aber eher negativ.

Folgen für die Preisstabilität
Die Folgen für die Preisstabilität sind einfach zu beschreiben. Wenn die zusätzlichen Staatsschulden für zusätzliche Staatsausgaben verwendet werden, steigt ceteris paribus die gesamtwirtschaftliche Nachfrage und in aller Regel resultiert

ein Preisanstieg. Wenn aber der Crowding-out-Effekt eintritt, wird sich die Gesamtnachfrage nicht verändern, es kommt lediglich zu einer Veränderung der Nachfragestruktur. Eine deutliche Inflationsgefahr besteht nur dann, wenn der Staat die zusätzlichen Kredite nicht auf dem Kapitalmarkt, sondern bei seiner Zentralbank aufnimmt, wie dies im Zuge der Finanzierung der beiden Weltkriege in Deutschland geschehen ist. In diesem Fall erhöhen sich die Geldmenge und die Nachfrage, und beides wirkt preissteigernd. Mittlerweile ist die Kreditaufnahme des Staates bei der Zentralbank im Rahmen der Bestimmungen des EG-Vertrages (Art. 101 EGV) aber verboten.

Inflationsgefahr vor allem bei Kreditfinanzierung durch Zentralbank

Folgen für die Einkommensverteilung

Zum einen werden die Auswirkungen auf die Einkommensverteilung innerhalb der **gleichen Generation** analysiert. Argumentiert wird wie folgt: Innerhalb einer gegebenen Generation zahlen die Steuerzahler die Zinsen der Staatsschulden und diese Zinsen fließen den Gläubigern der Staatsschulden zu, vor allem also den Banken, privaten Haushalten und dem Ausland. Man kann nun vermuten, dass die Bezieher höherer Einkommen aufgrund ihrer größeren Ersparnisse mehr Staatspapiere erwerben als die Bezieher niedriger Einkommen. Von den staatlichen Zinszahlungen werden also insbesondere die Bezieher hoher Einkommen profitieren (die Banken und das Ausland werden hier nicht betrachtet). Jetzt müsste man wissen, wie die Steuerlast insgesamt auf »arm« und »reich« verteilt ist, ob also die Belastung progressiv ansteigt oder proportional verteilt ist. Leider weiß man dies nicht genau. Daher bleibt nur die **Vermutung**, dass die Bezieher niedriger Einkommen über ihre Steuern die Zinserträge der Einkommensreichen mitfinanzieren. Man spricht von der unsozialen Verteilungswirkung der steuerfinanzierten Zinszahlungen auf Staatsschulden.

Unsoziale Verteilungswirkung der Staatsverschuldung ist zu vermuten.

Zum anderen, und diese Frage steht im Zentrum der politischen Diskussion zur Staatsverschuldung, ist zu prüfen, welche Auswirkungen auf die Lastenverteilung **zwischen den Generationen** resultieren. Das Schlagwort von der »Erblast der Enkel« wird hier gerne bemüht, aber es ist überwiegend falsch.

Um dies zu verdeutlichen, führe man sich vor Augen, wer die zusätzliche Steuerlast des Staates in der Zukunft für die Erbringung seiner Zins- und Tilgungsverpflichtung zu tragen hat. Das sind in der Tat die Steuerzahler der Zukunft. Aber zugleich erhalten die Steuerzahler der Zukunft auch die Zins- und Tilgungsleistungen des Staates, sodass von einer allgemeinen Belastung der Zukunftsgeneration nicht gesprochen werden kann. Anders formuliert: Die Käufer der Staatsschuldverschreibungen in der Gegenwart vererben der nachfolgenden Generation auch diese Forderungen gegenüber dem Staat, so dass eine intertemporale Lastverschiebung nicht eintritt. Die jeweils gleiche Generation zahlt Steuern und erhält Zinsen (und es resultiert allenfalls die oben beschriebene intragenerationelle Umverteilung).

Nur wenn die Staatsverschuldung reduziert wird, wenn also per Saldo Staatskredite zurückgezahlt werden, ergibt sich eine Belastung der »Enkel«. Sie zahlen dann höhere Steuern, während sich ihr Vermögen der Höhe nach nicht verändert (Staatsschuldpapiere werden in Geld umgewandelt). Eine Be-

14.2 Staatshaushalt, Staatsverschuldung und Stabilisierungspolitik
Staatsverschuldung

Besondere Problematik der Auslandsverschuldung

lastung der Enkel bei einer Reduktion der Staatsverschuldung ergibt sich in besonderer Form aber bei einer Verschuldung gegenüber dem Ausland. Während bei der Verschuldung gegenüber dem Inland der Schuldendienst in inländischer Währung geleistet wird, muss die Verzinsung und Tilgung von Auslandsschulden in der Regel in Devisen geleistet werden, die die Zentralbank des betreffenden Landes nicht selbst schaffen kann. Vielmehr muss dieser Schuldendienst erst durch Exportüberschüsse des Landes verdient werden. Vor einer solchen schwierigen Situation stehen viele Entwicklungsländer; für Deutschland erscheint die staatliche Verschuldung gegenüber dem Ausland noch als tragbar.

Belastung der Enkel nur bei einer Rückzahlung der Staatsschulden

Eine Rückzahlung von Staatsschulden wäre also in der Tat eine »Last der Enkel«. Aber diese Last ergibt sich, um es zu wiederholen, immer nur dann, wenn der Stand der Staatsverschuldung reduziert wird, wenn per Saldo also Kredite zurückgezahlt werden. Dies ist aber bislang nicht der Normalfall. Normal sind immer wieder neu aufgelegte Kredite, die immer wieder zur Rückzahlung alter Kredite verwendet werden.

Vertrauensverlust

Eine hohe und/oder schnell zunehmende Staatsverschuldung kann zu einem Vertrauensverlust der Bürger und der Kapitalmärkte führen. Die Anleger sind dann nicht mehr bereit, Anleihen eines solchen Staates zu zeichnen, und die Grenze der Staatsverschuldung wäre sehr abrupt erreicht. Meist ist der Vertrauensverlust aber ein sehr schleichender Prozess, der durch das unterschiedliche »Rating« der Staaten erkennbar wird. Spezialisierte Ratingagenturen wie »Standard & Poor's« oder »Moody's« beurteilen die Bonität, also die Vertrauenswürdigkeit auch von Staaten. Und je größer die Bonität, desto geringer ist die Risikoprämie, die die Schuldner als Zinsaufschlag zahlen müssen. Z. B. Deutschland und Schweiz erhalten das beste Bonitätsrating AAA (Triple A) und müssen für ihre Staatsanleihen auf dem Kapitalmarkt weniger Zinsen zahlen als z. B. Argentinien. Steigende Risikoprämien sind vermutlich recht wirksame Grenzen der Staatsverschuldung.

Steigende Risikoprämie mit steigender Staatsverschuldung

Zusammenfassung: Grenzen der Staatsverschuldung?

Eindeutig quantifizierbare ökonomische Grenzen der Staatsverschuldung gibt es also nicht.

Aber zumindest **mittel- bis langfristig** überwiegen eindeutig die Gefahren der Staatsverschuldung:
- Sie verringert die Effizienz der Wirtschaft und vermindert die Chancen für Wachstum und Beschäftigung.
- Sie verstärkt die Gefahr inflationärer Entwicklungen.
- Sie bewirkt vermutlich eine unsoziale Umverteilung der Einkommen, wenngleich nicht in erheblichem Ausmaß.
- Sie bedeutet unter bestimmten Umständen eine Verschiebung von Finanzierungslasten auf Generationen, die sich nicht dagegen wehren können.

Daher sind die häufig aufgestellten Forderungen, die Staatsverschuldung mittel- und langfristig streng zu begrenzen, ökonomisch begründet.

Kurzfristig kann eine Verschuldung des Staates unter bestimmten Voraussetzungen indes sinnvoll sein. Die Voraussetzung ist eine Situation, die durch unausgelastete Kapazitäten und Arbeitslosigkeit gekennzeichnet ist und als deren Ursache ein allgemeiner Nachfragemangel zu diagnostizieren ist (und nicht z. B. ein zu hoher Reallohn, zu hohe Realzinsen oder mangelnde internationale Wettbewerbsfähigkeit). In einer solchen Situation, die also eine genaue Ursachendiagnose voraussetzt, führt eine kreditfinanzierte Erhöhung der Staatsausgaben zu einer Erhöhung von Produktion und Beschäftigung; private Investitionen werden in einer solchen Situation nicht verdrängt und die Gefahren für die Preisstabilität sind gering. Es muss aber gewährleistet sein, dass in Perioden der Prosperität die Staatsschulden wieder zurückgezahlt werden. Das ist die Grundidee der keynesianischen antizyklischen Fiskalpolitik, deren Konzeption und Problematik in Kapitel 14.3 dargestellt werden. Zuvor ist aber zu fragen, warum in der wirtschaftspolitischen Praxis vom Grundsatz des langfristigen Ausgleichs des Staatshaushalts abgewichen wird und warum die Staatsverschuldung kontinuierlich zunimmt.

Staatsverschuldung ist kurzfristig sinnvoll bei einem allgemeinen Nachfragemangel.

Polit-ökonomische Erklärung der steigenden Staatsverschuldung

Angesichts dieses Befundes und angesichts der Beobachtung, dass die Bevölkerung die Staatsverschuldung mehrheitlich missbilligt, erhebt sich die Frage, warum dennoch die Staatsverschuldung permanent gestiegen ist. Einen Teil der Antwort oder die ganze Antwort liefert die ökonomische Theorie der Politik. Politiker wollen Wählerstimmen gewinnen, um im Amt zu bleiben oder ins Amt zu kommen. Dies setzt voraus, dass den Wählern ein für sie scheinbar attraktives Programmangebot gemacht wird, und dies besteht aus einem Angebot an merklichen Vergünstigungen und die Verschleierung der Finanzierung dieser Vergünstigungen durch unmerkliche Einnahmen. Merkliche Vergünstigungen sind unmittelbar spürbar, wie Subventionen oder direkte Transfers an Haushalte (z. B. Kindergeld und Eigenheimzulage) oder spürbare Steuervergünstigungen (wie z. B. die Pendlerpauschale oder die Steuerfreiheit der Nacht- und Feiertagszuschläge). Dieser Teil der Erklärung begründet noch einmal den kontinuierlichen Anstieg der Staatsausgaben. Unmerkliche Einnahmen des Staates sind vor allem Kredite. Dies begründet den kontinuierlichen Anstieg der Staatsverschuldung.

Attraktiv erscheint das Angebot an merklichen Vergünstigungen und die Finanzierung durch unmerkliche Einnahmen, nämlich Kredite.

Hinzu kommt ein spezielles Risiko kooperativer Lösungen in Mehr-Parteien-Koalitionen. Alle Parteien mögen sich zwar im Grundsatz einig sein, dass die Staatsverschuldung abgebaut werden muss, aber keine Partei und kein Minister ist bereit, im eigenen Bereich zu kürzen, weil dies eigenen Machtverlust bedeuten würde. Also kürzt keine Partei und kein Minister.

Und es gibt ein drittes Motiv, auf steigende Staatsverschuldung zu setzen. Dieses ist in der Möglichkeit einer Regierung begründet, im Fall einer sich bereits abzeichnenden Niederlage bei den kommenden Wahlen durch eine übermäßige Ausdehnung der staatlichen Neuverschuldung in der restlichen Regierungszeit den gestalterischen Spielraum der nachfolgenden Regierung erheblich einzuschränken. Außerdem hinterlässt das gewohnt hohe Niveau staatlicher Ausgaben bei den Wählern einen positiven Erinnerungseffekt, der die Chancen auf eine Wiederwahl nach der nächsten Wahl erhöhen kann, falls die sich dann an der Macht befindende Regierung einen Teil der Ausgabensteigerung rückgängig machen muss und dies von den Wählern negativ quittiert wird.

14.3 Stabilisierungspolitik und Fiskalpolitik

14.3.1 Konzeption der Fiskalpolitik

Seit Keynes bestand die – mittlerweile umstrittene – Vorstellung, dass der Staat gesamtwirtschaftliche Fehlentwicklungen, insbesondere Arbeitslosigkeit und Konjunkturkrisen, aber auch inflationäre Überhitzungen der Konjunktur korrigieren kann und muss. Konjunkturzyklen sollen durch Beeinflussung der gesamtwirtschaftlichen Nachfrage geglättet werden. Es handelt sich also um eine **nachfrageorientierte antizyklische Politik.** Und diese Politik beschränkt sich auf die Steuerung globaler ökonomischer Aggregate wie Konsum und Investition, es ist also eine Politik der **Globalsteuerung.** Diese antizyklische nachfrageorientierte Globalsteuerung setzt in keynesianischer Tradition auf die Instrumente der Fiskalpolitik und der Geldpolitik. Wir behandeln hier aber nur die Stabilisierung durch Fiskalpolitik, die Stabilisierung durch Geldpolitik wird in Kapitel 17.4 beschrieben.

Elemente der Fiskalpolitik

Die keynesianische Fiskalpolitik ist, zusammenfassend, durch folgende Elemente beschrieben:
▶ Sie ist antizyklisch,
▶ sie ist nachfrageorientiert,
▶ sie ist eine Politik der Globalsteuerung und
▶ sie setzt auf die fiskalischen Instrumente Staatsausgaben und Staatseinnahmen.

Diese Art der Politik ist bereits in Kapitel 10 und 11 theoretisch fundiert worden. Dort ist gezeigt worden, wie und unter welchen Voraussetzungen Veränderungen von Staatsausgaben und Steuern das Gleichgewichtseinkommen beeinflussen. In aller Regel führt eine Erhöhung (Senkung) der Staatsausgaben zu einer Erhöhung (Senkung) von Produktion und Beschäftigung und in aller Regel führt eine Senkung (Erhöhung) der Steuern über eine Erhöhung (Senkung) des verfügbaren Einkommens zu einer Zunahme (Abnahme) von Produktion und Beschäftigung. Hier, in diesem Kapitel, sollen die praktischen Einsatzbedingungen und die Umsetzungsprobleme der Fiskalpolitik näher erörtert werden.

Stabilisierungspolitik und Fiskalpolitik 14.3

Die Fiskalpolitik gehört zu den wenigen Bereichen der Wirtschaftspolitik, die eine gewisse nationale Eigenständigkeit im Rahmen einer ansonsten weitgehend vereinheitlichten EU-Wirtschaftspolitik bewahrt haben. Aber auch die Fiskalpolitik muss eine gewisse Koordinierung im Rahmen der EU beachten und insbesondere übermäßige Haushaltsdefizite vermeiden (vgl. Kapitel 21.3.4.3).

Letzter Rest nationaler Eigenständigkeit

14.3.2 Fiskalpolitik durch Steuerpolitik

Die Grundidee der Fiskalpolitik durch Besteuerung ist einfach: Durch Veränderung der Besteuerung verändert sich das verfügbare Einkommen der privaten Haushalte, wodurch sich Wirkungen auf den privaten Konsum ergeben können und/oder es verändern sich die Gewinne der Unternehmen, wodurch sich Wirkungen auf die privaten Investitionen ergeben können. Zur Belebung der Konjunktur müssten Steuern gesenkt werden und zur Dämpfung der Konjunktur müssten Steuern erhöht werden (**antizyklische Steuerpolitik**).

Voraussetzung für einen deutlichen konjunkturellen Impuls ist dabei, dass die dem Wirtschaftskreislauf durch eine Steueränderung zugeführten bzw. entzogenen Mittel nicht durch eine gegenläufige Veränderung der Staatsausgaben dem Kreislauf wieder entzogen bzw. zugeführt werden. Der Staat darf also eine durch eine Steuererhöhung erzielte Mehreinnahme nicht zur Finanzierung zusätzlicher Staatsausgaben verwenden, sondern muss die Mehreinnahme stilllegen – etwa auf einem Sonderkonto bei der Deutschen Bundesbank.

Die durch eine Steuersenkung bewirkte Mindereinnahme des Staates darf nicht gleichzeitig zur Kürzung von Staatsausgaben führen, die Einnahmelücke müsste vielmehr durch Kredite gedeckt werden. Dahinter steckt die Idee eines langfristig ausgeglichenen Staatshaushalts: Die in Zeiten konjunktureller Überhitzung angesammelten Überschüsse des Staates sollen in der konjunkturellen Krise wieder dem Kreislauf zugeführt werden.

Zum Bereich einer antizyklischen Steuerpolitik gehört auch eine auf Beeinflussung der Investitionen zielende Veränderung der steuerlichen Abschreibungsmöglichkeiten. Wenn es um konjunkturbelebende Maßnahmen geht, können Sonderabschreibungen oder zuvor nicht gestattete degressive Abschreibungen (d. h. Abschreibungen mit zunächst hohen und dann fallenden Jahresraten) zugelassen werden. Da Abschreibungen für die Unternehmen Kosten darstellen, lässt sich auf diese Weise eine zeitliche Verschiebung des Gewinns erreichen, der in diesem Falle in den ersten Jahren niedriger würde, woraus sich für die Unternehmen in den betreffenden Perioden eine geringere Steuerbelastung ergäbe.

Veränderung der Abschreibungen

Die Wirkung dieser Steuerpolitik ist aber nicht allgemein gültig darstellbar. Für die letztendliche Wirkung einer Steueränderung ist nämlich die Reaktion des privaten Sektors, also der privaten Haushalte und der Unternehmen, von entscheidender Bedeutung, da Steueränderungen die Ausgabenentscheidungen der Privaten nur indirekt beeinflussen können. So ist es z. B. bei einer Steuersenkung denkbar, dass die in Unternehmen und Haushalten zusätzlich verfüg-

Unsicherheit der Reaktion

baren Gewinne bzw. Einkommen nicht zu einer Erhöhung der Investitions- und Konsumnachfrage verwendet, sondern zur Rückzahlung von Krediten oder zur Bildung von finanziellen Reserven verwendet werden. Gerade im Falle von Steuersenkungen kann der Staat immer nur Verhaltensanreize geben, nicht aber Verhaltenszwänge ausüben. Aber auch durch eine Steuererhöhung muss sich kein spürbarer konjunktureller Effekt einstellen. Er bleibt aus, wenn die Haushalte ihr Konsumniveau, zumindest zeitweise, aufrechterhalten, indem sie Erspartes auflösen oder Kredite aufnehmen, und wenn die Unternehmen wegen günstiger Gewinnaussichten trotz der Steuererhöhung ihre Investitionen nicht einschränken.

Entscheidungsfreiheit der Bürger

Diese Unsicherheit bezüglich der Reaktion der Wirtschaftssubjekte kann man aber auch positiv sehen. Den Bürgern bleibt ein Entscheidungsspielraum in der Verwendung ihrer Mittel, sie entscheiden über Umfang und Struktur ihrer Ausgaben. Das wäre bei einer Variation der Staatsausgaben anders, weil dort der Staat entscheidet, ob eine »zusätzliche Autobahn« gebaut wird oder nicht.

Problem der Zeitverzögerung

Zum Problem der Unsicherheit tritt in der steuerpolitischen Praxis das Problem der **Zeitverzögerung** hinzu. Es vergeht immer eine gewisse Zeit, bis Steueränderungen beschlossen, administrativ umgesetzt werden und schließlich ihre Wirkung entfalten. Hier gibt es Unterschiede in der Schnelligkeit des Wirksamwerdens. Die Lohnsteuer, die im Quellenabzugsverfahren erhoben wird, lässt den betroffenen Steuerschuldner die Steueränderung zeitlich am ehesten bemerken. Bei der verlangten Einkommensteuer kann es dagegen Jahr dauern, bis die Steueränderung fühlbar geworden ist, weil das Verfahren der Abgabe der Steuererklärung bis zum endgültigen Steuerbescheid erhebliche Zeit beansprucht.

Schließlich kann die ökonomische Theorie der Politik begründen, warum eine antizyklische Steuerpolitik kaum durchgeführt werden dürfte. Steuersenkungen zur Ankurbelung der Konjunktur mögen zunächst durchaus populär sein, aber sie werden weniger empfunden als die nachfolgend notwendigen Steuererhöhungen zur Bekämpfung einer inflationären Überhitzung der Konjunktur. Per saldo dürfte eine antizyklische Steuerpolitik also eher Wählerstimmen kosten als einbringen.

Zusammenfassend kann man festhalten, dass die Aussichten für eine erfolgreiche antizyklische Steuerpolitik gering sind. Die Wirkungen sind indirekt und unsicher, die Zeitverzögerungen sind kaum kalkulierbar und kaum steuerbar, und die Akzeptanz beim Bürger ist vermutlich gering.

Antizyklische Steuerpolitik wird kaum noch durchgeführt.

Daher wird eine antizyklische Steuerpolitik auch kaum noch durchgeführt, allenfalls zur Bekämpfung einer außerordentlichen Krise. Steuerpolitik wird vielmehr und zunehmend als Instrument der Wachstumspolitik eingesetzt, um die Leistungsbereitschaft der Bürger zu fördern und speziell die Investitionsneigung der Unternehmen zu erhöhen. Zugleich wird Steuerpolitik im Standortwettbewerb der Länder und Regionen eingesetzt, um die Attraktivität von Standorten zu verbessern. Das ist dann eine Politik, die auf die Verbesserung der Angebotsbedingungen zielt, eine angebotsorientierte Steuerpolitik.

14.3.3 Fiskalpolitik durch Ausgabenpolitik

Die Grundidee der Fiskalpolitik durch Ausgabenpolitik ist ebenfalls sehr einfach. Zur Belebung der Konjunktur werden die Staatsausgaben erhöht und dies erhöht die Produktion und die Beschäftigung; zur Dämpfung einer konjunkturellen Überhitzung werden die Staatsausgaben gesenkt und dies senkt die Produktion und die Beschäftigung (antizyklische Ausgabenpolitik). **Voraussetzung** für einen merklichen konjunkturellen Impuls ist auch hier, dass die Veränderung der Staatsausgaben nicht von einer gleich gerichteten Veränderung der Steuereinnahmen begleitet ist. Zur Dämpfung einer konjunkturellen Überhitzung müssen die Staatsausgaben also gesenkt werden und gleichzeitig müssen die nicht verbrauchten Steuereinnahmen stillgelegt werden. Zur Ankurbelung der Konjunktur müssen die Staatsausgaben erhöht werden, ohne die Steuern zu erhöhen. Die Mehrausgaben müssten also durch Kredite oder früher angesammelte Steuereinnahmen finanziert werden. Es wirken dann die beschriebenen Multiplikator- und Akzeleratoreffekte (vgl. Kapitel 10 und Kapitel 28). Diese Wirkungen ergeben sich hier direkt, fast mechanisch-hydraulisch, und nicht indirekt, wie bei der antizyklischen Steuerpolitik.

Prinzipiell direkte Wirkungen

Auf den ersten Blick erscheint die antizyklische Ausgabenpolitik des Staates also als ein einfaches und geeignetes Instrument der Konjunktursteuerung. Auf den zweiten Blick erscheinen indes fundamentale Probleme.

Zunächst müssen die verschiedenen möglichen Formen eines **Crowding-out** berücksichtigt werden (vgl. Kapitel 11.1.4). Es ist möglich, wenngleich nicht sehr wahrscheinlich, dass kreditfinanzierte zusätzliche Staatsausgaben private Ausgaben in gleicher Höhe zurückdrängen (vollständiges Crowding-out). Im Regelfall dürften private Ausgaben aber nicht in gleicher Höhe zurückgedrängt werden, im Regelfall verbleibt ein konjunktureller Impuls. Dies gilt umgekehrt auch für eine Senkung der Staatsausgaben; auch diese wird im Regelfall nicht vollständig durch eine Erhöhung privater Ausgaben kompensiert.

Weiterhin muss berücksichtigt werden, dass Staatsausgaben nur beschränkt variiert werden können:

Begrenzte Variierbarkeit der Staatsausgaben

- Zum größten Teil sind die staatlichen Ausgaben durch gesetzliche Verpflichtungen festgelegt (z. B. die Gehälter von Beamten). Man schätzt die eigentliche Manövriermasse auf etwa 10 bis 20 Prozent der staatlichen Gesamtausgaben. Darunter fallen vor allem staatliche Investitionsausgaben, die sich für einen konjunkturpolitischen Einsatz insofern besonders eigenen, als sie durch geeignetes **Timing** (Vorziehen oder Verschieben aus konjunkturellen Gründen) variiert werden könnten.
- Der größte Teil konjunkturpolitisch bedeutsamer Investitionen wird von den Gemeinden durchgeführt, auf deren Entscheidungen die Länder und der Bund nur indirekte Einflüsse ausüben können (meist über finanzielle Hilfen). Dabei kann die Befriedigung der kommunalen Bedürfnisse, z. B. der Bau eines Bürgerhauses oder die Ausbesserung einer dringend reparaturbedürftigen Straße, von der Kommune als unaufschiebbar angesehen werden,

sodass Konflikte zwischen konjunkturpolitischen Erfordernissen und gemeindlichem Bedarf nicht ausgeschlossen sind.
- Von den Investitionen der öffentlichen Hand, die oft Infrastrukturinvestitionen sind, hängt in starkem Maße das zukünftige wirtschaftliche Wachstum der Volkswirtschaft oder der betreffenden Region ab. Durch Verschieben oder gar durch Verhinderung von Investitionen kann sich langfristig eine unerwünschte Einengung der Wachstumsmöglichkeiten ergeben.

Antizyklische Ausgabenpolitik wird kaum mehr angewendet.

Zusammenfassend kann man festhalten, dass auch die antizyklische Ausgabenpolitik weitgehend aus der angewandten Wirtschaftspolitik verschwunden ist; sie bleibt außerordentlichen Wirtschaftskrisen vorbehalten (vgl. auch die Diskussion der Probleme der antizyklischen Fiskalpolitik insgesamt in Kapitel 14.3.6). Es verbleibt aber eine gewisse automatische Stabilisierung der Konjunktur durch die so genannten automatischen Stabilisatoren.

14.3.4 Automatische Stabilisatoren

Wenn auch diskretionäre Eingriffe des Staates mit dem Ziel, die konjunkturelle Entwicklung eines Landes durch antizyklische Fiskalpolitik zu stabilisieren, mittlerweile in den Hintergrund der Wirtschaftspolitik getreten sind, so verbleiben doch automatische Stabilisatoren, die in gewissem Umfang konjunkturelle Schwankungen selbsttätig stabilisieren.

Die Steuerprogression glättet Konjunkturzyklen.

Bei Steuern liegt eine solche Stabilisierungswirkung immer dann vor, wenn die Steuererträge wegen des Steuertarifs auf Schwankungen des Inlandsproduktes reagieren, ohne dass das Steuergesetz geändert wird. Besonders deutlich wird dies, wenn wir uns vergegenwärtigen, dass bei einem progressiven Steuertarif die Steuereinnahmen mit wachsender Bemessungsgrundlage überproportional steigen. Auf den wichtigen Fall der Einkommensteuer bezogen heißt dies, dass der Nettozuwachs beim Einkommen immer weniger stark ausfällt als der Bruttozuwachs. Aus konjunkturpolitischen Gründen ist diese Wirkung positiv zu beurteilen. Für den Fall eines Konjunkturabschwungs, der von sinkenden Einnahmen begleitet wird, gilt, dass die Nettoabnahme des Einkommens kleiner ist als die Bruttoabnahme. Weil der Konsum eher vom Nettoeinkommen als vom Bruttoeinkommen abhängt, glättet die Progression der Besteuerung ein wenig die zyklischen Schwankungen der Konjunktur.

Auch Transfers wirken antizyklisch.

Auch bei **Staatsausgaben** sind automatische Stabilisierungswirkungen dann möglich, wenn sie in der Hochkonjunktur zurückgehen und in Zeiten des Konjunkturabschwungs ansteigen, ohne dass dazu besondere gesetzliche Maßnahmen erforderlich werden. In diesem Zusammenhang wird immer wieder auf die antizyklischen Wirkungen hingewiesen, die von bestimmten Teilen unseres Sozialversicherungssystems (Transferausgaben) ausgehen. Beispielsweise werden in der Rezession oder gar in einer Depression die Unterstützungszahlungen aus der Arbeitslosenversicherung einer Verschärfung des wirtschaftlichen Abschwungs tendenziell entgegenwirken, da die Unterstützungsempfänger weiterhin eine kaufkräftige Nachfrage ausüben können. In Zeiten guter Beschäftigung werden dagegen kaum Zahlungen aus der Versicherung geleistet, vielmehr zahlen die Beschäftigten regelmäßig Versicherungsbeiträge ein.

Man darf die genannten automatischen Stabilisatoren allerdings nicht überschätzen. Sie reichen nach keynesianischer Auffassung allein nicht aus, um Fehlentwicklungen im Konjunkturverlauf eines marktwirtschaftlichen Systems zu verhindern.

14.3.5 Das Stabilitätsgesetz

Die auf der Grundlage der Theorie gewonnene Erkenntnis, dass der Wirtschaftsablauf durch Veränderung der Staatseinnahmen und -ausgaben im Sinne bestimmter wirtschaftspolitischer Zielsetzungen beeinflusst werden kann und soll, ist in der Bundesrepublik Deutschland 1967 mit dem so genannten **Stabilitätsgesetz** (Gesetz zur Förderung der Stabilität und des Wachstums der Wirtschaft, StWG) in politisch verbindliche Handlungsnormen umgesetzt worden. Mit dem Vordringen monetaristischen Gedankenguts sind die Grundideen des Stabilitätsgesetzes dann weitgehend verdrängt worden, und seine praktische Anwendung ist wie gesagt in den Hintergrund gerückt. Von Bedeutung sind heute aber noch die Formulierung des »magischen Vierecks« als Ziel der Wirtschaftspolitik und Institutionen wie der Jahreswirtschaftsbericht, der Konjunkturrat, die mittelfristige Finanzplanung und immer wieder der Versuch einer Konzertierten Aktion. Die mittelfristige Finanzplanung ist bereits in Kapitel 14.1.5 dargestellt worden; wir gehen hier nur kurz auf die übrigen Elemente ein.

In § 1 des Stabilitätsgesetzes ist die oft als **magisches Viereck** bezeichnete Zielsetzung der Wirtschaftspolitik festgelegt:

»Bund und Länder haben bei ihren wirtschafts- und finanzpolitischen Maßnahmen die Erfordernisse des gesamtwirtschaftlichen Gleichgewichtes zu beachten. Die Maßnahmen sind so zu treffen, dass sie im Rahmen der marktwirtschaftlichen Ordnung gleichzeitig zur Stabilität des Preisniveaus, zu einem hohen Beschäftigungsgrad und außenwirtschaftlichem Gleichgewicht bei stetigem und angemessenem Wirtschaftswachstum beitragen.« (§ 1 StWG)

Zur Einhaltung bzw. Erreichung der in § 1 aufgeführten Ziele sind Bund und Länder direkt verpflichtet, ein wirtschaftspolitisch wichtiger Tatbestand, weil die Bundesländer bis dato in der Regel eher eine Parallelpolitik als eine antizyklische Fiskalpolitik betrieben hatten. Auch die Gemeinden und Gemeindeverbände sind nach dem StWG (§ 16) auf die Ziele Preisstabilität, Vollbeschäftigung, Wachstum und außenwirtschaftliches Gleichgewicht festgelegt.

Der **Jahreswirtschaftsbericht** (§ 2 StWG) wird jährlich vom Wirtschaftsministerium erstellt und im Januar vorgelegt. Er enthält

▸ eine Stellungnahme zum Jahresgutachten des Sachverständigenrates,
▸ eine Darlegung der von der Bundesregierung angestrebten wirtschafts- und finanzpolitischen Ziele (Jahresprojektion) und

Jahreswirtschaftsbericht als Grundlage der Finanzplanung und der Stabilitätsprogramme

14.3 Staatshaushalt, Staatsverschuldung und Stabilisierungspolitik
Stabilisierungspolitik und Fiskalpolitik

▸ eine Darlegung der für das laufende Jahr geplanten Wirtschafts- und Finanzpolitik.

Dieser Jahreswirtschaftsbericht ist auch Grundlage der mittelfristigen Finanzplanung und der im Rahmen der EU zu erstellenden Stabilitätsprogramme (vgl. Kapitel 21.3.4.3).

Der **Konjunkturrat** (§§ 18, 22 StWG) dient der Abstimmung von Bund und Ländern. Diese ist notwendig, weil aufgrund des Förderativprinzips Bund und Länder in ihrer Haushaltswirtschaft selbstständig und voneinander unabhängig sind (Art. 109 GG). Den Vorsitz führt der Bundesminister für Wirtschaft. Außerdem sind der Bundesfinanzminister, je ein Vertreter der Bundesländer und vier Vertreter der Gemeinden Mitglied. Die Bundesbank hat das Recht auf Teilnahme an den Sitzungen und übt dies regelmäßig aus. Aus dem Konjunkturrat ist zusätzlich ein **Ausschuss für Kreditfragen der öffentlichen Hand** als eigenständiges Gremium hervorgegangen. Er beschäftigt sich mit dem Kreditbedarf und der Planung der Kreditaufnahme der öffentlichen Hände unter Beachtung der allgemeinen Kapitalmarktentwicklung. Der Konjunkturrat hat Beratungs- und Empfehlungsbefugnis, aber keine Entscheidungsbefugnis.

Die Konzertierte Aktion versucht Preis- und Lohnpolitik abzustimmen.

Als **Konzertierte Aktion** bezeichnet man das gleichzeitige, aufeinander abgestimmte Verhalten der Gebietskörperschaften und der Tarifparteien, also der Gewerkschaften und Unternehmensverbände. Zu diesem Zweck stellt die Bundesregierung **Orientierungsdaten** des Jahreswirtschaftsberichts zur Verfügung, die insbesondere eine Darstellung des gesamtwirtschaftlichen Zusammenhangs im Hinblick auf die jeweils gegebene Situation enthalten sollen. Der **Grundgedanke** der Konzertierten Aktion ist die Idee, dass die beteiligten Gruppen ihre wechselseitige Abhängigkeit erkennen sowie ihre Ziele erläutern und insbesondere ihr preis- und lohnpolitisches Verhalten aufeinander abstimmen.

Die Idee dabei ist, die Ansprüche an das Inlandsprodukt, die in Form von Lohnforderungen und Gewinnvorstellungen gestellt werden, vorab so zu kanalisieren, dass inflationäre Preissteigerungen vermieden werden. Grundlage der Konzertierten Aktion war lange Zeit das **Konzept der produktivitätsorientierten Lohnpolitik**. Nach diesem Konzept sollten die Löhne (maximal) im Umfang des Anstiegs der Arbeitsproduktivität steigen. Dies ließe die Lohnstückkosten konstant (vgl. Kapitel 5.6.2), sodass jedenfalls von der Lohnseite kein Kosten- und Preisdruck ausgehen würde. Dieses eigentlich richtige Konzept ist gescheitert, weil die grundgesetzlich garantierte Tarifautonomie der Tarifparteien eine staatliche Beeinflussung der Löhne letztlich nicht zulässt, wenn die Tarifparteien dies nicht wollen.

Nachfolgend ist immer wieder der Versuch unternommen worden, eine Konzertation über die Arbeitsmarkt- und Beschäftigungspolitik durch ein so genanntes **Bündnis für Arbeit** herbeizuführen. In diesem Gesprächskreis sind sowohl die Gewerkschaften wie auch die Arbeitgeberverbände vertreten, wobei die Moderation von der Bundesregierung übernommen wird. Von der Zusammensetzung und den gesteckten Zielen erinnert das Bündnis für Arbeit an die

Konzertierte Aktion. Indes bleiben die seinerzeit erkennbaren Probleme bestehen: Man kann zwar stabilitäts- und beschäftigungspolitische Erfordernisse erörtern, die Umsetzung von Empfehlungen kann indes nur von den Unternehmen im Rahmen der praktischen Betriebspolitik erfolgen, und hier können Umsetzungen nicht erzwungen werden.

14.3.6 Probleme der Fiskalpolitik

Die Fiskalpolitik wird aus verschiedensten Gründen skeptisch beurteilt. Verschiedene Ebenen der Kritik sollten dabei unterschieden werden:

- Eine grundsätzliche Ablehnung der Fiskalpolitik ergibt sich, wenn man an die **Stabilität des privaten Sektors** der Volkswirtschaft glaubt, wie es die Klassiker taten (vgl. Kapitel 10.2) und wie es auch die Neoklassik tut. Wir können diesen Dissens zwischen Keynesianismus und (Neo-)Klassik nicht auflösen, aber in der Tat scheinen die früher beobachtbaren deutlichen Konjunkturzyklen mittlerweile eher der Vergangenheit anzugehören. Eine antizyklische Fiskalpolitik ist dann bestenfalls nicht notwendig; schlimmstenfalls wird von solchen diskretionären staatlichen Interventionen sogar eine Destabilisierung konjunktureller Entwicklungen erwartet.
- Grundsätzlich nicht zielführend ist eine Fiskalpolitik zur Bekämpfung von Arbeitslosigkeit und/oder Inflation, wenn die **Ursache** des Ungleichgewichtes nicht Nachfragemangel oder Nachfrageüberschuss ist, sondern z. B. **in den Bedingungen des Angebotes** zu sehen ist. Wenn die Ursache der Arbeitslosigkeit z. B. darin liegt, dass das Reallohnniveau einer Volkswirtschaft zu hoch ist und/oder international nicht wettbewerbsfähig ist, dann wäre eine expansive Fiskalpolitik nicht sinnvoll. Sie würde nur die Staatsquote und die Staatsverschuldung weiter erhöhen und die Effizienz der privaten Wirtschaft lähmen.
- Zwecklos ist Fiskalpolitik auch, wenn man die **Crowding-out-Hypothese** akzeptiert, also davon ausgeht, dass eine durch Ausgabe zusätzlicher Staatsschuldtitel finanzierte Staatsausgabenerhöhung letztendlich das Inlandsprodukt nicht signifikant erhöht oder sogar senkt.
- Problematisch wird eine antizyklische Fiskalpolitik, wenn aus politischen Gründen eine symmetrische Durchführung dieser Politik, also eine kreditfinanzierte Erhöhung der Staatsausgaben (bzw. Senkung der Steuersätze) in der Rezession und eine Schuldentilgung des Staates bei Senkung der Staatsausgaben (bzw. Erhöhung der Steuersätze) in der Hochkonjunktur nicht durchgesetzt werden kann **(Asymmetrie der antizyklischen Fiskalpolitik).** So sind Erhöhungen der Staatsausgaben und Steuersenkungen politisch sehr leicht durchzusetzen, Sparmaßnahmen aber nicht. Eine solche, politisch begründete Asymmetrie der antizyklischen Fiskalpolitik führt dann langfristig zu einer steigenden Staatsverschuldung und zu einer steigenden Staatsquote – mit den beschriebenen negativen Folgen für die Effizienz der privaten Wirtschaft.

▸ Die Gefahr einer prozyklischen Wirkung einer antizyklisch gedachten Fiskalpolitik ergibt sich, wenn die **Zeitverzögerungen** bei ihrem Einsatz groß und unkontrollierbar sind. Solche Zeitverzögerungen ergeben sich vor allem aus drei Gründen:
- Es vergeht Zeit, bis das Auseinanderdriften zwischen der wirtschaftspolitischen Situation und der Zielvorstellung erkannt wird **(Erkennungs-Lag)**.
- Es vergeht Zeit, bis nach dem Erkennen der Handlungsnotwendigkeit die entsprechenden Maßnahmen geplant, beschlossen und durchgeführt werden **(Handlungs-Lag)**.
- Es vergeht Zeit, bis die ergriffenen Maßnahmen auf die Zielgrößen wirken, z. B. die Arbeitslosenquote und die Preissteigerungsrate **(Wirkungs-Lag)**.

Aus diesen Gründen gilt das Konzept der nachfrageorientierten antizyklischen Fiskalpolitik mittlerweile als überholt (nicht als falsch). Es bietet nicht die richtige Antwort auf die wirtschaftlichen Probleme alternder Industrienationen. Wichtiger erscheint eine Politik, die die Wettbewerbsfähigkeit der Angebotsbedingungen verbessert und die Probleme einer alternden und schrumpfenden Bevölkerung meistert. Dazu gehört z. B. eine nachhaltige Sozialpolitik, eine langfristig orientierte Geldpolitik, die eine dauerhafte Preisstabilität garantieren kann, eine geordnete Integration in die EU und in die Weltwirtschaft und eine Politik zur langfristigen Sicherung von Wachstum und Beschäftigung. Dies sind Komplexe, denen wir uns in den folgenden Kapiteln zuwenden.

Arbeitsaufgaben Kapitel 14

1. Was verstehen Sie unter dem Haushaltsplan des Bundes?

2. Nennen Sie die einzelnen Phasen des Haushaltskreislaufes.

3. Welche Budgetgrundsätze kennen Sie?
   Zu welchem Zweck hat man derartige Forderungen aufgestellt?

4. Halten Sie die gegenwärtige Höhe der Staatsverschuldung in der Bundesrepublik Deutschland für »gefährlich«?

5. Diskutieren Sie die Behauptung, Staatsschulden seien eine »Last für die Enkel«.

6. Was ist die besondere Problematik einer Verschuldung des Staates gegenüber dem Ausland?

7. Welches sind die wichtigsten Instrumente der Fiskalpolitik? Erläutern Sie diese kurz.

8. Beschreiben Sie die automatische Stabilisierungswirkung der Einkommensteuer.

9. Schildern Sie an einem Beispiel die Probleme, die durch Wirkungsverzögerungen fiskalpolitischer Mittel entstehen können.

10. Worin liegen die grundsätzlichen Probleme einer keynesianischen Fiskalpolitik?

Lösungsvorschläge für die Arbeitsaufgaben finden Sie im »Übungsbuch zu Grundlagen und Probleme der Volkswirtschaft«.

Literatur Kapitel 14

Neben den in Kapitel 13 genannten einführenden Werken zur Finanzwissenschaft insgesamt, die meist auch über den Haushalt und die Staatsverschuldung informieren, sind folgende spezielle Titel anzuführen.
Eine einfache Darstellung zum Problembereich Bundeshaushalt gibt:
Das System der öffentlichen Haushalte, hrsg. vom Bundesminister der Finanzen, Berlin 2001.

Über die aktuellen Probleme des Bundeshaushaltes informiert der jährlich erscheinende
Finanzbericht, hrsg. vom Bundesminister der Finanzen.

Einen einfachen Überblick über die Konzeption der Fiskalpolitik geben:
Samuelson, Paul A. /William D. Nordhaus: Volkswirtschaftslehre, Übersetzung der 18. Aufl., Frankfurt/M. 2005.

Zur theoretischen Konzeption und Problematik der Fiskalpolitik informieren ausführlicher:
Heubes, Jürgen: Makroökonomie, 4. Aufl., Regensburg 2001.
Kromphardt, Jürgen: Grundlagen der Makroökonomie, 3. Aufl., Berlin 2006.
Kromphardt, Jürgen: Arbeitslosigkeit und Inflation, 2. Aufl., Göttingen und Zürich 1998.
Pätzold, Jürgen/Daniel Baade: Stabilisierungspolitik, 7. Aufl., München 2006.
Wagner, Helmut: Stabilitätspolitik. Theoretische Grundlagen und institutionelle Alternativen, 7. Aufl., München, Wien 2008.

15 Grundlagen der Sozialen Sicherung

Leitfragen

Nach welchen Grundprinzipien ist die Soziale Sicherung in Deutschland gestaltet?

▸ Warum ist Soziale Sicherung notwendig?

▸ Sollte die Sicherung der Menschen durch Eigenvorsorge oder durch kollektive Vorsorge erfolgen?

▸ Welche Inhalte hat das Sozialprinzip?

Durch welche wichtigen Bereiche lässt sich das System der Sozialen Sicherung in Deutschland charakterisieren?

▸ Welche Funktionen der Sozialen Sicherung übernehmen die einzelnen Teilbereiche und welches Gewicht haben diese innerhalb des deutschen Sozialsystems?

▸ Wer gehört zum versicherten Personenkreis?

▸ Wie ist die Finanzierung geregelt?

▸ Welche Leistungen sind vorgesehen?

▸ In welchem Umfang wird durch das Sozialsystem und seine Teilbereiche in die Verteilung und Verwendung der in Deutschland erwirtschafteten Einkommen eingegriffen?

Welchen aktuellen und zukünftigen Herausforderungen steht das deutsche Sozialsystem gegenüber?

▸ Wo liegen die wichtigsten Probleme des Sozialsystems und was sind deren Gründe?

▸ Mit welchen Reformmaßnahmen ist versucht worden, die jeweiligen Probleme zu bewältigen und wie erfolgreich waren diese Ansätze?

▸ Welche Entwicklung des deutschen Sozialsystems ist in der weiteren Zukunft zu erwarten?

15.1 Grundprinzipien der Sozialen Sicherung

Ein konstituierendes Element der Sozialen Marktwirtschaft ist das System der Sozialen Sicherung. Die »Wechselfälle des Lebens« wie Krankheit, Unfall, Invalidität, Mutterschaft, Kinderreichtum, Arbeitslosigkeit, Alter oder Vermögensverluste können die materielle Grundlage für ein menschenwürdiges Leben gefährden. Entweder versiegen die Einkommensquellen (Alter, Arbeitslosigkeit, Vermögensverlust) oder die Ausgaben übersteigen die Finanzierungsmöglichkeiten (Kinderreichtum). In anderen Fällen (Krankheit, Unfall, Invalidität, Mutterschaft) werden oft beide Seiten des Haushaltsbudgets berührt: Es kommt zu Einkommensausfällen und zusätzlichen Ausgaben. Sozialleistungen setzen

Soziale Sicherung und Sozialleistungen sind aus vielen Gründen notwendig.

15.1 Grundlagen der Sozialen Sicherung
Grundprinzipien der Sozialen Sicherung

an dieser Stelle an. Sie haben die Aufgabe, die Existenz aller Bevölkerungskreise gegen allgemeine Lebensrisiken zu sichern. Etwa 40 Prozent der Sozialleistungen werden von den öffentlichen Gebietskörperschaften (Bund, Ländern und Gemeinden) aufgebracht, der Rest im Wesentlichen durch die verschiedenen Zweige der Sozialversicherung (Gesetzliche Renten-, Arbeitslosen-, Kranken-, Pflege- und Unfallversicherung).

Wir wollen uns zunächst mit den Grundprinzipien der sozialen Sicherung in Deutschland auseinandersetzen, um dann eine Kurzcharakteristik der bestehenden Institutionen zu geben (Kapitel 15.2). Zum Abschluss werden dann einige aktuelle Probleme des deutschen Sozialsystems diskutiert (Kapitel 15.3).

Um die Bedarfsdeckung privater Haushalte auch in kritischen Lebenslagen zu sichern, bedarf es der Vorsorge.

Wichtige Grundprinzipien der Daseinsvorsorge

In einer Gesellschaft kann diese Sicherung grundsätzlich durch **Eigenvorsorge** nach dem **Individualprinzip** oder durch **kollektive Vorsorge** nach dem **Sozialprinzip** organisiert werden. Grundsätze des Letzteren sind das Versicherungsprinzip, das Versorgungsprinzip und das Fürsorgeprinzip (vgl. Abbildung 15-1).

Das Individualprinzip reicht als Daseinsvorsorge oft nicht aus, ...

Das **Individualprinzip** entspricht einer Leistungsgesellschaft, in der jeder die Freiheit haben soll, seine Lebensbedingungen selbst zu gestalten. Dies schließt die eigenverantwortliche Vorsorge für Notfälle (z.B. Krankheit, Arbeitslosigkeit, Invalidität) und Ereignisse des normalen Lebenszyklus (Familie, Kinder, Alter) mit ein, wobei die Vorsorge durch Ersparnisbildung oder den Ab-

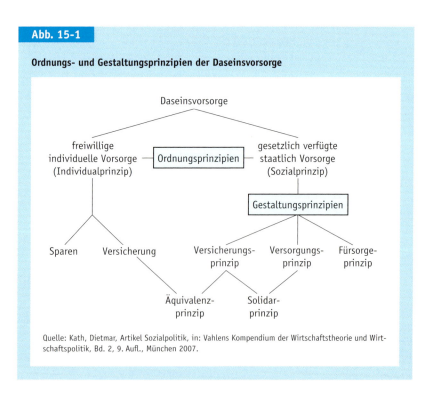

Abb. 15-1

Ordnungs- und Gestaltungsprinzipien der Daseinsvorsorge

Quelle: Kath, Dietmar, Artikel Sozialpolitik, in: Vahlens Kompendium der Wirtschaftstheorie und Wirtschaftspolitik, Bd. 2, 9. Aufl., München 2007.

schluss von Versicherungen möglich ist. Da Sparen besonders bei Beziehern niedrigerer Einkommen als Sicherung nicht ausreichen dürfte, bietet bei Unsicherheit über den Eintritt des Vorsorgefalls und dessen finanzielle Folgen allein eine Versicherung vollen Risikoschutz. Je nach individueller Wahrscheinlichkeit für den Eintritt des Versicherungsfalls wird der Beitrag des einzelnen Versicherten zum Gesamtrisiko festgelegt (**Äquivalenzprinzip**). Während für die meisten der genannten Risiken eine Versicherung infrage kommen dürfte, versagt dieses Prinzip z. B. bei konjunkturbedingter Massenarbeitslosigkeit und der Sicherung gegen Kriegsfolgen. In solchen Fällen ist eine kollektive Sicherung unabdingbar.

Das **Sozialprinzip** als Merkmal für eine staatliche Zwangsversicherung ist indes nicht nur durch nicht versicherbare Risiken begründet, sondern auch durch unzureichende Bereitschaft und mangelnde Fähigkeit zu individueller Vorsorge. Die dem Staat dann zukommende distributive Aufgabe (sie hat teilweise auch allokativen Charakter) lässt sich durch folgende Beobachtungen kurz belegen:

▸ Menschen neigen dazu, künftige Bedürfnisse zu unter- und zukünftige Einkommen zu überschätzen. Folge: Die zu geringe Eigenvorsorge muss durch staatlichen Vorsorgezwang ergänzt werden.

▸ Die Gesellschaft hat ein Interesse daran, die individuelle Erwerbsfähigkeit zu sichern, weil vom bestehenden Humankapital positive externe Effekte ausgehen. Folge: z. B. Finanzierungsbeteiligung des Staates an Krankenhäusern, Durchführung von Rehabilitationsmaßnahmen.

▸ Die moderne Arbeitswelt birgt bestimmte Risiken in sich (Berufsunfälle, Zivilisationskrankheiten, technologisch bedingte Arbeitslosigkeit usw.), die nicht unbedingt von denen getragen werden, die von den damit verbundenen Wohlstandssteigerungen profitieren. Folge: Der Staat muss einen sozialen Ausgleich schaffen.

▸ Bezieher niedriger Einkommen sind zur notwendigen Vorsorge nicht imstande. Folge: Die staatliche Sicherungspolitik hat das Existenzminimum zu gewährleisten.

… deshalb muss es durch das Sozialprinzip ergänzt werden.

Aus diesen Beobachtungen folgt, dass für die staatliche Sicherungspolitik unterschiedliche Prinzipien wie das Versicherungs-, das Vorsorge- und das Fürsorgeprinzip in Betracht und in der praktischen Sozialpolitik auch – vermischt – zur Anwendung kommen.

Wird das Äquivalenzprinzip dahingehend modifiziert, dass nach dem Prinzip der Solidarität Leistungen auch beitragsunabhängig erfolgen (Beispiel: mitversicherte Familienangehörige) und Risiko- und Leistungsausschlüsse unter Berücksichtigung der sozialen Lage der Versicherten vermieden werden sollen, wird das **Sozial-Versicherungsprinzip** angewendet. Es erfolgt eine Teilfinanzierung über Steuern. Beim **Versorgungsprinzip** werden im Allgemeinen die Kosten der Risikosicherung nicht demjenigen angelastet, der sie verursacht. Die Finanzierung erfolgt aus Steuern und Abgaben. Beispiele dafür sind die Kriegsopferversorgung und der Lastenausgleich für Vertriebene. In anderen

Einzelprinzipien kommen kombiniert zur Anwendung: …

… das Sozial-Versicherungsprinzip und das Versorgungsprinzip,

Ländern (z. B. Schweden und der ehemaligen DDR) ist das Versorgungsprinzip allgemeine Grundlage für das System der Sozialen Sicherung (»Grundrente«, »Staatsbürgerversorgung«), wobei allen Staatsbürgern ohne Rücksicht auf individuelle Bedürftigkeit für den Versorgungsfall (Krankheit, Invalidität, Alter) aus Steuermitteln eine einheitliche Grundversorgung garantiert ist.

... und das Fürsorgeprinzip.

Das **Fürsorgeprinzip** lässt sich wie folgt beschreiben: Anlass für Leistungen – z. B. Arbeitslosengeld II oder Sozialhilfe – sind »spezielle Bedürftigkeiten«, d. h. ein menschenwürdiges Dasein soll auch dann möglich sein, wenn man in eine – auch selbst verschuldete – Notlage geraten ist. Es besteht ein Rechtsanspruch auf eine Transferzahlung (d. h. keine Rückzahlung), wenn die Bedürftigkeit nachgewiesen wird und unterhaltspflichtige Verwandte oder der jeweilige Lebenspartner nicht herangezogen werden können. Arbeitslosengeld II und Sozialhilfe werden aus Steuern finanziert. Das Arbeitslosengeld II ist Aufgabe der Bundesagentur für Arbeit und wird daher vom Bund getragen (über Zuschüsse an die Bundesagentur). Die Sozialhilfe dagegen liegt im Aufgabenbereich der Gemeinden und Städte und muss folglich aus deren Haushalten finanziert werden. Mit der Stufe IV der Hartz-Reform wurden dabei zum 01.01.2005 im Grundsatz alle erwerbsfähigen Sozialhilfeempfänger aus der Sozialhilfe ausgegliedert und in das Leistungssystem der Bundesagentur für Arbeit (Arbeitslosengeld II) übernommen.

Neben diesen Grundprinzipien ist für das deutsche System das **Selbstverwaltungsprinzip** maßgebend, d. h. der Staat beschränkt sich auf die reine Rechtsaufsicht und überlässt die Durchführung der gesetzlichen Aufgaben der Selbstverwaltung, die auch als Ausdruck für eine indirekte parlamentarische Demokratie und die Mitbestimmung der Bürger angesehen werden kann.

15.2 Einrichtungen der Sozialen Sicherung

Da es unmöglich ist, in einer Einführung alle Einzelheiten des Systems der Sozialen Sicherung zu beschreiben, wollen wir uns darauf beschränken, die klassischen Bereiche mit ihren wichtigsten Merkmalen zu skizzieren (Stand: August 2009).

Einen sehr guten Überblick über die Sozialleistungen in der Bundesrepublik Deutschland gibt der Sozialbericht der Bundesregierung. Er stellt als Hauptziel der Sozialpolitik die Verbesserung der Lebenslage des Einzelnen, der Wohlfahrt und der weiteren Entfaltung des Leistungspotenzials der Gesellschaft heraus. Diese Zielsetzung soll durch verschiedene Gestaltungsmaßnahmen erreicht werden, die sich an folgenden Leitbildern sozialpolitischer Verantwortung orientieren:

Leitbilder sozialpolitischer Verantwortung

- ▸ Eigenverantwortung und aktivierender Sozialstaat,
- ▸ Generationengerechtigkeit und Nachhaltigkeit,
- ▸ Gerechtigkeit zwischen den Geschlechtern durch Gleichstellung von Mann und Frau,

- Flexibilisierung und Wahlfreiheiten,
- Vermeidung sozialer Ausgrenzung, Förderung des sozialen Zusammenhaltes und
- Einbindung in europäische und internationale Zusammenhänge.

15.2.1 Das deutsche Sozialbudget nach Institutionen, Funktionen und Finanzierungsarten

Die Entwicklung des Sozialbudgets in der Bundesrepublik Deutschland von 1960 bis 2009 wird in Tabelle 15-1 dargestellt, während die Tabellen 15-2 und 15-3 die Größenordnung und Struktur der Sozialleistungen nach »Institutionen« gegliedert verdeutlichen, wobei die Institutionen im Wesentlichen Träger der Sozialversicherung sind. Die Tabellen 15-4 und 15-5 schließlich liefern eine Übersicht über die Leistungen nach Funktionen und Arten sowie die Finanzierungsquellen des Sozialbudgets.

Die historische Entwicklung des Sozialbudgets von 1960–2009

Tab. 15-1

Kennziffern des Sozialbudgets im Zeitablauf

Jahr	Sozialleistungen insgesamt			Bruttoinlandsprodukt	
	Mrd. €	Veränderung in %[1]	Sozialleistungsquote[2] (in %)	Mrd. €	Veränderung in %[1]
1960	32,3	.	20,9	154,8	.
1961	35,9	11,2	21,2	169,6	9,6
1962	39,6	10,3	21,5	184,5	8,8
1963	42,6	7,6	21,8	195,5	6,0
1964	46,9	10,0	21,8	214,8	9,9
1965	52,0	11,0	22,2	234,8	9,3
1966	57,3	10,1	22,9	249,6	6,3
1967	61,9	8,1	24,5	252,8	1,3
1968	66,6	7,7	24,4	272,7	7,9
1969	73,8	10,7	24,2	305,2	11,9
1970	84,2	14,1	23,3	360,6	.
1971	94,6	12,4	23,6	400,2	11,0
1972	106,3	12,3	24,4	436,4	9,0
1973	120,8	13,7	24,9	486,0	11,4
1974	138,4	14,6	26,3	526,0	8,2
1975	158,8	14,8	28,8	551,0	4,8
1976	170,3	7,2	28,5	597,4	8,4
1977	181,8	6,8	28,6	636,5	6,6
1978	193,7	6,6	28,5	678,9	6,7

Tabelle 15-1 (Fortsetzung)

Jahr	Sozialleistungen insgesamt			Bruttoinlandsprodukt	
	Mrd. €	Veränderung in %[1]	Sozialleistungsquote[2] (in %)	Mrd. €	Veränderung in %[1]
1979	206,3	6,5	28,0	737,4	8,6
1980	222,9	8,1	28,3	788,5	6,9
1981	237,4	6,5	28,7	825,8	4,7
1982	244,2	2,9	28,4	860,2	4,2
1983	250,8	2,7	27,9	898,3	4,4
1984	261,1	4,1	27,7	942,0	4,9
1985	272,9	4,5	27,7	984,4	4,5
1986	287,4	5,3	27,7	1.037,1	5,4
1987	300,6	4,6	28,2	1.065,1	2,7
1988	314,7	4,7	28,0	1.123,3	5,5
1989	323,1	2,7	26,9	1.200,7	6,9
1990	338,3	4,7	25,9	1.306,7	8,8
1991	423,6	.	27,6	1.534,6	.
1992	480,3	13,4	29,2	1.646,6	7,3
1993	506,0	5,3	29,9	1.694,4	2,9
1994	529,3	4,6	29,7	1.780,8	5,1
1995	559,4	5,7	30,3	1.848,5	3,8
1996	585,4	4,6	31,2	1.876,2	1,5
1997	589,0	0,6	30,7	1.915,6	2,1
1998	603,4	2,4	30,7	1.965,4	2,6
1999	625,6	3,7	31,1	2.012,0	2,4
2000	643,0	2,8	31,2	2.062,5	2,5
2001	660,5	2,7	31,3	2.113,2	2,5
2002	683,5	3,5	31,9	2.143,2	1,4
2003	698,2	2,1	32,3	2.163,8	1,0
2004	697,0	-0,2	31,5	2.210,9	2,2
2005	702,3	0,8	31,3	2.243,2	1,5
2006	702,7	0,1	30,3	2.321,5	3,5
2007p	709,2	0,9	29,3	2.422,9	4,4
2008s	721,4	1,7	29,0	2.491,4	2,8
2009s	754,0	4,5	31,9	2.360,1	-5,3
2012s	790,1	1,4	31,0	2.548,2	3,3

[1] Veränderung gegenüber dem Vorjahr in %.
[2] Sozialleistungen im Verhältnis zum Bruttoinlandsprodukt.
[3] Bis 1969 unrevidierte Werte; Sozialleistungsquote bis 1969 nur eingeschränkt vergleichbar.

Ab 1991 einschließlich neue Länder. Datenstand: Mai 2009. p: vorläufig, s: geschätzt

Quelle: Sozialbericht der Bundesregierung 2009, Tabellenanhang T1.

Tab. 15-2

Sozialleistungen nach Institutionen (in Mio. €)

		1991	1995	2000	2005	2006	2007p	2008s	2009s	2012s
	Sozialbudget insgesamt	423.584	559.436	642974	702.285	702653	709.219	721.396	753.967	790.142
1	Sozialversicherungssysteme	252.673	344.256	396.740	426.203	426.550	429.248	438.316	464.346	488.107
11	Rentenversicherung.	133.179	184.751	217.409	239.861	239.998	241.560	244.776	250.608	257.595
12	Krankenversicherung.	92.682	122.163	132.080	142.124	146.026	151.863	158.658	168.674	184.261
13	Pflegeversicherung	–	5.279	16.668	17.831	18.017	18.273	19.071	20.436	23.634
14	Unfallversicherung.	7.640	10.244	10.834	11.228	11.087	11.007	11.009	11.070	10.639
15	Arbeitslosenversicherung	35.640	48.641	49.741	44.394	38.092	31.333	28.864	41.199	40.880
2	Sondersysteme	3.568	4.609	5.230	6.188	6.305	6.345	6.431	6.559	6.907
21	Alterssicherung der Landwirte	2.457	3.177	3.272	3.180	3.111	3.052	2.996	2.973	2.799
22	Versorgungswerke.	1.111	1.432	1.958	3008	3.194	3.288	3385	3.486	3.807
23	Private Altersvorsorge	–	–	–	–	–	5	50	100	300
3	Systeme des öffentlichen Dienstes	34.515	42.100	49.597	53.489	50.699	51.496	53.664	55.379	60.881
31	Pensionen	23.186	28.369	33.639	37.079	37.193	37.060	39.277	40.656	45.198
32	Familienzuschläge.	5.866	6.442	7.036	6.104	2.965	2.920	2.957	2.994	3.048
33	Beihilfen.	5.464	7.289	8.922	10.307	10.541	11.516	11.431	11.729	12.635
4	Arbeitgebersysteme	43.919	50.855	53.693	56.445	56.856	58.618	59.467	60.449	63.587
41	Entgeltfortzahlung	23.344	28.408	26.742	25.246	24.996	26.312	26.473	26.688	28.030
42	Betriebliche Altersversorgung	12.893	14.581	17.520	20.570	21.170	21.290	21.530	21.858	22.655
43	Zusatzversorgung	5.960	6.614	8.193	9.376	9.422	9.710	10.117	10.571	11.553
44	Sonstige Arbeitgeberleistungen	1.722	1.252	1.238	1.254	1.267	1.306	1.347	1.332	1.349
5	Entschädigungssysteme	8.736	9.278	6.422	4.561	4.051	3.720	3.702	3.509	3.319
51	Soziale Entschädigung	6.865	7.128	4.965	3.628	3.156	2.874	2.702	2.497	2.393
52	Lastenausgleich.	477	278	133	65	56	49	42	37	23
53	Wiedergutmachung	973	1.595	1.199	774	757	722	890	903	837
54	Sonstige Entschädigungen	421	277	124	94	82	74	68	72	66
6	Förder- und Fürsorgesysteme	55.483	78.606	98.631	129.770	133.403	132.279	133.043	137.715	144.793
61	Kindergeld und Familienleistungsausgleich	10.435	10.877	31.760	36.713	36.944	36.826	36.471	35.830	35.502
62	Erziehungsgeld/Elterngeld	3.232	3.882	3.732	3.148	3.056	3.957	5.012	4.664	4.746
63	Grundsicherung für Arbeitsuchende	–	–	–	43.765	48.465	44.972	44.205	48.308	52.608
64	Arbeitslosenhilfe/sonst. Arbeitsförderung	8.959	17.075	14.856	1.990	388	428	423	123	109
65	Ausbildungsförderung	1.326	.950	875	1.745	1.737	1.705	1.804	2.186	2.254
66	Sozialhilfe	18.103	27.690	25.763	21.881	22.242	22.910	23.238	23.857	25.136
67	Kinder- und Jugendhilfe	10.900	14.951	17.328	19.065	19.387	20.469	21.103	21.467	23.158
68	Wohngeld.	2.527	3.182	4.315	1.463	1.185	1.012	787	1.280	1.280
7	Steuerliche Leistungen	27.180	36.862	38064	36012	35454	35.613	34.544	34.045	31.405

Institutionen ohne Verrechnungen. Sozialbudget insgesamt und Sozialversicherungssysteme konsolidiert um die Beiträge des Staates.
Datenstand: Mai 2009. p: vorläufig, s: geschätzt

Quelle: Sozialbericht 2009, Tabellenanhang T2.

15.2 Grundlagen der Sozialen Sicherung
Einrichtungen der Sozialen Sicherung

Tab. 15-3

Sozialleistungen nach Institutionen (Anteile am Bruttoinlandsprodukt in %)

		1991	1995	2000	2005	2006	2007p	2008s	2009s	2012s
	Sozialbudget insgesamt	27,6	30,3	31,2	31,3	30,3	29,3	29,0	31,9	31,0
1	Sozialversicherungssysteme	16,5	18,6	19,2	19,0	18,4	17,7	17,6	19,7	19,2
11	Rentenversicherung.	8,7	10,0	10,5	10,7	10,3	10,0	9,8	10,6	10,1
12	Krankenversicherung.	6,0	6,6	6,4	6,3	6,3	6,3	6,4	7,1	7,2
13	Pflegeversicherung	–	0,3	0,8	0,8	0,8	0,8	0,8	0,9	0,9
14	Unfallversicherung.	0,5	0,6	0,5	0,5	0,5	0,5	0,4	0,5	0,4
15	Arbeitslosenversicherung	2,3	2,6	2,4	2,0	1,6	1,3	1,2	1,7	1,6
2	Sondersysteme	0,2	0,2	0,3	0,3	0,3	0,3	0,3	0,3	0,3
21	Alterssicherung der Landwirte	0,2	0,2	0,2	0,1	0,1	0,1	0,1	0,1	0,1
22	Versorgungswerke.	0,1	0,1	0,1	0,1	0,1	0,1	0,1	0,1	0,1
23	Private Altersvorsorge	–	–	–	–	–	0,0	0,0	0,0	0,0
3	Systeme des öffentlichen Dienstes	2,2	2,3	2,4	2,4	2,2	2,1	2,2	2,3	2,4
31	Pensionen	1,5	1,5	1,6	1,7	1,6	1,5	1,6	1,7	1,8
32	Familienzuschläge.	0,4	0,3	0,3	0,3	0,1	0,1	0,1	0,1	0,1
33	Beihilfen.	0,4	0,4	0,4	0,5	0,5	0,5	0,5	0,5	0,5
4	Arbeitgebersysteme	2,9	2,8	2,6	2,5	2,4	2,4	2,4	2,6	2,5
41	Entgeltfortzahlung	1,5	1,5	1,3	1,1	1,1	1,1	1,1	1,1	1,1
42	Betriebliche Altersversorgung	0,8	0,8	0,8	0,9	0,9	0,9	0,9	0,9	0,9
43	Zusatzversorgung	0,4	0,4	0,4	0,4	0,4	0,4	0,4	0,4	0,5
44	Sonstige Arbeitgeberleistungen	0,1	0,1	0,1	0,1	0,1	0,1	0,1	0,1	0,1
5	Entschädigungssysteme	0,6	0,5	0,3	0,2	0,2	0,2	0,1	0,1	0,1
51	Soziale Entschädigung	0,4	0,4	0,2	0,2	0,1	0,1	0,1	0,1	0,1
52	Lastenausgleich.	0,0	0,0	0,0	0,0	0,0	0,0	0,0	0,0	0,0
53	Wiedergutmachung	0,1	0,1	0,1	0,0	0,0	0,0	0,0	0,0	0,0
54	Sonstige Entschädigungen	0,0	0,0	0,0	0,0	0,0	0,0	0,0	0,0	0,0
6	Förder- und Fürsorgesysteme	3,6	4,3	4,8	5,8	5,7	5,5	5,3	5,8	5,7
61	Kindergeld und Familienleistungsausgleich	0,7	0,6	1,5	1,6	1,6	1,5	1,5	1,5	1,4
62	Erziehungsgeld/Elterngeld	0,2	0,2	0,2	0,1	0,1	0,2	0,2	0,2	0,2
63	Grundsicherung für Arbeitsuchende	–	–	–	2,0	2,1	1,9	1,8	2,0	2,1
64	Arbeitslosenhilfe/sonst. Arbeitsförderung	0,6	0,9	0,7	0,1	0,0	0,0	0,0	0,0	0,0
65	Ausbildungsförderung	0,1	0,1	0,0	0,1	0,1	0,1	0,1	0,1	0,1
66	Sozialhilfe	1,2	1,5	1,2	1,0	1,0	0,9	0,9	1,0	1,0
67	Kinder- und Jugendhilfe	0,7	0,8	0,8	0,8	0,8	0,8	0,8	0,9	0,9
68	Wohngeld.	0,2	0,2	0,2	0,1	0,1	0,0	0,0	0,1	0,1
7	Steuerliche Leistungen	1,8	2,0	1,8	1,6	1,5	1,5	1,4	1,4	1,2

Institutionen ohne Verrechnungen. Sozialbudget insgesamt und Sozialversicherungssysteme konsolidiert um die Beiträge des Staates.
Datenstand: Mai 2009. p: vorläufig, s: geschätzt

Quelle: Sozialbericht 2009, Tabellenanhang T2.

Wie Tabelle 15-1 verdeutlicht, ist der absolute Betrag des Sozialbudgets von 32,3 Milliarden Euro im Jahr 1960 auf 702,7 Milliarden Euro im Jahr 2006 angestiegen, was einer mehr als Verzwanzigfachung in den vergangenen 47 Jahren entspricht, wobei die größten prozentualen Wachstumsraten in den 1970er-Jahren und in der Phase nach der deutschen Wiedervereinigung zu sehen sind. Während des gesamten Betrachtungszeitraumes – mit Ausnahme des Jahres 2004 – ist das Sozialbudget dabei kontinuierlich angewachsen. Allerdings ist in den letzten Jahren auch bei den Sozialleistungen der Wille der Bundesregierung zur Konsolidierung deutlich geworden: Fiel das prozentuale jährliche Wachstum bis Ende der 1980er-Jahre in den Jahren 1983 und 1989 mit jeweils 2,7 Prozent am geringsten aus, so wurde diese Marke erst in den späten 1990er-Jahren und nach der Jahrtausendwende wieder erreicht bzw. unterschritten: Von 2004 bis 2007 stellten sich jährliche Wachstumsraten des Sozialbudgets von jeweils weniger als einem Prozent ein, im Jahr 2004 schrumpfte es sogar in geringfügigem Umfang (um 0,2 Prozent). Mit der in 2008 einsetzenden Finanz- und Weltwirtschaftskrise wuchs das Sozialbudget allerdings wieder deutlich an – allein im Jahr 2009 um geschätzte 4,5 Prozent. Vergleicht man die Sozialleistungsquote, definiert als Sozialbudget in Relation zum Bruttoinlandsprodukt, in der Zeit von 1960 bis 2003, so lässt sich auch hier ein nahezu kontinuierliches Wachstum von 20,9 Prozent zu Beginn der Untersuchung bis auf 32,3 Prozent für das Jahr 2003 ablesen. Infolge der Anfang der 2000er-Jahre umgesetzten Sozialreformen und aufgrund vergleichsweise hoher Wachstumsraten des Bruttoinlandsproduktes bei gleichzeitig abnehmenden Arbeitslosenquoten gelang dagegen von 2004 bis 2008 eine schrittweise Verringerung der Sozialleistungsquote auf rund 29 Prozent. Für das Jahr 2009 ist allerdings krisenbedingt wieder mit einem Anstieg der Quote auf rund 32 Prozent zu rechnen. Dieses weiterhin sehr hohe Niveau der Sozialleistungen und der zu beobachtende steigende Langfristtrend lässt sich auch bei den Sozialleistungen pro Einwohner wiederfinden, die im Jahr 1960 gerade einmal 588 Euro betrugen, verglichen mit einem Wert von 8.536 Euro im Jahr 2006. Die Sozialleistung pro Einwohner hat sich in der Betrachtungsperiode somit mehr als vervierzehnfacht, was allerdings einen unterproportionalen Anstieg gegenüber dem Wachstum der Gesamtsumme der Sozialleistungen bedeutet.

Zentrale Entwicklungen im Sozialbudget

Aus der Darstellung des Sozialbudgets, nach Institutionen gegliedert (vgl. Tabelle 15-2), lässt sich ableiten, dass der größte Teil des Budgets für die Leistungen der Rentenversicherung benötigt wird. Neben dem deutlichen absoluten Anstieg in den 1990er-Jahren von 133,2 Milliarden Euro im Jahr 1991 auf 217,4 Milliarden Euro in 2000 bzw. auf 239,9 Milliarden Euro in 2005 fällt auch der Anstieg des Anteils der Rentenversicherungsleistungen am Bruttoinlandsprodukt auf. Dieser erhöhte sich von 8,7 Prozent im Jahr 1991 sukzessive auf einen Wert von 10,7 Prozent im Jahr 2005 (vgl. Tabelle 15-3). Nach der Rentenversicherung stellen die Leistungen für die Krankenversicherung die zweitgrößte Ausgabenquelle dar. Hier wurden im Jahr 1991 insgesamt Leistungen im Wert von rund 92,7 Milliarden Euro erbracht, was einer Quote am Bruttoin-

Sozialbudget nach Institutionen, ...

landsprodukt von 6,0 Prozent entspricht. Im Jahr 2005 beliefen sich die vergleichbaren Daten auf 142,1 Milliarden Euro bzw. 6,3 Prozent des Bruttoinlandsproduktes (vgl. Tabelle 15-2 und 15-3). Allerdings gelang es hier – nicht zuletzt als Ergebnis wiederholter Reformbemühungen im deutschen Gesundheitswesen (vgl. Kapitel 15.3.3) – den 1995 erreichten Anteil der Krankenversicherungsleistungen am Bruttoinlandsprodukt in Höhe von 6,6 Prozent in begrenztem Umfang zurückzuführen.

... nach Funktionen, ...

Den Tabellen 15-4 und 15-5 sind die Sozialleistungen nach Funktionen, Arten und Finanzierung gegliedert zu entnehmen. Auch hier lassen sich die zwei Kategorien Alter und Krankheit als Hauptquellen der Leistungsinanspruchnahme mit einem Anteil von zusammen rund drei Viertel der Sozialleistungen identifizieren: Die Leistungen im Bereich Alter und Hinterbliebene betrugen im Jahr 2006 allein 274,8 Milliarden Euro (d. h. 11,8 Prozent des Bruttoinlandsproduktes bzw. 40,6 Prozent des Sozialbudgets) und im Bereich Gesundheit (Krankheit und Invalidität) 234,9 Milliarden Euro (d. h. 10,1 Prozent des Bruttoinlandsproduktes bzw. 34,7 Prozent des Sozialbudgets).

... und nach Arten der Finanzierung

Betrachtet man die Finanzierung des Sozialbudgets, gegliedert nach Finanzierungsarten (vgl. Tabelle 15-5), so fällt auf, dass sich der betreffende relative Anteil der Sozialbeiträge sukzessive immer weiter verringert hat. Während 1991 noch knapp zwei Drittel des (gesamt)deutschen Sozialbudgets durch Sozialbeiträge finanziert wurden, betrug deren Finanzierungsanteil 2006 nur noch rund 60 Prozent. Umgekehrt stieg der Finanzierungsanteil der Zuweisungen aus öffentlichen Mitteln von rund 31 Prozent in 1991 auf rund 38 Prozent in 2006. Insbesondere die Gesetzliche Arbeitslosenversicherung und die Gesetzliche Rentenversicherung sind dabei in zunehmendem Maße auf Bundeszuschüsse zur Deckung ihrer Ausgaben angewiesen. Der Finanzierungsanteil der Sozialbeiträge an den Ausgaben der Sozialversicherung insgesamt beträgt heute nur noch rund 80 Prozent.

Ein weiteres markantes Merkmal in der Entwicklung der Finanzierungsstruktur des deutschen Sozialbudgets stellt die sukzessive Erhöhung der West-Ost-Transfers zur Finanzierung sozialer Leistungen in den neuen Bundesländern dar. Diese Transfers betrugen 2003 mit rund 28,7 Milliarden Euro mehr als das Doppelte des betreffenden Betrages in 1991 in Höhe von 12,6 Milliarden Euro. Hierin kommt der dramatische Anstieg der Arbeitslosigkeit in den neuen Bundesländern zum Ausdruck, in dessen Folge sich die Schere zwischen der Ausgaben- und der Einnahmenseite des ostdeutschen Sozialbudgets immer weiter geöffnet hat.

Nachdem somit bereits ein kleiner Einblick in die Struktur, Finanzierung und Institutionen des Sozialbudgets gegeben wurde, werden in den folgenden Kapiteln die Grundpfeiler des Systems der Sozialen Sicherung in der Bundesrepublik Deutschland etwas genauer vorgestellt.

15.2 Einrichtungen der Sozialen Sicherung

Tab. 15-4

Sozialleistungen nach Funktionen, Arten und Finanzierung (in Mio. €)

	1991	1995	2000	2005	2006	2007p	2008s	2009s	2012s
Leistungen nach Arten	423.584	559436	642.974	702.285	702653	709.219	721396	753.967	790.142
Sozialschutzleistungen	409.150	539.764	621.813	677.296	677.279	683.720	695.143	725.535	760.309
Period. Einkommensleistungen	289.874	380.074	439.805	472.721	466.772	466.495	470.331	485.546	499.591
Einmalige Einkommensleistungen	2.607	4.327	3.848	5.123	5.782	6.051	6.684	8.339	7.435
Sachleistungen	116.669	155.363	178.161	199.452	204.725	211.174	218.127	231.649	253.283
Verwaltungsausgaben	13.526	18.302	19.659	23.318	23.653	23.904	24.529	26.666	28.043
Sonstige Ausgaben	908	1.370	1.503	1.671	1.721	1.595	1.725	1.767	1.790
Finanzierung nach Arten	447.124	570.700	669.726	719.230	731.895	748.199	767.116	777.179	823.476
Sozialbeiträge	296.130	368.111	416.071	431.213	441.059	450.119	462.181	460.942	485.646
der Arbeitgeber	177.884	215.205	241.787	241.391	246.439	250.774	255.548	254.629	266.181
– Tatsächliche Beiträge	117.572	147.410	165.490	170.330	173.041	174.747	178.517	177.020	186.194
– Unterstellte Beiträge	60.312	67.794	76.297	71.061	73.398	76.028	77.031	77.610	79.987
der Versicherten	118.246	152.906	174.284	189.822	194.620	199.345	206.632	206.312	219.464
– Arbeitnehmer	99.859	125.229	143.140	150.165	154.011	157.889	164.011	162.917	173.030
– Selbständige	4.684	6.562	7.331	8.945	9.264	9.249	9.405	9.581	10.171
– Eigenbeiträge v. Empf. soz. Leist	8.872	12.372	15.467	19.287	19.277	19.946	20.614	21.057	22.534
– Übrige	4.830	8.743	8.346	11.426	12.068	12.261	12.603	12.757	13.729
Zuschüsse des Staates	140.088	188.640	239.086	275.143	278.080	284.789	290.999	302.569	323.186
Sonstige Einnahmen	10.905	13.950	14.569	12.874	12.756	13.291	13.936	13.668	14.644
Finanzierungssaldo	23.540	11.264	26.752	16.946	29.241	38.980	45.720	23.212	33.335
Leistungen nach Funktionen[1]	409.150	539.764	621.813	677.296	677.279	683.720	695.143	725.535	760.309
Krankheit	118.049	153.871	169.675	179.237	182.879	190.834	197.691	208.342	226.823
Invalidität	33.076	45.773	48.667	52.105	51.982	52.407	53.579	55.224	57.109
Alter	117.409	158.750	194.218	222.995	225.228	227.350	232.133	237.620	249.310
Hinterbliebene	39.041	49.005	49.680	49.768	49.549	49.035	49.435	50.219	51.322
Kinder	38.489	47.836	64.866	68.783	67.372	68.689	69.660	68.987	69.266
Ehegatten	17.421	20.212	25.948	23.677	22.376	23.317	23.677	24.426	25.215
Mutterschaft	2.725	3.279	3.914	4.829	5.025	5.137	5.255	5.499	5.873
Arbeitslosigkeit	34.121	46.111	47.595	51.120	47.255	42.562	40.678	51.483	51.318
Wohnen	7.237	10.326	13.868	20.713	21.469	20.081	18.579	19.077	18.928
Allgemeine Lebenshilfen	1.583	4.601	3.383	4.069	4.143	4.307	4.457	4.658	5.143
Finanzierung nach Quellen	447.124	570.700	669.726	719.230	731.895	748.199	767.116	777.179	823.476
Unternehmen (Kapitalgesellschaften)	144.552	173.372	196.269	192.531	197.688	201.906	205.846	204.516	214.236
Bund	91.038	118.830	146.154	173.724	176.578	181.541	186.495	194.985	210.066
Länder	45.139	57.026	74.252	76.236	75.281	76.279	77.109	78.355	81.548
Gemeinden	38.518	54.818	61.833	69.707	70.409	71.780	73.215	75.258	79.175
Sozialversicherung	1.455	2.143	2.750	2.681	2.781	2.824	3.060	2.860	3.038
Private Organisationen	6.355	9.094	10.409	10.733	10.607	10.763	10.997	10.957	11.558
Private Haushalte	119.911	155.127	177.607	193315	198.248	203.105	210.545	210.248	223.855
Übrige Welt	156	289	451	304	303	–	–151	–	–

Datenstand Mai 2009. p: vorläufig, s: geschätzt. [1] ohne Verwaltungs- und Sonstige Ausgaben
Quelle: Sozialbericht 2009, Tabellenanhang, T6.

Tab. 15-5

Sozialleistungen nach Funktionen, Arten und Finanzierung (Struktur in %)

	1991	1995	2000	2005	2006	2007p	2008s	2009s	2012s
Leistungen nach Arten	100,0	100,0	100,0	100,0	100,0	100,0	100,0	100,0	100,0
Sozialschutzleistungen	96,6	96,5	96,7	96,4	96,4	96,4	96,4	96,2	96,2
Period. Einkommensleistungen	68,4	67,9	68,4	67,3	66,4	65,8	65,2	64,4	63,2
Einmalige Einkommensleistungen	0,6	0,8	0,6	0,7	0,8	0,9	0,9	1,1	0,9
Sachleistungen	27,5	27,8	27,7	28,4	29,1	29,8	30,2	30,7	32,1
Verwaltungsausgaben	3,2	3,3	3,1	3,3	3,4	3,4	3,4	3,5	3,5
Sonstige Ausgaben	0,2	0,2	0,2	0,2	0,2	0,2	0,2	0,2	0,2
Finanzierung nach Arten	100,0	100,0	100,0	100,0	100,0	100,0	100,0	100,0	100,0
Sozialbeiträge	66,2	64,5	62,1	60,0	60,3	60,2	60,2	59,3	59,0
der Arbeitgeber	39,8	37,7	36,1	33,6	33,7	33,5	33,3	32,8	32,3
– Tatsächliche Beiträge	26,3	25,8	24,7	23,7	23,6	23,4	23,3	22,8	22,6
– Unterstellte Beiträge	13,5	11,9	11,4	9,9	10,0	10,2	10,0	10,0	9,7
der Versicherten	26,4	26,8	26,0	26,4	26,6	26,6	26,9	26,5	26,7
– Arbeitnehmer	22,3	21,9	21,4	20,9	21,0	21,1	21,4	21,0	21,0
– Selbständige	1,0	1,1	1,1	1,2	1,3	1,2	1,2	1,2	1,2
– Eigenbeiträge v. Empf. soz. Leist	2,0	2,2	2,3	2,7	2,6	2,7	2,7	2,7	2,7
– Übrige	1,1	1,5	1,2	1,6	1,6	1,6	1,6	1,6	1,7
Zuschüsse des Staates	31,3	33,1	35,7	38,3	38,0	38,1	37,9	38,9	39,2
Sonstige Einnahmen	2,4	2,4	2,2	1,8	1,7	1,8	1,8	1,8	1,8
Leistungen nach Funktionen[1]	100,0	100,0	100,0	100,0	100,0	100,0	100,0	100,0	100,0
Krankheit	28,9	28,5	27,3	26,5	27,0	27,9	28,4	28,7	29,8
Invalidität	8,1	8,5	7,8	7,7	7,7	7,7	7,7	7,6	7,5
Alter	28,7	29,4	31,2	32,9	33,3	33,3	33,4	32,8	32,8
Hinterbliebene	9,5	9,1	8,0	7,3	7,3	7,2	7,1	6,9	6,8
Kinder	9,4	8,9	10,4	10,2	9,9	10,0	10,0	9,5	9,1
Ehegatten	4,3	3,7	4,2	3,5	3,3	3,4	3,4	3,4	3,3
Mutterschaft	0,7	0,6	0,6	0,7	0,7	0,8	0,8	0,8	0,8
Arbeitslosigkeit	8,3	8,5	7,7	7,5	7,0	6,2	5,9	7,1	6,7
Wohnen	1,8	1,9	2,2	3,1	3,2	2,9	2,7	2,6	2,5
Allgemeine Lebenshilfen	0,4	0,9	0,5	0,6	0,6	0,6	0,6	0,6	0,7
Finanzierung nach Quellen	100,0	100,0	100,0	100,0	100,0	100,0	100,0	100,0	100,0
Unternehmen (Kapitalgesellschaften)	32,3	30,4	29,3	26,8	27,0	27,0	26,8	26,3	26,0
Bund	20,4	20,8	21,8	24,2	24,1	24,3	24,3	25,1	25,5
Länder	10,1	10,0	11,1	10,6	10,3	10,2	10,1	10,1	9,9
Gemeinden	8,6	9,6	9,2	9,7	9,6	9,6	9,5	9,7	9,6
Sozialversicherung	0,3	0,4	0,4	0,4	0,4	0,4	0,4	0,4	0,4
Private Organisationen	1,4	1,6	1,6	1,5	1,4	1,4	1,4	1,4	1,4
Private Haushalte	26,8	27,2	26,5	26,9	27,1	27,1	27,4	27,1	27,2
Übrige Welt	0,0	0,1	0,1	0,0	0,0	–	-0,0	–	–

Datenstand Mai 2009. p: vorläufig, s: geschätzt. [1] ohne Verwaltungs- und Sonstige Ausgaben

Quelle: Sozialbericht 2009, Tabellenanhang, T7.

15.2.2 Die Gesetzliche Rentenversicherung (GRV)

Die GRV umfasst die Rentenversicherung der Arbeiter (ArV), der Angestellten (AnV) und die knappschaftliche Rentenversicherung für Bergleute. Die Träger der GRV sind Körperschaften des öffentlichen Rechts. Die GRV ist eine Pflichtversicherung, in der die wirtschaftlich unselbstständigen Arbeitnehmer (einschl. Auszubildende) für das Alter und gegen Invalidität versichert sind. Auf Antrag können auch Selbstständige innerhalb von zwei Jahren nach Aufnahme der selbstständigen Tätigkeit der Pflichtversicherung beitreten. Versicherungsfrei sind bestimmte Nebentätigkeiten sowie Personengruppen, deren Altersversorgung anderweitig gesichert ist (z. B. Beamte). Die hohe Zahl von etwa 52,1 Millionen Versicherten zum Ende des Jahres 2007 zeigt, dass die GRV heute den Charakter einer Volksversicherung hat.

Der in der GRV versicherte Personenkreis

Die Finanzierung der GRV erfolgt durch **Beitragszahlungen** der Versicherten bzw. deren Arbeitgeber (jeweils hälftig) und aus **Bundeszuschüssen.** Im Jahr 2008 beliefen sich diese Zuschüsse auf rund 79 Milliarden Euro, was einem Anteil von 32 Prozent aller Gesamtausgaben der GRV entspricht. Der Beitragssatz beträgt aktuell (2009) 19,9 Prozent des Bruttoarbeitsentgeltes, wobei Beiträge jedoch nur bis zur Beitragsbemessungsgrenze berechnet werden. Die Beitragsbemessungsgrenze wird jährlich neu festgelegt; im Jahr 2009 betrug sie 64.800 Euro in den alten bzw. 54.600 Euro in den neuen Bundesländern (Jahreswerte). Das bei der GRV praktizierte **Umlageverfahren** (bis zur Rentenreform von 1957 wurde ein **Kapitaldeckungsverfahren** angewendet) bedeutet, dass die Ausgaben jährlich durch entsprechende Einnahmen zu decken sind. Die Rentenversicherungsträger sind verpflichtet, zur Liquiditätssicherung eine «Nachhaltigkeitsrücklage« (bis 2003 »Schwankungsreserve«) von mindestens 80 Prozent einer Monatsausgabe vorzuhalten sowie im Falle ihrer Unterschreitung den Beitragssatz im notwendigen Umfang zu erhöhen.

Die Finanzierung der GRV erfolgt durch ein Umlageverfahren und durch Steuerzuschüsse.

Der heutige Rentner erhält demnach sein Alterseinkommen im Wesentlichen aus Beiträgen der abhängig Beschäftigten. Diese erwerben im Umkehrschluss Rentenansprüche für die Zukunft, die von den dann Werktätigen zu erfüllen sind, wobei erwartet wird, dass die jeweils nachfolgenden Generationen bereit sind, nach gleichem Schema zu verfahren.

Dieser nicht zwischen den beteiligten Gruppen schriftlich fixierte Vertrag stellt ein gesellschaftliches Übereinkommen dar und wird mithin auch als **Generationenvertrag** bezeichnet.

Der Generationenvertrag

Die Aufgaben und Leistungen der GRV, die ungefähr ein Drittel des gesamtdeutschen Sozialbudgets ausmachen, bestehen im Wesentlichen in

Aufgaben und Leistungen der GRV

- der Gewährung von Renten an Versicherte und Hinterbliebene bei Invalidität, Alter bzw. Tod,
- der Erhaltung, Besserung und Wiederherstellung der Erwerbsfähigkeit der Versicherten (Rehabilitation) und
- der Förderung von Maßnahmen zur Verbesserung der gesundheitlichen Verhältnisse der Versicherten.

15.2 Grundlagen der Sozialen Sicherung
Einrichtungen der Sozialen Sicherung

Der **Leistungsumfang** eines Alterssicherungssystems wird maßgeblich bestimmt durch die Zahl der Leistungsempfänger und die Altersgrenze. Die Regelaltersgrenze beträgt derzeit 65 Jahre (und soll ab 2012 schrittweise und langfristig auf 67 Jahre ansteigen). Wer dennoch früher in Rente gehen will, muss eine Rentenminderung von 0,3 Prozent der Rente für jeden Monat der vorzeitigen Inanspruchnahme in Kauf nehmen (3,6 Prozent pro Jahr). Damit soll die längere Rentenbezugsdauer ausgeglichen werden.

Neurenten werden grundsätzlich nach dem Arbeitsverdienst und der Versicherungsdauer bemessen. Dafür sind seit 1992 folgende Faktoren maßgebend:

▸ **Entgeltpunkte** (Ep) berücksichtigen die individuelle Arbeits- und damit Beitragsleistung der Versicherten. Ein Versicherungsjahr mit durchschnittlichem Arbeitsverdienst ergibt einen vollen Entgeltpunkt. Je länger die Lebensarbeitszeit und je höher das beitragspflichtige Einkommen war, desto höher ist die Zahl der erworbenen Entgeltpunkte. Auch für bestimmte beitragsfreie Zeiten werden Entgeltpunkte angerechnet (Ersatzzeiten, Ausfall- bzw. Anrechnungszeiten, Zurechnungszeiten).

▸ Der **Zugangsfaktor** (Zf) bewirkt, dass sich die Entgeltpunkte vermindern oder erhöhen, je nachdem, ob die Rente vorzeitig oder erst später beansprucht wird.

Die Rentenformel zur Rentenberechnung

▸ Durch den **Rentenartfaktor** (Raf) wird die Art der zu gewährenden Rente berücksichtigt. Für Alters- und Erwerbsunfähigkeitsrenten gilt der Faktor 1,0. Demgegenüber wird bei der Witwer- und Witwenrente im Grundsatz der Faktor 0,6 angesetzt, es sei denn, der/die betreffende Hinterbliebene ist jünger als 45 Jahre, hat keine erziehungspflichtigen Kinder und ist nicht berufsunfähig (in diesem Fall gilt der Faktor 0,25). Abgeschafft ist die Berufsunfähigkeitsrente (Faktor 0,6667); diese kann nur noch von Personen bezogen werden, deren Rentenbeginn vor dem 01.01.2001 lag.

▸ Jährlich neu festgesetzt wird der **aktuelle Rentenwert** (aRw), der die persönlichen Faktoren mit der Entwicklung der durchschnittlichen Bruttolöhne verknüpft. Er gibt an, welcher monatliche Rentenbetrag auf einen Entgeltpunkt entfällt – also ein Versicherungsjahr mit durchschnittlichem Arbeitseinkommen. Die konkrete Formel zur Berechnung des aktuellen Rentenwertes ist dabei im Zuge der Rentenreformen von 2001 und 2004 deutlich modifiziert worden. Infolgedessen ist für die weitere Zukunft mit einem spürbar geringeren, gegenüber der allgemeinen Bruttolohnentwicklung unterproportionalen Wachstum des aktuellen Rentenwertes und damit des allgemeinen Rentenniveaus zu rechnen. Ursprünglich konnten sich aus der modifizierten Rentenwert-Berechnungsformel auch Absenkungen des Rentenwertes infolge einer Erhöhung des Altenlastquotienten (»Nachhaltigkeitsfaktor«, siehe Kapitel 15.3.2) oder einer Verringerung der Durchschnittslöhne ergeben. Durch Einführung von »Schutzklauseln« in den Jahren 2006 und 2009 ist diese Möglichkeit zwischenzeitlich ausgeschlossen worden. Droht der Rentenwert ohne Anwendung dieser Schutzklauseln zu sinken, so wird er auf seinem Ausgangswert fixiert, soll aber dafür zum Ausgleich zukünftig langsamer steigen als bei Anwendung der eigentlichen Berechnungsformel.

Durch multiplikative Verknüpfung (**Rentenformel**) lässt sich dann die Monatsrente berechnen:

Ep × Zf × Raf × aRw = Monatsrente.

Da sie an die allgemeine Einkommensentwicklung geknüpft ist, spricht man auch von der **dynamischen Rente**.

15.2.3 Die Gesetzliche Krankenversicherung (GKV)

Das Krankenversicherungssystem der Bundesrepublik Deutschland ist gegliedert in eine Gesetzliche und eine private Krankenversicherung. Etwa 85 Prozent der Bundesbürger gehören der GKV an, wobei im Allgemeinen eine gesetzliche Pflichtmitgliedschaft besteht (Pflichtversicherte). Im Jahr 2007 wurden aus der GKV Leistungen in Höhe von 152,6 Milliarden Euro erbracht. Die GKV ist damit der zweitwichtigste Zweig der Sozialen Sicherung.

Die Pflichtmitgliedschaft gilt für Arbeiter, Angestellte, Rentner, Arbeitslose, Landwirte, Bergleute, Studenten der staatlichen und staatlich anerkannten Hochschulen sowie für bestimmte Selbstständige. Versicherten, die ein höheres Einkommen als die Versicherungspflichtgrenze erzielen – 48.600 Euro Bruttojahreseinkommen (2009) –, steht ein Wahlrecht zu: Sie können der GKV als freiwilliges Mitglied angehören oder sich privat versichern. Zu dem durch die GKV geschützten Personenkreis zählen neben den Mitgliedern auch deren ohne eigene Beiträge mitversicherte Familienangehörige (nicht selbst versicherte Ehepartner und Kinder).

Der in der GKV versicherte Personenkreis

Für die GKV gibt es keinen einheitlichen Versicherungsträger. Sie gliedert sich vielmehr in verschiedene Kassenarten, zu denen vor allem gehören:
▸ die Allgemeinen Ortskrankenkassen (sie werden für örtliche Bezirke errichtet und umfassen in der Regel einen Landkreis oder eine kreisfreie Stadt),
▸ die Betriebskrankenkassen (Unternehmen mit mindestens 450 versicherungspflichtigen Arbeitnehmern können eigene Betriebskrankenkassen errichten),
▸ die Innungskrankenkassen (für die den Handwerksinnungen angehörenden Betriebe),
▸ die Ersatzkassen (haben keinen gesetzlich zugewiesenen Mitgliederkreis. Aufnahmemöglichkeit besteht für versicherungspflichtige und berechtigte Personen, die zum Zeitpunkt der Aufnahme in dem Bezirk wohnen und zum zugelassenen Mitgliederkreis gehören. Die Mitgliedschaft ist freiwillig; versicherungspflichtige Mitglieder einer Ersatzkasse werden von der gesetzlichen Mitgliedschaft in einer anderen gesetzlichen Krankenkasse befreit).

Versicherungsträger sind die Krankenkassen.

Insgesamt sind über 70 Millionen Mitglieder in der GKV krankenversichert. Einschließlich der mitversicherten Familienangehörigen sind dies etwa 85 Prozent der Gesamtbevölkerung. Rund 50 Millionen Personen sind dabei in der GKV Pflichtversicherte und deren Angehörige, wobei der Anteil der freiwillig Versicherten und der Rentner kontinuierlich angestiegen ist.

15.2 Grundlagen der Sozialen Sicherung
Einrichtungen der Sozialen Sicherung

Finanzierung der GKV hauptsächlich durch Beiträge.

Die GKV finanziert sich hauptsächlich aus **Beiträgen**, die im Grundsatz hälftig von den Arbeitnehmern und Arbeitgebern aufgebracht werden und sich – bis zur Beitragsbemessungsgrenze von 44.100 Euro Bruttojahreseinkommen (2009) – am (versicherungspflichtigen) Einkommen des/der Versicherten orientieren. Mit dem 01.07.2005 sind allerdings die Beitragsanteile für Zahnersatz und Krankengeld aus der paritätischen Beitragsfinanzierung ausgegliedert worden und werden nunmehr durch die versicherten Arbeitnehmer allein getragen. Bemerkenswert ist darüber hinaus, dass ab dem Jahr 2003 die Versicherungspflichtgrenze deutlich über die Beitragsbemessungsgrenze hinaus angehoben wurde (vorher waren beide Grenzen identisch). Ziel dieser Maßnahme war es, den Wechsel einkommensstarker Versicherter zu den Privatkrankenkassen zu erschweren.

Die Krankenversicherungsbeiträge der Rentner werden zur Hälfte von den Rentenempfängern selbst und zur Hälfte von den jeweiligen Rentenversicherungsträgern getragen. Daneben zahlt die Bundesagentur für Arbeit die Krankenversicherungsbeiträge der Empfänger von Arbeitslosengeld I und Arbeitslosengeld II. Der Bund leistet bestimmte Zuschüsse (z. B. für Mutterschaftsleistungen).

Beitragsunterschiede aufgrund unterschiedlicher Versichertenstruktur

Bis zur Einführung des so genannten Gesundheitsfonds zum 01.01.2009 waren die Beitragssätze zur GKV nicht gesetzlich fixiert, sondern wurden von den einzelnen Kassen festgelegt – Allgemeine Ortskrankenkassen AOK als GKV im engeren Sinne und »Ersatzkassen«. Dabei kam es zu deutlichen Beitragssatzunterschieden, die vor allem auf die unterschiedlichen Versichertenstrukturen der Kassen zurückzuführen waren. Den Ersatzkassen war es dabei möglich, sich durch Risikoselektion bei der Mitgliederaufnahme Wettbewerbsvorteile im Hinblick auf den eigenen Beitragssatz und das Leistungsangebot für die eigenen Versicherten zu verschaffen. Um diese Strukturunterschiede wenigstens teilweise zu kompensieren und die damit verbundenen Selektionsanreize zu verringern, wurde bereits vor Einführung des Gesundheitsfonds ein Risikostrukturausgleich zwischen den Krankenkassen durchgeführt, was jedoch das Problem der »Ausgrenzung« bestimmter »Risikogruppen« – und die Tatsache einer zunehmenden Zahl nicht krankenversicherter Personen – nur teilweise beheben konnte.

Einheitlicher Mindestbeitrag nach Einführung des Gesundheitsfonds

Mit Einführung des Gesundheitsfonds zu Beginn des Jahres 2009 sollte der Selektionsanreiz für die einzelnen Krankenkassen weiter verringert werden, da nun die Bundesregierung über Rechtsverordnung für alle Kassen innerhalb der GKV einen einheitlichen paritätisch finanzierten Beitragssatz festlegt (14,6 Prozent ab 01.01.2009 und 14,0 Prozent ab 01.07.2009). Hinzu kommt ein »Zusatzbeitrag« von 0,9 Prozentpunkten für Zahnersatz und Krankengeld (s.o.), der nur vom Arbeitnehmer getragen wird. Der gesetzlich festgelegte Beitragssatz soll im Grundsatz kostendeckend unter Berücksichtigung der Bundeszuschüsse zur GKV sein, wobei seine kurzfristige Senkung Mitte 2009 konjunkturpolitisch motiviert und Teil des Konjunkturpakets II war. Gleichzeitig wurden die Wahlmöglichkeiten der gesetzlich Versicherten bzw. Versicherungspflichtigen bezüglich der konkreten Kasse weitestgehend liberalisiert, um den Versicherten einen etwaig angestrebten Krankenkassenwechsel und nicht versicherten Personen den Zugang bzw. die Rückkehr in die GKV zu erleichtern. Durch diese Maßnahmen soll der – im Grundsatz erwünschte – Wettbewerb der Kassen innerhalb der GKV im Wesentlichen über ihre Leistungen und die Effizienz ihrer Verwaltungen erfolgen – und eben nicht über Risikoselektion. Allerdings können (und müssen) die einzelnen Kassen von ihren Versicherten einen – nicht paritätisch finanzierten – »Sonderbeitrag« verlangen, wenn die gesetzlich vorgeschriebenen Beiträge nicht kostendeckend sind.

Bei den Leistungen der GKV ist zwischen **Sachleistungen** (ärztliche und zahnärztliche Behandlung, Arzneien, Heil- und Hilfsmittel, Zahnersatz, Maßnahmen zur Prävention/Verhütung und Früherkennung von Krankheiten usw.) und **Geldleistungen** (Kranken- und Mutterschaftsgeld) zu unterscheiden. Die meisten Leistungen sind **Regelleistungen**. Viele Kassen gewähren darüber hinaus **freiwillige zusätzliche Leistungen**. Durch verschiedene Reformmaßnahmen im Gesundheitswesen ist es bei einer Reihe von Leistungen (Arzneimittel, Zahnersatz usw.) zu **Zuzahlungspflichten** der Versicherten gekommen. Dadurch soll der Kostenanstieg gedämpft werden.

Leistungen der GKV: Sach- und Geldleistungen

15.2.4 Die Gesetzliche Unfallversicherung (GUV)

Jeder Unternehmer ist Mitglied der für seinen Gewerbezweig zuständigen **Berufsgenossenschaft**. Unter »Beruf« ist dabei der Wirtschafts- oder Gewerbezweig zu verstehen, dem die Unternehmer gleicher oder ähnlicher Betriebe angehören. Alle Arbeitnehmer sind gegen Arbeitsunfälle, Wegeunfälle und Berufskrankheiten versichert. Außerdem besteht Versicherungsschutz für alle Personen, die bei Not und Gefahr Hilfe leisten, ehrenamtlich in gemeinnützigen Organisationen arbeiten sowie Kinder im Kindergarten, Schüler und Studenten.

Mitglieder und Versicherte der GUV

Träger der Unfallversicherung sind die selbst verwalteten gewerblichen und landwirtschaftlichen Berufsgenossenschaften und die Unfallversicherungsträger der öffentlichen Hand. Ihre wichtigste Aufgabe ist der Schutz des Versicherten vor den Folgen eines Arbeitsunfalls oder einer Berufskrankheit. Darüber hinaus sorgt die GUV für die Verhütung von Arbeitsunfällen in den Betrieben. Die Einhaltung der Unfallverhütungsvorschriften wird dabei durch »technische Aufsichtsbeamte« der Unfallversicherungsträger überwacht.

Die Finanzierung der GUV erfolgt grundsätzlich allein durch **Beiträge der Unternehmer**. Lediglich im landwirtschaftlichen Bereich leistet der Bund einen Zuschuss.

Finanzierung der GUV durch Beiträge der Unternehmer

Die Höhe der Beiträge richtet sich dabei nach dem Grad der Unfallgefahr im jeweiligen Gewerbezweig und nach der Lohnsumme des einzelnen Unternehmens.

Die wesentlichen Leistungen der GUV sind:
- die Heilbehandlung zur Beseitigung oder Minderung der Folgen eines Unfalls bzw. einer Berufskrankheit,

Leistungen der GUV

- Verletztengeld (entspricht dem Krankengeld),
- Hilfen zur beruflichen Wiedereingliederung eines Unfallverletzten und
- die Gewährung von Versicherten- und Hinterbliebenenrenten.

15.2.5 Die Arbeitslosenversicherung (ALV)

Die ALV war ursprünglich darauf ausgerichtet, das Risiko der Arbeitslosigkeit – den Verlust des Arbeitsplatzes – abzudecken. Heute obliegt der Arbeitsverwaltung der gesamte Bereich der **Arbeitsförderung**, in den die ALV als früher eigenständiger Zweig des sozialen Sicherungssystems eingebettet ist. Träger ist die **Bundesagentur für Arbeit**, deren Selbstverwaltungsorgane drittelparitätisch aus berufenen Vertretern der Arbeitnehmer, der Arbeitgeber und der öffentlichen Körperschaften zusammengesetzt sind. Die ALV ist ausschließlich eine Pflichtversicherung für alle Arbeiter und Angestellten.

Der versicherte Personenkreis

Selbstständige, Beamte und Arbeitnehmer, die das 65. Lebensjahr vollendet haben, gehören nicht zum Versichertenkreis. Beitragsfreiheit besteht für Arbeitnehmer, die einer geringfügigen Beschäftigung nachgehen, denen eine Erwerbsunfähigkeitsrente zuerkannt ist oder die während der Schul- oder Hochschulausbildung beschäftigt sind.

Finanzierung der ALV durch Beiträge

Die Mittel für die Finanzierung der Leistungen der ALV werden durch **Beiträge** der Arbeitnehmer und Arbeitgeber aufgebracht. Der Beitragssatz betrug noch im Jahre 2006 6,5 Prozent und wurde danach – vor dem Hintergrund der in 2006/2007 abnehmenden Arbeitslosenzahlen – schrittweise auf aktuell 2,8 Prozent (2009) abgesenkt. Er wird dabei von beiden Parteien hälftig getragen, wobei sich die Beitragsbemessungsgrenze mit 64.800 Euro in den alten bzw. 54.600 Euro in den neuen Bundesländern (Jahreswerte 2009) an den entsprechenden Werten der Gesetzlichen Rentenversicherung orientiert. Für spezielle Leistungen gibt es eine Umlagefinanzierung (z. B. für die Finanzierung der produktiven Winterbauförderung durch die Arbeitgeber des Baugewerbes oder für die Finanzierung des Konkursausfallgeldes durch die Berufsgenossenschaften). Bei Deckungslücken gewährt der Bund Darlehen oder Zuschüsse. Das Arbeitslosengeld II (s. u.) wird allein vom Bund finanziert.

Zu den **Aufgabenbereichen** der Bundesagentur für Arbeit gehören entsprechend dem III. Teil des Sozialgesetzbuches (SGB III):

Aufgabenbereiche der Bundesagentur für Arbeit

- Sicherstellung des Lebensunterhaltes durch Zahlung von Lohnersatzleistungen bei Arbeitslosigkeit (Arbeitslosengeld I und II, Schlechtwettergeld), bei Zahlungsunfähigkeit des Arbeitgebers (Konkursausfallgeld) und Kurzarbeit (Kurzarbeitergeld);
- Förderung der Arbeitsaufnahme durch Lohnkostenzuschüsse an Arbeitgeber und Mobilitätshilfen an Arbeitnehmer (z. B. Bewerbungskosten, Reisekosten, Umzugskosten, Arbeitsausrüstung) sowie Förderung von Arbeitsbeschaffungsmaßnahmen (Lohnkostenzuschüsse für zusätzliche Arbeiten im öffentlichen Interesse) und Förderung der ganzjährigen Beschäftigung in der Bauwirtschaft;

- Förderung der beruflichen Bildung sowie Arbeits- und Berufsförderung Behinderter (berufliche Rehabilitation) und
- Arbeits- und Berufsberatung sowie Arbeits- und Ausbildungsstellenvermittlung.

Auf **Arbeitslosengeld I** hat jeder Versicherte Anspruch, der bei der Bundesagentur für Arbeit als arbeitslos gemeldet ist, Arbeitslosengeld I beantragt hat, die Anwartschaft erfüllt hat (man muss innerhalb der letzten drei Jahre mindestens 12 Monate beitragspflichtig beschäftigt gewesen sein; die Anspruchsdauer ist zeitlich befristet) und der Arbeitsvermittlung zur Verfügung steht. Dabei ist von Bedeutung, dass der Arbeitslose bereit ist, **zumutbare Beschäftigungen** zu akzeptieren, wozu auch minderqualifizierte und minderbezahlte Tätigkeiten rechnen (die im Einzelfall zu bestimmen sind).

Arbeitslose haben Anspruch auf Arbeitslosengeld I

Die Höhe des Arbeitslosengeldes I richtet sich nach dem durchschnittlichen versicherungspflichtigen Entgelt des Versicherten in den letzten 52 Wochen vor Beginn des Leistungsanspruchs und beläuft sich aktuell auf 67 Prozent (bei Arbeitslosen mit Kindern) bzw. 60 Prozent (bei Arbeitslosen ohne Kinder) des letzten durchschnittlichen Nettoarbeitsverdienstes. Es ist – wie auch das Arbeitslosengeld II – einkommensteuerfrei und wird jährlich dynamisiert.

Wer nach den Kriterien der Bundesagentur für Arbeit als registrierter (und damit auch als erwerbsfähiger) Arbeitsloser gilt, keinen Anspruch auf **Arbeitslosengeld I** hat und hilfebedürftig ist, erhält auf Antrag **Arbeitslosengeld II**. Maßgeblich ist hier also die **Bedürftigkeit**, die dann vorliegt, wenn das Einkommen oder Vermögen des Arbeitslosen oder seiner Familienangehörigen nicht für den Lebensunterhalt ausreicht. Nicht erwerbsfähige Hilfebedürftige, die als Partner oder Kinder mit Beziehern von Arbeitslosengeld II in einem Haushalt leben (im Rahmen einer so genannten Bedarfsgemeinschaft), erhalten zusätzlich das so genannte **Sozialgeld**, das ebenfalls von der Bundesagentur für Arbeit gezahlt wird. (Das Sozial**geld** darf dabei nicht mit der Sozial**hilfe** verwechselt werden. Letztere wird von den Städten und Kommunen an nicht erwerbsfähige Hilfebedürftige gewährt, die nicht Partner oder Kinder von Arbeitslosengeld II-Empfängern sind.)

Das Arbeitslosengeld II hat zum 01.01.2005 im Rahmen der vierten Stufe der Hartz-Reform die Arbeitslosenhilfe als Transferleistung abgelöst – mit erheblichen strukturellen Veränderungen.

Anspruch auf Arbeitslosengeld II: maßgeblich ist die Bedürftigkeit

Erstens wurde der Empfängerkreis erheblich erweitert: Bezogen im Dezember 2004 rund 2,2 Millionen Bürger Arbeitslosenhilfe, so betrug die Zahl der Arbeitslosengeld II-Empfänger im Januar 2005 rund 4,1 Millionen, hinzu kamen rund 1,5 Millionen Empfänger von Sozialgeld (s. o.). Der Empfängerkreis der **Arbeitslosenhilfe** beschränkte sich auf hilfebedürftige registrierte Arbeitslose, die in den letzten drei Jahren vor Beginn der Arbeitslosigkeit mindestens 150 Tage versicherungspflichtig beschäftigt waren und keinen Anspruch auf Arbeitslosengeld (I) hatten – sei es, weil die Bezugsdauer für Arbeitslosengeld bereits ausgeschöpft worden war oder weil der jeweils Betroffene nur kurz versicherungspflichtig beschäftigt war und deswegen von vorne-

Ausweitung des Empfängerkreises durch die Einführung von ALG II

herein keinen Anspruch auf Arbeitslosengeld hatte. Der Empfängerkreis des **Arbeitslosengeldes II** (ALG II) umfasst dagegen im Grundsatz alle registrierten (und damit auch erwerbsfähigen) Arbeitslosen, die hilfebedürftig sind und keinen Anspruch auf Arbeitslosengeld I haben, und zwar unabhängig davon, ob und in welchem zeitlichen Umfang vorher versicherungspflichtige Beschäftigungsverhältnisse bestanden hatten. Hinzu kommen Erwerbstätige (Arbeitnehmer und Selbstständige), deren Erwerbseinkommen gemessen an ihrer Bedürftigkeit zu gering ist, sowie erwerbsfähige Arbeitslose, die nur eingeschränkt verfügbar sind (z. B. Alleinerziehende). Das Arbeitslosengeld II hat dabei den Großteil des Empfängerkreises der Sozialhilfe übernommen; letzterer beschränkt sich nunmehr auf nicht erwerbsfähige Hilfebedürftige, die selbst nicht Teil einer Bedarfsgemeinschaft mit Arbeitslosengeld II-Beziehern sind (in manchen Kommunen sind dies nur noch 10 Prozent des vorherigen Empfängerkreises von Sozialhilfe).

Absenkung der Leistungshöhen für Langzeitarbeitslose auf Sozialhilfeniveau

Zweitens wurden die Leistungsniveaus im Zuge der Umstellung von Arbeitslosenhilfe auf Arbeitslosengeld II erheblich gesenkt: Die Höhe der **Arbeitslosenhilfe** betrug zuletzt für Arbeitslose mit Kindern 57 Prozent und für Arbeitslose ohne Kinder 53 Prozent des maßgeblichen pauschalierten Nettolohnes, bezog sich also im Grundsatz auf die vor der Arbeitslosigkeit erzielten Netto-Arbeitseinkommen. Die Leistungshöhe von **Arbeitslosengeld II** (und Sozialgeld, s. o.) entspricht dagegen der Höhe der Hilfe zum Lebensunterhalt der Sozialhilfe und ist folglich rein bedarfsbezogen. Ebenso wurden die bei der Arbeitslosenhilfe gegenüber der Sozialhilfe großzügigeren Regelungen der Anrechnung von Vermögen sowie etwaiger Erwerbseinkommen der Ehe- bzw. Lebenspartner mit der Einführung des Arbeitslosengeldes II an die betreffenden Regularien der Sozialhilfe angepasst. Da diese Umstellungen für die Mehrheit der bisherigen Arbeitslosenhilfebezieher mit z. T. erheblichen Einkommenseinbußen verbunden sind (bis hin zum vollständigen Verlust ihres Anspruchs auf staatliche Unterstützung), wurde allerdings eine zweijährige Übergangsfrist gewährt (für die Jahre 2005 und 2006), in der ein Teil dieser Einbußen über Zuschüsse ausgeglichen wird.

Verkürzungen bei der Anspruchsdauer von ALG I

Drittens ist die maximale Anspruchsdauer von Arbeitslosengeld I (ALG I) für Arbeitslose, die ab dem 01.02.2006 arbeitslos werden, gegenüber der bisherigen Regelung deutlich eingeschränkt worden: Bisher hing hier die maximale Anspruchsdauer im Wesentlichen von der Zahl der Beitragsjahre vor Beginn der Arbeitslosigkeit ab, wobei hier eine Bezugsdauer von mindestens 12 Monaten und höchstens 36 Monaten möglich war. Nunmehr gilt: Wer nach dem 31.01.2006 arbeitslos wird und zu diesem Zeitpunkt jünger als 45 Jahre ist, kann pauschal nur noch 12 Monate Arbeitslosengeld I beziehen. Für zu Beginn der Arbeitslosigkeit ältere Arbeitslose gelten nach Alter gestaffelte Sonderregelungen mit maximalen Anspruchszeiten zwischen 18 und 32 Monaten. Insgesamt werden damit Langzeitarbeitslose (d. h. Arbeitslose, die länger als 12 Monate arbeitslos sind) im Durchschnitt deutlich früher als bisher ihren Anspruch auf Arbeitslosengeld I verlieren, münden also früher ins Arbeitslosengeld II.

Viertens sind mit der Umstellung auf Arbeitslosengeld II auch die Zumutbarkeitsregelungen für Langzeitarbeitslose erheblich verschärft worden. Im Grundsatz muss nunmehr ein Langzeitarbeitsloser jede von der Bundesagentur für Arbeit angebotene Beschäftigungsmöglichkeit annehmen, sofern der Betroffene hierzu gesundheitlich in der Lage ist. Wer eine in diesem Sinne zumutbare Stelle ablehnt, muss mit einer Kürzung des Arbeitslosengeldes in Höhe von 30 Prozent für drei Monate rechnen.

Verschärfung der Zumutbarkeitsregelungen für Langzeitarbeitslose

15.2.6 Die Gesetzliche Pflegeversicherung (GPV)

Nach jahrzehntelanger Diskussion ist im Jahre 1995 die Gesetzliche Pflegeversicherung als **fünfte Säule** des Systems der Sozialen Sicherung eingeführt worden.

Die GPV umfasst die gesamte Bevölkerung, und zwar nach dem Grundsatz: »Die Pflegeversicherung folgt der Krankenversicherung.« Wer in der GKV Mitglied ist, wird versicherungspflichtig in der sozialen Pflegeversicherung, und zwar bei der Pflegekasse, die bei seiner Krankenkasse eingerichtet ist. Wer privat krankenversichert ist, wird in der privaten Pflegeversicherung versicherungspflichtig. Dies hat den Vorteil, dass ein einheitlicher Träger für die Pflege- und Krankenversicherung zuständig ist und der mit der Erfassung des versicherungspflichtigen Personenkreises verbundene Melde- und Kontrollaufwand auf ein Mindestmaß verringert wird. Insgesamt sind in der Pflegeversicherung fast 80 Millionen Menschen und damit nahezu die gesamte Bevölkerung der Bundesrepublik Deutschland gegen das Risiko der Pflegebedürftigkeit versichert.

Der in der GPV versicherte Personenkreis

Die Ausgaben der Pflegeversicherung werden durch Beiträge und sonstige Einnahmen gedeckt. Dabei richtet sich in der GPV die Höhe des Beitrages nach dem Einkommen des Versicherten. Der Beitragssatz beträgt für Personen mit Kindern und Personen unter 23 Jahren aktuell 1,95 Prozent. Kinderlose ab 23 Jahren zahlen einen Zusatzbeitrag von 0,25 Prozentpunkten. Die jährliche Beitragsbemessungsgrenze in der GPV liegt im Jahr 2009 bei 44.100 Euro Bruttojahreseinkommen sowohl in den neuen als auch den alten Bundesländern (und entspricht damit der jährlichen Beitragsbemessungsgrenze in der GKV). Die Beiträge werden im Grundsatz von den Versicherten und den Arbeitgebern zur Hälfte aufgebracht. Allerdings gibt es hiervon zwei Ausnahmen: Mit der Anhebung des Beitragssatzes zur GPV in 1996 wurde die Fortführung der paritätischen Beitragsfinanzierung in der Pflegeversicherung für die einzelnen Bundesländer an die Streichung eines Feiertages geknüpft, der stets Werktag ist (als Kompensation an die Arbeitgeber). Da in Sachsen eine solche Streichung nicht vorgenommen wurde, beträgt der anteilige Beitragssatz der Arbeitnehmer dort aktuell 1,475 Prozent, derjenige der Arbeitgeber entsprechend 0,475 Prozent. Darüber hinaus ist der Zusatzbeitrag für Kinderlose ab 23 Jahren (s. o.) allein vom Versicherten zu tragen. Bis Juni 2005 wurde bei Rentnern die Hälfte des Beitrages zur Pflegeversicherung vom Rentenversicherungsträger übernommen,

Die Finanzierung der GPV

Grundlagen der Sozialen Sicherung
Einrichtungen der Sozialen Sicherung

seitdem ist der Beitrag allein von den Rentnern zu tragen. Die Pflegeversicherungsbeiträge der Bezieher von Arbeitslosengeld I und II übernimmt die Bundesagentur für Arbeit.

Die Leistungen der GPV

Die Leistungen der Pflegeversicherung gehen vom Grundsatz »Prävention und Rehabilitation vor Pflege« aus. **Pflegeleistungen** bei häuslicher Pflege können Pflegesachleistungen und Pflegegeld für selbst beschaffte Pflegehilfen umfassen. Pflegebedürftige, die im häuslichen Bereich Pflege und Betreuung benötigen, erhalten Grundpflege und hauswirtschaftliche Versorgung (häusliche Pflege) als Sachleistung durch professionelle Pflegekräfte. Da mit zunehmendem Grad der Pflegebedürftigkeit auch der Umfang des Pflegebedarfs steigt, ist die Höhe des Gesamtwertes, den die Pflegeversicherung als Kosten übernimmt, nach dem Grad der Pflegebedürftigkeit gestaffelt, wie Tabelle 15-6 verdeutlicht.

Leistungen bei Pflegebedürftigkeit

Rechtsanspruch auf Leistungen aus der Pflegeversicherung erwerben die Versicherten durch ihre Beitragszahlungen. Tritt der Fall der Pflegebedürftigkeit auf, so werden die entsprechenden Leistungen unabhängig von der wirtschaftlichen Situation des Versicherten fällig. Dabei ist detailliert festgelegt, was unter Pflegebedürftigkeit zu verstehen ist: Wer bei den gewöhnlichen und regelmäßig wiederkehrenden Verrichtungen des täglichen Lebens dauerhaft, voraussichtlich für mindestens sechs Monate, in erheblichem oder höherem Maße auf Hilfe angewiesen ist, gilt als pflegebedürftig. Die Feststellung der Pflegebedürftigkeit erstreckt sich in diesem Zusammenhang auf die folgenden

Tab. 15-6

Aktuelle Leistungen der Pflegeversicherung in der Bundesrepublik Deutschland (alle Angaben in Euro, Stand: 01.01.2010)

Leistungen bei häuslicher Pflege	Stufe I	Stufe II	Stufe III
Pflegegeld monatlich	225	430	685
Pflegesachleistungen monatlich bis zu	440	1.040	1.510
in besonderen Härtefällen auch bis zu	0	0	1.918
Urlaubs- und Verhinderungspflege für bis zu vier Wochen im Jahr (Voraussetzung: vorherige 12-monatige Pflege)			
a) bei erwerbsmäßiger Verhinderungspflege bis zu	1.510	1.510	1.510
b) bei Pflege durch nicht erwerbsmäßig tätige Familienangehörige	225	430	685
ggf. bei nachgewiesenen Aufwendungen der Pflegeperson bis zu	1.510	1510	1.510
Tages- und Nachtpflege in einer teilstationären Vertragseinrichtung monatlich bis zu	440	1.040	1.510
Kurzzeitpflege für bis zu vier Wochen im Jahr in einer vollstationären Einrichtung bis zu	1.510	1.510	1.510

Quelle: Bundesministerium für Arbeit und Soziales 2009

vier verschiedenen Bereiche: Körperpflege, Ernährung, Mobilität sowie hauswirtschaftliche Versorgung.

Im Jahr 2006 beliefen sich die Leistungen aus der GPV in der Bundesrepublik Deutschland auf insgesamt 18 Milliarden Euro, was 2,4 Prozent des gesamten Sozialbudgets entspricht.

15.3 Probleme der Sozialen Sicherung

Abschließend sollen einige Probleme der Sozialen Sicherung angesprochen werden.

15.3.1 Kostenentwicklung und Kostenverteilung der Sozialen Sicherung

Das Sozialbudget in der Bundesrepublik Deutschland ist – wie Tabelle 15-1 verdeutlicht – seit 1960 sukzessive immer weiter angestiegen.

Wurde für das Jahr 1960 noch ein Budget in Höhe von 32,3 Milliarden Euro ausgewiesen, verdreifachte sich dieses bis zum Jahr 1970 annähernd auf 84,2 Milliarden Euro. Im Jahr 1980 betrug es dann bereits 222,9 Milliarden Euro, im Jahr 1990 338,3 Milliarden Euro, im Jahr 2000 643,0 Milliarden Euro und im Jahr 2009 circa 754 Milliarden Euro. Vergleicht man die Zahlen des Jahres 2009 mit denen von 1960, so stellt man fest, dass sich das Sozialbudget in den vergangenen 50 Jahren fast auf das 25-fache erhöht hat. Dies bedeutet eine Sozialleistung pro Einwohner für das Jahr 2006 in Höhe von rund 8.500 Euro gegenüber rund 600 Euro im Jahr 1960. Betrachtet man die historische Entwicklung des Sozialbudgets in Relation zu der des Bruttoinlandsproduktes, so gelangt man zur Darstellung der Sozialleistungsquote im Zeitablauf (vgl. Abbildung 15-2). Interessant hierbei ist, dass die Sozialleistungsquote in den 1960er- und frühen 1970er-Jahren einen Wert zwischen 21 und 26 Prozent aufwies, um dann bis zum Jahr 1975 auf knapp 29 Prozent zu steigen. Bis zum Jahr 1989 wurde diese Marke auch nicht mehr wesentlich unterschritten. Im Zuge der Deutschen Einheit stieg diese Relation allerdings auf Werte um 31 Prozent und verharrt seither auf diesem hohen Niveau. Für 2009 betrug die Sozialleistungsquote circa 32 Prozent. Damit wird rechnerisch betrachtet heute rund ein Drittel der in Deutschland geschaffenen Wertschöpfung vom Staat zu sozialen Zwecken umverteilt.

Hohe Kosten des Systems der Sozialen Sicherung

Im Vordergrund der Diskussion der Probleme der Sozialen Sicherung stehen folglich die hohen Kosten des deutschen Sozialsystems und dessen Finanzierung. Der größte Teil der Sozialleistungen (rund 60 Prozent) wird dabei über Sozialbeiträge aus den Bruttolöhnen und -gehältern finanziert (einschließlich der Arbeitgeberanteile, die volkswirtschaftlich betrachtet allerdings ebenfalls als Lohnkostenbestandteile anzusehen sind). Als Folge haben sich über die

15.3 Grundlagen der Sozialen Sicherung
Probleme der Sozialen Sicherung

Abb. 15-2

Entwicklung der Sozialleistungsquote in Deutschland 1960–2009

Sozialleistungsquote: Sozialleistungen im Verhältnis zum Bruttoinlandsprodukt, in %.
Bis 1969 unrevidierte Werte; Sozialleistungsquote bis 1969 nur eingeschränkt vergleichbar.
Ab 1991 einschließlich neue Länder
Werte für 2007 vorläufig, ab 2008 geschätzt
Datenstand: Mai 2009

Quelle: Sozialbericht der Bundesregierung 2009, Tabellenanhang T1.

Sukzessiver Anstieg des aufsummierten Beitragssatzes zur Sozialversicherung

Jahrzehnte hinweg die Beitragssätze zu den einzelnen Zweigen der Sozialversicherung sukzessive immer weiter erhöht. Wie die Abbildung 15-3 verdeutlicht, ist dabei der aufsummierte Beitragssatz aller Sozialversicherungszweige ohne die Gesetzliche Unfallversicherung schrittweise von gut 25 Prozent Anfang der 1970er-Jahre auf deutlich über 40 Prozent in der ersten Hälfte der 2000er-Jahre angestiegen, in der zweiten Hälfte allerdings wieder auf knapp unter 40 Prozent gesunken (in Prozent der jeweiligen beitragspflichtigen Bruttoeinkommen). Hiervon tragen die Arbeitnehmer etwa die Hälfte direkt über die jeweiligen Arbeitnehmeranteile, die andere Hälfte indirekt über die Arbeitgeberanteile (s. u.). Die mit Abstand höchsten Beitragssätze weisen dabei die GRV und die GKV auf, deren spezifische Probleme in den Kapiteln 15.3.2 und 15.3.3 näher betrachtet werden sollen.

Aus wirtschaftswissenschaftlicher Sicht ist dabei die formale Aufteilung der Sozialbeiträge in einen Arbeitnehmer- und einen Arbeitgeberanteil im Hinblick auf die effektive Lastverteilung (Inzidenz) unerheblich. Bei Lohnabschlüssen sind sich beide Seiten darüber im Klaren, dass zusätzlich zu dem formell ausgewiesenen Bruttolohn noch der Arbeitgeberanteil zur Sozialversicherung hinzukommt. Dieser ist somit implizit Bestandteil der Lohnvereinbarung. Müssten die Arbeitnehmer die Sozialbeiträge formell alleine tragen (also auch den bisherigen Arbeitgeberanteil), so würden sie folglich unter ansonsten gleichen Bedingun-

Abb. 15-3

Beitragssatzentwicklung der Sozialversicherungszweige (ohne GUV) seit den 1970er-Jahren

¹ Durchschnittswerte

Quellen: Statistisches Bundesamt, Sachverständigenrat zur Begutachtung der gesamtwirtschaftlichen Entwicklung.

gen entsprechend höhere Bruttolöhne durchsetzen, sodass die Lohnkostenbelastung der Unternehmen bzw. die **effektiven** Bruttolöhne der Beschäftigen (unter Einschluss eines etwaigen Arbeitgeberanteils) dieselben blieben. Aus dieser Sicht ist über eine teilweise oder gar vollständige Aufgabe der paritätischen Beitragsfinanzierung in der Sozialversicherung eine Entlastung für die Unternehmen bei den effektiven Lohnkosten allenfalls kurzfristig zu erwarten und auch nur dann, wenn die Umstellung des Finanzierungssystems für die Arbeitnehmer unerwartet käme, sodass diese die Verschiebung der formellen Lastenverteilung nicht in die laufenden Tarifverträge hätten »einpreisen« können.

Die Koppelung der Sozialbeiträge an die Löhne und Gehälter ist aus volkswirtschaftlicher Sicht aus zweierlei Gründen problematisch: Auf der **Arbeitnehmerseite** führen die hohen Abzüge – genauer: die hohen und konstanten Grenzbelastungen der Bruttoarbeitseinkommen – zu einer verringerten Leistungsbereitschaft und insbesondere zu einer deutlichen Verminderung der Anreize, gering entlohnte Beschäftigungsverhältnisse einzugehen. Auf der **Arbeitgeberseite** wiederum führt die zumindest teilweise Überwälzung der Bei-

Probleme der Koppelung der Sozialbeiträge an die Löhne und Gehälter tragslasten durch die Arbeitnehmer über die Lohnabschlüsse zu hohen Bruttolohnkosten und damit zu einer verminderten Bereitschaft der Unternehmen, Arbeitsplätze zu schaffen bzw. aufrechtzuerhalten. Beides hat im Endeffekt eine Verringerung der Zahl sozialversicherungspflichtiger Beschäftigungsverhältnisse zur Konsequenz, was seinerseits – über die Verminderung der Zahl der Beitragszahler und die Erhöhung der Zahl der Leistungsempfänger – die Sozialbeiträge weiter in die Höhe treibt.

Vor dem Hintergrund dieser Besorgnis erregenden Entwicklung wuchs spätestens seit der zweiten Hälfte der 1990-Jahre in der deutschen Wirtschaftspolitik über die Parteigrenzen hinweg die Einschätzung der Notwendigkeit eines tief greifenden Umbaus des bestehenden Sozialsystems für den Fortbestand der Sozialen Sicherung in Deutschland.

Verstärkte politische Bemühungen um eine Begrenzung der Sozialausgaben

In der politischen Praxis stand (und steht auch weiterhin) das Bemühen um eine Stabilisierung bzw. Rückführung des Gesamtumfanges der Sozialausgaben im Vordergrund. Dies betrifft zum einen die Reduzierung der individuellen Leistungshöhen, zum anderen die Stärkung eigenverantwortlicher Elemente im Leistungssystem. Letzteres zielt darauf ab, Anreize für kostenbewusstes Verhalten bei der Wahrnehmung von Leistungen der Sozialversicherung auf Seiten der Versicherungsnehmer zu setzen bzw. zu erhöhen. Die Notwendigkeit für eine solche Anreizsetzung ergibt sich dabei aus der Eigenart umlagefinanzierter Sozialsysteme.

Anreizprobleme umlagefinanzierter Sozialsysteme

Im Grundsatz können solche Systeme gesamtwirtschaftlich gesehen nur Bestand haben, wenn einer begrenzten Zahl von Nettoempfängern eine angemessen große Zahl von Nettozahlern gegenübersteht; es können (dürfen) also nicht alle Einzahler ihre Beiträge über Leistungsbezug wieder »einspielen«. Auf der Seite der einzelnen Versicherungsnehmer besteht jedoch umgekehrt im Grundsatz der Anreiz, möglichst viele Leistungen aus dem System für sich selbst herauszuholen.

Das »Trittbrettfahrer«-Problem

Dies ist aus einzelwirtschaftlicher Sicht deshalb rational, weil der einzelne Versicherungsnehmer davon ausgehen wird, dass sein individueller Leistungsbezug (ebenso wie seine individuelle Beitragszahlung) für die Gesamtfinanzierung ohne Bedeutung ist und dass darüber hinaus sein individuelles Verhalten keine Auswirkungen auf das Verhalten der übrigen Leistungsempfänger/Beitragszahler hat (so genannte Trittbrettfahrer-Problematik).

Das »Moral-Hazard«-Problem

Das Problem ist nun, dass es den Versicherten z.B. in der GKV oder auch in der ALV faktisch möglich ist, zur Erhöhung des eigenen Leistungsbezuges den Versicherungsfall mutwillig herbeizuführen, ohne dass dies durch den Versicherungsgeber überprüfbar ist. Die Versicherungsnehmer unterliegen also einem so genannten moral hazard (einer »moralischen Gefahr«), ohne eine wirtschaftlich gesehen »angemessene« Notlage Leistungen aus dem System zur eigenen Nutzenmaximierung zu beziehen, d.h. die Versicherung zweckentfremdet auszunutzen. In der GKV wird versucht, solchem Verhalten durch Zuzahlungspflichten entgegenzuwirken. Im Hinblick auf die ALV soll durch die mit der Umstellung von Arbeitslosenhilfe auf Arbeitslosengeld II einhergegangene Senkung der Leistungshöhen und Verschärfung der Zumutbarkeitskriterien (einschließlich Sanktionsmöglichkeiten) für Langzeitarbeitslose der Anreiz zur Aufnahme niedrig entlohnter Beschäftigungsverhältnisse gestärkt werden.

Neben der Frage der Ausgabenbegrenzung ist darüber hinaus in den letzten Jahren in der deutschen Wirtschaftspolitik verstärkt diskutiert worden, die Koppelung der Sozialbeiträge an die Arbeitskosten aufzulösen, d. h. das Einnahmensystem der Sozialversicherung strukturell umzugestalten. Beispiele hierfür sind die von der SPD vorgeschlagene »Bürgerversicherung« oder auch das im Parteiprogramm der FDP und auch von Teilen der CDU angestrebte »Bürgergeld«. Das Konzept der »Bürgerversicherung« zielt auf eine Einbeziehung aller Bürger in das System der Gesetzlichen Kranken- und Pflegeversicherung ab sowie auf eine Ausdehnung der betreffenden Beitragsbemessungsgrundlage auf alle Einkommensarten. Das »Bürgergeld« strebt eine integrierte und steuerfinanzierte Grundsicherung für alle Bürger an, welche das bisherige mehrgliedrige und im Wesentlichen beitragsfinanzierte Sozialsystem ablösen soll. Vorbild für diese Ansätze sind die Sozialsysteme der skandinavischen Länder, deren Sozialhaushalte im Wesentlichen steuerfinanziert sind.

15.3.2 Spezielle Probleme in der Gesetzlichen Rentenversicherung

In Bezug auf die Finanzierungsprobleme der Alterssicherung sind insbesondere zwei Faktoren maßgebend:
- die Altersstruktur und
- die Beschäftigungslage.

Zur Kennzeichnung der Altersstruktur ist festzuhalten, dass die Lebenserwartung seit Beginn des letzten Jahrhunderts fast ständig gestiegen ist – eine Tendenz, die sich auch zukünftig fortsetzen wird. Gleichzeitig ist seit Beginn der 1970er-Jahre die Geburtenhäufigkeit stark gesunken; ein Geburtsjahrgang von Frauen im gebärfähigen Alter bringt weniger Mädchen zur Welt, als zur Bestandserhaltung der Bevölkerung notwendig wäre. Plastisch gemessen werden kann diese Entwicklung durch den so genannten Altenlastquotienten bzw. den Jugendlastquotienten (Abbildung 15-4).

Probleme der GRV: Bevölkerungsentwicklung

Der **Altenlastquotient** (Verhältnis der Personen mit einem Alter von mindestens 65 Jahren zur Bevölkerung im Alter von 20 bis 64 Jahren) dürfte von 2003 mit 29 auf circa das Doppelte (56) im Jahre 2050 ansteigen. Im gleichen Zeitraum würde sich dann die Anzahl junger Menschen (19 Jahre und jünger), bezogen auf je 100 Personen zwischen 20 und 64 Jahren, auf etwa 30 verringern (**Jugendlastquotient**). Diese Tendenz der zunehmenden »Veraltung« der Bevölkerung wird unterstrichen durch neueste Erkenntnisse hinsichtlich der Bevölkerungsstrukturentwicklung in der Bundesrepublik Deutschland bis zum Jahr 2050, wie sie in Abbildung 15-5 verdeutlicht werden. Der Generationenvertrag als Kernstück der Sozialen Sicherung gerät durch diese Entwicklung zusehends in Gefahr, da immer weniger Erwerbstätige einerseits für die Ausbil-

15.3 Grundlagen der Sozialen Sicherung
Probleme der Sozialen Sicherung

dung ihrer Nachkommen, andererseits für die Ansprüche eines steigenden Anteils zunehmend älter werdender Rentner aufkommen müssen.

Das deutsche umlagefinanzierte Rentenversicherungssystem weist dabei selbst strukturelle Defizite auf, die die oben beschriebene Problematik noch verstärken. In umlagefinanzierten Rentenversicherungen übernehmen die aktiven (erwerbsfähigen) Generationen zwei zentrale Aufgaben: Sie müssen über ihre Erwerbseinkommen den Unterhalt der gegenwärtigen Rentnergeneration finanzieren und gleichzeitig für eine angemessene Reproduktion der Bevölkerung (d. h. Kinderzeugung) sorgen, damit im eigenen Rentenalter genug Erwerbstätige die eigenen Renten erwirtschaften können.

Spezielle Anreizprobleme der GRV

Aus Sicht des einzelnen Rentenversicherten hängt jedoch die individuelle Höhe der eigenen Rente im Wesentlichen nur von der Höhe der eigenen Beitragszahlungen während der aktiven Erwerbsphase ab und nur in verschwindend geringem Umfang von der Zahl der eigenen Kinder (über die anrechenbaren Erziehungszeiten). Verschärfend kommt hinzu, dass Kindererziehung Zeit und Kraft kostet, was die eigenen Einkommensmöglichkeiten potenziell schmälert. Das bestehende Rentensystem setzt damit selbst individuelle Anreize, auf Kinder zu verzichten und stattdessen über forcierte Erwerbstätigkeit die eigenen Rentenansprüche zu erhöhen. Darüber hinaus setzen umlagefinanzierte

15.3 Probleme der Sozialen Sicherung

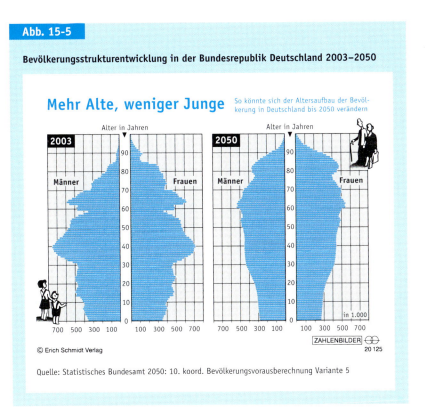

Abb. 15-5
Bevölkerungsstrukturentwicklung in der Bundesrepublik Deutschland 2003–2050

Quelle: Statistisches Bundesamt 2050: 10. koord. Bevölkerungsvorausberechnung Variante 5

Rentenversicherungssysteme aus Sicht der mikroökonomischen Haushaltstheorie auch Anreize, die eigene private Altersvorsorge zu reduzieren: Während der aktiven Erwerbsphase werden den Versicherten Mittel (Beiträge) zur Finanzierung der aktuellen Renten entzogen, was die Betroffenen z. T. durch eine Verminderung ihrer Spartätigkeit bzw. Altersvorsorge kompensieren werden. Zum Ausgleich für ihre Beiträge erhalten die Beitragszahler wiederum einen Anspruch auf Zuschüsse in der Zukunft (die Rente), was im Normalfall ebenfalls die eigene Spartätigkeit in der Gegenwart verringert. Mikroökonomisch formuliert wirken in beiden Fällen negative Einkommenseffekte auf die private Spartätigkeit der Versicherten.

Der zweite wichtige Faktor für die Entwicklung der Rentenfinanzen ist die Beschäftigungslage und -entwicklung. Man konnte in der Vergangenheit feststellen, dass immer mehr Versicherte früher in Rente gingen – die normale Altersgrenze war seit Einführung der flexiblen Altersgrenze 1972 praktisch zum Ausnahmefall geworden. Diesem Trend versuchte der Gesetzgeber durch eine Heraufsetzung der Altersgrenze entgegenzuwirken. Gleichzeitig beginnt die Erwerbsphase durch längere Ausbildungszeiten immer später. Eine gewisse Entlastung hat die starke Zunahme der Zuwanderung von Aussiedlern in den 1980er-Jahren und zu Beginn der 1990er-Jahre gebracht, was seinen

Probleme der GRV: Beschäftigungslage und -entwicklung

15.3 Grundlagen der Sozialen Sicherung
Probleme der Sozialen Sicherung

Niederschlag in der Zahl der Erwerbspersonen gefunden hat (1985: 28,9 Millionen; 1997: 33,9 Millionen). Die weiterhin hohe Arbeitslosigkeit im ungefähren Bereich von 3,5 bis 4 Millionen registrierten Arbeitslosen (je nach Konjunkturlage) verstärkt das Rentenproblem zusätzlich, da entsprechende Beitragszahlungen fehlen. Die Tatsache, dass die Arbeitslosenversicherung einen Teil der ausfallenden Beiträge übernimmt, verändert das Problem grundsätzlich nicht.

Angesichts der hohen Kosten der Sozialen Sicherung wurden in der jüngeren Vergangenheit immer wieder Möglichkeiten der **Deregulierung** diskutiert, insbesondere im Hinblick auf die GRV. Beispielsweise wurde von verschiedenen politischen Gruppierungen die Einführung einer Grundrente vorgeschlagen, die entweder durch eine staatliche Zusatzversicherung ergänzt oder durch private Versicherungsmodelle komplettiert werden sollte, um eine angemessene finanzielle Absicherung im Alter zu gewährleisten. Durch derartige Vorschläge käme das Versicherungsprinzip stärker zum Tragen. Darüber hinaus ist in den letzten Jahren innerhalb der Wirtschaftswissenschaft verstärkt über Möglichkeiten debattiert worden, das bestehende umlagefinanzierte Rentensystem komplett in ein kapitalgedecktes System (zurück) zu überführen (wie oben erwähnt, war das bundesdeutsche Rentensystem vor 1957 kapitalgedeckt). Im Kapitaldeckungsverfahren werden im Grundsatz die laufenden Beiträge verzinslich angespart; die aufgelaufenen Beträge finanzieren dann die zukünftigen Renten, d.h. die Renten der betreffenden Beitragszahler. Das Problem einer solchen Umstellung ist jedoch, dass hierbei mindestens eine Generation doppelt belastet werden würde: Bleiben die aus dem Umlageverfahren bereits erworbenen Rentenansprüche bestehen, so müsste die jeweils aktive Generation sowohl diese Ansprüche finanzieren als auch für die eigene kapitalgedeckte Rente sorgen. Verfallen die im Umlageverfahren erworbenen Ansprüche, so hätten die betroffenen Rentner ihre Beiträge ohne Gegenleistung ins umlagefinanzierte System eingezahlt. Nach dem gegenwärtigen Stand der Wirtschaftswissenschaft existiert keine Möglichkeit, diese Doppelbelastungs-Problematik zu lösen. Dies sollte auch intuitiv einleuchtend sein, denn die eigentliche »Gewinnergeneration« der Einführung der Umlagefinanzierung 1957 war die erste Rentnergeneration, die aus dem System unmittelbar nach dessen Einführung Leistungen bezog.

In der politischen Praxis führte die sich immer weiter verschärfende Finanzierungsproblematik des deutschen Rentensystems seit den 1990er-Jahren zu einer relativ dichten Abfolge von »Rentenreformen« (1992, 1996, 2001 und 2004 sowie verschiedenen »Nachbesserungsmaßnahmen« in den Folgejahren): Mit dem **Rentenreformgesetz** von 1992 (RRG 1992) und dem Gesetz zur Förderung eines gleitenden Übergangs in den Ruhestand (1996) wurde von der damals regierenden CDU/FDP-Koalition versucht, die Rentenfinanzen über das Jahr 2000 hinaus zu konsolidieren. Von besonderer Bedeutung in diesen Gesetzen waren:

▸ die Einführung eines Automatismus, durch den der Bundeszuschuss an den Anstieg der Bruttoverdienste und den GRV-Beitragssatz angepasst wird,

Umlagefinanzierte vs. kapitalgedeckte Rentenversicherung

Maßnahmen der Rentenreformgesetze 1992 und 1996

- die Anpassung der Renten an die Entwicklung der durchschnittlichen Nettolöhne (dadurch würde – so die Sichtweise der damaligen Bundesregierung – dem Prinzip der Solidarität zwischen den Generationen besser Rechnung getragen als durch die frühere bruttolohnbezogene Anpassung),
- die Anhebung der Altersgrenzen bis zur »normalen« Altersgrenze von 65 Jahren vom Jahre 2000 an,
- die Neuordnung bzw. Berücksichtigung beitragsfreier Zeiten einschließlich einer Erweiterung von Kindererziehungszeiten;
- die Verringerung der Anrechnungszeiten wegen Schulbesuches und wegen Ausbildung.

Durch das Gesetz zur Reform der Gesetzlichen Rentenversicherung (Rentenreformgesetz 1996) sollte eine gerechtere Lastenverteilung zwischen den Generationen und die Erhaltung einer tragfähigen Beitrags-/Leistungsrelation erreicht werden. Der hierbei eingeführte so genannte **Demographie-Faktor** sollte bei der Bestimmung des jeweiligen aktuellen Rentenwertes (s.o.) die längere Rentenbezugsdauer als Folge des Anstiegs der Lebenserwartung berücksichtigen und die daraus entstehenden Belastungen ausgewogen auf Beitragszahler und Rentner verteilen. Der künftige Anstieg der Renten sollte hierdurch verlangsamt werden, d.h. das Verhältnis zwischen den verfügbaren Renten und den verfügbaren Arbeitsverdiensten (**Nettorentenniveau**) mit zunehmendem Altenlastquotienten schrittweise vermindert werden. Das so genannte Eckrentenniveau sollte durch die Einführung des Demographie-Faktors aber nicht unter 64 Prozent des Nettolohnniveaus absinken. Die Anwendung dieser Vorschrift wurde jedoch im Rahmen des Regierungswechsels von 1998 durch die Regierungskoalition aus SPD und Grünen außer Kraft gesetzt, um eine neue – aus Sicht der neu gewählten Regierung sozial gerechtere – Rentenreform auf den Weg zu bringen, die im Mai des Jahres 2001 auch verabschiedet wurde. Bereits drei Jahre später wurde allerdings von derselben Bundesregierung im Zuge der Rentenreform 2004 ein so genannter **Nachhaltigkeitsfaktor** eingeführt, der die Entwicklung des aktuellen Rentenwertes an die Entwicklung des Verhältnisses zwischen Beitragszahlern und Leistungsbeziehern in der GRV koppelt und damit in seiner grundsätzlichen Wirkung mit dem Demographie-Faktor der Vorgängerregierung vergleichbar ist.

Zwei Grundsätze waren bei der erneuten Reform des Rentenwesens 2001 maßgeblich:
- Sicherheit der Renten für die Älteren und die Gewissheit, dass die Renten auch in Zukunft weiter steigen,
- Bezahlbarkeit der Alterssicherung bei einem angemessenen Leistungsniveau für die Jüngeren.

Aus diesen Grundsätzen wurden drei Ziele abgeleitet, die es zu realisieren galt:
- langfristige Begrenzung des Beitragsanstiegs, sodass bis zum Jahr 2020 der Beitragssatz zur GRV nicht über 20 Prozent und bis zum Jahr 2030 nicht über 22 Prozent liegen soll,

- schrittweise Absenkung des durchschnittlichen Rentenniveaus von heute etwa 48 Prozent des durchschnittlichen Bruttolohnes auf 46 Prozent bis 2020 und 43 Prozent bis 2030 und
- flächendeckender Aufbau einer kapitalgedeckten Altersvorsorge zur Kompensation der in der Zukunft zu erwartenden (relativen) Absenkung des Rentenniveaus.

Auf der Basis dieser Zielvorstellungen trat schließlich zum 01.01.2001 das Gesetz zur Neuregelung der Renten wegen verminderter Erwerbsfähigkeit in Kraft, das die Leistungen bei Eintritt erwerbsmindernder Tatbestände regelt, gefolgt von der Rückkehr zur bruttolohnorientierten Rentenanpassung zum 01.07.2001 und dem Gesetz zur zusätzlichen Altersvorsorge zum 01.07.2002, das auch unter dem Begriff »Riester-Rente« in der Öffentlichkeit rege diskutiert wurde. Dieses letztgenannte Gesetz regelt die staatliche Förderung der betrieblichen oder privaten kapitalgedeckten Altersvorsorge mit dem Ziel, die Eigeninitiative der Bürger zur Vermeidung der Altersarmut durch Eigenvorsorge zu unterstützen und über die Förderung gleichzeitig Anreize zur verstärkten eigenständigen Ergänzung der gesetzlichen Rente im Alter zu schaffen. Darüber hinaus wurden die gesetzlichen Grundlagen für eine schrittweise Umstellung zur so genannten »nachgelagerten Besteuerung« von Renten und Pensionen geschaffen, nachdem das Verfassungsgericht durch sein Urteil vom 06.03.2002 die seit Jahrzehnten bestehende und auch juristisch geführte Debatte einer gerechten steuerlichen Behandlung von im Alter bezogenen Einkünften letztinstanzlich entschieden hatte.

Vorgelagerte vs. nachgelagerte Besteuerung der Renten

Bei der bisher angewandten »vorgelagerten Besteuerung« werden die Rentenbeiträge aus versteuerten Einkommen gezahlt, im Umkehrschluss bleiben die später gezahlten Renten bis auf den so genannten Ertragsanteil von der Einkommensteuer befreit. Im Rahmen der »nachgelagerten Besteuerung« sind dagegen die Rentenversicherungsbeiträge steuerlich abzugsfähig, dafür unterliegen jedoch die Renten später der regulären Einkommensbesteuerung. Die nachgelagerte Besteuerung ist dabei im Hinblick auf die private Altersvorsorge anreizpolitisch der vorgelagerten Besteuerung vorzuziehen, weil hierbei in der Erwerbsphase der Versicherten deren verfügbares Einkommen höher ausfällt, während in der Rentenphase die aus der GRV bezogenen Nettorenten nach Steuern tendenziell niedriger ausfallen. Beides stärkt aus Sicht der mikroökonomischen Haushaltstheorie die private Altersvorsorge (aufgrund positiver Einkommenseffekte im Hinblick auf die private Ersparnisbildung in der Erwerbsphase). Bei Existenz einer direkt-progressiven Einkommensteuer (mit steigenden Grenzsteuersätzen) – wie bisher im deutschen Einkommensteuerrecht üblich – ergibt sich für die Versicherungsnehmer aus der nachgelagerten Besteuerung der Renten darüber hinaus der Vorteil, dass im Regelfall in der Erwerbsphase (wo die Versicherungsbeiträge steuerlich abzugsfähig sind) die Einkommen deutlich höher sind, also höheren Grenzsteuersätzen unterliegen als die Einkommen in der Rentenphase.

Aus Sicht der damaligen Bundesregierung sollte die Rentenreform 2001 eine nachhaltige »Jahrhundertreform« darstellen, mit der die Rentenfinanzierung im Rahmen der gesteckten Ziele bis Mitte des 21. Jahrhunderts gesichert sein sollte. Tatsächlich wurde jedoch bereits 2004 von derselben Bundesregierung ein weiteres Renten-Reformwerk auf den Weg gebracht, d. h. die Rentenreform 2001 musste »nachgebessert« werden, wobei die grundsätzlichen Reformziele unverändert blieben. Hintergrund hierfür war zum einen der weitere Anstieg der Rentenversicherungsbeiträge nah an die politisch vorgegebene »Schmerzgrenze« von 20 Prozent (s. o.) und die geringe Annahme der staatlich geförderten »Riester-Rente« durch die Arbeitnehmer. Als wichtigste Einzelmaßnahmen dieser Rentenreform 2004 sind zu nennen:

Die Rentenreform 2004

- die Einführung des bereits oben genannten Nachhaltigkeitsfaktors, der die Entwicklung des aktuellen Rentenwertes umgekehrt-proportional an die Entwicklung des Altenlastquotienten koppelt,
- die schrittweise Anhebung des Mindestalters bei der Frühverrentung von 60 auf 63 Jahre ab dem Jahre 2009,
- der grundsätzliche Wegfall der Anrechnung von schulischen Ausbildungszeiten nach Vollendung des 17. Lebensjahres (ausgenommen Ausbildungszeiten an Fachschulen und in berufsbildenden Bildungseinrichtungen),
- die Einführung einer rein nachgelagert besteuerten privaten Altersvorsorge (die so genannte Rürup-Rente) und
- der schrittweise Wechsel von der vorgelagerten zur nachgelagerten Besteuerung der gesetzlichen Altersvorsorge bis 2040.

Weitere »Nachbesserungen« auch dieser Rentenreform folgten: So wurde 2006, 2008 und 2009 die »neue« Rentenformel von 2004 ausgesetzt, um eine befürchtete Rentenabsenkung zu verhindern bzw. stärkere Rentenerhöhungen zu verabschieden, als sie sich eigentlich aus der Formel ergeben hätten. Und mit dem Rentenversicherungs-Altersanpassungsgesetz vom 20. April 2007 wurde für alle Jahrgänge ab 1947 das reguläre Renteneintrittsalter von gegenwärtig 65 Jahren schrittweise auf 67 Jahre in 2029 verschoben (beginnend ab 2012).

15.3.3 Spezielle Probleme in der Gesetzlichen Krankenversicherung

In der Gesetzlichen Krankenversicherung war über Jahre hinweg eine sowohl auf das Bruttoinlandsprodukt als auch auf das Sozialbudget bezogen überproportionale Ausgabensteigerung zu beobachten, die durch kurzfristig wirkende Kostendämpfungsmaßnahmen nicht mehr zu bremsen war (Leistungsausgaben der GKV 1960: 4,6 Milliarden Euro; 2006: 146,0 Milliarden Euro). Die GKV weist dabei den mit Abstand stärksten Zuwachs bei den Beitragssätzen seit Anfang der 1970er-Jahre innerhalb der Zweige der Sozialversicherung auf (vgl. Abbildung 15-2). Diese Entwicklung hat vielfältige Ursachen:

Überdurchschnittlicher Kostenanstieg im deutschen Gesundheitswesen

Grundlagen der Sozialen Sicherung
Probleme der Sozialen Sicherung

- Die wachsende »Überalterung« der deutschen Bevölkerung (s. o.) hat eine überproportionale Zunahme altersbedingter Krankheiten zur Folge.
- Der technische Fortschritt in Medizintechnik und Pharmazie führt zu immer kostenintensiveren Produktentwicklungen und Behandlungsverfahren.
- Geringe Markttransparenz und reduzierter Wettbewerb im Gesundheitswesen eröffnen Spielräume zum Marktmachtmissbrauch auf der Anbieterseite bei der Preisbildung sowie bei Art und Umfang medizinischer Leistungen.
- Das Moral-Hazard-Problem, d. h. die Möglichkeit zur missbräuchlichen Wahrnehmung von Leistungen durch den Versicherungsnehmer, die durch den Versicherungsgeber nicht kontrolliert (beobachtet) werden kann, ist im Gesundheitswesen besonders ausgeprägt.
- Die Möglichkeit des Wechsels zur privaten Krankenversicherung gerade für gut verdienende Versicherungsnehmer führt im Zuge des sukzessiven Anstiegs der Beitragssätze der GKV zu einer verstärkten Abwanderung von überdurchschnittlich zahlungskräftigen (beitragsfähigen) Versicherten zu den Privaten, was seinerseits den Anstieg der Beitragssätze für die in der GKV verbliebenen Versicherten beschleunigt.

Das Gesundheits-Reformgesetz von 1989 (GRG) sowie das **Gesundheitsstrukturgesetz** (1993) haben eine grundlegende Überarbeitung des Rechts der GKV gebracht.

Maßnahmen des Gesundheits-Reformgesetzes 1989

Dazu gehören die Neuabgrenzung des versicherten Personenkreises (Begrenzung der Versicherungspflicht bei Studenten bis zum 14. Fachsemester, Einschränkung der Möglichkeiten der freiwilligen Versicherung usw.) und vor allem Neuregelungen beim Leistungsumfang – konkret: im Wesentlichen **Leistungsbegrenzungen** und **Zuzahlungspflichten**, z. B. im Bereich der zahnmedizinischen Versorgung, bei Arzneimitteln, bei stationären Vorsorge- und Rehabilitationsmaßnahmen sowie Krankenhausaufenthalten. Die stark umstrittenen Maßnahmen brachten vorübergehend einen finanziellen Erfolg: Die Ausgaben sanken im Jahr 1989 erstmals, und zwar um 2,4 Milliarden Euro gegenüber dem Vorjahr, sodass die Beitragssätze nicht weiter stiegen.

Zwischenzeitlich (2009) ist der – nunmehr einheitlich gesetzlich fixierte – (Mindest-)**Beitragssatz** allerdings auf 14,9 Prozent angestiegen und die strukturellen Probleme der GKV sind noch immer nicht gelöst. Der Gesetzgeber hat dabei in immer kürzeren Abständen mit immer tiefer reglementierenden Maßnahmen in das Gesundheitssystem eingegriffen. Die Erfahrungen mit diesen Gesetzen zur Kostendämpfung haben allerdings gezeigt, dass sie im Allgemeinen nur vorübergehend in der Lage sind, den Ausgabenanstieg in der GKV zu begrenzen und den Anstieg der Beitragssätze zu bremsen. Ein erneuter Versuch wurde durch das 1. und 2. GKV-Neuordnungsgesetz (Juli 1997) unternommen.

Maßnahmen des GKV-Neuordnungsgesetzes von 1997

Zum einen wurde damit die Selbstverwaltung verstärkt (wirtschaftliche Leistungserbringung, sparsame Leistungsinanspruchnahme), zum anderen wurden die Finanzgrundlagen der Krankenkassen dauerhaft verbessert, indem die bestehenden Zuzahlungen erhöht wurden. Beitragssatzerhöhungen der Krankenkassen führten zu einer Anhebung der Selbstbeteiligung, den Versicherten wurde gleichzeitig ein kurzfristiger Kassenwechsel ermöglicht. Bei der zahnmedizinischen Versorgung wurden die prozentualen Zuschüsse zum Zahnersatz in Festzuschüsse umgewandelt. Außerdem wurde das Kostenerstattungsprinzip eingeführt: Der Vertragszahnarzt hat einen Zahlungsanspruch gegenüber dem Versicherten, die Krankenkasse erfüllt ihre Leistungspflicht, indem sie den Festzuschuss direkt an den Versicherten auszahlt.

Der Regierungswechsel im Jahr 1998 brachte allerdings auch im Bereich der GKV einen Kurswechsel mit sich: Zur Korrektur der als Entfernung vom paritätisch finanzierten Solidaritätsprinzip empfundenen Reformen der Vorregierung wurde zunächst das am 11.12.1998 beschlossene und zum 01.01.1999 in Kraft getretene »Gesetz zur Stärkung der Solidarität in der gesetzlichen Krankenversicherung« auf den Weg gebracht, gefolgt vom Gesetz zur Reform der Gesetzlichen Krankenversicherung, das im Dezember 1999 verabschiedet und zum 01.01.2000 in Kraft trat. Ziel beider Gesetze war die Erhöhung der Effizienz in der GKV und hierdurch die Begrenzung des Ausgabenanstiegs bei möglichst geringen Leistungseinschränkungen, also bei simultaner Qualitätssicherung auf hohem Niveau. Außerdem sollten bestehende Wettbewerbsverzerrungen zwischen der privaten und Gesetzlichen Krankenversicherung reduziert werden.

Gesetz zur Reform der GKV vom 01.01.2000

Auch diese Maßnahmen erwiesen sich jedoch nicht als ausreichend, um einen weiteren Anstieg der durchschnittlichen Beitragssätze in der GKV zu verhindern, sodass im Jahr 2004 eine weitere Gesundheitsreform in Kraft trat. Als wichtigste Maßnahmen sind hier u. a. zu nennen:

- Verschärfung der Zuzahlungsregelungen durch Einführung einer grundsätzlichen Zuzahlungspflicht von 10 Prozent bei allen medizinischen Leistungen, allerdings nach unten und oben gedeckt (mindestens 5 Euro und höchstens 10 Euro pro Leistung, Begrenzung der jährlichen Zuzahlungen in der Summe auf 2 Prozent des beitragspflichtigen Bruttoeinkommens, bei chronisch Kranken auf 1 Prozent, Zuzahlungsfreistellung von Kindern und Jugendlichen),
- Einführung einer Praxisgebühr von 10 Euro beim ersten Arzt- bzw. Zahnarztbesuch im Quartal (ausgenommen Vorsorgemaßnahmen),
- Kostenerstattung bei nicht verschreibungspflichtigen Arzneimitteln nur noch bei Kindern und Jugendlichen bis zum 12. Lebensjahr,
- Beschränkung der Leistungen bei Sehhilfen auf Kinder und Jugendliche sowie schwer Sehbeeinträchtigte,
- Erstattung von Fahrtkosten zur ambulanten medizinischen Versorgung nur noch in Ausnahmefällen,
- Aufgabe der paritätischen Beitragsfinanzierung bei Zahnersatz und Krankengeld (s. o.),
- Aufhebung der Preisbindung für nicht verschreibungspflichtige Arzneimittel,
- Zulassung des Versandhandels mit Arzneimitteln,
- Zulassung von maximal drei Nebenstellen (Filialen) bei Apotheken,
- Einbeziehung von Scheininnovationen im Arzneimittelbereich in die Festbetragsregelung,

Das Gesundheitsstrukturgesetz von 2004

- Einführung von Patientenquittungen mit Informationen über Preise und Leistungen (falls von den Patienten gewünscht),
- Zulassung von Beitragsrückgewährungen und Selbstbehalten bei freiwillig GKV-Versicherten,
- Zulassung von Beitragsboni für Teilnehmer am Hausarztmodell sowie an Vorsorge- und Präventionsmaßnahmen (beim Hausarztmodell verpflichtet sich der Patient, im Krankheitsfall zunächst zum Hausarzt zu gehen, der dann den Patienten gegebenenfalls an Fachärzte weiterüberweist, man spricht auch vom »Hausarzt als Lotsen«).

Ziel dieses Maßnahmenkataloges war es offensichtlich, zum einen auf der Patientenseite durch Stärkung der Eigenverantwortung die Anreize zu einer kostenorientierten Wahrnehmung medizinischer Leistungen weiter zu erhöhen und zum anderen auf der Anbieterseite von medizinischen Leistungen durch mehr Deregulierung und Transparenz den Wettbewerb zum Zwecke der Kostensenkung zu stärken.

Maßnahmen des Arzneimittelversorgungs-Wirtschaftlichkeitsgesetzes

Weitere Maßnahmen zur Kostenbegrenzung und Intensivierung des Wettbewerbs im Gesundheitswesen folgten in schneller Folge: Mit dem Arzneimittelversorgungs-Wirtschaftlichkeitsgesetz (AVWG) vom 1. Mai 2006 wurden u. a.
- ein zweijähriger Preisstopp für Arzneimittel in der GKV sowie
- eine deutliche Senkung der Festbeträge für Arzneimittel beschlossen.

Mit dem Gesetz zur Stärkung des Wettbewerbs in der Gesetzlichen Krankenversicherung (GK-WSG) vom 1. April 2007 wurde u. a.
- mit der Schaffung des »Gesundheitsfonds« ab 2009 die Finanzierung der GKV über die nunmehr staatliche Festlegung eines einheitlichen Beitragssatzes grundlegend novelliert (vgl. Kapitel 15.3.1),
- die Handlungsspielraum der einzelnen Krankenkassen zu tariflichen Einzelvereinbarungen mit Ärzten und Arzneimittelherstellern/-anbietern deutlich erweitert und
- das System der ärztlichen Vergütungen weitgehend auf Pauschalbeträge (anstelle von prozentualen Beträgen) und auf Mengenbeschränkungen umgestellt.

Unsichere Zukunftsperspektive für Soziale Sicherung

Insgesamt zeigen die durchgeführten Reformen der letzten Jahre den politischen Willen zur Konsolidierung des Systems der Sozialen Sicherung. Das Prinzip der Eigenvorsorge ist dabei zulasten einer umfassenden staatlichen Versorgungspolitik stärker betont worden. Ob dadurch indes die dem System innewohnende Dynamik gebrochen, den Rahmenbedingungen Rechnung getragen und somit eine Konsolidierung mit Tragfähigkeit erreicht werden kann, muss die Entwicklung der kommenden Jahre erst noch zeigen.

Arbeitsaufgaben Kapitel 15

1. Aus welchen Gründen muss das Individualprinzip durch das Sozialprinzip ergänzt werden?

2. Wie ist die Finanzierung der verschiedenen Zweige der Sozialen Sicherung geregelt?

3. Was versteht man unter der Versicherungspflichtgrenze und unter der Beitragsbemessungsgrenze?

4. Was versteht man unter den Begriffen »Trittbrettfahrer-Problematik« und »moral hazard« im Zusammenhang mit umlagefinanzierten Sozialversicherungen?

5. Erläutern Sie zentrale Änderungen in der Arbeitslosenabsicherung bzw. -verwaltung durch die Bundesagentur für Arbeit infolge der vierten Stufe der Hartz-Reform. Diskutieren Sie mögliche sozial- und beschäftigungspolitische Effekte, die sich hieraus ergeben könnten.

6. Inwieweit kann man die Form der Rentenversorgung in Deutschland als »Generationenvertrag« bezeichnen?

7. Stellen Sie kurz die Faktoren zur Rentenberechnung in der GRV dar. Warum handelt es sich um eine dynamische Rente?

8. Mit welchen Problemen ist längerfristig in der Rentenversicherung zu rechnen?

9. Erläutern Sie spezifische Anreizprobleme von umlagefinanzierten Rentenversicherungen.

10. Worin unterscheiden sich kapitalgedeckte Rentenversicherungen von umlagefinanzierten Rentenversicherungen?

11. Welches zentrale Problem ergibt sich, wenn man von einer bestehenden Umlagefinanzierung auf eine kapitalgedeckte Finanzierung der Renten umstellen will?

12. Erläutern Sie, was man unter den Begriffen »vorgelagerte Besteuerung« und »nachgelagerte Besteuerung« der Renten versteht, und diskutieren Sie etwaige Vor- und Nachteile.

Lösungsvorschläge für die Arbeitsaufgaben finden Sie im »Übungsbuch zu Grundlagen und Probleme der Volkswirtschaft«.

Literatur Kapitel 15

Über das Gebiet der Sozialleistungen informieren umfassend:
Lampert, Heinz / Jörg Althammer: Lehrbuch der Sozialpolitik, 8. Aufl., Berlin, Heidelberg, New York 2007.
Bäcker, Gerhard / Reinhard Bispinck / Klaus Hofemann / Gerhard Naegele: Sozialpolitik und soziale Lage in Deutschland, Bd. 1 u. 2, 4. Aufl., Wiesbaden 2007.

Über den Stand der Sozialen Sicherung informiert:
Sozialbericht 2009, hrsg. vom Bundesminister für Arbeit und Soziales, Berlin 2009 (im Internet unter www.bmas.de).

Noch aktuellere Informationen über den laufenden Prozess der Sozialreformen finden sich auf den Homepages der folgenden Ministerien und Institutionen:
Bundesministerium für Arbeit und Soziales: www.bmas.de
Bundesministerium für Gesundheit: www.bmg.bund.de
Bundesministerium für Wirtschaft und Technologie: www.bmwi.de
Bundesagentur für Arbeit: www.arbeitsagentur.de
Deutsche Rentenversicherung (Verbund der deutschen Rentenversicherungsträger): www.deutsche-rentenversicherung-bund.de

Zu empfehlen ist auch der Übersichtsartikel von:
Kath, Dietmar: Sozialpolitik, in: Vahlens Kompendium der Wirtschaftstheorie und Wirtschaftspolitik, Bd. 2, 9. Aufl., München 2007, 8. Kapitel.

16 Organisationen und Märkte des Finanzbereiches einer Volkswirtschaft

Leitfragen

Welche Bedeutung hat der Finanzbereich einer Volkswirtschaft?

- Was sind die Grundfunktionen des Finanzbereiches?
- Welche Besonderheiten weisen die Transaktionen des Finanzbereiches auf?
- Welche Ziele und Strategien verfolgen Anleger?

Wie funktioniert der Kapitalmarkt?

- Welche Papiere werden auf dem Kapitalmarkt gehandelt?
- Wie hat sich der Kapitalmarkt entwickelt?
- Welche Bedeutung hat die Verbriefung für die Kreditgewährung von Banken?

Wie funktioniert der Geldmarkt?

- Was ist Geld?
- Welche Funktionen übt Geld aus?
- Was ist die Geldmenge?
- Welche Papiere werden auf dem Geldmarkt gehandelt?

Wer sind die zentralen Akteure im Finanzbereich?

- Welche Rolle spielt die Zentralbank?
- Welche Rolle spielen Geschäftsbanken?
- Welche Rolle spielen Kapitalanlagegesellschaften?

Wie wird der Finanzbereich einer Volkswirtschaft kontrolliert?

- Was sind die Kontrollregeln?
- Wer sind die Kontrolleure?
- Was sind die Probleme der Kontrolle des Finanzbereiches?

16.1 Der Finanzbereich einer Volkswirtschaft

16.1.1 Grundprobleme und Grundfunktionen des Finanzbereiches im klassischen System

Wir betrachten die Grundprobleme und Grundfunktionen des Finanzbereiches zunächst in einem einfachen klassischen Finanzsystem, das bis etwa zum Ende des Ersten Weltkrieges so existiert hat. Mit diesem Rückblick lassen sich die neuen Entwicklungen im Finanzbereich besser verstehen. Sparen und Investieren sind die zentralen Mechanismen in der ökonomischen Entwicklung von Gesellschaften. Realwirtschaftlich bedeutet Sparen zunächst einmal Konsumver-

Sparen und Investieren als Entscheidung über knappe Ressourcen.

16.1 Organisationen und Märkte des Finanzbereiches einer Volkswirtschaft
Der Finanzbereich einer Volkswirtschaft

zicht, Menschen verzichten auf den Verbrauch knapper Ressourcen. Diese nicht verbrauchten Ressourcen stehen als Mittel zur Investition in Realkapital, also in Maschinen, Anlagen und Infrastruktur oder auch als Mittel zur Investition in Humankapital, also in Bildung und Ausbildung, zur Verfügung. Geldwirtschaftlich ist Sparen eine Nicht-Ausgabe von Einkommen, eine Anhäufung von Geldvermögen in Form unterschiedlicher Geldanlagen. Und Investieren bedeutet eine Ausgabe von Geld für den Erwerb von Realkapital.

Sparer und Investoren werden durch Einrichtungen des Finanzbereiches zusammengebracht.

Ein Grundproblem des Finanzbereiches ist, dass Sparer und Investoren in der Regel nicht identisch sind. Daher muss es Einrichtungen geben, die dafür sorgen, dass die gesparten Mittel zu den Investoren fließen, dass der **Kreditverkehr** in dem Sinne funktioniert, dass das Kreditangebot die entsprechende Kreditnachfrage und die Kreditnachfrage das entsprechende Kreditangebot findet, dass Sparen und Investieren sich entsprechen. Verschiedentlich ist uns die Identität von Sparen und Investieren (S = I) schon begegnet: als zentrale Ex-post-Identität in der Volkswirtschaftlichen Gesamtrechnung, als zentraler Mechanismus im klassischen System, als *Say*sches Theorem oder als Gleichgewichtsbedingung im *Keynes*'schen System. Dieses Gleichgewicht von Sparen und Investieren muss im Finanzbereich organisiert werden. Und die Vermittlung von Kreditangebot und Kreditnachfrage ist die zentrale Aufgabe des Kapitalmarktes. Der **Kapitalmarkt** ist in diesem Sinne das abstrakte Konzept der Gesamtheit der Beziehungen von Kreditangebot und Kreditnachfrage. In konkreten Fällen werden wir nachfolgend von bestimmten Kapital-Teilmärkten sprechen, etwa dem Aktienmarkt oder dem Anleihemarkt. Im klassischen System spielt der Finanzbereich nur eine Rolle als Vermittler zwischen Finanzkapital und Realkapital: Sparer bringen ihr Geld zur Bank, die Bank verleiht das Geld an Unternehmen, die Unternehmen investieren in Realkapital, die Investition erbringt einen Überschuss, der auf das Unternehmen, auf die Bank und die Sparer aufgeteilt wird. Die Wirtschaft wächst durch die Produktivität der Investitionen in Realkapital.

Organisation des Zahlungsverkehrs

Neben der Koordination von Kreditangebot und Kreditnachfrage muss es Einrichtungen geben, die den **Zahlungsverkehr** in der arbeitsteiligen Gesellschaft organisieren. Die arbeitsteilige Wirtschaft ist immer zugleich eine Tauschwirtschaft, in der Menschen die von ihnen erstellten Güter gegen andere Güter tauschen, die ihrer Bedürfnisbefriedigung dienen. Um diesen Tausch zu erleichtern, hat sich im Laufe der Zeit das Geld als Institution eines allgemein akzeptierten Zahlungsmittels entwickelt. Das allgemein akzeptierte Geld wird von Banken angeboten und verwaltet, und Banken organisieren die Durchführung des Zahlungsverkehrs. Der **Geldmarkt** ist in diesem Sinne das abstrakte Konzept der Gesamtheit der Beziehungen von Geldangebot und Geldnachfrage. Daneben existiert der Geldmarkt als ein konkreter Markt, auf dem bestimmte Anbieter und Nachfrager Geld und Geldmarktpapiere handeln (vgl. Kapitel 16.3).

16.1.2 Neue Entwicklungen im Finanzbereich

Der Prozess der Kreditvermittlung und der Abwicklung des Zahlungsverkehrs wurde und wird zunehmend durch zwei Innovationen im Finanzbereich überlagert:
- durch die zunehmende Möglichkeit der Geldschöpfung und der Kreditverwertung durch Banken und
- durch die damit verbundene Abkopplung des Finanzbereiches von der Realwirtschaft.

Das Geld als bloßes Mittel des Zahlungsverkehrs war lange Zeit ein so genanntes stoffwertiges Geld (vgl. Kapitel 16.3.2), vor allem Gold und Silber, und es bestand für die Banknoten die Deckungs- bzw. die Einlösungspflicht in Gold bzw. Silber. Die Geldmenge war damit an den Bestand von Gold gebunden, und Banken konnten Geld nicht in großem Umfang produzieren. Im Laufe der Entwicklung von Wirtschaftsgesellschaften ist zunächst die Deckungspflicht und nachfolgend die Einlösungspflicht aufgegeben worden, zunächst im nationalen Bereich etwa Ende des Ersten Weltkrieges und im internationalen Bereich anfangs der 1970er-Jahre. Seitdem können die Banken nicht nur bei ihnen angelegte Sparbeträge verleihen, sondern sie können selbst Geld in großem Umfang schaffen. Banken schaffen Geld, das so genannte Buchgeld, einfach durch die Gewährung von Krediten (vgl. Kapitel 17). Und diese Möglichkeit der Kreditgewährung ist durch die Möglichkeit der Verbriefung und des Verkaufs der Kredite auf dem Finanzmarkt (vgl. Kapitel 16.2.3) noch einmal deutlich erweitert worden. Damit wird die Investition in Realkapital in gewisser Weise vom Prozess des Sparens entkoppelt und damit wird die Möglichkeit der Realkapitalbildung beschleunigt. Charakteristisch für die Zeit bis in die 1980er-Jahre blieb aber, dass die Kredite Investitionen in Realkapital finanziert haben und dass der Finanzbereich mit der Sachgüter produzierenden Realwirtschaft eng verbunden blieb.

Banken können Geld schaffen.

Mit der Erfindung neuartiger Finanzprodukte (vgl. Kapitel 16.2.3) hat sich der Finanzbereich mittlerweile aber zunehmend von der Realwirtschaft abgekoppelt. Es werden nicht mehr nur reale Produktionszuwachse finanziert, sondern der Finanzbereich investiert auch in bloß monetäre Wertzuwächse. Dies geschieht vor allem durch den spekulativen Kauf von Vermögenswerten, in der Erwartung, dass deren Preise steigen. Beispiele sind der Aktienboom in der »New Economy« bis Ende 2000, der Immobilienboom in den USA bis etwa Ende 2007 oder der Boom der Rohstoffpreise zwischen 2005 und 2008. Charakteristisch ist, dass hier nicht in neue Maschinen und Anlagen investiert wird, sondern dass bloße Bewertungsgewinne entstehen, die in der Regel mit dem Abklingen des Booms, mit dem »Platzen der Spekulationsblase« wieder verschwinden. Damit entsteht eine problematische Form von Finanzkapitalismus, weil einerseits Preise ihre Lenkungsfunktion als langfristige Knappheitsindikatoren verlieren und andererseits Unternehmen ihre Innovationsaktivitäten zunehmend in den real nicht produktiven Finanzbereich verlagern.

Abkoppelung des Finanzbereiches von der Realwirtschaft.

Das Finanzsystem als Leitungsnetz der Volkswirtschaft.

Kapitalmarkt und Geldmarkt sind in der Praxis nicht immer klar zu unterscheiden, vor allem, weil im Zuge der Geldschöpfung von Banken gleichzeitig Kredit gewährt wird. Wichtig ist aber, ihre Funktionen zu unterscheiden: Der Kapitalmarkt organisiert im Prinzip den Kreditverkehr, der Geldmarkt organisiert im Prinzip den Zahlungsverkehr. Beide zusammen bilden das Finanzsystem. »Das Finanzsystem ist quasi das Leitungsnetz der Volkswirtschaft und für uns so selbstverständlich wie die Wasserversorgung ... Und genauso, wie unser moderner Lebensstil davon abhängt, dass stets Wasser aus dem Hahn kommt, hängt das moderne Wirtschaftssystem davon ab, dass der Finanzierungskreislauf mithilfe der Finanzintermediäre tatsächlich funktioniert« (BIZ 2009, S. 3). In diesem Sinne hat das Finanzsystem eine öffentliche Aufgabe, die Aufgabe, den Kreditverkehr und den Zahlungsverkehr moderner Volkswirtschaften zu gewährleisten. Das Finanzsystem hat, wie man heute sagt, einen systemischen Charakter. Daher muss der Staat auch alles tun, um einen Zusammenbruch des Finanzsystems zu vermeiden, und dieses macht der Staat mittlerweile auch. So beträgt der Umfang der staatlichen Programme zur Stabilisierung der Banken in der Finanzkrise 2009 in den 11 größten Industrienationen knapp 5.000 Milliarden Euro (BIS 2009, S. 13).

16.1.3 Institutionenökonomik des Finanzbereiches

Hohe Transaktionskosten im Kreditverkehr

Zentrale Wesensmerkmale des Kreditverkehrs und begrenzt auch des Zahlungsverkehrs sind ihre Komplexität und Unsicherheit. Diese begründen hohe Transaktionskosten der Tauschprozesse im Finanzbereich. Wir beschränken uns hier zur Erläuterung auf den Kreditverkehr.

Transaktionskosten sind allgemein (vgl. Kapitel 1.8):
- Such- und Informationskosten für das Finden passender Tauschpartner und akzeptabler Tauschpreise,
- Verhandlungskosten für das Verhandeln der Verträge und
- Kosten der Kontrolle der Einhaltung der Verträge.

Mangelnde Transparenz hinsichtlich der Qualität von Kreditverträgen

Für die Vertragspartner sind Modalitäten und Qualitäten eines Kreditvertrags kaum transparent; dies begründet hohe Such- und Informationskosten. So wäre es für ein Unternehmen sehr umständlich, Sparer zu finden, die ihm Geld leihen, es wäre schwierig, Kreditverträge mit marktüblichen Konditionen, die es nicht kennt, auszuhandeln, und es wäre ziemlich aufwändig, die Einhaltung der Kreditvereinbarungen zu überwachen. Umgekehrt wäre es auch für Sparer äußerst mühsam, Unternehmen zu finden, die einen Kredit aufnehmen wollen, es wäre schwierig, deren Bonität (die Fähigkeit, Kredite zurückzuzahlen) zu ermitteln und den passenden Zinssatz zu vereinbaren, und es wäre für sie schwierig, die Verzinsung und Tilgung des Kredit zu kontrollieren. Schließlich ist die Kreditvergabe eine recht aufwändige Transaktion, weil zur Kreditvergabe komplexe Verträge geschlossen werden müssen, die die Risiken solcher Tauschgeschäfte verringern.

Die Transaktionskosten eines direkten bilateralen Tauschs von Krediten gegen das Versprechen der Rückzahlung einschließlich einer gewissen Verzinsung wären also sehr hoch. Dies sind Konstellationen, die zur Bildung von Institutionen herausfordern. Und in der Tat haben sich im Laufe der Entwicklung von Wirtschaftsgesellschaften Institutionen herausgebildet, die solche Transaktionen erleichtern und den Kreditverkehr kanalisieren: Banken, allgemein Finanzintermediäre, vermitteln den Kreditverkehr als Agenten und verbessern die Transparenz im Finanzbereich; Geld als allgemein akzeptiertes Zahlungsmittel erleichtert die Durchführung der Kreditgeschäfte, eine Fülle verschiedenster Wertpapiere wie Aktien und Anleihen vereinfacht und standardisiert den Kreditverkehr und Tauscheinrichtungen in Form von Börsen erleichtern den Kredithandel. Diese Institutionen werden in Kapitel 16.2 beschrieben.

Das Problem der mangelnden Qualitätstransparenz wird verstärkt durch die spezifische **Asymmetrie der Information** im Kreditverkehr. Generell kennt der Kreditgeber die Bonität des Kreditnehmers schlechter als der Kreditnehmer und generell kennt der Käufer von Wertpapieren die Bonität der Wertpapiere schlechter als der Verkäufer, der Emittent der Wertpapiere. Dies führt einerseits zu Preisaufschlägen. So schlagen Banken bei ihrer Kreditgewährung zusätzlich zur normalen Prämie für das Kreditrisiko eine weitere Risikoprämie aufgrund von Informationsasymmetrien auf (EZB 2008, S. 94). Und andererseits kommt es zu einer adversen Auslese. Wenn Anleger die Bonität von Wertpapieren nicht einschätzen können, wissen sie doch, dass der Emittent der Wertpapiere dies weiß und dies ausnutzen wird, indem er tatsächlich schlechtere Papiere verkaufen will, dass er also die Anleger täuschen will. Wenn die Anleger dies glauben, werden sie auch nur bereit sein, einen niedrigeren Preis für die Papiere zu zahlen, als der Emittent verlangt. Wegen dieser niedrigen Preisgebote wird der Emittent die Bonität seiner Wertpapiere reduzieren, weil Anleger die höhere Qualität nicht erkennen und daher nicht zu bezahlen bereit sind. Am Ende verbleiben dann die Papiere geringerer Bonität im Angebot. Dies ist eine grundsätzlich richtige Beurteilung der Abwicklung von Finanztransaktionen. Aber eine Fülle von Sicherungen, von Garantieinstrumenten und von standardisierten Bewertungsverfahren, die in der Praxis gerade wegen der Asymmetrie der Information entwickelt worden sind, relativiert das Ausmaß der adversen Auslese. So ist der Sparer durch die Einlagensicherung in gewisser Weise vor einem Verlust geschützt, Ratingagenturen machen die Bonität von Wertpapieren im Prinzip für beide Tauschpartner transparent (vgl. Kapitel 16.5.3) und schließlich spielt die Reputation der Banken als Verkäufer von Wertpapieren langfristig eine erhebliche Rolle, und diese Reputation wird nicht (immer) leichtfertig aufs Spiel gesetzt.

Große Informationsasymmetrien

Schutzmechanismen

16.1.4 Ziele und Strategien der Anleger

Auf den Märkten des Finanzbereiches agieren Banken und Kapitalanlagegesellschaften, Gebietskörperschaften und Sozialversicherungen, Produktionsunter-

16.1 Organisationen und Märkte des Finanzbereiches einer Volkswirtschaft
Der Finanzbereich einer Volkswirtschaft

Das Magische Dreieck der Kapitalanlage besteht aus Rendite, Sicherheit und Liquidität.

nehmen, Versicherungen und private Haushalte. Sie alle berücksichtigen bei ihrer Kapitalanlage im Prinzip immer das magische Dreieck der Kapitalanlage:
- Rendite (Ertrag),
- Sicherheit (geringes Risiko) und
- Liquidität.

Die Kapitalanlage soll einen möglichst großen Ertrag bringen, der in der Regel als Prozentsatz des eingesetzten Kapitals erfasst wird und allgemein Rendite genannt wird. Die **Rendite** ist der Ertrag im Verhältnis zur Anlagesumme.

Die Kapitalanlage soll insofern sicher sein, dass die Rückzahlung der Anlagesumme gewährleistet ist (**Sicherheit**). Dies ist keineswegs immer gewährleistet und gerade im Kreditverkehr ist das Risiko recht groß, dass der Kreditnehmer seinen Kredit nicht zurückzahlen kann. Dies Risiko wird als Kreditrisiko oder Bonitätsrisiko bezeichnet. Hohe Risiken werden in der Regel mit einem entsprechenden Renditeaufschlag gehandelt.

Schließlich soll die Kapitalanlage im Bedarfsfall schnell und ohne Kursverluste in Geld umgetauscht werden können (**Liquidität**). Hier gilt: Je liquider eine Anlage ist, desto geringer ist ihre Rendite. Bargeld ist völlig liquide, erbringt aber keine Rendite.

Weil nicht alle Ziele in gleicher Weise erreicht werden können, vielmehr ein Ziel immer auf Kosten mindestens eines anderen Zieles geht, spricht man vom magischen Dreieck der Kapitalanlage. Die Gewichtung der drei Ziele hängt ab von der Zielsetzung und Risikobereitschaft der Anleger. Der Staat gewichtet anders als Versicherungen, Unternehmen gewichten anders als private Haushalte, und auch innerhalb dieser Gruppen variieren Zielsetzung und Risikobereitschaft erheblich. So gibt es, um ein Bonmot des Bankiers Freudenberg aufzugreifen, Anleger, die gut essen wollen und Anleger, die gut schlafen wollen. Beides zugleich geht meistens nicht.

Grundformen der Anlagestrategien

Im Einzelnen gibt es eine Fülle von Anlagestrategien, aber die Grundformen sind die Arbitrage und die Spekulation. Als **Arbitrage** bezeichnet man das Ausnützen von Preis-, Kurs- oder Zinsdifferenzen bei Wirtschaftsgütern, die zu einem bestimmten Zeitpunkt an verschiedenen Orten existieren. Im Prinzip kauft man billig ein und verkauft teuer. Arbitrage ist grundsätzlich risikolos, setzt aber ein schnelles Informationssystem voraus. Mittlerweile wird in Millisekunden, im Tausendstel einer Sekunde, gehandelt und verdient (»Milliardengewinne in Millisekunden«, FAS, 09.08.2009, S. 41).

Die **Spekulation** nutzt Preis-, Kurs- oder Zinsdifferenzen, die zwischen verschiedenen Zeitpunkten erwartet werden. Im einfachsten Fall kauft man Wirtschaftsgüter, von denen Preissteigerungen erwartet werden, und realisiert die Preissteigerungen, wenn sich die Erwartung erfüllt. Komplexer ist die Spekulation mithilfe eines Termingeschäfts. Die Anleger erwarten z. B. einen Kursanstieg von VW-Aktien. Dann kaufen sie heute per Termin in drei Monaten VW-Aktien zu einem niedrigen Kurs von z. B. 100. Wenn dann der Kurs erwartungsgemäß steigt, können die Anleger die Aktien nach drei Monaten zum vereinbarten Terminkurs von 100 kaufen und gleichzeitig zu einem höheren Kurs verkaufen, und machen einen Spekulationsgewinn. Oder Anleger erwarten eine Abwertung des Euro. Dann leihen sie sich jetzt 1 Million Euro und kaufen dafür z. B. 1,3 Millionen Dollar. Wenn der Euro tatsächlich abwertet, können sie die 1,3 Millionen Dollar in mehr als 1 Million Euro zurücktauschen. Die Differenz, abzüglich der Transaktionskosten, besteht im Spekulationsgewinn. Solche Spekulationen funktionieren aber nur, wenn Anleger klüger sind als der Markt. Da dies nicht sicher ist, sind Spekulationsgeschäfte immer riskant.

16.2 Produkte und Funktionsweise des Kapitalmarktes

16.2.1 Grundstruktur und Handelsformen des Kapitalmarktes

Auf dem Kapitalmarkt werden im Prinzip die Ersparnisse der Bevölkerung angeboten und nachgefragt. Anbieter sind die Sparer, und Nachfrager sind die Sektoren der Wirtschaft, die Finanzmittel zur Finanzierung ihrer Investitionen benötigen, insbesondere Unternehmen und begrenzt auch der Staat und private Konsumenten. Gehandelt werden mittel- und langfristige Wertpapiere, d. h. Papiere meist mit einer ursprünglichen Laufzeit von mehr als vier Jahren. Die gehandelten Papiere sind entweder:

▸ **Beteiligungspapiere**, mit denen sich der Anleger an Unternehmen beteiligt; das sind im Wesentlichen Aktien, oder
▸ **Forderungspapiere**, mit denen der Anleger einem Unternehmen, Banken oder dem Staat Finanzmittel zeitlich begrenzt zur Verfügung stellt. Das sind im Wesentlichen Anleihen, auch Schuldverschreibungen, Obligationen oder Bonds genannt; bei spezieller Sicherung der Schuldverschreibungen spricht man auch von Pfandbriefen, meist sind es Hypothekenpfandbriefe.

Handel mit Beteiligungs- und Forderungspapieren

Auf dem Kapitalmarkt bildet sich eine Fülle von Zinssätzen, die nach Art der Papiere und ihren Laufzeiten differieren. In der Regel erbringen kurzfristige Papiere eine geringere Verzinsung als langfristige Papiere, weil jene liquider sind als diese, und risikoreiche Papiere erbringen eine höhere Verzinsung als risikoarme Papiere. Spricht man dennoch allgemein von dem Kapitalmarktzins, meint man die Rendite festverzinslicher Bundesanleihen.

Kapitalmarktzins

Kapitalmarktpapiere werden entweder auf dem organisierten Markt gehandelt, dessen ausgeprägteste Form die Börse ist oder häufiger noch außerhalb von Börsen, über Telefon und/oder Computer. Auf **Börsen** werden standardisierte Wertpapiere in großen Stückzahlen und nach klaren Regeln gehandelt; vor allem Aktien werden noch sehr stark an Börsen gehandelt. Die Preisbildung erfolgt im Prinzip wie die Preisbildung bei vollkommener Konkurrenz (vgl. Kapitel 6.2). Auf Börsen können auch Amateure Wertpapiere kaufen und verkaufen. Beim nicht organisierten Handel spricht man vom **OTC-Handel** (Over The Counter). Dieser Handel bleibt den professionellen Händlern vorbehalten.

Handelsformen

16.2.2 Klassische Kapitalmarktpapiere – Aktien und Anleihen

16.2.2.1 Aktien

Eine Aktie begründet ein Miteigentum am Unternehmen.

Die Aktie verbrieft ein (Mit)Eigentum an einem Unternehmen. Wer eine Aktie kauft, wird zum Miteigentümer einer Aktiengesellschaft (AG). Er beteiligt sich am Grundkapital der AG. Eine Aktie lautet auf einen bestimmten Nennbetrag oder auf einen bestimmten Anteil am Grundkapital der AG. In Deutschland beträgt der gesetzliche Nennbetrag einer Aktie ein Euro oder ein Vielfaches davon. Der Aktionär ist dem Aktienwert entsprechend an Gewinnausschüttungen (Dividenden) und gegebenenfalls am Liquidationserlös des Unternehmens beteiligt, und er hat einige Mitwirkungsrechte, aber letztlich sind diese recht gering. Die Kurse von Aktien werden durch Angebot und Nachfrage bestimmt. Diese werden wiederum von zahlreichen Faktoren beeinflusst. Dazu gehören fundamentale Daten wie Umsatz und Gewinn des Unternehmens und spezielle Kennzahlen wie das Kurs-Gewinn-Verhältnis, aber auch Analystenmeinungen und Gerüchte. Generell spielen Erwartungen über Veränderungen die zentrale Rolle bei der Kursbildung von Aktien.

Arten von Aktien

Es werden verschiedene Arten von Aktien unterschieden:
- Die **Stammaktie** ist die Grundform der Aktie. Sie beinhaltet das Recht auf Dividenden und begründet ein volles Stimmrecht in der Hauptversammlung.
- Die **Vorzugsaktie** ist häufig mit einer höheren Dividende als die Stammaktie versehen. Dafür müssen Anleger aber auf ihr Stimmrecht verzichten.
- Die **Inhaberaktie** wird nicht auf einen bestimmten Namen ausgestellt, sondern das Eigentum wechselt durch einfache Übergabe der Aktie. Das erleichtert die schnelle Übertragung.
- Die **Namensaktie** wird auf eine bestimmte Person ausgestellt. Der Eigentümer wird in das Aktienbuch der Gesellschaft eingetragen. Damit weiß das Unternehmen, welcher Anleger wie viele Aktien besitzt.
- Die **vinkulierte Namensaktie** ist eine besondere Form der Namensaktie. Sie kann nur mit Zustimmung der Gesellschaft den Eigentümer wechseln.

Am häufigsten sind Stammaktien in Form von Inhaberaktien, seit der Einführung des Euro in der Form von **Stückaktien**, die einen bestimmten Anteil am Grundkapital der AG verbriefen.

Charakteristika der Aktie

Die Aktie hat wie alle Finanzierungsarten spezifische Eigenschaften. Die Aktie ist ein Wertpapier, welches eine bestimmte Form von Eigentum an einem Unternehmen verbrieft. Es ist eine sehr liquide Form von Unternehmenseigentum, weil Aktien jederzeit an Börsen verkauft werden können, es ist aber auch eine kurzfristig sehr unsichere Form der Vermögensanlage, weil die Kurse von Aktien stark schwanken können. Die Mitwirkungsmöglichkeiten der Aktionäre an unternehmerischen Entscheidungen sind sehr beschränkt, letztlich sind hier Eigentum und Geschäftsführungsfunktion entkoppelt. Nur bei wichtigen Grundsatzentscheidungen und bei der Wahl des Aufsichtsrates kann der Aktionär in der Hauptversammlung abstimmen. Für das Unternehmen hat die Finanzierung durch Eigenkapital in Form von Aktienkapital gegenüber der Finanzierung durch Fremdkapital etwa durch Anleihen den Vorzug der größeren Flexibilität und Sicherheit, weil Aktien nicht verzinst werden müssen und nicht zurückgezahlt werden müssen. Dafür erhalten die Aktionäre aber ein kleines Mitwirkungsrecht an Unternehmensentscheidungen und erwarten Dividenden.

16.2.2.2 Anleihen

Eine Anleihe (Bond, Loan, Obligation, Rentenwert, Schuldverschreibung) ist ein langfristiger Kredit. Die Laufzeit schwankt meist zwischen 5 und 30 Jahren. Die Stückelung der Gesamtanleihe variiert meist zwischen 100 und 10.000 Euro. Anleihegläubiger haben das Recht auf Rückzahlung und Verzinsung. Meist wird ein fester Nominalzins gezahlt; man spricht häufig von festverzinslichen Wertpapieren. Bisweilen wird aber ein variabler Zinssatz vereinbart, der sich an die Marktbedingungen anpasst. Dann spricht man von einem Floater (Floating Rate Note). Möglich ist es auch, Anleihen als Zerobond auszugestalten. Hier werden Zinsen nicht direkt gezahlt, sondern am Ende der Laufzeit wird eine höhere Summe zurückgezahlt als eingezahlt worden ist. Anleihen werden typischerweise vom Staat (Bundesobligationen), von Banken (Bankschuldverschreibungen) und von großen Industrieunternehmen (Industrieobligationen) begeben. Bei spezieller Sicherung der Schuldverschreibungen spricht man auch von Pfandbriefen, meist sind es dann Hypothekenpfandbriefe. Während ihrer Laufzeit werden Anleihen auf Börsen (Renten- bzw. Effektenbörsen) gehandelt, sie unterliegen damit Kursschwankungen. Im Prinzip steigt der Kurs, wenn der jeweilige Marktzins unter den festen Nominalzins der Anleihe fällt und umgekehrt. Die Rückzahlung der Anleihe am Ende der Laufzeit erfolgt aber zum Nennbetrag.

Eine Anleihe ist ein langfristiger Kredit.

16.2.3 Neuere Kapitalmarktpapiere

Neben dem klassischen Aktien- und dem klassischen Anleihemarkt haben sich etwa seit den 1980er-Jahren zunehmend neue Märkte entwickelt mit neuen Anbietern und neuen Finanzprodukten. Zwischen die originären Kapitalanbieter (die Sparer) und die Kapitalnachfrager (Staat und Unternehmen und partiell private Haushalte) schalten sich neben den klassischen Banken zunehmend Kapitalanlagegesellschaften (vgl. Kapitel 16.4.3) ein. Das sind Gesellschaften, die bei ihnen eingelegtes Kapital für Rechnung der Einleger in Wertpapieren oder auch in Sachwerten wie Immobilien oder Rohstoffen anlegen. Man spricht allgemein auch von Fonds oder Investmentfonds. Und die klassischen Finanzprodukte Aktien und Anleihen werden zunehmend durch neue Finanzprodukte ergänzt (Zertifikate, Investmentfondsanteile, Derivate und strukturierte Wertpapiere).

Zertifikate

Zertifikate decken meist ein breites Spektrum eines Marktes ab.

Zertifikate sind im Kern Anleihen. Sie haben meist eine Laufzeit von ein bis fünf Jahren, sie bieten Zinszahlungen und die Rückzahlung am Fälligkeitstag. Die Bedingungen für Zertifikate können frei vereinbart werden, ihre Grundidee ist aber, ein breites Spektrum eines Marktes abzudecken. Denkbar ist etwa, die Auszahlungen auf die Zertifikate abhängig von der Entwicklung eines Index zu machen, dann spricht man von Indexzertifikaten. Anleger können sich durch den Kauf von Indexzertifikaten an der Wertentwicklung des Index beteiligen, ohne die enthaltenen Wertpapiere einzeln zu kaufen. So gibt es Zertifikate, deren Wert von der Entwicklung eines bestimmten Aktienindexes, z. B. DAX, abhängig ist. Hier können sich Investoren also an der Entwicklung eines Aktienindexes beteiligen. Sie werden aber, anders als bei der Direktanlage in Aktien nicht Aktionäre, erwerben also kein Mitbestimmungsrecht im Unternehmen. Oder Zertifikate stellen Aktien einer bestimmten Branche (z. B. Medizintechnik), einer Region (z. B. Südosteuropa) oder einer bestimmten Anlagestrategie (z. B. riskant) zusammen. Es gibt Garantiezertifikate, die Verluste ausschließen sollen oder Bonuszertifikate, die einen festen Bonus vorsehen. Jeder Anleger sollte aber die alte Börsenweisheit kennen: »There is no free lunch«, es gibt nichts umsonst, auch Garantien und Sicherheiten nicht. Und Garantien sind nicht immer sicher. So waren die Zertifikate der Lehman Brothers Investmentbank Garantiezertifikate, d. h. die Rückzahlung des eingezahlten Geldes war eigentlich garantiert, aber nur, solange der Emittent eben nicht insolvent wird. Zertifikate werden in der Regel von großen Banken ausgegeben; in Deutschland dominieren die DZ Bank, die Deutsche Bank, die West LB und die Hypo-Vereinsbank (Quelle: Deutscher Derivate Verband). Wie ein Blick in den Wirtschaftsteil etwa des Handelsblatts zeigt, gibt es Zertifikate in unüberschaubarer Fülle.

Investmentfondsanteile

Fondsanteile sind Anteile am Vermögen eines Investmentfonds.

Investmentfonds sind Gesellschaften, die bei ihnen eingelegtes Kapital für Rechnung der Einleger anlegen, meist in Wertpapieren wie Aktien oder Obligationen oder auch in Sachwerten wie Immobilien oder Rohstoffen. Meist sind es Banken, die solche Fonds auflegen, oft vertreten durch Tochterunternehmen; aber auch spezielle Fondsgesellschaften sind tätig. Fonds sammeln das Geld in einem Sondervermögen, das im Insolvenzfall der Fondsgesellschaft nicht angetastet werden darf. Die Anteile der Anleger am Sondervermögen des Investmentfonds werden durch Anteilscheine (Investmentzertifikate) verbrieft, ihr Wert entspricht dem Nettowert des Fondsvermögens, dividiert durch die Anzahl der umlaufenden Anteile. Der Wert wird börsentäglich veröffentlicht. Klassisch sind Aktienfonds, Anleihenfonds und Immobilienfonds; häufig werden auch gemischte Fonds aufgelegt, in denen etwa Aktien, Anleihen und Immobilien zugleich enthalten sind (Mischfonds). Solche Fonds bieten in der Regel eine gewisse Risikostreuung. Zu unterscheiden sind offene Fonds – diese geben laufend neue Anteile aus – und geschlossene Fonds – diese emittieren nur solange, bis eine bestimmte Anlagesumme erreicht ist. Und hinsichtlich der Rücknahme von Anteilen sind Gesellschaften, die sich zur ständigen Rücknahme verpflichten von den Gesellschaften zu unterscheiden, die nur ausnahmsweise Anteile zurücknehmen. Vorsicht ist bei den so genannten geschlossenen Immobilienfonds geboten. Hier wird Kapital für ein klar definiertes Objekt, meist aus dem gewerblichen Immobilienbereich, eingesammelt. Ist genügend Kapital vorhanden, wird der Fonds für neue Anleger geschlossen. Bei geschlossenen Immobilienfonds ist das Risiko vergleichsweise hoch.

Derivate

Derivate (lateinisch derivare = ableiten) sind Finanzprodukte, denen andere Produkte wie Aktien oder Anleihen zugrunde liegen (das sind die Basiswerte). Der Wert der Derivate leitet sich aus den Werten der Basiswerte ab. Derivate sind in der Regel Optionen, Swaps und Termingeschäfte bzw. Futures. Es sind Instrumente, die Risiken zu verlagern.

Arten von Derivaten

- **Option:** Der Käufer hat das Recht – aber nicht die Pflicht –, ein Vertragsangebot zeitlich befristet anzunehmen. So kann eine Option das Recht verbriefen, Aktien zu einem bestimmten Zeitpunkt und zu einem bestimmten Betrag zu kaufen (Call-Option) oder zu verkaufen (Put-Option). Optionsgeschäfte bieten die Chance zu hohen Gewinnen und bergen das Risiko großer Verluste.
- **Termingeschäft:** Hier wird der Preis des Handels »heute« festgelegt, die Erfüllung des Handels erfolgt aber per Termin. So kann eine Firma, die weiß, dass sie in sechs Monaten eine Million Dollar erhalten wird, diese bereits heute zum heute fixierten Terminkurs verkaufen, aber erst zum späteren Termin in sechs Monaten liefern. Auf diese Weise kann man sich gegen Kursrisiken absichern, aber man damit kann auch spekulieren. Termingeschäfte sind bilaterale Geschäfte, im Gegensatz zu Futures.
- **Futures:** Futures sind standardisierte Termingeschäfte, die an der Börse gehandelt werden. Ist der Kontrakt fällig, wird eine festgelegte Menge eines Basiswertes zu einem festgelegten Preis abgenommen oder geliefert. Commodity-Futures sind Terminkontrakte auf Waren. Financial-Futures beziehen sich auf beispielsweise auf Aktien oder Anleihen.
- **Swaps:** Swaps sind Tauschgeschäfte (englisch swap = tauschen). Man unterscheidet Währungsswaps und Zinsswaps. Bei einem Währungsswap werden ein Kassageschäft und ein Termingeschäft kombiniert. Man tauscht heute Dollar gegen Euro und tauscht diese gleichzeitig per Termin wieder gegen Dollar. Bei einem Zinsswap werden meist variable gegen feste Zinszahlungen getauscht. Dies kann sinnvoll sein, wenn eine Vertragspartei Zugang zu günstigen Festzinskrediten hat, die andere Partei aber nur Kredite zu variablen Zinsen bekommt, aber lieber einen Festzinskredit hätte. In einem solchen Fall lohnt der Tausch der Zinszahlungen.

All diese Derivate bieten die Möglichkeit, Risiken gegen entsprechende Kosten abzusichern, aber sie bieten auch die Chance riskanter Spekulationen.

Strukturierte Wertpapiere

Das klassische Modell der Kreditgewährung: Originate and hold

Lange Zeit vergaben die Geschäftsbanken, finanziert durch ihre Einlagen, Kredite an ihre Kunden, nach Überprüfung der Bonität der Kunden und nach Überprüfung der Qualität des zugrunde liegenden Geschäftsmodells oder sie vergaben Hypothekenkredite zur Finanzierung von Immobilienkäufen. Jedenfalls behielten die Banken diese Kredite als ausstehende Forderungen in ihren Bilanzen. Dies ist das »traditionelle Modell der Finanzintermediation, bei dem sich die Banken in erster Linie über Einlagen finanzieren und diese Mittel zur Gewährung von Krediten nutzen, die sie dann bis Laufzeitende halten« (EZB Monatsbericht August 2008, S. 101). Dies klassische Modell der Kreditgewährung wird als »Originate and hold«-Modell der Kreditvermittlung bezeichnet.

Versicherung gegen das Kreditrisiko

Im Laufe der Zeit ist es dann üblich geworden, Kredite gegen das Ausfallrisiko zu versichern. Banken schließen eine Versicherung ihrer Kredite gegen das Ausfallrisiko ab, zahlen dafür Versicherungsprämien und erhalten im Gegenzug eine Versicherungsleistung, wenn Kredite ausfallen. Dies ist grundsätzlich eine sinnvolle Strategie, das Kreditrisiko zu managen; problematisch ist nur, dass die Versicherer bei sich häufenden Kreditausfällen möglicherweise ihre Versicherungsleistungen nicht mehr erbringen können. Dies war und ist (2009) die reale Gefahr bei der American International Group, einem der größten Versicherungsunternehmen der Welt, die bevorzugt in diesem Geschäft tätig war. Die Versicherungen gegen den Zahlungsausfall werden interessanterweise Swaps, nämlich **Credit Default Swaps** genannt. Ökonomisch betrachtet sind es Versicherungen, rechtlich sind es aber Finanzprodukte. Dies hat zur Folge, dass diese Finanzprodukte bislang nicht der strengen Versicherungsaufsicht unterliegen, sondern unbeschränkt begeben werden können.

Kreditverbriefungen

Verbriefung der Kredite bedeutet Verkauf der Kredite

Nachfolgend ist eine neuartige Form der Sicherung gegen Kreditausfallrisiken entwickelt worden, die **Kreditverbriefung.** Das Grundprinzip der Kreditverbriefung ist es, aus illiquiden Krediten handelbare, also liquide Wertpapiere zu machen. Diese Kredite werden gegen das Kreditausfallrisiko versichert, es werden also Credit Default Swaps eingegangen und verkauft. Ursprünglich wurden nur Hypothekenkredite verbrieft, inzwischen auch Unternehmenskredite, Kreditkartenforderungen, Autokredite oder Leasingkredite. Diese Kredite, also die Forderungen an die Kreditnehmer, werden von der Bank zunächst gebündelt, zu einem Pool zusammengefasst und verkauft. Weil es möglicherweise schwierig ist, solche gebündelten Forderungen zu verkaufen, wird zu diesem Zweck eine Zweckgesellschaft (Special Purpose Vehicle) gegründet. Diese kauft die Kredite und finanziert sich ihrerseits durch Emission von Wertpapieren, die durch den gekauften Kreditpool abgesichert sind. Diese abgesicherten Wertpapiere werden »**Asset Backed Securities**« (ABS, Wertpapiere, die durch Vermögensgegenstände gesichert sind) genannt. Diese Wertpapiere werden nach Risikoklassen aufgeteilt und von Ratingagenturen (s. u.) bewertet. Je besser das Rating, als desto sicherer gelten die Zahlungsrückflüsse. Damit ergeben sich unterschiedlich riskante Wertpapiere, die zu unterschiedlichen Konditionen und entsprechend der Risikobereitschaft der Anleger verkauft werden, meist an Großanleger wie Pensionsfonds, Hedgefonds oder Banken.

Um Risiken noch weiter zu streuen (und undurchschaubarer zu machen), werden die Wertpapiere der Zweckgesellschaft erneut an weitere Zweckgesellschaften verkauft und wiederum nach Risikoklassen gebündelt. Diese Wertpapiere werden »**Collateralized Debt Obligations**« (CDO, Besicherte Schuldverschreibungen) genannt. Einer CDO liegt also ein Pool von Asset Backed Securities zugrunde. Schließlich werden auch diese CDOs noch einmal gebündelt, zu einem so genannten Bistro, einem »Broad Index Secured Trust Offering«. Dies ist eine Kreditpyramide, bei der sich ein Kredit auf den anderen türmt, eine Kreditpyramide, die der beliebten russischen Puppe gleicht, die immer neue Puppen in sich verbirgt. Das Volumen der weltweit im Umlauf befindlichen Kreditderivate, der auf Krediten basierenden Finanzprodukte, ist gigantisch: Allein das Volumen der Kreditausfallversicherungen, der Credit Default Swaps, beträgt Ende 2007 rund 60 Billionen Dollar (EZB 2008, S. 100), eine Summe, die das weltweite Bruttoinlandsprodukt von rund 54 Billionen Dollar noch übersteigt.

Für Banken ist die Möglichkeit, Kredite zu verkaufen, von großem Vorteil: Aus illiquiden und risikobehafteten Kreditforderungen werden handelbare standardisierte Wertpapiere, die die Liquidität und das Eigenkapital der Banken erhöhen und damit das Potenzial vergrößern, neue Kredite zu gewähren. Kreditrisiken werden auf die Kreditausfallversicherer und auf die Käufer der strukturierten Wertpapiere verlagert. Die Banken gliedern damit große Teile ihres Kreditrisikos aus ihren Bilanzen aus. Das traditionelle »Originate and hold«-Modell der Kreditgewährung wird immer mehr ein so genanntes »Originate and distribute«-Modell der Kreditweitergabe. Die Kreditschöpfung wird damit für die Banken wesentlich erleichtert. Das zentrale Problem der Verbriefungen ist aber, dass damit zwar Risiken besser gestreut werden können, dass aber die Transparenz über die Bonität der letztlich den Geschäften zugrunde liegenden Kredite verloren geht. Die ursprünglich den Kredit gewährende Bank kennt die Bonität ihrer Kunden, aber der letzte Käufer der Collateralized Debt Obligation kennt diese Bonität nicht mehr.

Das neue Modell der Kreditgewährung: Originate and distribute

16.3 Produkte und Funktionsweise des Geldmarktes

Auf dem Geldmarkt wird Geld gehandelt und damit das Zahlungssystem einer Volkswirtschaft konstituiert. Wenngleich Geld und Kapital umgangssprachlich oft gleichgesetzt werden, unterscheiden sie sich doch durch ihre Funktionen. Geld ist zunächst (nur) Schmiermittel einer Tauschgesellschaft, nach der klassischen Vorstellung liegt Geld nur wie ein Schleier über den realen Tauschtransaktionen, ermöglicht den Realtausch und bestimmt lediglich das Preisniveau (vgl. Kapitel 10.2.3). Das ist aber schon eine nicht unerhebliche Wirkung des

Geldes. Welche Wirkungen das Geld darüber hinaus entfalten kann, ist strittig (vgl. Kapitel 17).

16.3.1 Begriff und Funktionen des Geldes

Geld hat drei Funktionen. Es ist Tauschmittel, Recheneinheit und Wertaufbewahrungsmittel.

Geld definiert sich über seine Funktion.

- Die **Tauschmittelfunktion,** auch **Zahlungsmittelfunktion** genannt, ist die wichtigste Funktion und zugleich Definitionsmerkmal des Geldes: Zum Geld zählen die Aktiva, die im Rahmen des nationalen Zahlungsverkehrs zur Bezahlung von Gütern und Diensten und zur Erfüllung von Verbindlichkeiten allgemein akzeptiert werden (»überall und zu jeder Zeit für alle Güter«).
- Die Funktion des Geldes als allgemeine **Recheneinheit** besteht darin, sämtliche Werte der Volkswirtschaft in Geldeinheiten auszudrücken (z.B. in Euro) und damit addierbar und unmittelbar vergleichbar zu machen.
- Geld ist schließlich auch **Wertaufbewahrungsmittel** und muss in gewissem Umfang eine Wertaufbewahrungsfunktion haben, sonst würde es als Zahlungsmittel nicht akzeptiert. Wenn Geld nämlich sehr schnell und stark an Wert verliert, dann müsste man es auch sehr schnell ausgeben, und das machte den Tausch sehr umständlich. Damit wäre die Tauschmittelfunktion des Geldes gefährdet.

In einem gesunden Geldwesen erfüllt das Geld die genannten Funktionen als Recheneinheit, Tauschmittel und Wertaufbewahrungsmittel gleichzeitig. In der Wirtschaftsgeschichte gibt es allerdings genügend Beispiele dafür, dass das Geld zumindest eine dieser Funktionen nicht ausgeübt hat. So wurde z.B. in der Zeit der großen deutschen Inflation 1923 schließlich der Dollar zur Recheneinheit, die Mark Zahlungsmittel und Gold sowie andere Sachwerte zum Wertaufbewahrungsmittel. Nach dem Zweiten Weltkrieg verlor die Mark in der Inflationszeit ihre Funktion als allgemeines Tauschmittel und wurde zeitweise im privaten Bereich durch eine »Zigarettenwährung« abgelöst. In diesen Zeiten einer großen Inflation, in denen der Tausch immer mehr zu einem Realtausch Güter gegen Güter geworden war, ist sehr deutlich geworden, wie hoch die Transaktionskosten eines Realtauschs sind und wie wichtig ein allgemein akzeptiertes Zahlungsmittel für die Funktionsfähigkeit einer Volkswirtschaft

Geld ist eine Institution.

ist. In diesem Sinne ist ein allgemein akzeptiertes Geld eine Institution, eine Einrichtung, die die Kosten des Tausches, die Transaktionskosten, verringert. Als Geld wird letztlich das Gut gewählt, das die geringsten Transaktionskosten verursacht.

16.3.2 Erscheinungsformen des Geldes

Die Funktionen des Geldes können im Prinzip von unterschiedlichen Objekten erfüllt werden, die als Geld dienen. So haben in der Geschichte bestimmte Muschelarten, Felle, Salz, Vieh, Häute, Banknoten, Scheidemünzen und Buchgeld – um nur die wichtigsten Erscheinungsformen zu nennen – als Geld Verwendung gefunden. Aus den Funktionen des Geldes lassen sich bestimmte **technische Anforderungen** an ein diesen Funktionen gerecht werdendes Medium stellen: Teilbarkeit, Haltbarkeit, Austauschbarkeit, Seltenheit und schwierige Fälschbarkeit. Es ist klar, dass die historisch beobachtbaren Formen des Geldes diesen Anforderungen in unterschiedlichem Ausmaß gerecht wurden.

Technische Anforderungen an das Geld

Ordnet man die historische Vielfalt des Geldes nach seiner Stoffwertigkeit, so lassen sich zwei große Gruppen bilden:
- stoffwertiges Geld und
- stoffwertloses bzw. unterwertiges Geld.

Stoffwertiges Geld zeichnet sich dadurch aus, dass als Geld Güter Verwendung finden und der Geldwert durch den Warenwert des verwendeten Gutes bestimmt wird. Man spricht deshalb auch von **Warengeld**. Mit fortschreitender Entwicklung war beim Warengeld eine Tendenz zum Metallgeld (insbesondere zu Gold- und Silbermünzen) zu beobachten, das die beschriebenen technischen Anforderungen des Geldes weitgehend erfüllt. Beim stoffwertlosen bzw. unterwertigen Geld vollzieht sich eine Trennung zwischen dem Geldwert und dem Stoff-(Güter-)Wert. Da stoffwertloses Geld – worauf noch einzugehen sein wird – immer eine Forderung darstellt (meist gegenüber einer Bank), wird es auch als Kreditgeld bezeichnet. Typische Erscheinungsformen des stoffwertlosen Geldes sind Banknoten und Buchgeld (Guthaben auf dem Girokonto).

Stoffwertiges und stoffwertloses (unterwertiges) Geld

Bei **Banknoten** war entstehungsgeschichtlich zunächst eine volle Einlösepflicht in stoffwertiges Geld gegeben: Die ersten Banknoten entstanden, indem ungeprägtes oder geprägtes Edelmetall bei Goldschmieden hinterlegt wurde, die dafür auf wertgleiche Beträge lautende Depotscheine ausgaben – die Banknoten. Später gab es in vielen Ländern eine Golddeckungspflicht und eine Goldeinlösepflicht der Banken, die im Laufe des 20. Jahrhunderts schrittweise aufgegeben worden ist. Heute gibt es nur noch ungedeckte Banknoten. Das **Buchgeld** (Guthaben auf dem Girokonto) besteht aus einer auf Verlangen des Inhabers in Banknoten umtauschbaren Forderung gegenüber einer Bank. Da diese Forderungen gegenüber Banken (Verbindlichkeit der Banken) nicht in Form einer Urkunde verbrieft werden, sondern nur in den Büchern der jeweiligen Bank erscheinen, erklärt sich der Name Buchgeld. Man zahlt mit diesem Buchgeld mittels Scheck oder Überweisung oder Kreditkarte/EC-Karte. In diesem Sinne stellt eine Kreditkarte/EC-Karte kein Geld dar, sie ist nur eine Möglichkeit, über sein Buchgeld zu verfügen.

Banknoten und Buchgeld

Das so genannte **elektronische Geld** (E-Money) ist hingegen Geld. Hier wird ein Geldbetrag auf einem Datenträger elektronisch gespeichert, mit dessen Hilfe Zahlungen geleistet werden können. Man unterscheidet hier zwei Formen.

Neue Geldformen

Einmal die so genannte **Geldkarte**, die einen Geldbetrag enthält, der vorher durch eine Vorauszahlung eingezahlt worden ist (eine pre-paid card). Zum anderen ein **Netzgeld**, ein Geld, das in einem elektronischen Datenträger gespeichert ist und durch das Internet übertragen wird. Beide Formen des elektronischen Geldes sind bislang nur in geringem Umfang verbreitet.

Gutscheine sind kein Geld.

Kein Geld sind die in manchen Städten verbreiteten **Gutscheinsysteme**. Hier erwirbt man durch bestimmte Arbeiten meist einfacher Art, wie z.B. Einkaufen oder Putzen, Gutscheine, die man dann in einem Tauschring in andere Arbeitsleistungen umtauschen kann. Es fehlt an der allgemeinen Akzeptanz solcher Gutscheine: Sie werden nicht überall und zu jeder Zeit in alle Arten von Gütern eingetauscht werden können.

16.3.3 Geldmenge

Geld übt bestimmte Funktionen aus und Geld hat bestimmte Wirkungen. Daher ist es wichtig, die Menge des umlaufenden Geldes zu kennen. In diesem Sinn ist die Geldmenge ein analytisches Konzept, ein Konzept, welches zur Erklärung der Wirkungen des Geldes und als Zielgröße der Geldpolitik herangezogen wird. Wie diese Geldmenge genau abzugrenzen ist, ist eine Frage der analytischen und geldpolitischen Zweckmäßigkeit, die bislang nicht allgemein gültig geklärt ist.

Abgrenzung der Geldmenge nach dem Liquiditätsgrad

Zum einen wird eine Abgrenzung nach dem Liquiditätsgrad der Geldkomponenten diskutiert. Dieser **Liquiditätsgrad**, auch Geldnähe genannt, hängt ab von den Transaktionskosten, die bei einem Umtausch in akzeptierte Tauschmittel anfallen. Bei Sparguthaben sind diese beispielsweise gering, bei Aktien und Obligationen hoch.

Unstrittig ist, dass auf jeden Fall die Komponenten einbezogen werden, die direkt als Tauschmittel akzeptiert werden:
▸ Banknoten,
▸ Münzen und
▸ Sichtguthaben bei Banken (täglich fälliges Geld).

Darüber hinaus ist zum einen immer ein wenig strittig, inwieweit auch andere, liquiditätsfernere Komponenten wie Terminguthaben oder Sparguthaben einbezogen werden sollten, die ja nicht direkt zur Zahlung verwendet werden können, sondern immer erst in Noten, Münzen oder Giralgeld umgetauscht werden müssten. Dieses Problem wird relativ pragmatisch so gelöst, dass verschiedene Geldmengenkonzepte verwendet werden (s.u.).

Abgrenzung nach der Nachfrage

Zum anderen ist ein wenig strittig, ob die Geldmenge nur nachfrageorientiert ausgewiesen werden sollte oder ob auch das mögliche Geldangebot erfasst werden sollte. Meist wird indes nur die nachgefragte Geldmenge ausgewiesen, also die Geldkomponenten, die sich in den Händen der Nichtbanken befinden (Produktionsunternehmen, Staat und private Haushalte), weil man glaubt, dass vor allem dieses beim Publikum befindliche Geld Wirkungen entfaltet. Die

Geldbestände der Banken gehören in dieser Sicht also nicht zur Geldmenge. Sie repräsentieren nur das Potenzial eines Geldangebotes.

In der **Europäischen Wirtschafts- und Währungsunion** (EWWU) werden, wie es auch in anderen Währungssystemen in etwa ähnlicher Weise üblich ist, drei Geldmengenkonzepte abgegrenzt, die sich nach dem Liquiditätsgrad der einbezogenen Komponenten unterscheiden:
- eine eng gefasste Geldmenge M1,
- eine mittlere Geldmenge M2 und
- eine weit gefasste Geldmenge M3.

Geldmengenaggregate in der EWWU

Zentrale Zielgröße der Geldpolitik ist die Geldmenge M3 (vgl. Kapitel 18). Die Abbildung 16-1 stellt die Geldmengenaggregate zusammen. Dabei ist zu beachten, dass das herkömmliche Konzept von Banken zum Konzept der Monetären Finanzinstitute erweitert worden ist.

Das **Konzept der Monetären Finanzinstitute (MFIs)**: MFIs umfassen drei Hauptgruppen von Instituten. Erstens die Zentralbanken; zweitens gebietsansässige Kreditinstitute im Sinne des Gemeinschaftsrechts. Letztere sind definiert als »ein Unternehmen, dessen Tätigkeit darin besteht, Einlagen oder andere rückzahlbare Gelder des Publikums (einschließlich der Erlöse aus dem Verkauf von Bankschuldverschreibungen an das Publikum) entgegenzunehmen und Kredite auf eigene Rechnung zu gewähren«. Die dritte Gruppe besteht aus allen sonstigen gebietsansässigen Finanzinstituten, deren wirtschaftliche Tätigkeit darin besteht, Einlagen bzw. Einlagensubstitute im engeren Sinne von anderen Wirtschaftssubjekten als MFIs entgegenzunehmen und auf eigene Rechnung (zumindest im wirtschaftlichen Sinne) Kredite zu gewähren und/

Monetäre Finanzinstitute sind Zentralbanken, Kreditinstitute und Geldmarktfonds.

Abb. 16-1

Geldmengenaggregate in der EWWU (Zahlenangaben in Mrd. € zum 01.04.2009)

- **M1:** **Bargeldumlauf** (ohne Kassenbestände der monetären Finanzinstitute (MFI))
  + **täglich fällige Einlagen** bei MFIs und beim Zentralstaat (z. B. Post oder Schatzamt)
  = 4.2003
- **M2:** = M1
  + **Einlagen mit vereinbarter Laufzeit** bis zu zwei Jahren (also kurzfristige Termingutzhaben),
  + **Einlagen mit vereinbarter Kündigungsfrist** bis zu drei Monaten (in Deutschland sind dies Spareinlagen)
  = 8.169
- **M3:** = M2 + marktfähige Finanzinstrumente, insbesondere Repogeschäfte[1], Geldmarktfondsanteile und Geldmarktpapiere und Schuldverschreibungen bis zu zwei Jahren
  = 9.500

[1] Geschäfte mit Rückkaufs(Repurchase)-Vereinbarung

Quelle: Europäische Zentralbank, Monatsbericht März 2005, Deutsche Bundesbank, Monatsbericht Juni 2009.

oder in Wertpapieren zu investieren. Zu dieser Gruppe gehören hauptsächlich Geldmarktfonds (EZB 1999, S. 31).

MFIs sind also im Wesentlichen
- Zentralbanken,
- Kreditinstitute und
- Geldmarktfonds.

Struktur von M3

Die Geldmenge M3 in der EWWU beträgt Mitte 2009 rund 9.500 Milliarden Euro. Innerhalb der Geldmenge M3 spielen Bargeldumlauf und täglich fällige Einlagen die größte Rolle; Einlagen mit vereinbarter Kündigungsfrist von bis zu drei Monaten und Einlagen mit vereinbarter Laufzeit von bis zu zwei Jahren sind ebenfalls quantitativ bedeutsam; die übrigen Komponenten machen insgesamt nur knapp 20 Prozent der Geldmenge M3 aus.

16.3.4 Geldmarkt

Der Geldmarkt ist im Prinzip ein Markt, bei dem überwiegend Banken überwiegend Geld und kurzfristige Geldanlagen mit einer Ursprungslaufzeit von bis zu einem Jahr kaufen und verkaufen. Dieser praktisch existierende Geldmarkt sollte nicht mit dem theoretischen Konzept des Geldmarktes als Angebot und Nachfrage von Geld, wie es in den makroökonomischen Kapiteln 10 bis 12 verwendet wird, verwechselt werden. Zu unterscheiden sind insbesondere der Inlandsgeldmarkt und der Eurogeldmarkt.

Inlandsgeldmarkt

Am Inlandsgeldmarkt handeln erste Adressen Geld und Geldmarktpapiere.

Der Inlandsgeldmarkt ist der Markt, auf dem
- Zentralbankgeld durch »erste Adressen« (Geschäftsbanken, einige bedeutende Industrie-, Handels- und Versicherungsunternehmen sowie Bund und Länder mit einwandfreier Bonität) für einen kurzen Zeitraum aufgenommen und angelegt wird, wobei oftmals der Einfachheit halber vom »Geldhandel« gesprochen wird,
- Geldmarktpapiere von der Deutschen Bundesbank an Kreditinstitute verkauft und wieder zurückgekauft sowie
- Geldmarktpapiere emittiert und zwischen Geschäftsbanken und bedeutenden Industrieunternehmen gehandelt werden.

Laufzeit der Geschäfte ist vergleichsweise kurz.

Der Begriff »**kurzfristig**« kennzeichnet in aller Regel Geldanlagen und -aufnahmen mit einer Laufzeit bis zu einem Jahr. Transaktionen auf dem Geldmarkt werden hier nicht über eine Börse abgewickelt, sondern per Telefon oder Internet von Geldhändlern durchgeführt. Bonitätsprüfungen entfallen. Gehandelt werden Geld und Geldmarktpapiere. Dieser unbesicherte Geldhandel unter Banken, der **Interbankenmarkt**, ist für die Liquiditätsversorgung der Banken von großer Bedeutung. Im Zuge der Finanzkrise war dieser Interbankenmarkt fast vollständig ausgetrocknet; Banken gewährten sich untereinander kaum

Abb. 16-2

Der Inlandsgeldmarkt

	Geld	Geldmarktpapiere
Objekte	▸ Tagesgeld ▸ Termingeld ▸ Refinanzierungskredite bei der Zentralbank ▸ Repo-Geschäfte	▸ kurzfristige Schuldtitel der Staatsregierungen (z. B. Treasury-Bills, Unverzinsliche Schatzanweisungen) ▸ Commercial Papers ▸ Certificates of Deposit
Marktteilnehmer	▸ Zentralbanken ▸ Geschäftsbanken ▸ Staats- und Landesregierungen ▸ Industrie- und Handelsunternehmen ▸ Fonds- und Versicherungsgesellschaften	
Motive	▸ Steuerung der Liquidität der Geschäftsbanken durch die Zentralbanken ▸ Beschaffung von Geld, um kurzfristige Verpflichtungen erfüllen zu können (zum Beispiel Mindestreservesoll bei der Zentralbank) ▸ Anlage (Verleih) von »überschüssigem« Geld ▸ Erzielung von Arbitrage- und Spekulationsgewinnen	

Quelle: Beike, Rolf/Schlütz, Johannes, Finanznachrichten 4. Aufl., Stuttgart 2005, S. 201.

---

noch Kredit, weil das Vertrauen in die Rückzahlung geschwunden war. Abbildung 16-2 gibt einen Überblick über die normalerweise gehandelten Objekte und die Marktteilnehmer.

Unter **Tagesgeld** versteht man Geldmarktgeschäfte, bei denen

▸ ein Geldbetrag von einem auf den nächsten Tag, also über Nacht (**»Geld overnight«**), verliehen oder aufgenommen wird;

▸ ein Geldbetrag **b**is **a**uf **w**eiteres (**»Geld b.a.w.«**) vergeben bzw. aufgenommen wird. Hier werden die Konditionen permanent geprüft und gegebenenfalls geändert (auch tägliches Geld genannt);

▸ ein Geldbetrag von »morgen bis übermorgen« (**tom**orrow against **next day**«) verliehen bzw. aufgenommen, das Geschäft jedoch schon »heute« abgeschlossen wird. Geldanlagen oder -aufnahmen von »morgen bis übermorgen« werden kurz »**tom/next**«-Geschäfte genannt.

Geldmarktgeschäfte mit Tagesgeld ...

Der Zinssatz, zu dem Geld über Nacht verliehen wird, wird als **Tagesgeldsatz** bezeichnet.

Unter **Termingeld** versteht man Geldmarktgeschäfte, die eine feste Laufzeit haben, die einen Tag überschreitet. Üblich sind kurzfristig terminierte Anlagen

... und mit Termingeld

von 2 bis 29 Tagen und mittelfristig terminierte Anlagen von 1 bis zu 12 Monaten (Monatsgeld).

Die vereinbarten Zinssätze werden **Geldmarktsätze** genannt; in den entsprechenden Finanzzeitungen (in Deutschland vor allem im »Handelsblatt«) werden die Geldmarktsätze veröffentlicht, die zwischen ausgewählten wichtigen Banken gelten, genauer gesagt die so genannten »Briefsätze«, zu denen die Banken bereit sind, Geld zu verleihen (der Zinssatz, zu dem Banken bereit sind, Geld zu leihen, heißt »Geldsatz«). Weil die Geldmarktsätze zwischen Banken gelten, werden sie »Interbank offered rates« genannt und mit Ibor abgekürzt; zusätzlich wird der wichtigste Handelsplatz genannt. Das ist in Deutschland Frankfurt und entsprechend wird der **Fibor** (Frankfurt interbank offered rate) ausgewiesen oder in Großbritannien der **Libor** (London interbank offered rate). Letzterer ist einer der zentralen Referenzzinssätze in Europa und auf der ganzen Welt.

Arten von Geldmarktpapieren

Geldmarktpapiere sind in Deutschland verbriefte Forderungen mit einer Laufzeit bis zu zwei Jahren. Dazu zählen:
- Handelswechsel,
- Schatzwechsel,
- unverzinsliche Schatzanweisungen,
- Commercial Papers und Certificates of Deposit.

Ein **Wechsel** ist eine Anweisung des Ausstellers (Gläubiger) an den Bezogenen (Schuldner), zu einem bestimmten Zeitpunkt einen bestimmten Geldbetrag zu zahlen. Es ist also so etwas wie ein Scheck mit längerer Laufzeit, für den relativ strenge Bedingungen gelten. Einem Handelswechsel liegt ein reales Handelsgeschäft zugrunde.

Schatzwechsel sind Wechsel mit einer Laufzeit von bis zu einem halben Jahr, die von staatlichen Einrichtungen (Bund, Länder, …) begeben werden. Sie dienen zur Finanzierung öffentlicher Ausgaben.

Unverzinsliche Schatzanweisungen, U-Schätze genannt, sind Schuldverschreibungen des Bundes mit einer Laufzeit von sechs Monaten und einem festen Nennwert. Die Zinszahlung erfolgt – wie auch bei den Schatzwechseln – per Abzinsung (Diskont): Als Kaufpreis ist der Nennwert abzüglich der Zinsen zu zahlen.

Commercial Papers sind ungesicherte Inhaberschuldverschreibungen, die vornehmlich von bedeutenden Industrieunternehmen (»erste Adressen«) stammen, relativ kurze Laufzeiten (meist zwischen einigen Tagen und zwei Jahren) aufweisen und abgezinst ausgegeben werden. Diese sind für den Geldmarkt von großer Bedeutung. **Certificates of Deposit** sind von Banken emittierte Geldmarktpapiere in Form von Inhaberpapieren.

Der Euro-Geldmarkt

Der Euro-Geldmarkt ist der Geldmarkt, auf dem die Marktteilnehmer (vorwiegend europäische Geschäftsbanken) außerhalb ihres jeweiligen nationalen Geldmarktes Geld anlegen und aufnehmen. Ein typisches Geschäft ist z.B., dass eine französische Bank Pfund-Guthaben an eine italienische Bank verleiht oder eine deutsche Bank Guthaben in Schweizer Franken an eine ungarische Bank verleiht (vgl. auch Kapitel 21). Diese Geschäfte werden in allen frei konvertiblen Währungen durchgeführt und diese Währungen werden dann Euro-Dollar, Euro-Yen, Euro-Pfund usw. genannt. Daneben findet ein Handel in Euro statt. Gehandelt werden, wie auf dem nationalen Inlandsmarkt, Tagesgeld und Termingeld sowie Euro-Commercial Papers (Euro-CPs) und Euronotes. **Euronotes** sind kurzfristige Schuldtitel mit Laufzeiten bis zu 12 Monaten, die von ersten Adressen emittiert werden.

Euro-Währungen und der Euro

Mit der Einführung des Euro verloren die nationalen Währungen und die nationalen Referenzzinssätze wie Fibor oder Libor an Gewicht. Sie wurden zunehmend ersetzt durch zwei neu entwickelte Referenzzinssätze, den so genannten EURIBOR und den EONIA.

Europäische Referenzzinssätze

Der **EURIBOR** (Europe Interbank Offered Rate) errechnet sich aus den Geldmarktsätzen von Bankhäusern erster Bonität, vorwiegend, aber nicht nur, aus dem Eurosystem. Er gilt für Laufzeiten von einem bis zu zwölf Monaten.

EURIBOR

Der **EONIA** (Euro Overnight Index Average) ist der durchschnittliche Tagesgeldsatz, der von der Europäischen Zentralbank ermittelt und veröffentlicht wird. Er spielt für die Offenmarktpolitik der EZB eine große Rolle (vgl. Kapitel 18).

EONIA

16.4 Akteure des Finanzbereiches

Die Akteure im Finanzbereich werden allgemein Finanzintermediäre genannt. Finanzintermediäre vermitteln Finanzprodukte zwischen den Anbietern und Nachfragern. Dies können Einzelpersonen sein, die als Makler die bloße Vermittlung von Angebot und Nachfrage leisten oder als Händler selbst Finanzprodukte erwerben und weiterverkaufen. Und dies sind vor allem Banken und Kapitalanlagegesellschaften, die selbst Finanzprodukte kreieren sowie institutionelle Anleger. Wir beschreiben nur die Banken, nämlich die Zentralbank und die Geschäftsbanken, sowie die Kapitalanlagegesellschaften, nicht die Einzelpersonen und die institutionellen Anleger.

16.4.1 Zentralbanken

»Money does not manage itself«. Dies ist ein überwiegend akzeptierter Grundsatz der Wirtschaftspolitik. Es muss im Finanzbereich eine staatliche Institution geben, eine staatlich organisierte Zentralbank, die folgende Aufgaben erfüllt:

Notwendigkeit einer staatlichen Zentralbank

▸ die Ausgabe der gesetzlichen Zahlungsmittel (staatliches Emissionsmonopol),

16.4 Organisationen und Märkte des Finanzbereiches einer Volkswirtschaft
Akteure des Finanzbereiches

- die Durchführung einer Geldpolitik mit dem Ziel einer angemessenen Begrenzung der Geldmenge,
- die Organisation eines reibungslosen Zahlungs- und Kreditverkehrs als »Bank der Banken«,
- die Wahrung der Geldwertstabilität und
- die Bereitstellung einer ausreichenden Menge an Geld in Krisenzeiten (»lender of last resort«).

Deutsche Bundesbank als ausführendes Organ der Europäischen Zentralbank

In Deutschland hat diese Aufgaben bis zum 31.12.1998 die Deutsche Bundesbank erfüllt. Mit dem Beginn der dritten Stufe der Wirtschafts- und Währungsunion (EWWU) am 01.01.1999 ist nun die **Europäische Zentralbank** (EZB) die zentrale Institution – also die Zentralbank – für die Festlegung und Ausführung der Geldpolitik (vgl. Kapitel 18). Daneben existiert weiterhin die Deutsche Bundesbank, die als Zentralbank der Bundesrepublik Deutschland Teil des Europäischen Systems der Zentralbanken ist. Sie ist allerdings nur ausführendes Organ der geldpolitischen Entscheidungen der Europäischen Zentralbank. Die Hauptaufgabe der Deutschen Bundesbank ist nun die bankmäßige Abwicklung des Zahlungsverkehrs im Inland und mit dem Ausland und die Refinanzierung der nationalen Kreditinstitute. Hierbei können die materiellen Vorgaben der Geldpolitik der EZB mit einem gewissen Ermessensspielraum umgesetzt werden. Schließlich behält die Bundesbank ihre Aufgaben im Bereich der Bankenaufsicht und sie bleibt »Hausbank« für die öffentliche Hand; in dieser Funktion übernimmt sie die Emission der Wertpapiere des Bundes. Landeszentralbanken werden durch so genannte regionale Hauptverwaltungen ersetzt, sie bilden mit der Bundesbank eine organisatorische Einheit.

16.4.2 Geschäftsbanken (Kreditinstitute)

Geschäftsbanken organisieren den Zahlungsverkehr ...

Geschäftsbanken sind die zentralen Akteure im Finanzbereich einer Volkswirtschaft. Die erste zentrale Funktion von Geschäftsbanken (kurz: Banken) ist die Abwicklung des **Zahlungsverkehrs** einer Volkswirtschaft. Banken bieten die Möglichkeit von Kontoführung und Überweisung, Banken vermitteln die Zahlungsmittel einer Volkswirtschaft, sie stellen die von der Zentralbank geschaffenen Noten und Münzen zur Verfügung. Banken schaffen zum Teil selbst Zahlungsmittel, die in der Volkswirtschaft als Geld akzeptiert werden, nämlich das Buchgeld, das Geld auf dem Girokonto der Kunden (vgl. Kapitel 17). Und Banken entwickeln Zahlungssysteme, die den Zahlungsverkehr erleichtern wie Kreditkarten, Schecks und Scheckkarten oder das Onlinebanking.

... und den Kreditverkehr

Die zweite zentrale Funktion von Banken ist die Organisation und Durchführung des **Kreditverkehrs** einer Volkswirtschaft. Banken erwerben die Ersparnisse der Kunden, vor allem die klassischen Spar-, Termin- und Sichteinlagen, und auf dieser Basis gewähren sie Kredite an Unternehmen, den Staat oder an private Haushalte. Sie sind also Händler in Forderungen und Verbindlichkeiten. Dabei transformieren die Banken die Ersparnisse in dreierlei Hinsicht:

▸ Die Bank erwirbt kleine Sparbeträge und transformiert sie in größere Kreditbeträge. Banken übernehmen also eine Größentransformation.
▸ Die Bank erwirbt kurzfristige Sparbeträge und transformiert sie in Kredite mit längerer Laufzeit. Banken übernehmen also eine Fristentransformation.
▸ Dabei ist es zentrale Aufgabe der Banken, die Kreditwürdigkeit, die so genannte Bonität, der Kreditnehmer zu kontrollieren. Dafür sind Banken spezialisiert, sie kennen ihre Kreditkunden und deren Geschäftsmodelle, und sie entscheiden letztlich darüber, ob eine kreditfinanzierte Investition getätigt wird oder nicht. Schließlich überwachen die Banken die Einhaltung der Kreditverträge (Monitoring). Banken übernehmen also eine Risikotransformation. Sie garantieren die Sicherheit und Verzinsung der Einlagen, refinanzieren sich aber aus letztlich unsicheren Krediten.

Geschäftsbanken transformieren Größen, Fristen und Risiken.

Damit ist die Organisation des Kreditverkehrs ein klassisches Geschäft der Banken: Sie beschaffen Geld, sie verleihen Geld und sie versuchen, dieses Geld mit Gewinn wieder zurückzubekommen. Wichtige Quelle des Gewinns einer Bank für diese Geschäftstätigkeit ist die so genannte **Zinsspanne**, der Unterschied zwischen den Zinsen, die die Bank für gewährte Darlehen erhält (Sollzinsen), und den Zinsen, die sie für selbst aufgenommene Gelder, insbesondere für Sicht-, Termin- und Spareinlagen, zahlt (Habenzinsen). Diese Kreditgewährung war neben der Abwicklung des Zahlungsverkehrs die klassische Aufgabe der Geschäftsbank (Commercial Bank).

Daneben gibt es weitere Aufgaben der Banken, vor allem die Vermögensverwaltung der Kunden, die Ausgabe und den Handel mit Wertpapieren, die Beratung und Unterstützung bei Unternehmenszusammenschlüssen oder die Unterstützung von Unternehmen bei ihrer Kapitalaufnahme, etwa bei Börsengängen. Dies wird zusammenfassend als **Investmentbanking** bezeichnet. Für das Investmentbanking werden in der Regel nicht unbeträchtliche Gebühren erhoben, die die Berater der Bank zum Teil als eigene Bonuszahlungen erhalten. In diesem Segment des Bankengeschäfts werden auch Zertifikate entwickelt und verkauft oder Fonds aufgelegt und Fondsanteile verkauft.

Weitere Aufgaben der Banken

In den USA waren die Tätigkeiten der Banken im dortigen Trennbankensystem als Geschäftsbank und als Investmentbank bis 1999 strikt getrennt, wobei die Investmentbanken weniger streng überwacht wurden. In Kontinentaleuropa ist dagegen das Universalbankensystem etabliert, das alle beschriebenen Aufgaben integriert, allerdings mit unterschiedlicher Schwerpunktbildung. Sparkassen übernehmen eher die Abwicklung des Zahlungsverkehrs und des »kleinen« Kreditverkehrs, kleine Privatbanken übernehmen eher die Funktionen des Investmentbankings und große Universalbanken übernehmen alle Geschäftssparten. Das Investmentbanking ist ertragreicher und risikoreicher als das traditionelle Kreditgeschäft der Geschäftsbank und es waren gerade Investmentbanken wie Lehman Brothers, Bear Stearns oder Merrill Lynch, die in die Finanzkrise verwickelt waren. Inzwischen ist die strikte Trennung der Funktionen auch in den USA aufgehoben.

16.4 Organisationen und Märkte des Finanzbereiches einer Volkswirtschaft
Akteure des Finanzbereiches

Die Grundstruktur der Bilanz einer Geschäftsbank spiegelt die beschriebenen Geschäftstätigkeiten wider. Wir verwenden zur Illustration die Bilanz der Commerzbank zum 31.12. 2008 (vgl. Abbildung 16-3) und auch die in Bankbilanzen üblichen Bezeichnungen; alle Angaben lauten auf Millionen Euro.

Erläuterung der Bilanzpositionen auf der Aktivseite

Auf der **Aktivseite** wird das Bruttovermögen der Bank ausgewiesen. Es besteht im Wesentlichen aus Geld und Forderungen. Die Barreserve (1) umfasst einen kleinen Kassenbestand von 892 Millionen Euro und vor allem ein Guthaben bei der Zentralbank in Höhe von 5.294 Millionen Euro. Banknoten muss die Geschäftsbank halten, um auch dann zahlungsfähig zu bleiben, wenn an einem bestimmten Tag die Auszahlungswünsche der Kunden größer sind als ihre Einzahlungen. Die Guthaben bei der Zentralbank bestehen zum einen aus gesetzlich vorgeschriebenen Mindestreserven (vgl. Kapitel 18), zum anderen aus so genannten Überschussreserven. Diese Überschussreserven dienen einmal zur Abwicklung des Überweisungsverkehrs zwischen den Geschäftsbanken, zum anderen als Reserve für einen plötzlich auftretenden Bedarf an Banknoten (Sichtguthaben bei der Zentralbank können jederzeit in Banknoten umgetauscht werden).

Auch die Forderungen an Kreditinstitute (2) haben, neben einer Verrechnungsfunktion, für die einzelne Bank vor allem die Aufgabe der Sicherung der Zahlungsfähigkeit (Liquiditätssicherung). Forderungen an Kunden (3) sind vor allem grundpfandrechtlich gesicherte Darlehen, Hypothekendarlehen und Kommunalkredite. Handelsaktiva (4) sind z. B. Geldmarktpapiere, Anleihen und Aktien. Sie dienen der Liquiditätssicherung und der Erzielung von Zinserträgen. Welche Funktion dabei überwiegt, hängt von der Art der Wertpapiere ab. Finanzanlagen (5) sind solche Wertpapiere, die nicht Handelszwecken dienen, sondern langfristig gehalten werden sollen. Dies sind z. B. Aktien, Anteile und

Abb. 16-3

Zusammengefasste Bilanz der Commerzbank zum 31.12.2008 (Angaben in Mio. €)

Aktiva		Passiva	
(1) Barreserve	6.566	(7) Verbindlichkeiten ggü. Kreditinstituten	128.492
(2) Forderungen an Kreditinstitute	62.969	(8) Verbindlichkeiten gegenüber Kunden	170.203
(3) Forderungen an Kunden	284.815	(9) Verbriefte Verbindlichkeiten	165.827
(4) Handelsaktiva	118.569	(10) Handelspassiva	96.208
(5) Finanzanlagen	127.450	(11) Sonstige Verbindlichkeiten	44.562
(6) Sonstige Aktiva	24.827	(12) Eigenkapital	19.904
Gesamt	**625.196**	**Gesamt**	**625.196**

Beteiligungen an anderen Unternehmen. Sonstige Aktiva (6) sind z. B. Sachanlagen oder Ertragsteueransprüche, sie spielen keine große Rolle.

Die Summe der Aktiva beträgt rund 625 Milliarden Euro. Der quantitativ bedeutendste Posten ist der Posten Forderungen an Kunden, der fast die Hälfte der Aktiva ausmacht; dies entspricht der klassischen Kreditgewährungsaufgabe der Banken. Die Summen, um die es hier geht, sind in Relation zu Daten der Volkswirtschaftlichen Gesamtrechnung recht groß: Die Summe der Aktiva bzw. allgemein die Bilanzsumme allein der Commerzbank entspricht etwa einem Viertel des Bruttoinlandsproduktes , oder die Bilanzsumme der Deutschen Bank entspricht mit einem Volumen von 2.200 Milliarden Euro fast dem gesamten Bruttoinlandsprodukt (Angabe für 2008, Quelle: Deutsche Bank).

Auf der **Passivseite** wird die Herkunft der Vermögenspositionen der Aktivseite ausgewiesen. Die Verbindlichkeiten gegenüber Kreditinstituten (7) entspringen Krediten, die bei anderen Banken aufgenommen worden sind, auch im Ausland; knapp 20 Milliarden Euro sind täglich fällige Kredite. Verbindlichkeiten gegenüber Kunden (8) bestehen aus Spareinlagen (knapp 10 Milliarden Euro), täglich fällige Sichteinlagen (knapp 58 Milliarden Euro) und Termineinlagen (mit vereinbarter Laufzeit bzw. vereinbarter Kündigungsfrist) in Höhe von gut 100 Milliarden Euro. Diese Einlagen sind für die Banken besonders wichtig, da sie ihnen Zentralbankgeld zuführen, auf dessen Grundlage sie Kredite gewähren können (vgl. Kapitel 17).

Verbriefte Verbindlichkeiten sind vor allem (Bank-)Schuldverschreibungen, die ebenfalls Mittel zuführen, auf deren Grundlage Kredite gewährt werden können. Handelspassiva (9) sind Derivate mit einem negativen Marktwert, etwa zu erwartende Verluste aus Termingeschäften oder auch Lieferverpflichtungen aus Leerverkäufen (vgl. Kapitel 16.3). Sonstige Verbindlichkeiten (10) sind z. B. Rückstellungen für Kreditrisiken oder Steuerschulden. Die Differenz aus den Aktiva und den Passiva (7) bis (10) ist das Eigenkapital der Bank in Höhe von rund 20 Milliarden Euro.

Das **Eigenkapital** ist grundsätzlich gleich dem Bruttovermögen vermindert um die Verbindlichkeiten der Bank. Das Eigenkapital setzt sich konkret zusammen aus dem Grundkapital, den Kapitalrücklagen und den Gewinnrücklagen (einbehaltene Gewinne) sowie einer stillen Einlage des Finanzmarktstabilisierungsfonds in Höhe von 8,2 Milliarden Euro. Diese stille Einlage ist vom Staat als verzinsliche Finanzhilfe im Zuge der Finanzkrise 2008 gewährt worden und ist ein Sonderfall, der hier nicht thematisiert werden soll.

Grundsätzlich ist das **Eigenkapital** der Banken von zentraler Bedeutung. Es ist letztlich das Kapital, das die Bank zum Ausgleich von Verlusten aus ihrem Kredit- und Investmentgeschäft einsetzen kann. Daher sind in der Bankenaufsicht bestimmte Mindestanforderungen an die Höhe des haftenden Eigenkapitals, nämlich acht Prozent, im Verhältnis zum Kreditvolumen vorgesehen (vgl. Kapitel 16.5.2).

Für die Ermittlung der Höhe des Eigenkapitals spielen die **Bewertungsvorschriften** eine wichtige Rolle. Nach den International Accounting Standards (IAS), den international anerkannten Rechnungslegungsvorschriften, ist es üb-

Die Bilanzpostionen werden zum Fair Value bewertet.

lich, Finanzprodukte zu ihrem Fair Value, ihrem beizulegenden Zeitwert, zu bewerten. Der Fair Value ist der Wert, zu dem am Bilanzstichtag zwischen sachverständigen, vertragswilligen und voneinander unabhängigen Geschäftspartnern Vermögenswerte getauscht werden könnten; das ist in der Regel der Marktpreis. Wenn ein Marktpreis nicht existiert, werden Bewertungsmodelle angewendet. Daraus folgt, dass eine Preisänderung bei Finanzprodukten zu entsprechenden Veränderungen der Wertansätze führen muss. Wenn also die Kurse der Wertpapiere, die die Bank hält, steigen, erhöht sich ihr Fair Value und ceteris paribus steigt das Eigenkapital der Bank und ihr Kreditgewährungspotenzial vergrößert sich. Wenn dagegen die Kurse der Wertpapiere fallen (wie in der Finanzkrise), sinkt ihr Fair Value und ceteris paribus das Eigenkapital und das Kreditgewährungspotenzial der Bank. In diesem Sinn wirken die Bewertungsregeln zusammen mit der Eigenkapitalrichtlinie ausgesprochen prozyklisch, weil im Boom mit steigenden Wertpapierkursen die Kreditgewährung erleichtert wird und in der Krise mit sinkenden Wertpapierpreisen entsprechend erschwert wird. So hat die Finanzmarktkrise 2008/2009 dazu geführt, dass Banken deutlich weniger Kredite gewährt haben als sonst üblich gewesen ist.

Prozyklische Wirkung

Sachanlagen (Gebäude und Grundstücke) werden dagegen zu Anschaffungskosten, vermindert um planmäßige Abschreibungen, bewertet. Dieser Posten ist für Banken indes von geringerer Bedeutung.

16.4.3 Kapitalanlagegesellschaften

Definition Kapitalanlagegesellschaften

Kapitalanlagegesellschaften im engeren Sinn sind Unternehmen, die Kapitaleinlagen gegen die Ausgabe von Zertifikaten (Anteilscheine) hereinnehmen und dieses Kapital in eigenem Namen für die gemeinschaftliche Rechnung der Anleger verwalten. Sie unterliegen dem Kapitalanlagegesellschaftsgesetz (KAGG) und der Bankenaufsicht. Sie werden auch als Investmentgesellschaft oder Investmentfonds bezeichnet. Gegen Vorlage der Anteilscheine bzw. Investmentzertifikate haben die Anleger ein Recht auf Rückzahlung ihres Anteils am Fondsvermögen. Daneben gibt es weitere Gesellschaften, die man als Kapitalanlagegesellschaften im weiteren Sinne bezeichnen kann, insbesondere die institutionellen Investoren, die Hedgefonds und die Private Equity Fonds.

Institutionelle Investoren

Institutionelle Investoren sind Unternehmen, die bei ihnen angelegtes Kapital für eine Zwischenzeit verwalten und anlegen. Das sind insbesondere Versicherungen, vor allem Lebensversicherungen, Pensionsfonds und Stiftungen. Diese müssen sehr stark auf die Sicherheit ihrer Kapitalanlagen setzen, weil sie aus den Erträgen der Kapitalanlagen Versicherungsleistungen bzw. Pensionen zahlen müssen oder Leistungen gemäß dem Stiftungszweck erbringen wollen. Daneben haben sich spezielle Formen von institutionellen Investoren entwickelt, insbesondere Hedgefonds und Private-Equity-Unternehmen.

Hedgefonds

Hedgefonds (englisch hedge = absichern) sind im Prinzip geschlossene Investmentfonds, die das Geld von Privatanlegern und Institutionen wie Pensionskassen, Stiftungen oder Universitäten verwalten. Sie siedeln sich meist in Ländern an, in denen es keine gesetzlichen Anlagevorschriften gibt, und agieren entsprechend unbehindert. Hedgefonds verfolgen eine Fülle von Anlagestrategien, nämlich Arbitragegeschäfte und vor allem Spekulationsgeschäfte aller Art, in allen Finanzprodukten und allen Geschäftsarten: Sie gehen Call- und Put-Optionen ein, tätigen Kassa- und Termingeschäfte oder, besonders charakteristisch, Leerverkäufe. Leerverkäufe (Short Selling) sind Verkäufe von Papieren, die man nicht hat. Man leiht sich z. B. Papiere, bei denen man einen Kursverlust erwartet und verkauft diese zum aktuellen Kurs. Wenn der Kurs tatsächlich fällt, dann kann man die Papiere billiger kaufen und zurückgeben und die Differenz als Gewinn verbuchen. Eine klassische Hedgefondsstrategie ist auch die »Auf- und Ab-Strategie«, das gleichzeitige Kaufen von Aktien, die man für unterbewertet hält und Leerverkäufe von Aktien, die man für überbewertet hält. Solche Strategien sind nur großen Anlegern möglich, kleine Privatanleger können sich nur an Hedgefonds beteiligen. Charakteristisch für Hedgefonds ist der Kredithebel (Leverage): Das Geld der Investoren wird mit Krediten aufgestockt, und mit der Gesamtsumme wird gehandelt und spekuliert. Dies erhöht die Eigenkapitalrendite, aber auch das Risiko der Anleger.

Hedgefonds verfolgen eine Vielzahl von Anlagestrategien.

Private Equity

Private Equity bedeutet privates Eigenkapital; es ist das Gegenstück zu dem öffentlich auf Börsen gehandelten Eigenkapital der Aktiengesellschaften in Form von Aktien. Hinter Private-Equity-Fonds steht eine besondere Anlagestrategie: Sie sammeln Kapital meist bei institutionellen Investoren wie Pensionsfonds, Versicherungen oder Stiftungen und kaufen damit Unternehmen. Nach dem Erwerb versuchen die Fonds das erworbene Unternehmen durch Rationalisierungen und/oder durch überlegene Geschäftsstrategien auf Effizienz und Rendite zu trimmen und nach einigen Jahren wieder zu einem höheren Preis zu verkaufen (Buyout-Fonds). In der Regel wird der Kaufpreis nur zu einem kleinen Teil mit Eigenkapital finanziert (zwischen einem Fünftel und einem Drittel); der Rest wird mit Krediten bezahlt. Diese Kredite werden dem erworbenen Unternehmen anschließend angelastet (Leveraged Buyout). Mit diesem Kredithebel wird die Eigenkapitalrendite quasi nach oben gehebelt, denn je weniger Eigenkapital eingesetzt wird, desto höher ist ceteris paribus der Gewinn im Verhältnis zum Eigenkapital. Allerdings steigt damit das Risiko, dass das erworbene Unternehmen diese Schuldenlast nicht tragen kann.

Kauf und Verkauf von Unternehmen

16.5 Kontrolle des Finanzbereiches

16.5.1 Notwendigkeit von Kontrollen

Marktversagen aufgrund mangelnder Transparenz begründet die Kontrolle des Finanzbereiches.

Der Finanzbereich bedarf einer besonderen Kontrolle, weil Marktteilnehmer die Qualität der Finanzprodukte und Finanzinstitute aufgrund ihrer Komplexität nur unzureichend beurteilen können (Marktversagen bei mangelnder Qualitätstransparenz) und weil die Informationen zudem extrem asymmetrisch verteilt sind, die Möglichkeiten einer Täuschung der schlechter informierten Marktteilnehmer also groß sind. Möglicherweise kannte die Lehman Bank die Risiken der von ihr ausgegebenen Zertifikate, ihre Kunden mit Sicherheit nicht. Der Kunde der Finanzinstitute muss also geschützt werden.

Zudem spielen die Finanzinstitute mit ihrer öffentlichen Aufgabe, einen geordneten Zahlungsverkehr und eine geordnete Kreditvermittlung zu gewährleisten, eine besondere Rolle in modernen Volkswirtschaften. Es muss dafür gesorgt sein, dass Kreditinstitute stets ihren Auszahlungsverpflichtungen nachkommen können, dass die Risiken der Kreditgeschäfte die Zahlungsfähigkeit (Solvenz) der Kreditinstitute nicht gefährden. Die Folgen einer Insolvenz für die Kreditfinanzierung der Investitionstätigkeit eines Landes und der ganzen Welt wären anderenfalls desaströs. Daher gibt es Kontrollregeln und Aufsichtsbehörden.

16.5.2 Kontrollregeln

Kontrollregeln beziehen sich auf die Gründung und auf die laufende Geschäftsführung von Banken und Finanzintermediären. Wir stellen nur die Regeln für die Banken dar (Bankenaufsicht). Bei der Gründung von Banken ist ein Eigenkapital von mindestens fünf Millionen Euro notwendig, und die mindestens zwei Geschäftsführer müssen zuverlässig und fachlich geeignet sein. Wichtiger sind sicher die Regeln für die laufende Bankgeschäftsführung. Diese Regeln beziehen sich vor allem auf die Ausstattung mit Eigenkapital, auf die Sicherung der Liquidität und auf die Kontrolle des Risikomanagements der Banken. Die zentralen Regeln werden kurz als Basel II bezeichnet.

Seit 1988 gab es eine international akzeptierte (nicht rechtlich verbindliche) Eigenkapitalregel, die unter der Ägide der Bank für Internationalen Zahlungsausgleich (BIZ) in Basel verhandelt worden war. Diese Eigenkapitalregel sah ein Mindesteigenkapital der Banken im Verhältnis zum Volumen ihrer gewährten Kredite vor. Die Eigenkapitalquote, definiert als Relation zwischen den gewichteten Risikoaktiva und dem haftenden Eigenkapital, sollte mindestens acht Prozent betragen (Basel I). Risikogewichtete Aktiva sind vor allem Kredite, die je nach Kreditausfallrisiko gewichtet werden. Diese Regel ist bis Ende 2006 in der neuen Baseler Eigenkapitalvereinbarung **Basel II** modifiziert und erweitert worden. Die Mindestkapitalanforderungen werden den Risiken flexibler angepasst und die Methoden zur Messung der Risiken werden präzisiert

Für Banken gilt eine Eigenkapitalquote von mindestens acht Prozent.

(Säule 1), das Risikomanagement der Institute wird durch die Bankenaufsicht überwacht (Säule 2) und schließlich werden die Offenlegungspflichten der Banken erweitert, um mehr Transparenz zu schaffen (Säule 3). Die Regeln von Basel II sind in der EU durch die Bankenrichtlinien 2006 in verbindliches Recht umgesetzt worden (vgl. Kapitel 23.2.6). Es bleibt aber, kurz zusammengefasst, im Prinzip die Regel, dass Banken ihre Kredite mit haftendem Eigenkapital von mindestens acht Prozent des Kreditvolumens unterlegen müssen. In der Regel und im Durchschnitt wird dieses Mindesterfordernis übertroffen: So betrug die durchschnittliche Eigenkapitalquote der Kreditinstitute in Deutschland 2008 13,99 Prozent (Deutsche Bundesbank, Geschäftsbericht 2008, S. 99). Vor dem Hintergrund der Finanzkrise werden Modifikationen von Basel II diskutiert, grundsätzliche Änderungen sind indes nicht zu erwarten.

Die **Liquidität**, also die jederzeitige Auszahlungsfähigkeit der Banken, wird in Deutschland im Rahmen der Liquiditätsverordnung von der Bundesbank kontrolliert. Danach muss die Liquiditätskennzahl, die Summe der Zahlungsmittel im Verhältnis zur Summe der Zahlungsverpflichtungen, mindestens eins betragen. Zahlungsmittel müssen also den Zahlungsverpflichtungen entsprechen. Ende 2008 betrug die Liquiditätskennzahl in Deutschland im Durchschnitt 1,38 (Deutsche Bundesbank, Geschäftsbericht 2008, S. 99).

Methoden zur **Messung der Risiken** im Bankengeschäft können einfache, standardisierte Methoden sein oder fortgeschrittene bankeigene Verfahren im Rahmen des internen Ratings; auf letztere können wir hier nicht eingehen. Wichtiger für das Verständnis der Funktionsweise von Finanzmärkten sind die einfachen, standardisierten Kontrollen der Risiken von Finanzprodukten und Finanzinstitutionen durch externe Ratingagenturen (s. u.).

Neben Basel II gibt es weitere Kontrollregeln. Wichtig ist die Einlagensicherung. Zum Schutz der kleinen Bankkunden gibt es eine **gesetzliche Einlagensicherung**. Sie deckt 90 Prozent der Einlagen der Kunden ab, ist aber begrenzt auf einen Erstattungsbetrag von maximal 50.000 Euro, ab 2011 maximal 100.000 Euro. Daneben existieren weitergehende freiwillige Sicherungen der Banken in den unterschiedlichen Einlagensicherungsfonds der Banken. Diese Einlagensicherungsfonds garantieren formal die Sicherheit ganz erheblicher Einlagensummen, allerdings ist fraglich, woher das Geld der Einlagensicherungsfonds bei der Pleite einer großen Privatbank kommen soll.

Weitere Sicherung der Einlagen

16.5.3 Ratingagenturen

Ratingagenturen sind privatwirtschaftlich organisierte Unternehmen, die einerseits die Kreditwürdigkeit und Zahlungsfähigkeit von Unternehmen und Gebietskörperschaften beurteilen, andererseits die Qualität von Finanzprodukten bewerten. Weltweit agieren drei große Ratingagenturen: Standard & Poor's, Moody's und Fitch Rating, andere Agenturen haben nur eine kleine Bedeutung. Die Ratingkategorien dieser Agenturen sind relativ ähnlich.

Ratingagenturen beurteilen die Bonität von Unternehmen und von Finanzprodukten.

Die Einstufungen liegen zwischen:

AAA: für Papiere mit bester Qualität und Bonität (Triple A); ein Rating, das z. B. für Staatsanleihen stabiler Staaten wie Deutschland oder Österreich vergeben wird, mit einem Ausfallrisiko, das praktisch null ist; über

B: für hochspekulative Papiere; ein Rating das z. B. für Staatsanleihen von Jamaika vergeben wird, bis zu

D: für Papiere, dessen Zahlungen zwischenzeitlich eingestellt sind, wie z. B. bei älteren argentinischen Staatsanleihen.

Darüber hinaus gibt es Zwischeneinstufungen mit »+«, »–« oder mit numerischen Abstufungen.

Bedeutung des Ratings

Die Bedeutung der Ratings der Ratingagenturen ist sehr groß. Das Rating hat zwei zentrale Auswirkungen. Zum einen ist bei allen Schuldverschreibungen die vermutete Bonität des Schuldners von großer Bedeutung für die zu zahlenden Zinsen. Je höher die Bonität des Schuldners, desto geringer ist die Risikoprämie, die Geldanleger für ihren Kredit zusätzlich zum normalen Zinssatz für das Ausfallrisiko verlangen. So kann die Bundesrepublik Deutschland, die mit AAA bewertet ist, Staatsanleihen mit sehr niedrigen Zinsen begeben, andere Länder müssen höhere Zinsen bieten. Zum Anderen hat das Rating erheblichen Einfluss auf den Wert vorhandener Wertpapiere. Wenn die Ratingagenturen die Bonität z. B. von Zertifikaten oder Collateralized Debt Obligations (CDOs) herabstufen, müssen diese Finanzprodukte in den Bilanzen der Banken entsprechend niedriger bewertet werden. Dies reduziert ceteris paribus Gewinn und Eigenkapital und damit das Kreditgewährungspotenzial der Banken.

Weil Kreditgeber die Kreditwürdigkeit, also die Bonität potenzieller Schuldner, selten gut beurteilen können, ist es im Prinzip sinnvoll, diese Aufgaben spezialisierten Institutionen zu übertragen. Allerdings erhebt sich immer die klassische Frage: Wer überwacht schließlich die Wächter? Problematisch ist, dass die Ratingagenturen gewinnorientierte Privatunternehmen sind, die zudem von den zu bewertenden Unternehmen bezahlt werden. Bis heute ist jedenfalls unklar, warum (auch) Ratingagenturen bei der Bewertung der Risiken der strukturierten Wertpapiere und ihrer Emittenten in der Finanzkrise so eklatant versagt haben.

16.5.4 Kontrolleure

Kontrolleure sind die BaFin und die Deutsche Bundesbank.

Seit 2002 sind die alten Bundesaufsichtsämter für das Kreditwesen, für das Versicherungswesen und für den Wertpapierhandel in der Bundesanstalt für Finanzdienstleistungsaufsicht (BaFin) zusammengeführt. Man spricht von einer Allfinanzaufsicht. Seitdem kontrolliert die BaFin mit ihren rund 1.700 Beschäftigten rund 2.080 Banken, gut 730 Finanzdienstleister, rund 630 Versicherungsunternehmen und 26 Pensionsfonds, daneben rund 6.000 inländische Fonds und 78 Kapitalanlagegesellschaften (BaFin 2008a). Neben der BaFin ist die Deutsche Bundesbank in allen Bereichen der Bankenaufsicht maßgeblich beteiligt. Allerdings ist nicht ganz klar, wie die Kontrollbefugnisse aufgeteilt werden. Nach Ausführungen der Bundesbank ist sie selbst vor allem in der operativen Bankenaufsicht tätig und kontrolliert hier vor allem die Eigenkapitalausstattung und das Risikomanagement der Banken. Die BaFin übernimmt dagegen die Verantwortung für hoheitliche Maßnahmen (www.bundesbank.de/bankenaufsicht). Sie achtet darauf, dass nur zugelassene Unternehmen ihre Dienste am Markt anbieten und dass die Institute die gesetzlichen Grundsätze für Bankgeschäfte einhalten. Diese Teilung der Kontrollbefugnis wird generell kritisiert und mehrheitlich wird gefordert, die Bankenaufsicht einheitlich einer Einrichtung zu übertragen, bevorzugt der Bundesbank.

16.5.5 Kritik der Kontrollen

Trotz dieser recht effizient scheinenden Kontrollen ist die globale Finanzkrise entstanden. Insbesondere ist das Risiko der strukturierten Finanzprodukte und hier speziell das Risiko der Verbriefungen und Wiederverbriefungen von fast allen Akteuren erheblich unterschätzt worden. Hier hat man sich zu sehr auf die falschen Einschätzungen der Ratingagenturen verlassen (Deutsche Bundesbank, Geschäftsbericht 2008, S. 94). Die Kreditversicherungen in Form der Credit Default Swaps sind nicht als Versicherungen eingestuft worden, die strengen Kontrollen unterliegen, sondern sind wie normale Finanzprodukte behandelt worden. Schließlich ist die Kontrolle vieler Anlagegesellschaften nicht gewährleistet. Hedgefonds unterliegen keiner Finanzaufsicht, und die Zweckgesellschaften, die ausgegliederten Gesellschaften der Banken, sind kaum zu kontrollieren, weil sie in den Bilanzen der Banken oft gar nicht auftauchen. Zudem sind Kontrollbehörden personell oft unzureichend ausgestattet. In der Bankenaufsicht gibt es Bedarf für Reformen, die aber in Zeiten eines Deregulierungswettbewerbs, insbesondere in der angloamerikanischen Finanzaufsicht, wenig Aussicht auf Realisierung haben.

Die Kontrollen haben die internationale Finanzkrise nicht verhindert.

Ein zentrales Problem des Finanzbereiches ist die Größe mancher Banken, weil die Gesellschaft den Zusammenbruch einer großen Bank, die für das Finanzsystem systemnotwendig ist, nicht hinnehmen kann. Dies kann dazu führen, dass die Banken eine solche staatliche Sicherung ihrer Geschäfte einkalkulieren und weiterhin mit riskanten Transaktionen ausnutzen. Auch dies ist eine Form von **Moral Hazard**, das Risiko unmoralischen Verhaltens der Banken.

Problem des Moral Hazard

Um diese Form von Moral Hazard zu unterbinden, wird es in Zukunft darauf ankommen, insbesondere das Prinzip der Haftung von Unternehmen, Unternehmern und Managern für Handlungsfolgen wieder zur Geltung zu bringen und dafür zu sorgen, dass das Haftungsprinzip nicht nur für Gewinne, sondern auch für Verluste gilt. Die Betonung der privaten Haftung entspricht ordoliberalem Denken, das gerade in Deutschland seine Wurzeln hat (vgl. Kapitel 2) und in der Finanzkrise eine gewisse Renaissance erfahren hat. Durchsetzen wird sich das ordoliberale Denken im Wettbewerb der Aufsichtsregeln vermutlich aber nicht.

Arbeitsaufgaben Kapitel 16

1. Was sind die zentralen Aufgaben des Finanzbereiches einer Volkswirtschaft?

2. »We need banking, but we do not need banks«. Nehmen Sie Stellung zu diesem Satz von Bill Gates.

3. Was unterscheidet die Aktie von der Anleihe?

4. Beschreiben Sie die Funktionen, die eine Geschäftsbank im Zuge ihrer Kreditgewährung übernimmt.

5. Welche Bedeutung hat das Eigenkapital der Geschäftsbanken?

6. Warum muss der Finanzbereich überwacht und kontrolliert werden?

7. Was folgt aus einer Herabstufung der Bonität einer Geschäftsbank und was folgt aus der Herabstufung der Bonität eines bestimmten Wertpapiers?

8. Was versteht man unter dem Geldmarkt allgemein?

9. Was ist der Euro-Geldmarkt?

10. Welche Akteure sind auf dem Geldmarkt vertreten? Was sind typische Transaktionen des Geldmarktes?

Lösungsvorschläge für die Arbeitsaufgaben finden Sie im »Übungsbuch zu Grundlagen und Probleme der Volkswirtschaft«.

Literatur Kapitel 16

BaFin 2008a: Die BaFin stellt sich vor, Juli 2008.
BaFin 2008b: Jahresbericht der BaFin 2008.
Bank Für Internationalen Zahlungsausgleich: 79. Jahresbericht 2009
Bank Für Internationalen Zahlungsausgleich: BIS Papers Nr. 48, Juli 2009.
Deutsche Bundesbank: Geschäftsbericht 2008.
Deutsche Bundesbank: Monatsbericht Januar 2009.
Europäische Zentralbank: Monatsbericht August 2008.
Europäische Zentralbank: Monatsbericht Februar 1999.
Sachverständigenrat zur Begutachtung der gesamtwirtschaftlichen Entwicklung, Jahresgutachten 2008/2009, Die Finanzkrise meistern – Wachstumskräfte stärken, Wiesbaden 2008.

Der Finanzbereich wird selten als Einheit analysiert. In der Regel wird entweder der Geldmarkt oder der Kapitalmarkt beschrieben. Der Kapitalmarkt wird grundsätzlich in betriebswirtschaftlichen Lehrbüchern abgehandelt, der Geldmarkt in volkswirtschaftlichen Lehrbüchern. Daneben existieren eine Fülle von Lexika und eine Fülle von aktuellen Erklärungen der Finanzkrise.

Über Grundbegriffe und Institutionen im Kapitalbereich informieren Lehrbücher der Betriebswirtschaftslehre. Wir nennen:
Schmalen, Helmut/Hans Pechtl: Grundlagen und Probleme der Betriebswirtschaftslehre, 14. Aufl. Stuttgart 2009.
Perridon, Louis/Manfred Steiner: Finanzwirtschaft der Unternehmung, 14. Aufl., München 2007.

Über die Funktionsweise von Kapitalmärkten, auch unter volkswirtschaftlichen Aspekten, informieren:
Spremann, Klaus/Pascal Gantenbein: Kapitalmärkte, Stuttgart 2005.

Die Funktionsweise von Geld- und Kapitalmärkten insgesamt beschreiben und erklären die Begriffe:
Beike, Rolf/Johannes Schlütz: Finanznachrichten lesen – verstehen – nutzen, 4. Aufl., Stuttgart 2005.

Über die Grundbegriffe und Institutionen im Geldbereich informieren die Lehrbücher zur Geldtheorie und Geldpolitik. Eine kurze Einführung bietet:
Kath, Dietmar: Geld und Kredit, in: Vahlens Kompendium der Wirtschaftstheorie und Wirtschaftspolitik, Band 1, 9. Aufl., München 2007, S. 187–235.

Ausführlicher sind die Lehrbücher von:
Issing, Otmar, Einführung in die Geldtheorie, 14. Aufl., München 2007.
Jarchow, Hans-Joachim: Theorie und Politik des Geldes, 11. Aufl., Göttingen 2003.

Das Finanzsystem in Deutschland, in Europa und weltweit beschreiben und analysieren:
Deutsche Bundesbank: Monatsberichte, Frankfurt/M. (laufend).
Deutsche Bundesbank: Geschäftsberichte, Frankfurt/M. (erscheinen jährlich Anfang Mai).
Deutsche Bundesbank, Finanzstabilitätsbericht (meist jährlich).
Europäische Zentralbank: Monatsberichte, Frankfurt/M. (laufend).
Europäische Zentralbank: Jahresberichte, (jährlich Anfang Mai).
Bank für Internationalen Zahlungsausgleich: Jahresberichte (jährlich im Juni).

Speziell zur Bankenaufsicht und zur Kontrolle der Finanzmärkte berichtet:
Die Bundesanstalt für Finanzdienstleistungen (BaFin): Jahresberichte (jährlich Mitte Mai).

Die Finanzkrise 2008/2009 beschreiben anschaulich und leicht verständlich:
Münchau, Wolfgang, Flächenbrand. Krise im Finanzsystem, Bundeszentrale für politische Bildung, München 2008.
Sinn, Hans-Werner: Kasino-Kapitalismus, Berlin 2009.

Konzise beschreibt die Finanzkrise:
Sachverständigenrat zur Begutachtung der gesamtwirtschaftlichen Entwicklung, Jahresgutachten 2008/2009, Die Finanzkrise meistern – Wachstumskräfte stärken, Wiesbaden 2008.

Über Formen und Verwendungen des elektronischen Geldes informiert:
Deutsche Bundesbank: Neuere Entwicklungen beim elektronischen Geld, Monatsbericht Juni 1999, S. 41–58.
Europäische Zentralbank: Fragen rund um den Einsatz von elektronischem Geld, Monatsbericht November 2000, S. 55–67.

Ein umfangreiches Lexikon der Begriffe aus dem Finanzbereich ist
Bestmann, Uwe: Finanz- und Börsenlexikon, 5. Aufl., München 2007.

17 Geldangebot, Geldnachfrage und Geldwirkungen

Leitfragen

Wie kommt Geld in Umlauf?

▸ Durch welche Vorgänge gelangt Zentralbankgeld von der Zentralbank zu anderen Wirtschaftseinheiten?

▸ Wie erwirbt man Giralgeld einer Geschäftsbank?

▸ Welche Arten der Giralgeldschöpfung müssen unterschieden werden?

Welche Grenzen der Geldschöpfung gibt es?

▸ Gibt es Grenzen der Geldschöpfung für die Zentralbank?

▸ In welchem Umfang kann eine einzelne Geschäftsbank Kredite gewähren?

▸ Warum kann das Geschäftsbankensystem als Ganzes mehr Kredite gewähren, als es Zentralbankgeld besitzt?

▸ Welche Faktoren beeinflussen das Geldangebot einer Geschäftsbank?

Wie viel Geld fragen Haushalte und Produktionsunternehmen nach?

▸ Warum halten Haushalte und Produktionsunternehmen Vermögen in Form von unverzinslichem Geld?

▸ Wovon hängt die Geldnachfrage der Haushalte und Produktionsunternehmen ab?

Wie wirkt Geld auf den realen Bereich der Volkswirtschaft?

▸ Wie wirkt Geld in keynesianischer Sicht?

▸ Wie wirkt Geld in monetaristischer Sicht?

17.1 Geldschöpfung und Geldvernichtung

Wir haben im vorangegangenen Kapitel unter anderem geklärt, was unter Geld zu verstehen ist, welche Funktionen es ausübt, welche Geldmengenkonzepte zu unterscheiden sind und wie der Geldsektor aufgebaut ist. Der Leser hat sich vielleicht schon die Frage gestellt, wie Geld eigentlich in Umlauf kommt, wie es also in den Kreislauf gelangt bzw. aus dem Kreislauf verschwindet. Das ist die Frage nach der Geldschöpfung und der Geldvernichtung.

Im Rahmen von Geldschöpfung und Geldvernichtung ist zweckmäßigerweise zwischen dem Geld, das die Zentralbank schafft (Kapitel 17.1.1) und dem Geld, das die Geschäftsbanken schaffen (Kapitel 17.1.2) zu unterscheiden. Eine besondere Rolle spielen Münzen. Das Recht zur Prägung von Münzen, das **Münzregal**, hat in Deutschland der Bund (Artikel 73 GG). Da der Nennwert der Mün-

Münzregal und Münzgewinn

zen im Allgemeinen wesentlich über den Kosten der Herstellung liegt, erzielt der Bund häufig einen **Münzgewinn**. Der Bund darf jedoch nicht beliebig viele Münzen prägen, die Menge wird durch die EZB genehmigt. In Umlauf gebracht werden die Münzen in Deutschland durch die Bundesbank: In Höhe des Nennwertes der Münzen erhält der Bund von der Bundesbank Zentralbankgeld; die Bundesbank gibt die Münzen gegen Zentralbankgeld an die Geschäftsbanken. Da die in Umlauf gebrachten Münzen mengenmäßig eine untergeordnete Rolle spielen, wollen wir sie im Folgenden unberücksichtigt lassen.

Beschäftigen wir uns zunächst mit der Geldschöpfung und Geldvernichtung durch die Zentralbank.

17.1.1 Zentralbankgeld

Wie kommt Zentralbankgeld in Umlauf?

Zentralbankgeld besteht aus Banknoten und Zentralbankengiralgeld (Sichtguthaben bei der Zentralbank). Wie gelangt Zentralbankgeld in die Hände von Unternehmen, Haushalten und Geschäftsbanken? Wir erleichtern uns das Verständnis der Zentralbankgeldschöpfung und -vernichtung, wenn wir zunächst einige Vorgänge betrachten, durch die Zentralbankgeld geschaffen wird, und uns klar machen, wie diese Vorgänge die Bilanzen der beteiligten Wirtschaftseinheiten beeinflussen.

Kauf von Wertpapieren durch die Zentralbank

(1) Die Zentralbank kauft von einem Produktionsunternehmen Staatsschuldverschreibungen (also Wertpapiere) im Werte von 50. Dieser Vorgang schlägt sich wie folgt in den Bilanzen der beteiligten Wirtschaftseinheiten nieder. (Vorgänge, die ausschließlich eine Seite der Bilanz berühren – Aktiv- oder Passivtausch – und damit die Bilanzsumme unverändert lassen, werden aus Gründen der Anschaulichkeit nebeneinander verbucht.)

Veränderungen in der Bilanz der Zentralbank		Veränderungen in der Bilanz des Produktionsunternehmens	
Aktiva	Passiva	Aktiva	Passiva
Zunahme an Wertpapieren	Zunahme des Banknotenumlaufs	Zunahme der Banknoten	Abnahme an Wertpapieren
50	50	50	50

Durch den Kauf der Wertpapiere sind Banknoten, also Zentralbankgeld, in Höhe von 50 an den Nichtbankensektor geflossen. Die Geldmenge hat sich um 50 erhöht. Eine Zentralbankgeldschöpfung in derselben Höhe würde erfolgen, wenn die Zentralbank nicht mit Noten, sondern mit einem Sichtguthaben zahlen würde.

Kauf von Devisen durch die Zentralbank

(2) Die Zentralbank kauft von einer Geschäftsbank Devisen (Sichtguthaben bei ausländischen Banken) im Wert von 30 und zahlt mit Banknoten.

17.1 Geldschöpfung und Geldvernichtung

In der Bilanz der Geschäftsbank und der Zentralbank ergeben sich folgende Veränderungen:

Veränderungen in der Bilanz der Zentralbank		Veränderungen in der Bilanz der Geschäftsbank	
Aktiva	Passiva	Aktiva	Passiva
Zunahme an Devisen	Zunahme des Banknotenumlaufs	Zunahme der Banknoten / Abnahme der Devisen	
30	30	30 30	

Durch den Kauf der Devisen ist Zentralbankgeld im Werte von 30 an die Geschäftsbank geflossen. Diese Zentralbankgeldschöpfung würde sich auch dann ergeben, wenn die Zentralbank durch Bereitstellung eines Sichtguthabens zahlen würde. Die Geldmenge ändert sich durch den Devisenverkauf der Geschäftsbank unmittelbar nicht, da die Zentralbankgeldbestände der Geschäftsbanken nicht zur Geldmenge zählen (vgl. Kapitel 16). Mittelbar kann sich später aber eine Erhöhung der Geldmenge ergeben, wenn die Geschäftsbank z. B. eines Unternehmens einen Kredit gewährt. Geldschöpfung und Erhöhung der Geldmenge müssen also nicht zusammenfallen.

(3) Die Zentralbank gewährt einen Kredit an eine Geschäftsbank in Höhe von 70. Die sich aus diesem Vorgang ergebenden Veränderungen in den Bilanzen sind:

Kreditgewährung der Zentralbank

Veränderungen in der Bilanz der Zentralbank		Veränderungen in der Bilanz der Geschäftsbank	
Aktiva	Passiva	Aktiva	Passiva
Zunahme der Kreditforderungen an Geschäftsbanken	Zunahme der Sichtverbindlichkeiten gegenüber Geschäftsbanken	Zunahme der Sichtguthaben bei der Zentralbank	Zunahme der Kreditverbindlichkeiten gegenüber der Zentralbank
70	70	70	70

Der Erwerb der Kreditforderung durch die Zentralbank hat zu einer Zentralbankgeldschöpfung in Höhe von 70 geführt. Dies würde auch dann gelten, wenn die Zentralbank den Kredit direkt in Noten auszahlen würde. Wie bei Vorgang (2) erhöht sich die Geldmenge unmittelbar nicht.

Was ist das Gemeinsame an diesen Vorgängen? In jedem Fall hat die Zentralbank ein Vermögensteil (Devisen, Wertpapier) erworben oder einen Kredit gewährt und hat mit selbst geschaffenem Zentralbankgeld gezahlt. Man kann diesen Sachverhalt auch folgendermaßen ausdrücken: Eine Geldschöpfung der

Zentralbank erfolgt, wenn diese Vermögensteile (Aktiva) von anderen Wirtschaftseinheiten kauft oder Kredite gewährt und mit Geld darstellenden Verbindlichkeiten (Banknoten oder Sichtverbindlichkeiten) zahlt.

Zentralbankgeldschöpfung

Keine Zentralbankgeldschöpfung findet demgegenüber statt, wenn die Zentralbank neue Noten druckt und in ihren Tresoren lagert: Der technische Vorgang des Druckens von Geld muss streng von dem wirtschaftlichen Vorgang des In-Umlauf-Bringens des Geldes getrennt werden.

Der Vorgang der Zentralbankgeldvernichtung braucht hier nicht gesondert dargestellt zu werden: Man braucht sich den obigen Devisen- und Wertpapierkauf der Zentralbank nur als Verkauf vorzustellen bzw. die Kreditgewährung nur als Kreditrückzahlung.

Zentralbankgeldvernichtung

Eine Geldvernichtung durch die Zentralbank erfolgt also, wenn die Zentralbank Vermögensteile an andere Wirtschaftseinheiten verkauft oder Kredite zurücknimmt und dabei ihre Verbindlichkeiten (Banknotenumlauf oder Sichtverbindlichkeiten) vermindert.

Voraussetzungen für die Kontrolle der Zentralbankgeldmenge durch die Zentralbank

Zentralbankgeld kann also nur durch Vorgänge neu geschaffen bzw. vernichtet werden, an denen die Zentralbank selbst beteiligt ist, d. h. durch Vorgänge zwischen der Zentralbank und anderen Sektoren der Volkswirtschaft. Sofern die Zentralbank zu entsprechenden Käufen oder Verkäufen bzw. Kreditgewährungen nicht verpflichtet ist, ist klar, dass sie auch die absolute Kontrolle über die Zentralbankgeldmenge ausüben kann.

Sofern Zentralbankgeld durch eine Kreditgewährung der Zentralbank geschaffen wird, erfolgt bei Rückzahlung der Kredite automatisch eine Geldvernichtung. Da ein nicht unwesentlicher Teil der Zentralbankgeldmenge durch Kreditgewährungen der Zentralbank in Umlauf kommt, setzt also schon die Konstanthaltung der Zentralbankgeldmenge eine immer neue Kreditgewährung der Zentralbank voraus.

17.1.2 Geschäftsbankengiral(buch-)geld

Wie entstehen Sichtguthaben bei Geschäftsbanken?

Geschäftsbankengiralgeld besteht aus Sichtguthaben bei Geschäftsbanken, stellt also eine Forderung gegenüber Kreditinstituten dar. Wie entsteht eine solche Forderung, d. h. wie wird Geschäftsbankengiralgeld geschaffen? Wir wollen die Vorgänge für eine einzelne Geschäftsbank betrachten.

Die erste Form der Giralgeldschöpfung bzw. -vernichtung sieht die Geschäftsbank in einer relativ passiven Rolle: Ein Haushalt oder eine Unternehmen bringt Banknoten zur Bank (hebt Banknoten ab) und erhält ein entsprechendes Sichtguthaben bei der Bank (und vermindert sein Sichtguthaben entsprechend). Dabei wird Zentralbankgeld in Geschäftsbankengeld umgewandelt und die Geldmenge insgesamt bleibt unverändert. Man spricht hier von **passiver Giralgeldschöpfung** bzw. **-vernichtung**. In den Bilanzen der beteiligten Wirtschaftseinheiten ergeben sich im Falle einer Einzahlung eines Kunden Y bei seiner Bank X folgende Veränderungen:

Passive Giralgeldschöpfung

Geldschöpfung und Geldvernichtung 17.1

Veränderungen in der Bilanz der Geschäftsbank X		Veränderungen in der Bilanz des Haushalts Y	
Aktiva	Passiva	Aktiva	Passiva
Zunahme an Banknoten	Zunahme der Sichtverbindlichkeiten gegenüber Y	Zunahme des Sichtguthabens bei X	Abnahme der Banknoten
100	100	100	100

Zur passiven Giralgeldschöpfung einer einzelnen Bank gehören ferner Zu- und Abgänge auf Sichtguthaben im Zuge des Überweisungsverkehrs oder Umbuchungen von Termin- oder Spareinguthaben auf Sichtguthaben und umgekehrt. Für das Bankensystem insgesamt entfällt die Giralgeldschöpfung im Rahmen des nationalen Überweisungsverkehrs, da hier dem zunehmenden Sichtguthaben bei einer Bank das abnehmende Sichtguthaben bei einer anderen Bank gegenübersteht. Entsprechende Überlegungen gelten für die passive Giralgeldvernichtung. Letztlich verändert sich auch hier nur die Struktur der Geldmenge.

Wesentlich bedeutsamer ist die zweite Form der Geldschöpfung durch eine Geschäftsbank, bei der die Bank einen sehr viel stärkeren Einfluss auf das Zustandekommen der Geldschöpfung nehmen kann: die **aktive Giralgeldschöpfung**.

Eine aktive Giralgeldschöpfung (»aktiv«, weil die Geschäftsbank hier selbst die Entscheidung trifft, ob die Giralgeldmenge zunimmt oder nicht) durch eine Geschäftsbank findet statt, wenn die Geschäftsbank ein Vermögensteil von einer Nichtbank kauft oder einen Kredit gewährt und durch Einräumung eines Sichtguthabens (das Geld darstellt) zahlt. Der wichtigste Fall der aktiven Giralgeldschöpfung ist der der Gewährung von Kundenkrediten durch die Bank. Bilanzmäßig schlägt sich dieser Vorgang wie folgt nieder (zur Vereinfachung nehmen wir an, dass die Geschäftsbanken zum Zeitpunkt ihrer Kreditgewährung ein entsprechendes Sichtguthaben zur Verfügung stellen und nicht erst bei Inanspruchnahme des Kredites).

Aktive Giralgeldschöpfung durch:

– Kundenkredite

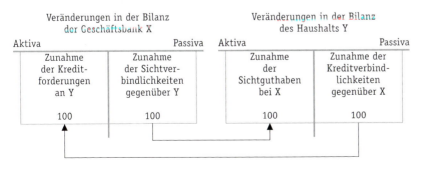

– Kauf von Wertpapieren

Andere Beispiele für eine aktive Giralgeldschöpfung der Geschäftsbank sind der Ankauf von Wertpapieren (einschließlich Handelswechsel). Im Fall der aktiven Giralgeldschöpfung erhöht sich die Geldmenge.

> Allgemein erfolgt eine aktive Giralgeldschöpfung der Geschäftsbank, wenn sie Vermögensteile (Aktiva) von anderen Wirtschaftseinheiten kauft oder Kredite gewährt und mit Geld darstellenden Verbindlichkeiten (Sichtverbindlichkeiten) zahlt. Dabei ist die mit einer Kreditgewährung verbundene Geldschöpfung der quantitativ bedeutsamste Vorgang: Geld entsteht in der Regel auf dem Wege der Kreditgewährung von Banken.

17.2 Grenzen der Geldschöpfung

17.2.1 Geldschöpfungspotenzial der Zentralbank

Keine direkten gesetzlichen Grenzen der Zentralbankgeldschöpfung

Die Geldschöpfung der Zentralbank unterliegt keinen direkten gesetzlichen Grenzen. Die Zentralbank zahlt mit einem Geld, das sie selbst schafft: Entweder räumt die Zentralbank ein Sichtguthaben ein, das ist dann umgekehrt eine Sichtverbindlichkeit der Zentralbank, oder sie zahlt mit Banknoten. Beide Geldarten kann die Zentralbank in beliebigem Umfang bereitstellen.

In der Wirtschaftsgeschichte hat es bis etwa zum Ersten Weltkrieg und zeitweise auch nachfolgend sowohl eine **Deckungspflicht** für den inländischen Banknotenumlauf gegeben – in der Regel musste ein bestimmter Prozentsatz des Notenumlaufs durch Gold gedeckt sein – als auch eine **Eintauschpflicht** von Banknoten gegen Edelmetall durch die Zentralbank. Damit war die Geldversorgung der Wirtschaft an die Verfügbarkeit über Gold bzw. Silber gebunden.

Aufhebung der Golddeckung

Eine solche »Golddeckung« ist inzwischen in allen Ländern der Welt aufgegeben worden. Man glaubt inzwischen, dass die Geldmenge nach rationalen ökonomischen Kriterien gesteuert werden sollte, nach Kriterien, die sich an den gesamtwirtschaftlichen Zielen ausrichten, insbesondere an Preisstabilität und Wachstum der Wirtschaft. Der Wert einer Summe Geldes wird in dieser Sicht nicht danach bemessen, welcher Menge Gold sie entspricht, sondern danach, welche Gütermenge man mit dieser Geldsumme kaufen kann. Der Geldwert entspricht also der Kaufkraft des Geldes. Diese Kaufkraft des Geldes hängt ab von der Höhe der Preise der Güter insgesamt, also vom Durchschnitt aller Preise. Um den Wert des Geldes zu erhalten, muss daher die Wirtschaftspolitik, und insbesondere die Geldpolitik selbst, Preisniveaustabilität erhalten (vgl. auch Kapitel 17.4 und Kapitel 24). Damit unterliegt die Zentralbankgeldschöpfung einer indirekten Grenze, einer Grenze, die durch das Ziel der Preisniveaustabilität bestimmt wird.

Der Geldwert entspricht der Kaufkraft des Geldes.

Indirekte Grenze der Zentralbankgeldschöpfung

Man muss allerdings sehen, dass die vollständige Lösung der Geldversorgung von Deckungsvorschriften auch Gefahren birgt. Dann nämlich, wenn keine ökonomische Einsicht besteht, wenn also z. B. eine verantwortungslose Zentralbank der Preisentwicklung keinerlei Beachtung schenkt und inflatorisch wirkende Ausgabensteigerungen des Staates ohne Bedenken durch Ankauf von Staatspapieren finanziert. In solchen Fällen bietet eine reine Papierwährung keine automatische Bremse gegen eine zügellose Inflationspolitik. Eine Deckungsvorschrift erscheint mithin auf den ersten Blick vorteilhaft. Der Fehler liegt in solchen Fällen aber nicht in der deckungslosen Papierwährung, sondern in der Kurzsichtigkeit der Wirtschaftspolitiker. Außerdem ist es eine Illusion zu glauben, Deckungsvorschriften könnten die Kurzsichtigkeit von Wirtschaftspolitikern entscheidend bremsen. Die Erfahrung zeigt, dass Deckungsregeln – wenn sie unbequem wurden – abgeschafft oder so verändert wurden, dass auch sie keine wirksame Bremse mehr gegen inflationäre Entwicklungen darstellten.

Deckungsvorschriften können geändert werden.

17.2.2 Geldschöpfungspotenzial der Geschäftsbanken

17.2.2.1 Grenzen der Geldschöpfung einer einzelnen Bank

Gesetzliche Grenzen der Geldschöpfung bestehen nicht (abgesehen von einigen Vorschriften zur Absicherung der Bankkunden, auf deren Einhaltung die BaFin achtet, vgl. Kapitel 16.5.4). Gibt es wirtschaftliche Grenzen der Giralgeldschöpfungsfähigkeit der Geschäftsbank?

Um diese Frage beantworten zu können, muss man sich klar machen, was passiert, wenn eine Geschäftsbank ihre Sichtverbindlichkeiten im praktisch bedeutsamsten Fall einer zusätzlichen Kreditgewährung erhöht. Im Zuge einer Kreditgewährung nehmen die Kredite an Nichtbanken und die (Geld darstellenden) Sichtverbindlichkeiten um denselben Betrag zu. Diese Kreditgewährung kann nicht beliebig lange fortgesetzt werden, weil sich in aller Regel Verluste an Zentralbankgeld ergeben, also Verluste an einem Geld, das die Geschäftsbank nicht selbst schaffen kann: Der Kredit wird vom Kunden in Anspruch genommen, d.h. entweder in bar abgefordert oder für Überweisungen verwendet. Wenn der Zahlungsempfänger nicht zufällig Kunde derselben Bank ist (wovon wir hier zur Vereinfachung ausgehen wollen), verliert also die kreditgebende Bank in Höhe des Krediftes Zentralbankgeld. Also muss die kreditgewährende Geschäftsbank über einen entsprechenden Betrag an freiem Zentralbankgeld verfügen oder sie muss sich das entsprechende Zentralbankgeld jederzeit beschaffen können.

Wie viel Giralgeld kann eine einzelne Geschäftsbank schaffen?

> Der Bestand an freiem Zentralbankgeld und die Möglichkeiten, sich kurzfristig Zentralbankgeld beschaffen zu können (»potenzielles« Zentralbankgeld), begrenzen also die aktive Geldschöpfungsmöglichkeit der einzelnen Geschäftsbank.

Geschäftsbanken können sich Zentralbankgeld vor allem dadurch beschaffen, dass sie Wertpapiere an die Zentralbank verkaufen oder verpfänden oder dass sie Kreditforderungen an ihre Kunden an die Zentralbank weiterreichen. Diese Zentralbankgeldbeschaffung kann die Zentralbank recht gut kontrollieren.

17.2 Geldangebot, Geldnachfrage und Geldwirkungen
Grenzen der Geldschöpfung

Falls die Zentralbank aber nicht gewillt ist, den Geldbeschaffungswünschen der Geschäftsbanken entgegenzukommen, sind die Geschäftsbanken in Bezug auf ihre Geldschöpfungsmöglichkeit auf ihre Zentralbankgeldbestände und das umlaufende Bargeld angewiesen.

17.2.2.2 Grenzen der Geldschöpfung des Geschäftsbankensystems

Die Tatsache, dass die einzelne Bank nur so viele Kredite gewähren und damit Giralgeld schaffen kann, wie sie selbst an freiem (und potenziellem) Zentralbankgeld besitzt, wird häufig dahingehend falsch interpretiert, dass auch die Banken zusammen, also das Geschäftsbankensystem, nicht mehr an Krediten gewähren könnte, als es an freiem Zentralbankgeld zur Verfügung hat. Man begreift dann die Kreditgewährung auch des gesamten Bankensystems letztlich als bloße »Geldvermittlung«. Dass diese Vorstellung falsch ist, wollen wir uns anhand eines einfachen Beispiels klarmachen.

Zur Vereinfachung wird angenommen, dass die Einlagen der Geschäftsbanken nur aus Sichteinlagen bestehen. Von Termin- und Spareinlagen wird also abgesehen. Außerdem wird unterstellt, dass Kredite nur auf der Grundlage von freiem Zentralbankgeld gewährt werden. Potenzielles Zentralbankgeld wird also nicht berücksichtigt.

Beispiel einer multiplen Giralgeldschöpfung

Angenommen, eine Geschäftsbank 1 verfügt in Form eines Überschussguthabens bei der Zentralbank über freies Zentralbankgeld in Höhe von 1.000.

Ausgangssituation:

Bank 1	
Aktiva	Passiva
Überschussguthaben bei der Zentralbank 1.000	

überschüssiges Zentralbankgeld

Die Geschäftsbank 1 kann dann zusätzliche Kredite in Höhe von 1.000 gewähren, indem sie dem Kreditnehmer A ein Sichtguthaben von 1.000 zur Verfügung stellt. Wir wollen annehmen, dass die Geschäftsbank 1 (und die übrigen betrachteten Banken 2, 3, 4 ...) ihren Kreditspielraum in vollem Umfang ausnutzen will und kann, also einen Kredit von 1.000 an einen Kunden A gewährt.

17.2 Grenzen der Geldschöpfung

	Bank 1	
	Aktiva	Passiva
Kreditgewährung an den Kunden A	Kredit an A 1.000	Sichtverbindlichkeiten gegenüber A (Giralgeld) 1.000
(Wir sehen hier noch von einer Mindestreserveverpflichtung ab.)	Zentralbankgeldreserve für Kredit an A 1.000	

Der Kreditnehmer A wird über den Kredit verfügen, z. B. eine Überweisung zugunsten seines Lieferanten B bei der Geschäftsbank 2 leisten. Diese Überweisung führt einmal dazu, dass das Sichtguthaben des Kreditnehmers A bei der Bank 1 erlischt und ein gleich hohes Sichtguthaben des Lieferanten B bei der Bank 2 entsteht. Zum anderen vermindert sich der Zentralbankgeldbestand der Geschäftsbank 1 um 1.000, während sich der Zentralbankgeldbestand der Geschäftsbank 2 um 1.000 erhöht (Überweisungen zwischen verschiedenen Geschäftsbanken kann man sich – unter Vernachlässigung technischer Details – letztlich als über die Zentralbank abgewickelt vorstellen. Bei der angenommenen Überweisung wird die Zentralbank die Geschäftsbank 1 mit 1.000 belasten und der Geschäftsbank 2 dafür 1.000 gutschreiben:

	Bank 1	
	Aktiva	Passiva
Inanspruchnahme des Krediites durch A (Überweisung an B)	Kredit an A 1.000	

	Bank 2	
	Aktiva	Passiva
Zunahme des Guthabens bei der Zentralbank (Zentralbankgiralgeld) durch Überweisung	Zusätzliches Guthaben bei der Zentralbank 1.000	Sichtverbindlichkeit gegenüber B 1.000

Der Zahlungsempfänger B wird einen Teil dieses Guthabens bei seiner Bank – sagen wir ein Drittel – in bar abheben (die Geschäftsbank 2 verwandelt zu diesem Zweck 333,3 ihres neuerworbenen Guthabens bei der Zentralbank in Noten um), den Rest wird B als Sichtguthaben auf seinem Konto belassen. Die Bank 2 hat durch den Vorgang also letztlich zusätzliches Zentralbankgeld in Höhe von 666,7 erhalten. Dieses Zentralbankgeld steht aber nicht vollständig zur Kreditgewährung zur Verfügung. Wie wir sehen werden (vgl. Kapitel 18), muss jede Bank auf ihre Einlagen einen bestimmten Prozentsatz Mindestreserven halten, d. h. in Höhe dieses Betrages wird Zentralbankgeld gebunden. Da die Geschäftsbank 2 zusätzliche Einlagen in Höhe von 666,7 hat, muss sie hierauf – bei einem angenommenen Mindestreservesatz von 25 Prozent – Mindestreserven in Höhe von 166,67 halten. 666,67–166,67 = 500 stehen also für die Kreditgewährung an den Kunden C zur Verfügung. Bank 2 gewährt diesen Kredit:

Barabhebung von B und Bildung von zusätzlichen Mindestreserven

Bank 2

Aktiva	Passiva
Überschussguthaben (freies Zentralbankgeld) 500	Sichtverbindlichkeiten gegenüber B 666 2/3
Mindestreserven 166 2/3	

Kreditgewährung an C

Bank 2

Aktiva	Passiva
Kredit an C 500	Sichtverbindlichkeiten gegenüber C 500
Zentralbankgeldreserve für Kreditgewährung an C 500	Sichtverbindlichkeiten gegenüber B 666 2/3
Mindestreserven 166 2/3	

Insgesamt sind auf der Basis eines Überschussguthabens des gesamten Bankensystems von 1.000 (das ursprünglich bei der Bank 1 konzentriert war) bereits jetzt zusätzliche Kredite in Höhe von 1.000 + 500 = 1.500 gewährt worden. Die Geldmenge hat sich um denselben Betrag erhöht: Der Bankkunde B hat zusätzlich Noten in Höhe von 333,3 und zusätzliches Giralgeld in Höhe von 666,7. Der Kreditnehmer C besitzt 500 zusätzliches Giralgeld.

17.2 Grenzen der Geldschöpfung

Damit ist der Prozess noch nicht beendet. C wird über den Kredit verfügen, dadurch wird der Geschäftsbank 3 Zentralbankgeld zufließen:

Inanspruchnahme des Krediten durch C (Überweisung an D)

Bank 2	
Aktiva	Passiva
Kredit an C 500	Sichtverbindlichkeiten gegenüber B
Mindestreserven 166 2/3	666 2/3

Zunahme des Guthabens von Bank 3 bei der Zentralbank (durch Überweisung)

Bank 3	
Aktiva	Passiva
Zusätzliches Guthaben bei der Zentralbank 500	Sichtverbindlichkeiten gegenüber D 666 2/3

Ein Teil hiervon wird in bar abgehoben, ein Teil wird als Mindestreserve gebunden.

Barabhebung von D und Bildung von Mindestreserven

Bank 3	
Aktiva	Passiva
Überschussguthaben 250	Sichtverbindlichkeiten gegenüber D
Mindestreserven 83 1/3	333 1/3

In Höhe des Restbetrags von 250 kann die Geschäftsbank 3 einen weiteren Kredit gewähren usw.

> Wichtig ist, dass das Bankensystem als Ganzes ein Vielfaches des verfügbaren Betrages an freiem Zentralbankgeld an Krediten gewähren und damit die Geldmenge vergrößern kann. Sein Geld- und Kreditschöpfungspotenzial ist umso größer, je niedriger der Mindestreservesatz und die Barabflüsse sind und je größer die freie Zentralbankgeldmenge ist.

Die Geschäftsbanken sind nicht nur Geldvermittler, sondern sie können eigenes Geschäftsbankengiralgeld schaffen.

Man spricht von einer **multiplen Giralgeldschöpfung des Bankensystems**.

Die durch eine solche **multiple** Geldschöpfung des Bankensystems finanzierte Nachfrage nach Gütern kann unerwünschte Wirkungen auf das gesamt-

17.2 Geldangebot, Geldnachfrage und Geldwirkungen
Grenzen der Geldschöpfung

wirtschaftliche Geschehen ausüben. Unter anderem deshalb hat man die Geschäftsbanken der Kontrolle durch die Zentralbank unterworfen: Man hat die Zentralbank mit Instrumenten zur Regelung der Kredit- und Geldschöpfungsmöglichkeit der Geschäftsbanken ausgestattet. Wir werden dieses Instrumentarium in Kapitel 18 näher untersuchen.

Problem der Sicherheit der Bankeinlagen

Weil das Geschäftsbankensystem insgesamt mehr Kredite gewähren kann, als es an freiem Zentralbankgeld besitzt, erhebt sich das Problem der Sicherheit der Bankeinlagen. Die einzelne Geschäftsbank und das Geschäftsbankensystem können nicht zu jedem Zeitpunkt allen Auszahlungswünschen aller Kunden entsprechen, weil sie nur einen bestimmten Anteil ihrer Einlagen als Reserven halten. Im Falle eines Bank Runs (Bankenpanik), wenn Einleger Bankenzusammenbrüche befürchten und zur Bank rennen, um ihre Einlagen in Bargeld umzutauschen, muss und wird daher die Zentralbank als »lender of last resort« einspringen und den Geschäftsbanken sofort auf dem Kreditwege Noten in dem notwendigen Umfang zur Verfügung stellen. Und das ist volkswirtschaftlich auch sinnvoll, denn die Geldmenge – also das Kaufkraftpotenzial – der Volkswirtschaft wird durch eine Umwandlung von Geschäftsbankengiralgeld in Banknoten nicht verändert, und der Umtausch von Spar- und Terminguthaben in Banknoten würde nur dann Schaden anrichten, wenn dadurch eine über die volkswirtschaftlichen Produktionsmöglichkeiten hinausgehende Kaufaktivität eingeleitet würde.

> Es kommt nicht darauf an, dass die Geschäftsbanken im vollen Umfang ihrer Einlagen Noten in den Kassen oder Sichtguthaben bei der Zentralbank halten. Es kommt nur darauf an, dass die Geldmenge insgesamt, bestehend aus Noten, Münzen und Giralgeld, den gesamtwirtschaftlichen Erfordernissen entspricht.

Die vorangegangene Analyse des multiplen Giralgeldschöpfungsprozesses ging von den Zentralbankgeldbeständen (genauer dem **freien Zentralbankgeld**) der Geschäftsbanken aus. Eine solche Betrachtungsweise ist realistisch. Hier wird der Kreditgewährungsspielraum der Geschäftsbanken bei gegebener Verbreitung des bargeldlosen Zahlungsverkehrs (bei gegebenen »Zahlungssitten«) und gegebenen Mindestreservebestimmungen letztlich durch die **Zentralbankgeldmenge** der Volkswirtschaft bestimmt. Bei gegebenen Zahlungssitten ist mit der Zentralbankgeldmenge auch der Teil an Zentralbankgeld bestimmt, der den Geschäftsbanken (als Mindestreserve oder als Überschussguthaben) zur Verfügung steht und auf dessen Basis sie letztlich Kredite gewähren und damit Giralgeld schaffen können. Daher ist es sehr aussagekräftig, die Zentralbankgeldmenge der Volkswirtschaft als Geldbasis (monetäre Basis) zu bezeichnen: Sie setzt sich zusammen aus dem Zentralbankgeld der Geschäftsbanken und dem Bargeldbestand der Nichtbanken und hat eine zentrale Bedeutung für die Steuerung der gesamten Geldmenge einer Volkswirtschaft.

Bedeutung der Geldbasis

17.3 Geldangebot, Geldnachfrage und Geldmarktgleichgewicht

Im vorangegangenen Kapitel ist die Geldschöpfungsfähigkeit untersucht worden, also das Geldschöpfungspotenzial der Geschäftsbanken. Die Grenze der Geldschöpfungsmöglichkeit der Geschäftsbanken sagt aber nichts Genaues darüber aus:

- wie viel Geld die Banken über Kredite den Nichtbanken tatsächlich anbieten werden, d. h. wie viel Geld im Nichtbankensektor untergebracht werden soll (**Geldangebot**);
- wie viel Geld die Nichtbanken halten wollen, d. h. wie groß der gewünschte Geldbedarf ist (**Geldnachfrage**);
- welche Geldmenge tatsächlich im Nichtbankensektor untergebracht wird, d. h. welcher Geldbestand sich aufgrund des Zusammenwirkens von Geldangebot und Geldnachfrage tatsächlich ergibt (**Gleichgewichtsgeldmenge**).

Unterschied zwischen
– Geldschöpfungspotenzial
– Geldangebot
– Geldnachfrage
– Geldmenge

Das Geldschöpfungspotenzial bildet nur die Obergrenze für das Geldangebot, die Geldmenge und die realisierbare Geldnachfrage.

17.3.1 Geldangebot der Geschäftsbanken

Wie kommt es zum Geldangebot? Wie wir gesehen haben, indem die Geschäftsbanken in irgendeiner Form Schuldtitel der Nichtbanken (Kontokorrentverschuldung, Darlehensverschuldung, Wechselverschuldung, Wertpapierverschuldung) nachfragen und dafür Geld anbieten. Das Geldangebot hängt also eng mit dem Kreditangebot zusammen. Kauft eine Geschäftsbank Schuldtitel, so schlägt sich dies in ihrer Bilanz nieder: Die Kreditgewährung nimmt zu. Das Geldschöpfungspotenzial der Geschäftsbanken wird nun nur dann vollständig ausgenutzt, wenn die Geschäftsbanken sämtliche freien Reserven für die Kreditgewährung (in welcher Form auch immer) einsetzen. Je mehr die Geschäftsbanken auch solche Vermögensteile halten, deren Erwerb zu keiner Erhöhung der Kredite von Nichtbanken führt (Banknoten, Sichtguthaben bei der Zentralbank, bei der Zentralbank gekaufte Geldmarktpapiere, Aktien, Anleihen), umso weniger wird das vorhandene Geldschöpfungspotenzial ausgenutzt. Wie groß das Geldangebot in einer Volkswirtschaft ist (bei gegebener Zentralbankgeldmenge, gegebenen Zahlungssitten und Mindestreservevorschriften), hängt also davon ab, wie die Geschäftsbanken die linke Seite ihrer Bilanz gestalten wollen. In der Untersuchung der Bestimmungsgründe dieser Aufteilung liegt der Kern der **Geldangebotstheorie**.

Das Geldschöpfungspotenzial wird nur bei Inanspruchnahme der gesamten Liquiditätsreserven ausgenutzt.

Die Bestände an Banknoten der Geschäftsbanken und ihrer Sichtguthaben bei der Zentralbank werden praktisch – bei gegebenem Einlagevolumen und Zahlungsgewohnheiten – vollständig bestimmt durch die Mindestreservebestimmungen in der Volkswirtschaft sowie durch die Erfordernisse, die sich aus

Bestimmungsgründe des Geldangebotes

17.3 Geldangebot, Geldnachfrage und Geldwirkungen
Geldangebot, Geldnachfrage und Geldmarktgleichgewicht

der Durchführung des Zahlungsverkehrs ergeben. Der Entscheidungsspielraum der Geschäftsbanken in Bezug auf ihr Geldangebot bezieht sich also in erster Linie darauf, welche Aufteilung zwischen Geldanlage, etwa in Geldmarktpapieren, Aktien oder Obligationen, und Kreditgewährung sie anstreben. Jede Geldanlage vermindert die Möglichkeit der Kreditgewährung.

Ertrags-, Liquiditäts- und Risikoüberlegungen

Entscheidend für den gewünschten Mix aus Geldanlage und Kreditgewährung, also entscheidend für die Aufteilung der linken Seite der Bilanz ist auch hier das magische Dreieck der Kapitalanlage, sind also Ertrags-, Liquiditäts- und Risikoüberlegungen.

Kredite bringen die höchsten Erträge.

Da die Kreditgewährung meist die ertragreichste Anlageform ist, werden Geschäftsbanken versuchen, die Kreditgewährung auszudehnen (sofern die Kreditwünsche der Nichtbanken dies zulassen). Daneben müssen aber Liquiditäts- und Risikogesichtspunkte bedacht werden. Bei plötzlichen Zentralbankgeldabflüssen – etwa infolge einer spürbaren Erhöhung der gewünschten Bargeldhaltung bei den Nichtbanken – muss für die Geschäftsbanken sofort Zentralbankgeld verfügbar sein. Keine Bank kann es sich leisten, bei einem Auszahlungswunsch eines ihrer Kontoinhaber auch nur den Eindruck zu erwecken, dass sie diesem Wunsch nicht nachkommen kann. Kundenkredite weisen nun einen geringen Liquiditätsgrad auf, da sie nicht gekündigt werden können, sie können allenfalls verkauft werden. Die Banken werden also in gewissem Umfang liquidere, aber geringer verzinsliche Papiere halten, z.B. Geldmarktpapiere der EZB. Und schließlich ist zu beachten, dass für Kundenkredite das relativ hohe Risiko einer Nichtrückzahlung kalkuliert werden muss. Daher werden auch Papiere gehalten, die weniger riskant sind, z. B. Bundesobligationen. Ob die Banken das »Polster« an nicht oder niedriger verzinslichen Vermögensteilen nun reichlicher oder weniger reichlich bemessen, wird bei gegebenem Risiko davon abhängen:

Zinsunterschiede und Kosten der Refinanzierung

▸ wie groß der Zinsunterschied zwischen Krediten und sonstigen Vermögensanlagen ist und
▸ wie die Möglichkeiten und die Zinskosten einer eventuell notwendig werdenden Zentralbankgeldbeschaffung sind.

Das Kredit- und damit das Geldangebot der Geschäftsbanken wird (immer unter sonst gleich bleibenden Umständen) im Rahmen der Kreditgewährungsmöglichkeiten der Banken zunehmen, wenn:
▸ die Verzinsung für gewährte Kredite steigt,
▸ die Verzinsung für liquide Anlagen sinkt,
▸ die Kosten der Refinanzierung bei der Zentralbank abnehmen und die Möglichkeiten der Verschuldung bei der Zentralbank zunehmen.

Die Refinanzierung der Geschäftsbanken erfolgt überwiegend auf dem in Kapitel 16.3 beschriebenen Geldmarkt. Hier können sich die Geschäftsbanken benötigtes Zentralbankgeld bei anderen Banken und/oder bei der Europäischen Zentralbank beschaffen. Daher ist die institutionelle Ausgestaltung des Geldmarktes (seine Kosten und seine Möglichkeiten) von zentraler Bedeutung für die Geldversorgung der Wirtschaft.

17.3 Geldangebot, Geldnachfrage und Geldmarktgleichgewicht

Geht man nun davon aus, dass die Verzinsung von Geldmarktpapieren, der Umfang und die Kosten einer Refinanzierung der Banken und die verfügbare Zentralbankgeldmenge der Geschäftsbanken gegeben sind, so hängt das Geldangebot der Banken – innerhalb der durch das Geldschöpfungspotenzial gegebenen Grenzen – von der Verzinsung für gewährte Kredite ab. Wir können also – entsprechend der Angebotskurve für ein Gut – eine Geldangebotskurve zeichnen, die prinzipiell den in Abbildung 17-1 angegebenen Verlauf aufweisen wird.

Geldangebot in Abhängigkeit von den Kreditzinsen

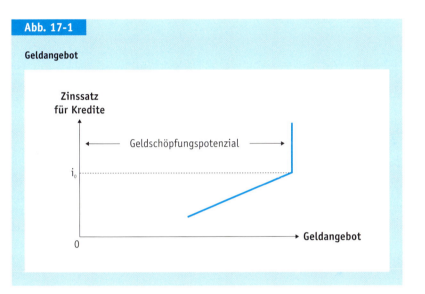

Abb. 17-1

Geldangebot

Unterhalb eines Zinssatzes i_0 (dessen Höhe hier keine Rolle spielen soll) nutzen die Geschäftsbanken nicht ihren gesamten Kreditgewährungsspielraum aus, da es sich bei einem so niedrigen Zins für gewährte Kredite für sie eher lohnt, einen Teil ihrer verfügbaren Mittel in Liquiditätsreserven zu »parken« oder in anderen Titeln anzulegen, wie z. B. Aktien.

17.3.2 Geldnachfrage der Nichtbanken

Das Konzept von Geldnachfrage ist auf den ersten Blick etwas ungewöhnlich, weil mit dem Konzept von Nachfrage meist die Vorstellung einer Güternachfrage verbunden ist, die durch ein entsprechendes Angebot von Geld finanziert wird. Aber letztlich wird auch das Gut Geld nachgefragt. So wird der in einer Volkswirtschaft existierende Geldbestand, z. B. M1, von den Wirtschaftssubjekten als Kassenbestand gehalten, man spricht von einer Bestandsnachfrage. Diese Bestandsnachfrage ist Eigennachfrage, wenn sich das Geld schon im eigenen Besitz befindet, oder Neunachfrage, wenn es zusätzlich nachgefragt wird, meist gegen Übergabe eines Schuldtitels.

Zum Konzept der Geldnachfrage

17.3 Geldangebot, Geldnachfrage und Geldwirkungen
Geldangebot, Geldnachfrage und Geldmarktgleichgewicht

Nutzen des Geldes

Zu fragen ist, warum Wirtschaftssubjekte Geld, also nicht-zinstragende Banknoten, Münzen und Sichtguthaben, halten, statt dafür Konsumgüter, Produktionsmittel oder Wertpapiere zu kaufen, die direkt einen Nutzen oder Ertrag bringen. Diese Geldhaltung kann nur damit erklärt werden, dass auch das Geld Nutzen stiften und/oder Erträge erbringen kann, die den Nutzen und/oder die Erträge anderer Formen der Einkommens- und Vermögensverwendung übersteigen. Der Nutzen besteht im Wesentlichen in der Bequemlichkeit eines Tausches und in der Sicherheit des Geldhaltens; Erträge in Form von Wertsteigerungen können resultieren, wenn die Preise von Gütern oder Wertpapieren sinken. Immer verursacht die Geldhaltung aber Kosten, nämlich die **Opportunitätskosten** des Verzichts auf eine zinsbringende Anlage des Geldes, die ja immer möglich ist.

Opportunitätskosten der Geldhaltung

In der Geldtheorie werden insbesondere zwei Motive für die Geldnachfrage unterschieden und gedanklich zwei Formen der Geld-(Kassen-)Haltung separiert: die Transaktionskasse und die Spekulationskasse.

Geldnachfrage aus dem Transaktionsmotiv (Transaktionskasse)

Weil es zu unbequem – ökonomisch ausgedrückt zu zeitraubend und teuer – ist, für jede kleine Auszahlung Sparguthaben oder ähnliche Formen zinstragender Vermögensanlagen in Geld zu verwandeln, wird ein Geldbestand für solche Transaktionszwecke gehalten. Diese Geldnachfrage hängt ab vom Umfang der üblicherweise geplanten Güterkäufe, letztlich also vom Realeinkommen und vom Preisniveau. Zusätzlich sind die Zahlungssitten der Gesellschaft relevant, also z. B. die Verbreitung und Akzeptanz von Kreditkarten oder die Periodizität von Einkommenszahlungen.

Geldnachfrage aus dem Spekulationsmotiv (Spekulationskasse)

Nachfrage nach Geld als Wertaufbewahrungsmittel

Damit Geld als Zahlungsmittel akzeptiert wird, muss es in gewissem Umfang eine **Wertaufbewahrungsfunktion** haben. Man würde Geld zur Bezahlung eines Verkaufs nicht mehr akzeptieren, wenn es sehr schnell, sozusagen von Stunde zu Stunde, seinen Wert verlöre, wie z. B. in Deutschlands großer Inflation 1923. So ist eine gewisse Wertbeständigkeit des Geldes notwendige Bedingung dafür, dass es als Geld akzeptiert wird. Keynes, der die Geldtheorie entscheidend entwickelt hat, hat die Wertaufbewahrungsfunktion des Geldes als eigenständiges Motiv für die Geldnachfrage betont. Er dachte an Menschen, die beabsichtigen, ihr Geld in Wertpapieren anzulegen und dabei ein Fallen der Wertpapierkurse erwarten. In diesem Fall wäre es offenbar vernünftig, mit der Geldanlage so lange zu warten, bis wieder ein Kursanstieg erwartet wird. In der Zwischenzeit wird Geld als so genannte **Spekulationskasse** gehalten, also insbesondere in Zeiten der Unsicherheit und erwarteter Kurssenkungen. Ganz genau lohnt die temporäre Wertaufbewahrung in Form der Spekulationskasse, wenn der erwartete Kursverlust die anderenfalls mögliche Verzinsung der Anlagemöglichkeit übersteigt. Dieser Gedanke lässt sich für den allerdings ziemlich unwahrscheinlichen Fall einer allgemeinen Preissenkung (Deflation) erweitern. Wenn (erwartet wird, dass) *alle* Preise sinken, kann Geld das beste Wertaufbewahrungsmittel sein. Es lohnt sich dann, Geld zu horten, weil in Zukunft alles billiger zu haben sein wird.

Ergänzende Überlegungen

Diese, insbesondere von *Keynes*, formulierte Grundvorstellung von möglichen Geldnachfragemotiven kann um die Berücksichtigung von Unsicherheit und Risiko ergänzt werden. Weil die Wirtschaftssubjekte nicht genau wissen, wie viel Geld sie zu Transaktionszwecken benötigen, werden sie schon aus Vorsicht eine etwas größere Geldhaltung präferieren: Man spricht auch von der **Vorsichtskasse**. Und weil die Wirtschaftssubjekte auch nie genau wissen, ob die Kurse von Wertpapieren wirklich sinken und um wie viel sie sinken, werden sie, je nach ihrer Einschätzung und Risikofreudigkeit, in einem gewissen Umfang Spekulationskasse und Wertpapiere gleichzeitig halten. Diese Unsicherheit und die unterschiedliche Risikofreudigkeit der Wirtschaftssubjekte ist schließlich ein wesentlicher Grund dafür, dass die Entscheidungen unterschiedlich ausfallen. Sehr risikoscheue Anleger würden schon bei kleinen Anzeichen für zu erwartende Kurssenkungen dazu neigen, ihr gesamtes freies Vermögen risikolos (und zinslos) als Geld zu halten, andere würden einen Teil der Wertpapiere halten usw. Eine alleinige Spekulationskassenhaltung oder eine alleinige Wertpapierhaltung sind gesamtwirtschaftlich und auch einzelwirtschaftlich gesehen extreme Grenzfälle.

Berücksichtigung von Unsicherheit

Unterschiedlichkeit der Geldhaltung

Insgesamt hängt die Geldnachfrage also von verschiedenen Faktoren ab, die in unterschiedlichen Theorien auch immer ein wenig anders gewichtet werden. Es bleibt indes immer eine Abhängigkeit der Geldnachfrage
- von den Zahlungssitten,
- vom Einkommen und Vermögen,
- von den Preisen,
- von der Preis- und Kurserwartung,
- von der Renditeerwartung und
- von den Kosten und Mühen der Geldanlage.

Bestimmungsgründe der Geldnachfrage insgesamt

Diese komplexen Zusammenhänge werden in der Regel vereinfacht:
- Es werden konstante Zahlungssitten unterstellt.
- Der Einfluss von Einkommen, Vermögen und Preisen wird zusammengefasst und man stellt auf das reale Volkseinkommen in Form des realen Bruttoinlandsproduktes (Y) und auf das Preisniveau (P) als zentrale Determinanten der Geldnachfrage ab.
- Schließlich wird, bei gegebenen Kosten und Mühen der Geldanlage, nur eine Alternativanlage in Form festverzinslicher Wertpapiere berücksichtigt. Damit reduziert sich die Preis-, Kurs- und Renditeerwartung auf den Zins (i) der möglichen Geldanlage.

Daraus ergibt sich die folgende Funktion der Geldnachfrage (L)

$$L = L(Y, P, i)$$

17.3 Geldangebot, Geldnachfrage und Geldwirkungen
Geldangebot, Geldnachfrage und Geldmarktgleichgewicht

Dabei wird angenommen, dass die Geldnachfrage ceteris paribus mit steigendem Y und steigendem P zunimmt und mit sinkendem i abnimmt. Diese Zinsabhängigkeit der Geldnachfrage soll noch einmal gesondert begründet werden.

Zinsabhängigkeit der Geldnachfrage

Zinsabhängigkeit der Transaktionskasse

Der für Transaktionszwecke angestrebte Kassenbestand wird aus einem Kalkül abgeleitet, das die Transaktionskosten des Geldumtausches mit den entgangenen Zinseinnahmen vergleicht. Wenn nun die Zinsen, z. B. die Sparzinsen oder die Renditen von Wertpapieren, steigen, dann werden die Wirtschaftssubjekte ihre Kassenhaltung »ökonomisieren«, d. h. ihr Vermögen länger und in größerem Umfang in verzinslicher Form halten wollen. Daraus ergibt sich die Zinsabhängigkeit der Transaktionskasse.

Zinsabhängigkeit der Spekulationskasse

Ähnliches gilt für die Spekulationskasse: Auch diese wird »ökonomisiert«, d. h. knapper kalkuliert, wenn ceteris paribus der mögliche Verzicht auf Zinseinnahmen infolge steigender Zinsen größer wird. Hinzu kommt, dass im Falle der Spekulationskasse auch die Erwartungen über Kursentwicklungen in systematisierbarer Weise beeinflusst werden: Wenn Zinsen und Renditen niedrig sind, dann ist meist das Kursniveau hoch und wenn das Kursniveau hoch ist, dann werden in der Regel eher baldige Kurssenkungen erwartet als weitere Kurssteigerungen und umgekehrt. Bei niedrigen Zinsen lohnt mithin das Halten der Spekulationskasse aus zwei Gründen: Zum einen, weil die Opportunitätskosten gering sind und zum anderen, weil Kurssenkungen erwartet werden.

Zinsabhängigkeit der Vorsichtskasse

Schließlich wird auch die aus Unsicherheit und Risikoscheu gehaltene Kasse mit steigenden Zinsen knapper kalkuliert. Ausgangspunkt ist folgende Überlegung im Rahmen der so genannten **Portfoliotheorie**. Der Nutzen von Vermögensanlagen hängt ab von ihrem Ertrag und ihrer Sicherheit (Risiko). Diese sind negativ korreliert, d. h. es gibt im Regelfall Anlagen mit einem hohen Ertrag und einem großen Risiko (Typ: Aktien südamerikanischer Goldminen) und Anlagen mit einem kleinen Ertrag und einem kleinen Risiko (Typ: Bundesobligationen) und vielfältige Mischformen. Der Anleger kalkuliert nun das für ihn optimale Portfolio, d. h. die für ihn optimale Kombination von Rendite und Risiko in seiner Vermögensanlage. Dabei wird sein Portfolio in der Regel auch Geld enthalten, weil Geld – bei einem stabilen Güterpreisniveau – die einzige Form der Vermögensaufbewahrung ist, die kein Rückzahlungs- und Kursrisiko aufweist (allerdings auch keinen Ertrag erbringt). Die Struktur dieses Portfolios hängt ab von den Erwartungen des Anlegers und von seiner (subjektiven) Risikofreudigkeit. Entscheidend ist, dass ein solch kalkuliertes Gleichgewicht durch eine Zinsänderung gestört wird: Steigen die Zinsen, so wird der Anleger seine Wertpapieranlage zulasten seiner Geldhaltung ausweiten und sinken die Zinsen, so wird der Nutzen der (risikolosen und zinslosen) Geldhaltung vergleichsweise wieder größer und die Geldhaltung wird ausgedehnt.

Die optimale Kombination von Rendite und Risiko

Insgesamt kann also festgehalten werden, dass die Geldnachfrage der Nichtbanken **zinsabhängig** ist. Sie nimmt bei gegebenem Einkommen, bei gegebenem Vermögen, bei gegebenen Zahlungssitten und bei gegebenen Erwartungen

17.3 Geldangebot, Geldnachfrage und Geldmarktgleichgewicht

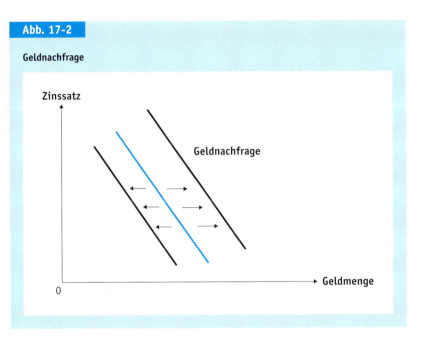

Abb. 17-2 Geldnachfrage

mit steigendem Zins ab. Abbildung 17-2 gibt eine grafische Darstellung dieses Sachverhaltes.

Steigt z. B. das Einkommen oder das Vermögen, so verschiebt sich die Kurve nach rechts, nimmt das Einkommen oder Vermögen ab, so verschiebt sich die Kurve nach links.

17.3.3 Geldmarktgleichgewicht und Gleichgewichtszins

Zeichnet man die Geldangebotsfunktion und die Geldnachfragefunktion in ein gemeinsames Diagramm, so ergibt sich die in Abbildung 17-3 dargestellte Geldmarktgleichgewichtskonstellation. Bei dem Zins i* ist die gesamte Geldnachfrage gleich dem gesamten Geldangebot und es wird die Geldmenge M* angeboten und gehalten. Dies ist eine rein monetäre Erklärung des Zinses, die in der so genannten **Liquiditätstheorie des Zinses** von Keynes entwickelt worden ist.

M* ist die Geldmenge, die in der betrachteten Volkswirtschaft bei gegebenem Gesamtmittelaufkommen der Geschäftsbanken (insbesondere bei gegebenem Zentralbankgeldbestand in der Volkswirtschaft) und gegebenem Einkommen und Vermögen der Nichtbanken gehalten wird. Diese Geldmenge wird beim Zinssatz i* gehalten, bei dem Angebot und Nachfrage nach Geld einander entsprechen (Gleichgewicht).

Monetäre Zinstheorie

Gleichgewichtsgeldmenge und Gleichgewichtszins

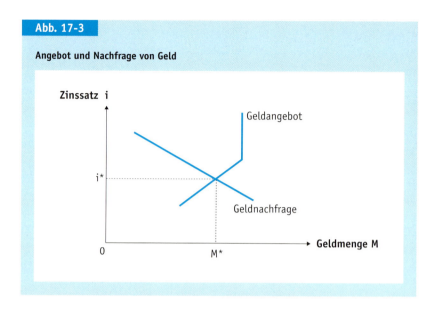

Abb. 17-3

Angebot und Nachfrage von Geld

Klassische Zinstheorie

Im Unterschied dazu hatten die Klassiker eine eher **reale Theorie des Zinses** entwickelt: Der Zins war in ihrer Sicht ein Gleichgewichtspreis, der das Angebot von realen Ersparnissen der Bevölkerung mit der Nachfrage nach Ersparnissen für Investitionszwecke zum Ausgleich bringt. Die durch das Bankensystem geschaffene Geldmenge könne die Zinshöhe allenfalls vorübergehend beeinflussen, langfristig bestimme die Sparneigung und die Investitionsneigung den Zins.

Zinserklärung im IS/LM-Modell

Heute wird mit dem IS/LM-Modell (vgl. Kapitel 10) eine **Verbindung von realer Theorie** (I = S: Gleichgewicht von Investition und Ersparnis) **und monetärer Theorie** (L = M: Gleichgewicht von Geldnachfrage und Geldangebot) hergestellt.

17.4 Geldwirkungen

Wirkungen des Geldes sind immer auch in den Kapiteln 10, 11 und 12 behandelt worden. Sie sollen hier noch einmal zusammengefasst werden. Dabei unterscheiden sich die Vorstellungen über die Wirkungsweise ein wenig, je nachdem, ob die Theoriebildung eher keynesianisch oder eher monetaristisch geprägt ist.

Die keynesianische Vorstellung

Ausgangspunkt sei eine Erhöhung der Geldmenge durch die Zentralbank im Wege ihrer Offenmarktpolitik (vgl. Kapitel 18). Diese Erhöhung der Geldmenge

17.4 Geldwirkungen

führt im Normalfall zu sinkenden Zinsen auf den Geld- und Kreditmärkten der Volkswirtschaft. Sie führt nicht zu sinkenden Zinsen, wenn die zusätzliche Geldmenge vollständig als Spekulationskasse gehalten wird, weil sinkende Wertpapierkurse erwartet werden (so genannten **Liquiditätsfalle**). Dies ist die Ausnahme, erscheint aber als möglich. Daher zieht eine keynesianisch geprägte Geldpolitik die Zinspolitik einer Geldmengenpolitik vor.

Möglichkeit der Liquiditätsfalle

Wenn die Zinsen sinken, dann werden Investitionen und partiell auch kreditfinanzierte Konsumgüterkäufe ceteris paribus lohnender, insbesondere die Investitionsgüternachfrage steigt. Wenn aber gleichzeitig die Renditeerwartungen für Investitionen sinken, dann führt eine Zinssenkung nicht zu steigender Investitionsgüternachfrage. Daher meinten Keynesianer, dass in solchen Fällen die Geldpolitik durch eine direkt auf die Nachfrage zielende Fiskalpolitik ergänzt oder ersetzt werden sollte (vgl. Kapitel 14). Aber abgesehen von diesen Fällen reicht die Geldpolitik zur Belebung von Nachfrage, Produktion und Beschäftigung aus. Eine expansive Geldpolitik ist in keynesianischer Sicht also nur prinzipiell wirksam und weist zwei Unsicherheiten auf: die Liquiditätsfalle und die Möglichkeit einer zinsunelastischen Investition.

Möglichkeit zinsunelastischer Investition

Unsicherheiten der Geldpolitik in expansiver Sicht

Eine kontraktive Geldpolitik wirkt in keynesianischer Sicht umgekehrt wie die expansive Geldpolitik: Die Geldmenge sinkt, die Zinsen steigen und die Nachfrage nach Investitionsgütern (und Konsumgütern) geht zurück. Allerdings ist die kontraktive Geldpolitik weniger unsicher, was zu den bekannten Aussprüchen der keynesianischen Wirtschaftspolitik geführt hatte: »Man kann an einem Strick ziehen, aber nicht mit einem Strick schieben« und »Man kann die Pferde zur Tränke führen, aber man kann sie nicht zwingen zu saufen.«

Größere Sicherheit einer kontraktiven Geldpolitik

Die monetaristische Vorstellung – der Transmissionsmechanismus der relativen Preise

Die monetaristisch geprägte Vorstellung von der Übertragung geldlicher Impulse auf den güterwirtschaftlichen Bereich einer Volkswirtschaft steht im Grunde nicht im Gegensatz zur keynesianischen Vorstellung, sondern ist eher eine Erweiterung und Verfeinerung. Den Ausgangspunkt für die Untersuchung dieses **Übertragungsmechanismus** (des **Transmissionsmechanismus**) zwischen dem geld- und güterwirtschaftlichen Bereich einer Volkswirtschaft ist die optimale Vermögensstruktur (Portfoliostruktur) im individuell kalkulierten Gleichgewicht zwischen Ertrag, Risiko und Liquidität. Jede Wirtschaftseinheit bemüht sich, ihr Vermögen (und ihre Schulden) so auf die verschiedenen Anlageformen (und Verschuldungsformen) zu verteilen, dass sie die bestmögliche Mischung aus Ertrag, Risiko und Liquidität erreicht. Das Resultat wird eine jeweils individuell unterschiedliche Vermögensstruktur sein, weil die Wirtschaftseinheiten unterschiedlich risikofreudig sind und in unterschiedlichen Funktionen – etwa als Bank, Investmentfonds, Versicherung oder privater Haushalt – auch unterschiedliche Anlageziele verfolgen.

Für alle Anlagen gilt indes die Regel, dass es grundsätzlich (also mit Ausnahmen) vorteilhaft ist, sein Vermögen auf unterschiedliche Anlageformen zu verteilen (»Man packt nicht alle Eier in den gleichen Korb«). Dies leuchtet unmittelbar ein.

Gegenüber Verlusten ist im Allgemeinen besser abgesichert,
- wer sein Vermögen nicht nur in einer Aktienart anlegt, sondern auf möglichst verschiedene Aktienarten streut;
- wer sein Vermögen nicht nur in Form von Aktien, sondern auch in staatlichen festverzinslichen Wertpapieren hält;
- wer nicht nur finanzielles Vermögen hält, sondern auch Realvermögen.

Der Wirkungsmechanismus geldlicher Impulse vollzieht sich: ausgehend von der Zentralbank ...

Bei gegebenen Rendite- und Risikostrukturen resultieren also individuelle Gleichgewichtskonstellationen der Vermögensstruktur. Von diesen Gleichgewichtskonstellationen ausgehend, lässt sich der Wirkungsmechanismus geldlicher Impulse folgendermaßen beschreiben. Ausgangspunkt sei auch hier eine Erhöhung der Geldmenge: Die **Zentralbank** will von den Geschäftsbanken Geldmarktpapiere gegen Zentralbankgeld kaufen, um damit schließlich einen belebenden Einfluss auf die Wirtschaft auszuüben. Wenn die Geschäftsbanken ihr Vermögen in der Ausgangssituation gemäß ihren Wünschen aufgeteilt haben (insbesondere auf Geldmarktpapiere, Überschussguthaben und Kredite), so kann die Zentralbank die Geldmarktpapiere nur von den Geschäftsbanken kaufen, wenn sie diesen einen höheren Preis (Kurs) bietet. Damit nimmt zugleich die tatsächliche Verzinsung dieser Papiere ab (ein Papier, das 100 Euro kostet und einen Zinsertrag von 10 Euro pro Jahr bringt, hat eine tatsächliche Verzinsung von 10 Prozent; kostet dasselbe Papier 120 Euro, so beträgt die tatsächliche Verzinsung bei unverändert 10 Euro Zinsertrag nur noch 8,33 Prozent). Anstatt zu sagen, die Geschäftsbanken verkaufen die Papiere, weil sie einen hohen Kurs (Preis) dafür bekommen, kann man also auch sagen, die Geschäftsbanken verkaufen die Papiere, weil ihre tatsächliche Verzinsung gesunken ist.

... über Anpassungen in den Bilanzen der Geschäftsbanken ...

Nach vollzogenem Verkauf haben die **Geschäftsbanken** nun anstelle von Geldmarktpapieren Zentralbankgeld. Da dieses allenfalls eine geringe Verzinsung erbringt, werden sie sich nach einer anderen Anlageform umsehen, und zwar nach einer Anlageform, deren tatsächliche Verzinsung höher ist als die bei Geldmarktpapieren. Es bietet sich für die Geschäftsbanken an, solche finanziellen Anlageformen zu wählen, deren Preis noch nicht (wie der der Geldmarktpapiere) gestiegen ist und das zusätzliche Zentralbankgeld auf mehrere Anlageformen dieser Art zu verteilen (z. B. auf langfristige Staatsschuldverschreibungen, Industrieobligationen und Aktien). Sie werden also neben der Erhöhung von aus Liquiditätsgründen gehaltenen Zentralbankgeldbeständen zusätzliche Kredite an Kunden gewähren wollen.

... und Anpassungen in der Vermögensstruktur der Nichtbanken ...

Wenn die **Nichtbanken** (Unternehmen, private und öffentliche Haushalte) ihr Vermögen in der Ausgangslage wunschgemäß strukturiert haben, so werden sie jedoch nur bereit sein, zusätzliche Kredite bei Geschäftsbanken aufzunehmen, wenn Kredite billiger werden. Das zusätzliche Kreditangebot der Geschäftsbanken wird tatsächlich zu einer solchen Zinssenkung für aufgenommene Kredite (Sollzinsen) führen. Es ergibt sich also eine Zunahme des Bestandes an gewährten Krediten bei den Geschäftsbanken bei gleichzeitiger

Erhöhung der Geldmenge im Nichtbankensektor. Durch die Anpassung der Vermögensbestände an die neue Situation hat sich also allgemein eine Senkung der Ertragsraten finanzieller Vermögensanlagen infolge ihrer Preiserhöhung und/oder Zinssenkung ergeben. Wenn aber verzinsliches finanzielles Vermögen weniger attraktiv geworden ist, werden die Nichtbanken (Produktionsunternehmen, Versicherungen, Sozialversicherungsträger und private Haushalte) nicht bereit sein, ihr Vermögen im bisherigen Umfang in verzinslichen finanziellen Vermögensteilen zu halten.

Sie werden also die neuerworbenen Geldbestände zum Teil zur Erhöhung ihrer Geldhaltung verwenden, zum Teil in **vorhandenem Realvermögen** (Grundstücke, Fabriken, Kunstgegenstände) anlegen wollen, das im Preis bisher nicht gestiegen und damit im Ertrag bisher nicht gesunken ist. Die erhöhte Nachfrage nach vorhandenem Realvermögen wird aber auch hier die Preise ansteigen lassen und die Nichtbanken veranlassen, verstärkt – zunächst noch im Preis unverändertes – neuproduziertes Realvermögen (Maschinen, dauerhafte Konsumgüter) nachzufragen, das jetzt verhältnismäßig höhere Erträge erbringt.

... die auch zu einer Veränderung der Konsum- und Investitionsnachfrage führen.

Die Nachfrage nach **neu zu produzierenden Gütern**, also nach zusätzlichem Inlandsprodukt, steigt. Ist das Produktionspotenzial nicht ausgelastet, kann hieraus eine Zunahme von Produktion und Beschäftigung resultieren. Ist das Produktionspotenzial hingegen ausgelastet, was wir hier annehmen wollen, so steigt nur das Preisniveau. Und das Preisniveau steigt genau um so viel, dass die zusätzliche Geldmenge auch nachgefragt wird. Dies ist bei konstanten Zahlungssitten und bei unveränderter realer Produktion der Fall, wenn der prozentuale Anstieg des Preisniveaus dem prozentualen Anstieg der Geldmenge entspricht. In monetaristischer Sicht hat die Geldmenge – von vorübergehenden Wirkungen abgesehen – allein einen Einfluss auf das Preisniveau; der Umfang der realen Produktion wird von der Höhe des Reallohnes und vom technischen Fortschritt bestimmt.

Letztlich resultiert nur ein Anstieg des Preisniveaus.

Während der Übertragungsmechanismus in seinen qualitativen Wirkungszusammenhängen von Keynesianern und Monetaristen im Prinzip gleich gesehen wird, unterscheiden sie sich deutlich in der Beurteilung der realen Auswirkung auf Produktion und Beschäftigung: Während für Monetaristen die Geldmenge letztlich nur das Preisniveau beeinflusst – das ist die alte klassische Vorstellung von der **Neutralität des Geldes** –, halten Keynesianer eine Auswirkung auf Produktion und Beschäftigung für möglich, wenngleich sie hier Unsicherheiten sehen.

Geldangebot, Geldnachfrage und Geldwirkungen
Arbeitsaufgaben

Arbeitsaufgaben Kapitel 17

1. Beschreiben Sie Möglichkeiten, die eine Zentralbank besitzt, um Banknoten in Umlauf zu bringen.

2. Wie kann eine Geschäftsbank Geld schaffen?

3. Warum kann eine einzelne Geschäftsbank im Allgemeinen nicht mehr Kredit gewähren, als sie freies Zentralbankgeld (bzw. freie Liquiditätsreserven) besitzt?

4. Sind Bankeinlagen sicher? Was passiert bei einem Bank Run?

5. Kann man das Bankensystem in Bezug auf seine Kreditgewährung als bloßen Geldvermittler ansehen? Begründen Sie Ihre Antwort.

6. Beschreiben Sie den multiplen Geldschöpfungsprozess anhand eines Beispiels. Gehen Sie dabei von einem Überschussguthaben des Geschäftsbankensystems (konzentriert bei der Bank 1) in Höhe von 1.000, einem Mindestreservesatz von 25 Prozent und einer Barabzugsquote von 10 Prozent aus.

7. Welche Überlegungen gehen in die Gestaltung des Geldangebotes einer Geschäftsbank ein?

8. Was versteht man unter der Geldnachfrage, und welche Motive liegen der Geldnachfrage zugrunde?

9. Welche Wirkung hat eine Veränderung der Geldmenge in keynesianischer und monetaristischer Sicht?

10. Wodurch könnte die im traditionellen Keynesianismus verbreitete Skepsis gegenüber positiven Beschäftigungseffekten einer Erhöhung der Geldmenge begründet werden?

Lösungsvorschläge für die Arbeitsaufgaben finden Sie im »Übungsbuch zu Grundlagen und Probleme der Volkswirtschaft«.

Literatur Kapitel 17

Eine umfassende, sehr konzise Darstellung der Probleme des Geldbereiches einer Volkswirtschaft gibt:
Kath, Dietmar: Geld und Kredit, in: Vahlens Kompendium der Wirtschaftstheorie und Wirtschaftspolitik, Band 1, 9. Aufl., München 2007.

Ausführlicher sind:
Anderegg, Ralph: Grundzüge der Geldtheorie und der Geldpolitik, München 2007.
Borchert, Manfred: Geld und Kredit. Einführung in die Geldtheorie und Geldpolitik, 8. Aufl., München 2008.
Görgens, Egon/Karlheiz Ruckriegel/Franz Seitz: Europäische Geldpolitik. Theorie, Empirie, Praxis, 5. Aufl., München 2008.
Issing, Otmar: Einführung in die Geldtheorie, 14. Aufl., München 2007.
Jarchow, Hans-Joachim: Theorie und Politik des Geldes, 11. Aufl., Göttingen 2003.
Spahn, Heinz-Peter, Geldpolitik, 2. Aufl., München 2008.

Gut zu lesen ist immer noch das ältere Lehrbuch von:
Schneider, Erich: Einführung in die Wirtschaftstheorie III. Teil, Geld, Kredit, Volkseinkommen und Beschäftigung, 12. Aufl., Tübingen 1973, I. und II. Kapitel.

18 Geldpolitik der Europäischen Zentralbank

Leitfragen

Was sind Organisation und Aufgabe der Europäischen Zentralbank?

▸ Was sind die Entscheidungsgremien der Europäischen Zentralbank?

▸ Was sind die Aufgaben der Europäischen Zentralbank?

Welches sind die wichtigsten geldpolitischen Instrumente der Europäischen Zentralbank (EZB) und wie wirken sie?

▸ Was ist Offenmarktpolitik?

▸ Wie ist die Offenmarktpolitik der EZB ausgestaltet?

▸ Was ist Mindestreservepolitik?

▸ Wie ist die Mindestreservepolitik der EZB ausgestaltet?

▸ Wie wirken Offenmarktpolitik und Mindestreservepolitik?

Wie sind die geldpolitischen Strategien ausgestaltet?

▸ Welche geldpolitischen Strategien finden Anwendung?

▸ Was ist eine potenzialorientierte Geldmengenpolitik?

▸ Wie ist die geldpolitische Strategie der EZB ausgestaltet?

18.1 Ziele und Mittel der Geldpolitik

Geldpolitik hat die Aufgabe, eine optimale Geldversorgung der Wirtschaft zu gewährleisten. Diese Aufgabe wird überwiegend einer staatlich organisierten, aber unabhängigen Zentralbank zugewiesen. Vereinzelt gemachte Vorschläge, die Aufgabe der Geldversorgung einem Wettbewerb privater Geschäftsbanken zu überlassen, die ein System konkurrierender Parallelwährungen schaffen sollten, haben sich bislang nicht durchgesetzt. Geldpolitik bleibt staatliche Aufgabe.

Unstrittig ist das Ziel der Geldpolitik: die Wahrung der Geldwertstabilität. Strittig ist nur, ob dies das einzige Ziel der Geldpolitik sein soll. In monetaristischer Sicht hat die Geldpolitik nur das Ziel, für Geldwertstabilität zu sorgen. Andere Ziele anzustreben, sei einerseits nicht notwendig, weil das marktwirtschaftliche System an sich zur Vollbeschäftigung tendiere, und andererseits nicht möglich, weil die Geldmenge auch nur einen Einfluss auf das Preisniveau ausübe. In keynesianischer Sicht erhält die Geldpolitik mindestens eine weitere Hilfsfunktion, nämlich die antizyklische Fiskalpolitik in Rezessionsphasen

Aufgabe der Geldversorgung

Geldpolitik ist eine staatliche Aufgabe

Wahrung der Geldwertstabilität ist das Ziel

18.1 Geldpolitik der Europäischen Zentralbank
Ziele und Mittel der Geldpolitik

Geldpolitik als Geldmengenpolitik ...

durch eine Niedrigzinspolitik und in Boomphasen durch eine Hochzinspolitik zu unterstützen.

Konsequenterweise fordern die Monetaristen eine Geldmengensteuerung der Zentralbank in Form einer quasi automatischen und relativ konstanten Erhöhung der Geldmenge um den Prozentsatz des erwarteten realen Wirtschaftswachstums oder des Wachstums des realen Produktionspotenzials (so genannte **potenzialorientierte Geldmengenpolitik**) plus der für unvermeidlich gehaltenen Preissteigerungsrate. Instrumente der Zentralbank, die hierüber hinausgehend eine an konjunkturpolitischen Erfordernissen ausgerichtete (»diskretionäre«) Geldpolitik erlauben, lehnen sie im Prinzip ab. Die **Keynesianer** setzen sich demgegenüber für eine Geldpolitik **ergänzend** auch zum Zwecke der Konjunktursteuerung ein und fordern dementsprechende Instrumente der Zentralbank. Für sie ist Geldpolitik vor allem auf den Zinssatz als Steuerungsgröße ausgerichtet.

... bzw. als Zinspolitik

Konzeption und Durchführung der Geldpolitik ist Aufgabe der Zentralbank, im Eurosystem also Aufgabe der Europäischen Zentralbank (EZB). Diese wird im Kapitel 18.2 beschrieben. Für die Durchführung der Geldpolitik stehen der Europäischen Zentralbank folgende Instrumente zur Verfügung:

▸ die Offenmarktpolitik,
▸ die Politik der ständigen Fazilitäten und
▸ die Mindestreservepolitik.

Diese Instrumente werden im Folgenden erläutert und abschließend wird die geldpolitische Strategie der EZB dargestellt.

In Deutschland war es lange Zeit die traditionelle Refinanzierungsform der Geschäftsbanken, bei ihr eingereichte Handelswechsel bei der Zentralbank zum Rediskont einzureichen und dafür einen Kredit an Zentralbankgeld zu erhalten. Die Deutsche Bundesbank hatte im Rahmen der so genannten Diskontpolitik die Möglichkeit, diese Refinanzierung zu beeinflussen. Die **Diskontpolitik** bestand

▸ erstens in der Festsetzung des Diskontsatzes, d. h. des Zinses, den die Bundesbank den Geschäftsbanken bei der Diskontierung berechnete;
▸ zweitens in der Bestimmung der qualitativen Anforderungen, die die Bundesbank an Wechsel stellte, die sie rediskontierte (Abgrenzung des rediskontfähigen Materials);
▸ drittens in der Festsetzung der Rediskontkontingente, d. h. der Höchstbeträge, bis zu denen die Bundesbank Wechsel von den einzelnen Banken rediskontierte.

Abschaffung der Diskontpolitik

Eine solche Diskontpolitik gibt es im Europäischen System der Zentralbanken (ESZB) nicht mehr. Auch für die Bundesbank hatte dieses Instrument zunehmend an Bedeutung verloren. Weil manche Verträge in der Bundesrepublik Deutschland noch an den Diskontsatz gekoppelt sind, wird für eine Übergangszeit im ESZB ein Nachfolgezinssatz für den Bundesbankdiskontsatz kalkuliert. Dieser Diskontsatz wird **Basiszinssatz** genannt; er betrug am 01.01.2009 z. B. 1,62 Prozent. Für die Geldpolitik der EZB spielt der Basiszinssatz keine Rolle.

18.2 Die Europäische Zentralbank und das Europäische System der Zentralbanken

18.2.1 Organisation

18.2.1.1 Eurosystem und ESZB

Das Europäische System der Zentralbanken (ESZB) setzt sich zusammen aus der Europäischen Zentralbank (EZB) und allen 27 nationalen Zentralbanken (NZBen) der Mitgliedstaaten der EU. Die nationalen Zentralbanken jener Mitgliedstaaten, die den Euro noch nicht eingeführt haben – die so genannten »Outs«: Dänemark, Großbritannien und Schweden sowie die meisten neuen EU-Mitgliedstaaten – haben einen Sonderstatus: Sie sind nicht am Entscheidungsfindungsprozess des ESZB beteiligt und führen eine eigenständige nationale Geldpolitik. Im Folgenden behandeln wir aber nur das Eurosystem, also die EZB und die nationalen Zentralbanken, die den Euro eingeführt haben. Wir halten es auch nicht für zweckmäßig, formal so dezidiert zwischen dem ESZB und der EZB zu unterscheiden, wie es der EG-Vertrag (EGV, Art. 105–109 d) nahelegt. Faktisch entscheidet nur eine Institution, nämlich die EZB, und zwar mit ihren Beschlussorganen, nämlich dem EZB-Rat und dem Direktorium (Art. 106 EGV).

18.2.1.2 Die Europäische Zentralbank

Beschlussorgane der EZB sind der EZB-Rat und das Direktorium. Sie leiten die EZB. Der **EZB-Rat** besteht aus dem Direktorium und den Präsidenten der nationalen Zentralbanken, die den Euro eingeführt haben. Das **Direktorium** besteht aus dem Präsidenten und dem Vizepräsidenten der EZB und vier weiteren Mitgliedern, die alle aus dem Kreis der in Währungs- oder Bankfragen anerkannten und erfahrenen Persönlichkeiten ausgewählt werden. Sie werden von den Regierungen der Mitgliedstaaten auf der Ebene der Staats- und Regierungschefs auf Empfehlung des EU-Rats, der hierzu das Europäische Parlament und den EZB-Rat anhört, einvernehmlich ernannt. Die Hauptaufgaben des Direktoriums sind:

- Die Sitzungen des EZB-Rats vorzubereiten,
- die Geldpolitik gemäß den Leitlinien und Beschlüssen des EZB-Rats durchzuführen und den nationalen Zentralbanken des Eurosystems die erforderlichen Weisungen zu erteilen und
- die laufenden Geschäfte der EZB zu führen.

Aufgaben des Direktoriums

Das Direktorium ist also das zentrale **Exekutivorgan** der EZB; das zentrale Beschlussorgan ist hingegen der EZB-Rat.

Der **EZB-Rat**, als **oberstes Beschlussorgan** von EZB (und ESZB), hat folgende Hauptaufgaben:

- Die Leitlinien zu erlassen und die Beschlüsse zu fassen, die notwendig sind, um die Erfüllung der dem ESZB übertragenen Aufgaben zu gewährleisten,

Aufgaben des EZB-Rates

18.2 Geldpolitik der Europäischen Zentralbank
Die Europäische Zentralbank und das Europäische System der Zentralbanken

- die Geldpolitik der Gemeinschaft festzulegen und
- die Ausgabe von Banknoten und Münzen zu genehmigen.

Abstimmungsmodalitäten im EZB-Rat

Beschlüsse werden mit einfacher Mehrheit der Anwesenden gefasst; bei Stimmengleichheit entscheidet die Stimme des Präsidenten. Jedes Ratsmitglied hat bislang eine Stimme, d. h. dass der Zentralbankpräsident eines kleinen Landes, wie z. B. Luxemburg – als Mitglied im EZB-Rat –, das gleiche Stimmrecht hat wie der Vertreter eines größeren Landes, wie z. B. Italien.

Neue Regeln nach der Erweiterung der EU

Diese Regelung gilt, solange die Anzahl der Mitglieder des EZB-Rates 24 nicht übersteigt, solange also die Anzahl der nationalen Zentralbanken, die den Euro eingeführt haben, 18 nicht übersteigt (18 + 6 Mitglieder des Direktoriums ergeben 24 Mitglieder des EZB-Rates). Dies ist Mitte 2009 mit 16 Euro-Ländern noch nicht der Fall. Wenn, was im Zuge der generellen Einführung des Euro zu erwarten ist, die Zahl der nationalen Zentralbanken als Mitglieder des EZB-Rates 18 übersteigt, wird ein relativ kompliziertes Rotationssystem der Abstimmung greifen. Wir werden diese Regelung von Artikel 10, Abs. 2 der Satzung des ESZB und der EZB genauer beschreiben, wenn sie faktisch in Kraft getreten ist (vorab Interessierte seien verwiesen auf den Geschäftsbericht der Deutschen Bundesbank 2008, S. 84).

18.2.2 Ziele und Aufgaben von ESZB und EZB

Ziel der Preisstabilität

Das **zentrale Ziel** des ESZB ist in Art. 105, Abs. 1 EGV formuliert:
»(1) Das vorrangige Ziel des ESZB ist es, die Preisstabilität zu gewährleisten. Soweit dies ohne Beeinträchtigung des Zieles der Preisstabilität möglich ist, unterstützt das ESZB die allgemeine Wirtschaftspolitik in der Gemeinschaft, um zur Verwirklichung der in Artikel 2 festgelegten Ziele der Gemeinschaft beizutragen. Das ESZB handelt im Einklang mit dem Grundsatz einer offenen Marktwirtschaft mit freiem Wettbewerb ...«

Diese Zielformulierung – vorrangig Preisstabilität zu gewährleisten – entspricht dem gegenwärtig vorherrschenden Theorie- und Politikverständnis, dass eine Zentralbank in erster Linie für Preisstabilität sorgen soll und allenfalls subsidiär auch andere Ziele wie Vollbeschäftigung und Wachstum anstreben soll. Diese Formulierung entspricht auch weitgehend der früher für die Deutsche Bundesbank geltenden Zielvorschrift.

Dieser restriktiven Zielformulierung liegt einmal die weitgehend vom Monetarismus geprägte Vorstellung zugrunde, dass die Zentralbank (nur) die Verantwortung für Preisstabilität habe, dass die Tarifparteien die Verantwortung für Vollbeschäftigung haben und dass sich das Wachstum weitgehend autonom aus dem Bevölkerungswachstum und dem technischen Fortschritt ergibt. Zum anderen liegt auch eine politökonomisch geprägte Vorstellung zugrunde, dass nämlich eine Zentralbank, die auch anderen Zielen verpflichtet wäre, leicht in Zielkonflikte gerät, die die Wahrung der Preisstabilität erschweren würden.

Die grundlegenden **Aufgaben** des ESZB nach Art. 105, Abs. 2 EGV:

»(2) Die grundlegenden Aufgaben des ESZB bestehen darin,
- die Geldpolitik der Gemeinschaft festzulegen und auszuführen, Devisengeschäfte im Einklang mit Artikel 111 durchzuführen,
- die offiziellen Währungsreserven der Mitgliedstaaten zu halten und zu verwalten,
- das reibungslose Funktionieren der Zahlungssysteme zu fördern.«

Aufgaben des ESZB

Die Geldpolitik der EZB wird in den folgenden Kapiteln genauer beschrieben.

Bezüglich der **Devisengeschäfte** muss Art. 111 EGV beachtet werden. Hier ist festgelegt, dass die Entscheidung über Wechselkurssysteme – feste oder flexible Wechselkurse – und die Entscheidung über die Höhe der Wechselkurse im Falle der Festlegung auf grundsätzlich feste Wechselkurse beim Ministerrat liegt. Die EZB kann mithin nur im vorgegebenen Rahmen am Devisenmarkt agieren. Auf absehbare Zeit sind die Wechselkurse des Euro gegenüber den wichtigen Weltwährungen grundsätzlich frei flexibel und gegenüber den Währungen der »Outs« innerhalb von Bandbreiten fest (vgl. Kapitel 21).

Das **Halten von Währungsreserven** gehört zu den genuinen Aufgaben einer Zentralbank; zu diesem Zweck haben die nationalen Zentralbanken gemäß der Satzung des ESZB Währungsreserven im Gegenwert von 39,5 Milliarden Euro auf die EZB übertragen. 85 Prozent der genannten Reserven wurden in Form von Devisen und 15 Prozent in Form von Gold übertragen.

18.2.3 Die Unabhängigkeit der EZB

Wenn es das vorrangige Ziel einer Zentralbank ist, Preisstabilität zu gewährleisten, dann gilt ihre Unabhängigkeit als zentral. Diese Erkenntnis lässt sich durch empirische Untersuchungen belegen, die zeigen, dass Preisstabilität umso eher erreicht wird, je unabhängiger die Zentralbank ist. Hier fließen insbesondere auch Erfahrungen aus der Geschichte der Geldpolitik in Deutschland von 1918 bis heute ein, die getroffenen Regelungen entsprechen weitgehend den Regelungen für die Deutsche Bundesbank.

Bedeutung der Unabhängigkeit der EZB

Zum Ersten ist die EZB funktional relativ unabhängig, weil sie Weisungen nicht entgegennehmen darf. So heißt es in Art. 107 EGV:

Funktionale Unabhängigkeit

Art. 107 (Unabhängigkeit der EZB)
»Bei der Wahrnehmung der ihnen durch diesen Vertrag und die Satzung des ESZB übertragenen Befugnisse, Aufgaben und Pflichten darf weder die EZB noch eine nationale Zentralbank noch ein Mitglied ihrer Beschlussorgane Weisungen von Organen oder Einrichtungen der Gemeinschaft, Regierungen der Mitgliedstaaten oder anderen Stellen einholen oder entgegennehmen. Die Organe und Einrichtungen der Gemeinschaft sowie die Regierungen der Mitgliedstaaten verpflichten sich, diesen Grundsatz zu beachten und nicht zu versuchen, die Mitglieder der Beschlussorgane der EZB oder der nationalen Zentralbanken bei der Wahrnehmung ihrer Aufgaben zu beeinflussen.«

18.3 Geldpolitik der Europäischen Zentralbank
Offenmarktpolitik

Eine solche Unabhängigkeit – keinerlei Kontrollen durch Regierungen und Parlamente unterworfen zu sein – ist relativ einzigartig. Sie wird nur dadurch ein klein wenig beschränkt, dass die Verpflichtung besteht, die allgemeine Wirtschaftspolitik der Gemeinschaft zu unterstützen, aber nur, wenn dadurch das Ziel der Preisstabilität nicht beeinträchtigt wird.

Personelle Unabhängigkeit

Zum Zweiten ist die EZB auch personell unabhängig. Die Mitglieder des Direktoriums werden für eine relativ lange Amtszeit von acht Jahren und ohne Möglichkeit einer Wiederwahl ernannt. Beides stärkt die Unabhängigkeit. Allerdings wirkt bei ihrer Ernennung vor allem das politische Gremium »Europäischer Rat der Regierungschefs« mit, dies ermöglicht eine Kandidatenauswahl nach politischen Vorstellungen. Die übrigen Mitglieder des EZB-Rates, die Präsidenten der nationalen Zentralbanken, werden durch die nationalen Regierungen für eine Amtszeit von mindestens fünf Jahren ernannt. Auch dies bietet Spielraum für eine politische Auswahl. So wird z.B. der Präsident der Deutschen Bundesbank auf Vorschlag der Bundesregierung bestellt. Dabei ist der Zentralbankrat anzuhören (§ 7 Bundesbankgesetz). Allerdings gelten für die jeweiligen Präsidenten der nationalen Zentralbanken die Vorschriften über die Unabhängigkeit gemäß Art. 107 EGV uneingeschränkt.

Finanzielle und instrumentelle Unabhängigkeit

Zum Dritten ist die EZB auch finanziell unabhängig – sie verfügt über eigene Einnahmen und einen eigenen Haushalt – und sie hat auch die Kontrolle über die Instrumente der Geldpolitik. Insgesamt kann man den EZB-Rat wohl als »Thron der Götter« bezeichnen.

18.3 Offenmarktpolitik

18.3.1 Begriff und prinzipielle Funktionsweise

In einer wachsenden Volkswirtschaft kann eine hinreichende Geldversorgung der Wirtschaft nur durch eine fortwährende Ausweitung der nominalen Geldmenge erreicht werden. Hierfür ist die Offenmarktpolitik das zentrale Instrument.

Offenmarktpolitik: An- und Verkauf von Wertpapieren durch die Zentralbank

Unter der Offenmarktpolitik der Zentralbank versteht man den An- und Verkauf von Wertpapieren gegen Zentralbankgeld durch die Zentralbank. Offenmarktkäufe bzw. -verkäufe der Zentralbank führen also zu einer Zentralbankgeldschöpfung bzw. -vernichtung.

Der Begriff »Offen«marktpolitik ist historisch zu erklären, weil der Markt, auf dem in England ursprünglich Offenmarktgeschäfte durch An- und Verkauf von langfristigen Staatspapieren betrieben wurde, sämtlichen Interessenten »offen« stand (im Gegensatz zum Geldmarkt, zu dem nur bestimmte Personengruppen Zugang hatten). Heutzutage ist dies anders, zumindest im ESZB: Hier sind nur finanziell solide monetäre Finanzinstitute, die in das Mindestreservesystem einbezogen sind, als Geschäftspartner der EZB zugelassen.

Die folgende kontenmäßige Darstellung macht das Grundprinzip der Offenmarktpolitik für den Fall einer **expansiven Offenmarktpolitik** (Kauf von Wertpapieren durch die Zentralbank) deutlich:

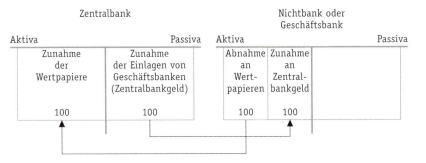

Durch den Kauf der Wertpapiere von den Geschäftsbanken hat sich der Bestand an Zentralbankgeld der Geschäftsbanken erhöht; aufgrund dieser erhöhten Geldbasis können die Geschäftsbanken ihrerseits zusätzliche Kredite an Nichtbanken gewähren.

Da die Zentralbank die Geschäftsbanken zu der von ihr geplanten Offenmarktpolitik nicht zwingen kann, muss sie entsprechende attraktive Konditionen bieten: Bei einer geplanten expansiven Offenmarktpolitik müssen die verlangten Zinssätze für die Zentralbankgeld-Kreditgewährung niedriger als sonst übliche Geldmarktzinsen sein, und bei einer geplanten kontraktiven Offenmarktpolitik – die aber relativ selten ist – müssen die von der Zentralbank gebotenen Zinssätze höher sein als die sonst üblichen Geldmarktzinsen.

Zentralbanksätze in Konkurrenz zu Marktsätzen

Offenmarktgeschäfte sind sehr häufig zeitlich befristete reversible Transaktionen, bei denen am Ende der Laufzeit das Geschäft rückgängig gemacht werden muss. Für den Regelfall einer expansiven Offenmarktpolitik heißt dies, dass die Geschäftsbanken am Ende der Laufzeit ihre Wertpapiere zurückkaufen müssen. Dadurch erfolgt ein automatischer Rückfluss von Zentralbankgeld. Solche zeitlich befristeten Offenmarktgeschäfte werden häufig auch **Wertpapierpensionsgeschäfte** genannt und der Zinssatz als **Pensionssatz** bezeichnet; nach der englischen Bezeichnung Repurchase für Rückkauf werden solche Geschäfte auch **Repo-Geschäfte** und der Zinssatz **Repo-Rate** genannt. Mit einer solchen Reversibilität lässt sich die Entwicklung der Zentralbankgeldmenge im Geschäftsbankensektor recht gut steuern, weil sich auch kontraktive Effekte einstellen, wenn auslaufende Geschäfte nicht durch neue Geschäfte ersetzt werden und die Geschäftsbanken ihre Geldmarktpapiere zurückkaufen müssen.

Reversibilität der Transaktionen

Mit solchen Rückkäufen ergeben sich in den Bilanzen folgende Änderungen:

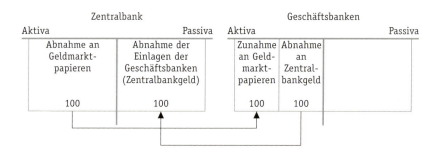

Daraus wird deutlich, dass solche Rückkäufe zu einer Abnahme der Zentralbankgeldmenge im Geschäftsbankensektor führen.

18.3.2 Offenmarktpolitik der Europäischen Zentralbank

Die Offenmarktpolitik der EZB setzt am Interbankengeldmarkt an. Hier werden die Geldmenge und das Geldmarktzinsniveau gesteuert, weil das Bankensystem im Eurogebiet auf die Bereitstellung von Zentralbankgeld durch die EZB angewiesen ist. Für die im Folgenden beschriebenen Instrumente gilt generell, dass ihre Anwendung operativ den nationalen Zentralbanken unterliegt, die dann nach Weisung der EZB tätig werden. Und in der Regel werden die Operationen im Tenderverfahren durchgeführt werden: Im Prinzip wird das Emissionsvolumen an die Meistbietenden verteilt; bei einem Standardtender innerhalb von 24 Stunden, bei einem Schnelltender innerhalb von 90 Minuten.

Für die Offenmarktpolitik stehen der EZB folgende Instrumente zur Verfügung:

▸ Das **Hauptrefinanzierungsinstrument.** Das sind regelmäßig stattfindende Liquidität zuführende befristete Transaktionen in wöchentlichem Abstand und mit einer Laufzeit von einer Woche in der Form von Wertpapierpensionsgeschäften; die Geschäfte sind also reversibel. Dem Hauptrefinanzierungsinstrument kommt bei der Verfolgung der Ziele der Offenmarktgeschäfte der EZB eine Schlüsselrolle zu; über dieses Instrument wird dem Finanzsektor meist der größte Teil des Finanzierungsvolumens zur Verfügung gestellt. Der Zinssatz für die Hauptrefinanzierung ist der **zentrale Leitzins** im Eurosystem. Die Hauptrefinanzierungsgeschäfte steuern die Zinssätze und die Liquidität am Markt und setzen Signale für den geldpolitischen Kurs der EZB.

▸ Die **längerfristigen Refinanzierungsgeschäfte** sind Liquidität zuführende befristete Transaktionen in monatlichem Abstand und mit einer Laufzeit von meist drei Monaten. Über diese Geschäfte sollen den Geschäftspartnern zusätzliche längerfristige Refinanzierungsmittel zur Verfügung gestellt werden. Die Hauptrefinanzierung und die längerfristige Refinanzierung sind die Instrumente der regelmäßigen Offenmarktgeschäfte der EZB.

▸ **Feinsteuerungsoperationen** werden von Fall zu Fall zur Steuerung der Marktliquidität und der Zinssätze durchgeführt, und zwar insbesondere, um

Der Zinssatz für Hauptrefinanzierungsgeschäfte ist der zentrale Leitzins.

18.3 Offenmarktpolitik

die Auswirkungen unerwarteter marktmäßiger Liquiditätsschwankungen auf die Zinssätze auszugleichen. Die Feinsteuerung erfolgt in erster Linie über befristete Transaktionen, u. U. aber auch in Form von definitiven Käufen bzw. Verkäufen, Devisenswapgeschäften und der Hereinnahme von Termineinlagen. Feinsteuerungsoperationen werden üblicherweise von den nationalen Zentralbanken über Schnelltender oder bilaterale Geschäfte durchgeführt. Im Rahmen eines Devisenswapgeschäftes werden von der EZB Fremdwährungen per Kasse gegen Euro gekauft und gleichzeitig per Termin wieder verkauft (Liquidität zuführende Devisenswaps) oder Fremdwährungen per Kasse gegen Euro verkauft und gleichzeitig wieder per Termin zurückgekauft (Liquidität absorbierende Devisenswaps).

▸ **Strukturelle Operationen** haben das Ziel, die strukturelle, also die grundlegende, Liquiditätsposition des Finanzsektors zu beeinflussen. Sie werden ausgeführt über die Emission von Schuldverschreibungen, über befristete Transaktionen und definitive Käufe bzw. Verkäufe. Bislang spielen diese Operationen keine große Rolle.

Abbildung 18-1 stellt die verschiedenen Instrumente der Offenmarktpolitik zusammen.

Abb. 18-1

Offenmarktgeschäfte der EZB

Bezeichnung	Transaktionsart		Laufzeit	Rhythmus	Verfahren
	Liquiditäts-bereitstellung	Liquiditäts-abschöpfung			
Hauptrefinanzierungsinstrument	Befristete Transaktionen	–	Eine Woche	Wöchentlich	Standardtender
Längerfristige Refinanzierungsgeschäfte	Befristete Transaktionen	–	Drei Monate	Monatlich	Standardtender
Feinsteuerungsoperationen	Befristete Transaktionen Devisenswaps	Befristete Transaktionen Devisenswaps Hereinnahme von Termineinlagen	Nicht standardisiert	Unregelmäßig	Schnelltender Bilaterale Geschäfte
	Definitive Käufe	Definitive Verkäufe			Bilaterale Geschäfte
Strukturelle Operationen	Befristete Transaktionen	Emission von Schuldverschreibungen	Standardisiert/ nicht standardisiert	Regelmäßig und unregelmäßig	Standardtender
	Definitive Käufe	Definitive Verkäufe		Unregelmäßig	Bilaterale Geschäfte

Quelle: Europäische Zentralbank, Durchführung der Geldpolitik im Euro-Währungsgebiet, Februar 2005, S. 11.

Geldpolitik der Europäischen Zentralbank
Ständige Fazilitäten

Modifikation der »normalen« Offenmarktpolitik in der Finanzkrise

Im Zuge der **Finanzkrise** hat die EZB ihre »normale« Offenmarktpolitik, die in Abbildung 18-1 zusammengestellt ist, deutlich verändert. Zum einen wurde das Volumen der Kredite an die Banken deutlich erhöht: von 442 Milliarden Euro im Juni 2007 auf 835 Milliarden Euro im Juni 2009 (Monatsberichte der EZB). Zum anderen wurden die Modalitäten verändert. Wie ausgeführt, sind Hauptrefinanzierung und längerfristige Refinanzierung die zentralen Instrumente der Offenmarktpolitik der EZB. Dies bleibt auch so. Im Zuge der Finanzkrise haben aber die längerfristigen Refinanzierungsgeschäfte stark an Bedeutung gewonnen. Während normalerweise rund 30 Prozent des Finanzierungsvolumens aus längerfristigen Refinanzierungsgeschäften stammt, stieg dieser Anteil in der Finanzkrise auf über 60 Prozent (EZB, Jahresbericht 2008, S. 113). Und während vor der Finanzkrise »längerfristig« drei Monate bedeutete, beträgt die Laufzeit der längerfristigen Refinanzierungsgeschäfte seit Juni 2009 sogar ein ganzes Jahr. Damit trägt die EZB dem gestiegenen Liquiditäts- und Sicherheitsbedürfnis der Banken Rechnung.

18.4 Ständige Fazilitäten

Neben den Instrumenten der Offenmarktpolitik verfügt die EZB über so genannte **Ständige Fazilitäten** für die Bereitstellung bzw. für die Abschöpfung von Liquidität jeweils bis zum nächsten Geschäftstag. Dies sind zum einen die Möglichkeit der Inanspruchnahme von Tageskrediten (Spitzenrefinanzierungsfazilität) und zum anderen die Möglichkeit der täglichen Anlage von überschüssiger Liquidität (Einlagefazilität). Diese ständigen Fazilitäten unterstützen den allgemeinen geldpolitischen Kurs der EZB, und sie erlauben eine recht genaue Steuerung des Geldmarktzinssatzes. Die Deutsche Bundesbank hatte über solche Instrumente der Geldpolitik nicht verfügt. Im Unterschied zur Offenmarktpolitik erfolgt die Inanspruchnahme der ständigen Fazilitäten auf Initiative der Banken und ist grundsätzlich unbeschränkt möglich. Die ständigen Fazilitäten werden von den Banken allerdings nur in geringem Umfang genutzt, weil ihre Konditionen im Vergleich zu den Konditionen am Interbankengeldmarkt relativ ungünstig sind.

Spitzenrefinanzierungsfazilität

Die Spitzenrefinanzierungsfazilität dient der Deckung kurzfristiger Liquiditätsbedarfe.

Die Spitzenrefinanzierungsfazilität kann von den zugelassenen Geschäftsbanken unbegrenzt in Anspruch genommen werden. Hier wird Zentralbankgeld bis zum nächsten Geschäftstag über Nacht (Übernachtliquidität) zur Verfügung gestellt; diese Kreditlinie dient also zur Deckung eines vorübergehenden Liquiditätsbedarfs.

Praktisch wird die Spitzenrefinanzierungsfazilität bei der jeweiligen nationalen Zentralbank in Anspruch genommen; entweder auf Antrag oder automatisch, nämlich dann, wenn am Tagesende ungedeckte Schuldnerpositionen auf den Konten der Geschäftsbank bei ihrer nationalen Zentralbank verblieben

18.4 Ständige Fazilitäten

sind. Ausreichende Sicherheiten müssen hinterlegt werden. Diese Übernachtkredite müssen zu einem im Voraus bekannt gegebenen Zinssatz verzinst werden; dieser Zinssatz ist naturgemäß eine **Obergrenze** für den allgemeinen Tagesgeldsatz am Geldmarkt.

Zinssatz für Spitzenrefinanzierungsfazilität ist Obergrenze für Tagesgeldsatz

Tab. 18-1

Zinssätze der EZB von 2000 bis 2009

Gültig ab		Einlagefazilität % p.a.	Hauptrefinanzierungsgeschäfte % p.a.	Spitzenrefinanzierungsfazilität % p.a.
2000	4. Febr.	2,25	3,25	4,25
	17. März	2,50	3,50	4,50
	28. April	2,75	3,75	4,75
	9. Juni	3,25	4,25	5,25
	1. Sept.	3,50	4,50	5,50
	6. Okt.	3,75	4,75	5,75
2001	11. Mai	3,50	4,50	5,50
	31. Aug.	3,25	4,25	5,25
	18. Sept.	2,75	3,75	4,75
	9. Nov.	2,25	3,25	4,25
2002	6. Dez.	1,75	2,75	3,75
2003	7. März	1,50	2,50	3,50
	6. Juni	1,00	2,00	3,00
2005	6. Dez.	1,25	2,25	3,25
2006	8. März	1,50	2,50	3,50
	15. Juni	1,75	2,75	3,75
	9. Aug.	2,00	3,00	4,00
	11. Okt.	2,25	3,25	4,25
	13. Dez.	2,50	3,50	4,50
2007	14. März	2,75	3,75	4,75
	13. Juni	3,00	4,00	5,00
2008	9. Juli	3,25	4,25	5,25
	8. Okt.	2,75	3,75	4,75
	9. Okt.	3,25	3,75	4,25
	12. Nov.	2,75	3,25	3,75
	10. Dez.	2,00	2,50	3,00
2009	21. Jan.	1,00	2,00	3,00
	11. März	0,50	1,50	2,50
	8. April	0,25	1,25	2,25
	13. Mai	0,25	1,00	1,75

Quelle: Deutsche Bundesbank, verschiedene Monatsberichte.

Einlagefazilität

Auch die Einlagefazilität kann von den zugelassenen Geschäftsbanken unbegrenzt in Anspruch genommen werden. Hier kann überschüssige Liquidität bis zum nächsten Geschäftstag (Übernachtliquidität) bei den nationalen Zentralbanken angelegt werden. Diese Einlagen werden zu einem im Voraus bekannt gegebenen Zinssatz verzinst; dieser Zinssatz ist im Allgemeinen die **Untergrenze** des allgemeinen Tagesgeldsatzes am Geldmarkt.

Zinssatz für Einlagefazilität ist Untergrenze für den Tagesgeldsatz

Die Tabelle 18-1 stellt die Zinssätze der EZB für die Ständigen Fazilitäten und die Hauptrefinanzierung zusammen.

Daraus wird deutlich, dass der Zinssatz für die Hauptrefinanzierung immer in der Mitte zwischen den Sätzen der Ständigen Fazilitäten liegt und dass der Abstand zwischen diesen drei Zinssätzen, die auch als Leitzinsen der EZB bezeichnet werden, üblicherweise einen Prozentpunkt beträgt (nur in der Hochzeit der Finanzkrise war der Abstand auf jeweils einen halben Prozentpunkt reduziert worden).

Mit den beiden Zinssätzen für die Ständigen Fazilitäten wird ein **Zinskanal** festgelegt, der im Grunde vom Tagesgeldsatz auf dem Interbankengeldmarkt (EONIA) nicht verlassen werden kann: Der Zinssatz für die Spitzenrefinanzierungsfazilität ist die Obergrenze und der Zinssatz für die Einlagefazilität (Einlagesatz) ist die Untergrenze des Marktzinssatzes EONIA. In der Praxis liegt der Tagesgeldsatz EONIA in der Tat immer im Zinskanal, passt sich normalerweise sehr eng an den Zinssatz der Hauptrefinanzierung an, reicht aber in Zeiten der Liquiditätsknappheit bis an den Spitzenrefinanzierungssatz heran. Eine solche genaue Steuerung des Geldmarktzinssatzes ist ein Zeichen dafür, dass die Geldpolitik der Europäischen Zentralbank auch keynesianische Elemente enthält. Die deutlichen Senkungen der Sätze für die Hauptrefinanzierung von 4,25 Prozent (Juli 2008) auf 1,0 Prozent (Mai 2009) sind der Bekämpfung der Finanzkrise und der Kreditklemme der Geschäftsbanken geschuldet; ein Zinssatz von 1 Prozent für die Hauptrefinanzierung stellt einen historischen Tiefpunkt für die EZB dar.

Genaue Zinssteuerung

18.5 Mindestreservepolitik

Prinzip der Mindestreservepolitik

Die Geldpolitik kann vorschreiben, dass Geschäftsbanken in Höhe eines bestimmten Prozentsatzes ihrer Einlagen – dem **Mindestreservesatz** – verzinsliche oder auch unverzinsliche Sichtguthaben bei der Zentralbank halten. Diese Mindestreservesätze können nach der Art und Höhe der Einlagen gestaffelt sein.

Hat z. B. eine Bank Einlagen in Höhe von 500 und beträgt der (als Dezimalzahl geschriebene) Mindestreservesatz 0,20, so ergibt sich die zu haltende Mindestreserve (MR) als:

$$MR = 0{,}20 \cdot 500 = 100$$

Wird der Mindestreservesatz erhöht, z. B. von 20 Prozent auf 30 Prozent, so nimmt die zu haltende Mindestreserve bei unverändertem Einlagenvolumen zu:

MR = 0,30 · 500 = 150

Wird der Mindestreservesatz herabgesetzt, z. B. von 20 Prozent auf 10 Prozent, so nimmt die zu haltende Mindestreserve bei unverändertem Einlagenvolumen ab:

MR = 0,10 · 500 = 50

Der Bedarf der Geschäftsbanken an Zentralbankgeld steigt (fällt) also proportional mit dem Mindestreservesatz. Stellt die Zentralbank nicht das notwendige Zentralbankgeld bereit, so muss das Einlagenvolumen (durch Verminderung der Kreditgewährung) eingeschränkt werden.

Die Mindestreservepolitik bietet also recht stark wirkende Möglichkeiten, die Geldschöpfung und das Geldschöpfungspotenzial zu beeinflussen:

▸ Das Geldschöpfungspotenzial nimmt bei einer Erhöhung des Mindestreservesatzes ab und bei einer Senkung des Mindestreservesatzes zu.
▸ Neben dem Geldschöpfungspotenzial verändert sich bei einer Reservesatzänderung auch das Volumen der freien Liquiditätsreserven der Geschäftsbanken.

Funktionsweise der Mindestreservepolitik

Die Mindestreservepolitik kann mithin eine grundsätzliche (strukturelle) Liquiditätsknappheit ansteuern und damit die Refinanzierungsabhängigkeit der Banken von der Zentralbank verstärken. Sie schafft einen stabilen zusätzlichen Zentralbankgeldbedarf, sie stellt eine direkte Verbindung zwischen Mindestreserve und Geldschöpfung her (vgl. Kapitel 17.2.2.2) und sie kann die freien Liquiditätsreserven direkt beeinflussen.

Strukturelle Wirkung der Mindestreservepolitik

Während für die Deutsche Bundesbank die Mindestreservepolitik immer ein wichtiges Element ihrer Geldpolitik gewesen ist, war für die EZB lange Zeit strittig, ob eine Mindestreservepflicht vorgesehen werden sollte oder nicht. Schließlich ist die Mindestreservepolitik, auch auf Drängen der Deutschen Bundesbank, in das geldpolitische Instrumentarium der EZB aufgenommen worden.

Mindestreservepflicht im ESZB

Jedes in den Mitgliedstaaten des Eurosystems niedergelassene Kreditinstitut muss Mindestreserven unterhalten. Diese Mindestreserven müssen im Monatsdurchschnitt erfüllt werden. Damit die Belastung für das Geschäftsbankensystem den Wettbewerb im Bankensektor nicht verzerrt, werden diese Mindestreserven, anders als seinerzeit in der Bundesrepublik Deutschland, mit dem Zinssatz für das Hauptrefinanzierungsgeschäft verzinst, was etwa dem Markt-

Verzinsung der Mindestreserven

18.6 Geldpolitik der Europäischen Zentralbank
Geldpolitische Strategien

> **Abb. 18-2**
>
> **Mindestreservebasis und Mindestreservesätze**
>
> **A. In die Mindestreserve einbezogene Verbindlichkeiten mit positivem Mindestreservesatz von 2 Prozent**
>
> Einlagen
> ▸ Täglich fällige Einlagen
> ▸ Einlagen mit vereinbarter Laufzeit von bis zu zwei Jahren
> ▸ Einlagen mit vereinbarter Kündigungsfrist von bis zu zwei Jahren
>
> Ausgegebene Schuldverschreibungen
> ▸ Schuldverschreibungen mit vereinbarter Laufzeit von bis zu zwei Jahren
>
> **B. In die Mindestreservebasis einbezogene Verbindlichkeiten mit einem Reservesatz von 0 Prozent**
>
> Einlagen
> ▸ Einlagen mit vereinbarter Laufzeit von über zwei Jahren
> ▸ Einlagen mit vereinbarter Kündigungsfrist von über zwei Jahren
> ▸ Repo-Geschäfte
>
> Ausgegebene Schuldverschreibungen
> ▸ Schuldverschreibungen mit vereinbarter Laufzeit von über zwei Jahren
>
> **C. Nicht in die Mindestreservebasis einbezogene Verbindlichkeiten**
> ▸ Verbindlichkeiten gegenüber Instituten, die selbst dem ESZB-Mindestreservesystem unterliegen
> ▸ Verbindlichkeiten gegenüber der EZB und den nationalen Zentralbanken
>
> Quelle: Europäische Zentralbank, Durchführung der Geldpolitik im Euro-Währungsgebiet, Februar 2005, S. 61.

zins entspricht. Daher entstehen dem Bankensystem durch die Mindestreserven keine nennenswerten Kosten. Die Abbildung 18-2 stellt die Einlagen, für die Mindestreserven gehalten werden müssen, und die ausgenommenen Positionen zusammen. Der positive Mindestreservesatz beträgt bislang unverändert 2 Prozent.

Das Volumen der Mindestreserven betrug 2008 durchschnittlich 211 Milliarden Euro (EZB 2008, S. 118).

18.6 Geldpolitische Strategien

18.6.1 Geldpolitische Strategien in Europa im Überblick

Drei Strategien der Geldpolitik

Die einzelnen Länder in Europa hatten recht unterschiedliche Strategien hinsichtlich der vorrangigen Orientierung ihrer Geldpolitik. Es wurden primär drei Strategien praktiziert:
▸ eine Geldmengensteuerung,

- ein direktes Inflationsziel und
- eine Wechselkursorientierung.

Eine **Geldmengensteuerung** ist seit 1974 das Kernstück der deutschen Geldpolitik gewesen. Auch Frankreich, Italien und Griechenland hatten primär Geldmengenziele veröffentlicht. Die Steuerung bezog sich in der Regel auf die Geldmenge in der Abgrenzung M3 und es lag ihr eine tolerierte Preissteigerungsrate von etwa 2 Prozent zugrunde.

Diese Grundkonzeption der Geldmengensteuerung ergibt sich aus der so genannten **Quantitätsgleichung**

$$M \cdot v = P \cdot Y.$$

Diese Gleichung besagt, dass das Produkt aus Geldmenge (M) und Umlaufgeschwindigkeit des Geldes (v) dem Produkt aus Preisniveau (P) und realer Produktionsmenge (Y) entspricht. Die Quantitätsgleichung zeigt, dass sich ein Anstieg der Geldmenge in der Volkswirtschaft in den drei anderen Variablen widerspiegeln muss: Entweder muss das Preisniveau steigen und/oder die reale Produktionsmenge muss zunehmen und/oder die Umlaufgeschwindigkeit des Geldes muss sinken.

Die **Umlaufgeschwindigkeit des Geldes** (v) ergibt sich durch Umformung zu

$$v = \frac{P \cdot Y}{M}$$

Die Umlaufgeschwindigkeit des Geldes ist also eine Beziehung zwischen dem Wert aller Gütertransaktionen, die innerhalb einer Periode durchgeführt werden, und der Geldmenge. Sie gibt an, wie häufig eine Geldeinheit innerhalb einer Periode im Durchschnitt benutzt wird, um Gütertransaktionen zu finanzieren. Meist wird diese Beziehung nicht auf das Volumen aller Produktionstransaktionen, sondern nur auf Transaktionen der gesamtwirtschaftlichen Endnachfrage bezogen, wie sie in das reale Bruttoinlandsprodukt (BIP) eingehen. In einer solchen Formulierung

$$v = \frac{P \cdot BIP}{M}$$

wird v auch als Einkommenskreislaufgeschwindigkeit des Geldes bezeichnet.

Aus der Quantitätsgleichung – die definitorisch immer erfüllt ist – ergibt sich die **Quantitätstheorie**, wenn man bestimmte, falsifizierbare Annahmen über die Bestimmung der Größe von v und über die Bestimmung des Bruttoinlandsproduktes macht. Solche Annahmen werden in der monetaristischen Theorie gemacht:
- Die Größe v ist relativ stabil und wird jedenfalls nicht von Änderungen der Geldmenge beeinflusst.
- Die Entwicklung des Bruttoinlandsproduktes hängt ab vom Reallohn, vom Bevölkerungswachstum und vom technischen Fortschritt, jedenfalls nicht von der Geldmenge.

18.6 Geldpolitik der Europäischen Zentralbank
Geldpolitische Strategien

Unter diesen Annahmen bestimmt die Änderung der Geldmenge **kausal** die Änderung des Preisniveaus, wobei die von anderen Faktoren bestimmten Veränderungen von v und Y berücksichtigt werden müssen.

Entsprechend wird die Geldmengensteuerung konzipiert. Nimmt man z. B. an, dass die Wachstumsrate des realen Bruttoinlandsproduktes 2 Prozent betragen werde, dass die Umlaufgeschwindigkeit des Geldes (ein Reflex der Zahlungssitten) konstant bleibe und dass die Inflationsrate bei 2 Prozent gehalten werden soll, dann wird die Geldpolitik ein Wachstum der Geldmenge – meist wird die Abgrenzung M3 gewählt – von 4 Prozent anstreben.

Dies war das Konzept der Geldmengensteuerung der Deutschen Bundesbank, mit einer wichtigen Ergänzung: Die Deutsche Bundesbank richtete sich nicht nach dem erwarteten **tatsächlichen** Wachstum des Bruttoinlandsproduktes, sondern nach dem **möglichen** Wachstum im Rahmen der **Entwicklung des Produktionspotenzials**. Dies soll die Entwicklung von konjunkturellen Schwankungen bereinigen und insgesamt zu einer Verstetigung der Entwicklung von Produktion und Preisen beitragen (potenzialorientierte Geldpolitik).

Potenzialorientierte Geldpolitik

Ein **direktes Inflationsziel** hatten in den letzten Jahren vor dem Beginn der dritten Stufe der Wirtschafts- und Währungsunion das Vereinigte Königreich, Finnland, Schweden und Spanien verfolgt. Die Inflationsziele lagen meist bei einer Inflationsrate von 2 Prozent und bezogen sich im Prinzip auf den allgemeinen Verbraucherpreisindex. Mittlerweile (2009) verfolgen von den Ländern, die noch nicht an der EWWU teilnehmen, weiterhin das Vereinigte Königreich und Schweden ein Inflationsziel, außerdem die osteuropäischen Beitrittsländer Polen, Rumänien, die Tschechische Republik und Ungarn.

Inflationsziel

Eine **Wechselkursorientierung** ihrer Geldpolitik hatten die kleineren europäischen Länder wie Österreich, die Niederlande, Belgien (einschließlich Luxemburg) und Dänemark, z. T. auch Irland und Portugal bevorzugt. Faktisch orientierten sich diese Länder am Wechselkurs ihrer Währung gegenüber der D-Mark. Mittlerweile (2009) verfolgen Bulgarien, Dänemark, Estland, Lettland und Litauen eine Wechselkursorientierung ihrer Geldpolitik, nun aber mit Anbindung an den Euro.

Wechselkursorientierung

18.6.2 Die geldpolitische Strategie des Eurosystems

Die geldpolitische Strategie des Eurosystems für die dritte Stufe der Wirtschafts- und Währungsunion ist vom Rat der Europäischen Zentralbank entwickelt und am 13.10.1998 der Öffentlichkeit vorgestellt worden. Ihre zentralen Elemente waren:
- Das Ziel der Preisstabilität, definiert als Anstieg des Harmonisierten Verbraucherpreisindex (HVPI) für das Eurosystem von unter 2 Prozent.
- Eine herausragende Rolle der Geldmengenpolitik mit der Verkündung eines Referenzwertes für das Wachstum von M3.
- Eine breit fundierte Beurteilung der Aussichten für die künftige Preisentwicklung und die Risiken für die Preisstabilität im Eurosystem insgesamt.

Diese Elemente sind nach einer Überprüfung der geldpolitischen Strategie im Jahre 2003 ein wenig modifiziert, im Kern aber beibehalten worden.

Das Ziel der Preisstabilität

Wichtig erscheint, dass das Ziel der Preisstabilität relativ ehrgeizig und quantitativ relativ genau definiert worden ist: »Preisstabilität wird definiert als Anstieg des Harmonisierten Verbraucherpreisindex (HVPI) für das Euro-Währungsgebiet von unter 2 Prozent gegenüber dem Vorjahr. Preisstabilität muss mittelfristig gewährleistet werden« (EZB 2004, S. 52). Dieses Ziel ist 2003 dahingehend präzisiert worden, dass mittelfristig eine Preissteigerungsrate unter, aber nahe der 2 Prozent-Marke angestrebt wird. Damit gilt auch die Verpflichtung, eine Deflation zu vermeiden, also einen Rückgang des allgemeinen Preisniveaus zu verhindern. Die gewählte Obergrenze von 2 Prozent entspricht weitgehend den vordem formulierten Vorstellungen der nationalen Zentralbanken.

Inflationsrate unter 2 Prozent

Maßgröße ist der **Harmonisierte Verbraucherpreisindex** (HVPI), der einen Anstieg der Verbraucherpreise für alle beteiligten Länder in prinzipiell gleicher Weise erfasst (vgl. Kapitel 24.1). Die Tabelle 18-2 zeigt die Entwicklung dieses HVPI und macht deutlich, dass das Ziel, den Preisanstieg auf unter 2 Prozent zu begrenzen, meist leicht und 2008 deutlich verfehlt worden ist.

Schließlich soll Preisstabilität »mittelfristig« beibehalten werden. Das heißt, dass nicht auf alle kurzfristigen Störungen, wie z. B. eine Anhebung der Mehrwertsteuer oder ein kurzfristiges Schwanken der Ölpreise, kurzfristig reagiert werden kann und soll. Und die Preisstabilität soll im gesamten Euro-Währungsgebiet gewährleistet werden.

Mittelfristige Preisstabilität

Tab. 18-2

Preisentwicklung im Eurosystem (Veränderung gegenüber Vorjahr in %)

HVPI und seine Komponenten	2000	2001	2002	2003	2004	2005	2006	2007	2008
Gesamtindex	2,1	2,3	2,3	2,1	2,1	2,2	2,2	2,1	3,3
Energie	13,1	2,2	−0,6	3,0	4,5	10,1	7,7	2,6	10,3
Unverarbeitete Nahrungsmittel	1,8	7,0	3,1	2,1	0,6	0,8	2,8	3,0	3,5
Verarbeitete Nahrungsmittel	1,2	2,9	3,1	3,0	3,4	2,0	2,1	2,8	6,1
Industrieerzeugnisse ohne Energie	0,5	0,9	1,5	0,8	0,8	0,3	0,6	1,0	0,8
Dienstleistungen	1,5	2,5	3,1	2,5	2,6	2,3	2,0	2,5	2,6

Quelle: EZB, verschiedene Jahresberichte.

Geldpolitik der Europäischen Zentralbank
Geldpolitische Strategien

Die Zwei-Säulen-Strategie
Die ehemals »herausragende Rolle der Geldmengenpolitik« und die »breit fundierte Beurteilung der Aussichten für die künftige Preisentwicklung ...« sind zu einer so genannten Zwei-Säulen-Strategie zusammengefasst worden. Ihre Elemente sind etwas nebulös formuliert worden und es sind eigentlich keine Strategieelemente, es sind vielmehr zwei analytische Perspektiven zur Aufbereitung, Bewertung und Prüfung von Informationen, die für die Einschätzung der Aussichten für die Preisentwicklung und der Risiken für die Preisstabilität von Bedeutung sind. Diese Analyse wird unter Zugrundelegung von zwei sich ergänzenden Ansätzen erstellt. Diese sind:

Die wirtschaftliche Analyse
Hier werden kurz- bis mittelfristige realwirtschaftliche Bestimmungsfaktoren der Preisentwicklung beurteilt. Die wirtschaftliche Analyse »... trägt der Tatsache Rechnung, dass die Preisentwicklung über diese Zeithorizonte hinweg weitgehend vom Zusammenspiel von Angebot und Nachfrage an den Güter-, Dienstleistungs- und Faktormärkten beeinflusst wird« (EZB 2004, S. 57). Relevante Indikatoren sind die Entwicklung der gesamtwirtschaftlichen Nachfrage, die Finanzpolitik, die Bedingungen auf dem Kapital- und Arbeitsmarkt, Löhne und Arbeitsproduktivitäten, Rohstoff- und Energiepreise sowie Wechselkurse und Zahlungsbilanzen, um nur die wichtigsten Indikatoren zu nennen.

Die monetäre Analyse
Hier wird insbesondere die Entwicklung der Geldmenge, vor allem in der Abgrenzung M3 als mittel- bis langfristiger Bestimmungsfaktor der Preisentwicklung hervorgehoben und beurteilt. Damit wird der monetaristischen Sicht und der empirischen Tatsache Rechnung getragen, dass Geldmengenwachstum und Inflation mittel- bis langfristig in enger Beziehung zueinander stehen.

Kompromisscharakter der geldpolitischen Strategie
Diese Zwei-Säulen-Strategie ist vermutlich bewusst nebulös formuliert worden, um den geldpolitischen Handlungsspielraum nicht zu sehr einzuschränken. Im Kern ist die geldpolitische Strategie der EZB eine Mischung aus Geldmengensteuerung und direkter Inflationssteuerung. Dementsprechend wurde auch die bis 2003 übliche jährliche Festlegung des Ziels des Geldmengenwachstums aufgegeben.

Insgesamt ist die formulierte geldpolitische Strategie der EZB ein möglicherweise guter Kompromiss aus unterschiedlichen geldpolitischen Ansichten und unterschiedlichen geldtheoretischen Positionen.

Arbeitsaufgaben Kapitel 18

1. Was ist primäres Ziel der Geldpolitik der EZB?

2. Über welche geldpolitischen Instrumente verfügt die EZB?

3. Was versteht man allgemein unter einer Offenmarktpolitik?

4. Wie wirkt eine expansive (kontraktive) Offenmarktpolitik auf die Zentralbankgeldmenge im Geschäftsbankensektor?

5. Wie ist die Offenmarktpolitik der EZB ausgestaltet?

6. Was versteht man allgemein unter einer Mindestreservepolitik?

7. Wie ist die Mindestreservepolitik der EZB ausgestaltet?

8. Welche geldpolitischen Strategien sind in Europa verfolgt worden?

9. Welche geldpolitische Strategie verfolgt die EZB?

10. Durch welche Theoriebausteine wird aus der Quantitätsgleichung die Quantitätstheorie?

Lösungsvorschläge für die Arbeitsaufgaben finden Sie im »Übungsbuch zu Grundlagen und Probleme der Volkswirtschaft«.

Literatur Kapitel 18

Europäische Zentralbank: Jahresbericht 2008.
Europäische Zentralbank: Die Geldpolitik der EZB, Frankfurt/M. 2004

Über die Geldpolitik der EZB berichtet kurz:
Europäische Zentralbank: Die Europäische Zentralbank. Das Eurosystem. Das Europäische System der Zentralbanken, Frankfurt/M. 2008.
Deutsche Bundesbank: Die Europäische Wirtschafts- und Währungsunion, Frankfurt/M. 2008.

Eine detaillierte Darstellung der Geldpolitik im ESZB bieten:
Europäische Zentralbank: Die Geldpolitik der EZB, Frankfurt/M. 2004.
Europäische Zentralbank: Durchführung der Geldpolitik im Euro-Währungsgebiet, Frankfurt/M. 2008.

Europäische Zentralbank (Hrsg.): Die Europäische Zentralbank, von Hanspeter K. Scheller, 2. Aufl. Frankfurt/M. 2006.

Über die Durchführung der Geldpolitik der EZB wird jeweils berichtet in:
Europäische Zentralbank: Jahresbericht,
Deutsche Bundesbank: Geschäftsbericht.

Geldpolitische Strategien beschreibt:
Deutsche Bundesbank: Monatsbericht Januar 1998, S. 33–48.

Empfehlenswerte Lehrbücher zur Geldpolitik sind die in Kapitel 17 genannten Bücher.

19 Bedeutung, Ordnung, Bestimmungsgründe und Globalisierung des internationalen Handels

Leitfragen

Welche Vorteile bietet der internationale Handel den beteiligten Ländern?

- Welche Bedeutung hat der internationale Handel für Deutschland?
- Wie begründet sich die Vorteilhaftigkeit des Außenhandels?
- Welche Argumente sprechen für Freihandel, welche Argumente für Protektionismus?
- Durch welche Instrumente kann man den Außenhandel beeinflussen?
- Welche Bedeutung haben die Terms of Trade?

Wie ist die Welthandelsordnung ausgestaltet?

- Was sind die Grundprinzipien der Welthandelsordnung?
- Wie ist die Welthandelsordnung (WTO) strukturiert?
- Was bedeutet die Globalisierung der Weltwirtschaft?
- Was sind die Ursachen der Globalisierung?
- Was sind die Folgen der Globalisierung?
- Welche Bedeutung hat der Standortwettbewerb in der Weltwirtschaft?

19.1 Bedeutung des internationalen Handels für Deutschland

Der internationale Handel ist für Deutschland von zentraler Bedeutung. Tabelle 19-1 stellt die wichtigsten Kennzahlen für die internationale Verflechtung noch einmal zusammen (vgl. genauer Kapitel 9.2). Deutschland hat in den letzten Jahren Waren im Wert von fast 1.000 Milliarden Euro exportiert, im Jahre 2007 (die neueren Zahlen sind generell vorläufig, daher wird auf sie nicht Bezug genommen) für 965,2 Milliarden Euro. Das entspricht fast 40 Prozent des Bruttoinlandsproduktes. Gut 20 Prozent der Erwerbstätigen in Deutschland sind vom Export abhängig. Diese Anteile sind in den letzten Jahren stetig gestiegen. Ein so hoher Anteil der Exportwirtschaft an der Gesamtproduktion macht ein Land anfällig für Konjunkturkrisen auf dem Weltmarkt; das ist aber das Ergebnis der internationalen Arbeitsteilung und kaum zu ändern.

Deutschland ist für den internationalen Handel von großer Bedeutung: Es ist seit 2003 die weltweit größte Exportnation, ist mit einem Anteil am Welthandel von 9,5 Prozent (2007) so genannter »Exportweltmeister«, vor China

Deutschland ist stark exportorientiert und damit anfällig für Krisen am Weltmarkt.

19.1 Bedeutung des internationalen Handels
Bedeutung des internationalen Handels für Deutschland

Tab. 19-1

Entwicklung des Außenhandels und der Zahlungsbilanzsalden Deutschlands von 1991 bis 2008 (in Mrd. €)

	1991	1995	2000	2005	2006	2007	2008
Außenhandel							
Export von Waren	340,4	383,2	597,4	794,5	893,0	965,2	992,5
Import von Waren	329,2	339,6	538,3	636,3	734,0	769,9	814,0
Saldo der Handelsbilanz	+11,2	+43,6	+59,1	+158,2	159,0	+195,3	+178,5
Saldo der Leistungsbilanz	−15,6	−15,2	−32,7	+114,7	+150,9	+191,3	+164,9
Saldo der Kapitalbilanz	+6,4	+32,5	+28,3	−129,6	−175,0	−237,3	−203,4
Restposten[1]	+6,5	−10,1	−8,3	+16,4	+24,3	+45,9	+38,6
Währungsreserven[2]	+4,9	−5,3	+5,8	+2,2	+2,9	−1,0	−7,0

[1] Saldo der statistisch nicht aufgliederbaren Transaktionen
[2] + bedeutet Abnahme, − bedeutet Zunahme (aus buchhaltungstechnischen Gründen)
Quelle: Deutsche Bundesbank, Monatsberichte und Zahlungsbilanzstatistik.

mit 8,8 Prozent und den USA mit 8,4 Prozent (Datenreport 2008). Allerdings werden die Exportwerte in Dollar ausgewiesen, die Anteile sind also stark von Wechselkursänderungen des Euro zum Dollar abhängig, und sie beziehen sich nur auf die Warenexporte ohne Dienstleistungen. Die wichtigsten Exportgüter sind Kraftfahrzeuge mit einem Anteil von 18,7 Prozent, Maschinen mit einem Anteil von 14,3 Prozent und chemische Erzeugnisse mit einem Anteil von 13,2 Prozent der gesamten Exporte 2007; insgesamt dominieren technologisch hochwertige Investitions- und Konsumgüter der »alten« Industrien.

Starke Importabhängigkeit Deutschlands

Deutschland ist umgekehrt auch stark von Importen abhängig, importiert 2007 Waren für rund 770 Milliarden Euro, darunter vor allem Erzeugnisse der Elektrotechnik, der chemischen Industrie, des Fahrzeugbaus und Energie, generell auch Metalle und Halbfabrikate. Damit ist Deutschland zweitgrößter Importeur der Welt, nach den USA und vor China. Dahinter verbirgt sich die Tatsache, dass ein Teil der deutschen Exporte wiederum aus Importen, vor allem importierten Halbfabrikaten, besteht, was zur abwertend gemeinten Bezeichnung »Basarökonomie« (*Hans-Werner Sinn*) geführt hat. Gemeint ist damit, dass deutsche Exportunternehmen zunehmend Güter importierten, sie nur neu zusammensetzten und verpackten und dann wieder exportierten. Aus Industrieunternehmen würden Handelsunternehmen. Richtig ist, dass der inländische Wertschöpfungsanteil an den deutschen Warenexporten tendenziell abnimmt (vgl. Jahresgutachten des Sachverständigenrates 2004/2005, S. 357 ff.), aber auch eine solche Verflechtung ist das normale Ergebnis der internationalen Arbeitsteilung. Und letztlich entscheidend ist der Außenbeitrag, der Überschuss der Exporte über die Importe, für die Wertschöpfung im Inland.

Und dieser **Außenbeitrag** im Umfang von fast 200 Milliarden Euro (2007) ist ungewöhnlich hoch. Traditionell sind die hohen Überschüsse in der deutschen

Handelsbilanz zum Teil dazu verwendet worden, die ebenfalls traditionellen Defizite in der Reiseverkehrsbilanz und in der Bilanz der laufenden Übertragungen zu finanzieren, seit 2004 weist aber auch die Leistungsbilanz insgesamt einen hohen positiven Saldo auf. Das bedeutet, dass Deutschland per Saldo in erheblichem Umfang Auslandsvermögen erwirbt, also eine deutliche Gläubigerposition im internationalen Handel einnimmt. Dies zeigt sich am hohen Kapitalexport, der 2007 per Saldo fast 240 Milliarden Euro erreicht (aus buchhaltungstechnischen Gründen bedeutet ein – (Minus) eine **Zunahme** der Nettokapitalanlagen im Ausland, einen Kapitalexport). Dahinter steht die Unsicherheit, ob die Schuldnerländer, insbesondere die USA als große Schuldnerin der Welt, ihre Schulden auch langfristig werden finanzieren können. Langfristig sind solche Ungleichgewichte eine Gefahr für das Weltwirtschaftssystem.

Hohe Handelsbilanzüberschüsse

Die regionale Differenzierung des internationalen Handels zeigt, dass Deutschland vor allem mit den EU-Ländern Handel treibt: 64,7 Prozent der Ausfuhren gehen in ein EU-Land, insbesondere Frankreich ist seit vielen Jahren unser wichtigster Handelspartner. Weitere 10,9 Prozent entfallen auf das Nicht-EU-Europa, 11,2 Prozent auf Asien, 10,4 Prozent auf Amerika und nur 1,8 Prozent auf Afrika und 0,7 Prozent auf Australien/Ozeanien (Angaben für 2007, Datenreport 2008). Dies zeigt, dass ein internationaler Handel, vielleicht überraschend, vor allem zwischen jeweils ähnlich entwickelten Industrienationen stattfindet, und nur in geringem Umfang zwischen Industrie- und Entwicklungsländern.

19.2 Begründung und Erklärung des internationalen Handels

19.2.1 Vorteile der weltweiten Arbeitsteilung insgesamt

Der internationale Handel ermöglicht, die Vorteile einer weltweiten **Arbeitsteilung** zu realisieren, wie *Adam Smith* vor über 200 Jahren erkannte.

Der internationale Handel wird durch die Vorteile der Arbeitsteilung begründet.

»Bei jedem klugen Hausvater ist es eine Regel, niemals etwas im Hause machen zu lassen, was ihn weniger kosten würde, wenn er es kaufte. Dem Schneider fällt es nicht ein, seine Schuhe zu machen, sondern er kauft sie vom Schuhmacher; dem Schuhmacher fällt es nicht ein, sich seine Kleider zu machen, sondern er beschäftigt den Schneider, und dem Landmann fällt es nicht ein, sich eines oder das andere zu machen, sondern er setzt jene beiden Handwerker in Nahrung. Alle diese Leute finden es in ihrem Interesse, ihren Gewerbefleiß ganz auf diejenige Art anzuwenden, in der sie etwas vor ihrem Nachbarn voraus haben, und dann ihren übrigen Bedarf mit einem Teile ihres eigenen Erzeugnisses oder, was dasselbe ist, mit dem Preis eines seines Teiles zu kaufen.

Was aber in der Handlungsweise einer Familie Klugheit ist, das kann in der eines großen Reiches wohl schwerlich Torheit sein. Wenn uns ein fremdes Land mit einer Ware wohlfeiler versehen kann, als wir sie selbst zu machen imstande sind, so ist es besser, daß wir sie ihm mit einem Teile vom Erzeugnis unseres eigenen Gewerbefleißes, in welchem wir vor dem Auslande etwas voraushaben, abkaufen.« (Smith 1924 (Original 1776), S. 30 f.)

Ein entscheidender Grund für die Vorteilhaftigkeit des internationalen Handels ist also die Unterschiedlichkeit der Produktionskosten und letztlich die Unterschiedlichkeit der Preise für die Güter in den einzelnen Ländern (Kapitel 19.2.2). Hinzu kommen Vorteile von Produktdifferenzierungen, die insbesondere intraindustriellen Außenhandel erklären können (Kapitel 19.2.3). Schließlich zeigt eine genaue Betrachtung, dass nicht nur absolute Preisvorteile – Land 1 produziert Gut A billiger als Land 2 – sondern auch relative (komparative) Preisvorteile – Land 1 produziert Gut A *im Verhältnis* zu Gut B billiger als Land 2 – einen Außenhandel vorteilhaft machen (Theorem der komparativen Kosten von *David Ricardo*). Dies liegt daran, dass der Wechselkurs relative Preisvorteile in absolute Preisvorteile umsetzt (Kapitel 19.2.4).

> Letztlich begründen unterschiedliche Preise die Vorteile des Außenhandels.

19.2.2 Preisdifferenzen als Ursache internationaler Handelsströme

Letztlich lassen sich die Ursachen relativer Preisunterschiede vor allem auf zwei Bestimmungsfaktoren zurückführen:
- Unterschiede im Produktionsverfahren und
- Unterschiede in der Ausstattung mit Produktionsfaktoren (Faktorausstattung).

19.2.2.1 Unterschiede im Produktionsverfahren
Auf Unterschiede im Produktionsverfahren im weitesten Sinne lassen sich folgende Begründungen des Außenhandels zurückführen.

Unterschiedliche Verfügbarkeit
Die unterschiedliche Ausstattung der Länder mit natürlichen Ressourcen wie Boden, Klima und Rohstoffen begründet, dass manche Länder einige Produkte nicht selbst herstellen können, sondern auf den Import angewiesen sind. Typische Beispiele sind Erdöl und mineralische Rohstoffe wie Chrom, Nickel, Zinn usw. sowie tropische Agrarprodukte wie z. B. Kaffee und Bananen.

Unterschiedliche natürliche Produktionsbedingungen
Auch wenn manche Länder die gleichen Produkte produzieren können, so begründet doch die unterschiedliche Ausstattung mit Ressourcen Kostenunterschiede in der Produktion. So ist es teurer, Steinkohle in Deutschland abzubauen als in den USA, weil die Abbautiefen ganz unterschiedlich sind, und so ist es sicher teurer, Getreide in Norwegen zu produzieren als in Frankreich.

Technologische Lücke

Ähnlich wie bei unterschiedlicher natürlicher Verfügbarkeit kann es eine unterschiedliche technologische Verfügbarkeit, sogar technologische Verfügbarkeitsmonopole geben. Nicht alle Länder verfügen über einen technologischen Entwicklungsstand, der es ihnen erlauben würde, technologisch hochwertige Produkte, z. B. EDV-Geräte oder Flugzeuge, selbst zu produzieren. Diese müssen daher bei Bedarf importiert werden.

Intraindustrieller und interindustrieller Handel

Obige Begründungen erklären vor allem den Tausch unterschiedlicher Güter, den Austausch zwischen Erdöl und Maschinen, zwischen Wein und Tuch oder zwischen Kaffee und Zinn, also den Handel zwischen den Sektoren. Man spricht dann von **intersektoralem** bzw. **interindustriellem Handel**. Ein solcher Handel lässt sich vor allem mit der Unterschiedlichkeit der Produktionsbedingungen und der Unterschiedlichkeit der Faktorausstattung erklären (vgl. auch Kapitel 19.2.2).

Weit mehr als die Hälfte des Außenhandels ist aber intrasektoraler bzw. intraindustrieller Handel. Man spricht von **intrasektoralem** bzw. **intraindustriellem Handel**, wenn ähnliche Produkte wie Autos gegen Autos oder Uhren gegen Uhren getauscht werden; genauer, wenn Güter derselben Güterklasse Gegenstand gegenseitigen Tausches sind. Dieser intraindustrielle Handel lässt sich vor allem mit Größenersparnissen der Produktion und Produktdifferenzierungen erklären (vgl. auch Kapitel 19.2.3).

Dominanz des intraindustriellen Handels

Größenersparnisse der Produktion

Der Außenhandel erweitert die Märkte, schafft größere Märkte. Diese Ausdehnung bietet die Möglichkeit, die Größenersparnisse der Produktion, die economies of scale (vgl. Kapitel 7), verstärkt zu nutzen. Mit der Zunahme der Produktionsmenge geht eine Annäherung an die mindestoptimale Betriebsgröße (MOB) einher. Damit wird die Vorteilhaftigkeit der Spezialisierung ganz allgemein begründet: Auch wenn im Ausgangszustand »beide Länder beide Produkte« zu genau den gleichen absoluten und relativen Preisen produzieren könnten, lohnt eine Spezialisierung der Länder auf die Produktion jeweils eines Gutes, weil dann die Größenersparnisse der Produktion genutzt werden. Es ist in einem solchen Fall allerdings nicht bestimmt, welches Land sich auf welche Produktion spezialisiert. Möglicherweise sind hierzu Vereinbarungen notwendig. Im Regelfall spezialisieren sich die Länder auf bestimmte Marktsegmente, auf bestimmte Güter innerhalb der Güterklassen, also etwa auf »sportliche Luxuslimousinen« wie BMW oder auf »komfortable Luxuslimousinen« wie Rolls Royce und realisieren in diesen Marktsegmenten die economies of scale.

Vorteilhaftigkeit der Spezialisierung generell

19.2.2.2 Unterschiede in der Faktorausstattung

Auch wenn – dies sei einmal angenommen – die Länder für das jeweils gleiche Produkt die gleichen technischen Produktionsbedingungen aufweisen, also die gleiche Produktionsfunktion haben, kann sich der internationale Tausch loh-

19.2 Bedeutung des internationalen Handels
Begründung und Erklärung des internationalen Handels

nen. Dies ist dann der Fall, wenn die Länder unterschiedlich mit Produktionsfaktoren ausgestattet sind und wenn die Produktionsfunktionen sich zwar nicht zwischen den Ländern, aber zwischen den Produkten unterscheiden. Ein Beispiel soll dies klarmachen. Land 1 ist reich mit Kapital und wenig mit Arbeit ausgestattet, während Land 2 umgekehrt reich mit Arbeit und wenig mit Kapital ausgestattet ist. Diese unterschiedlichen Faktorproportionen führen zu unterschiedlichen **Faktorpreisproportionen**: Im kapitalreichen Land 1 wird Kapital relativ zur Arbeit billig sein, während im arbeitsreichen Land Arbeit relativ zum Kapital billig sein wird. Es unterscheiden sich die Faktorpreise Lohn und Zins in ihren Proportionen. Es gibt dann z. B. in Land 1 einen Lohn von 15 Euro pro Stunde und einen Realzins von 5 Euro je Kapitaleinheit und im Land 2 einen Lohn von 9 Pfund pro Stunde und einen Realzins von 4,50 Pfund. Mithin ist

$$\frac{15\ \text{Euro}}{5\ \text{Euro}} > \frac{9\ \text{GBP}}{4{,}50\ \text{GBP}} \quad (3 > 2)$$

Unterschiedliche Faktorproportionen …

… führen zu unterschiedlichen Faktorpreisproportionen

Es gebe nun auch zwei Güter, von denen das eine kapitalintensiv produziert wird – z. B. Maschinen – und das andere arbeitsintensiv produziert wird – z. B. Möbel. Aufgrund der unterschiedlichen Faktorpreisproportionen produziert mithin das kapitalreiche Land Maschinen im Verhältnis zu Möbeln billiger als das arbeitsreiche Land. Es gilt:

… und zu unterschiedlichen Güterpreisproportionen.

Land 1   Land 2

$$\frac{\text{Maschinenpreis}}{\text{Möbelpreis}} < \frac{\text{Maschinenpreis}}{\text{Möbelpreis}}$$

Es unterscheiden sich mithin schließlich auch die Güterpreisproportionen, und diese Unterschiedlichkeit begründet die Vorteilhaftigkeit des Handels:

Faktorproportionen-Theorem

> Relativ kapitalreiche Länder werden kapitalintensive Produkte exportieren und arbeitsintensive Produkte importieren, während relativ arbeitsreiche Länder arbeitsintensive Produkte exportieren und kapitalintensive Produkte importieren.

Dies ist der Inhalt des **Faktorproportionen-Theorems** von *Heckscher* und *Ohlin*, das also z. B. erklären kann, warum Deutschland Werkzeugmaschinen exportiert und Textilien importiert.

Man kann die Palette der betrachteten Produktionsfaktoren schließlich erweitern und differenzieren:

Erweiterung des Faktorproportionen-Theorems

»Das bodenreiche Land exportiert das bodenintensiv produzierte Gut (landwirtschaftliches Produkt). Oder: Das rohstoffreiche Land exportiert das rohstoffintensiv hergestellte Produkt. Oder: Das umweltreiche Land exportiert das umweltintensiv produzierte Gut. Und: Das mit landschaftlicher Schönheit reichlich ausgestattete Land exportiert das landschaftsintensive Produkt (Tourismus). Das humankapitalreiche Land exportiert das humankapitalintensive Produkt. Schließlich (weniger fassbar): Das innovationsfreudige

Land exportiert das innovationsintensive Produkt (neues Produkt). Entscheidend ist also für die Heckscher-Ohlin-Aussage, die Faktorreichlichkeit eines Landes mit der Faktorintensität der Produktion zu kombinieren.« (Siebert/Lorz, 2006, S. 58).

In diesem Zusammenhang kann zur Erklärung des Außenhandels zusätzlich der **Produktlebenszyklus der Güter** herangezogen werden: Jedes neue Produkt wird in der Regel nach seiner Markteinführung einen Zyklus durchlaufen, der durch drei Stadien gekennzeichnet ist: die Innovationsphase, die Ausreifungsphase und die Standardisierungsphase. Die **Innovation** setzt zunächst eine hohe technologische Qualifikation voraus (sie ist »intelligenzintensiv«), dies ist die Domäne hoch entwickelter Industrienationen; die **Ausreifungsphase** erfordert eine eher kapitalintensive Produktion auf mittlerem technologischen Niveau, dies ist die Domäne für mittlere Industrienationen; und die **Standardisierungsphase** ist Domäne der Entwicklungsländer im Stadium der Industrialisierung (Schwellenländer). Diese Grundlinie der Erklärung gilt auch für jeweils einzelne Produkte, nicht nur für Ländergruppen. So wird nicht ein hoch entwickeltes Land jeweils alle Innovationen hervorbringen, sondern die Länder werden sich auch hier spezialisieren.

Spezialisierung auf Güter in unterschiedlichen Phasen des Produktlebenszyklus

19.2.3 Produktdifferenzierung als Bestimmungsgrund von internationalen Handelsströmen

Schließlich können objektive und subjektive Qualitätsunterschiede der Güter Ursachen des Tausches sein. Produktdifferenzierungen begründen Unterschiede in den Produktpräferenzen der Nachfrager und umgekehrt. In diesem Fall besitzen die Anbieter Preissetzungsspielräume, da die Käufer in den Produkten einer Güterklasse, z. B. den Personenkraftwagen einer bestimmten Klasse, unterschiedliche Güter sehen. Der Grund hierfür können vom Nachfrager wahrgenommene tatsächliche oder vermeintliche Qualitätsunterschiede sein, z. B. weil er etwa einem bestimmten Markennamen besonders zugeneigt ist (»Ein Alfa Romeo ist etwas anderes als ein BMW«). In diesem Fall ist es rational, dass Güter im Ausland selbst dann gekauft werden, wenn die Preise im Ausland nicht niedriger, sondern gleich oder sogar höher sind. Geht man nun realistischerweise davon aus, dass die Vorlieben (Präferenzen) für die Güter bei unterschiedlichen Personen unterschiedlich sind, so ist es leicht vorstellbar, dass z. B. ein Haushalt A des Inlandes sich für ein ausländisches Automobil entscheidet, während ein Haushalt B des Auslandes ein inländisches Automobil vorzieht. Auch diese Erklärung begründet den intraindustriellen Handel, den Tausch in sich ähnlicher Produkte.

Wichtig ist zu erkennen, dass diese verschiedenen Erklärungen in der Regel kombiniert anzuwenden sind. Sie begründen insgesamt eine substanzielle Vorteilhaftigkeit des Außenhandels, und zwar – anders als auf den ersten Blick zu vermuten ist – für alle Länder, auch für Länder, die für alle Güter Preisvorteile bzw. Preisnachteile aufweisen. Das zeigt das Theorem der komparativen Kosten.

19.2.4 Das Theorem der komparativen Kosten (Ricardo)

Eines der berühmtesten klassischen ökonomischen Theoreme, das Theorem der komparativen Kosten, das 1817 von dem Engländer *David Ricardo* (1772–1823) entwickelt wurde, begründet, dass sich ein internationaler Güteraustausch auch dann für zwei Länder lohnt, wenn eines der beiden Länder alle Produkte billiger produzieren kann als das andere Land. Wichtig ist nur, dass die Produktionskosten**relationen** in den Ländern unterschiedlich sind.

Ein einfaches Beispiel soll diesen Gedanken erläutern. Zwei Länder, Deutschland und Tschechien, produzieren nur Stahl und Rindfleisch. Der Einfachheit halber sei angenommen, dass die Produktionskosten allein durch die Arbeitsstunden bestimmt werden, die zur Produktion der Produkte benötigt werden. Man kann dann die Produktionsmöglichkeiten beider Länder wie in Abbildung 19-1 für einen 12-Stunden-Arbeitstag in Form der Transformationskurven (vgl. Kapitel 1) einzeichnen. Sie sind hier der Einfachheit halber linear gezeichnet, ohne dass dies an der Argumentation etwas ändert.

Die Transformationslinien unseres einfachen Beispiels spiegeln folgende Produktionsmöglichkeiten wider: In Deutschland benötigt man zur Produktion von 1 kg Stahl 1 Arbeitsstunde, zur Produktion von 1 kg Rindfleisch 2 Arbeitsstunden, also kann Deutschland pro Arbeitstag 12 kg Stahl oder 6 kg Rindfleisch

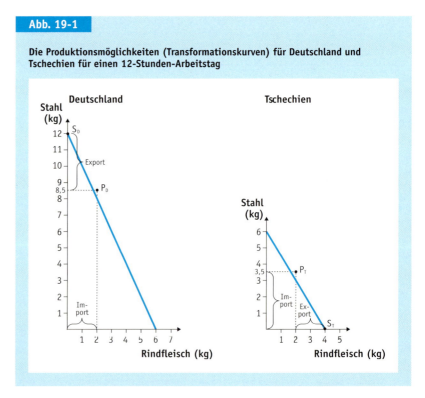

Abb. 19-1

Die Produktionsmöglichkeiten (Transformationskurven) für Deutschland und Tschechien für einen 12-Stunden-Arbeitstag

oder beliebige Mischungen, z. B. 6 kg Stahl und 3 kg Rindfleisch, produzieren. Wichtig ist, dass 1 kg mehr Rindfleisch den Verzicht auf 2 kg Stahl erfordert: 1 kg Rindfleisch kostet also 2 kg Stahl und umgekehrt kostet 1 kg Stahl 1/2 kg Rindfleisch. Dies sind die **internen deutschen Tauschverhältnisse**. In Tschechien benötigt man zur Produktion von 1 kg Stahl 2 Arbeitsstunden und zur Produktion von 1 kg Rindfleisch 3 Arbeitsstunden, also kann Tschechien pro Arbeitstag 6 kg Stahl oder 4 kg Rindfleisch oder Kombinationen davon produzieren. 1 kg Rindfleisch mehr kostet Tschechien den Verzicht auf die Produktion von 1,5 kg Stahl. 1 kg Rindfleisch kostet also 1,5 kg Stahl. Und 1 kg Stahl kostet 0,67 kg Rindfleisch. Dies sind die **internen tschechischen Tauschverhältnisse**. Während also absolut gesehen sowohl Stahl als auch Rindfleisch in Deutschland mit weniger Arbeitsaufwand produziert werden kann, ist Rindfleisch in Tschechien relativ (zum Stahl) billiger als in Deutschland. Und Stahl ist in Deutschland relativ (zum Rindfleisch) billiger als in Tschechien. Die Tabelle 19-2 stellt die internen Tauschverhältnisse noch einmal übersichtlich dar.

Tab. 19-2

Interne Tauschverhältnisse (zwei Güter) in Deutschland und Tschechien

Deutschland	Tschechien
1 kg R = 2 kg S	1 kg R = 1,5 kg S
1 kg S = 0,5 kg R	1 kg S = 0,67 kg R

Ein findiger Händler könnte diese **komparativen Kostenunterschiede** gewinnbringend ausnutzen. Er erwirbt 1 kg Rindfleisch in Tschechien, transportiert es nach Deutschland, erhält dort 2 kg Stahl, von denen er 1,5 kg zur Bezahlung des Rindfleisches in Tschechien verwenden würde. 0,5 kg Stahl abzüglich der Transportkosten wären sein Gewinn.

Gewinnmöglichkeiten bei komparativen Kostenunterschieden

Im internationalen Handel bilden sich nun Preise und Wechselkurse und damit Tauschverhältnisse zwischen Rindfleisch und Stahl. Welche Tauschverhältnisse sich einstellen, hängt ab von Angebot und Nachfrage, von Marktverhältnissen und Machtverhältnissen. Sicher kann man allerdings sein, dass bei freiem Handel die zwischen den Ländern geltenden (externen) Tauschrelationen zwischen den inländischen (internen) Tauschrelationen liegen müssen. In unserem Beispiel muss das externe Tauschverhältnis von Rindfleisch und Stahl zwischen dem tschechischen und dem deutschen internen Tauschverhältnis liegen, also zwischen

1 R = 1,5 S und 1 R = 2 S,

weil sich sonst der Tausch für eines der beiden Länder nicht lohnt. Nehmen wir an, die Tauschrelation liege in der Mitte:

1 R = 1,75 S.

19.2 Bedeutung des internationalen Handels
Begründung und Erklärung des internationalen Handels

Spezialisierung ist vorteilhaft.

In diesem Fall brächte eine Spezialisierung der Produktion auf das jeweils relativ billigere Produkt beiden Ländern einen Vorteil:
- Deutschland produziert 12 kg Stahl und tauscht davon z. B. 3,5 kg gegen 2 kg Rindfleisch;
- Tschechien produziert 4 kg Rindfleisch und tauscht davon z. B. 2 kg gegen 3,5 kg Stahl.

Wirtschaftliche Effizienz ergibt sich folglich, wenn sich Deutschland auf die Stahlproduktion spezialisiert und Tschechien auf die Produktion von Rindfleisch (Punkte S_D und S_T in Abbildung 19-1). Beide Länder erreichen dann durch Tausch – also internationalen Warenhandel – einen Punkt außerhalb ihrer jeweiligen Transformationskurve (Punkte P_D und P_T in Abbildung 19-1), also jeweils einen Punkt, den sie bei alleiniger Selbstproduktion (Autarkie) nicht hätten erreichen können. Wie aus Abbildung 19-1 abgelesen werden kann, exportiert Deutschland in unserem Beispiel nun Stahl im Umfang von 3,5 kg nach Tschechien und importiert dafür umgekehrt 2 kg Rindfleisch aus Tschechien.

Drücken wir diesen Sachverhalt unter Verwendung von Geldpreisen und Wechselkursen aus. Es gelte z. B. 1 Arbeitsstunde = 1 Euro bzw. 40 Kronen. Dann gelten die in Tabelle 19-3 aufgeführten Kosten.

Tab. 19-3

Kosten der Produktion (zwei Güter) in Deutschland und Tschechien

Deutschland	Tschechien
1 kg R = 2 Euro	1 kg R = 120 Kronen
1 kg S = 1 Euro	1 kg S = 80 Kronen

Wenn jetzt ein Wechselkurs von 1 Euro = 40 Kronen festgesetzt wäre, wäre in Deutschland alles billiger als in Tschechien, sowohl in Euro als auch in Kronen ausgedrückt. Dies würde dazu führen, dass Tschechien Eurodevisen nachfragen würde und mit steigender Euronachfrage würde der Euro aufgewertet, z. B. auf 1 Euro = 70 Kronen. Dann würden die Kronen-Preise aus Tabelle 19-4 gelten.

Tab. 19-4

Kosten der Produktion in Kronen (zwei Güter) in Deutschland und Tschechien

Deutschland	Tschechien
1 kg R = 2 Euro = 140 Kronen	1 kg R = 120 Kronen
1 kg S = 1 Euro = 70 Kronen	1 kg S = 80 Kronen

Der Außenhandel würde sich für beide Länder lohnen: Tschechien exportiert Rindfleisch, und Deutschland exportiert Stahl. So setzt der Wechselkurs komparative Preisvorteile in absolute Preisvorteile um.

Der Wechselkurs verwandelt komparative in absolute Preisvorteile.

19.2.5 Die Vorteilhaftigkeit des internationalen Handels

Fassen wir noch einmal zusammen: Der internationale Handel erlaubt – und zwar für die Länder insgesamt – eine Ausweitung der Produktions- und Konsummöglichkeiten. Dies liegt im Wesentlichen an den Vorteilen der **Arbeitsteilung**: an der Realisierung von absoluten und relativen Produktionskostenvorteilen und an den Größenersparnissen der Produktion, die verstärkt genutzt werden.

Hinzu kommt ein Faktor von möglicherweise noch größerer Bedeutung: Der freie internationale Handel verstärkt den Wettbewerb zwischen den Anbietern und bietet damit ein Mehr an **Wachstumsdynamik**. Monopolrenten werden abgebaut, und die Neigung zu Produkt- und Prozessinnovation wird verstärkt. Und schließlich werden die Kaufmöglichkeiten der Konsumenten mit steigendem Produktsortiment erweitert. Dies alles spricht für einen freien Außenhandel, doch sind damit möglicherweise auch Nachteile verbunden, die im Folgenden kurz diskutiert werden sollen.

Freihandel verstärkt den Wettbewerb.

19.3 Freihandel oder Protektionismus?

Unter **Freihandel** verstehen wir einen völlig unbehinderten internationalen Güteraustausch; der **Protektionismus** ist eine Politik der Einfuhrbeschränkung und Exportförderung zum Schutz bzw. zur Unterstützung der einheimischen Produktion. Seine Instrumente sind im Wesentlichen Zölle, Kontingente und nichttarifäre Handelshemmnisse (vgl. Kapitel 19.4).

Die Freihandelsidee ist die beherrschende Idee des klassischen Wirtschaftsliberalismus: Die Vorteile der Arbeitsteilung würden am besten im freien Wettbewerb unabhängiger Produzenten und Konsumenten realisiert, Eingriffe des Staates seien nur von Nachteil.

Die Freihandelsidee verkörpert den klassischen Wirtschaftsliberalismus.

In der Tat wird kaum bestritten, dass Freihandel die Gesamtproduktion der Welt bei gegebener Ausstattung mit Produktionsfaktoren maximiert. Fraglich ist nur,

- ob der Freihandel die Entwicklung der Produktivkräfte der einzelnen Länder optimal fördert und
- ob die Verteilung des resultierenden Überschusses nach den Regeln des freien Wettbewerbs unseren Gerechtigkeitsvorstellungen entspricht.

Freihandel garantiert nicht die optimale Entwicklung der Produktionsstruktur der Länder und garantiert nicht die »gerechte« Verteilung des Überschusses.

In unserem gewählten Beispiel würde sich Tschechien der Freihandelsidee folgend auf die Produktion von Rindfleisch und Deutschland auf die Produktion von Stahl spezialisieren.

19.3 Bedeutung des internationalen Handels
Freihandel oder Protektionismus?

Da zwar der Bedarf an Stahl im Zuge der Industrialisierung laufend wächst, die Nachfrage nach Rindfleisch hingegen eine natürliche Grenze erreichen wird, hätte diese Arbeitsteilung für Tschechien langfristig die nachteilige Konsequenz, dass die Nachfrage nach seinem Exportgut stagniert, seine Importwünsche hingegen laufend steigen würden.

Dieses Beispiel gilt allgemein: Langfristig würden die Anbieter von landwirtschaftlichen Produkten (Bananen, Kakao, Kaffee usw.) im Welthandel gegenüber den Anbietern von Industrieprodukten verlieren, wie die bisherige Entwicklung des Welthandels deutlich zeigt. Die Nachfrage nach Industrieprodukten und deren Preise stiegen meist schneller als die Nachfrage nach landwirtschaftlichen Gütern und Rohstoffen und deren Preise. Weil auf die Dauer nur eine Steigerung der Arbeitsproduktivität durch Mechanisierung und Industrialisierung eine Zunahme des materiellen Wohlstands bewirken kann, müssen alle Länder die Entwicklung einer heimischen Industrie anstreben. Hier

Zölle zum Schutz der heimischen Industrie

kommt dann das so genannte **Schutzzoll- bzw. Erziehungszollargument** zum Tragen, als dessen Begründer allgemein der deutsche Nationalökonom *Friedrich List* (1789–1846) gilt. Schutzzölle oder Importquoten sollen für eine gewisse Zeit der Entwicklung der heimischen Industrie Schutz vor der erdrückenden Konkurrenz der entwickelten ausländischen Industrienationen bieten. So ist der Industrialisierungsprozess in Deutschland im 19. Jahrhundert durch das Mittel des Schutzzolles erleichtert worden, der den Konkurrenzkampf mit der entwickelteren englischen Industrie zu bestehen half.

Freihandel fördert die Entwicklung der Produktivkräfte unterentwickelter Länder also nicht von sich aus. Allerdings ist immer zu fragen, ob man die heimische Industrie nicht durch andere Mittel als Schutzzölle, z. B. durch Subventionen und Planungshilfen, besser fördern könnte.

Weitere Argumente gegen Freihandel

Es gibt einige weitere Argumente, die dem Prinzip des Freihandels entgegengehalten werden; sie sollen hier nur aufgezählt werden:
- Bestimmte Wirtschaftszweige sollen geschützt werden, um im Falle eines Krieges lebens- und verteidigungsfähig zu bleiben (Landwirtschaft, Erdöl, Eisen, Stahl usw.);
- extreme Spezialisierungen der Wirtschaftsstruktur eines Landes sind im Interesse langfristiger Stabilität zu vermeiden (ein Land, das nur Kaffee exportiert, ist auf Gedeih und Verderb von der Entwicklung der Kaffeepreise auf dem Weltmarkt abhängig);
- Importzölle auf Luxusgüter sind für unterentwickelte Länder zum einen ein Mittel, die Staatseinnahmen zu erhöhen, zum anderen ein Mittel, den Devisenabfluss zu beschränken.

Schutzzölle allenfalls für unterentwickelte Länder

Im Allgemeinen wird vor allem den bisher unterentwickelten Ländern ein Schutz vor der Anwendung des reinen Freihandelsprinzips zugestanden; keinesfalls gilt diese Rechtfertigung für Schutzzölle bzw. Importkontingente zugunsten der Wirtschaft hoch entwickelter Nationen.

Trotzdem werden heimische Wirtschaftszweige auch entwickelter Länder immer wieder vor der Konkurrenz billiger Auslandsprodukte geschützt. Dies ist eine sehr kurzsichtige Politik, die vergisst, dass:
- andere Länder »Vergeltungsmaßnahmen« einführen werden, bis schließlich der freie Welthandel erstickt,
- die Einnahmen, die andere Länder aus dem Export ihrer Produkte erzielen, wiederum für Importe unserer Güter ausgegeben werden können und
- der Schutz heimischer Industriezweige vor der Auslandskonkurrenz schließlich die Verbraucher in Form höherer Preise für diese Güter bezahlen lässt.

Der Leser wird erkennen, dass letztlich meist **zwischen Effizienz und sozialer Gerechtigkeit abzuwägen** ist: Freier Wettbewerb und Welthandel sind effizient, bieten aber den Schwachen keinen Schutz vor Ausbeutung und keine Gewähr für eine langfristig optimale Entwicklung ihrer Wirtschaftsstruktur. Insbesondere garantiert der Freihandel nicht, dass sich die realen Austauschverhältnisse gleichmäßig entwickeln (vgl. Kapitel 19.5).

19.4 Instrumente der Außenhandelspolitik

Viele Länder versuchen, diesen Überlegungen entsprechend, ihren Außenhandel zu kontrollieren, zu beeinflussen. In Marktwirtschaften werden hierzu im Wesentlichen Zölle erhoben oder Kontingente eingeführt oder nichttarifäre Handelshemmnisse eingebaut.

Zölle sind Abgaben, die beim grenzüberschreitenden Warenverkehr vom Staat erhoben werden. Heute gibt es praktisch nur noch Einfuhrzölle (Importzölle). Sie haben entweder das Ziel, dem Staat Einnahmen zu verschaffen (Finanzzoll) oder einen einheimischen Wirtschaftszweig vor ausländischer Konkurrenz zu schützen (Schutzzoll). Meist lassen sich beide Motive kaum trennen.

Zölle

Um heimische Wirtschaftszweige vor ausländischer Konkurrenz zu schützen, werden bisweilen auch Kontingente festgesetzt. **Kontingente** sind mengenmäßige Beschränkungen des grenzüberschreitenden Warenverkehrs, fast immer Einfuhrkontingente (Importkontingente). Es sind nicht marktkonforme Mittel, weil sie den Preismechanismus außer Kraft setzen.

Kontingente

Ein weiteres Instrument, den Außenhandel zu beeinflussen, sind **Handelsverträge** zwischen den Ländern. Solche Abkommen sind z.B. die von der Europäischen Union mit assoziierten **AKP-Staaten** (Entwicklungsländern **A**frikas, der **K**aribik und des **P**azifischen Raumes) abgeschlossenen Verträge.

Handelsverträge

Schließlich soll das so genannte **Dumping** angesprochen werden. Dumping liegt vor, wenn ein Produkt im Ausland zu Preisen verkauft wird, die nicht die Produktionskosten decken.

Dumping

Von wesentlicher und stark zunehmender Bedeutung sind auch die Handelshemmnisse, die durch administrative Anforderungen entstehen. Bei diesen so genannten **nichttarifären Handelshemmnissen** handelt es sich z. B. um Erschwernisse im Abfertigungs- und Genehmigungsverfahren, um die Vorgabe von technischen Standards, um Herkunfts- oder Gesundheitszertifikate und zunehmend um Selbstbeschränkungsabkommen.

19.5 Die Terms of Trade (Das reale Austauschverhältnis)

Die **Terms of Trade** geben an, welches Importvolumen im Austausch gegen eine Einheit Exportgüter erworben werden kann. In unserem einfachen Rindfleisch-/Stahlbeispiel ergeben sich bei der externen Tauschrelation

1 kg Rindfleisch = 1,75 kg Stahl

folgende Terms of Trade: Tschechien erhält für 1 kg exportiertes Rindfleisch 1,75 kg Stahl, Deutschland erhält für 1 kg Stahl 0,57 kg Rindfleisch.

Ein weiteres Beispiel soll den Begriff Terms of Trade unter Berücksichtigung von Preisen und Wechselkursen erläutern. Angenommen, Deutschland exportiere als einziges Gut Autos zum Preis von 10.000 Euro und importiere als einziges Gut Apfelsinen aus Marokko zum Preis von 10 Dirham pro Kilogramm. Bei einem Wechselkurs von 10 Dirham = 1 Euro kostet also 1 Kilogramm Apfelsinen 1 Euro. Nun kann man berechnen, wie viele Kilogramm Apfelsinen man für ein deutsches Auto bekommt:

Reales Austauschverhältnis

1 Auto   = 10.000 €
10.000 €   = 10.000 kg Apfelsinen
1 Auto   = 10.000 kg Apfelsinen

Deutschland erhielte also 10.000 kg Apfelsinen für 1 Auto. Das reale Austauschverhältnis hängt mithin von den jeweiligen Preisen der Güter und vom Wechselkurs ab.

In der Praxis werden nun nicht nur zwei, sondern sehr viele Güter international getauscht. Man muss daher bei der Berechnung des realen Austauschverhältnisses mit Indizes arbeiten. Die Terms of Trade, genauer gesagt die Terms of Trade auf Güterbasis, die so genannten **Commodity Terms of Trade**, werden berechnet als Quotient aus Preisindex der Exporte und Preisindex der Importe in heimischer Währung:

$$\text{Terms of Trade} = \frac{\text{Preisindex der Exporte}}{\text{Preisindex der Importe}}$$

Wichtig sind die Veränderungen der Terms of Trade.

Damit ist der Wert der Terms of Trade für sich genommen weniger aussagekräftig als seine Veränderungen. Steigen z. B. die Preise der Exportgüter stärker als die Preise der Importgüter, dann spricht man von einer Verbesserung der Terms of Trade: Es verbessert sich die Fähigkeit eines Landes, durch seine Exporterlöse Importgüter zu bezahlen. Entwicklungsländer sind häufig von einer Abnahme ihrer Terms of Trade gegenüber Industrieländern betroffen. Die Entwicklungsländer erhalten dann für ihre Exportgüter immer weniger industrielle Importgüter (vgl. zur Illustration Tabelle 30-4 in Kapitel 30.3.8).

Abbildung 19-2 zeigt die Entwicklung der Terms of Trade für Deutschland von Januar 1991 bis Mai 2009 (in Monatswerten). Die deutliche Verschlechterung der Terms of Trade in den Jahren 1999 und 2000 sowie 2004 bis 2008 ist dabei wesentlich auf den Anstieg der Einfuhrpreise für Rohöl zurückzuführen.

Definition der Commodity Terms of Trade

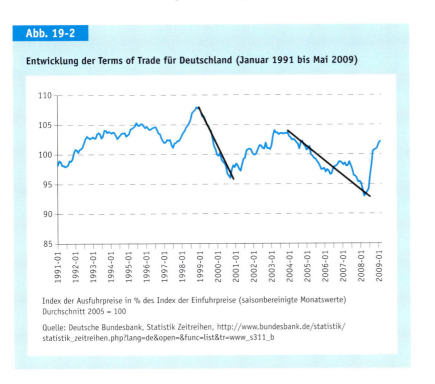

Abb. 19-2

Entwicklung der Terms of Trade für Deutschland (Januar 1991 bis Mai 2009)

Index der Ausfuhrpreise in % des Index der Einfuhrpreise (saisonbereinigte Monatswerte)
Durchschnitt 2005 = 100

Quelle: Deutsche Bundesbank, Statistik Zeitreihen, http://www.bundesbank.de/statistik/statistik_zeitreihen.php?lang=de&open=&func=list&tr=www_s311_b

19.6 Gestaltung der Welthandelsordnung

Im Rahmen der Gestaltung der Welthandelsordnung wird versucht, dem Postulat des Freihandels durch institutionelle Regelungen Rechnung zu tragen.

19.6.1 Grundprinzipien des GATT

Das 1947 von 23 Ländern vereinbarte GATT (General Agreement on Tariffs and Trade) basiert auf drei grundlegenden Prinzipien, die eine Annäherung an Freihandel schaffen sollen:

Grundprinzipien des GATT

- das Prinzip der Liberalisierung,
- das Prinzip der Gegenseitigkeit (Reziprozität) und
- das Prinzip der Nicht-Diskriminierung.

Das **Prinzip der Liberalisierung** verpflichtet die Länder, keine neuen Zölle einzuführen und bestehende Zölle nicht herauf zu setzen; zudem sind Kontingente und andere, nicht-tarifäre Handelshemmnisse verboten.

Das **Prinzip der Gegenseitigkeit (Reziprozität)** verlangt, dass Zollsenkungen eines Landes durch entsprechende Zollsenkungen eines anderen Landes beantwortet werden müssen; in bilateralen Verhandlungen gilt also das Prinzip der Gleichwertigkeit von Leistung und Gegenleistung.

Das **Prinzip der Nicht-Diskriminierung** besagt, dass alle Länder gleich behandelt werden müssen und dass insbesondere nicht zwischen Inland und Ausland differenziert werden darf. Die zentrale Ausprägung der Nicht-Diskriminierung findet sich in der in Artikel I enthaltenen Verpflichtung zu unbedingter **Meistbegünstigung**: Diese besagt, dass Zollsenkungen oder andere Konzessionen, die einem Land gewährt werden, auch für alle anderen Länder gelten müssen.

Ausnahmeregelungen des GATT

Im Regelwerk des GATT sind allerdings wichtige Ausnahmen vorgesehen, ohne die das Vertragswerk wohl auch nie unterzeichnet worden wäre. Solche Ausnahmen sind folgende:
- Zollunion (wie die ehemalige EWG) und Freihandelszone sind erlaubt, obwohl damit Drittländer diskriminiert werden.
- Zum Schutz der finanziellen Lage und zum Schutz der Zahlungsbilanz dürfen Importe mengenmäßig beschränkt werden, auch diskriminierend.
- Für den Agrarmarkt gelten Ausnahmeregeln dergestalt, dass Agrarexporte subventioniert und Agrarimporte beschränkt werden dürfen (wie in der EU).
- Für Entwicklungsländer gilt der Grundsatz der Reziprozität nicht: Sie müssen Zollkonzessionen nicht mit gleichwertigen Gegenleistungen beantworten.
- Schließlich gilt die so genannte »Großvaterklausel«: Der Grundsatz der Nicht-Diskriminierung findet keine Anwendung auf Präferenzen, die zu Beginn des Abkommens bereits bestanden hatten. Dies erlaubt z. B. Vorzugsbehandlungen im Rahmen des Commonwealth.

19.6.2 Weiterentwicklung des GATT zur WTO

Erfolge des GATT

Trotz aller Ausnahmeregelungen und im Widerstand gegen zahlreiche protektionistische Außenhandelspolitiken der Länder ist es dem GATT gelungen, in acht Liberalisierungsrunden die Zollsätze weltweit erheblich zu senken: So betragen nach der Uruguay-Runde (1986–1994) die Zölle der Industrieländer nur noch 4,3 Prozent des Importwertes. Zudem ist es gelungen, das GATT zu einer umfassenderen Welthandelsordnung zu erweitern: 1995 ist die **Welthandelsorganisation WTO** (World Trade Organization) als Sonderorganisation der Vereinten Nationen mit Sitz in Genf, errichtet worden. Die WTO, mit mittlerweile

19.6 Gestaltung der Welthandelsordnung

Abb. 19-3

Struktur der Welthandelsorganisation

Institutionelle Struktur der Welthandelsorganisation

WTO-Abkommen

Ministerkonferenz

Ausschüsse
- Budget, Finanzen, Verwaltung
- Handel und Entwicklung
- Handel und Umwelt
- Regionale Handelsabkommen
- Zahlungsbilanzbeschränkungen

Allgemeiner Rat

Generaldirektor

Sekretariat

Streitschlichtungsorgan

Organ zur Überprüfung der Handelspolitik

Multilaterale Abkommen

GATT

Rat für den Handel mit Waren

Abkommen über
- Dumping
- Einfuhrlizenzen
- Gesundheitsmaßnahmen
- Investitionen (TRIMs)
- Kontrollen vor dem Versand
- Landwirtschaft
- Schutzmaßnahmen
- Subventionen
- Technische Handelshemmnisse
- Textilwaren und Bekleidung
- Ursprungsregeln
- Zollwert

GATS

Rat für den Handel mit Dienstleistungen

Abkommen über
- Finanzdienstleistungen
- Luftverkehr (Teilbereiche)
- Verkehr natürlicher Personen
- Öffnung der Märkte für Telekommunikation

TRIPS

Rat für handelsbezogene Aspekte der Rechte am geistigen Eigentum

Konventionen von
- Bern: Kunst, Literatur
- Paris: Schutz des gewerblichen Eigentums (Urheberrecht, Erfindungen, Hersteller- und Handelsmarken, geographische Bezeichnung, Geschäftsgeheimnis)
- Washington: Integrierte Schaltungen

Bestimmungen über
- Fälschungen aller Art

Plurilaterale Abkommen

Handel mit zivilen Luftfahrzeugen	Internationales Milchabkommen
Internationales Rindfleischabkommen	Öffentliches Beschaffungswesen

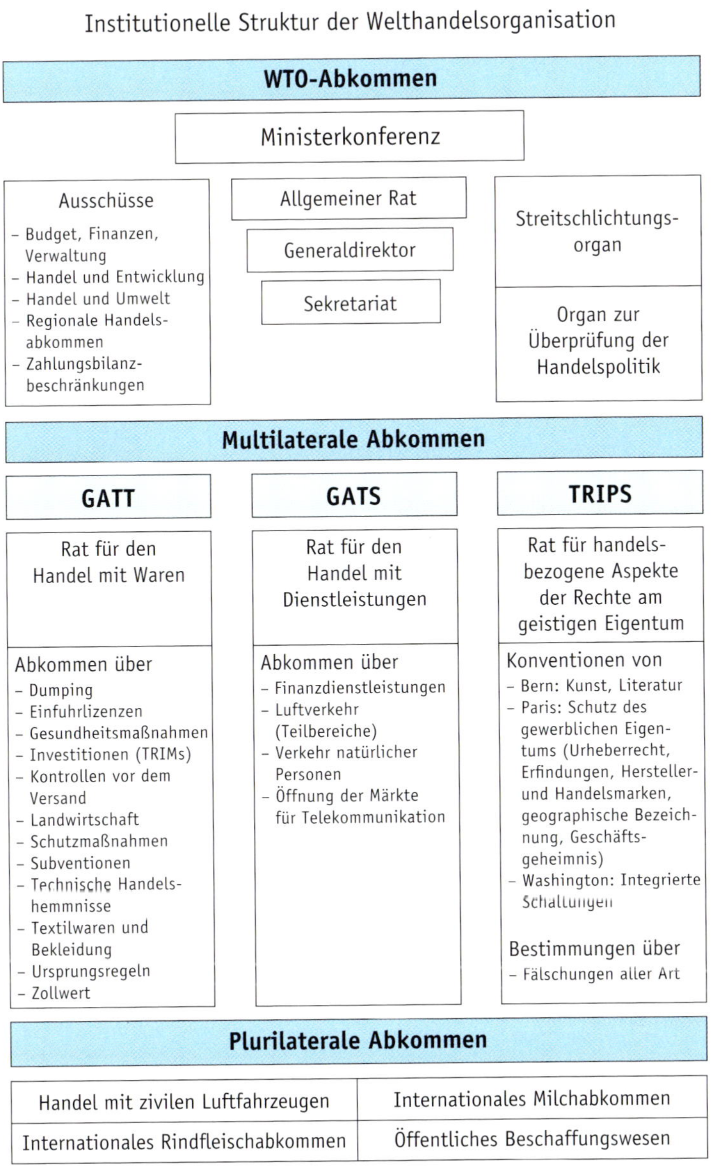

Quelle: Deutsche Bundesbank: Weltweite Organisationen und Gremien im Bereich von Währung und Wirtschaft, 2003.

153 Mitgliedern (2008), ist die zentrale internationale Organisation zur Durchsetzung des Freihandels.

Ergänzungen für den Handel mit Dienstleistungen und geistigem Eigentum

Materieller Kern der WTO bleiben die Regelungen des GATT, übertragen und ergänzt um Regelungen für den Handel mit Dienstleistungen (GATS: General Agreement on Trade in Services) und ergänzt um Regelungen zum Schutz des geistigen Eigentums (TRIPS: Trade-related aspects of Intellectual Property Rights). Hinzu kommen spezielle Regelungen zur Beilegung von Streitigkeiten und Mechanismen zur Überprüfung der Handelspolitik. Abbildung 19-3 zeigt die Struktur dieser Welthandelsorganisation und die Fülle der im Einzelnen getroffenen Regelungen. Bei Abstimmungen in den zentralen Organen von Ministerkonferenz und Allgemeiner Rat verfügt jedes Mitgliedsland über eine Stimme (Prinzip: ein Land – eine Stimme). Das bedeutet, dass Entscheidungen weitgehend im Konsens getroffen werden müssen.

Eine der größten Herausforderungen der Entwicklung der Welthandelsorganisation ist der Handel mit digitalisierten Produkten und elektronisch vertriebenen Gütern und Dienstleistungen, weil hier Ländergrenzen durchbrochen werden, weil nicht klar ist, ob es sich dabei um Güter oder Dienstleistungen handelt (Musik-CD oder Musik-Datei) und weil geistige Eigentumsrechte im Internethandel besonders leicht verletzt werden können. Seit 2001 wird im Rahmen der Doha Development Agenda an der Lösung von Handelsproblemen aller Art gearbeitet.

19.7 Globalisierung der Weltwirtschaft

19.7.1 Begriff der Globalisierung

Die mit dem Außenhandel verbundene Internationalität der Arbeitsteilung, die weltweite Vernetzung der Märkte und die weltweite Interdependenz von Produktion, Konsum und Verteilung wird heute meist als Globalisierung bezeichnet. Diese neue Begrifflichkeit für das im Prinzip sehr alte Phänomen der internationalen Arbeitsteilung wird dadurch gerechtfertigt, dass sich das Tempo und der Umfang der Vernetzung der Märkte in den letzten 40 Jahren deutlich erhöht haben. Damit wird erkennbar, dass Globalisierung nicht ein Zustand ist, sondern ein Prozess, ein Prozess der Annäherung an die globale (weltweite) Wirtschaft.

Deutliche Beschleunigung der Vernetzung der Märkte

> Globalisierung ist ein Prozess der Ausweitung von Märkten über Ländergrenzen hinweg bis zu weltweiten Märkten. Damit ist eine Ausweitung der Arbeitsteilung über Ländergrenzen hinweg bis zu einer weltweiten Arbeitsteilung verbunden.

Der Prozess der weltweiten Vernetzung kann sich im Prinzip auf alle Arten von Märkten beziehen, auf Gütermärkte und auf Faktormärkte (Märkte für Produktionsfaktoren) und sich darüber hinaus auf Bereiche erstrecken, die nicht generell als Märkte bezeichnet werden, wie den Bereich der Bevölkerungsbewegungen. Im Einzelnen unterscheiden sich die Güter und die Faktoren nach dem Ausmaß ihrer möglichen Mobilität. So werden z. B. Arbeitsmärkte bislang im Wesentlichen nur im Bereich der hohen Qualifikation (Manager, Forscher) in den Prozess der Globalisierung einbezogen. Die Auswirkungen der Globalisierung erstrecken sich aber immer auf den gesamten Bereich der Wirtschaft.

19.7.2 Ebenen der Globalisierung

Die globale Vernetzung der Märkte lässt sich sinnvoll nach folgenden Marktbereichen differenzieren:
- Auf den Handel mit Gütern und Dienstleistungen.
- Auf den Handel mit Sachkapital. Das ist Kapital, das direkt in Unternehmen investiert wird und den Zweck hat, eine dauerhafte Geschäftsbeziehung zu begründen. Dies wird auch, z. B. in der Zahlungsbilanz, als Direktinvestition bezeichnet. (In der amtlichen Statistik gelten Beteiligungen ab 10 Prozent als Direktinvestitionen.)
- Auf den Handel mit Portfoliokapital. Das ist Kapital, das nur Vermögensanlagezwecken dient, aber keine dauerhaften Geschäftsbeziehungen begründen soll wie Aktien, Anleihen oder Kredite.

Tabelle 19-5 macht die **Struktur der globalen Vernetzung** deutlich. In den 26 Jahren von 1980 bis 2006 hat die weltweite Produktion um 307 Prozent zugenommen, begleitet von einer stärkeren Zunahme der Exporte um 495 Prozent. Diese Zunahme des Handels relativ zur Produktion ist ein Charakteristikum der Globalisierung. Daneben ist zu sehen, dass sich die Direktinvestitionen im Volumen mehr als verzwanzigfacht haben und damit als Motor der Globalisierung gelten können. Auch der Handel mit Portfoliokapital hat deutlich zugenommen, allerdings sind die Zahlenangaben widersprüchlich, daher verzichten wir auf ihre Wiedergabe.

Direktinvestitionen als Motor der Globalisierung

Tab. 19-5

Die Struktur der Globalisierung (nominale Werte, in Mrd. $)

	1980	1990	2000	2006	Anstieg 1980–2006 (in %)
Produktion (Bruttoinlandsprodukt)	11.921	22.129	31.850	48.516	307
Exporte	2.032	3.479	6.455	12.087	495
Direktinvestitionen	55	201	1.411	1.305	2.263

Quelle: UNCTAD, Handbook of Statistics 2008.

19.7.3 Ursachen der Globalisierung

Die Ursachen der Globalisierung lassen sich relativ klar erkennen. Es sind dies zum einen die Abnahme der Transport- und Kommunikationskosten (Distanzüberwindungskosten) relativ zu den Produktionskosten und zum anderen der Abbau ehemals politisch bestimmter Handelshemmnisse.

Die **Transportkosten** für Güter und Informationen sind seit Jahrzehnten drastisch gesunken. So haben sich z. B. die Kosten für Schiffsfracht und Luftverkehr in den letzten 70 Jahren auf etwa ein Fünftel reduziert und die Kosten für Telekommunikation auf etwa ein Hundertstel (Weltentwicklungsbericht der Weltbank 1995, S. 62). Entscheidend für den Prozess der Globalisierung ist, dass diese Kosten schneller gesunken sind als die Kosten der Produktion. Dies soll ein einfaches Beispiel zeigen. Die Produktionskosten im Standort A betragen 100 Euro, im Standort B 150 Euro und die Distanzüberwindungskosten betragen 60 Euro. Ein Handel findet mithin nicht statt. Wenn nun alle Kosten halbiert werden, so betragen die Produktionskosten in A 50 Euro, in B 75 Euro und die Distanzüberwindungskosten betragen 30 Euro. Ein Handel lohnt immer noch nicht. Erst wenn die Distanzüberwindungskosten stärker sinken als die Produktionskosten, also z. B. auf ein Drittel reduziert werden, findet ein Handel statt: Die Produktionskosten in A betragen 50 Euro, in B 75 Euro und die Distanzüberwindungskosten betragen 20 Euro; diese Konstellation macht den Handel von A nach B lohnend.

Abnahme der Distanzüberwindungskosten relativ zu den Produktionskosten

> Die Reduktion der Distanzüberwindungskosten *relativ* zu den Produktionskosten ist das entscheidende Movens der Globalisierung des Wettbewerbs.

Der **Abbau politisch bestimmter Handelshemmnisse** ist letztlich auf den Wandel im Leitbild der Wirtschaftspolitik zurückzuführen, auf den Wandel hin zu einer Orientierung an den Grundprinzipien einer freien Marktwirtschaft: Handelsfreiheit und Marktzutrittsfreiheit. Im Einzelnen lassen sich folgende Liberalisierungen unterscheiden:

Abbau von Handelshemmnissen

- ▸ der Abbau von Zöllen, Kontingenten und nicht-tarifären Handelshemmnissen vor allem im Rahmen von GATT, WTO und regionalen »Freihandelszonen« wie der Europäischen Union;
- ▸ die zunehmend angestrebte Integration der Entwicklungsländer in die Weltwirtschaft;
- ▸ die Transformation der ehemaligen Planwirtschaften Mittel- und Osteuropas in Marktwirtschaften und die Öffnung Chinas integrieren große Teile der Welt in die globale Arbeitsteilung;

Deregulierung

- ▸ die Deregulierung weiter Teile der Wirtschaft (Telekommunikation, Versorgung, Verkehr, Banken, Versicherungen) öffnet diese Sektoren dem internationalen Wettbewerb und verstärkt auch hier die internationale Arbeitsteilung.

19.7.4 Folgen der Globalisierung

Weniger klar als die Ursachen der Globalisierung sind ihre Folgen, die in der öffentlichen Meinungsbildung auch äußerst kontrovers diskutiert werden. Für die Ökonomie war und ist die grundlegende Folge der Globalisierung allerdings unstrittig.

Die mit der Globalisierung einhergehende Ausweitung des internationalen Handels unter dem Regime eines zunehmenden Freihandels nutzt die Vorteile der Arbeitsteilung und erhöht den Wohlstand der beteiligten Länder insgesamt. Möglich erscheint nur eine ungleiche Verteilung des zunehmenden Wohlstands und eine ungleiche Verteilung der Entwicklungschancen der Länder.

Globalisierung und Wettbewerb

Die Globalisierung verschärft den Wettbewerb auf allen Ebenen, auf Gütermärkten, auf Kapitalmärkten, auf Arbeitsmärkten und letztlich auch auf der Ebene von Standorten und Staaten. In diesem Wettbewerbsprozess steigt die allokative und die produktive Effizienz der Produktion, und die Produktionsmenge insgesamt nimmt zu. Aber der globale Wettbewerbsprozess ist von einem Strukturwandel begleitet, bei dem es neben Gewinnern auch Verlierer geben kann. Die Furcht, zu den Verlierern zu gehören, schürt mittlerweile die Ängste vor allem in den Industrienationen. Während in den 1960er- und 1970er-Jahren des vorigen Jahrhunderts eher die Entwicklungsländer eine Ausbeutung im Außenhandel mit den Industrienationen befürchtet hatten, wird jetzt in den Industrienationen befürchtet, dass die Globalisierung die Beschäftigungschancen vor allem der geringer Qualifizierten beeinträchtigt, Sozialnormen abbaut und generell zu einem Verlust der Autonomie nationaler Wirtschaftspolitik im globalen Standortwettbewerb führt. »Erkenntnis und Interesse« (*Habermas*) sind auch in dieser Diskussion unlöslich miteinander verbunden.

Globalisierung verschärft den Wettbewerb

Globalisierung und Beschäftigung

Nach dem beschriebenen Faktorproportionen-Theorem von *Heckscher* und *Ohlin* bedeutet die Globalisierung eine Bedrohung der Einfacharbeit in den Industrieländern:

▸ Die Integration der Schwellen- und Entwicklungsländer in die Weltwirtschaft bedeutet eine Zunahme des weltweit verfügbaren Angebots an gering qualifizierter Arbeit.
▸ Die Schwellen- und Entwicklungsländer, die reichlich mit gering qualifizierter Arbeit ausgestattet sind, konzentrieren sich auf die Produktion arbeitsintensiv erstellter Güter und exportieren diese verstärkt. Dies erhöht dann zwar die Beschäftigung der Einfacharbeit in Entwicklungsländern, aber reduziert gleichzeitig die Beschäftigung von Einfacharbeit in den Industrieländern. Zugleich wird ein entsprechender Lohndruck auf die Löhne in den Industrieländern ausgeübt. Die Anpassung verläuft also über Mengen (Arbeitsplätze) und Preise (Löhne für gering Qualifizierte).

Bedrohung der Einfacharbeit in Industrieländern

Bedeutung des internationalen Handels
Standortwettbewerb von Staaten und Beschränkung der nationalen Autonomie

Negative Bilanz der Direktinvestitionen in Deutschland

Die Zunahme der Direktinvestitionen von Unternehmen im Ausland, die z. B. für Deutschland in den letzten 20 Jahren signifikant gewesen ist (Bilanz der Direktinvestitionen), bedeutet zunächst einmal eine Verlagerung von Arbeitsplätzen in das Ausland. Dies erhöht dann die Beschäftigung im Ausland und verringert die Beschäftigung im Inland. In weitergehender Betrachtung ist allerdings nicht auszuschließen, dass solche Auslandsinvestitionen die Güterexporte deutscher Unternehmen stützen (»BMW« produziert Fahrzeugteile kostengünstig in »Ungarn« und verbessert damit seine Exportchancen für das Fertigprodukt »BMW«).

Solche Analysen zeigen, dass nicht alle Bevölkerungsgruppen gleichmäßig an den Wohlfahrtsgewinnen der Globalisierung teilhaben, dass die Globalisierung vermutlich Einkommenseinbußen für gering qualifizierte Arbeitnehmer in »Deutschland« impliziert, aber zugleich auch Einkommensverbesserungen für die Arbeiter in »Ungarn« oder »Pakistan«.

Globalisierung und Soziale Sicherheit

Kosten der sozialen Sicherheit stehen im globalen Wettbewerb

Die Globalisierung verstärkt den Wettbewerb und verstärkt die Tendenz zu einheitlichen Weltmarktpreisen: Die Güterpreise bestimmt zunehmend der Wettbewerb auf den Weltmärkten. Wenn und insoweit die Ausgaben für Soziale Sicherheit Kosten sind, die in die Produktionskosten eingerechnet werden, stehen auch diese Kosten im globalen Wettbewerb und der Wettbewerb entscheidet, ob diese Kosten im Weltmarktpreis weitergegeben werden können. In diesem Sinne beschränkt die Globalisierung eine eigenständige nationale Sozialpolitik, die früher, bei abgeschotteten Märkten, eher möglich war. Damals konnten solche Kosten leichter in den Preisen weitergegeben und auf die nationalen Verbraucher überwälzt werden. Letztlich entscheiden sich solche Überwälzungsmöglichkeiten im Standortwettbewerb von Staaten.

19.8 Standortwettbewerb von Staaten und Beschränkung der nationalen Autonomie

Begriff des Standortwettbewerbs

Standorte werden von Staaten (allgemeiner von Gebietskörperschaften) angeboten und von Unternehmen als Produktionsstandorte nachgefragt. Die Staaten als Anbieter von Standorten stehen im Wettbewerb um die Ansiedlung von Unternehmen, sie stehen im Wettbewerb um den Zustrom der mobilen Produktionsfaktoren Kapital und technisches Wissen, weil Standorte im Prinzip reichlicher sind als ansiedlungswillige Unternehmen.

Leistungen der Unternehmen

Unternehmen bieten Einkommen in Form von Löhnen, Gehältern, Mieten und Zinsen, sie bieten Steuereinnahmen und ihre Ansiedlung bietet Wachstums- und Entwicklungsimpulse für den Standort. Daher sind Unternehmensansiedlungen begehrt.

19.8 Standortwettbewerb von Staaten und Beschränkung der nationalen Autonomie

Standorte müssen für Unternehmensansiedlungen auch etwas bieten. Ihre Leistungen bestehen im Prinzip aus einem großen Bündel von so genannten **Standortfaktoren**. Dies sind vor allem:
- Bedingungen der Beschaffung von Produktionsfaktoren
  (Kosten und Qualifikation des Faktors Arbeit, Kosten und Qualität von Grund und Boden, Energiekosten, Transportkosten, Kapitalkosten usw.);
- Bedingungen des Absatzes
  (Marktgröße und Absatzpotenziale, Art und Anspruchsniveau der Nachfrage, Absatztransportkosten usw.) und
- Rahmenbedingungen staatlicher Wirtschaftspolitik
  (Steuern und Subventionen, das Angebot öffentlicher Güter wie Bildung, Sicherheit, Verkehrsleistungen und die Gesamtheit der institutionellen Regelungen wie Lohnfindungsregeln, Wettbewerbsregeln, Umweltschutzvorschriften oder Systeme zur Finanzierung der sozialen Sicherheit).

Leistungen des Standortes

Entscheidend für die Standortwahl von Unternehmen ist das Niveau der Standortqualität im Verhältnis zu ihren Kosten. Es kommt nicht darauf an, dass ein Standort wenig Steuern kostet oder eine großzügige Infrastruktur anbietet, sondern dass das Verhältnis von Kosten und Nutzen des Standortes attraktiv ist. Dafür zu sorgen ist dann die Aufgabe der staatlichen Standortpolitik. Staaten im Standortwettbewerb müssen also ein attraktives Preis-Leistungs-Verhältnis des Standortes anbieten.

Instrumente im Standortwettbewerb, die staatliche Wirtschaftspolitik gestalten kann, sind

Instrumente im Standortwettbewerb

- das Angebot an öffentlichen Gütern,
- der Umfang und die Struktur der Besteuerung einschließlich möglicher Subventionen und
- die institutionellen Regeln des Wirtschaftsprozesses.

Ursache des Standortwettbewerbs ist die Mobilität der Produktionsfaktoren, vor allem die Mobilität des Faktors Kapital einschließlich der Mobilität des technischen Wissens, ergänzend auch die Mobilität des Faktors Arbeit. Diese Mobilität hat im Zuge der Globalisierung der Weltwirtschaft deutlich zugenommen, wie Tabelle 19-2 gezeigt hat. Bezüglich der Mobilität des Faktors Kapital muss zwischen Portfoliokapital und Sachkapital unterschieden werden.

Mobilität der Produktionsfaktoren als Ursache des Standortwettbewerbs

Portfoliokapital ist Vermögensanlagekapital, wie es vor allem in Form von Aktien, Schuldverschreibungen und Geldmarktpapieren gehandelt wird. Dies Portfoliokapital reagiert ungemein schnell auf Veränderungen der Rendite von Inlandskapital zu Auslandskapital (»Es ist scheu wie ein Reh, schnell wie eine Gazelle und hat das Gedächtnis eines Elefanten«). Seine Mobilität kontrolliert vor allem die Solidität der Stabilitätspolitik der Länder. Ein Beispiel soll dies erläutern: Wenn ein Land eine unsolide, defizitäre Finanzpolitik betreibt, schwindet das Vertrauen in die Währung, Inflation und Abwertung werden erwartet. Das Portfoliokapital wandert ab. Diese Abwanderung kann vorübergehend durch höhere Zinsen, langfristig aber nur durch die Rückkehr zu einer so-

Mobilität des Portfoliokapitals beschränkt nationale Stabilitätspolitik.

liden Finanzpolitik gestoppt werden. In diesem Sinne diszipliniert die Exit-Option des Portfoliokapitals die nationalen Stabilitätspolitiken.

Sachkapital ist das Kapital, das real in Maschinen, Anlagen, Fabriken und Unternehmen steckt, auch Realkapital genannt. Die Mobilität dieses Sachkapitals ist nur ex ante, also vor Investitionsentscheidungen gegeben, ex post, also nach Investitionsentscheidungen, ist das Kapital weitgehend gebunden. Die zunehmende Ex-ante-Mobilität des Sachkapitals, also die Möglichkeit, sich seinen Standort frei wählen zu können, hat entscheidende Folgen für die gesamte Wirtschaftspolitik im Standortwettbewerb: Diese ist gezwungen, ihre Lohnpolitik, ihre Steuerpolitik, ihre Sozialpolitik und ihre Ordnungspolitik den Erfordernissen des Standortwettbewerbs anzupassen.

Die Autonomie nationaler Wirtschaftspolitik wird im Zuge der Globalisierung des Standortwettbewerbs zunehmend eingeschränkt. Regierungen haben zunehmend eine doppelte Wählerschaft: zum einen die Wahlbürger und zum anderen die Investoren.

Die Bewertung des Autonomieverlustes fällt gemeinhin unterschiedlich aus. Prinzipiell ist der Verlust an Autonomie der nationalen Wirtschaftspolitik auch ein Verlust an Demokratie, weil der Einfluss des Wahlvolks zum Teil durch den Einfluss der Kapitaleigner/Investoren ersetzt wird. Allerdings ist zu sehen, dass die Exit-Optionen des Kapitals überwiegend bei fundamentalen Fehlentwicklungen nationaler Wirtschaftspolitik ausgeübt worden sind (vgl. Monatsbericht der Deutschen Bundesbank, April 1999), z. B. bei Korruption und Misswirtschaft. In diesem Sinn interpretiert jedenfalls die Ökonomie den Standortwettbewerb überwiegend als ein heilsames Verfahren der Kontrolle staatlicher Machtentfaltung.

Arbeitsaufgaben Kapitel 19

1. Erläutern Sie folgende Begriffe:
   - Wechselkurs,
   - Aufwertung, Abwertung,
   - Terms of Trade,
   - Zölle, Kontingente.

2. Erläutern Sie das Faktorproportionen-Theorem von Heckscher/Ohlin.

3. Erläutern Sie den Kern des Theorems der Komparativen Kosten von Ricardo.

4. Warum bietet der internationale Handel die bessere Ausschöpfung der Größenvorteile der Produktion?

5. Es wird behauptet, dass der Wettbewerb durch den internationalen Handel steigt. Im Zuge der europäischen Integration kommt es aber eher zu einer Konzentration, nationale Unternehmen werden durch multinationale Unternehmen verdrängt. Ist das ein Widerspruch?

6. Diskutieren Sie die Vorteile und die Probleme des Freihandels.

7. Was sind die Ursachen der Globalisierung?

8. Was versteht man unter Standortwettbewerb?

9. Inwiefern beschränkt der Standortwettbewerb die Autonomie nationaler Wirtschaftspolitik?

10. Bedroht die Globalisierung die Beschäftigung in den entwickelten Industrienationen?

Lösungsvorschläge für die Arbeitsaufgaben finden Sie im »Übungsbuch zu Grundlagen und Probleme der Volkswirtschaft«.

Literatur Kapitel 19

Smith, Adam: Der Reichtum der Nationen. Zweiter Band (deutsche Übersetzung von The Wealth of Nations 1776), Leipzig 1924.

Einen Überblick über die realwirtschaftliche Theorie des Außenhandels gibt:
Bender, Dieter: Außenhandel, in: Vahlens Kompendium der Wirtschaftstheorie und Wirtschaftspolitik, Bd. 1, 9. Aufl., München 2007, Kapitel 9.

Einen Überblick über die Außenwirtschaftspolitik mit einer kurzen Darstellung der Welthandelsordnung gibt:
Berg, Hartmut: Außenwirtschaftspolitik, in: Vahlens Kompendium der Wirtschaftstheorie und Wirtschaftspolitik, Band. 2, 9. Aufl., München 2007, S. 543–591.

Eine umfassende, sehr konzise und doch verständliche Darstellung im Grunde aller Probleme der Weltwirtschaft bietet:
Siebert, Horst: Weltwirtschaft, Stuttgart 1997.

Die Standardwerke zur Außenwirtschaftslehre, die allerdings fundierte wirtschaftstheoretische Kenntnisse voraussetzen, sind:
Rose, Klaus / Karlhans Sauernheimer: Theorie der Außenwirtschaft, 14. Aufl., München 2006.
Siebert, Horst/Oliver Lorz: Außenwirtschaft, 8. Aufl., Stuttgart 2008.

Umfassend sind auch:
Borchert, Manfred: Außenwirtschaftslehre – Theorie und Politik, 7. Aufl. Wiesbaden 2009.
Krugmann, Paul R./Maurice Obstfeld: Internationale Wirtschaft, 7. Aufl. München 2006 (aus dem Amerikanischen übersetzt).

Eine verständliche Einführung, die eher geringe Vorkenntnisse voraussetzt, ist:
Glastetter, Werner: Außenwirtschaftspolitik. Eine problemorientierte Einführung, 3. Aufl., Köln 1998.

Den institutionellen Rahmen der Weltwirtschaft mit einer ausführlichen Darstellung der Welthandelsordnung beschreibt:
Deutsche Bundesbank (Hrsg.): Weltweite Organisationen und Gremien im Bereich von Währung und Wirtschaft, Frankfurt/M. 2003.

Die Probleme der Globalisierung werden theoretisch und empirisch diskutiert in:
Beyfuß, Jörg u. a.: Globalisierung im Spiegel von Theorie und Empirie, in: Beiträge zur Wirtschafts- und Sozialpolitik, Heft Nr. 235, Köln 1997.
Daub, Claus Heinrich: Globale Wirtschaft – globale Verantwortung, Basel 2005.

Einen guten Überblick über die Aspekte der Globalisierung bietet:
Le Monde diplomatique: Atlas der Globalisierung.

Eine kritische Sicht bietet:
Joseph E. Stiglitz: Die Schatten der Globalisierung, München 2004.

20 Funktionsweise verschiedener Währungssysteme

Leitfragen

Welche Möglichkeiten ergeben sich für die Gestaltung internationaler Währungssysteme?

- Was versteht man unter Konvertibilität und Devisenbewirtschaftung?
- Was versteht man unter einer Aufwertung bzw. Abwertung einer Währung?
- Wie wirkt eine Aufwertung (Abwertung) auf den Außenbeitrag?
- Wie bilden sich Wechselkurse in einem System frei flexibler Wechselkurse?
- Welche zentralen Theorien zur Erklärung der Höhe des flexiblen Wechselkurses gibt es?
- Welche grundlegenden Probleme entstehen in einem System fester Wechselkurse?
- Wie werden Zahlungsbilanzungleichgewichte finanziert?
- Wie werden Zahlungsbilanzungleichgewichte beseitigt?
- Welches sind die Grundprobleme einer Währungsunion?

Welche Effekte ergeben sich aus Änderungen der Weltkonjunktur und der inländischen Wirtschaftspolitik für eine offene Volkswirtschaft?

- Welche zusätzlichen Elemente müssen berücksichtigt werden, um vom IS/LM-Modell der geschlossenen Volkswirtschaft zum IS/LM-Modell der offenen Volkswirtschaft zu gelangen?
- Wie wirken Änderungen des Auslandseinkommens auf das inländische Produktionsniveau bei flexiblen und bei festen Wechselkursen?
- In welchem Währungssystem ist Fiskalpolitik besonders effektiv?
- In welchem Währungssystem ist Geldpolitik besonders effektiv?
- Wie wirkt eine Wechselkursänderung in einem System fester Wechselkurse?

20.1 Währungspolitische Alternativen

Damit Inländer in einer Geldwirtschaft Güter und Schuldtitel aus dem Ausland erwerben können, benötigen sie entsprechende ausländische Zahlungsmittel (**Devisen**). Diese können sie sich direkt oder indirekt (z. B. über ihre Banken) auf dem internationalen Devisenmarkt besorgen. Neben ausländischen Noten und Münzen (Sorten) handelt es sich bei Devisen vor allem um Sichtguthaben bei ausländischen Banken.

20.1 Funktionsweise verschiedener Währungssysteme
Währungspolitische Alternativen

Notwendigkeit eines internationales Währungssystems

Für den internationalen Handels-, Zahlungs- und Kapitalverkehr muss ein **internationales Währungssystem** existieren, das die Bezahlung der Güter in den verschiedenen Währungen ermöglicht, den internationalen Kapitalverkehr organisiert und zugleich mit einem Mindestmaß an Regeln eine ordnungsgemäße Durchführung des internationalen Tausches aufrecht erhält. Im Folgenden werden wir nach einem kurzen Überblick über die möglichen Währungssysteme die Grundtypen erläutern: das Währungssystem mit frei flexiblen und das Währungssystem mit festen Wechselkursen sowie die Währungsunion.

Wie freizügig soll der internationale Kapital- und Geldverkehr sein?

Um dem Leser einen Überblick über die verschiedenen Währungssysteme zu geben, sollen die währungspolitischen Alternativen zunächst schematisch zusammengestellt werden. Die **erste Grundentscheidung** bezieht sich auf die Freizügigkeit des internationalen Kapital- und Geldverkehrs: Freie Konvertibilität (Konvertierbarkeit) der Währungen gegenüber einem System der Devisenbewirtschaftung. Bei **freier Konvertibilität** der Währungen können

Freie Konvertibilität

- Inländer die Währung ihres Landes unbeschränkt in andere Währungen umtauschen (**Inländerkonvertibilität**) und
- Ausländer die in ihrem Besitz befindlichen Devisen in jede andere Währung umtauschen (**Ausländerkonvertibilität**).

Von diesem Ideal völliger Freizügigkeit gibt es abgestufte Abweichungen: So kann die Konvertibilität auf bestimmte Zwecke (etwa Zahlungen im Rahmen des Güterverkehrs) beschränkt werden, sie kann sich nur auf bestimmte Länder beziehen (z. B. Sterlingblock) oder auf bestimmte Personen (z. B. Ausländer).

Devisenbewirtschaftung

Von **Devisenbewirtschaftung** spricht man, wenn die Konvertibilität der Währungen aufgehoben ist und die Devisen per Ablieferungspflicht und Zuteilung mengenmäßig von einer Behörde bewirtschaftet werden. Wir werden das System der Devisenbewirtschaftung hier nicht im Einzelnen erläutern, da es außerhalb marktwirtschaftlicher Grundsätze liegt. Es sei nur erwähnt, dass das System der Devisenbewirtschaftung den freien internationalen Handel außerordentlich behindert, es führt zu immer weitergehenden Beschränkungen und endet meist im zweiseitigen (bilateralen) Tausch. (Der Leser denke an die Devisenbewirtschaftung in Deutschland von 1933 bis zur Einführung der Konvertibilität 1958.) Viele Entwicklungsländer glauben heute noch, durch Devisenbewirtschaftung knappe ausländische Währungen besser einsetzen zu können.

Entscheidung für ein Wechselkurssystem

Die **zweite Grundsatzentscheidung** bezieht sich darauf, ob man – sofern man sich für Konvertibilität der Währungen entschieden hat – feste oder flexible Wechselkurse oder Zwischenformen einführen möchte. Unter dem (nominalen) Wechselkurs versteht man das Austauschverhältnis zweier Währungen auf dem Devisenmarkt, z. B. 1 $ = 0,91 € mit e = 0,91 als Wechselkurs in Preisnotierung (s. u.). Wir können damit die in Abbildung 20-1 gezeigte Übersicht aufstellen.

Abb. 20-1

Mögliche Währungssysteme

I. Währungssystem mit freier Konvertibilität der Währungen
  1. Währungssystem mit festen (unveränderlich festen) Wechselkursen
  2. Währungssystem mit stufenflexiblen Wechselkursen
     (Wechselkurse sind grundsätzlich fest, können aber von Fall zu Fall geändert werden)
  3. Flexible Wechselkurse mit Eingreifen der Währungsbehörde
     (managed floating, schmutziges floating)
  4. Frei flexible Wechselkurse

II. Währungssystem mit Devisenbewirtschaftung

20.2 Die Bestimmungsgründe des Außenbeitrages

Bevor wir uns den verschiedenen Währungssystemen und ihren Eigenschaften im Einzelnen zuwenden, ist es sinnvoll, zunächst die Bestimmungsgründe des Außenbeitrages näher zu betrachten. In Kapitel 8 haben wir gesehen, dass der Außenbeitrag sich als Differenz zwischen dem Wert der Waren- und Dienstleistungsex- und -importe ergibt. Dabei haben wir auf die Eurowerte der entsprechenden Transaktionen abgestellt. Ebenso könnte man den Außenbeitrag auch in entsprechenden Fremdwährungswerten ausweisen. Im Folgenden wollen wir der Einfachheit halber davon ausgehen, dass alle Auslandstransaktionen in Dollar abgewickelt werden, also nur die beiden Währungen Euro (Inlandswährung, €) und Dollar (Auslandswährung, $) von Belang sind. Die Dollarwerte der Ex- bzw. Importe geben dann die aus dem Güterhandel resultierenden Dollarangebote bzw. Dollarnachfragen an, d. h. die jeweiligen Angebote und Nachfragen nach Fremdwährung aus Inlandssicht. Streng genommen gilt dies allerdings nur dann, wenn der Exporteur seine erzielten Dollareinnahmen unverzüglich auf dem Devisenmarkt anbietet und der Importeur die benötigten Dollar auf dem Devisenmarkt nachfragt, was üblicherweise angenommen wird.

Wir haben den internationalen Handel bisher mit unterschiedlichen Preisrelationen erklärt (vgl. Kapitel 19.2.2). Diese werden ihrerseits von gesamtwirtschaftlichen Entwicklungen bestimmt, von denen das inländische und ausländische Preisniveau sowie der Wechselkurs von zentraler Bedeutung sind. Ein zusätzlicher Einfluss ergibt sich aus der Höhe der jeweiligen Nationaleinkommen der Länder. Abbildung 20-2 zeigt diese Zusammenhänge in schematischer Form für den Export und Import eines Landes.

Preisniveau, Wechselkurs und Einkommen als Bestimmungsgründe des Außenbeitrages

20.2 Funktionsweise verschiedener Währungssysteme
Die Bestimmungsgründe des Außenbeitrages

Abb. 20-2

Determinanten des Außenhandels

20.2.1 Wechselkurs und Außenbeitrag (Wechselkursmechanismus)

So wie die Güter in der Regel einen in Geld ausgedrückten Preis haben, so haben auch die Währungen der verschiedenen Länder ihren Preis, ausgedrückt in der Währung eines anderen Landes. Der Preis, zu dem zwei Währungen ausgetauscht werden, ist der **nominale Wechselkurs**. Als Wechselkurs bezeichnet man also den in ausländischer Währung ausgedrückten Preis für eine Einheit Inlandswährung, d. h. z. B. 1 € = 1,1 $ (**Mengennotierung**). Umgekehrt kann der Wechselkurs auch in Preisnotierung ausgedrückt werden, er gibt dann den Preis für eine Einheit ausländischer Währung – ausgedrückt in inländischer Währung – an, also 1 $ = 0,91 € (**Preisnotierung**). Im Zuge der Einführung des Euro ist die Europäische Zentralbank zur Mengennotierung übergegangen. Da in deutschsprachigen Lehrbüchern derzeit noch die Preisnotierung vorherrschend ist, wollen wir hier dennoch weiterhin die Preisnotierung verwenden.

Der Wechselkurs verknüpft die Preise von Inland und Ausland.

Der nominale Wechselkurs verknüpft die in jeweils einheimischer Währung ausgedrückten Preise der in den verschiedenen Ländern produzierten Güter und Dienste, er macht die Preise international vergleichbar.

Kostet ein Auto in der Bundesrepublik Deutschland 10.000 Euro und ein anderes Auto in den USA 10.000 Dollar, so kann man die Preise erst nach Kenntnis des Wechselkurses vergleichen: Ist 1 $ = 0,9 €, so ist der in Euro ausgedrückte Preis des US-Autos 9.000 Euro, also geringer als der Preis des deutschen Autos.

Eine Wechselkursänderung verschiebt die internationalen Preisrelationen.

Bei einer Änderung des Wechselkurses erfahren auch die Preisrelationen zwischen Inland und Ausland eine Verschiebung. Dabei ist zwischen **Auf-** und **Abwertung** zu unterscheiden. Sinkt z. B. der Wechselkurs von 1 $ = 0,9 € auf 1 $ = 0,85 €, so erfährt der Euro eine Aufwertung, der Dollar eine Abwertung. Der Euro ist mehr wert geworden, wie man es sich an der umgekehrten Notierung verdeutlichen kann: 1 € = 1,11 $ steigt auf 1 € = 1,18 $. Wenn umgekehrt der Preis des Dollar – ausgedrückt in Euro – steigt (z. B. von 1 $ = 0,9 € auf 1 $ = 0,95 €), so wird der Dollar aufgewertet, der Euro abgewertet.

Wirkungen einer Aufwertung des Euro auf Dollarangebot und Dollarnachfrage

Untersuchen wir nun, wie eine Aufwertung des Euro (z. B. von 1 $ = 0,9 € auf 1 $ = 0,85 €) auf den Wert des deutschen Ex- und Imports in Auslandswährung Dollar wirkt.

Unter der Voraussetzung, dass die jeweiligen – in eigener Währung ausgedrückten – Inlandspreise konstant, also der Dollarpreis der US-Güter und der Europreis der deutschen Güter unverändert bleiben, werden bei einer Aufwertung des Euro

- die Preise der US-Güter, in Euro gerechnet, sinken;
- die Preise der deutschen Güter, in Dollar gerechnet, steigen.

Ein Auto, das in den USA 10.000 Dollar kostet, hatte vor der Aufwertung einen Europreis von 9.000 Euro, nach der Aufwertung einen Preis von 8.500 Euro. Umgekehrt war der Dollarpreis eines Autos, das in Deutschland 10.000 Euro kostet, vor der Aufwertung 11.111 Dollar, nach der Aufwertung 11.765 Dollar. Da – von einigen Sonderfällen abgesehen – ein Gut, dessen Preis sinkt, vermehrt nachgefragt wird, erfährt die mengenmäßige Nachfrage Deutschlands nach US-Gütern eine Zunahme. Die Importmenge Deutschlands steigt also. Umgekehrt wird die mengenmäßige Nachfrage der USA nach den deutschen Gütern abnehmen, weil ihr Dollarpreis gestiegen ist. Die Exportmenge wird bei der Aufwertung also abnehmen.

Bei einer Aufwertung steigt die Importmenge und sinkt die Exportmenge des aufwertenden Landes.

Diese Änderung der Preisrelationen in den beteiligten Ländern und die dadurch hervorgerufene Änderung der internationalen Güterströme ist eine wesentliche Wirkung einer Wechselkursänderung. Gleichzeitig ändern sich die Preise in- und ausländischer Vermögenstitel, ausgedrückt in Fremdwährung, was Einfluss auf die internationalen Kapitalströme hat.

Für eine Geldwirtschaft ist nun die durch eine Wechselkursänderung hervorgerufene Veränderung des **Wertes** von Export und Import ebenso wichtig wie die Kenntnis der rein mengenmäßigen Zusammenhänge. Der Wert der Güterströme bestimmt sich durch »Menge mal Preis«. Dabei kann man als Preis zum einen den Europreis, zum anderen den Dollarpreis wählen, also entweder den Eurowert oder den Dollarwert der Güterströme bestimmen. Wir wollen uns darauf beschränken, die Veränderung des Dollarwertes von Export und Import bei einer Aufwertung und einer Abwertung des Euro zu ermitteln, da wir bei der weiter unten folgenden Behandlung des Devisenmarktes insbesondere auf die Angebote von und Nachfragen nach Fremdwährung aus Inlandssicht abstellen.

Veränderung des Wertes der Güterströme

Bei einer Aufwertung des Euro steigt die Importmenge, während der Dollarpreis annahmegemäß konstant bleibt, also steigt bei einer Aufwertung der Dollarwert des deutschen Imports und damit die hieraus resultierende Dollarnachfrage.

Anders ist die Entwicklung des Dollarwertes des deutschen Exports. Die Exportmenge sinkt, wogegen der Preis der deutschen Exportgüter, ausgedrückt in Dollar, steigt. Entscheidend für den Dollarwert des deutschen Exports ist also die direkte Preiselastizität der US-Nachfrage nach deutschen Gütern. Ist diese

Elastizität im Absolutwert größer als eins (d. h. bei einer 1-prozentigen Preiserhöhung sinkt die nachgefragte Menge um mehr als 1 Prozent), so sinkt das Produkt aus Menge und Dollarpreis, es sinkt also der Dollarwert des deutschen Exports. Ist die Elastizität dagegen im Absolutwert kleiner als eins, so wird der Dollarwert der Exporte trotz sinkender Exportmenge zunehmen. Damit wird deutlich, dass die jeweiligen Nachfrageelastizitäten von zentraler Bedeutung für die Wirkung von Wechselkursänderungen auf den Außenbeitrag sind. Daher spricht man auch vom **Elastizitätenansatz**. Im internationalen Handel reagieren die Mengennachfragen eher preiselastisch, sodass im Folgenden stets von direkten Preiselastizitäten ausgegangen wird, welche größer als eins sind. Das sich aus der Exportgüternachfrage ergebende Dollarangebot verringert sich dann bei einer Aufwertung des Euro.

Wirkungen einer Abwertung des Euro auf Dollarangebot und Dollarnachfrage

Bei einer Abwertung sinkt die Importmenge und steigt die Exportmenge des abwertenden Landes ...

Eine Abwertung des Euro hat folgende Wirkungen auf den Dollarwert der Ex- und Importe: Unter der Voraussetzung jeweils konstanter Inlandspreise (in eigener Währung) werden

- die Preise der US-Güter, in Euro ausgedrückt, steigen;
- die Preise der deutschen Güter, in Dollar ausgedrückt, sinken.

Die Importmenge Deutschlands sinkt also, während der Importpreis in Dollar konstant bleibt, folglich sinkt der Dollarwert des deutschen Imports und damit auch die hiermit verbundene Dollarnachfrage.

...und sinkt der Importwert in Dollar, während der Exportwert in Dollar steigen oder sinken kann.

Die deutsche Exportmenge steigt, weil die deutschen Güter für die USA billiger geworden sind, der Dollarpreis des Exports sinkt. Auch hier ist wieder die Preiselastizität der US-Nachfrage nach deutschen Gütern entscheidend: Ist diese Elastizität größer als eins, so steigt der Dollarwert des deutschen Exports (und damit das Dollarangebot) bei einer Abwertung des Euro; ist die Elastizität kleiner als eins, so sinkt der Dollarwert des Exports. Wie oben gehen wir vom ersten Fall aus.

Von einigen Sonderfällen abgesehen, kann man also annehmen, dass bei einer Aufwertung (Abwertung) des Euro der **Dollarwert** des deutschen Imports und damit die Dollarnachfrage der Importeure zunehmen (abnehmen) wird. Nicht sicher dagegen ist die Reaktion des Exportwertes in Dollar. Es spricht allerdings einiges dafür, dass die Nachfrage nach Gütern anderer Länder meist eine Preiselastizität hat, die größer als eins ist. In diesem Fall wird bei einer Aufwertung (Abwertung) des Euro der Dollarwert des deutschen Exports und damit das Dollarangebot der ausländischen Importeure abnehmen (zunehmen).

Betrachtet man nicht den Wert der Ex- und Importe in Auslandswährung, sondern in **Inlandswährung Euro**, so ergeben sich im Prinzip bei einer Veränderung des Wechselkurses dieselben qualitativen Ergebnisse bezüglich der Veränderung der Export- und Importwerte. In diesem Fall ist allerdings die Veränderung des Eurowertes der Exporte eindeutig, während die Veränderung des Eurowertes der Importe von der Höhe der direkten Preiselastizität der Importnachfrage abhängt. Bei einer Aufwertung (Abwertung) des Euro nimmt der Eurowert der Exporte und damit die Euronachfrage der ausländischen Importe ab (zu), während der Eurowert der Importe, d. h. das Euroangebot der inländischen Importeure steigt (sinkt), sofern die Preiselastizität der Importe größer als eins ist.

Verbessert sich die Waren- und Dienstleistungsbilanz (der Außenbeitrag) nach einer Abwertung der heimischen Währung, so spricht man von einer »normalen Reaktion« auf die Änderung des Wechselkurses.

Fassen wir noch einmal zusammen: Bei einer normalen Reaktion des Außenbeitrages gilt, dass bei einer Abwertung (relative Verbilligung) einer Währung der Außenbeitrag des abwertenden Landes zunimmt und damit sein Fremdwährungsangebot auf dem Devisenmarkt ebenfalls abnimmt. Im Gegensatz dazu führt eine Aufwertung (relative Verteuerung) einer Währung zu einer Abnahme des Außenbeitrages des aufwertenden Landes und damit zu einer Abnahme seines Fremdwährungsangebotes auf dem Devisenmarkt.

Eine Abwertung erhöht den Außenbeitrag des abwertenden Landes.

Einige Ergänzungen

Der Grundeinsicht müssen jedoch einige Ergänzungen angefügt werden:
- Beim Vergleich der Preisrelation von Inland zu Ausland müssen Transportkosten und etwaige Zölle berücksichtigt werden.
- Keineswegs werden generell die durch eine Wechselkursänderung bewirkten Preisänderungen voll auf den Angebotspreis durchschlagen. Wird der Euro z. B. aufgewertet von bisher 1 $ = 0,9 € auf 1 $ = 0,85 €, so »müsste« der deutsche Exporteur den Dollarpreis eines deutschen Autos, das 10.000 Euro kostet, von 11.111 Dollar auf 11.765 Dollar erhöhen, um weiterhin den gleichen Europreis zu erzielen. Es ist nun häufig zu beobachten, dass Exporteure bei einer Aufwertung ihren Auslandspreis nicht um den Prozentsatz der Wechselkursänderung erhöhen, weil sie konkurrenzfähig bleiben wollen. Gerade bei der auch im internationalen Handel häufigsten Marktform des Oligopols sind Zielsetzungen und Verhaltensweisen zu beobachten, die eine der Wechselkursänderung entsprechende Preisänderung oft ausschließen:
  - die Erhaltung eines bestimmten Marktanteils;
  - die Erzielung eines zur aufgebauten Vertriebs- und Serviceorganisation vernünftigen Absatzverhältnisses;
  - die Vermeidung von Preiskämpfen;
  - die Erzielung eines bestimmten Gesamtgewinns, unabhängig von der Zusammensetzung dieses Gewinns aus Auslands- und Inlandsgeschäft. Umgekehrt geben Importeure die Preisänderung für die importierten Güter oft auch nicht an den Verbraucher weiter, sondern behalten den Aufwertungsgewinn für sich.
- Schließlich ist darauf hinzuweisen, dass nicht nur Preisdifferenzen den internationalen Handel beeinflussen, sondern dass auch unterschiedliche Qualität, Serviceleistungen, verschiedene Lieferfristen, Zahlungsbedingungen usw. von ganz wesentlichem Einfluss sind, und Rechnungen werden häufig in einer allgemein akzeptierten Währung ausgestellt (faktu-

Nicht immer werden Wechselkursänderungen zu entsprechenden Preisänderungen führen.

riert), z.B. in Dollar. Dann wird eine Wechselkursänderung nicht die Nachfrage (das Angebot) der USA, sondern den Gewinn des deutschen Exporteurs (Importeurs) beeinflussen. Ein Beispiel hierfür ist die Abrechnung des Airbus. Nachfolgend sind allerdings auch hier Mengenreaktionen zu erwarten.

Die bisher gemachten Ausführungen weisen darauf hin, dass für die Wettbewerbfähigkeit der inländischen Unternehmen gegenüber dem Ausland nicht allein der nominale Wechselkurs e von Bedeutung ist, sondern letztlich das Preisverhältnis zwischen Auslands- und Inlandsgütern. Bezeichnet man mit P^a das Preisniveau im Ausland in Auslandswährung und mit P das Preisniveau im Inland in Inlandswährung, so kann man beide Preisniveaus über den nominalen Wechselkurs vergleichbar machen. Das in Inlandswährung ausgedrückte ausländische Preisniveau ergibt sich, indem man P^a mit dem nominalen Wechselkurs e multipliziert. Das Preisverhältnis zwischen Inland und Ausland wird dann gegeben durch:

$$e^r = \frac{e \cdot P^a}{P}$$

Der reale Wechselkurs bestimmt die Wettbewerbsfähigkeit.

Dieses in einer einheitlichen Währung ausgedrückte Preisverhältnis zwischen Ausland und Inland bezeichnet man als den **realen Wechselkurs** (in Preisnotierung). Steigt dieser, so werden Auslandsgüter im Verhältnis zu Inlandsgütern teurer, d.h. ceteris paribus steigt die **durchschnittliche Wettbewerbsfähigkeit** der inländischen Unternehmen. Man drückt diesen Sachverhalt auch aus, indem man sagt, der reale Wechselkurs der heimischen Währung steigt. Auf den Euro bezogen bedeutet dies, der Euro **wertet real ab**.

20.2.2 Preisänderung und Außenbeitrag (Preismechanismus)

Wenn eine Änderung der Preisrelationen durch Änderung des nominalen Wechselkurses den internationalen Handel beeinflusst, dann muss dies ebenso gelten für eine Änderung der Preisrelationen infolge von Veränderungen der nationalen Preise bei konstantem Wechselkurs. Nehmen wir zur Illustration eine inflationäre Preissteigerung in den USA und Preisstabilität für die Bundesrepublik Deutschland an. Dies bedeutet eine allgemeine Dollar-Preissteigerung der US-Güter bei Konstanz der Europreise der deutschen Güter. Bei einem gegebenen konstanten Wechselkurs werden daher die US-Güter, in Euro ausgedrückt, teurer, die nachgefragte Menge der US-Güter sinkt. Wenn wir annehmen, dass die Nachfrageelastizität Deutschlands nach US-Gütern größer als eins ist, wird der Importwert Deutschlands abnehmen, wobei es gleichgültig ist, ob wir in Dollar oder Euro rechnen. Für die USA bedeutet das umgekehrt eine Abnahme ihres Exportwertes.

Beispiel: Inflation in den USA und Preisstabilität in Deutschland

Die deutschen Güter werden (wegen der Preisstabilität) in Dollar gerechnet relativ billiger als die US-Güter. Die mengenmäßige Nachfrage nach deutschen

Gütern in den USA wird zunehmen, der Preis konstant bleiben – sowohl in Dollar als auch in Euro gerechnet –, d. h. der deutsche Exportwert (gleichbedeutend mit dem US-Importwert) wird zunehmen.

Unter der Voraussetzung, dass alles übrige gleichbleibt, insbesondere der Wechselkurs und die Höhe der Volkseinkommen, kann man folgende Grundeinsicht formulieren.

Steigt das Preisniveau eines Landes schneller als das eines anderen Landes, dann werden die Exporte des preisstabileren Landes zunehmen, seine Importe dagegen abnehmen, die Exporte des relativ inflationären Landes abnehmen, seine Importe dagegen zunehmen.

Inflation senkt den Außenbeitrag

20.2.3 Änderung des Nationaleinkommens und Außenbeitrag (Einkommensmechanismus)

Neben dem Wechselkurs und den jeweiligen Güterpreisen in Landeswährung hat die Höhe des inländischen und des ausländischen Nationaleinkommens Einfluss auf den Wert des Außenbeitrages. Je höher das Einkommen einer Nation ausfällt, umso höher wird auch über die Einkommensabhängigkeit des Konsums deren Güternachfrage ausfallen. Dabei ist es plausibel anzunehmen, dass ein Teil jeder Nachfragesteigerung einer Nation sich auf ausländische Güter richtet. Das bedeutet zum einen, dass bei einer Erhöhung (Senkung) des **inländischen** Nationaleinkommens die inländische Importgüternachfrage ceteris paribus zunehmen (abnehmen) wird, der Außenbeitrag also sinkt (steigt). Zum anderen wird eine Erhöhung (Senkung) des ausländischen Nationaleinkommens die Exportgüternachfrage erhöhen (vermindern), also eine Zunahme (Abnahme) des Außenbeitrag bewirken.

Wir haben damit die grundsätzlichen Mechanismen kennen gelernt, die im internationalen Handel wirksam sind:
- den Wechselkursmechanismus,
- den Preismechanismus und
- den Einkommensmechanismus.

Wechselkursmechanismus, Preismechanismus und Einkommensmechanismus beeinflussen den Außenbeitrag

20.3 Währungssystem mit flexiblen Wechselkursen

20.3.1 Der Devisenmarkt

Die Höhe der (nominalen) Wechselkurse bestimmt sich auf dem **Devisenmarkt** durch Angebot und Nachfrage von Devisen. Wir wollen uns dabei wieder auf den Zwei-Länder-Fall beschränken, d. h. auf die Bestimmung des Wechselkurses zwischen zwei Währungen, des Euro (Inlandswährung €) und des Dollar (Auslandswährung $). Eine Wirtschaftseinheit, welche Dollar kauft, muss diesen

Der Wechselkurs bestimmt sich auf dem Devisenmarkt

20.3 Funktionsweise verschiedener Währungssysteme
Währungssystem mit flexiblen Wechselkursen

Dollarkauf mit Euro entsprechend dem laufenden Wechselkurs bezahlen. Umkehrt muss ein Eurokauf mit einem entsprechenden Verkauf von Dollar verbunden sein.

Es gilt also: Auf dem Devisenmarkt beinhaltet jedes Angebot an Inlandswährung € durch eine Wirtschaftseinheit gleichzeitig eine entsprechende Nachfrage nach Auslandswährung $ durch diese Wirtschaftseinheit, welche auf der Basis des herrschenden Wechselkurses dem Angebot an Inlandswährung wertmäßig entspricht. Genauso ist jede Nachfrage nach Inlandswährung € durch eine Wirtschaftseinheit mit einem wertmäßig gleichen Angebot an Auslandswährung $ durch diese Wirtschaftseinheit verbunden.

Dollarnachfrage und Euroangebot auf dem Devisenmarkt sind spiegelbildlich.

Wer sind nun die Anbieter von und die Nachfrager nach Dollar? Wir vernachlässigen im Folgenden spekulativ bedingte Angebote und Nachfragen nach Währungen. Die Dollarnachfrage entsteht allein durch den Import von Waren und Dienstleistungen (ins Inland) sowie durch die Käufe ausländischer Schuldtitel durch Inländer. Das Dollarangebot resultiert aus dem Export von Waren und Dienstleistungen (ans Ausland) sowie durch die Käufe inländischer Schuldtitel durch Ausländer (vgl. Abbildung 20-3).

Importeure fragen Dollar nach, Exporteure bieten Dollar an.

Abb. 20-3

Quellen für Devisenangebot und Devisennachfrage auf dem Devisenmarkt

Devisennachfrage ($)	Devisenangebot ($)
▸ Import ausländischer Güter ▸ Erwerb ausländischer Schuldtitel durch Inländer (Kapitalexport)	▸ Export inländischer Güter ▸ Erwerb inländischer Schuldtitel durch Ausländer (Kapitalimport)

Wir wollen zunächst den Kapitalverkehr vernachlässigen, sodass die Dollarnachfrage dem Dollarwert der Güterimporte und das Dollarangebot dem Dollarwert der Güterexporte entspricht. Bei normaler Reaktion der Komponenten des Außenbeitrages sinkt dann die Dollarnachfrage mit steigendem Wechselkurs e (Preisnotation, Euroabwertung) und steigt das Dollarangebot.

Preisbildung auf dem Devisenmarkt

Die Preisbildung auf dem Devisenmarkt – einem der vollkommensten Märkte der Welt – vollzieht sich nach den Regeln der Preisbildung einer Börse bei vollkommener Konkurrenz (vgl. hierzu auch Kapitel 6.2.1). Wir tragen in einer Zeichnung die Angebots- und Nachfragekurven für Dollar in Abhängigkeit des preisnotierten Wechselkurses e ab. Der Wechselkurs gibt dann den Europreis eines Dollar an.

Im Schnittpunkt von Angebot und Nachfrage ergibt sich der **nominale Gleichgewichtswechselkurs**, der sich täglich auf den Devisenmärkten einstellt (e_0 in Abbildung 20-4).

Bei frei flexiblen Wechselkursen ist der Devisenmarkt immer im Gleichgewicht.

Dies ist die charakteristische Eigenschaft eines Währungssystems mit frei flexiblen Wechselkursen: Ohne Eingreifen einer staatlichen Stelle gibt es immer einen Wechselkurs, der die geplante Nachfrage nach Devisen und das geplante Angebot von Devisen ausgleicht.

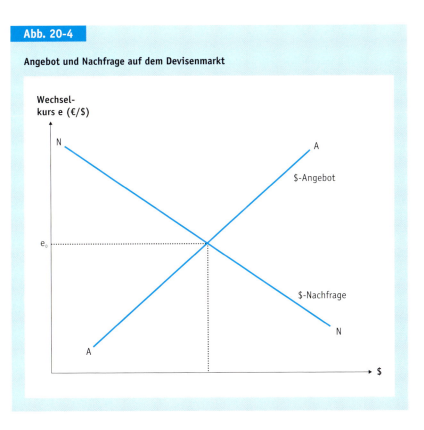

Abb. 20-4

Angebot und Nachfrage auf dem Devisenmarkt

20.3.2 Veränderungen des flexiblen Wechselkurses

Fragen wir uns, was geschehen wird, wenn Euroland – aufgrund einer Geschmacksänderung, aufgrund einer Missernte oder aufgrund starker inländischer Preissteigerungen – seine Importe ausweiten möchte. Die Nachfrage nach Dollar zur Bezahlung dieser Importe wird steigen, d. h. die Nachfragekurve verschiebt sich nach rechts (von NN nach N'N' in Abbildung 20-5). Bleibt die Angebotskurve unverändert, so ergibt sich folgende Situation: Bei unverändertem Wechselkurs e_0 ergibt sich eine Überschussnachfrage nach Dollar und damit gleichzeitig ein Überschussangebot an Euro auf dem Devisenmarkt. Infolgedessen wertet der Euro ab, d. h. der Wechselkurs steigt auf e_1. Nun wissen wir bereits, dass bei einer Abwertung (der Euro wurde »billiger«) die Nachfrage der Ausländer nach Euroland-Gütern zunehmen wird, die Exportwerte von Euroland also steigen. Andererseits wird der Dollar »teurer«, Euroland schränkt den Wert seiner Importe ein, nur ein Teil des Zuwachses der Importgüternachfrage, welcher die Wechselkurserhöhung ausgelöst hat, bleibt im Devisenmarktgleichgewicht erhalten. Gegenüber der Ausgangssituation vor der Erhöhung der Importgüternachfrage steigen damit die Im- und Exportwerte von Euroland letztlich

Wie wirkt eine Importsteigerung?

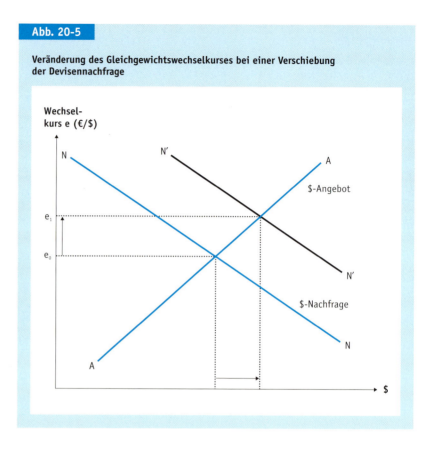

Abb. 20-5

Veränderung des Gleichgewichtswechselkurses bei einer Verschiebung der Devisennachfrage

im selben Umfang an. Auf diese Weise sorgt der gestiegene Wechselkurs wieder für einen Ausgleich von Angebot und Nachfrage.

Im Grunde ändert sich daran nichts, wenn wir auch Angebot und Nachfrage nach Devisen für den Kapitalverkehr in die Betrachtung einbeziehen. Beim Kapitalverkehr ist zwischen Kapitalexporten und Kapitalimporten zu unterscheiden. Ein **Kapitalexport (Kapitalimport)** liegt dann vor, wenn inländische (ausländische) Wirtschaftssubjekte ausländische (inländische) Aktiva erwerben. Beispiele für Aktiva sind Kapitalgüter (Erwerb einer Fabrik oder einer Kapitalbeteiligung) oder Forderungen (z. B. Wertpapiere). Wenn Bürger aus Euroland im Ausland investieren wollen, zu diesem Zweck mehr Dollars nachfragen, steigt der Wechselkurs, bis wieder Gleichgewicht herrscht. Der so genannte **Wechselkursmechanismus** ist nichts anderes als der Preismechanismus auf dem Devisenmarkt.

20.3.3 Bestimmungsgründe des flexiblen Wechselkurses

Die klassische Theorie zur Bestimmung des flexiblen Wechselkurses ist die **Kaufkraftparitätentheorie**. Hiernach wird der Wechselkurs zwischen zwei Regionen allein durch die Güterströme (Güterexport und -import) und die hierdurch bedingten internationalen Zahlungsströme bestimmt. Der Hintergrund ist, dass zum Zeitpunkt des Entstehens der Kaufkraftparitätentheorie Güterströme zwischen den Ländern praktisch allein bedeutsam waren, während reine Kapitalströme wegen existierender Kapitalverkehrsbeschränkungen oft kaum Bedeutung besaßen.

Was ist der Grundgedanke der Kaufkraftparitätentheorie? Solange völliger Freihandel zwischen zwei Ländern besteht und die Transport- und Versicherungskosten zur Vereinfachung vernachlässigt werden, gibt es keinen Grund für Preisabweichungen für **gleiche** Güter zwischen den Ländern. Angenommen der Preis für ein identisches Gut 1 beträgt in Land 1 fünf inländische Geldeinheiten und in Land 2 (nach Umrechnung zu dem herrschenden Wechselkurs) sieben inländische Geldeinheiten. Gewinnmaximierende Ex- und Importeure werden dann bei den herrschenden Preisen und dem gültigen Wechselkurs so lange in das teure Land 2 exportieren, bis der Preis der Güter in einer Währung identisch ist.

> Gesetz der Unterschiedslosigkeit der Preise

> Die Ausnutzung von internationalen Preisdifferenzen zwischen gleichen Gütern (Güterarbitrage) führt zur Realisierung des **Gesetzes der Einheitlichkeit des Preises für homogene Güter.**

Unterstellt man zur Vereinfachung, dass Inlands- und Auslandsprodukt homogene Güterbündel sind, so gilt also:

Preisniveau des Auslands P^a · Wechselkurs e = Preisniveau des Inlands P
bzw.

$$e = \frac{P}{P^a}.$$

> Die absolute Kaufkraftparitätentheorie

Zur Herbeiführung der Kaufkraftparität sind dabei grundsätzlich sowohl Preisveränderungen im In- und Ausland als auch Veränderungen des Wechselkurses geeignet.

Die Kaufkraftparitätentheorie kann natürlich nur so lange eine dominierende Erklärung für die Wechselkursentwicklung sein, wie das Devisenangebot und die Devisennachfrage nur in unbedeutendem Maße von den **Kapitalbewegungen** bestimmt werden. Außerdem ist anzumerken, dass nur die **international handelbaren** Güter (»tradeables«) den Wechselkurs bestimmen können, während die nicht handelbaren Güter (z. B. die Dienstleistung eines örtlichen Friseurs) ohne Einfluss bleiben müssen. Streng genommen gehören also nur die Preise der handelbaren Güter in die obige Gleichung für die Kaufkraftparität. Diesem und anderen Problemen, die sich z. B. aus der tatsächlichen Heterogeni-

20.3 Funktionsweise verschiedener Währungssysteme
Währungssystem mit flexiblen Wechselkursen

Relative Kaufkraftparitätentheorie

tät von In- und Auslandsprodukt ergeben, hat die Wechselkurstheorie dadurch Rechnung zu tragen versucht, dass sie zur so genannten **relativen** Kaufkraftparitätentheorie übergegangen ist. Nicht mehr die absolute Höhe, sondern die prozentualen Veränderungen des nominalen Wechselkurses stehen im Vordergrund. Und diese Änderungsraten werden (bei Strukturkonstanz, d. h. bei konstantem Anteil der non-tradeables, unveränderter Produktdifferenzierung u. Ä.) allein von der Differenz der nationalen Inflationsraten bestimmt:

Änderungsrate des Wechselkurses $\hat{e}$
= Inflationsrate des Inlands $\hat{P}$ – Inflationsrate des Auslands $\hat{P}^a$. Kurz: $\hat{e} = \hat{P} - \hat{P}^a$

Im Sinne der relativen Kaufkraftparitätentheorie kommt es also stets dann zu Wechselkursänderungen, wenn die Inflationsraten international differieren. Da die Güterpreise häufig kurzfristig unflexibel sind, d. h. nur mit großen Zeitverzögerungen reagieren, wird die Kaufkraftparitätentheorie eher für die Bestimmung der langfristigen Entwicklung des Wechselkurses herangezogen. Kurzfristig reagieren nach allgemeiner Auffassung die Preise auf den Finanzmärkten schneller als die auf den Gütermärkten. Dies legt es nahe, dass die internationalen Kapitalbewegungen zumindest kurzfristig einen stärkeren Einfluss auf die Bestimmung bzw. Änderung des Wechselkurses haben als die Entwicklung der Güterpreisniveaus.

Zinsparitätentheorie

Eine alternative Theorie für die Erklärung des Wechselkurses auf der Basis der Kapitalbewegungen ist die **Zinsparitätentheorie**. Nach dieser Theorie sind bei gleichen Risiken der Anlageobjekte deren Ertragsraten dafür entscheidend, wohin das Kapital fließt, und damit natürlich auch für die Wechselkursentwicklung. Um Klarheit über diese Wechselkurstheorie zu gewinnen, muss man sich die Bestimmungsgründe der Ertragsraten inländischer und ausländischer Geldanlagen vor Augen führen. Angenommen ein inländisches staatliches Wertpapier mit einjähriger Restlaufzeit erzielt einen Effektivzins und damit eine Ertragsrate von $i = 8\%$. Um diese Ertragsrate mit der eines ausländischen Wertpapiers **mit gleicher Bonität** vergleichen zu können, muss Folgendes berücksichtigt werden: Der Anleger muss den Anlagebetrag zunächst durch einen Devisenkauf aufbringen. Er muss sich dann Vorstellungen über die Höhe des Wechselkurses (Devisenkassakurs) in einem Jahr machen, da er dann den Anlagebetrag samt Zinsen in Inlandswährung umtauschen will. Die erwartete Rendite der Auslandsanlage beträgt also (vereinfachend)

r^a = ausländischer Effektivzins i^a
+ erwartete Wechselkursänderungsrate $\dfrac{e^e - e}{e}$.

Ist die erwartete Wechselkursänderungsrate positiv (negativ), so geht der Anleger von einer Abwertung (Aufwertung) der heimischen und damit einer Aufwertung (Abwertung) der ausländischen Währung innerhalb des Anlagezeitraumes aus, was für ihn eine zusätzliche positive (negative) Ertragskomponente beinhaltet. Misst der Anleger dem Risiko einer fehlerhaften Prognose des Wechselkurses kein Gewicht bei (so genannte Risikoneutralität) und ist der inländische Effektivzins i = 8% z. B. geringer als die erwartete Ertragsrate der Auslandsanlage r^a, so ist für den Anleger die Auslandsanlage attraktiver, er wird sein Kapital exportieren. Ist der Anleger dagegen risikoscheu, so wird er für das Wechselkursrisiko einen Ausgleich in Form einer Risikoprämie erwarten, d. h., damit er bereit ist, sein Kapital zu exportieren, müsste die Ertragsrate r^a hinreichend größer sein als der inländische Effektivzins i = 8%. Für den risikoneutralen Anleger ist damit die Anlage im Ausland attraktiv, wenn

Risikoneutralität oder Risikoversion des Anlegers

$$i \leq i^a + \frac{e^e - e}{e}.$$

Sofern das Gleichheitszeichen gilt, ist die Wirtschaftseinheit indifferent in Bezug auf eine Anlage im In- oder Ausland und importiert und exportiert kein Kapital. Man spricht dann von der Gültigkeit der **ungedeckten Zinsparität**. Für den risikoscheuen Anleger ist die Anlage im Ausland attraktiv, wenn gilt:

$$i \leq i^a + \frac{e^e - e}{e} - \text{Risikoprämie}.$$

Will der Anleger kein Kursrisiko eingehen, so kann er heute seine Devisen, die er in einem Jahr aus der Anlage erhält, auf dem Devisen**termin**markt, welcher neben dem »eigentlichen« Devisenmarkt (Devisenkassamarkt) existiert, an einen Dritten verkaufen. Bei einem solchen Termingeschäft wird bereits heute der Kurs festgelegt, zu dem die Devisen in einem Jahr übergeben werden. Falls dieser Terminkurs unterhalb des gegenwärtigen Wechselkurses liegt, ist der Differenzbetrag als Kurssicherungskosten für den Anleger anzusehen und er wird die Auslandsanlage nur durchführen, wenn gilt:

$$i \leq i^a + \frac{e^T - e}{e},$$

wobei e^T den Terminkurs der Devise angibt. Im Falle der Gleichheit beider Ertragsraten spricht man von der so genannten **gedeckten Zinsparität**. Wir wollen uns im Folgenden auf diese Arbitragebedingung beschränken, nicht zuletzt deshalb, weil die anderen beiden empirisch nicht beobachtet werden können.

Wieso beeinflusst die Arbitragebedingung der gedeckten Zinsparität nun den flexiblen Wechselkurs? Wir nehmen an, dass sich die Ertragsraten im In- und Ausland zunächst entsprechen. Nun steigt – z. B. aufgrund einer kontraktiven Geldpolitik im Ausland – der ausländische Effektivzins an, sodass sich ceteris paribus die ausländische Ertragsrate gegenüber der inländischen erhöht. Daraus ergibt sich ein Anreiz, verstärkt ausländische statt inländische Schuldtitel nachzufragen.

Arbitragebedingung und Wechselkurs

> Als Folge ergibt sich eine Erhöhung der Nachfrage nach Dollar und eine Senkung des Angebotes an Euro auf dem Devisenmarkt, was zu einem Anstieg des Wechselkurses e (in Preisnotierung) und damit zu einer Euroabwertung bzw. Dollaraufwertung führt.

Daneben wird
- wegen des verstärkten Verkaufs von Termindollar der Terminkurs e^T absinken,
- wegen der Reduktion der Nachfrage nach heimischen Schuldtiteln der inländische Effektivzins i ansteigen,
- wegen der Erhöhung der Nachfrage nach ausländischen Schuldtiteln der effektive Auslandszins i^a tendenziell sinken.

Zinsparitätentheorie ist der zentrale Ansatz für Wechselkursbestimmung der kurzen und mittleren Frist

Jeder dieser Effekte wirkt in Richtung auf eine Wiederherstellung der gedeckten Zinsparität, wobei empirisch belegt ist, dass sich diese Zinsparität nach Störungen sehr schnell wieder einstellt. Derselbe Mechanismus gilt auch für den risikoneutralen Anleger, der nach der ungedeckten Zinsparität agiert. Im Arbitragemechanismus tritt jetzt an die Stelle des Terminkurses der erwartete Wechselkurs. Beachtet man das gewaltige Volumen der internationalen Kapitalbewegungen in der Realität, so wird klar, welch bedeutsamen Einfluss diese auf die Wechselkursbestimmung besitzen. Infolgedessen ist die Zinsparitätentheorie heute ein, wenn nicht gar der zentrale Erklärungsansatz der kurz- und mittelfristigen Wechselkursentwicklung. In weitergehenden Theorieansätzen werden Kaufkraftparität und Zinsparität kombiniert, worauf wir im Rahmen dieses Buches allerdings nicht eingehen können.

20.4 Währungssystem mit festen Wechselkursen

Von einem festen Wechselkurs spricht man, wenn ein Land einen von ihm genannten Wechselkurs bei voller Konvertibilität der Währungen garantiert, indem es notfalls durch eigene Devisenmarktinterventionen dafür sorgen wird, dass dieser Wechselkurs auch der Gleichgewichtswechselkurs des freien Devisenmarktes ist. Ein System fester Wechselkurse entsteht dann, wenn mehrere Länder ihre Währungen gegenüber einer Leitwährung in dieser Weise fixieren.

Systeme fester Wechselkurse in der Vergangenheit

Das nach dem Zweiten Weltkrieg vom Internationalen Währungsfond (IWF) etablierte und bis 1973 praktizierte »**Bretton-Woods-System**« stellt ein Beispiel für ein solches Währungssystem dar. Hier legten die Mitgliedsländer gegenüber dem IWF ihren jeweiligen Wechselkurs gegenüber dem Dollar fest (die so genannten »Paritäten«) und verpflichteten sich, auf den internationalen Devisenmärkten durch entsprechende An- und Verkäufe von Dollar für einen der eigenen Parität entsprechenden Wechselkurs zu sorgen. Die US-Regierung wiederum legte den Wert des Dollar in Gold fest und verpflichtete sich, jederzeit Dollar gegen Gold in unbegrenztem Maße einzutauschen. Allerdings handelt es sich nicht um einen absolut festen Wechselkurs, da dieser innerhalb kleiner **Bandbreiten** (zunächst ±1 Prozent) um diese Parität schwanken durfte, ohne dass die Zentralbank eingreifen musste. Wir vernachlässigen diese Bandbreiten zur Vereinfachung im Folgenden, da sie die Grundzusammenhänge nicht außer Kraft setzen.

Währungssystem mit festen Wechselkursen 20.4

Ein Währungssystem mit festen Wechselkursen stellte auch das System der »Goldwährung« dar, das zuletzt vor und zum Teil auch nach dem Ersten Weltkrieg (etwa von 1924–1931) bestand. Der Festkurscharakter lag bei der Goldwährung darin, dass der Wert der einzelnen Währungen in Goldeinheiten bestimmter Feinheit fixiert wurde (Goldparität), z. B. 1 Reichsmark = 0,359 Gramm Gold und 1 englisches Pfund = 7,18 Gramm Gold. Hieraus ergab sich durch einfache Rechnung (7,18 : 0,359) der Wechselkurs 1 Pfund = 20 Reichsmark, der so lange fest blieb, wie die Goldparitäten unverändert blieben. Eine Besonderheit des Systems der Goldwährung bestand darin, dass es keiner expliziten Vereinbarung zwischen den Teilnehmerstaaten über Interventionspflichten bedurfte. Gefordert war neben der Festlegung der Goldparität lediglich die Bereitschaft, freie Goldexporte und -importe zuzulassen und die Verpflichtung der Zentralbanken, jederzeit unbegrenzt Geldnoten gegen Gold einzutauschen.

20.4.1 Finanzierung eines Zahlungsbilanzungleichgewichtes

Hat man sich für feste Wechselkurse entschieden, so können für die Länder eines solchen Währungssystems zwei zentrale Probleme entstehen:
- das Problem, Zahlungsbilanzungleichgewichte (im Sinne von Devisenmarktungleichgewichten) zu finanzieren (ein **Liquiditätsproblem**);
- das Problem, Zahlungsbilanzungleichgewichte zu korrigieren, zu beseitigen (ein **Korrekturproblem**).

In einem Währungssystem mit festen Wechselkursen entstehen das Liquiditäts- und das Korrekturproblem.

Diese Probleme entstehen immer dann, wenn die Höhe des festgesetzten nominalen Wechselkurses dem freien Spiel der marktwirtschaftlichen Kräfte nicht entspricht. Dies soll anhand der Abbildungen 20-6 und 20-7 verdeutlicht werden. Die dortigen Dollarangebots- und -nachfragekurven beinhalten **nicht** etwaige Stützungsverkäufe oder -ankäufe der inländischen Zentralbank. Der vom Staat festgesetzte Wechselkurs (**Paritätskurs**) sei e_0 (z. B. 0,9, d. h. 1 \$ = 0,9 €). Damit sich der festgesetzte Wechselkurs am Devisenmarkt ohne Intervention der Zentralbank auch einstellt, müssten sich Dollarangebot und -nachfrage bei dem Wechselkurs e_0 gerade entsprechen, was in Abbildung 20-6 unterstellt ist.

In diesem Fall herrscht bei dem festgesetzten Wechselkurs Gleichgewicht zwischen Dollarangebot und Dollarnachfrage, also Devisenmarktgleichgewicht ohne Zentralbankintervention. Man spricht dann gemeinhin von einer ausgeglichenen Zahlungsbilanz, meint jedoch eigentlich eine ausgeglichene Devisenbilanz, d. h. einen Devisenbilanzsaldo von null. Ein solches **Devisenmarktgleichgewicht bei ausgeglichener Zahlungsbilanz** (im obigen Begriffssinne) ergibt sich also dann, wenn sich geplantes Angebot von und geplante Nachfrage nach Devisen beim Paritätskurs entsprechen, ohne dass staatliche Stellen
- auf dem Devisenmarkt mit Käufen bzw. Verkäufen von Devisen eingreifen,
- den Zahlungsverkehr beschränken oder
- ausgleichende Kredit- und Handelsgeschäfte vornehmen.

Der Begriff der ausgeglichenen Zahlungsbilanz

20.4 Funktionsweise verschiedener Währungssysteme
Währungssystem mit festen Wechselkursen

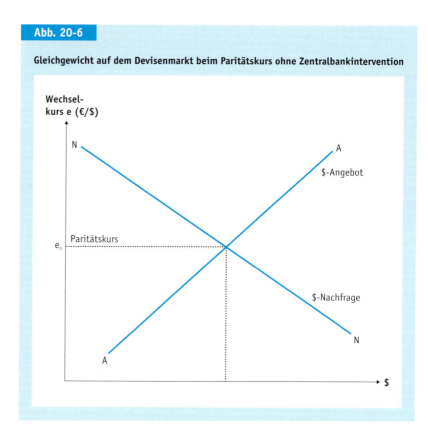

Abb. 20-6

Gleichgewicht auf dem Devisenmarkt beim Paritätskurs ohne Zentralbankintervention

Etwas ungenauer gesagt: Zum Paritätskurs müssen Dollarangebot und -nachfrage dem freien Spiel der marktwirtschaftlichen Kräfte entspringen und gleich groß sein.

Zahlungsbilanzdefizit

Wenn sich in Abbildung 20-7, ausgehend von einem Devisenmarktgleichgewicht, die Nachfragekurve nach rechts von NN nach N'N' verschiebt, entsteht beim Paritätskurs bei unverändertem Angebot ein Nachfrageüberhang nach Dollar. Zum Paritätskurs von e_0 werden mehr Dollar nachgefragt als angeboten.

Ohne Eingreifen der Zentralbank würde der Wechselkurs von e_0 auf e_1 steigen. Um dies zu verhindern – es sind ja **feste Wechselkurse** und **freie Konvertibilität** vereinbart –, muss die Zentralbank den **Nachfrageüberhang** beseitigen. D.h., in Höhe der »Dollarlücke« muss sie zusätzlich Dollar aus eigenen Devisenbeständen auf dem Devisenmarkt verkaufen. Man sagt, sie muss die Dollarlücke »finanzieren«. In Euro bewertet stellt dieser Fremdwährungsabfluss das so genannte **Zahlungsbilanzdefizit** des Inlands dar (die Zahlungsbilanz eines Landes wird stets in eigener Währung aufgestellt). Dieses Zahlungsbilanzdefizit

Bei einem Zahlungsbilanzdefizit muss das Devisenangebot durch die Zentralbank erhöht werden.

20.4 Währungssystem mit festen Wechselkursen

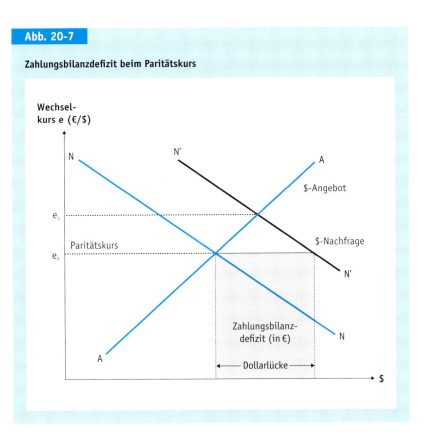

Abb. 20-7

Zahlungsbilanzdefizit beim Paritätskurs

berechnet sich durch Multiplikation der Dollar-Interventionsmenge der Zentralbank mit dem tatsächlich geltenden Wechselkurs, in unserem Fall dem Paritätskurs e_0, und entspricht in Abbildung 20-7 dem grau unterlegten Rechteck.

Das Problem liegt nun darin, dass keine Zentralbank über einen unbegrenzten Bestand an Devisen verfügt, dass sie also **auf Dauer** ein solches Defizit nicht finanzieren kann. Man beachte dabei, dass die Zentralbank das Dollardefizit auf dem Devisenmarkt nicht durch Euro, also nicht durch heimische Währung ausgleichen kann, die sie ja unbegrenzt schaffen könnte. Dieses Problem der Zentralbank, bei einem Zahlungsbilanzdefizit Auszahlungen in einer Währung leisten zu müssen, die sie nicht selbst »produzieren« kann und von der sie nur über einen begrenzten Bestand verfügt, nennt man das **Liquiditätsproblem**.

> Eine Zentralbank kann ein Zahlungsbilanzdefizit nur kurzfristig finanzieren.

Außerdem ergibt sich durch die Intervention der Zentralbank eine Wirkung auf die inländische Geldmenge: Die Zentralbank verkauft ja Dollar gegen Euro, d.h. die inländische Geldmenge verringert sich gerade im Umfang des Zahlungsbilanzdefizits (s.o.).

Die monetären Mittel, die einer Zentralbank zur Verfügung stehen, um Fremdwährungsdefizite auf dem Devisenmarkt zu finanzieren, nennt man ihre

Internationale Liquidität

Währungsreserven oder ihren **Bestand an internationaler Liquidität**. Beziehen wir ihre Kreditmöglichkeiten mit ein, die sie ohne jede Bedingung in Anspruch nehmen kann, so können wir definieren: Der Bestand einer Zentralbank an Zahlungsmitteln, die zur Finanzierung eines Defizits in ihrer Zahlungsbilanz allgemein von anderen Banken akzeptiert werden, sowie die Möglichkeit, sich diese bedingungslos zu verschaffen, wird als internationale Liquidität einer Zentralbank bezeichnet. Heute besteht die internationale Liquidität im Euroraum im Wesentlichen aus Gold, Dollars, Ziehungsrechten beim IWF und Sonderziehungsrechten.

Zahlungsbilanzüberschuss

Wenn sich in Abbildung 20-8 die Angebotskurve ceteris paribus nach rechts verschiebt (z. B. weil Ausländer vermehrt deutsche Güter nachfragen oder in Deutschland verstärkt investieren wollen), entsteht ein **Angebotsüberhang** an Dollar. In dieser Situation muss die deutsche Zentralbank – um ein Absinken des Wechselkurses von e_0 auf e_2 (eine Aufwertung des Euro) zu vermeiden – die Nachfrage nach Dollar um den Betrag der »Lücke« ausdehnen. Sie kauft Dollar und gibt dafür Euro, wodurch sich ihr Bestand an Dollar und die inländische

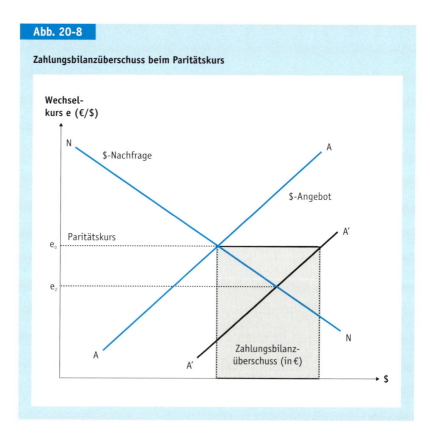

Abb. 20-8

Zahlungsbilanzüberschuss beim Paritätskurs

Geldmenge erhöhen. Dieser Fremdwährungszufluss stellt in Euro bewertet (d. h. mit dem Wechselkurs e multipliziert) den **Zahlungsbilanz-** bzw. **Devisenbilanzüberschuss** des Inlands dar (vgl. das grau schraffierte Rechteck in Abbildung 20-8).

Zahlungsbilanzüberschuss

Da die Zentralbank selbst Euro unbegrenzt schaffen kann, entsteht für sie im Falle eines Zahlungsbilanzüberschusses kein Liquiditätsproblem. Diese **Asymmetrie des Liquiditätsproblems** ist von großer praktischer Bedeutung: Länder mit einem Zahlungsbilanzdefizit (Defizitländer) stehen vor der Notwendigkeit, über kurz oder lang – je nach Höhe ihres Bestandes an internationaler Liquidität – ihr Defizit beseitigen zu müssen, während sich für Überschussländer diese Notwendigkeit nicht zwingend ergibt.

Der Zwang zur Korrektur eines Zahlungsbilanzungleichgewichtes ist für Defizitländer viel größer als für Überschussländer.

Währungsreserven haben mithin bei festen Wechselkursen die Aufgabe, kurzfristig Zahlungsbilanzdefizite zu finanzieren. Sie geben einen zeitlichen Spielraum für eine Korrektur des Zahlungsbilanzdefizits, niemals kann es ihr Zweck sein, ein Zahlungsbilanzdefizit auf Dauer zu finanzieren.

20.4.2 Korrektur eines Zahlungsbilanzungleichgewichtes

In einem Währungssystem mit festen Wechselkursen muss ein Zahlungsbilanzungleichgewicht auf Dauer mit den Mitteln der Wirtschaftspolitik beseitigt werden.

Ein Defizitland muss versuchen, seine Exporte zu fördern und seine Importe zu vermindern. Die grundsätzliche Zielrichtung seiner Politik besteht in

- einer relativen Senkung des inländischen Preisniveaus, um die Exporte zu fördern,
- einer relativen Abnahme des Volkseinkommens, um die vom Volkseinkommen abhängigen Importe zu drosseln.

Kontraktive interne Wirtschaftspolitik bei einem Defizit

Außerdem kann das Defizitland durch restriktive Geldpolitik den Zins anheben und dadurch Kapitalimporte anregen (allerdings auf Kosten der Investitionen und damit der Beschäftigung).

Ein Defizitland muss also mit den Mitteln der Geld- und Fiskalpolitik eine **kontraktive interne Wirtschaftspolitik** betreiben: die Geldmenge verringern, den Zinssatz erhöhen, die Staatsausgaben senken und/oder die Steuern erhöhen. Man sagt, dass ein Defizitland unter dem **»Diktat der Zahlungsbilanz«** steht, die Zahlungsbilanzsituation diktiert die Wirtschaftspolitik.

Insbesondere wird das Diktat spürbar, wenn das Land vor einem Zielkonflikt steht, wenn ein Land also sowohl ein Defizit in der Zahlungsbilanz als auch Arbeitslosigkeit hat. Die Beseitigung der Arbeitslosigkeit durch expansive Geld- und Fiskalpolitik würde das Defizit vergrößern, die Beseitigung des Defizits durch kontraktive Geld- und Fiskalpolitik würde die Arbeitslosigkeit erhöhen.

Zielkonflikt bei Zahlungsbilanzdefizit und Arbeitslosigkeit

Der Zwang zur Korrektur eines Zahlungsbilanzüberschusses ist wegen der Asymmetrie des Liquiditätsproblems nicht so stark wie der Zwang zur Korrektur

20.4 Funktionsweise verschiedener Währungssysteme
Währungssystem mit festen Wechselkursen

eines Defizits. Doch ergeben sich bei langfristigen Zahlungsbilanzüberschüssen auch nachteilige Wirkungen für das betreffende Land. Im Grunde »verschenkt« man wegen der Unterbewertung der Währung einen Teil der im Inland produzierten Güter, weil – gemessen an den zu zahlenden Importpreisen – zu billig exportiert wird.

Expansive interne Wirtschaftspolitik bei einem Zahlungsbilanzüberschuss

Ein (permanentes) Überschussland sollte versuchen, seine Exporte zu verringern, seine Importe zu erhöhen. Es müsste:
- das inländische Preisniveau erhöhen, um die Exporte zu senken,
- das inländische Volkseinkommen erhöhen, um die Importe zu steigern,
- die Zinsen senken, um Kapitalexporte anzuregen.

Zielkonflikt bei Inflation und Zahlungsbilanzüberschuss

Ein Überschussland müsste also mit den Mitteln der Geld- und Fiskalpolitik eine **expansive interne Wirtschaftspolitik** einleiten: die Geldmenge erhöhen, den Zinssatz senken, die Staatsausgaben erhöhen, die Steuern senken.

Auch für das Überschussland kann sich ein Zielkonflikt ergeben, wenn es gleichzeitig inflationäre Preissteigerungen zu verzeichnen hat. Nur mehr Inflation würde den Zahlungsbilanzüberschuss abbauen, mehr Inflation widerspricht indes dem Ziel der Preisstabilität.

In der Abbildung 20-9 sind die Überlegungen noch einmal zusammengefasst.

Abb. 20-9

Korrektur von Zahlungsbilanzungleichgewichten

Zahlungsbilanzdefizit	Zahlungsbilanzüberschuss
▸ Beseitigung durch kontraktive Geld- oder Fiskalpolitik	▸ Beseitigung durch expansive Geld- und Fiskalpolitik
▸ Zielkonflikt bei Arbeitslosigkeit	▸ Zielkonflikt bei Inflation

Priorität für den Ausgleich der Zahlungsbilanz

Wesentlich ist also, dass das System fester Wechselkurse nur dann funktioniert, wenn die Länder bei Zielkonflikten bereit sind, dem Ausgleich der Zahlungsbilanz Priorität vor den binnenwirtschaftlichen Zielen einzuräumen. Ist man hierzu nicht bereit, hat also das binnenwirtschaftliche Ziel der Vollbeschäftigung bzw. der Preisstabilität Vorrang, dann muss vom Prinzip der unveränderlich festen Wechselkurse oder vom Prinzip nur marktwirtschaftlicher Eingriffe abgegangen werden. Im Falle von Zielkonflikten muss dann entweder der Wechselkurs geändert werden – das Defizitland muss abwerten, das Überschussland muss aufwerten – oder es müssen mit den Mitteln der Devisenbewirtschaftung Export und Import so kontrolliert werden, dass die Zahlungsbilanz rechnerisch ausgeglichen ist.

20.5 Feste oder flexible Wechselkurse?

Vorteile flexibler Wechselkurse

Bei flexiblen Wechselkursen ist der Devisenmarkt immer ausgeglichen, es gibt weder Probleme mit der Finanzierung eines Defizites noch Probleme der Zahlungsbilanzkorrektur. Inwieweit flexible Wechselkurse akzeptiert werden, hängt davon ab, wie stark die Veränderungen des Wechselkurses sind und welche realen Auswirkungen diese zeigen.

Ein Land mit flexiblen Wechselkursen kann den binnenwirtschaftlichen Zielen Preisstabilität, Vollbeschäftigung und Wachstum Priorität einräumen, es steht nicht unter dem Diktat der Zahlungsbilanz. Allerdings muss es die Veränderungen des nominalen Wechselkurses hinnehmen. Dies kann beschäftigungspolitisch förderlich, aber auch abträglich sein: Unterliegt das Land einer Aufwertungstendenz, so würde die Reduzierung des Außenbeitrages beschäftigungsmindernd wirken. Im Fall einer Abwertungstendenz würde dagegen die Erhöhung des Außenbeitrages beschäftigungsförderlich sein.

> Mehr Spielraum bei der Binnenwirtschaftspolitik

Als wichtiges Argument für flexible Wechselkurse wird auch angeführt, dass diese die Übertragung einer Auslandsinflation auf das Inland abschwächen oder ganz vermeiden. Wie gezeigt, führt ein Zahlungsbilanzüberschuss durch die Intervention der Zentralbank bei festen Wechselkursen zu einer Erhöhung der inländischen Geldmenge, wodurch sich das inländische Preisniveau erhöhen kann. Da die Zentralbank bei flexiblen Wechselkursen keine Interventionspflicht hat, entfällt dieser Effekt, sofern sie tatsächlich nicht am Devisenmarkt aktiv wird.

> Übertragung der Auslandsinflation wird teilweise oder ganz vermieden.

Hinzu kommt die preiserhöhende Wirkung des so genannten **internationalen Preiszusammenhangs** bei festen Wechselkursen. Wie wir in Kapitel 20.2.2 gesehen haben, erhöht eine Zunahme des ausländischen Preisniveaus, z. B. der USA, die von Deutschland in die USA exportierten Gütermengen, sodass in Deutschland (wo die exportierten Güter ebenfalls nachgefragt werden) die Nachfrage und damit die Preise steigen. Gleichzeitig führt die Erhöhung des Preisniveaus in den USA zu einer Verminderung der mengenmäßigen Güterimporte, was zu einer Verknappung dieser Güter und damit zu einer Preissteigerung auch dieser Güter im Inland führt. Darüber hinaus stellt ein Teil der importierten Güter Vorleistungen für die inländische Produktion dar. Steigen die Preise dieser Inputs, so verschieben sich die Grenzkostenkurven und damit die Güterangebotskurven nach oben und die Preise aller Güter steigen. Sind die Preissteigerungen im Ausland permanent, so wird also bei festen Wechselkursen die Auslandsinflation über den internationalen Preiszusammenhang auf das Inland übertragen.

Diesen internationalen Preiszusammenhang sehen die Vertreter flexibler Wechselkurse bei flexiblen Kursen unterbrochen. Bei flexiblem Wechselkurs würde, so die Argumentation, die Zunahme des EU-Außenbeitrages infolge der Preissteigerung in den USA (vgl. Kapitel 20.2.2) das Dollarangebot erhöhen und damit zu einer Abnahme des nominalen Wechselkurses, d. h. einer Aufwertung des Euro (Abwertung des Dollar) führen. Diese aber würde, wie in Kapitel 20.2.2

beschrieben, die mengenmäßigen Exporte in die USA vermindern und die mengenmäßigen Importe aus den USA erhöhen. Beide Effekte würden den Preisdruck auf den deutschen Märkten reduzieren und im Idealfall ganz neutralisieren. Dies wäre der Fall, wenn die absolute Version der Kaufkraftparitätentheorie Gültigkeit hätte, also bei Gültigkeit von $e = \frac{P}{P^a}$. Bei einer z. B. 10-prozentigen Preissteigerung in den USA würde dann der Wechselkurs bei zunächst konstantem heimischen Preisniveau um 10 Prozent zunehmen. Da $P = P^a \cdot e$, würden sich Auslandspreiserhöhung und Wechselkurssenkung gerade kompensieren, sodass das heimische Preisniveau dauerhaft konstant bleiben würde.

Gegen diese Argumentation der Vertreter flexibler Wechselkurse ist allerdings anzuführen, dass sie die Kapitalströme mit ihren Wirkungen auf den Wechselkurs völlig außer Acht lässt. In einem Land, in dem die Preise steigen, steigen ceteris paribus üblicherweise auch die Zinssätze (Inflationszuschlag auf die Nominalzinsen). Steigende Zinssätze in den USA aber führen zu einem Anstieg der Nettokapitalimporte der USA und damit zu einer Zunahme der Dollarnachfrage und damit des Wechselkurses. Diese durch die internationalen Kapitalströme hervorgerufene Abwertung des Euro könnte die durch die Güterströme bedingte Aufwertung der heimischen Währung teilweise oder ganz kompensieren oder sogar überkompensieren und damit den preisisolierenden Effekt flexibler Wechselkurse aufheben oder sogar ins Gegenteil verkehren.

Außerdem kann gegen das Argument der von der Auslandsinflation isolierenden Wirkung flexibler Wechselkurse eingewendet werden, dass in Ländern, die wegen hoher Inflationsraten permanent abwerten, der Inflationsprozess durch die abwertungsbedingten Preissteigerungen verschärft wird – ein Effekt, der von Befürwortern flexibler Wechselkurse letztlich allerdings nicht dem Wechselkurssystem, sondern einer inflatorischen inländischen Geldpolitik zugeschrieben wird.

Währungswettbewerb bietet die Chance zu Preisstabilität.

Generell besteht bei flexiblen Wechselkursen ein **Währungswettbewerb**. Die Währung des preisstabilen Landes wertet tendenziell auf, die Währung des Inflationslandes wertet tendenziell ab. Dies führt zu steigender Akzeptanz der wertstabilen Währung, die zunehmend internationale Reservewährung wird, zunehmend Recheneinheit im internationalen Zahlungsverkehr wird und bisweilen sogar nationale Zahlungsmittel verdrängt (vgl. z. B. die so genannte Dollarisierung einiger südamerikanischer Länder). Generell besteht eine Tendenz, der wertstabilen Währung nachzueifern. Dies war vor der Gründung der EWU ganz deutlich in Europa zu beobachten, wo nicht wenige Länder ihre Geldpolitik zunehmend an der geldwertstabilen Geldpolitik der Deutschen Bundesbank ausrichteten. In diesem Sinne bietet der Währungswettbewerb die Chance zu dauerhafter Preisstabilität.

Nachteile flexibler Wechselkurse

Auf der anderen Seite gibt es eine Reihe, allerdings z. T. umstrittener Argumente gegen flexible (und für feste) Wechselkurse.

Unsichere Kalkulationsgrundlage?

▸ Zum einen wird angeführt, dass sich aus der Beweglichkeit der Wechselkurse eine unsichere Kalkulationsgrundlage für Exporteure, Importeure und Inves-

toren ergibt, die den freien Handel behindert. Dies kann nicht ganz von der Hand gewiesen werden, doch ist Folgendes festzustellen:
- Nicht nur Wechselkurse, sondern praktisch alle Preise schwanken in nicht vorhersehbaren Ausmaßen, ohne dass hieraus die Notwendigkeit einer allgemeinen Preisfixierung abgeleitet worden wäre (im Gegenteil: flexible Preise werden weithin als zentrales Steuerungsinstrument der Marktwirtschaften angesehen).
- Kursrisiken können z. T. durch Devisentermingeschäfte ausgeschaltet werden (vgl. Kapitel 20.3.3). Immerhin verbleiben die Kosten der Absicherung des Wechselkursrisikos (Kurssicherungskosten) und die Kosten der Informationsbeschaffung; außerdem gibt es kaum Terminmärkte für langfristige Kontrakte.
- Es lässt sich empirisch nicht nachweisen, dass flexible Wechselkurse den internationalen Handel behindern.
▸ Bei starken Wechselkursschwankungen entstehen erhebliche Beschäftigungsschwankungen in den Exportindustrien der Länder. Diese Gefahr darf in der Tat nicht verkannt werden.

Beschäftigungsschwankungen in der Exportindustrie

▸ Schließlich wird argumentiert, dass feste Wechselkurse die Länder im Hinblick auf ihre Preissteigerungsraten disziplinieren, weil nationale Inflationsraten, welche oberhalb der Inflationsraten der Partnerländer liegen, bei festen Wechselkursen die eigenen Güter im internationalen Vergleich verteuern und damit ohne Währungsabwertung zwangsläufig zu Zahlungsbilanzkrisen führen werden.
▸ Feste Wechselkurse haben eine Integrationsfunktion. Sie üben einen gewissen Druck aus, die nationale Wirtschaftspolitik der einzelnen Länder zu koordinieren. Denn wenn feste Wechselkurse vereinbart sind und die Länder verschiedene binnenwirtschaftliche Ziele verfolgen – ein Land Preisstabilität, das andere Land inflationäres Wachstum usw. –, entstehen permanent Zahlungsbilanzprobleme.

Integrationsfördernde Wirkung fester Wechselkurse?

Damit wird deutlich, dass abzuwägen ist vor allem zwischen der Souveränität nationaler Wirtschaftspolitik auf der einen Seite und einer (erzwungenen) Marktintegration auf der anderen Seite. Unwiderruflich feste Wechselkurse bieten die Chance einer größtmöglichen Marktintegration, indem sie die mit flexiblen Wechselkursen verbundenen Kosten der Unsicherheit, die Kosten der Kurssicherung und der Informationsbeschaffung eliminieren. Auf der anderen Seite steht der Verzicht auf eine autonome nationale Wirtschaftspolitik. Dieser Verlust an nationaler Souveränität mag per se als Nachteil bewertet werden, aus ökonomischer Sicht ist er nur dann ein Nachteil, wenn damit die Erreichung der gesamtwirtschaftlichen Ziele Vollbeschäftigung und Preisniveaustabilität erschwert wird. Dies soll am Beispiel regional begrenzt fester Wechselkurse, also für eine Währungsunion, näher untersucht werden, denn die Frage nach festen oder flexiblen Wechselkursen wird sinnvollerweise nicht global, sondern regional begrenzt zu beantworten sein.

Vorteile der Marktintegration versus Verzicht auf Autonomie

20.6 Währungsunion und Theorie des optimalen Währungsraumes

Traditionell hat man als Währungsunion einen Währungsraum bezeichnet, der gekennzeichnet ist durch:

Eigenschaften einer Quasi-Währungsunion

- unwiderruflich feste Wechselkurse,
- uneingeschränkte Konvertibilität der Währungen und
- Freiheit des Kapital- und Zahlungsverkehrs.

Heute neigt man dazu, ein solches Gebilde als **Quasi-Währungsunion** zu bezeichnen, da – solange noch Wechselkurse existieren – diese wohl in der Praxis nie wirklich unwiderruflich fest sein dürften. Andererseits dürfte das Verlassen einer »echten« Währungsunion mit Einheitswährung zwar ein größeres, aber wohl kein unüberwindliches Hindernis sein – wie historische Beispiele zeigen.

Souveränitätsverlust in einer Währungsunion

Wenn Länder eine Währungsunion gründen, verlieren sie in der Regel einen Großteil ihrer wirtschaftspolitischen Souveränität:

- Der nationale Wechselkurs geht als wirtschaftspolitisches Anpassungsinstrument unwiderruflich verloren.
- Nationale Geldpolitik kann nicht mehr betrieben werden, da die Geldhoheit bei einer supranationalen Zentralbank liegt.
- Eigenständige nationale Fiskalpolitik ist nur noch begrenzt möglich, vor allem da die anderen Teilnehmerländer eventuell entstehende hohe Zinsen oder sogar den Zwang zur Übernahme von Schulden fürchten.

Theorie des optimalen Währungsraumes

Aus solchen Gründen hat man sich in der »**realen**« Theorie des optimalen Währungsraumes schon in den 1950er- und 1960er-Jahren Gedanken darüber gemacht, welche Länder relativ unbeschadet von Arbeitslosigkeit und Inflation an einer Währungsunion teilnehmen und die ohne Zweifel existierenden Früchte einer Währungsunion (Wegfall von Umtausch- und sonstigen Transaktionskosten) genießen könnten.

Welche Länder sind geeignete Kandidaten für eine Währungsunion?

Die Antworten, die damals gegeben wurden, waren (von Feinheiten abgesehen) relativ einfach. In eine optimale Währungsunion gehören nur:

- Länder, die aufgrund ihrer Struktur relativ leicht auf den Wechselkurs als wirtschaftspolitisches Instrument verzichten können. Dies sind zum einen Länder, deren wirtschaftliche Strukturen so ähnlich sind, dass sich auch bei flexiblen Wechselkursen nur unbedeutende Wechselkursschwankungen ergeben würden, zum anderen »kleine offene Volkswirtschaften«, die über Abwertungen praktisch nur Inflation importieren können, und schließlich hoch diversifizierte Länder, bei denen Schocks immer nur relativ kleine Bereiche der Ökonomie betreffen.
- Länder, die in hinreichendem Umfang über zum Wechselkurs alternative Anpassungsinstrumente verfügen in Form von
    - flexiblen Löhnen und Preisen,

- hoher Mobilität der Produktionsfaktoren, insbesondere des Faktors Arbeit,
- leistungsfähigen Transfersystemen, möglichst im Rahmen einer politischen Union.

Diese Bedingungen wurden im Zuge der Schaffung der Europäischen Wirtschafts- und Währungsunion von Seiten der EU – zumindest öffentlich – nie ernsthaft geprüft. Statt dessen einigte man sich auf den relativ mageren Katalog der so genannten Konvergenzkriterien und handhabte diese zudem sehr lax.

Seit Realisierung der Währungsunion in weiten Teilen der EU mehren sich die Stimmen, die vor einer möglichen Beschäftigungskatastrophe warnen, wenn nicht die Arbeitsmarktflexibilität im weitesten Sinne entscheidend erhöht wird. Zur Diskussion stehen nun nach unten flexible (Real-)Löhne und flexible Arbeitszeitregelungen, der Abbau der Sozialsysteme, um den »Standort Deutschland« wettbewerbsfähig zu halten oder wieder werden zu lassen, die Forderungen nach mehr Flexibilität der Arbeiter bei sich rasch wandelnden Wirtschaftsstrukturen usw.

Die Philosophie ist einfach: Wenn beachtliche Verwerfungen im Bereich der Beschäftigung vermieden werden sollen, dann müssen die Arbeitnehmer jetzt diese viel geforderte »Arbeitsmarktflexibilität« erbringen, wie jedem das Studium der realen Theorie des optimalen Währungsraumes schon viel früher gezeigt hätte.

Ist die EWWU ein optimaler Währungsraum?

20.7 Das IS/LM-Modell der offenen Volkswirtschaft bei flexiblen und festen Wechselkursen (Mundell/Fleming-Modell)

Nachdem wir in den vorangegangenen Kapiteln die verschiedenen Aspekte unterschiedlicher Währungssysteme mehr oder weniger isoliert betrachtet haben, soll nun der Versuch gemacht werden, diese in einem in sich geschlossenen Gesamtmodell – dem so genannten *Mundell/Fleming*-Modell – zu diskutieren. Dieses Modell wurde Anfang der 1960er Jahre unabhängig voneinander von den Ökonomen *R. A. Mundell* und *J. M. Fleming* entwickelt. Dabei wird sich u. a. zeigen, dass die Effektivität bestimmter Politikmaßnahmen erheblich davon abhängt, ob man sich in einem System flexibler oder fester Wechselkurse befindet. Die Einbeziehung außenwirtschaftlicher Einflüsse erhöht die Komplexität gesamtwirtschaftlicher Modelle deutlich und so auch hier. Für das Studium dieses Kapitels raten wir deshalb an, sich zunächst mit den Modellen geschlossener Volkswirtschaften vertraut zu machen (vgl. insbesondere Kapitel 10). Die Lektüre dieses Kapitels ist keine notwendige Voraussetzung für das Verständnis anderer Kapitel dieses Buches.

20.7.1 Ausgangsbetrachtungen

Das Mundell/Fleming-Modell erweitert die keynesianische IS/LM-Analyse mit festen Güterpreisen um außenwirtschaftliche Einflüsse (zur IS/LM-Analyse der geschlossenen Volkswirtschaft vgl. Kapitel 10.3). Innerhalb dieses Modells werden zwei zentrale Fragenkomplexe untersucht:

Das Mundell/Fleming-Modell ist das IS/LM-Modell für die offene Volkswirtschaft.

▸ Welcher Einfluss geht von der weltwirtschaftlichen Konjunkturlage auf die Binnenkonjunktur aus?
▸ Welche Wirkungen auf das Produktions- und damit das Beschäftigungsniveau des Inlands ergeben sich aus der inländischen Fiskal- und Geldpolitik sowie – bei fixem Wechselkursregime – der Wechselkurspolitik?

Grundannahmen des Modells

Betrachtet wird dabei eine **kleine offene Volkswirtschaft (Inland) mit völlig freiem internationalen Güter- und Kapitalverkehr**, deren wirtschaftliche Aktivität praktisch keinen Einfluss auf die Einkommens- und Zinsbildung des Auslands hat. Das Inlandprodukt ist dabei kein vollständiges Substitut des Auslandsproduktes, sodass die in einer Währung ausgedrückten Güterpreise (Preisniveaus) der beiden Länder voneinander abweichen können.

Für die Durchführung ihrer außenwirtschaftlichen Transaktionen (Güter- und Kapitalverkehr) benötigen die Länder Devisen, d. h. entsprechende Auslandswährung. Diese beschaffen sie auf dem **internationalen Devisenmarkt** (vgl. Kapitel 20.3).

Devisenmarkt

Der Devisenmarkt wird – analog zu den nationalen Güter- und Geldmärkten – als Gleichgewichtsmarkt betrachtet, d. h. Ungleichgewichte auf dem Devisenmarkt werden ohne staatliche Devisenmarktinterventionen stets über Wechselkursanpassungen abgebaut. Bei so genannten **festem** Wechselkurs hat die inländische Zentralbank einen bestimmten (nominalen) Wechselkurs e als Gleichgewichtskurs garantiert (Paritätskurs), sodass die Nachfrager und Anbieter auf dem Devisenmarkt ihre Kauf- bzw. Verkaufspläne bei diesem Paritätskurs realisieren können. Besteht beim Paritätskurs eine Überschussnachfrage nach Fremdwährung, so muss die Zentralbank die Devisen anbieten und erhält dafür inländisches Zentralbankgeld. Entsprechend ergibt sich bei Existenz eines Überschussangebotes an Fremdwährung die Verpflichtung der Zentralbank dieses gegen inländisches Zentralbankgeld anzukaufen. Die inländische Zentralbank sorgt also notfalls durch Devisenmarkt-Interventionen dafür, dass der Paritätskurs auch der Gleichgewichtskurs ist. **Die Zentralbank führt also dann über ihre Interventionen auf dem Markt das Devisenmarktgleichgewicht herbei** (vgl. Kapitel 20.4). Überlässt die Zentralbank dagegen den Wechselkurs dem freien Spiel der Märkte, so spricht man von einem (frei) **flexiblen** Wechselkurs (vgl. Kapitel 20.3.1). In Preisnotation gibt der Wechselkurs e dabei an, wie viele Einheiten Inlandswährung (€) für eine Einheit Auslandswährung ($) gezahlt werden müssen. Steigt e, so wertet die Inlandswährung ab, sinkt e, wertet sie auf.

Definition des realen Außenbeitrages

Der reale, d. h. hier der in Inlandsprodukteinheiten berechnete Wert des Warenexportüberschusses des Inlands (**Außenbeitrag AB**) bestimmt sich aus der

Differenz der durch das Ausland geäußerten (realen) Exportgüternachfrage EX und der (realen) Importgüternachfrage des Inlands IM:

AB = EX − IM   (Außenbeitrag).

Der Außenbeitrag AB wird:
- mit wachsender Inlandsproduktion Y sinken, weil die damit verbundene Einkommenserhöhung der Inländer nicht nur ihre Nachfrage nach Inlandsprodukt, sondern auch ihre Importgüternachfrage erhöhen wird,
- mit steigendem Wechselkurs e zunehmen, sofern er »normal« auf die Abwertung reagiert (vgl. Kapitel 20.2.1),
- mit steigendem Auslandseinkommen Y^a zunehmen, weil ein Teil des zusätzlichen Auslandseinkommens für zusätzliche Exportgüternachfrage verwendet werden wird.

Es gilt also formal:

$$AB = AB(\underset{-}{Y}, \underset{+}{e}, \underset{+}{Y^a}) ;$$

wobei die Plus- und Minuszeichen unter den Variablen auf die Veränderung des Außenbeitrages angeben, wenn die betreffende Variable zunimmt.

Ein positiver Außenbeitrag bedeutet, dass sich aus den Güterex- und -importen allein eine positive Netto-Euronachfrage bzw. ein positives Netto-Dollarangebot auf dem Devisenmarkt ergibt; entsprechend beinhaltet ein negativer Außenbeitrag eine negative Netto-Euronachfrage bzw. ein negatives Netto-Dollarangebot. Der Begriff Netto-Euronachfrage gibt dabei die Differenz zwischen der Euronachfrage der Ausländer und dem Euroangebot der Inländer an. Analog ist das Netto-Dollarangebot die Differenz zwischen dem Dollarangebot der Ausländer und der Dollarnachfrage der Inländer.

Die Bedeutung des Außenbeitrages für den Devisenmarkt

Der (reale) **Nettokapitalexport des Inlands NKX** bestimmt sich aus der Differenz zwischen den (in der betrachteten Periode getätigten) Nettovermögensanlagen der Inländer im Ausland und den Nettovermögensanlagen der Ausländer im Inland (Stromgrößen). Spekulative Devisenhaltung (Fremdwährungshaltung) wird in der Analyse vernachlässigt, d. h. der internationale Kapitalverkehr beschränkt sich auf Wertpapieranlagen. Dies bedeutet zusätzlich, dass mit Ausnahme der Zentralbanken kein Wirtschaftssubjekt über eigene Devisenbestände verfügt, sodass jedes Wirtschaftssubjekt die für seine außenwirtschaftlichen Transaktionen benötigten Devisen stets auf dem Devisenmarkt beschaffen muss.

Definition des Nettokapitalexports

Der inländische Nettokapitalexport NKX wird
- umso geringer sein, je höher der Inlandszins i bei gegebenem Auslandszins i^a ist, und
- umso höher sein, je höher der Auslandszins i^a bei gegebenem Inlandszins i ist.

Der Nettokapitalexport sinkt mit steigendem Inlandszins und abnehmendem Auslandszins.

Die in der Zinsparität berücksichtigte Differenz zwischen dem erwarteten Wechselkurs (oder dem Terminkurs) und dem laufenden Wechselkurs wird also vernachlässigt. Die Wirtschaftseinheiten haben also stets eine Wechselkursänderungserwartung von null bzw. der Terminkurs entspricht dem laufenden Kurs.

Es gilt also:

$$NKX = NKX(\underset{-}{i}, \underset{+}{i^a})$$

Bedeutung des Nettokapitalexports für den Devisenmarkt

Ein positiver Nettokapitalexport bedeutet, dass sich aus den Kapitalex- und -importen allein ein positives Netto-Euroangebot (eine positive Netto-Dollarnachfrage) auf dem Devisenmarkt ergibt; entsprechend beinhaltet ein negativer Nettokapitalexport ein negatives Netto-Euroangebot (eine negative Netto-Dollarnachfrage).

Der Zahlungsbilanzsaldo ergibt sich aus der Differenz von Außenbeitrag und Nettokapitalexport.

Aus der Differenz von inländischem Außenbeitrag und Nettokapitalexport ergibt sich der so genannten **Zahlungsbilanzsaldo** des Inlands, unter dem der inländische Devisenbilanzsaldo zu verstehen ist, d. h. die Änderung der inländischen Währungsreserven (zu Transaktionswerten). Dem üblichen Sprachgebrauch folgend werden wir trotzdem weiterhin den Terminus »Zahlungsbilanzsaldo« verwenden. Ist dieser Saldo gerade null, spricht man von einer **ausgeglichenen Zahlungsbilanz**, in diesem Fall finanziert sich die aus AB resultierende Netto-Euronachfrage auf dem Devisenmarkt gerade aus dem aus NKX resultierenden Netto-Euroangebot. Bei **positivem Zahlungsbilanzsaldo** ergibt sich aus den außenwirtschaftlichen Transaktionen AB und NKX allein eine **Euro-Überschussnachfrage**, welche durch Euroverkäufe bzw. Dollarankäufe der Zentralbank auf dem Devisenmarkt ausgeglichen wird, bei **negativem Zahlungsbilanzsaldo** dagegen ein **Euro-Überschussangebot**, welches durch Euroankäufe, also Dollarverkäufe der Zentralbank beseitigt wird.

20.7.2 Güter-, Geld- und Devisenmarktgleichgewicht

IS-Kurve und Außenbeitrag

Wie im IS/LM-Modell der geschlossenen Volkswirtschaft (vgl. Kapitel 10.3) bildet die IS-Kurve des *Mundell/Fleming*-Modells alle Kombinationen der Inlandsproduktion bzw. des Inlandsproduktes Y und des Inlandszinses i ab, bei denen inländisches Gütermarktgleichgewicht vorliegen würde. Allerdings muss nun der Außenbeitrag AB als zusätzliche Komponente der Inlandsproduktnachfrage berücksichtigt (aufaddiert) werden. Bei Vernachlässigung von Steuern gilt also:

Die Bedeutung des Außenbeitrages für die IS-Kurve

$$Y = C(\underset{+}{Y}) + I(\underset{-}{i}) + G + AB(\underset{-}{Y}, \underset{+}{e}, \underset{+}{Y^a})$$

Dabei gibt die Konsumfunktion C(Y) die (einkommensabhängige) Konsumgüternachfrage der Inländer an, die (vom Inlandszins abhängige) Investitionsfunktion I(i) die Investitionsgüternachfrage der im Inland investierenden Unternehmen und G die staatliche Güternachfrage des Inlands. Der Leser beachte, dass diese Größen die jeweiligen Gesamtnachfragen der Inländer **einschließlich etwaiger Importgüter** widerspiegeln (vgl. Kapitel 8). Ist die Importgüternachfrage dabei größer (kleiner) als die Exportgüternachfrage aus dem Ausland, so fällt AB entsprechend negativ (positiv) aus.

Das inländische Sparvolumen $S = S(Y) = Y - C(Y)$ muss folglich der Summe aus Investitionen I, Staatsausgaben G und Außenbeitrag AB entsprechen:

$I(i) + G + AB(Y,e,Y^a) = S(Y)$ (Gütermarktgleichgewicht, IS-Kurve).

Die obige Gleichung spiegelt die IS-Kurve der offenen Volkswirtschaft wider. Abbildung 20-10 zeigt, wie sich eine solche IS-Kurve grafisch herleiten lässt.

Auch im Fall der offenen Volkswirtschaft hat die IS-Kurve eine **negative Steigung** im (Y,i)-Diagramm. Sinkt i, so wird sich die inländische Investitionsgüternachfrage erhöhen, was seinerseits über den elementaren Multiplikator die Nachfrage (auch) nach Inlandsprodukt anhebt. Sinkender Inlandszins erfordert also für Gütermarktgleichgewicht einen Anstieg des Inlandsproduktes bzw. der »Inlandsproduktion« Y.

Allerdings fällt hier der Multiplikatoreffekt kleiner aus als in der geschlossenen Volkswirtschaft, weil ein Teil jeder zusätzlichen Güternachfrage der Inländer in der Importgüternachfrage »versickert«, also nicht für das Inland, sondern für das Ausland produktionswirksam wird.

> Der Multiplikatoreffekt ist in der offenen Volkswirtschaft geringer als in der geschlossenen.

Abb. 20-10

Herleitung der IS-Kurve der offenen Volkswirtschaft

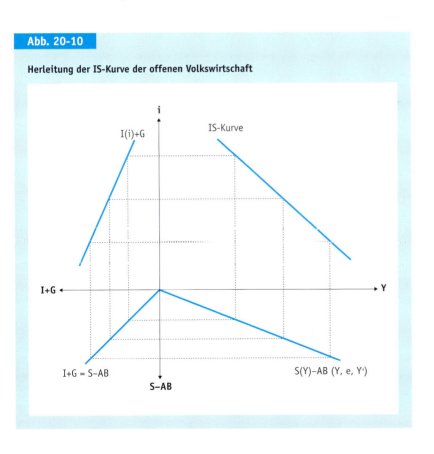

20.7 Funktionsweise verschiedener Währungssysteme
Das IS/LM-Modell der Volkswirtschaft bei flexiblen und festen Wechselkursen

Die Lage der IS-Kurve ist abhängig vom Wechselkurs und vom Auslandseinkommen.

Die Lage der IS-Kurve ist über den Außenbeitrag von den Werten des Wechselkurses und des Auslandseinkommens abhängig: Im Fall einer Erhöhung des Wechselkurses e (Euroabwertung) oder Erhöhung des Auslandseinkommens Y^a ergibt sich jeweils ein Anstieg von AB und damit auch der Inlandsproduktnachfrage (einschließlich Multiplikatoreffekte). Bei gegebenem Inlandszins i wäre ein entsprechend höheres inländisches Produktionsvolumen Y notwendig, um den inländischen Gütermarkt im Gleichgewicht zu halten. Dies impliziert eine Rechtsverschiebung der IS-Kurve. Eine Senkung des Wechselkurses e (Euroaufwertung) oder Senkung des Auslandseinkommens Y^a führt entsprechend zu einer Linksverschiebung der IS-Kurve.

LM-Kurve und Zahlungsbilanzsaldo

Wie im IS/LM-Modell der geschlossenen Volkswirtschaft (vgl. Kapitel 10.3) bildet die LM-Kurve des *Mundell/Fleming*-Modells alle Kombinationen der Inlandsproduktion Y und des Inlandszinses i ab, bei welchen unter den gegebenen Rahmenbedingungen inländisches Geldmarktgleichgewicht vorliegen würde, wo also die reale Geldnachfrage L der zur Verfügung stehenden inländischen realen Geldmenge M/P entspricht:

$$\frac{M}{P} = L(\underset{+}{Y}, \underset{-}{i}) \qquad \text{(Geldmarktgleichgewicht, LM-Kurve)}.$$

Im Grundsatz gegenüber der geschlossenen Volkswirtschaft unveränderte LM-Kurve

Wie im IS/LM-Modell der geschlossenen Volkswirtschaft steigt die Geldnachfrage mit zunehmendem Inlandsprodukt (bzw. zunehmender Nachfrage nach Inlandsprodukt) über die Ausweitung der Transaktionskassennachfrage und sinkt die Geldnachfrage mit steigendem (Inlands-)Zins i über die Verringerung der spekulativen Kassennachfrage (der Inländer). Annahmegemäß vernachlässigen wir spekulative Devisenhaltung in der Betrachtung, d. h. kein inländisches Wirtschaftssubjekt hält Fremdwährung als Spekulationskasse. Die LM-Kurve hat damit den üblichen steigenden Verlauf im (Y,i)-Diagramm (Abbildung 20-11). Bei steigendem Inlandsprodukt Y (und folglich steigender Transaktionskassennachfrage) müsste bei unveränderter realer Geldmenge der Zins i hinreichend ansteigen (und folglich die spekulative Kassennachfrage absinken), damit das Geldmarktgleichgewicht erhalten bliebe.

Die Geldmenge kann auch und durch Devisenmarktinterventionen der Zentralbank verändert werden.

Die inländische Geldmenge M kann in der offenen Volkswirtschaft in zwei Komponenten zerlegt werden, in die so genannte heimische Komponente M^h und die so genannte ausländische Komponente M^a:

$M = M^h + M^a$.

Die heimische Komponente der inländischen Geldmenge M^h kann durch die inländische Zentralbank unmittelbar mittels An- oder Verkauf von inländischen Wertpapieren beeinflusst werden (Offenmarktpolitik), ist also der Teil der Geldmenge, welcher durch die inländische **Geldpolitik im engeren Begriffssinne** bestimmt ist. Die ausländische Komponente M^a ist **der** Teil der Geldmenge, welcher infolge von **Dollarankäufen/(Euroverkäufen) der Zentralbank auf dem Devisenmarkt** in den Wirtschaftskreislauf gelangt ist.

Abb. 20-11

LM-Kurve

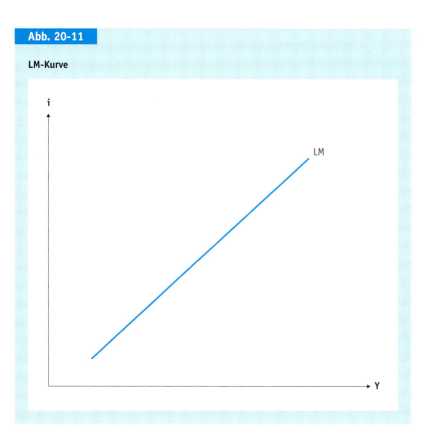

Die LM-Gleichung hebt dabei auf die Periodenendbestände ab (einschließlich der innerhalb der Periode erfolgten Änderungen).

Die Änderung der ausländischen Komponente entspricht dann gerade der Änderung der Währungsreserven der Zentralbank zu Transaktionswerten, d. h. dem in Euro bewerteten inländischen Zahlungsbilanzsaldo ZB:

- Ein positiver Zahlungsbilanzsaldo ZB > 0 infolge eines Nettoankaufs von Devisen, also Nettoverkaufs von Inlandswährung Euro durch die Zentralbank auf dem Devisenmarkt (Zahlungsbilanzüberschuss), führt über den Rückfluss dieser Euro in den inländischen Wirtschaftskreislauf zu einer Erhöhung von M^a und damit auch von M gerade im Umfang von ZB. Dies impliziert eine Rechtsverschiebung der LM-Kurve.
- Ein negativer Zahlungsbilanzsaldo ZB < 0 infolge eines Nettoverkaufs von Devisen, also Nettoankaufs von Euro durch die Zentralbank (Zahlungsbilanzdefizit), führt über den Abfluss dieser Euro aus dem Wirtschaftskreislauf zu einer Verringerung von M^a und damit auch von M im Betrag von ZB. Dies impliziert eine Linksverschiebung der LM-Kurve.

Ein positiver Zahlungsbilanzsaldo führt zu einer Erhöhung, ein negativer zu einer Verringerung der Geldmenge.

20.7 Funktionsweise verschiedener Währungssysteme
Das IS/LM-Modell der Volkswirtschaft bei flexiblen und festen Wechselkursen

Ausgeglichene Zahlungsbilanz (ZZ-Kurve) und Devisenmarktgleichgewicht

In welchen Bereichen des (Y,i)-Diagramms herrscht nun ausgeglichene Zahlungsbilanz, Zahlungsbilanzüberschuss oder Zahlungsbilanzdefizit? Wie schon dargelegt, ist die Zahlungsbilanz ausgeglichen, wenn gilt:

$AB(Y,e,Y^a) = NKX(i, i^a)$ (ausgeglichene Zahlungsbilanz, ZZ-Kurve).

Bei gegebenem e, Y^a und i^a existieren dann Kombinationen von Y und i, welche die Gleichung erfüllen. Alle diese Kombinationen liegen im (Y,i)-Diagramm auf einer Kurve, der so genannten ZZ-Kurve (Kurve der ausgeglichenen Zahlungsbilanz). Die aus dem Außenbeitrag AB resultierende Nettonachfrage nach Inlandswährung € auf dem Devisenmarkt entspricht hier gerade dem aus dem Nettokapitalexport NKX resultierenden Netto-Euroangebot. Die ZZ-Kurve bildet damit nicht nur die ausgeglichene Zahlungsbilanz ab, sondern darüber hinaus die möglichen Devisenmarktgleichgewichte für den Fall, dass die Zentralbank bei gegebenem Wechselkurs **keine** Devisenmarkt-Interventionen tätigt.

Die nachfolgende Abbildung 20-12 verdeutlicht grafisch, wie sich eine gegebene ZZ-Kurve aus den zentralen Elementen der Bedingung für ausgeglichene Zahlungsbilanz herleitet. Mit steigender Inlandsproduktion Y sinkt der Außen-

Die ZZ-Kurve bildet alle (Y,i)-Kombinationen ab, bei denen die Zahlungsbilanz ausgeglichen ist (Devisenbilanzsaldo = 0).

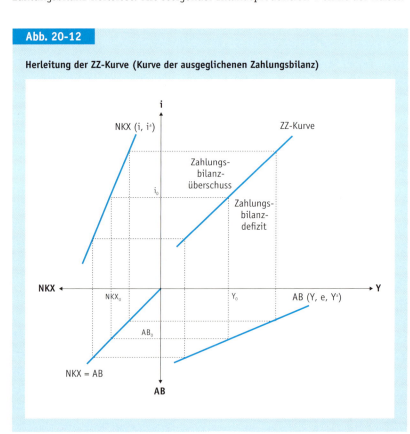

Abb. 20-12

Herleitung der ZZ-Kurve (Kurve der ausgeglichenen Zahlungsbilanz)

beitrag AB, weil das hieraus resultierende zusätzliche Einkommen der Inländer zum Teil für eine höhere Importgüternachfrage verwendet wird. Mit steigendem Inlandszins i vergünstigt sich die Anlage in inländische Wertpapiere gegenüber der Anlage in ausländische Wertpapiere (bei unverändertem Auslandszins i^a), sodass der Nettokapitalexport des Inlands NKX abnimmt.

Oberhalb der ZZ-Kurve übersteigt die aus AB resultierende Netto-Euronachfrage das sich aus NKX ergebende Netto-Euroangebot auf dem Devisenmarkt (Zahlungsbilanzüberschuss). Unterhalb der ZZ-Kurve ist dagegen die Netto-Euronachfrage aus AB geringer als das Netto-Euroangebot aus NKX (Zahlungsbilanzdefizit).

Abbildung 20-12 zeigt, dass die ZZ-Kurve eine grundsätzlich **positive Steigung** im (Y,i)-Diagramm aufweist: Käme es z. B. zu einer Erhöhung von Y, so würde dies über die Abhängigkeit des Außenbeitrages vom Inlandseinkommen eine Verminderung von AB bedeuten. Dies wiederum würde zu einer Senkung der aus AB resultierenden Netto-Euronachfrage auf dem Devisenmarkt führen. Zur Aufrechterhaltung der ausgeglichenen Zahlungsbilanz müsste sich dann eine entsprechende Absenkung des aus dem Nettokapitalexport resultierenden Netto-Euroangebotes ergeben. Bei gegebenem Wechselkurs e, Auslandseinkommen Y^a und Auslandszins i^a wäre dies nur möglich, wenn der Inlandszins i anstiege.

Positive Steigung der ZZ-Kurve

Der **Grad der Steigung** der ZZ-Kurve hängt insbesondere davon ab, wie elastisch der Nettokapitalexport NKX auf Änderungen des Inlandszinses i reagiert. Je elastischer diese Reaktion ausfällt, umso flacher wird die ZZ-Kurve im (Y,i)-Diagramm verlaufen, denn umso geringer wäre die für ausgeglichene Zahlungsbilanz notwendige Inlandszinserhöhung bei einem Anstieg von Y.

Im Extremfall **vollkommener Kapitalmobilität** sind die aus- und inländischen Wertpapiere aus der Sicht der Anleger praktisch vollkommene Substitute, sodass signifikante Zinsunterschiede zwischen In- und Ausland nicht mehr möglich sind. Die ZZ-Kurve ist dann praktisch eine Waagerechte auf Höhe des Auslandszinses i^a, d.h. hier reichen schon kleinste (gegen null gehende) Zinsänderungen aus, eine deutliche Änderung von NKX zu bewirken. Im entgegengesetzten Extremfall vollkommener Kapitalimmobilität ist die ZZ-Kurve dagegen eine Senkrechte. Hier haben Änderungen des Inlandszinses keine Wirkung auf NKX. Von **unvollkommener Kapitalmobilität** spricht man, wenn die in- und ausländischen Wertpapiere unvollkommene Substitute sind, sodass NKX zwar auf Zinsänderungen reagiert, aber stets nur in begrenztem Umfang. In diesem Fall hat die ZZ-Kurve eine positive (»normale«) Steigung. In der Gleichgewichtsbedingung für den Devisenmarkt $AB(e,Y,Y^a) = NKX(i,i^a)$ sind die NKX nur endlich elastisch in Bezug auf die Zinssätze i und i^a. Abbildung 20-13 verdeutlicht den Sachverhalt.

Der Grad der Kapitalmobilität bestimmt die Steigung der ZZ-Kurve.

Die **Lage** der ZZ-Kurve hängt ab vom Wechselkurs e, vom Auslandseinkommen Y^a und vom Auslandszins i^a:

Die Lage der ZZ-Kurve hängt ab von Wechselkurs, Auslandseinkommen und Auslandszins.

▸ **Eine Wechselkurserhöhung (-senkung) verschiebt die ZZ-Kurve nach rechts (links):** Steigt der Wechselkurs e (Euroabwertung), so bedeutet dies eine relative Verbilligung des Inlandsproduktes gegenüber dem Auslands-

20.7 Funktionsweise verschiedener Währungssysteme
Das IS/LM-Modell der Volkswirtschaft bei flexiblen und festen Wechselkursen

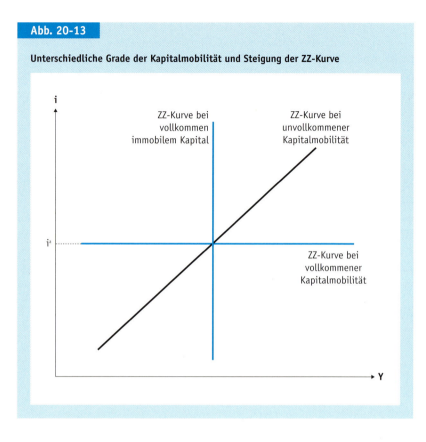

Abb. 20-13

Unterschiedliche Grade der Kapitalmobilität und Steigung der ZZ-Kurve

produkt. Dies lässt den Außenbeitrag AB ansteigen (vgl. Kapitel 20.2.1). Bei gegebenem Inlandszins i wäre ceteris paribus die ausgeglichene Zahlungsbilanz nur aufrechtzuerhalten, wenn ein hinreichend höheres Inlandseinkommen bzw. Inlandsprodukt Y vorläge, das seinerseits AB auf das Ausgangsniveau zurückführen würde. Die ZZ-Kurve verschiebt sich also infolge der Wechselkurserhöhung nach rechts.

▸ **Eine Erhöhung (Senkung) des Auslandseinkommens verschiebt die ZZ-Kurve nach rechts (links)**: Steigt das Auslandseinkommen Y^a, so wird dies AB erhöhen. Bei gegebenem i wäre ceteris paribus die ausgeglichene Zahlungsbilanz nur aufrechtzuerhalten, wenn ein hinreichend höheres Y vorläge, das seinerseits AB auf das Ausgangsniveau zurückführen würde. Die ZZ-Kurve verschiebt sich also infolge der Auslandseinkommenserhöhung nach rechts.

▸ **Eine Erhöhung (Senkung) des Auslandszinses verschiebt die ZZ-Kurve nach oben (unten)**: Steigt der Auslandszins i^a, so wird dies den inländischen Nettokapitalexport NKX erhöhen. Bei gegebenem Inlandsprodukt Y wäre ceteris paribus die ausgeglichene Zahlungsbilanz nur aufrechtzuerhalten, wenn ein entsprechend höherer Inlandszins i vorläge, der seinerseits

NKX auf das Ausgangsniveau zurückführen würde. Die ZZ-Kurve verschiebt sich also infolge der Auslandszinserhöhung nach oben.

Devisenmarktgleichgewicht impliziert nicht eine ausgeglichene Zahlungsbilanz (im Sinne eines Devisenbilanzsaldos von null). Devisenmarktgleichgewicht bedeutet nur dann auch eine ausgeglichene Zahlungsbilanz, wenn für die Herstellung des Gleichgewichtes keine Zentralbankinterventionen auf dem Devisenmarkt notwendig waren. Zentralbankinterventionen werden dagegen zu einem Devisenmarktgleichgewicht bei unausgeglichener Zahlungsbilanz führen (s. o.), ein solches Gleichgewicht liegt nicht auf der ZZ-Kurve. Ein derartiger Zustand ist jedoch bei defizitärer Zahlungsbilanz nicht unbegrenzt aufrechtzuerhalten, weil er mit einem stetigen Abfluss aus den Devisenreserven des Inlandes oder des Auslandes verbunden ist, welcher nicht unbegrenzt fortgesetzt werden kann (Liquiditätsproblem, vgl. Kapitel 20.4.1). Es gilt also: Kurzfristig können die ausgeglichene Zahlungsbilanz und das Devisenmarktgleichgewicht auseinanderfallen. Langfristig sind beide identisch, d. h. das langfristige Devisenmarktgleichgewicht ergibt sich bei ausgeglichener Zahlungsbilanz.

ZZ-Kurve und Devisenmarktgleichgewicht

Internes und externes Gleichgewicht

Im Märktegleichgewicht muss dann stets sowohl das inländische Güter- und Geldmarktgleichgewicht (»**internes Gleichgewicht**«) als auch das Devisenmarktgleichgewicht (»**externes Gleichgewicht**«) vorliegen. Im hier verwendeten Begriffssinne herrscht dann externes Gleichgewicht, wenn auf dem Devisenmarkt die Devisenangebote den Devisennachfragen **einschließlich etwaiger Interventionsmengen der Zentralbank** entsprechen (kurzfristiges Devisenmarktgleichgewicht). Hiervon streng zu unterscheiden ist der ebenfalls häufig in der Literatur anzutreffende Begriff des externen Gleichgewichtes als **ausgeglichene Zahlungsbilanz**, welcher auf das Devisenmarktgleichgewicht **ohne** Zentralbankinterventionen abstellt (langfristiges Devisenmarktgleichgewicht).

Internes Gleichgewicht und externes Gleichgewicht

Ein internes Gleichgewicht jenseits des externen Gleichgewichtes – d.h. jenseits des kurzfristigen Devisenmarktgleichgewichtes – ist **nicht realisierbar**, weil dann wegen des vorliegenden Angebots- bzw. Nachfrageüberhangs auf dem Devisenmarkt nicht alle Wirtschaftssubjekte die für ihre geplanten Auslandstransaktionen notwendigen Devisen beschaffen können. Infolgedessen käme es zu einer Anpassung des Wechselkurses, welche über die IS-Kurve auf das interne Gleichgewicht zurückwirkt, oder aber die Zentralbank müsste durch eigenen Devisenhandel intervenieren, was die LM-Kurve und damit ebenfalls das interne Gleichgewicht verschiebt. Durch die Anpassung würde das externe Gleichgewicht wiederhergestellt, d.h. der Devisenmarkt zur Räumung gebracht.

Internes und externes Gleichgewicht müssen gleichzeitig vorliegen.

Da langfristig die Zahlungsbilanz ausgeglichen sein muss (s. o.), wird somit das **langfristige** Gleichgewicht des *Mundell/Fleming*-Modells durch den gemeinsamen Schnittpunkt von IS-, LM- und ZZ-Kurve gekennzeichnet sein. Abbildung 20-14 verdeutlicht den Sachverhalt für den Fall der unvollkommenen Kapitalmobilität.

Langfristig muss das Gleichgewicht auf der ZZ-Kurve liegen.

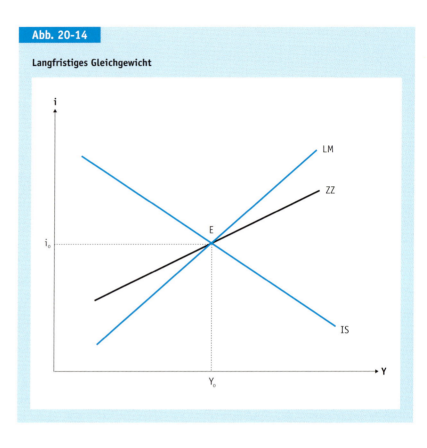

Abb. 20-14

Langfristiges Gleichgewicht

Kurzfristig kann das Gleichgewicht jenseits der ZZ-Kurve liegen.

Kurzfristig sind dagegen auch Gleichgewichte jenseits der ZZ-Kurve möglich. Dies ist dann der Fall, wenn das Devisenmarktgleichgewicht (das externe Gleichgewicht) durch Devisenmarktinterventionen der Zentralbank herbeigeführt wird. Abbildung 20-15 zeigt eine solche Situation für den Fall eines Zahlungsbilanzdefizites. Das interne Gleichgewicht liegt dann unterhalb der ZZ-Kurve.

Wir wollen nun untersuchen, welche Einflüsse sich aus Änderungen der Weltkonjunktur und der inländischen Wirtschaftspolitik auf die inländische Produktion (und dahinter stehend auf die inländische Beschäftigung) bei flexiblem und festem Wechselkurs ergeben. Aus Platz- und Vereinfachungsgründen wollen wir uns dabei auf den Fall **vollkommener Kapitalmobilität** beschränken. Dies erscheint uns auch vor dem Hintergrund der stark zunehmenden Globalisierung des letzten Jahrzehntes als inhaltlich akzeptabel, welche den Spielraum für internationale Zinsunterschiede spürbar eingeengt hat. Der Fall vollkommener Kapitalmobilität kann dann als Grenzfall betrachtet werden, in welchem signifikante internationale Zinsdifferenziale nicht mehr möglich sind und dessen Ergebnisse als Näherungen für den Fall hoher (wenn auch nicht vollkommener) Kapitalmobilität betrachtet werden können.

Abb. 20-15

Kurzfristiges Gleichgewicht bei Zahlungsbilanzdefizit

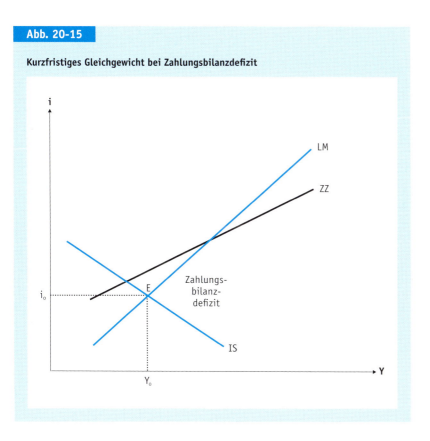

20.7.3 Flexibler Wechselkurs im Mundell/Fleming-Modell (bei vollkommener Kapitalmobilität)

Grundlegende Rahmenbedingungen bei flexiblem Wechselkurs

Bei flexiblem Wechselkurs entsagt die Zentralbank jeglichen Devisenmarktinterventionen und überlässt den Wechselkurs dem freien Spiel der Marktkräfte. Die Zahlungsbilanz ist hier also stets ausgeglichen und Ungleichgewichte auf dem Devisenmarkt werden allein über Wechselkursanpassungen abgebaut, während die ausländische Komponente der inländischen Geldmenge unverändert bleibt.

In jeder Periode muss dann zum einen internes Gleichgewicht herrschen, d.h. Gleichgewicht auf dem inländischen Güter- und Geldmarkt mit

$Y = C(Y) + I(i) + G + AB(Y,e,Y^a)$ (IS-Kurve)
$M/P = L(Y,i)$ (LM-Kurve).

Zum anderen muss neben dem internen Gleichgewicht auch externes Gleichgewicht, also Gleichgewicht auf dem Devisenmarkt vorliegen. Bei flexiblem Wechselkurs ist dies nur dann der Fall, wenn die inländische Zahlungsbilanz ausgeglichen ist, das Gleichgewicht also auf der ZZ-Kurve liegt. Es gilt damit

Identität von ZZ-Kurve und Devisenmarktgleichgewicht bei flexiblem Wechselkurs

$AB(Y,e,Y^a) = NKX(i, i^a)$ (ZZ-Kurve **und** Devisenmarktgleichgewicht).

Ein internes Gleichgewicht ohne externes Gleichgewicht ist dabei – wie bereits oben erläutert – nicht realisierbar, denn dann stehen nicht alle benötigten Devisen zur Verfügung. In einem solchen Fall wird es bei flexiblem Wechselkurs zu einer Wechselkursanpassung kommen, welche auf das interne Gleichgewicht zurückwirkt. Nur bei simultanem in- und externen Gleichgewicht können alle Planungen realisiert werden, sodass es zu keinen weiteren Anpassungen auf dem Devisenmarkt kommt.

Die Inlandswirkungen von Änderungen der Weltkonjunktur bei flexiblem Wechselkurs

Es sei nun untersucht, wie sich in unserem Modell eine Änderung der Weltkonjunktur auf die Binnenkonjunktur bei flexiblem Wechselkurs auswirkt, genauer formuliert: welche Effekte sich aus einer Änderung des Auslandseinkommens Y^a (bei unverändertem Auslandszins) ergeben. Wir wollen das Ergebnis vorwegnehmen.

Bei flexiblem Wechselkurs beeinflusst eine Änderung des Auslandseinkommens Y^a nur die Höhe des Wechselkurses e. Dagegen bleiben die Gleichgewichtswerte der Inlandsproduktion Y, des Inlandszinses i, der inländischen Konsumgüternachfrage C, der inländischen Investitionsgüternachfrage I, des inländischen Außenbeitrages AB und des inländischen Nettokapitalexports NKX unverändert. Dies wird als **Isolationshypothese** bezeichnet.

Wie kommt es zu diesem verblüffenden Ergebnis? Wir wollen dies am Fall einer Erhöhung des Auslandseinkommens näher untersuchen, eine grafische Interpretation der Zusammenhänge findet sich in Abbildung 20-16.

Das Ausgangsgleichgewicht liegt in Punkt E mit den Gleichgewichtsgrößen Y_0 und i_0. Die Erhöhung von Y^a würde nun **bei gegebenem Wechselkurs** zu einer Erhöhung des Außenbeitrages führen. Damit verschieben sich die IS-Kurve und die ZZ-Kurve zunächst nach rechts. Bei der unterstellten vollkommenen Kapitalmobilität (extrem flache ZZ-Kurve) ist die Verschiebung der ZZ-Kurve grafisch allerdings nicht zu erkennen, weil sie sich in diesem Fall quasi »in sich selbst« verschiebt.

Bei Vernachlässigung des Devisenmarktes und unverändertem Wechselkurs ergäbe sich folglich ein neues internes Gleichgewicht in Punkt A bei gestiegenem Y und i. Das erstgenannte ergibt sich aus dem Anstieg der Inlandsproduktnachfrage (einschließlich Multiplikatoreffekte), das zweitgenannte aus dem Umstand, dass für eine höhere Inlandsproduktnachfrage eine höhere Transaktionskasse benötigt wird. Dieses interne Gleichgewicht liegt jedoch **oberhalb** der (verschobenen) ZZ-Kurve. Hier besteht also eine **Euro-Überschussnachfrage** bzw. ein **Dollar-Überschussangebot** auf dem Devisenmarkt. Dies resultiert daraus, dass sich einerseits der Außenbeitrag AB infolge des Anstiegs von Y^a erhöht und andererseits der inländische Nettokapitalexport infolge der Erhöhung von i sinkt.

Abb. 20-16

Erhöhung des Auslandseinkommens und IS/LM-Gleichgewicht bei flexiblem Wechselkurs

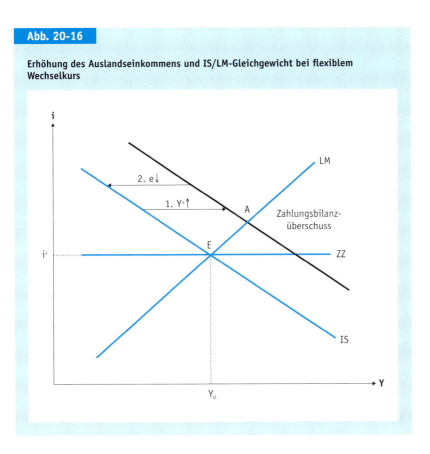

Da die Zentralbank bei flexiblem Wechselkurs nicht interveniert, kann also hier bei gegebenem Wechselkurs kein externes Gleichgewicht erreicht werden, **das interne Gleichgewicht in Punkt A ist damit nicht realisierbar**. Die Euro-Überschussnachfrage auf dem Devisenmarkt kann nur durch eine Wechselkurssenkung, also eine Euroaufwertung abgebaut werden, was den Außenbeitrag AB wieder sinken lässt. Die IS-Kurve und die ZZ-Kurve verschieben sich infolgedessen wieder nach links, und zwar exakt zurück auf ihre Ausgangslagen.

Die Erhöhung von Y^a hat damit im Endeffekt die folgenden Wirkungen bei flexiblem Wechselkurs:
▸ Der Wechselkurs e sinkt (Euroaufwertung).
▸ Inlandsproduktion, Inlandszins, Konsumgüter- und Investitionsgüternachfrage der Inländer, Außenbeitrag und Nettokapitalexport bleiben unverändert.

Die Euroaufwertung wirkt kontraktiv auf Y.

20.7 Funktionsweise verschiedener Währungssysteme
Das IS/LM-Modell der Volkswirtschaft bei flexiblen und festen Wechselkursen

Wirkungslosigkeit der Fiskalpolitik bei flexiblem Wechselkurs

Fiskalpolitik bei flexiblem Wechselkurs

Eine Erhöhung der staatlichen Güternachfrage G hat bei flexiblem Wechselkurs und vollkommener Kapitalmobilität keinen Effekt auf die Höhe der Inlandsproduktion Y. Abbildung 20-17 verdeutlicht den Sachverhalt.

Die Erhöhung von G würde **bei gegebenem Wechselkurs** zu einem Anstieg der Güternachfrage der Inländer (einschließlich Multiplikatoreffekt) und damit zu einer Rechtsverschiebung der IS-Kurve führen. **Bei Vernachlässigung des Devisenmarktes und unverändertem Wechselkurs** ergäbe sich folglich ein neues internes Gleichgewicht in Punkt A bei gestiegenem Y und i (aufgrund des Anstiegs der Inlandsprodukt- und der Transaktionskassennachfrage).

Diese Änderungen führen zu zwei **gegenläufigen** Effekten: Der Anstieg von Y impliziert eine Verringerung des Außenbeitrages AB. Dies wirkt **für sich betrachtet** auf ein Euro-Überschussangebot (Dollar-Überschussnachfrage) auf dem Devisenmarkt. Der Anstieg von i verursacht wiederum eine Reduzierung des gewünschten Nettokapitalexports NKX. Dies wirkt **für sich betrachtet** auf eine Euro-Überschussnachfrage (Dollar-Überschussangebot).

Wirkungen der Staatsausgabenerhöhung

Welcher der beiden Effekte überwiegt, hängt vom Grad der Kapitalmobilität ab: Ist die Kapitalmobilität **hinreichend hoch**, sodass die ZZ-Kurve flacher als

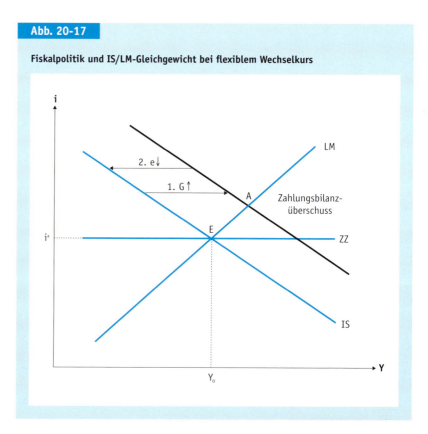

Abb. 20-17

Fiskalpolitik und IS/LM-Gleichgewicht bei flexiblem Wechselkurs die LM-Kurve verläuft, so überwiegt der Effekt aus NKX und es ergibt sich eine Euro-Überschussnachfrage. Der Wechselkurs muss dann fallen, der Euro also aufwerten, und AB verringert sich weiter. Als Folge verschieben sich die durch die Staatsausgabenerhöhung rechtsverschobene IS-Kurve und ebenfalls die ZZ-Kurve nach links. Die abermalige Verringerung von AB führt nun zu einer Rückverringerung von Y. Die damit verbundene Reduzierung der Transaktionskassennachfrage lässt den erhöhten Inlandszins i wieder absinken, sodass der gesunkene NKX wieder ansteigt. Dieser Anstieg von NKX und die abermalige Senkung von AB führen den Devisenmarkt ins Gleichgewicht zurück.

Die kontraktiven Effekte der Wechselkursanpassung auf Y und i werden umso stärker ausfallen, je elastischer NKX auf Änderungen von i reagiert. Im hier betrachteten Fall vollkommener Kapitalmobilität kehrt die IS-Kurve praktisch in ihre Ausgangslage zurück und damit auch die Gleichgewichtswerte von Y und i.

Geldpolitik bei flexiblem Wechselkurs

Erhöht die Zentralbank die heimische Komponente der inländischen Geldmenge M^h (durch den Ankauf inländischer Wertpapiere), so führt dies bei flexiblem Wechselkurs stets zu einer Erhöhung der inländischen Produktion Y.

Wirksamkeit der Geldpolitik bei flexiblem Wechselkurs

Die nachfolgende Abbildung 20-18 verdeutlicht den Sachverhalt grafisch für den hier betrachteten Fall vollkommener Kapitalmobilität.

Die Erhöhung von M^h verursacht zunächst eine Überschussangebotssituation auf dem inländischen Geldmarkt (Rechtsverschiebung der LM-Kurve). Infolgedessen sinkt der Inlandszins i, was seinerseits über die inländische Investitionsgüternachfrage eine Erhöhung der Inlandsproduktnachfrage nach sich zieht (einschließlich Multiplikatoreffekte). **Bei Vernachlässigung des Devisenmarktes und unverändertem Wechselkurs** ergäbe sich folglich ein neues internes Gleichgewicht im Punkt A bei gestiegenem Y und gesunkenem i. Dieses interne Gleichgewicht liegt jedoch **unterhalb** der ZZ-Kurve, hier herrscht also Euro-Überschussangebot (Dollar-Überschussnachfrage) auf dem Devisenmarkt. Dies ergibt sich aus zwei Effekten: Erstens impliziert der Anstieg von Y eine Verringerung des inländischen Außenbeitrages AB. Zweitens führt die Senkung von i zu einer Erhöhung des gewünschten Nettokapitalexports NKX.

Aufgrund des Euro-Überschussangebotes steigt der Wechselkurs (Euroabwertung) mit der Folge einer Rechtsverschiebung der IS-Kurve und der ZZ-Kurve. Über den hierbei wirkenden Anstieg von AB steigt die Inlandsproduktnachfrage und damit Y weiter an (einschließlich Multiplikatoreffekte), während sich infolge der Ausdehnung der Transaktionskassennachfrage der (gesunkene) Inlandszins i wieder erhöht. Letzteres lässt den (erhöhten) NKX wieder ein Stück weit absinken. Dies und die Ausdehnung von AB infolge der Euroabwertung führen den Devisenmarkt ins Gleichgewicht zurück. Die Euroabwertung (und damit auch der expansive Effekt auf Y) wird dabei umso stärker ausfallen, je elastischer NKX auf Änderungen des Inlandszinses reagiert.

Wirkungen der Geldmengenerhöhung

Im hier betrachteten Fall vollkommener Kapitalmobilität wird der hier maximal mögliche Multiplikatoreffekt erreicht, wobei der Inlandszins praktisch auf sein Ausgangsniveau vor der Geldmengenerhöhung zurückkehrt.

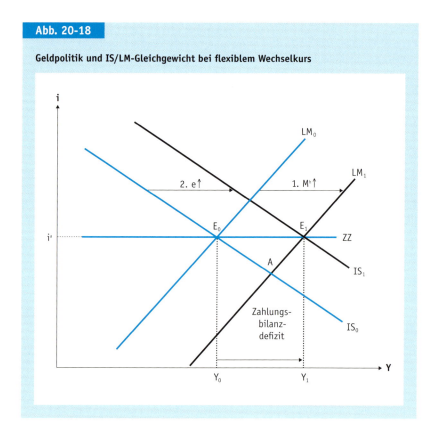

Abb. 20-18

Geldpolitik und IS/LM-Gleichgewicht bei flexiblem Wechselkurs

Die expansive Geldpolitik hat also im Endeffekt die folgenden Wirkungen bei flexiblem Wechselkurs:
- Der Wechselkurs e steigt (Euroabwertung).
- Die Inlandsproduktion Y steigt deutlich. Der Inlandszins i sinkt (marginal).
- Der Nettokapitalexport NKX und der Außenbeitrag AB steigen (und zwar im selben Umfang).

20.7.4 Fester Wechselkurs im Mundell/Fleming-Modell (bei vollkommener Kapitalmobilität)

Grundlegende Rahmenbedingungen bei festem Wechselkurs

Bei festem Wechselkurs sorgt die (inländische) Zentralbank notfalls mittels Devisenmarktinterventionen (d. h. An- oder Verkauf von Devisen) dafür, dass sich der bestehende (und von ihr garantierte) Wechselkurs nicht ändert; allerdings setzt dies die Verfügbarkeit entsprechender Devisenreserven voraus. Die inländische Devisen- bzw. Zahlungsbilanz kann hier also zumindest kurzfristig **nicht** ausgeglichen sein. Muss die Zentralbank zur Stabilisierung des Wechsel-

Bei festem Wechselkurs kann die Zahlungsbilanz unausgeglichen sein.

kurses Auslandswährung Dollar verkaufen (also Inlandswährung Euro auf dem Devisenmarkt ankaufen), so spricht man von einem Zahlungsbilanzdefizit. Muss sie dagegen Dollar ankaufen (also Euro auf dem Devisenmarkt verkaufen), so liegt ein Zahlungsbilanzüberschuss vor. Ein solches Gleichgewicht mit unausgeglichener Zahlungsbilanz ist jedoch nicht stabil, kann also nur zeitlich befristet bestehen.

In jeder Periode muss dann zum einen internes Gleichgewicht herrschen, d. h. Gleichgewicht auf dem inländischen Güter- und Geldmarkt mit

Inländisches Güter- und Geldmarktgleichgewicht (internes Gleichgewicht)

$Y = C(Y) + I(i) + G + AB(Y,e,Y^a)$ (IS-Kurve)
$M/P = L(Y,i)$ (LM-Kurve).

Wie oben schon ausgeführt, setzt sich die inländische Geldmenge M dabei aus der heimischen Komponente M^h und der ausländischen Komponente M^a zusammen: $M = M_h + M_a$ (Endbestände). Die heimische Komponente M^h wird durch die eigentliche Geldpolitik der Zentralbank bestimmt, die ausländische Komponente M^a ist der Teil der Geldmenge, welcher infolge von Euroverkäufen der Zentralbank auf dem Devisenmarkt in den Wirtschaftskreislauf gelangt ist.

Zum anderen muss auch externes Gleichgewicht, also Gleichgewicht auf dem Devisenmarkt vorliegen. Die **Änderung** der ausländischen Komponente ΔM^a entspricht dann gerade der Änderung der Währungsreserven der Zentralbank zu Transaktionswerten, d. h. dem inländischen Devisenbilanzsaldo (»Zahlungsbilanzsaldo«). Dieser wiederum entspricht gerade der Differenz zwischen inländischem Außenbeitrag und Nettokapitalexport. In realen, d. h. in Inlandsprodukteinheiten gerechneten Werten gilt also

Devisenmarktgleichgewicht (externes Gleichgewicht) bei festem Wechselkurs

$\Delta M^a/P = AB(Y,e,Y^a) - NKX(i, i^a)$ (externes Gleichgewicht bzw. Devisenmarktgleichgewicht).

Ein internes Gleichgewicht ohne externes Gleichgewicht ist dabei wie bisher **nicht** realisierbar, denn dann stünden nicht alle benötigten Devisen zur Verfügung. In einem solchen Fall wird es bei festem Wechselkurs zu einer den Wechselkurs stabilisierenden Devisenmarktintervention der (inländischen) Zentralbank kommen, welche die Angebots- bzw. Nachfragelücke auf dem Devisenmarkt schließt, aber gleichzeitig auf das interne Gleichgewicht zurückwirkt. Nur bei simultanem in- und externen Gleichgewicht können alle Planungen realisiert werden, sodass es zu keinen weiteren Anpassungen auf dem Devisenmarkt kommt. Dieses Gleichgewicht liegt nur dann **exakt** auf der ZZ-Kurve, wenn die inländische Devisen- bzw. Zahlungsbilanz ausgeglichen ist. Im Fall eines Zahlungsbilanzüberschusses wird das Gleichgewicht dagegen grundsätzlich oberhalb der ZZ-Kurve liegen, bei Zahlungsbilanzdefizit wiederum unterhalb. Beim hier betrachteten Fall der **vollkommenen Kapitalmobilität** werden allerdings die Gleichgewichte bei unausgeglichener Zahlungsbilanz stets in unmittelbarer Nähe der ZZ-Kurve liegen, weil in diesem Fall nur kleinste Abweichungen des Inlandszinses vom Auslandszins bei Devisenmarktgleichgewicht möglich sind.

Besonderheit bei vollkommener Kapitalmobilität

Die Inlandswirkungen von Änderungen der Weltkonjunktur bei festem Wechselkurs

Die Weltkonjunktur beeinflusst die Binnenkonjunktur bei festem Wechselkurs.

Eine (dauerhafte) Erhöhung des Auslandseinkommens Y^a führt bei festem Wechselkurs kurz- und langfristig zu einer Erhöhung der Inlandsproduktion Y.

Betrachten wir zuerst die **kurzfristigen** Wirkungen der Auslandseinkommenserhöhung, wobei wir annehmen, dass im Ausgangspunkt vor der Erhöhung eine ausgeglichene Zahlungsbilanz vorlag (also ein langfristig stabiles Gleichgewicht).

Der Zuwachs von Y^a führt bei gegebenem Wechselkurs zu einer Erhöhung des Außenbeitrages AB. Damit verschieben sich die IS-Kurve und die ZZ-Kurve zunächst nach rechts. Bei vollkommener Kapitalmobilität (extrem flache ZZ-Kurve) ist die Verschiebung der ZZ-Kurve grafisch wieder nicht zu erkennen, weil sie sich quasi »in sich selbst« verschiebt.

Bei Vernachlässigung des Devisenmarktes und gegebenem Wechselkurs

Die Erhöhung des Auslandseinkommens verursacht einen Zahlungsbilanzüberschuss ...

ergäbe sich folglich ein neues internes Gleichgewicht bei gestiegenem Y und i (Punkt A in Abbildung 20-19). Dieses interne Gleichgewicht liegt jedoch oberhalb der (verschobenen) ZZ-Kurve. Hier besteht also Euro-Überschussnachfrage bzw. Dollar-Überschussangebot. Um den Wechselkurs zu stabilisieren, muss die

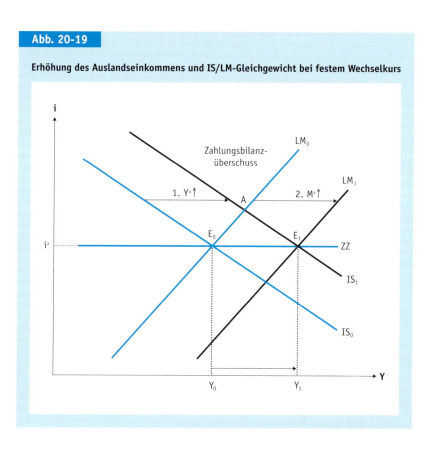

Abb. 20-19

Erhöhung des Auslandseinkommens und IS/LM-Gleichgewicht bei festem Wechselkurs

Zentralbank auf dem Devisenmarkt zusätzliche Euro anbieten, also Dollar ankaufen (Zahlungsbilanzüberschuss). Da diese Euro über den internationalen Waren- und Kapitalhandel ins Inland zurückfließen, erhöht sich das inländische Geldangebot M über die ausländische Komponente M^a. Also verschiebt sich die LM-Kurve nach rechts. Das höhere Geldangebot lässt i wieder absinken, was seinerseits über die inländische Investitionsgüternachfrage zu einer weiteren Erhöhung von Y führt. Aus dem ersten ergibt sich eine Rückerhöhung von NKX und aus dem zweiten eine Senkung von AB. Beides senkt seinerseits die Euro-Überschussnachfrage.

... dessen Finanzierung Y weiter ansteigen lässt.

Das **kurzfristige** »neue« Gleichgewicht liegt dann bei genauer Betrachtung weiter oberhalb der (rechtsverschobenen) »neuen« ZZ-Kurve bei gestiegenem i (Zahlungsbilanzüberschuss). Allerdings ist dies nur im Fall unvollkommener Kapitalmobilität grafisch zu erkennen. Beim hier dargestellten Fall vollkommener Kapitalmobilität wird dagegen der Euroverkauf der Zentralbank bzw. der Eurozufluss in den Wirtschaftskreislauf so groß sein, dass sich das Gleichgewicht bereits in der kurzen Frist in unmittelbarer Nähe zur ZZ-Kurve einstellt. Dies liegt daran, dass bei vollkommener Kapitalmobilität nur kleinste Abweichungen des Inlandszinses vom Auslandszins mit Devisenmarktgleichgewicht kompatibel sind, sodass in diesem Fall Gleichgewichte mit unausgeglichener Zahlungsbilanz stets in unmittelbarer Nähe der ZZ-Kurve liegen müssen.

Langfristig ergibt sich prinzipiell Folgendes: Solange noch das aktuelle Periodengleichgewicht oberhalb der ZZ-Kurve liegt, wird in der Anschlussperiode bei unverändertem Wechselkurs ohne Zentralbankintervention wieder eine Euro-Überschussnachfrage vorliegen. Zur Aufrechterhaltung des Wechselkurses muss die Zentralbank also stets weiter am Devisenmarkt Dollar gegen Euro ankaufen, was die LM-Kurve weiter nach rechts verschiebt, bis schließlich die ZZ-Kurve erreicht wird. Dieser Anpassungsprozess zum langfristigen Gleichgewicht vollzieht sich grundsätzlich bei sinkendem i und weiter steigendem Y, weil sich M über M^a immer weiter erhöht. Im Fall der vollkommenen Kapitalmobilität sind diese weitergehenden Effekte auf M, Y und i allerdings vernachlässigbar klein, sodass das langfristige Gleichgewicht praktisch dem kurzfristigen Gleichgewicht entspricht.

Identität des lang- und kurzfristigen Gleichgewichtes bei vollkommener Kapitalmobilität

Fiskalpolitik bei festem Wechselkurs

Eine (dauerhafte) Erhöhung der inländischen staatlichen Güternachfrage G führt bei festem Wechselkurs und international mobilem Kapital kurz- und langfristig zu einer Erhöhung der inländischen Produktion Y.

Betrachten wir wieder zuerst die kurzfristigen Wirkungen der Staatsausgabenerhöhung, wobei abermals unterstellt ist, dass die Zahlungsbilanz im Ausgangspunkt vor der Erhöhung ausgeglichen war (vgl. Abbildung 20-20).

Die Erhöhung von G führt bei gegebenem Wechselkurs zunächst zu einer Erhöhung der Inlandsproduktnachfrage (einschließlich Multiplikatoreffekt) und damit zu einer Rechtsverschiebung der IS-Kurve. **Bei Vernachlässigung des Devisenmarktes und gegebenem Wechselkurs** ergäbe sich folglich ein neues

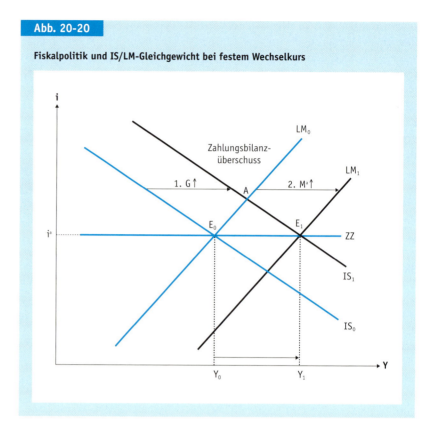

Abb. 20-20

Fiskalpolitik und IS/LM-Gleichgewicht bei festem Wechselkurs

internes Gleichgewicht in Punkt A der Abbildung 20-20 bei gestiegenem Y und i. Diese Änderungen führen zu zwei gegenläufigen Effekten: Der Anstieg von Y impliziert eine Verringerung des inländischen Außenbeitrages AB. Dies wirkt für sich betrachtet auf ein Euro-Überschussangebot auf dem Devisenmarkt. Der Anstieg von i verursacht wiederum eine Reduzierung des Nettokapitalexports NKX. Dies wirkt **für sich betrachtet** auf eine Euro-Überschussnachfrage.

Welcher der beiden Effekte überwiegt, hängt wieder vom Grad der Kapitalmobilität ab: Ist die Kapitalmobilität **hinreichend hoch**, sodass die ZZ-Kurve flacher als die LM-Kurve verläuft, so überwiegt der Effekt aus NKX und es ergibt sich eine Euro-Überschussnachfrage. Um den Wechselkurs zu stabilisieren, muss die Zentralbank auf dem Devisenmarkt zusätzliche Euro anbieten, also Dollar ankaufen (Zahlungsbilanzüberschuss). Da diese Euro ins Inland zurückfließen, erhöht sich das inländische Geldangebot M über die ausländische Komponente M^a. Also verschiebt sich die LM-Kurve nach rechts. Das höhere Geldangebot lässt den inländischen Zins wieder absinken, was seinerseits über die inländische Investitionsgüternachfrage zu einer **weiteren Erhöhung von Y** führt. Aus dem ersten ergibt sich eine Rückerhöhung von NKX und aus dem zweiten eine

Bei hoher Kapitalmobilität führt die Erhöhung von G zu einem Zahlungsbilanzüberschuss ...

... dessen Finanzierung Y weiter ansteigen lässt.

weitere Senkung von AB. Beide Effekte tragen ihrerseits zum Abbau der Euro-Überschussnachfrage bei.

Das **kurzfristige** »neue« Gleichgewicht liegt dann bei genauer Betrachtung oberhalb der ZZ-Kurve bei gestiegenem Zins i (Zahlungsbilanzüberschuss). Allerdings ist dies nur im Fall unvollkommener Kapitalmobilität grafisch zu erkennen. Beim hier behandelten Fall vollkommener Kapitalmobilität wird dagegen der Euroverkauf der Zentralbank und damit die LM-Kurvenverschiebung so groß sein, dass sich bereits in der kurzen Frist ein Gleichgewicht in unmittelbarer (grafisch nicht mehr darstellbarer) Nähe zur ZZ-Kurve ergibt (zur Begründung vgl. das vorangegangene Kapitel). Der expansive Effekt der Devisenmarktintervention der Zentralbank auf Y wird dabei umso größer sein, je elastischer NKX auf Zinsänderungen reagiert, denn umso größer muss das zusätzliche Euroangebot der Zentralbank ausfallen, um den Wechselkurs zu stabilisieren.

> Die Devisenmarktintervention muss umso größer ausfallen, je höher der Grad der Kapitalmobilität ist.

Langfristig ergibt sich grundsätzlich das Folgende: Solange noch das aktuelle Periodengleichgewicht oberhalb der ZZ-Kurve liegt, wird in der Anschlussperiode bei unverändertem Wechselkurs ohne Zentralbankintervention wieder eine Euro-Überschussnachfrage auf dem Devisenmarkt herrschen. Zur Aufrechterhaltung des Wechselkurses muss die Zentralbank ihre Devisenmarktintervention wiederholen und es ergibt sich im Grundsatz derselbe langfristige Anpassungsprozess zur ausgeglichenen Zahlungsbilanz wie im Fall einer Erhöhung des Auslandseinkommens Y^a: M und Y steigen weiter an, i sinkt ab. Diese weitergehenden Effekte sind allerdings bei vollkommener Kapitalmobilität vernachlässigbar klein, sodass in diesem Fall das langfristige Gleichgewicht dem kurzfristigen Gleichgewicht praktisch entspricht.

Geldpolitik bei festem Wechselkurs

Erhöht die Zentralbank (dauerhaft) die heimische Komponente der inländischen Geldmenge M^h (durch den Ankauf inländischer Wertpapiere), so hat dies bei festem Wechselkurs und vollkommener Kapitalmobilität kurz- und langfristig keinen Effekt auf die Höhe der inländischen Produktion Y. Bei unvollkommener Kapitalmobilität ergäbe sich langfristig dasselbe, jedoch sind dann kurzfristige positive Effekte auf Y möglich.

> Geldpolitik ist bei festem Wechselkurs langfristig wirkungslos.

Betrachten wir wieder zuerst die **kurzfristigen** Wirkungen der Geldmengenerhöhung, wobei annahmegemäß im Ausgangspunkt vor der Erhöhung eine ausgeglichene Zahlungsbilanz vorlag.

Die Zunahme von M^h verursacht ein Überschussangebot auf dem inländischen Geldmarkt und damit zunächst eine Rechtsverschiebung der LM-Kurve. Infolgedessen sinkt der Inlandszins i, was seinerseits über die inländische Investitionsgüternachfrage eine Erhöhung der Inlandsproduktnachfrage nach sich zieht (einschließlich Multiplikatoreffekt). **Bei Vernachlässigung des Devisenmarktes und gegebenem Wechselkurs** ergäbe sich folglich ein neues internes Gleichgewicht im Punkt A der Abbildung 20-21 bei gestiegenem Y und gesunkenem i. Dieses interne Gleichgewicht liegt jedoch **unterhalb** der ZZ-Kurve, hier herrscht also Euro-Überschussangebot (Dollar-Überschussnachfrage)

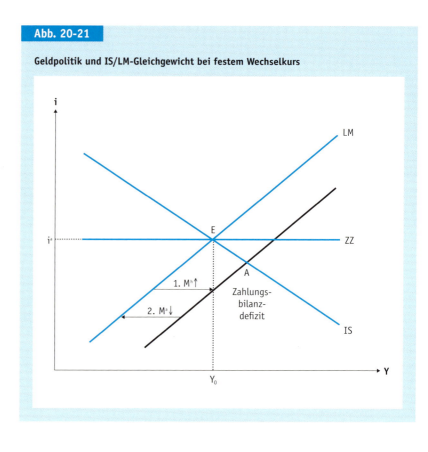

Abb. 20-21

Geldpolitik und IS/LM-Gleichgewicht bei festem Wechselkurs

auf dem Devisenmarkt: Erstens impliziert der Anstieg von Y eine Verringerung des inländischen Außenbeitrages AB. Zweitens führt die Senkung von i zu einer Erhöhung des gewünschten Nettokapitalexports NKX.

Um den Wechselkurs auf dem bestehenden Niveau zu halten, muss die Zentralbank auf dem Devisenmarkt eigene Dollarreserven verkaufen, also Euro ankaufen (Zahlungsbilanzdefizit). Dies führt zu einem Abfluss von Euro aus dem Wirtschaftskreislauf, sodass sich die inländische Geldmenge, d.h. deren ausländische Komponente M^a, verringert und sich die zunächst nach rechts verschobene LM-Kurve nach links zurückverschiebt. Diese Verringerung des Geldangebotes lässt den gesunkenen Inlandszins i wieder ansteigen, was seinerseits die gestiegene Inlandsproduktnachfrage und damit Y wieder zurückdrängt. Beides verringert seinerseits das Euro-Überschussangebot dadurch, dass sich einerseits der gestiegene NKX wieder absenkt und sich andererseits der gesunkene AB wieder erhöht.

Das **kurzfristige** »neue« Gleichgewicht liegt dann bei genauer Betrachtung weiterhin unterhalb der ZZ-Kurve bei gesunkenem i und gestiegenem Y (Zahlungsbilanzdefizit). Auch hier ist dies jedoch nur im Fall unvollkommener Kapitalmobilität grafisch erkennbar. Bei vollkommener Kapitalmobilität wird

---

Die Geldmengenexpansion verursacht ein Zahlungsbilanzdefizit, dessen Finanzierung die Geldmenge wieder verringert.

dagegen der Euroankauf der Zentralbank bzw. die Linksverschiebung der LM-Kurve so groß sein, dass die Ökonomie bereits in der kurzen Frist praktisch zum Ausgangsgleichgewicht zurückkehrt.

Langfristig ergibt sich grundsätzlich das Folgende: So lange noch das aktuelle Periodengleichgewicht unterhalb der ZZ-Kurve liegt, so lange wird in der Anschlussperiode bei unverändertem Wechselkurs ohne Zentralbankintervention wieder ein Euro-Überschussangebot vorliegen. Zur Aufrechterhaltung des Wechselkurses muss die Zentralbank also weiter am Devisenmarkt Euro gegen Dollar ankaufen, was die LM-Kurve immer weiter nach links verschieben und letztlich zum Ausgangsgleichgewicht vor der Erhöhung von M^h zurückführen wird. Sind die Devisenreserven der Zentralbank vorher erschöpft (Liquiditätsproblem), so wird die Zentralbank zur Aufrechterhaltung des Wechselkurses bei unveränderter übriger Wirtschaftspolitik gezwungen sein, durch Reduzierung von M^h das inländische Geldangebot M auf das Ausgangsniveau zurückzufahren, was seinerseits die Rückkehr zum Ausgangsgleichgewicht impliziert. Alternativ könnte auch mithilfe einer expansiven Fiskalpolitik auf eine Beseitigung des Euro-Überschussangebotes hingewirkt werden.

Der langfristige Anpassungsprozess und das Liquiditätsproblem

Zusammenfassend ergeben sich also die folgenden Effekte der Geldmengenerhöhung bei festem Wechselkurs: Die Erhöhung von M^h wird kurzfristig zu einem gesunkenen Inlandszins i und erhöhter inländischer Produktion Y führen. Diese Effekte werden jedoch umso geringer sein, je höher der Grad der Kapitalmobilität bzw. je zinselastischer NKX ist, und sind vernachlässigbar klein bei vollkommener Kapitalmobilität.

Langfristig wird die Ökonomie zu den Ausgangswerten von Y und i zurückkehren. Lediglich die Devisenbestände der Zentralbank werden sich geändert haben bzw. die Zusammensetzung der inländischen Geldmenge aus heimischer und ausländischer Komponente.

Wechselkurspolitik

Abschließend wollen wir noch kurz der Frage nachgehen, welcher Effekt auf die Höhe des Inlandsproduktes Y sich ergeben würde, wenn das Inland den im Rahmen des Regimes fester Wechselkurse garantierten Wechselkurs (Paritätskurs) erhöht, also eine Euroabwertung vornimmt.

Eine solche Wechselkurserhöhung wird (sofern international durchsetzbar) qualitativ dieselbe Wirkung auf Y haben wie eine Erhöhung des Auslandseinkommens Y^a bei unverändertem Wechselkurs, denn beides führt ceteris paribus zu einer Erhöhung des Außenbeitrages (vgl. Abbildung 20-22). Es gilt also: Analog zu einer Erhöhung des Auslandseinkommens führt eine Erhöhung des Paritätskurses (Euroabwertung) bei international mobilem Kapital kurz- und langfristig zu einer Erhöhung der inländischen Produktion.

Eine Erhöhung des Paritätskurses (Abwertung der Inlandswährung) wirkt ähnlich wie eine Expansion des Auslandseinkommens.

Allerdings setzt dies voraus, dass die Änderung des Paritätskurses vom Ausland auch akzeptiert wird. Andernfalls könnte das Ausland versuchen, durch eigene Devisenmarktinterventionen den »alten« Wechselkurs zu erzwingen. Dem Versuch, im Rahmen eines Systems fester Wechselkurse durch eigene Wechselkurspolitik eine Beschäftigungsausweitung auf »Kosten der Partner-

Änderungen des Paritätskurses sind nicht ohne Weiteres durchsetzbar.

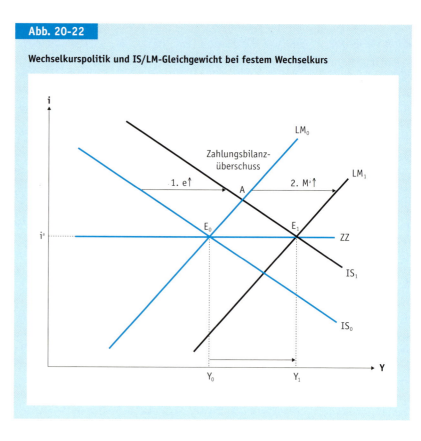

staaten« zu erreichen, sind von daher Grenzen gesetzt. Dies gilt umso mehr, wenn das betrachtete Land klein ist, d. h. das Ausland über ausreichend große Devisenreserven verfügt, um solche Abwertungsversuche durch eigene Devisenmarktinterventionen erfolgreich zu konterkarieren.

Arbeitsaufgaben Kapitel 20

1. Erläutern Sie folgende Begriffe:
   ▸ Devisen und Devisenmarkt,
   ▸ Konvertibilität und Devisenbewirtschaftung,
   ▸ Wechselkurs, Preisnotierung, Mengennotierung,
   ▸ Aufwertung und Abwertung einer Währung,
   ▸ Währungssystem mit frei flexiblen Wechselkursen, Währungssystem mit festen Wechselkursen, Währungsunion und
   ▸ Zahlungsbilanzüberschuss und Zahlungsbilanzdefizit.

2. Erläutern Sie die Funktionsweise eines Währungssystems mit flexiblen Wechselkursen. Welches sind die zentralen Theorien der Wechselkursbestimmung?

3. Beschreiben Sie die Effekte, die sich in einem System fester Wechselkurse ergeben, wenn beim Paritätskurs ein Fremdwährungs-Nachfrageüberschuss bzw. -Angebotsüberschuss auf dem Devisenmarkt vorliegt?

4. Welche Folgen ergeben sich für ein Land, das im Inland ständig höhere Preissteigerungsraten als seine Umwelt zu verzeichnen hat
   - bei flexiblen Wechselkursen?
   - bei festen Wechselkursen?

5. Welches sind die zentralen Probleme in einem Währungssystem mit festen Wechselkursen?

6. Welche Maßnahmen können in einem Währungssystem mit festen Wechselkursen zur Korrektur eines Zahlungsbilanzdefizites (Zahlungsbilanzüberschusses) ergriffen werden?

7. Was sind die zentralen Aussagen der Theorie optimaler Währungsräume?

8. Wie unterscheidet sich das Mundell/Fleming-Modell vom IS/LM-Modell der geschlossenen Volkswirtschaft?

9. Wie wirkt im Mundell/Fleming-Modell bei flexiblem Wechselkurs
   - eine Erhöhung des Auslandseinkommens?
   - eine Erhöhung der staatlichen Güternachfrage des Inlands?
   - eine Erhöhung der heimischen Komponente der Geldmenge?

10. Wie wirkt im Mundell/Fleming-Modell bei festem Wechselkurs
    - eine Erhöhung des Auslandseinkommens?
    - eine Erhöhung der staatlichen Güternachfrage des Inlands?
    - eine Erhöhung der heimischen Komponente der Geldmenge?
    - eine Abwertung der Inlandswährung?

Lösungsvorschläge für die Arbeitsaufgaben finden Sie im »Übungsbuch zu Grundlagen und Probleme der Volkswirtschaft«.

Literatur Kapitel 20

Eine gut verständliche Einführung in den Problemkreis bietet:
Schäfer, Wolf: Währungen und Wechselkurse, Würzburg, Wien 1999.

Eine einführende, problemorientierte Darstellung findet sich bei:
Krol, Gerd-Jan / Alfons Schmid: Volkswirtschaftslehre, 21. Aufl., Tübingen 2002, 6. Kapitel.

Einen präzisen Überblick verschafft:
Willms, Manfred: Währung, in: Vahlens Kompendium der Wirtschaftstheorie und Wirtschaftspolitik, Band 1, 9. Aufl., München 2007.
Die Lektüre setzt Vorkenntnisse voraus.

Deutschsprachige Standardwerke zur monetären Außenwirtschaftstheorie sind:
Jarchow, Hans-Joachim / Peter Rühmann: Monetäre Außenwirtschaft, 5. Aufl., Göttingen 2000.
Rose, Klaus / Karlhans Sauernheimer: Theorie der Außenwirtschaft, 18. Aufl., München 2006.
Siebert, Horst/Oliver Lorz: Außenwirtschaft, 8. Aufl., Stuttgart 2006.

Eine sehr differenzierte und dennoch gut verständliche Darstellung des Mundell/Fleming-Modells findet sich bei:
Siebke, Jürgen / H. Jörg Thieme: Einkommen, Beschäftigung, Preisniveau, in: Vahlens Kompendium der Wirtschaftstheorie und Wirtschaftspolitik, Band 1, 9. Aufl., München 2007.

Zur Vertiefung der Modellzusammenhänge in grafischer Form eignet sich das Computerprogramm auf der beiliegenden CD.

21 Internationale Währungsordnung und Europäische Wirtschafts- und Währungsunion

Leitfragen

Welche Rahmenbedingungen setzt das Währungssystem des Internationalen Währungsfonds?

▸ Welches waren die Ziele des Abkommens von Bretton Woods?

▸ Welche Kreditmöglichkeiten sieht der Internationale Währungsfonds vor?

▸ Welche prinzipielle Bedeutung haben die Sonderziehungsrechte?

▸ Wie werden Leistungsbilanzdefizite in der Regel finanziert?

▸ Welche Bedeutung haben Fremdwährungsmärkte?

▸ Wie wird das Wechselkurssystem geregelt?

Was sind die Grundstrukturen und Grundprobleme der Europäischen Wirtschafts- und Währungsunion (EWWU)?

▸ In welchen Stufen sollte die EWWU erreicht werden?

▸ Wer führt die Geldpolitik in der EWWU aus?

▸ Wie wird die Fiskalpolitik in der EWWU koordiniert?

▸ Welche Rolle spielt der Nominallohn als Anpassungsmechanismus?

▸ Was sind Kosten, was ist der Nutzen der EWWU?

21.1 Das Währungssystem des Internationalen Währungsfonds (IWF)

21.1.1 Vorbemerkungen

Die Weltwirtschaft braucht neben einer Welthandelsordnung eine Weltwährungsordnung, die das Prinzip des Freihandels stützt. Eine solche Weltwährungsordnung muss vor allem zwei Dinge regeln:
▸ das Wechselkurssystem und
▸ die Möglichkeiten und Modalitäten der Finanzierung und der Korrektur von Zahlungsbilanzungleichgewichten.

Dies ist im Abkommen über den Internationalen Währungsfonds geregelt (IWF; International Monetary Fund, IMF), dessen Struktur und Funktionsweise hier beschrieben wird. Anschließend stellen wir auch den Aufbau und die Problembereiche der Europäischen Wirtschafts- und Währungsunion (EWWU) dar. Dies ist nach der Einführung einer gemeinsamen Währung im Grunde keine internationale Währungsordnung mehr, sondern hat bereits viele Züge einer nationalen Währungsordnung, aber es ist der Schlusspunkt in der Entwicklung der europäischen Währungsintegration und wird daher an dieser Stelle analysiert. Für beide Währungsordnungen vermittelt die historische Entwicklung wichtige Einsichten in die Funktionsprobleme von zwischenstaatlichen Währungsordnungen; sie wird daher in ihren Grundzügen beschrieben. Schließlich sei darauf hingewiesen, dass im Bereich des internationalen Zahlungsverkehrs weite Bereiche der internationalen Finanzierung gerade nicht geregelt sind, sondern im privaten Sektor abgewickelt werden.

21.1.2 Entstehung, Mitgliedschaft, Organisation und Grundprinzip des IWF

Das Abkommen über den Internationalen Währungsfonds ist bereits während des Zweiten Weltkrieges vom 01. bis zum 27.07.1944 in Bretton Woods (New Hampshire) ausgearbeitet worden. Daher heißt diese Währungsordnung auch **Bretton-Woods-System**. Das IWF-Abkommen ist am 24.12.1945 in Kraft getreten und seither drei Mal – 1969, 1978 und 1992 – grundlegend geändert worden. Der IWF ist eine Sonderorganisation der Vereinten Nationen mit Sitz in Washington, D.C. mit rund 2.500 Mitarbeitern. Der IWF hat 186 Mitglieder; das sind, mit wenigen Ausnahmen wie Kuba, Nordkorea und Taiwan, praktisch alle Länder der Welt.

Organisation

Das oberste Organ des IWF ist der **Gouverneursrat**, in dem jedes Mitgliedsland durch einen Gouverneur vertreten ist, im Allgemeinen durch den Zentralbankpräsidenten oder den Finanzminister. Der Gouverneursrat fällt alle Grundsatzentscheidungen wie Aufnahme neuer Mitglieder, Festsetzungen der Anteile der Länder am Fonds (Quoten, s.u.) oder Zuteilung von Sonderziehungsrechten (s.u.). Entscheidungen erfolgen grundsätzlich mit einfacher Mehrheit, wobei sich das Stimmengewicht der Länder etwa nach ihrem Quotenanteil am Fonds bemisst. So haben die USA ein Stimmengewicht von 16,77 Prozent, auf Deutschland entfallen 5,88 Prozent (vgl. Tabelle 21-1, Kapitel 21.1.4.1). Weil wichtige Beschlüsse im IWF mit einer Mehrheit von 85 Prozent getroffen werden müssen, haben die USA offiziell die Sperrminorität.

Die Ziele des IWF

Der IWF ist seinerzeit geschaffen worden, um das nach dem Zweiten Weltkrieg bestehende System der Devisenbewirtschaftung mit seinen rigiden Kontrollen von Außenhandel und Zahlungsverkehr in ein System freier Konvertibilität der Währungen zu überführen. Die Ziele des IWF-Abkommens sind in Abbildung 21-1 zusammengefasst. Oberstes Ziel ist das ausgewogene Wachstum des Welthandels.

Grundprinzip des IWF

Der IWF war und ist im Prinzip ein **Devisenpool** bzw. eine **Kreditgenossenschaft**, ein Topf, in den die Mitgliedsländer Devisen einzahlen, die im Bedarfsfall an einzelne Mitglieder ausgeliehen werden. In diesem Sinne war und ist der IWF keine Zentralbank, die Geld schaffen kann. In begrenztem Umfang ist mit

Das Währungssystem des Internationalen Währungsfonds (IWF) 21.1

> **Abb. 21-1**
>
> **Ziele des IWF**
>
> Der IWF wurde geschaffen, um
> - die internationale Zusammenarbeit auf dem Gebiet der Währungspolitik zu fördern;
> - die Ausweitung und ein ausgewogenes Wachstum des Welthandels zu erleichtern;
> - die Stabilität der Wechselkurse zu fördern;
> - bei der Errichtung eines multilateralen Zahlungssystems mitzuwirken;
> - den Mitgliedsländern in Zahlungsbilanzschwierigkeiten die allgemeinen Fondsmittel zeitweilig und unter angemessenen Sicherungen zur Verfügung zu stellen und
> - die Dauer und das Ausmaß der Ungleichgewichte der internationalen Zahlungsbilanzen der Mitgliedsländer zu verringern.
>
> Quelle: IWF

der Schaffung von Sonderziehungsrechten (s. u.) dann später aber eine beschränkte Geldschöpfungsmöglichkeit vorgesehen worden.

Im Rahmen des IWF war jedes Mitgliedsland verpflichtet, die Parität seiner Währung in Gold oder in Dollar zu fixieren. Damit war im Abkommen ursprünglich ein **System fester Wechselkurse** begründet. Dies gilt jetzt nicht mehr.

21.1.3 Das Wechselkurssystem im IWF-Abkommen

21.1.3.1 Die Entwicklung des Wechselkurssystems

Bis 1973 sah das IWF-System prinzipiell feste Wechselkurse vor. Aus eher technischen Gründen, um permanente Interventionen zu vermeiden, war eine kleine Schwankungsbreite von zunächst ± 1 Prozent, später ± 2,25 Prozent um den festgelegten Paritätskurs vorgesehen. Wechselkursänderungen waren nur für den Fall eines »**fundamentalen Zahlungsbilanzungleichgewichtes**« vorgesehen. Eine beschränkte Stufenflexibilität der Wechselkurse war also gegeben, aber das Grundprinzip war die Wechselkursstabilität, weil man glaubte, dass eine solche Stabilität die Entwicklung des Welthandels fördere.

Zunächst prinzipiell feste Wechselkurse

Recheneinheit und international akzeptiertes Zahlungsmittel waren das Gold und der Dollar. Die besondere Rolle des Dollar ergab sich daraus, dass die USA die führende Wirtschaftsmacht der Welt geworden waren, dass ein erheblicher Teil des internationalen Zahlungsverkehrs in Dollar abgewickelt wurde und dadurch, dass die USA sich verpflichtet hatten, Gold zum festen Preis von 35 Dollar je Feinunze (31,103 Gramm) an ausländische Zentralbanken (nicht an Privatbanken) abzugeben. Damit schien eine gewisse Wertbeständigkeit des Dollar als gesichert. Das System des IWF war ein so genannter **Gold-Dollar-Standard**.

Dollar war Recheneinheit und internationales Zahlungsmittel.

Das Wechselkurssystem des IWF hatte zwei entscheidende Funktionsprobleme:

Funktionsprobleme

- Die mangelnde Bereitschaft der Länder, ihre Wirtschaftspolitik den Zahlungsbilanzerfordernissen unterzuordnen; daher entstanden häufige und erhebliche **Zahlungsbilanzungleichgewichte**. Weil die Bereitschaft, die Währungsparitäten an solche Ungleichgewichte anzupassen, also rechtzeitig ab- bzw. aufzuwerten, gering war, entstanden daraus gravierende Störungen des freien Welthandels.
- Das mit dem Gold-Dollar-Standard verbundene **Liquiditätsdilemma**. Der Dollar, als wesentlicher Teil der seinerzeit international akzeptierten Zahlungsmittel, konnte der Weltwirtschaft nur dann in ausreichender Menge zur Verfügung gestellt werden, wenn die USA sich gegenüber dem Rest der Welt in Form von Zahlungsbilanzdefiziten verschuldeten. In diesem Fall würde das Ausland ja Dollarguthaben erwerben, die es als internationale Liquidität verwenden könnte. Dies war ein Dilemma, weil mit zunehmender Verschuldung der USA das Vertrauen in die Goldumtauschmöglichkeit und die Wertbeständigkeit des Dollar verloren gehen würde.

Zusammenbruch des Wechselkurssystems

Folgerichtig ist das Wechselkurssystem des IWF Anfang der 1970er-Jahre zusammengebrochen. Die Verschuldung der USA war – auch infolge des Vietnamkrieges der USA – zwar hinreichend angestiegen, um die Welt mit internationaler Liquidität zu versorgen. Aber damit wurde erkennbar, dass die USA diese Dollarguthaben nicht mehr in Gold umtauschen konnten. Die Goldumtauschmöglichkeit wurde daher 1971 aufgehoben und der Dollar verlor seine Funktion als Recheneinheit.

Und die Zahlungsbilanzungleichgewichte nahmen in den 1960er-Jahren deutlich zu. Daraus resultierten Spekulationen auf Aufwertungen bzw. Abwertungen zahlreicher Währungen, die schließlich unter dem Druck dieser Spekulationen unausweichlich wurden. Daher gingen die Länder ab 1973 isoliert zu flexiblen Wechselkursen über.

21.1.3.2 Vielfalt der Wechselkurssysteme

Nach einer Periode, in der faktisch keine Regeln bestanden, hat der IWF eine Neufassung der Bestimmungen über das Wechselkurssystem beschlossen. Danach ist den Mitgliedern ab April 1978 die Art der Wechselkursregelung grundsätzlich freigestellt, ausgeschlossen ist nur eine Bindung an das Gold. Eine Manipulation der Wechselkurse, die einem Land unfaire Wettbewerbsvorteile verschafft, ist aber zu vermeiden und die Wechselkurspolitik unterliegt einer strikten Überwachung durch den IWF.

Wechselkursregelungen im IWF

Ein Wechselkurssystem, man spricht auch von einem Wechselkursregime, kann grundsätzlich die in Kapitel 20.1 genannten Formen annehmen. In der währungspolitischen Praxis haben sich seit der Freigabe der Wechselkursregelung unterschiedliche Formen von Flexibilität und Festigkeit von Wechselkursen herausgebildet. Abbildung 21-2 stellt die gewählten Wechselkursregimes der Mitglieder des IWF zusammen. 84 Länder haben flexible Wechselkurse, davon 40 Länder frei flexible Wechselkurse und 44 Länder kontrolliert flexible Wechselkurse, ein so genanntes »managed floating« gewählt. Die bedeutenden

Das Währungssystem des Internationalen Währungsfonds (IWF) 21.1

Abb. 21-2

Wechselkursregelungen der Mitglieder des IWF 2008

Flexibilität der Wechselkurse	84
▸ freie Flexibilität	40
▸ kontrollierte Flexibilität	44
Feste Wechselkurse	101
▸ Bindung ohne institutionelle Absicherung	78
▸ Bindung mit Absicherung durch ein Currency Board	13
▸ Aufgabe der eigenen Währung	10

Quelle: IWF

Währungen der Welt, also der Dollar, der Euro, das englische Pfund, der japanische Yen und der Schweizer Franken sind frei flexibel; einer kontrollierten Flexibilität unterliegt z. B. die Währung von Indien und Indonesien. Hier versuchen die Währungsbehörden ihren Wechselkurs zu beeinflussen, ohne damit eine speziellen Entwicklungspfad anzustreben. Problematischer und erklärungsbedürftiger erscheinen die verschiedenen Formen fester Wechselkurse, die Formen von Wechselkursbindungen.

21.1.3.3 Formen und Risiken der Wechselkursbindung

Eine Wechselkursbindung kann in drei Formen implementiert werden:
- durch eine einseitige Willenserklärung der Währungsbehörde des Landes (Zentralbank oder Finanzministerium) ohne institutionelle Absicherung;
- durch eine Willenserklärung mit institutioneller Absicherung durch ein so genanntes Currency Board oder
- durch die Aufgabe der eigenen Währung und die Übernahme einer ausländischen Währung; in der Regel ist dabei an eine der großen Schlüsselwährungen zu denken.

Formen der Wechselkursbindung

Die **Wechselkursbindung ohne institutionelle Absicherung** erfolgt durch eine einfache, einseitige Festlegung. Es besteht keine Verpflichtung, die Bindung langfristig aufrechtzuerhalten. Der Wechselkurs wird dabei entweder an eine einzelne Währung oder auch an einen Währungskorb gebunden. Aus technischen Gründen schwanken die Wechselkurse innerhalb kleiner Bandbreiten von etwa ±1 bis ±2 Prozent. 78 Länder haben einen solchen festen Wechselkurs, darunter Länder wie Russland, Saudi-Arabien oder Dänemark.

Die **Bindung mit institutioneller Absicherung durch ein Currency Board** (Währungsamt) stellt eine sehr viel festere Bindung dar. Hier wird die inländische Währung fest an eine ausländische Währung (Ankerwährung) gebunden und der Currency Board verpflichtet sich, die Landeswährung jederzeit zu dem festgelegten Kurs in die Ankerwährung umzutauschen. Das bedeutet letztlich, dass die inländische Geldmenge durch Devisen gedeckt sein muss und dass inländisches Geld nur durch den Ankauf von Devisen in Umlauf gebracht wird. Eine autonome nationale Geld- und Währungspolitik ist nicht mehr möglich. Solche Currency-Board-Systeme sind z. B. von Bosnien-Herzegowina, Bulgarien, Estland und Litauen eingeführt worden, sie sind aber eher selten.

Die **Aufgabe der eigenen Währung** und die Übernahme einer anderen Währung als heimische Währung ist die härteste, weil kaum widerrufbare Form einer Wechselkursbindung. Im Jahr 2008 haben 10 Mitglieder des IWF diese Form gewählt. Das sind einige kleinere Länder der Karibik, die den Dollar übernommen haben, aber auch Montenegro und San Marino im Europa, die den Euro übernommen haben. Daneben wird der Dollar in vielen Ländern der Welt faktisch als Zahlungsmittel verwendet.

Möglichkeit des Stabilitätsimports

Wechselkursbindungen bieten den Vorzug eines gewissen Stabilitätsimports und können die Glaubwürdigkeit einer stabilitätsorientierten Wirtschaftspolitik stärken. Dies gilt umso mehr, je stärker die Fixierung institutionell abgesichert ist. Allerdings erhöhen Wechselkursbindungen das Risiko einer Überbewertung der heimischen Währung. Dies ist dann zu erwarten, wenn sich die heimische Wirtschaftspolitik nicht strikt und stabilitätsbewusst am Wechselkurs orientiert. Wenn dann bei einer inflationären Entwicklung im Inland nicht rechtzeitig abgewertet wird, werden ausländische Währungen zu billig. Die Folgen sind idealtypisch:

Risiko der Überbewertung

▸ Zunahme der Importe und Abnahme der Exporte mit daraus folgenden Zahlungsbilanzdefiziten und

▸ Zunahme der Kapitalanlagen im Ausland und daraus ebenfalls resultierenden Zahlungsbilanzdefiziten.

Probleme der Finanzierung der Defizite

Diese Zahlungsbilanzdefizite kann die nationale Zentralbank nicht beliebig lange aus eigener Kraft finanzieren. In diesem Stadium der Kursentwicklung werden Stützungskredite seitens des IWF (s. u.) oder auch anderer Institutionen gefordert und meist auch gewährt, um Kettenreaktionen und Zusammenbrüche im internationalen Finanzsystem zu verhindern. Schließlich muss im Regelfall dann doch abgewertet werden; meist wird die Wechselkursfixierung für einige Zeit aufgehoben. Dies war der typische Ablauf aller Währungskrisen der 1990er-Jahre; von Mexiko 1995 über die asiatischen Schwellenländer 1997 bis hin zur Währungskrise in Argentinien 2001.

In solchen Situationen ist immer abzuwägen zwischen einer ausreichenden Bereitstellung von internationaler Liquidität, um Krisen zu bekämpfen, und dem Problem, dass damit Misswirtschaft und Spekulation honoriert werden. Was letztlich zu Misswirtschaft und Spekulation herausfordert, weil Folgen nicht getragen werden müssen. Auch dies ist eine Form von »moral hazard«.

21.1.4 Kreditmöglichkeiten im IWF-System

Im Gegensatz zur turbulenten Entwicklung im Bereich der Wechselkursregelungen sind die Kreditmöglichkeiten des IWF kontinuierlich entwickelt worden.

21.1.4.1 Quoten

Jedes Mitgliedsland erhält eine **Quote**, die bei Beginn der Mitgliedschaft aus primär wirtschaftlichen Größen wie Inlandsprodukt, Anteil am Welthandel und Währungsreserven errechnet wird. In Höhe der Quote ist ein so genannter Subskriptionsbeitrag einzuzahlen. Dabei sind 25 Prozent der Quote in Sonderziehungsrechten, in allgemein akzeptierten Währungen (also z. B. Dollar oder Euro) oder mit Zustimmung des Fonds auch in eigener Währung einzuzahlen, die restlichen 75 Prozent in Landeswährung. In Höhe der »echten« Finanzierungsleistungen aus der Subskription (Sonderziehungsrechte und Fremdwährungen zuzüglich der vom IWF in der Landeswährung abgerufenen und verwendeten Beträge) hat das Mitgliedsland jederzeit und ohne Auflage das Recht, IWF-Mittel in Anspruch zu nehmen. Dieses Ziehungsrecht in der so genannten **Reservetranche** (Reserveposition) stellt keine Kreditgewährung des IWF dar.

Kreditgewährung im Rahmen der Quoten

Über die Reservetranche hinaus kann jedes Mitglied **vier Kredittranchen** von je 25 Prozent der Quote für die Gewährung von Zahlungsbilanzkrediten in Anspruch nehmen. Dabei steigen die Anforderungen an die Kreditnehmer, Anstrengungen zur Überwindung ihrer Zahlungsbilanzprobleme zu unternehmen, mit jeder neu gewährten Kredittranche. Diese Kredittranchenpolitik stellt die normale Kreditgewährung des IWF dar.

Die Quoten, die auch das Stimmrecht der Mitglieder festlegen, werden im Abstand von zumeist fünf Jahren überprüft und an den veränderten Finanzierungsbedarf (Überprüfung der Quotensumme) sowie an das veränderte wirtschaftliche Gewicht der Mitglieder (Überprüfung des Quotengefüges) angepasst. Im Mai 2009 beträgt die Quotensumme 217,4 Milliarden SZR, das sind rund 330 Milliarden Dollar (IMF). Die folgende Tabelle 21-1 gibt einen Überblick

Quotenanpassung

Tab. 21-1

Quoten der fünf größten und fünf kleinsten IWF-Mitglieder 2009

	Quote (Mio. SZR)	Stimmrechte (%)
USA	37.149,3	16,77
Japan	13.312,8	6,02
Deutschland	13.008,2	5,88
Frankreich	10.738,5	4,86
Großbritannien	10.738,5	4,86
zusammen:	84.947,3	38,39
Bhutan	6,3	0,01
Kiribati	5,6	0,01
Mikronesien	5,1	0,01
Marshall-Inseln	2,5	0,01
Palau, Rep.	3,1	0,01
zusammen:	22,6	0,05

Quelle: IWF

über die Quoten einiger Länder. Danach hat Deutschland nach Japan und den USA die drittgrößte Quote. 2008 ist eine Reform der IWF-Quoten und -Stimmrechte beschlossen worden, die aber noch nicht endgültig ratifiziert ist. Hier werden aufstrebende Wirtschaftsnationen wie China oder Mexiko besser berücksichtigt.

Im Rahmen der Kredittranchenpolitik wird also nur Geld verliehen, das andere Mitglieder eingezahlt haben. Dies Geld wird – für Schuldner und für Gläubiger – verzinst; dabei entspricht dieser Zinssatz dem Durchschnitt der kurzfristigen Zinssätze in USA, Japan, Euroland und Großbritannien. Die Kreditmittel werden der Zentralbank des betreffenden Landes zur Verfügung gestellt und stehen dieser dann zur freien Verfügung. Es sind keine Finanzhilfen für bestimmte Zwecke oder gar für Projekte.

21.1.4.2 Weitere Mittelbeschaffungen des IWF

Braucht der Fonds für seine Kreditgewährung mehr Mittel, als ihm aus den Subskriptionszahlungen der Mitglieder zur Verfügung stehen, kann er sie sich auf folgende Weise beschaffen: Jedes Mitgliedsland ist verpflichtet, seine Währung dem IWF gegen SZR innerhalb bestimmter Grenzen zu verkaufen. Ferner können Kredite bei den Mitgliedern aufgenommen werden. Darüber hinaus ist im IWF-Abkommen die Möglichkeit vorgesehen, mit Zustimmung des Landes, dessen Währung dabei verwendet wird, Kredite auch aus anderen Quellen (internationalen Finanzmärkten) aufzunehmen. Mit den **Allgemeinen Kreditvereinbarungen (AKV)** (General Arrangements to Borrow) zwischen der Zehnergruppe und dem Fonds steht dem Fonds seit 1962 eine ständige multilaterale Kreditlinie im Umfang von 17 Milliarden SZR zur Verfügung, die ursprünglich nur zur Finanzierung von Zahlungsbilanzhilfen an Mitglieder der Zehnergruppe, seit 1983 jedoch auch für andere Länder eingesetzt werden kann. Hinzu kommen, als Reaktion auf die Mexikokrise 1994/95, **Neue Kreditvereinbarungen** (NKV) (New Arrangements to Borrow) zwischen dem IWF und 25 Mitgliedsländern (darunter alle G10-Länder) mit einem Volumen von 34 Milliarden SZR, die für besondere Krisensituationen zur Verfügung stehen.

21.1.4.3 Sonderziehungsrechte

Schaffung einer neuen Form internationaler Liquidität

In der Erkenntnis, dass der Bestand und die Verteilung der internationalen Liquidität genau wie die inländische Geldmenge einer bewussten Kontrolle unterliegen sollten, vereinbarten die Mitglieder des IWF auf der Konferenz von Rio de Janeiro 1967, eine neue Art internationaler Liquidität zu schaffen, die **Sonderziehungsrechte (SZR** bzw. Special Drawing Rights, SDR**).**

Das **Grundprinzip** ist dabei folgendes: Die Mitglieder schaffen durch den Fonds ein internationales Buchgeld, verteilen dieses Geld unter sich und verpflichten sich, dieses Geld zur Erfüllung von Verbindlichkeiten zu akzeptieren. Jedes Land erhält Ziehungsrechte zugeteilt, in deren Rahmen es von anderen Ländern die benötigten Devisen erhalten kann. Deutschland z. B. erhält SZR und kann dafür z. B. von den USA Dollar erwerben. Die USA erhalten dafür die SZR, die sie im Bedarfsfall ihrerseits zum Erwerb von Euro, Pfund usw.

Das Währungssystem des Internationalen Währungsfonds (IWF) 21.1

verwenden können. Die SZR sind also international vertraglich akzeptierte Liquidität.
Hierzu einige technische Einzelheiten:

Technische Details

- Durch Beschluss der Mitglieder des IWF wird für je fünf Jahre festgesetzt, wie viel SZR geschaffen werden sollen. Dieser Betrag wird den Mitgliedern in jährlichen Raten proportional zu ihren Quoten zugeteilt.
- Die SZR sind nur Zahlungsmittel zwischen den Zentralbanken, Privatleute können sie nicht erwerben und mit ihnen nicht bezahlen.
- Die Inanspruchnahme der SZR muss nicht wieder rückgängig gemacht werden; es ist also kein Kredit im eigentlichen Sinne, allerdings müssen für die Inanspruchnahme Zinsen gezahlt werden. Der Zinssatz entspricht dem Durchschnittsniveau der Geldmarktzinsen in den USA, Großbritannien, Japan und Euroland.
- Die SZR-Bestände können in voller Höhe verwendet werden. Die frühere Vorschrift zur Aufrechterhaltung eines durchschnittlichen Mindestbestandes von 30 Prozent der zugeteilten SZR ist im Mai 1981 abgeschafft worden, um ihren Reservecharakter zu betonen.

Das Revolutionäre an der Erfindung der Sonderziehungsrechte ist die Tatsache, dass die vermutlichen Gläubigerländer sich verpflichtet haben, dieses Geld zu akzeptieren, ohne daran Bedingungen zu knüpfen. Die Ankaufsverpflichtung eines Landes endet allerdings an der **Annahmegrenze**: Sie ist erreicht, wenn der SZR-Bestand eines Landes das Dreifache der eigenen kumulativen (Netto-) Zuteilung beträgt, d. h., wenn Deutschland SZR im Wert von 2 Milliarden Euro erhalten hat, braucht es nur maximal 6 Milliarden Euro an andere Länder gegen SZR auszuzahlen.

Der Wert eines SZR wird für jeweils fünf Jahre auf der Basis eines Währungskorbes mit den vier wichtigsten Währungen der Welt ermittelt. Dies sind seit langem der Dollar, der Euro, der Yen und das englische Pfund. Die Gewichtung dieser Währungen richtet sich nach ihrem Anteil am Welthandel und dem Ausmaß, in dem die betreffende Währung als Reservewährung gehalten wird. Tabelle 21-2 stellt die zu Beginn des Jahres 2006 festgelegte Gewichtung und den für den Zeitraum 2006–2010 resultierenden Betrag an Währungseinheiten zusammen. Die Beträge der Korbwährungen werden täglich in Dollar umgerechnet, und die Summe der Dollar-Äquivalente ergibt dann den Dollarwert des SZR. So hat das SZR im Mai 2009 einen Wert von 1,53712 Dollar und der Dollar einen Wert von 0,65056 SZR. Weil die Dollarwechselkurse der Korbwährungen schwanken, verändert sich die faktische Gewichtung der Korbwährungen, nicht aber der Betrag an Korbwährungseinheiten.

Der SZR-Währungskorb

Das SZR ist die **Recheneinheit des IWF**, es ist auch Recheneinheit anderer internationaler Organisationen und Basis für einige private Finanzinstrumente. Zudem ist die Währung einiger Länder an das SZR gebunden. Vom ursprünglich einmal anvisierten Ziel, zentrale Recheneinheit und zentraler Bestandteil der internationalen Liquidität zu werden, ist das SZR allerdings weit entfernt. Dazu ist das Volumen der geschaffenen internationalen Liquidität mit bisher 21,4

Bedeutung der SZR

Tab. 21-2

SZR-Währungskorb 2006–2010

	Gewichte (%)	Betrag an Währungseinheiten
Dollar	44	0,6320
Euro	34	0,4100
Yen	11	18,4000
Pfund	11	0,0903

Quelle: IWF

Milliarden und geplanten 42,8 Milliarden SZR zu gering. Und Sonderziehungsrechte werden nicht auf Devisenmärkten gehandelt, sie existieren nur als Buchgeld, nicht als Noten.

Sonderziehungsrechte sind vor allem von prinzipieller, theoretischer Bedeutung: Sie sind ein erster kleiner Schritt auf dem Weg zu einem Weltgeld und einer Weltzentralbank.

Von viel größerer quantitativer Bedeutung sind die im Rahmen des IWF vorgesehenen zusätzlichen Kreditfazilitäten.

21.1.4.4 Zusätzliche Kreditmöglichkeiten

Neben der Reservetranche in Höhe der Subskription und den vier normalen Kredittranchen in Höhe von je 25 Prozent der Quote sind im Laufe der Zeit weitere Kreditmöglichkeiten geschaffen worden, um Ländern mit besonders schwierigen Zahlungsbilanzproblemen von Zahlungs- und Handelsrestriktionen abzuhalten. Abbildung 21-3 stellt die Fülle von zusätzlichen Kreditfazilitäten zusammen. Von zentraler Bedeutung sind vor allem die Stand-By Arrangements (SBA) und die Armutsreduzierungs- und Wachstumsfazilität (PRGF).

Fülle zusätzlicher Kreditmöglichkeiten

In Reaktion auf die Finanzkrise 2008/2009 hat der IWF im November 2008 eine neue Kreditfazilität eingeführt, mit der sehr kurzfristig ein Kreditvolumen in Höhe von 500 Prozent der Quote eines Landes zur Verfügung gestellt werden kann. Diese Hilfe gilt für Länder mit an sich solider makroökonomischer Verfassung, guter Wirtschaftspolitik und tragfähiger Verschuldung, die in die Turbulenzen der Finanzkrise geraten sind. Diese Kreditlinie wirkt wie eine Art von Versicherung und schafft Vertrauen für mögliche private Investoren. Im Mai 2009 hatte der IWF schon Kredite in Höhe von rund 150 Milliarden Dollar zugesagt. Um solche und weitere Kreditzusagen finanzieren zu können, sollen die Mittel des IWF nach Beschluss der G20-Länder (zum Begriff siehe Kasten »Im Fokus« unten) im April 2009 mittelfristig in zwei Tranchen um 500 Milliarden Dollar aufgestockt werden. Hier zeigt sich, dass der IWF eine wichtige Rolle in der Bekämpfung der internationalen Finanzkrise spielen soll.

Neue Kreditfazilität zur Bekämpfung der Wirtschaftskrise

Das Währungssystem des Internationalen Währungsfonds (IWF) 21.1

Abb. 21-3

Zusätzliche Kreditfazilitäten des IWF

Fazilität	Ziehungsgrenzen in % der Quote des Mitgliedslandes	Rückzahlungszeitraum in Jahren	Zweck
Bereitschaftskredit-Vereinbarung (Stand-By Arrangement, SBA)	100% jährlich 300% kumulativ	2 ¼ bis 4 (Erwartung)	Überbrückung eines kurzfristigen Zahlungsbilanzbedarfs
Erweiterte Fondsfazilität (Extended Fund Facility, EFF)		4 ½ bis 7 (Erwartung)	Finanzierung eines längerfristigen Zahlungsbilanzbedarfs, der größtenteils auf strukturelle Probleme zurückzuführen ist
Fazilität zur Stärkung der Währungsreserven (Supplemental Reserve Facility, SRF)	Keine definierten Ziehungsgrenzen	2 bis 2 ½ (Erwartung)	Finanzierung eines außergewöhnlich hohen Zahlungsbilanzbedarfs, insbesondere zur Abwehr von Bedrohungen für das Internationale Währungssystem
Nothilfe (Emergency Assistance)	Keine strikt definierte Ziehungsgrenze	3 ½ bis 5 (Erwartung)	Hilfe bei Naturkatastrophen oder Kriegen
Fazilität zur Kompensationsfinanzierung (Compensatory Financing Facility, CFF)	10% bis maximal 55%, ohne Anrechnung auf die Ziehungsgrenzen der SBA/EFF	2 ¼ bis 4 (Erwartung)	Finanzierung (Kompensierung) von Exporterlösausfällen oder von Mehrkosten bei Getreideimporten
Armutsreduzierungs- und Wachstumsfazilität (Poverty Reduction and Growth Facility, PRGF)	140% bis maximal 185%, unabhängig von sonstigen IWF-Krediten Zins 0,5%	5 ½ bis 10	Finanzielle Unterstützung bei strukturell bedingten hartnäckigen Zahlungsbilanzproblemen einkommensschwacher Länder zu »weichen« Konditionen

Quelle: Deutsche Bundesbank, IWF

21.1.4.5 Bedingungen der Kreditgewährung

Die Kreditgewährung des IWF erfolgt in der Regel zu konkreten Bedingungen, nur Ziehungen in der ersten Kredittranche von 25 Prozent der Quote sind praktisch ohne Auflagen möglich. Darüber hinaus stellt der IWF an das kreditnehmende Land wirtschaftspolitische Bedingungen (**Konditionalität**), die im Prinzip die Situation des Landes und die Art der Zahlungsbilanzschwierigkeiten berücksichtigen. In der Regel werden **makroökonomische Stabilisierungsprogramme** verlangt: Abbau von Staatsverschuldung, Abbau staatlicher Eingriffe in die Wirtschaft, Abbau von Subventionen und Bekämpfung der Inflation werden meist vorgesehen.

Kreditgewährung ist an Bedingungen geknüpft

Die Kredite müssen naturgemäß zurückgezahlt werden. Dabei liegt der Rückzahlungszeitraum, der in der Regel nicht genau fixiert ist, etwa bei zwei bis fünf Jahren. Die Kredite müssen auch verzinst werden, meist zu marktüblichen Konditionen wie sie für kurzfristige Kreditgewährungen auf den Geldmärkten im Euroland, in Japan, Großbritannien und den USA, also den Korbwährungen der Sonderziehungsrechte, gefordert werden. Auf spezielle Finanzhilfen wird ein Zinsaufschlag erhoben (SRF und CCF), während die Kredite im

Rückzahlung und Verzinsung

Vorzug:
Keine Risikoprämie

Rahmen der Armutsbekämpfung (PRGF) nur mit 0,5 Prozent verzinst werden. Generell liegt der Vorzug der IWF-Kredite darin, dass die kreditnehmenden Länder keine **Risikoprämie** zahlen müssen, wie sie im privaten Kreditgeschäft üblich ist.

21.1.5 Probleme und Reformbedarf im IWF-System

Die Kritik des IWF-Systems konzentriert sich vor allem auf drei Punkte:
- die mangelnde Entwicklungstauglichkeit der makroökonomischen Stabilisierungs- und Anpassungspolitik,
- die Verlagerung des Schwerpunktes der Kreditgewährung von der Finanzierung kurzfristiger Zahlungsbilanzdefizite hin zur Finanzierung grundlegender Strukturanpassung, die eher Aufgabe der Weltbank wäre und
- das Moral-Hazard-Problem, dergestalt, dass der IWF mit der Finanzierung von Zahlungsbilanzkrisen nur das Risiko von Währungsspekulationen abdecke und Kapitalanlageentscheidungen verzerre.

Kritik der Anpassungsprogramme

Die Anpassungsprogramme des IWF hatten sicher nur sehr beschränkte Stabilisierungs- und Wachstumserfolge. Die Armutsrate ist in den betroffenen Ländern nur sehr wenig gesunken, und nur selten konnte das Ziel erreicht werden, die staatlichen Gesundheits- und Bildungsausgaben zugunsten der Primärversorgung ärmerer Bevölkerungsschichten umzuschichten. Neben positiven Beispielen wie Peru gibt es Negativbeispiele wie Simbabwe oder Mosambik. Häufig

Unter der Lupe

Ländergruppen im Welthandels- und Weltwährungssystem: G7 bis G20

Im Welthandels- und Weltwährungssystem haben sich wichtige Ländergruppen gebildet, die in informellen Foren Probleme der Weltwirtschaft diskutieren. Die wichtigsten sind:
G7: Gruppe der 7 ehemals führenden Industrienationen der westlichen Welt. Mitglieder sind Deutschland, Frankreich, Italien, Japan, Kanada, Vereinigtes Königreich und die Vereinigten Staaten.
G8: G7 plus Russland, das seit 1998 Mitglied ist; veranstalten den jährlichen Weltwirtschaftsgipfel.
G10: (Zehnergruppe): Die Länder, die ständig bereit sind, dem IWF in Krisenzeiten Kredite zu gewähren. Mitglieder sind die G7 plus Belgien, die Niederlande, Schweden und seit 1983 die Schweiz. Es sind also mittlerweile 11 Mitglieder.
G20: Gruppe der wichtigen Industrienationen und Schwellenländer. Mitglieder sind die G8 plus Argentinien, Australien, Brasilien, China, Indien, Indonesien, Mexiko, Türkei, Saudi-Arabien, Südafrika, Südkorea sowie die Europäische Union. Diese Länder repräsentieren rund zwei Drittel der Weltbevölkerung und neun Zehntel der Weltproduktion. Die G20 veranstalten den Weltfinanzgipfel.

scheitert die Anpassung an der Reformunfähigkeit der Regierung und an der fehlenden Identifizierung mit dem Programm. Dennoch kann das Prinzip, IWF-Kredite an Auflagen zu binden, nicht aufgehoben werden, weil wirtschaftspolitisches Fehlverhalten häufige Krisenursache ist. Aber die Konditionalität sollte nicht zu detailliert sein.

Bezüglich der Finanzierung wird überwiegend empfohlen, dass sich der IWF wieder verstärkt auf seine eigentliche Aufgabe, die Finanzierung von Zahlungsbilanzdefiziten, besinnen sollte und Entwicklungsaufgaben auf die Weltbank zu fokussieren wären. Einigkeit besteht auch darin, dass private Kreditgeber an der Finanzierung von Krisen beteiligt werden müssen und vor allem darin, die Bankenaufsicht in den Ländern zu verbessern.

<small>Kritik der Finanzierung</small>

Hier hat das Forum für Finanzstabilität (Financial Stability Forum) Empfehlungen entwickelt. Vor dem Hintergrund der Finanzkrise 2008/2009 sollen Transparenz und Kooperation verstärkt werden und vor allem soll die Regulierung der Finanzinstitutionen und der Finanzprodukte verbessert werden (vgl. Deutsche Bundesbank 2008b, S. 78). Weitere Regulierungsmaßnahmen sind auf der Gipfelkonferenz der G20-Länder im April 2009 beschlossen worden: Kontrolle der Hedgefonds, Abschaffung des Bankgeheimnisses, Sanktionen für Steuerparadiese und Schaffung eines Frühwarnsystems für Finanzmärkte.

21.2 Die Finanzierung des Welthandels- und Zahlungsverkehrs – Volumen und Struktur der internationalen Liquidität

Der IWF ist nicht die Zentralbank der Welt, er hat nicht die Kontrolle über die umlaufende internationale Geldmenge, so wie eine Zentralbank die inländische Geldmenge kontrollieren kann. Vielmehr vollzieht sich der internationale Zahlungsverkehr weitgehend unkontrolliert, es ist geradezu typisch für die Entwicklung in den letzten Jahrzehnten, dass die private Finanzierung die offizielle Finanzierung substituiert.

<small>Kaum Kontrollen des internationalen Zahlungsverkehrs</small>

21.2.1 Die offizielle internationale Liquidität

Die **internationale Liquidität** ist der Bestand an international im Allgemeinen akzeptierten Zahlungsmitteln und die Möglichkeit, sich diese bedingungslos zu verschaffen. Weil im internationalen Zahlungsverkehr, anders als im nationalen Zahlungsverkehr, gesetzliche Zahlungsmittel nicht definiert werden, steht nicht eindeutig fest, was zur internationalen Liquidität gezählt werden soll. Man unterscheidet die offizielle und die private internationale Liquidität.

Die **offizielle internationale Liquidität** umfasst den Bestand der Zentralbanken an:

<small>Offizielle internationale Liquidität</small>

- Gold,
- Devisenreserven,
- Sonderziehungsrechte und
- Reservepositionen beim IWF.

Die Summe dieser Positionen wird auch als **Währungsreserven** bezeichnet, so von der Bundesbank. »Währungsreserven« und »offizielle internationale Liquidität« sind also Synonyme. Sonderziehungsrechte und Reservepositionen im IWF sind bereits erklärt worden, es bleibt, die Rolle des Goldes und der Devisenreserven zu klären.

Gold

Gold war Zahlungsmittel unter Zentralbanken.

Gold, das früher das internationale Zahlungsmittel und die internationale (und nationale) Recheneinheit schlechthin war, spielte zunächst auch im IWF-System eine zentrale Rolle. Bis Ende der 1960er-Jahre war Gold der Hauptbestandteil der Währungsreserven der Zentralbanken und konnte zu einem Verrechnungspreis von 35 Dollar pro Unze Feingold zur Finanzierung von Zahlungsbilanzdefiziten verwendet werden. Dies war bis 1971 der offizielle **Währungsgoldpreis**, zu dem die US-Zentralbank anderen Zentralbanken auch Dollar gegen Gold eintauschte. Daneben existierte ein Preis des Goldes für industrielle Zwecke (**Warengoldpreis**), der sich auf dem Goldmarkt (vor allem in London) nach Angebot und Nachfrage einstellte. Dieser Warengoldpreis war seit 1968 beträchtlich höher als der Währungsgoldpreis.

Gold war Recheneinheit.

Gold diente im IWF-System auch als Recheneinheit. Der Paritätswert der Währung jedes Mitgliedes wurde in Gold oder in Dollar im Gewicht und in der Feinheit vom 01.07.1944 ausgedrückt. Da für diesen Dollar die Beziehung 35 Dollar = 1 Unze Feingold galt, waren letztlich alle Währungen der Welt über ihre Goldparität miteinander verknüpft. Der Leser beachte, dass Gold in diesem Sinne nur Recheneinheit war, kein Privatmann konnte zur Goldparität Gold von den Zentralbanken kaufen.

Gold ist nur noch Wertaufbewahrungsmittel.

Mittlerweile ist indes das Gold als Recheneinheit abgeschafft, es gibt weder eine offizielle Gold-Dollar-Parität noch eine offizielle Gold-SZR-Parität. Gold ist für die Währungsbehörden nur noch Wertaufbewahrungsmittel, es kann von diesen auf dem freien Markt nach ihrem Belieben ge- oder verkauft werden.

Devisenreserven im IWF-System

Die zentrale Bedeutung des Dollar als Reservewährung

Devisenreserven sind nationale Währungen, die wegen ihrer Bedeutung und wegen ihrer erwarteten Wertstabilität von den Zentralbanken als internationale Liquidität gehalten werden und die in der Regel von anderen Zentralbanken akzeptiert werden. Solche Devisenreserven sind in geringem Umfang Noten und Münzen, vor allem aber Sichtguthaben bei ausländischen Banken, Schatzanweisungen, Schuldverschreibungen, kurz- und langfristige Staatspapiere und sonstige Forderungen, also im Regelfall verzinsliche Wertpapiere. Seit langem ist der Dollar die wichtigste Devisenreserve, wie Tabelle 21-3 zeigt. Daneben spielt

Tab. 21-3

Struktur der Devisenreserven (in %)

	2000	2003	2007	2008
Dollar	66,6	63,8	64,1	64,0
Euro	16,3	19,7	26,3	26,5
Japanischer Yen	5,2	4,8	2,9	3,3
Pfund Sterling	3,8	4,4	4,7	4,1
Sonstige[r]	8,1	7,3	2,0	2,1

Quelle: IWF

der Euro eine zunehmende Rolle als Devisenreserve, während Yen und Pfund nur noch begrenzt gehalten werden. Sonstige Devisenreserven sind vor allem der Schweizer Franken.

Der Umfang der Devisenreserven der Länder ist in Tabelle 21-4 ausgewiesen. Dabei wird deutlich, dass ihr Umfang in den letzten Jahren beträchtlich angewachsen ist. Dies Wachstum konzentriert sich vor allem auf die asiatischen Schwellen- und Entwicklungsländer, vor allem auf China, das mit Devisenreserven in Höhe von 1,9 Billionen Dollar über die größten Devisenreserven der Welt verfügt.

Hinter diesem Wachstum der Devisenreserven verbergen sich große Ungleichgewichte im internationalen Leistungsbilanzgefüge, insbesondere große Leistungsbilanzdefizite der USA und große Leistungsbilanzüberschüsse von China, Japan und der Öl exportierenden Länder. Da solche Ungleichgewichte langfristig Ursache von gravierenden Störungen im Welthandels- und Zahlungsverkehr sind, sollten Strategien zu ihrem Abbau implementiert werden: vor allem eine Aufwertung der Währungen der Überschussländer und ein Abbau der internen und externen Verschuldung der USA.

Seit einiger Zeit werden Devisenreserven zunehmend von so genannten Staatsfonds verwaltet. **Staatsfonds** sind staatlich kontrollierte Einrichtungen, die öffentliches Finanzvermögen organisatorisch getrennt von der traditionellen Verwaltung der Devisenreserven durch Währungsbehörden überwiegend im

Starkes Wachstum der Devisenreserven

Tab. 21-4

Umfang der Devisenreserven der Länder der Welt (in Mrd. $)

2000	2002	2004	2006	2008
1.936	2.408	3.748	5.037	6.713

Quelle: IWF

Ausland anlegen (vgl. Deutsche Bundesbank 2007, S. 78 ff.). Diese Fonds speisen sich vor allem aus den Exporterlösen nicht erneuerbarer Rohstoffe und aus Devisenreserven. Sie verwalten 2008 ein Vermögen von etwa 2 bis 3 Billionen Dollar. Problematisch ist, dass die Transparenz über Ziele und Anlagestrategien von Staatsfonds gering ist und ihren Investitionsentscheidungen daher Misstrauen entgegengebracht wird.

Währungsreserven der Bundesbank

Die Bundesbank verfügt im April 2009 über Währungsreserven in Höhe von 106 Milliarden Euro, davon 73,5 Milliarden Euro an Gold, 3,5 Milliarden an Reserveposition plus Sonderziehungsrechten beim IWF und Devisenreserven in Höhe von 29 Milliarden Euro (Deutsche Bundesbank, 2009, S. 73; Zahlen gerundet). Diese Zahlen zeigen, dass die durch den IWF bereitgestellten Währungsreserven relativ unbedeutend sind, bedeutsamer sind Gold und Devisenreserven. Auch weltweit spielen Devisenreserven die wichtigste Rolle für die offizielle internationale Liquidität. Dennoch ist der IWF als zentrale Institution zur Regulierung des Weltwährungssystems von unverzichtbarer, aber ausbaufähiger Bedeutung.

21.2.2 Die private internationale Liquidität

Stand der Auslandsschulden

Abgesehen von Schenkungen existieren nur zwei Möglichkeiten für die Finanzierung von Leistungsbilanzdefiziten: Man bezahlt die Defizite durch früher einmal aufgehäufte Währungsreserven oder man verschuldet sich im Ausland bzw. bei internationalen Organisationen. Bemerkenswert ist, dass die so genannte offizielle Verschuldung, d. h. die Verschuldung direkt zwischen zwei Staaten oder einem Staat und einer internationalen Organisation (wie etwa dem IWF) eine vergleichsweise untergeordnete Rolle spielt. Quantitativ weitaus bedeutsamer ist die Finanzierung durch private Geschäftsbanken und Finanzinstitutionen. Die Möglichkeit eines Landes, sich international zu verschulden, ist also ein Finanzierungspotenzial, ein Potenzial, sich internationale Liquidität zu verschaffen. Dies Potenzial kann naturgemäß nicht genau quantifiziert werden, es lässt sich nur der jeweilige Stand der Auslandverschuldung angeben. Für das Jahr 2008 wird der Umfang der Auslandsverschuldung der Welt insgesamt auf 54 Billionen Dollar geschätzt (CIA 2008). **Auslandsschulden** sind die Gesamtschulden der Inländer (natürliche und juristische Personen) eines Landes gegenüber ausländischen Gläubigern. Dies ist eine Bruttogröße, die verdeckt, dass den Schulden in der Regel auch Forderungen gegenüberstehen. So hat die Bundesrepublik Auslandverbindlichkeiten von 4.360 Milliarden Euro und Auslandsforderungen von 5.004 Milliarden Euro, also ein Nettoauslandsvermögen von 645 Milliarden Euro (Deutsche Bundesbank 2008a).

Arten der Auslandsschulden

Auslandsschulden werden meist in vier Gruppen klassifiziert: Staatliche und staatlich garantierte Schulden, private Schulden, Schulden beim IWF und Schulden gegenüber ausländischen Zentralbanken (das sind in Umkehrung meist die Devisenreserven der ausländischen Zentralbanken). Die beteiligten Akteure werden ebenfalls meist in vier Gruppen klassifiziert: Staat, monetäre

Finanzinstitutionen, Wirtschaftsunternehmen und private Haushalte. Im Prinzip sind Auslandschulden unproblematisch, sie sind Folge der weltweiten Freiheit des Kapitalverkehrs und der Differenzen der nationalen Zinssätze. Schwierig ist allerdings die Kontrolle über den weltweiten Kapitalverkehr, insbesondere bei den Fremdwährungsgeschäften.

Fremdwährungsgeschäfte sind finanzielle Transaktionen, die in einer Währung getätigt werden, die nicht die Landeswährung der Beteiligten ist. Z. B. verleiht eine Bank in Hongkong Dollarguthaben an eine Bank in Italien oder eine englische Bank verleiht Euroguthaben an einen Unternehmen in Polen usw. Marktteilnehmer sind Zentralbanken und Geschäftsbanken, die hier als Kreditgeber und/oder Kreditnehmer auftreten, sowie öffentliche Körperschaften und größere Firmen, die naturgemäß vorwiegend als Kreditnehmer auftreten. Die Laufzeit der Kredite liegt normalerweise unter einem Jahr, Kreditsicherheiten werden nicht vereinbart.

<small>Bedeutende Rolle der Fremdwährungsgeschäfte</small>

Wesentlich ist, dass die Fremdwährungsmärkte den Reglementierungen durch die Zentralbanken der Länder nicht unterliegen. So kann dank des Wegfalls von Mindestreservesätzen mit einer geringeren Spanne zwischen Soll- und Habenzinsen als auf den nationalen Märkten gearbeitet werden, was diesen Markt sowohl für Kreditanbieter als auch für Kreditnachfrager attraktiv macht. Bedenklich ist, dass dieser Markt aufgrund der mangelnden Kontrollen ein Eigenleben entfalten und damit die Ziele der Geldpolitik der einzelnen Länder schwerer realisierbar machen kann. Insbesondere werden die von diesem Markt vermutlich ausgehenden inflationären und spekulativen Tendenzen gefürchtet. Andererseits sorgen die Fremdwährungsmärkte für einen internationalen Liquiditätsausgleich und übernehmen so eine wichtige Funktion.

<small>Fremdwährungsmärkte unterliegen faktisch keinen Kontrollen</small>

Diese Fremdwährungsmärkte kann man geographisch abgrenzen. So spricht man z. B. vom **Euromarkt** als der Gesamtheit der Finanztransaktionen, die die Geschäftsbanken europäischer Länder in jeweils ausländischer Währung gegenüber Ausländern eingehen, oder vom Offshoremarkt als entsprechendem Markt für die Geschäftsbanken, die in diesem Bereich residieren. Zusätzlich kann man nach den gehandelten Währungen differenzieren. So spricht man z. B. vom Euro-Dollar, Euro-Pfund- oder Euro-Yen-Markt usw. Ein Euro-Yen-Geschäft ist dann z. B. eine Ausleihung von Yen-Guthaben einer deutschen Geschäftsbank an eine belgische Geschäftsbank.

<small>Arten von Fremdwährungsmärkten</small>

Von spezieller Bedeutung sind die hier geschilderten Transaktionen für Entwicklungsländer, die in der Regel große Schwierigkeiten haben, ihre Importe zu finanzieren. Hier entstand in den letzten Jahren ein enormes Ausmaß an internationaler Verschuldung bei öffentlichen und bei privaten Gläubigern. Eine dauerhafte Lösung der Verschuldung von Entwicklungsländern ist noch nicht in Sicht. Zahlreiche **Umschuldungen** haben bisher vor allem eine partielle Erleichterung der Schuldenlast bewirkt. Die Umschuldungen der von Regierungen gewährten Kredite finden meist im so genannten »**Pariser Club**« statt, während kommerzielle, von Banken gewährte Kredite meist im so genannten »**Londoner Club**« umgeschuldet werden.

<small>Verschuldung von Entwicklungsländern</small>

21.3 Die Europäische Wirtschafts- und Währungsunion (EWWU)

21.3.1 Vorgeschichte: Währungsschlange und EWS

Unter dem Druck der Krisen im internationalen Währungssystem und mit dem Ziel, die europäische Integration voranzutreiben, beschlossen die sechs Mitgliedsländer der damaligen EG im Jahr 1970 einen Fahrplan zur Erweiterung dieser Gemeinschaft hin zu einer Wirtschafts- und Währungsunion bis zum Jahr 1980. Dieser so genannte **Werner-Plan** sah im Wesentlichen die gleichen Etappen der Errichtung einer gemeinsamen Geld-, Fiskal- und Wirtschaftspolitik vor, wie sie im Vertrag von Maastricht über 20 Jahre später fixiert wurden. Das ehrgeizige Ziel der Verwirklichung einer Währungs- und Wirtschaftsunion bis zum Jahr 1980 wurde zwar verfehlt, führte aber zur Konzeption einer stabilen Währungszone in Europa. 1972 wurde der **Europäische Wechselkursverbund (»Währungsschlange«)** geschaffen. Als im Jahr 1973 nach mehreren Modifikationen das System von Bretton Woods aufgrund der anhaltenden ökonomischen und monetären Turbulenzen auf dem Weltmarkt zusammenbrach, gaben die Mitgliedsländer der EG ihre Wechselkurse gegenüber dem Dollar frei und vereinbarten feste, nur innerhalb einer kleinen Schwankungsbreite von ±1,125 Prozent veränderliche Wechselkurse zwischen den Währungen des Wechselkursverbunds sowie Stützungskäufe der Zentralbanken. Dem europäischen Wechselkursverbund gehörten Belgien, die Niederlande, Luxemburg, Italien, Frankreich und Deutschland sowie die 1973 beigetretenen Länder Großbritannien, Dänemark und Irland an. Nachdem im Gründungsjahr bereits Italien, Irland und Großbritannien wieder aus der Währungsschlange ausschieden, folgte mit dem Ausstieg Frankreichs de facto das Ende dieses Festkurssystems im Jahr 1976. Auf der Grundlage der Vereinbarungen des Europäischen Wechselkursverbundes wurde dieses aber 1979 zum **Europäischen Währungssystem (EWS)** erweitert.

Als europäische Währungseinheit wurde der **ECU** (= European Currency Unit) geschaffen, eine Korbwährung, die sich aus festen Beträgen der Währungen der Mitgliedstaaten zusammensetzte, z.B. 1 ECU = 0,6242 DM + 1,332 FF +... + 1,3930 Escudos. Dieser ECU war Recheneinheit, aber noch kein Zahlungsmittel.

Das Ziel währungspolitischer Stabilität und wirtschaftspolitischer Integration ist in den Jahren des Bestehens des EWS bis Ende 1998 nur begrenzt erreicht worden, weil die Länder nur begrenzt bereit waren, die Autonomie nationaler Wirtschaftspolitik stabilen Wechselkursen zu opfern. Hier wiederholten sich die Probleme des Bretton-Woods-Systems und hier zeigte sich wieder sehr deutlich das **magische Dreieck der Außenwirtschaftspolitik**.

> Es ist nicht möglich, auf Dauer folgende drei Ziele zeitgleich zu erreichen:
> - Autonomie nationaler Wirtschaftspolitik,
> - feste Wechselkurse und
> - Freihandel.

Ziel der Währungsunion

Feste Wechselkurse im Wechselkursverbund

Begrenzte Erfolge

21.3.2 Der politische Weg zur Europäischen Wirtschafts- und Währungsunion

Im Zuge der Weiterentwicklung der EG, die Mitte der 1980er-Jahre neuen Schwung erhielt (vgl. Kapitel 22.1), wurde erneut versucht, eine Währungsunion zu etablieren. Eine Expertengruppe unter dem Vorsitz des damaligen Präsidenten der Kommission, *Jacques Delors*, legte im April 1989 einen Drei-Stufen-Plan zur Errichtung der EWWU vor, den so genannten **Delors-Plan**. Dieser Plan sah folgende Stufen vor:

1. **Stufe** (01.07.1990 – 31.12.1993): Verstärkte Koordination der Wirtschafts- und Währungspolitik.
2. **Stufe** (01.01.1994 – 31.12.1998): Errichtung des Europäischen Währungsinstituts (EWI) und Gründung des Europäischen Systems der Zentralbanken (ESZB).
3. **Stufe** (01.01.1999 – 01.01.2002): Unwiderrufliche Fixierung der Wechselkurse, Einheitlichkeit der Geldpolitik durch das ESZB und Einführung der gemeinsamen Währung Euro.

Drei-Stufen-Plan zur Währungsunion

Dieser Plan ist im Vertrag von Maastricht 1992 von den Staats- und Regierungschefs akzeptiert und nach manchen Schwierigkeiten und der Einräumung von Sonderregelungen für Dänemark und Großbritannien auch von den Mitgliedstaaten ratifiziert worden. Die Bundesrepublik Deutschland hatte, wohl auch als Gegenleistung für die Akzeptanz der Wiedervereinigung, einer Aufgabe der DM zugestimmt und für die anderen Länder schien es wichtig gewesen zu sein, die dominierende geldpolitische Rolle der Deutschen Bundesbank und der DM im »Käfig« des ESZB zu neutralisieren. Zudem war der politische Wunsch, die Integration Europas voranzutreiben, verstärkt sichtbar geworden und die beteiligten Staaten waren offenbar ernsthaft bereit, die Autonomie ihrer nationalen Wirtschaftspolitik zu beschneiden.

1992 im Vertrag von Maastricht ratifiziert

21.3.3 Der ökonomische Weg zur Europäischen Wirtschafts- und Währungsunion: die Konvergenz der Wirtschaftspolitik

In der Erkenntnis, dass eine Währungsunion sinnvoll nur dann errichtet werden kann, wenn die Wirtschaft der Länder in zentralen Feldern der Geld-, Fiskal- und Währungspolitik übereinstimmt, sind im Vertrag von Maastricht Kriterien der Konvergenz formuliert worden, die (ungefähr) erfüllt sein müssen, damit das Land der Währungsunion beitreten darf. Diese **Konvergenzkriterien** sind:

Konvergenzkriterien

▸ Die **Inflationsrate** des betreffenden Landes darf maximal um 1,5 Prozentpunkte größer sein als die durchschnittliche Inflationsrate der drei preisstabilsten Länder.

21.3 Internat. Währungsordnung und EWWU
Die Europäische Wirtschafts- und Währungsunion (EWWU)

- Die **Nettoneuverschuldung** des betreffenden Landes darf 3 Prozent, die **gesamte Staatsschuld** darf 60 Prozent des Bruttoinlandsproduktes nicht übersteigen.
- Das **Zinsniveau** des betreffenden Landes darf maximal 2 Prozentpunkte über dem Durchschnitt der drei preisstabilsten Länder liegen.
- Die jeweilige nationale Währung muss sich in den vergangenen zwei Jahren innerhalb der engen Bandbreite (bei Vertragsabschluss ± 2,25 Prozent) der Wechselkurse ohne Spannungen bewegt haben (**Wechselkursstabilität**).

Bewertung der Konvergenzkriterien

Diese Konvergenzkriterien setzen also an den zentralen Ergebnissen der Wirtschaftspolitiken an:
- an der Inflationsrate als Ergebnis der Geldpolitik,
- an der Staatsverschuldung als Ergebnis der Fiskalpolitik und
- an der Stabilität des Wechselkurses als Ergebnis von Geld- und Fiskalpolitik im Bereich der Währungspolitik.

Eine solche Ergebnisorientierung ist am Kriterium der Wechselkursstabilität unmittelbar einsichtig, aber auch das Zinskriterium erhält seinen Sinn aus der angestrebten echten Wechselkursstabilität. Überdurchschnittlich hohe Zinsen sollten nicht mehr dazu eingesetzt werden können, einen überbewerteten Wechselkurs zu verteidigen. Und die damit angestrebte Preisstabilität sollte die Stabilität des Euro nach außen sichern. Damit kann den Konvergenzkriterien insgesamt eine ökonomische Logik zuerkannt werden. Im Einzelnen ist auch Kritik geübt worden; insbesondere konnte der Sinn des Kriteriums, dass der Stand der bisherigen Staatsverschuldung 60 Prozent des BIP nicht übersteigen dürfe, als zu sehr vergangenheitsgerichtet nicht überzeugen.

Konvergenzfortschritte

Die »Ökonomie« stand der »Politik« im Willen, die europäische Integration voranzutreiben, letztlich nicht nach: Zur Überraschung vieler Beobachter sind zwischen 1992 und 1998 erhebliche Konvergenzfortschritte gemacht worden, z. T. allerdings mit buchhalterischen Tricks beim Kriterium der Staatsverschuldung. Tabelle 21-5 zeigt den Stand der Konvergenz Ende 1997. Bis auf Griechenland hatten alle Länder das Inflationskriterium, das Zinskriterium und das Kriterium des laufenden Budgetdefizits erfüllt; das Kriterium des Stands der Staatsverschuldung war dagegen von nur vier Ländern erfüllt worden, allerdings war dies Kriterium in seiner Relevanz, wie gesagt, auch umstritten.

11 Mitgliedstaaten konstituieren die Währungsunion

So beschloss der Rat der EU am 03.05.1998, dass elf Mitgliedstaaten, nämlich Belgien, Deutschland, Finnland, Frankreich, Irland, Italien, Luxemburg, Niederlande, Österreich, Portugal und Spanien die Voraussetzungen für die Einführung der einheitlichen Währung am 01.01.1999 erfüllen und somit am Euro-Währungsgebiet ab dem Beginn der Stufe III der EWWU teilnehmen werden. Großbritannien und Dänemark hatten im Vertrag von Maastricht für sich die Sonderregelung durchgesetzt, der EWWU nicht beitreten zu müssen und machten von dieser Option Gebrauch. Schweden wollte später beitreten, entschied sich dann aber in einem Referendum gegen die Einführung des Euro (2003), Griechenland blieb zunächst aus der Währungsunion ausgeschlossen.

21.3 Die Europäische Wirtschafts- und Währungsunion (EWWU)

Tab. 21-5

Erfüllung der Konvergenzkriterien 1997

	Inflationsrate (%)	Langfristiger Zinssatz (%)	Budgetdefizit in % des BIP	Schuldenstand in % des BIP
Referenzwert	2,7	8,3	–3,0	60,0
Belgien	1,6	5,8	–2,1	**122,2**
Dänemark	2,2	6,3	+0,7	**64,1**
Deutschland	1,5	5,5	–2,7	**61,3**
Finnland	1,2	6,4	–0,9	55,8
Frankreich	1,3	5,6	–3,0	58,0
Griechenland	**5,4**	**8,8**	**–5,4**	**108,7**
Großbritannien	1,9	7,2	–1,9	53,4
Irland	1,2	6,7	+0,9	**66,3**
Italien	1,9	5,5	–2,7	**121,6**
Luxemburg	1,4	5,6	+1,7	6,7
Niederlande	1,9	5,6	–1,4	**72,1**
Österreich	1,2	5,7	–2,5	**66,1**
Portugal	1,9	6,3	–2,5	**62,0**
Schweden	1,8	6,6	–0,4	**76,6**
Spanien	1,9	6,4	–2,6	**68,3**

Normaldruck: Kriterium erfüllt
Fettdruck: Kriterium nicht erfüllt

Quellen: IWF, OECD

21.3.4 Funktionsweise der EWWU: einheitliche Geldpolitik und koordinierte Fiskalpolitik

21.3.4.1 Errichtung der EWWU

Am 01.01.1999 erfolgte der Eintritt der genannten elf Länder in die EWWU:
▸ Die Umrechnungskurse der nationalen Währungen zum Euro wurden unwiderruflich fixiert (z. B. 1 Euro = 1,95583 DM).
▸ Der ECU wurde durch den Euro im Verhältnis 1:1 ersetzt.
▸ Die verbliebenen nationalen Kompetenzen im Bereich der Geldpolitik wurden an die EZB übertragen.

Am 01.01.2002 löste der Euro die nationalen Währungen der mittlerweile zwölf Mitgliedstaaten des Eurolandes ab. Griechenland ist der EWWU zum 01.01.2001 beigetreten; 2007 wurde Slowenien Mitglied, 2008 folgten Malta und Zypern, 2009 die Slowakei. Damit ist die EWWU endgültig und unwiderruflich errichtet

Die Währungsunion als wirtschaftliches Jahrhundertereignis

– ein wirtschaftspolitisches »Jahrhundertereignis« von erheblicher Bedeutung und Problematik.

21.3.4.2 Einheitliche Geldpolitik in der EWWU

Die einheitliche Geldpolitik der EWWU ist in Kapitel 18 dargestellt worden.

Die Europäische Zentralbank (EZB) übt als weitestgehend unabhängige Zentralbank der Mitgliedstaaten die Geldpolitik aus, sie ist dabei vorrangig dem Ziel der Preisniveaustabilität verpflichtet. Damit ist ein ganz zentraler Bereich der Wirtschaftspolitik der nationalen Autonomie entzogen, und mit der einheitlichen Währung ist ein zentrales Symbol nationaler Souveränität auf die EU übergegangen. Dies ist sicher der größte Schritt auf dem Weg zur Integration Europas.

Gemeinsame Politiken

Neben der einheitlichen Geldpolitik besteht auch eine gemeinsame Agrar-, Wechselkurs-, Außenhandels- und Wettbewerbspolitik (vgl. Kapitel 22 und 23). Damit sind wichtige Bereiche der Wirtschaftspolitik Angelegenheit der Gemeinschaft. In sonstigen Bereichen der Wirtschaftspolitik und insbesondere im Bereich der Fiskalpolitik, also der Steuer- und Ausgabenpolitik, haben die Mitgliedstaaten bislang ihre nationale Autonomie behalten. Dies ist eine Asymmetrie der wirtschaftspolitischen Verantwortung, die eine konsistente Gesamtpolitik erschwert. Insbesondere kann die einheitliche Geldpolitik durch fiskalpolitisches Fehlverhalten der Mitgliedstaaten erschwert werden. Um dieser Asymmetrie wenigstens im Ansatz zu begegnen, sind Regeln zur Koordinierung der Wirtschafts- und Fiskalpolitik vereinbart worden.

Asymmetrie der wirtschaftspolitischen Verantwortung

21.3.4.3 Koordinierung der Wirtschafts- und Fiskalpolitik

In der EU ist eine Koordinierung der allgemeinen Wirtschaftspolitik und eine strikte Koordinierung der Fiskalpolitik mit dem Ziel der Haushaltsdisziplin vorgesehen. Die Bestimmungen stützen sich:
- auf den EG-Vertrag (Titel VII, Kapitel 1: Die Wirtschaftspolitik, einschließlich der Protokolle über die Konvergenzkriterien und das Verfahren bei einem übermäßigen Defizit) und
- auf den Stabilitäts- und Wachstumspakt.

Der **Stabilitäts- und Wachstumspakt** ist 1997 auf dem Gipfel von Amsterdam beschlossen worden; er präzisiert die entsprechenden Regelungen des EG-Vertrages. Insgesamt soll mit diesem Regelwerk eine Koordinierung der allgemeinen Wirtschaftspolitik und eine strikte Haushaltsdisziplin erreicht werden.

Der Stabilitäts- und Wachstumspakt präzisiert die Koordinierung mit der Haushaltsdisziplin.

Koordinierung der Wirtschaftspolitik

Grundsätzlich betrachten die Mitgliedstaaten ihre Wirtschaftspolitik als eine Angelegenheit von gemeinsamem Interesse (Art. 99). Konkret wird die Wirtschaftspolitik durch den ECOFIN-Rat (Rat der Wirtschafts- und Finanzminister) koordiniert:

- Grundsätze der Wirtschaftspolitik sind stabile Preise, gesunde öffentliche Finanzen und eine dauerhaft finanzierbare Zahlungsbilanz (Art. 4, Abs. 3 EGV).
- Der ECOFIN-Rat verabschiedet mit qualifizierter Mehrheit eine Empfehlung zu den Grundzügen der Wirtschaftspolitik der Mitgliedstaaten und der Gemeinschaft und überwacht und bewertet die wirtschaftliche Entwicklung.
- Die Grundzüge der Wirtschafts- und Beschäftigungspolitik werden zu »Integrierten Leitlinien« zusammengefasst.
- Wenn die Wirtschaftspolitik eines Mitgliedstaates nicht mit den oben genannten Grundzügen vereinbar ist oder das Funktionieren der EWWU zu gefährden droht, kann der Rat erforderliche Empfehlungen aussprechen und diese auch veröffentlichen (Beschlüsse jeweils mit qualifizierter Mehrheit).

Koordinierung der Wirtschaftspolitik durch ECOFIN-Rat ...

Diese Koordinierung der allgemeinen Wirtschaftspolitik ist also noch recht unverbindlich: Die Prinzipien sind nicht näher präzisiert und die mögliche Sanktion in Form einer Veröffentlichung der Empfehlungen ist letztlich nicht erheblich.

... ist recht unverbindlich.

Strikte Haushaltsdisziplin

Relativ präzise und streng geregelt ist dagegen die gewünschte Haushaltsdisziplin, nämlich die Vermeidung übermäßiger Defizite nach **Art. 104 EGV** (einschließlich Protokoll zu Art. 104). Hier sind Ziel, Verfahren der Überwachung und Sanktion genau festgelegt.

Das **Ziel** ist die Vermeidung eines übermäßigen Defizits. Dies ist definiert als Grenze der staatlichen Verschuldung

Vermeidung übermäßiger Defizite

- in Höhe von drei Prozent des BIP für die laufende Verschuldung und
- in Höhe von 60 Prozent des BIP für den akkumulierten Schuldenstand.

Dabei werden zum Staat alle Gebietskörperschaften (in Deutschland also Bund, Länder und Gemeinden) und die Sozialversicherungen gezählt. **Ausnahmen** gelten, wenn das Defizit auf außergewöhnliche Umstände oder eine schwere Rezession zurückzuführen ist. Diese wird gesehen, wenn der Rückgang des realen BIP innerhalb eines Jahres mindestens zwei Prozent beträgt.

Dies Ziel der Haushaltsdisziplin ist durch die **Ratsentschließung vom 17. Juni 1997** deutlich verschärft worden. Hier heißt es:

Verschärfung durch Ratsentschließung

»Die Mitgliedstaaten verpflichten sich, das in ihren Stabilitäts- oder Konvergenzprogrammen festgelegte mittelfristige Haushaltsziel eines nahezu ausgeglichenen Haushalts oder einen Überschuss aufweisenden Haushalts einzuhalten und die haushaltspolitischen Korrekturmaßnahmen, die ihres Erachtens zur Erreichung der Ziele ihrer Stabilitäts- oder Konvergenzprogramme erforderlich sind, zu ergreifen, wenn es Anzeichen für eine tatsächliche oder erwartete erhebliche Abweichung von diesen Zielen gibt.«

Mittelfristiges Ziel eines nahezu ausgeglichenen Haushalts

Dies ist auf dem **Gipfel von Barcelona** (15./16. 03. 2002) noch einmal bekräftigt worden:
»Die Grundlage für die Abstimmung der Steuerpolitik bilden die Verpflichtung zur Haushaltsstabilität und die Spielregeln, die im Rahmen des Stabilitäts- und Wachstumspakts vereinbart wurden. Die Mitgliedstaaten werden das mittelfristige Ziel eines nahezu ausgeglichenen oder einen Überschuss aufweisenden Haushalts spätestens bis zum Jahr 2004 erreichen« (Schlussfolgerungen des Vorsitzes, EU-Nachrichten/Dokumentation Nr. 1, 2002).

Daneben ist zur Sicherung der Haushaltsdisziplin ein **Verbot öffentlicher Kredite bei der EZB oder nationalen Zentralbanken** ausgesprochen worden (Art. 101 EGV) und es ist in Art. 103 EGV die »**No-bail-out**-Klausel« verankert worden: Weder die EU als Ganzes noch einzelne Mitgliedstaaten haften für Verbindlichkeiten eines anderen Mitgliedstaates.

Stabilitäts- bzw. Konvergenzprogramme als Verfahren der Überwachung

Um die Koordinierung der Wirtschaftspolitik und die Einhaltung der Haushaltsdisziplin überwachen zu können, legen die Mitgliedstaaten ein jährlich aktualisiertes Stabilitätsprogramm vor. Die inhaltlich gleich strukturierten Programme heißen für die Mitglieder der EWWU Stabilitätsprogramme, für die anderen Mitglieder der EU Konvergenzprogramme. Wir sprechen im Folgenden nur noch von Stabilitätsprogrammen. Diese Stabilitätsprogramme bieten folgende Angaben:

Inhalt der Stabilitätsprogramme

▸ Das Ziel eines mittelfristig nahezu ausgeglichenen Haushalts und den Anpassungspfad dahin,
▸ die Hauptannahmen der wirtschaftlichen Entwicklung (reales Wachstum, Beschäftigung, Inflation),
▸ eine Darstellung der wirtschaftspolitischen Maßnahmen und
▸ Angaben über die Entwicklung des Defizits und des Schuldenstandes.

Anhand dieser Programme wird die Wirtschaftspolitik der Mitgliedstaaten von Kommission und Rat geprüft und bei einem erheblichen Abweichen der Haushaltslage vom Haushaltsziel wird als Frühwarnung eine Empfehlung ausgesprochen, die notwendigen Anpassungsmaßnahmen zu ergreifen.

Stabilitätsprogramm der Bundesrepublik Deutschland

Tabelle 21-6 stellt als Beispiel die zentralen Eckwerte des Ende Januar 2009 aktualisierten Stabilitätsprogramms der Bundesrepublik Deutschland zusammen. Basis des Programms ist eine begründete Prognose über das erwartete Wachstum des realen BIP, die jeweils an aktuelle Entwicklungen angepasst wird. Daraus und aus den geplanten Maßnahmen bei den Staatseinnahmen und Staatsausgaben (die hier nicht aufgeführt sind), wird die Entwicklung der Defizitquote und Schuldenquote abgeleitet. Deutschland plant also, vor allem wegen der Finanzkrise, seine Defizitquote erst ab 2012 auf unter 3 Prozent zurückzuführen. Die Schuldenquote soll langsam sinken. Die Kommission prüft dann, ob die Prognosewerte plausibel sind und ob die angekündigten Maßnahmen zur Erreichung der Stabilitätsziele ausreichend sind.

Tab. 21-6

Eckwerte des aktualisierten Stabilitätsprogramms der Bundesregierung (Angaben in %)

Position	2007	2008	2009	2010	2011	2012
Wachstum des realen BIP						
Stabilitätsprogramm Januar 2009	2,5	1,3	−2 1/4	1 1/4	1 1/4	1 1/4
Stabilitätsprogramm Dezember 2008	2,5	1,7	0,2	1 1/2	1 1/2	1 1/2
Staatlicher Finanzierungssaldo (in % des BIP)						
Stabilitätsprogramm Januar 2009	−0,2	−0,1	−3	−4	−3	−2 1/2
Stabilitätsprogramm Dezember 2008	−0,2	0	−1/2	−1 1/2	−1	−1/2
Schuldenquote						
Stabilitätsprogramm Januar 2009	65,1	65 1/2	68 1/2	70 1/2	71 1/2	72 1/2
Stabilitätsprogramm Dezember 2008	65,1	65	65	64	63	61 1/2

Quelle: Deutsche Bundesbank, Monatsbericht Februar 2009, S. 66.

Sanktionen

Neben der Kontrolle der Pläne wird vor allem ihre Umsetzung in Bezug auf die Einhaltung der Defizitkriterien geprüft. Die Prüfung darüber obliegt der Kommission und dem Rat; letztlich entscheidet der Rat mit qualifizierter Mehrheit, ob ein übermäßiges Defizit besteht. Wenn dies der Fall ist, werden Empfehlungen zur Korrektur ausgesprochen, diese können auch veröffentlicht werden. Werden keine wirksamen Korrekturmaßnahmen ergriffen, so kann innerhalb von zehn Monaten der **Sanktionsmechanismus** greifen: Zunächst ist eine unverzinsliche Einlage von 0,2 Prozent des BIP vorgesehen, die für jeden Prozentpunkt der Defizitverfehlung um 0,1 Prozent des BIP bis zu einer Obergrenze von 0,5 Prozent des BIP ansteigt. Die Einlage wird zu einer nicht rückzahlbaren Geldstrafe, wenn das übermäßige Defizit nicht innerhalb von zwei Jahren korrigiert wird. So müsste Deutschland bei einem Haushaltsdefizit von 4 Prozent des BIP eine Geldstrafe von 6 Milliarden Euro zahlen. Die Geldstrafen werden jährlich erneut so lange fällig, bis das Defizit abgebaut ist. Diese Geldbußen werden unter den teilnehmenden Mitgliedstaaten, die kein übermäßiges Defizit aufweisen, im Verhältnis zu ihrem Anteil am BNE aufgeteilt. Musterschüler werden also noch belohnt.

Geldstrafe

    Die strengen Regeln zur Sicherung der Haushaltsdisziplin sollen die Stabilität des Euro dauerhaft sichern. Sie sollen die an der Preisstabilität orientierte Geldpolitik der EZB durch eine solide Fiskalpolitik unterstützen und langfristig durch den Abbau von Staatsverschuldung und Staatsquote zu einem nachhaltigen Wachstum beitragen. Die Strenge der Regeln ist auch der Erkenntnis geschuldet, dass ein Abbau von Staatsausgaben politisch sonst kaum durchsetzbar wäre.

Bewertung des Stabilitätspaktes

Nichtberücksichtigung der Struktur der Defizite

Wenigstens im Durchschnitt der EWWU-Länder ist das Defizitkriterium in den letzten Jahren 2004 bis 2008 auch stets eingehalten worden; neben Überschussländern wie Finnland, Luxemburg oder den Niederlanden gab es aber deutliche Verfehlungen einzelner Länder, insbesondere Griechenland und 2008 auch Frankreich, Spanien oder Irland. Im Zuge der Finanzkrise 2008/2009 werden sich die staatlichen Finanzierungsdefizite sicher deutlich erhöhen. Solche Krisen verstärken dann die Diskussionen um den Stabilitäts- und Wachstumspakt in der Regel. So werden nach Meinung der Kritiker mit solchen starren Regeln Ursache und Struktur der Haushaltsdefizite nicht genügend berücksichtigt: Bei einer rezessionsbedingten Zunahme eines Haushaltsdefizits sollte nicht noch zusätzlich gespart werden und es wäre auch zu beachten, ob das Haushaltsdefizit eher auf staatlichen Konsum oder auf staatliche Investitionen zurückzuführen ist. Staatliche Investitionen im Bildungs- und Infrastrukturbereich können mittelfristig ein angemessenes Wirtschaftswachstum stabilisieren und sollten einer kurzfristigen Sparpolitik nicht geopfert werden. Auf der anderen Seite wird immer wieder betont, wie verhängnisvoll eine Aufweichung der strengen Regeln des Paktes wäre.

Modifizierung des Paktes

Nach anhaltender Diskussion hatte der Europäische Rat bereits im März 2005 eine Modifizierung des Stabilitäts- und Wachstumspaktes beschlossen. Im Kern lief diese Modifizierung darauf hinaus, das Defizitkriterium von 3 Prozent und die Schuldenquote von 60 Prozent beizubehalten, aber die Ausnahmetatbestände auszuweiten:

- Als Rezession gilt nun eine längere Phase schwachen Wachstums statt einer Schrumpfung um mindestens zwei Prozent im Jahr.
- Die Bewertung des Defizits soll künftig verstärkt davon abhängen, welche Konsolidierungsmaßnahmen eingeleitet sind, und auch länderspezifische Faktoren berücksichtigen (für Deutschland z. B. die Kosten der Wiedervereinigung).
- Strukturreformen, die kurzfristig die Haushaltslage verschlechtern, langfristig aber die Nachhaltigkeit der öffentlichen Finanzen stärken, sollen entsprechend berücksichtigt werden.

Solche Modifikationen erscheinen im Einzelfall als ökonomisch sinnvoll, insgesamt können sie aber zu einer unkontrollierbaren Aufweichung des Stabilitäts- und Wachstumspaktes führen.

21.3.5 Problematik der EWWU: Zentrale Bedeutung der Lohn- und Arbeitsmarktpolitik als Anpassungsmechanismus

Prinzipiell vier Preise als Anpassungsmechanismen

Es gibt vier zentrale makroökonomische Preise:
- das Güterpreisniveau,
- das Zinsniveau (als Geldpreisniveau),
- das Nominallohnniveau und zusammen mit dem Güterpreisniveau das Reallohnniveau sowie
- den Wechselkurs als Preis für die Währung.

Veränderungen dieser Preise folgen im Allgemeinen den Veränderungen in den zugrunde liegenden Mengen von Gütern, Geld, Arbeit und Währungen und sorgen für einen Ausgleich im Fall von Ungleichgewichten.

Nach Errichtung der Währungsunion entfällt der Wechselkurs als Ausgleichsmechanismus und nach Errichtung der gemeinsamen Geldpolitik entfällt auch das Zinsniveau und letztlich auch das Güterpreisniveau als Anpassungsmechanismus. Es verbleibt allein der Nominallohn als Anpassungsmechanismus im Fall von Ungleichgewichten. Dies soll an einem einfachen Beispiel gezeigt werden, am Beispiel einer **unterdurchschnittlichen Zunahme der Arbeitsproduktivität** in einem Land A im Verhältnis zur durchschnittlichen Zunahme der Arbeitsproduktivität in allen anderen Ländern.

In einer Währungsunion verbleibt nur der Lohnsatz als Anpassungsmechanismus.

Wenn im Land A die Arbeitsproduktivität weniger zunimmt als in den übrigen Ländern der Währungsunion, sind folgende **Wirkungsabläufe** zu erwarten:

▸ Die Wettbewerbsfähigkeit eines Landes hängt vor allem von seinem Kostenniveau ab.
▸ Das Kostenniveau hängt vor allem von den Lohnkosten ab (daneben von Zinskosten, Steuerkosten und den Kosten importierter Vorprodukte).
▸ Die Lohnstückkosten ergeben sich als Quotient aus Lohnsatz und Arbeitsproduktivität und der Anstieg der Lohnstückkosten ergibt sich als Differenz von Nominallohnerhöhung abzüglich Erhöhung der Arbeitsproduktivität (vgl. Kapitel 5.6.2),
▸ Bei einem für alle Länder gleichen Anstieg der Nominallöhne (dies sei unterstellt) steigen in Land A die Lohnstückkosten überdurchschnittlich an.
▸ Bei dem üblichen Preissetzungsverhalten der Hersteller steigen auch die Preise in Land A überdurchschnittlich an.
▸ Damit verschlechtert sich die Wettbewerbsfähigkeit von Land A: Seine Exporte sinken und seine Importe steigen.
▸ Ohne Währungsunion könnte die internationale Wettbewerbsfähigkeit des Landes durch eine Abwertung der heimischen Währung wiederhergestellt werden. Dies ist in der Währungsunion nicht mehr möglich: Es kommt zum Rückgang von Produktion und Beschäftigung in Land A.
▸ Eine expansive Geldpolitik zur Belebung von Konjunktur und Beschäftigung – so unsicher ihre Erfolgsaussichten auch sein mögen – ist in einem nationalen Alleingang angesichts gemeinschaftsweiter Geldpolitik auch nicht mehr möglich.
▸ Das Ergebnis ist, dass auch die Lohnpolitik an den Erfordernissen der Währungsunion ausgerichtet werden muss. Das Land A muss den Anstieg der Nominallöhne beschränken.

In einer Währungsunion ist eine autonome nationale Lohnpolitik nicht mehr möglich; nationale Lohnanpassungen sind vielmehr umgekehrt der letzte zentrale Anpassungsmechanismus zur Wiederherstellung der Wettbewerbsfähigkeit eines Landes bei divergierender Entwicklung der Arbeitsproduktivität.

Generalisierend wird nicht nur Lohnflexibilität, sondern eine umfassende Flexibilität auf dem Arbeitsmarkt notwendig sein. Eine solche **Flexibilität des Arbeitsmarktes** lässt sich etwa durch das folgende Maßnahmenbündel herstellen:

- Erhöhung der Flexibilität der Löhne,
- Reform der Arbeitslosenversicherung und anderer sozialer Absicherungssysteme zur Erzielung größtmöglicher Anreizkompatibilität,
- kritische Überprüfung existierender Bestandsschutzregeln auf dem Arbeitsmarkt (z. B. Kündigungsschutz),
- Erhöhung der Arbeitszeitflexibilität,
- Ausdehnung der Qualifikation und Kompetenz der Arbeitskräfte.

Angesichts jahrzehntelang etablierter Strukturen auf dem Arbeitsmarkt und angesichts der bislang noch national definierten Tarifautonomie der Sozialpartner wird eine solche Flexibilität politisch nicht leicht durchzusetzen sein; aber letztlich wird der Standortwettbewerb in der Währungsunion eine solche Flexibilität erzwingen.

21.3.6 Wechselkursmechanismus II (WKM II)

Der Euro als Währung der EWWU ist gegenüber den wichtigen Währungen der Welt frei flexibel; von der Möglichkeit, Wechselkurssysteme gegenüber Drittlandswährungen zu vereinbaren (Art. 111 EGV), wird bislang kein Gebrauch gemacht.

In den ersten drei Jahren seines Bestehens, von 1999–2001, hatte der Euro an Außenwert gegenüber den wichtigsten Währungen der Welt verloren, nachfolgend ist aber eine deutliche Aufwertung des Euro gegenüber dem Dollar, dem japanischen Yen und gegenüber dem englischen Pfund erfolgt. Darin spiegelt sich vermutlich auch ein zunehmendes Vertrauen in diese neue Währung, ein Vertrauen, das durch die Entwicklung der Fundamentalfaktoren von Preis- und Zinsparitäten in gewisser Weise gestützt wird.

Eine besondere Rolle spielen die Wechselkurse des Euro im Verhältnis zu den EU-Ländern, die (noch) nicht Mitglied der EWWU sind. Um das Verhältnis zwischen den »Ins« und »Outs« zu regeln, ist 1998 eine Nachfolge des alten EWS beschlossen worden, früher EWS II, jetzt Wechselkursmechanismus II (WKM II) genannt. Seine wesentlichen Elemente sind:

- Festkurssystem mit einer Schwankungsbreite von ± 15 Prozent gegenüber dem Euro mit der Möglichkeit, eine engere Bandbreite zu vereinbaren.
- Symmetrische Intervention von beiden Seiten, also von EZB und der Zentralbank der »Outs«, um die Bandbreiten einzuhalten; allerdings interveniert die EZB nur, wenn die Preisstabilität im Euroland nicht gefährdet ist.

Dieser Wechselkursmechanismus (WKM II) »bindet die Währungen von EU-Mitgliedstaaten außerhalb des Euro-Währungsgebietes an den Euro. Da der

WKM II diesen Mitgliedstaaten bei der Ausrichtung ihrer Politik auf Stabilität hilft, fördert er die Konvergenz und unterstützt somit die Anstrengungen dieser Staaten zur Einführung des Euro. Die Teilnahme am Wechselkursmechanismus ist für die nicht dem Euro-Währungsgebiet angehörenden Mitgliedstaaten freiwillig. Da sie jedoch eines der Konvergenzkriterien für die spätere Einführung des Euro ist, wird von neuen Mitgliedstaaten erwartet, dass sie sich früher oder später dem Wechselkursmechanismus anschließen« (EZB 2004, S. 43).

Die Mitgliedschaftsregeln sind etwas kompliziert: Großbritannien, Dänemark und Schweden müssen als EU-Mitglieder nicht der EWWU beitreten (sie hatten eine so genannte Opt-out-Klausel vereinbart), und sie müssen auch nicht dem WKM II beitreten. Den neuen Beitrittsländern hat man diese Opt-out-Klausel nicht zugestanden; sie müssen daher der EWWU beitreten, wenn sie die Konvergenzkriterien erfüllen. Daher ist zu erwarten, dass sie dem WKM II beitreten. 2004 sind Estland, Litauen und Slowenien beigetreten, 2005 Lettland, Malta, die Slowakei und Zypern, damit waren mit Dänemark, das von Beginn an dem WKM II beigetreten ist, acht Länder Teilnehmer am WKM II; die übrigen Beitrittsländer werden aber folgen.

21.3.7 Die wirtschaftliche Entwicklung in der EWWU

Für die Wirtschaftspolitik innerhalb einer Währungsunion sind stark divergierende Entwicklungen der nationalen Volkswirtschaften problematisch, weil dann globale Politiken nicht angemessen sind. Tabelle 21-7 gibt einen Überblick über die Entwicklung zentraler makroökonomischer Größen.

Die **Wachstumsunterschiede** sind beträchtlich: Die Spanne der Wachstumsraten reicht 2006 von 1,4 Prozent (Portugal) bis 8,5 Prozent (Slowakische Republik), also von einem schwachen Wachstum bis hin zu einem kräftigen Boom. Diese Spanne hat sich nachfolgend kaum verändert. Das Wachstum insgesamt hat sich deutlich abgeschwächt, im Einklang mit der weltwirtschaftlichen Entwicklung und unter dem Eindruck der Finanzkrise 2008.

Überblick: Divergenzen der wirtschaftlichen Entwicklungen

Die **Verbraucherpreise** sind 2006 bis 2008 etwas stärker gestiegen als geplant, insgesamt ist das jeweils angestrebte Ziel der Geldpolitik, den Verbraucherpreisanstieg auf unter 2 Prozent zu begrenzen, nicht ganz erreicht worden. Die nationale Streuung der Inflationsraten ist 2008 mit einer Spanne von 2,2 Prozent (Niederlande) bis 5,5 Prozent (Slowenien) relativ klein und insgesamt etwa auch unverändert geblieben.

Die **Arbeitslosenquoten** divergieren dagegen äußerst stark: Die Spanne reicht 2008 von 2,8 Prozent (Niederlande) bis 11,3 Prozent (Spanien) und die Streuung war generell sehr groß.

Insgesamt sind die Divergenzen der wirtschaftlichen Entwicklungen erheblich, aber sie haben bislang in der EWWU jedenfalls nicht zugenommen, sondern eher etwas abgenommen. Die Divergenzen der wirtschaftlichen Entwicklungen verlangen unterschiedliche Politiken; daher scheiden gemeinschafts-

Tab. 21-7

Die wirtschaftliche Entwicklung in der EWWU (Wachstum, Verbraucherpreise und Arbeitslosigkeit)

Länder	Reales Bruttoinlandsprodukt (Veränderung gegenüber Vorjahr in %)			Verbraucherpreise[1] (Veränderung gegenüber Vorjahr in %)			Arbeitslosenquote[2] (in %)		
	2006	2007	2008	2006	2007	2008	2006	2007	2008
EWU	2,9	2,7	0,7	2,2	2,1	3,3	8,3	7,5	7,5
Belgien	3,0	2,8	1,1	2,3	1,8	4,5	8,3	7,5	7,0
Deutschland	3,0	2,5	1,3	1,8	2,3	2,8	9,8	8,4	7,3
Finnland	4,9	4,2	0,9	1,3	1,6	3,9	7,7	6,9	6,4
Frankreich	2,2	2,3	0,4	1,9	1,6	3,2	9,2	8,3	7,8
Griechenland	4,5	4,0	2,9	3,3	3,0	4,2	8,9	8,3	7,7
Irland	5,7	6,0	−2,3	2,7	2,9	3,1	4,5	4,6	6,3
Italien	2,0	1,6	−1,0	2,2	2,0	3,5	6,8	6,1	6,8
Luxemburg	6,4	5,2	−0,9	3,0	2,7	4,1	4,6	4,2	4,9
Malta	3,3	4,2	2,5	2,6	0,7	4,7	7,1	6,4	5,9
Niederlande	3,4	3,5	2,1	1,7	1,6	2,2	3,9	3,2	2,8
Österreich	3,4	3,1	1,8	1,7	2,2	3,2	4,8	4,4	3,8
Portugal	1,4	1,9	0,0	3,0	2,4	2,7	7,8	8,1	7,7
Slowakische Republik	8,5	10,4	6,4	4,3	1,9	3,9	13,4	11,1	9,5
Slowenien	5,9	6,8	3,5	2,5	3,8	5,5	6,0	4,9	4,4
Spanien	3,9	3,7	1,2	3,6	2,8	4,1	8,5	8,3	11,3
Zypern	4,1	4,4	3,7	2,2	2,2	4,4	4,6	4,0	3,8

[1] Harmonisierter Verbraucherpreisindex (HVPI)
[2] Standardisierte Arbeitslosenquote nach Berechnungen von Eurostat (ILO-Abgrenzung)
Quelle: Deutsche Bundesbank, Monatsbericht Juni 2009, S. 6*.

weite traditionelle Konjunkturpolitiken aus. Sie werden zunehmend durch Politiken ersetzt, die durch eine Reform überkommener Strukturen im Bereich von Arbeitsmarkt, Steuern und Sozialer Sicherung versuchen, das Wachstum der Wirtschaft zu beleben. Zentraler Anpassungsmechanismus bleibt aber, wie ausgeführt, der Nominallohn.

Ein spezielles Problem einer Währungsunion ist das mögliche Auseinanderdriften der Realzinsen. Die einheitliche Geldpolitik sorgt zwar für eine Angleichung der Nominalzinsen, aber bei unterschiedlichen Inflationsraten der Länder führt dies zu unterschiedlichen Realzinsen (Realzins = Nominalzins − Inflationsrate). Länder mit größerer Preisstabilität wie Deutschland oder die Niederlande haben dann ein höheres Realzinsniveau als Länder mit weniger Preisstabilität wie etwa Spanien oder Griechenland – mit entsprechenden Auswirkungen auf die Investitionstätigkeit und die Binnenkonjunktur. Eine solche

Auseinanderdriften der Realzinsen in der EWWU

Entwicklung hat die Tendenz sich selbst zu verstärken, weil die steigende Binnennachfrage erneut steigende Preise und weiter sinkende Realzinsen zur Folge hat, die die Binnennachfrage erneut anheizt. Letztlich wird eine solche Entwicklung durch den **Wettbewerbsfähigkeitseffekt** gebremst werden: Ein relativ hohes inländisches Preisniveau verringert die internationale Wettbewerbsfähigkeit des Landes, seine Exporte sinken und seine Importe steigen, und dies bremst die Binnenkonjunktur ab. Allerdings ist dies ein nur langfristig wirkender Ausgleichsmechanismus.

21.3.8 Kosten und Nutzen der EWWU

Eine Bewertung der EWWU anhand einer Kosten-Nutzen-Analyse kann nur die Struktur einer qualitativen Evaluation kennzeichnen, quantitative Bewertungen erscheinen vermessen.

Die **Kosten einer Währungsunion** sind der Verlust der Autonomie nationaler Wirtschaftspolitik bzw. die Anpassungskosten, die entstehen, wenn doch eine autonome nationale Wirtschaftspolitik durchgeführt werden soll. Es ist in einer Währungsunion eben ungleich schwieriger und langfristig praktisch unmöglich, gesamtwirtschaftliche Ziele durchzusetzen, die von den Zielen der Gemeinschaft abweichen. Letztlich kann der Verlust an nationaler Autonomie nur politisch gewertet werden; er ist sicher notwendig, um die politische Integration Europas zu fördern.

Verlust der Autonomie

Der **Nutzen einer Währungsunion** resultiert aus dem Wegfall der Transaktionskosten, die mit dem Umtausch von Währungen verbunden sind, und aus den dynamischen Effizienzgewinnen eines größeren Wirtschaftsraumes.

Beim Handel mit verschiedenen Währungen fallen folgende **Transaktionskosten** an:
- Kosten der Information über Wechselkurse,
- Kosten des Umtausches von Währungen,
- Kosten unterschiedlicher Rechensysteme und
- Kosten der Absicherung zum Ausschluss von Wechselkursrisiken (Kurssicherungskosten).

Diese Kosten sind von der Kommission auf 0,3 bis 0,4 Prozent des BIP beziffert worden, das wären im Jahr 2008 für die Eurozone etwa 30 Milliarden Euro. Der Nutzen aus dem Wegfall solcher Kosten, deren Berechnung allerdings immer strittig war, ist also quantitativ nicht erheblich.

Bedeutsamer sind sicher die **dynamischen Effizienzgewinne**. Diese resultieren aus der größeren Preistransparenz in der Währungsunion und aus dem daher zunehmenden Wettbewerb, aus der dadurch induzierten Zunahme der Arbeitsteilung und der Wachstumsdynamik. Solche Effekte lassen sich allerdings nicht in Zahlen ausdrücken und nicht von den Effekten der Zollunion und des Binnenmarktes separieren. Daher ist eine Quantifizierung von Kosten und Nutzen der EWWU nicht möglich.

Effizienzgewinne

Letztlich ist für eine Gesamtbewertung der EWWU die Bewertung der umfassenden politischen Integration Europas entscheidend: Will man diese, so ist auch eine Währungsunion unverzichtbar. Strittig war (und ist) nur, ob die Währungsunion die politische Union abschließend »krönen« sollte oder ob die Währungsunion die politische Integration erzwingen sollte. Man hat den zweiten Weg gewählt und dieser Weg ist faktisch unumkehrbar.

Arbeitsaufgaben Kapitel 21

1. Erläutern Sie folgende Begriffe:
   - Reservewährung,
   - Quoten beim IWF,
   - Sonderziehungsrechte,
   - Schmutziges Floaten,
   - Festkurssystem,
   - Konvergenzkriterien.

2. Erläutern Sie, warum die Bereitstellung von Kreditmöglichkeiten für die beteiligten Länder eines Währungssystems zur Erreichung eines freien Handels- und Zahlungsverkehrs von wesentlicher Bedeutung ist.

3. Welche Möglichkeiten hat ein Land im Rahmen des IWF-Systems, sein Leistungsbilanzdefizit zu finanzieren?

4. Beschreiben Sie die Konzeption der Sonderziehungsrechte.

5. Die Sonderziehungsrechte werden gratis verteilt und berechtigen zur Finanzierung von Leistungsbilanzdefiziten. Wer bezahlt die entsprechenden Güterlieferungen dann tatsächlich?

6. Warum ist das System fester Wechselkurse im Rahmen des Bretton-Woods-Systems letztlich gescheitert?

7. Erläutern Sie mögliche Vorteile, die sich für Unternehmen, private Haushalte und die gesamte Bundesrepublik Deutschland durch die Währungsunion ergeben können.

8. Welches sind bezüglich der EWWU mögliche Gefahren und Nachteile?

9. Warum kann eine Rezession in Deutschland nicht mit einer Politik des »billigen Geldes« bekämpft werden, wenn sich gleichzeitig die Volkswirtschaften Italien, Frankreich und Spanien in einem Boom befinden?

10. *Erläutern Sie die zentrale Bedeutung der Tarifverhandlungen für die Beschäftigungssituation in einem Mitgliedsland der EWWU und erklären Sie dabei auch, warum der Wechselkurs diesbezüglich keine Rolle (mehr) spielt.*

Lösungsvorschläge für die Arbeitsaufgaben finden Sie im »Übungsbuch zu Grundlagen und Probleme der Volkswirtschaft«.

Literatur Kapitel 21

CIA: The 2008 World Factbook.
Deutsche Bundesbank (2008a): Monatsbericht Oktober 2008
Deutsche Bundesbank (2008b): Geschäftsbericht 2008.
Deutsche Bundesbank: Geschäftsbericht 2007.
Deutsche Bundesbank: Monatsbericht Mai 2009.
Europäische Zentralbank: Monatsbericht Juli 2004.

Die Weltwährungsordnung und die europäische Währungsordnung wird meist in den Lehrbüchern zur Währungspolitik analysiert, so von:
Jarchow, Hans-Joachim /Peter Rühmann: Monetäre Außenwirtschaft II. Internationale Währungspolitik, 5. Aufl. Göttingen 2002.
Vollmer, Uwe: Geld und Währungspolitik, München 2005.
Willms, Manfred: Internationale Währungspolitik, Neuauflage, München 2006.

Die institutionellen Aspekte der internationalen Ordnungen beschreibt sehr ausführlich:
Deutsche Bundesbank: Weltweite Organisationen und Gremien im Bereich von Währung und Wirtschaft, Frankfurt/M. 2003.

Aktuelle Entwicklungen im internationalen Währungssystem beschreibt:
Deutsche Bundesbank: Geschäftsberichte (jährlich).
Europäische Zentralbank: Jahresberichte.
Bank für Internationalen Zahlungsausgleich (BIZ): Jahresberichte.
Internationaler Währungsfonds: Jahresberichte

Entstehung und Funktionsweise der EWWU beschreibt grundlegend:
Deutsche Bundesbank: Die Europäische Wirtschafts- und Währungsunion, Frankfurt/M. 2004.

Die Funktionsweise der Europäischen Wirtschafts- und Währungsunion beschreibt kurz:
Carlberg, Michael: Europäische Währungsunion. Die neue Wirtschaftspolitik, in: WiSt, Heft 1, 2000, S. 8–13.

Die Funktionsweise der EWWU beschreibt ausführlich:
Jochimsen, Reimut: Perspektiven der europäischen Wirtschafts- und Währungsunion, Baden-Baden 1998.
Caesar, Rolf /Hans-Eckart Scharrer: Ökonomische und politische Dimensionen der Europäischen Wirtschafts- und Währungsunion, Baden-Baden 1999.

Eine Bilanz des Euro bieten:
Issing, Otmar: Der Euro, München 2008.
IW-Analysen Nr. 43: Zehn Jahre Euro – Erfahrungen, Erfolge und Herausforderungen, Köln 2008.

22 Grundlagen der Europäischen Union

Leitfragen

Was sind die Grundstrukturen der Europäischen Union?

- Was war das ursprünglich tragende Motiv der europäischen Integration?
- Welche Formen und Wirkungen einer regional begrenzten Integration lassen sich unterscheiden?
- Mit welchen zentralen Problemen einer Integration ist zu rechnen?
- Was sind die wesentlichen Entscheidungsgremien der EU?
- Über welche wichtigen Einnahmearten verfügt die EU?
- Was sind die zentralen Ausgabenbereiche der EU?
- Worin bestehen die Regelungsprinzipien und Probleme der EU-Agrarpolitik?
- Was sind die Grundelemente der EU-Strukturpolitik?
- Was sind die zentralen Probleme der Osterweiterung der EU?

22.1 Der Weg zur europäischen Einheit

22.1.1 Der Weg zur Zollunion

Die geschichtlichen Erfahrungen Europas begründeten den Wunsch nach einer europäischen Einheit. Nach dem Versuch einer Friedenssicherung durch einen Zusammenschluss europäischer Völker bereits kurz nach dem Ersten Weltkrieg – zu nennen ist hier die Gründung des Völkerbundes, die Paneuropa-Bewegung oder die von *Aristide Briand* und *Gustav Stresemann* entwickelte Initiative zur Bildung eines europäischen Staatenbundes – konzentrierten sich einige europäische Staaten nach dem Zweiten Weltkrieg erneut auf die politische Einigung.

Ursprüngliches Ziel war die politische Einheit

So trat 1952 die Europäische Gemeinschaft für Kohle und Stahl (EGKS, »**Montanunion**«) durchaus auch mit dem politischen Ziel in Kraft, die Ressourcen der Rüstungsproduktion der nationalen Verantwortung zu entziehen. Und 1952 unterzeichneten die sechs EGKS-Staaten Belgien, die Bundesrepublik Deutschland, Frankreich, Italien, Luxemburg und die Niederlande einen Vertrag zur Errichtung einer **Europäischen Verteidigungsgemeinschaft** (EVG) und planten die Gründung einer Europäischen Politischen Gemeinschaft.

Hindernisse auf dem Weg zu diesem ehrgeizigen Ziel – z. B. lehnte die französische Nationalversammlung die Ratifizierung des EVG-Vertrages ab – bewirkten dann eine Ausrichtung zunächst auf die **wirtschaftliche** Integration.

22.1 Grundlagen der Europäischen Union
Der Weg zur europäischen Einheit

Zunächst Realisierung einer Zollunion der Sechs

So wurden am 25.03.1957 in Rom die »Römischen Verträge« zur Gründung einer **Europäischen Wirtschaftsgemeinschaft (EWG)** und einer Europäischen Atomgemeinschaft (EAG, Euratom) von Belgien, der Bundesrepublik Deutschland, Frankreich, Italien, Luxemburg und den Niederlanden unterzeichnet. Kernstück war die **Errichtung einer Zollunion** und die Realisierung eines **gemeinsamen Marktes**. Die Zollunion der Sechs konnte 1968 vorzeitig realisiert werden. Parallel dazu wurden die ursprünglich getrennten Institutionen von EGKS, Euratom und EWG mit dem Fusionsvertrag vom 08.04.1965 seit 1967 zu den Europäischen Gemeinschaften (EG) verschmolzen. Die Geltungsdauer der EGKS war auf 50 Jahre begrenzt. Am 23.07.2002 ist dieser Vertrag ausgelaufen und seitdem gelten für die Montanindustrie die allgemeinen Regeln der EU, nur die Subventionskontrolle wird strenger gehandhabt.

Diese großen Integrationserfolge konnten auch deshalb erzielt werden, weil das kräftige Wirtschaftswachstum Probleme des Strukturwandels milderte und weil der bei dem relativ gleichen Entwicklungsstand der sechs Gründungsmitglieder resultierende intraindustrielle Außenhandel nicht zum Erliegen ganzer Wirtschaftszweige führte.

22.1.2 Der Weg zum Binnenmarkt

Fehlentwicklungen der EG

Neben Erfolgen gab es auch eine Reihe von Misserfolgen und Fehlentwicklungen. Ab etwa 1970 wurde der Außenhandel zunehmend durch **nicht-tarifäre Handelshemmnisse** erschwert, die Integrationserfolge begannen zu schwinden. Zudem zeigte sich, dass der Versuch, national schon sehr stark regulierte Bereiche – Landwirtschaft, Banken, Versicherungen, Verkehr, Telekommunikation – zu harmonisieren, und zwar auf dem Wege einer perfekten Harmonisierung im Detail, scheitern musste. Als schwerwiegender wirtschaftspolitischer Fehler hat sich insbesondere die 1959 getroffene Entscheidung erwiesen, die Agrarmärkte mit einem System von **Marktordnungen** zu regulieren. Dies führte zu einer gigantischen Fehlallokation der Ressourcen und damit zu erheblichen Akzeptanzverlusten für die EG. Insgesamt war die Phase von etwa 1970 bis 1985 von zahlreichen Fehlversuchen gekennzeichnet, die Integration zu einer Wirtschafts- und Währungsunion voranzubringen. Die Misserfolge waren vor allem darin begründet, dass die beteiligten Länder mehrheitlich nicht bereit waren, auf autonome nationale Wirtschaftspolitik zu verzichten. Es war Zeit für neue Initiativen.

Im Juni 1985 beschlossen die europäischen Staats- bzw. Regierungschefs nach deutsch-französischem Druck eine Erweiterung der Römischen Verträge.

Neue Initiative: EEA

Im Dezember 1985 wurde daraufhin in einer ersten Änderung und Ergänzung der Römischen Verträge die **»Einheitliche Europäische Akte« (EEA)** verabschiedet, die im Juli 1987 in Kraft trat.

Die EEA beinhaltet zentrale Weiterentwicklungen der EG:
- eine neue Zielsetzung »Binnenmarkt '92«,
- ein partiell revidiertes Abstimmungsverfahren,

▸ eine Fortschreibung und Ergänzung der begleitenden Politikbereiche (z. B. Sozialpolitik, Umweltpolitik, Währungspolitik),
▸ eine neue Gesamtorganisation in Form der Europäischen Politischen Zusammenarbeit (EPZ).

Die ökonomisch zentralen Elemente der fortschreitenden Integration, nämlich den Binnenmarkt '92 und eine Erweiterung und Vertiefung der begleitenden Politikbereiche, beschreiben wir in Kapitel 23.

22.1.3 Der Weg zur Europäischen Union

Parallel mit der Schaffung des Binnenmarktes '92 wurden weitere Anstrengungen unternommen, um die europäische Integration voranzutreiben. Am 07.02.1992 wurde in Maastricht nach einer zweiten Änderung und Ergänzung der Römischen Verträge der **Vertrag über die »Europäische Union«** (EU) unterzeichnet, der am 01.11.1993 in Kraft trat. Nach diesem **»Vertrag von Maastricht«** stützt sich die europäische Integration auf drei Säulen:

Drei Säulen der europäischen Integration

▸ Den Ausbau der Europäischen Gemeinschaft, bisher im Wesentlichen bestehend aus den ökonomischen Kernelementen Zollunion, Gemeinsame Agrarpolitik, Strukturpolitik und Binnenmarkt, zu einer Wirtschafts- und Währungsunion (Säule 1);
▸ Bestimmungen über eine »Gemeinsame Außen- und Sicherheitspolitik (GASP)« (Säule 2) sowie
▸ Bestimmungen über eine »Zusammenarbeit in den Bereichen Justiz und Inneres« (Säule 3).

Zentraler ökonomischer Bereich der Europäischen Union (EU) ist Säule 1, die Europäische Gemeinschaft (EG). Ihre Kompetenzen sind deutlich erweitert worden; wichtigste Ergänzung ist ein Stufenplan, nach dem bis Anfang 1999 der Übergang zur **Wirtschafts- und Währungsunion** erfolgt ist (vgl. Kapitel 21). Daneben wurden in Säule 1 eine Reihe von Vertragsergänzungen formuliert:

Einige Vertragsergänzungen

▸ Die Schaffung einer Unionsbürgerschaft (Art. 17–22 EGV), z. B. mit allgemeinem Aufenthaltsrecht und Wahlrecht zu kommunalen Körperschaften am Wohnort,
▸ das Subsidiaritätsprinzip der Tätigkeit der Gemeinschaft (Art. 5 EGV),
▸ die Einführung eines eigenständigen Regionalorgans »Ausschuss der Regionen«, der die politische Perspektive für einen dreistufigen Aufbau der Gemeinschaft öffnet (Art. 263–265 EGV),
▸ die Stärkung der Kompetenzen der Europäischen Gemeinschaft (Art. 189–195, 249–256 EGV),
▸ die Schaffung neuer Kompetenzen in der Bildungs- und Kulturpolitik (Art. 149–151 EGV) und
▸ die Schaffung neuer Befugnisse und Aufgaben in zahlreichen Bereichen der Wirtschaft (vgl. dazu Kapitel 23.3).

Damit wird das Ziel einer Vertiefung der wirtschaftlichen Integration und ein Einstieg in die politische Integration schon in Säule 1 deutlich.

Für die zweite und dritte Säule, die ausschließlich Elemente einer politischen Integration vorsehen, war bis zum Vertrag von Amsterdam das Verfahren der Zusammenarbeit zwischen den Regierungen, aber außerhalb der Organe der EU vorgesehen. Sie waren daher eher als politisches Programm zu interpretieren.

Im Bereich der politischen Integration sind in der dritten Änderung und Erweiterung der Verträge im **Vertrag von Amsterdam** vom 02.10.1997 einige weniger zentrale Neuerungen beschlossen worden. So wird z. B. für die Säule 2 (Gemeinsame Außen- und Sicherheitspolitik, GASP) ein Generalsekretär des Rates berufen, der die Aufgabe eines Hohen Vertreters wahrnimmt, und die dritte Säule (Zusammenarbeit in den Bereichen Justiz und Inneres) ist nun in den supranationalen Rahmen der EU überführt.

Zentrale Änderung der Beschlussfassung

Vor allem um auch nach der großen Osterweiterung der EU (s. u.) beschluss- und handlungsfähig zu bleiben, sind in der vierten Änderung der Römischen Verträge, im **Vertrag von Nizza** (Dezember 2000) in zentralen Bereichen der Beschlussfassung wichtige Änderungen beschlossen worden und am 01.02.2003 in Kraft getreten:
- eine neue Größe und Zusammensetzung der Kommission,
- eine neue Stimmengewichtung im Rat,
- eine Ausweitung der Beschlussfassung mit qualifizierter Mehrheit und
- eine Vereinfachung der »verstärkten Zusammenarbeit« (Zusammenarbeit der Länder über das im EG-Vertrag vereinbarte Ausmaß hinaus.

Ablehnung des Verfassungsvertrages

Schließlich war am 18.06.2004 ein Vertrag über eine Verfassung in Europa mit wichtigen Änderungen in zentralen Bereichen der Beschlussfassung beschlossen worden. Dieser Verfassungsvertrag ist nach ablehnenden Referenden in Frankreich (29.05.2005) und den Niederlanden (01.06.2005) und erkennbaren Vorbehalten in einigen anderen Staaten allerdings nicht ratifiziert worden. Daraufhin ist ein neuer Vertragsentwurf, der Reformvertrag von Lissabon, erarbeitet worden, und schließlich am 13.12.2007 in Lissabon unterzeichnet worden. Dieser Vertrag trat am 01.12.2009 in Kraft und dient daher als Grundlage für die folgende Beschreibung der Strukturen der Europäischen Union.

Der **Reformvertrag von Lissabon** – der **Vertrag über die Europäische Union** – gestaltet das Unionsrecht völlig neu: Der EU-Vertrag (EUV) schafft die seit Maastricht bestehende Säulenstruktur der Union ab: Es gibt nur noch eine einheitliche, mit Rechtspersönlichkeit ausgestattete Europäische Union, deren Grundsätze im EUV geregelt sind. Einzelheiten, Politikbereiche und Verfahrensabläufe sind im Vertrag über die Arbeitsweise der Union (AEUV) geregelt. Der Begriff der »Europäischen Gemeinschaft« (EG) verschwindet aus dem Vertrag und generell wird der Begriff des »Gemeinsamen Marktes« durch den des »Binnenmarktes« ersetzt.

Neue Grundsätze im Reformvertrag von Lissabon

Wichtige neue Grundsätze sind:
- Eine schärfere Formulierung der demokratischen Grundsätze (Teil II EUV),

Der Weg zur europäischen Einheit **22.1**

- Neuerungen im Bereich der Institutionen und der Entscheidungsverfahren (Teil III EUV) (diese werden in Kapitel 22.3 zusammenfassend dargestellt),
- Bestimmungen über die verstärkte Zusammenarbeit (Teil IV EUV) und
- Grundsätze der Gemeinsamen Außen- und Sicherheitspolitik (GASP) (Teil V EUV).
- Die Schlussbestimmungen enthalten erstmals explizit geregelt die Möglichkeit eines Austritts aus der EU (Art. 50 EUV) und ein einheitliches Vertragsänderungsverfahren (Art. 48 EUV).

Mit diesen Änderungen werden Verweise auf Gesetzestexte etwas verwirrend. Wir beziehen uns im Folgenden, sofern wir auf Gesetzestexte verweisen, immer noch auf den »alten« EG-Vertrag (EGV), der materiell ja gültig bleibt, weil dieser die allgemein bekannten Paragraphen enthält.

Insgesamt gilt der Vertrag von Lissabon als deutlicher Fortschritt im Vergleich zu den alten Verträgen. Er ist ein Vertrag, der die Funktionsfähigkeit der EU verbessert, Verfahrensabläufe vereinfacht und in den wichtigen Bereichen der Außen- und Sicherheitspolitik die Möglichkeiten der Zusammenarbeit verbessert. Kritisiert werden aber das immer noch recht komplizierte Entscheidungsverfahren und die zahlreichen Sonderregeln, die einigen Beitrittsländern zugestanden worden sind.

Verbesserung der Funktionsfähigkeit der EU

22.1.4 Die regionalen Erweiterungen der europäischen Integration

Gründungsmitglieder der EWG, die am 01.01.1958 in Kraft getreten ist, waren die Bundesrepublik Deutschland, Belgien, Frankreich, Italien, Luxemburg und die Niederlande. 1973 sind Dänemark, Irland und Großbritannien beigetreten **(Norderweiterung)**, 1981 ist Griechenland beigetreten, 1986 folgten Spanien und Portugal **(Süderweiterung)**. 1995 sind Österreich, Finnland und Schweden beigetreten, 2004 sind Estland, Lettland, Litauen, Polen, die Slowakische Republik, Slowenien, die Tschechische Republik und Ungarn **(Osterweiterung)** sowie Malta und Zypern beigetreten. 2007 folgten Bulgarien und Rumänien. Mit den beschriebenen Erweiterungen haben sich, meist für Zwecke der Statistik genutzte Abkürzungen für die unterschiedlichen Mitgliedschaften entwickelt. Diese stellen wir in der Abbildung 22-1 zusammen.

Der Prozess der regionalen Erweiterung ist damit wohl nicht abgeschlossen. Im Prinzip kann jeder europäische Staat beantragen, Mitglied der Gemeinschaft zu werden. Der Europäische Rat hat am 11./12.07.1993 die Voraussetzungen für eine Mitgliedschaft formuliert **(Kopenhagener Kriterien):**

»Als Voraussetzung für die Mitgliedschaft muss der Beitrittskandidat eine institutionelle Stabilität als Garantie für demokratische und rechtsstaatliche Ordnung, für die Wahrung der Menschenrechte sowie die Achtung und den Schutz von Minderheiten verwirklicht haben; sie erfordert ferner eine funktionsfähige Marktwirtschaft sowie die Fähigkeit, dem Wettbewerbsdruck und den

Neue Mitgliedstaaten können aufgenommen werden, wenn sie bestimmte Voraussetzungen erfüllen.

22.1 Grundlagen der Europäischen Union
Der Weg zur europäischen Einheit

Abb. 22-1

Von der EWG 6 zur EU 27 – gebräuchliche Abkürzungen

EWG 6	Europäische Wirtschaftsgemeinschaft 1958 bis 1972. Belgien, Deutschland, Frankreich, Italien, Luxemburg und die Niederlande.
EG 12	Europäische Gemeinschaft bis einschließlich 1994. EWG-6 plus Dänemark, Irland, Vereinigtes Königreich, Griechenland, Portugal und Spanien.
EU 15	Europäische Union bis einschließlich April 2004. EG-12 plus Finnland, Österreich und Schweden.
EU 25	Europäische Union bis einschließlich 2006. EU-15 plus Estland, Lettland, Litauen, Malta, Polen, Slowakei, Slowenien, Tschechische Republik, Ungarn und Zypern.
EU 27	Europäische Union seit 2007. EU-25 plus Bulgarien und Rumänien.
EZ 16	Daneben existiert die Bezeichnung für die Eurozone für die Mitglieder, die den Euro eingeführt haben. Dies sind 2009 die 16 Länder Belgien, Deutschland, Finnland, Frankreich, Griechenland, Irland, Italien, Luxemburg, Malta, die Niederlande, Österreich, Portugal, Slowakei, Slowenien, Spanien und Zypern.

Marktkräften innerhalb der Union standzuhalten. Die Mitgliedschaft setzt ferner voraus, dass die einzelnen Beitrittskandidaten die aus einer Mitgliedschaft erwachsenden Verpflichtungen übernehmen und sich auch die Ziele der Politischen Union sowie der Wirtschafts- und Währungsunion zu eigen machen können.« (EU-Informationen 1/1995)

Die EU ist der größte Wirtschaftsraum der Welt

Die EU der 27 Mitgliedstaaten, die EU-27, ist mittlerweile, gemessen am Bruttoinlandsprodukt BIP, der größte Wirtschaftsraum der Welt. Dies zeigt Tabelle 22-1. Auch die Bevölkerungszahl übersteigt die Werte für die USA und Japan, die nächst größten Wirtschaftsräume der Welt. Allerdings ist das Pro-Kopf-Einkommen in der EU deutlich niedriger als in den USA und Japan, vor allem wegen der niedrigen Einkommen in den osteuropäischen Mitgliedstaaten.

Tab. 22-1

Die EU im Vergleich der Wirtschaftsräume (Stand: 2007)

Indikatoren	EU 27	USA	Japan
Bevölkerung (Mio.)	490	301	127
BIP (Mrd. €)	12.300	10.100	4.193
Anteil am Welt-BIP (%)	18,7	15,3	6,4
BIP pro Kopf (€)	25.000	34.000	33.000

Quelle: Eurostat

Mit jeder Erweiterung ist die Sprachenvielfalt in der EU deutlich gewachsen. Mittlerweile existieren 23 Amtssprachen, was bedeutet, dass die von der Kommission nach außen gehenden Vorlagen in 23 Sprachen verfasst werden müssen. Diese Sprachenvielfalt ist ein nicht unwesentliches Integrationshemmnis. Im internen Gebrauch begnügt sich die Kommission allerdings mit den drei Amts- und Umgangssprachen Französisch, Englisch und Deutsch. Originaltexte werden im Wesentlichen in Französisch verfasst.

Sprachenvielfalt als Integrationshemmnis

22.2 Chancen und Risiken einer regional begrenzten Integration von Märkten

Die weltweiten Ordnungen des Währungssystems (IWF) und des Handelssystems (WTO) sind nicht in der Lage, weltweiten Freihandel zu gewährleisten. Zu groß sind die Unterschiede der Länder in Bezug auf wirtschaftspolitische Zielvorstellungen und wirtschaftliche Leistungskraft. Anders formuliert: Der optimale Währungsraum (vgl. Kapitel 20.6) umfasst jedenfalls nicht die ganze Welt. Daher lag es nahe, eine regional begrenzte Integration anzustreben, wie dies vor allem im Rahmen der EG erfolgreich praktiziert worden ist.

Weltweiter Freihandel konnte nicht realisiert werden.

22.2.1 Integrationsformen

Zwischen den beiden Extremen – völlige Autarkie und vollkommener weltweiter Freihandel – gibt es folgende Formen der Integration.
- **Präferenzzone:** Zollabbau für bestimmte oder alle Produktgruppen für bestimmte Länder (z. B. das Allgemeine Präferenzsystem der EU).
- **Freihandelszone:** Zollfreiheit innerhalb der Zone, Außenzölle, aber nicht gemeinsame Außenzölle (z. B. die NAFTA, das North American Free Trade Agreement, die 1994 in Kraft getretene Freihandelszone zwischen Kanada, Mexiko und den USA).
- **Zollunion:** Beseitigung der Binnenzölle, gemeinsamer Außenzoll, Verteilung der Außenzolleinnahmen auf die Mitglieder (z. B. die alte EWG).
  Bisweilen wird auch der Abbau anderer Handelshemmnisse (z. B. Kontingente) in die Definition einbezogen.
  Die Konzepte »Gemeinsamer Markt« und »Binnenmarkt« sind wissenschaftlich nicht eindeutig definiert, aber durch die Praxis der EG hinlänglich deutlich geworden.
- **Gemeinsamer Markt:** Setzt freien Handel von Gütern und Dienstleistungen voraus sowie eine uneingeschränkte Mobilität der Produktionsfaktoren Arbeit und Kapital (Freihandel plus freie Faktormobilität).
- **Binnenmarkt:** Ein Binnenmarkt ist im Prinzip ein gemeinsamer Markt mit höherer Qualität, also ein gemeinsamer Markt mit völliger Freizügigkeit

(auch für Nichterwerbstätige), ohne Grenzkontrollen und mit einer gewissen Einheitlichkeit der Produktionsbedingungen.
- **Wirtschaftsunion:** Gemeinsamer Markt, verbunden mit einer Koordinierung und Harmonisierung der Wirtschaftspolitik (Stabilitäts-, Wettbewerbs-, Wachstums- und z. T. auch Verteilungspolitik), z. T. in Form integrierter Institutionen wie z. B. in Form einer gemeinsamen Kartellbehörde oder einer gemeinsamen Zentralbank.
- **Währungsunion:** Unwiderruflich feste Wechselkurse, verbunden mit uneingeschränkter und irreversibler Konvertibilität der Währungen, sowie völliger Freiheit des Kapitalverkehrs. Die Währungsunion kann dann mit einer Einheitswährung verknüpft sein, wie es in der Regel der Fall ist.

Die intensivste Integrationsform ist die völlige, auch politische Verschmelzung der Mitgliedstaaten in Form eines **Bundesstaates**, die mit der EU auch langfristig angestrebt wird.

22.2.2 Integrationseffekte

Vorteile der Integration

Die Vorteile einer Integration sind allgemein die Vorteile einer Annäherung an den Freihandel, also die Vorteile des Freihandels selbst. Diese Vorteile sind in Kapitel 19 dargestellt worden.
Es sind zusammenfassend:
- die Kostenvorteile der Spezialisierung auf die jeweils relativ oder sogar absolut billigsten Produktionen der Länder;
- die zunehmende Ausschöpfung der Größenersparnisse der Produktion (economies of scale) und
- die Zunahme des Wettbewerbs.

Regional begrenzte Integration begründet Auf- und Abschließungseffekte.

Bei einer regional begrenzten Integration der Märkte in Form einer Zollunion oder einer (regional begrenzten) Wirtschafts- und Währungsunion ist allerdings zusätzlich zu beachten, dass der Freihandel ja nur innerhalb der Region etabliert wird, gegenüber dem Rest der Welt aber meist eine verstärkte Abschottung praktiziert wird. Hier entstehen so genannte Aufschließungs- und Abschließungseffekte.

Von einem **Aufschließungseffekt** (trade creating effect) spricht man, wenn der zunehmende Freihandel im Integrationsraum dazu führt, dass sich Produktionen von Standorten mit höheren Realkosten zu Standorten mit niedrigeren Realkosten verlagern. Statt dass Deutschland selbst ein Automobil vom Typ Peugeot 207 produziert, wird dieses billiger importiert, während umgekehrt Frankreich den VW Golf billiger importiert, statt selbst zu produzieren. Dies Beispiel ist nicht zufällig auf Produkte der gleichen Branche bezogen. Allgemein gilt, dass die Aufschließungseffekte gerade bei einem **intraindustriellen Tausch** groß sind, bei einem Tausch, bei dem sich die Sortimente der Integrationspartner überschneiden (beide produzieren Automobile, sogar der gleichen

Aufschließungseffekte sind groß bei intraindustriellem Tausch.

Klasse). Kleiner sind die Aufschließungseffekte bei einem interindustriellen Tausch, einem Tausch zwischen Produkten verschiedener Industrien (Automobile gegen Textilien). Dies erklärt zu einem Teil die großen Integrationserfolge der EWG im Rahmen der Zollunion der sechs Kernstaaten, die ja überwiegend ähnliche Produktionssortimente aufweisen.

Von einem **Abschließungseffekt** (trade diverting effect) spricht man, wenn die relative Abschottung des Integrationsraumes vom Rest der Welt dazu führt, dass sich Produktionen von Standorten niedriger Realkosten außerhalb der Region zu Standorten höherer Realkosten im Integrationsraum verlagern. Statt dass die EU Bananen oder Rindfleisch billig importiert, wird infolge des Außenzolls diese Produktion an teure Standorte innerhalb der EU verlagert. Ein Abschließungseffekt bedeutet eine nicht-effiziente Produktion und damit Wohlfahrtsverluste, und zwar sowohl für den Integrationsraum als auch für den »Rest der Welt«.

<sub-aside>Abschließungseffekt bedeutet Effizienzverlust</sub-aside>

Per saldo ist dann entscheidend, welche Effekte überwiegen. Unter welchen Umständen die positiven Effekte überwiegen, kann modelltheoretisch abgeleitet werden. Wir wollen uns mit dem Hinweis begnügen, dass für die EG ganz sicher die Aufschließungseffekte überwogen haben, auch weil die EG schrittweise erweitert worden ist und die Außenzölle weiter gesenkt worden sind.

22.2.3 Integrationsprobleme

Die Probleme einer (regional begrenzten) Integration sind im Wesentlichen die folgenden:

Die **Verteilung der Wohlfahrtsgewinne** innerhalb der EU wird vermutlich ungleich sein, insbesondere werden auch die Entwicklungschancen der Länder ungleich verteilt sein. Daher sind heftige Auseinandersetzungen im Bereich der Verteilungspolitik (EU-Strukturfonds: Regional-, Sozial- und Agrarfonds) und im Bereich der Industriepolitik die Regel.

Ungleiche Verteilung der Wohlfahrtsgewinne

Die Integration als »Angebotsschock« begründet z. T. **erhebliche Anpassungskosten**, nämlich den Verlust von Humankapital (Arbeitslosigkeit oder Wertverlust von Qualifikationen), den Verlust von Finanz- bzw. Realkapital bei Produktionsstilllegungen und den Verlust von Regelungskompetenzen für nationale Bürokratien mit den entsprechenden Abwehrreaktionen.

Hohe Anpassungskosten

Eine Wohlfahrtsverschlechterung für den »Rest der Welt« ist nicht ausgeschlossen, weil durch den Abschließungseffekt der Handel zwischen der EU und dem Rest der Welt zumindest relativ zurückgehen wird (der Außenhandelsanteil mit der übrigen Welt wird sinken). Allerdings wird überwiegend erwartet, dass infolge der intraregionalen Wachstumseffekte der Integration das Inlandsprodukt und damit die Importe der EU so stark zunehmen, dass zwar der Außenhandelsanteil, aber nicht das Außenhandelsvolumen mit dem Rest der Welt sinken wird.

Wohlfahrtsverschlechterung für den Rest der Welt möglich

Schließlich verbleibt als Grundproblem jeder Integration der teilweise oder völlige Verzicht auf eine eigenständige nationale Wirtschaftspolitik (**Konver-**

Verzicht auf autonome nationale Wirtschaftspolitik

genz). Dies ist jedenfalls dann ein Problem, wenn Standards, Normen oder Regelungen resultieren, die den nationalen Wertvorstellungen nicht entsprechen. Man denke beispielsweise an Umweltschutznormen, an Inflationsraten oder Arbeitnehmerschutzvorschriften. Wie diese Konvergenz erreicht wird, ist auch eine Frage der geschaffenen Institutionen der Integration.

22.3 Das institutionelle System der EU

EU als Staatenverbindung besonderer Art

Die EU ist eine Staatenverbindung von besonderer Art, die sich völkerrechtlich in kein herkömmliches System einordnen lässt. Man gewinnt einen ersten Überblick über die EU mit einer Beschreibung ihrer Organe.
Die Hauptorgane der EU sind:
- die Kommission (Art. 211–219 EGV),
- der Rat (Ministerrat) (Art. 202–210 EGV),
- das Europäische Parlament (Art. 189–201 EGV) und
- der Europäische Gerichtshof (Art. 220–245 EGV).

Daneben existieren einige Nebenorgane, wie z. B. der Rechnungshof, der Wirtschafts- und Sozialausschuss oder der Ausschuss der Regionen. Übergeordnet ist der Europäische Rat der Staats- und Regierungschefs der 27 Mitgliedstaaten.

22.3.1 Die Kommission

Kommission ist Motor der EU und Hüterin der Verträge.

Die Kommission ist »der Motor der EU« und »Hüterin der Verträge«. Sie ist damit das entscheidende Exekutivorgan, sie
- führt die Gemeinschaftspolitik auf der Grundlage der Ratsbeschlüsse oder in direkter Anwendung des EU-Vertrages durch (Exekutivaufgaben);
- sie sorgt für die Einhaltung der Regeln und der Grundsätze des Gemeinsamen Marktes (Kontrollaufgaben);
- sie macht Vorschläge für eine Fortentwicklung der Gemeinschaft (Initiativrecht in der Legislative).

Dabei hat die Kommission formal sogar das alleinige Recht, Beschlussvorlagen für den Rat zu entwickeln.

Spezielle Befugnisse hat die Kommission im Bereich der Wettbewerbspolitik. Sie überwacht das Kartellverbot, die Missbrauchsaufsicht, die Fusionskontrolle sowie die Kontrolle staatlicher Beihilfen (Art. 81 bis 89 EGV). Hervorzuheben ist schließlich die Verwaltung der EU-Haushalte und der verschiedenen angegliederten Fonds und Programme.

Die Kommission besteht gegenwärtig aus 27 Mitgliedern. Jedes Land stellt einen Kommissar. Diese Kommissare werden von den Regierungen der Mitgliedstaaten im gegenseitigen Einvernehmen ernannt, ihre Amtszeit beträgt fünf

Jahre, eine Wiederernennung ist zulässig. Beschlüsse werden mit Mehrheit der Mitglieder gefasst. Wichtig ist, dass die Kommissare in ihrer Stellung völlig unabhängig von Weisungen der Mitgliedsländer sind, diese sind sogar verpflichtet, nicht zu versuchen, »ihre« Kommissare zu beeinflussen. Der Kommissionspräsident wird vom Rat der EU in der Zusammensetzung der Staats- bzw. Regierungschefs ernannt und benötigt die Zustimmung des Parlaments, wie auch die Kommission insgesamt.

Kommissare sind unabhängig von Weisungen.

Wenn die Kommission auch mit Mehrheit beschließt, so arbeitet sie doch sehr arbeitsteilig. Jeder Kommissar ist für einen bestimmten Arbeitsbereich zuständig, z. B. für den Binnenmarkt oder den Haushalt, und steht weisungsberechtigt einer oder mehreren der nachfolgenden Generaldirektionen vor. So steht die Kommission an der Spitze einer Behörde mit über 25.000 Mitarbeitern.

Arbeitsteilige Aufgabenerfüllung

22.3.2 Der Rat

Der Rat ist das bedeutsamste Entscheidungsgremium der EU. Er ist das gesetzgebende Organ, genauer, er beschließt die ihm von der Kommission vorgelegten Rechtsakte. Daneben hat der Rat einige Initiativrechte und einige Kontrollrechte, insgesamt ist er das **politische Entscheidungszentrum**.

Der Rat ist gesetzgebendes Organ.

Die Mitglieder des Rates sind Vertreter der Regierungen der Mitgliedstaaten, in der Regel also Minister. Daher heißt der Rat auch **Ministerrat**. Je nach Sachstand werden die entsprechenden Fachminister entsandt, für Agrarfragen die Agrarminister oder für Finanzfragen die Finanzminister usw. Insgesamt gibt es neun verschiedene Zusammensetzungen des Rates, darunter z. B. den Rat für Wirtschaft und Finanzen (»ECOFIN«) oder den Rat für Wettbewerb.

Der Rat erlässt unterschiedliche Rechtsakte, vor allem Verordnungen und Richtlinien.

Verordnungen sind »europäische Gesetze«, sie gelten unmittelbar und in allen Teilen verbindlich für die Mitgliedstaaten bzw. für Personen, und sie haben Vorrang vor nationalem Recht.

Richtlinien legen die zu erreichenden Ziele fest, überlassen den Mitgliedstaaten aber die Form und die Mittel der Durchsetzung. Sie legen damit den Gesetzesrahmen fest, der innerhalb einer in der Richtlinie festgelegten Frist – in der Regel ein bis zwei Jahre – in nationales Recht umgesetzt sein muss. Auch hier gilt der Vorrang vor nationalem Recht.

Der Rat entscheidet je nach Aufgabenbereich entweder mit Mehrheit, mit qualifizierter Mehrheit oder einstimmig auf der Basis von insgesamt 345 Stimmen. Für die Schaffung des Binnenmarktes entscheidet der Rat einstimmig bei Beschlüssen über Steuern, über die Freizügigkeit und über Arbeitnehmerrechte (Art. 95 Abs. 2 EGV), in allen anderen Fällen mit qualifizierter Mehrheit. Generell kann man aber sagen, dass für die meisten Politikbereiche das Verfahren der qualifizierten Mehrheit gilt. Eine qualifizierte Mehrheit gilt als erreicht,

Unterschiedliche Abstimmungsverfahren

▸ wenn die Mehrheit der Mitgliedstaaten (in einigen Fällen eine Zweidrittelmehrheit) zustimmt und
▸ wenn mindestens 255 befürwortende Stimmen abgegeben werden, d. h. 74 Prozent der Gesamtzahl.

Darüber hinaus kann ein Mitgliedstaat fordern, dass überprüft wird, ob durch die befürwortenden Stimmen mindestens 62 Prozent der Gesamtbevölkerung der EU vertreten werden. Kann dies nicht bestätigt werden, gilt der Beschluss als abgelehnt.

Prinzip der doppelten Mehrheit

Erforderlich ist also eine Art von doppelter Mehrheit, die die Interessen der großen und kleinen Länder zugleich berücksichtigen will. Die einzelnen Länder verfügen jeweils über die in Abbildung 22-2 dargestellte Anzahl von Stimmen.

Abb. 22-2

Stimmen der Länder im Rat der EU

Deutschland, Frankreich, Italien und das Vereinigte Königreich	29
Spanien und Polen	27
Rumänien	14
Niederlande	13
Belgien, Tschechische Republik, Griechenland, Ungarn und Portugal	12
Bulgarien, Österreich und Schweden	10
Dänemark, Irland, Litauen, Slowakei und Finnland	7
Zypern, Estland, Lettland, Luxemburg und Slowenien	4
Malta	3
Insgesamt	345

Mehrheitsentscheidungen erleichtern das Beschlussverfahren.

Für eine Blockade im Abstimmungsprozess werden mindestens 90 Stimmen benötigt, d. h. dass ein Beschluss z. B. gegen die Stimmen dreier großer Länder wie Deutschland, Frankreich und das Vereinigte Königreich durchgesetzt werden könnte. Dies ist beachtlich und diese Möglichkeit von Mehrheitsentscheidungen gilt als wesentlicher Fortschritt im Beschlussverfahren der Gemeinschaft. Nach dem Vertrag von Lissabon ist geplant, dies System der qualifizierten Mehrheit ab 2014 durch ein einfaches Verfahren der doppelten Mehrheit zu ersetzen: Für eine Entscheidung sind dann 55 Prozent der Mitgliedstaaten erforderlich, die mindestens 65 Prozent der EU-Bevölkerung vertreten müssen.

Wenn den Beschlüssen von Kommission oder Rat nicht gefolgt wird, so gibt es gegenüber Mitgliedstaaten die Möglichkeit, Zwangsgelder durch den EuGH zu verhängen (Art. 228 EGV).

22.3.3 Das Europäische Parlament

Das Europäische Parlament (EP) hat immer noch relativ beschränkte Befugnisse, auch wenn seine Mitwirkungsrechte am Entscheidungsverfahren im Laufe der Zeit kontinuierlich ausgeweitet worden sind. Das Ergebnis ist eine ungewöhnlich komplizierte Palette von Beteiligungsverfahren für jeweils festgelegte Politikfelder. Die Beteiligungsformen sind:

Anhörungs- und Kontrollbefugnisse des Parlaments

- Unterrichtung des EP,
- Anhörung des EP,
- das Verfahren der Zusammenarbeit,
- das Verfahren der Zustimmung und
- das Mitentscheidungsverfahren.

Im Prinzip ist das Parlament überwiegend ein Kontrollorgan für die Integrationspolitik von Rat und Kommission. Daneben ist das Parlament in das Gesetzgebungsverfahren in unterschiedlicher Weise eingebunden. Im Grundsatz kommt die Gesetzgebung in einem Dreiecksprozess zustande, das heißt, die Kommission schlägt vor und der Rat entscheidet, nachdem er das Parlament angehört hat. In einer Reihe von Bereichen – insbesondere Binnenmarkt, Forschung, transeuropäische Netze, Bildung, Kultur und Gesundheit – kann das Parlament allerdings auch gleichberechtigt mit dem Rat Verordnungen und Richtlinien erlassen. Bei bestimmten Entscheidungen von großer Bedeutung, wie z. B. der Beitritt neuer Mitglieder, kann der Rat erst nach Zustimmung des Parlaments Stellung nehmen. Schließlich ist das Parlament an der Ernennung der Kommission beteiligt und kann einen Misstrauensantrag gegen die Kommission einbringen und beschließen.

Die Mitwirkungsrechte des EP sind durch die Verträge von Maastricht, Amsterdam und Nizza gestärkt worden. Allerdings ist das oft beklagte Demokratiedefizit – insbesondere in der EU-Gesetzgebung und dem klassischen Recht demokratisch legitimierter Parlamente, der uneingeschränkten Beschlussfassung über den Haushalt – noch nicht beseitigt worden.

Die Mitwirkungsrechte des EP sind zwar erweitert worden, aber Demokratiedefizite sind weiterhin vorhanden.

Die **Mitwirkung des EP** vollzieht sich in drei Formen. Für die Aufnahme neuer Mitgliedstaaten ist die **Zustimmung** des EP ebenso erforderlich wie bei der Bestätigung des Präsidenten der EU-Kommission, bei Internationalen Abkommen, der Bestimmung der Aufgaben des Struktur- und Kohäsionsfonds sowie bei Sanktionen gegen einen Mitgliedstaat, der Grundrechte verletzt hat. In einer Reihe von Politikbereichen ist die **Mitentscheidung** des Parlaments vorgesehen: in der Beschäftigungsförderung, im Arbeitsschutz, der Chancengleichheit und Gleichbehandlung, bei Berufsbildungsmaßnahmen, der Anerkennung von Diplomen, der Umweltpolitik, der Entwicklungspolitik usw. Die schwächste Form der Mitwirkung ist die **Anhörung**, die z. B. bei der Gemeinsamen Außen- und Sicherheitspolitik, der polizeilichen und justiziellen Zusammenarbeit der Mitgliedstaaten und einer Fülle von Gesetzgebungsakten der EU erforderlich ist.

Das Europäische Parlament besteht nach Art. 189 EGV aus maximal 736 Abgeordneten, die auf fünf Jahre direkt gewählt werden. Die Abgeordneten entscheiden unabhängig und sind nicht weisungsgebunden. Die Zahl der Abgeordneten richtet sich nach der Bevölkerungszahl der Mitgliedstaaten. Deutschland hat dementsprechend mit 99 Abgeordneten die meisten, Malta mit 5 die wenigsten Abgeordneten. Nach dem Vertrag von Lissabon wird die Zahl der Abgeordneten auf 751 erhöht, Deutschland z. B. wird dann 96 Abgeordnete haben, Malta 6.

22.3.4 Der Europäische Gerichtshof

Der Europäische Gerichtshof (EuGH) hat die Aufgabe, die Wahrung des Rechts bei Auslegung und Anwendung der EG-Verträge und der erlassenen Normen zu sichern. Der EuGH kann von allen angerufen werden, die für die Anwendung des EG-Rechts verantwortlich sind – also EU-Organe und Mitgliedstaaten – oder die als juristische oder natürliche Personen von Entscheidungen der Gemeinschaft unmittelbar betroffen sind. Wichtig ist der Vorrang des EU-Rechts vor nationalem Recht, auch der Vorrang vor nationalem Verfassungsrecht, und damit auch der Vorrang der Entscheidungen des EuGH vor allen nationalen Gerichten.

Vorrang des EU-Rechts vor nationalem Recht

Der EuGH mit Sitz in Luxemburg besteht aus einem Richter je Mitgliedstaat, die von acht Generalanwälten unterstützt werden. Sie werden einvernehmlich auf sechs Jahre von den Regierungen der Mitgliedstaaten ernannt. Er ist nach seiner Stellung das unabhängigste EU-Organ und nach seiner Rechtsprechung entscheidend für die dynamische Entwicklung der Gemeinschaft. Ein aus 15 Richtern gebildetes Gericht erster Instanz ist dem EuGH gemäß Art. 225 seit 1989 beigeordnet.

22.3.5 Der Europäische Rat

Der **Europäische Rat** besteht aus den Staats- bzw. Regierungschefs der 27 Mitgliedstaaten und dem Präsidenten der Kommission, er wird unterstützt durch die Außenminister und ein Mitglied der Kommission. Er tagt mindestens zweimal jährlich (**»Gipfeltreffen«**), dabei geht der Vorsitz alle sechs Monate an ein anderes EU-Land über. Dieser Europäische Rat ist das ranghöchste Entscheidungsgremium der EU; er gibt dem europäischen Aufbauwerk allgemeine politische Impulse und hat konkrete Aufgaben bei der Umsetzung der Außen- und Sicherheitspolitik sowie der Wirtschafts- und Währungsunion. Er entscheidet einstimmig. Nach dem Vertrag von Lissabon wird der wechselnde Vorsitz durch einen für zweieinhalb Jahre ernannten Präsidenten ersetzt.

Europäischer Rat als ranghöchstes Entscheidungsgremium ...

... gibt Impulse für die politische Einheit Europas.

Der Europäische Rat sollte nicht mit dem **Europarat** verwechselt werden. Der Europarat – bestehend aus 47 Staaten – hat das Ziel, die Einheit in ganz Europa zu festigen. Seine Beschlüsse haben den Charakter von Empfehlungen. Die Mitgliedstaaten müssen Rechtsstaatlichkeit, Grundfreiheiten und Menschenrechte garantieren.

22.3.6 Weitere Organe der EU

Neben diesen fünf zentralen Organen gibt es eine Reihe weiterer Organe. Die wichtigsten sind die folgenden:
- Der **Europäische Rechnungshof** kontrolliert die Rechtmäßigkeit und die Wirtschaftlichkeit der EU-Haushaltsführung.
- Der **Wirtschafts- und Sozialausschuss** berät Kommission und Rat bei ihrer Entscheidungsfindung. In ihm sind höchstens 350 Vertreter der wirtschaftlichen und sozialen Gruppen (Gewerkschaften, Arbeitgeberverbände, Verbraucherverbände usw.) zusammengeschlossen.
- Der **Ausschuss der Regionen** setzt sich ebenfalls aus höchstens 350 Mitgliedern zusammen, die die lokalen und regionalen Gebietskörperschaften vertreten. Der Ausschuss muss vor der Annahme von Beschlüssen, die regionale Interessen berühren, gehört werden und kann auch von sich aus Stellungnahmen abgeben.
- Die **Europäische Zentralbank** ist Mitte 1998 im Rahmen der Wirtschafts- und Währungsunion gemeinsam mit einem europäischen System der Zentralbanken errichtet und mit der Ausgabe der Banknoten und der Durchführung der gemeinsamen Geldpolitik betraut. Sie ist am 01.01.1999 eingeführt worden (vgl. dazu Kapitel 18.2.1.2).
- Die **Europäische Investitionsbank** gewährt Darlehen und Bürgschaften zur Schaffung neuer Arbeitsplätze, für Vorhaben von gemeinsamem Interesse und für Entwicklungsprojekte.

Daneben gibt es eine Fülle von Verbänden, Organen und Ausschüssen, die hier nicht erwähnt werden können.

Insgesamt ist die Europäische Union eine wenig demokratisch legitimierte Organisation. Die Exekutive (die Kommission) und die Legislative (der Rat) handeln, ohne direkt durch Wahlen oder Parlamente legitimiert zu sein, und das einzige Organ, das aus allgemeinen unmittelbaren Wahlen hervorgeht – das Europäische Parlament –, spielt im Entscheidungsprozess nur eine nachgeordnete Rolle.

Die EU-Institutionen sind demokratisch wenig legitimiert.

22.4 Der Haushalt der EU

22.4.1 Jährlicher Haushalt

Am Haushaltsverfahren sind Parlament, Rat und Kommission mit jeweils unterschiedlichen Aufgaben und Befugnissen beteiligt; charakteristisch ist eine enge Zusammenarbeit der drei Institutionen. Die Kommission erstellt den jährlichen Haushaltsvorentwurf, dieser wird vom Rat geprüft und verabschiedet. Dieser Entwurf wird dann vom Parlament überprüft und – meist mit Änderungsvorschlägen – an den Rat zurücküberwiesen. Der Rat verabschiedet den Entwurf. Schließlich wird der Haushaltsplan vom Parlament endgültig festgestellt: Das Parlament kann den Haushalt unter bestimmten Umständen auch ablehnen. Letztlich entscheidet der Rat über die obligatorischen Ausgaben, das sind Ausgaben, die sich zwingend aus EU-Recht ergeben (vor allem zur Stützung des Agrarmarktes), und das Parlament entscheidet über die restlichen nichtobligatorischen Ausgaben. Im Haushaltsverfahren hat das Parlament formal also nicht unerhebliche Befugnisse.

Der EU-Haushalt weist einige Besonderheiten auf. Zum einen werden Verpflichtungsermächtigungen (VE) und Zahlungsermächtigungen (ZE) unterschieden. Eine **Verpflichtungsermächtigung** berechtigt die Exekutive, in der Regel die Kommission, finanzielle Verpflichtungen über das Haushaltsjahr hinaus einzugehen. Damit wird vom Prinzip der zeitlichen Spezialität abgewichen (vgl. Kapitel 14.1.2). Eine **Zahlungsermächtigung** bezeichnet die tatsächlichen Zahlungen des Haushaltsjahres. Zum Anderen darf der EU-Haushalt, im Gegensatz zu nationalen Haushalten, nicht mit Krediten finanziert werden. Daher übersteigen die geplanten Einnahmen in der Regel die geplanten Ausgaben. Resultierende Einnahmeüberschüsse werden den Mitgliedstaaten nach Vollzug des Haushalts anteilsmäßig gutgeschrieben.

22.4.2 Ausgaben

Tabelle 22-2 gibt einen Überblick über Volumen und Struktur der Ausgaben des EU-Haushalts 2008. Das Gesamtvolumen der Zahlungsermächtigungen beträgt 115,8 Milliarden Euro. Hauptausgabenkategorien sind in der blumigen Begrifflichkeit der EU:

- **Nachhaltiges Wachstum**
  Dies umfasst zu einem kleinen Teil die Finanzierung von Forschung und Entwicklung, und zu einem großen Teil die alte Strukturpolitik (vgl. Kapitel 22.6). Hat 2008 einen Anteil von knapp 40 Prozent.
- **Bewahrung und Bewirtschaftung der natürlichen Ressourcen**
  Dies umfasst zu einem großen Teil die Beihilfen im Rahmen der Agrarpolitik (vgl. Kapitel 22.5).
- **Unionsbürgerschaft, Freiheit, Sicherheit und Recht**
  Dies ist ein recht vielschichtiger Posten; er umfasst vor allem eine Förderung der europäischen Kultur und Vielfalt, das Programm Media 2007 (Förderung des audiovisuellen Sektors) und die Europapolitische Information, sowie die Steuerung der Migrationsströme (insbesondere Hilfe für Asylbewerber).
- **Die EU als globaler Akteur**
  Hier wird vor allem die Entwicklungshilfe und Nachbarschaftshilfe der EU verbucht.
- **Verwaltung**
- **Ausgleichszahlungen**
  Erhalten derzeit Bulgarien und Rumänien, die sonst Nettozahler wären.

Tab. 22-2

Der Haushalt der EU 2008

Ausgabenkategorie	Volumen (in Mio. €)	Anteil (in %)
Nachhaltiges Wachstum	45.732	39,5
Bewahrung und Bewirtschaftung der natürlichen Ressourcen	53.217	46,0
Unionsbürgerschaft, Freiheit und Recht	1.488	1,3
Die EU als globaler Akteur	7.847	6,8
Verwaltungsausgaben	7.280	6,3
Ausgleichszahlungen	207	0,2
Insgesamt	**115.771**	**100,0**
Obligatorische Ausgaben	42.430	36,7
Nichtobligatorische Ausgaben	73.341	63,3

Quelle: Europäische Kommission

Das Volumen des EU-Haushalts ist damit recht klein. Es entspricht knapp einem Prozent des Bruttonationaleinkommens der Mitgliedstaaten. Im Vergleich dazu stehen den Mitgliedstaaten für ihre eigenen Haushalte (Bund, Länder, Gemeinden) rund 45 Prozent des Bruttonationaleinkommens zur Verfügung. In der Struktur des Haushalts dominieren die Ausgabenblöcke »Bewahrung und Bewirtschaftung der natürlichen Ressourcen« mit einem Anteil von 46 Prozent (überwiegend die Ausgaben für die Agrarpolitik) und der Posten »Nachhaltiges Wachstum« mit einem Anteil von knapp 40 Prozent (überwiegend die Ausgaben für die Strukturpolitik der EU). Drei Viertel der Haushaltsmittel der EU werden damit zur Finanzierung der klassischen Agrar- und Strukturpolitik verwendet.

Dominanz der Agrar- und Strukturpolitik

22.4.3 Einnahmen

Die Einnahmen der EU sind Agrarabgaben, Zölle, Eigenmittel und Bruttonationaleinkommen-Eigenmittel (BNE-Eigenmittel).

Agrarabgaben sind Agrarabschöpfungen sowie Zucker- und Isoglucoseabgaben. Agrarabgaben sind Ergebnis der gemeinsamen Agrarpolitik der EU. Sie sind im Prinzip Zölle, die erhoben werden, wenn landwirtschaftliche Erzeugnisse aus Drittländern in die Gemeinschaft eingeführt werden, deren Preise unter denen liegen, die in der Gemeinschaft gelten. Damit sollen die Unterschiede zwischen den Weltmarkt- und EU-Preisen ausgeglichen und so die gemeinsame Agrarpolitik nach außen abgesichert werden. Zu den Agrarabgaben wird auch die Zucker- und Isoglucoseabgabe (Isoglucose ist ein Zuckerkonkurrenzprodukt) gerechnet, die von den Herstellern im Rahmen der gemeinsamen Marktorganisa-

Agrarabgaben sind im Prinzip Zölle bzw. Verbrauchsteuern.

Grundlagen der Europäischen Union
Der Haushalt der EU

tion für Zucker zu entrichten ist. Hiermit werden die Zuckerfabriken an den Kosten der Stützung des Zuckermarktes, insbesondere der Finanzierung von Exporterstattungen beteiligt. Diese Abgabe ist also eine Art spezielle Verbrauchsteuer.

Zölle: Die EU ist immer noch auch eine Zollunion. Sie erhebt einen gemeinsamen Zoll für Importe aus Drittländern. Dieser Zoll wird an den Außengrenzen der EU, insbesondere in den großen Handelshäfen wie Rotterdam erhoben. Hier hat die EU die Gestaltungskompetenz. Die daraus fließenden Einnahmen werden vollständig dem Haushalt der Gemeinschaft zugeführt. Für die Erhebungskosten dürfen die Mitgliedstaaten aber 25 Prozent der Einnahmen einbehalten. Zölle, Agrarabschöpfungen und Zuckerabgaben sind die so genannten **traditionellen Eigenmittel** der EU. Ihr Anteil an den EU-Einnahmen insgesamt beläuft sich auf 15 Prozent (2007).

Große, aber abnehmende Bedeutung der Mehrwertsteuer-Eigenmittel

Mehrwertsteuer-Eigenmittel: Diese Einnahmen ergeben sich aus der Anwendung eines für alle Mitgliedstaaten einheitlichen Steuersatzes (Eigenmittelsatz von 0,31 Prozent, Stand 2007) auf die einheitliche (harmonisierte) Mehrwertsteuer-Bemessungsgrundlage, die etwa dem Endverbrauch entspricht. Daneben besteht eine so genannte Kappungsgrenze: Die Mehrwertsteuer-Bemessungsgrundlage wird nur bis zur Höhe von 50 Prozent des Bruttonationaleinkommens (BNE) angerechnet. Mit dieser Regelung soll der Tatsache Rechnung getragen werden, dass weniger entwickelte Länder einen relativ hohen Endverbrauchsanteil am BNE aufweisen und daher durch die Aufbringung der Mehrwertsteuer-Eigenmittel relativ stärker belastet werden als die entwickelteren Länder. Im Haushaltsjahr 2007 finanzierten die Mehrwertsteuer-Eigenmittel gut 15 Prozent des Haushalts.

BNE-Eigenmittel als wichtigste Einnahmeart

BNE-Eigenmittel (Einnahmen auf der Grundlage des Bruttonationaleinkommens): Weil die bisher genannten Einnahmen nicht ausreichen und weil sie durch Einnahmen ersetzt werden sollten, die die wirtschaftliche Leistungsfähigkeit der Mitgliedstaaten besser berücksichtigen, hat der Europäische Rat 1988 eine weitere Einnahmequelle beschlossen, die BNE-Eigenmittel. Dabei handelt es sich um eine veränderliche Hilfsgröße, die die restliche Einnahmelücke im EU-Haushalt finanzieren soll. Bemessungsgrundlage ist das Bruttonationaleinkommen der Mitgliedstaaten, und der »Steuersatz« ergibt sich aus der zu deckenden Haushaltslücke. Mit den BNE-Eigenmitteln wird eine Besteuerung nach der Leistungsfähigkeit erreicht. Sie sind mit einem Einnahmeanteil von 69 Prozent (2007) die bedeutendste Einnahme der EU.

Sonstige Einnahmen, z. B. Steuern für die Dienstbezüge des EU-Personals oder auch Haushaltsüberschüsse aus den Vorjahren.

Einnahmebegrenzung

Im Zeitablauf ist auf der Einnahmenseite des EU-Haushalts eine deutliche Steigerung der Einnahmen zu erkennen und zugleich eine erhebliche Strukturverschiebung in Richtung einer Besteuerung nach dem BNE, also nach dem Indikator für die wirtschaftliche Leistungsfähigkeit. Die Einnahmen sind insgesamt auf 1,24 Prozent des BNE begrenzt. Diese **Eigenmittelobergrenze** ist im Rahmen der Finanziellen Vorausschau 2007–2013 vom Europäischen Rat beschlossen worden, um eine gewisse Ausgabendisziplin zu erreichen.

Wenngleich die EU von Eigenmitteln spricht, sind die MwSt-Eigenmittel und die BNE-Eigenmittel doch keine richtigen eigenen EU-Steuern, weil die Gesamteinnahmen vom Europäischen Rat begrenzt werden und Mittel für Erhöhungen (Eigenmittelobergrenze) von den Mitgliedstaaten ratifiziert werden müssen. Daher ist die Kommission bestrebt, eine richtige **eigene Steuer** einzuführen mit einem festen Steuersatz bezogen auf das Bruttonationaleinkommen. Dies könnte dann eine proportionale oder sogar eine progressiv ausgestaltete EU-Einkommensteuer sein. Solange die EU-Institutionen und die EU-Entscheidungsverfahren indes von einem Demokratiedefizit gekennzeichnet sind, ist eine EU-Steuer problematisch.

EU-Kommission erstrebt eine eigene EU-Steuer

Insgesamt ist festzustellen, dass der Bereich der Finanzierung der EU, anders als viele andere Bereiche der Wirtschaft, noch stark der nationalen Souveränität der Mitgliedstaaten unterstellt ist. Dies liegt sicher auch daran, dass das Recht, Steuern zu erheben, eines der zentralen wirtschaftlichen Souveränitätsrechte der Staaten ist (»the power to tax is the power to govern«).

22.4.4 Finanzielle Vorausschau

Die Ausgaben der EU werden im Rahmen einer mittelfristigen Finanzplanung geplant, der so genannten **Finanziellen Vorausschau**; hier werden die jährlichen Ausgabenhöchstbeträge verbindlich festgesetzt. 2005 ist vom Europäischen Rat die derzeit geltende finanzielle Vorausschau für die Jahre 2007–2013 angenommen worden. Tabelle 22-3 gibt einen Überblick über Volumen und Struktur der mittelfristig geplanten Ausgabenhöchstbeträge. Hier ist auch die bereits erwähnte Eigenmittelobergrenze von 1,24 Prozent des Bruttonationaleinkommens verankert. Diese Eigenmittelobergrenze beschränkt die Ausgaben der EU recht wirksam.

Einnahmen- und Ausgabenbegrenzung

Das Volumen der geplanten Ausgabenhöchstbeträge erreicht insgesamt für die sieben Jahre knapp 1.000 Milliarden Euro; dabei verschiebt sich das Gewicht der Ausgaben vom Posten »Bewahrung und Bewirtschaftung der natürlichen Ressourcen« zum Posten »Nachhaltiges Wachstum« recht deutlich. Die EU ist also bestrebt, den Ausgabenschwerpunkt Agrarpolitik wenigstens relativ zu reduzieren. Die Eigenmittelobergrenze wird generell deutlich unterschritten, es verbleiben daher deutliche Spielräume von 0,2 bis 0,3 Prozent des BNE. Nach Erweiterung der EU um zehn neue Mitglieder ist der Haushalt also zwar nominal aufgestockt worden, aber gemessen am BNE der Gemeinschaft etwa gleich groß geblieben. Dies zeugt von einer beachtlichen Haushaltsdisziplin.

Strukturverschiebungen im Haushalt

22.4.5 Nettoposition

Die **Nettoposition** ergibt sich als Differenz zwischen den Einnahmen der EU aus dem Mitgliedsland und den Zahlungen der EU an diesen Staat.

Tab. 22-3

Finanzielle Vorausschau (Finanzrahmen) der EU 2007–2013 (in Mio. €)

Mittel für Verpflichtungen	2007	2008	2009	2010	2011	2012	2013	Insgesamt 2007–2013
1. Nachhaltiges Wachstum	54.405	57.275	59.700	61.782	63.614	66.604	69.621	433.001
Wettbewerbsfähigkeit für Wachstum und Beschäftigung	8.918	10.386	11.272	12.388	12.987	14.203	15.433	85.587
Kohäsion für Wachstum und Beschäftigung	45.487	46.889	48.428	49.394	50.627	52.401	54.188	347.414
2. Bewahrung und Bewirtschaftung der natürlichen Ressourcen	58.351	58.800	59.252	59.726	60.191	60.663	61.142	418.125
Davon: Marktbezogene Ausgaben und Direktzahlungen	45.759	46.217	46.679	47.146	47.617	48.093	48.574	330.085
3. Unionsbürgerschaft, Freiheit, Sicherheit und Recht	1.273	1.362	1.523	1.693	1.889	2.105	2.376	12.221
Freiheit, Sicherheit und Recht	637	747	872	1.025	1.206	1.406	1.661	7.554
Unionsbürgerschaft	636	615	651	668	683	699	715	4.667
4. Die EU als globaler Partner	6.578	7.002	7.440	7.893	8.430	8.997	9.595	55.935
5. Verwaltung[1]	7.039	7.380	7.699	8.008	8.334	8.670	9.095	56.225
6. Ausgleichszahlungen	445	207	210					862
Verpflichtungsermächtigungen insgesamt	126.491	132.026	135.824	139.102	142.458	147.039	151.829	974.769
in % des BNE	1,06	1,06	0,95	1,03	1,01	1,00	1,00	1,03
Zahlungsermächtigungen insgesamt	122.190	129.681	123.858	133.505	133.452	140.200	142.408	925.294
in % des BNE	1,02	1,04	1,05	0,99	0,95	0,96	0,94	0,98
Verfügbarer Spielraum	0,22	0,20	0,29	0,25	0,29	0,28	0,30	0,26
Eigenmittelobergrenze in % des BNE	1,24	1,24	1,24	1,24	1,24	1,24	1,24	1,24

[1] Bei den innerhalb der Obergrenze dieser Rubrik berücksichtigten Ausgaben für die Versorgungsbezüge handelt es sich um Nettobeträge, in denen die Beiträge des Personals zur entsprechenden Versorgungsordnung in Höhe von 500 Mio. € (Preise 2004) für den Zeitraum 2007–2013 nicht enthalten sind.

Quelle: Europäische Kommission, Gesamthaushaltsplan der Europäischen Union für das Haushaltsjahr 2008, Brüssel, Luxemburg Januar 2008, S. 8.

Zahlungen der Länder an die EU orientieren sich überwiegend am BNE.

Die **Zahlungen der Mitgliedsländer an die EU** orientieren sich vor allem an der wirtschaftlichen Leistungsfähigkeit – letztlich überwiegend am BNE – und daneben an der geographischen Lage. BNE-Eigenmittel orientieren sich direkt am BNE und MwSt-Eigenmittel am größten Aggregat des BNE, dem Endverbrauch. Daher zahlen große Länder wie Deutschland insgesamt viel ein, und reiche Länder, wie die Niederlande oder Schweden, zahlen pro Kopf der Bevölkerung viel ein. Die geographische Lage spielt insofern eine Rolle, als an den Außengrenzen abgewickelte Importe dort zu Zolleinnahmen führen, die an die EU abzuführen sind. Dies gilt besonders für Rotterdam, also die Niederlande.

Die **Zahlungen der EU an die Mitgliedsländer** orientieren sich vor allem an Umfang und Struktur der Landwirtschaft und am allgemeinen Entwicklungs-

Der Haushalt der EU **22.4**

stand, meist gemessen am BIP pro Kopf: Die Agrarpolitik und die Strukturpolitik finanzieren die wesentlichen Rückflüsse. Daher sind relativ wenig entwickelte Länder mit einem hohen Anteil der Agrarproduktion wie Spanien, Griechenland und Portugal Nettoempfänger, während relativ entwickelte Industrieländer wie Deutschland, Großbritannien oder Schweden Nettozahler sind.

Zahlungen der EU an die Länder orientieren sich überwiegend am Entwicklungsstand.

Tabelle 22-4 zeigt die **Nettoposition** der EU-Mitgliedstaaten im Jahr 2006. Deutschlands Nettobeitrag zum EU-Haushalt beträgt rund 6,3 Milliarden Euro. Insgesamt erbringt Deutschland absolut den weitaus größten Teil der Finanzierungslast der EU; im Verhältnis zum Bruttonationaleinkommen sind aber die

Die deutsche Nettoposition

Tab. 22-4

Nettoposition der EU-Mitgliedstaaten 2006

	in Mio. €	in % des BNE
Deutschland	−6.331,2	−0,27
Frankreich	−3.017,8	−0,17
Niederlande	−2.589,2	−0,47
Vereinigtes Königreich	−2.143,6	−0,11
Italien	−1.735,9	−0,12
Schweden	−857,4	−0,28
Belgien	−710,9	−0,23
Dänemark	−505,9	−0,23
Österreich	−302,2	−0,12
Finnland	−241,5	−0,14
Luxemburg	−30,2	−0,11
Irland	1.080,1	0,71
Portugal	2.291,3	1,54
Spanien	3.808,8	0,40
Griechenland	5.101,7	2,68
Malta	100,9	2,09
Zypern	102,3	0,73
Slowenien	142,7	0,49
Estland	176,4	1,40
Lettland	255,5	1,63
Slowakische Republik	323,1	0,76
Tschechische Republik	385,9	0,36
Litauen	585,3	2,52
Ungarn	1.114,8	1,35
Polen	2.996,8	1,16

Quelle: IW-Trends, 3/2008, S. 9.

Niederlande deutlich höher sowie Schweden, Dänemark und Belgien ähnlich hoch belastet.

Die größten Nettoempfänger sind absolut gesehen Griechenland, Spanien, Polen und Portugal; alle zehn neuen Mitglieder sind Nettoempfänger. Der Gesamtumfang der so erfassten Umverteilung in der EU beträgt 2006 rund 18,5 Milliarden Euro. Im Prinzip kann diese Umverteilung wohl akzeptiert werden, wenngleich aus deutscher Sicht der deutsche Nettobeitrag doch relativ hoch ist.

22.5 Agrarpolitik der EU

Die Agrarpolitik ist der wichtigste Bereich der EU-Politik.

Die Gemeinsame Agrarpolitik (GAP) umfasst in der Haushaltssystematik zwei Bereiche: den Bereich »Marktbezogene Ausgaben und Direktzahlungen« mit einem Volumen von 40,9 Milliarden Euro und den Bereich »Entwicklung des ländlichen Raums« mit einem Volumen von 11,4 Milliarden Euro (Zahlungsermächtigungen im Haushalt 2008), zusammen also rund 52,3 Milliarden Euro. Das ist mit einem Anteil von 45 Prozent der größte Posten im EU-Haushalt, und damit ist die Gemeinsame Agrarpolitik der quantitativ bedeutsamste Bereich der EU-Wirtschaftspolitik. Sie ist auch die Keimzelle der EU, weil der Agrarmarkt der erste gemeinsame Markt, der erste Bereich einer vollständigen Integration der alten EWG gewesen ist.

Von der Preisstützung zur direkten Einkommenshilfe

Bis in die 1990er-Jahre des vorigen Jahrhunderts bestand die Gemeinsame Agrarpolitik im Wesentlichen aus einem System von Preisstützungen für landwirtschaftliche Produkte. Dies war und ist eine Form einer **sozial motivierten Preispolitik**, die in vielen Bereichen der Wirtschaft, angefangen von Höchstgrenzen für Mieten bis hin zum verbilligten Mensaessen, anzutreffen ist. Die herrschende Wirtschaftswissenschaft hat eine solche Form einer Sozialpolitik immer mit den Argumenten kritisiert, dass dies zu einer Fehlallokation der Ressourcen führe, dass die Kontrollkosten sehr hoch seien und dass die resultierende Wohlfahrtsverbesserung der zu Schützenden relativ gering sei. Daher zieht die Wirtschaftswissenschaft eine **sozial motivierte Einkommenspolitik**, eine direkte Einkommenshilfe vor. Anfang der 1990er-Jahre ist das System der Preisstützungen durch die Einführung von direkten Einkommenshilfen ergänzt und seitdem in diesem Sinne fortentwickelt worden. Dieser Wandel im Leitbild der Agrarpolitik ist auch ein Sieg der Ökonomie.

Wandel im Leitbild der Agrarpolitik

22.5.1 Begründung staatlicher Regulierung des Agrarsektors

Strukturdefizite in der Agrarproduktion

Traditionell wird die Landwirtschaft, nicht nur im Rahmen der EU, relativ stark reguliert und geschützt. Dies liegt vor allem an folgenden Strukturdefiziten der landwirtschaftlichen Produktion:

- Landwirtschaftliche Produkte sind **inferiore Güter** mit sehr geringer Einkommenselastizität der Nachfrage, d. h. die Nachfrage nach landwirtschaftlichen Produkten steigt mit steigendem Einkommen, wenn überhaupt, nur noch sehr gering.
- Die Nachfrage nach landwirtschaftlichen Produkten ist sehr **wenig preiselastisch**, d. h. Preisänderungen verändern die Nachfrage kaum. Dies bedeutet auch, dass umgekehrt eine Veränderung der Angebotsmenge zu relativ starken Preisänderungen führt.
- Dies würde in Verbindung mit den im Durchschnitt erheblichen Produktivitätssteigerungen der Landwirtschaft einen anhaltenden und kräftigen **Verfall der Agrarpreise** bewirken (ruinöser Preisverfall), der verteilungspolitisch nicht zu akzeptieren ist.

Gefahr eines ruinösen Preisverfalls

Hinzu kommt sicher, dass in vielen Ländern eine nationale Deckung des Bedarfs an Lebensmitteln angestrebt wird (Nahrungsmittelautarkie) und dass in vielen Ländern Europas die Landwirtschaft eine wichtige Erwerbsquelle der Bevölkerung ist. Mithin kann als Konsens gelten, dass die Landwirtschaft nicht allein dem Prinzip der wettbewerblichen Selbststeuerung unterworfen werden sollte, fraglich sind nur die geeigneten Schutzmaßnahmen.

22.5.2 Grundstruktur der traditionellen EU-Agrarpolitik

Explizit sieht der EG-Vertrag für die Landwirtschaft einen Gemeinsamen Markt vor (Art. 32–38 EGV). Dies war allerdings deswegen besonders schwer zu erreichen, weil nationale Märkte im Marktsinne nicht bestanden, vielmehr eine gemeinsame Regulierungspolitik zu entwickeln war. Diese **gemeinsame Regulierungspolitik** besteht im Wesentlichen aus einem System von so genannten **Agrarmarktordnungen** (die, wie es treffend heißt, mit Markt nichts und mit Ordnung nur wenig gemein haben).
Ihre Grundelemente sind:
- Schutz vor der Konkurrenz des Weltmarktes durch Agrarabschöpfungen (im Prinzip flexible Zölle) und
- Garantiepreise für die Erzeuger, die in der Regel über den Gleichgewichtspreisen liegen (Intervention).

Grundelemente der Agrarmarktordnungen

Für rund 70 Prozent aller landwirtschaftlichen Produkte gelten das Garantiepreissystem und der Schutz vor der Weltmarktkonkurrenz: Getreide, Zucker, Milchprodukte, Rind-, Schweine- und Schaffleisch, einige Obst- und Gemüsesorten sowie Tafelwein. Für einige Produkte wie Geflügel, Eier, Blumen und einige Obst- und Gemüsesorten gilt nur der Schutz vor billigen Importen. Insgesamt sind etwa 95 Prozent der landwirtschaftlichen Produktion geschützt. Im Einzelnen unterscheiden sich die Regelungen für die jeweiligen Produkte ein wenig, die Grundstruktur ist indes gleich.

22.5.3 Funktionsweise von Intervention und Agrarabschöpfung

Die Preise für landwirtschaftliche Produkte bilden sich, ebenso wie die Preise für andere Waren, grundsätzlich durch Angebot und Nachfrage. Droht der Erzeugerpreis allerdings ein bestimmtes Niveau zu unterschreiten, so greifen bei Agrarprodukten, die in eine gemeinsame Marktordnung einbezogen sind, preisstützende Maßnahmen. Zu Beginn eines Wirtschaftsjahres setzt der Agrarministerrat die institutionellen Preise fest. Besondere Bedeutung kommt dabei dem **Richtpreis** (agrarpolitisch gewünschter Erzeugerpreis) und dem – meist deutlich niedrigeren – **Interventionspreis** zu. Für die wichtigsten Agrargüter, vor allem Getreide, Zucker, Fleisch und Milch, bildet der Interventionspreis die Untergrenze des Binnenpreisniveaus, da die Interventionsstellen die angebotenen Mengen zum Interventionspreis kaufen, wenn sie auf dem freien Markt nicht zu höheren Preisen verkauft werden können. Damit ist der Interventionspreis der Mindestpreis auf Großhandelsstufe. Diese Mindestpreise werden in der Regel aber auf bestimmte Höchstmengen begrenzt.

Dieses Preisstützungssystem führt in der Regel zu erheblichen Überschüssen der landwirtschaftlichen Produktion. Diese Überschüsse werden aufgekauft, gelagert, verwertet oder vernichtet. Finanziert wird dies im Rahmen des EU-Haushalts durch die so genannten »Marktbezogenen Maßnahmen«, die 2008 (nur) noch gut 4 Milliarden Euro kosteten. Sie werden seit 2008 zunehmend durch »Direktbeihilfen« ersetzt (vgl. Kapitel 22.5.5).

Um die europäische Landwirtschaft vor billigen Importen zu schützen, gibt es neben den internen Regelungen einen umfassenden Außenschutz für den Agrarbereich. Je nach Marktordnung besteht der Außenschutz aus variablen **Abschöpfungen** oder Zöllen oder einer Kombination aus beidem. Mithilfe der variablen Abschöpfungen wird der Einfuhrpreis auf den Schwellenpreis hochgeschleust, der in etwa dem Richtpreis entspricht. Damit wird erreicht, dass die Importgüter im Inland nicht unter dem Richtpreis angeboten werden können; die EU-Agrarproduktion ist mithin wirksam vor der Weltmarktkonkurrenz geschützt.

Spiegelbildlich zu den Abschöpfungen als Einfuhrhemmnis praktiziert die EU **Exporterstattungen** als Ausfuhrsubventionen. Damit wird der Unterschied zwischen den hohen EU-Preisen und den niedrigen Weltmarktpreisen ausgeglichen: Der Exporteur erhält bei Lieferungen in Gebiete außerhalb der EU also den Weltmarktpreis plus Exporterstattung und steht sich damit etwa so wie bei Verkäufen innerhalb der Gemeinschaft.

Dieses System ist für Agrarproduzenten außerhalb der EU außerordentlich nachteilig, sofern ihnen nicht Sonderkonditionen eingeräumt werden wie im Rahmen des Allgemeinen Präferenzsystems oder der Abkommen von Lomé. Es verwehrt ihnen einerseits die bei einem Freihandel möglichen Absatzmärkte in der Gemeinschaft und übt andererseits durch die subventionierten Exporte einen erheblichen Druck auf die Weltmarktpreise aus, schmälert also sowohl die erzielbaren Preise als auch die erzielbaren Absatzmengen. In den Verhandlungsrunden der WTO zur Liberalisierung des Welthandels spielt diese Problematik stets eine zentrale Rolle. Insbesondere die Exportsubventionen werden heftig kritisiert; zudem verlangt die WTO, dass direkte Einkommenssubventionen produktionsneutral ausgestaltet sein sollten, d. h. nicht zur Erhöhung der landwirtschaftlichen Überschussproduktion beitragen.

22.5.4 Bewertung

Das beschriebene Preisstützungssystem ist sehr teuer, der EU-Haushalt wird durch seine Finanzierung so stark belastet, dass für andere notwendige Aufgaben, z. B. im Bereich der Struktur- und Regionalpolitik, nur wenige Mittel übrig bleiben. Das Preisstützungssystem ist zudem aus mehreren Gründen ineffizient und auch verteilungspolitisch kaum zu vertreten:

Hohe Kosten der Preisstützung

▸ Ein großer Teil der Ausgaben wird für die **Folgen der Preisstützung** verwendet, für die Kosten von Aufkauf, Verwaltung und Lagerhaltung, für Exporterstattungen, Beihilfen für inferiore Verwendung (z. B. Verfütterung von zuvor kostspielig produziertem Milchpulver an Kälber) oder für die Vernichtung. Damit wird das eigentliche Ziel – Erhöhung der Erzeugereinkommen – weitgehend verfehlt. So wird geschätzt, dass den Landwirten nur rund 20 Prozent der Agrarmarktausgaben zufließen.

Ineffizienz der Preisstützung

▸ Das Preisstützungssystem führt im Wesentlichen zu einer Anhebung der so genannten Bodenrente, des Einkommens, das speziell dem Boden und damit dem Bodeneigentümer zugerechnet wird. Das System stützt mithin das Einkommen der Bodeneigentümer und bei weitem nicht alle Landwirte sind Bodeneigentümer. Die Vorteile fließen also eher den Großgrundbesitzern zu als den kleinen Pächtern.

Vorteile eher für Großgrundbesitzer

▸ Das Preisstützungssystem führt zu Marktordnungspreisen, die oft über den Weltmarktpreisen liegen. Damit zahlt nicht nur der Steuerzahler, sondern zusätzlich der Verbraucher für die Preisstützung.
▸ Schließlich stellt die induzierte Überproduktion eine erhebliche und unnötige Belastung der Umwelt dar.

Belastung der Umwelt

▸ Und generell verzerrt jeder Eingriff in den Preismechanismus die optimale Verteilung der Produktivkräfte. Die Wirkungen lassen sich indes kaum quantifizieren.

22.5.5 Reform der Agrarpolitik

Eine Reform der alten Agrarpolitik der EU wurde immer dringlicher, weil die steigenden Ausgaben das Finanzierungssystem der EU zu sprengen drohten und weil die Kritik aus Kreisen der Wissenschaft und der Druck der WTO immer stärker wurden. Anfang der 1990er-Jahre wurde eine **grundlegende Neuausrichtung der europäischen Agrarpolitik** eingeleitet. Sie zielt vor allem auf den Abbau der Preisstützungen und auf die Einführung von direkten Einkommenshilfen. Bis 2004 sind vor allem produktionsbezogene Direktzahlungen gezahlt

Reform der Agrarpolitik

worden; nach der aktuellen Reform von 2003 (Luxemburger Beschlüsse) werden die produktionsbezogenen Direktzahlungen ab 2005 schrittweise bis 2013 auf produktionsunabhängige Direktzahlungen, auf die so genannte **Betriebsprämie** umgestellt (Entkopplung). Diese Betriebsprämie wird dann je Hektar (Hektarzahl der beihilfefähigen Flächen zum Stichtag 17.05.2005) gezahlt. Dies hat den Vorteil, dass die Landwirte dann selbst entscheiden können, was sie produzieren, sie können sich also flexibel an die Marktsituation anpassen. Vorausgesetzt wird dabei, dass die Landwirte bestimmte Umwelt- und Tierschutzvorschriften beachten (Cross Compliance). Dies ist ein sinnvolleres Subventionsprinzip als das alte Prinzip der direkten Preissubventionierung; leider sind die Umsetzungsregelungen im Einzelnen recht kompliziert.

Umstellung auf Direktzahlungen (Betriebsprämie)

Neben diesen Direktbeihilfen in Form der Betriebsprämie wird die Politik zur **»Entwicklung des ländlichen Raums«** für die Gemeinsame Agrarpolitik immer wichtiger. Hier sind drei Schwerpunkte festgelegt worden:

Finanzierung von Projekten zur Entwicklung des ländlichen Raums

- Verbesserung der Wettbewerbsfähigkeit der Land- und Forstwirtschaft,
- Verbesserung der Umwelt und der Landschaft
- Verbesserung der Lebensqualität im ländlichen Raum und Förderung der Diversifizierung der ländlichen Wirtschaft.

Im Rahmen dieser Politik werden Projekte und Entwicklungen zu finanzieren sein, die immerhin einen Umfang von 11,3 Milliarden Euro ausmachen (2008). Diese Politik soll die geplante Umstrukturierung der Agrarpolitik begleiten und stützen. Sie steht auch in einem engen Zusammenhang mit der Strukturpolitik.

22.6 Strukturpolitik der EU

Kernprobleme einer wirtschaftlichen Integration sind die ungleiche Verteilung der Wohlfahrtsgewinne zwischen ihren Mitgliedsregionen und die ungleiche Entwicklung der Regionen. Dies ist auch in der EU 27 eines der Kernprobleme und daher ist die regionale Strukturpolitik einer der zentralen Politikbereiche der EU, der ein gutes Drittel der Haushaltsmittel in Anspruch nimmt. In der immer etwas blumigen Bezeichnung der Politikbereiche umfasst die regionale Strukturpolitik den Haushaltsposten »Kohäsion für Wachstum und Beschäftigung«. Nach Artikel 158 EGV soll die Strukturpolitik den wirtschaftlichen und sozialen Zusammenhalt (»Kohäsion«) fördern und dabei insbesondere die Unterschiede im Entwicklungsstand der Regionen verringern (»Konvergenz«). Zentraler Indikator des Entwicklungsstandes von Ländern und Regionen ist das Bruttoinlandsprodukt (BIP) pro Kopf und zentrales Ziel der Strukturpolitik ist es, das BIP pro Kopf in den Ländern und Regionen anzugleichen.

Kohäsion und Konvergenz als Ziele der Strukturpolitik

Zur Finanzierung der Strukturpolitik stehen in der Förderperiode 2007–2013 rund 350 Milliarden Euro zur Verfügung, davon rund 280 Milliarden Euro in den so genannten Strukturfonds EFRE und ESF sowie 70 Milliarden Euro im so genannten Kohäsionsfonds:

- **Europäischer Fonds für regionale Entwicklung (EFRE)**
  Dieser Fonds unterstützt gewerbliche Investitionen mit Arbeitsplatzeffekten und Infrastrukturinvestitionen zur Förderung des Entwicklungspotenzials von Regionen.
- **Europäischer Sozialfonds (ESF)**
  Dieser Fonds fördert die berufliche Eingliederung von Arbeitslosen und benachteiligten Menschen vor allem durch Ausbildungsmaßnahmen.
- **Kohäsionsfonds**
  Dieser Fonds war 1994 ursprünglich eingerichtet worden, um die Länder Griechenland, Irland, Portugal und Spanien bei ihren Vorbereitungen zum Eintritt in die Wirtschafts- und Währungsunion zu unterstützen, ist nachfolgend aber nicht mehr aufgelöst worden. Er finanziert Infrastrukturinvestitionen in den Bereichen Umwelt und Verkehr, und zwar in Ländern, deren BIP pro Kopf weniger als 90 Prozent des EU-Durchschnitts beträgt.

Strukturfonds

Diese drei Fonds finanzieren die regionale Strukturpolitik der Gemeinschaft. Für den Finanzrahmen 2007–2013 sind die folgenden drei Ziele formuliert worden:

Ziele im Finanzrahmen 2007–2013

- **Konvergenz**
  Ziel ist die Förderung von Wachstum und die Schaffung von Arbeitsplätzen in Regionen mit einem BIP pro Kopf unter 75 Prozent des EU-Durchschnitts (ehemals Ziel 1 der Strukturpolitik genannt). Dies Ziel wird von allen drei Fonds finanziert und beansprucht 81,5 Prozent der Mittel der Strukturpolitik. (Unter dem Rubrum »Phasing-Out« werden übergangsweise auch noch solche Regionen finanziert, die vor der Osterweiterung der EU ein BIP pro Kopf unter 75 Prozent des EU-Durchschnitts aufwiesen, nach der Erweiterung aber wegen des allgemein gesunkenen Durchschnittseinkommens über 75 Prozent erreicht haben, beispielsweise die neuen Bundesländer).
- **Regionale Wettbewerbsfähigkeit und Beschäftigung**
  Hier sollen die Regionen bei der Bewältigung ihres Strukturwandels, etwa infolge des Bevölkerungsrückgangs oder der Globalisierung, gefördert werden. Das Fördervolumen beträgt 16 Prozent der Mittel der Strukturpolitik.
- **Europäische territoriale Zusammenarbeit**
  Hier wird die grenzüberschreitende Kooperation von Regionen gefördert, etwa im Ostseeraum. Das Volumen beträgt 2,5 Prozent des Budgets.

Die Verteilung der Mittel der EU-Strukturpolitik zeigt Tabelle 22-5. Die Mittel fließen zum einen folgerichtig in die weniger entwickelten Länder, vor allem im Osten Europas, zum anderen aber zu einem erheblichen Teil auch in reichere Länder. So wird Deutschland in der aktuellen Förderperiode 2007–2013 mit rund 25 Milliarden Euro unterstützt; davon erhalten die neuen Bundesländer zur Förderung der Konvergenz rund 16 Milliarden Euro und die alten Bundesländer rund 8 Milliarden Euro aus dem Ziel »Regionale Wettbewerbsfähigkeit und Beschäftigung«. Damit gehört Deutschland zu den größeren Empfängerländern.

Verteilung der Mittel

Tab. 22-5

Strukturpolitik der EU 2007–2013: Mittelverteilung (in Mio. €)

	Konvergenz			Regionale Wettbewerbsfähigkeit und Beschäftigung		Europäische territoriale Zusammenarbeit	Insgesamt
	Kohäsionsfonds	Konvergenz	Phasing-Out	Phasing-In	Regionale Wettbewerbsfähigkeit und Beschäftigung		
AT – Österreich			177		1.027	257	**1.461**
BE – Belgien			638		1.425	194	**2.257**
DE – Deutschland		11.864	4.215		9.409	851	**26.339**
DK – Dänemark					510	103	**613**
EL – Griechenland	3.697	9.420	6.458	635		210	**20.420**
ES – Spanien	3.543	21.054	1.583	4.955	3.522	559	**35.216**
FI – Finnland				545	1.051	120	**1.716**
FR – Frankreich		3.191			10.257	872	**14.320**
IE – Irland				458	293	151	**902**
IT – Italien		21.211	430	972	5.353	846	**28.812**
LU – Luxemburg					50	15	**65**
NL – Niederlande					1.660	247	**1.907**
PT – Portugal	3.060	17.133	280	448	490	99	**21.510**
SE – Schweden					1.626	265	**1.891**
UK – Vereinigtes Königreich		2.738	174	965	6.014	722	**10.613**
CY – Zypern	213			399		28	**640**
CZ – Tschechische Republik	8.819	17.064			419	389	**26.691**
EE – Estland	1.152	2.252				52	**3.456**
HU – Ungarn	8.642	14.248		2.031		386	**25.307**
LT – Litauen	2.305	4.470				109	**6.884**
LV – Lettland	1.540	2.991				90	**4.621**
MT – Malta	284	556				15	**855**
PL – Polen	22.176	44.377				731	**67.284**
SL – Slowenien	1.412	2.689				104	**4.205**
SK – Slowakei	3.899	7.013			449	227	**11.588**
BG – Bulgarien	2.283	4.391			179		**6.853**
RO – Rumänien	6.552	12.661				455	**19.668**
Interregionale Zusammenarbeit/Kooperationsnetze						445	**445**
Technische Unterstützung							**868**
Insgesamt	**69.577**	**199.323**	**13.955**	**11.408**	**43.734**	**8.542**	**347.407**
EU 15	10.300	86.611	13.955	8.978	42.687	5.511	**168.042**
EU 10	50.442	95.660	0	2.430	868	2.131	**151.531**
EU 2[1]	8.835	17.052	0	0	179	455	**26.521**

[1] Bulgarien und Rumänien

Quelle: BMF, EU-Kohäsions- und Strukturpolitik, http://www.bundesfinanzministerium.de/nn_1310/DE/Wirtschaft__und__Verwaltung/Europa/EU__Strukturpolitik/2204.html?__nnn=true, Zugriff am 16.07.2009.

Der Katalog förderungswürdiger Maßnahmen umfasst Infrastrukturprojekte aller Art, so z. B. den Bau von Straßen und Häfen, Beihilfen für Unternehmensinvestitionen, Ausbildung, Weiterbildung, Qualifizierung, Förderung des Fremdenverkehrs durch den Bau von Hotels, Werbekampagnen sowie die Erschließung landwirtschaftlicher Ressourcen über Vermarktungshilfen und Hilfen zur Änderung des Anbauprogramms oder zur Verringerung der Bodenerosion. Generell ist wichtig, dass mit solchen Förderprogrammen nicht alte Strukturen konserviert werden, dass also untergehende Industrien nicht gegen die Marktbedingungen am Leben gehalten werden, sondern dass der Strukturwandel aktiv gefördert wird.

Keine Konservierung der Strukturen

Nach dem **Prinzip der Additionalität** werden Hilfen nur gewährt, wenn sich auch das Empfängerland an der Finanzierung beteiligt. Damit soll erreicht werden, dass die Länder die Mittel sparsam verwenden. Die Höhe der Beteiligung der EU liegt in der Regel zwischen 25 und 75 Prozent.

Die Wirksamkeit der Strukturpolitik kann kaum beurteilt werden, weil ein Vergleich mit der Entwicklung ohne Förderhilfen nicht angestellt werden kann. Man kann aber den Stand und die Entwicklung der Unterschiede in der wirtschaftlichen Leistungsfähigkeit der Länder und Regionen feststellen. Der von der EU verwendete Begriff der Region entspricht etwa dem Begriff Regierungsbezirk in Deutschland; insgesamt gibt es 268 Regionen in der EU, in Deutschland z. B. die Region Hamburg oder Nordost-Brandenburg. Die Unterschiede in der wirtschaftlichen Leistungsfähigkeit werden primär gemessen am BIP pro Kopf, jeweils im Vergleich zum EU-Durchschnitt. Dabei erfolgt eine Umrechnung in Kaufkraftstandards, um die Unterschiede in den nationalen Preisniveaus auszugleichen. Man vergleicht damit in etwa reale Produktionsvolumina.

Wirksamkeit der Strukturpolitik fraglich

Die so gemessenen Unterschiede in der Wirtschaftskraft sind beträchtlich. Reiche Länder sind traditionell Luxemburg (253 Prozent des Pro-Kopf-Durchschnitts), Irland (140 Prozent) oder die Niederlande (135 Prozent), Deutschland gehört mit 116 Prozent zur Gruppe der mittleren Länder; arme Länder sind bislang noch vor allem Polen (57 Prozent), die baltischen Staaten mit rund 60 Prozent sowie Rumänien mit 46 Prozent und Bulgarien mit 40 Prozent des Durchschnittseinkommens (Quelle: Eurostat für 2008). Reiche Regionen sind traditionell »Inner London«, Brüssel und auch Hamburg; die ärmsten Regionen liegen in Bulgarien und Rumänien.

Große Disparitäten ...

Im Zeitablauf haben die Unterschiede in der Wirtschaftskraft, die Disparitäten, ein wenig abgenommen. Dabei haben sich die Disparitäten zwischen den Ländern rascher verringert als zwischen den Regionen. Ausgedrückt mit der Standardabweichung, einem in der Statistik häufig verwendeten Streuungsmaß, hat die Disparität bezogen auf die Mitgliedstaaten der EU 25 von 22,8 im Jahr 1995 auf 18,1 im Jahr 2003 abgenommen und auf der Ebene der Regionen hat die Disparität von 29,3 im Jahr 1995 auf 27,3 im Jahr 2002 abgenommen (Kommission der EU: Dritter Zwischenbericht über den Zusammenhalt 2005). In neueren Kohäsionsberichten der Kommission wird etwas weniger präzise darauf verwiesen, dass sich die summarischen Indikatoren für die regionalen Disparitäten nur wenig verändert haben (Vierter Zwischenbericht der Kommission

... aber Abbau der Disparitäten

über den Zusammenhalt, 2007, S. 6). Weil die neuen 12 Beitrittsländer aber im Durchschnitt mit einer Wachstumsrate von 3,6 Prozent schneller gewachsen sind als der Durchschnitt der alten EU-15-Länder mit 2,2 Prozent, kann man von einem gewissen Abbau der Disparitäten sprechen. 2008 haben die Konvergenzregionen, das sind die Regionen, die dem Konvergenzziel unterfallen, den Abstand ihres Pro-Kopf-Einkommens zum EU-Durchschnitt von 2000 bis 2005 um fünf Prozentpunkte verringern können und erreichen mittlerweile 58 Prozent des EU-Durchschnitts (Fünfter Zwischenbericht der Kommission über den Zusammenhalt 2008, S. 8).

Konvergenz vor allem im Rahmen des Freihandels

Der Abbau der Disparitäten in der wirtschaftlichen Leistungskraft, die Konvergenz, wird nach der klassischen Theorie des internationalen Handels durch den größeren Freihandel im Binnenmarkt und in der Währungsunion gefördert. Mechanismen sind die Arbitrage im Güterhandel und die Mobilität der Produktionsfaktoren, insbesondere des Produktionsfaktors Kapital. So strömt das in den reicheren Ländern reichlicher vorhandene Kapital in die ärmeren Länder, weil hier die Kapitalproduktivität größer ist, und Arbeit wandert von den ärmeren Ländern in die reicheren Länder, weil dort die Arbeitsproduktivität (und der Lohn) höher ist. Dies begründet eine gewisse Konvergenz. Daher wird dem Binnenmarkt und der Währungsunion meist die größere Rolle für den Abbau der Disparitäten zugesprochen als der Strukturpolitik.

22.7 Die Osterweiterung der EU

Die Erweiterung der EU um die zehn osteuropäischen Staaten (von Malta und Zypern sei hier abgesehen), kurz Osterweiterung genannt, war und ist eine gewaltige Herausforderung für die Wirtschaftspolitik der beteiligten Länder und der EU.

22.7.1 Die Herausforderung der Erweiterung für die Beitrittsländer

Übernahme der marktwirtschaftlichen Ordnung

Der Beitritt bedeutet für die neuen Länder die endgültige und irreversible Übernahme der marktwirtschaftlichen Ordnung. Er bedeutet (nach der Übergangszeit) die Übernahme aller wirtschaftsrechtlicher Regeln der EU, des Acquis communautaire. Der französische Begriff **Acquis communautaire** (Gemeinsamer Besitzstand) umfasst alle EU-Verträge und -Gesetze, Erklärungen und Entschließungen, internationale Übereinkommen zu EU-Angelegenheiten sowie die Urteile des Gerichtshofs. Zu ihm gehören auch gemeinsame Maßnahmen der Regierungen der EU-Mitgliedstaaten im Bereich »Justiz und Inneres« sowie in der Gemeinsamen Außen- und Sicherheitspolitik. Die »Übernahme des Acquis« bedeutet daher, dass man die EU so akzeptiert, wie man sie vorfindet. Die Bewerberländer müssen den »Acquis« vor ihrem Beitritt zur

Die Osterweiterung der EU 22.7

EU akzeptieren und die EU-Rechtsvorschriften in ihr nationales Recht umsetzen.

Nach dem (geplanten) Beitritt der neuen Länder auch in die Währungsunion (EWWU) bedeutet dies die weitgehende Aufgabe einer autonomen nationalen Wirtschaftspolitik. Dies impliziert gewaltige Anpassungen in allen Bereichen der Wirtschaftspolitik, in der Steuer- und Fiskalpolitik, in der Geldpolitik, in der Wettbewerbspolitik, in der Agrarpolitik und in der Sozialpolitik, um nur die wichtigsten Bereiche zu nennen. Und dies impliziert gewaltige Anpassungen im Bereich der Produktion von Gütern und Dienstleistungen, die den Normen des Binnenmarktes entsprechen müssen. Dabei handelt es sich um technische und rechtliche Normen, um Sozialnormen und um Normen im Bereich des Umweltschutzes (vgl. Kapitel 23), aber auch um Normen im Bereich der Verwaltung, im Bereich volkswirtschaftlicher Gesamtrechnung und im Bereich von Bildung und Ausbildung.

Gewaltige Anpassungen in allen Bereichen der Wirtschaftspolitik

Neben diesen Anpassungen müssen die Beitrittsländer auch im Rahmen der klassischen Wirtschaftspolitik erhebliche Anstrengungen unternehmen, um eine makroökonomische Stabilität zu erreichen. Tabelle 22-6 gibt einen Überblick über die zentralen makroökonomischen Indikatoren: Inflationsrate (Anstieg des harmonisierten Verbraucherpreisindex in Prozent), Wachstumsrate (Anstieg des realen BIP in Prozent), Haushaltsdefizit in Prozent des BIP, Leis-

Indikatoren der makroökonomischen Stabilität

Tab. 22-6

Makroökonomische Stabilitätskriterien der Beitrittsländer 2007

Land	Inflation	Wachstum	Haushaltsdefizit[1]	Leistungsbilanzdefizit[1]	Arbeitslosenquote
Bulgarien	7,6	6,2	+0,1	−21,4	7,2
Estland	6,7	6,3	+2,7	−18,1	8,2
Lettland	10,1	8,9	+0,1	−14,6	4,9
Litauen	5,8	10,0	−1,2	−22,6	4,8
Malta	0,7	3,6	−1,8	−5,4	6,5
Polen	2,5	6,7	−2,0	4,7	10,5
Rumänien	4,9	6,2	−2,6	−14,0	7,3
Slowakei	1,9	10,4	−1,9	−5,3	10,8
Slowenien	3,8	6,8	+0,5	−4,9	5,1
Tschechien	3,0	6,0	−1,0	−1,7	5,7
Ungarn	8,0	1,1	−5,0	−6,4	7,7
Zypern	2,2	4,4	+3,5	−9,7	4,2
EU 27	2,3	2,9	−0,8	−1,1	7,0

[1] in Prozent des Bruttoinlandsproduktes
Quelle: Eurostat

tungsbilanzsaldo in Prozent des BIP sowie die Arbeitslosenquote. Es werden dabei also nicht nur Konvergenzkriterien, sondern auch andere Indikatoren herangezogen.

Hohe Inflationsraten und hohe Wachstumsraten

Die Inflationsrate übersteigt in den meisten Beitrittsländern den EU 27-Durchschnitt, insbesondere in Ungarn und den baltischen Staaten ist die Inflationsrate Besorgnis erregend hoch. Die Wachstumsrate übersteigt den EU-27-Durchschnitt, mit Ausnahme von Ungarn, recht deutlich. Hier zeigt sich ein Aufholeffekt und eine gewisse Annäherung an die Konvergenz (vgl. Kapitel 22.6). Die Haushaltsdisziplin ist recht groß: Mit Ausnahme von Ungarn würden alle Beitrittsländer das Defizitkriterium von drei Prozent des BIP teilweise deutlich erfüllen. Die Arbeitslosenquoten entsprechen, mit Ausnahme von Polen und der Slowakei, etwa dem EU 27-Durchschnitt. Besorgnis erregend hoch sind allerdings die Leistungsbilanzdefizite praktisch aller Beitrittsländer mit Ausnahme Tschechiens, insbesondere in den baltischen Staaten. Diese Defizite sind deshalb Besorgnis erregend, weil sie zu einer zunehmenden Verschuldung dieser Länder im Ausland führen und damit das Vertrauen in die Stabilität der Währungen erschüttern. Insgesamt sind, vielleicht mit Ausnahme Tschechiens, noch erhebliche Anstrengungen erforderlich, um makroökonomische Stabilität zu erreichen, und der Beitritt zur Eurozone liegt für die meisten Länder, die noch nicht Mitglied sind (Mitglieder sind bereits Malta, Slowenien, Slowakei und Zypern) sicher in einiger Entfernung.

Sehr hohe Leistungsbilanzdefizite

22.7.2 Die Herausforderung der Erweiterung für die EU

Die Erweiterung war hauptsächlich eine finanzielle Herausforderung.

Für die EU ist der Beitritt zunächst eine finanzielle Herausforderung. Bis 2006 war für die Osterweiterung ein Beitrag von rund 40 Milliarden Euro geplant, vor allem im Bereich der Strukturpolitik und der Agrarpolitik, und nach der finanziellen Vorausschau 2007–2013 sind für die osteuropäischen Länder Beihilfen im Rahmen der Strukturpolitik in Höhe von rund 177 Milliarden Euro vorgesehen (vgl. Tabelle 22-5), darunter rund 67 Milliarden Euro für Polen oder rund 27 Milliarden Euro für die tschechische Republik. Hinzu kommen die Zahlungen im Bereich der Agrarpolitik. Allerdings leisten diese Länder ihrerseits Beiträge an die EU und per Saldo schlägt lediglich ein Nettobeitrag von rund 6 Milliarden Euro im Haushaltsjahr 2006 zu Buche (vgl. Tabelle 22-4). Dies ist deutlich weniger als die 12,3 Milliarden Euro, die 2006 für die »alten« Empfängerländer Griechenland, Spanien, Portugal und Irland per Saldo gezahlt worden sind. Die Zahlungen an die Beitrittsländer sprengen also den EU-Haushalt nicht.

22.7.3 Wohlfahrtseffekte der Erweiterung

Vorteile des Freihandels

Die Wohlfahrtseffekte einer Erweiterung können nicht quantifiziert werden, sie können nur qualitativ beschrieben werden. Es sind die bereits allgemein beschriebenen Vorteile des Freihandels (vgl. Kapitel 19.3):

- Handelsgewinne aus einer Zunahme der internationalen Arbeitsteilung, insbesondere Kostenvorteile der Spezialisierung und Größenersparnisse der Produktion und
- Handelsgewinne aus einer Zunahme des Wettbewerbs.

Diese Gewinne werden im Weg der Mobilität der Produktionsfaktoren Arbeit und Kapital realisiert. Dabei kommt es zu einem erheblichen Strukturwandel, insbesondere zu einer Verlagerung von Arbeitsplätzen in jeweils billiger produzierende Regionen und/oder zu einer Wanderung der Arbeitskräfte in Regionen mit höheren Löhnen. Vermutlich werden die dabei anfallenden Probleme des Strukturwandels vor allem in Form von (vorübergehender) Arbeitslosigkeit und in Form von Verlusten von Humankapital und Finanzkapital von der Ökonomie gegenüber den gesellschaftlichen Vorteilen der Billigkeit erheblich unterbewertet, aber eine Alternative zum Freihandel gibt es für die Ökonomie nicht.

Kosten des Strukturwandels

Arbeitsaufgaben Kapitel 22

1. Klären Sie folgende Begriffe:
   - *Zollunion,*
   - *Währungsunion,*
   - *Wirtschaftsunion,*
   - *Gemeinsamer Markt,*
   - *Agrarabschöpfungen,*
   - *Interventionspreis,*
   - *Konvergenz.*

2. *Grenzen Sie die Aufschließungseffekte von den Abschließungseffekten ab und bringen Sie Beispiele.*

3. *Was sind die Probleme einer (regional begrenzten) Integration?*

4. *Inwiefern sind die Entscheidungsgremien der EU demokratisch wenig legitimiert?*

5. *Warum hat man die Einnahmeart »Mehrwertsteuer-Eigenmittel« durch Einnahmen auf der Grundlage des Bruttonationaleinkommens ergänzt?*

6. *Warum wird der Agrarbereich in so gut wie allen Ländern staatlich reguliert?*

7. *Was bedeuten Agrarabschöpfungen und Exportsubventionen für Agrarproduzenten aus Nicht-EU-Staaten?*

8. *Was ist Funktion und was Ergebnis des Interventionspreissystems der EU?*

9. Warum ist eine regionale Strukturpolitik in der EU besonders wichtig und was sind die wesentlichen Elemente der EU-Strukturpolitik?

10. Was sind die zentralen Finanzierungsprobleme der Osterweiterung für die EU?

Lösungsvorschläge für die Arbeitsaufgaben finden Sie im »Übungsbuch zu Grundlagen und Probleme der Volkswirtschaft«.

Literatur Kapitel 22

Europäische Union: EU-Informationen 1/1995.

Über die Entwicklung der europäischen Integration und die Institutionen der Gemeinschaft informieren:
Baum-Ceisig, Alexandra/Klaus Busch/Claudia Nospickel: Die Europäische Union, Baden-Baden 2007.
Herz, Dietmar/Christian Jetzlsperger: Die Europäische Union, 2. Aufl., München 2008.
Holzinger, Katharina/Christoph Knill/Dirk Peters/Berthold Rittberger/Frank Schimmelfennig/Wolfgang Wagner: Die Europäische Union, Theorien und Analysekonzepte, Paderborn 2005.
Schermann, Karin/Gernot Stimmer/Michael Thöndl: Die Europäische Union, Wien 2007.
Wagner, Hanns-Jürgen/Thomas Eger/Heiko Fritz: Europäische Integration, München 2006.
Weidenfeld, Werner (Hrsg.): Die Europäische Union: Politisches System und Politikbereiche, Bonn (Bundeszentrale für politische Bildung) 2008.
Weidenfeld, Werner /Wolfgang Wessels (Hrsg.): Europa von A-Z, 9. Aufl., Bonn (Bundeszentrale für politische Bildung) 2009.

Wichtig sind auch die Verträge selbst:
EUV: EU-Vertrag, 6. Aufl., München 2008.

Aktuell und generell informieren die Publikationen der EU-Kommission, insbesondere
EU-Nachrichten (wöchentlich).
Europäische Kommission: Gesamtberichte über die Tätigkeit der Europäischen Union, Brüssel, Luxemburg (jährlich).

Theoretische Aspekte der Integration behandeln:
Loth, Wilfried/Wolfgang Wessels (Hrsg.): Theorien europäischer Integration, Opladen 2008.
Rosamund, Ben: Theories of European Integration, London 2000.

Die Reform der Agrarpolitik analysiert:
Koester, Ulrich: Reform der EU-Agrarpolitik, in: WiSt Heft 4, 2000, S. 194–200.

Die Strukturpolitik beschreibt:
Axt, Heinz-Jürgen: EU-Strukturpolitik, Opladen 2000.

Über Konzepte zur Berechnung von Nettopositionen informiert:
Busch, Berthold: Auswirkungen der EU-Erweiterung auf die Entwicklung und Verteilung des EU-Haushalts, in: iw-trends, Heft 3, 2008.

Die Einbindung Deutschlands in den EU-Haushalt analysiert:
Deutsche Bundesbank: Die Finanzbeziehungen Deutschlands zum EU-Haushalt, in: Monatsbericht Oktober 2005, S. 17–32.

Die europäische Integration im Rahmen der Globalisierung bewertet:
Schäfer, Wolf: Europa in der Globalisierung, in: Wirtschaftsdienst, Heft 1/2001, S. 30–37.

23 Der Binnenmarkt und begleitende Politikbereiche

> **Leitfragen**
>
> **Welche Prinzipien der Integrationspolitik lassen sich unterscheiden?**
>
> ▸ Was sind Inhalt und Ergebnis der funktionellen Integration?
>
> ▸ Was sind Inhalt und Ergebnis der institutionellen Integration?
>
> ▸ Was versteht man unter dem Subsidiaritätsprinzip?
>
> ▸ Welche Integrationspolitik ist im EG-Vertrag angelegt?
>
> **Welche Grundstrukturen hat das Binnenmarktprogramm?**
>
> ▸ Was sind die Freiheiten des Binnenmarktes?
>
> ▸ In welchen Bereichen und wie ist harmonisiert worden?
>
> **Worin besteht die Bedeutung der begleitenden Politikbereiche?**
>
> ▸ Was sind Grundelemente und Grundprobleme der EU-Sozialpolitik?
>
> ▸ Was sind Grundelemente und Grundprobleme der EU-Umweltpolitik?
>
> ▸ Was sind Grundelemente und Grundprobleme der EU-Forschungspolitik?
>
> ▸ Was sind Grundelemente und Grundprobleme der EU-Wettbewerbspolitik?

23.1 Theorie der Integrationspolitik

23.1.1 Integrationsverfahren

Im Zuge des Integrationsprozesses müssen Behinderungen des Handels abgebaut werden und grundlegende Politikbereiche harmonisiert werden. Um dieses Ziel zu erreichen, können zwei unterschiedliche Verfahren angewendet werden, die funktionelle oder die institutionelle Integration.

Als **funktionelle Integration** bezeichnet man die Harmonisierung durch Wettbewerb. In diesem Fall stellt der Wettbewerb der Produktionen, der Normen und Regeln, der Standorte und der Wirtschaftssysteme das Harmonisierungsergebnis über den Markt her, die Harmonisierung ist damit die Folge des Wettbewerbs. Daher spricht man auch von **Ex-post-Harmonisierung**. Der Wettbewerb entscheidet dann, ob z. B. Bier nur mit Wasser, Hopfen und Malz oder

Funktionelle Integration als Harmonisierung durch Wettbewerb

auch mit anderen Zutaten gebraut wird, ob die Rechtsform der deutschen Aktiengesellschaft die beste ist oder ob Fernsehprogramme Werbung enthalten dürfen oder nicht. In sehr weiter Interpretation wird die Harmonisierung im Wettbewerb von *Herbert Giersch* beschrieben:

Wettbewerb der Standorte

»Der internationale Wettbewerb ist ein Wettbewerb auch der Produktionsstandorte und der Arbeitsplätze an diesen Orten. Städte konkurrieren mit Städten, Regionen mit Regionen, Steuersysteme mit Steuersystemen. Ähnliches gilt für die Systeme der sozialen Sicherheit mit ihren Leistungen auf der einen Seite, ihren Zwangsabgaben auf der anderen Seite. Wo viel geboten wird an öffentlichen Gütern und Leistungen im Vergleich zu dem, was die Behörden dafür an Steuern und Abgaben verlangen, ist man attraktiv für die international mobilen Ressourcen, für das Humankapital wie für die Sachinvestitionen. Was zählt, ist das Preis-Leistungsverhältnis. Dieser Standortwettbewerb wird in den öffentlichen Bereich hineinwirken, vor allem als Triebkraft beim Ansiedeln und Gründen neuer Unternehmen.« (Frankfurter Allgemeine Zeitung vom 08.10.1988).

So steht auch die Wirtschaftspolitik selbst im Wettbewerb, der Wettbewerb entscheidet über die Akzeptanz z. B. einer Steuerpolitik, einer Stabilitätspolitik, einer Lohnpolitik oder einer Umweltpolitik.

Institutionelle Integration als Harmonisierung durch Politik

Als institutionelle Integration bezeichnet man die Harmonisierung durch eine gemeinsam verfolgte Politik. Hier werden Normen, Regeln, Politiken und Institutionen vor dem Einsetzen wettbewerblicher Anpassungsprozesse im Wege der Abstimmung und Verhandlung harmonisiert. Daher spricht man auch von einer **Ex-ante-Harmonisierung**. Die bisherige Integrationspolitik der EG stellt eine Kombination der beiden Integrationsverfahren dar: Die Errichtung der Zollunion war eine funktionelle Integration (durch Wettbewerb), die Konzeption z. B. des gemeinsamen Agrarmarktes war eine Form der institutionellen Integration (durch gemeinsame Politik).

Entsprechend liberaler Grundpositionen wird oft argumentiert, dass die funktionelle Integration vorzuziehen ist. Dies deshalb, weil der Wettbewerb am besten geeignet sei, das jeweils optimale Niveau einer Harmonisierung zu entdecken, während umgekehrt keine staatliche Instanz vorab wissen könne, was das Harmonisierungsoptimum im – jeweils zeitlich offenen – dynamischen Integrationsprozess sei. Eine solche Position kann allerdings nur als Grundsatz, nicht aber ohne Ausnahme gelten.

Wettbewerb als optimales Entdeckungsverfahren mit Ausnahmen

Grundsätzlich gilt der Wettbewerb zwar als »optimales Entdeckungsverfahren« (vgl. Kapitel 7), aber in einigen nicht unerheblichen Ausnahmebereichen kann der Wettbewerb nicht optimal funktionieren. Es sind dies die Fälle des so genannten **Marktversagens**, also kurz zusammengefasst die Bereiche der Produktion öffentlicher Güter und externer Effekte, der Gefahrenschutz für Arbeitnehmer und Konsumenten (mangelnde Transparenz) sowie der Schutz des Wettbewerbs selbst (bei kontinuierlich sinkenden Stückkosten oder bei wettbewerbsbeschränkenden Praktiken, vgl. Kapitel 2). Für diese Ausnahmebereiche wird grundsätzlich die Notwendigkeit gesehen zu prüfen, ob der Markt durch staatliche Eingriffe ergänzt oder ersetzt werden sollte. Dies kann letztlich immer nur im Einzelfall entschieden werden.

23.1.2 Integrationsebenen

Ist entschieden, dass eine staatliche Regulierung sinnvoll ist, muss überlegt werden, auf welcher hierarchischen Ebene der Gemeinschaft reguliert werden sollte: auf der Gemeinschaftsebene, auf der Ebene der nationalen Mitgliedstaaten, auf regionaler Länderebene oder lokaler Gemeindeebene. Grundsätzlich wird bei der Beantwortung dieser Frage das **Subsidiaritätsprinzip** akzeptiert. Es besagt, dass bei gleich guter Aufgabenerfüllung die jeweils untere Ebene vorrangig mit der Aufgabe betraut werden sollte. Man muss dann, wiederum im Einzelfall, prüfen, ob das Ausmaß der jeweils die einzelne Ebene überschreitenden Effekte so groß ist, dass sich eine Regelung auf der höheren Ebene empfiehlt. Für die EU-Integration ist mithin jeweils das Ausmaß an grenzüberschreitenden Effekten zu prüfen.

Vorrangig Aufgabenerfüllung durch die untere Ebene

23.1.3 Anwendungsbeispiele

Umweltschäden sind typische Beispiele für externe Effekte (»Drittwirkungen«), der Markt stellt dem Verursacher Umweltschäden in der Regel nicht adäquat in Rechnung. Sind die Umweltschäden erheblich, wie z. B. im Bereich der Luft- und Bodenverschmutzung durch Kraftwerke, Kraftfahrzeuge und Industrieproduktionen, dann müssen staatliche Schutzvorschriften erlassen werden (z. B. die »Technische Anleitung Luft«). Ist darüber hinaus das Ausmaß an grenzüberschreitenden Effekten nicht klein, wie z. B. bei Kraftwerken, dann sollten die Schutzvorschriften auf Gemeinschaftsebene erlassen werden (vgl. Kapitel 23.3.3 und Kapitel 29).

Gemeinschaftsregelung bei grenzüberschreitenden Effekten

Arbeitnehmerschutzvorschriften werden erlassen, um Arbeitnehmer vor Gefahren zu schützen, die sie selbst nicht erkennen können (mangelnde Transparenz) oder die sie aufgrund ihrer schwachen Position nicht abwehren können. So wurde von der EG z. B. eine Maschinen-Richtlinie erlassen, die die grundlegenden Sicherheitsanforderungen an Maschinen definiert. Dies gemeinschaftsweit festzulegen, erscheint sinnvoll, weil Maschinen als Güter des internationalen Handels in großem Umfang Grenzen überschreiten. Ähnliches gilt für Spielzeug. Hier müssen die Kinder davor geschützt werden, durch Spielzeug verletzt zu werden. Entsprechend wurde eine Spielzeug-Richtlinie erlassen (vgl. Kapitel 23.2.3).

Es muss allerdings betont werden, dass die EG keineswegs generell nach diesen Grundprinzipien harmonisiert hat. Vor allem in der Vergangenheit scheint der Umfang der Harmonisierungen eher zufällig und ad hoc bestimmt worden zu sein, und vor allem wurde zu viel und zu viel im Detail harmonisiert.

23.1.4 Integrationspolitik im EG-Vertrag

Grundsatz der Harmonisierung durch Wettbewerb...

Im EG-Vertrag ist, vor allem in Art. 28, mit dem Recht auf freien Warenverkehr grundsätzlich eine funktionelle Harmonisierung (durch Wettbewerb) angelegt. Diese Wettbewerbsfreiheit findet allerdings die in Art. 30 aufgelisteten Grenzen. Dort heißt es:

Die Bestimmungen über den freien Warenverkehr stehen »Einfuhr-, Ausfuhr- und Durchfuhrverboten oder -beschränkungen nicht entgegen, die aus Gründen der öffentlichen Sittlichkeit, Ordnung und Sicherheit, zum Schutz der Gesundheit und des Lebens von Menschen, Tieren oder Pflanzen, des nationalen Kulturguts von künstlerischem, geschichtlichem oder archäologischem Wert oder des gewerblichen und kommerziellen Eigentums gerechtfertigt sind. Diese Verbote oder Beschränkungen dürfen jedoch weder ein Mittel zur willkürlichen Diskriminierung noch eine verschleierte Beschränkung des Handels zwischen den Mitgliedstaaten darstellen.«

...mit Ausnahmen

Dieser interpretationsbedürftige Sachverhalt ist vom EuGH unter anderem durch seine Entscheidung im Urteil »Cassis de Dijon« (20.02.1979) und im Fall des deutschen Reinheitsgebots für Bier (12.03.1987) präzisiert worden. Danach können nur »zwingende Erfordernisse« im Bereich der in Art. 30 genannten Gründe den Import von Gütern beschränken, die in einem anderen Land rechtmäßig in Verkehr gebracht worden sind. Und diese zwingenden Erfordernisse z. B. des Gesundheits- und Verbraucherschutzes wurden im Fall des deutschen Bieres nicht gesehen. Entsprechend darf der Import von z. B. belgischem Bier, das nach belgischem Recht gebraut worden ist, aber nicht dem deutschen Reinheitsgebot entspricht, nicht mehr beschränkt werden. Auch eine verschleierte Beschränkung des Handels – etwa durch eine entsprechende Kennzeichnungsverordnung für Importbiere, die für Importbiere vor allem die Bezeichnung »Einfachbier« oder »Schankbier« vorsieht – wäre nicht zulässig.

Nur zwingende Erfordernisse können den Import beschränken.

Damit kann also im Grundsatz in der EU von der funktionellen Integration ausgegangen werden. Es gilt prinzipiell die gegenseitige Anerkennung nationaler Vorschriften auch beim grenzüberschreitenden Handel, und der Wettbewerb wird entscheiden, welche Vorschriften sich am Markt durchsetzen. Analog zum Besteuerungsprinzip beim grenzüberschreitenden Handel wird das Prinzip der Anerkennung nationaler Vorschriften auch **Ursprungslandprinzip** oder **Herkunftslandprinzip** genannt (vgl. Kapitel 23.2.9):

> Was im Ursprungsland rechtens ist, bleibt rechtens auch beim Grenzübertritt in das Bestimmungsland.

Importbeschränkungen werden sehr genau geprüft.

So wird immer sehr genau zu prüfen sein, ob Importbeschränkungen nicht eine verschleierte Beschränkung des Freihandels darstellen, wie z. B. im Falle der zeitweiligen Importbeschränkung für britisches Rindfleisch. Im Prinzip geht die Gemeinschaft eben davon aus, dass z. B. Rindfleisch, das in Großbritannien verzehrt werden darf, auch in allen anderen Ländern der Gemeinschaft als nicht gesundheitsgefährdend gilt.

Bedarf an einer institutionellen Integration (durch gemeinsame Politik) besteht mithin, zusätzlich zum Marktversagen bei Vorliegen der in Art. 30 genannten Ausnahmegründe, wenn diese also zu einer erlaubten Beschränkung des Freihandels führen würden.

23.2 Grundstrukturen des Binnenmarktes

23.2.1 Prinzipien und Bereiche des Binnenmarktes

In Art. 14 (dem früheren Art. 7 a) EG-Vertrag heißt es: »Der Binnenmarkt umfasst einen Raum ohne Binnengrenzen, in dem der freie Verkehr von Waren, Personen, Dienstleistungen und Kapital gemäß den Bestimmungen dieses Vertrages gewährleistet ist.«

Legaldefinition

Konstitutiv für den Binnenmarkt sind nach dieser neuen Legaldefinition also die so genannten vier Freiheiten:

Vier Freiheiten

- **Freier Warenverkehr**
  Innerhalb der EU sollen alle Güter zu den gleichen Bedingungen angeboten werden; es darf keinen Unterschied machen, aus welchem Mitgliedsland die Güter kommen.
- **Freier Personenverkehr**
  Innerhalb der EU sollen sich Personen so frei bewegen können wie innerhalb der nationalen Grenzen eines Landes. Diese Freiheit bezieht sich auf Arbeitnehmer, das Niederlassungsrecht der Selbstständigen und Freiberufler und auf die nicht berufstätigen Personen wie Rentner und Studierende.
- **Freier Dienstleistungsverkehr**
  Grenzüberschreitende Dienstleistungen – der Leistungserbringer begibt sich in das andere Land, der Leistungsempfänger begibt sich in das andere Land oder die Dienstleistung selbst ist grenzüberschreitend (z. B. Versicherung) – sollen nicht behindert werden.
- **Freier Kapitalverkehr**
  Geld und Kapital sollen ohne Beschränkungen transferiert werden dürfen (freier Kapital- und Zahlungsverkehr).

Damit diese vier Freiheiten realisiert werden konnten, ist das Abstimmungsverfahren für den Binnenmarkt entscheidend verändert worden. Statt, wie vordem, Einstimmigkeit der Ratsbeschlüsse vorzusehen (Art. 94 EGV), reichte nun die qualifizierte Mehrheit für die Annahme von Binnenmarktvorlagen (Art. 95, Abs. 1); mit Ausnahme der Bestimmungen über Steuern, über Freizügigkeit und über die Rechte der Arbeitnehmer (Art. 95, Abs. 2 EGV).

Revision des Abstimmungsverfahrens

Bereiche der Harmonisierung

Materiell werden im Allgemeinen die folgenden Bereiche der Binnenmarkt-Harmonisierungen unterschieden:
- Beseitigung der Grenzkontrollen,
- Technische Harmonisierung und Normung,
- Liberalisierung des öffentlichen Auftragswesens,
- Freizügigkeit der Arbeitnehmer und Selbstständigen,
- Dienstleistungsfreiheit,
- Freier Kapital- und Zahlungsverkehr,
- Kooperation von Unternehmen sowie
- Steuerharmonisierung.

Diese Bereiche werden im Folgenden in ihren Grundzügen beschrieben.

23.2.2 Beseitigung der Grenzkontrollen

Sichtbarstes Zeichen und unverzichtbarer Bestandteil eines Binnenmarktes ist die Abschaffung der Grenzkontrollen (»**Europa ohne Grenzen**«). Will man Grenzkontrollen beseitigen, so ist zweckmäßigerweise zunächst nach deren Ursachen zu fragen. Diese Ursachen sind vielfältiger Natur, es waren und sind im Wesentlichen:

Ursachen der Grenzkontrollen

- Unterschiedliche Tier-/Pflanzenschutzvorschriften und Kontrollverfahren,
- Unterschiede in Mehrwert- und spezieller Verbrauchsteuerbelastung (vgl. Kapitel 23.2.9),
- Unterschiede in der Asylpolitik, der Visumpolitik, der Bekämpfung von Kriminalität und Terrorismus (z. B. die Kontrolle des Erwerbs und des Führens von Waffen) sowie des Drogenhandels,
- Kontrolle im gewerblichen Güterverkehr (Transportgenehmigungen, Einhaltung von Schutzvorschriften wie z. B. Fahrtenschreiber, technischen Daten),
- Kontrolle von Abfalltransporten (radioaktive und andere Abfälle) und
- die Statistik des Warenverkehrs setzt zur Überprüfung Kontrollen voraus.

Prinzip: Beseitigung der Kontrollursachen oder Verlagerung der Kontrollen in das Inland

Will man Grenzkontrollen abschaffen, dann müssen entweder die genannten Kontrollursachen beseitigt werden oder, wenn dies nicht gelingt, die notwendig bleibenden Kontrollen von der Grenze in das Inland verlagert werden. Entsprechend ist die EU vorgegangen.

Im Bereich der Personenkontrolle wird stets geprüft, inwieweit die Grenzkontrollen durch verstärkte Kontrollen im jeweiligen Inland ersetzt werden können, und im Bereich der Kontrolle von Tier- und Pflanzenschutzvorschriften wird die Kontrolle auf das Herkunftsland verlagert.

Problembereiche der Grenzkontrollen

Mit den Bereichen Tier- und Pflanzenschutz sowie Personenkontrolle sind die Punkte genannt, die den Abbau der Grenzkontrollen besonders erschwert hatten. Die Abschaffung der Personenkontrolle ist überwiegend erreicht. Ursprünglich außerhalb des rechtlichen Rahmens der EU im Schengener Abkommen vereinbart, ist das Schengener Abkommen seit 1999 in die EU integriert und wird von den meisten Mitgliedstaaten angewendet, mit Ausnahme von Großbritannien und Irland; zusätzlich auch von Norwegen, Island und der Schweiz; von Bulgarien und Rumänien nur partiell. Im Übrigen sind Grenzkontrollen für Güter und Dienstleistungen weitestgehend abgeschafft.

23.2.3 Technische Harmonisierung und Normung

In jedem Mitgliedsland gibt es eine Fülle von Normen – in Deutschland z. B. etwa 20.000 Industrienormen (DIN) – und zahlreiche Vorschriften von Berufsgenossenschaften, Unfallverhütungsvorschriften oder Gesetze für die Produktion und Vermarktung von Lebensmitteln usw. Die Fülle und Unterschiedlichkeit der Normen behindert den grenzüberschreitenden Handel entweder direkt, weil ein Land den Import von Produkten beschränkt, die nicht den nationalen Normen entsprechen, oder indirekt, weil Geräte und Schnittstellen nicht zueinander passen. Eine Harmonisierung kann hier erhebliche Vorteile erbringen: Der Handel wird ausgeweitet und der Wettbewerb wird intensiviert, wenn der Schutz durch nationale Normen entfällt. Zugleich können die economies of scale bei der Produktion größerer Stückzahlen realisiert werden.

Normen als Handelshemmnisse

Im Einzelnen geht es um die Harmonisierung von
- **Normen**, das sind einheitliche, nicht rechtsverbindliche Festlegungen von Größen, Begriffen, Formen usw., meist durch private Normeninstitutionen;
- **technischen Vorschriften**, das sind rechtsverbindliche Anforderungen des Gesetzgebers, die meist die Gesundheit des Verbrauchers und Arbeitnehmers schützen sollen (Verbraucher- und Arbeitnehmerschutz) oder die Umwelt betreffen (Umweltschutz) und
- **Zulassungsverfahren**, das sind Verfahren, die die Zulassung von Produkten, von Produktionsmethoden und Kontrollmethoden regeln.

Allerdings wird nicht alles harmonisiert. Grundsätzlich gilt auch in diesem Bereich das **Ursprungslandprinzip**. Wie z. B. bei Bier, Kaffeesahne, Nudeln und Wurst hat der EuGH entschieden, dass die Grenzen für Produkte geöffnet werden mussen, auch wenn sie den jeweiligen nationalen Vorschriften nicht entsprechen. Es wird nur dort eine Harmonisierung angestrebt, wo aus wichtigen Gründen ein einheitliches Schutzniveau für alle EU-Bürger sinnvoll erscheint und/oder wenn der Handel wegen der in Art. 30 aufgeführten Gründe beschränkt werden darf.

Mit dem so genannten »**Neuen Ansatz**« wurde seit 1984 ein neues Konzept der Harmonisierung verfolgt, nämlich
- Festlegung nur grundlegender, allgemeiner Normen und in der Regel nur in den wichtigen Bereichen von Gesundheit, Sicherheit und Umwelt und
- Regelung technischer Details durch europäische Normungsinstitute.

Neues Harmonisierungskonzept

Diese europäischen Normungsinstitute – CEN = Comité Européen de Normalisation und CENELEC = Comité Européen de Normalisation Electrotechnique – sind privatrechtliche Organisationen mit Sitz in Brüssel, die nach den Vorgaben der EU-Kommission Spezifikationen für die Produkte gemäß den festgelegten Grundanforderungen ausarbeiten. Produkte, die nach diesen Normen hergestellt sind, können dann ohne Hindernisse innerhalb der EU vertrieben werden. Die Normen sind allerdings nicht zwingend vorgeschrieben. Wer als Hersteller nach anderen Normen produziert, trägt dann aber die Beweislast, dass sein Produkt den entsprechenden EU-Richtlinien entspricht.

Als Beispiele für eine Harmonisierung nach dem »Neuen Ansatz« gelten die Maschinen-Richtlinie 89/392 vom 14.06.1989, Abl. Nr. L 183 vom 14.06.1989 und die Spielzeug-Richtlinie 88/378 vom 03.05.1988, Abl. Nr. L 187 vom 16.07.1988, die nur grundlegende Anforderungen für die Sicherheit von Maschinen und von Spielzeug festlegen. Allerdings ist der Umfang der harmonisierten Normen überraschend hoch, weil das Ursprungslandprinzip nationale Normen eigentlich zulässt und es dem Verbraucher überlässt zu entscheiden, welche Norm die Beste ist. Ein Verzeichnis der harmonisierten Normen findet sich auf den Seiten der EU-Kommission, Generaldirektion Unternehmen und Industrie.

23.2.4 Liberalisierung des öffentlichen Auftragswesens

Öffentliche Aufträge umfassen Warenlieferungen, Dienstleistungsaufträge und Baumaßnahmen kommunaler, regionaler und nationaler Körperschaften sowie öffentlicher Unternehmen mit Monopolcharakter (Wasser-, Energie-, Verkehrs- und Fernmeldeunternehmen). Ihr Auftragswert entspricht etwa 15 Prozent des Bruttoinlandsproduktes der EU. Davon wird bislang nur ein Bruchteil grenzüberschreitend vergeben. Um Transparenz der Nachfrage und Chancengleichheit der Anbieter wie auf einem Binnenmarkt herzustellen, hat sich die EU bemüht, das »System der Hoflieferanten« zu liberalisieren. Die entsprechenden Richtlinien über die Verfahren bei der Vergabe öffentlicher Liefer-, Dienstleistungs- und Bauaufträge sind inzwischen alle erlassen. Grundsätzlich ist damit bei öffentlichen Aufträgen eine EU-weite Ausschreibung im EU-Amtsblatt vorgeschrieben, wenn bei Lieferaufträgen 0,211 Millionen Euro und bei Bauaufträgen 5,150 Millionen Euro überschritten werden (Stand: 2009).

Fehlender Wettbewerb bei öffentlichen Aufträgen

EU-weite Ausschreibung vorgeschrieben

Man erwartet, dass mit einer solchen Liberalisierung erhebliche Kosteneinsparungen möglich werden, dass der Wettbewerb zu deutlichen Preissenkungen führt und dass schließlich langfristig wiederum economies of scale realisiert werden können. Voraussetzung ist allerdings eine wirksame Kontrolle des öffentlichen Auftragswesens.

23.2.5 Freizügigkeit

Das Recht auf Freizügigkeit soll es jedem EU-Bürger ermöglichen, in einem anderen EU-Land zu arbeiten und zu leben. Diese zunächst nur für Arbeitnehmer formulierte Grundfreiheit (Art. 39 EGV) soll für alle Bürger gelten, auch für

Selbstständige, Nichterwerbstätige, Rentner und Studenten. Dabei gibt es erhebliche materielle Mobilitätshemmnisse, vor allem unterschiedliche Arbeitsbedingungen, unterschiedliche nationale Berufsbefähigungsnachweise und unterschiedliche Sozialleistungssysteme.

Für (unselbstständige) **Arbeitnehmer** regelt die Entsenderichtlinie die Arbeitsbedingungen. Danach gelten bei einem Auslandsaufenthalt die Arbeitsbedingungen des Staates, in dem sie arbeiten wollen, z. B. Arbeitszeitregelungen oder Mindestlohnbestimmungen. Wenn es solche Regeln aber national nicht gibt, sind die Bedingungen frei verhandelbar. So gibt es in Deutschland Mindestlohnbestimmungen keineswegs in allen Branchen, sondern nur bei Vorliegen der Allgemeingültigkeit der Tarifverträge. Das ist der Fall im Bauhauptgewerbe, bei Dachdeckern, Malern, Lackierern, im Elektrohandwerk, in der Gebäudereinigung und bei Briefdienstleistern (Stand: Juni 2009). In diesen Branchen müssten sich auch ausländische Arbeitnehmer den geltenden deutschen Mindestlohnregeln unterwerfen. Für die zehn osteuropäischen Beitrittsstaaten gilt eine Übergangsregelung: Das formale Recht der Arbeitnehmer auf Freizügigkeit kann für Bürger dieser Staaten bis zu sieben Jahre ab dem Beitrittsdatum zur EU beschränkt werden; einige Länder, so Deutschland, haben von diesem Recht Gebrauch gemacht.

Entsenderichtlinie regelt Arbeitsbedingungen für Arbeitnehmer

Für **Selbstständige** gilt die generelle Dienstleistungs- und Niederlassungsfreiheit nach Art. 43 und Art. 49 EGV. Jeder EU-Bürger darf im gesetzlichen Rahmen des jeweiligen Landes eine selbstständige Tätigkeit ausüben. Allerdings gab und gibt es erhebliche materielle Mobilitätshemmnisse in Form unterschiedlicher nationaler Berufsbefähigungsnachweise. So darf ein deutscher Schornsteinfeger nicht ohne Weiteres in Portugal (oder einem anderen Land) als Schornsteinfeger arbeiten oder ein spanischer Apotheker darf nicht ohne Weiteres in Deutschland (oder einem anderen Land) als Apotheker arbeiten. Entsprechend konzentrierte sich die EU auf eine Harmonisierung der Berufsbefähigungsnachweise.

Generelle Dienst- und Niederlassungsfreiheit für Selbstständige

Nach der mühsamen Prozedur, die Niederlassungsfreiheit von Architekten (dies hat 18 Jahre gedauert), Hebammen, Friseuren und Apothekern zu ermöglichen, stellte die »Allgemeine Regelung zur Anerkennung der Hochschuldiplome, die eine mindestens dreijährige Berufsbildung abschließen« einen Durchbruch dar (Richtlinie 89/48, vom 21.12.1988). Anschließend hat die Kommission eine »Zweite allgemeine Regelung zur Anerkennung beruflicher Befähigungsnachweise« vorgelegt, die eine relativ weitgehende wechselseitige Anerkennung aller Berufsbefähigungsnachweise mit sich gebracht hat. Damit wurde eine wesentliche materielle Behinderung der Freizügigkeit von Erwerbstätigen beseitigt. Und am 26.02.2001 ist eine neue Richtlinie zur Vereinfachung der Vorschriften über die Anerkennung von Berufsbefähigungsnachweisen einschließlich der Diplome angenommen worden, die das Recht auf Freizügigkeit noch einmal erweitert. Auch im nationalen Bereich werden Mobilitätshemmnisse abgebaut. So sind seit 2003 z. B. in Deutschland eine ganze Reihe von Handwerken zulassungsbefreit, d. h. für mittlerweile 53 deutsche Handwerke ist für die Ausübung des Gewerbes der Meisterbrief nicht mehr vorgeschrieben. Dies erleichtert den Marktzutritt für Bürger anderer EU-Staaten.

Wechselseitige Anerkennung aller Berufsbefähigungsnachweise

Für den sozialen Bereich hat der EuGH eine Reihe von grundlegenden Entscheidungen gefällt und folgende Anforderungen definiert:

Anforderungen im sozialen Bereich

▸ Ein Ortswechsel darf nicht zum Verlust von Ansprüchen führen, die jemand gegenüber Trägern der Sozialversicherung erworben hat;
▸ Beschäftigungs- und Versicherungszeiten werden anerkannt, ohne Rücksicht darauf, wo sie erworben worden sind;
▸ Nationales Recht darf nicht um den Preis einer Diskriminierung nach Staatsangehörigkeit durchgesetzt werden.

Freizügigkeit ohne Sozialtourismus

Vor diesem Hintergrund bemüht sich die Kommission um Regelungen, die dem Gebot der Freizügigkeit entsprechen, einen Sozialtourismus jedoch vermeiden. Im Prinzip wird für alle Personengruppen (Nichterwerbstätige, Rentner und Studenten) der Nachweis ausreichender Existenzmittel und entsprechender Krankenversicherungen verlangt (Richtlinie 90/364 EWG. Daneben gibt es eine Fülle weiterer Harmonisierungen. Für den Hochschulbereich ist hier der Bologna-Prozess zu nennen, der bis 2010 einen gemeinsamen europäischen Hochschulraum schaffen soll, der die Freizügigkeit der Studierenden materiell erleichtern soll.

23.2.6 Dienstleistungsfreiheit

Schwierige Harmonisierung bei unterschiedlicher nationaler Regulierung

Hier geht es vor allem um die Harmonisierung in den Sektoren Banken, Versicherungen, Finanzdienstleistungen, Verkehr und Telekommunikation. Die Harmonisierung in diesen Bereichen war generell recht schwierig, weil der Marktzugang und die jeweiligen Produktionsbedingungen in allen Ländern relativ stark, aber unterschiedlich reguliert waren. Dies soll für den Bereich der Banken und Versicherungen exemplarisch verdeutlicht werden.

Notwendigkeit des Verbraucherschutzes

Banken und Versicherungen verkaufen ein sensibles, wenig transparentes und im Verbraucherinteresse zu schützendes Gut. Banken verwalten und verzinsen z. B. bei ihnen angelegte Guthaben (Sparguthaben, Terminguthaben, Wertpapiere …), und für den Verbraucher muss gewährleistet werden, dass diese Anlage »sicher« ist. Versicherungen verkaufen eine Risikoabsicherung, und es muss sichergestellt werden, dass die Versicherung nicht gerade dann Insolvenz anmeldet, wenn man die Leistungen beanspruchen will. Zu diesem Zweck existierten – in jedem Land unterschiedliche – Vorschriften über die Durchführung und Kontrolle solcher Geschäfte: Eigenkapitalmindestsätze, Kreditgewährungsgrundsätze, Informationspflichten gegenüber der Aufsichtsbehörde oder Marktzugangsbedingungen. Und das Problem ist, dass jedes Land gerade seine Vorschriften für sinnvoll hält und den Regelungen anderer Länder misstraut.

Harmonisierung im Bankensektor

Der **Bankenbereich** ist inzwischen – im Sinne eines freien Finanzdienstleistungsverkehrs und der Niederlassungsfreiheit von Banken – liberalisiert und harmonisiert worden. Die grundlegenden Prinzipien der **Bankenrechtsharmonisierung** sind:

- **Einmalzulassung**
  Eine einmal in einem Land zugelassene Bank kann mit dieser Zulassung im gesamten EU-Gebiet tätig werden.
- **Heimatkontrolle**
  Das Heimatland mit dem Verwaltungssitz des Mutterinstituts übernimmt die Kontrolle über alle Tätigkeiten der Bank im gesamten EU-Gebiet.
- **Mindestharmonisierung**
  Damit obige Prinzipien von den Ländern akzeptiert werden, bedarf es einer Harmonisierung der nationalen Bankenregulierungen im Bereich der Kreditgewährungsgrundsätze und im Bereich der Informationspflicht.

Und diese Mindestharmonisierung ist inzwischen weitgehend erreicht. Seit 1993 können Banken daher ihre Dienstleistungen EU-weit anbieten, ohne sich eventuell noch bestehenden unterschiedlichen nationalen Regeln anpassen zu müssen. Das Herzstück der Banken-Harmonisierung ist die **Eigenkapital-Richtlinie**. Die EU hat international geltende Regeln, Basel II genannt, ab 2006 in EU-Recht umgesetzt. Während vorher die Banken ihre Risikoaktiva, insbesondere ihre Kredite, einheitlich mit einem Anteil von acht Prozent Eigenkapital decken mussten, gilt nun eine Abstufung der Deckung je nach Kreditwürdigkeit (Bonität) der Kunden: Je geringer die Bonität, desto höher ist der vorgesehene Deckungssatz. Die Bonität wird durch Ratingagenturen (vgl. Kapitel 16.5.3) bewertet. Dies hat zur Folge, dass bei einer Verschlechterung der Bonitätsnoten die Kunden höhere Kreditzinsen zahlen müssen und die Banken mehr Eigenkapital vorhalten müssen. Im Zuge der Finanzkrise 2009 hat sich gezeigt, dass dieser Mechanismus zu einer Verschärfung der Kreditkrise führt. Daher werden entsprechende Änderungen diskutiert, Mitte 2009 sind sie noch nicht umgesetzt.

Auch im Bereich der **Finanzdienstleistungen** sind Fortschritte in Richtung eines gemeinsamen Finanzmarktes erzielt worden. Zu nennen sind die Verordnung über einheitliche internationale Rechnungslegungsgrundsätze (International Accounting Standards, IAS), die Einführung einheitlicher Börsenprospekte, einheitliche Standards und einheitliche Kontrollen von Bilanzfälschungen und Insiderhandel sowie die stärkere und einheitliche Kontrolle von Finanzkonglomeraten. Insgesamt werden damit die Informations- und Kontrollkosten bei grenzüberschreitender Geldanlage gesenkt und die Bedingungen für eine Dynamisierung des Wettbewerbs im Finanzbereich verbessert.

Auch für den **Versicherungsbereich** wird ein freier Dienstleistungsverkehr angestrebt, aber dies wird nicht so schnell realisierbar sein. Das Versicherungswesen gilt spätestens seit einem entsprechenden Urteil des EuGH vom 04.12.1986 als ein im Hinblick auf den Verbraucherschutz sehr sensibler Bereich. Der Verbraucher bedarf hier eines relativ umfangreichen Schutzes, weil die Transparenz über Leistung und Gegenleistung im Bereich der Lebens-, Kranken- und Kfz-Versicherung gering ist. Daher muss vor einer entsprechenden Harmonisierung z. B. der Allgemeinen Versicherungsbedingungen und der Vorschriften über technische Reserven die Kontrolle durch das jeweilige Tätigkeitsland beibehalten werden.

Dienstleistungsfreiheit bei kommerziellen Großrisiken

Nur in der Versicherung gegen kommerzielle Großrisiken besteht schon das Prinzip der Heimatlandkontrolle und damit die grenzüberschreitende Dienstleistungsfreiheit, weil man davon ausgeht, dass Großunternehmen, die hier die Versicherungsnehmer sind, in der Lage sind, sich genügend Transparenz über die Bonität und die Qualität zu verschaffen. Und auch die gegenseitige Anerkennung der Aufsichtssysteme für Lebens- und Schadensversicherungen ist inzwischen erreicht.

Im **Telekommunikationsbereich** mussten die meisten Mitgliedstaaten der EU bis zum 01.01.1998 ihre Infrastruktur (Netze) und alle Telekommunikationsdienste, inklusive des allgemeinen Telefonverkehrs dem Wettbewerb öffnen (Aufhebung des Netzmonopols und des Sprachdienstmonopols). Diese Liberalisierung ist inzwischen durchgeführt – sie hat zu einer starken Intensivierung des Wettbewerbs geführt. Auch auf den europäischen Märkten für **Strom und Gas** ist Wettbewerb ermöglicht worden, nur ein gemeinsamer **Verkehrsmarkt** existiert noch nicht generell.

Liberalisierung im Telekombereich

23.2.7 Liberalisierung des Kapitalverkehrs und des Zahlungsverkehrs

Der **Kapitalverkehr** umfasst kurz-, mittel- und langfristige Kreditgeschäfte, Transaktionen in (kurzfristigen) Geldmarktpapieren und Transaktionen in (langfristigen) Kapitalmarktpapieren einschließlich Emission und Handel von Wertpapieren (Aktien, Obligationen usw.). Davon zu unterscheiden ist der diese autonomen Transaktionen quasi als Reflex begleitende **Zahlungsverkehr**.

Vollständige Liberalisierung

Die Liberalisierung des Kapitalverkehrs ist zum 01.07.1990 beschlossen worden (Richtlinie 88/361, Abl. Nr. L 178 vom 08.07.1988). Seit 1993 ist der Kapitalverkehr in der Gemeinschaft vollständig liberalisiert und nach Art. 56 EGV sind inzwischen alle Beschränkungen des Kapitalverkehrs und des Zahlungsverkehrs verboten.

Freier Kapitalverkehr: notwendig für Währungsunion und Binnenmarkt

Die Liberalisierung des Kapitalverkehrs galt als Markstein auf dem Weg zum Binnenmarkt und zur Währungsunion. Eine Währungsunion setzt freien Kapitalverkehr voraus und ein Binnenmarkt ohne freien Kapitalverkehr macht keinen Sinn. Es liegt ja gerade in der ökonomischen Logik eines Binnenmarktes, dass das Kapital, allein beeinflusst von relativen Kapitalknappheiten und erwarteten Kapitalproduktivitäten, unbehindert einer optimalen Verwendung zugeführt wird.

23.2.8 Förderung der Kooperation von Unternehmen

Unterschiedliche Regelungen des Unternehmensverfassungsrechts (Gesellschaftsrecht) sind entscheidend dafür, dass die Unternehmenskooperation in der Gemeinschaft in vielen Bereichen gering ist.

Um hier die grenzüberschreitende Zusammenarbeit zu verbessern, wird auf folgenden Feldern harmonisiert:
- bei bestehenden gesellschaftsrechtlichen Regelungen
  (z. B. einheitliche Struktur der Aktiengesellschaft),
- bei der Konzipierung neuer Rechtsformen supranationalen Zuschnitts
  (z. B. die Europa-AG) und
- bei grenzüberschreitenden Fusionen.

Diese Maßnahmen sollen die europaweite Kooperation kleiner und mittlerer Unternehmen (KMU) und das europäische multinationale Unternehmen (**»Euro-Multi«**) fördern, nicht das nationale Großunternehmen. Die Harmonisierungserfolge waren lange Zeit recht bescheiden, insbesondere, weil die Länder sich nicht über einheitliche Regelungen zur Mitbestimmung der Arbeitnehmer einigen konnten. Mittlerweile gibt es einige Richtlinien zur Harmonisierung der Rechnungslegung und Publizität (Bilanz-Richtlinien in Form der 4. und 7. gesellschaftsrechtlichen Richtlinie) sowie zur Gründung und Spaltung von Aktiengesellschaften. Es wurde zunächst eine neue supranationale Rechtsform geschaffen worden, die **Europäische Wirtschaftliche Interessenvereinigung (EWIV)**. Dabei handelt es sich um eine unbedeutende Kooperationsform für kleine und mittlere Unternehmen mit maximal 500 Arbeitnehmern. Und nach 32 Jahren zäher Verhandlungen ist 2004 das Statut zur Einführung der **Europa-AG**, die »**Societas Europaea**« (SE) mit einem Mindestkapital von 120.000 Euro in Kraft getreten. Ihre Bedeutung ist bislang beschränkt.

Europäische Rechtsform: Europa-AG

Generell gilt auch im Bereich des Gesellschaftsrechts das Prinzip der funktionellen Integration (durch Wettbewerb). So kann sich ein in Deutschland tätiges Unternehmen in England nach englischem Gesellschaftsrecht anmelden und nach englischem Recht dies Unternehmen in Deutschland betreiben (dies gilt aber nicht für das Steuerrecht). Recht beliebt ist in Deutschland z. B. die »Private company limited by shares«, eine einfache Version der deutschen GmbH.

Um eine solche einfache Form der Gesellschaftsgründung auch im Rahmen der EU zu ermöglichen, hat die Kommission 2008 ein Statut für die »Europäische Privatgesellschaft« (SPE) vorgelegt. Mit begrenzter Haftung und einem Mindestkapital von nur einem Euro ist die SPE dann besonders für kleine und mittlere Unternehmen (KMU) geeignet.

Die SPE für kleine und mittlere Unternehmen

23.2.9 Steuerharmonisierung

Die europäische Integration erfordert auch eine gewisse Harmonisierung der verschiedenen nationalen Steuersysteme, um einen Steuerwettbewerb der Staaten zu verhindern. Dabei ist vorab zu unterscheiden zwischen einer Harmonisierung der indirekten Steuern – das sind hier die Mehrwertsteuer und die speziellen Verbrauchsteuern – und der direkten Steuern – das sind hier im Wesentlichen die Steuern vom Einkommen und Vermögen.

Dabei ist der Harmonisierungsdruck für die indirekten Steuern wesentlich größer, weil nur diese Grenzkontrollen bedingen und/oder den Wettbewerb verfälschen. Entsprechend ist in Art. 93 EGV auch nur eine Harmonisierung der indirekten Steuern gefordert, soweit dies für den Binnenmarkt notwendig ist. Daher wird im Folgenden primär auf die indirekten Steuern Bezug genommen. Eine Harmonisierung der direkten Steuern erscheint weniger dringlich, zugleich wesentlich schwieriger, wenn nicht die Harmonisierung durch den **Wettbewerb der Steuersysteme** im Rahmen der Standortentscheidungen von Unternehmern und Arbeitnehmern angestrebt wird.

Harmonisierungsdruck ist groß bei indirekten Steuern

23.2.9.1 Probleme einer Harmonisierung der indirekten Steuern

Bei der Harmonisierung der indirekten Steuern geht es um folgende Zielkomplexe:

Zielkomplexe

- Wettbewerbsneutralität,
- Abbau von Grenzkontrollen,
- Konstanz der Verteilung der Steuereinnahmen aus dem grenzüberschreitenden Handel auf die Länder und
- Minimierung der Auswirkung auf nationale Steuereinnahmen.

Meist ist **Wettbewerbsneutralität** das vorrangige Ziel. Um nämlich zu verhindern, dass Produzenten aus einem Land mit hohen Steuersätzen Wettbewerbsnachteile gegenüber Produzenten aus Niedrigsteuerländern haben, wird das Bestimmungslandprinzip angewendet.

Das **Bestimmungslandprinzip** ist das gängige Prinzip der Besteuerung des Außenhandels, es wurde und wird zzt. noch auch innerhalb der EU praktiziert. Nach diesem Prinzip werden die Steuervorschriften des Landes angewendet, in das die Güter eingeführt (und in der Regel auch verbraucht) werden. Das bedeutet, dass die Exporte im Exportland nicht versteuert werden, aber dass das Importland »an der Grenze« eine Einfuhrsteuer erhebt, die der inländischen Belastung entspricht. Im Fall der Umsatzsteuer (Mehrwertsteuer) wird also eine Einfuhrumsatzsteuer erhoben.

Bestimmungslandprinzip

Dieses Verfahren hat den Vorteil, dass die importierten Güter steuerlich wie im Inland erzeugte und verkaufte Güter behandelt werden, der Wettbewerb wird mithin nicht durch unterschiedliche nationale Steuersätze verzerrt (Wettbewerbsneutralität). Zugleich fließt das Steueraufkommen dem Land des Letztverbrauchs zu, was in der Regel so gewollt ist. Der gravierende Nachteil ist, dass beim Bestimmungslandprinzip eine bürokratische Kontrolle des Imports notwendig ist, die üblicherweise an der Grenze vorgenommen wird.

Wettbewerbsneutralität, aber Kontrollen bei Bestimmungslandprinzip

Die Alternative ist das Ursprungslandprinzip. Nach dem **Ursprungslandprinzip** werden die Steuervorschriften des Landes angewendet, in dem die Güter produziert wurden. Es wird also der Export besteuert, der Import bleibt steuerfrei; im Endergebnis ist damit die importierte Ware im Importland mit der Steuer des Exportlandes belastet. Dies hat den Vorteil, dass auf eine bürokratische Kontrolle des Außenhandels verzichtet werden kann, aber den gravieren-

Verzicht auf Kontrollen, aber Wettbewerbsverzerrungen bei Ursprungslandprinzip

den Nachteil der Wettbewerbsverzerrung bei unterschiedlichen Steuersätzen. Hinzu kommt, dass die Steuer im Produktionsland, nicht im Verbrauchsland anfällt, was steuerpolitisch mehrheitlich nicht gewollt ist, auf jeden Fall aber zu einer Veränderung der Verteilung des Steueraufkommens aus dem Außenhandel führen würde, wenn das Bestimmungslandprinzip durch das Ursprungslandprinzip ersetzt würde. Länder mit Exportüberschüssen wie Deutschland würden begünstigt, Länder mit Defiziten in der Handelsbilanz würden benachteiligt. Mit der Einführung des Ursprungslandprinzips würde ein Wettbewerb der Standorte mit dem Parameter Höhe und Umfang der Besteuerung einsetzen, sicher mit einem Druck auf eine Harmonisierung nach unten.

Veränderung der Verteilung der Steuereinnahmen

Daher spricht vieles für eine **Ex-ante-Harmonisierung** der Besteuerung. Dies war und ist auch das Konzept der Kommission, die im Prinzip Bandbreiten für die Steuersätze vorsieht. Aber eine solche Ex-ante-Harmonisierung wird nicht leicht herbeizuführen sein. Dies liegt daran, dass eine Angleichung der Steuersätze die Autonomie nationaler Wirtschaftspolitik in einem ganz zentralen Bereich beschränkt (»the power to tax is the power to govern«) und dass im Bereich der Steuerharmonisierung einstimmig beschlossen werden muss. Außerdem unterscheiden sich die historisch gewachsenen Steuersysteme der Länder zu sehr voneinander, als dass eine schnelle Harmonisierung erwartet werden könnte. Dabei ist daran zu denken, dass Steuern ja nicht nur den Zweck haben, dem Staat Einnahmen zu erbringen, sondern häufig auch Produktion und Konsum beeinflussen sollen: So verfolgt die Alkoholsteuer in Dänemark und Schweden ganz dezidiert gesundheitspolitische Ziele und die Energiesteuer ist Instrument der Verkehrs- und Umweltpolitik.

Konzept der Kommission: Bandbreiten

Probleme der Harmonisierung der Besteuerung

Angesichts dieser schwierigen Problemlage hat die EU folgende Übergangsregelungen beschlossen:

Übergangsregelungen

- Es bleibt beim Bestimmungslandprinzip.
- Grenzkontrollen entfallen und werden durch nationale Kontrollen ersetzt (Meldung an die nationalen Finanzämter im Rahmen der Umsatzsteuer-Erklärung).
- Für grenzüberschreitende Einkäufe durch Privatpersonen gilt bis zu vertretbaren Grenzen das Ursprungslandprinzip; Grenzkontrollen entfallen.
- Damit der Wettbewerb im »privaten Außenhandel« allerdings nicht zu sehr verzerrt wird, werden Mindeststeuersätze eingeführt.
- Der Mindeststeuersatz für den Normalsatz der Mehrwertsteuer beträgt 15 Prozent; daneben sind zwei ermäßigte Mehrwertsteuersätze von mindestens 5 Prozent erlaubt, Nullsätze können aber vorläufig beibehalten werden. Faktisch differieren die Normalsätze zwischen 15 Prozent (Luxemburg und Zypern) und 25 Prozent (Dänemark und Schweden).

23.2.9.2 Perspektiven einer Harmonisierung der direkten Steuern

Da Steuern vom Einkommen ein wichtiger Bestimmungsfaktor bei der Standortwahl von Unternehmen und letztlich auch Arbeitnehmern sind, können unterschiedliche Belastungen durch direkte Steuern die optimale Allokation der Ressourcen behindern. Insbesondere ist dabei an die Besteuerung der Einkommen

Direkte Steuern als Faktor der Standortwahl

von Unternehmen im Rahmen der Körperschaftsteuer zu denken. Entsprechende Harmonisierungsbemühungen der EU-Kommission werden immer wieder verstärkt, allerdings sind Erfolge gering. Einerseits ist eine Harmonisierung in diesem Bereich noch wesentlich schwieriger als bei indirekten Steuern – es geht dabei weniger um die anzuwendenden Steuersätze als um die entsprechende Bemessungsgrundlage Unternehmenseinkommen –, und andererseits ist es sinnvoll, hier stärker auf eine Ex-post-Harmonisierung der Steuersysteme durch den allgemeinen Standortwettbewerb zu setzen. Im Allgemeinen wird ein **Steuersenkungswettlauf** mit den damit verbundenen Gefahren für eine solide Haushaltspolitik erwartet. Denn wenn die Ausgaben nicht gekürzt werden, steigt die Staatsverschuldung.

Harmonisierung durch Standortwettbewerb

Ein spezielles Problem liegt in der **Besteuerung von Zinserträgen**, weil nach der endgültigen Liberalisierung des Kapitalverkehrs und der Einführung der Währungsunion bereits kleine Besteuerungsunterschiede zu erheblichen Kapitalwanderungen führen können. Auch hier geht es nicht nur um eine Harmonisierung der Steuersätze, sondern ebenfalls um das Veranlagungsverfahren – Quellenabzug bzw. Veranlagung – und um die Kontrollmethoden – Bankgeheimnis vs. Kontrollmitteilung. Hier sind Einigungen erzielt worden. So ist die EU-Zinsrichtlinie 2005 in Kraft getreten. In allen Staaten der EU, mit Ausnahme von Belgien, Luxemburg und Österreich, melden die Banken dem zuständigen Finanzamt den Namen und Wohnort des Steuerpflichtigen sowie die Höhe seiner Zinserträge.

23.2.10 Bewertung

Der Integrationsprozess im Binnenmarkt ist ein offenes Verfahren. Die Erfahrungen der Vergangenheit zeigen, dass die Bereitschaft der Mitgliedstaaten gering ist, bei stark divergierenden Interessen Kompromisse einzugehen. Andererseits hat die Integration eine sich selbst tragende Dynamik entwickelt, die für viele Beobachter überraschend ist.

Integrationsprozess als ein offenes Verfahren mit großer Dynamik

Die Kommission hatte bis Mitte 1990 alle zunächst geplanten 282 Harmonisierungsmaßnahmen vorgelegt und diese Maßnahmen sind weitestgehend in nationales Recht umgesetzt worden – auch in den neuen Mitgliedstaaten. Rückstände gibt es in den Bereichen öffentliche Aufträge, Finanzdienstleistungen sowie geistiges und gewerbliches Eigentum. Die Verwirklichung des Binnenmarktes ist jedoch 1992 bei weitem nicht abgeschlossen gewesen. Bis Ende 2008 hat die Kommission insgesamt rund 2.000 Binnenmarktvorschriften entwickelt, von denen die meisten in nationales Recht überführt worden sind. Das Umsetzungsdefizit, der Prozentsatz der nicht fristgerecht umgesetzten Richtlinien, betrug 2008 im Durchschnitt für alle Mitgliedstaaten 1,0 Prozent. Umsetzungsdefizite bestehen vor allem im Umweltrecht.

Umsetzungsdefizite

Insgesamt fällt die **politische Bilanz** des Binnenmarktes recht positiv aus: Grenzkontrollen sind effektiv beseitigt, und die beschlossenen und realisierten

Freiheitsrechte werden bei wirtschaftlichen Schwierigkeiten der Mitgliedstaaten, anders als früher, auch nicht mehr eingeschränkt.

Die **ökonomische Bilanz** ist nicht leicht aufzustellen, weil die Wirkungen der Binnenmarktpolitik von den Wirkungen anderer Einflussfaktoren nicht isoliert werden können. Die Kommission hatte seinerzeit die Vorteile des Binnenmarktes im **Cecchini-Bericht** »Europa '92 – Der Vorteil des Binnenmarktes« quantifiziert. Darin wurden beachtliche Wachstums- und Beschäftigungseffekte für den Zeitraum 1993 bis 1998 in Aussicht gestellt:

Ex-ante-Bewertung

Wachstumseffekte des Binnenmarktes

- ein reales Bruttoinlandsprodukt der Gemeinschaft, das annahmegemäß um (mindestens) 4,5 Prozent, also um etwa 400 Milliarden DM, über dem Niveau des Inlandsproduktes liegen wird, welches man bei Fortschreiben des Status quo, also ohne eine Verwirklichung eines Binnenmarktes bis zum 31.12.1992, für möglich erachtet; ferner
- eine Zunahme der Beschäftigung um 1,8 Millionen; schließlich eine deutlich geringere Inflationsrate, reduzierte Haushaltsdefizite und ein verbesserter Außenbeitrag durch gestärkte internationale Wettbewerbsfähigkeit.

Beschäftigungseffekte des Binnenmarktes

Die Kommission hat eine Bewertung des Binnenmarktes ex post vorgelegt. In der Bewertung vom 05.12.1993 werden folgende Erfolge herausgestellt:

Ex-post-Bewertung

- Schaffung von 9 Millionen Arbeitsplätzen,
- zusätzliches Wachstum des BIP um 0,5 Prozent und
- Zunahme der Investitionen um 33,5 Prozent (Weißbuch Wachstum, Wettbewerbsfähigkeit, Beschäftigung, S. 3).

Die Zahlen mögen die Größenordnung der Vorteile treffen oder auch nicht, letztlich lassen sich die ökonomischen Effekte der Integration nicht quantifizieren. Ohne Zweifel aber ist das Binnenmarktprogramm ein gewaltiges Wachstumsprogramm, das all die beschriebenen Vorteile der Integration (vgl. Kapitel 22.2) realisieren sollte. Weil es ein Wachstumsprogramm war, muss es aber auch mit den Argumenten der **Wachstumskritik** gewürdigt werden – Zerstörung der Umwelt, Kritik der Arbeitsteilung und Kritik des materialistischen Wohlfahrtskonzeptes sind vor allem zu nennen.

Binnenmarktprogramm als Wachstumsprogramm

23.3 Begleitende Politikbereiche

23.3.1 Überblick

Zollunion, gemeinsamer Agrarmarkt, regionale Strukturpolitik, Binnenmarkt und Wirtschafts- und Währungsunion sind die zentralen Bereiche der Wirtschaftspolitik der EU. Daneben gibt es zahlreiche weitere Politikbereiche, in denen die Integration vorangetrieben werden soll, insbesondere seit der Vertragserweiterung durch die Einheitliche Europäische Akte (EEA) und die Verträge

Weitere Felder der Integration

von Maastricht, Amsterdam und Nizza. Das sind vor allem folgende ökonomisch relevante Felder (vgl. Art. 3 EGV):
- Sozialpolitik,
- Umweltpolitik,
- Industriepolitik (einschließlich Forschungs- und Energiepolitik sowie Ausbau transeuropäischer Netze),
- Wettbewerbspolitik,
- Handelspolitik,
- Verkehrspolitik,
- Entwicklungspolitik sowie
- Gesundheits- und Verbraucherpolitik.

Wir können diese Bereiche nicht alle darstellen, sondern greifen hier die zentralen Felder Soziales, Umwelt, Industrie und Wettbewerb heraus. Der Bereich der Entwicklungspolitik der EU wird in Kapitel 30.4 beschrieben.

Insgesamt unterliegen die vorgesehenen begleitenden Politikbereiche anderen, meist strengeren Entscheidungsvorschriften als das Binnenmarktprogramm. Daher sind hier größere Verzögerungen im Integrationsprozess zu beobachten.

23.3.2 Sozialpolitik

23.3.2.1 Aktivitäten der EU

Elemente der EU-Sozialpolitik

Die Aktivitäten der EU im Bereich der Sozialpolitik, überwiegend der Generaldirektion »Beschäftigung, soziale Angelegenheiten und Chancengleichheit« zugeordnet, zielen im Kern darauf ab, ein Ziel zu verwirklichen, das der Europäische Rat im Juni 1988 formuliert hat: »..., dass der Binnenmarkt so konzipiert werden muss, dass er der gesamten Bevölkerung der Gemeinschaft zugute kommt.« Wesentliche Aspekte dieser Politik sind:

- **Verbesserungen des Arbeitnehmerschutzes**
  Zahlreiche Richtlinien und Verordnungen zur Verbesserung der Arbeitsbedingungen und des gesundheitlichen und sicherheitsmäßigen Schutzes von Arbeitnehmern sind verabschiedet.
- **Sozialer Dialog**
  Seit 1985 bemüht sich die Kommission, die Europäischen Verbände der Arbeitgeber (UNICE) und Arbeitnehmer (Europäischer Gewerkschaftsbund, EGB) an der Diskussion um wirtschafts- und sozialpolitische Fragen mitwirken zu lassen. Gemeinsame Stellungnahmen gibt es z. B. zur Unterrichtung und Anhörung der Arbeitnehmer bei der Einführung neuer Technologien. Durch die institutionelle Verankerung dieses Dialogs im EG-Vertrag (Art. 139 EGV) sollen die Sozialpartner bei Planungs- und Korrekturmaßnahmen im sozialen Bereich stärker herangezogen werden.

Sozialcharta als Aktionsprogramm

- **Sozialcharta**
  Die Sozialcharta, genauer die »Gemeinschaftscharta der sozialen Grundrechte der Arbeitnehmer«, ist im Dezember 1989 vom Europäischen Rat ge-

billigt worden. Sie hat den Charakter eines unverbindlichen Aktionsprogramms, auf dessen Basis die Kommission ihrerseits ein sozialpolitisches Aktionsprogramm konzipiert hat (Rats-Dok. Nr. 6660/89). Kernpunkte sind:
- Recht auf Freizügigkeit,
- Recht auf Beschäftigung und Arbeitsentgelt,
- Recht auf Verbesserung der Lebens- und Arbeitsbedingungen,
- Recht auf sozialen Schutz,
- Recht auf Koalitionsfreiheit und Tarifverhandlungen,
- Recht auf Berufsausbildung,
- Recht auf Gleichbehandlung von Männern und Frauen,
- Recht auf Unterrichtung, Anhörung und Mitwirkung der Arbeitnehmer,
- Recht auf Gesundheitsschutz und Sicherheit am Arbeitsplatz,
- Recht auf Kinder- und Jugendschutz,
- Rechte der älteren Menschen,
- Rechte der Behinderten.

Mit dem Vertrag von Maastricht sollte die soziale Dimension der Gemeinschaft verstärkt werden (Art. 2, 3 und 136 ff. EGV). Die wesentlichen sozialpolitischen Vereinbarungen, die früher im so genannten »Protokoll über Sozialpolitik« dem EG-Vertrag beigefügt waren, sind durch den Vertrag von Amsterdam in die Sozialvorschriften des EG-Vertrages (Titel XI, Art. 136–145 EGV) integriert worden. Dies bedeutet, dass die Regelungen des früheren Abkommens, das nicht für Großbritannien und Nordirland galt, jetzt auf alle 27 Mitgliedstaaten anwendbar sind. Dadurch wird eine einheitliche, alle Mitgliedstaaten umfassende und bindende europäische Sozialpolitik ermöglicht.

Stärkung der sozialen Dimension durch den Vertrag von Maastricht

Die Sozialpolitik wird im Wesentlichen durch den **Europäischen Sozialfonds** (ESF) (Art. 146–148 EGV) finanziert. Vorrangig werden die Mittel in Höhe von rund 75 Milliarden Euro (2007–2013) eingesetzt, um Langzeitarbeitslosigkeit und Jugendarbeitslosigkeit zu bekämpfen.

Bislang ist die Sozialpolitik der EU materiell von geringer Bedeutung. Fast alle Fragen des Arbeits- und Sozialrechts werden auf nationaler Basis entschieden. Die materielle Bedeutung der EU-Sozialpolitik bezieht sich im Wesentlichen auf die folgenden Elemente:
- Auf die Durchsetzung der **Gleichheitsrechte** in vielfältiger Dimension, z. B. von Mann und Frau, von einheimischen Arbeitskräften und Wanderarbeitern oder von Rassen;
- auf **Verfahrensvorschriften**, die der Arbeitgeber z. B. bei Massenentlassungen oder bei der Anhörung der Betriebsräte zu beachten hat und
- auf die **Koordination** der Sozialpartner (Art. 139 EGV).

Geringe materielle Bedeutung der EU-Sozialpolitik

Ein solcher geringer materieller Gehalt der gemeinschaftsweiten Sozialpolitik ist indes nicht per se ein Nachteil, sondern ermöglicht einen Wettbewerb der Sozialnormen.

23.3.2.2 Grundprobleme der EU-Sozialpolitik

Abwägen zwischen funktioneller und institutioneller Integration

Im Grunde geht es hier um das immer gleiche Problem, abzuwägen zwischen den Vor- und Nachteilen einer funktionellen Integration durch Wettbewerb und einer institutionellen Integration durch politisch formulierte Mindeststandards.

Der Wettbewerb trägt immer dann zur Erosion eines sozialen Schutzes bei, wenn die Kosten dieses sozialen Schutzes nicht durch eine entsprechende Produktivität der Arbeitsprozesse am Markt verdient werden. Die Konsequenz ist zwiespältig:

Gefahr des Aufweichens sozialer Standards ...

▸ Die Gewerkschaften in Ländern mit hohem Produktivitäts- und Schutzniveau befürchten ein »social dumping«, ein Aufweichen sozialer Standards durch den Import billiger Produkte, durch den Zustrom billiger Arbeitskräfte und durch die Abwanderung der Unternehmen in Billiglohnländer. Die Arbeitgeberseite muss den Wettbewerbsdruck ebenfalls befürchten, aber benutzt zugleich die verstärkte internationale Konkurrenz als willkommenes Argument, um sozialpolitischen Forderungen Widerstand entgegensetzen zu können.

... oder nichtfinanzierbarer Mindeststandards

▸ Umgekehrt ist es in Ländern mit geringem Produktivitäts- und Schutzniveau. Die Arbeitgeberseite befürchtet gemeinschaftsweite soziale Mindeststandards, die für weniger entwickelte Länder nicht finanzierbar wären und sie ihres potenziellen Wettbewerbsvorteiles – Billigproduktion – berauben würden. Gewerkschaften müssen ebenfalls einen Anstieg der Arbeitslosigkeit befürchten, aber zugleich sind gemeinschaftsweit formulierte Mindeststandards willkommene Argumente im Kampf um bessere Arbeitsbedingungen und soziale Rechte.

Aus wirtschaftswissenschaftlicher Sicht spricht sehr viel für die Formulierung und Durchsetzung sozialer Mindeststandards, aber nicht auf Gemeinschaftsebene, sondern auf Ebene von Staaten oder Regionen. Der Wettbewerb muss die Chance haben, die finanzierbaren Standards zu finden.

23.3.3 Umweltpolitik

23.3.3.1 Aktivitäten der EU

Hoher Rang des Umweltschutzes

Im EG-Vertrag wird dem Umweltschutz formal ein bedeutender Rang zuerkannt. Ziele der Umweltpolitik der Gemeinschaft sind

▸ Erhaltung und Schutz der Umwelt sowie Verbesserung ihrer Qualität,
▸ Schutz der menschlichen Gesundheit,
▸ umsichtige und rationale Verwendung der natürlichen Ressourcen,
▸ Förderung von Maßnahmen auf internationaler Ebene zur Bewältigung regionaler oder globaler Umweltprobleme (Art. 174 Abs. 1 EGV).

Dabei wird ein hohes Niveau des Umweltschutzes angestrebt (Art. 2 EGV).

Artikel 174 Abs. 2 legt die Grundsätze der umweltpolitischen Tätigkeit der Gemeinschaft fest. Dies sind:

Grundsätze der Umweltpolitik

▸ das Vorsorgeprinzip,
▸ die Bekämpfung der Belastung an der Quelle,
▸ das Verursacherprinzip.

Schließlich ist in Artikel 6 EGV eine Generalklausel aufgenommen worden, welche die Beachtung des Umweltschutzes bei der Festlegung und Durchführung aller Gemeinschaftspolitiken fordert.

Entgegen einer wohl weit verbreiteten Auffassung ist die EU auch praktisch im Umweltbereich keineswegs untätig. In bisher **sechs Aktionsprogrammen für den Umweltschutz**, die die EG seit 1973 vorgelegt hat, sind zahlreiche Richtlinien verabschiedet worden. Einige der wichtigsten Aktivitäten sind:

▶ **Wasser**

Die Wasserschutzrichtlinie von 1976 teilt Schadstoffe in eine Schwarze und Graue Liste ein. 129 besonders gefährliche Stoffe, deren Einleitung ins Wasser einer Genehmigung bedarf, stehen auf der Schwarzen Liste. Allerdings wurden bislang nur für einige (etwa Quecksilber, Cadmium, DDT) Grenzwerte festgelegt. Für Stoffe der Grauen Liste gelten weniger strenge Maßstäbe. Daneben gibt es Richtlinien über Grund- und Trinkwasser sowie Badegewässer. Sie stellen jeweils bestimmte Qualitätsanforderungen an diese Wasserarten. Im Dezember 2000 ist die **Europäische Wasserrahmenrichtlinie** in Kraft getreten, die das Ziel hat, eine ausreichende Versorgung mit Oberflächen- und Grundwasser guter Qualität zu sichern.

Wasserschutz

▶ **Luft**

Auch für den Bereich der Luft existiert eine **Luftqualitätsrahmenrichtlinie** mit Grenzwerten für Schwefel- und Stickstoffdioxid, für Benzol, Ozon und Kohlenmonoxid sowie mit der Festlegung von Messmethoden. Hier werden die Grenzwerte stufenweise verschärft wie in der Feinstaubrichtlinie mit strengen Grenzwerten für Schwefeldioxid, Feinstaub und Blei. Daneben existieren Richtlinien zu Autoabgasen und zur Reduzierung der Luftverschmutzung durch Großfeueranlagen. Im Bereich der Klimapolitik hat die Kommission einen EU-weiten **Emissionshandel** eingeführt, also die Schaffung eines Emissionsmarktes, auf dem energieintensive Branchen (Chemie, Stahl, Strom, Zement) Zertifikate zur Verschmutzung der Luft mit CO_2 erhalten. Wer die Produktion dann ausweitet, ohne den Klimaschutz zu verbessern, muss Zertifikate zukaufen. Wer Zertifikate einspart, kann diese an Unternehmen innerhalb der EU verkaufen, die beim Klimaschutz hinterherhinken.

Schutz der Luft

▶ **Abfall**

Im Bereich der Abfallentsorgung strebt die EU das Prinzip der Produzentenverantwortung an. Beispiele sind die Verpackungsrichtlinie oder die Altautorichtlinie und der Richtlinienvorschlag der Kommission über Abfälle von elektrischen und elektronischen Geräten, die im Prinzip kostenlos zurückgegeben werden sollen. Letztlich werden diese Kosten über den Preis indes vom Verbraucher getragen werden müssen, da er der Verursacher ist.

Produzentenverantwortung bei der Abfallentsorgung

▶ **Natur und biologische Vielfalt**

Die Flora-Fauna-Habitat-Richtlinie von 1992 (Richtlinie 92/43 EWG) fördert den Erhalt der biologischen Vielfalt durch die Ausweisung von »Gebieten gemeinschaftlicher Bedeutung«, die zu einem Netz europäischer Schutzgebiete mit der Bezeichnung »Natura 2000« zusammengefasst werden.

Erhalt von Natur und Vielfalt

Naturgemäß können hier nicht alle Aktivitäten der EU beschrieben werden. Es sind weit über 300 Richtlinien und Verordnungen im Bereich des Umweltschutzes erlassen worden. Erwähnt werden soll schließlich

- die **Umweltverträglichkeitsprüfung**, die verlangt, dass neue Projekte, wie zum Beispiel Kraftwerke, Stahlhütten, Chemiefabriken, Straßen oder Flugplätze, einer Umweltverträglichkeitsprüfung unterzogen werden;
- die Schaffung der **Europäischen Umweltagentur**, die beratende Funktionen auf dem Gebiet des Umweltschutzes hat und vor allem Umweltdaten sammelt (Sitz in Kopenhagen) und
- das **Öko-Audit**. Darunter versteht man auf freiwilliger Basis installierte Umweltmanagement-Systeme, die durch externe Gutachter zertifiziert werden und die die Umweltwirkungen des Unternehmens verbessern sollen.

23.3.3.2 Grundprobleme einer EU-Umweltpolitik

Grundproblem einer Umweltpolitik der EU ist der Tatbestand, dass das Binnenmarkt-Programm und zahlreiche weitere Programme der EU primär Wachstumsprogramme sind. Wachstum ist zwar nicht notwendigerweise mit zunehmender Umweltzerstörung verbunden, aber realistischerweise muss damit gerechnet werden, dass eine wachstumsfixierte Wirtschaftspolitik entscheidend zur Umweltzerstörung beiträgt.

Die Wachstumsorientierung der EU kollidiert mit dem Schutz der Umwelt.

Eine solche Wachstumsorientierung der Wirtschaftspolitik der EU und der Mitgliedstaaten erschwert die Umsetzung umweltpolitischer Aktivitäten, auch deshalb, weil in der Beschlussfassung zu umweltpolitischen Maßnahmen sehr häufig Einstimmigkeit gefordert ist (Art. 175, Abs. 2 EGV). Daher ist für die Umweltpolitik der EU typisch, dass Aktionsprogramme in großer Fülle entwickelt und durchgeführt werden, dass aber in der verbindlichen Umsetzung Defizite festzustellen sind.

Im Übrigen ist stets zu prüfen, ob Umweltschutzregelungen auf nationaler oder auf Gemeinschaftsebene getroffen werden sollten. In Einklang mit den Erörterungen von Kapitel 23.1 sind Schutzstandards auf Gemeinschaftsebene (fort) zu entwickeln, wenn Umweltschäden grenzüberschreitenden Charakter aufweisen. Im Übrigen sollten wettbewerbliche Anpassungsprozesse geprüft werden. Allerdings ist doch sehr fraglich, ob der Wettbewerb die richtigen Umweltstandards finden kann. Umweltschutzauflagen sind in der Regel teuer und verschlechtern die Wettbewerbsfähigkeit von Standorten und/oder Produkten, und es muss bezweifelt werden, dass genügend umweltbewusste Verbraucher bereit und in der Lage sind, die jeweils umweltschonenderen, aber auch teureren Produkte zu kaufen.

Wettbewerb vermutlich untauglich zur Sicherung von Umweltschutzstandards.

Jedes Land ist zwar berechtigt, für seine Produktionen strengere Umweltvorschriften zu erlassen, als gemeinschaftsweit beschlossen **(positive Selbstdiskriminierung)**, aber es ist vermutlich (dies bedürfte jeweils einer Klärung durch den EuGH) nicht gestattet, den Import von Produkten zu beschränken, die weniger umweltschonend hergestellt sind. Daher wäre im Wettbewerbsprozess eine Erosion des Umweltschutzes sehr wahrscheinlich.

23.3.4 Industrie-, Forschungs- und Technologiepolitik

Der Komplex der Industrie-, Forschungs- und Technologiepolitik ist in den Titeln XV (Transeuropäische Netze), XVI (Industrie) und XVIII (Forschung und technologische Entwicklung) des EG-Vertrages geregelt. Zusammenfassend besteht das **Ziel**, die Wettbewerbsfähigkeit der Industrie der EU zu stärken, um im weltweiten Wettbewerb insbesondere mit Japan und den USA besser bestehen zu können. Auslösendes Moment war die zu Beginn der 1980er-Jahre diagnostizierte »**Eurosklerose**« (*Giersch*) der europäischen Wirtschaft, die tiefe Krise der Innovationstätigkeit und der Zukunftsfähigkeit Europas. Zentrale Teilbereiche dieser Politik sind:

Ziel der Überwindung der Eurosklerose

- Förderung der Wettbewerbsbedingungen, Förderung der Anpassung an den Strukturwandel und Förderung der Zusammenarbeit von Unternehmen,
- Auf- und Ausbau transeuropäischer Netze und vor allem
- Förderung von Forschung und technologischer Entwicklung.

Mittel für diesen Aufgabenbereich werden im Bereich der Rubrik »Nachhaltiges Wachstum«, Teilrubrik »Wettbewerbsfähigkeit für Wachstum und Beschäftigung« bereitgestellt; nach dem Finanzrahmen 2007–2013 insgesamt rund 86 Milliarden Euro bzw. rund 12 Milliarden Euro pro Jahr (siehe Kapitel 22.4.4). Mit dem 7. Rahmenprogramm (2007–2013) soll ein »Europa des Wissens im Dreieck von Forschung, Bildung und Innovation« geschaffen werden (EU-Kommission).

86 Mrd. € für die Wettbewerbsfähigkeit

Die **Förderung von Forschung und technologischer Entwicklung** ist Schwerpunkt der Ausgaben in diesem Bereich. Nach der Finanziellen Vorausschau sind hier für den Zeitraum 2007–2013 Ausgaben in Höhe von rund 7 Milliarden Euro pro Jahr geplant. Schwerpunkt der Förderung war von Anfang an die Informations- und Kommunikationstechnologie; mittlerweile ist der weitaus größte Teil der Finanzmittel für die Erforschung einer benutzerfreundlichen Informationstechnologie vorgesehen.

Schwerpunkt Informationstechnologie

Transeuropäische Netze (TEN) sollen die Binnenmarkt-Infrastruktur verbessern. Zentrale Bausteine der mittelfristig geplanten transeuropäischen Netze der Verkehrs-, Telekommunikations- und Energie-Infrastruktur sind:

Transeuropäische Netze

- Eisenbahnnetze, insbesondere für Hochgeschwindigkeitszüge,
- Straßennetze, insbesondere in den ärmeren Randgebieten,
- Binnenwasserstraßen-Netze,
- Netze für den kombinierten Verkehr auf Schiene, Wasser und Straße,
- Netze für den Energietransport,
- Telekommunikationsnetze für einen gemeinsamen Informationsraum.

Hierfür sind rund zwei Milliarden Euro pro Jahr bereitgestellt.

Die **Förderung der Wettbewerbsbedingungen und des Strukturwandels** umfasst eine Reihe kleinerer Maßnahmen wie die Verbesserung der Qualität der Bildung, den Rückbau kerntechnischer Anlagen oder die Anpassung an die Globalisierung. Hierfür sind pro Jahr rund drei Milliarden Euro bereitgestellt.

Geringes Fördervolumen

Insgesamt steht das Volumen der Fördermittel hinter der Blumigkeit und der Vollmundigkeit der Beschreibung der Ziele im Bereich dieser Politiken weit zurück.

Ordnungspolitische Bedenken

Industriepolitik, Forschungspolitik und Technologiepolitik werden immer von ordnungspolitischen Bedenken begleitet, weil – in der Ökonomik – die Grundüberzeugung besteht, dass der Wettbewerb der beste Motor von Innovationen und wirtschaftlicher Entwicklung ist und dass eine selektive Förderung von Unternehmen, Branchen oder Technologien den Wettbewerb verzerrt und in eine falsche Richtung drängt, weil der Wettbewerb das optimale Entdeckungsverfahren ist (vgl. Kapitel 7) und staatliche Fördermaßnahmen eine »Anmaßung von Wissen« (*Hayek*) darstellen. Die Ökonomik ist daher immer sehr skeptisch bezüglich der Wirkungen staatlicher Förderung von Forschung und technologischer Entwicklung. Nur wenn Forschungsergebnisse den Charakter eines öffentlichen Gutes haben, also in der Grundlagenforschung, ist nach ökonomischer Sicht eine staatliche Förderung angemessen. Marktnahe Projekte sollten dagegen nicht gefördert werden. Der Auf- und Ausbau einer Verkehrs-, Telekommunikations- und Energie-Infrastruktur sollte hingegen staatlich gefördert werden, weil diese Infrastrukturen in der Regel in hohem Maße den Charakter öffentlicher Güter haben.

Förderung nur der Grundlagenforschung und der Infrastruktur

23.3.5 Wettbewerbspolitik der EU

23.3.5.1 Grundstruktur und Anwendungsbereich der EU-Wettbewerbspolitik

Der Binnenmarkt soll den Wettbewerb zwischen den Unternehmen der EU stärken. Dafür braucht es eine einheitliche Wettbewerbspolitik, die den freien Wettbewerb schützt. Die Wettbewerbspolitik der EU hat, anders als die nationale Wettbewerbspolitik, zwei Schutzziele:

Zwei Schutzziele der EU-Wettbewerbspolitik:

Zum einen sollen Wettbewerbsbeschränkungen, die von Unternehmen ausgehen, verhindert oder beseitigt werden. Dies entspricht der üblichen nationalen Wettbewerbspolitik und soll hier als **Wettbewerbspolitik im engeren Sinne** bezeichnet werden.

... Wettbewerbsbeschränkungen und ...

Zum anderen sollen auch die Wettbewerbsverfälschungen verhindert oder beseitigt werden, die von staatlichen Beihilfen – z.B. die Subvention der deutschen Steinkohleproduktion – ausgehen. Dies wird hier als **Beihilfenkontrolle** bezeichnet.

... Wettbewerbsverfälschungen verhindern oder beseitigen

Die Wettbewerbspolitik der EU will den Wettbewerb zwischen den Staaten der Gemeinschaft fördern und schützen; daher werden die Wettbewerbsbeschränkungen geahndet, die den zwischenstaatlichen Handel beeinträchtigen können und/oder die von gemeinschaftsweiter Bedeutung sind. Es gilt die **Zwischenstaatlichkeitsklausel**. Klare rechtliche Regeln zur Abgrenzung von nationaler und gemeinschaftlicher Kompetenz fehlen, aber die Zwischenstaatlichkeitsklausel wird sehr weit ausgelegt. Es gilt der **grundsätzliche Vorrang des EU-Wettbewerbsrechts** vor dem nationalen Recht. So gilt z.B. ein europäisches Kartellverbot, auch wenn nationale Behörden das Kartell erlauben würden, und umgekehrt gilt die europäische Erlaubnis, auch wenn das Kartell nach nationalem Recht verboten ist. Konfliktfälle sind allerdings eher selten, weil die Wettbewerbsregeln der Gemeinschaft und der Mitgliedstaaten ähnlich strukturiert sind.

In der EU wird die Wettbewerbs- und Beihilfepolitik durch die Kommission ausgeübt und nicht durch eine von Exekutive und Legislative unabhängige Behörde. Das ist auch die zentrale Kritik dieser institutionellen Regelung. Weil die Kommission vielfältige Aufgaben im Bereich der Exekutive und ansatzweise auch der Legislative hat, gerät sie im Rahmen ihrer Wettbewerbspolitik in vielfältige Interessenskonflikte:

Die Kommission als Hüterin der Wettbewerbspolitik

Vielfältige Interessenskonflikte

- zwischen politischer Gestaltung und administrativer Umsetzung,
- zwischen Strukturpolitik und Beihilfenkontrolle und
- zwischen Industriepolitik und Wettbewerbspolitik.

23.3.5.2 Wettbewerbspolitik im engeren Sinne

Ähnlich wie im deutschen GWB (vgl. Kapitel 7.3) existieren im Wettbewerbsrecht der EU die drei Säulen:

Drei Säulen der Wettbewerbspolitik

- Kartellverbot,
- Missbrauchsaufsicht und
- Zusammenschlusskontrolle.

Das **Kartellverbot** ist in Art. 81 EGV geregelt: Vereinbarungen zwischen Unternehmen und aufeinander abgestimmte Verhaltensweisen, die geeignet sind, den zwischenstaatlichen Handel zu beeinträchtigen und den Wettbewerb zu beschränken, sind verboten. Art. 81 bezieht sich dabei sowohl auf horizontale Vereinbarungen als auch auf vertikale Vereinbarungen. Diese Vereinbarungen sind grundsätzlich verboten. Von diesen Verboten gibt es aber weit reichende Ausnahmen, nämlich wenn die Vereinbarungen zu deutlichen Vorteilen für die Verbraucher führen oder den technischen Fortschritt fördern. Zur Regelung dieser Ausnahmen hat die Kommission umfassende **Gruppenfreistellungsverordnungen** erlassen: Danach sind vertikale Vereinbarungen immer freigestellt, sofern eine Marktanteilsgrenze von 30 Prozent im relevanten Markt nicht überschritten wird. Daneben existiert eine umfangreiche Gruppenfreistellung auch für horizontale Vereinbarungen, z. B. über Technologietransfer, Patentlizenzen oder Spezialisierungen.

Um die Verfahren zu vereinfachen und zu dezentralisieren, hat die Kommission das **Prinzip der Legalausnahme** eingeführt: Danach sollen Unternehmen selbst einschätzen, ob ihre Vereinbarungen unter das Kartellverbot fallen. Nationale Wettbewerbsbehörden sollen dann nachträglich – aufgrund eigener Marktbeobachtung oder auf der Grundlage von Beschwerden Dritter – im Streitfall klären, ob die Selbsteinschätzung richtig war.

Möglichkeit der Selbsteinschätzung

Die Geldbußen gegen Kartellunternehmen können durchaus empfindlich ausfallen. 2007 hat die Kommission beispielsweise eine Geldbuße in Höhe von 751 Millionen Euro gegen Elektronikkonzerne wegen einer Absprache über Schaltanlagen verhängt, davon allein 419 Millionen Euro gegen Siemens. Im

Empfindliche Geldbußen

gleichen Jahr wurde eine Geldbuße in Höhe von 992 Millionen Euro gegen Hersteller von Aufzügen und Rolltreppen verhängt (Entscheidungen der Kommission 2007).

Die **Missbrauchsaufsicht** ist in Art. 82 EGV geregelt: Der Missbrauch einer marktbeherrschenden Stellung ist verboten, sofern dadurch der zwischenstaatliche Handel beeinträchtigt wird. Insbesondere geht es um Behinderungsmissbrauch (vgl. Kapitel 7.3.2), z.B. um Kopplungsgeschäfte, Ausschließlichkeitsbindungen oder um Diskriminierungen. So musste z.B. die Deutsche Post AG eine Geldbuße von 24 Millionen Euro zahlen, weil sie ihre marktbeherrschende Stellung durch Treuerabatte und Quersubventionen von Verlustgeschäften missbraucht hatte (Entscheidung der Kommission 2001).

Prinzip des Verbots gemeinschaftsweiter Zusammenschlüsse, wenn Wettbewerb behindert wird.

Die **Zusammenschlusskontrolle** ist nicht im EG-Vertrag geregelt, sondern in der Fusionskontrollverordnung vom 21.12.1989, mittlerweile in der Fassung vom 01.05.2004. Danach sind Unternehmenszusammenschlüsse von gemeinschaftsweiter Bedeutung zu untersagen, wenn sie eine marktbeherrschende Stellung begründen oder verstärken, sofern dadurch wirksamer Wettbewerb wesentlich behindert wird. Dabei sind, anders als im deutschen Recht, Marktergebniskriterien zu prüfen, nämlich ob durch den Zusammenschluss die Entwicklung des technischen und wirtschaftlichen Fortschritts gefördert wird.

Die **gemeinschaftsweite Bedeutung** ergibt sich aus folgenden Kriterien. Zunächst gilt der Regelfall relativ hoher Schwellenwerte:

Regelfall der gemeinschaftsweiten Bedeutung

- Die beteiligten Unternehmen erzielen einen Gesamtumsatz von mehr als 5 Milliarden Euro und
- mindestens zwei der Unternehmen erzielen einen gemeinschaftsweiten Umsatz von jeweils mehr als 250 Millionen Euro.

Hinzugekommen ist (nach der Änderung von 1997) eine ergänzende Zuständigkeit der Kommission für kleinere Zusammenschlüsse, wenn mindestens drei Mitgliedstaaten betroffen sind:
- Der weltweite Gesamtumsatz aller beteiligten Unternehmen beträgt zusammen mehr als 2,5 Milliarden Euro;
- der Gesamtumsatz aller beteiligten Unternehmen in mindestens drei Mitgliedstaaten übersteigt jeweils 100 Millionen Euro;
- in jedem von mindestens drei dieser Mitgliedstaaten beträgt der Gesamtumsatz von mindestens zwei beteiligten Unternehmen jeweils mehr als 25 Millionen Euro;
- der gemeinschaftsweite Gesamtumsatz von mindestens zwei beteiligten Unternehmen übersteigt jeweils 100 Millionen Euro.

Dies soll eine Anmeldung in möglicherweise zahlreichen Mitgliedstaaten ersparen.

Ausnahme: Zwei-Drittel-Regel

Und generell gilt die **Zwei-Drittel-Regel**: Kein Zusammenschluss von gemeinschaftsweiter Bedeutung liegt vor, wenn die beteiligten Unternehmen jeweils mehr als zwei Drittel ihres gemeinschaftsweiten Umsatzes in ein und demselben Mitgliedstaat erzielen.

23.3.5.3 Beihilfenkontrolle

Die Beihilfenkontrolle der EU ist in Art. 87 EGV geregelt: Beihilfen, die den Wettbewerb verfälschen und den Handel zwischen den Mitgliedstaaten beeinträchtigen, sind grundsätzlich verboten. Von diesem Verbotsgrundsatz gibt es zahlreiche Ausnahmen, insbesondere Beihilfen zur Förderung unterentwickelter Regionen und Beihilfen im Rahmen der Förderung bestimmter Wirtschaftszweige sind erlaubt. Damit wird die regionale und sektorale Strukturpolitik der EU (vgl. Kapitel 22.6) ermöglicht. Zudem kann der Rat mit qualifizierter Mehrheit Beihilfen zulassen. Nur für die Stahlindustrie gilt das strengere Subventionsverbot der inzwischen beendeten Europäischen Gemeinschaft für Kohle und Stahl (EGKS) auch weiterhin: Beihilfen sind hier nur für Umweltschutz, Forschung und Entwicklung sowie zur Schließung von Stahlwerken zulässig.

Verbotsgrundsatz

Beihilfen sind nicht eindeutig definiert, aber in der Regel müssen drei Kriterien erfüllt sein:
- Beihilfen sind finanzielle Vorteile,
- gewährt aus öffentlichen Mitteln,
- die nur speziellen Zwecken dienen, also diskriminierend sind.

Beihilfen sind z. B. Steuervergünstigungen, Subventionen oder verbilligte Grundstückspreise, aber auch die öffentliche Gewährträgerhaftung für Sparkassen und Landesbanken oder die Gebührenfinanzierung des öffentlich-rechtlichen Rundfunks in Deutschland. Diese Gebührenfinanzierung ist nach dem Protokoll Nr. 23 zum Amsterdamer Vertrag allerdings ausdrücklich erlaubt.

Vielfalt von Beihilfen

Geplante Beihilfen müssen von den Mitgliedstaaten zuvor angemeldet werden und von der Kommission genehmigt werden. So werden jährlich knapp 1.000 Beihilfeanträge geprüft und meist auch genehmigt; so sind im Jahr 2008 rund 80 Anträge für Deutschland geprüft und meist genehmigt worden. Aktuell ist die Beihilfe in Form eines öffentlichen Rettungsdarlehens an die Quelle GmbH genehmigt worden (am 30.06.2009).

Beihilfen werden selten abgelehnt.

Die Beihilfenkontrolle der EU ist generell schwierig, weil nicht alle Beihilfen bekannt sind und vor allem ihre Wettbewerbswirkungen kaum beurteilt werden können. Zudem steckt die Kommission immer in einem Interessenkonflikt zwischen der Wahrung des Wettbewerbs und der Förderung der wirtschaftlichen Entwicklung unterentwickelter Regionen. Und schließlich ist auch ein »Kuhhandel« möglich: So stimmte Deutschland den bis Ende 2002 befristeten Mineralölsteuerbefreiungen in Frankreich, Italien und den Niederlanden zu. Als Gegenleistung wollten diese Länder der Nachfolgeregelung für die Kohlesubvention in Deutschland nicht im Wege stehen.

Informationsproblem

Interessenkonflikt

Arbeitsaufgaben Kapitel 23

1. Welche Grundüberlegung sollte die Entscheidung zwischen institutioneller und funktioneller Integration fundieren?

2. Welche Grundüberlegung sollte die Entscheidung über die hierarchische Ebene einer institutionellen Integration fundieren?

3. Wie würden Sie die bisherige Integrationspolitik der EU unter Verwendung der Begriffe institutioneller vs. funktioneller Integration charakterisieren?

4. Welche Art der Integrationspolitik ist grundsätzlich im EG-Vertrag und der Rechtsprechung des EuGH angelegt?

5. Welche Rolle spielt das Abstimmungsverfahren im Integrationsprozess?

6. Beschreiben Sie die Probleme und die gewählten Integrationsprinzipien der Harmonisierung im Bankenbereich.

7. Was sind die jeweiligen Vor- und Nachteile der Besteuerungsprinzipien Bestimmungslandprinzip und Ursprungslandprinzip unter integrationspolitischem Aspekt?

8. Was befürchten, was erhoffen die Tarifparteien eines hoch entwickelten Landes von der EU-Sozialpolitik?

9. Beschreiben Sie den Konflikt zwischen Industriepolitik und Wettbewerbspolitik – grundsätzlich und am Beispiel der EU.

10. Beschreiben und bewerten Sie die Beihilfepolitik der EU.

Lösungsvorschläge für die Arbeitsaufgaben finden Sie im »Übungsbuch zu Grundlagen und Probleme der Volkswirtschaft«.

Literatur Kapitel 23

Der Binnenmarkt und die begleitenden Politikbereiche werden dargestellt in den umfassenden Abhandlungen von:

Herz, Dietmar/Christian Jetzlsperger: Die Europäische Union, 2. Aufl., München 2008.

Wagner, Hans-Jürgen/Thomas Eger/Heiko Fritz: Europäische Integration, München 2006.

Weidenfeld, Werner (Hrsg.): Die Europäische Union: Politisches System und Politikbereiche, Bonn (Bundeszentrale für politische Bildung) 2008.
Weidenfeld, Werner /Wolfgang Wessels (Hrsg.): Europa von A-Z, 8. Aufl., Bonn (Bundeszentrale für politische Bildung) 2009.

Aktuelle Informationen liefern
EU-Nachrichten (wöchentlich)
und speziell der
Binnenmarktanzeiger der Kommission

Von zentraler Bedeutung für die wirtschaftspolitische Strategie der Gemeinschaft ist immer noch das
»Weißbuch: Wachstum, Wettbewerbsfähigkeit, Beschäftigung«, Europäische Kommission, Luxemburg 1993.

Die positiven Wirkungen des Binnenmarktes hat seinerzeit beschrieben:
Cecchini, Paolo: Europa ›92. Der Vorteil des Binnenmarktes, Baden-Baden 1988.
Dieses Buch ist das Endprodukt eines umfassenden Forschungsprogramms über die »Kosten der Nichtverwirklichung Europas«, das von der EG-Kommission initiiert worden war.

24 Inflation

Leitfragen

Was versteht man unter einer Inflation und welche Erscheinungsformen sind zu unterscheiden?

- Was bedeutet »Inflation«?
- Wie wird die Inflation gemessen?
- Welche Entwicklung zeigt die Inflationsrate in Deutschland?
- Welches sind die wichtigsten Erscheinungsformen der Inflation?

Woher kommt der Inflationsimpuls und durch welche Faktoren wird die Inflation in Gang gehalten?

- Was versteht man unter einer Nachfrage-, was unter einer Angebotsinflation?
- Worin liegt der auslösende Impuls einer Nachfrageinflation?
- Was ist das auslösende Moment der Lohndruckinflation?
- Was ist eine Gewinndruckinflation und wie lässt sich ihr auslösender Impuls erklären?
- Kann man konkrete Preissteigerungsprozesse ohne Weiteres als Angebots- oder Nachfrageinflation identifizieren?
- Wie erklären Monetaristen die Inflation?

Wie wirkt die Inflation auf wichtige gesamtwirtschaftliche Größen und welche wirtschaftspolitischen Konsequenzen ergeben sich hieraus?

- Welche Vorstellungen bestehen bezüglich der Beschäftigungswirkungen der Inflation?
- Wie werden die Einkommens- und Vermögensverteilung durch die Inflation verändert?
- Wie wirkt sich die Inflation auf das Wachstum aus?
- Welches ist die herkömmliche Therapie gegen eine Nachfrageinflation und wie ist diese zu beurteilen?
- Welche Lösungsmöglichkeiten des Problems der Angebotsinflation ergeben sich im Rahmen einer staatlichen Einkommenspolitik?

24.1 Definition, Messung und Bedeutung der Inflation

Inflation gehört zu den gesamtwirtschaftlichen Übeln. Sie zu bekämpfen ist Gebot des Stabilitätsgesetzes, das in § 1 Bund und Länder verpflichtet, zur Stabilität des Preisniveaus beizutragen (vgl. Kapitel 14.3.5). Und auch im Rahmen der Wirtschaftspolitik der EU gehört Preisniveaustabilität zu den zentralen Zie-

Preisniveaustabilität ist Ziel der Wirtschaftspolitik.

24.1 Inflation
Definition, Messung und Bedeutung der Inflation

len der Europäischen Zentralbank (vgl. Kapitel 18.2.2) und der Mitgliedsländer. In Deutschland speziell ist die Furcht vor einer Inflation immer noch im kollektiven Gedächtnis der Bevölkerung verankert, wenngleich die Erfahrungen mit der großen Inflation nach dem Ersten Weltkrieg mit einer zuletzt monatlichen Inflationsrate von 32.400 Prozent (Oktober 1923) über 80 Jahre zurückliegen.

Der Begriff der Inflation wird, nach dem lateinischen inflatus = aufgeblasen, allgemein für eine deutliche und ungesunde Zunahme von Dingen oder Sachverhalten verwendet. In der Ökonomie bezieht man sich dabei auf das Preisniveau, auf die durchschnittlichen Preise.

> Unter Inflation versteht man im Allgemeinen eine über einen längeren Zeitraum zu beobachtende Zunahme des Preisniveaus.

Man spricht also nur von Inflation, wenn das Preisniveau in der betreffenden Volkswirtschaft steigt. Das Ansteigen einzelner Preise genügt nicht, die Preise müssen im Durchschnitt steigen, unter Berücksichtigung der Bedeutung der Güter. Um solche durchschnittlichen Preisänderungen zu erfassen, werden Preisindizes berechnet.

Messung der Inflationsrate anhand des Verbraucherpreisindex

In Deutschland wird zur Messung der Inflationsrate vor allem der so genannte **Verbraucherpreisindex** ermittelt. Bis 2003 hat das Statistische Bundesamt den Verbraucherpreisindex (damals »Preisindex für die Lebenshaltung aller privaten Haushalte« genannt) für die verschiedenen Haushaltstypen ausgewiesen (Beamte, Arbeiter, Rentner). Dies ist nun entfallen.

Die Preise eines Warenkorbs messen die Veränderung der Preise allgemein.

Der Verbraucherpreisindex bezieht sich auf alle privaten Haushalte, also nicht auf Unternehmen und den Staat. Zu seiner Berechnung ermittelt das Statistische Bundesamt über die Einkommens- und Verbrauchsstichproben (EVS, eine annähernd repräsentative Stichprobe von rund 60.000 Haushalten) und anderer Statistiken die durchschnittlichen Konsumgewohnheiten der Bevölkerung in einer Basisperiode: den so genannten **Warenkorb**. Dieser Warenkorb enthält rund 700 Waren und Dienstleistungen, von Frühstücksmarmelade über Herrensocken bis zur Wohnungsmiete, in bestimmter Qualität und Menge, die im Durchschnitt von den Konsumenten gekauft werden. Für diese Waren und Dienstleistungen wird monatlich über ihre so genannten Preisrepräsentanten (z. B. Erdbeermarmelade von Schwartau und Johannisbeerkonfitüre von Zentis; insgesamt rund 350.000 Einzelpreise) die Preisentwicklung ermittelt. Diese Preisentwicklung wird mit ihrer Bedeutung gewichtet, weil z. B. eine zehnprozentige Erhöhung der Miete viel gewichtiger ist als eine zehnprozentige Erhöhung der Preise für Herrensocken.

Praktisch verwendet man dafür die Preisindex-Formel von *Laspeyres*; in der einfachen Form:

Preisindex nach Laspeyres

$$PI = \frac{\sum p_t \cdot q_0}{\sum p_0 \cdot q_0}$$

Dabei werden mit p_0 und q_0 die Preise und Mengen im Basisjahr 0 und mit p_t die Preise im Berichtsmonat t bezeichnet. Man geht also von jeweils konstanten

Definition, Messung und Bedeutung der Inflation — 24.1

durchschnittlichen Verbrauchsgewohnheiten aus (die Mengen q_0 bleiben ja im Zähler und Nenner konstant).

Der für ein bestimmtes Basisjahr ermittelte durchschnittliche Warenkorb wird den Preisindexberechnungen in der Regel rund fünf Jahre unverändert zugrunde gelegt, weil man ja nur reine Preisveränderungen erfassen will, nicht aber Veränderungen der Konsumgewohnheiten. Je weiter nun aber das interessierende Jahr vom Basisjahr entfernt ist, desto weniger werden die Verbraucher tatsächlich im Durchschnitt die Mengen des repräsentativen Warenkorbes kaufen. Es gibt neue Produkte und neue Verbrauchsgewohnheiten. Diese werden normalerweise auch von der Entwicklung der Preisstruktur beeinflusst: Im Regelfall werden die relativ am teuersten gewordenen Produkte weniger nachgefragt. Damit reagiert der Verbraucher rational auf die Veränderung der Preisstruktur. Der in mehrjährigen Abständen neu ermittelte repräsentative Warenkorb eines neuen Basisjahres trägt solchen strukturellen Verschiebungen dann Rechnung. Im Warenkorb werden unmodern gewordene Güter durch neue Güter ersetzt – z. B. Plattenspieler durch CD-Player – und die Abnahme der Menge solcher Güter, die teuerungsbedingt weniger gekauft werden, wird entsprechend berücksichtigt. Tabelle 24-1 zeigt die zusammengefasste, also sehr grobe Gewichtung – das so genannte Wägungsschema – für das derzeit verwen-

> Etwa alle fünf Jahre wird der Warenkorb neu ermittelt.

Tab. 24-1

Wägungsschema für den Verbraucherpreisindex 2005 im Vergleich zu 2000 (Angaben in %)

Warengruppe	2000	2005
Nahrungsmittel und alkoholfreie Getränke	10,1	10,4
Alkoholische Getränke, Tabakwaren	4,4	3,9
Bekleidung und Schuhe	5,0	4,9
Wohnung, Wasser, Strom, Gas u. a. Brennstoffe	30,6	30,8
Einrichtungsgegenstände, Apparate, Geräte und Ausrüstungen für den Haushalt	6,4	5,6
Gesundheitspflege	4,1	4,0
Verkehr	14,6	13,2
Nachrichtenübermittlung	2,2	3,1
Freizeit, Unterhaltung und Kultur	10,2	11,6
Bildungswesen	0,7	0,7
Beherbergungs- und Gaststättendienstleistungen	4,7	4,4
Andere Waren und Dienstleistungen	7,1	7,4

Quelle: Statistisches Bundesamt, Ergebnisse der Indexneuberechnung auf Basis 2005, Wiesbaden, 29. Februar 2008
http://www.destatis.de/jetspeed/portal/cms/Sites/destatis/Internet/DE/Content/Statistiken/Preise/Verbraucherpreise/Indexneuberechnung,property=file.pdf

24.1 Inflation
Definition, Messung und Bedeutung der Inflation

dete Basisjahr 2005 im Vergleich zum alten Basisjahr 2000. So ist z. B. das Gewicht für die Preise der Nachrichtenübermittlung von 2,2 auf 3,1 Prozent erhöht worden, weil die entsprechenden Dienstleistungen aufgrund des Preisverfalls mehr nachgefragt worden sind.

Die Inflationsrate wird meist auf Jahresbasis gemessen.

Die Inflationsrate in Prozent wird nun ermittelt, indem die prozentuale Änderung des Verbraucherpreisindex P berechnet wird:

$$\text{Inflationsrate (in Prozent)} = \frac{P_t - P_{t-1}}{P_{t-1}} \cdot 100$$

Die bekannt gegebenen Inflationsraten beziehen sich in der Regel auf Veränderungen des Preisindex auf Jahresbasis, also die Veränderung gegenüber dem gleichen Vorjahresmonat. Wird z. B. im Januar 2010 ein Anstieg des Preisindex um 0,9 Prozent gemeldet, dann bedeutet dies, dass der repräsentative Warenkorb von Januar 2009 bis Januar 2010 um 0,9 Prozent teurer geworden ist. Der einzelne reale Haushalt hat möglicherweise ein ganz anderes (subjektives) Preisempfinden, zum einen, weil nur bestimmte Preise, wie die für häufig wiederkehrende Käufe (z. B. Friseur, Restaurant, Tanken), deutlich wahrgenommen werden, und zum anderen, weil kein realer Haushalt durchschnittliche Konsumgewohnheiten hat (kein realer Haushalt heizt z. B. zu 50 Prozent mit Gas, zu 31 Prozent mit Strom, zu 15 Prozent mit Koks, zu 3,7 Prozent mit Holz und zu 0,3 Prozent mit Torf).

Das subjektive Preisempfinden unterscheidet sich meist von der amtlichen Inflation.

Neben diesem Verbraucherpreisindex werden zahlreiche andere Preisindizes berechnet, so für Erzeugerpreise, für Großhandelspreise, für Einfuhr- und Ausfuhrpreise oder für bestimmte Güter wie z. B. Bauland oder die »Preise rund um's Auto«.

Eine zunehmende Bedeutung erlangt der so genannte **Harmonisierte Verbraucherpreisindex** (HVPI), der im Rahmen der EU zur Berechnung der Inflationsrate verwendet wird. Hier sind die Berechnungsmethoden dergestalt harmonisiert worden, dass nur solche Verbrauchskomponenten zugrunde gelegt werden, die in allen Mitgliedstaaten der EU einheitlich erfasst werden. Unberücksichtigt bleiben z. B. die Preisentwicklungen bei selbst genutzten Wohnungen oder für Gesundheitsleistungen. Die Abweichungen zwischen dem deutschen Harmonisierten Verbraucherpreisindex und dem Verbraucherpreisindex sind gering.

Mit Inflationsraten werden nominale in reale Größen umgerechnet.

Inflationsraten werden dazu verwendet, nominale Größen in reale Größen umzurechnen. Sofern es sich um Veränderungen handelt, also um Raten, wird von der nominalen Rate die Inflationsrate einfach abgezogen. Dies ist die Vorgehensweise vor allem beim Zinssatz, bei der Lohnsteigerungsrate und bei der Wachstumsrate des Bruttoinlandsproduktes. Entsprechend gilt:

Realzins = Nominalzins – Inflationsrate
Reale Lohnsteigerung = Nominale Lohnsteigerung – Inflationsrate
Reale Wachstumsrate = Nominale Wachstumsrate – Inflationsrate

Handelt es sich um absolute Größen wie Geldmenge, Bruttoinlandsprodukt oder Kapitalstock, so werden die realen Größen in der Regel so ermittelt, dass man sie zu den konstanten Preisen einer Basisperiode bewertet.

24.2 Arten und Ausmaß der Inflation

Ab welcher prozentualen Preiserhöhung überhaupt von Inflation zu sprechen ist, kann nicht »ex cathedra« festgelegt werden. In Einklang mit der Festlegung der Europäischen Zentralbank, die damit der Festlegung vieler nationaler Zentralbanken gefolgt ist, wird allgemein ab einer Preissteigerungsrate von zwei Prozent von Inflation gesprochen.

Inflation ab einer Preissteigerung von zwei Prozent

Die Unterscheidung verschiedener Arten von Inflation knüpft an verschiedene Kriterien an. So unterscheidet man:
- nach der Stärke der Preissteigerung (»Grad der Inflation«) die schleichende und die galoppierende Inflation; nach der Dauer der Preissteigerungen die temporäre und die permanente (»säkulare«) Inflation;
- nach ordnungspolitischen Aspekten die offene und die zurückgestaute Inflation;
- nach der Ursache der Inflation die Nachfrage- und die Angebotsinflation sowie – als besondere Form der Nachfrageinflation – die monetär verursachte Inflation und
- nach dem Kriterium der Anpassung die vollständig antizipierte (vorweg genommene) und die unvollständig antizipierte Inflation.

Tabelle 24-2 gibt einen Überblick über die Entwicklung der Inflationsrate in Deutschland. Im langfristigen Trend ist in den fast zwei Jahrzehnten von 1992 bis 2008 ein gewisser Rückgang der Inflationsraten festzustellen. Ein Rückgang der Inflationsrate wird auch als **Disinflation** bezeichnet. Dies darf nicht mit Deflation verwechselt werden. Eine **Deflation** ist ein Rückgang des Preisniveaus, in einer Deflation sinken die Preise im Durchschnitt. Dies ist in der neueren Wirtschaftsgeschichte sehr selten; in den letzten Jahrzehnten sind die Preise nur im Jahr 1986 um durchschnittlichen 0,1 Prozent gesunken (nicht in der Tabelle enthalten). Ab 2007 ist die Inflationsrate wieder leicht gestiegen.

Disinflation als Rückgang der Inflationsrate

Deflation als Rückgang der Preise

Tab. 24-2

Die Entwicklung der Inflationsrate (Verbraucherpreisindex) in Deutschland von 1992 bis 2008 (in %)

Jahr	1992	1993	1994	1995	1996	1997	1998	1999	2000	2001	2002	2003	2004	2005	2006	2007	2008
Veränderung gegenüber Vorjahr	4,0	3,6	2,6	1,6	1,4	1,9	1,0	0,6	1,4	1,9	1,5	1,0	1,7	1,5	1,6	2,3	2,6

Quelle: Deutsche Bundesbank, Zeitreihe des Verbraucherpreisindex,
http://www.bundesbank.de/statistik/statistik_zeitreihen.php?lang=de & open=& func=list & tr=www_s311_lr_vpi

24.3 Erklärung der Inflation

Im Zusammenhang mit den Ursachen der Inflation werden gemeinhin zwei Arten der Inflation unterschieden, die Nachfrage- und die Angebotsinflation. Was genau unter einer Nachfrage- und einer Angebotsinflation verstanden wird, ist nicht ganz einheitlich definiert. Wir treffen folgende Unterscheidung:
- Von einer **Nachfrageinflation** wollen wir sprechen, wenn der erste Anstoß (der Impuls) für die Preiserhöhung von der Nachfrageseite ausgeht, und
- von einer **Angebotsinflation** sprechen wir, wenn der Impuls für die Preissteigerung von der Angebotsseite (insbesondere von Löhnen und Gewinnen) ausgeht.

Wir sprechen also auch dann von einer Nachfrageinflation, wenn nach einer durch eine Nachfrageerhöhung ausgelösten Preiserhöhung die Löhne von den Tarifpartnern, den Marktkräften folgend, den Preisen angepasst werden, obwohl hier Kosten-(Angebots-)Elemente in den Inflationsprozess eingreifen. Ebenso sprechen wir von einer Angebotsinflation, wenn z. B. nach einer durch die Marktmacht der Gewerkschaften erzwungenen (die Produktivitätszuwächse überschreitenden) Lohnerhöhung die Preise steigen und aufgrund der Einkommenswirkungen von Lohn- und Preissteigerungen die Nachfrage reagiert.

Überlagerung von Angebots- und Nachfrageeffekten

Nicht sinnvoll ist es, wenn man den Begriff der Nachfrageinflation – was gelegentlich geschieht – nur auf Preissteigerungsvorgänge beschränkt, die während des gesamten Prozesses bei konstanten Löhnen ausschließlich durch Nachfragesteigerungen hervorgerufen werden. Entsprechendes gilt für die Angebotsinflation. Es gibt dann praktisch keine reine Nachfrage- bzw. Angebotsinflation, und die Unterscheidung zwischen beiden Inflationsarten wäre ziemlich überflüssig. Jede durch Nachfragesteigerungen verursachte Preissteigerung hat normalerweise im weiteren Wirtschaftsablauf Rückwirkungen auf die Löhne; und jede auf dem Arbeitsmarkt durch Marktmacht durchgesetzte Lohnsteigerung hat im Allgemeinen im weiteren Verlauf Nachfragewirkungen.

24.3.1 Nachfrageinflation

Inflationsimpuls: Inflatorische Lücke

Die Nachfrageinflation ist die älteste der modernen Inflationserklärungen. Sie setzt bei der **inflatorischen Lücke** an – der überschüssigen Güternachfrage über das Angebot bei Vollbeschäftigung – und erklärt den Impuls zur Preisniveausteigerung aus diesem **Nachfrageüberhang** (Angebotslücke). Da bei Vollbeschäftigung kurzfristig keine Ausdehnung der Produktion möglich ist, bewirkt die überschüssige Güternachfrage allein eine Preissteigerung: Trotz ihrer erhöhten Ausgaben erhalten die Nachfrager genauso viel Güter wie bisher, die Preissteigerung »absorbiert« die zusätzliche monetäre Nachfrage. Abbildung 24-1 verdeutlicht diese Zusammenhänge und zeigt auch, dass eine nachfrageverursachte Preissteigerung schon vor Erreichen der Vollbeschäftigung möglich ist, z. B. als Folge branchenbezogener Engpässe.

Abb. 24-1

Der Inflationsimpuls bei der Nachfrageinflation

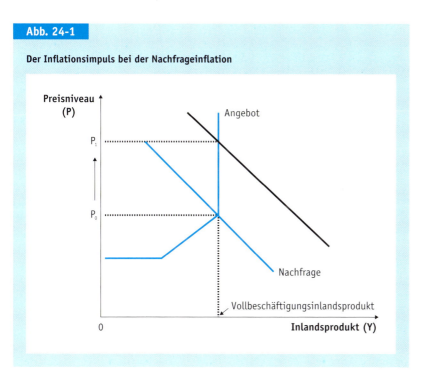

Die vorausgesetzte Nachfrageerhöhung zeigt sich in der Verschiebung der Nachfragekurve nach rechts: Bei jedem Preis wird mehr Inlandsprodukt nachgefragt. Sie führt zu der Preiserhöhung von P_0 auf P_1 bei konstantem Inlandsprodukt.

Wie lässt sich das **Fortbestehen der Inflation** erklären? Eine einfache – aber rein formale – Erklärung wäre die, zu unterstellen, dass die Nachfrage nach Gütern trotz der Preiserhöhung auf ihrem erhöhten realen Niveau verbleibt: In der betrachteten ersten Periode haben die Nachfrager in ihrer Gesamtheit ja keine zusätzlichen Güter erhalten. Wenn sie weiterhin mehr Güter nachfragen, als das mit dem Inlandsprodukt vereinbar ist und ihre Ausgaben entsprechend erhöhen können, so ergibt sich in der zweiten Periode dieselbe Situation wie in der ersten: Einem Güterangebot in Höhe des Inlandsproduktes steht eine größere Nachfrage gegenüber – das Preisniveau steigt erneut.

Wie kann es zu einer solchen Situation kommen? Entscheidend für diesen Ablauf ist, dass die Nachfrager ihre Ausgaben entsprechend erhöhen können und wollen. Das kann und wird häufig bei den überwiegend kreditfinanzierten privaten Investitionen der Fall sein, wenn die Investoren gute zukünftige Gewinnchancen sehen. Wie aber ist es bei den Haushalten? Die Unternehmerhaushalte haben im Zuge der Preissteigerung ihr Geldeinkommen »automatisch« steigern können. Anders die Nicht-Unternehmerhaushalte. Doch gehen diese leer aus? Je höher die überschüssige Nachfrage auf dem Gütermarkt ist, umso

Fortbestand der Inflation

Nachfragedruck auf dem Arbeitsmarkt

höher wird die Nachfrage nach Arbeitskraft werden. Es entsteht eine Überschussnachfrage auf dem Arbeitsmarkt, die es den Gewerkschaften – ohne Ausnutzung einer Machtposition – leicht macht, Tariflohnerhöhungen in Höhe der Preissteigerungen durchzusetzen. Die Haushalte (zumindest die Lohn- und Gewinnempfänger) können ihre reale Nachfrage aufrechterhalten. Tun sie dies auch und gilt dasselbe für den Staat und für das Ausland (Exporte), so bleibt die Gesamtnachfrage auf einem über dem Inlandsprodukt liegenden Niveau. Der Inflationsprozess kann sich fortsetzen: Überschussnachfrage – Preissteigerung – Gewinnsteigerung – Lohnsteigerung – Überschussnachfrage – Preissteigerung usw.

Wie kann die Nachfrageinflation zum Stillstand kommen?

Wird dieser Prozess ohne staatliche Eingriffe unterbrochen? Im Allgemeinen ja, denn einige Gruppen der Volkswirtschaft werden ihr Einkommen nicht im gleichen Umfang steigern können, wie die Preise steigen (Empfänger von nichtdynamisierten Renten, Zinseinkommensempfänger, Stipendienempfänger). Diese Gruppen werden ihre Güternachfrage einschränken müssen. Eine Verminderung der Güternachfrage ist bei ständig steigenden Preisen und festen Wechselkursen auch vom Ausland zu erwarten, es sei denn, die Preise steigen dort in gleichem Umfang oder sogar stärker.

Inflationsbegrenzende Wirkung der Geldmenge

Zudem könnte der Preissteigerungsprozess auch dadurch gestoppt werden, dass der Staat seine Nachfrage aus wirtschaftspolitischen Gründen in einer derartigen Situation einschränkt, sodass schließlich ein Ausgleich zwischen Inlandsprodukt und Güternachfrage erreicht werden kann. Ein »Zusammenbrechen« des Inflationsprozesses wird sich auch dann ergeben, wenn die Zentralbank die Geldmenge nicht oder nicht im notwendigen Umfang erhöht.

> Eine Erhöhung der Geldmenge ist eine notwendige Bedingung für einen lang anhaltenden Prozess der Nachfrageinflation.

Importierte Inflation durch steigende Exporte

Hausgemachte Nachfrageinflation

Allgemein kann der Inflationsimpuls – die zusätzliche Güternachfrage – im Prinzip von den privaten Haushalten, den Unternehmen, dem Staat oder dem Ausland ausgehen. Ist die Zunahme der Nachfrage auf eine Zunahme der Exporte (etwa infolge stärker steigender Preise und Einkommen im Ausland) zurückzuführen, so ergibt sich eine **erste Erscheinungsform** der **importierten Inflation:** Die Inflation wird durch die Nachfrage aus dem Ausland ins Inland hereingetragen. Ist die inflatorische Lücke auf eine inländische Nachfragekomponente zurückzuführen, so spricht man von einer **hausgemachten** Nachfrageinflation.

24.3.2 Angebotsinflation

Preiserhöhungen können, wie im Kapitel 6 gezeigt, nicht nur von der Nachfrageseite ausgehen, sondern auch von der Angebotsseite. Zu Preissteigerungen, die von der Angebotsseite ausgehen, kommt es, wenn Kostensteigerungen über die Preise an die Nachfrage weitergegeben werden oder wenn Anbieter einen höheren Gewinnaufschlag durchsetzen. Damit sind die beiden Grundtypen der Angebotsinflation – die **Kostendruck-** und die **Gewinndruckinflation** – aufgezeigt. Wenn es zu Preissteigerungen bei wirtschaftlicher Stagnation kommt, spricht man auch von **Stagflation** (Stagnation + Inflation).

24.3.2.1 Kostendruckinflation

Kostensteigerungen können gesamtwirtschaftlich gesehen folgende Ursachen haben (vgl. Kapitel 5):

- eine über dem Prozentsatz der Produktivitätssteigerung liegende Lohnsatzerhöhung;
- eine Zunahme der Preise für importierte Vorprodukte;
- eine Zunahme der Kapitalkosten (Zinskosten), die über die Zunahme der Kapitalproduktivität hinausgeht;
- eine Zunahme der Kostensteuern;
- zunehmende Stückkosten bei abnehmender Kapazitätsauslastung.

Mögliche Gründe für Kostensteigerungen

Wir wollen hier auf die Kapital- und Steuerkosten sowie auf eine Zunahme der Stückkosten infolge abnehmender Kapazitätsauslastung nicht eingehen und uns auch bezüglich der Importpreise auf wenige Bemerkungen beschränken. Stattdessen wollen wir uns ausführlicher mit dem viel diskutierten Fall der Lohndruckinflation beschäftigen.

Zunächst kurz zu den Kostenerhöhungen infolge steigender Importpreise für Rohstoffe und Zwischenprodukte. Steigen die Preise für importierte Rohstoffe und Zwischenprodukte, so haben wir es wieder mit einer vom Ausland ausgehenden Form der Inflation zu tun: eine **zweite Variante der importierten Inflation**.

Importierte Inflation durch steigende Importgüterpreise

Wie im Kapitel 5.6.2 gezeigt, bleiben die Lohnkosten pro Stück, gesamtwirtschaftlich also die Lohnkosten pro Einheit des Inlandsproduktes, konstant, wenn der Lohnsatz und die Arbeitsproduktivität um denselben Prozentsatz zunehmen:

$$\text{Lohnstückkosten} = \frac{\text{Lohnsatz}}{\text{Arbeitsproduktivität}} = \frac{\text{Lohnsatz}}{\frac{\text{Inlandsprodukt}}{\text{Arbeitsstunden}}}$$

Lohnstückkosten

Als Kostensteigerung wirkt sich folglich nur eine über die prozentuale Zunahme der Arbeitsproduktivität hinausgehende prozentuale Erhöhung des Lohnsatzes aus. Der Prozentsatz, um den sich die Lohnstückkosten erhöhen, ist dabei (annähernd) gleich der Differenz zwischen der prozentualen Lohnsatzsteigerung und der Produktivitätserhöhung: Nimmt der Zähler eines Bruches um 10 Prozent zu, der Nenner um 6 Prozent, so nimmt der Wert des Bruches (näherungsweise) um 4 Prozent zu.

Das folgende Beispiel verdeutlicht diesen Zusammenhang. Angenommen, die Lohnstückkosten betragen vor der Lohnerhöhung 5,– Euro, wobei der Lohnsatz 10,– Euro pro Arbeitsstunde und die Arbeitsproduktivität zwei Stück pro Arbeitsstunde beträgt:

Veränderung der Lohnstückkosten bei Lohnsatz- und Produktivitätsänderungen

$$\text{Lohnstückkosten} = \frac{\text{Lohnsatz}}{\text{Arbeitsproduktivität}} = \frac{10}{2} = 5 \text{ Euro pro Stück.}$$

Steigt nun der Lohnsatz um 10 Prozent (von 10 auf 11) und die Arbeitsproduktivität infolge technischen Fortschritts um 6 Prozent (von 2 auf 2,12), so betragen die neuen Lohnstückkosten 11 : 2,12 = 5,189. Das entspricht einer prozentualen Zunahme der Lohnstückkosten um 3,77 Prozent, also annähernd um 4 Prozent.

Preiswirkungen einer aggressiven Lohnpolitik

Erzwingen die Gewerkschaften – mit dem Ziel einer Erhöhung des Anteils der Löhne am Volkseinkommen (vgl. hierzu Kapitel 25) – eine über der prozentualen Produktivitätssteigerung liegende Erhöhung des Geldlohnsatzes, so steigen die Lohnstückkosten. Damit wird von der Kostenseite ein Anstoß zu Preissteigerungen gegeben, wenn die Unternehmer nicht bereit sind, eine entsprechende Minderung ihrer Gewinne hinzunehmen. Das wird deutlich, wenn die Unternehmer eine Lohnstückkosten-Kalkulation durchführen. Es gilt dann:

Preis = Lohnstückkosten (1 + Aufschlagsatz).

Steigen die Lohnstückkosten also im obigen Beispiel um 4 Prozent, so steigt auch das Preisniveau bei konstantem Aufschlagsatz für Gewinne und sonstige Kosten um 4 Prozent.

Lohnsteigerungen bei Unterbeschäftigung durch Marktmacht

Zu fragen ist, wie es in einer durch Stagnation oder sogar durch Rückgang der Produktion gekennzeichneten Situation überhaupt zu einer Steigerung der Löhne kommen kann. Auf dem Arbeitsmarkt wird in einer solchen Situation keine überschüssige Nachfrage nach Arbeitskraft bestehen, sondern vielmehr ein Überschussangebot an Arbeit. Marktkräfte können folglich die Lohnerhöhung nicht bewirken. Als Erklärung bietet sich nur die Marktmacht der Anbieter, in diesem Fall der Gewerkschaften, an. Setzen diese aufgrund ihrer Monopolsituation (sie vertreten ja die Arbeitnehmer bei den Lohnverhandlungen, vgl. Kapitel 25) in einer Stagnationsphase Lohnsteigerungen durch, so geben sie den Anstoß, den Impuls zu Preissteigerungen. Man spricht deshalb von einer **Lohndruckinflation**.

Inflationsimpuls: Lohnerhöhung

Eine Inflation ist aber nicht dadurch hinreichend erklärt, dass man den auslösenden Faktor herausarbeitet. Darüber hinaus sind die Kräfte zu beschreiben, die die Inflation in Gang halten. Bei der Lohndruckinflation könnte man eine permanente Inflation folgendermaßen erklären: Auf die (über die Produktivitätserhöhung hinausgehende) Lohnerhöhung reagieren die Unternehmer mit prozentual gleichen Preiserhöhungen, die bei unverändertem Geldwert der Güternachfrage (monetäre Nachfrage) zu einem Rückgang von Produktion und Beschäftigung führen würden (von Y_0 auf Y_1, vgl. Abbildung 24-2).

Nun stellen die Löhne gleichzeitig Einkommen der Arbeitnehmerhaushalte dar und Teile der Preise sind Gewinne. Geht man realistischerweise davon aus, dass Produktion und Beschäftigung kurzfristig konstant sind, so bedeutet die Lohn- und Preiserhöhung, dass die Lohn- und Gewinneinkommen in der Volkswirtschaft um den Prozentsatz der Lohnerhöhung zunehmen. Arbeitnehmer

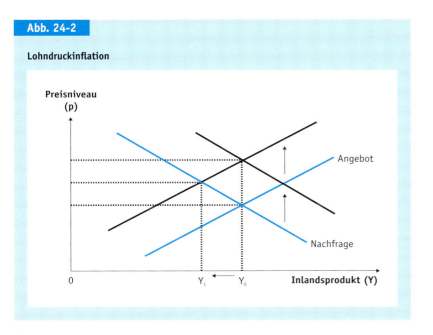

Abb. 24-2

Lohndruckinflation

und Unternehmer sind also in der Lage, ihre Ausgaben für Güter so zu steigern, dass sie bei gleicher Kaufneigung die gleiche Gütermenge nachfragen wie vor der Lohn- und Preiserhöhung (und zusätzlich eine durch die Produktivitätssteigerung bedingte Produktionssteigerung, von der wir im Folgenden zur Vereinfachung absehen). Auf Abbildung 24-2 bezogen bedeutet dies, dass sich die Nachfragekurve so nach oben verschiebt, dass sie die Angebotskurve bei der alten Produktionsmenge Y_0 schneidet (graue Nachfragekurve). Gütermäßig hat sich weder für die Unternehmer noch für die Arbeitnehmer etwas verändert, lediglich das Preisniveau ist durch den gescheiterten Umverteilungsversuch der Gewerkschaften gestiegen. Versuchen die Gewerkschaften trotzdem erneut, durch Lohnerhöhungen die Lohnquote zu erhöhen, so wiederholt sich der geschilderte Prozess. Es kommt zu der berühmten **Lohn-Preis-Spirale**.

Zwei Faktoren könnten den so beschriebenen Fortgang der Inflation (abgesehen vom Lohn- und Preisstopp) jedoch unterbrechen oder zumindest bremsen: **eine Verminderung der Nachfrage nach Gütern** und eine **unveränderte** oder nicht schnell genug steigende **Geldmenge**.

Bei der Einschätzung der Nachfrageentwicklung muss man die unterschiedlichen Bestandteile der Nachfrage berücksichtigen: die Konsumgüternachfrage der privaten Haushalte, die Investitionsgüternachfrage der Unternehmer, die staatliche Nachfrage nach Gütern und die Exportnachfrage des Auslandes. Sieht man von möglichen Umverteilungswirkungen der Preissteigerungen zwischen verschiedenen Gruppen der Haushalte ab (z. B. eine zeitweise Veränderung der Lohnquote infolge der zeitlichen Folge von Lohn- und Preissteigerungen), so besteht kein Grund, dauerhaft von einer Abnahme der Nachfrage nach Konsum-

Lohn-Preis-Spirale

Inflationshemmende Faktoren

Mögliche Nachfrageeinschränkungen

und Investitionsgütern auszugehen: Lohn- und Gewinneinkommen steigen ja – wie aufgezeigt – um denselben Prozentsatz, sodass das Realeinkommen von Unternehmer- und Arbeitnehmerhaushalten (ohne Produktivitätssteigerung) unverändert bleibt. Schwieriger ist die Frage zu beantworten, wie sich die staatliche Nachfrage und die Auslandsnachfrage entwickeln. Bei Preissteigerungen im Inland und festen Wechselkursen werden die Exporte mengenmäßig abnehmen, sofern die Preise im Ausland nicht ebenfalls entsprechend steigen. Bei flexiblen Wechselkursen wird die Wirkung wesentlich geringer sein (vgl. Kapitel 20). Wie der Staat seine Güternachfrage verändert, kann allgemein nicht gesagt werden.

Eine Begrenzung für den Preissteigerungsprozess ergibt sich auch bei diesem Verlauf der Lohndruckinflation durch die Geldmenge, wenn diese konstant gehalten oder nicht wenigstens annähernd entsprechend den Preissteigerungen ausgeweitet wird. Auch hier gilt: Eine Erhöhung der Geldmenge ist eine notwendige Bedingung für eine anhaltende Lohndruckinflation.

24.3.2.2 Gewinndruckinflation

Wenden wir uns nun der zweiten bedeutsamen Form der Kosteninflation, der Gewinndruckinflation zu. Entsprechend der Lohndruckinflation spricht man von einer **Gewinndruckinflation**, wenn die Unternehmer unter Ausnutzung von Marktmacht die Gewinnaufschläge mit dem Ziel erhöhen, den Gewinnanteil am Inlandsprodukt zu erhöhen. Vorausgesetzt, dass die Unternehmer ihren Preissteigerungsspielraum in der Vergangenheit voll ausgenutzt haben, ist eine Erhöhung der Gewinnspanne bei konstanter oder rückläufiger Nachfrage nur möglich, wenn ihre Marktmacht zunimmt. Eine Zunahme der Marktmacht kann sich auf zwei Wegen ergeben: Einmal kann der Wettbewerb, zum anderen kann die direkte Preiselastizität der Nachfrage abnehmen. Die Abnahme des Wettbewerbs kann ihrerseits verschiedene Gründe haben, die wir im Kapitel 7 diskutiert haben. In einer Phase der wirtschaftlichen Stagnation oder sogar abnehmender Produktion sind eine abnehmende Zahl der Konkurrenten infolge von Konkursen und Zusammenschlüssen sowie wettbewerbsbeschränkende Absprachen plausibel erscheinende Ursachen. Eine abnehmende Preiselastizität – also eine geringer werdende prozentuale Mengenreaktion der Nachfrage auf prozentuale Preiserhöhungen – ergibt sich über längere Zeitabschnitte, wenn im Zuge einer ständigen Verbesserung des Lebensstandards ehemalige Luxusgüter zu »Normalgütern« werden (vgl. Kapitel 4.3.3.3).

Wie wird bei der Gewinndruckinflation der Inflationsprozess in Gang gehalten? Vordergründig genügt es, wieder auf die Wechselwirkung zwischen Preisen und Löhnen hinzuweisen, diesmal auf eine Preis-Lohn-Spirale. Für den tatsächlichen Ablauf des Prozesses muss jedoch auch hier gefragt werden, wie die reale Nachfrage und die Geldmenge sich verändern. Da die Ergebnisse weitgehend den soeben für die Lohndruckinflation abgeleiteten entsprechen, verweisen wir auf diese Ausführungen.

24.3.3 Überlagerung von Nachfrage- und Angebotsinflation

Bisher haben wir die Nachfrage- und die Angebotsinflation getrennt voneinander behandelt. In der wirtschaftlichen Wirklichkeit können sich beide Inflationsarten überlagern: Man denke z. B. an einen inflationären Nachfrageüberhang, der gekoppelt ist mit einer die Markttendenz übersteigenden Lohnerhöhung.

Nachfrage- und Angebotsinflation können zwar theoretisch nach dem auslösenden Impuls klar voneinander abgegrenzt werden, in der Praxis kann der auslösende Impuls aber nur selten klar ausgemacht werden.

In der wirtschaftlichen Wirklichkeit beobachten wir im Allgemeinen Preis- und Lohnsteigerungen, die sich mehr oder weniger gleichzeitig vollziehen und wo nur schwer gesagt werden kann, was das auslösende und was das reagierende Element in einem Inflationsprozess ist. Als Indiz kann tendenziell dienen, wie sich reales Inlandsprodukt und Beschäftigung entwickeln. Nehmen beide zu – steigt also die monetäre Nachfrage hinreichend –, so wird man es im Allgemeinen mit einer Nachfrageinflation zu tun haben. Nehmen beide tendenziell ab (oder sinkt zumindest die Wachstumsrate des Inlandsproduktes), so spricht dies für eine Angebotsinflation.

24.3.4 Monetaristische Inflationserklärung

Aus monetaristischer Sicht gilt:

> »Inflation ist verbunden mit und letztlich ursächlich abhängig von einer erheblich über der Wachstumsrate der realen Produktion liegenden Zuwachsrate des Geldangebots – wobei die Differenz zwischen beiden Raten die Inflationsrate ist.« (Johnson, 1975, S. 110)

Monetaristen sehen also in einer übermäßigen Vermehrung der Geldmenge, ermöglicht durch eine entsprechende Zunahme der Zentralbankgeldmenge, die eigentliche Ursache der Inflation.

Impuls: übermäßige Erhöhung der Geldmenge

Wie kommt es aber von einer Geldmengenerhöhung zur Preiserhöhung? Wir haben den Übertragungsmechanismus geldpolitischer Impulse auf zentrale makroökonomische Größen in Kapitel 17.4 kennen gelernt und können uns deshalb auf eine Zusammenfassung beschränken. Die erhöhte Geldmenge stört das Gleichgewicht der Vermögensanlage der Wirtschaftseinheiten und führt zunächst zu einer erhöhten Nachfrage nach Wertpapieren (Substitution von Geld durch Wertpapiere). Die steigende Nachfrage erhöht die Preise (Kurse) für Wertpapiere, was – bei gegebener Nominalverzinsung – gleichbedeutend ist mit einer Abnahme ihrer tatsächlichen Verzinsung. Bei unveränderten Preisen und Erträgen des Realvermögens wird deshalb eine Substitution von Forderungen durch Realvermögen lohnend, wodurch die Konsum- und Investitionsgüternachfrage zunimmt. Diese Nachfrageerhöhungen führen dann zu Preissteige-

Der Wirkungszusammenhang zwischen Geldmengen- und Preiserhöhungen

rungen. Dieser Preissteigerungsprozess kommt zum Stillstand, wenn die Preise so gestiegen sind, dass die zusätzliche Geldmenge gerade als Transaktionskasse nachgefragt wird.

Auch im Rahmen des monetaristischen Erklärungsansatzes der Inflation müssen neben dem auslösenden Impuls die tragenden Kräfte eines Inflationsprozesses aufgezeigt werden. Die Monetaristen gehen hier von einer sich fortwährend wiederholenden exzessiven Geldmengenvermehrung aus, die die Währungsbehörden durchführen oder zulassen, um eine politisch unerwünschte Beschäftigungskrise zu vermeiden, die durch eine Einschränkung des Geldmengenwachstums mit der entsprechenden Einschränkung der Güternachfrage hervorgerufen würde.

Es wird deutlich, dass die monetaristische Erklärung der Inflation nicht fundamental von der oben beschriebenen Nachfrageinflation abweicht. Der Unterschied besteht vor allem darin, dass die Monetaristen eine allein im Güterbereich der Volkswirtschaft begründete Nachfragesteigerung (z. B. infolge gestiegener Gewinnerwartungen der Unternehmen oder zunehmender Staatsansprüche an das Inlandsprodukt) nicht als Inflationsursache ansehen, sondern eine entsprechende Geldmengenerhöhung vorgelagert sehen.

Da aber in beiden Theorien die Zunahme der Geldmenge eine notwendige Bedingung für einen anhaltenden Inflationsprozess darstellt, sind die Ansichten der Monetaristen und der Theoretiker der keynesianischen Nachfrageinflation im Ergebnis nicht sehr konträr.

Importierte Inflation durch Geldmengenerhöhung bei Zahlungsbilanzüberschüssen und festen Wechselkursen

Die vorangegangenen Ausführungen sollen durch eine Anmerkung ergänzt werden: Bei festen Wechselkursen führen Zahlungsbilanzüberschüsse automatisch zu einer Zunahme der Geldmenge, da die Zentralbank den Devisenüberschuss beim Paritätskurs ankaufen und den Exporteuren dafür heimisches Geld (z. B. Euro) zahlen muss (vgl. Kapitel 20). In einem System fester Wechselkurse braucht die Zunahme der Geldmenge also nicht durch eine bewusste Politik herbeigeführt zu werden, sondern kann sich aus der außenwirtschaftlichen Situation ergeben. Wir haben es hier mit einer **dritten Variante der importierten Inflation** zu tun, einer Variante, die in einem System flexibler Wechselkurse ihre Bedeutung verliert.

24.3.5 Inflation als Verteilungskampf

Inflation als Verteilungskampf

Über mögliche Überlagerungen angebots- und nachfrageseitig angeregter Preissteigerungen hinaus lassen sich die Nachfrage- und die Angebotsinflation auf eine **gemeinsame Ursache** zurückführen: den Versuch der verschiedenen Gruppen der Volkswirtschaft, das reale Inlandsprodukt zu ihren Gunsten umzuverteilen. Der Unterschied liegt nur darin, dass der Verteilungskampf bei der

Erhöhte Ausgaben

▸ Nachfrageinflation um die Verwendung des Inlandsproduktes durch erhöhte Ausgaben geführt wird, sodass die Summe der Ansprüche an das Inlandsprodukt größer ist als das Inlandsprodukt selbst; während der Verteilungskampf bei der

▸ Angebotsinflation über die Einkommensentstehungsseite durch Lohn- und Preiserhöhungen geführt wird.

Erhöhte Löhne und Preise

In beiden Fällen aber führt der Verteilungskampf zu Preissteigerungen, die häufig von der staatlichen Wirtschaftspolitik bewusst hingenommen werden, weil sie einen mit letzter Konsequenz geführten Verteilungskampf vermeiden, indem sie ihn auf die Preisebene verlagern und hier unmerklicher machen. Preissteigerungen übernehmen die Funktion »sozialer Besänftigung«.

Besänftigungsfunktion von Preissteigerungen

24.4 Wirkungen der Inflation

Die Wirkungen der Inflation sind vielschichtig, je nach Bedingungskonstellation unterschiedlich und generell unter Ökonomen strittig. Dennoch ist es sinnvoll, die vermuteten Wirkungen auf Beschäftigung, Verteilung und Wachstum zu diskutieren.

24.4.1 Beschäftigungswirkungen

Man kann bisweilen beobachten, dass eine (zunehmende) Inflationsrate mit einer expansiven Beschäftigungspolitik einhergeht. Vereinfacht stellt man sich diesen Zusammenhang folgendermaßen vor: Bei Arbeitslosigkeit erhöht der Staat seine Nachfrage, um über die Multiplikator- und Akzeleratorwirkung (vgl. Kapitel 10) ein höheres Inlandsprodukt und eine höhere Beschäftigung zu erreichen. Je mehr man sich der Vollbeschäftigung nähert, desto eher treten in einzelnen Bereichen Produktionsengpässe auf, die die Preise ansteigen lassen. Schließlich können geringfügige Verbesserungen der Beschäftigungslage nur noch durch stark steigende Inflationsraten erkauft werden. Damit ermöglicht die Inkaufnahme einer höheren Inflationsrate eine höhere Beschäftigung, aber die Inflation ist hier nicht die Ursache einer Zunahme der Beschäftigung. Ob zunehmende Inflationsraten ursächlich zu einer Erhöhung der Beschäftigung führen (können), wird im Rahmen der Modelle der Phillips Kurve diskutiert (vgl. Kapitel 11.2.2). Diese Diskussion soll hier nicht wiederholt werden. Das Ergebnis ist, etwas grob zusammengefasst, dass zunehmende Inflationsraten kurzfristig die Beschäftigung erhöhen können, langfristig aber eher nicht. Generell ist die Auffassung von einer **Substitutionsmöglichkeit zwischen Arbeitslosigkeit und Inflation** – mehr Inflation führt zu sinkender Arbeitslosigkeit und weniger Inflation führt zu mehr Arbeitslosigkeit – sehr strittig; überwiegend wird sie abgelehnt. Es scheint eher so zu sein, dass die Veränderung von Inflationsraten die Folge von anderen Maßnahmen ist, insbesondere die Folge von Veränderungen der Geld- und Fiskalpolitik (vgl. Kapitel 24.5).

Fördert Inflation die Beschäftigung?

24.4.2 Wirkungen auf die Einkommens- und Vermögensverteilung

Einkommensverteilung

Mit dem Argument, dass bei der Nachfrage- und Gewinndruckinflation der Preisanstieg dem Lohnanstieg zeitlich vorausgeht, wird verschiedentlich eine Benachteiligung der Lohnempfänger abgeleitet. Umgekehrtes soll bei der Lohndruckinflation gelten. Unseres Erachtens wird man eine solche Umverteilungswirkung nur kurzfristig bejahen können. Sobald man sich an die Inflation gewöhnt hat, werden bei der Nachfrage- und Gewinndruckinflation die Preissteigerungen in den Lohnsteigerungen und bei der Lohndruckinflation die Lohnsteigerungen in den Preissteigerungen antizipiert. Abgesehen hiervon ist die Existenz eines zeitlichen Nachhinkens der Löhne – auch nur vorübergehend – in der Praxis kaum nachweisbar. Es leuchtet ein, dass der Zeitpunkt, in dem mit der Betrachtung begonnen wird, von entscheidender Bedeutung dafür ist, ob sich ein zeitliches Nachhinken der Lohnänderung im Verhältnis zur Preisänderung ergibt oder ob die Lohnänderung zeitlich vorweg geht. Anders ausgedrückt: Die zeitliche Folge von Lohn- und Preiserhöhungen kann praktisch nicht fixiert werden und damit kann die Frage, ob eine Preis-Lohn- oder eine Lohn-Preis-Spirale vorliegt, nicht beantwortet werden.

Eine negative Verteilungswirkung der Inflation wird häufig bei Transferempfängern gesehen. Dies könnte dann der Fall sein, wenn die Transfers sich nicht oder erst mit nennenswerter zeitlicher Verzögerung den inflationären Einkommenssteigerungen anpassen. In Deutschland ist eine Anpassung der Renten an die allgemeine Einkommensentwicklung durch die so genannte »dynamische Rentenformel« sichergestellt. Bei anderen Transfers, etwa bei Arbeitslosengeld II oder bei Sozialgeld, erfolgt eine Anpassung an die Inflation dagegen diskretionär und in der Regel zeitverzögert.

Vermögensverteilung

Eine Inflation verringert den Wert des Geldes. Bei Preissteigerungen profitiert im Allgemeinen der Schuldner und verliert der Gläubiger, da der Güterwert der Schuld (der Forderung) mit zunehmender Inflationsrate und Zeitdauer abnimmt. Dies gilt allerdings nur, wenn es dem Gläubiger nicht gelingt, einen entsprechenden Inflationszuschlag auf den Zins durchzusetzen. Entscheidend für die Entwicklung des Wertes von Forderungen und Verbindlichkeiten ist der so genannte Realzinssatz. Der Realzinssatz entspricht dem Nominalzinssatz abzüglich der Inflationsrate.

Dieser Realzinssatz bleibt langfristig relativ konstant (etwa 4 Prozent). Das heißt aber, dass mit steigender Inflationsrate in der Regel auch der Nominalzinssatz steigt (Inflationszuschlag). Diese Anpassung des Nominalzinssatzes an den die Inflationsrate wird nach dem Wirtschaftswissenschaftler *Irving Fisher* (1867–1947) als Fisher-Effekt bezeichnet. Da Kleingläubiger (also kleine Sparer) einen Inflationszuschlag häufig nicht für sich geltend machen können, gehören sie zu den Verlierern der Inflation – ein sozialpolitisch bedenkliches Ergebnis. In diesem Zusammenhang sei angemerkt, dass ältere Personen in Deutschland im Allgemeinen Nettogläubiger und jüngere Personen eher Nettoschuldner sind, sodass die Inflation eine Umverteilung zwischen den Generationen bewirkt. Unmittelbar einsichtig ist die Umverteilungswirkung der Inflation zwischen Geld- und Sachvermögensbesitzern. Geldvermögen in Form von Bargeld und Sichtguthaben verliert im Preissteigerungsprozess im Gegensatz zum Sachvermögen real an Wert, insofern wirkt die Inflation wie eine Steuer auf das Halten von Geld.

Sachvermögensbesitzer gewinnen gegenüber Geldvermögensbesitzern.

Eine weitere Verteilungswirkung der Inflation ergibt sich aus einem progressiven Einkommensteuertarif. Ein real unverändertes Einkommen wird wegen der Gültigkeit des Nominalwertprinzips (»Euro = Euro«) bei steigenden Preisen und Nominaleinkommen einer immer stärker werdenden prozentualen steuerlichen Belastung unterworfen (vgl. Kapitel 13.3.3). Die Tatsache, dass der Staat infolge der »kalten Progression« auch real ständig höhere Steuereinnahmen empfängt, sagt indes noch nichts darüber, ob er zu den Gewinnern oder zu den Verlierern der Inflation gehört. Hierzu muss sowohl berücksichtigt werden, wie sich der Realwert der staatlichen Forderungen und Verbindlichkeiten verändert, als auch, wie sich die staatlichen Ausgaben im Zuge der Inflation entwickeln. Häufig steigen die Preise der vom Staat gekauften Güter überdurchschnittlich (Baupreise) und gleichen damit den staatlichen Inflationsgewinn bei den Steuern aus oder überkompensieren diesen sogar.

Kalte Progression

24.4.3 Wirkungen auf das Wachstum

Am wenigsten sind derzeit die Wirkungen der Inflation auf das Wachstum erforscht. Positive Wachstumswirkungen können sich aus Verteilungswirkungen der Inflation ergeben, wenn etwa als Folge einer Erhöhung der Gewinne im Inflationsprozess die Investitionen zunehmen oder die Unternehmensverschuldung real abnimmt. Andererseits verzerrt die Inflation die knappheitsbedingten Preisrelationen einer Volkswirtschaft, da nicht sämtliche Preise um denselben Prozentsatz steigen. Insbesondere bei hohen und stark schwankenden Inflationsraten ergibt sich damit eine steigende Unsicherheit von Erwartungen und die vom Preismechanismus gelieferten Informationen veralten schnell. Beides verursacht höhere Transaktionskosten: Kosten der Risikominimierung und der Informationsbeschaffung. Dies verringert die Investitionsneigung. Ferner ergibt sich insbesondere bei zunehmenden Inflationsraten häufig eine **Flucht in die Sachwerte**: Grundstücke und Häuser (»Betongold«) werden gekauft, um dem Wertverlust der Geldhaltung zu entgehen. Damit fließt das Kapital in wenig produktive Investitionen und die **Preisstruktur** wird erneut verzerrt (Grundstücke und Häuser werden unnötig knapp und teuer) und knappe Produktionsfaktoren der Volkswirtschaft werden fehlgeleitet, weil das Geld seine Wertaufbewahrungsfunktion verliert. Daher neigen die meisten Ökonomen zur Ansicht, eine Inflation mit hohen oder stark schwankenden Preissteigerungsraten beeinflusse das Wachstum überwiegend negativ. Die Wirkun-

Mögliche positive Wachstumswirkungen

Negative Wachstumswirkungen: Verzerrung der Preisrelationen und Flucht in die Sachwerte

gen der Inflation sind insgesamt recht unsicher und, bei moderater Inflation, auch relativ gering. Die Nachteile einer moderaten Inflation sind für viele Volkswirte geringer als von der Öffentlichkeit angenommen. Eine hohe Inflation wird dagegen eindeutig für schädlich gehalten.

24.5 Antiinflationspolitik

Eine Erfolg versprechende Wirtschaftspolitik zur Bekämpfung der Inflation muss an den Ursachen ansetzen und darf die Kosten einer Antiinflationspolitik – in der Regel eine vorübergehende Zunahme der Arbeitslosigkeit – nicht außer Acht lassen.

24.5.1 Bekämpfung der Nachfrageinflation

Bei einem als Nachfrageinflation angesehenen Preissteigerungsprozess wird naturgemäß eine Beschränkung der gesamtwirtschaftlichen Nachfrage durch die Mittel der staatlichen Wirtschaftspolitik anzustreben sein. Mithin wird üblicherweise eine restriktive Finanz- und Geldpolitik gefordert, wobei Monetaristen das Schwergewicht auf die Verringerung der Wachstumsrate der Geldmenge, Keynesianer auf die Verminderung der Staatsausgaben und die Erhöhung der einkommensabhängigen Steuern legen.

Problematik einer konjunkturorientierten Nachfragesteuerung

Eine solche »Bremspolitik« erscheint jedoch bei genauerer Betrachtung nicht unbedenklich. Eingeschränkt werden vor allem wachstumsfördernde staatliche und private Investitionen, wodurch das zukünftige Wachstum (die Produktivitätssteigerung) vermindert wird. Die evtl. kurzfristig erfolgreiche Stabilisierung des Preisniveaus wird folglich mit einem Wachstumsverlust und damit letztlich – sofern ein Nachfrageüberhang erhalten bleibt – mit einer säkularen schleichenden Inflation bezahlt.

Sinnvoller erscheint es, Übersteigerungen der Nachfrage vorbeugend zu bekämpfen und auf eine Verstetigung der wirtschaftlichen Entwicklung hinzuwirken. Es wird also eine langfristige, sich von ihrer Orientierung am Konjunkturzyklus lösende Konzeption der Nachfragesteuerung gefordert.

24.5.2 Bekämpfung der Kosteninflation

Wenn die Inflation Ausdruck des Kampfes zwischen den gesellschaftlichen Gruppen um die Erhöhung oder Verteidigung ihres Anteils am Volkseinkommen ist, so ist es logisch, dass die Wirtschaftspolitik versucht, diesen Verteilungskampf zu entschärfen oder aber seine Wirkungen so gering wie möglich zu halten. Damit ist vor allem die so genannte **Einkommenspolitik** angesprochen.

Einkommenspolitik

Als Einkommenspolitik bezeichnet man Maßnahmen zur Beeinflussung der Einkommen (Löhne, Zinsen und Gewinne) mit dem Ziel der Preisniveaustabilisierung oder der Korrektur der Einkommensverteilung. Wesentliche Instrumente sind – bei Tarifautonomie – Empfehlungen und Appelle.

Konzertierte Aktion als Einkommenspolitik

Durch das Stabilitätsgesetz ist die Einkommenspolitik in Deutschland in Form der **»Konzertierten Aktion«** (vgl. auch Kapitel 14.3.5) in gewissem Umfang institutionalisiert worden. Den Tarifpartnern sollte in der Konzertierten Aktion – in allerdings unverbindlichen Gesprächen unter Beteiligung des Staates – ein stabilitätsgerechtes Verhalten nahegelegt werden, indem in Form von **Lohnleitlinien** Obergrenzen für stabilitätskonforme Lohnsteigerungen vorgelegt werden. Wichtig war, dass sich die vorgeschlagenen Obergrenzen für die Lohnsatzerhöhungen am Produktivitätsfortschritt der Volkswirtschaft orientieren. Zugrunde lag das Konzept der so genannten **produktivitätsorientierten Lohnpolitik** (vgl. Kapitel 5 und 25). (Genau genommen handelte es sich bei den Lohnleitlinien nicht um das Konzept der produktivitätsorientierten Lohnpolitik, sondern – weitergehend – um eine kostenniveauneutrale Lohnpolitik, die auch die Veränderung anderer Kostenelemente berücksichtigt. Zur Vereinfachung beschränken wir uns hier auf den wichtigsten Kostenfaktor Lohn und damit auf die produktivitätsorientierte Lohnpolitik.) Mittlerweile gibt es die Konzertierte Aktion nicht mehr. Sie ist an der Tarifautonomie der Tarifparteien gescheitert.

Allerdings würde auch eine konsequente Verfolgung der produktivitätsorientierten Lohnpolitik nicht mit Sicherheit zur Preisstabilität führen: Die Produktivitätsfortschritte in den einzelnen Branchen sind unterschiedlich, während die in den Tarifabschlüssen vereinbarten Lohnsatzsteigerungen verhältnismäßig einheitlich sind. Orientiert sich die Lohnpolitik jetzt an der durchschnittlichen Produktivitätssteigerung, so führen entsprechende Lohnsteigerungen in den wachstumsstarken Branchen zu einer Abnahme der Lohnstückkosten. Aufgrund der in einer oligopolistisch strukturierten Volkswirtschaft weitgehend zu beobachtenden Preisstarrheit nach unten bleiben die Preise in den wachstumsstarken Branchen jedoch unverändert, während die Kostensteigerung in den Branchen mit geringer Produktivitätssteigerung zur Preissteigerung führt.

Bei Preisstarrheit nach unten gibt es auch bei produktivitätsorientierter Lohnpolitik Preissteigerungen.

Mithin bleibt auch zur Bekämpfung einer Angebotsinflation im Prinzip nur eine restriktive Geld- und Finanzpolitik, die über eine Beschränkung der gesamtwirtschaftlichen Nachfrage Preis- und Lohnerhöhungsspielräume verkleinert. Dabei muss gesehen werden, dass eine Bekämpfung einer Angebotsinflation mit den Mitteln der Geld- und Fiskalpolitik ein langfristiger Prozess ist, der zunächst im Wesentlichen Arbeitslosigkeit und Firmenzusammenbrüche bewirkt. Folge ist also zunächst die so genannte **»Antiinflationsrezession«**: Preisstabilität muss mit Arbeitslosigkeit und Wachstumseinbußen erkauft werden. Beispielhaft sei auf die Rezessionen 1974/75 und 1992/93 in Deutschland hingewiesen.

Inkaufnahme von Arbeitslosigkeit?

Langfristig wird es sinnvoller sein, eine Inflation bereits in der Anfangsphase zu bekämpfen. Hierzu bedarf es einer permanenten Antiinflationspolitik, die vor allem

▸ eine Stärkung der Marktposition der Verbraucher vorsieht, damit Preiserhöhungen nur schwierig durchzusetzen sind;

Inflation
Arbeitsaufgaben

- eine Wettbewerbspolitik betreibt, die einen echten – auch Preiswettbewerb – zwischen den Anbietern garantiert und die Entstehung von Marktmacht von Anbietern verhindert;
- eine Verteilungspolitik versucht, die die Schärfe von Verteilungskonflikten vermindert und
- die Wachstumsrate der Geldmenge eng begrenzt.

Arbeitsaufgaben Kapitel 24

1. Erläutern Sie folgende Begriffe:
   - Inflation,
   - Preisindex,
   - offene und zurückgestaute Inflation,
   - schleichende und galoppierende Inflation,
   - Konzertierte Aktion.

1. Von welcher Preissteigerungsrate an würden Sie von Inflation sprechen?

2. Warum ist es in der Praxis schwierig, zwischen einer Lohn-Preis- und einer Preis-Lohn-Spirale zu unterscheiden?

3. Beschreiben Sie die monetaristische Inflationserklärung.

4. Wie gefährdet die Inflation die Geldfunktionen?

5. Beschreiben Sie die Wirkungen der Inflation auf die Einkommensverteilung und die Vermögensverteilung.

6. Zeigen Sie, wie eine prozentuale Lohnsteigerung unter den gegenwärtigen Bedingungen einer Marktwirtschaft auf die Preise wirkt, wenn sie die prozentuale Produktivitätssteigerung übertrifft.

7. Nennen und beschreiben Sie kurz die verschiedenen Arten der importierten Inflation.

8. Was versteht man unter einer produktivitätsorientierten Lohnpolitik?

9. Warum ist eine konjunkturorientierte staatliche Nachfrageregulierung zur Bekämpfung der Inflation problematisch?

Lösungsvorschläge für die Arbeitsaufgaben finden Sie im »Übungsbuch zu Grundlagen und Probleme der Volkswirtschaft«.

Literatur Kapitel 24

H. G. Johnson, Inflation – Theorie und Politik, München 1975.

Einen sehr kurzen Überblick über Ursachen von Inflation gibt:
Graff, Michael: Ursachen von Inflation, in: Wirtschaftswissenschaftliches Studium (WiSt), Heft 10/2000, S. 589–592.

Prägnant jedoch umfassend informiert:
Cassel, Dieter: Artikel Inflation, in: Vahlens Kompendium der Wirtschaftstheorie und Wirtschaftspolitik, Bd. 1, 9. Aufl., München 2007.

Ausführlich informiert:
Ströbele, Wolfgang: Inflation. Einführung in Theorie und Politik, 4. Aufl., München 2005.

Theoretisch fundiert ist:
Dieckheuer, Gustav: Makroökonomik, 5. Auflage, Berlin, Heidelberg, New York 2003.

Eine neuartige Sicht bietet:
Riese, Hajo: Theorie der Inflation, Tübingen 1986.

Verschiedene Konzepte zur Bekämpfung von Inflation (und Arbeitslosigkeit) werden ausgewogen dargestellt von:
Kromphardt, Jürgen: Arbeitslosigkeit und Inflation. Eine Einführung in die makroökonomischen Kontroversen, 2. Aufl., Göttingen 1998.

Die konkrete Berechnung der Verbraucherpreisindexes beschreibt:
Statistisches Bundesamt: Verbraucherpreisindex auf Basis 2000. Informationsmaterialien zur Pressekonferenz, 2003 (45-seitiges PDF-Dokument, 2218 KB), http://www.destatis.de/presse/deutsch/pk/2003/vpi2000b.htm (Stand: November 2005).

Wie der Verbraucherpreisindex auf Basis 2005 neu berechnet wurde, beschreibt:
Elbel, Günther/Ute Egner: Verbraucherpreisstatistik auf neuer Basis 2005, Wirtschaft und Statistik 4/2008, als PDF-Dokument verfügbar unter www.destatis.de.

25 Einkommens- und Vermögensverteilung

Leitfragen

Mit welchen Fragestellungen beschäftigt sich die Einkommensverteilungstheorie?

▸ Worin besteht der Unterschied zwischen der Primär- und der Sekundärverteilung des Einkommens?

▸ Was wird mit der funktionalen und der personalen Einkommensverteilung beschrieben?

▸ Welche Rolle spielt die Lohnquote in der verteilungspolitischen Diskussion?

▸ Was sind die Bestimmungsgründe der Einkommensverteilung?

▸ Wie sind die Normen der Verteilungsgerechtigkeit zu beurteilen?

▸ Wie sieht die Einkommensverteilung in Deutschland aus?

Welche Erfolgsaussichten haben Maßnahmen zur Einkommensumverteilung?

▸ Welche Chancen hat eine expansive Lohnpolitik?

▸ Welches sind die Wirkungen einer staatlichen Umverteilung mittels Steuern und Transfers?

▸ Welche Verteilungswirkungen können von öffentlichen Gütern ausgehen?

Wie ist das Vermögen verteilt und welche Möglichkeiten zur Vermögensumverteilung gibt es?

▸ Warum sind die Definition und die Bewertung des Vermögens zentrale Punkte jeder verteilungspolitischen Diskussion?

▸ Nach welchen Gesichtspunkten lässt sich die Verteilung des Vermögens darstellen?

▸ Umverteilung der Vermögensbestände oder der Vermögenszuwächse?

25.1 Zur Bedeutung der Verteilung

Die Verteilung von Einkommen und Vermögen ist eines der zentralen Probleme jeder Wirtschaftsordnung. Um die Verteilung von Einkommen und Vermögen werden in der Regel intensive Kämpfe ausgetragen (Verteilungskämpfe), primär über Löhne und Preise, sekundär auch über Steuern, Abgaben und Subventionen; es werden Umverteilungskoalitionen geschmiedet, die – von der Agrarlobby bis hin zum Zahnärzteverband – versuchen, ihren Anteil am Volkseinkommen zu erhöhen. Für *Ricardo* war es das Hauptproblem der Volkswirtschaftslehre, die Gesetze aufzufinden, welche die Verteilung des Gesamtein-

Verteilung als zentrales Problem jeder Wirtschaftsordnung

kommens auf Lohn, Profit und Rente (Bodenpacht) bestimmen. Und *Marx* hat die Geschichte als Geschichte des Kampfes um die Verteilung des gesellschaftlichen Überschusses interpretiert.

Eine gerechte Verteilung von Einkommen und Vermögen ergibt sich nicht im Markt und ist nicht als Ziel wie z. B. Vollbeschäftigung und Preisniveaustabilität im Stabilitätsgesetz verankert. Es wird aber immer wieder als Ziel in Partei- und Regierungsprogrammen formuliert, wobei die Vorstellungen über das Konzept von Verteilungsgerechtigkeit zwischen den Parteien differieren und zudem im Zeitablauf Veränderungen unterliegen.

Im Folgenden klären wir die Grundbegriffe und Konzepte der Verteilungstheorie, beschreiben die Bestimmungsgründe der Einkommensverteilung in ihren Grundzügen, diskutieren das Konzept von Verteilungsgerechtigkeit und stellen die empirische Einkommensverteilung in Deutschland und Möglichkeiten ihrer Veränderung dar. Eine Beschreibung der Vermögensverteilung und der Möglichkeit ihrer Umverteilung schließen dieses Kapitel ab.

25.2 Einkommensentstehung und Einkommensverteilung

25.2.1 Einkommensentstehung

Im gesamtwirtschaftlichen Produktionsprozess werden die Produktionsfaktoren Arbeit, Kapital und Boden eingesetzt. Durch das Zusammenwirken der Produktionsfaktoren werden Güter und Dienstleistungen produziert. Mit einer solchen Abgabe von Faktorleistungen entstehen Einkommensansprüche der Produktionsfaktoren bzw. ihrer Eigentümer. Die Höhe des Einkommensanspruchs bzw. des auf seiner Grundlage gezahlten Einkommens ergibt sich als Produkt aus der Menge der abgegebenen Faktorleistungen (z. B. der Arbeitsstunden) und dem Faktorpreis (z. B. dem Stundenlohn). Um den Prozess der Einkommensentstehung richtig zu verstehen, muss man sich klarmachen, dass sowohl die verkauften (eingesetzten) Faktormengen als auch ihre Preise in einer Marktwirtschaft auf Märkten bestimmt werden:

Einkommensentstehung in der Marktwirtschaft

▸ Auf den Faktormärkten bilden sich die Faktorpreise im Prinzip durch Angebot an Produktionsfaktoren und Nachfrage nach Produktionsfaktoren.
▸ Diese Faktorpreise beeinflussen dann umgekehrt die Nachfrage nach Produktionsfaktoren – ihren Einsatz im Produktionsprozess – und das Angebot an Produktionsfaktoren.

Das ist jedenfalls das Grundprinzip. In der Praxis kommt es auf dem wohl wichtigsten Faktormarkt, dem Arbeitsmarkt, infolge der besonderen Marktstruktur (zweiseitiges Monopol zwischen den Tarifparteien) zeitweise zu Ergebnissen, die nicht oder nur teilweise den Angebots- und Nachfragebedingungen entsprechen. Wird dabei ein Lohn vereinbart, der über dem Gleichgewichtslohnsatz liegt (bei dem das Angebot und die Nachfrage nach Arbeit einander entsprechen), so kann dies eine Ursache für Arbeitslosigkeit sein. Langfristig ist indes zu beobachten, dass die Marktgegebenheiten trotz der Marktmacht der Tarifpartner ihren Niederschlag in den vereinbarten Konditionen finden.

25.2.2 Funktionelle und personelle Einkommensverteilung

Weil eine Trennung zwischen den produktiven Leistungen eines Produktionsfaktors und den Einkommen, die der Eigentümer dieses Produktionsfaktors erhält, möglich ist, muss man zwischen der Funktion des Produktionsfaktors und der Person des Eigentümers differenzieren.

> Trennung zwischen der Funktion des Produktionsfaktors und der Person seines Eigentümers

Für den Produktionsfaktor Arbeit gibt es keine Trennung zwischen Faktor und Eigentümer: Der Arbeiter ist Produktionsfaktor und zugleich Eigentümer der Arbeit und erhält den Lohn als Produktionsfaktor und als Eigentümer der Arbeit. Für die Produktionsfaktoren Kapital und Boden aber ist diese Trennung zu beachten: Im technischen Sinne ist der Faktor Kapital und der Faktor Boden an der Produktion beteiligt, das Faktoreinkommen erhält aber der Eigentümer dieser Faktoren. Abbildung 25-1 stellt diesen Prozess der Einkommensentstehung und Einkommensverteilung schematisch dar.

Hier wird auch deutlich, dass den Wirtschaftssubjekten in der Regel Einkommen aus mehreren Faktorquellen zufließen. So erzielen Arbeitnehmerhaushalte meist auch ein Kapitaleinkommen aus Zinsen und Dividenden und Unterneh-

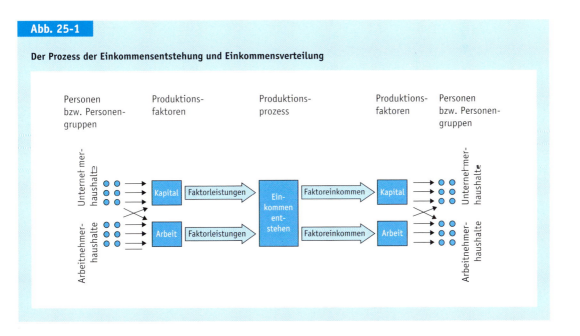

Abb. 25-1

Der Prozess der Einkommensentstehung und Einkommensverteilung

merhaushalte erzielen neben ihrem Kapitaleinkommen meist auch ein Arbeitseinkommen, weil Unternehmer meist auch als Geschäftsführer tätig sind.

Die Verteilung des Einkommens auf die Produktionsfaktoren wird als **funktionelle Einkommensverteilung** bezeichnet und die Verteilung des Einkommens auf die Eigentümer der Produktionsfaktoren wird als **personelle Einkommensverteilung** bezeichnet.

25.2.3 Primäre und sekundäre Einkommensverteilung

Als **primäre** Einkommensverteilung bezeichnet man jene Verteilung des Volkseinkommens, die sich unmittelbar aus dem Produktionsprozess ergibt, ohne dass der Staat in die Verteilung eingreift; das Ergebnis wird auch **Bruttoeinkommen** oder **Markteinkommen** genannt. Das sind Bruttolöhne und -gehälter plus Arbeitgeberanteil an der Sozialversicherung plus Bruttoeinkommen aus selbstständiger Arbeit und aus Vermögen.

Als **sekundäre Einkommensverteilung** bezeichnet man die Verteilung des Einkommens auf die Haushalte, die sich nach der Umverteilung durch den Staat ergibt. Der Staat entzieht Einkommen durch direkte Steuern (vor allem Lohn- und Einkommensteuer) und Sozialversicherungsbeiträge (Renten-, Kranken- und Arbeitslosenversicherung) und überträgt Einkommen in Form der unentgeltlichen Übertragungen, auch (Sozial-)Transfers genannt. Das sind Sozialleistungen wie Renten, Arbeitslosenunterstützung, Versicherungsleistungen im Krankheitsfall, aber auch Leistungen wie Wohngeld, Kindergeld, Ausbildungsbeihilfe, Sozialhilfe usw. Es gilt also folgender Zusammenhang:

Umverteilung durch den Staat

Bruttoeinkommen (Markteinkommen)
- direkte Steuern
- Sozialversicherungsbeiträge
+ Sozial-Transfers
= **verfügbares Einkommen**

Die Unterscheidung zwischen primärer und sekundärer Einkommensverteilung entspricht im einzelwirtschaftlichen Bereich also weitgehend dem Unterschied zwischen dem Bruttoeinkommen und dem verfügbaren Einkommen.

25.2.4 Lohnquote und ihre verteilungspolitische Bedeutung

In der verteilungspolitischen Diskussion spielt die Lohnquote eine zentrale Rolle. Die **Lohnquote** ist definiert als Anteil der Löhne am Volkseinkommen:

$$\text{Lohnquote} = \frac{\text{Löhne}}{\text{Volkseinkommen}}.$$

25.2 Einkommensentstehung und Einkommensverteilung

Parallel dazu ist die **Gewinnquote** definiert als Anteil der Gewinne am Volkseinkommen:

$$\text{Gewinnquote} = \frac{\text{Gewinne}}{\text{Volkseinkommen}}.$$

Die Lohnquote bzw. ihr Gegenstück, die Gewinnquote, gilt oft als Indikator für die funktionelle Einkommensverteilung. Dies wäre korrekt, wenn hier tatsächlich auf der einen Seite die Einkommen des Produktionsfaktors Arbeit und auf der anderen Seite die Einkommen des Produktionsfaktors Kapital ausgewiesen würden. Man muss aber berücksichtigen, dass der »Gewinn« als Ausdruck für »Einkommen des Produktionsfaktors Kapital« ein komplexes Konzept ist und nicht gleichzusetzen ist mit dem Konzept des Gewinns als Restgröße nach Abzug aller Kosten vom Umsatz.

Lohnquote als Indikator für die funktionelle Einkommensverteilung?

Dementsprechend teilt die amtliche Statistik das Volkseinkommen in
▸ Arbeitnehmerentgelte sowie
▸ Unternehmens- und Vermögenseinkommen.

Arbeitnehmerentgelte sind Lohn und Gehalt und daher Entgelt des Produktionsfaktors Arbeit.

Das **Unternehmens- und Vermögenseinkommen** gliedert sich hingegen in folgende Bestandteile
▸ Einkommen aus Vermögen, nämlich Zinsen, Dividenden, Mieten und Pachten sowie
▸ Einkommen aus Unternehmertätigkeit.

Das **Einkommen aus Unternehmertätigkeit** setzt sich funktional aus drei Komponenten zusammen:
▸ aus dem Teil, der eigentlich Arbeitsentgelt ist, weil Unternehmer (das sind in der amtlichen Statistik alle Selbstständigen einschließlich mithelfender Familienangehöriger) in der Regel auch arbeiten. Dieser funktional dem Produktionsfaktor Arbeit zuzurechnende Einkommensteil wird **kalkulatorischer Unternehmerlohn** genannt; er ist ein fiktives Arbeitsentgelt der Selbstständigen. Zusammen mit dem Arbeitnehmerentgelt ergibt der kalkulatorische Unternehmerlohn das Arbeitseinkommen und die Arbeitseinkommensquote (vgl. Tabelle 25-1);
▸ aus dem Teil, der eigentlich Verzinsung des eingesetzten Eigenkapitals ist. Dieses fiktive Zinsentgelt wird **kalkulatorische Eigenkapitalverzinsung** genannt und ist funktional dem Produktionsfaktor Kapital zuzurechnen;
▸ und schließlich aus dem eigentlichen **Gewinn** als verbleibende Restgröße.

Drei Komponenten des Unternehmenseinkommens

Man müsste also die einzelnen Komponenten der Einkommensverteilung differenziert betrachten. Aus Gründen der Bequemlichkeit, der schnellen Verfügbarkeit und der vordergründigen Anschaulichkeit wird die verteilungspolitische Diskussion indes häufig auf die Lohnquote reduziert.

25.2 Einkommens- und Vermögensverteilung
Einkommensentstehung und Einkommensverteilung

Weitere Problematik der Lohnquote

Diese Reduktion ist aus zwei weiteren Gründen problematisch. Zum einen bleibt unberücksichtigt, dass die Veränderung der Lohnquote auf zwei Komponenten zurückgeführt werden kann: auf die Veränderung des Anteils der Arbeiter an den Erwerbstätigen insgesamt und/oder auf die Veränderung der Lohnsätze. Dies zeigt folgende Umrechnung:

$$\text{Lohnquote} = \frac{L}{Y} \text{ wird erweitert mit } \frac{A}{A} \cdot \frac{E}{E}.$$

Dabei bedeutet A die Zahl der Arbeiter und E die Zahl der Erwerbstätigen insgesamt.

$$\frac{L}{Y} = \frac{L}{Y} \cdot \frac{A}{A} \cdot \frac{E}{E}$$

$$= \frac{A}{E} \cdot \frac{E}{A} \cdot \frac{L}{Y} = \frac{A}{E} \cdot \frac{L}{A} \cdot \frac{E}{Y}.$$

Daraus folgt:

$$\frac{L}{Y} = \frac{A}{E} \cdot \frac{\frac{L}{A}}{\frac{Y}{E}}.$$

Erst wenn der Anteil der Arbeiter an den Erwerbstätigen (A/E) konstant wäre, bedeutete ein Anstieg der Lohnquote, dass der durchschnittliche Lohn des Arbeiters (L/A) im Verhältnis zum durchschnittlichen Einkommen aller Erwerbstätigen (Y/E) gestiegen ist. Das wäre dann aussagekräftig. Aus diesem Grund wird die Lohnquote bisweilen auch bei konstanter Beschäftigungsstruktur berechnet und man spricht dann von der **bereinigten Lohnquote**.

Einkommensunterschiede innerhalb der beiden großen Gruppen werden nicht sichtbar.

Die Reduktion der Diskussion der Einkommensverteilung auf die Lohnquote ist noch aus einem anderen Grunde problematisch: Bei der Gegenüberstellung der beiden großen Aggregate »Arbeitnehmerentgelte« und »Unternehmens- und Vermögenseinkommen« lassen sich die erheblichen Einkommensunterschiede zwischen den einzelnen zu derselben Gruppe gehörigen Erwerbstätigen nicht erkennen. So stehen beispielsweise Arbeitnehmern mit kleinen und mittleren Einkommen die abhängig beschäftigten Führungskräfte (z. B. der Vorstandsvorsitzende einer großen Aktiengesellschaft) gegenüber, deren Einkommen meist sogar erheblich höher ist als das des größten Teils der Selbstständigen.

25.3 Bestimmungsgründe der Einkommensverteilung

25.3.1 Grundprinzipien der Verteilungstheorien

Eine allgemein akzeptierte Theorie der Erklärung der Einkommensverteilung existiert nicht. Generell müssen die Theorien der funktionellen und der personellen Einkommensverteilung unterschieden werden und in beiden Sparten liegen jeweils unterschiedliche Erklärungsansätze vor. Im Prinzip bauen die Erklärungsansätze indes auf ähnlichen Grundprinzipien auf:

Grundprinzipien und Probleme der Verteilungstheorie

- Die Faktorpreise Lohn, Zins und Rente (Bodenpacht) ergeben sich im Markt; sie sind Einkommen und zugleich Anreizelemente, erfüllen also **Lenkungsfunktionen**.
- Die Faktorpreise Lohn, Zins und Rente werden gezahlt, weil die Produktionsfaktoren Arbeit, Kapital und Boden zum Produktionsergebnis beitragen, also einen Produktionswert erzeugen, **produktiv** sind.
- Die Produktivität der Produktionsfaktoren unterliegt dem **Ertragsgesetz** (vgl. Kapitel 5.2.2.1): Mit steigendem Einsatz eines Produktionsfaktors, bei gegebener Menge der übrigen Faktoren, nimmt seine Grenzproduktivität ab. Daher nimmt die Faktorentlohnung mit steigendem Faktoreinsatz ceteris paribus meist ab.
- Ein zentrales Problem jeder Verteilungstheorie ist die **Zurechnung**. Es ist nämlich nicht möglich, die produktiven Beiträge den einzelnen Produktionsfaktoren zuzurechnen, wenn, was praktisch immer der Fall ist, mehrere Produktionsfaktoren an der Produktion beteiligt sind, wenn also im Rahmen der so genannten arbeitsteiligen Verbundproduktion produziert wird.

25.3.2 Klassische Theorien der Einkommensverteilung

Die klassischen Theorien der funktionellen Einkommensverteilung, der Verteilung auf die Aggregate von Lohn, Profit und Rente, bieten auch heute noch wertvolle Einsichten in die Mechanismen der Verteilung.

Verteilungstheorie von Ricardo

Ricardo unterscheidet drei Klassen der Bevölkerung:

Die Klasse der **Landbesitzer** verpachtet ihr Land an die Kapitalisten und erhält dafür ein Entgelt, die so genannte **Rente** (die real als Getreidemenge zu denken ist). Diese Rente hängt von der Bodenproduktivität ab und steigt mit steigender Bodenproduktivität.

Rente als Differenzialrente, abhängig von der unterschiedlichen Bodenproduktivität

Die **Kapitalisten** (Pächter) besitzen Kapital (das auch real als Getreide zu denken ist). Dies Kapital setzen sie ein, um Arbeitskräfte, die das Land bearbeiten, zu entlohnen und Pacht zu zahlen. Dies Kapital kann auch als Lohnfonds bezeichnet werden: Es ist ein Fonds an Nahrungsmittel, aus dem die Kapitalisten die Arbeitskräfte bezahlen. Die Kapitalisten zahlen einen Lohn, der in der Regel zwischen dem Existenzminimumlohn und dem Grenzprodukt der Arbeit liegt. Langfristig nimmt *Ricardo* an, der Lohn spiele sich auf dem Existenzminimum ein. *Ricardo* folgt hier *Malthus* (1766–1834), der angenommen hatte, dass die rasch wachsende Bevölkerung – nämlich in geometrischer Progression wachsende Bevölkerung – für ein zunehmendes Arbeitsangebot sorgt, das den Lohn auf das Existenzminimum drücke. Der **Profit** der Kapitalisten ergibt sich als Restgröße, als Residuum: Vom Ertrag des Bodens, zu denken als Getreidemenge multipliziert mit dem Getreidepreis, ist die Pachtsumme und der Lohnfonds abzuziehen und der Rest ist der Gewinn der Kapitalisten.

Die **Arbeiter** setzen ihre Arbeitskraft ein und erhalten dafür einen Lohn, langfristig den **Existenzminimumlohn**.

Die ricardianische Verteilungstheorie ist zugleich eine **Wachstumstheorie**. Motor der Entwicklung ist zunächst die Zunahme der Bevölkerung. Mit steigender Bevölkerung müssen immer schlechtere Böden bebaut werden, die Grenzproduktivität des Bodens sinkt. Dies reduziert den Profit, weil zugleich der Lohnfonds steigt. Wenn die Profitrate null ist, wenn das gesamte Produkt also für Löhne und Bodenrente verbraucht wird, stagniert die wirtschaftliche Entwicklung: Die Bevölkerung stagniert und die Profitrate ist null. Eine Bodenrente erzielen in diesem Fall noch die Landbesitzer, die über Böden der besseren Qualität verfügen. Damit ist die funktionelle Einkommensverteilung im Prinzip erklärt: Langfristig verteilt sich das Volkseinkommen auf den Lohn als Existenzminimumlohn und die Rente als Residuum; der Profit wird null. Ganz offensichtlich hat *Ricardo* dabei die Möglichkeiten des technischen Fortschritts in Landwirtschaft und Industrie weit unterschätzt.

Verteilungstheorie von Marx

Marx unterscheidet nur noch zwei Klassen: die Kapitalisten (einschließlich der Bodenbesitzer) und die Arbeiter. Die Kapitalisten besitzen Kapital, das bei *Marx* als Geldsumme zu denken ist. Dies Kapital wird eingesetzt, um Arbeitskräfte zu entlohnen. Die Arbeiter, die gezwungen sind, ihre Arbeitskraft zu verkaufen, weil sie sonst nichts besitzen, erhalten den Existenzminimumlohn, während die Kapitalisten das gesamte Arbeitsprodukt erhalten. Der Wert des Arbeitsproduktes abzüglich des Existenzminimumlohns ist der Profit der Kapitalisten (vgl. Kapitel 3.1). Dieser Tauschprozess Geld gegen Arbeitskraft und Arbeitsprodukt gegen Geld vollzieht sich nach den Regeln des Kapitalismus als wertäquivalenter Tausch. Der *Marx*'sche »Kunstgriff« ist dabei die Annahme, dass die Arbeit zwei Werte hat: den Wert der Arbeit als Arbeitskraft und den Wert der Arbeit als Arbeitsprodukt und dass der Wert der Arbeit als Arbeitsprodukt den Wert der Arbeit als Arbeitskraft übersteigt.

Nach *Marx* ist die Arbeit die alleinige Grundlage der Wertschöpfung; sie erhält den Existenzminimumlohn und der verbleibende Profit fließt als Residuum den Kapitalisten als Eigentümer der Produktionsmittel zu. Deutlicher als bei *Ricardo* wird hier die unterschiedliche Machtverteilung sichtbar: Die Klasse der Arbeiter ist ökonomisch machtlos, weil sie nichts besitzt als ihre Arbeitskraft und weil sie gezwungen ist, diese zu verkaufen, um leben zu können. Die Kapitalisten haben hingegen die Macht, die Arbeiter zu beschäftigen oder nicht zu beschäftigen.

Auch die *Marx*'sche Verteilungstheorie ist zugleich eine **Wachstumstheorie**. Motor der Entwicklung ist hier die Kapitalakkumulation: Die Kapitalisten investieren ihren Gewinn in neue Maschinen und Anlagen. Langfristig steigt damit die Kapitalintensität, das Verhältnis von Kapital zu Arbeit. Weil aber nur die Arbeit Grundlage der Wertschöpfung ist, sinkt langfristig der Profit im Verhältnis zum eingesetzten Kapital, die so genannte Profitrate. Wenn sie null ist, unterbleibt jede Kapitalakkumulation und die Entwicklung stagniert (bei *Marx* bricht dann das kapitalistische Wirtschaftssystem zusammen). Während bei *Ricardo* die abnehmende Grenzproduktivität des Bodens Schranke für die wirtschaftliche Entwicklung war, ist es bei *Marx* die abnehmende Grenzproduktivität des Kapitals. Ganz offensichtlich hat auch *Marx* die Möglichkeit des technischen Fortschritts weit unterschätzt.

Kapitalakkumulation als Motor der Entwicklung

25.3.3 Grenzproduktivitätstheorie der Verteilung

Im Zuge der Entwicklung der Wirtschaftstheorie ist die Idee der Entlohnung nach der Grenzproduktivität weiter entwickelt und konsistenter gefasst worden. Die **mikroökonomische Grenzproduktivitätstheorie**, die in Kapitel 5 beschrieben worden ist, soll hier noch einmal rekapituliert werden.

Wenn ein Unternehmer wirtschaftlich kalkuliert, so wird er von einem Produktionsfaktor, z. B. vom Faktor Arbeit, so lange mehr einsetzen, wie der Mehreinsatz seinen Gewinn erhöht. Umgekehrt wird er den Einsatz des Faktors einschränken, wenn dies seinen Gewinn erhöht. Wie lange wird ein Unternehmer den Einsatz des Produktionsfaktors Arbeit ausdehnen, d. h. mehr Arbeitskräfte einstellen wollen? Der Unternehmer wird den Einsatz eines Faktors so lange ausdehnen, wie der zusätzliche Umsatz (Ertrag), den er hierdurch erzielt, größer ist als die Ausgabe für den Faktor. Auf eine Arbeitsstunde bezogen: Der Arbeitseinsatz wird so lange ausgedehnt, wie der Wert des zusätzlichen Produktes einer Arbeitsstunde größer ist als der Lohnsatz pro Stunde. Eine entsprechende Überlegung gilt für jeden Faktor, insbesondere auch für den Faktor Kapital. Nennt man nun das mit seinem Preis bewertete zusätzliche Produkt einer zusätzlichen Mengeneinheit eines Produktionsfaktors »Wert des Grenzproduktes des Faktors«, so erzielt der Unternehmer offenbar einen größtmöglichen Gewinn, wenn er von jedem Faktor so viel einsetzt, bis der Wert seines Grenzproduktes (im Grenzfall) gleich ist dem Preis des Produktionsfaktors (vgl. Kapitel 5). Auf die Arbeitskraft bezogen: Es wird so lange ein zusätzlicher Arbeiter eingestellt, wie der Wert des von ihm zusätzlich hergestellten Produktes größer ist als der Lohn des Arbeiters. Und auf das Kapital bezogen: Es wird so lange zusätzlich Kapital eingesetzt (= investiert), wie der Wert des Grenzproduktes des Kapitals den Zins übersteigt. Im Gleichgewicht ist das Grenzprodukt der Arbeit gleich dem gegebenen Lohn und das Grenzprodukt des Kapitals ist gleich dem gegebenen Zins.

Maxime: Wert des Grenzproduktes ist gleich dem Faktorpreis

In der **makroökonomischen Version der Grenzproduktivitätstheorie** sind die Faktorpreise Lohn und Zins nicht mehr gegeben, sondern sie passen sich im Wettbewerb so an, dass das Angebot an Arbeit und Kapital beschäftigt wird. Der Lohn entspricht dann dem Grenzprodukt des letzten Arbeiters und der Zins dem Grenzprodukt des zuletzt eingesetzten Kapitals.

So erklärt die Grenzproduktivitätstheorie die funktionelle Einkommensverteilung über den Preisbildungsprozess auf den Faktormärkten im Wettbewerb. Die Faktorpreise hängen danach von zwei Faktoren ab:
- Von der relativen Knappheit der Produktionsfaktoren, also von der Knappheit des Produktionsfaktors Arbeit im Verhältnis zum Produktionsfaktor Kapital (und umgekehrt). Je reichlicher das Angebot des einen Faktors im Verhältnis zu dem des anderen Faktors ist, desto kleiner ist seine Grenzproduktivität und damit seine Entlohnung.
- Vom Stand der Produktionstechnologie, ökonomisch formuliert von den Eigenschaften der Produktionsfunktion.

Die Einkommensverteilung wird hier ein Problem der Technik und der vorhandenen Faktormengen.

Mit einer solchen Theorie ist das Problem der Einkommensverteilung also ein Problem der Technik und der Faktormengen. Etwas holzschnittartig formuliert: Der Lohn ist hoch, wenn Arbeit im Verhältnis zum Kapital knapp ist und wenn die Produktionstechnik sehr fortschrittlich ist (und umgekehrt).

Mit der Grenzproduktivitätstheorie ist die alte Fragestellung der klassischen Volkswirtschaftslehre nach dem Ursprung des Wertes fallen gelassen worden; sie lässt sich auch wissenschaftlich nicht beantworten. Heute geht man davon aus, dass die Produktionsfaktoren gemeinsam eingesetzt werden und gemeinsam ein Produkt erstellen, dessen Preis sich auf dem Gütermarkt aus Angebot und Nachfrage ergibt. Eine Zurechnung der produktiven Leistung wird nicht mehr versucht.

25.3.4 Ungleichheit der Löhne

Löhne sind vor allem deswegen ungleich, weil Löhne eine gesamtwirtschaftliche Lenkungsfunktion haben und weil Lohnunterschiede innerbetrieblicher Leistungsanreiz sind.

Gesamtwirtschaftliche Lenkungsfunktion des Lohnes

Lohn ...

Der Lohn lenkt Arbeitskräfte in die Bereiche der Wirtschaft, die einer zunehmenden Nachfrage begegnen. So zahlen prosperierende Branchen und Betriebe in der Regel einen überdurchschnittlichen Lohn und können damit Arbeitskräfte von stagnierenden Branchen abziehen.

... als Anreiz für Investitionen in Humankapital

Lohnunterschiede sind funktional notwendig, um Menschen zu veranlassen, in ihr Humankapital (Ausbildung, Fähigkeiten) zu investieren; jedenfalls dann, wenn die Kosten der Ausbildung individuell getragen werden. Dies erklärt (teilweise), warum Hochschulabsolventen im Durchschnitt ein höheres Einkommen erzielen als weniger Qualifizierte.

Lohnunterschiede sind funktional notwendig, um Menschen zu einer anstrengenden, gefährlichen oder unangenehmen Arbeit zu bewegen, als Ausgleich für das höhere Arbeitsleid. Dies erklärt (teilweise) die höheren Löhne z. B. von Bergleuten oder Unterwassertauchern.

... als Ausgleich für das Arbeitsleid

Und generell schafft der Marktmechanismus Lohnunterschiede, weil Angebot und Nachfrage nach unterschiedlichen Qualifikationen unterschiedlich sind. Qualifikationen die knapp sind, bei denen also die Nachfrage das Angebot zunächst übersteigt, werden mit einem Knappheitspreis entlohnt. Dies erklärt (teilweise) die hohen Einkommen von Spitzensportlern, Popstars oder Computerspezialisten. Solche Lohnunterschiede sind dann (teilweise) auch funktional notwendig, um solche seltenen und begehrten Qualifikationen gesamtwirtschaftlich sparsam zu verwenden.

... als Knappheitsindikator

Innerbetriebliche Leistungsanreize

Lohnunterschiede sind funktional notwendig, um Leistungsanreize in der arbeitsteiligen Verbundproduktion des klassischen Unternehmens zu schaffen. Hier sind Leistungsanreize zunächst einmal nicht vorhanden, weil die Beiträge zum Produktionsergebnis nicht zurechenbar sind, also weil es nicht möglich ist, z. B. den Beitrag des Brauers, des Buchhalters oder des Bereichsleiters zu erfassen und zur Grundlage der Entlohnung zu machen. Daher müssen Leistungsanreize geschaffen werden.

Lohnunterschiede als Leistungsanreiz

Als wirksam haben sich abgestufte Leistungsanreizsysteme erwiesen. In den Arbeitsbereichen, in denen die Leistung relativ einfach kontrollierbar ist oder sogar vom Takt der Maschinen vorgegeben wird – also im Bereich der so genannten **einfachen Arbeit** – scheint eine direkte Überwachung durch Vorarbeiter und Meister und eine nur geringe Lohndifferenzierung billig und wirksam zu sein. Die Bedeutung rein materieller Leistungsanreize scheint in den Bereichen stark zuzunehmen, in denen die Leistung nur schwer messbar und kontrollierbar ist, wo der Unternehmer darauf angewiesen ist, dass seine Arbeiter sozusagen freiwillig eine Leistung zum Wohle der Firma erbringen. Angesprochen sind damit vor allem die **Außer-Tarif-Einkommensbereiche** höherer Angestellter und Manager. Lohnunterschiede, die in diesem Bereich beträchtlich sind, sind hier funktional notwendig, um zur Leistung anzuspornen. Das System ist ziemlich listig: Es bietet Karrieren mit Risiko im Sinne einer Lotterie. Einige wenige nur erreichen die Spitzenpositionen, die Spitzenpositionen sind aber so dotiert, dass die übrigen sich umso mehr anstrengen, sie zu erreichen. In diesem Sinne erhält der Vorstand einer AG nicht deswegen ein so hohes Gehalt, weil er so viel leistet, sondern weil die Hauptabteilungsleiter angespornt werden sollen, eine hohe Leistung zu erbringen, und diese erbringen sie in der Hoffnung, selbst einmal in den Vorstand aufzurücken.

Karrieren mit Risiko

25.3.5 Gewinne und Risikoprämien als Ursachen der Ungleichheit

Das Einkommen der Selbstständigen setzt sich, wie beschrieben, funktional aus drei Komponenten zusammen: dem Unternehmerlohn, der Verzinsung des eingesetzten Kapitals und dem Gewinn als Restgröße. Die Verzinsung des eingesetzten Kapitals wird gedanklich weiter differenziert in:
- eine marktübliche Verzinsung und
- eine Risikoprämie.

Anreizfunktion von Risikoprämie und Gewinn

Diese **Risikoprämie** ist ein gedanklicher Ausgleich für das Risiko eines Selbstständigen, das in seinem Unternehmen eingesetzte Kapital zu verlieren. Eine solche Risikoprämie trägt zur Ungleichheit der Verteilung bei; sie ist funktional notwendig, um Menschen anzuspornen, Kapital in ihre selbstständig geführten Unternehmen zu investieren.

Insbesondere aber die **Gewinne** sind ungleich verteilt, auch im Verhältnis zum eingesetzten Kapital, weil damit die unterschiedlichen Anstrengungen der Unternehmen, Marktchancen aufzuspüren und Innovationen durchzusetzen, belohnt werden sollen. Auch hier sind die Anreizfunktionen von Gewinn und Risikoprämie zentral für ihre Ungleichheit.

25.3.6 Ungleiche Machtverteilung als Ursache der Ungleichheit

Die vorgetragenen Begründungen der Einkommensverteilung erklären die Ungleichheiten vermutlich nur partiell. Letztlich bleibt es doch unklar, warum man viel Geld mit Grundstücksspekulation, aber nicht mit Krankenpflege verdienen kann, oder warum gerade die, welche die Gesellschaft am notwendigsten braucht, wie Krankenschwestern, Bauern oder Bäcker, relativ wenig verdienen, oder warum der Vorstand einer Aktiengesellschaft oder ein Investmentbanker in der Regel ein weit höheres Einkommen erhält als der Bundespräsident.

Ursachen der Ungleichverteilung der Macht

Die vorgetragenen ökonomischen Erklärungen werden häufig durch eine **soziologische Erklärung** ergänzt, nämlich durch die These, dass das Einkommen einer Gesellschaft weitgehend nach der Macht verteilt wird. Daher ist nach den Ursachen der Ungleichverteilung der Macht zu fragen. Macht ist ungleich verteilt, weil Gesellschaften nicht ohne wirtschaftliche und politische Organisationen funktionieren können. Innerhalb solcher Organisationen sind Hierarchien und ein System von Leistungsanweisungen und Erfolgskontrollen funktional notwendig für einen effizienten Arbeitsablauf. Solche Hierarchien implizieren eine ungleiche Verteilung von Macht und damit eine ungleiche Verteilung von Zugriffsmöglichkeiten auf das gesellschaftliche Einkommen. So hat der Vorstand einer Kapitalgesellschaft ungleich mehr Macht, sein Einkommen zu bestimmen als der Arbeiter und der Angestellte der untersten Stufe der Hierarchie; und diese Macht wird genutzt, wie die exzessiven Bonussysteme insbesondere im Bankensektor zeigen. Funktional notwendig sind diese Bonuszahlungen nicht.

25.4 Normen der Verteilungsgerechtigkeit

Die anerkannte Norm für die Verteilung ist **Verteilungsgerechtigkeit**. Allerdings ist dieser Begriff ohne nähere Bestimmung inhaltsleer. Gerechtigkeit heißt, Gleiches gleich zu behandeln. Was aber als gleich anzusehen ist, bleibt umstritten. Meist werden verschiedene Konzepte der Leistungsgerechtigkeit und der Bedarfsgerechtigkeit diskutiert.

Die Forderung nach Verteilungsgerechtigkeit ist ohne nähere Bestimmung eine Leerformel.

25.4.1 Leistungsgerechtigkeit

Nach dieser Norm soll das Einkommen der für die Gesellschaft erbrachten Leistung entsprechen. Damit erhebt sich das Problem, die Leistung zu messen. Vielfach wird argumentiert, in einer wettbewerblich organisierten Marktwirtschaft entspreche die erbrachte Leistung dem Marktentgelt. Dahinter steht der Gedanke, dass die Gütermärkte einer Volkswirtschaft über Preise und Gewinne die Signale geben, welche kaufkräftigen Bedürfnisse in der Volkswirtschaft existieren, dass auf dieser Grundlage die zur Erstellung der entsprechenden Produkte notwendigen Faktorleistungen nachgefragt werden und dass so die Faktorpreise bei gegebenen Faktorangebotsmengen widerspiegeln, wie knapp und wertvoll die jeweiligen Faktorleistungen für die Gesellschaft sind.

Wie wird die Leistung gemessen?

Diese Argumentation erweist sich als problematisch. Es ist bei der in modernen Industriegesellschaften üblichen Verbundproduktion, wie gezeigt, nicht möglich, den Beitrag einer bestimmten Leistung zum Produktionsergebnis separat zu erfassen. Auch der Wert des Grenzproduktes eines Produktionsfaktors ist kein Maß für die produktive Leistung, wenn, was praktisch immer der Fall ist, mehrere Produktionsfaktoren an der Produktion beteiligt sind. Damit entpuppt sich die Aussage, die Einkommen in einer Marktwirtschaft entsprächen der Leistung, als Tautologie. Und die Norm der Leistungsgerechtigkeit bleibt inhaltsleer.

Die Leistung ist in der Verbundproduktion nicht zu messen.

Die Norm der Leistungsgerechtigkeit ist inhaltsleer.

Neben dieser grundsätzlichen Problematik ist auch in speziellen Fällen die Gleichsetzung von Marktentgelt und Leistung überaus fragwürdig:
- Es gibt zahlreiche wichtige Leistungen, die nicht über den Markt entgolten werden (z. B. Kinderbetreuung, Hausfrauentätigkeit usw.).
- Der Markt bewertet erbrachte Leistungen nicht immer nach ihrer gesellschaftlichen Nützlichkeit. Man denke an externe Effekte, wie sie in Divergenzen zwischen der unternehmensbezogenen Gewinn- und Verlustrechnung und der gesellschaftsbezogenen Nutzen-Kosten-Rechnung zum Ausdruck kommen können – bekannt sind die Beispiele aus der Umweltdiskussion. Oder der Markt »honoriert« Leistungen, die individuell gar nicht vorliegen (z. B. stellt die beim Verkauf eines privaten Grundstückes realisierte Wertsteigerung – bedingt durch öffentliche Infrastrukturmaßnahmen – keine Leistung des Grundstückseigentümers dar).
- Bei fehlendem oder unzureichendem Wettbewerb spiegelt das Marktergebnis häufig weniger die Leistung als die wirtschaftliche Macht wider.

Neben der im Sinne eines »Outputs« erbrachten Leistung wird im Rahmen der Leistungsgerechtigkeit auch die Beanspruchung des Individuums, das **persönliche Opfer** im Sinne eines »Inputs« als Verteilungsmaßstab diskutiert. Gesichtspunkte wie die physische oder psychische Belastung bei der Leistungserstellung treten dann in den Vordergrund. Das Lohngefüge innerhalb einzelner Industrien und Betriebe in Deutschland ist wesentlich durch solche **Anforderungskriterien** bestimmt. Diese Verteilungsnorm führt häufig zu anderen Ergebnissen als das Marktleistungskriterium: Eine marktmäßig kaum honorierte Leistung kann für den Leistungsträger mit erheblichen Belastungen verbunden sein und daher Einkommenszuschläge erfordern.

Leistungsbestimmung durch Anforderungskriterien

25.4.2 Bedarfsgerechtigkeit

Nach diesem Konzept liegt Verteilungsgerechtigkeit vor, wenn alle Individuen die gleiche Wohlfahrtsposition erreichen. Als Wohlfahrt bezeichnet man dabei – ohne genau definieren zu können – die Befriedigung durch soziale und ökonomische Faktoren, durch Faktoren, die auf den Maßstab des Geldes reduziert werden könnten. Diese Norm wird in einfacher Weise mit der Gleichheit der Menschen begründet: Weil die Menschen gleich sind, soll auch ihr Wohlfahrtsniveau gleich sein.

Begründung der Gleichheit

Diese Norm führt zu einer gleichmäßigen Einkommensverteilung (**Egalitätsprinzip**), wenn das Wohlfahrtsniveau für jeden Menschen in gleicher Weise vom Einkommen abhängt (identische Nutzenfunktion). Zum Ergebnis einer gleichmäßigen Einkommensverteilung führt im Prinzip auch das utilitaristische Ziel der Nutzenmaximierung. Das Ziel staatlichen Handelns ist für den **Utilitarismus**, als dessen Begründer der Engländer *Jeremy Bentham* (1748–1832) gilt, die Maximierung der Nutzen der Gesellschaftsmitglieder (»Größtes Glück der größten Zahl«). Hier liegt eine Umverteilung von Reich zu Arm nahe, weil der Nutzenentgang des Reichen, der dem Armen einen Euro gibt, wahrscheinlich kleiner ist als der Nutzenzuwachs des Armen. Dies folgt aus der Idee des abnehmenden Grenznutzens von Gütern und Geld.

Wissenschaftlich beweisbar ist dies aber nicht, weil die Nutzenfunktionen der Menschen zwar prinzipiell ähnlich sein mögen, aber nicht identisch sind. Und es ist grundsätzlich nicht möglich, Bedürfnisse und Nutzen der Menschen interpersonell zu vergleichen. Daher bleibt auch die Norm der Bedarfsgerechtigkeit letztlich inhaltsleer, weil die ableitbaren plausiblen Ergebnisse wissenschaftlich nicht überprüft werden können: Es ist nicht beweisbar, dass der Nutzenentgang des Reichen kleiner ist als der Nutzenzuwachs des Armen. Plausibel ist es aber doch und daher wird die Norm der Bedarfsgerechtigkeit im Allgemeinen der Norm der Leistungsgerechtigkeit vorgezogen.

Interpersoneller Nutzenvergleich ist nicht möglich.

25.4.3 Abstimmung hinter dem Schleier des Nichtwissens

John Rawls (1921–2002, ehemals Professor für Philosophie an der Harvard Universität) hat in seinem 1971 erschienenen Buch »A Theory of Justice« eine konzeptionell bestechende Idee entwickelt, wie Werturteile, z. B. das Werturteil über eine gerechte Verteilung, demokratisch fundiert werden könnten: die Abstimmung unter Ungeborenen hinter dem Schleier des Nichtwissens. *Rawls* geht davon aus, dass die Standpunkte und Urteile der Menschen von ihren Lebensumständen abhängen, also davon, ob sie reich oder arm, gesund oder behindert, weiblich oder männlich, faul oder fleißig sind, um nur einige Umstände aufzuzählen. Um diesen Einfluss der tatsächlichen Lebensumstände auf das Abstimmungsverhalten auszuschließen, entwickelt *Rawls* die Idee der fiktiven Abstimmung der Menschen vor ihrer Geburt, bevor sie wissen, in welche Lebensumstände sie hineingeboren werden. Niemand kennt seinen künftigen Platz in der künftigen Gesellschaft, seine Klasse, seine Rasse, seine Intelligenz usw.; es kommt nur darauf an, gerechte Regeln für das Zusammenleben zu entwickeln.

Die Abstimmung unter Ungeborenen hinter dem Schleier des Nichtwissens

Dies gedankliche Abstimmungsverfahren kann für sehr viele Regelungen fruchtbar angewendet werden. Für die Regelung der Einkommensverteilung glaubt *Rawls*, dass die Menschen dazu neigen werden, sich insbesondere vor großer Armut schützen zu wollen, dass sie also eine gewisse Risikoscheu aufweisen und Regelungen wählen, die die Position der Menschen am unteren Ende der Einkommensverteilung verbessern. Weil damit der kleine Nutzen der Ärmeren vergrößert würde, nennt man diese Regel auch das **Maximin-Kriterium**. Das Maximin-Kriterium würde also eine Einkommensumverteilung von oben nach unten begründen. Wenngleich ein solches Ergebnis plausibel erscheint, so ist es doch auch nicht wissenschaftlich beweisbar. Daher sind Werturteile zur Frage der Verteilungsgerechtigkeit unvermeidbar.

Vermutung der Risikoscheu

25.4.4 Funktionale Notwendigkeit der Ungleichheit

Die Ausführungen haben gezeigt, dass der Begriff der Verteilungsgerechtigkeit wissenschaftlich nicht abgeleitet werden kann, dass letztlich Werturteile gefällt werden müssen. Es ist aber auch deutlich geworden, dass es zumindest plausibel ist, dass Regelungen, die die Verteilung gleichmäßiger gestalten, die Wohlfahrt der Menschen erhöhen. In diesem Sinn scheint Übereinstimmung darin zu bestehen, dass eine Verringerung der Ungleichheit eine Annäherung an das Konzept von Verteilungsgerechtigkeit bedeutet.

> Man muss aber sehr deutlich zwischen Effizienz und Gerechtigkeit unterscheiden, zwischen der funktionalen Notwendigkeit von Maßnahmen und der Gerechtigkeit von Maßnahmen.

Und wie gezeigt, sind in einer kapitalistischen Marktwirtschaft, wie vermutlich in jedem anderem Wirtschaftssystem auch, Einkommensunterschiede als Leis-

Funktionale Notwendigkeit von Einkommensunterschieden

tungsanreiz und Lenkungsinstrument funktional notwendig. Daher kann man die Ungleichheit der Verteilung als ungerecht, aber auch als notwendig bezeichnen. Und es wird vermutlich immer darüber zu streiten sein, wie viel Ungleichheit funktional notwendig ist.

25.5 Einkommensverteilung in Deutschland

25.5.1 Lohnquote und Verteilung des Volkseinkommens

Deutliche Abnahme der Lohnquote seit 1991

Tabelle 25-1 zeigt die Verteilung des Volkseinkommens in Deutschland von 1991 bis 2007. In diesem Zeitraum hat sich die Verteilung des Volkseinkommens bemerkenswert deutlich verändert. Die Lohnquote ist von 71 auf 64,7 Prozent zurückgegangen, während der Anteil der Unternehmens- und Vermögenseinkommen von 29 auf 35,8 Prozent gestiegen ist. Dahinter verbirgt sich eine erhebliche Veränderung der funktionalen Einkommensverteilung vom Produktionsfaktor Arbeit zum Produktionsfaktor Kapital.

Wie ausgeführt, ist die Lohnquote aber nur eine unvollkommene Maßgröße für die funktionale Einkommensverteilung, da sie bestimmte – im ökonomischen Sinn – Arbeitseinkommen nicht enthält. Dem trägt die in der zweiten

Tab. 25-1

Verteilung des Volkseinkommens in Deutschland (Anteil am Volkseinkommen in %)

Jahr	Lohn-quote[1]	Arbeitsein-kommens-quote[2]	Unternehmens- und Vermögens-einkommen	Davon: kalkulatorischer Unternehmenslohn[3]
1991	71,0	78,1	29,0	7,1
1995	71,4	79,3	28,6	7,9
2000	72,2	80,2	27,8	8,0
2001	71,8	79,9	28,2	8,1
2002	71,6	79,8	28,4	8,2
2003	70,8	79,1	29,2	8,3
2004	68,2	76,5	31,8	8,3
2005	66,8	75,3	33,2	8,5
2006	65,6	74,0	34,4	8,3
2007	64,7	72,9	35,6	8,2

[1] Unbereinigte Bruttolohnquote
[2] Arbeitnehmerentgelt + kalkulatorischer Unternehmerlohn
[3] Errechnet aus der Zahl der Selbstständigen, multipliziert mit dem Durchschnittslohn eines Arbeitnehmers.

Quelle: Statistisches Bundesamt

Spalte von Tabelle 25-1 ausgewiesene **Arbeitseinkommensquote** Rechnung, die den kalkulatorischen Unternehmenslohn mit einbezieht. Aber auch diese Arbeitseinkommensquote ist um 5,2 Prozentpunkte gesunken.

25.5.2 Personelle Einkommensverteilung

25.5.2.1 Die Verteilungsstatistik

Statistische Darstellungen zur personellen Einkommensverteilung basieren meist auf der **Einkommens- und Verbrauchsstichprobe** (EVS) des Statistischen Bundesamtes und auf Erhebungen im Rahmen des **Sozio-ökonomischen Panels** (SOEP) des Deutschen Instituts für Wirtschaftsforschung (DIW). Die EVS wird alle fünf Jahre erhoben, sie erfasst Einnahmen, Ausgaben und das Vermögen privater Haushalte. Weil sehr einkommensstarke Haushalte – mit einem monatlichen Nettoeinkommen über 18.000 Euro – in dieser freiwilligen Befragung kaum vertreten sind, werden sie nicht ausgewiesen. Die EVS bezieht sich mit rund 165.000 Personen in rund 75.000 Haushalten auf etwa 0,2 Prozent der Gesamtbevölkerung. Im Rahmen des SOEP wird jährlich die Einkommenssituation einer kleineren Stichprobe von 18.000 Personen und 7.400 Haushalten erfasst (es handelt sich jeweils um die gleichen Personen), auch hier ist der Bereich der reichen Haushalte nur unzureichend erfasst.

Empirische Basis der Verteilungsstatistik

Wegen der erheblichen Schwierigkeiten bei der Erhebung von Verteilungsdaten sind ganz aktuelle Daten kaum erhältlich. Dies ist aber hinnehmbar, weil sich die Verteilung im Zeitablauf als relativ konstant herausgestellt hat. Im internationalen Vergleich, also im Querschnittsvergleich, können dagegen große Unterschiede beobachtet werden. So gilt die Einkommensverteilung z.B. in Schweden und Deutschland als relativ gleichmäßig, in USA und Großbritannien und vor allem in Entwicklungsländern als relativ ungleichmäßig.

Daten zur Verteilung beziehen sich meist auf **Haushalte**, weil Haushalte die relevante Wirtschaftseinheit darstellen. Um den unterschiedlichen Haushaltsgrößen gerecht zu werden, ermittelt man das so genannte **Äquivalenzeinkommen**, ein aus dem Haushaltseinkommen ermitteltes bedarfsgewichtetes Pro-Kopf Einkommen der Haushaltsmitglieder. Die Bedarfsgewichtung berücksichtigt, dass größere Haushalte größere Vorteile durch ihr gemeinsames Wirtschaften erzielen als kleinere Haushalte.

Bei den Einkommen bezieht man sich meist sowohl auf das **Markteinkommen** (primäre Verteilung) als auch auf das umverteilte **Nettoeinkommen** (sekundäre Verteilung).

Darstellungen zur Verteilung stellen naturgemäß in erster Linie auf Ungleichheitsmaße ab: Gebräuchlich ist insbesondere die Quantilsdarstellung und die Berechnung von statistischen Ungleichheitsmaßen wie der Gini-Koeffizient. Bei den – unmittelbar einsichtigen – **Quantilsdarstellungen** wird angegeben, welcher Anteil (Quantil) der Haushalte welchen Anteil am Einkommen erzielt. So zeigt Tabelle 25-2 die Quintile, nämlich die Einkommensanteile der ärmsten 20 Prozent (1. Quintil) der Haushalte bis hin zum Einkommens-

Darstellungsmöglichkeiten

anteil der reichsten 20 Prozent der Einkommen (5. Quintil) der Haushalte. Bei einer gleichmäßigen Verteilung erhielten alle Quintile jeweils 20 Prozent des Einkommens. Der **Gini-Koeffizient** ist ein Verteilungsmaß, das die Ungleichheit in einer Zahl ausdrückt: Diese Zahl liegt zwischen null = völlige Gleichverteilung und 1 = völlige Ungleichverteilung (ein Haushalt erhielte das gesamte Einkommen).

25.5.2.2 Verteilungsmaße der Einkommen

Die Einkommensverteilung in Deutschland stellen die Tabellen 25-2 und 25-3 dar; sie beziehen sich auf das SOEP. Die Verteilungsmaße nach der EVS entsprechen den Daten des SOEP weitgehend. Tabelle 25-2 stellt die Anteile des Nettoeinkommens und die Quintile für das frühere Bundesgebiet, Ostdeutschland und Deutschland insgesamt dar:

▸ Die Einkommensverteilung ist ungleichmäßig: So erhalten z. B. die ärmsten 20 Prozent der Haushalte in Deutschland im Jahr 2006 7,3 Prozent des Einkommens, dagegen die reichsten 20 Prozent 39,3 Prozent des Einkommens.

Tab. 25-2

Verteilung der verfügbaren Einkommens (Nettoeinkommens[1]) in Deutschland

	Früheres Bundesgebiet			Neue Bundesländer		Deutschland	
	1985	1991	2006	1991	2006	1991	2006
	Nettoeinkommen in Euro je Monat						
Insgesamt	1.292	1.649	2.273	892	1.728	1.500	2.170
Einpersonenhaushalte	840	1.076	1.474	437	1.144	971	1.410
Paare ohne Kinder	1.397	1.827	2.830	894	2.017	1.642	2.514
Alleinerziehend	1.086	1.473	1.802	760	1.334	1.319	1.304
Paare mit Kindern	1.717	2.173	3.114	1.256	2.430	1.970	2.996
Sonstige	1.602	2.027	2.581	1.095	1.965	1.755	2.450
	Anteil des ... am Gesamteinkommen in Prozent						
Alle Haushalte							
1. Quintil	7,5	7,6	7,3	7,7	8,0	7,1	7,3
2. Quintil	13,1	13,1	12,6	12,9	12,9	12,5	12,5
3. Quintil	17,5	17,9	17,3	18,8	17,8	17,6	17,3
4. Quintil	23,7	23,9	23,6	24,5	23,8	24,0	23,7
5. Quintil	38,2	37,3	39,3	36,1	37,6	38,8	39,3

[1] Markteinkommen abzüglich der Lohn- und Einkommensteuer, abzüglich der Pflichtbeiträge zur Sozialversicherung und zuzüglich der Bezüge aus öffentlichen Renten, Pensionen und Sozialtransfers. Außerdem erfolgt die Äquivalenzgewichtung.

Quelle: Institut der deutschen Wirtschaft 2008; Originaldaten: SOEP.

▸ Die Verteilung ist ein wenig ungleichmäßiger geworden, insbesondere der Anteil der reichsten 20 Prozent ist gestiegen und
▸ die Einkommensverteilung ist in Ostdeutschland etwas gleichmäßiger als in Westdeutschland.

Schließlich wird die Verteilung der Nettoeinkommen pro Monat nach Haushaltstyp ausgewiesen.

Eine präzisere Aussage zum Ausmaß und zur Entwicklung der Ungleichheit erlaubt die Darstellung der Gini-Koeffizienten in Tabelle 25-3. Hier wird nach der Verteilung des Markteinkommens und des verfügbaren Nettoeinkommens differenziert. Sehr deutlich werden zum einen die Zunahme der Ungleichheit im Bereich der Markteinkommen von 1993 bis 2006 und zum anderen die stark nivellierende Wirkung der staatlichen Umverteilung durch Steuern und Sozialabgaben, die den Gini-Koeffizienten deutlich reduziert.

Zunahme der Ungleichheit der Markteinkommen und Nivellierung durch staatliche Umverteilung

Tab. 25-3

Die Entwicklung des Gini-Koeffizienten für die Einkommensverteilung in Deutschland 1985–2006

	1985[1]	1989[1]	1993	1997	2991	2005	2006
Markteinkommen[2]	0,332	0,317	0,334	0,351	0,352	0,381	0,396
Nettoeinkommen[2]	0,267	0,257	0,267	0,268	0,269	0,292	0,309

[1] Für die Jahre 1985 bis 1989 nur Westdeutschland
[2] Äquivalenzeinkommen auf Jahresbasis

Quelle: Statistisches Bundesamt, Datenreport 2008, S. 164; Datenbasis: SOEP.

Eine plastische grafische Darstellung der Ungleichheit der Einkommensverteilung bietet schließlich die so genannte **Lorenzkurve der Verteilung**, bei der die Einkommensanteile der kumulierten Anteile an der Gesamtzahl der Personen zu einer Linie verbunden werden (vgl. Abbildung 25-2, diese Darstellung bezieht sich auf die alte Einkommens- und Verbrauchsstichprobe 2003).

Solche Tabellen und Darstellungen sind relativ komplex und verbergen die konkrete Lebenssituation von Menschen. Relativ plastisch ist dagegen die **Armutsquote**, der Anteil der armen Haushalte an den Haushalten insgesamt. Armut wird relativ definiert und als **Armutsgrenze** gilt nach einer Übereinkunft der EU ein verfügbares Einkommen von 60 Prozent des mittleren Einkommens (Median). Die Armutsquote, der Anteil der Bevölkerung, der unterhalb der Armutsgrenze lebt, betrug im Jahr 2006 für Deutschland 13,9 Prozent (Statistisches Bundesamt 2008, S. 116).

Die Armutsquote ist ein plastischer Begriff

25.5 Einkommens- und Vermögensverteilung
Einkommensverteilung in Deutschland

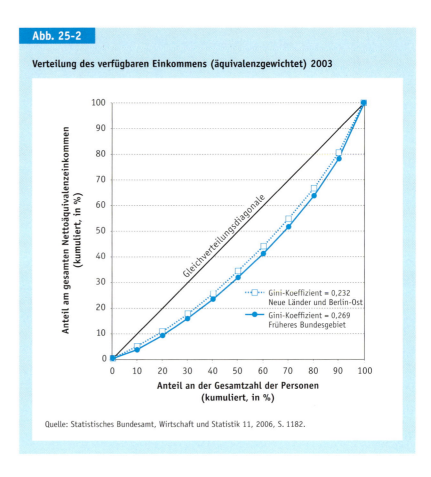

Abb. 25-2

Verteilung des verfügbaren Einkommens (äquivalenzgewichtet) 2003

Gini-Koeffizient = 0,232 Neue Länder und Berlin-Ost
Gini-Koeffizient = 0,269 Früheres Bundesgebiet

Quelle: Statistisches Bundesamt, Wirtschaft und Statistik 11, 2006, S. 1182.

25.5.2.3 Verteilungsmaße des Lohnes

Die Lohnspreizung in Deutschland ist beachtlich.

Interessant ist es auch, die Verteilung der Arbeitseinkommen allein zu betrachten, die so genannte **Lohnspreizung**, da ja die Unterschiedlichkeit der Löhne letztlich eine Lenkungsfunktion hat. Tabelle 25-4 stellt die Bruttostundenverdienste bzw. Bruttomonatsverdienste in unterschiedlichen Sektoren der Wirtschaft zusammen. Dabei bestehen kleinere Unterschiede in der Wochenarbeitszeit zwischen 38,3 Stunden (Industrie) und 40,0 Stunden (Verkehr/Nachrichten) und große Unterschiede in der Bezahlung wischen Ost- und Westdeutschland. So beträgt der Bruttostundenverdienst insgesamt für Ostdeutschland 14,20 Euro und für Westdeutschland 21,37 Euro. Tabelle 25-4 selbst zeigt indes nur die sehr großen Unterschiede in der sektoralen Entlohnung zwischen durchschnittlich 11,52 Euro in der Gastronomie und 30,37 Euro im Sektor der Banken und Versicherungen. Das ist eine ganz erhebliche Lohnspreizung.

Tab. 25-4

Bruttoverdienst (einschließlich Sonderzahlungen) verschiedener Sektoren in Deutschland 2007

Sektor	Bruttostundenverdienst (€)	Bruttomonatsverdienst (€)
Industrie	22,38	3.728
Bau	15,74	2.686
Handel	19,11	3.238
Gastronomie	11,52	1.966
Verkehr/Nachrichten	17,10	2.975
Banken/Versicherungen	30,37	5.082
Gesundheitswesen	17,60	2.969
Insgesamt	20,39	3.436

Quelle: Statistisches Bundesamt, Verdiensterhebung.

25.6 Strategien zur Veränderung der Einkommensverteilung

25.6.1 Institutionelle Gegebenheiten: Tarifvertrag, Tarifparteien und Arbeitskampf

Die Beschäftigung eines Arbeitnehmers erfolgt in Deutschland aufgrund eines zwischen Arbeitgeber und Arbeitnehmer abgeschlossenen Arbeitsvertrages. In dem **Arbeitsvertrag** verpflichtet sich der Arbeitnehmer, seine Arbeitskraft dem Arbeitgeber unter dessen Leitung und Anweisung gegen ein vereinbartes Entgelt zur Verfügung zu stellen. Der Inhalt des Arbeitsvertrages kann indes nicht völlig frei bestimmt werden, sondern muss den Vorschriften des Arbeitsrechtes entsprechen und (zum Schutz des Arbeitnehmers) teilweise oder vollständig die Regelungen des Tarifvertrages und des Tarifvertragsgesetzes (TVG) berücksichtigen. Wir wollen hier nur auf den Tarifvertrag eingehen.

Ein **Tarifvertrag** ist ein Vertrag zwischen einer Arbeitnehmervertretung (Gewerkschaft) und einem Arbeitgeber (beim **Firmentarifvertrag**) bzw. einer Vereinigung von Arbeitgebern (beim Verbandstarifvertrag, meist auch **Flächentarifvertrag** genannt). Gemäß dem Tarifvertragsgesetz regelt der Tarifvertrag die Rechte und Pflichten der Tarifvertragsparteien und enthält Rechtsvorschriften, die den Inhalt, den Abschluss und die Beendigung von Arbeitsverhältnissen sowie betriebliche und betriebsverfassungsrechtliche Fragen regeln können. Tarifverträge gibt es in großer Fülle, 2001 werden rund 55.000 Tarifverträge gezählt, davon knapp 40 Prozent Verbandstarifverträge und gut 60 Prozent

Arbeitsvertrag

Tarifvertrag

25.6 Einkommens- und Vermögensverteilung
Strategien zur Veränderung der Einkommensverteilung

Tarifautonomie

Firmentarifverträge. Die Tarifpartner schließen den Tarifvertrag ohne staatliche Einmischung ab. Diese **Tarifautonomie** wird aus Art. 9 Abs. 3 Grundgesetz abgeleitet und ist ehernes Grundrecht der Tarifparteien:

»Das Recht, zur Wahrung und Förderung der Arbeits- und Wirtschaftsbedingungen Vereinigungen zu bilden, ist für jedermann und für alle Berufe gewährleistet.«

Im Tarifvertrag werden die Lohn- und Gehaltstarife und die sonstigen Arbeitsbedingungen festgelegt. Man unterscheidet zwischen dem längerfristigen **Rahmentarifvertrag**, der die Grundsätze der Entlohnung regelt, und dem längerfristigen **Manteltarifvertrag**, der die auf längere Zeit festgeschriebenen Regelungen (wie z. B. Grundsätze der Urlaubsgewährung, Mehr-, Spät- und Sonntagsarbeit, Kündigungsschutz für ältere Arbeitnehmer und ähnliches) enthält, und dem meist kurzfristigeren (häufig auf 12 Monate befristeten) **Lohn- und Gehaltstarifvertrag**, der die Vergütungsregelungen enthält.

Geltungsbereich des Tarifvertrages

Der Tarifvertrag gilt im vollen Umfang zunächst nur für die Mitglieder der Gewerkschaften und für den bzw. die Arbeitgeber, die an der Tarifvereinbarung beteiligt sind (beim Verbandstarifvertrag: die Mitglieder des Arbeitgeberverbandes). Aufgrund des arbeitsrechtlichen Grundsatzes »gleicher Lohn für gleiche Leistung« kommen auch die nicht-organisierten Arbeitnehmer in den Genuss tarifvertraglich vereinbarter Mindestbedingungen. Bei Vorliegen besonderer Voraussetzungen kann der Bundesarbeits-(bzw. der Landesarbeits-)Minister auf Antrag der Tarifparteien die Regelungen des Tarifvertrages auch für die nichtbeteiligten Arbeitgeber des entsprechenden Bereiches als verbindlich erklären. Diese **Allgemeinverbindlichkeitserklärung** ist die Ausnahme, verbreitet ist sie im Baugewerbe. Die Allgemeinverbindlichkeitserklärung (AVE) soll ggf. verhindern, dass Unternehmen in Krisenzeiten bevorzugt solche Arbeitskräfte einstellen, die keiner Gewerkschaft angehören und daher weniger kosten. Daher

Charakter einer Mindestlohnfixierung

hat die AVE den Charakter einer Mindestlohnfixierung. Einen Mindestlohn gibt es in Deutschland nicht generell, aber in fünf Bauberufen sowie in der Gebäudereinigung und für Briefdienstleister (01.01.2008). So beträgt der Mindestlohn z. B. für Dachdecker 10,20 Euro.

Der Schutzcharakter des Tarifvertrages für den einzelnen Arbeitnehmer kommt deutlich in der Tatsache zum Ausdruck, dass vom Tarifvertrag abweichende Vereinbarungen im Arbeitsvertrag, die für den einzelnen Arbeitnehmer günstiger sind als die Regelungen des Tarifvertrages, zulässig sind und dass ungünstigere Regelungen nicht zulässig sind.

Das Verfahren bei Neuabschluss eines Tarifvertrages

Über den Abschluss eines neuen Tarifvertrages verhandeln Gewerkschaften und Arbeitgeber zunächst frei. Scheitern die Tarifverhandlungen, so wird in der Regel versucht, durch ein auf die Erhaltung des Arbeitsfriedens gerichtetes Schlichtungsverfahren zu einer Einigung zu kommen. Für das **Schlichtungsverfahren** benennen Arbeitgeber und Gewerkschaft in der Regel eine gleich große Zahl von Beratern, denen ein unparteiischer Schlichter, auf den sich die Tarifparteien einigen müssen, vorsitzt. Gelingt der Einigungsversuch nicht, so kann die Schlichtungsstelle ihrerseits einen Einigungsvorschlag machen (Schlichtungsspruch). Wird diesem nicht von beiden Tarifpartnern zugestimmt,

25.6 Strategien zur Veränderung der Einkommensverteilung

so sind die Tarifverhandlungen endgültig gescheitert, da es eine Zwangsschlichtung durch staatliche Stellen in Deutschland nicht gibt. Mit dem Scheitern der Verhandlungen erlischt die im Tarifvertrag festgelegte Friedenspflicht, der zufolge Gewerkschaft und Arbeitgeberverband auf die Einhaltung der Tarifvereinbarungen drängen müssen. Damit wird ein Arbeitskampf möglich.

Das Recht zum **Arbeitskampf** wird allgemein aus dem oben zitierten Grundgesetzartikel über die Koalitionsfreiheit abgeleitet. Diese Auslegung ist durch den im Rahmen der Notstandsgesetzgebung dem Artikel 9, Abs. 3 hinzugefügten Satz 3 des Grundgesetzes indirekt bestätigt worden, der besagt, dass Notstandsmaßnahmen sich nicht gegen Arbeitskämpfe richten dürfen.

Als Arbeitskampfmaßnahmen werden in Deutschland der Streik und die Aussperrung angewendet. Die Rechtmäßigkeit des Streiks ist dabei unbestritten. Zur Durchsetzung von Forderungen der Gewerkschaft bezüglich Arbeitsbedingungen und Arbeitsentgelt kann er nach einer Urabstimmung in den Betrieben mit mindestens 75 Prozent Stimmenmehrheit der gewerkschaftlich organisierten Arbeitnehmer beschlossen werden. Für die Lohnausfälle während eines Streiks werden aus der Gewerkschaftskasse Streikgelder, die nach der Höhe der Beitragssätze gestaffelt sind, an die streikenden Gewerkschaftsmitglieder gezahlt. Die Inanspruchnahme von Arbeitslosenunterstützung ist nicht möglich. Durch das »Gesetz zur Sicherung der Neutralität der Bundesanstalt für Arbeit bei Arbeitskämpfen« von 1986 wurde der umstrittene § 116 des Arbeitsförderungsgesetzes (AFG) von 1969 dahingehend ergänzt, dass mittelbar arbeitskampfbetroffene Arbeitnehmer außerhalb des fachlichen Geltungsbereiches des umkämpften Tarifvertrages immer Arbeitslosen- bzw. Kurzarbeitergeld erhalten. Mittelbar betroffene Arbeitnehmer außerhalb des räumlichen, aber innerhalb des fachlichen Geltungsbereichs erhalten im Allgemeinen Arbeitslosen- bzw. Kurzarbeitergeld, es sei denn, es handelt sich um einen »Stellvertreterarbeitskampf«, d. h. wenn der Arbeitskampf stellvertretend auch für die Änderung der Arbeitsbedingungen der mittelbar betroffenen Arbeitnehmer geführt wird und der Arbeitslose deshalb als beteiligt angesehen wird.

Verschiedentlich reagieren die Arbeitgeber auf Schwerpunktstreiks (die nur einzelne Betriebe oder Gebiete des Tarifvertragsgebietes betreffen) mit **Aussperrungen**, d. h. durch Ausschließung von Arbeitnehmern von der Arbeit und vom Bezug des Arbeitsentgeltes. Die Aussperrung ist zulässig, fällt aber unter das **Gebot der Verhältnismäßigkeit**. Wenn zum Beispiel der Streik auf weniger als 25 Prozent der Arbeitnehmer eines Tarifgebietes beschränkt ist, erscheint eine Abwehraussperrung nicht unverhältnismäßig, wenn sie ihrerseits nicht mehr als ein Viertel der Arbeitnehmer dieses Tarifgebietes erfasst. Außerdem ist sowohl die positive wie auch die negative **Koalitionsfreiheit** zu beachten. Auf den Arbeitskampf bezogen heißt dies, dass eine Aussperrung, die gezielt nur die Mitglieder einer streikenden Gewerkschaft erfasst, nicht organisierte Arbeitnehmer jedoch verschont, rechtswidrig ist.

Die **Gewerkschaften** sind heute überwiegend nach dem so genannten »**Industrieverbandsprinzip**« gebildet, d. h. alle organisierten Arbeitnehmer in einem bestimmten Industriezweig, z. B. der Metallindustrie, gehören der Indus-

---

Keine Zwangsschlichtung

Unter welchen Voraussetzungen kommt es zum Arbeitskampf?

Streik und Aussperrung

Rechtmäßigkeit von Aussperrungen

Organisationsformen der Gewerkschaften: Industrieverband – Berufsverband

triegewerkschaft »Metall« an, unabhängig davon, welchen Beruf sie in ihrem Betrieb ausüben, ob als Dreher, Anstreicher oder Tischler (»Ein Betrieb, eine Gewerkschaft«). Früher (insbesondere vor dem Ersten Weltkrieg) dominierte das Berufsgruppenprinzip, d. h. es gab z. B. eine Gewerkschaft der Dreher, Schneider usw. Das Berufsgruppenprinzip bestimmt heute z. B. noch die gewerkschaftliche Organisation in Großbritannien.

Deutscher Gewerkschaftsbund

Wichtigste Dachorganisation der Gewerkschaften ist in Deutschland der **Deutsche Gewerkschaftsbund (DGB)**, in dem insgesamt 8 Einzelgewerkschaften zusammengefasst sind. Daneben sind der Christliche Gewerkschaftsbund und der Deutsche Beamtenbund von Bedeutung.

Bundesvereinigung der Deutschen Arbeitgeberverbände

Spitzenorganisation der **Arbeitgeberverbände**, die ebenfalls überwiegend nach dem Industrieverbandsprinzip organisiert sind, ist die **Bundesvereinigung der Deutschen Arbeitgeberverbände (BDA)**.

Mitglieder der Bundesvereinigung der Deutschen Arbeitgeberverbände sind 46 nach Wirtschaftszweigen gebildete Arbeitgeberorganisationen (Fachspitzenverbände) sowie 15 auf Landesebene bestehende Arbeitgeberverbände (Landesverbände). Die Mitglieder wählen über ihre Vertreter den Präsidenten und weitere Mitglieder des Präsidiums. Die Bundesvereinigung hat die Aufgabe, die gemeinschaftlichen sozial- und gesellschaftspolitischen Belange der Mitglieder, die über den Bereich eines Landes oder eines Wirtschaftszweiges hinausgehen, zu wahren.

Organisationsgrad der Arbeitnehmer

Abschließend sei darauf verwiesen, dass nicht alle Arbeitnehmer gewerkschaftlich organisiert sind. In Deutschland beträgt der Anteil der beschäftigten Gewerkschaftsmitglieder 2008 rund 23 Prozent aller Arbeitnehmer; der DGB hat Ende 2008 knapp 6,4 Millionen Mitglieder, hinzu kommen der Deutsche Beamtenbund mit 1,25 Millionen Mitgliedern und der Christliche Gewerkschaftsbund mit rund 280.000 Mitgliedern. Auch ein Tarifvertrag ist nicht bindend vorgeschrieben: 2003 arbeiten in Westdeutschland 60 Prozent der Beschäftigten in Betrieben mit einem Flächentarifvertrag (Branchentarifvertrag); in Ostdeutschland arbeiten 36 Prozent mit einem Flächentarifvertrag; die übrigen Beschäftigten arbeiten mit Firmentarifverträgen oder ohne Tarifvertrag (Erhebung des Instituts für Arbeitsmarkt- und Berufsforschung, IAB).

Zunehmende Bedeutung von Öffnungsklauseln

Im Zuge der Flexibilisierung der Arbeitsmärkte spielen zudem so genannte Öffnungsklauseln eine zunehmende Rolle: Sie erlauben den Betrieben, nach Absprache mit dem Betriebsrat, von den tariflichen Vorgaben abzuweichen. Meist geschieht dies, indem die tariflichen Regelungen zur Arbeitszeit an die betriebliche Situation vor Ort angepasst werden, in einzelnen Branchen wurden die Öffnungsklauseln sogar auf die Tarifentgelte ausgeweitet.

25.6.2 Expansive (aggressive) Lohnpolitik der Gewerkschaften

Als »expansiv« (»aggressiv« oder »aktiv«) bezeichnet man eine Lohnpolitik der Gewerkschaften, die Lohnerhöhungen durchzusetzen versucht, die über der Erhöhung der durchschnittlichen Arbeitsproduktivität plus Inflationsrate liegen und damit auf eine Erhöhung der Lohnquote zielen.

25.6 Strategien zur Veränderung der Einkommensverteilung

Die expansive Lohnpolitik ist mithin vor dem Hintergrund der **»produktivitätsorientierten Lohnpolitik«** zu sehen. Dieses Konzept sieht einen Anstieg der Löhne im Durchschnitt in einem Ausmaß vor, der dem Anstieg der gesamtwirtschaftlichen Arbeitsproduktivität – gemessen als Produktionsmenge pro Erwerbstätigem – entspricht. Sinn dieser Lohnformel ist es, durch eine vorrangige Orientierung der Lohnentwicklung am gesamtwirtschaftlichen Produktivitätszuwachs einen Anstieg des Kostenniveaus und von der Kostenseite negative Auswirkungen auf Preisniveau und Beschäftigungsstand zu unterbinden.

Produktivitätsorientierte Lohnpolitik

Zur Veranschaulichung dieses Zusammenhangs dienen die folgenden Gleichungen (wir sehen der Einfachheit halber vom Unterschied zwischen Volkseinkommen und Inlandsprodukt ab):

$$\text{Lohnquote} = \frac{\text{Lohnsumme}}{\text{Volkseinkommen}} = \frac{\text{Arbeitsstunden} \cdot \text{Lohnsatz}}{\text{Reales Inlandsprodukt} \cdot \text{Preisniveau}}.$$

Nach dem Preisniveau aufgelöst ergibt sich:

$$\text{Preisniveau} = \frac{\text{Lohnsatz}}{\text{Arbeitsproduktivität} \cdot \text{Lohnquote}}.$$

Hieraus folgt:
- steigen der Lohnsatz und die Arbeitsproduktivität um den gleichen Prozentsatz, so bleibt das Preisniveau bei unveränderter Lohnquote konstant;
- steigt der Lohnsatz um einen höheren Prozentsatz als die Arbeitsproduktivität, so nimmt das Preisniveau bei konstanter Lohnquote um den Prozentsatz der aggressiven Lohnsatzsteigerung zu;
- verändern sich Lohnsatz, Arbeitsproduktivität und Lohnquote, so kann man zeigen, dass folgende Beziehung gilt: Prozentuale Preissteigerung ist gleich prozentuale Lohnerhöhung minus prozentuale Zunahme der Arbeitsproduktivität minus prozentuale Zunahme der Lohnquote. Steigt also die Lohnquote, so kann der Lohnsatz um einen höheren Prozentsatz steigen als die Produktivität, ohne dass das Preisniveau zunimmt. Das wird einsichtig, wenn man bedenkt, dass in diesem Fall die aggressive Lohnerhöhung nicht vollständig durch eine Preiserhöhung ausgeglichen wird, sondern zumindest zum Teil auf Kosten der Gewinnquote geht.

Wichtig ist, dass die produktivitätsorientierte Lohnpolitik von einer konstanten Lohnquote ausgeht, die Einkommensverteilung also als gegebene, nicht zu verändernde Größe hinnimmt. Sie zementiert den Status quo in Bezug auf die durch die Lohnquote gemessene Einkommensverteilung.

Konstante Lohnquote bei produktivitätsorientierter Lohnpolitik

Zudem ermöglicht die produktivitätsorientierte Lohnpolitik nur mit Blick auf die Lohnstückkosten Preisstabilität. Andere Bestimmungsgründe der gesamtwirtschaftlichen Stückkosten – Zinsen, Abschreibungen, Veränderungen der Kapazitätsauslastung, Kostensteuern und Veränderungen der Terms of Trade – bleiben unberücksichtigt. Daher hatte der Sachverständigenrat das Konzept der **»kostenniveauneutralen Lohnpolitik«** entwickelt. Dieses Konzept sieht vor, die Löhne gerade so steigen zu lassen, dass das gesamtwirtschaftliche Kostenniveau konstant bleibt. Wenn also z. B. die Kostenbelastung durch indirekte Steuern steigt, dürften die Löhne entsprechend weniger als die Produktivität steigen usw. Dieses Konzept findet allerdings keine explizite Anwendung mehr, doch die Zusammenhänge bleiben gültig.

Geringe Chancen einer aggressiven Lohnpolitik

Aus den Gleichungen folgt, dass eine aggressive Lohnpolitik der Gewerkschaften bei marktwirtschaftlichen Gegebenheiten höchstens kurzfristig die Einkommensverteilung zugunsten der Arbeitnehmer verbessern kann, während mittelfristig die Einkommensverteilung nicht verändert wird. Dies liegt daran, dass Unternehmen in aller Regel steigende Kosten über steigende Preise überwälzen und damit eine aggressive nominale Lohnsteigerung real zunichtemachen. Und wenn steigende Kosten ausnahmsweise nicht überwälzt werden, so führen sie zu sinkenden Gewinnen und nachfolgend in der Regel zu einer rückläufigen Investitionstätigkeit und zur Unterbeschäftigung. Es kann dann die Situation eintreten, dass die Arbeitnehmer trotz gestiegener Lohn*quote* insgesamt ein geringeres Lohneinkommen erzielen als vor der Lohnerhöhung. Das wird dann der Fall sein, wenn die prozentuale Lohnerhöhung kleiner ist als der prozentuale Rückgang der Beschäftigung. Ohne hiermit die mögliche Berechtigung des Umverteilungszieles infrage stellen zu wollen, wird überwiegend bezweifelt, dass eine aggressive Lohnpolitik angesichts der in unserer Volkswirtschaft vorfindbaren Bedingungen – vor allem angesichts der Preissetzungsmacht der Unternehmen – eine sinnvolle Umverteilungsstrategie ist.

25.6.3 Staatliche Umverteilung durch Steuern und Sozialtransfers

Staatliche Umverteilung durch direkte Steuern, insbesondere durch eine progressive Einkommensteuer auf der einen Seite und Sozialtransfers auf der anderen Seite, zielt darauf ab, die Verteilung der verfügbaren Einkommen (sekundäre Einkommensverteilung) gleichmäßiger zu gestalten als die Verteilung der Markteinkommen (primäre Einkommensverteilung). Die Auswirkungen dieser Umverteilung zeigt Tabelle 25-3 in den Verteilungsmaßen des Markteinkommens und des Nettoeinkommens: Die Umverteilungswirkung ist erheblich.

Die staatlich bewirkte Umverteilung ist erheblich.

Einen genaueren Einblick in die Umverteilung durch Steuern und Sozialtransfers gibt Tabelle 25-5. Hier werden die Haushalte nach ihrem Markteinkommen (aus Erwerbstätigkeit und Vermögen) in Dezile (Zehntel) eingeteilt und diesen Dezilen werden die staatlichen Sozialtransfers (z. B. Arbeitslosengeld, Sozialhilfe, Kindergeld und Renten) einerseits, die geleisteten Abgaben (direkte Steuern und Sozialversicherungsbeiträge) andererseits zugeordnet und der entsprechende Saldo wird ausgewiesen. So erhält z. B. das reichste Dezil der Haushalte ein durchschnittliches Markteinkommen von 10.141 Euro, erhält Sozialtransfers in Höhe von 266 Euro (vermutlich Kindergeld) und zahlt Abgaben in Höhe von 4.449 Euro; per Saldo trägt dieses Dezil 4.183 Euro zur Umverteilung bei. Die Umverteilung ist also erheblich.

25.6 Strategien zur Veränderung der Einkommensverteilung

Tab. 25-5

Umverteilung der Markteinkommen je Haushalt und Monat durch Sozialtransfers und Abgaben in Deutschland 2003 (Angaben in €)

	Markt-einkommen	Monetäre Transfers	Abgaben	Netto-einkommen[1]	Transfer-saldo[2]
1. Dezil	−13	1.473	−199	1.262	1.275
2. Dezil	250	1.736	−270	1.716	1.466
3. Dezil	723	1.969	−380	2.312	1.589
4. Dezil	1.685	1.167	−635	2.216	531
5. Dezil	2.811	569	−1.127	2.252	−559
6. Dezil	3.738	469	−1.528	2.679	−1.059
7. Dezil	4.674	419	−1.940	3.153	−1.521
8. Dezil	5.714	355	−2.394	3.675	−2.039
9. Dezil	7.048	318	−3.030	4.335	−2.712
10. Dezil	10.141	266	−4.449	5.958	−4.183
Durchschnitt	**3.677**	**874**	**−1.594**	**2.956**	**−721**

[1] Summe aus Markteinkommen, monetären Transfers und Abgaben.
[2] Transfersaldo: Differenz zwischen Netto- und Markteinkommen.
Dezile nach der Verteilung der Markteinkommen aller Haushalte; Angaben je Dezil: arithmetische Mittel.

Quelle: IW-Trends, Heft 4, 2007, S. 8; Originaldaten: Statistisches Bundesamt.

Das ausgewiesene Ausmaß an Umverteilung muss vermutlich durch zwei Einschränkungen relativiert werden. Zum einen ist es möglich, dass Sozialabgaben und/oder Steuern überwälzt werden. Gerade Bezieher hoher Einkommen sind möglicherweise in der Lage, durch ein höheres Nettoeinkommen die Abgabenlast zu überwälzen. So vereinbaren Spitzenspieler im Fußball oft kein Bruttogehalt, sondern ein bestimmtes Nettogehalt, oder Unternehmen kalkulieren die Abgabenlast in die Preise ihrer Produkte ein. Und wenn dies so ist, dann sind die Markteinkommen bereits um die Komponenten der Abgabenlast aufgebläht. In welchem Umfang dies tatsächlich so ist, ist leider nicht bekannt. Zum anderen zahlen die Haushalte auch indirekte Steuern und diese sind in obiger Tabelle nicht enthalten. Weil nun ärmere Haushalte einen größeren Anteil ihres Einkommens für Konsumgüter ausgeben als reichere Haushalte, tragen sie, gemessen an ihrem Einkommen, einen relativ größeren Anteil an den indirekten Steuern. Man spricht von der Regressionswirkung der indirekten Steuern. Auch ihr Umfang ist nicht genau bekannt. Insgesamt kann also zwar eine signifikante Umverteilung der Markteinkommen durch Abgaben und Transfers konstatiert werden, ihr Ausmaß ist aber sicher geringer, als es Tabelle 25-5 anzeigt.

Insgesamt scheinen die Möglichkeiten einer Umverteilung der Markteinkommen begrenzt zu sein:

Das Ausmaß der staatlichen Umverteilung könnte geringer sein als es scheint.

- Die Möglichkeiten einer gewerkschaftlichen Lohnpolitik sind durch die Preissetzungsmacht der Unternehmen und durch den globalen Wettbewerb in der Weltwirtschaft äußerst begrenzt und
- die Möglichkeiten einer staatlich organisierten Umverteilung durch Abgaben und Sozialtransfers stoßen sehr schnell an die Grenzen, die durch die funktionale Notwendigkeit der Ungleichheit gezogen werden. Menschen reagieren nun einmal auf Anreize, unter denen die Einkommen eine zentrale Rolle spielen, und diese Anreize können daher nur begrenzt nivelliert werden.

Die Bildungspolitik schafft die Voraussetzungen für eine gleichmäßigere Verteilung der Markteinkommen.

Daher ist zu fragen, ob die Faktoren, die für die Verteilung der Markteinkommen maßgeblich sind, nicht selbst gleichmäßiger verteilt werden könnten. Eine zentrale Rolle spielt dabei die Ausbildung der Menschen, ihr Können, ihre Motivation, kurz ihr Humankapital und das Vermögen der Menschen, soweit es Quelle von Einkommen ist, also das Produktivvermögen und das Geldvermögen. Ganz wichtig für eine gleichmäßigere Einkommensverteilung ist also eine Bildungspolitik, die allen Menschen die gleichen materiellen Chancen auf Bildung bietet (Chancengleichheit), und eine Vermögenspolitik, die versucht, das Vermögen gleichmäßiger zu verteilen. Wir befassen uns im Folgenden nur mit der Vermögenspolitik, Bildungspolitik ist zu sehr Gegenstand anderer Wissenschaften als der Volkswirtschaftslehre.

25.7 Vermögensverteilung

25.7.1 Vermögen und Vermögensverteilung

Vermögensbegriff

Vermögen ist formal die Summe der Werte der Vermögensgegenstände im Eigentum eines Wirtschaftssubjekts oder eines Sektors der Volkswirtschaft. Wertgröße ist der Gegenwartswert der Vermögensgegenstände, in einer sehr umfassenden Sicht der Gegenwartswert aller zukünftigen Erträge der Einkommensquellen. Das Vermögen wird meist eingeteilt in:

Vermögensarten

- Realvermögen (auch Sachvermögen genannt),
- Geldvermögen (auch Finanzvermögen genannt) und
- Arbeitsvermögen (auch Humankapital genannt).

Statt von Vermögen spricht man häufig auch von Kapital: also Realkapital, Finanzkapital und Humankapital.

Realvermögen umfasst den Wert von Maschinen, Anlagen und Grundstücken (auch Produktivvermögen genannt), den Wert der Infrastruktur einer Volkswirtschaft und den Wert des Konsum- und Gebrauchsvermögens (Autos, Haushaltgeräte). Das **Geldvermögen** ist der Wert der Forderungen (Bankguthaben, Wertpapiere, Versicherungsguthaben, Bausparguthaben usw.) abzüglich der Verbindlichkeiten; man spricht auch von **Nettogeldvermögen**, um dieses vom **Bruttogeldvermögen**, das um die Verbindlichkeiten nicht bereinigt ist, unterscheiden zu können. **Arbeitsvermögen** oder **Humankapital** ist der Wert des Leistungspotenzials von Wirtschaftssubjekten, das zur Einkommenserzielung eingesetzt werden kann (Wissen, Fertigkeiten) und das damit theoretisch in Geld bewertet werden kann.

Am einfachsten ist es, das Geldvermögen zu erfassen, recht schwierig ist die Erfassung und Bewertung des Realvermögens und praktisch fast unmöglich ist die Ermittlung des Arbeitsvermögens. Daher existieren umfassende Vermögensrechnungen nicht.

Die Datenbasis zur Berechnung der Vermögensverteilung in Deutschland ist, wie bei der Einkommensverteilung, meist das sozio-ökonomische Panel (SOEP). Dabei ist zu beachten, dass die Erfassung der Vermögensverteilung methodisch und statistisch noch schwieriger ist als die Erfassung der Einkommensverteilung. Dies liegt daran, dass Fragen nach dem Vermögen als heikel gelten, dass die Werte ihres Immobilienvermögens und ihres Versicherungsvermögens, etwa aus Lebensversicherungen, den Eigentümern oft nicht bekannt sind, und dass die Werte des Finanzvermögens, etwa bei Aktienbesitz, stark schwanken. Daher wird die Vermögensverteilung nur in Abständen von einigen Jahren erfasst, die letzte Befragung stammt aus dem Jahr 2002. Schließlich ist zu beachten, dass hier individuelle Vermögen und nicht Haushaltsvermögen erfragt werden.

Schwierigkeiten der Vermögensstatistiken

Im Rahmen des SOEP werden sieben Vermögenskomponenten erfasst. Tabelle 25-6 zeigt die Portfoliostruktur des Vermögens. Die wichtigste Vermögenskategorie ist mit einem Anteil am Nettovermögen von 62,89 Prozent der selbst genutzte Immobilienbesitz, dieser hat im Durchschnitt einen Wert von 50.762 Euro, und 36,35 Prozent der Bevölkerung hat einen solchen Immobilienbesitz. Das Nettogesamtvermögen beträgt im Durchschnitt 80.722 Euro – bei großen Unterschieden zwischen dem früheren Bundesgebiet (91.486 Euro) und den neuen Bundesländern (34.290 Euro).

Die Verteilung des Nettogesamtvermögens ist stark konzentriert. Wie Tabelle 25-7 zeigt, besitzen die reichsten 10 Prozent der Bevölkerung 58,69 Prozent des Vermögens, wobei die regionalen Unterschiede gering sind. Besonders deutlich wird die Ungleichheit im Ausweis der Prozentanteile: Das reichste Prozent der Bevölkerung verfügt über 21 Prozent des Gesamtvermögens und die reichsten fünf Prozent verfügen über fast 43 Prozent des Gesamtvermögens. Der Gini-Koeffizient ist mit 0,79 entsprechend hoch, wobei auch hier die regionalen Unterschiede gering sind. Im Zeitablauf hat der Gini-Koeffizient deutlich zugenommen, er betrug 1993 0,6672 und 1998 0,6748 (Sachverständigenrat 2000/2001, S. 267, in Tabelle 25-7 nicht enthalten). Im internationalen Vergleich liegt der Gini-Koeffizient für Deutschland leicht über dem ungewogenen Durchschnitt aller von 0,75 (Sachverständigenrat 2007/2008, S. 478).

Starke Konzentration des Nettovermögens

Das **Vermögen** ist also sehr ungleich verteilt, deutlich ungleicher als die Markteinkommen und vor allem die Nettoeinkommen. Dies liegt vor allem an folgenden Faktoren:

Gründe der Ungleichheit

▸ Weil die Sparfähigkeit und die Sparneigung einkommensstarker Haushalte größer ist als die der einkommensschwachen Haushalte, können jene mehr Vermögen bilden.

25.7 Einkommens- und Vermögensverteilung
Vermögensverteilung

Tab. 25-6

Portfoliostruktur des Nettogesamtvermögens in Deutschland 2002

	Früheres Bundesgebiet	Neue Bundesländer	Deutschland
Anteile in %			
Selbstgenutzter Immobilienbesitz	61,97	73,40	62,89
Sonstiger Immobilienbesitz	21,10	9,94	20,21
Geldvermögen	11,53	17,52	12,01
Private Versicherungen	10,70	14,19	10,98
Betriebsvermögen	12,42	9,60	12,20
Sachvermögen	1,69	1,31	1,66
Schulden	−19,42	−25,96	−19,93
Nettogesamtvermögen	100	100	100
€ (Mittelwerte)			
Selbstgenutzter Immobilienbesitz	56.695	25.169	50.762
Sonstiger Immobilienbesitz	19.303	3.410	16.312
Geldvermögen	10.553	6.008	9.697
Private Versicherungen	9.789	4.864	8.862
Betriebsvermögen	11.365	3.292	9.846
Sachvermögen	1.543	448	1.337
Schulden	−17.762	−8.902	−16.095
Nettogesamtvermögen	91.486	34.290	80.722
Personen in der Gesamtbevölkerung mit Vermögensbesitz (Anteile in %)			
Selbstgenutzter Immobilienbesitz	38,11	28,75	36,35
Sonstiger Immobilienbesitz	10,88	6,31	10,02
Geldvermögen	43,11	42,91	43,07
Private Versicherungen	46,72	49,79	47,30
Betriebsvermögen	4,25	3,51	4,11
Sachvermögen	9,68	3,18	8,46
Schulden	29,57	24,06	28,53

Quelle: Sachverständigenrat zur Begutachtung der gesamtwirtschaftlichen Entwicklung, Jahresgutachten 2007/2008, S. 475.

▶ Das Vermögen wird über den Lebenszyklus der Menschen aufgebaut und wird, in der Regel nur gering besteuert, vererbt. Dies kumuliert die Vermögen.
▶ Das Vermögen wird, anders als das Einkommen, nicht umverteilt, sondern allenfalls die Vermögenszuwächse sind Objekt staatlicher Umverteilungspolitik.

Notwendigkeit einer Umverteilungspolitik

Diese erhebliche Ungleichheit der Vermögensverteilung und ihre deutliche Zunahme machen eine Politik der Vermögensumverteilung dringlich.

Tab. 25-7

Verteilung des Nettogesamtvermögens in Deutschland 2002

	Früheres Bundesgebiet	Neue Bundesländer	Deutschland
	I. Dezilanteile (%)		
1. Dezil	−1,49	−3,46	−1,64
2. Dezil	0,00	0,00	0,00
3. Dezil	0,00	0,00	0,00
4. Dezil	0,39	0,52	0,38
5. Dezil	1,27	1,59	1,44
6. Dezil	3,27	3,47	2,79
7. Dezil	7,28	6,40	6,94
8. Dezil	12,33	13,02	11,84
9. Dezil	19,54	22,65	19,67
10. Dezil	57,40	55,81	58,69
	Nachrichtlich:		
Oberste 5 %	41,94	37,28	42,89
Oberste 1 %	20,73	15,24	20,99
	II. Ungleichheitsmaße		
Gini-Koeffizient 90/50−	0,78	0,80	0,79
Dezilverhältnis	12,68	13,69	13,81

[1] Anteil des auf die Haushalte des jeweiligen Dezils entfallenden Nettovermögens am Nettogesamtvermögen.

Quelle: Sachverständigenrat zur Begutachtung der gesamtwirtschaftlichen Entwicklung, Jahresgutachten 2007/2008, S. 476.

25.7.2 Maßnahmen zur Veränderung der Vermögensverteilung

Die Vermögenspolitik hat im Wesentlichen das Ziel, die persönliche materielle Freiheit gleichmäßiger zu verteilen. Gerade der Liberalismus betont die Bedeutung des Privateigentums als Fundament persönlicher Freiheit. Eine gleichmäßigere Verteilung soll die individuellen Entfaltungsspielräume, die Lebenschancen sozial gerechter verteilen. Daneben soll die Vermögenspolitik zu einer Dekonzentration wirtschaftlicher Macht führen – hier spielt die Verteilung des Produktivvermögens eine hervorgehobene Rolle – und die Institution des Privateigentums in der kapitalistischen Marktwirtschaft legitimieren. Schließlich soll die Vermögenspolitik zu einer gleichmäßigen Verteilung des Einkommens beitragen.

Eine gleichmäßigere Verteilung des Vermögens könnte durchgeführt werden über eine direkte Enteignung oder mittels entsprechend wirkender Steuern,

Ziele der Vermögenspolitik

Privateigentum als Fundament persönlicher Freiheit

insbesondere der **Vermögen- und Erbschaftsteuer**. Will man ohne Eingriff in bestehende Eigentumsverhältnisse die Vermögensverteilung ändern, so kann man das nur, indem man an den **Vermögenszuwächsen** ansetzt und die weniger Vermögenden an diesen Zuwächsen beteiligt.

25.7.2.1 Eingriff in bestehende Eigentumsverhältnisse

Enteignung

Eine direkte Enteignung als Mittel einer Vermögensumverteilungspolitik wird in den meisten westlichen Ländern abgelehnt. Als Umverteilungsmaßnahme für bestehendes Vermögen wird jedoch – wenn auch in verschiedenen Ländern in recht unterschiedlichem Umfang – auf die Vermögen- und Erbschaftsteuer zurückgegriffen.

Vermögen- und Erbschaftsteuer

Vermögen- und Erbschaftsteuern knüpfen am Vermögen an, wobei die Vermögensteuer an der Existenz des Vermögens ansetzt, während die Erbschaftsteuer auf den Vermögensübergang durch Tod abstellt.

In einer Marktwirtschaft, die das Privateigentum bejaht, muss eine auf Umverteilung des Vermögens im Rahmen dieser Wirtschaftsordnung abzielende Politik die Funktion des Privatvermögens berücksichtigen. Damit sind von vornherein Grenzen für die Vermögensumverteilung durch Steuern gegeben: Weder eine Vermögen- noch eine Erbschaftsteuer darf die Anreizwirkung, die vom Privateigentum erwartet wird, beseitigen oder über Gebühr einschränken.

Unter diesem Gesichtspunkt erscheint die Erbschaftsteuer graduell besser für eine Umverteilung bestehenden Vermögens (in bestimmten Grenzen) geeignet, da der Erblasser selbst von der Steuer nicht belastet wird und daher weniger zu Ausweichreaktionen, wie vermindertes unternehmerisches Engagement und Kapitalflucht ins Ausland, neigen wird. Hinzu kommt, dass der Erbe in der Regel keine eigenen Verdienste für den Vermögenserwerb geltend machen kann. Es kann aber nicht übersehen werden, dass der Wegfall oder die erhebliche Einschränkung eines im Erbrecht fortgesetzten Privateigentums negative Anreizwirkungen zeigen dürfte.

Kaum Umverteilung bestehenden Vermögens durch Vermögen- und Erbschaftsteuer

In Deutschland waren und sind weder die Vermögensteuer noch die Erbschaftsteuer so ausgestaltet, dass sie eine nennenswerte Vermögensumverteilung bewirken können. Der jährliche Steuersatz betrug bei der Vermögensteuer 0,5 Prozent des steuerpflichtigen Vermögens für natürliche Personen und 0,6 Prozent für Körperschaften, wobei Freibeträge und Freigrenzen dazu führten, dass Vermögensteuer praktisch erst von einem über 70.000 DM (bei natürlichen Personen) bzw. über 100.000 DM (bei Unternehmen) liegenden Vermögen an gezahlt werden musste. Inzwischen wird die Vermögensteuer nach einem Urteil des Bundesverfassungsgerichtes, das eine mögliche Besteuerung der Vermögenssubstanz und die Ungleichbehandlung von Grundvermögen und Kapitalvermögen für nicht verfassungskonform hielt, seit dem 01.01.1997 nicht mehr erhoben.

Die Erbschaftsteuer ist nach dem Verwandtschaftsgrad und der Höhe des vererbten Vermögens gestaffelt. In der praktisch wichtigsten niedrigsten Steuerklasse I (Ehegatten, Kinder, Enkel …) greift der Spitzensteuersatz von 30 Prozent erst bei einem Vermögen über 26 Millionen Euro; in den anderen Steuerklassen greift der Spitzensteuersatz von 50 Prozent bei 13 Millionen Euro.

25.7.2.2 Umverteilung der Vermögenszuwächse

Bei den hier zu betrachtenden Maßnahmen handelt es sich zunächst um solche staatlichen Aktivitäten, die die Bruttoeinkommen der Haushalte, also die primäre Einkommensverteilung, unverändert lassen. Es handelt sich um **Sparförderungsmaßnahmen** in Form von Steuervergünstigungen oder Prämien für den Sparvertrag.

Bestimmte Sparverträge, die so genannten Vorsorgeaufwendungen, können bis zu einer Höchstgrenze als Sonderausgaben vom Einkommen abgesetzt werden. Dadurch vermindert sich die Steuerlast des betreffenden Sparers, sodass er einen Teil der Ersparnis aus der Steuerersparnis leisten kann. Allerdings müssen die begünstigten Aufwendungen für längere Zeit festgelegt werden. Die durch § 10 Einkommensteuergesetz begünstigten Sparformen sind insbesondere die Beitragszahlungen an Lebens- und Rentenversicherungen.

Sonderausgaben gem. § 10 Einkommensteuergesetz

Des Weiteren kann es sich um Maßnahmen zur **Erhöhung der Bruttoeinkommen** der Arbeitnehmer handeln.
Im Vordergrund der Politik stehen hier zwei Maßnahmen:
- der Investivlohn,
- die Ertragsbeteiligung.

Unter dem **Investivlohn** versteht man den Teil des Lohnes, der aufgrund der Vereinbarung zwischen den Tarifpartnern oder einer gesetzlichen Regelung den Arbeitnehmern nicht zur freien Verfügung ausgehändigt wird, sondern in irgendeiner Form und für eine bestimmte Zeit gespart werden muss. Die heute wichtigste Form des Investivlohnes stellen die nach dem Vermögensbildungsgesetz vom 01.01.1999 vorgesehenen vermögenswirksamen Leistungen dar. Diese vermögenswirksamen Leistungen des Arbeitgebers werden mit einer Sparzulage des Staates gefördert, wenn sie zu einem Eigentumserwerb von Produktivkapital der Wirtschaft oder zum Immobilienerwerb führen. Zu denken ist hier an Aktien, Beteiligungen, Genossenschaftsanteile oder Bausparverträge. In die gleiche Richtung zielt im Übrigen die steuerbegünstigte Überlassung von Vermögensbeteiligungen an Arbeitnehmer nach § 19a Einkommensteuergesetz.

Vermögensbildung durch Investivlohn

Eine **Ertrags- oder Gewinnbeteiligung** der Arbeitnehmer ist in vielfältiger Ausgestaltung denkbar. Sie kann einmal Ergebnis eines Tarifvertrages sein, freiwillig von den Unternehmern gewährt werden oder gesetzlich vorgeschrieben werden. Ferner kann sie sich auf den Betrieb, in dem der Arbeitnehmer beschäftigt ist, beziehen oder die Form einer überbetrieblichen Gewinnbeteiligung annehmen. Schließlich kann sie unmittelbar an die Berechtigten oder an einen zwischengeschalteten Fonds abgeführt werden, an dem die Arbeitnehmer dann Anteilsrechte erwerben.

Eine Vermögensbildung über einen Investivlohn oder eine Form der Gewinnbeteiligung anzustreben, ist grundsätzlich sinnvoll, sie droht aber immer an den in Kapitel 25.6 aufgezeigten Reaktionsmöglichkeiten der Unternehmen zu scheitern: Entweder werden die Beträge als Kosten überwälzt, dann ändert sich real nichts, oder sie können nicht überwälzt werden, dann sinkt die Unterneh-

25.7 Einkommens- und Vermögensverteilung
Vermögensverteilung

Beispiel: Vermögensbildung über Investivlohn

mensrendite und Investitionstätigkeit und Beschäftigung gehen zurück. Dies sei noch einmal an einem Beispiel erläutert.

Vor der Einführung des Investivlohnes wird in einer Volkswirtschaft ein nominelles Inlandsprodukt in Höhe von 160 erzeugt, das sich auf 100 Löhne und 60 Gewinne verteilt. Das Preisniveau beträgt 1 und damit das Realeinkommen (wie das Nominaleinkommen) 160. Die Arbeitnehmerhaushalte sparen von ihrem Lohneinkommen 20. Es wird nun ein Investivlohn von 10 eingeführt; die Lohnkostenerhöhung von 10 Prozent veranlasst die Unternehmer, die Preise ebenfalls um 10 Prozent heraufzusetzen.

Verändern die Haushalte nun nach der Einführung des Investivlohnes nur ihren Konsum, so werden sie statt 80 jetzt 90 konsumieren wollen. Diese Erhöhung der geldmäßigen Nachfrage erleichtert es den Unternehmern, eine Preissteigerung von 10 Prozent durchzuführen.

Damit ergibt sich folgende Situation: Die Haushalte konsumieren nach Einführung des Investivlohnes in Höhe von 90 (bei einem Preisniveau von 1,1), gütermäßig konsumieren sie also praktisch nach wie vor 80. Das nominelle Inlandsprodukt ist auf 176 angewachsen, wovon den Arbeitnehmerhaushalten jetzt 110 und den Unternehmerhaushalten 66 zufließen. Die Lohnquote beträgt nach wie vor 62,5 Prozent. Die Ersparnis der Haushalte bleibt real nahezu unverändert.

Vermögensumverteilung über einen Investivlohn erscheint unwahrscheinlich.

Was passiert, wenn die Arbeitnehmerhaushalte versuchen, den Investivlohn zusätzlich zu ihrer bisherigen Ersparnis von 20 zu sparen? Sie sparen dann 30 bei einem Geldkonsum von 80. In dieser Situation ist es für die Unternehmer schwieriger, die Preiserhöhung von 10 Prozent durchzusetzen, es sei denn, sie nehmen erhebliche Nachfragerückgänge in Kauf. Wir wollen annehmen, dass deshalb im Durchschnitt nur eine Preiserhöhung von 5 Prozent durchgeführt wird. Die Arbeitnehmerhaushalte konsumieren dann real $80 : 1,05 =$ circa 76. Das nominelle Inlandsprodukt beträgt 168, das sich auf 110 Löhne und 58 Gewinne verteilt. Die Lohnquote steigt also von 62,5 Prozent auf 65,5 Prozent. Das Absinken des realen Konsums (und evtl. der Investitionen) führt aber im Folgenden zu einer Abnahme des realen Inlandsproduktes und damit zu zunehmender Arbeitslosigkeit. Dies wird nur verhindert, wenn der Staat die reale Nachfrage insgesamt nach wie vor auf dem Niveau von 160 hält. Dann aber wird es den Unternehmern eher gelingen, auch eine Preiserhöhung von 10 Prozent durchzusetzen. Bleiben die Arbeitnehmerhaushalte trotzdem real bei ihrer höheren Ersparnis (und damit bei ihrem niedrigeren realen Konsum), so bilden sie jetzt zwar Vermögen, aber aus der eigenen Substanz und bei Preissteigerungen in Höhe des prozentualen Investivlohnes.

Es scheint also, als ob bei der gegebenen Kompetenzverteilung in der Marktwirtschaft – Investitions-, Preis- und Beschäftigungsentscheidungen durch die Unternehmer, Lohnentscheidungen durch Unternehmer und Gewerkschaften – die Arbeitnehmer mittels eines Investivlohnes oder einer Gewinnbeteiligung nur auf Kosten von Unterbeschäftigung oder aber auf Kosten einer realen Konsumeinschränkung die Verteilung zu ihren Gunsten ändern und damit zusätzliches Vermögen bilden können.

Arbeitsaufgaben Kapitel 25

1. Klären Sie folgende Begriffe:
   - primäre/sekundäre Einkommensverteilung,
   - funktionale/personelle Einkommensverteilung.

2. Was verstehen Sie unter der Lohn- und Gewinnquote?

3. Beurteilen Sie die Sinnhaftigkeit der Lohnquote als Maßstab und Zielgröße für die Einkommensverteilung.

4. Wie würden Sie sich eine gerechte Einkommensverteilung vorstellen?

5. Beurteilen Sie die Grenzproduktivitätstheorie der Einkommensverteilung als Maßstab für eine gerechte Einkommensverteilung.

6. Was verstehen Sie unter einer produktivitätsorientierten Lohnpolitik? Wie wirkt sie auf die Einkommensverteilung?

7. Was verstehen Sie unter einer aggressiven Lohnpolitik?

8. Beschreiben Sie die Probleme einer Vermögensverteilungsrechnung.

9. Welche Gesichtspunkte könnten es rechtfertigen, dem Produktivvermögen eine besondere Rolle in der verteilungspolitischen Diskussion einzuräumen?

10. Diskutieren Sie den Zusammenhang zwischen Einkommens- und Vermögensverteilung und zwischen Vermögens- und Einkommensverteilung.

Lösungsvorschläge für die Arbeitsaufgaben finden Sie im »Übungsbuch zu Grundlagen und Probleme der Volkswirtschaft«.

Literatur Kapitel 25

Sachverständigenrat zur Begutachtung der gesamtwirtschaftlichen Entwicklung: Jahresgutachten 2007/2008.
Sachverständigenrat zur Begutachtung der gesamtwirtschaftlichen Entwicklung: Jahresgutachten 2000/2001.
Statistisches Bundesamt: Datenreport 2008.

Prägnant und umfassend informiert:
Siebke, Jürgen: Verteilung, in: Vahlens Kompendium der Wirtschaftstheorie und Wirtschaftspolitik, Bd. 1, 9. Aufl., München 2007.

Verteilungstheorie mit dem Schwerpunkt auf der funktionellen Einkommensverteilung und der Verteilungspolitik behandelt umfassend:
Külp, Bernhard: Verteilungstheorie und -politik, 3. Aufl., Stuttgart 1994.

Das folgende Buch stellt die personelle Einkommensverteilung in den Vordergrund der Untersuchung:
Blümle, Gerold: Theorie der Einkommensverteilung. Eine Einführung, Berlin, Heidelberg, New York 1975.

Einige Erklärungsansätze für die personelle Einkommensverteilung stellt kurz dar:
Blümle, Gerold: Stilisierte Fakten der personellen Einkommensverteilung, in: WISU (Wirtschaftsstudium) Heft 3/2000, S. 363–369.

Grundlegend und verständlich ist:
Roberts, Charles: Verteilungstheorie und Verteilungspolitik. Eine problemorientierte Einführung mit einem Kompendium verteilungstheoretischer und -politischer Begriffe, Köln 1980.
Tinbergen, Jan: Einkommensverteilung. Auf dem Weg zu einer neuen Einkommensgerechtigkeit, Wiesbaden 1978.

Theoretisch sehr anspruchsvoll ist:
Ramser, Hans Jürgen: Verteilungstheorie, Berlin u. a. 1987.

Empirische Verteilungen in Deutschland beschreiben:
Becker, Irene/Richard Häuser: Anatomie der Einkommensverteilung. Ergebnisse der Einkommens- und Verbrauchstichprobe, Berlin 2003.
Menkhoff, Lukas/Friedrich L. Sell (Hrsg.): Zur Theorie, Empirie und Politik der Einkommensverteilung, Berlin 2002.
Deutsches Institut für Wirtschaftsforschung (DIW, Berlin) in seinen Wochenberichten.
Sachverständigenrat zur Begutachtung der gesamtwirtschaftlichen Entwicklung, in seinen Jahresgutachten.
Statistisches Bundesamt, vor allem in seiner Zeitschrift »Wirtschaft und Statistik« und im Datenreport.
Institut der Deutschen Wirtschaft in seinen Publikationen.

Die Einkommensverteilung in der EU beschreiben:
Europäische Kommission, Generaldirektion für Beschäftigung und Soziales, Beschreibung der sozialen Lage in Europa 2001, Luxemburg 2001, S. 45–54.
Schröder, Christoph: Armut in Europa, in: iw-trends, Heft 2, 2004, S. 1–22.

Das Buch von Rawls liegt seit langem auch in deutscher Übersetzung vor:
Rawls, John: Eine Theorie der Gerechtigkeit, 15. Aufl., Berlin 2009.

Seit 2001 erstellt die Bundesregierung einen Armuts- und Reichtumsbericht.
2008 ist der 3. Armuts- und Reichtumsbericht erschienen (im Internet als Download verfügbar auf den Webseiten des Bundesministeriums für Arbeit und Soziales, http://www.bmas.de/coremedia/generator/26896/lebenslagen_in_deutschland_der_3_armuts_und_reichtumsbericht_der_bundesregierung.html).

26 Arbeitslosigkeit: empirischer Befund und Theorie

Leitfragen

Welches sind die Probleme bei der Messung der Arbeitslosigkeit?

▸ Aus welchen Teilgruppen setzt sich das Erwerbspersonenpotenzial einer Volkswirtschaft zusammen?

▸ Was ist offene, was verdeckte Arbeitslosigkeit?

▸ Wie ist die Arbeitslosenquote definiert?

Welcher Modellansatz versucht eine Integration einer Vielzahl von Arbeitsmarkttheorien?

▸ Warum ist die klassische Modellierung des Arbeitsmarktes nicht geeignet, Probleme der Arbeitslosigkeit adäquat zu behandeln?

▸ Welche Unvollkommenheiten zeichnen reale Arbeitsmärkte aus?

▸ Was ist die Lohnsetzungskurve?

▸ Was ist die Preissetzungskurve?

▸ Was ist und wie bestimmt sich die natürliche Beschäftigung bzw. die NAIRU?

▸ Welche Komponenten der Arbeitslosigkeit werden in der NAIRU zusammengefasst?

Welches sind wichtige Ursachen der Arbeitslosigkeit?

▸ Welchen Einfluss hat das Sozial- und Steuersystem auf die Arbeitslosigkeit?

▸ Welche Wirkungen gehen von arbeitsrechtlichen Regelungen wie Kündigungsschutz oder Mitbestimmung auf den Arbeitsmarkt aus?

▸ Was versteht man unter Mismatch-Arbeitslosigkeit?

▸ Welche Bedeutung haben Fluktuationskosten für die Lohnbildung und damit für die Beschäftigung?

▸ Inwiefern kann Kapitalmangel zu Arbeitslosigkeit führen?

▸ Unter welchen Bedingungen erzeugt technischer Fortschritt wachsende Arbeitslosigkeit?

26.1 Vorbemerkungen

Arbeitslosigkeit stellt die marktwirtschaftlich organisierten Volkswirtschaften – und wohl nicht nur diese – in den letzten drei Jahrzehnten vor immer größer werdende Probleme. Neben den psychischen Problemen, die für die Betroffenen mit der Arbeitslosigkeit verbunden sind, stehen individuelle materielle Probleme, aber auch Probleme der Finanzierung der Arbeitslosigkeit durch die Gesellschaft. Sicherlich stellt die Arbeitslosigkeit das eklatanteste Koordinations-

Arbeitslosigkeit ist individuell und gesellschaftlich teuer.

problem gegenwärtiger Wirtschaftssysteme überhaupt dar. Wenn man die grobe Schätzung von *Wolfgang Franz* (bekannter deutscher Ökonom, Schwerpunkt Arbeitsmarktforschung, von 1994–1999 und seit 2003 Mitglied des Sachverständigenrats) bedenkt, dass ein Arbeitsloser die Gesellschaft im Jahr im Durchschnitt circa 15.000 Euro kostet, so kann man sich leicht ausrechnen, was diese Zahl bei knapp fünf Millionen Arbeitslosen bedeutet: Unser Haushaltsdefizit wäre ohne die Arbeitslosigkeit erheblich geringer und die Staatsverschuldung weniger bedrückend. Und erst ganz allmählich wird auch die soziale Katastrophe, die mit der Arbeitslosigkeit verbunden ist, stärker beachtet. Aber es ist wohl immer noch so, dass zwei Prozent mehr Inflation die wirtschaftspolitisch Verantwortlichen zu Radikalkuren für die Ökonomie veranlassen, während Arbeitslosenraten um 10 Prozent kaum zu besonderen Maßnahmen herauszufordern scheinen. Doch wie dem auch sei – wir werden weiter unten ausführlich auf die Ursachen und damit auch möglichen Maßnahmen gegen die Arbeitslosigkeit eingehen.

Warum hat Inflation offensichtlich einen höheren Stellenwert als Arbeitslosigkeit?

26.2 Definitorisches und Statistisches

Wenn man sich mit einem Problemfeld beschäftigt, wird man zuerst mit einer ganzen Menge von Begriffen überschüttet, deren Bedeutung man kennen muss, wenn man die Diskussion verfolgen will. Die Abbildung 26-1 gibt einen ersten Überblick.

Herkömmlicherweise sind die Zahl der registrierten Arbeitslosen und die Arbeitslosenquote die am meisten verwendeten Größen zur Beschreibung der Arbeitsmarktsituation. Nur um einen Eindruck von den erhebungstechnischen und definitorischen Details zu geben, die gleichwohl den Aussagegehalt der resultierenden Zahlen erheblich beeinflussen, seien hier die Merkmale aufgeführt, die ein offiziell statistisch registrierter Arbeitsloser aufweisen muss (gemäß der Arbeitslosenstatistik der Bundesagentur für Arbeit):
Die Person

Wer ist ein Arbeitsloser im Sinne der Arbeitslosenstatistik?

▸ muss bei der Arbeitsagentur persönlich gemeldet sein,
▸ darf nicht das 65. Lebensjahr überschritten haben,
▸ muss für die Arbeitsaufnahme als Arbeitnehmer sofort zur Verfügung stehen,
▸ darf nicht 15 oder mehr Stunden wöchentlich in einem Beschäftigungsverhältnis stehen,
▸ darf nicht Schüler, Student oder Teilnehmer an Maßnahmen zur beruflichen Weiterbildung sein,
▸ darf nicht arbeitsunfähig erkrankt sein,
▸ darf nicht Empfänger von Altersrenten sein.

Offene und verdeckte Arbeitslosigkeit

Angesichts dieses Kataloges dürfte klar sein, dass sich hinter den statistisch registrierten Arbeitslosen eine ganze Anzahl nicht registrierter »verdeckter Arbeitsloser« verbirgt, sei es, weil sie sich entmutigt nicht mehr bei der Arbeits-

Definitorisches und Statistisches 26.2

Abb. 26-1

Arbeitsmarkt: Kräfteangebot und Kräftenachfrage[1]

Arbeits(kräfte)angebot, Erwerbs(personen)potenzial					
realisiert: Erwerbstätige, Beschäftigte				*nicht realisiert:* Beschäftigungslose	
Erwerbspersonen				Stille Reserve[2]	
abhängig Beschäftigte			Selbstständige und Mithelfende	Stille Reserve i. e. S.	Stille Reserve in arbeitsmarktpolitischen Maßnahmen
sozialversicherungspflichtig Beschäftigte	geringfügig sozialversicherungspflichtig Beschäftigte	Beamte, Richter, Soldaten			
		Personen in Arbeitsgesellschaften[4]	Arbeitslose[3]		

realisiert: besetzte Stellen		

Arbeits(kräfte)nachfrage

nicht realisiert: unbesetzte Stellen		
sonstige Stellen	weitere BA-bekannte Stellen	gemeldete Stellen

[1] Das Schema stellt die in Deutschland überwiegend und im Bericht durchweg verwendete Terminologie dar (Bestandsgrößen). Z. T. unterschiedlichen Begrifflichkeit in der Schweiz vgl. H.W. Brachinger, S. Canazzi, Erwerbstätigkeitsstatistik. Geschlossene Darstellung der zentralen Begriffe, in: Wirtschaftswissenschaftliches Studium (WiSt), Heft 2/2000, S. 107ff.

[2] Nicht erwerbstätige Personen, die Arbeit suchen ohne bei den Agenturen für Arbeit als Arbeitslose registriert zu sein, oder die bei aufnahmefähigerem Arbeitsmarkt ihre Arbeitskraft anbieten würden (Stille Reserve insgesamt). Z.T. handelt es sich um beschäftigungslose Personen in arbeitsmarktpolitischen Maßnahmen (Maßnahmen des zweiten Arbeitsmarktes, Qualifizierungen und vorruhestandsähnliche Regelungen). Bereinigt man die Stille Reserve insgesamt um diese beschäftigungslosen Personen, gelangt man zur (traditionellen) Stillen Reserve i. e. S. Vgl. C. Brinkmann, W. Klauder, L. Reyher, M. Thon, Methodische und inhaltliche Aspekte der Stillen Reserve, in: Mitteilungen aus der Arbeitsmarkt und Berufsforschung (MittAB), 20. Jg. (1987), S. 387 ff.

[3] bzw. Erwerbslose, wobei sich beide Begriffe nicht ganz decken. Als Erwerbslose gelten in der ILO-Erwerbsstatistik alle nicht erwerbstätigen Personen, die sich nach eigenen Angaben um eine Arbeitsstelle bemühen bzw. dem Arbeitsmarkt innerhalb zwei Wochen zur Verfügung stehen, unabhängig vom Umfang der gesuchten Tätigkeit und unabhängig davon, ob sie als Arbeitslose gemeldet sind. Folglich ist der Begriff »Erwerbslose« im Vergleich zu »Arbeitslose« einerseits regelmäßig weiter, da er vor allem auch nicht gemeldete Arbeitsuchende umfasst. Andererseits ist er wesentlich enger, da er z.B. Arbeitsuchende, die in der Berichtswoche wenigstens eine Stunde erwerbstätig waren, ausschließt, während sich »Arbeitslosigkeit« mit einer Erwerbstätigkeit bis zu 15 Wochenstunden verträgt (ausführlicher: Kästen »Arbeitslose ...« und »Erwerbslose ...« in Kapitel II.C.).

[4] in der Mehraufwandsvariante

Quelle: Statistik der Bundesagentur für Arbeit: Bundesagentur für Arbeit: Arbeitsmarkt 2007, S. 13.

26.2 Arbeitslosigkeit: Empirischer Befund und Theorie
Definitorisches und Statistisches

agentur melden, die Unterstützungskriterien nicht oder nicht mehr erfüllen oder Ähnliches. Für 2008 schätzt der Sachverständigenrat zur Begutachtung der gesamtwirtschaftlichen Entwicklung die Zahl solcher verdeckt Arbeitslosen auf circa 1,2 Millionen; sie machen damit einen Anteil von rund 27 Prozent an der Gesamtzahl der Arbeitslosen aus. Ein genaueres Bild über das geschätzte Ausmaß der versteckten Arbeitslosigkeit und ihre Entwicklung bietet Tabelle 26-1.

Ohne dass wir uns hier zu sehr in statistischen Details verlieren wollen, muss noch darauf hingewiesen werden, dass die **Arbeitslosenquote**, also der Quotient aus der Zahl der Arbeitslosen und einer sinnvollen Bezugsgröße (z. B. der Erwerbspersonenzahl) unterschiedlich gemessen wird. Beginnen wir beim Zähler des Bruches (»den Arbeitslosen«). Häufig werden die registrierten Arbeitslosen als Messgröße herangezogen, oft werden die Zahlen aber auch auf der Basis von Stichproben ermittelt. Was den Nenner betrifft, so beziehen sich die wichtigsten Unterschiede darauf, ob nur die abhängigen Erwerbspersonen oder alle (zivilen) Erwerbspersonen als Bezugsgröße herangezogen werden. Zwar setzt sich gegenwärtig die Bezugsgröße »Erwerbspersonen« verstärkt durch, im Interesse der internationalen Vergleichbarkeit benötigt man gleichwohl eine standardisierte Quote. Häufig verwendet wird die **OECD-standardisierte Arbeitslosenquote** (OECD: Organisation for Economic Co-Operation and Development). Die Arbeitslosen werden hier auf der Basis von Stichproben ermittelt, wobei das Verfügbarkeitskriterium strenger ausgelegt wird als bei den Zahlen der Bundesagentur für Arbeit (die Quote fällt von daher kleiner aus). Als Bezugsgröße verwendet die OECD die Gesamtheit der Erwerbspersonen. Entsprechendes gilt für die harmonisierte Arbeitslosenquote von EUROSTAT.

Abbildung 26-2 zeigt die Entwicklung der Arbeitslosenzahlen in Deutschland von 1950 bis 2008. Die Abbildung zeigt, dass die Zahl der registrierten Arbeitslosen in Deutschland von 1950 bis 1960 stark und stetig abgenommen hat, von 1960 bis 1972 stagnierte sie auf einem Niveau von zum Teil unter 200.000. Von 1973 an stieg die Arbeitslosigkeit dann in mehreren Wellen (ab 1990 für Gesamtdeutschland) bis 2005 auf fast 4,9 Millionen an. Bis Mitte 2008 reduzierte sich die Arbeitslosigkeit auf unter 3,3 Millionen, stieg dann infolge der Welt-

Arbeitslosenquote wird unterschiedlich definiert

Die deutsche Arbeitslosenquote hat sich schubweise erhöht.

Tab. 26-1

Registrierte und verdeckte Arbeitslosigkeit in Gesamtdeutschland (Angaben in Tausend und Prozent)

Jahr	1995	1997	1999	2001	2002	2003	2004	2005	2006	2007	2008
registrierte Arbeitslosigkeit	3.612	4.384	4.100	3.853	4.061	4.377	4.381	4.861	4.487	3.776	3.268
verdeckte Arbeitslosigkeit	2.151	1.926	1.931	1.767	1.759	1.638	1.625	1.227	1.295	1.266	1.187
gesamte Arbeitslosigkeit	5.764	6.310	6.031	5.620	5.820	6.015	6.006	6.088	5.782	5.042	4.455
Anteil verdeckter Al an gesamter Al (in %)	37,3	31,9	32,0	33,4	30,2	27,2	27,1	20,2	22,4	25,1	26,6

Quelle: Sachverständigenrat, Jahresgutachten 2008/2009, Anhang III, S. 19*.

Definitorisches und Statistisches **26.2**

Abb. 26-2

Entwicklung der Arbeitslosenzahlen in Deutschland von 1950 bis 2008 (in Tsd.)

[1] Bundesgebiet: bis 1949 ohne Berlin (West) und Saarland, bis 1958 ohne Saarland, bis 1990 Bundesgebiet West (ohne das Gebiet der ehemaligen DDR).

Quelle: Arbeitslosenstatistik der BA.
Entnommen aus: Bundesagentur für Arbeit, Arbeitsmarkt in Deutschland: Zeitreihen bis 2008, Juli 2009 (Analytikreport der Statistik).

finanzkrise bis August relativ leicht auf 3,47 Millionen an, wobei allerdings die Kurzarbeit stark zunahm. Für 2010 sind die gegenwärtigen Prognosen unterschiedlich, aber im Prinzip verhalten optimistisch.

Abbildung 26-3 verdeutlicht die regionalen Größenunterschiede der Arbeitslosigkeit in Deutschland exemplarisch anhand der durchschnittlichen Arbeitslosenquoten der einzelnen Bundesländer im Jahr 2008. Die Differenzen in den Arbeitslosenquoten sind alarmierend: Mit 14,1 Prozent weist Mecklenburg Vorpommern (dicht gefolgt von Sachsen-Anhalt mit 14,0 und Berlin mit 13,9 Prozent) die höchste Arbeitslosenquote auf, sie ist mehr als dreimal so hoch wie die in Baden-Württemberg mit 4,1 Prozent. Das Gefälle zwischen den Bundesgebieten West (6,4 Prozent) und Ost (13,1 Prozent) ist nach wie vor dramatisch groß.

Regional sehr stark differenzierte Arbeitslosigkeit in Deutschland

Wie Abbildung 26-4 zeigt, ergibt sich für die Arbeitsmarktsituation Deutschlands ein im internationalen Vergleich eher durchschnittliches Bild. Die Quote lag im Mai 2009 deutlich über der Japans, aber auch über der Italiens und des Vereinigten Königreichs. Dabei ist zu berücksichtigen, dass das gegenwärtige Bild durch die Finanzkrise verzerrt sein dürfte. Im Mai 2008 war die Arbeitslosenquote Deutschlands im internationalen Vergleich noch viel höher.

Die deutsche Arbeitslosenquote im internationalen Vergleich

26.2 Arbeitslosigkeit: Empirischer Befund und Theorie
Definitorisches und Statistisches

Abb. 26-3

Arbeitslosenquoten in den Bundesländern im Jahr 2008 (Jahresdurchschnittswerte, Arbeitslose bezogen auf alle zivilen Erwerbspersonen)

Quelle: Bundesagentur für Arbeit 2008.

Das besondere Problem der Langzeitarbeitslosigkeit

Abbildung 26-5 betrifft eine besondere Problemgruppe, die so genannten Langzeitarbeitslosen, d. h. Erwerbslose, die länger als ein Jahr arbeitslos gemeldet sind. Die Abbildung vergleicht die Langzeitarbeitslosenquoten ausgewählter Länder 1996 und 2007. Auffällig ist, dass viele Staaten, die 1996 eine hohe Langzeitarbeitslosenquote aufwiesen, diese in der Folgezeit nachhaltig und z. T. drastisch senken konnten. Dies gilt insbesondere für Spanien, Italien, die

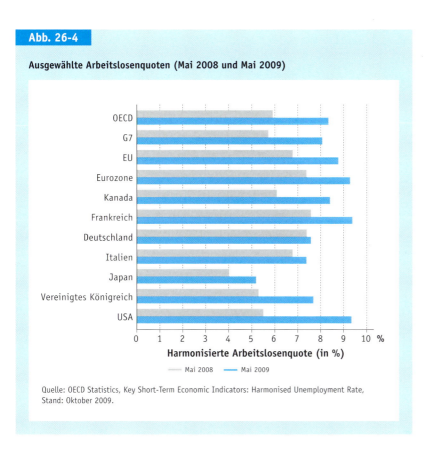

Abb. 26-4

Ausgewählte Arbeitslosenquoten (Mai 2008 und Mai 2009)

Quelle: OECD Statistics, Key Short-Term Economic Indicators: Harmonised Unemployment Rate, Stand: Oktober 2009.

Niederlande und das Vereinigte Königreich, d. h. vor allem für Länder, die bereits relativ früh tief greifende Reformen ihrer Sozialsysteme in Richtung auf mehr Eigenverantwortung der Arbeitslosen vorgenommen hatten. In Deutschland dagegen – wo solche Reformen bis zur so genannten Hartz-Arbeitsmarktreform 2004/2005 ausgeblieben sind – stieg die Langzeitarbeitslosenquote zwischen 1996 und 2007.

Aus der Arbeitslosenquote als Kennziffer kann allerdings nicht abgelesen werden, in welchem Umfange es Bewegungen auf dem Arbeitsmarkt im Sinne von Zugängen in die und Abgängen aus der Arbeitslosigkeit gegeben hat. Sie bringt also nicht zum Ausdruck, dass auch bei unveränderter Quote eine erhebliche Dynamik auf dem Arbeitsmarkt herrschen kann. Dies wird klar, wenn man sich neben den reinen Bestandsgrößen auch den Stromgrößen zuwendet, z. B. den innerhalb eines Jahres von der Beschäftigung in die Arbeitslosigkeit wechselnden Personen und den im gleichen Zeitraum von der Arbeitslosigkeit in die Beschäftigung gelangenden. Abbildung 26-6 zeigt, dass z. B. 2004 bei fast stagnierender Arbeitslosenzahl von 4,3 Millionen Arbeitslosen jeweils rund 8 Millionen Zu- und Abgänge zu verzeichnen waren.

Erhebliche Bewegungen am Arbeitsmarkt

26.2 Arbeitslosigkeit: Empirischer Befund und Theorie
Definitorisches und Statistisches

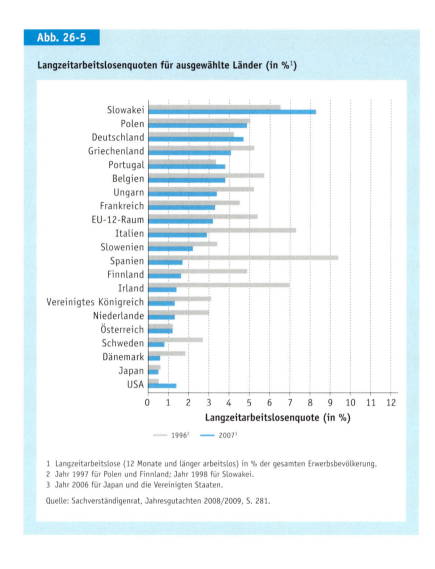

Abb. 26-5: Langzeitarbeitslosenquoten für ausgewählte Länder (in %[1])

1 Langzeitarbeitslose (12 Monate und länger arbeitslos) in % der gesamten Erwerbsbevölkerung.
2 Jahr 1997 für Polen und Finnland; Jahr 1998 für Slowakei.
3 Jahr 2006 für Japan und die Vereinigten Staaten.

Quelle: Sachverständigenrat, Jahresgutachten 2008/2009, S. 281.

Die Zahlen der Abbildung 26-6 deuten auf eine erhebliche Dynamik hin, die u. a. zurückzuführen ist auf die Aktivitäten der Arbeitsvermittlung, die geographische Mobilitätsbereitschaft und die qualifikatorische Mobilität der Arbeitnehmer.

Bei der Arbeitslosigkeit wird traditionell zwischen verschiedenen Formen unterschieden, wobei die vermeintlichen Ursachen der Arbeitslosigkeit das Unterscheidungskriterium bilden.

Friktionelle Arbeitslosigkeit entsteht bei dem Wechsel von Arbeitnehmern von einer Arbeitsstelle zur anderen. Friktionelle Arbeitslosigkeit ist auch eine Folge kurzfristiger Veränderungen auf dem Arbeitsmarkt, die mit den Strömen »Zugänge« und »Abgänge« in einer engen Beziehung stehen.

Traditionelle Einteilung der Arbeitslosigkeit

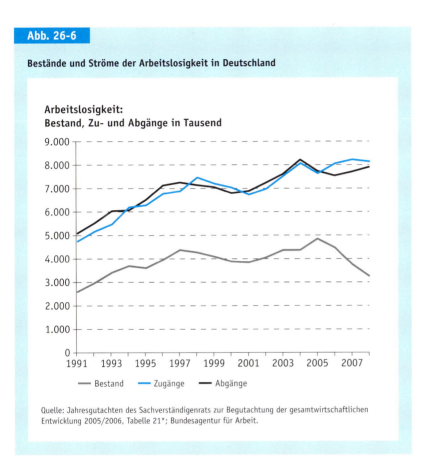

Abb. 26-6

Bestände und Ströme der Arbeitslosigkeit in Deutschland

Quelle: Jahresgutachten des Sachverständigenrats zur Begutachtung der gesamtwirtschaftlichen Entwicklung 2005/2006, Tabelle 21*; Bundesagentur für Arbeit.

Strukturelle Arbeitslosigkeit wird durch Veränderungen der Wirtschaftsstrukturen und die sich dadurch verändernden Anforderungsprofile für die Beschäftigten verursacht: Werftarbeiter müssen über andere Qualifikationen verfügen als Beschäftigte der Computerindustrie. Mangelnde Mobilität und Flexibilität der Arbeiter, die bei sich ändernden Produktionsstrukturen nicht bereit oder nicht in der Lage sind, schnell den Standort, den Beruf oder die Branche zu wechseln, sind also als Hauptmerkmale der strukturellen Arbeitslosigkeit anzusehen. Man spricht in diesem Zusammenhang in der neueren Literatur auch von qualifikationsmäßiger und regionaler **Mismatch-Arbeitslosigkeit.**

Dynamik des Arbeitsmarktes

Saisonale Arbeitslosigkeit entsteht durch schwächere wirtschaftliche Aktivitäten einzelner Wirtschaftsbereiche während bestimmter Jahreszeiten. Besonders betroffen sind hiervon der Agrarsektor, das Baugewerbe, aber auch die Tourismusbranche.

Friktionelle, strukturelle und saisonale Arbeitslosigkeit werden auch unter dem Begriff der **natürlichen Arbeitslosigkeit** zusammengefasst. Dieser Begriff wurde von *Milton Friedman* geprägt und spielt im Konzept der monetaristischen Phillips-Kurve eine zentrale Rolle (vgl. auch Kapitel 11. 2.2). Der Begriff »natürliche« Arbeitslosigkeit ist etwas unglücklich gewählt, da er unterstellen könnte, dass Arbeitslosigkeit etwas quasi Naturgegebenes ist. Von anderer Seite wurde die Alternative »Non-Accelerating Inflation Rate of Unemployment« (NAIRU) – inflationsneutrale Arbeitslosenquote – eingeführt, hinter der eine ähnliche Idee steht wie bei *Friedman*. Auf das NAIRU-Konzept wird später noch genauer eingegangen.

Die **konjunkturelle Arbeitslosigkeit** ist auf eine wiederkehrende Unterauslastung des Produktionspotenzials zurückzuführen, die alle Branchen der Volkswirtschaft im Prinzip in gleicher Weise trifft.

26.3 Ein Analyserahmen zur Erklärung dauerhaft fortbestehender Arbeitslosigkeit

26.3.1 Allgemeines

Wie in Kapitel 10 gezeigt wurde, existiert für die klassische Ökonomik das Problem der Arbeitslosigkeit nicht, da mit der Annahme des vollständigen Wettbewerbs (mit vollständiger Flexibilität von Preisen, Löhnen und Zinsen) bei Existenz eines Auktionators (oder stabiler Märkte, auf denen sich die Gleichgewichte fast ohne Zeitverzug einstellen) immer Vollbeschäftigung herrscht. Das Grundmodell der Neuen Klassischen Makroökonomik ist hier ebenso wenig hilfreich. Hier lassen sich zwar (im Rahmen des in Kapitel 11.2 behandelten Kontrakt-Ansatzes) **kurzfristige** Unterbeschäftigungsgleichgewichte als Folge von Erwartungsfehlern erklären, jedoch **keine dauerhaft bestehende** (unfreiwillige) Arbeitslosigkeit. Dazu bedarf es anderer institutioneller Rahmenbedingungen, auf die im Weiteren noch eingegangen wird.

Nach dem Scheitern des traditionellen keynesianischen Paradigmas Mitte der 1970er-Jahre gab es lange Zeit keine in sich geschlossene Theorie der Arbeitslosigkeit, sondern nur eine Vielzahl von zum Teil weitgehend beziehungslos nebeneinander existierenden Theorien zu einzelnen Formen und Gründen der Arbeitslosigkeit, wie zu hohe Löhne, Lohnnebenkosten und Lohnsteuern, Nachfragemangel, Lohn- und Preisstarrheiten, unvollständige Informationen usw. Seit Anfang, insbesondere aber seit Mitte der 1990er-Jahre ist in der Wirtschaftstheorie ein **Arbeitsmarktmodell** entwickelt worden, das versucht, einen einheitlichen Analyserahmen für eine Vielzahl der diskutierten Beiträge zur Theorie der Arbeitslosigkeit und ihres Beharrungsvermögens zu liefern. Ob dieses Modell nun eher als neoklassisch oder als keynesianisch zu bezeichnen ist, wird in der Literatur zwar diskutiert, soll hier aber eine nachgeordnete Rolle spielen. Die Berücksichtigung von Marktunvollkommenheiten spricht eher für einen keynesianischen, die herausragende Bedeutung des Reallohnes mehr für einen neoklassischen Ansatz.

Irrelevanz neoklassischer Modelle für die tatsächliche Arbeitsmarktsituation

26.3 Ein Analyserahmen zur Erklärung dauerhaft fortbestehender Arbeitslosigkeit

Zu den grundlegenden Merkmalen dieses nun zu entwickelnden Modells gehört, dass es sich von der Existenz vollkommener Märkte löst und von **unvollständigem Wettbewerb insbesondere auf dem Arbeitsmarkt** ausgeht. Auf diesem herrscht also keine vollkommene Konkurrenz, stattdessen existieren hier monopolistische Elemente, z. B. Gewerkschaften und Arbeitgebervertretungen.

Unvollkommener Wettbewerb auf dem Arbeitsmarkt

26.3.2 Ein Modell mit »gleichgewichtiger« Arbeitslosigkeit

Wie in Kapitel 24 und 25 ausgeführt, ist in Marktwirtschaften ein über Löhne und Preise ausgetragener Verteilungskampf zwischen abhängig Beschäftigten und Gewinneinkommensempfängern möglich, der leicht zu einer Lohn-Preis-Spirale eskalieren kann, sofern die Geldversorgung durch die Zentralbank dies zulässt. Verhält sich dagegen die Zentralbank bezüglich der Geldversorgung restriktiv, so kommt es in der betroffenen Volkswirtschaft zu Arbeitslosigkeit, weil dann die Güterpreise nicht proportional zu den Geldlöhnen steigen können, sodass Erhöhungen der Geldlöhne zu steigenden Reallöhnen und damit sinkender Arbeitsnachfrage der Unternehmen führen.

Man kann sich nun ein Reallohnniveau und damit ein Niveau der Beschäftigung vorstellen, das zwar den Arbeitsmarkt nicht räumt, sich aber trotzdem unter den gegebenen Rahmenbedingungen im Zeitablauf nicht ändert. Für ein solches Unterbeschäftigungsgleichgewicht verwenden Ökonomen unterschiedliche Bezeichnungen. Am verbreitetsten sind hier die Begriffe **»quasi gleichgewichtige Arbeitslosenquote«** (Quasi Equilibrium Rate of Unemployment, QERU) und **»inflationsstabile Arbeitslosenquote«** (Non-Accelerating Inflation Rate of Unemployment, NAIRU). Der letztgenannte Begriff entspringt dogmenhistorisch der monetaristischen *Phillips*-Kurven-Diskussion und hebt auf den Aspekt ab, dass sich die in diesem Modellrahmen stabile (natürliche) Arbeitslosenquote nur dann ergeben wird, wenn eine konstante Inflationsrate vorliegt (vgl. Kapitel 11.2.2). Im heutigen Sprachgebrauch wird allerdings der Begriff der NAIRU auch häufig – streng genommen nicht ganz korrekt – außerhalb der eigentlichen *Phillips*-Kurven-Diskussion für das oben beschriebene (allgemeinere) Konzept der »gleichgewichtigen« Arbeitslosenquote QUERU verwendet. Da die NAIRU insgesamt gesehen jedoch der gebräuchlichere Begriff ist, wollen wir im Weiteren diesem Sprachgebrauch folgen.

Das Konzept der »gleichgewichtigen« Arbeitslosigkeit

Es stellt sich nun die Frage, warum es zu einer solchen gleichgewichtigen Arbeitslosenquote kommen kann, warum also der Lohnmechanismus **dauerhaft** versagt. Wir haben schon oben angedeutet, dass hierfür besondere institutionelle Rahmenbedingungen von zentraler Bedeutung sind.

Entgegen der Vorstellung einer vollständigen Konkurrenz auf dem Arbeitsmarkt werden die Löhne in der Realität (zumindest in Westeuropa) üblicherweise in Form von kollektiven Tarifabschlüssen zwischen mit Marktmacht versehenden Interessengruppen bestimmt (z. B. Gewerkschaften und Arbeitgeberverbände). Das Zustandekommen zu hoher (Real-)Löhne kann dann aus den spezifischen Interessenlagen dieser Gruppen abgeleitet werden.

26.3 Arbeitslosigkeit: Empirischer Befund und Theorie
Ein Analyserahmen zur Erklärung dauerhaft fortbestehender Arbeitslosigkeit

Lohnbildung im Rahmen von kollektiven Tarifverhandlungen als Ausgangspunkt

Dies sei an einem einfachen Beispiel verdeutlicht: Wir wollen annehmen, dass die Gewerkschaften ihre Lohnvorstellungen weitgehend gegenüber den Unternehmen durchsetzen können und in der Lage sind, ein Unterlaufen der Tarifvereinbarungen zu unterbinden. Sie müssen dabei allerdings im Auge behalten, dass die Arbeitsnachfrage der Unternehmen (und damit die Beschäftigung) umso geringer sein wird, je höher die durchgesetzten Löhne ausfallen. Nun könnte jede Gewerkschaft gerade eine Lohnvereinbarung anstreben, bei welcher die resultierende Nachfrage der Unternehmen des Tarifgebietes gerade noch ausreicht, um Vollbeschäftigung im Tarifgebiet zu gewährleisten. Die Frage ist jedoch, ob dies auch aus Sicht der betrachteten Gewerkschaft bzw. ihrer Klientel optimal ist. Ein etwas höherer Lohnsatz würde für alle Beschäftigten ein höheres Einkommen bedeuten zu dem Preis, dass ein Teil der Arbeitsanbieter arbeitslos wird. Es ist nun leicht vorstellbar, dass die Mehrheit der Mitglieder bereit ist, dieses Risiko bis zu einem gewissen Grade in Kauf zu nehmen, z. B. weil sie damit rechnen, selbst nicht von der Arbeitslosigkeit betroffen zu sein. Die Gewerkschaften werden dann höhere als mit Vollbeschäftigung vereinbare Löhne durchsetzen. Es ist dabei plausibel anzunehmen, dass diese in den Tarifverhandlungen durchsetzbaren Löhne umso höher ausfallen werden, je höher der **gesamtwirtschaftliche** Beschäftigungsstand ist. Dies kann z. B. dadurch begründet werden, dass mit sinkender gesamtwirtschaftlicher Arbeitslosenquote die relative Verhandlungsmacht der Gewerkschaften größer wird oder aber die lohnpolitische Aggressivität der einzelnen Gewerkschaften zunimmt, weil die Wahrscheinlichkeit für den einzelnen Beschäftigten, notfalls außerhalb seines jeweiligen Tarifgebietes eine Beschäftigung zu finden, mit dem gesamtwirtschaftlichen Beschäftigungsstand ansteigt. Die Verhandlungsmacht der Gewerkschaft bestimmt dabei, in welchem Umfange sie ihre optimalen Lohnvorstellungen durchsetzen kann, die (Lohn-)Aggressivität der Gewerkschaft findet ihren Ausdruck in der Höhe dieser optimalen Lohnvorstellung.

Die kollektive Lohnsetzungskurve zeigt den Zusammenhang zwischen Reallohn und Beschäftigung.

Der beschriebene Sachverhalt kann durch die in Abbildung 26-7 abgetragene so genannte **kollektive Lohnsetzungskurve (LSK)** dargestellt werden. Diese gibt an, wie hoch der sich aus den kollektiven Lohnabschlüssen ergebende Reallohn pro Beschäftigten in Abhängigkeit von der gesamtwirtschaftlichen Beschäftigtenzahl ausfällt. Allerdings ist hier darauf hinzuweisen, dass Tariflöhne in der Realität immer Geldlöhne sind. Sofern jedoch die Tarifparteien die Güterpreisentwicklung korrekt antizipieren, werden sie via Geldlohnsetzung auch den implizit durch das Verhandlungsergebnis angestrebten Reallohn erreichen. Die LSK hat einen steigenden Verlauf, weil annahmegemäß mit steigender gesamtwirtschaftlicher Beschäftigung die Lohnaggressivität und/oder die Verhandlungsmacht der Gewerkschaft(en) zunimmt, und sie liegt stets links von der traditionellen gesamtwirtschaftlichen Arbeitsangebotskurve N^s, weil annahmegemäß die Gewerkschaften höhere Löhne als mit Vollbeschäftigung vereinbar durchsetzen. Wir wollen dabei vereinfachend unterstellen, dass das zeitliche Arbeitsangebot des **einzelnen** Haushalts reallohnsatzunelastisch ist und gerade eins entspricht. Die traditionelle Arbeitsangebotskurve bildet dann die Gesamtzahl aller Arbeitsanbieter ab.

Die Lohnsetzungskurve liegt links von der traditionellen Arbeitsangebotskurve.

26.3 Ein Analyserahmen zur Erklärung dauerhaft fortbestehender Arbeitslosigkeit

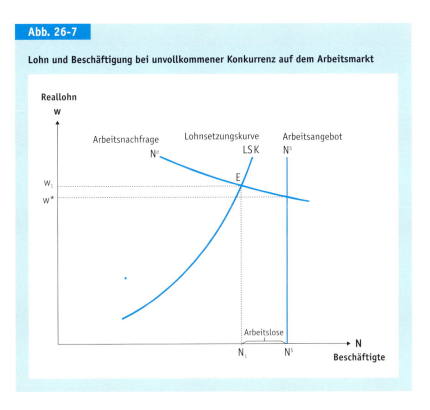

Abb. 26-7

Lohn und Beschäftigung bei unvollkommener Konkurrenz auf dem Arbeitsmarkt

Um eine Aussage über das sich im Gleichgewicht tatsächlich ergebende Beschäftigungsniveau und damit über die NAIRU machen zu können, muss jetzt noch die Arbeitsnachfrage der Unternehmen einbezogen werden, die ja, wie oben schon erwähnt, bei Arbeitslosigkeit über die Höhe der Beschäftigung entscheidet. Die Arbeitsnachfrage ist dabei (wie in Kapitel 5.7 für den Fall vollkommener Konkurrenz der Unternehmen gezeigt) eine mit steigendem Reallohn fallende Funktion. Es sei hier vermerkt, dass sich auch im Fall monopolistischer Konkurrenz eine fallende Arbeitsnachfragekurve ergibt, allerdings wird diese dann gegenüber dem Fall vollkommener Konkurrenz nach unten verschoben sein, also eine veränderte Lage aufweisen. Da bei monopolistischer Konkurrenz die Unternehmen Preissetzer sind, wird die Arbeitsnachfragekurve dann häufig auch als **Preissetzungskurve** bezeichnet.

Bei dem Reallohn w_1 und der Beschäftigtenzahl N_1 schneiden sich die Lohnsetzungskurve und die Arbeitsnachfragekurve im Punkt E. Nur bei diesem Reallohn entspricht die Arbeitsnachfrage der Unternehmen derjenigen gesamtwirtschaftlichen Beschäftigtenzahl, welche im Rahmen des kollektiven Lohnbildungsprozesses zu dem entsprechenden Reallohn führt. Reallöhne oberhalb von w_1 würden eine zu niedrige gesamtwirtschaftliche Beschäftigtenzahl nach sich ziehen und folglich auf dem Arbeitsmarkt nicht durchsetzbar sein, weil die Lohnaggressivität bzw. die Verhandlungsmacht der Gewerkschaften hierfür

Die Preissetzungskurve ist die Arbeitsnachfragekurve bei monopolistischer Konkurrenz.

Die gleichgewichtige Arbeitslosigkeit ergibt sich im Schnittpunkt von Arbeitsnachfragekurve und LSK.

26.3 Arbeitslosigkeit: Empirischer Befund und Theorie
Ein Analyserahmen zur Erklärung dauerhaft fortbestehender Arbeitslosigkeit

nicht ausreicht. Reallöhne unterhalb von w_1 sind für die Unternehmen nicht durchsetzbar, weil bei der resultierenden Beschäftigtenzahl die Gewerkschaften zu aggressiv bzw. zu stark wären, als dass diese Löhne Bestand haben könnten.

Die Differenz zwischen der Beschäftigtenzahl des Unterbeschäftigungsgleichgewichtes N_1 und der Zahl der Arbeitsanbieter N^s gibt dabei die Zahl der Arbeitslosen an. Obwohl durch die gewerkschaftliche Tarifpolitik hervorgerufen, ist diese Arbeitslosigkeit dennoch **unfreiwillig**, weil die individuell (ex post) von ihr betroffenen Arbeitsanbieter lieber beschäftigt als arbeitslos wären. Für diese Arbeitslosen besteht dann grundsätzlich der Anreiz, durch Lohnunterbietung gegenwärtig Beschäftigte aus ihrem Arbeitsverhältnis »herauszukonkurrieren«. Könnten die Gewerkschaften ein Unterlaufen der Tarifverträge auf Seiten der Unternehmen nicht verhindern (annahmegemäß sind sie aber dazu in der Lage), so bliebe den Beschäftigen nur die Wahl, selbst mit ihren Löhnen herunterzugehen oder eben von ihrem Arbeitsplatz verdrängt zu werden. Die Realisation des betrachteten Unterbeschäftigungsgleichgewichtes hängt also existenziell von der Marktmacht der Gewerkschaften ab, die Einhaltung der Lohnvereinbarungen auf Seiten der Unternehmen auch erzwingen zu können.

Solange die Rahmenbedingungen unverändert bleiben, welche die Lagen und Verläufe der gesamtwirtschaftlichen Lohnsetzungs- und Arbeitsnachfragekurve bestimmen, wird das dargestellte Unterbeschäftigungsgleichgewicht Bestand haben. Es bildet dann die aktuelle NAIRU bzw. QERU ab (in der Grafik als Absolutwert der Arbeitslosen). Allerdings zeigen empirische Untersuchungen für Deutschland und andere Länder, dass die NAIRU, d. h. die gleichgewichtige Arbeitslosenquote, zwar kurz- und mittelfristig relativ konstant ist, jedoch **langfristig** seit Mitte der 1970er-Jahre bis Mitte der 1980er-Jahre erheblich zugenommen hat und dann – trotz einiger Schwankungen – bis 2004 relativ konstant geblieben ist, um nach 2005 (nach einem neuen Gipfel) abzufallen (vgl. Abbildung 26-8).

Es stellt sich damit die Frage, wie es zu einer solchen langfristigen Erhöhung der gleichgewichtigen Arbeitslosenquote kommen kann. Im Grundsatz stehen sich hier zwei Positionen gegenüber. Die erste Position erklärt die sukzessive Erhöhung der NAIRU aus langfristigen Verschiebungen **struktureller Rahmenbedingungen**, welche insbesondere die Lohnaggressivität und/oder die Verhandlungsmacht der Gewerkschaften im Zeitverlauf erhöht haben. Dies betrifft Aspekte wie den Ausbau des Sozialstaates, die Erhöhung der Mitbestimmungsrechte der Arbeitnehmer oder die Einführung bzw. die Verschärfung von Kündigungsschutzbestimmungen. Zusätzlich bedeutsam ist hier auch die mit der technologischen Entwicklung einhergehende Zunahme der Anforderungen an die Qualifikation der Arbeitnehmer mit der Folge, dass ein wachsender Anteil der Arbeitsanbieter aufgrund unzureichender fachlicher Qualitäten als tatsächliche Konkurrenten auf dem Arbeitsmarkt wegfallen (wachsendes Mismatch). Die zweite Position interpretiert dagegen den sukzessiven Anstieg der NAIRU als vorrangiges Ergebnis von so genannten **Hysterese-Effekten** auf dem Ar-

---

Die gleichgewichtige Arbeitslosigkeit ist auf der individuellen Ebene unfreiwillig.

Die NAIRU der Bundesrepublik Deutschland hat sich im Zeitablauf erhöht.

Veränderung struktureller Rahmenbedingungen als Ursache der Erhöhung der NAIRU

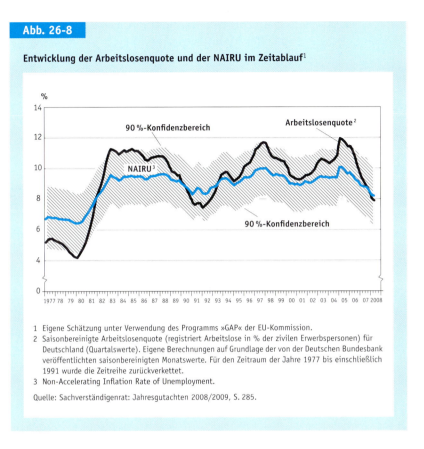

Abb. 26-8

Entwicklung der Arbeitslosenquote und der NAIRU im Zeitablauf[1]

1 Eigene Schätzung unter Verwendung des Programms »GAP« der EU-Kommission.
2 Saisonbereinigte Arbeitslosenquote (registriert Arbeitslose in % der zivilen Erwerbspersonen) für Deutschland (Quartalswerte). Eigene Berechnungen auf Grundlage der von der Deutschen Bundesbank veröffentlichten saisonbereinigten Monatswerte. Für den Zeitraum der Jahre 1977 bis einschließlich 1991 wurde die Zeitreihe zurückverkettet.
3 Non-Accelerating Inflation Rate of Unemployment.

Quelle: Sachverständigenrat: Jahresgutachten 2008/2009, S. 285.

beitsmarkt. Unter dem Begriff Hysterese versteht man allgemein die Unfähigkeit eines Systems, nach einer kurzfristigen Störungen in den früheren Gleichgewichtszustand zurückzukehren, auch wenn die eigentliche Störung bereits abgeklungen ist. Störungsbedingte Einbrüche der Beschäftigung führen hier dazu, dass zumindest ein Teil der arbeitslos gewordenen Beschäftigten aus institutionellen, qualifikatorischen oder anderen Gründen ihre Wettbewerbsfähigkeit gegenüber den beschäftigt gebliebenen Arbeitnehmern verliert. Werden nun die Gewerkschaften von den Interessenlagen der Beschäftigten dominiert, so kann dies dazu führen, dass die Wiedereinstellung dieser Arbeitslosen im Rahmen der gewerkschaftlichen Tarifpolitik keine Rolle spielt. Dies hat zur Folge, dass die Lohnaggressivität der Gewerkschaften zunimmt.

Auch wenn diese Positionen häufig als Gegensätze formuliert werden, kann wohl angenommen werden, dass beide Sichtweisen zum Tragen kommen. Es geht hier also weniger um ein »Entweder-oder« als vielmehr um die Frage der Gewichtung. Wir wollen nun diese Erklärungsansätze für einen sukzessiven Anstieg der gleichgewichtigen Arbeitslosigkeit im Rahmen unseres Modells näher betrachten.

Hysterese-Effekte als Ursache der Erhöhung der NAIRU

26.3.3 Sozial- und Steuerpolitik als mögliche Ursache eines Anstiegs der gleichgewichtigen Arbeitslosigkeit

Vielfach werden in der politischen und der theoretischen Diskussion
- die Erhöhung des (faktischen) Niveaus der Sozialleistungen,
- die Ausweitung von Kündigungsschutzregeln und Mitbestimmungsrechten,
- die Erhöhung von Mindestlöhnen sowie
- der Anstieg von Steuer- und Sozialabgabensätzen

für die starke Zunahme der NAIRU in den meisten europäischen Staaten seit den 1970er-Jahren verantwortlich gemacht, insbesondere wenn man die seit Mitte der 1980er-Jahre deutlich niedrigere NAIRU in den USA oder die Entwicklung der Arbeitslosigkeit in den Niederlanden und dem Vereinigten Königreich als Referenzwerte heranzieht. Theoretisch können die aufgezählten Elemente der so genannten »**Eurosklerose**« ohne Schwierigkeiten im obigen Modellrahmen analysiert werden.

Ein **Anstieg des Niveaus der Sozialleistungen** führt dazu, dass das Einkommensrisiko der Arbeitslosigkeit für die Arbeitsanbieter abnimmt. Dies wird im Rahmen unseres Modells die Lohnaggressivität der Gewerkschaften erhöhen, weil die Mitglieder nun eher bereit sind, das Risiko einer sie eventuell treffenden Arbeitslosigkeit in Kauf zu nehmen. Grafisch schlägt sich dies in einer Aufwärts- bzw. Linksverschiebung der Lohnsetzungskurve nieder, d. h. für jede gegebene gesamtwirtschaftliche Beschäftigtenzahl wird nun die Gewerkschaft einen höheren (Real-)Lohn als zuvor anstreben und auch anteilig – je nach ihrer Verhandlungsmacht – durchsetzen.

Eine **Ausweitung der Mitbestimmungsrechte** der Arbeitnehmer mag zu einer allgemeinen Verbesserung ihrer Verhandlungsposition gegenüber der Arbeitgeberseite führen mit der Folge, dass dann der für die Gewerkschaftsseite durchsetzbare Lohn ansteigt. Auch dies würde also zu einer Aufwärts- bzw. Linksverschiebung der LSK führen.

Eine gesetzliche **Erhöhung der Mindestlöhne** impliziert, dass der für die Unternehmensseite bei Berücksichtigung der gesetzlichen Rahmenbedingungen bestenfalls erreichbare Lohn ansteigt, die für die Unternehmen in diesem Sinne optimale Lohnvereinbarung nähert sich damit der Optimalposition der Gewerkschaften an. Die Bandbreite für eine Verhandlungslösung wird also vom unteren Ende her kommend verringert. Bei unveränderter Machtverteilung zwischen den beiden Seiten wird sich dann ein höherer Verhandlungslohn ergeben. Bildlich kann man sich dies so vorstellen: Treffen sich beide Seiten stets in der Mitte der Bandbreite, so verschiebt sich der Mittelwert im Betrag nach oben. Auch die Erhöhung des Mindestlohnes impliziert eine Aufwärts- bzw. Linksverschiebung der LSK.

Ein **Anstieg der Steuer- und Sozialabgabensätze** der Arbeitnehmer vermindert ihren Nettoreallohn, der Keil zwischen Bruttoentlohnung vor Steuern und Abgaben und Nettoentlohnung nach Steuern und Abgaben wird größer. Für die Arbeitnehmer bedeutet dies, dass sie bei unverändertem Arbeitslosigkeits-

---

Mögliche sozialpolitische Ursachen für eine Linksverschiebung der LSK sind ...

... Anstieg des Niveaus der Sozialleistungen,

... Ausweitung der Mitbestimmungsrechte der Arbeitnehmer,

... Erhöhung von gesetzlichen Mindestlöhnen und

... Erhöhung der Steuer- und Sozialabgabensätze.

26.3 Ein Analyserahmen zur Erklärung dauerhaft fortbestehender Arbeitslosigkeit

risiko eine Senkung ihres verfügbaren Einkommens hinnehmen müssten. Umgekehrt wäre eine Stabilisierung ihres verfügbaren Einkommens auf dem alten Niveau nur durch eine hinreichend starke Erhöhung ihrer Bruttolöhne möglich, was aufgrund des damit verbundenen Rückganges der Arbeitsnachfrage ihr Arbeitslosigkeitsrisiko deutlich erhöhen würde. Am wahrscheinlichsten ist es deshalb, dass die Arbeitnehmer von der Lohnpolitik ihrer Gewerkschaft eine **teilweise Kompensierung ihres Einkommensverlustes** erwarten werden, welche ihr Arbeitslosigkeitsrisiko nur moderat erhöht. Die Lohnaggressivität der Gewerkschaft steigt dann und die LSK verschiebt sich aufwärts bzw. nach links.

Abbildung 26-9 fasst die oben beschriebenen Effekte zusammen. Die Linksverschiebung der LSK führt bei unveränderter Arbeitsnachfragekurve zu einer Erhöhung des Reallohnes von w_1 auf w_2 bei Abnahme der Beschäftigung von N_1 auf N_2. Die gleichgewichtige Arbeitslosigkeit steigt also.

Eine **Ausweitung des Kündigungsschutzes** kann wiederum in der Weise interpretiert werden, dass sich die Kosten von (kontraktiven) Beschäftigungsanpassungen für die Unternehmen erhöhen, da sie vor dem möglichen Kündigungszeitpunkt freiwillig ausscheidenden Beschäftigten höhere Abfindungen zahlen müssen. Dies erhöht die effektiven Arbeitskosten der Unternehmen mit der Folge, dass sich ihre Arbeitsnachfragekurve nach unten bzw. links verschiebt. Abbildung 26-10 illustriert diesen Fall und zeigt, dass sich dann bei

Ausweitung des Kündigungsschutzes als mögliche Ursache einer Linksverschiebung der Arbeitsnachfragekurve

Abb. 26-9

Verschiebung der Lohnsetzungskurve und Beschäftigungsanpassung

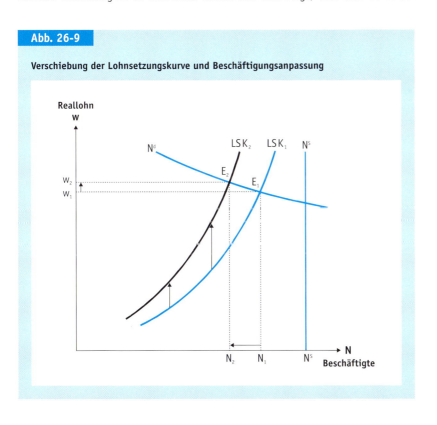

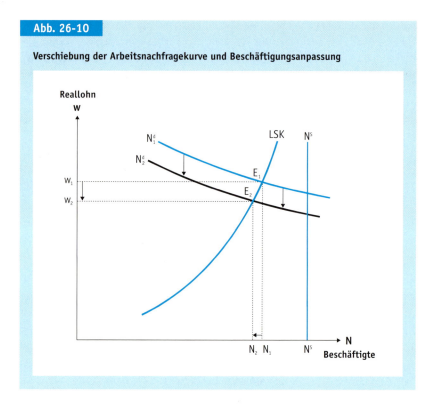

Abb. 26-10

Verschiebung der Arbeitsnachfragekurve und Beschäftigungsanpassung

unveränderter LSK die Beschäftigtenzahl von N_1 auf N_2 und der an die weiterhin Beschäftigten gezahlte Reallohn von w_1 auf w_2 vermindert. Allerdings wäre es nicht unplausibel, davon auszugehen, dass die veränderte Kostenlage der Unternehmen auch einen den Beschäftigungseffekt abmildernden Einfluss auf die Lohnsetzungskurve hat. Die einzelne Gewerkschaft wäre infolge der Erhöhung der effektiven Arbeitskosten mit der Situation konfrontiert, dass bei unverändertem Lohn die Beschäftigung der Unternehmen ihres Tarifgebietes abnimmt, sich also das Arbeitslosigkeitsrisiko der eigenen Klientel erhöht. Um diesen Effekt abzumildern, könnte die Lohnaggressivität der Gewerkschaft(en) abnehmen, was die LSK ebenfalls nach unten verschieben und zu einer stärkeren Lohnsenkung bei geringerem Beschäftigungsabbau führen würde, als in Abbildung 26-10 dargestellt.

In ähnlicher Weise wie die eben betrachtete Ausweitung des Kündigungsschutzes wirkt im Modell auch die Zunahme der internationalen Kapitalmobilität infolge der Globalisierung für Länder mit tendenziell weniger attraktiven Standortbedingungen als im Ausland, d. h. für Kapitalexportländer wie z. B. Deutschland. Der verstärkte Kapitalabfluss, d. h. die damit einhergehende Reduzierung des inländischen Kapitalstocks, führt zu einer Links- bzw. Abwärtsverschiebung der Arbeitsnachfragekurve und damit zu sinkenden Reallöhnen bei sinkender Beschäftigung. Da die Unternehmen gleichzeitig glaubhafter als zuvor gegenüber den Arbeitnehmern mit (weiterer) Abwanderung drohen können, wird hierbei allerdings auch die Verhandlungsmacht der Arbeitgeberseite gestärkt bzw. die Macht der Arbeitnehmerseite geschwächt, sodass zusätzlich von einer Abwärtsverschiebung der LSK auszugehen ist, was den Trend zu sinkenden Reallöhnen noch verstärkt, jedoch den Trend zur Beschäftigungsreduzierung abschwächt.

Darüber hinaus sollte hier angemerkt werden, dass die quantitative Bedeutung derartiger Effekte im Hinblick auf den langfristigen Anstieg der NAIRU durchaus umstritten ist. So heißt es z. B. bei *Wolfgang Franz* unter Hinweis auf eigene ökonometrische Untersuchungen: »Völlig abwegig wäre es jedoch, den schubweisen Anstieg der Arbeitslosigkeit in Westdeutschland mit Änderungen dieses institutionellen Rahmens (gemeint ist das System der Arbeitslosenunterstützung, die Autoren) erklären zu wollen.« Auch in Bezug auf die Wirkung eines verstärkten Kündigungsschutzes sind die Meinungen keineswegs einheitlich. Klar dürfte zunächst sein, dass existierende Kündigungsschutzregelungen im Konjunkturverlauf die Beschäftigung stabilisieren, da sie bei abnehmender Konjunktur Entlassungen entgegenwirken und bei anziehender Konjunktur Einstellungen hinauszögern. Darüber hinaus kommt z. B. eine viel beachtete empirische Studie der Spanier *S. Bentolila* und *J. J. Dolado* aus dem Jahr 1990 zu dem Schluss, dass eindeutige Effekte höherer Entlassungskosten auf die Beschäftigung nicht nachweisbar sind.

Empirische Untersuchungen lassen Zweifel an manchem verbalen Schnellschuss aufkommen.

Die Bedeutung von Mindestlöhnen im formalen Sinne war in der Vergangenheit für Deutschland gering, da die tariflichen Löhne fast immer über den Mindestlöhnen lagen, sofern diese überhaupt existierten. Faktisch kommt Mindestlöhnen aber trotzdem eine erhebliche Bedeutung in dem Sinne zu, dass tarifgebundene Unternehmen Tariflöhne nicht unterschreiten dürfen oder sogar eine Allgemeinverbindlichkeitserklärung durch das Arbeitsministerium vorliegt. Praktische Bedeutung könnte dies, wie Abbildung 26-11 zeigt, in Deutschland vor allem für die Gruppe der gering qualifizierten Arbeitnehmer haben. Dementsprechend wird häufig eine stärkere qualifikationsbezogene Differenzierung in der Lohnstruktur (»Spreizung«) gefordert. Gegen dieses unter anderem von *Horst Siebert* (ehemals Präsident des Kieler Instituts für Weltwirtschaft) vorgetragene Argument spricht allerdings, dass von den Unternehmen die im Rahmen des Tarifsystems gegebenen Möglichkeiten der Lohnspreizung kaum ausgenutzt werden, da die Besetzungszahlen in den unteren Lohngruppen sehr gering sind. *Jürgen Kromphardt* fordert deshalb **Lohnsubventionen** für die unteren Lohngruppen, um die Beschäftigung anzukurbeln, was insbesondere angesichts der erschreckenden Bilanz für Personen ohne Ausbildung, die Abbildung 26-11 offenlegt, nicht unangemessen erscheint. Auch wenn die Forderung nach Lohnsubventionen rein neoklassischen Ökonomen geradezu den Atem verschlägt, ist doch zu bedenken, dass es in anderen Unternehmensbereichen (z. B. für Investitionen) schon lange und in erheblichem Umfang Subventionen gibt, warum also nicht auch einmal Lohnsubventionen?

Qualifikation ist das A und O für die Beschäftigung.

Sind Lohnsubventionen für die unteren Lohngruppen ein Lösungsansatz?

26.3 Arbeitslosigkeit: Empirischer Befund und Theorie
Ein Analyserahmen zur Erklärung dauerhaft fortbestehender Arbeitslosigkeit

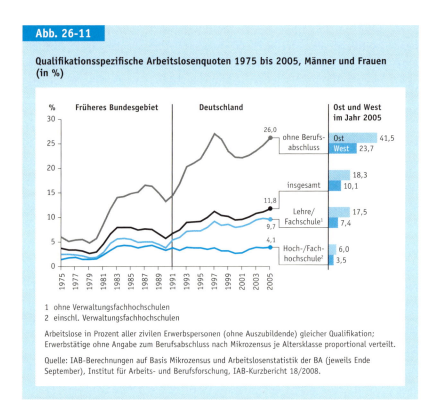

Abb. 26-11

Qualifikationsspezifische Arbeitslosenquoten 1975 bis 2005, Männer und Frauen (in %)

1 ohne Verwaltungsfachhochschulen
2 einschl. Verwaltungsfachhochschulen

Arbeitslose in Prozent aller zivilen Erwerbspersonen (ohne Auszubildende) gleicher Qualifikation; Erwerbstätige ohne Angabe zum Berufsabschluss nach Mikrozensus je Altersklasse proportional verteilt.

Quelle: IAB-Berechnungen auf Basis Mikrozensus und Arbeitslosenstatistik der BA (jeweils Ende September), Institut für Arbeits- und Berufsforschung, IAB-Kurzbericht 18/2008.

26.3.4 »Mismatch« als mögliche Ursache eines Anstiegs der gleichgewichtigen Arbeitslosigkeit

Mismatch-Arbeitslosigkeit: ein neuer Name für ein altes, aber an Bedeutung gewinnendes Phänomen

Von Mismatch-Arbeitslosigkeit spricht man, wenn Arbeitsangebot und Arbeitsnachfrage in regionaler oder qualifikatorischer Hinsicht voneinander abweichen und deshalb auf dem gesamtwirtschaftlichen Arbeitsmarkt gleichzeitig Arbeitslosigkeit und offene Stellen zu finden sind. Mismatch-Arbeitslosigkeit entspricht im traditionellen Sprachgebrauch der strukturellen Arbeitslosigkeit.

Regionales Mismatch

Gründe für **regionales Mismatch** liegen u. a. in familiären Bindungen, fehlenden Wohnungen, unterschiedlichen Schulsystemen, Sprachproblemen und fehlender Transparenz. Der letzte Punkt macht klar, dass die Arbeitsagenturen eine wichtige Rolle bei der Reduzierung der regionalen Mismatch-Arbeitslosigkeit spielen sollten.

Qualifikatorisches Mismatch

Qualifikatorisches Mismatch liegt vor, wenn die qualifikativen Ansprüche, die an Personen zwecks sinnvoller Besetzung von freien Arbeitsplätzen gestellt werden, nicht mit den Qualifikationen der Arbeitslosen übereinstimmen. So war es für Deutschland lange Zeit typisch, dass trotz hoher Arbeitslosigkeit ein Facharbeitermangel existierte. Es liegt auf der Hand, dass Arbeitsmarktmaßnahmen – insbesondere in Form von Umschulung und Weiterbildung – hier eine Schlüsselrolle spielen müssen. Ebenso leuchtet ein, dass qualifikatorisches Mismatch insbesondere in Zeiten starken Strukturwandels an Bedeutung gewinnt. Da ein solcher in den letzten eineinhalb Jahrzehnten insbesondere durch den Siegeszug des Computers zu konstatieren ist und sich durch die Globalisierung der Märkte seit Beginn der 1990er-Jahre noch einmal verstärkt hat, ist davon auszugehen, dass Mismatch-Arbeitslosigkeit deutlich zugenommen hat. Die hiermit verbundene Reduktion des »effektiven« Arbeitsangebotes führt ebenfalls zu einer **Linksverschiebung der LSK** (verbunden mit einer entsprechenden Erhöhung der NAIRU): Die Verringerung der Zahl **konkurrenzfähiger** Arbeitsanbieter vermindert das Arbeitslosigkeitsrisiko der Beschäftigten bei gegebenem Lohn, was eine höhere Lohnaggressivität der Gewerkschaften nach sich zieht.

> Zunehmendes Mismatch führt zu einer Linksverschiebung der LSK.

Es besteht die Vermutung, dass sich die Mismatch-Arbeitslosigkeit in Deutschland seit 1970 sukzessive erhöht hat. Grafisch versucht man diese Hypothese anhand der Verschiebung der so genannten **Beveridge-Kurve** nach außen zu belegen. Die Beveridge-Kurve stellt konzeptionell eine hyperbelförmige Beziehung zwischen dem Verhältnis der offenen Stellen zur Gesamtzahl der Arbeitslosen her (beide Größen normiert mit der Anzahl der Erwerbspersonen, vgl. Abbildung 26-12), d.h. sie gibt an, welche Kombinationen der Quote der offenen Stellen und der Arbeitslosenquote bei einer gegebener Struktur des Ar-

> Das Konzept der Beveridge-Kurve

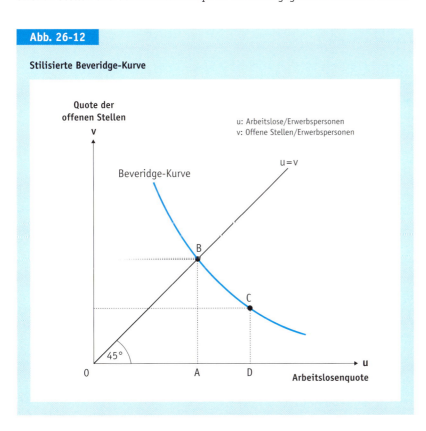

Abb. 26-12

Stilisierte Beveridge-Kurve

26.3 Arbeitslosigkeit: Empirischer Befund und Theorie
Ein Analyserahmen zur Erklärung dauerhaft fortbestehender Arbeitslosigkeit

beitsmarktes möglich sind. Entlang des 45°-Strahles entsprechen sich offene Stellen und Arbeitslose (unter Einbeziehung der friktionellen Arbeitslosen). Die zugeordnete Strecke auf der Abszisse OA (auf der die Arbeitslosenquote abgetragen ist), gibt das Ausmaß der strukturellen und friktionellen Arbeitslosigkeit für den Fall an, dass bei gegebener Beveridge-Kurve die Zahl der Arbeitslosen und die Zahl der offenen Stellen sich entsprechen. Der Arbeitsmarkt wäre dann rein rechnerisch geräumt, wenn eine »Arbeitsmarkttechnologie« zur Verfügung stünde, die strukturellen und friktionellen Arbeitslosen auf die offenen Stellen zu verteilen. Dieser Schnittpunkt mit der 45°-Linie (Punkt B) wird erreicht, wenn weder eine konjunkturelle Nachfragestörung noch lohnkostenbedingte Arbeitslosigkeit vorliegt. Im Fall eines konjunkturellen Nachfrageeinbruches und/oder im Fall eines zu hohen Lohnniveaus wird dagegen ein Punkt auf der gegebenem Beveridge-Kurve realisiert, welcher rechts vom Schnittpunkt der Kurve mit der 45°-Linie liegt (z. B. Punkt C). Hier ist die Zahl der offenen Stellen kleiner als die Zahl der Arbeitslosen, sodass auch rechnerisch betrachtet der Arbeitsmarkt nicht im Gleichgewicht ist.

Rechtsverschiebung der Beveridge-Kurve bei zunehmendem Mismatch

Wie der Sachverständigenrat zur Begutachtung der gesamtwirtschaftlichen Entwicklung zuletzt in seinem Jahresgutachten 2005/2006 konstatiert, zeigt die Abbildung 26-13 für die alten Bundesländer seit 1970 eine nach außen Ver-

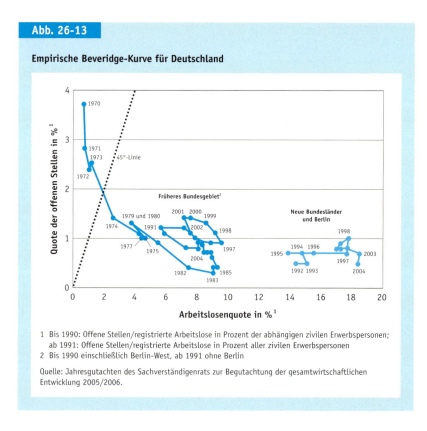

Abb. 26-13

Empirische Beveridge-Kurve für Deutschland

1 Bis 1990: Offene Stellen/registrierte Arbeitslose in Prozent der abhängigen zivilen Erwerbspersonen;
  ab 1991: Offene Stellen/registrierte Arbeitslose in Prozent aller zivilen Erwerbspersonen
2 Bis 1990 einschließlich Berlin-West, ab 1991 ohne Berlin

Quelle: Jahresgutachten des Sachverständigenrats zur Begutachtung der gesamtwirtschaftlichen Entwicklung 2005/2006.

schiebung der Beveridge-Kurve an, während die Kurve für die neuen Bundesländer wegen der Sonderbedingungen auf dem ostdeutschen Arbeitsmarkt nicht stabil ist. Die Rechtsverschiebung der Beveridge-Kurve für die alten Bundesländer wird dahingehend interpretiert, dass der Anteil der vom Mismatch betroffenen Arbeitsanbieter an der Gesamtzahl der Arbeitsanbieter im Zeitverlauf zunehmend an Bedeutung gewonnen hat.

26.3.5 »Hysterese« als mögliche Ursache eines Anstiegs der gleichgewichtigen Arbeitslosigkeit

Unter dem Begriff Hysterese versteht man allgemein die Unfähigkeit eines Systems, nach einer Störung zu einem ursprünglichen Gleichgewichtszustand zurückzukehren, auch wenn die eigentliche Störung bereits abgeklungen ist. Plastisch kann man sich dies an dem Verhalten einer Kugel in einer Schale und auf einem Billardtisch verdeutlichen, wenn diese Kugel angestoßen wird (Störung). Im Fall der Schale wird die Kugel über kurz oder lang stets ihren Ruhepunkt im Zentrum der Schale wiederfinden. Im Fall des Billardtisches wird sie in aller Regel nicht wieder an ihrem vorherigen Ruhepunkt zum Stillstand kommen. Im ersten Fall (Schale) ist also der letztendliche Ruhepunkt unabhängig von der Stärke und Richtung der Störung, man sagt dann: Der Gleichgewichtszustand des Systems (Ruhepunkt) ist »zeitpfadunabhängig«. Im zweiten Fall (Billardtisch) wird der nächste Ruhepunkt der Kugel vom vorherigen Ruhepunkt sowie von der Stärke und Richtung der Störung abhängig sein; der Gleichgewichtszustand ist hier also »zeitpfadabhängig«.

Der Begriff der Hysterese verdeutlicht an einem Beispiel

> Im Rahmen der Arbeitsmarkttheorie wird der Begriff **Hysterese** verwendet, wenn es infolge eines **kurzfristigen** Schocks zu einer **dauerhaften** Verschiebung der NAIRU kommt.

Streng von der Hysterese zu unterscheiden ist der Begriff der **Persistenz**: Persistenz der Arbeitslosigkeit bedeutet, dass sich nach einem kurzfristigen Schock ceteris paribus zwar die alte NAIRU wieder einstellt, dass es aber geraume Zeit in Anspruch nimmt, bis die tatsächliche Arbeitslosigkeit wieder ihren alten Wert angenommen hat.

Hysterese ist von Persistenz zu unterscheiden.

Ein Beispiel soll dies illustrieren: Angenommen, es kommt zu einem konjunkturell bedingten Nachfrageeinbruch, welcher die Arbeitslosenquote erhöht. Nach einiger Zeit normalisiert sich wieder die konjunkturelle Lage; der Nachfrageschock als solcher ist abgeklungen. Persistenz bedeutet dann, dass der durch den Schock bewirkte Anstieg der Arbeitslosigkeit auch nach dem Wegfall des Schocks längere Zeit bestehen bleibt und die Beschäftigung nur allmählich wieder zu ihrem Ursprungswert zurückkehrt (unveränderte NAIRU). Hysterese bedeutet dagegen, dass die Arbeitslosigkeit auch langfristig nicht wieder ihren Ausgangswert erreichen wird, sondern stattdessen zu einem

26.3 Arbeitslosigkeit: Empirischer Befund und Theorie
Ein Analyserahmen zur Erklärung dauerhaft fortbestehender Arbeitslosigkeit

neuen (in diesem Fall höheren) Gleichgewichtswert hinstrebt (dauerhafte Verschiebung der NAIRU).

In der Literatur werden verschiedene Erklärungen für Hysterese-Effekte angeführt, von denen hier nur einer vorgestellt werden soll.

Insider-Outsider-Strukturen als mögliche Ursache für Hysterese-Effekte auf dem Arbeitsmarkt.

Zentral ist die so genannte **Insider-Outsider-Theorie**, wobei Insider praktisch mit den Beschäftigten und Outsider mit den Arbeitslosen gleichgesetzt werden können. Im Zusammenhang mit dem Ausscheiden und dem Ersatz von Arbeitnehmern entstehen den Unternehmen verschiedene Fluktuationskosten (Turnover-Kosten): eventuelle Abfindungen, Auswahl- und Einstellungskosten, Einarbeitungszeiten und Ähnliches. Diesen Tatbestand machen sich die Beschäftigten (oder deren Interessensvertreter, die Gewerkschaften) zunutze, die annahmegemäß nur an einem hohen Lohn der Insider und deren weitgehender Beschäftigungssicherung, nicht aber an der Beschäftigung von Arbeitslosen interessiert sind.

Fluktuationskosten

Nach schockbedingten Beschäftigungseinbrüchen ziehen die (verbliebenen) Beschäftigten bzw. Insider Lohnerhöhungen gegenüber Neu- bzw. Wiedereinstellungen vor und schließen unter Berücksichtigung der oben genannten Kosten Lohnvereinbarungen oberhalb des Vollbeschäftigungslohnes mit den Unternehmen gerade so ab, dass die Outsider (Arbeitslose) nicht konkurrenzfähig sind. Dieser Gruppenegoismus verhindert die Wiedereinstellung von Arbeitslosen und führt zu Hysterese-Effekten: Nach jedem Beschäftigungseinbruch ist die natürliche Arbeitslosigkeit (NAIRU) höher als zuvor.

Linksverschiebung der LSK bei wachsender Outsiderzahl

Auch das Verhalten und die Merkmale der Arbeitslosen bieten eine Erklärung für Hysterese-Effekte, denn je länger die Arbeitslosigkeit andauert, umso eher werden das Wissen und die Kenntnisse der Arbeitslosen erodiert und/oder treten Entmutigungseffekte bei der Arbeitsplatzsuche auf und es kommt zu **Langzeitarbeitslosigkeit**. Die LSK verschiebt sich dann wegen des nachlassenden Konkurrenzdrucks von »aktiven« Arbeitslosen nach links.

Persistenz statt Hysterese?

Es ist allerdings empirisch umstritten, ob solche Hysterese im obigen engen Begriffssinne tatsächlich existiert oder ob nicht lediglich Persistenz vorliegt und die Anpassung der Arbeitslosenquote zur alten NAIRU nach tief greifenden Schocks (wie z. B. den beiden Ölkrisen) so viel Zeit benötigt, dass sich der nächste (kontraktive) Schock schon vorher einstellt. Dafür spricht u. a., dass die Fluktuation zwischen Beschäftigten und Arbeitslosen in der Bundesrepublik Deutschland nach wie vor ein erhebliches Ausmaß hat, wie wir in Abbildung 26-6 gesehen haben. Die im Insider-Outsider-Modell unterstellte strenge Zweiteilung in wettbewerbsfähige Insider (Beschäftigte) und wettbewerbsunfähige Outsider (Arbeitslose) findet somit keine Bestätigung.

In diesem Zusammenhang sei auf eine andere mögliche Ursache von Persistenzeffekten hingewiesen, den so genannten **Sachkapitalmangel** (Kapitalmangelarbeitslosigkeit). Gemäß dieser Argumentation führt eine durch einen temporären Nachfrageschock ausgelöste Zunahme der Arbeitslosigkeit zu einer Unterauslastung des Kapitalstocks der Unternehmen. Diese Unterauslastung führt dazu, dass die Unternehmen die Kapitalgüter nach ihrer Abschreibung nicht ersetzen. Kommt es nun zu einem Konjunkturaufschwung, so braucht der

Aufbau neuen Sachkapitals zum Teil erhebliche Zeit. Bei limitationalen Produktionsprozessen (vgl. Kapitel 5.3.1) wird dadurch der Abbau der Arbeitslosigkeit behindert, weil in diesem Fall die (technisch sinnvolle bzw. notwendige) Beschäftigtenzahl von der Höhe des zur Verfügung stehenden Kapitalstocks abhängt.

26.4 Unzureichendes Nachfragewachstum als mögliche Ursache wachsender Arbeitslosigkeit

Die in Kapitel 26.3 behandelten Erklärungsansätze für den Anstieg der gleichgewichtigen Arbeitslosenquote NAIRU bzw. QERU waren dadurch gekennzeichnet, dass der Anstieg der NAIRU letztlich lohnkostenbedingt war. Lediglich die Anstoß**ursachen**, welche das die NAIRU erhöhende Lohnwachstum begründeten, unterschieden sich (Sozial- und Steuerpolitik, wachsendes Mismatch, wachsende Outsidergruppe infolge wiederholter Schocks u. Ä.). Insofern sind diese Erklärungsansätze angebotsorientiert bzw. neoklassisch. Die Entwicklung der Güternachfrage hat in diesen Modellansätzen nur dahingehend eine Bedeutung für die Arbeitslosigkeit, dass es bei Fehleinschätzungen der Nachfrage- und damit der Preisentwicklung zu Tarifabschlüssen kommen kann, welche im Ergebnis zu Reallöhnen und damit Beschäftigtenzahlen führen, welche von der Erwartung der Tarifparteien abweichen (mit möglichen Hysterese-Effekten).

Dominanz angebotstheoretischer Erklärungsansätze für den Anstieg der NAIRU

Die These, dass die Lohnkostenentwicklung (wie auch immer begründet) das zentrale Problem der deutschen und westeuropäischen Arbeitsmarktmisere darstellt, ist allerdings nicht unumstritten.

Im Grundsatz ist es auch vorstellbar, dass weniger die Verschlechterung der angebotsseitigen Rahmenbedingungen als vielmehr ein **mittel- und langfristig unzureichendes Wachstum der Güternachfrage** den Anstieg der Arbeitslosenquoten begründet.

Unzureichendes Wachstum der Güternachfrage als alternativer Erklärungsansatz

Um dies zu verdeutlichen, wollen wir der Einfachheit halber annehmen, dass das Inlandsprodukt Y mittels der linearen Produktionsfunktion

Ein einfacher Modellrahmen

$$Y = H \cdot N$$

erzeugt wird. Dabei stellt N die Zahl der im Produktionsprozess eingesetzten Beschäftigten dar, während H die (technisch bedingt) konstante Grenzproduktivität der Arbeit und damit auch die durchschnittliche Arbeitsproduktivität des jeweils aktuellen Zeitpunktes angibt. Bei gegebener Güternachfrage Y^d bestimmt sich dann bei Gütermarktgleichgewicht die aktuelle Beschäftigtenzahl aus

$$N = Y^d / H.$$

Wir werden an dieser Stelle auf die Bestimmungsgründe von Y^d nicht weiter eingehen und zur Vereinfachung unterstellen, dass sich Y^d im Zeitverlauf mit einer konstanten Änderungsrate g entwickelt. Ein zu diesem Ansatz sehr ähnliches Modell, welches die Höhe dieser Wachstumsrate erklärt, findet sich im

26.4 Arbeitslosigkeit: Empirischer Befund und Theorie
Unzureichendes Nachfragewachstum als Ursache wachsender Arbeitslosigkeit

Exkurs zum Kapitel 27 (postkeynesianisches Wachstumsmodell). Des Weiteren wollen wir annehmen, dass sich aufgrund des technischen Fortschritts die Arbeitsproduktivität H im Zeitablauf stets mit einer konstanten Änderungsrate $h > 0$ erhöht.

Die Änderungsrate der Beschäftigtenzahl $\hat{N}$ entspricht nun gerade der Differenz zwischen der Änderungsrate der Güternachfrage und der Änderungsrate der Arbeitsproduktivität:

$\hat{N} = g - h$.

Es ist unmittelbar einleuchtend, dass sich eine konstante Arbeitslosenquote nur ergeben würde, wenn die Änderungsrate der Beschäftigtenzahl $\hat{N}$ gerade der Änderungsrate der Erwerbspersonenzahl (Arbeitsanbieterzahl) $\hat{N}^s$ entspricht.

Ist die Änderungsrate der Erwerbspersonenzahl $\hat{N}^s$ dagegen größer als die Änderungsrate der aufgrund der Nachfrageentwicklung tatsächlich Beschäftigten $\hat{N}$, so werden sich die Arbeitslosenquoten im Zeitverlauf immer weiter erhöhen. In diesem Fall ist das Wachstum der Güternachfrage bei gegebenem Wachstum der Arbeitsproduktivität nicht groß genug, um eine Entwicklung der Arbeitsnachfrage der Unternehmen zu stimulieren, welche ausreichend wäre, die Arbeitslosenquote zu stabilisieren oder gar zu vermindern.

Arbeitsplatzvernichtung durch technischen Fortschritt

Diese Problem wird bei gegebenem g umso größer sein, je schneller die Arbeitsproduktivität wächst, je schneller also der technische Fortschritt voranschreitet, denn umso langsamer wächst die benötigte Beschäftigtenzahl. Der technische Fortschritt wirkt hier also als Arbeitsplatzvernichter, der Einsatz des Produktionsfaktors »Beschäftigte« kann dank der verbesserten Technik bei gleichem Output und sogar bei gesteigertem Output verringert werden (**Freisetzungshypothese**).

Aus der Gleichung $\hat{N} = g - h$ ergibt sich dabei, dass für den Fall einer wachsenden Erwerbsbevölkerung auch dann ein Anstieg der Arbeitslosenquote möglich ist, wenn die Wachstumsrate der Nachfrage bzw. Produktion g größer ist als die Wachstumsrate der Arbeitsproduktivität h. Die Arbeitslosenquote wird dann zunehmen, wenn die Beschäftigung zwar steigt, aber nicht schnell genug steigt, um mit dem Wachstum der Erwerbsbevölkerung Schritt zu halten, wenn also $\hat{N}^s > g - h$ gilt.

Etwas anders stellt sich die Situation dar, wenn die Erwerbsbevölkerung **konstant oder sogar abnehmend** ist. In diesem Fall müsste die Wachstumsrate des Inlandsproduktes hinter der Wachstumsrate der Arbeitsproduktivität zurückbleiben, damit es zu einem Anstieg der Arbeitslosenquote kommen kann. Empirisch betrachtet lagen dabei die Wachstumsraten des deutschen Inlandsproduktes (bis auf ganz seltene Ausnahmen) immer über den jeweiligen Wachstumsraten der Arbeitsproduktivität, allerdings vollzog sich dieser Prozess vor dem Hintergrund einer kontinuierlich wachsenden Erwerbsbevölkerung. Für die weitere Zukunft wird dagegen mit einer stagnierenden und sogar abnehmenden Erwerbsbevölkerung gerechnet. Aus Sicht des hier vorgestellten Ansatzes würde dies bedeuten, dass ein **langfristiger** Abbau der Arbeitslosenquote erreicht werden könnte, sofern es gelingt, die Wachstumsrate der Güternachfrage weiterhin über der Wachstumsrate der Arbeitsproduktivität zu halten.

26.5 Aktuelle Lösungsansätze für die anhaltende Arbeitsmarktkrise

Länder wie die USA und die Niederlande haben Mitte der 1980er-Jahre eine Trendwende in ihrer Arbeitslosenentwicklung erreicht. Ähnliches gilt für die skandinavischen Länder und das Vereinigte Königreich, während in Deutschland die Trendwende bislang nicht wirklich eingetreten ist.

Fragen wir uns beispielhaft, warum Großbritannien der Sprung gelungen ist. In einer neueren Studie des Kieler Instituts für Weltwirtschaft (»Währungsunion und Arbeitsmarkt«) resümieren die Autoren *Dirk Dohse* und *Christiane Krieger-Boden* die Entwicklung im Vereinigten Königreich wie folgt: »Der Arbeitsmarkt im Vereinigten Königreich ist einer der am stärksten dezentralisierten und deregulierten Arbeitsmärkte in der EU … das Vereinigte Königreich (hat) besser als die meisten anderen EU-Länder auf die Herausforderungen der jüngsten Vergangenheit reagiert. Das wesentliche Anpassungsinstrument war dabei weniger die Lohnflexibilität als vielmehr eine ausgesprochen hohe zeitliche Flexibilität, geringe Lohnzusatzkosten und geringe institutionelle Hemmnisse für die Beschäftigungsaufnahme.« (Ebenda, S. 201)

Das Beispiel Vereinigtes Königreich

Demgegenüber lautet das Fazit der beiden Autoren für Deutschland: »Die Arbeitsmarktlage in Deutschland hat sich in den letzten Jahren ungünstig entwickelt. Die strukturelle Arbeitslosigkeit ist in den 1990er-Jahren stark angestiegen und wird vermutlich noch unterschätzt, da in Ostdeutschland ein weitaus größerer Anteil der Erwerbspersonen in Arbeitsbeschaffungsmaßnahmen oder Fortbildungs- und Umschulungsmaßnahmen tätig ist als in allen anderen EU-Ländern. Die Lohnflexibilität ist, ebenso wie die zeitliche Flexibilität, gering; der Anteil der Sozialabgaben am Bruttoinlandsprodukt ist einer der höchsten in der EU. Die Anreize zur Arbeitsaufnahme sind – insbesondere für ältere Arbeitnehmer – gering. Insgesamt ist die Anpassungsfähigkeit des deutschen Arbeitsmarktes trotz einiger Veränderungen in die richtige Richtung (wie z. B. die zunehmende Vereinbarung von Öffnungsklauseln in den Flächentarifverträgen) – aufgrund institutioneller Verkrustungen als gering anzusehen.« (Ebenda, S. 139)

Mit gleicher Zielrichtung schlägt *Horst Siebert* folgende Umgestaltungen des »Regelwerks für Arbeit« vor:

Therapievorschläge

1. Der Lohn als entscheidender Regler des Arbeitsmarktes muss auf Arbeitsmarktungleichgewichte reagieren, und zwar sowohl in Bezug auf die Lohnhöhe als auch in Bezug auf die Lohnstruktur.

In diesem Zusammenhang errechnet Siebert, dass eine reale Null-Lohnrunde bei einer Zunahme der Stundenproduktivität der Arbeit um 2 Prozent und einer

Reallohnelastizität der Arbeitsnachfrage von 0,5 bei 30 Millionen Beschäftigten zu einer Beschäftigungszunahme von 300.000 Personen pro Jahr führen würde.
2. Der traditionelle Flächentarif (Löhne werden für die gesamte Branche eines Tarifgebietes festgelegt, die Autoren) muss modifiziert werden, da er voraussetzt, dass der Lohnerhöhungsspielraum in den Unternehmen einer Branche vergleichbar ist, was einfach nicht gegeben sei. Deshalb müsse eine größere Lohndifferenzierung möglich sein.
3. Das durch die Tarifautonomie vorgegebene bilaterale Monopol von Gewerkschaften und Arbeitgebern sollte im Interesse der Arbeitslosen geöffnet werden, wobei die oben vorgestellte Insider-Outsider-Theorie den Hintergrund der Argumentation liefert.
4. Eine weniger extensive Gestaltung des Kündigungsschutzes, die auf längere Sicht Unternehmen Einstellungen erleichtert, sei vorzunehmen.

Schließlich benennt *Siebert* noch eine Reihe von Elementen des sozialen Sicherungssystems, die geändert werden müssten, wobei der leitende Grundsatz die Schaffung eines hinreichend großen Abstandes zwischen Einkommen aus Arbeit und aus Nichtarbeit ist.

Es ist unschwer zu erkennen, dass diese Lösungsansätze auf den in Kapitel 26.3 vorgestellten Überlegungen fußen. Vor demselben Hintergrund sind auch die Vorschläge der so genannten **Hartz-Kommission** zur Neuordnung des deutschen Arbeitsmarktes bzw. deren Umsetzung im Rahmen der jüngsten Arbeitsmarktreformen zu sehen (vgl. hierzu auch Kapitel 15):

- Ausweitung der Leiharbeit, vermittelt über die Arbeitsagenturen, um den Unternehmen flexiblere Beschäftigungsverhältnisse zu ermöglichen,
- Absenkung der Arbeitslosenhilfe auf Sozialhilfeniveau (über die Ersetzung der Arbeitslosenhilfe durch das so genannte Arbeitslosengeld II) sowie tendenzielle Verkürzung der Bezugsdauer von Arbeitslosengeld I, um den Druck auf Langzeitarbeitslose zu erhöhen, eine neue Beschäftigung anzunehmen,
- Verschärfung der Zumutbarkeitskriterien für Langzeitarbeitslose bezüglich der Annahme von durch die Arbeitsagentur angebotenen Stellen, um deren Mobilität zu erhöhen.

Man mag die vorgetragenen Auffassungen teilen oder auch nicht. Fest stehen dürfte, dass bei den gegebenen Bedingungen auf den Weltmärkten, zu denen auch erleichterte Produktionsauslagerungen, Unternehmensverlegungen und Ähnliches gehören, nichts daran vorbei führt, wettbewerbsfähige Arbeitsplätze zu schaffen und zu erhalten. Dass dabei die soziale Komponente unserer Marktwirtschaft stark an Gewicht verlieren wird, ist ein Preis, der wohl nicht zu vermeiden ist.

Arbeitsaufgaben Kapitel 26

1. Definieren Sie die folgenden Begriffe:
   - Erwerbspersonen,
   - Erwerbspotenzial,
   - Registrierte Arbeitslose,
   - Arbeitslosenquote,
   - Stille Reserve.

2. Welche Formen der Arbeitslosigkeit werden traditionell unterschieden?

3. Was verstehen Sie unter einer Lohnsetzungskurve?

4. Wie und warum weicht die Lohnsetzungskurve von der traditionellen Arbeitsangebotskurve ab?

5. Was verstehen Sie unter dem Begriff »gleichgewichtige Arbeitslosigkeit« und wie kommt diese im Grundsatz zustande?

6. Diskutieren Sie mögliche Einflussfaktoren des Sozial- und Steuersystems auf die Höhe der gleichgewichtigen Arbeitslosigkeit (NAIRU).

7. Was ist Mismatch-Arbeitslosigkeit und wie könnte man sie reduzieren?

8. Was bildet die Beveridge-Kurve ab und wie lässt sich die langfristige Verschiebung der Kurve für Deutschland interpretieren?

9. Wie kommt es im Insider-Outsider-Modell zu einer Erhöhung der gleichgewichtigen Arbeitslosigkeit?

10. Was versteht man unter dem »Freisetzungseffekt« des technischen Fortschritts?

11. Wie lassen sich wachsende Arbeitslosenquoten nachfrageseitig erklären und welche Bedeutung hat hier das Wachstum der Arbeitsproduktivität?

Lösungsvorschläge für die Arbeitsaufgaben finden Sie im »Übungsbuch zu Grundlagen und Probleme der Volkswirtschaft«.

Literatur Kapitel 26

Zum Einstieg eignen sich:

Brinkmann, Gerhard: Einführung in die Arbeitsökonomik, München/Wien 1999.

Franz, Wolfgang: Arbeitsökonomik, 4. Aufl., Berlin/Heidelberg 1999.

Sesselmeier, Werner /Gregor Blauermel: Arbeitsmarkttheorien, 2. Aufl., Heidelberg 1998.

Zu Beschäftigungsproblemen in der EWWU siehe insbesondere:

Dohse, Dirk /Christiane Krieger-Boden: Währungsunion und Arbeitsmarkt. Kieler Studien 290, Tübingen 1998.

Ansonsten sind einschlägig:

Beißinger, Thomas: Strukturelle Arbeitslosigkeit in Europa: Eine Bestandsaufnahme, in: Mitteilungen aus der Arbeitsmarkt- und Berufsforschung, 36. Jg., Nr. 4, 2003, S. 411–427.

Franz, Wolfgang: Arbeitsmarktökonomik, 6. Aufl., Berlin, Heidelberg, New York 2006.

Franz, Wolfgang: Theoretische Ansätze zur Erklärung der Arbeitslosigkeit: Wo stehen wir heute? in: Gahlen, B. u. a., Arbeitslosigkeit und Möglichkeiten ihrer Überwindung, Wirtschaftswissenschaftliches Seminar Ottobeuren, Bd. 25, Tübingen 1996.

Gebauer, Ronald: Arbeit gegen Armut, Grundlagen, historische Genese und empirische Überprüfung des Armutsfallentheorems, Wiesbaden 2007.

Hein, Eckhard/Arne Heise/Achim Truger: Löhne, Beschäftigung, Verteilung und Wachstum, Marburg 2005.

Keller, Berndt: Einführung in die Arbeitsmarktpolitik, 7. Aufl., München 2008.

Oppenländer, Karl Heinrich: Arbeitsmarktwirkungen moderner Technologien, in: Bombach, G. u. a., Arbeitsmärkte und Beschäftigung – Fakten, Analysen, Perspektiven, Tübingen 1987.

Sauer, Dieter: Arbeit im Übergang, Hamburg 2005.

Schmid, Günther/Markus Gangl/Peter Kupka (Hrsg.): Arbeitsmarktpolitik und Strukturwandel, Beiträge zur Arbeitsmarkt- und Berufsforschung 286, Nürnberg 2004.

Sesselmeier, Werber/Blauermel, Gregor: Arbeitsmarkttheorien, Heidelberg 2007.

Siebert, Horst: Hundert Punkte für mehr Beschäftigung, Kieler Diskussionsbeitrag 264, Januar 1996.

Wagner, Thomas/Elke J. Jahn: Neue Arbeitsmarkttheorien, 2. Aufl., Stuttgart 2004.

27 Bedeutung und Sicherung des Wachstums

Leitfragen

Was ist Wachstum und welche Probleme sind mit dem wirtschaftlichen Wachstum verbunden?

- Was ist Wachstum?
- Wie wird Wachstum gemessen?
- Wie ist Wachstum zu beurteilen?
- Welche Rolle spielen Investitionen und technischer Fortschritt im Wachstumsprozess?
- Wie kann Wachstum durch staatliche Wirtschaftspolitik beeinflusst werden?
- Welcher Zusammenhang besteht zwischen Gegenwartskonsum und Wachstum?
- Was sind Kosten des Wachstums?
- Welche Strukturwandlungen treten im Wachstumsprozess auf?
- Gibt es Grenzen des Wachstums?

Welchen Beitrag leistet die moderne Wachstumstheorie für die Erklärung des Wachstumsprozesses?

- Was versteht man unter dem Begriff »gleichgewichtiges Wachstum«?
- Gibt es einen gleichgewichtigen Wachstumspfad der Volkswirtschaft?
- Welche Bedingungen müssen für gleichgewichtiges Wachstum erfüllt sein?
- Wovon hängt gleichgewichtiges Wachstum in der keynesianischen und in der klassisch-neoklassischen Denkschule ab?
- Ist bzw. unter welchen Bedingungen ist gleichgewichtiges Wachstum in den verschiedenen Erklärungsansätzen stabil?
- Wie entwickeln sich die Pro-Kopf-Einkommen bei gleichgewichtigem Wachstum?

27.1 Begriff des wirtschaftlichen Wachstums

Im Allgemeinen versteht man unter **wirtschaftlichem Wachstum eine anhaltende Zunahme des gesamtwirtschaftlichen Produktionspotenzials**. Das Produktionspotenzial wird begrenzt durch den vorhandenen Bestand der Produktionsfaktoren Arbeit, Kapital, technisches Wissen und Boden und wird bildhaft in Form der Transformationskurve (vgl. Kapitel 1.5) erfasst. Wachstum kann also mit einer Verschiebung der Transformationskurve nach »Nordosten« beschrieben werden. Der *Sachverständigenrat zur Begutachtung der gesamtwirtschaftlichen Entwicklung* hat schon früh ein Konzept zur Messung des Produktionspotenzials, also der volkswirtschaftlichen Produktionsmöglichkeiten, entwickelt und dieses seitdem immer weiter verbessert.

Definition wirtschaftliches Wachstum

27.1 Bedeutung und Sicherung des Wachstums
Begriff des wirtschaftlichen Wachstums

Da die tatsächliche Produktion, abgesehen von konjunkturellen Krisen, langfristig den Produktionsmöglichkeiten entspricht, kann man auch die **Zunahme des Inlandsproduktes** als Maßgröße für das Wachstum ansehen. Dies entspricht dem Vorgehen in der Praxis. Unter Verwendung der Maßgröße Inlandsprodukt unterscheidet man dann häufig folgende Begriffe:
- nominelles Wachstum: Zunahme des Inlandsproduktes, bewertet zu laufenden Preisen;
- reales Wachstum: Zunahme des realen Inlandsproduktes, gemessen durch einen Kettenindex (vgl. Kapitel 9.1);
- Nullwachstum: Konstanz des realen Inlandsproduktes.

Zusätzlich wird oft die Veränderung des Inlandsproduktes pro Kopf der Bevölkerung berechnet, und man unterscheidet dann:
- intensives Wachstum: Zunahme des Inlandsproduktes pro Kopf;
- extensives Wachstum: Zunahme des Inlandsproduktes, aber keine Zunahme des Inlandsproduktes pro Kopf.

Abbildung 27-1 gibt einen Überblick über die Wachstumsraten des realen Bruttoinlandsproduktes verschiedener Länder von 1999 bis 2010. Die Wachstumsrate Deutschlands lag während des Zeitraumes von 1999 bis rund Mitte 2006 durchweg unter der der Eurozone (16 Mitgliedsländer) und (abgesehen von

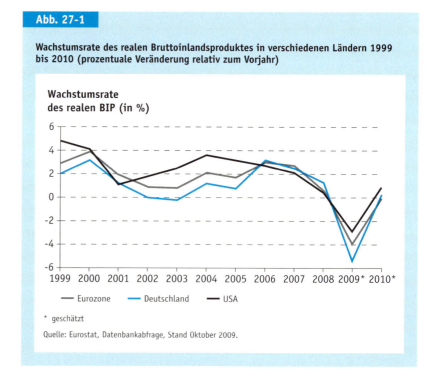

Abb. 27-1

Wachstumsrate des realen Bruttoinlandsproduktes in verschiedenen Ländern 1999 bis 2010 (prozentuale Veränderung relativ zum Vorjahr)

* geschätzt

Quelle: Eurostat, Datenbankabfrage, Stand Oktober 2009.

Mitte 2001) auch unter der der Vereinigten Staaten von Amerika. Von Ende 2006 bis Mitte 2008 waren die Wachstumsraten in Deutschland leicht höher als in den Vereinigten Staaten und fast gleichauf mit den Wachstumsraten der Länder der Eurozone. Mitte 2008 stürzten die Wachstumsraten aller Länder dramatisch ab. Mitte 2009 waren die negativen Wachstumsraten für Deutschland relativ die höchsten, verbesserten sich dann aber überraschend schnell, sodass nach dem ersten Drittel 2010 (geschätzt) wieder ein positives Wachstum prognostiziert wird.

27.2 Begründung und Kritik des Wachstums

27.2.1 Begründung des Wachstumsziels

Im Gesetz zur Förderung der Stabilität und des Wachstums der Wirtschaft (vom 08.06.1967) ist das Wachstumsziel in § 1 enthalten:

Bund und Länder haben bei ihren wirtschafts- und finanzpolitischen Maßnahmen die Erfordernisse des gesamtwirtschaftlichen Gleichgewichts zu beachten. Die Maßnahmen sind so zu treffen, dass sie im Rahmen der marktwirtschaftlichen Ordnung gleichzeitig zur Stabilität des Preisniveaus, zu einem hohen Beschäftigungsstand und außenwirtschaftlichem Gleichgewicht bei stetigem und angemessenem **Wirtschaftswachstum** beitragen.

Wirtschaftliches Wachstum als Ziel wird in der Regel mit folgenden Argumenten begründet:
▸ Erhöhung des wirtschaftlichen Wohlstands der Menschen in Form von privatem und/oder öffentlichem Konsum;
▸ Sicherung oder Steigerung des Arbeitsplatzangebotes;
▸ Erleichterung der Umverteilung von Einkommen und Vermögen.

Argumente für wirtschaftliches Wachstum

Dabei ist richtig, dass die Produktion von mehr Gütern und Dienstleistungen es den Menschen ermöglicht, ihre materiellen Bedürfnisse besser zu befriedigen. Vordringlich ist in vielen Ländern der Welt die Deckung elementarer Grundbedürfnisse, in den entwickelten Industrienationen geht es eher um eine größere Auswahl für die Konsumenten, um Bildung, um Freizeitaktivitäten, kulturelle Bedürfnisse oder Maßnahmen zur Erhaltung der Umwelt.

Wachstum erhöht den Lebensstandard.

Richtig ist auch, dass eine wachsende Wirtschaft unter sonst gleichen Bedingungen die Nachfrage nach Arbeitsleistungen erhöht. Allerdings bleiben die Bedingungen üblicherweise nicht konstant. Wachstum ist in der Regel mit einer Zunahme der Arbeitsproduktivität verbunden. In diesem Fall muss die Wachstumsrate des Inlandsproduktes die Wachstumsrate der Arbeitsproduktivität übersteigen, damit es zu einer Mehrnachfrage nach Arbeit kommt. Fällt dagegen die Wachstumsrate des Inlandsproduktes hinter die Wachstumsrate der Arbeitsproduktivität zurück, so sinken die Arbeitsnachfrage und das Arbeitsvolu-

Wachstum sichert Arbeitsplätze.

men, es kommt dann zu einem Rückgang der Beschäftigtenzahl (vgl. hierzu auch Kapitel 26.4). Die Lücke zwischen Wachstum der Produktion und Wachstum der Produktivität kann allerdings durch Arbeitszeitverkürzungen geschlossen werden. Nur unter der Bedingung konstanter Arbeitszeit muss die Produktion so wachsen wie die Produktivität, um die Nachfrage nach Arbeit konstant zu halten. Für Deutschland lässt sich dabei auch empirisch zeigen, dass immer dann, wenn das reale Bruttoinlandsprodukt langsamer gewachsen ist als die Arbeitsproduktivität je Erwerbstätigen, die Zahl der Erwerbstätigen abgenommen hat.

Wachstum und Umverteilung

Die oben zuletzt genannte Begründung für das Wachstumsziel – Erleichterung der Umverteilung – erweist sich bei näherer Betrachtung als »zweischneidiges Schwert«: Sicher ist es richtig, dass Wachstum eine Umverteilung erleichtert, weil Widerstände gegen eine Umverteilung **von Zuwächsen** erfahrungsgemäß kleiner sind als Widerstände gegen eine Umverteilung **bestehender Einkommen und Vermögen** (vgl. hierzu auch Kapitel 25.5 und 25.6). Auf der anderen Seite ist die Ungleichheit in der Verteilung im Wesentlichen mit dem Argument des Leistungsanreizes begründet: Eine kapitalistische Marktwirtschaft benötigt den Leistungsanreiz unterschiedlicher Einkommen, um Wachstum herbeizuführen.

27.2.2 Wachstumskritik

Bei der Wachstumskritik sollte man klar trennen zwischen der Kritik an der richtigen Messung des Wachstums und der Kritik an einem richtig gemessenen Wachstum.

Probleme bei der Messung des Inlandsproduktes

Gemessen wird das Wachstum, wie z. B. in Abbildung 27-1 dargestellt, durch das Bruttoinlandsprodukt bzw. besser durch das Inlandsprodukt pro Kopf der Bevölkerung. Das Inlandsprodukt ist aber konzeptionell nicht primär als Wachstumsmaß konzipiert, sondern in erster Linie an der Erfassung von Marktvorgängen und in ihrer Bedeutung für das wirtschaftliche Geschehen orientiert. Schon insofern ist das Inlandsprodukt eher ein Konjunktur- als ein Wachstumsindikator. Zwar werden im Inlandsprodukt auch wichtige Nichtmarktvorgänge erfasst, insbesondere im Rahmen des staatlichen Konsums, doch trotzdem bleiben viele Vorgänge, die mit der Güterversorgung der Volkswirtschaft in enger Beziehung stehen, im Inlandsprodukt unberücksichtigt. Eigentlich sollte Wachstum eher durch ein Maß für die wirtschaftliche Wohlfahrt gemessen werden, die internationalen Standardsysteme der VGR und damit auch die Inlandsproduktrechnung des Statistischen Bundesamtes haben sich aber klar gegen ein wohlfahrtsorientiertes Inlandsproduktkonzept entschieden. Selbst in Satellitensystemen zur VGR, wie der Haushaltsproduktionsrechnung oder der Umweltgesamtrechnung, hat man sich offiziell von der Konzipierung eines Wohlfahrtsproduktes verabschiedet. Die Mängel des Inlandsproduktes als geeignetes Wachstumsmaß und damit auch als Maß für die wirtschaftliche Wohlfahrt sind im Kapitel 8 schon ausführlich erläutert worden und sollen hier

27.2 Begründung und Kritik des Wachstums

nicht im Einzelnen wiederholt werden. Als gravierendste Mängel werden im Allgemeinen angesehen:
- die unvollständige Erfassung der Nichtmarktproduktion, insbesondere auch im häuslichen Bildungs- und Erziehungsbereich,
- die Klassifizierung von neu produzierten Gütern als Endprodukte, obwohl sie häufig besser als Vorleistungen eingestuft werden könnten (z. B. viele Infrastrukturdienstleistungen, die über den staatlichen Konsum in das Inlandsprodukt eingehen)
- und die faktische Nichtberücksichtigung des Verzehrs an nicht erneuerbaren Ressourcen als Abschreibungen oder Vorleistungen bei der Berechnung des Inlandsproduktes bzw. Schädigungen der natürlichen Umwelt im Zuge der Produktions- und Konsumprozesse der Volkswirtschaft.

Häufig werden darüber hinaus nur die Kosten des Inputs in die Produktion wohlfahrtsrelevanter Güter erfasst, nicht aber der Output selbst. So wird im Inlandsproduktkonzept z. B. die Produktion von Waschmitteln, von Arzneimitteln und Lärmschutzwänden erfasst, nicht aber die wohlfahrtsrelevante Sauberkeit, Gesundheit oder Ruhe. Dies führt zu erheblicher Verzerrung, weil damit systematisch die Nachteile einer industriellen Produktion unterschätzt werden, die in vielen Fällen nur den Charakter einer Produktion zur Reparatur von Schäden hat. Man spricht dann von Kontraproduktivität, wenn die Produktion von Gütern und Dienstleistungen allenfalls das vor der Produktion bestehende Niveau an Bedürfnisbefriedigung aufrecht erhält.

In der Literatur gibt es viele Versuche, ein wohlfahrtsrelevanteres Inlandsprodukt zu berechnen. Für die Inlandsprodukt- und damit die Wachstumsmessung sind diese Ansätze in der offiziellen Statistik, wie erwähnt, aber nie einbezogen worden. Außerdem ist das Inlandsprodukt notwendig eine eindimensionale Größe, die wohlfahrtsrelevante Aspekte wie etwa die Verteilung der Einkommen per se nicht berücksichtigen kann.

Inlandsprodukt als Wohlfahrtsindikator?

Aber selbst wenn die Messprobleme gelöst werden könnten, gäbe es immer noch Kritik an einem richtig gemessenen Wachstum. Ein Kritikpunkt ist auf einer höheren Ebene auch Kritik an der industriellen Produktionsweise und den ihr zugrunde liegenden Postulaten. Wachstum zielt auf eine maximale **materielle** Wohlfahrt. Wie *Erich Fromm* (Haben oder Sein, 1981) es ausgedrückt hat, ist damit das »Haben« die herrschende Existenzweise der Gesellschaft, nicht das »Sein«, das allein zur eigentlichen Entfaltung der menschlichen Fähigkeiten führt. Die maximale materielle Wohlfahrt soll durch maximalen Konsum erreicht werden. Auch dies ist zumindest unsicher:
- die Befriedigung durch Arbeit wird nicht berücksichtigt, Arbeit wird fälschlicherweise nur als Arbeitsleid gedacht;
- die zum Konsum zur Verfügung stehende Zeit ist begrenzt;
- es gibt Güter, die – wie z. B. das Auto oder Reisen – mit steigendem Konsum zu Beeinträchtigungen (»Verstopfungen«) führen; und
- schließlich führt die Auffassung, durch Konsum allein Bedürfnisse befriedigen zu können, zu Ersatzbefriedigung (man befriedigt z. B. das Bedürfnis

Industrialismus- und Konsumkritik

nach sozialer Wertschätzung durch den Erwerb von Statussymbolen) und damit zu Frustration.

Fremdbestimmung der Arbeit

Schließlich ist für einen maximalen Konsum eine maximale Produktion erforderlich, die ihrerseits wiederum eine weitestgehende Arbeitsteilung bedingt. Mit zunehmender Arbeitsteilung wird menschliche Arbeit indes zunehmend **fremdbestimmt** (grob gesprochen ist die Arbeit fremdbestimmt, wenn man das, was man produziert, nicht konsumiert, und was man konsumiert, nicht produziert). Arbeitsteilung setzt damit ein System von Leistungsanreizen, Kontrollen und hierarchischen Strukturen voraus, Arbeit wird zunehmend monoton und ihrer Funktionen entkleidet.

Ein weiterer, sehr bedeutsamer Kritikpunkt an der Forderung nach Wachstum ist schon kurz angesprochen worden und liegt in der Begrenztheit nicht reproduzierbare Ressourcen und der wachstumsbedingten Schädigung sonstiger Umweltgüter. Wir diskutieren diesen Aspekt in Kapitel 27.8 unter »Grenzen des Wachstums«.

Damit sind wichtige negative Begleiterscheinungen eines Wirtschaftswachstums aufgezeigt bzw. angedeutet. Eine generelle Abwägung der Wünschbarkeit von Wirtschaftswachstum kann hier nicht gegeben werden. Allerdings sollte bei aller Wachstumskritik nicht vergessen werden, dass für die weitaus meisten Bewohner der Erde die Freiheit von materieller Not ein unerreichtes Ziel ist. Wir gehen im Folgenden davon aus, dass Wachstum ein sinnvolles Ziel der Wirtschaftspolitik ist.

27.3 Bestimmungsgründe des Wachstums: Investitionen und technischer Fortschritt

Das Wissen um die Bestimmungsgründe des Wachstums ist keineswegs vollständig, doch können einige einfache Überlegungen angestellt werden. Die Produktionsmöglichkeiten einer Gesellschaft hängen ab von Menge und Qualität der vorhandenen Produktionsfaktoren Kapital, technisches Wissen, Arbeit und natürliche Ressourcen, wie in Abbildung 27-2 dargestellt.

Da der Bestand an natürlichen Ressourcen gegeben ist und eine Bevölkerungsvermehrung zur Förderung des Wachstums ausgeschlossen wird – letztlich soll ja das Inlandsprodukt pro Kopf erhöht werden –, bleiben Kapitalstock und technisches Wissen, das seinerseits die Qualität von Kapital und Arbeit bestimmt, die entscheidenden Bestimmungsgründe des wirtschaftlichen Wachstums.

Die Rolle des technischen Fortschritts

Das **technische Wissen** vermehrt sich durch den technischen Fortschritt. Sichtbar wird der technische Fortschritt in der
- Produktinnovation (Erstellung neuartiger Güter) und in der
- Prozessinnovation (Anwendung neuartiger Produktionsmethoden).

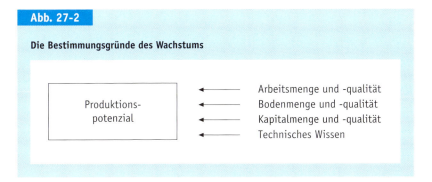

Dabei trägt die **Produktinnovation** ganz wesentlich zur Steigerung der materiellen Wohlfahrt bei. Der Leser denke z. B. an Geschirrspülmaschinen, Farbfernseher, PCs, MP3-Player, Surfbretter usw. Nur sind die Vorteile der Produktinnovation mengenmäßig nicht erfassbar.

Die Vorteile der **Prozessinnovation** sind prinzipiell leicht zu erfassen. Die Prozessinnovation erlaubt, bei gleich bleibendem Einsatz der Produktionsfaktoren Arbeit, Kapital und Boden eine größere Gütermenge zu erstellen oder eine gleiche Gütermenge mit einem geringeren Faktoreinsatz produzieren zu können. Der Leser denke an computergesteuerte Drehbänke, an die bessere Ausnutzung der Energie in Fahrzeugen usw.

Der **Kapitalstock** vergrößert sich durch Investitionen (Kapitalakkumulation), und bei gegebener Arbeitsbevölkerung und gegebenem Stand des technischen Wissens wird eine Vergrößerung des Kapitalstocks die Produktionsmöglichkeiten erhöhen: Mit mehr Kapital kann ein höheres Inlandsprodukt erzeugt werden. Es steigt die mögliche Produktion pro Kopf der Erwerbstätigen und damit die mögliche Güterversorgung pro Kopf.

Je mehr investiert wird, desto schneller wächst die Wirtschaft.

Nicht sicher ist, ob es einen proportionalen Zusammenhang zwischen der Erhöhung des Kapitalbestandes und der Erhöhung der Produktionsmöglichkeiten gibt. In diesem Zusammenhang ist an das Ertragsgesetz (vgl. Kapitel 5.2.2.1) zu denken, also an die Möglichkeit, dass die zusätzliche Produktivität des Kapitals mit wachsendem Einsatz abnimmt. Dies würde bedeuten, dass unter sonst gleichen Umständen eine Nettoinvestition im Werte von 1.000 Euro nicht mehr wie zurzeit eine zusätzliche jährliche Produktion von etwa 300–400 Euro ermöglicht, sondern eine kleinere. Es würde immer teurer, die künftigen Produktionsmöglichkeiten zu erhöhen. Bisher aber hat der technische Fortschritt offenbar dazu beigetragen, dass abnehmende Grenzerträge in nennenswertem Umfang noch nicht zu beobachten waren.

Technischer Fortschritt und Kapitalakkumulation bewirken beide eine Erhöhung der Arbeitsproduktivität, erhöhen also die durchschnittliche Produktion pro Arbeitsstunde. Und hohe **Arbeitsproduktivität** ist die Basis für die Erhöhung des materiellen Lebensstandards oder für die Verlängerung der Freizeit,

Zunahme der Arbeitsproduktivität führt zu höherem materiellen Lebensstandard und/oder zu mehr Freizeit.

27.3 Bedeutung und Sicherung des Wachstums
Bestimmungsgründe des Wachstums: Investitionen und technischer Fortschritt

also Verkürzung der Arbeitszeit, Verlängerung des Urlaubs oder Herabsetzung des Rentenalters.

Damit wird ein Aspekt der Kapitalakkumulation und des technischen Fortschritts sichtbar, der nicht immer positiv bewertet wird: die **mögliche Freisetzung von Arbeitskräften**. Wenn der Produktivitätszuwachs nicht für eine Mehrproduktion von Gütern genutzt wird, weil die Nachfrage das Produktionspotenzial nicht ausschöpft, dann werden die Produktivitätszuwächse dazu benutzt, die gleiche Produktionsmenge mit weniger Arbeit zu produzieren. Investitionen sind dann nicht mehr Erweiterungsinvestitionen, sondern **Rationalisierungsinvestitionen**. Die beiden Möglichkeiten, Produktivitätszuwächse zu nutzen, gilt es klar zu unterscheiden:

▸ Erhöhung der Produktionsmenge bei gleicher Beschäftigung
▸ Abnahme der Beschäftigung bei gleicher Produktionsmenge

Wenn die Verringerung der durchschnittlich notwendigen Arbeitszeit im Zuge von Kapitalakkumulation und technischem Fortschritt die Bevölkerung eines Landes auch langfristig dem Traum vom Paradies näher rückt, so bedeutet die Arbeitslosigkeit als unfreiwillige Verringerung der Arbeitszeit für den einzelnen Menschen doch Rückgang seines Lebensstandards und psychische Not. Arbeit ist der Wert, der Selbstachtung und Selbstbewusstsein der Arbeiter trägt, wie es der katholische Sozialwissenschaftler *Oswalt von Nell-Breuning* formulierte. Wenn die Nachfrage das Produktionspotenzial langfristig nicht ausschöpft, wäre es mithin notwendig, die Arbeitszeit für alle zu verringern, nicht aber Überstunden und Arbeitslosigkeit zugleich zu haben.

Begriff und Rolle der Infrastrukturinvestitionen

Wesentliche Vorbedingung für die Investitionstätigkeit privater Unternehmen ist die **Infrastruktur**, auch Sozialkapital genannt, die in der Regel vom Staat bereitgestellt werden muss. Sehr weit gefasst beinhaltet der Begriff Infrastruktur

▸ die **institutionelle Infrastruktur** als Summe der gesellschaftlichen Normen, Einrichtungen und Verfahrensweisen wie: Rechtsordnung, Verwaltung, Eigentumsordnung, Berufsordnung usw.;
▸ die **materielle Infrastruktur** als Teil des Kapitalstocks einer Volkswirtschaft, der – aus noch zu erörternden Gründen (vgl. Kapitel 27.4) – von der öffentlichen Hand bereitgestellt wird und insbesondere Vorleistungen für Produktion und Konsum erbringt wie: Verkehrswesen, Kommunikationsnetze, Energieversorgung, Wasserversorgung, Bildungseinrichtungen usw.
▸ die **personelle Infrastruktur**, die im Wesentlichen die Qualifikation der Menschen beinhaltet, wie: Gesundheit, Ausbildungsstand, Leistungsmotivation usw.

Infrastrukturinvestitionen sind für das Wachstum einer Volkswirtschaft von grundlegender Bedeutung, da sie z. T. Voraussetzung, z. T. notwendige Begleiterscheinung des Wachstumsprozesses sind. Sollen z. B. an der mecklenburg-vorpommernschen Küste neue Produktionsanlagen entstehen, so müssen zuvor Verkehrswege, allgemeine Kommunikationsmöglichkeiten und Energieversorgung bereitgestellt werden. Zudem müssen gesunde und ausgebildete Arbeitskräfte vorhanden sein und begleitend muss für den Bau von Krankenhäusern, Schulen und Kindergärten gesorgt werden.

27.4 Ansatzpunkte einer Wachstumspolitik

Nach den Ausführungen über die notwendigen Wachstumserfordernisse – Erhöhung des Kapitalstocks einschließlich Infrastruktur und technischer Fortschritt – erhebt sich die Frage, wie der Staat in einer marktwirtschaftlichen Ordnung Wachstum beeinflussen kann. Grundsätzlich fällt dem Staat dabei die Aufgabe zu

- im privaten Bereich ein wachstumskonformes Verhalten der Menschen zu fördern und
- selbst die notwendige Infrastruktur zu schaffen und durch Förderung von Wissenschaft und Forschung das technische Wissen voranzutreiben.

Wachstumsförderlich ist eine erfolgreiche Stabilisierungspolitik des Staates, die Inflation und Krisen verhindert. In der Krise werden ja Produktionsmöglichkeiten nicht genutzt und insbesondere die für das Wachstum notwendigen Erweiterungsinvestitionen eingeschränkt. Und in der Inflation besteht die Gefahr der Fehlsteuerung des Wirtschaftsprozesses (vgl. Kapitel 24.4.3). Allgemein kann man sagen, dass eine stetige, von Investoren vorausschaubare Wirtschaftspolitik dazu beiträgt, Unsicherheiten und Reibungsverluste bei Anpassungsprozessen zu vermindern, und damit wachstumsfördernd wirkt.

Stabilisierungspolitik und Wachstum

Es sollte an dieser Stelle indes angemerkt werden, dass diese Argumente nicht unumstritten sind, es gibt z. B. auch die Vorstellung von wachstumsförderlichen »Reinigungskrisen«, doch neigt offenbar die Mehrheit der Wirtschaftswissenschaftler dazu, eine stetige Politik für wachstumsfördernd zu halten.

Außerordentlich bedeutsam für den Wachstumsprozess ist eine erfolgreiche Wettbewerbspolitik, insbesondere der Abbau von Marktzutrittsschranken, der die Unternehmen dauernd einem Konkurrenzkampf unterwirft, der Produkt- und Prozessinnovation erzwingt und Strukturwandlungen der Wirtschaft beschleunigt. Weiterhin ist eine Politik wachstumsfördernd, die die Mobilität von Arbeit und Kapital erhöht, doch dürfen die negativen Aspekte einer erzwungenen Mobilität der Arbeitsbevölkerung nicht übersehen werden.

Wettbewerbspolitik und Wachstum

Wesentliche Vorbedingung einer erfolgreichen Wachstumspolitik ist schließlich eine Vermögenspolitik, die die Vermögenszuwächse gleichmäßiger verteilt. Dies ist notwendig, damit Wachstum nicht allein zur »Vermögensbildung in Unternehmerhand« führt, was auch erhebliche Widerstände gegen wirtschaftliches Wachstum hervorrufen würde.

Ganz generell muss schließlich geprüft werden, inwieweit Beschränkungen der grundsätzlichen Freiheitsrechte, die eine Marktwirtschaft begründen, not-

Deregulierung und Wachstum

27.4 Bedeutung und Sicherung des Wachstums
Ansatzpunkte einer Wachstumspolitik

wendig sind (z. B. durch bürokratische Verordnungen). Zum einen werden verstärkt Vorschläge zur Öffnung von Märkten gemacht. Diese Vorschläge laufen darauf hinaus, den Wettbewerb in regulierten Märkten wiederherzustellen. So gibt es eine Fülle von regulierenden Vorschriften und Marktzutrittsschranken z. B. im Postbereich, im Verkehrssektor oder im Gesundheitswesen. Der Abbau von Regulierungsvorschriften – die so genannte **Deregulierung** – soll dem dynamischen Wettbewerb mehr Spielraum verschaffen.

Freizonen zur Belebung der wirtschaftlichen Aktivität

Zum anderen werden Zonen **freier Wirtschaftsaktivität** (Freizonen) als Mittel zur Belebung der Investitionstätigkeit verstärkt diskutiert. Dabei geht es darum, Unternehmern und z. T. auch Arbeitnehmern in bestimmten Regionen zu erlauben, ihre Aktivitäten frei von bestimmten sonst geltenden Vorschriften und Zugangsbarrieren zu entfalten. Z. B. ist der **Offshore-Markt** eine Zone freier Aktivität für Banken. Diese unterliegen dann nicht den nationalen Steuer-, Bankenaufsichts- und Kreditregelungen. Beispiele sind Panama, die Cayman-Inseln oder Singapur. Analog dazu haben die USA und Japan auf eigenem Territorium Offshore-Zentren errichtet. Zu denken ist weiter an Produktions-, Export- oder Versicherungsfreizonen. Eine große Rolle spielen solche Freizonen indes nicht.

Warum muss der Staat für Infrastrukturinvestitionen sorgen?

Im Bereich seiner Produktion hat der Staat schließlich die Aufgabe, die notwendige Infrastruktur bereitzustellen und das Bildungswesen zu fördern. Infrastrukturinvestitionen können in der Regel nicht der privaten Unternehmerinitiative überlassen werden, weil

- die privatwirtschaftliche Rentabilität von Infrastrukturinvestitionen oft unsicher ist (z. B. Wasserstraßen);
- der oft gewaltige Kapitalbedarf von Privaten nicht aufgebracht werden kann (z. B. Eisenbahnverkehrsnetz);
- das private Einziehen von Gebühren oft mit großen Kosten verbunden wäre (z. B. Straßen);
- insbesondere im Bereich der institutionellen Infrastruktur (Rechtsordnung, Verwaltung …) öffentliche Güter produziert werden, die unteilbar letztlich allen Mitgliedern der Gesellschaft zufließen; Nichtkäufer können mithin von ihrer Nutzung nicht ausgeschlossen werden;
- insbesondere im Bereich der personellen Infrastruktur Güter produziert werden, die wegen der sozialen Gerechtigkeit gratis oder unter ihren Kosten abgegeben werden sollen (z. B. Bildung und Gesundheit).

Förderung des technischen Fortschritts

Spezielle Bedeutung gewinnt die »Produktion« des technischen Fortschritts, gerade für ein Land wie Deutschland, dessen Export von technisch hochwertigen Produkten getragen wird. Sieht man einmal davon ab, dass man technischen Fortschritt importieren kann (durch Patente, Lizenzen und »Know-how«, das mit vielen Formen des Kapitalimports verbunden ist, man denke z. B. an die Werke von Volkswagen in China), so ist davon auszugehen, dass der technische Fortschritt von den Aufwendungen für Forschung und Entwicklung (F & E) und dem Ausbau des Bildungswesens abhängt. Der technische Fortschritt erscheint dann in gewisser Weise gestaltbar, aber man muss zugeben, dass das Wissen um diese Zusammenhänge nicht sehr groß ist. Es gibt Untersuchungen, die zeigen, dass der Beitrag von Forschungs- und Bildungsinvestitionen für das wirtschaftliche Wachstum größer ist als der Beitrag von Investitionen in Sachkapital wie Maschinen und Anlagen. Generell wird heute die Vorteilhaftigkeit und Notwendigkeit einer staatlichen Forschungs- und Bildungspolitik anerkannt, insbesondere im Bereich der Grundlagenforschung und der allgemeinen Bildung.

Große Bedeutung von Forschungs- und Bildungsinvestitionen

Grundlagenforschung gehört zu den Gütern, die mithilfe öffentlicher Mittel bereitgestellt werden müssen, weil ihre Vorteile als öffentliche Güter letztlich allen Mitgliedern der Gesellschaft zufließen.

Weitgehend unumstritten ist auch die Aufgabe des Staates, **Bildungspolitik** zu betreiben, also Ausbildungsstätten, Schulen, Universitäten usw. zu errichten und zu fördern. Das vermehrte Wissen der Bevölkerung wird dann in zweifacher Weise von Vorteil sein: Einmal ist jede Bildung ein Wert an sich und kann als ein Konsumgut betrachtet werden; zum anderen wird vermehrtes Wissen zur Förderung des technischen Fortschritts beitragen, ist also ein Investitionsgut mit erheblichen positiven externen Effekten. Damit steht die staatliche Bildungspolitik vor der Wahl, Bildung als wirtschaftliche Investition oder als Konsumgut mit Eigenwert zu fördern.

Zum einen müsste man den Bedarf der Wirtschaft an beruflicher Bildung abschätzen und diesen Bedarf als Grundlage für den Ausbau des Bildungswesens heranziehen. Das Problem, dass man den Bedarf nur sehr ungenau und nicht langfristig im Voraus ermitteln kann, wird im Ansatz dadurch zu lösen versucht, dass man die Flexibilität und Mobilität der Arbeitsbevölkerung (z. B. durch das Arbeitsförderungsgesetz) zu erhöhen trachtet.

Bildung als Investitionsgut und ...

Der zweite mögliche Ansatz geht davon aus, den zweckgerichteten Charakter der Bildungspolitik durch eine an der individuellen Neigung orientierte Bildungspolitik zu ersetzen. Damit würde sich das Mischungsverhältnis zwischen Bildung als Berufsvorbildung und Bildung als Konsumgut verschieben. Man darf allerdings nicht übersehen, dass die Bildung als Konsumgut – so notwendig sie für eine sinnvolle Freizeitgestaltung auch sein mag – erhebliche gesellschaftliche Kosten verursachen wird.

... als Konsumgut

27.5 Sonstige Vorbedingungen und Antriebskräfte des Wachstums

Welche geheimnisvollen Kräfte haben das Rad des Fortschritts im Europa des 18. Jahrhunderts in Gang gesetzt? Wir wollen hier nur zwei Punkte hervorheben, die die Bedeutung der Motivation von Investoren in Marktwirtschaften und die Sparfähigkeit der Bevölkerung betonen, und abschließend einige Punkte stichwortartig auflisten.

Motivation von Investoren und Sparfähigkeit

Max Weber (deutscher Sozialwissenschaftler, 1864–1920) argumentierte, dass die **calvinistische Ethik** (»innerweltliche Askese«), die die Akkumulation von Reichtum mit göttlichem Gnadenerweis verband und zugleich den Konsum des erworbenen Reichtums verbot, den gewaltigen wirtschaftlichen Aufschwung hervorgerufen habe.

Josef Alois Schumpeter (1883–1950) hielt den dynamischen Pionierunternehmer in der Marktwirtschaft für den Motor der wirtschaftlichen Entwicklung. Pionierunternehmer führen bahnbrechende Neuerungen ein, neue Produkte bzw. neue Verfahren, oder erobern neue Märkte. Der Pionierunternehmer oder Bahnbrecher kommt zeitweilig in den Genuss eines Wettbewerbsvorteils gegenüber seinen Konkurrenten. Je höher nun seine Pioniergewinne sind, desto eher und zahlreicher werden Nachahmer angelockt, die den Bahnbrecher unterbieten. In dynamischer Sicht besteht der Wettbewerb hier aus der Abfolge von Innovationen und Imitationen. (Große Innovationswellen waren etwa: Eisenbahnbau, Elektrifizierung, Automobilbau, Automation, Mikroelektronik und jetzt Multimedia.) Es ist die Chance, für eine gewisse Zeit gute Gewinne machen zu können, die den Fortschritt fördert.

Zusammenfassend kann man mit *Herbert Giersch* eine illustrative Liste von Vorbedingungen und Antriebskräften des Wachstums im Europa des 18. und 19. Jahrhunderts aufstellen (Giersch 1977, S. 17 f.):

Vorbedingungen
- Ein funktionsfähiges Transportsystem bildete zusammen mit einer auf Rechtssicherheit bedachten Privatrechtsordnung die Grundlage für eine zunehmende Arbeitsteilung und die räumliche Integration der Märkte.
- Ein entwickeltes Kreditwesen ermöglichte finanziell das Entstehen und Wachsen leistungsstarker Unternehmen.
- Ein ausreichendes Angebot an geeigneten Arbeitskräften war Vorbedingung für den produktiven Einsatz von Kapital in mechanisierten Produktionsprozessen.
- Ein aufgeklärtes Bürgertum mit Leistungsbewusstsein und Sinn für technischen Fortschritt sorgte für ein hinreichendes Angebot an Unternehmerinitiative.

Antriebskräfte
- die protestantische, speziell die calvinistische Ethik,
- der Erwerb von Fähigkeiten im Zuge der Spezialisierung durch Arbeitsteilung,
- die Zuwanderung von ethnischen und religiösen Minderheiten mit hohen fachlichen Qualifikationen,
- die Verminderung übermäßigen Bevölkerungsdrucks durch Auswanderung nach Übersee,
- die Erhöhung der sozialen Mobilität und der Wettbewerbsintensität durch Demokratisierung und Liberalisierung,
- die wirtschaftliche Anwendung und die Ausweitung des technischen Wissens und
- die Erschließung neuer Absatz- und Beschaffungsmärkte.

27.6 Kosten des Wachstums

27.6.1 Opportunitätskosten des Wachstums in Form entgangenen Gegenwartskonsums

Wachstum erfordert – wie bereits herausgestellt wurde – private und öffentliche Investitionen. Will man aus einem gegebenen Inlandsprodukt mehr investieren, so müssen die nichtinvestiven Komponenten der gesamtwirtschaftlichen Nachfrage der gleichen Periode entsprechend reduziert werden: Es muss gespart werden. (Der Leser denke an die volkswirtschaftliche Transformationskurve, Kapitel 1.5) Wenn man also heute auf möglichen Konsum verzichtet, also spart und mehr investiert, wird man das Produktionspotenzial für die Zukunft erhöhen und damit einen höheren Konsum in der Zukunft ermöglichen. Abbildung 27-3 zeigt diese Wahlmöglichkeit. Zwei Volkswirtschaften realisieren bei gleicher Ausgangsposition Y_0 unterschiedliche Wachstumsraten; dabei ist die Investitionsquote für die zukunftsorientierte Gesellschaft II (»Japan«) höher als für die gegenwartsorientierte Gesellschaft I (»Marokko«).

Wachstum durch Konsumverzicht

Jede Gesellschaft hat also zu entscheiden, ob sie einen höheren Gegenwartskonsum oder einen höheren Konsum in der Zukunft vorzieht. Letztlich ist dies ein Problem der Aufteilung der Lasten innerhalb einer Generation und zwischen den Generationen. Eine Gesellschaft, die heute notwendige Wachstums-

Konflikt zwischen Gegenwarts- und Zukunftskonsum

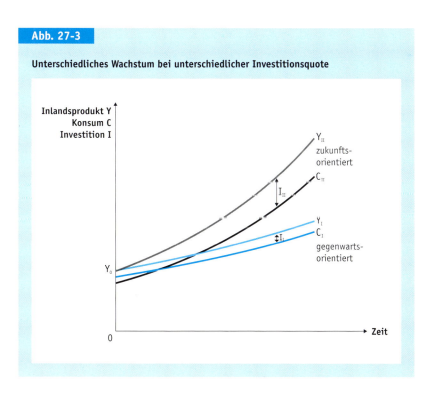

Abb. 27-3

Unterschiedliches Wachstum bei unterschiedlicher Investitionsquote

investitionen unterlässt, beschneidet damit die Konsummöglichkeiten ihrer Nachfolger. Wenn die Bundesregierung z. B. im Interesse der Haushaltssanierung notwendige Infrastrukturinvestitionen (etwa im Verkehrswesen oder im Bildungsbereich) verschiebt, so kann dies zu einer Anhebung des Gegenwartskonsums auf Kosten der Investitionen führen.

Im Prinzip fordert man, dass der entgangene Nutzen aus dem Verzicht auf Gegenwartskonsum durch den zusätzlichen Nutzen aus dem höheren Zukunftskonsum gerade aufgewogen wird (**optimales Wachstum**). Das richtige »Mischungsverhältnis« zu finden, erweist sich praktisch als unmöglich. Man sieht hieran jedoch, dass jedenfalls maximales Wachstum nicht das Ziel einer vernünftigen Wirtschaftspolitik sein kann.

27.6.2 Umweltschäden

Der Katalog der Belastungen der Umwelt ist im Zuge der wirtschaftlichen Entwicklung ständig größer geworden. Er enthält im Wesentlichen folgende Schäden:
- Verschlechterung der Qualität von Luft, Wasser und Boden,
- Beeinträchtigung der Landschaft und der Pflanzen- und Tierwelt,
- Ausbeutung der Bodenschätze,
- Gesundheitsschäden und Lärm,
- Lagerung radioaktiven Atommülls, dessen Entsorgung völlig ungeklärt ist.

Es ist überaus schwierig, das Ausmaß der Umweltschäden auch nur annähernd zu quantifizieren. Ansätze für Deutschland finden sich im Rahmen der Umweltökonomischen Gesamtrechnung (vgl. Kapitel 29).

Mit einer Zunahme des Inlandsproduktes im herkömmlichen Sinne geht die Zunahme von Produktion und Konsum einher und damit die Zunahme der Umweltschäden, sofern keine Gegenmaßnahmen getroffen werden. Wenn, wie heute vielfach üblich, das Wachstum als Ursache der Umweltschäden gesehen wird, so ist das faktisch nicht falsch. Nur ist Wachstum nicht notwendigerweise mit steigenden Umweltschäden verbunden, da es absolut notwendige schädliche Begleiterscheinungen des Wachstums offenbar nicht gibt. Insofern ist die Forderung nach einem Nullwachstum voreilig: Nicht die Wachstumsraten bestimmen die Umweltschäden, sondern das Ausmaß, in dem Technologien im Produktionsprozess eingesetzt werden, die innerbetrieblich Kosten sparen, dafür aber die Allgemeinheit mit hohen Umweltkosten belasten. Daraus folgt auch, dass Wachstum zwar Umweltschäden mit sich bringen kann, dass es aber auch von der Rechtsordnung abhängt, inwieweit sie zugelassen werden. Andererseits ist nicht zu verkennen, dass hohe Wachstumsraten einen Umweltschutz ermöglichen, der nicht zulasten des privaten oder öffentlichen Konsums geht (zur Umweltpolitik vgl. ebenfalls Kapitel 29).

Wachstum ist nicht notwendigerweise mit Umweltschäden verbunden

---

Hohe Wachstumsraten erhöhen den Spielraum für Umweltpolitik.

27.7 Strukturwandel als Begleiterscheinung des Wachstums

Wirtschaftliches Wachstum ist mit Strukturänderungen verbunden. Dabei kann man die Strukturänderungen fast beliebig vieler Größen betrachten, denn die meisten Größen lassen sich in Einzelbestandteile zerlegen, deren Anteile an der Gesamtgröße einer Veränderung unterliegen, z. B. Einkommensstruktur, Bevölkerungsstruktur, Struktur der Staatsausgaben usw. Wir beschränken uns auf die Produktionsstruktur und die Preisstruktur.

Betrachten wir zunächst den Wandel der **Produktionsstruktur**. Darunter versteht man den Produktionsanteil der Sektoren oder Branchen am Inlandsprodukt. Man kann beobachten, dass die Produktionsanteile von Landwirtschaft und Rohstoffproduktion im Wachstumsprozess laufend abnehmen, während der Anteil der Dienstleistungen kontinuierlich zunimmt. Der Anteil der Industrieproduktion steigt in weniger entwickelten Gesellschaften im Zuge des Wachstums an, beginnt aber bei einer hohen industriellen Entwicklungsstufe wieder abzunehmen.

Wandel der Produktionsstruktur

Oft wandeln sich die Strukturen, wenn die wirtschaftlichen Aktivitäten auf Hindernisse, auf Beschränkungen stoßen. Wenn Arbeit knapp und teuer ist, wird rationalisiert. Wenn Boden knapp ist, werden Hochhäuser gebaut. Wenn die Nachfrage nach bestimmten Gütern zurückgeht, muss sich das Angebot entsprechend anpassen usw.

Bisher sind die Hauptursachen des Wandels der Produktionsstruktur in der unterschiedlichen Entwicklung der Nachfrage zu sehen.

Mit steigendem Einkommen steigt die Nachfrage nach den einzelnen Gütern und Dienstleistungen nicht gleichmäßig (vgl. Kapitel 4.3.3.3). So sinkt mit steigendem Einkommen der Anteil der Ausgaben für Nahrungsmittel, insbesondere Grundnahrungsmittel (Kartoffeln, Brot usw.), und es steigt der Anteil der Ausgaben für hochwertige Konsumgüter. Plastisch wird dies durch die Nachfragewellen, die in der Bundesrepublik Deutschland seit 1948 zu beobachten waren, zum Ausdruck gebracht: Fresswelle, Bekleidungswelle, Wohnungswelle, Autowelle, Reisewelle und Freizeitwelle.

Bedeutung unterschiedlicher Einkommenselastizitäten der Nachfrage für den Strukturwandel

Auch Veränderungen der Preisrelationen bewirken eine Verschiebung der Nachfragestruktur. So wurde lange Zeit die Steinkohle durch das billigere Erdöl verdrängt oder inländische Textilien durch billige ausländische ersetzt. Da sich auf lange Sicht die Produktion an der Nachfrage ausrichten muss – es werden keine Güter produziert, für die keine Nachfrage besteht, für die keine Nachfrage geschaffen wird oder für deren Befriedigung andere Güter, die niedrigere Preise haben, zur Verfügung stehen –, bestimmt die Veränderung der Nachfrage die Wandlung der Produktionsstruktur.

Änderung der Preisrelationen und Strukturwandel

Mit dem Wandel der Produktionsstruktur entsteht ein schwieriges Entscheidungsproblem: Ein absoluter oder auch nur relativer Rückgang der Produktion einer Branche oder einer Region bedeutet soziale Härten für die dort Beschäftigten. Ein Teil verliert den Arbeitsplatz oder muss mit relativ niedrigeren Löh-

Probleme des Strukturwandels

nen vorlieb nehmen. Daraus ergibt sich oft die Notwendigkeit, den erlernten Beruf zu wechseln und/oder die sozialen Bindungen an den bisherigen Heimatort aufzugeben.

Wird indes die überkommene Wirtschaftsstruktur durch staatliche Hilfe konserviert (etwa durch Erhaltungssubventionen im Gegensatz zu den ggf. sinnvolleren Anpassungssubventionen), so bedeutet dies ein Hemmen des Wirtschaftswachstums und eine erhöhte steuerliche Belastung der Allgemeinheit.

Die **Preisstruktur** – also die Preisrelationen zwischen den verschiedenen Sektoren – wird langfristig durch die unterschiedlichen Möglichkeiten, durch Einsatz von Kapital und technischem Wissen die Arbeitsproduktivität zu erhöhen, verändert. Dabei stellt sich die Entwicklung der Arbeitsproduktivität zwischen den drei grundlegenden Wirtschaftssektoren (primärer, sekundärer und tertiärer Sektor) sehr unterschiedlich dar.

Der primäre Sektor besteht aus der Land- und Forstwirtschaft sowie der Fischerei und ist gekennzeichnet durch mäßige Produktivitätsfortschritte.

Der sekundäre Sektor umfasst das Waren produzierende Gewerbe und gliedert sich in die Teilsektoren Verarbeitendes Gewerbe (Industrie), Bergbau, Energie- und Wasserversorgung sowie Baugewerbe. Vor allem in der Industrie (als dem dominierenden Teilbereich des sekundären Sektors) kommt es regelmäßig zu großen Produktivitätsfortschritten.

Der tertiäre Sektor umfasst den gesamten Dienstleistungsbereich einschließlich staatlicher Dienstleistungen (Handel und Verkehr, Verwaltung, Ausbildung, freie Berufe, einige Handwerksbetriebe, Finanzdienstleistungen u. a.). Für den tertiären Sektor sind nur relativ geringe Produktivitätssteigerungen kennzeichnend. Die Erstellung von Dienstleistungen kann man, jedenfalls nach den bisherigen Erfahrungen, nicht in dem Maße mechanisieren wie etwa die industrielle Produktion. So ist die Produktivitätssteigerung eines Richters, Friseurs, eines Lehrers oder eines Kellners durch Mehreinsatz von Maschinen nur in recht engen Grenzen vorstellbar. Durch den wachsenden Informations- und Kommunikationsbedarf in den industrialisierten Volkswirtschaften, die sich immer weiter intensivierende nationale und internationale Arbeitsteilung, die Entwicklung neuer Informations- und Kommunikationstechnologien sowie kostengünstigerer Transportmöglichkeiten und wahrscheinlich auch durch die hohe Arbeitslosigkeit hat sich in den letzten Jahrzehnten gerade im tertiären Sektor ein gewaltiger Schub nach vorne ergeben (insbesondere im Bereich der Unternehmensdienstleistungen und im Transportwesen).

Mit über zwei Dritteln der Bruttowertschöpfung in Deutschland ist der tertiäre Sektor zum bedeutendsten Bereich der Volkswirtschaft aufgestiegen (**Tertiarisierung**), und dieser Prozess wird sich mit großer Wahrscheinlichkeit auch aufgrund der Globalisierung der Märkte weiter fortsetzen. Tabelle 27-1 zeigt sehr deutlich den langfristigen Trend zur Dienstleistungsgesellschaft in Deutschland.

Tab. 27-1

Anteile der Sektoren an der Bruttowertschöpfung Deutschlands im Zeitverlauf (in %)

Sektor	Früheres Bundesgebiet			Deutschland		
	1970	1980	1990	1991	2000	2008
Primärer Sektor (Land- und Forstwirtschaft, Fischerei)	3,3	2,1	1,3	1,4	1,3	0,9
Sekundärer Sektor (Waren produzierendes Gewerbe)	48,3	41,3	37,6	36,6	30,3	29,8
Tertiärer Sektor (Dienstleistungssektor)	48,3	56,6	61,0	62,0	68,5	69,3

Quelle: Zusammengestellt nach Sachverständigenrat, Jahresgutachten 2008/2009, S. 506, sowie Statistisches Bundesamt (Destatis), Stand: August 2009.

27.8 Grenzen des Wachstums

Schon immer scheint die Menschheit der Alptraum eines drohenden Weltunterganges oder zumindest die Vorstellung von einem Ende des Wachstums geplagt zu haben, wie folgender kurzer Überblick über die wichtigsten langfristigen Entwicklungsprognosen zeigt.

27.8.1 Ertragsgesetz

Nach dem Ertragsgesetz müssen die Ertragszuwächse abnehmen, wenn ein Produktionsfaktor bei Konstanz der übrigen Faktoren laufend zunimmt (vgl. Kapitel 5.2.2.1). Da – so die klassische Auffassung – die Bevölkerung wächst, der Boden aber konstant bleibt, wird das zusätzliche Produkt, das eine wachsende Bevölkerung erstellen kann, immer kleiner, weil eben immer mehr Menschen die gleiche Bodenfläche bebauen. Schließlich wird das Grenzprodukt so klein, dass zusätzliche Menschen nicht mehr ernährt werden können: Das Wachstum der Bevölkerung findet dann seine Grenze in der beschränkten Nahrungsmittelproduktion. Eine weitere Entwicklung wäre dann nicht mehr möglich, die Menschheit erreichte den so genannten **stationären Zustand**.

Ähnliche Überlegungen lassen sich auf den Produktionsfaktor Kapital übertragen. Kapital wird – bei heute im Wesentlichen konstanter Bevölkerungszahl und bei konstantem Einsatz des Produktionsfaktors Boden – vermehrt eingesetzt. Bei Gültigkeit des Ertragsgesetzes führt dies zu abnehmenden Grenzerträgen des Kapitals, bis sich schließlich im Endzustand Investitionen nicht mehr lohnen. Auch dies mündet dann in einen stationären Zustand. Dabei wird keineswegs ein solcher stationärer Zustand generell als Übel gesehen, einem

Stagnation aufgrund des Ertragsgesetzes?

Stillstand können auch positive Seiten zugeschrieben werden (»Das Rad des Ixion steht still«, *Schopenhauer*).

Allerdings ist anzumerken, dass sich diese Sichtweise der klassischen Ökonomen bisher nicht bewahrheitet hat. Als wesentlicher Grund hierfür dürfte der technische Fortschritt anzusehen sein, welcher die Grenzproduktivitäten von Arbeit und Kapital laufend steigert.

Technischer Fortschritt steigert die Grenzproduktivität

27.8.2 Natürliche Grenzen des Wachstums

Das 1972 erschienene Buch »Die Grenzen des Wachstums« (Meadows 1972) löste eine weltweite Wachstums- und Umweltdiskussion aus. Zentrale Gedanken der Studie sind:

Raumschiff Erde

- die Vorstellung vom »Raumschiff Erde« mit einer Reihe natürlicher Wachstumsgrenzen:
    - begrenzter Lebensraum für eine wachsende Bevölkerung,
    - begrenzte Rohstoffreserven,
    - begrenzte Absorptionsfähigkeit von Umweltschäden;

Exponentielles Wachstum

- die Vorstellung von einem exponentiellen (zunehmenden) Wachstum der entscheidenden Größen des Systems wie Bevölkerung, Umweltverschmutzung und Rohstoffverbrauch, die mit zunehmender Geschwindigkeit ihre Grenzen erreichen.

Hauptprobleme des Wachstums

Die 1980 erschienene und ebenfalls stark diskutierte Studie »Global 2000« (Global 2000, 1980) kommt in wesentlichen Punkten zu ähnlichen Prognosen. Wir stützen uns im Folgenden auf beide Berichte, die immer noch aktuell sind.

Wachstumsgrenze Nahrungsmittelproduktion und Lebensraum

Gibt es eine absolute Grenze für die Nahrungsmittelproduktion

Die Einwohnerzahl der Erde hat 6,8 Milliarden überschritten. Sie wächst gegenwärtig mit etwa 1,2 Prozent pro Jahr, verdoppelt sich also alle 58 Jahre. Um nur das derzeitige Pro-Kopf-Einkommen aufrecht zu erhalten, muss die Produktion innerhalb von zwei Generationen (rund 60 Jahre) um 100 Prozent zunehmen. Wächst die Bevölkerung weiterhin mit 1,2 Prozent pro Jahr, dann entfällt in rund 800 Jahren auf jeden Quadratmeter Boden ein Bewohner. Es ist eine Binsenweisheit, dass die Zahl der Menschen, die auf dem Raumschiff Erde Platz haben, beschränkt ist. Wie groß aber die mögliche Bevölkerungszahl ist, bleibt ungewiss. Die Studie »Global 2000« geht davon aus, dass gegen Ende des 21. Jahrhunderts die Weltbevölkerung mit 30 Milliarden Menschen die äußerste Grenze der Belastbarkeit der Erde erreicht. Dabei erscheint es unsicher, ob die notwendige Steigerung der Nahrungsmittelproduktion angesichts der benötigten Menge an künstlichem Dünger, der beschleunigten Bodenerosion und dem Verlust an natürlicher Bodenfruchtbarkeit erreicht werden kann.

Wachstumsgrenze Rohstoffreserven

Wird der Verbrauch von Rohstoffen in Zukunft mit der gleichen Rate wachsen wie bisher, dann werden die wichtigsten, nicht erneuerbaren Rohstoffe in kurzer Zeit verbraucht sein. Die Berechnungen des »Club of Rome« behaupten, dass, ausgehend von den heute bekannten Rohstoffreserven, sehr viele Rohstoffe innerhalb der nächsten 30 Jahre verbraucht sein werden (u. a. Aluminium, Kupfer, Gold, Blei, Erdöl, Silber, Zinn, Zink). Ähnliche Berechnungen werden in der Studie »Global 2000« angestellt.

Sind die Rohstoffe erschöpflich?

Nach Ansicht vieler Wissenschaftler sind diese Perspektiven jedoch zu pessimistisch.

Die vorhandenen Reserven sind unbekannt. Auch optimistische Schätzungen haben sich nach kurzer Zeit schon oft als zu pessimistisch erwiesen. So wird z. B. immer wieder auf die Möglichkeit einer Rohstoffgewinnung aus dem Meer hingewiesen.

Auf der Nachfrageseite ist zu überlegen, ob der Verbrauch von Rohstoffen in Zukunft mit der gleichen Rate wächst. Der Preismechanismus kann durch steigende Preise bei Rohstoffknappheit für Substitution knapper Rohstoffe sorgen (Erdöl durch Nuklearenergie oder Sonnenenergie), er kann zu einem sparsamen Verbrauch führen und die Wiederverwendung von Rohstoffen (»**recycling**«) lohnend machen. Schließlich werden mit steigenden Preisen immer schwierigere Abbaumethoden rentabel (z. B. Schieferöl in den USA).

Außerdem ist darauf hinzuweisen, dass das Wachstum in Zukunft zunehmend von der Expansion des tertiären Sektors getragen sein wird, der relativ wenig Rohstoffe verbraucht.

Wachstumsgrenze Umweltverschmutzung

Die Wachstumsgrenze Umweltverschmutzung ist ebenfalls nicht bekannt. Man weiß nicht, welche Schadstoffmengen man der Umwelt aufladen kann, ohne dass das ökologische Gleichgewicht der Umwelt schwer geschädigt wird. Es ist unbekannt, wie viel Kohlendioxyd oder Abwärme man freisetzen kann, ohne dass sich das Klima der Erde unwiderruflich verändert, oder wie viel Radioaktivität, wie viel Schwefel- und Stickoxyde oder Schädlingsbekämpfungsmittel Pflanzen, Tiere und Menschen aufnehmen können, ohne dass die Lebensprozesse unwiderruflich zerstört werden. »Global 2000« führt aus: »Die vielleicht schwerwiegendste Umweltentwicklung wird in der zunehmenden Verschlechterung und dem Verlust von für die Landwirtschaft wesentlichen Ressourcen bestehen. Zu dieser Gesamtentwicklung gehören: Bodenerosion, Nährstoffverlust und Verdichtung der Böden; zunehmende Versalzung sowohl von künstlich bewässerten Böden als auch des für die Bewässerung verwendeten Wassers; Verlust von hochwertigem Ackerland aufgrund der Stadtausdehnung; Ernteschäden aufgrund zunehmender Luft- und Wasserknappheiten ...« (Global 2000, S. 77 ff.).

Gibt es eine absolute Grenze für Umweltbelastungen?

Ohne die Relevanz der grundsätzlichen Problematik infrage stellen zu wollen, muss allerdings konstatiert werden, dass die von den Autoren der obigen beiden Studien gemachten Prognosen bezüglich der **Geschwindigkeit** des Pro-

Ungewisser Zeithorizont für die Grenzendes Wachstums

zesses der Umweltzerstörung und des Ressourcenverbrauchs offensichtlich zu pessimistisch waren. Auf mögliche Gründe hierfür ist bereits oben eingegangen worden.

> Generell gilt: Ohne alle Entwicklungsprognosen und Stagnationstheorien im Einzelnen kritisch zu würdigen, muss darauf hingewiesen werden, dass ein Großteil der Theorien weder die Rolle des technischen Fortschritts noch die bei auftretenden Wachstumshindernissen sich in der Regel ergebenden Strukturwandlungen angemessen berücksichtigt.

27.8.3 Schumpeters These von der »Stagnation der kapitalistischen Entwicklung«

Schließlich gibt es eine Reihe von psychologisch argumentierenden Stagnationstheorien, von denen wir *Schumpeters* These herausgreifen wollen.

Der Pionierunternehmer stirbt aus.

Der Unternehmer als Eigentümer, der Pionierunternehmer, verliert seine Funktion als Wegbereiter des Fortschritts. An seine Stelle tritt der Unternehmer als bezahlter Angestellter (Manager), der nicht mehr den Pioniergeist der frühen Unternehmer-Eigentümer aufweist. Der technische Fortschritt wird zunehmend organisiert und entpersonalisiert und verliert damit einen Teil seiner Dynamik.

Auch das Eigentum verliert seine Funktion als Leistungsanreiz; das Eigentum wird gestückelt und in Aktien und Anteilsscheinen dematerialisiert, der Eigentümer der Aktien weist nicht mehr den Kampfeswillen und Verantwortungsgeist auf wie sein Vorgänger im 19. Jahrhundert. *Schumpeter* glaubte also, dass die Entwicklung zum Managertum und gestückelten Großkapital die Antriebskräfte des Unternehmertums erlahmen lässt.

27.9 Grundmodelle der Wachstumstheorie

Abschließend wollen wir uns in diesem Exkurs mit den Grundelementen der Wachstumstheorie beschäftigen. Wachstumstheoretische Modelle sind naturgemäß in der Analysetechnik anspruchsvoller als etwa die kurzfristigen Modelle der Einkommens- und Beschäftigungstheorie, weil sie sich mit der Entwicklung der Ökonomie in der Zeit beschäftigen. Eine Auseinandersetzung mit dieser Thematik erfordert mithin einen etwas höheren Grad an mathematisch-formaler Analyse, als in den anderen Kapiteln dieses Buches gefordert ist. Da die Wachstumstheorie in den letzten Jahrzehnten innerhalb der Makroökonomik stark an Bedeutung gewonnen hat, wollen wir dem Leser hier zumindest die Gelegenheit bieten, sich einen Zugang zu diesem Gebiet zu verschaffen. Das Studium dieses Exkurses ist jedoch nicht Voraussetzung für das Verständnis der übrigen Kapitel dieses Buches.

In der Wachstumstheorie als Teilgebiet der allgemeinen Makroökonomik wird versucht, den Wachstumsprozess von Einkommen und Beschäftigung modellhaft abzubilden und seine Funktionsweise, d. h. seine zentralen Wirkungszusammenhänge zu analysieren. Dabei stehen drei zentrale Fragenkomplexe im Vordergrund:

1. Gibt es einen gleichgewichtigen Wachstumspfad der Volkswirtschaft, d. h. eine Entwicklung der Ökonomie in der Zeit, bei welcher das Inlandsprodukt (Nationaleinkommen) stets mit derselben Änderungsrate wächst?
2. Von welchen Größen hängt diese Änderungsrate (Wachstumsrate) ab, d. h. unter welchen Bedingungen ist sie größer bzw. kleiner?
3. Ist der gleichgewichtige Wachstumspfad stabil, d. h. kehrt die Volkswirtschaft nach einer Wachstumsstörung (z. B. infolge eines Konjunktureinbruchs) zum gleichgewichtigen Wachstumspfad zurück oder wird sie sich dann im weiteren Zeitablauf immer weiter von diesem entfernen?

Zentrale Fragestellungen der Wachstumstheorie

Ähnlich wie in der kurzfristig orientierten Einkommens- und Beschäftigungstheorie existieren auch hier unterschiedliche, miteinander konkurrierende Theorieansätze mit z. T. entgegengesetzten Antworten auf die obigen Fragen. Auf der einen Seite stehen die nachfrageseitig orientierten Modelle der so genannten **postkeynesianischen Wachstumstheorie**, welche sich eng an die keynesianische Einkommens- und Beschäftigungstheorie anlehnen. Auf der anderen Seite steht die angebotsseitig orientierte **neoklassische Wachstumstheorie** in ihren unterschiedlichen Spielarten, welche im Grundansatz durch die Herangehensweise der klassisch-neoklassischen Denkschule geprägt ist. Wir wollen in den nachfolgenden Kapiteln die grundlegenden Annahmen und Schlussfolgerungen dieser Modellansätze näher untersuchen, ihre zentralen Unterschiede aufzeigen und die Modelle mit Blick auf ihre »Realitätsnähe« gegeneinander abwägen.

Postkeynesianische und neoklassische Paradigmen

27.9.1 Postkeynesianische Wachstumstheorie

27.9.1.1 Die Modellannahmen des postkeynesianischen Wachstumsmodells

Postkeynesianische Wachstumsmodelle untersuchen die sich aus der keynesianischen Theorie ergebenden Konsequenzen für das Wachstum von Einkommen und Beschäftigung in der mittleren und langen Frist. Das Grundmodell dieser Theorieschule wurde bereits Ende der 1930er-Jahre von *Harrod* und *Domar* (unabhängig voneinander) entwickelt. Dabei handelt es sich im Kern um eine Variante des einfachen keynesianischen Einkommen-Ausgaben-Modells, wie wir es schon in Kapitel 10.3.1 kennen gelernt haben. Anders als dort wird jedoch nicht von zinsabhängigen Investitionen ausgegangen, sondern es wird eine Investitionsfunktion unterstellt, bei der sich die Höhe der Investitionen an der **Kapazitätsauslastung** der Unternehmen orientiert. Während die keynesianische Kurzfristanalyse die Investitionen lediglich als Teil der aggregierten Güternachfrage berücksichtigt, untersucht das postkeynesianische Wachstumsmo-

Das Einkommen-Ausgaben-Modell als Ausgangspunkt

Kapazitätsorientierte Investitionen

27.9 Bedeutung und Sicherung des Wachstums
Grundmodelle der Wachstumstheorie

dell die wechselseitigen Abhängigkeiten zwischen Investitionen, gesamtwirtschaftlicher Produktion und Kapazitätsentwicklung.

Den Ausgangspunkt bildet also das bereits in Kapitel 10 vorgestellte Einkommen-Ausgaben-Modell, wobei zur Vereinfachung die staatliche Güternachfrage vernachlässigt sei. Im Gütermarktgleichgewicht gilt also

$Y = C + I$.

Das (reale) Inlandsprodukt bzw. Nationaleinkommen wird der effektiven Güternachfrage entsprechen, welche sich hier aus der Konsum- und der Investitionsgüternachfrage zusammensetzt. Wir unterstellen eine konstante (marginale und durchschnittliche) Sparquote s mit 0<s<1, sodass sich das gesamtwirtschaftliche Sparvolumen $S = Y-C$ aus der Sparfunktion

$S = s \cdot Y$

bestimmt. Im Gütermarktgleichgewicht gilt dann die bekannte Gleichgewichtsbedingung

$I = S$.

Die Investitionen I »finanzieren« sich gerade aus der gesamtwirtschaftlichen Ersparnis S. Abschreibungen sollen hier (und in den nachfolgenden Kapiteln) zur Vereinfachung vernachlässigt werden. Die (Netto-)Investitionen I geben dann den Zuwachs des gesamtwirtschaftlichen Kapitalstocks zur nächsten Periode an ($\Delta K = I$), d. h. den **Kapazitätszuwachs**.

Linear-limitationale Produktionsfunktion

Das postkeynesianische Wachstumsmodell geht nun davon aus, dass zur Produktion einer Einheit Output jeweils der Einsatz einer bestimmten und konstanten Menge der Produktionsfaktoren Kapital und Arbeit benötigt wird. Es ist also eine **linear-limitationale Produktionsfunktion** unterstellt, bei welcher sich Kapital und Arbeit nicht wechselseitig substituieren lassen (vgl. Kapitel 5.2.1). Der **technische Fortschritt** (Prozessinnovationen) wird dabei als quasi arbeitsvermehrend behandelt, d. h. er wirkt so, als würde er die geleistete physische Arbeitsmenge erhöhen. Man spricht dann von »**Arbeit in Effizienzeinheiten**« oder auch von »**effektiver Arbeitsmenge**« (im Weiteren mit L bezeichnet). Formal gilt dann

Arbeitsvermehrender technischer Fortschritt

$L = H \cdot N$.

Der »Technologiefaktor« H spiegelt das aktuelle Niveau des (arbeitsvermehrenden) technischen Fortschritts wider, während N die geleistete physische Arbeitsmenge angibt, die wir der Einfachheit halber durch die Zahl der Beschäftigten messen (N ist hier also die gesamtwirtschaftliche Beschäftigtenzahl).

Die Höhe des Technologiefaktors H gibt also an, wie groß die effektive Arbeitsleistung des einzelnen Beschäftigten gegenüber der Referenzperiode mit H=1 ist (bei unverändertem Arbeitszeitvolumen).

Ein Beispiel für arbeitsvermehrenden technischen Fortschritt

Beträgt der Technologiefaktor z. B. H=2, so bedeutet dies, dass ein Beschäftigter in der aktuellen Periode aufgrund des technischen Fortschritts (im Durchschnitt) das Doppelte eines Beschäftigten der Referenzperiode leistet.

Ein Beispiel zur Verdeutlichung: Nehmen wir an, im Ausgangspunkt brauchte ein Steuerberater zur Bearbeitung der Steuererklärung eines Klienten eine Stunde. Hierfür stand ihm ein einfacher Taschenrechner zur Verfügung. Nun kommt der technische Fortschritt in Form eines geeigneten Computerprogramms. Um die Steuererklärung des Klienten zu bearbeiten, braucht der Steuerberater nun nur noch die Hälfte der Zeit, sprich: eine halbe Stunde. Innerhalb einer Stunde kann er nun also zwei Steuererklärungen abarbeiten, also das doppelte Pensum wie vorher erledigen. Er leistet in einer Stunde nun so viel wie vorher zwei Steuerberater zusammen. Ist der Zustand vor Einführung des programmierbaren Taschenrechners der Referenzpunkt mit $H=1$, so erhöht dessen Nutzung nun den Technologiefaktor auf das Doppelte, d. h. auf $H=2$.

Die gesamtwirtschaftliche Produktionsfunktion des postkeynesianischen Wachstumsmodells kann damit formal durch die Gleichung

$$Y = \min\{K/\gamma, L/\alpha\}$$

dargestellt werden. Dies besagt, dass der Output Y in seiner Höhe stets dem kleineren der beiden Werte K/γ und L/α entsprechen wird. Die Koeffizienten $\gamma>0$ und $\alpha>0$ geben dabei an, wie viele Einheiten Kapital und Effizienzeinheiten Arbeit für die Produktion einer Outputeinheit (produktionstechnisch bedingt) mindestens benötigt werden. Bei Unterbeschäftigung, wenn also eine »Reservearmee« von Arbeitslosen existiert, auf welche jederzeit bei Bedarf zurückgegriffen werden kann, stellt der zur Verfügung stehende Kapitalstock K den eigentlichen »Flaschenhals« im Produktionsprozess dar. Ohne Freikapazitäten wären hier keine unmittelbaren Produktionsanpassungen an unerwartete Nachfrageerhöhungen möglich. Wollen die Unternehmen Rationierungen ihrer Kunden infolge nicht antizipierter Schwankungen der aggregierten Güternachfrage vermeiden (z. B. aus Gründen der Kundenbindung), so müssen sie (gewünschte) **Freikapazitäten** vorhalten. Der aus Unternehmenssicht wünschenswerte bzw. »**befriedigende« Kapitalkoeffizient** sei dabei durch

$$v = (K/Y)_b > \gamma.$$

beschrieben.

Der befriedigende Kapitalkoeffizient v gibt an, welches Kapital-Output-Verhältnis sich ergibt, wenn die Unternehmen die aus ihrer Sicht befriedigenden Freikapazitäten realisieren.

Wir wollen annehmen, dass der befriedigende Kapitalkoeffizient im Ausgangsgleichgewicht vorliegt mit

$$K/Y = (K/Y)_b = v.$$

Für die Unternehmen stellt sich nun das Problem, dass die Schaffung oder auch der Abbau von Kapazitäten Zeit benötigt, d. h. ihre gegenwärtige Investitionsentscheidung determiniert die Höhe der in der nächsten Periode zur Verfügung stehenden Kapazitäten (denn $\Delta K = I$). Um auch in der nächsten Periode die befriedigende Kapazitätsauslastung aufrechtzuerhalten, müssen folglich die (Netto-)Investitionen I gerade so ausfallen, dass der Kapitalstock mit derselben Rate wächst wie das Inlandsprodukt bzw. die Güternachfrage. Es gilt dann also

$\Delta K/K = \Delta Y/Y$ bzw. $I/K = \Delta Y/Y$.

Dabei gibt ΔK bzw. ΔY die Änderung des gesamtwirtschaftlichen Kapitalstocks bzw. des Inlandsproduktes von dieser zur nächsten Periode an. Aus $K = v \cdot Y$ ergibt sich (da v konstant ist) $\Delta K = v \cdot \Delta Y$ und damit die (kapazitätsorientierte) Investitionsfunktion

$I = v \cdot \Delta Y$.

Bei Realisation des befriedigenden Kapitalkoeffizienten v im Ausgangspunkt entspricht das optimale Investitionsvolumen der Unternehmen genau der Output- bzw. Güternachfrageänderung ΔY multipliziert mit v. Genau dann wird die befriedigende Kapazitätsauslastung auch in der nächsten Periode fortbestehen. Die Höhe der Änderung der Inlandsproduktion bzw. der Güternachfrage beeinflusst hier also das Investitionsvolumen positiv (je höher ΔY, umso höher I). In einem solchen Fall spricht man von einem so genannten **Akzeleratoreffekt** (»Beschleunigungseffekt«), weil die Entwicklung von I ihrerseits einen positiven Einfluss auf die Höhe der gesamtwirtschaftlichen Güternachfrage hat (durch den **Multiplikatoreffekt** der Investitionen).

Der Akzeleratoreffekt

Der Leser möge sich dabei vergegenwärtigen, dass die obige Investitionsfunktion nur dann optimal ist, wenn im Ausgangspunkt die befriedigende Kapazitätsauslastung bereits vorliegt. Bei **unerwünschten Fehlauslastungen** im Ausgangspunkt wird es dagegen aus individueller Sicht der Unternehmen rational sein, diese unbefriedigende Ausgangslage im Rahmen ihrer Investitionsplanungen zu berücksichtigen. Dabei ist es aus einzelwirtschaftlicher Sicht plausibel anzunehmen, dass die Unternehmen bei Existenz einer **Kapazitätsunterauslastung** ($K/Y > v$) die Wachstumsrate ihrer Investitionen absenken, bei einer **Kapazitätsüberlastung** ($K/Y < v$) dagegen erhöhen werden. Unterstellt man dies, so ergeben sich hieraus im postkeynesianischen Wachstumsmodell (über die Abfolge von Akzelerator- und Multiplikatoreffekten) gravierende Konsequenzen für die Stabilität des Wachstumsprozesses, wie im Weiteren noch deutlich werden wird.

Kapazitätsfehlauslastungen beeinflussen das Investitionsverhalten.

27.9.1.2 Der gleichgewichtige Wachstumspfad des postkeynesianischen Wachstumsmodells

Es stellt sich nun die Frage, ob hier ein dynamisches Gleichgewicht existiert, d.h. ein gleichgewichtiger Wachstumspfad mit konstanter Wachstumsrate des Inlandsproduktes, in welchem alle Planungen der Akteure stets erfüllt sind. Letzteres ist dann der Fall, wenn

1. der befriedigende Kapitalkoeffizient im Ausgangsgleichgewicht vorliegt,
2. die Investitionen der obigen Investitionsfunktion $I = v \cdot \Delta Y$ entsprechen und
3. die Bedingung für Gütermarktgleichgewicht $I = S = s \cdot Y$ erfüllt ist.

Dann gilt offensichtlich

$$\underbrace{v \cdot \Delta Y}_{I} = \underbrace{s \cdot Y}_{S}.$$

Teil man auf beiden Seiten durch v und Y, so ergibt sich für die Wachstumsrate des Inlandsproduktes

$\Delta Y/Y = s/v$.

Der Term s/v ist die so genannte **befriedigende Wachstumsrate**. Sie gibt an, mit welcher Rate das Inlandsprodukt und damit die gesamtwirtschaftliche Güternachfrage von Periode zu Periode wächst, wenn die Volkswirtschaft stets im Zustand der befriedigenden Kapazitätsauslastung verbleibt. Da s/v konstant ist, befindet sich die Volkswirtschaft dann auf ihrem gleichgewichtigen Wachstumspfad.

Befriedigende Wachstumsrate und gleichgewichtiges Wachstum

In diesem Fall entspricht der **Kapazitätseffekt** der Investitionen I gerade der Änderung der Güternachfrage. Der Kapazitätseffekt gibt dabei an, wie sich der Output bei befriedigender Kapazitätsauslastung infolge der Investitionen erhöht, entspricht also gerade $\Delta Y = I/v$.

Auf dem gleichgewichtigen Wachstumspfad wächst nicht nur das Inlandsprodukt, sondern werden auch alle anderen Out- und Inputs (d. h. I, C, S, K und L) mit der (konstanten) Rate s/v wachsen. Man spricht dann von einem so genannten **Steady-State-Gleichgewicht** (»fortbestehender Zustand«), weil alle In- und Outputs im Zuge des Wachstumsprozesses in festen Relationen zueinander verbleiben und sich nur noch die absoluten Größen der Variablen im Zeitverlauf ändern. Die Gleichheit der Wachstumsraten ergibt sich für C aus der Konsumfunktion $C = (1-s) \cdot Y$, für S aus der Sparfunktion $S = s \cdot Y$, für I aus der Gleichgewichtbedingung $I = s \cdot Y$, für K aus $K/Y = v$ und für L aus der Beziehung $Y = L/\alpha$, welche aus der Produktionsfunktion hergeleitet werden kann.

Der gleichgewichtige Wachstumspfad als Steady-State-Gleichgewicht

Die gleichgewichtige (befriedigende) Wachstumsrate s/v ist bei vorgegebenem Kapitalkoeffizienten v umso höher, je größer die Sparquote s ist. Dies erscheint dahingehend bemerkenswert, dass in der keynesianischen Kurzfristanalyse das Inlandsprodukt umso höher ausfällt, je niedriger die Sparquote ist (also gewissermaßen gerade umgekehrt). Je höher s, umso größer muss im Steady-State-Gleichgewicht die Wachstumsrate des Inlandsproduktes bzw. der Güternachfrage sein. Nur dann können die Zuwächse an aggregierter Nachfrage groß genug sein, um bei gestiegener Sparbereitschaft und folglich schneller wachsenden Kapazitäten keine Abweichungen von der befriedigenden Kapazitätsauslastung entstehen zu lassen. Dies sagt jedoch nichts darüber aus, ob sich die betrachtete Volkswirtschaft im Ausgangspunkt tatsächlich auch auf ihrem gleichgewichtigen Wachstumspfad befindet. Wir haben also lediglich eine Aussage darüber getroffen, wie sich im vorliegenden Modellrahmen der weitere Wachstumsprozess darstellen wird, wenn dies der Fall ist.

Positiver Einfluss der Sparquote auf die gleichgewichtige Wachstumsrate

27.9.1.3 Konjunkturelle Instabilität (»Wachstum auf Messers Schneide«)

Aber ist eine gleichgewichtige Wachstumsentwicklung, wie sie im obigen Kapitel skizziert wurde, auch stabil? Kehrt also die Volkswirtschaft nach einer konjunkturellen Störung ins Steady-State-Gleichgewicht zurück oder wird eine Ausgangsstörung die weitere Wachstumsentwicklung dauerhaft beeinträchtigen?

Die Antwort auf diese Frage hängt zentral davon ab, wie die Unternehmen im Rahmen ihrer Investitionstätigkeit auf Abweichungen von der befriedigenden Kapazitätsauslastung, also auf unerwünschte Fehlauslastungen reagieren. Wir haben bereits eingangs als einzelwirtschaftlich plausibel unterstellt, dass die Unternehmen bei einer gegebenen Kapazitätsunterauslastung ihre bisherige Wachstumsrate der Investitionen absenken werden bzw. diese im Fall einer Kapazitätsüberauslastung erhöhen werden. Fehlauslastungen werden dann im postkeynesianischen Wachstumsmodell über die makroökonomischen Zusammenhänge eine Abfolge von **Akzelerator- und Multiplikatoreffekten** im Zeitverlauf verursachen, welche die Wachstumsrate des Inlandsproduktes immer weiter von der befriedigenden Wachstumsrate wegführen. Der Akzeleratoreffekt ergibt sich aus der Anpassung der Investitionen an die durch die Güternachfrageentwicklung bedingte Kapazitätslage der Unternehmen. Von der Investitionstätigkeit der Unternehmen gehen wiederum Multiplikatoreffekte aus, wie der Leser sich anhand der folgenden Zusammenhänge verdeutlichen kann (vgl. auch Kapitel 10.3.1). Im Gütermarktgleichgewicht gilt

$Y = C + I$.

Die Konsumfunktion ist

$C = (1-s) \cdot Y$.

Durch Einsetzen in die Gütermarktgleichung ergibt sich

$Y = (1-s) \cdot Y + I$.

Durch Auflösen nach Y erhält man

$Y = \frac{1}{s} \cdot I$,

wobei 1/s der elementare Multiplikator ist. Dies hat nun zur Folge, dass die Änderungsrate des Inlandsproduktes (über den elementaren Multiplikator) stets der Änderungsrate der Investitionen entsprechen wird, also

$\Delta Y/Y = \Delta I/I$.

Bleibt nun die Wachstumsrate des Inlandsproduktes (z. B. aufgrund einer konjunkturellen Störung) hinter der befriedigenden Wachstumsrate zurück, so führt dies zu einer Kapazitätsunterauslastung. Infolgedessen sinkt die Änderungsrate der Investitionen ab (Akzeleratoreffekt), was wiederum über den elementaren Multiplikator die Änderungsrate der gesamtwirtschaftlichen Güternachfrage und damit auch der Produktion im selben Umfang vermindert

(Multiplikatoreffekt). Dies bewirkt seinerseits, dass sich die Kapazitätsunterauslastung im Zeitverlauf weiter verstärkt, was die Änderungsrate der Investitionen weiter absinken lässt (Akzeleratoreffekt). Dies führt wieder zu einer entsprechenden Absenkung der Änderungsrate von Y (Multiplikatoreffekt) mit der Folge, dass sich die Unterauslastung abermals verschärft usw.

Die Wachstumsstörung verstärkt sich also im Zeitverlauf immer weiter, weil jede Anpassung der Unternehmen an die veränderte Kapazitätsauslastung zu Multiplikatoreffekten führt, welche die bereits bestehenden Kapazitätsprobleme weiter verschärfen. Der Multiplikatoreffekt ist hier gewissermaßen dem Akzeleratoreffekt stets um einen Schritt voraus. Gleichgewichtiges Wachstum ist im postkeynesianischen Wachstumsmodell also extrem instabil (»**Wachstum auf Messers Schneide**«). Konjunkturelle Nachfrageeinbrüche ziehen (wenn keine nachfragefördernden Störungen dem entgegenwirken) stetig abnehmende Änderungsraten des Inlandsproduktes nach sich, wobei selbst negative Änderungsraten hier nicht ausgeschlossen sind. Bei expansiv wirkenden Nachfragestörungen ergibt sich ein entsprechendes Bild nur mit umgekehrten Vorzeichen in der Anpassungsrichtung.

»Wachstum auf Messers Schneide«

Stabilität des Steady-State-Gleichgewichtes wäre stattdessen dann gegeben, wenn die Unternehmen bei Kapazitätsüberauslastung die Wachstumsrate der Investitionen senken, bei Unterauslastung dagegen erhöhen würden. Dies ist jedoch aus der Perspektive des einzelnen Unternehmens nicht rational, weil jedes Unternehmen davon ausgehen wird, dass seine eigene Investitionsentscheidung die gesamtwirtschaftliche Lage praktisch unbeeinflusst lässt, sodass es nur nach seiner individuellen Kapazitätslage handeln wird. Es kommt hier also zu einem Marktversagen, sodass es gegebenenfalls dem Staat obliegt, z.B. durch antizyklische Fiskalpolitik der Instabilität des Wachstumsprozesses entgegenzuwirken.

Der Konflikt zwischen einzelwirtschaftlicher und gesamtwirtschaftlicher Rationalität

27.9.1.4 Säkulare Instabilität

Neben der im vorangegangenen Kapitel diskutierten konjunkturellen Instabilität ergibt sich im postkeynesianischen Wachstumsmodell noch eine weitere, so genannte säkulare Instabilität. Hierbei geht es um die Frage, ob zumindest im dynamischen Gleichgewicht Vollbeschäftigung gewährleistet ist.

Herrscht Vollbeschäftigung auf dem gleichgewichtigen Wachstumspfad?

Wegen der produktionstechnischen Beziehung $\alpha = L/Y$ wächst die im Produktionsprozess eingesetzte Arbeit in Effizienzeinheiten gerade mit der Änderungsrate des gesamtwirtschaftlichen Output,

$$\Delta L/L = \Delta Y/Y.$$

Ist diese Rate geringer als die Änderungsrate des Arbeitsangebotes in Effizienzeinheiten ($L^s = H \cdot N^s$), so kommt es zwangsläufig zu einem Anstieg der Arbeitslosenquote im Zeitverlauf. Das Wachstum der Güternachfrage reicht dann nicht aus, um über den Produktionsprozess ein Wachstum der Arbeitsnachfrage zu stimulieren, welches hoch genug wäre, um die Arbeitslosenquote zumindest auf dem erreichten Niveau zu halten.

Befindet sich also die Ökonomie im Steady-State-Gleichgewicht, ist jedoch die befriedigende Wachstumsrate s/v kleiner als die Wachstumsrate von L^s, also des effektiven Arbeitsangebotes, so wird sich der Wachstumsprozess bei fortwährend (säkular) steigenden Arbeitslosenquoten vollziehen.

Fortwährend steigende Arbeitslosenquoten bei zu geringem Wirtschaftswachstum

Die Geschwindigkeit dieses Anstiegs wird dabei umso höher ausfallen, je höher die Änderungsrate des (arbeitsvermehrenden) technischen Fortschritts ist bzw. je schneller die Erwerbsbevölkerung anwächst. Da die gleichgewichtige Wachstumsrate s/v hier unabhängig von der Geschwindigkeit des technischen Fortschritts ist, wirkt dieser stets als »Jobkiller«. Ein zu schnelles Wachstum des technischen Fortschritts (bei gegebener Wachstumsrate des Inlandsproduktes s/v) wird dann einen Rationalisierungsprozess bewirken, innerhalb dessen die Arbeitslosenquoten im Zeitverlauf immer weiter ansteigen. Dagegen wären schrittweise Arbeitszeitverkürzungen im Grundsatz geeignet, einen solchen säkularen Trend wachsender Arbeitslosenquoten zu verlangsamen oder sogar zu brechen.

Der technische Fortschritt als »Jobkiller«

27.9.2 Neoklassische Wachstumstheorie

Die neoklassische Wachstumstheorie analysiert die sich aus der klassisch-neoklassischen Einkommens- und Beschäftigungstheorie ergebenden Konsequenzen für das Wachstum einer Volkswirtschaft (vgl. Kapitel 10.2). Sie stellt also den angebotstheoretischen Gegenentwurf zum nachfrageseitig orientierten postkeynesianischen Wachstumsmodell dar. Der Grundansatz der neoklassischen Wachstumstheorie wurde bereits Mitte der 1950er-Jahre durch *Solow* und *Swan* entwickelt, nicht zuletzt deshalb, weil die sich aus der postkeynesianischen Wachstumstheorie ergebende extreme (konjunkturelle) Instabilität des Wachstumsprozesses (»Wachstum auf Messers Schneide«) in der Realität so nicht beobachtet werden konnte. *Solow* und *Swan* unterstellten statt einer limitationalen Produktionsfunktion eine **substitutionale Produktionsfunktion** und zeigten, dass in diesem Fall der gleichgewichtige Wachstumspfad bei (zumindest mittel- und langfristig) flexiblen Güter- und Faktorpreisen stabil ist. Konjunkturelle Störungen können hier lediglich zeitweise zu einem Abweichen der tatsächlichen von der gleichgewichtigen Wachstumsentwicklung führen. Die gleichgewichtige Wachstumsrate hängt dabei von ganz anderen Variablen ab als im postkeynesianischen Modell.

Die neoklassische als Gegenentwurf zur postkeynesianischen Wachstumstheorie

Wir wollen die wichtigsten Eigenschaften der neoklassischen Wachstumstheorie im Rahmen des Grundmodells näher untersuchen und mit denen des postkeynesianischen Wachstumsmodells vergleichen.

27.9.2.1 Die Modellannahmen des neoklassischen Wachstumsmodells
Es gelten die im Folgenden beschriebenen Annahmen.

Marktsystem
Auf allen Märkten herrscht vollkommene Konkurrenz bei voll flexiblen Güter- und Faktorpreisen. Angebot und Nachfrage werden also durch Preisanpassun-

Vollkommen flexible Preise und stets geräumte Märkte

gen stets ins Gleichgewicht gebracht, mithin herrscht Vollbeschäftigung. Die (relativen) Faktorpreise, d. h. der Reallohn und der (reale) Zins werden sich dann stets so anpassen, dass es für die Unternehmen optimal (gewinnmaximierend) ist, die gegenwärtig zur Verfügung stehenden Faktorbestände (-angebote) in vollem Umfang als Produktionsfaktoren nachzufragen. Dies ist dann der Fall, wenn die Grenzprodukte der Faktoren stets den jeweiligen (realen) Faktorpreisen entsprechen (vgl. auch Kapitel 5.7).

Gesamtwirtschaftliche Produktionsfunktion (Technologie)

Die gesamtwirtschaftliche Produktionsfunktion ist substitutional, weist durchgehend positive, aber annehmende Grenzprodukte der Produktionsfaktoren auf und hängt allein von den Produktionsfaktoren Kapital K und Arbeit in Effizienzeinheiten $L = H \cdot N$ ab:

Die substitutionale Produktionsfunktion und ihre Eigenschaften

$Y = F(K, L)$

Der technische Fortschritt (Prozessinnovationen) wird also wieder als quasi arbeitsvermehrend interpretiert und modelltechnisch durch den Technologiefaktor H berücksichtigt, während N wieder für die Zahl der Beschäftigen steht (vgl. hierzu auch Kapitel 27.9.1.1).

Für die Produktionsfunktion wird darüber hinaus unterstellt, dass sie **konstante Skalenerträge** aufweist (vgl. hierzu auch Kapitel 5.3). Dies bedeutet, dass eine Vervielfachung aller Produktionsfaktoren (also hier von K und L) um denselben Faktor eine Vervielfachung des Output um genau diesen Faktor bringen wird. Formal kann dies ausgedrückt werden durch

$\lambda \cdot Y = F(\lambda \cdot K, \lambda \cdot L)$

wobei der Term $\lambda > 0$ den jeweiligen Vervielfachungsfaktor angibt. Setzt man nun $\lambda = 1/L$, so kann die Produktionsfunktion in ihrer so genannten »**intensiven« Form** geschrieben werden:

Darstellung der Produktionsfunktion in ihrer intensiven Form

$$\frac{Y}{L} = F\left(\frac{K}{L}, \frac{L}{L}\right) \quad \text{bzw.} \quad y = F(k, 1) \quad \text{bzw.} \quad y = f(k).$$

Dabei ist

- $y = Y/L$ der produzierte **Output pro Effizienzeinheit der Arbeit** und
- $k = K/L$ die so genannte **effektive Kapitalintensität**, welche das im gegenwärtigen Produktionsprozess eingesetzte Verhältnis zwischen (Sach-)Kapital K und effektiver Arbeitseinsatzmenge L widerspiegelt.

Der Output pro Effizienzeinheit der Arbeit wird bestimmt durch die effektive Kapitalintensität.

Wir haben angenommen, dass die Produktionsfunktion $Y = F(K, L)$ positive, aber abnehmende Grenzprodukte des Kapitals aufweist. Man kann zeigen, dass sich dann Entsprechendes auch für die intensive Produktionsfunktion im Bezug auf die effektive Kapitalintensität k ergibt. Das bedeutet: Der Output pro Effizienzeinheit der Arbeit y wird umso größer sein, je höher k ist. Allerdings wird der sich aus einem Anstieg von k ergebende Zuwachs von y umso geringer ausfallen, je höher das Niveau von k bereits ist.

27.9 Bedeutung und Sicherung des Wachstums
Grundmodelle der Wachstumstheorie

Die durchschnittliche Kapitalproduktivität sinkt mit der Höhe der effektiven Kapitalintensität.

Diese Eigenschaften der intensiven Produktionsfunktion beinhalten, dass die **durchschnittliche Kapitalproduktivität**

$$\frac{Y}{K} = \frac{Y/L}{K/L} = \frac{y}{k} = \frac{f(k)}{k} \quad \text{(Output pro Kapitaleinheit)}$$

mit wachsendem k immer kleiner wird.

Die nachfolgende Abbildung 27-4 verdeutlicht den Sachverhalt. Die Steigungen der dort eingezeichneten Fahrstrahlen Z_1 und Z_2 geben dabei gerade die jeweilige Höhe der durchschnittlichen Kapitalproduktivität für die effektiven Kapitalintensitäten k_1 und k_2 an.

Sparfunktion, Gütermarktgleichgewicht und Faktorwachstum

Das Wachstum der Produktionsfaktoren

Darüber hinaus wird hier (wie im postkeynesianischen Modell) von einer Sparfunktion mit konstanter durchschnittlicher Sparquote s ausgegangen:

$S = s \cdot Y$.

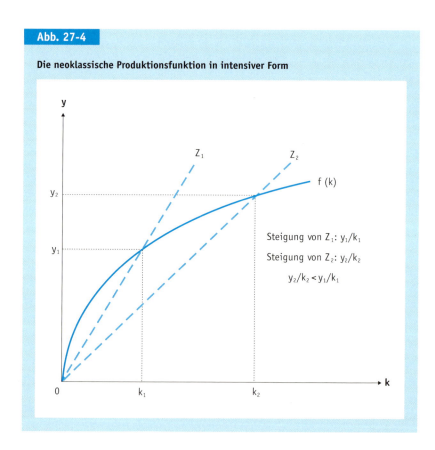

Abb. 27-4

Die neoklassische Produktionsfunktion in intensiver Form

Steigung von Z_1: y_1/k_1
Steigung von Z_2: y_2/k_2
$y_2/k_2 < y_1/k_1$

Im Gütermarktgleichgewicht gilt dann I = S (mit I als den realen Nettoinvestitionen). Der Zuwachs an Kapital im Zeitverlauf entspricht damit wieder

$\Delta K = I = s \cdot Y$.

Die Wachstumsraten (Änderungsraten) der Erwerbspersonenzahl und des technischen Fortschritts (bzw. des quasi arbeitsvermehrenden Faktors H) werden wiederum als positiv und **exogen gegeben** unterstellt, es gilt also

$\hat{N} = \dfrac{\Delta N}{N} = n > 0 \qquad \hat{H} = \dfrac{\Delta H}{H} = h > 0$

Dabei gibt die Summe dieser beiden Wachstumsraten (streng genommen: näherungsweise) die Wachstumsrate der in der Produktion eingesetzten effektiven Arbeitsmenge L = H · N an:

$\hat{L} = n + h > 0$.

27.9.2.2 Der gleichgewichtige Wachstumspfad des neoklassischen Wachstumsmodells (Steady-State)

Es soll nun (analog zur Vorgehensweise in Kapitel 27.9.1.2) untersucht werden, ob auch in dem neoklassischen Modellrahmen ein **Steady-State-Gleichgewicht** existiert, bei welchem alle In- und Outputs mit derselben konstanten Änderungsrate wachsen. Dies würde im Hinblick auf die Inputseite $\hat{K} = \hat{L}$ voraussetzen, sodass die Wachstumsrate des Kapitalstocks $\hat{K}$ der (konstant gegebenen) Wachstumsrate der effektiven Arbeitsmenge $\hat{L} = n + h$ gerade entspricht. Es ist also zunächst zu fragen, unter welchen Bedingungen dies der Fall wäre.

Existiert im neoklassischen Modell ein Steady-State-Gleichgewicht?

Die Wachstumsrate des Kapitalstocks bestimmt sich bei Berücksichtigung von $\Delta K = I = S = s \cdot Y$ aus

$\hat{K} = \dfrac{\Delta K}{K} = \dfrac{I}{K} = \dfrac{S}{K} = s \cdot \dfrac{Y}{K}$,

entspricht also gerade dem Produkt aus Sparquote s und durchschnittlicher Kapitalproduktivität Y/K

Aus den Überlegungen zur Produktionsfunktion wissen wir, dass die durchschnittliche Kapitalproduktivität Y/K = f(k)/k mit wachsender effektiver Kapitalintensität k sinkt (vgl. Abbildung 27-4). Also sinkt auch die Wachstumsrate des gesamtwirtschaftlichen Kapitalstocks $\hat{K}$ mit steigendem k (bei gegebener Sparquote). Liegt nun $\hat{K}$ für sehr kleines k oberhalb von $\hat{L}$ und für sehr großes $\hat{K}$ unterhalb von $\hat{L}$, so wird hier **genau eine** (positive) effektive Kapitalintensität k* existieren, bei welcher $\hat{K} = \hat{L}$ erfüllt ist. Die Abbildung 27-5 verdeutlicht den Sachverhalt.

Es existiert genau eine effektive Kapitalintensität k*, bei welcher Kapital und effektive Arbeitsmenge mit derselben Rate wachsen.

Für k = k* wachsen die Inputs K und L mit derselben Rate (n+h). Dies bedeutet, dass dann die effektive Kapitalintensität k = K/L gerade noch auf ih-

Im Gleichgewicht bleibt die effektive Kapitalintensität im Zeitablauf unverändert.

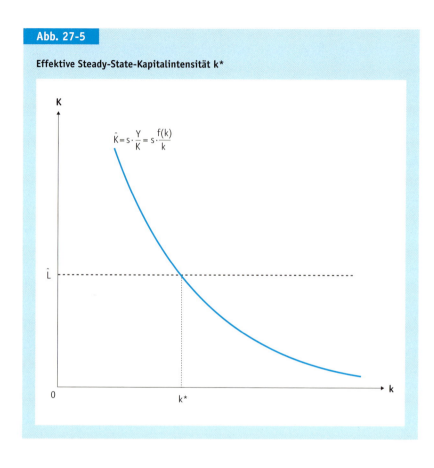

Abb. 27-5

Effektive Steady-State-Kapitalintensität k*

rem erreichten Niveau k* gehalten werden kann, sich also **im Zeitablauf nicht mehr ändert**, denn Nenner und Zähler des Bruches wachsen mit demselben Prozentsatz.

Darüber hinaus wächst dann auch der Output Y mit der Rate der Inputs (aufgrund der konstanten Skalenerträge der unterstellten Produktionsfunktion) und damit ebenso C, S und I (die ersten beiden aufgrund der konstanten Sparquote, das letzte aufgrund der Gleichgewichtsbedingung I = S). Für k = k* liegt also ein Steady-State-Gleichgewicht vor mit

$$\hat{Y} = \hat{C} = \hat{S} = \hat{I} = \hat{K} = \hat{L} = n + h > 0.$$

Bei k* ist die Ökonomie im Steady-State-Gleichgewicht

Die **Steady-State-Wachstumsrate** des neoklassischen Wachstumsmodells entspricht der **Wachstumsrate der effektiven Arbeitsmenge** $\hat{L} = n + h$, welche sich ihrerseits aus der Änderungsrate der Erwerbsbevölkerung n und der Änderungsrate des technischen Fortschritts h zusammensetzt. Im Gegensatz zum postkeynesianischen Modell ist also die Steady-State-Wachstumsrate hier **unabhängig von der Sparquote s**.

Die gleichgewichtige Wachstumsrate für Y ist die Wachstumsrate der effektiven Arbeitsmenge.

Abb. 27-6

Effektive Steady-State-Kapitalintensität und Sparquote

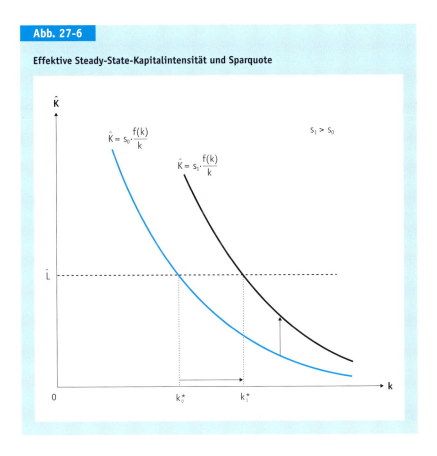

Die Sparquote hat hier lediglich Einfluss auf das **Niveau** des Inlandsproduktes im Steady-State. Je höher s bei gegebener Wachstumsrate der effektiven Arbeitsmenge $\hat{L}$ ausfällt, umso höher ist die im Steady-State erreichbare effektive Kapitalintensität k* und umso größer ist folglich das resultierende Output pro Effizienzeinheit der Arbeit y* (vgl. auch die Abbildung 27-6).

Dagegen wird k* (und damit auch y*) umso geringer sein, je höher $\hat{L}$ bei gegebener Sparquote s ist, wie Abbildung 27-7 verdeutlicht. Je schneller die in der Produktion eingesetzte effektive Arbeitsmenge L wächst, umso geringer ist bei gegebener Sparneigung der Volkswirtschaft das im Steady-State erreichbare Faktoreinsatzverhältnis zwischen Kapital und Arbeit (in Effizienzeinheiten) k*.

Hieraus ergeben sich interessante Schlussfolgerungen in Bezug auf die Entwicklung der **Pro-Kopf-Einkommen** auf dem gleichgewichtigen Wachstumspfad (Steady-State-Wachstumspfad). Da sich das Einkommen **pro Effizienzeinheit der Arbeit** aus

$$y = \frac{Y}{L} = \frac{Y}{H \cdot N} = f(k)$$

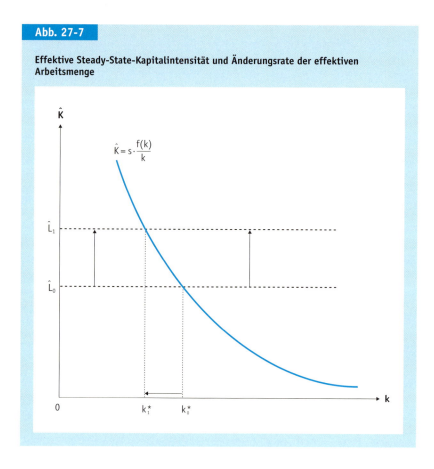

Abb. 27-7

Effektive Steady-State-Kapitalintensität und Änderungsrate der effektiven Arbeitsmenge

bestimmt, erhält man durch beidseitige Multiplikation mit H das **Pro-Kopf-Einkommen**

$$\frac{Y}{N} = H \cdot f(k).$$

Im Steady-State gilt dann

$$\left(\frac{Y}{N}\right)^* = H \cdot f(k^*),$$

wobei $f(k^*)$ konstant ist. Daraus folgt $\left(\widehat{\frac{Y}{N}}\right)^* = \hat{H} = h$.

Das Pro-Kopf-Einkommen (= Durchschnittsproduktivität der Beschäftigen) wächst folglich im Steady-State gerade mit der Änderungsrate des technischen Fortschritts $\hat{H} = h > 0$. Je dynamischer sich der technische Fortschritt entwickelt, umso schneller werden die Pro-Kopf-Einkommen auf dem gleichgewichtigen Wachstumspfad zunehmen. Internationale Unterschiede in den Wachstums-

---

Das Pro-Kopf-Einkommen wächst mit der Änderungsrate des technischen Fortschritts.

raten der Pro-Kopf-Einkommen sind dann auf unterschiedliche Geschwindigkeiten zurückzuführen, mit denen sich der technische Fortschritt innerhalb der Nationen vollzieht.

Daneben wird für jedes (kurzfristig) gegebene Niveau des technischen Fortschritts (d.h. für jedes H) das Pro-Kopf-Einkommen im Steady-State umso höher sein, je geringer die Wachstumsrate der Erwerbsbevölkerung bzw. je höher die Sparquote ausfällt. Je langsamer die Erwerbsbevölkerung wächst bzw. je schneller sich die Vermögens- und damit die Kapitalakkumulation vollzieht, umso größer wird ceteris paribus die effektive Kapitalintensität im Steady-State k^* (vgl. Abbildung 27-6 und 27-7). Bei ähnlichen Niveaus des technischen Fortschritts werden dann internationale Unterschiede zwischen der **Höhe der Pro-Kopf-Einkommen** vornehmlich aus Unterschieden in den Wachstumsraten der Bevölkerung und/oder der Spar- bzw. Investitionsquoten herrühren.

Länder mit relativ hohem Bevölkerungswachstum und relativ niedriger Sparquote (z.B. Entwicklungsländer) werden dann durch relativ niedrige Pro-Kopf-Einkommen gekennzeichnet sein, Länder mit relativ niedrigem Bevölkerungswachstum und relativ hoher Sparquote (z.B. Industrieländer) dagegen mit relativ hohen Pro-Kopf-Einkommen.

27.9.2.3 Stabilität des Steady-State-Gleichgewichtes

Das Steady-State-Gleichgewicht bzw. der gleichgewichtige Wachstumspfad ist nur dann als Referenz-Szenario für die mittel- und langfristige Wachstumsentwicklung geeignet, wenn die betrachtete Volkswirtschaft nach Störungen, also Abweichungen vom Steady-State-Gleichgewicht, zu diesem im Zeitverlauf zurückkehrt. Im postkeynesianischen Modell ist dies nicht der Fall (»Wachstum auf Messers Schneide«), das Steady-State-Gleichgewicht ist dort instabil (vgl. Kapitel 27.9.1.3). Das Steady-State-Gleichgewicht des neoklassischen Wachstumsmodells ist dagegen stabil, wie sich leicht zeigen lässt.

Wir wissen aus unseren vorangegangenen Betrachtungen, dass die Wachstumsrate des Kapitals $\hat{K}$ bei gegebener Sparquote s umso geringer ausfallen wird, je höher die effektive Kapitalintensität $k = K/L$ ist. Im Steady-State-Gleichgewicht mit $k = k^*$ entspricht $\hat{K}$ gerade der (konstant gegebenen) Wachstumsrate der effektiven Arbeitsmenge $\hat{L}$, sodass der erreichte Wert von k im Zeitverlauf gerade noch gehalten werden kann (vgl. Kapitel 27.9.2.2). Wäre nun die effektive Kapitalintensität geringer als ihr Steady-State-Wert ($k < k^*$), so würde $\hat{K}$ über $\hat{L}$ hinaus steigen und folglich $k = K/L$ im Zeitablauf zunehmen, denn der Zähler des Bruches wächst dann mit einem höheren Prozentsatz als der Nenner. Dies wird sich so lange wiederholen, wie noch $k < k^*$ vorliegt, d.h. die effektive Kapitalintensität steigt von Periode zu Periode immer weiter an, bis sie schließlich den Steady-State-Wert k^* (wieder) erreicht und dann auf diesem verbleibt. Entsprechendes ergibt sich für $k > k^*$ mit umgekehrten Vorzeichen. Die Abbildung 27-8 verdeutlicht den Sachverhalt.

Das Wachstumsgleichgewicht im neoklassischen Modell ist stabil.

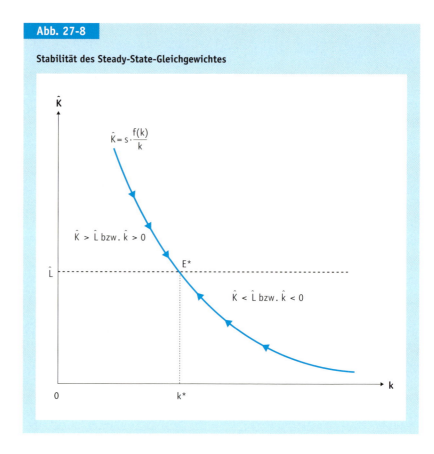

Abb. 27-8

Stabilität des Steady-State-Gleichgewichtes

Das Steady-State-Gleichgewicht des neoklassischen Wachstumsmodells ist **stabil**, die Volkswirtschaft wird im Zeitablauf stets zu ihrem gleichgewichtigen Wachstumspfad zurückkehren, sofern sie sich im Ausgangspunkt der Betrachtung jenseits dieses Pfades befand. Konjunkturelle Störungen haben hier nur einen zeitlich befristeten Einfluss auf die Wachstumsentwicklung.

27.9.3 Die »neue« Wachstumstheorie

Nicht zuletzt aufgrund ihrer formalen Eleganz, mikroökonomischen Fundierung und »realitätsnäheren« Stabilitätseigenschaften hat sich die neoklassische Wachstumstheorie heute gegenüber der postkeynesianischen Wachstumstheorie weitgehend in der wachstumstheoretischen Diskussion durchgesetzt. Allerdings ist das neoklassische Wachstumsmodell selbst seit den 1950er-Jahren in Annahmen und Methodik immer weiter verfeinert und verbessert worden. Eine ausführliche Darstellung der in der heutigen wachstumstheoretischen Literatur anzutreffenden Spielarten der neoklassischen Wachstumstheorie würde ein eigenes Lehrbuch erfordern und kann an dieser Stelle folglich nicht gegeben werden. Wir wollen uns stattdessen auf eine Modellmodifikation beschränken, welche in den 1980er-Jahren – insbesondere beeinflusst durch Arbeiten von *Romer* – zur Bildung einer eigenen Theorieschule innerhalb der neoklassischen Wachstumstheorie geführt hat: der so genannten »**neuen**« **Wachstumstheorie**. Ausgangspunkt dieser Theorierichtung sind zwei fundamentale Kritikpunkte am Standardansatz der neoklassischen Wachstumstheorie:

▸ Zum einen werden dort die zentralen Antriebskräfte des Wachstums, d. h. das Bevölkerungswachstum und insbesondere der technische Fortschritt in ihrem Zustandekommen nicht erklärt, sondern lediglich exogen gesetzt.

▸ Zum anderen ist dort (wie in Kapitel 27.9.2.2 gezeigt) die gleichgewichtige bzw. langfristige Wachstumsrate des Inlandsproduktes unabhängig von der Spar- bzw. Investitionsquote, während empirische Studien hier eher auf einen positiven Einfluss hinweisen.

Die Kritik der neuen Wachstumstheorie am traditionellen neoklassischen Wachstumsmodell

Die neue Wachstumstheorie ist in der Lage, diese beiden Defizite des »traditionellen« neoklassischen Wachstumsmodells durch eine im Grundansatz sehr einfache Modifikation zu beseitigen: Sie setzt den technischen Fortschritt, d. h. den quasi arbeitsvermehrenden Faktor H, in eine positive funktionale Abhängigkeit von der (physischen, nicht effektiven) Kapitalintensität K/N, und zwar üblicherweise mittels der einfachen Form

Endogener technischer Fortschritt in der neuen Wachstumstheorie

$H = K / N$ (endogener technischer Fortschritt).

Damit wird unterstellt, dass die effektive Arbeitsleistung des einzelnen Beschäftigten umso größer ist, je kapitalintensiver produziert wird, je mehr Kapital also pro Beschäftigten zur Verfügung steht. Dies wird im einfachsten Fall dadurch begründet, dass von steigenden (gesamtwirtschaftlichen) Kapitalintensitäten, also wachsender Technisierung der Produktion, positive externe Effekte auf die Humankapitalbildung ausgehen (z. B. in Form des »Learning-by-doing«). Der Faktor H wird dann als das durchschnittliche **Humankapital** der Beschäftigten interpretiert, während $L = H \cdot N$ das gesamtwirtschaftlich eingesetzte Humankapital ist. Ansonsten gelten dieselben Grundannahmen wie im Standardmodell der neoklassischen Wachstumstheorie.

Die effektive Kapitalintensität $k = K/L = K/(H \cdot N)$ nimmt dann wegen $H = K/N$ immer den Wert Eins an und der gesamtwirtschaftliche Output bestimmt sich aus

$$Y = y \cdot L = f(k) \cdot L = f(K/L) \cdot L = f\left(\frac{K}{H \cdot N}\right) \cdot H \cdot N = \mathbf{f(1) \cdot K}$$

Häufig wird für die konstante Größe f(1) einfach der Buchstabe A verwendet, sodass sich die gesamtwirtschaftliche Produktionsfunktion durch den Ausdruck

Die lineare AK-Produktionsfunktion als Ergebnis des endogenen technischen Fortschritts

$Y = A \cdot K$

abbilden lässt. Man spricht dann von einem so genannten »**AK-Modell**«. A bzw. f(1) entspricht dabei gerade der **durchschnittlichen Kapitalproduktivität Y/K**, welche hier also – im Gegensatz zum »traditionellen« neoklassischen Wachstumsmodell – immer konstant, d. h. im Zeitablauf unverändert bleibt. Die Wachstumsrate des Inlandsproduktes Y folgt dann stets der Wachstumsrate des gesamtwirtschaftlichen (Sach-)Kapitalbestands K. Es gilt also

$$\hat{Y} = \hat{K}.$$

Bei konstanter Sparquote s und Gütermarktgleichgewicht (I = S) bestimmt sich $\hat{K}$ wiederum aus

$$\hat{K} = \frac{I}{K} = \frac{S}{K} = s \cdot \frac{Y}{K} = s \cdot \frac{A \cdot K}{K} = s \cdot A$$

Die gleichgewichtige Wachstumsrate des Inlandsproduktes

sodass auch

$$\hat{Y} = s \cdot A.$$

Das gesamtwirtschaftliche Output wächst hier also immer mit der Rate s·A, wird also umso schneller wachsen, je höher die Sparquote s ist. Der Leser möge sich vergegenwärtigen, dass der Term 1/A dabei gerade dem Kapitalkoeffizienten v = K/Y entspricht, denn

$$v = \frac{K}{Y} = \frac{K}{A \cdot K} = \frac{1}{A}.$$

Die Wachstumsrate der neuen Wachstumstheorie ist also bei genauer Betrachtung nichts anderes als die Steady-State-Wachstumsrate des postkeynesianischen Wachstumsmodells s/v = A · s.

Gleichzeitig gilt wegen der unterstellten Koppelung des Humankapitalfaktors H an die Kapitalintensität entsprechend H = K/N, dass hier die Wachstumsrate des technischen Fortschritts

$$\hat{H} = \hat{K} - \hat{N} = s \cdot A - n$$

ist (mit n als der Wachstumsrate der Erwerbsbevölkerung, für welche wir n < s · A annehmen). Wegen $\hat{Y} = \hat{K} = s \cdot A$ muss dann für die Wachstumsrate des Inlandsproduktes auch gelten

$$\hat{Y} = n + \hat{H} = \hat{L}.$$

Die Wachstumsrate des gesamtwirtschaftlichen Outputs entspricht damit nicht nur s/v = s · A, sondern auch der Änderungsrate der effektiven Arbeitsmenge $\hat{L}$. Mit anderen Worten:

Die Steady-State-Wachstumsrate der neuen Wachstumstheorie ist **sowohl die Rate des postkeynesianischen Modells s/v als auch diejenige des traditionellen neoklassischen Modells $\hat{L}$**, weil sich beide Raten über die unterstellte Form des endogenen technischen Fortschritts H = K/N stets gerade entsprechen werden ($\hat{L} = s \cdot A = s/v$).

Der Einfluss von Sparquote und Bevölkerungswachstum auf die Wachstumsrate der Pro-Kopf-Einkommen

Die Wachstumsrate der **Pro-Kopf-Einkommen** ist dabei wie im neoklassischen Standardmodell gleich der Änderungsrate des technischen Fortschritts $\hat{H}$, nur dass dieser wegen $\hat{H} = s \cdot A - n$ nun positiv abhängig von der Höhe der

Sparquote und negativ abhängig von der Höhe des Bevölkerungswachstums ist. Im Hinblick auf den **internationalen Vergleich** der Wachstumsraten der Pro-Kopf-Einkommen bedeutet dies:

In Ländern mit relativ hohem Bevölkerungswachstum und relativ niedriger Sparquote (z. B. Entwicklungsländer) werden die Pro-Kopf-Einkommen langsamer, d. h. mit geringerer Rate wachsen als in Ländern mit niedrigem Bevölkerungswachstum und hoher Sparquote (z. B. Industrieländer). Das Modell der neuen Wachstumstheorie kann damit erklären, warum sich die Schere der Pro-Kopf-Einkommen von 1. Welt und 3. Welt nicht nur absolut, sondern auch relativ im Zeitablauf immer weiter verbreitert hat.

Darüber hinaus gilt hier: Im Gegensatz zum postkeynesianischen Wachstumsmodell ist die Steady-State-Wachstumsrate $s/v = A \cdot s$ im Modell der neuen Wachstumstheorie **stabil.**

Genauer formuliert: Die Volkswirtschaft befindet sich **immer** im Steady-State-Gleichgewicht, denn es gilt technologisch bedingt immer $Y = f(1) \cdot K$, die Volkswirtschaft »springt« also **ohne weitere Anpassungsprozesse** in ihren Steady-State. Im Hinblick auf die Empirie ist diese Form der Stabilität jedoch ein »zweischneidiges Schwert«. Zwar vermochte es die neue Wachstumstheorie, die unrealistisch extreme Instabilität des postkeynesianischen Wachstumsmodells zu überwinden und dennoch einen Einfluss der Spar- bzw. Investitionsquote auf die gleichgewichtige Wachstumsrate abzuleiten. Die sofortige Anpassung der Volkswirtschaft an den Steady-State **ohne jeden Zeitverzug** ist jedoch ihrerseits – empirisch betrachtet – unrealistisch. Hinzu kommt, dass die Ergebnisse der neuen Wachstumstheorie bezüglich der gleichgewichtigen Wachstumsrate existenziell von der spezifischen Form der Koppelung des Humankapitalfaktors H an die gesamtwirtschaftliche Kapitalintensität K/N abhängig sind. Diese Form wiederum ist **alles andere als zwingend**. Insofern (und aus anderen Gründen) ist zu konstatieren, dass die Debatte um das »realitätsnähere« Modell in der Wachstumstheorie und damit um die zentralen Determinanten und Wirkungszusammenhänge des Wachstumsprozesses – zumindest in Bezug auf die »traditionelle« und die »neue« (neoklassische) Wachstumstheorie – alles andere als entschieden ist.

Die extreme Stabilität des Wachstumsgleichgewichtes

Arbeitsaufgaben Kapitel 27

1. Erklären Sie folgende Begriffe:
   - extensives bzw. intensives Wachstum,
   - reales Wachstum,
   - Infrastruktur und
   - primärer, sekundärer, tertiärer Sektor.

2. Diskutieren Sie das Wachstumsziel (erörtern Sie mögliche Vor- und Nachteile).

3. Inwiefern sind Infrastrukturinvestitionen für das Wachstum bedeutsam und warum muss der Staat diese Investitionen durchführen?

4. Geben Sie Beispiele für die Bedeutung des technischen Fortschritts für das Wachstum von Volkswirtschaften.

5. Welche Bedeutung hat Bildung für das Wachstum einer Volkswirtschaft wie die der Bundesrepublik Deutschland?

6. Warum ist der Wachstumsprozess durch gleichzeitigen Strukturwandel gekennzeichnet? Welcher Art ist dieser Strukturwandel?

7. Inwiefern kann man Wachstum als ein Verteilungsproblem zwischen Generationen interpretieren?

8. Wie kann der Staat das Wachstum fördern?

9. Skizzieren Sie die Grundgedanken der Studie »Grenzen des Wachstums«.

10. Welche Vorbedingungen und Antriebskräfte haben zum Wachstum im vorigen Jahrhundert beigetragen? Sind diese Faktoren heute noch von Bedeutung?

Die nachfolgenden Aufgaben beziehen sich auf das Kapitel 27.9:

11. Was verstehen sie unter den Begriffen:
    - Gleichgewichtiges Wachstum des Inlandsproduktes,
    - Steady-State-Gleichgewicht?

12. Erläutern Sie die wesentlichen Modellelemente und Schlussfolgerungen des postkeynesianischen Wachstumsmodells.

13. In welchen zentralen Annahmen und Schlussfolgerungen unterscheidet sich das (traditionelle) neoklassische Wachstumsmodell vom postkeynesianischen?

14. Worin unterscheidet sich die »neue« von der »traditionellen« neoklassischen Wachstumstheorie?

15. Inwiefern bringt die neue Wachstumstheorie eine Synthese zwischen dem postkeynesianischen und dem neoklassischen Ansatz?

16. Versuchen Sie mithilfe der neuen Wachstumstheorie zu erklären, warum die Pro-Kopf-Einkommen in Industrieländern schneller wachsen als in Entwicklungsländern.

Lösungsvorschläge für die Arbeitsaufgaben finden Sie im »Übungsbuch zu Grundlagen und Probleme der Volkswirtschaft«.

Literatur Kapitel 27

Giersch, Herbert: Konjunktur- und Wachstumspolitik, Wiesbaden 1977.
Global 2000: Der Bericht an den Präsidenten, Frankfurt/M. 1980.
Meadows, Dennis u. a.: Die Grenzen des Wachstums. Bericht des Club of Rome zur Lage der Menschheit, Stuttgart 1972.

Eine didaktisch gute Darstellung des Solow-Modells liefert:
Mankiw, N. Gregory: Makroökonomie, 5. Aufl., Stuttgart 2003.

Einen allgemeinen Überblick zum Thema verschaffen:
Siebert, Horst: Einführung in die Volkswirtschaftslehre, 15. Aufl., Stuttgart 2007.
Woll, Artur: Allgemeine Volkswirtschaftslehre, 15. Aufl., München 2006.

Ausführlicher zum Thema Wachstumspolitik informieren:
Giersch, Herbert: Konjunktur- und Wachstumspolitik in der offenen Wirtschaft, Allgemeine Wirtschaftspolitik, 2. Bd., Wiesbaden 1992.

Speziell zum Problem der Grenzen des Wachstums vgl..
Meadows, Dennis, u. a.: Die Grenzen des Wachstums, Bericht des Club of Rome zur Lage der Menschheit, Stuttgart 1972 (16. Aufl. 1994).
Global 2000: Der Bericht an den Präsidenten. Deutsche Ausgabe Frankfurt/M. 1980.

Einen tiefer gehenden Einblick in die Modelle der Wachstumstheorie vermitteln:
Frenkel, Michael /Hans-Rimbert Hemmer: Grundlagen der Wachstumstheorie, München 1999.
Kromphardt, Jürgen: Wachstum und Konjunktur, 3. Aufl., Göttingen 1993.
Maußner, Alfred/Rainer Klump: Wachstumstheorie, Berlin, Heidelberg, New York 1996.

Einen kurzen vergleichenden Überblick zur Wachstumstheorie liefert
Wolf, Holger C.: Wachstumstheorien im Widerstreit. Konvergenz oder Divergenz, in: Wirtschaftswissenschaftliches Studium (WiSt), 23. Jg. (1994), S. 187–193.

In die empirische Wachstumsanalyse führen ein:
Hemmer, Hans-Rimbert/Andreas Lorenz: Grundlagen der Wachstumsempirie, München 2004.

28 Konjunktur und Krise

Leitfragen

Was sind konjunkturelle Schwankungen und wie kann man sie beschreiben?

▸ Wie ist der Konjunkturzyklus zu beschreiben?

▸ Welche wirtschaftlichen Größen spiegeln den Konjunkturzyklus wider?

▸ Kann man Konjunkturschwankungen vorhersagen?

Wie lassen sich Schwankungen der gesamtwirtschaftlichen Aktivität erklären?

▸ Warum haben expansive und kontraktive Entwicklungen die Tendenz, sich zunächst selbst zu verstärken?

▸ Wie kommt es zu einer Umkehrung der wirtschaftlichen Entwicklung, vom Aufschwung zum Abschwung und vom Abschwung zum Aufschwung?

▸ Welche Rolle spielt der »Pionierunternehmer« im Konjunkturzyklus?

▸ Sind Konjunkturschwankungen auf staatliche Eingriffe in den Wirtschaftsprozess zurückzuführen?

28.1 Das Erscheinungsbild der Konjunktur

Die Existenz von Schwankungen der ökonomischen Aktivität ist empirisch kaum bestreitbar. Unterschiedlich sind dagegen die Auffassungen darüber, ob solche Schwankungen heute noch hinreichend regelmäßig sind, um von zyklischen Schwankungen sprechen zu können, und welches die Ursachen für beobachtbare Schwankungen der ökonomischen Aktivität sind. Dieser Problembereich soll in diesem Kapitel näher diskutiert werden.

Die Wirtschaft steht niemals still. Praktisch alle wirtschaftlichen Größen erfahren im Zeitablauf Änderungen. Auch die Höhe des Inlandproduktes und seiner Komponenten – privater Konsum, private Investitionen, Staatsausgaben und Außenbeitrag – erfuhren in der Vergangenheit große und überraschend regelmäßige Änderungen. Die Abbildung 28-1 zeigt die Entwicklung des realen Bruttoinlandsproduktes in Deutschland von 2005 bis Mitte 2009. Die Abbildung zeigt bis zum ersten Quartal 2008 einen positiven Trend für das reale BIP, um den das tatsächliche BIP schwankt. Im zweiten Quartal 2008 erfolgt eine Trend-

Die Wachstumsraten des Inlandsproduktes schwanken relativ regelmäßig.

28.1 Konjunktur und Krise
Das Erscheinungsbild der Konjunktur

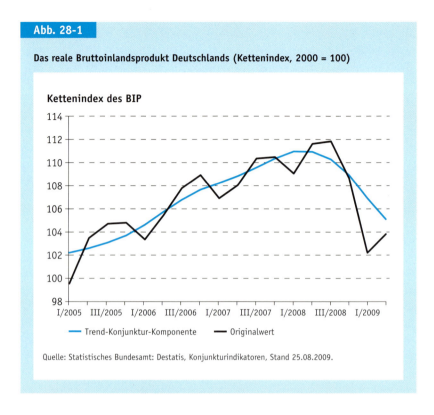

Abb. 28-1: Das reale Bruttoinlandsprodukt Deutschlands (Kettenindex, 2000 = 100)

Quelle: Statistisches Bundesamt: Destatis, Konjunkturindikatoren, Stand 25.08.2009.

wende, die bis Mitte 2009 anhält und schließlich zu negativen Wachstumsraten des Bruttoinlandsproduktes führt.

Folgende Feststellung gilt allgemein für Marktwirtschaften:
- Langfristig ist eine anhaltende Zunahme des realen Inlandsproduktes und des gesamtwirtschaftlichen Produktionspotenzials in allen Ländern zu beobachten (**Trend**).
- Um diesen Trend sind Veränderungen des Inlandsproduktes und **Schwankungen im Auslastungsgrad** des gesamtwirtschaftlichen Produktionspotenzials mit einer gewissen Regelmäßigkeit zu beobachten.

Die Schwankungen im Auslastungsgrad des Produktionspotenzials sind in der Abbildung 28-2 stilisiert dargestellt.

Konjunkturzyklen sind Schwankungen im Auslastungsgrad des Produktionspotenzials.

Die mit einer gewissen Regelmäßigkeit auftretenden (daher auch zyklisch genannten) Schwankungen im Auslastungsgrad des Produktionspotenzials bzw. die Schwankungen der Produktion um ihren langfristigen Trend bezeichnen wir als **Konjunkturzyklen**.

28.1 Das Erscheinungsbild der Konjunktur

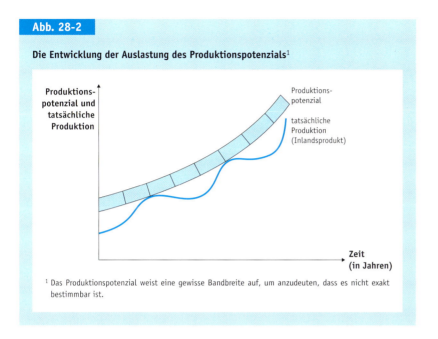

Abb. 28-2

Die Entwicklung der Auslastung des Produktionspotenzials[1]

[1] Das Produktionspotenzial weist eine gewisse Bandbreite auf, um anzudeuten, dass es nicht exakt bestimmbar ist.

Obwohl kein Konjunkturzyklus dem anderen gleicht, lässt sich doch ein **Grundmuster des Konjunkturverlaufs** angeben (vgl. Abbildung 28-3).
Die **Krise (Depression)** ist durch starke Arbeitslosigkeit und geringe Kapazitätsauslastung gekennzeichnet, das Vertrauen in die wirtschaftliche Entwicklung und die Bereitschaft, Investitionen zu tätigen, sind gering.

Der **Aufschwung (Expansion)** manifestiert sich in einer erst langsamen, dann sich beschleunigenden Zunahme der Produktion, der Verkäufe, der Ge-

Phasen eines Konjunkturzyklus

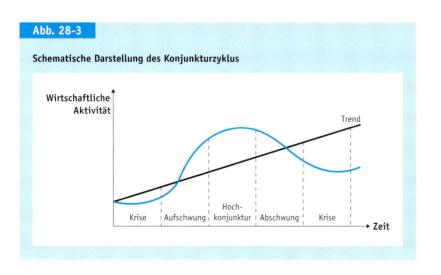

Abb. 28-3

Schematische Darstellung des Konjunkturzyklus

winne. Die Arbeitslosigkeit nimmt in der Regel ab und das Vertrauen in die wirtschaftliche Entwicklung steigt. Mit zunehmender Kapazitätsauslastung wird auch die Investitionstätigkeit wieder zunehmen.

Die **Hochkonjunktur (Boom)** ist durch beginnende Engpässe in den verschiedenen Industrien, große Investitionstätigkeit und zunehmende Preissteigerungen gekennzeichnet.

Der **Abschwung (Rezession)** bezeichnet den beginnenden und sich allmählich verstärkenden Rückgang der wirtschaftlichen Aktivität. Es sinken Nachfrage, Produktion, Investition, Gewinne und Beschäftigung.

Dieses schematisierte Grundmuster des Konjunkturzyklus ist neuerdings durch relativ große sektorale Unterschiede (z. B. zwischen der Stahlindustrie, der Chemieindustrie, der Bauwirtschaft usw.) gekennzeichnet und die Grenzen zwischen den einzelnen Konjunkturphasen sind fließend.

Dauer von Konjunkturzyklen

Wie lange dauert normalerweise ein Konjunkturzyklus? Diese Frage ist nicht generell zu beantworten, da man Konjunkturzyklen ganz verschiedener Länge unterscheidet. Häufig beobachtet werden Zeiträume von 3 bis 5 Jahren, in denen alle Phasen des Auf- und Abschwungs durchlaufen werden. So ist der Konjunkturrhythmus der Bundesrepublik Deutschland gekennzeichnet durch die Krisen von 1949, 1954, 1958, 1962/63, 1967, 1971, 1975, 1981, 1987, 1992, 1996 und 2003, also durch eine Zyklusdauer von 4 bis 7 Jahren.

28.2 Konjunkturindikatoren

Einige Konjunkturindikatoren

Die einzelnen Phasen des Konjunkturzyklus schlagen sich in den Veränderungen einer Vielzahl ökonomischer Größen nieder, von denen wir im Folgenden einige aufzeigen wollen.

▶ **Präsensindikatoren**

Der Konjunkturverlauf wird häufig durch die Schwankungen des realen Bruttoinlandsproduktes und dessen Entwicklungstrend beschrieben. In der statistischen Praxis bevorzugt man wegen seiner schnelleren statistischen Verfügbarkeit oft den Produktionsindex für das Produzierende Gewerbe als so genannten Präsensindikator (vgl. Abbildung 28-4). Als typischer Präsensindikator gilt auch die Entwicklung der Anlageinvestitionen.

▶ **Spätindikatoren**

Als weiterer Konjunkturindikator wird die Situation auf dem Arbeitsmarkt angesehen. Allerdings reagiert der Arbeitsmarkt mit deutlicher zeitlicher Verzögerung – es handelt sich um einen so genannten Spätindikator. Wichtige Spätindikatoren sind auch die Preise, die den konjunkturellen Entwicklungen nur sehr verzögert folgen.

Konjunkturindikatoren 28.2

Abb. 28-4

Produktionsindex des Produzierendes Gewerbes in Deutschland (2005 = 100)

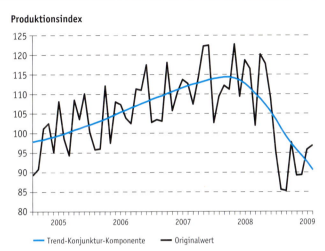

Quelle: Statistisches Bundesamt: Destatis, Konjunkturindikatoren, Stand 08.09.2009.

Abb. 28-5

Volumenindex des Auftragseingangs im Verarbeitenden Gewerbe (2005 = 100)

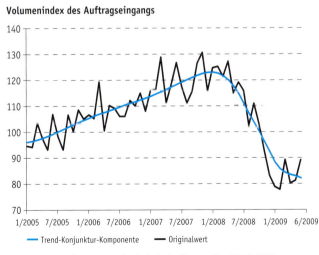

Quelle: Statistisches Bundesamt: Destatis, Konjunkturindikatoren, Stand 07.09.2009.

28.2 Konjunktur und Krise
Konjunkturindikatoren

▶ **Frühindikatoren**

Neben Präsens- und Spätindikatoren gibt es auch so genannte Frühindikatoren, die dem tatsächlichen Konjunkturverlauf vorauseilen. Dies sind z. B. die Auftragseingänge eines wichtigen Wirtschaftszweiges, wie des Verarbeitenden Gewerbes, die in Abbildung 28-5 abgebildet sind. Die Abbildung zeigt deutlich, dass der erwartete Abschwung sich hier schon unmittelbar zu Beginn des Jahres 2008 abzeichnet, während der Index der Produktion später reagiert.

Ein immer stärker beachtetes Frühindikatorensystem stellt das monatlich bereitgestellte Geschäftsklima-Indexsystem des IFO-Instituts München dar, das in Abbildung 28-6 wiedergegeben ist.

Je höher die Indizes, desto optimistischer ist die Wirtschaft. Die Abbildung zeigt, dass drei Indizes ermittelt werden. Bei dem »Lageindex« beurteilen die befragten Unternehmen ihre augenblickliche Geschäftslage als gut, befriedigend oder schlecht, wobei befriedigend als neutral eingestuft wird. Aus der Summe der positiven und negativen Abweichungen vom neutralen Wert ergibt sich unter Berücksichtigung der Bedeutung der jeweiligen Branchen der Lageindex. Ganz ähnlich verfährt man bei der Ermittlung des Indexes für die Geschäftsaussichten. Der (Geschäfts-)Klimaindex ist ein Mittelwert zwischen dem Index für die Lage und für die Aussichten.

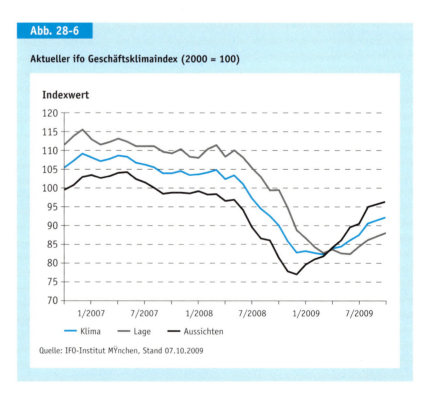

Abb. 28-6

Aktueller ifo Geschäftsklimaindex (2000 = 100)

Quelle: IFO-Institut München, Stand 07.10.2009

Die Abbildung zeigt, dass sich die Indexwerte trendmäßig schon seit spätestens Juli 2007 nach unten bewegten. Interessant ist auch, dass beim Aufschwung seit dem 2. Quartal 2009 die »Aussichten« dem »Klima« und insbesondere der »Lage« voraneilen.

Allerdings sollte die Zuverlässigkeit solcher Frühindikatoren nicht überschätzt werden. Mit neuen Informationen kann sich das Bild schlagartig wandeln. Daher sind die Vorhersagen der Volkswirte nicht unfehlbar, aber meist zutreffender als die von Kartenlegerinnen (*Paul Samuelson*, bekannter US-Ökonom).

28.3 Erklärung des Konjunkturzyklus

Die Erklärungen des Konjunkturzyklus sind zahlreich, doch sie stellen nicht unbedingt Gegensätze dar, vielmehr setzen die Vertreter bestimmter Theorien meist nur unterschiedliche Schwerpunkte. Der Leser erinnere sich an die Erläuterungen in der Einleitung, die gezeigt haben, wie schwierig es ist, eindeutige Erklärungen zu finden. Daher müssen oft mehrere Erklärungen akzeptiert werden. Beobachtete Konjunkturschwankungen vollziehen sich in der Realität im Rahmen einer wachsenden Wirtschaft, also in einer Wirtschaft, in der der Produktionsapparat (Kapitalstock) durch Nettoinvestitionen laufend verbessert und erweitert wird. Es ist nun denkbar, dass sich eine Volkswirtschaft störungsfrei entwickelt, d. h. z. B. jährlich konstant um 5 Prozent wächst. Aufgrund der **Labilität der Investitionen** ist ein solches gleichgewichtiges Wachstum allerdings sehr unwahrscheinlich. Der »gleichgewichtige Wachstumspfad« ist, bildlich gesprochen, sehr schmal, und bei Abweichungen von diesem Pfad verstärken sich erfahrungsgemäß zunächst die Abweichungen, schwächen sich dann aber ab und führen schließlich zu einer Umkehrung, die allerdings wieder über das Ziel hinausschießt usw. Es ist also die Vorstellung eines Korridors angemessen, innerhalb dessen sich die wirtschaftlichen Aktivitäten zyklisch um den gleichgewichtigen Wachstumspfad bewegen.

Einen grundlegenden Erklärungsansatz für diese Schwankungen liefert die so genannte **postkeynesianische Konjunkturtheorie**, welche auf dem in Kapitel 10.3.1 behandelten keynesianischen Einkommen-Ausgaben-Modell aufbaut und eine gewisse Ähnlichkeit zu dem in Kapitel 27.9.1 behandelten postkeynesianischen Wachstumsmodell (*Harrod-Domar*-Modell) aufweist. Der Konjunkturzyklus ergibt sich hier infolge fehlerhafter Erwartungen der Investoren bezüglich der weiteren Entwicklung der gesamtwirtschaftlichen Güternachfrage. Wir wollen im Weiteren die zentralen Zusammenhänge analysieren, welche in diesem Modellrahmen zum Konjunkturzyklus führen. Im Anschluss hieran werden einige zusätzliche Aspekte der Bestimmungsgründe der konjunkturellen Entwicklung dargestellt und diskutiert.

28.3.1 Das postkeynesianische Konjunkturmodell (Akzelerator-Multiplikator-Modell)

Das Modell geht von den folgenden Annahmen aus:

Die Höhe des Inlandsproduktes bzw. des Nationaleinkommens jeder Periode t wird durch die Höhe der gesamtwirtschaftlichen Güternachfrage der Periode bestimmt:

$Y_t = Y_t^d$.

Die Güternachfrage Y_t^d setzt sich aus den Bestandteilen Konsum C_t, den so genannten induzierten Investitionen I_t^{ind} und der autonomen Güternachfrage A_t zusammen:

$Y_t^d = C_t + I_t^{ind} + A_t$

Die autonome Güternachfrage A_t ist die Summe aller einkommensunabhängigen Bestandteile der Güternachfrage (z. B. die staatliche Güternachfrage).

Der Konsum C_t hängt nicht vom laufenden Einkommen der Periode Y_t ab, sondern vom **Einkommen der Vorperiode Y_{t-1}**:

$C_t = c \cdot Y_{t-1}$

mit $0 < c < 1$ als konstanter (marginaler und durchschnittlicher) Konsumquote. Dies kann in unterschiedlicher Weise begründet werden:
- Wir könnten unterstellen, dass die Haushalte zum Zeitpunkt der Konsumentscheidung ihr laufendes Periodeneinkommen noch nicht kennen und dabei stets erwarten, in der laufenden Periode dasselbe Einkommen wie in der Vorperiode zu erzielen oder
- wir könnten annehmen, dass die Einkommen der laufenden Periode zeitverzögert erst zu Beginn der nächsten Periode an die Haushalte ausgeschüttet werden, sodass das laufende **verfügbare** Einkommen der Haushalte stets das in der Vorperiode **erwirtschaftete** Einkommen ist (so genannter Robertson-Lag).

Die **induzierten Investitionen** I_t^{ind} stehen annahmegemäß in einem festen Verhältnis v zu der Y-Änderung von der vorletzten Periode t-2 zur letzten Periode t-1:

$I_t^{ind} = v \cdot (Y_{t-1} - Y_{t-2})$ mit $v > 0$.

Dies kann folgendermaßen begründet werden: Die Investoren orientieren sich in ihrer Investitionstätigkeit bzw. in ihrem Kapazitätenaufbau an der von ihnen erwarteten Entwicklung der Güternachfrage. Der (konstante) Kapitalkoeffizient v gibt dabei an, wie viele Einheiten Kapital auf eine Einheit Inlandsprodukt von den Unternehmen als produktionstechnisch »optimal« angesehen wird. (Das Konzept ist hier also ähnlich wie im postkeynesianischen Wachstumsmodell in Kapitel 27.9.1) Je stärker die Güternachfrage in der Erwartung der Investoren zur nächsten Periode anwachsen wird, umso höher werden folglich die induzierten Investitionen ausfallen, sie werden also durch erwartete

Nachfrageänderungen hervorgerufen (»induziert«). Wir unterstellen nun, dass die Investoren zum Zeitpunkt ihrer Investitionsentscheidung die aktuelle Güternachfrage (und natürlich die Nachfrage der darauf folgenden Periode) noch nicht kennen und deshalb davon ausgehen (erwarten), dass die letzte bekannte Änderung der Güternachfrage (eben $Y_{t-1}-Y_{t-2}$) sich fortschreibt.

Im Gütermarktgleichgewicht bestimmt sich damit das Inlandsprodukt der laufenden Periode aus

$$Y_t = \underbrace{c \cdot Y_{t-1}}_{C_t} + \underbrace{v \cdot (Y_{t-1} - Y_{t-2})}_{I_t^{ind}} + A_t$$

> Die Abhängigkeit des laufenden Einkommens von der vorangegangenen Einkommensentwicklung

Es hängt also insbesondere von den Einkommens- bzw. Güternachfrageniveaus der letzten beiden Vorperioden ab.

Wächst nun die autonome Güternachfrage mit einer (beliebig gewählten) Änderungsrate g, so würde sich bei störungsfreiem (gleichgewichtigem) Wachstum das Inlandsprodukt auch mit dieser Rate entwickeln. Bezeichnet man mit $\bar{Y}_t$ diejenige Höhe des Inlandsproduktes, welche sich auf diesem gleichgewichtigen Wachstumspfad (als Trendgröße) ergeben würde, so stellt die Differenz zwischen dem tatsächlichen Y_t und der Trendgröße $\bar{Y}_t$ die aktuelle konjunkturelle Störung des Inlandsproduktes dar:

> Der Konjunkturverlauf wird beschrieben durch die Abweichungen des tatsächlichen Inlandsproduktes von seiner Trendgröße.

$$y_t = Y_t - \bar{Y}_t.$$

Diese setzt sich aus zwei Komponenten zusammen: aus demjenigen Teil der Konsumgüternachfrage, welcher auf die Störung des Einkommens der Vorperiode zurückzuführen ist [$c \cdot y_{t-1}$], und aus demjenigen Teil der induzierten Investitionen, welcher von der letzten bekannten Änderung der Störungen induziert ist [$v \cdot (y_{t-1}-y_{t-2})$]. Wir wollen den ersten Term als »Multiplikatoreffekt« bezeichnen, den zweiten als »Akzeleratoreffekt«. Der Begriff »Multiplikatoreffekt« wird hier anders verwendet wird als in der keynesianischen Einkommens- und Beschäftigungstheorie. Man könnte auch stattdessen vom Konsumeffekt und vom Investitionseffekt der Störung sprechen.

Die aktuelle Störung des Inlandsproduktes entspricht dann der Summe aus Multiplikatoreffekt und Akzeleratoreffekt:

$$y_t = \underbrace{c \cdot y_{t-1}}_{\text{Multiplikator-} \atop \text{effekt}} + \underbrace{v \cdot (y_{t-1} - y_{t-2})}_{\text{Akzelerator-} \atop \text{effekt}}$$

> Die Komponenten der konjunkturellen Störung

Der Multiplikatoreffekt gibt also an, welche Wirkung die Störung der Vorperiode auf die Höhe der gegenwärtigen Konsumausgaben hat. Der Akzeleratoreffekt gibt an, welche Wirkung sich aus der letzten bekannten Änderung der Störung auf die Investitionen ergibt. Der Kapitalkoeffizient v wird in diesem Zusammenhang häufig auch als Akzelerator bezeichnet, weil seine Höhe bestimmt, wie stark die Reaktion der Investoren auf eine gegebene Störungsänderung ausfällt.

Der Multiplikatoreffekt wirkt dabei für sich betrachtet störungsabbauend, da stets nur ein Teil der vorangegangen (Einkommens-)Störung y_{t-1} für Konsumausgaben der laufenden Periode verwendet und damit produktionswirksam

> Der Multiplikatoreffekt wirkt isoliert betrachtet stets störungsabbauend im Zeitablauf.

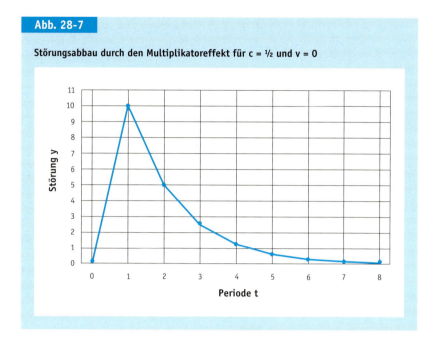

Abb. 28-7

Störungsabbau durch den Multiplikatoreffekt für c = ½ und v = 0

wird. Wäre $v=0$ (käme es also zu keinem Akzeleratoreffekt), so würde sich die Störung über den Multiplikatoreffekt von Periode zu Periode um den Betrag von $s \cdot y_{t-1} = (1-c) \cdot y_{t-1}$ verringern. Die Abbildung 28-7 verdeutlicht den Sachverhalt für den Fall $c = ½$ und $v=0$. In Periode 0 lag die Ökonomie noch auf ihrem gleichgewichtigen Wachstumspfad ($y_0 = 0$). In Periode 1 kommt es dann zu einer (exogenen) Störung in Höhe von $y_1 = 10$. Da nur die Hälfte der jeweiligen Einkommensstörung in der Anschlussperiode für Konsum verwendet wird, halbiert sich die Störung von Periode zu Periode.

Der Akzeleratoreffekt kann störungsauf- oder störungsabbauend wirken.

Der Akzeleratoreffekt kann dagegen mal störungsaufbauend, mal störungsabbauend wirken, er ist hier das eigentlich destabilisierende Element. Wir wollen dies an einem Beispiel illustrieren: Nehmen wir der Einfachheit halber an, es wäre $c=0$, sodass sich die Störungen allein über den Akzeleratoreffekt im Zeitverlauf fortsetzen würden, und $v=1$, sodass die gegenwärtige Störung stets der letzten bekannten Änderung der Störung entspräche:

$y_t = y_{t-1} - y_{t-2}$.

Wir unterstellen nun, dass in Periode 0 keine Störung vorlag ($y_0 = 0$) und es in Periode 1 zu einer exogenen Störung in Höhe von $y_1 = 1$ kommt. Wie entwickelt sich nun die Störung im Zeitverlauf weiter?

Wegen $y_1 - y_0 = 1$ ergibt sich für Periode 2 ein Akzeleratoreffekt von eins, sodass die Störung in Periode 2 ebenfalls den Wert Eins annimmt,

$y_2 = y_1 - y_0 = 1 - 0 = 1$ (Störung der Periode 2).

Die Störung verbleibt also in Periode 2 auf dem in Periode 1 erreichten Niveau, hat sich also gegenüber Periode 1 nicht geändert. Dies führt wiederum dazu, dass der Akzeleratoreffekt von Periode 3 gerade null entspricht,

$y_3 = y_2 - y_1 = 1-1 = 0$ (Störung der Periode 3).

In Periode 3 wird die Störung also vollständig abgebaut, die Volkswirtschaft befindet sich wieder auf ihrem gleichgewichtigen Wachstumspfad. Da sich die Störung von Periode 2 zu Periode 3 verringert hat, erwarten nun die Investoren eine weitere Verringerung von y für Periode 4, sie reduzieren also in Periode 4 ihre induzierten Investitionen weiter, sodass sich nun eine negative Nachfragestörung ergibt,

Der Akzeleratoreffekt bei isolierter Betrachtung

$y_4 = y_3 - y_2 = 0-1 = -1$ (Störung der Periode 4).

In Periode 5 ergibt sich dann ein negativer Akzeleratoreffekt entsprechend $y_4 - y_3 = -1$, sodass die Störung in Periode 5 auf dem Niveau der Störung von Periode 4 verbleibt,

$y_5 = y_4 - y_3 = -1-0 = -1$ (Störung der Periode 5).

Dies führt wieder dazu, dass der Akzeleratoreffekt und damit auch die Störung in Periode 6 den Wert null annimmt,

$y_6 = y_5 - y_4 = -1-(-1) = 0$ (Störung der Periode 6).

Da sich y von Periode 5 zu Periode 6 erhöht hat, erwarten die Investoren einen weiteren Anstieg von y in Periode 7, sodass sich in Periode 7 wieder eine positive Störung von eins ergibt,

$y_7 = y_6 - y_5 = 0-(-1) = 1$ (Störung der Periode 7).

Wir haben also mit diesem einfachen Beispiel einen konjunkturellen Zyklus abgebildet, der sich im Zeitverlauf mit unverändertem Muster immer weiter fortsetzen wird. Die Abbildung 28-8 verdeutlicht die Argumentation.

Allerdings wurde hier aus Vereinfachungsgründen von c=0 ausgegangen. Bei positiver Konsumquote stellt sich der Ablauf komplizierter dar, weil sich dann die Störung nicht nur über den Akzeleratoreffekt, sondern auch über den Multiplikatoreffekt im Zeitverlauf fortsetzt. Wir wollen die in diesem Fall wirkenden Interdependenzen, die zu einem Konjunkturzyklus führen können, zunächst allgemein beschreiben und anschließend an einem numerischen Beispiel illustrieren.

Das Zusammenspiel von Multiplikator- und Akzeleratoreffekt

Wir nehmen an, dass die Ökonomie sich zunächst entlang ihres gleichgewichtigen Wachstumspfades entwickelte. Nun kommt es zu einer (exogenen) positiven Konjunkturstörung, das Inlandsprodukt schießt also über seinen Trendwert hinaus. In der Anschlussperiode ergibt sich einerseits über den Multiplikatoreffekt eine Tendenz zum Störungsabbau (da c < 1). Hinzu kommt jedoch ein positiver Akzeleratoreffekt. Ist der Akzelerator v groß genug, so wird der Akzeleratoreffekt den aus dem Multiplikatoreffekt resultierenden Störungsabbau überkompensieren. Die Störung wird sich also zunächst weiter aufbauen

28.3 Konjunktur und Krise
Erklärung des Konjunkturzyklus

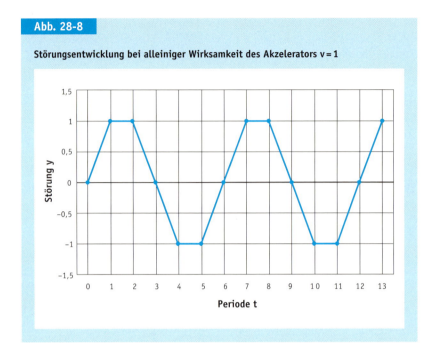

Abb. 28-8

Störungsentwicklung bei alleiniger Wirksamkeit des Akzelerators v = 1

Für die Möglichkeit eines Konjunkturzyklus darf der Akzelerator v nicht zu groß und nicht zu klein sein.

(verstärken). Ist andererseits v nicht zu groß, so wird dieser weitere Störungszuwachs geringer ausfallen als derjenige der Vorperiode. Die Störung wächst dann degressiv, also mit im Betrag abnehmenden Änderungen. Mit zunehmender Störung wird dann die aus dem Multiplikatoreffekt herrührende Abbautendenz im Betrag immer größer, während der Akzeleratoreffekt aufgrund der Abnahme der Zuwächse der Störung immer schwächer wird. Es gibt dann einen Zeitpunkt, zu dem der Störungsaufbau des Akzeleratoreffektes dem Störungsabbau des Multiplikatoreffektes entspricht. Die konjunkturelle Störung y verharrt dann in der betreffenden Periode auf dem zuvor erreichten Niveau, der Höhepunkt des konjunkturellen Aufschwungs ist erreicht. Infolgedessen wirkt in der anschließenden Periode nur der Störungsabbau durch den Multiplikatoreffekt, während der Akzeleratoreffekt (praktisch) null ist. Die konjunkturelle Entwicklung bewegt sich nun also in Richtung des gleichgewichtigen Wachstumspfades zurück. Die Störung y wird nicht mehr auf-, sondern abgebaut. Infolgedessen erwarten die Investoren nun eine weitere Verringerung von y für die nächste Periode, sodass nun der Akzeleratoreffekt negativ, also selbst auf einen (beschleunigten) Abbau der Störung hinwirkt. Irgendwann wird dann die Störung vollständig abgebaut, der gleichgewichtige Wachstumspfad also wieder erreicht sein. Für die Anschlussperiode ergibt sich dann kein weiterer Störungsabbau über den Multiplikatoreffekt. Da jedoch y gegenüber der Vorperiode gesunken ist, wirkt weiter ein negativer Akzeleratoreffekt, der das Inlandsprodukt unter das Niveau des gleichgewichtigen Wachstumspfades drückt (negative Störung y). Das Inlandsprodukt entfernt sich also wieder vom gleichgewichtigen Wachstumspfad (nur diesmal nach unten), wodurch ein entsprechender Prozess der Entfernung und Wiederannäherung eingeleitet wird, nur diesmal mit umgekehrten Vorzeichen.

Die Herleitbarkeit eines solchen Zyklus ist dabei nicht für alle Konstellationen von v und c gewährleistet. Allgemein formuliert hängt sie davon ab, dass
- v hinreichend groß ist, sodass ein zeitweiliger Störungsaufbau möglich ist, und
- v gleichzeitig nicht zu groß ist, sodass der Störungsaufbau nur degressiv erfolgen kann.

Die nachfolgend wiedergegebene Computer-Simulation (vgl. Tabelle 28-1 sowie Abbildung 28-7) zeigt solche zyklische Schwingungen, die durch den Akzelerator-Multiplikator-Prozess hervorgerufen werden. Dabei wurde v = 1 und c = 0,8 unterstellt. Die autonome Nachfrage ist abgesehen von der Störperiode 1 konstant 1.000. Die Trendgröße entspricht dann der autonomen Nachfrage multipliziert mit dem elementaren Multiplikator, also $\overline{Y}_t = 1.000 / 0{,}2 = 5.000$, ist hier also ebenfalls im Zeitablauf konstant, weil die autonome Güternachfrage als konstant unterstellt ist, also eine Wachstumsrate von null aufweist. Spalte (1) gibt die jeweilige Periode an. Die Spalten (2) bis (4) enthalten die jeweiligen Werte der Nachfragekomponenten, deren Summe in Spalte (5) den jeweils aktuellen Wert des Inlandsproduktes wiedergibt. Spalte (6) gibt die (konstante) Trendgröße des Inlandsproduktes an. Die Differenz zwischen tatsächlichem Inlandsprodukt und Trendgröße definiert die jeweils vorliegende konjunkturelle Störung y [Spalte (7)]. Die Störung setzt sich zusammen aus den oben beschriebenen Komponenten »Akzeleratoreffekt« [Spalte (8)] und »Multiplikatoreffekt« [Spalte (9)]. Der sich aus dem Multiplikatoreffekt allein ergebende **Störungsabbau** ist in Spalte (10) abgetragen. Er ergibt sich aus der Differenz zwischen der Störung der jeweiligen Vorperiode y_{t-1} und dem Multiplikatoreffekt der laufenden Periode $c \cdot y_{t-1}$, d. h. dem Teil der Einkommensstörung der Vorperiode, der gespart wird und deshalb nicht als Konsumgüternachfrage in der laufenden Periode produktionswirksam ist.

In Periode 0 befindet sich die Ökonomie noch auf ihrem Gleichgewichtspfad. In Periode 1 kommt es dann zu einer einmaligen, nur auf diese Periode beschränkten Erhöhung der autonomen Nachfrage um 1 Prozent (exogene Störung). Dies führt in derselben Periode dazu, dass das Inlandsprodukt über seinen Trendwert hinaus schießt auf 5.010. Dadurch wird der Konjunkturzyklus ausgelöst, welcher sich aus dem Zusammenspiel von Akzelerator- und Multiplikatoreffekt ergibt. In der Tabelle ist dabei zu erkennen, dass sich in den Phasen des Störungsaufbaus (wenn also das tatsächliche Inlandsprodukt Y sich von der Trendgröße $\overline{Y}$ entfernt), der Betrag des Akzeleratoreffektes abnimmt (Spalte 8), während der Betrag des Störungsabbaus durch den Multiplikatoreffekt zunimmt (siehe Spalte 10). Der Störungsabbau wird schließlich die dominierende Größe, sodass sich die Inlandsproduktentwicklung wieder umgekehrt mit der Folge, dass dann auch der Akzeleratoreffekt störungsabbauend wirkt.

Ein numerisches Beispiel für einen Konjunkturzyklus

28.3 Konjunktur und Krise
Erklärung des Konjunkturzyklus

Tab. 28-1

Exemplarischer Konjunkturverlauf nach einer exogenen Störung in Periode 1

(1) Periode t	(2) Konsum C_t	(3) Induzierte Investition I_t^{ind}	(4) Autonome Nachfrage A_t	(5) Inlandsprodukt Y_t	(6) Trendgröße $\tilde{Y}_t$	(7) Störung $y_t = Y_t - \tilde{Y}_t$	(8) Akzeleratoreffekt $v \cdot (y_{t-1} - y_{t-2})$	(9) Multiplikatoreffekt $c \cdot y_{t-1}$	(10) Störungsabbau ME $(1-c) \cdot y_{t-1}$
0	4.000,00	0,00	1.000	5.000,00	5.000	0,00	0,00	0,00	0,00
1	4.000,00	0,00	1.010	5.010,00	5.000	10,00	0	0,00	0,00
2	4.008,00	10,00	1.000	5.018,00	5.000	18,00	10,00	8,00	2,00
3	4.014,40	8,00	1.000	5.022,40	5.000	22,40	8,00	14,40	3,60
4	4.017,92	4,40	1.000	5.022,32	5.000	22,32	4,40	17,92	4,48
5	4.017,86	−0,08	1.000	5.017,78	5.000	17,78	−0,08	17,86	4,46
6	4.014,22	−4,54	1.000	5.009,68	5.000	9,68	−4,54	14,22	3,56
7	4.007,74	−8,10	1.000	4.999,64	5.000	−0,36	−8,10	7,74	1,94
8	3.999,71	−10,03	1.000	4.989,68	5.000	−10,32	−10,03	−0,29	−0,07
9	3.991,74	−9,96	1.000	4.981,78	5.000	−18,22	−9,96	−8,26	−2,06
10	3.985,42	−7,90	1.000	4.977,53	5.000	−22,47	−7,90	−14,58	−3,64
11	3.982,02	−4,25	1.000	4.977,77	5.000	−22,23	−4,25	−17,98	−4,49
12	3.982,21	0,24	1.000	4.982,45	5.000	−17,55	0,24	−17,79	−4,45
13	3.985,96	4,69	1.000	4.990,65	5.000	−9,35	4,69	−14,04	−3,51
14	3.992,52	8,20	1.000	5.000,72	5.000	0,72	8,20	−7,48	−1,87
15	4.000,57	10,07	1.000	5.010,64	5.000	10,64	10,07	0,57	0,14
16	4.008,51	9,92	1.000	5.018,43	5.000	18,43	9,92	8,51	2,13
17	4.014,75	7,80	1.000	5.022,54	5.000	22,54	7,80	14,75	3,69
18	4.018,03	4,11	1.000	5.022,14	5.000	22,14	4,11	18,03	4,51
19	4.017,71	−0,40	1.000	5.017,32	5.000	17,32	−0,40	17,71	4,43
20	4.013,85	−4,83	1.000	5.009,02	5.000	9,02	−4,83	13,85	3,46
21	4.007,22	−8,29	1.000	4.998,93	5.000	−1,07	−8,29	7,22	1,80
22	3.999,14	−10,10	1.000	4.989,05	5.000	−10,95	−10,10	−0,86	−0,21
23	3.991,24	−9,88	1.000	4.981,35	5.000	−18,65	−9,88	−8,76	−2,19
24	3.985,08	−7,69	1.000	4.977,39	5.000	−22,61	−7,69	−14,92	−3,73
25	3.981,91	−3,96	1.000	4.977,95	5.000	−22,05	−3,96	−18,09	−4,52
26	3.982,36	0,56	1.000	4.982,92	5.000	−17,08	0,56	−17,64	−4,41
27	3.986,34	4,97	1.000	4.991,31	5.000	−8,69	4,97	−13,66	−3,42
28	3.993,05	8,38	1.000	5.001,43	5.000	1,43	8,38	−6,95	−1,74
29	4.001,14	10,12	1.000	5.011,27	5.000	11,27	10,12	1,14	0,29
30	4.009,01	9,84	1.000	5.018,85	5.000	18,85	9,84	9,01	2,25

Mit dem (näherungsweisen) Wiedererreichen der Trendgröße geht dann zwar der Multiplikatoreffekt gegen null, jedoch wirkt der Akzeleratoreffekt weiter. Dies führt zu einem »Überqueren« des Gleichgewichtspfades, sodass sich die konjunkturelle Schwingung – nach demselben Muster – fortsetzt.

Wir wollen den beschriebenen Ablauf anhand der Werte der Tabelle 28-1 numerisch verdeutlichen: In Periode 1 ergibt sich infolge der kurzfristigen Erhöhung der autonomen Nachfrage um 10 eine gleich hohe konjunkturelle Störung $y_1 = 10$. Infolgedessen ergibt sich für Periode 2 ein Multiplikatoreffekt der Störung y_1 in Höhe von $c \cdot y_1 = 8$; ohne den Akzeleratoreffekt würde die Störung also um 2 abgebaut. Aufgrund des Anstiegs der Störung von Periode 0 zu Periode 1 in Höhe $y_1 - y_0 = 10$ kommt es jedoch zu einem Akzeleratoreffekt dieser Störungsänderung in gleicher Höhe, sodass die Störung in Periode 2 auf 18 Einheiten anwächst. Dies führt für die Periode 3 zu einem Multiplikatoreffekt der Störung y_2 in Höhe von 14,4; der Störungsabbau durch den Multiplikatoreffekt beträgt jetzt also 3,6 und hat sich damit gegenüber der Vorperiode mit 2 um 1,6 erhöht. Der Akzeleratoreffekt wiederum beträgt nun 8, ist also gegenüber dem Akzeleratoreffekt der Vorperiode mit 10 um 2 kleiner geworden. Insgesamt erhöht sich die Störung also auf 22,4 in Periode 3. In Periode 4 führt dies zu einem Multiplikatoreffekt der Störung in Höhe von 17,92, während der Störungsabbau durch den Multiplikatoreffekt auf 4,48 steigt. Der Akzeleratoreffekt der Periode 4 sinkt dagegen ab auf 4,40. Der Störungsaufbau durch den Akzeleratoreffekt ist also um 0,08 kleiner als der Störungsabbau durch den Multiplikatoreffekt. Der Gipfel des konjunkturellen Aufschwungs ist überschritten und die Störung vermindert sich um 0,08 auf 22,32. Es ergibt sich dann für Periode 5 ein negativer Akzeleratoreffekt in Höhe von –0,08. Hinzukommt abermals ein Störungsabbau durch den Multiplikatoreffekt in Höhe von 4,46, sodass die Störung von 22,33 in Periode 4 auf 17,78 in Periode 5 absinkt. Der Störterm y sinkt dann in der Folge – mit abnehmendem Störungsabbau durch den Multiplikator und wachsendem Störungsabbau durch den Akzelerator – immer weiter ab, bis in Periode 7 mit $y_7 = -0,36$ die Trendgröße praktisch wieder erreicht wird. Für Periode 8 ergibt sich dann mit –0,07 eine gegen null gehende Störungsabbautendenz durch den Multiplikatoreffekt, während der bis eben noch störungsabbauend wirkende Akzeleratoreffekt mit –10,03 die nun negative Störung weiter aufbaut usw.

Die Abbildung 28-9 verdeutlicht die Zusammenhänge grafisch. Dabei ist zu erkennen, dass in unserem Beispiel die Spannweite (Amplitude) der Zyklen konstant bleibt. Dies liegt allerdings an dem gewählten Wert des Kapitalkoeffizienten $v = 1$. Wäre $v > 1$, so würden sich zunehmende Amplituden ergeben (»explosive Zyklen«), wäre $v < 1$ dagegen abnehmende. Für Deutschland wird v auf einen Wert von circa 2,8 geschätzt. Auf der Basis dieses Modells würde sich folglich die Spannweite der Zyklen immer weiter erhöhen. Der endogene Konjunkturzyklus würde dann im Zeitverlauf an gegebene Ober- bzw. Untergrenzen stoßen und dort gebrochen werden. Wir wollen dies jedoch hier nicht weiter vertiefen.

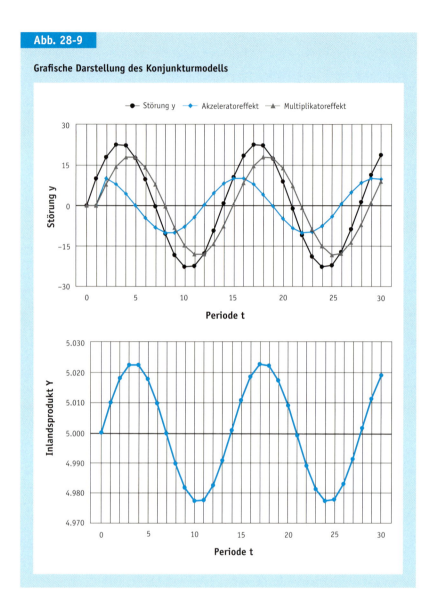

Abb. 28-9

Grafische Darstellung des Konjunkturmodells

28.3.2 Beharrungsvermögen der Konsumausgaben

Die Abweichungen von der trendmäßigen Entwicklung der Volkswirtschaft werden geringer, wenn es Ausgaben gibt, die zunächst nur zurückhaltend auf die veränderte Konjunkturlage reagieren. Gelegentlich verhalten sich die Exporte in dieser Weise, sehr häufig die Konsumausgaben der privaten Haushalte.

Zum einen sind die Konsumgewohnheiten der Verbraucher von einem gewissen **Beharrungsvermögen** geprägt: Bei steigendem Einkommen werden die

Konsumausgaben in der Regel nicht sofort proportional erhöht, es braucht vielmehr eine gewisse Zeit, sich auf einen neuen Lebensstandard einzustellen. So wird man sich z. B. vernünftigerweise erst in Ruhe umsehen, bevor man seine Mietwohnung kündigt, um ein Haus zu kaufen; so wird man die alten Möbel vielleicht noch eine Zeitlang nutzen, bevor man sich bessere kauft usw. Umgekehrt braucht es ebenfalls eine gewisse Zeit, seine Ausgaben bei einem Einkommensrückgang einzuschränken; zunächst wird der durchschnittliche Haushalt versuchen, seinen Lebensstandard durch verringertes Sparen bzw. durch Rückgriff auf sein Vermögen aufrechtzuerhalten. Bezogen auf unser obiges Beispiel bedeutet dies, dass die Konsumquote bezüglich der Störungskomponente des Einkommens y sehr klein oder sogar null ist.

Stabilisierungswirkung durch starre Konsumgewohnheiten

Zum anderen sind die Konsumausgaben im Konjunkturzyklus deshalb relativ starr, weil die **funktionale Einkommensverteilung** auf Löhne und Gewinne eine Änderung erfährt (vgl. hierzu auch Kapitel 25): Die Löhne schwanken im Konjunkturzyklus weniger stark als die Gewinne, d. h. im Aufschwung (Abschwung) steigen (fallen) die Gewinne schneller als die Löhne (Lohn-Lag). Dies liegt im Wesentlichen daran, dass Löhne in Tarifvereinbarungen für einen Zeitraum von meist ein bis zwei Jahren festgelegt werden und dass Gewerkschaften die im Aufschwung steigenden Gewinne nicht vorhersehen können. Wenn sich dann hinterher herausstellt, dass die Gewinne stärker gestiegen sind als die Löhne, versuchen die Gewerkschaften dies im nächsten Tarifvertrag zu berücksichtigen, hinken aber bei weiter steigenden Gewinnen zunächst weiter hinterher. Umgekehrt versuchen Gewerkschaften im Abschwung ein einmal erreichtes Lohnniveau zu halten. Da Lohnempfänger im Durchschnitt einen größeren Anteil ihres Einkommens für Konsumzwecke ausgeben als Gewinnempfänger, wird aus diesem Grund die Konsumquote im Aufschwung abnehmen und im Abschwung zunehmen, sodass der Konsum auf die konjunkturbedingten Änderungen des Nationaleinkommens verhältnismäßig unelastisch reagiert.

Ein solches verzögertes Steigen bzw. Sinken der Konsumausgaben bewirkt, dass der Akzeleratoreffekt abgeschwächt wird, weil die konjunkturbedingten Einkommensänderungen geringer ausfallen. Die Zyklen sind dann weniger ausgeprägt und erreichen schneller ihre Wendepunkte.

28.3.3 Schwankungen der Gewinne

In der Realität lässt sich beobachten, dass im Regelfall am Ende einer Aufschwungphase die Gewinne der Unternehmen deutlich absinken, während sie am Ende einer Abschwungphase deutlich ansteigen. Dieses Phänomen kann auf verschiedene Faktoren zurückgeführt werden.

Bei Überhitzung der Konjunktur kommt es üblicherweise
- zu überdurchschnittlich steigenden Investitionsgüterpreisen,
- zu starken Erhöhungen der (realen) Kreditzinsen,
- zu deutlichen Erhöhungen der realen Löhne.

Stabilisierende Wirkungen von Gewinnen im Konjunkturverlauf

Eine umgekehrte Entwicklung ist in der Endphase des konjunkturellen Abschwungs zu beobachten.

Sind nun die Investitionen positiv von der Höhe der Gewinne abhängig, so lässt sich hieraus eine ähnliche konjunkturglättende Wirkung ableiten, wie wir sie für das Beharrungsvermögen der Konsumausgaben beschrieben haben. Die mit dem Konjunkturaufschwung sich schließlich deutlich verschlechternde Gewinnsituation wird die Investitionstätigkeit dämpfen, d. h. den Akzeleratoreffekt abschwächen, sodass es zur konjunkturellen Wende kommt. Umgekehrt wird die sich im Zuge des Konjunkturabschwunges schließlich deutlich verbessernde Gewinnlage die Investitionstätigkeit wieder beleben, sodass der Aufschwung eingeleitet wird.

28.3.4 Schumpeters Konjunkturerklärung

Joseph A. Schumpeter (1883–1950) unterschied zwischen der **Invention** (Erfindung, Entdeckung und Entwicklung neuer Güter, neuer Prozesse oder neuer Methoden) und der **Innovation** (kommerzielle Verwertung der Erfindungen in den Unternehmen). Während die Inventionen gleichmäßig erfolgen, werden sich Innovationen in zyklischen Schwankungen ausbreiten. Der Grund liegt darin, dass die Menschen von Natur aus konservativ sind und zögern, neue Methoden zu übernehmen, solange sie nicht erprobt sind. Einige mutige »Pionierunternehmer« sind hingegen bereit, neue Inventionen zu erproben und der Entwicklung den Weg zu weisen. Als Belohnung winken ihnen hohe »Pioniergewinne«. Dadurch angelockt, folgen die anderen Unternehmer (**Imitation**). Es beginnt eine zunehmende Investitionstätigkeit, die die Ökonomie über die damit verbundenen Multiplikatoreffekte in eine Boomphase führt.

Innovationen durch den Pionierunternehmer

Konjunkturaufschwung durch Imitation

Konjunkturabschwung nach der Imitationsphase

Das Ende des Aufschwunges ist dann erreicht, wenn die neuen Anlagen erstellt sind und die Investitionstätigkeit wieder nachlässt. Dann wird die Nachfrage sinken. Die Preise und Gewinne aus den neuen Anlagen gehen zurück. Eine allgemein pessimistische Stimmung breitet sich aus und die Wirtschaft gleitet in Abschwächung und Rezession. Der Motor der wirtschaftlichen Entwicklung ist zugleich die Kraft, die die zyklischen Schwankungen der wirtschaftlichen Aktivität in Marktwirtschaften entstehen lässt.

28.3.5 Staatliche Wirtschaftspolitik

Der Staat als Verursacher des Konjunkturzyklus?

In den vorangehenden Kapiteln sind einige Mechanismen beschrieben worden, die konjunkturelle Bewegungen hervorrufen können. Damit ist jedoch die kontroverse Frage, ob eine Marktwirtschaft notwendig solchen konjunkturellen Schwankungen unterliegt, nicht beantwortet. Gelegentlich wird die Auffassung vertreten, dass die in der Realität zu beobachtenden Zyklen in erster Linie auf staatliche Eingriffe in den Wirtschaftsprozess zurückzuführen sind (**Interventionszyklen**). Diese Auffassung wird in dem nachfolgenden Zitat näher beschrieben, in dem angenommen ist, dass der Zyklus mit steigenden Preisen beginnt:

»Schließlich wird die steigende Inflationsrate als unerträglich empfunden, was zu kontraktiven Maßnahmen veranlasst. Diese drosseln jedoch nur die Erlöse der Unternehmen, nicht aber ihre Kosten, da die Faktorpreise – insbesondere die Löhne – nach unten hin starr sind. Sobald aber die Kosten nicht mehr gedeckt werden, bleibt nur der Ausweg, die Beschäftigung zurückzunehmen. Diese einsetzende Arbeitslosigkeit ändert die Erwartungen der Bürger, die nun vorsichtig disponieren, was sich in erhöhter Kassenhaltung niederschlägt. Beide Verhaltensweisen lassen den Geldkreislauf schrumpfen und verletzen das Vollbeschäftigungspostulat, sodass das wirtschaftspolitische Instrumentarium bald wieder expansiv eingesetzt werden muss, um die Arbeitslosigkeit zu absorbieren. Die Expansionsmaßnahmen lassen aber erst dann die Konjunktur anspringen, wenn die Bürger erneut ihre Erwartungen geändert haben: Von ihrer zurückhaltenden Ausgabendisposition lassen sie erst ab, wenn ein gewisser Beschäftigungsanstieg sichtbar geworden ist. Im Verlauf des Abbaus ihrer überhöhten Kassenbestände weitet sich dann die Gesamtnachfrage schnell aus, bis schließlich der nicht aufgelöste inflationäre Kostensockel der voraufgegangenen Talfahrt überspült wird und die Wirtschaft auf breiter Front expandiert. Das verstärkt dann erneut den Inflationstrend, bis das Spiel von Neuem beginnt.

Was somit die praktische Wirtschaftspolitik betrifft, hat der Keynesianismus einen ›neuen Konjunkturzyklus‹ kreiert: Die Inflation zu bekämpfen, erfordert das ›Stop‹, die drohende Arbeitslosigkeit zu vermeiden oder die eingetretene abzubauen, das ›Go‹. Dadurch kommt ein künstlicher Zyklus mit zwangsläufiger Abfolge zustande, den man schlicht als Interventionszyklus bezeichnen kann.« (Besters, 1976, S. 335)

Interventionszyklen

Nun ist unzweifelhaft, dass die Politik der Nachfragesteuerung zur Vermeidung konjunktureller Ausschläge zunehmend skeptisch beurteilt wird:

»Im Rückblick auf die im Zeichen der nachfrageorientierten Stabilitätspolitik stehenden 60er- und 70er-Jahre erscheinen die praktischen Ergebnisse der Globalsteuerung wenig ermutigend: Das wiederholte ›stop and go‹ hat in der Bundesrepublik Deutschland wie anderswo nicht zu mehr Stabilität, sondern offenbar zum Aufschaukeln von Inflation und Arbeitslosigkeit geführt. ... Diese Entwicklung geht auf eine Reihe von Konstruktionsfehlern der antizyklischen Nachfragesteuerung zurück, die auch von keynesianisch orientierten Ökonomen gesehen werden:

Probleme der Nachfragesteuerung

▸ Die theoretisch postulierte Rückführung des zur Rezessionsbekämpfung herbeigeführten Anstiegs von Staatsausgaben- und Staatsschuldenquote stieß praktisch auf politischen Widerstand. Das zyklusdurchschnittliche Anwachsen der Defizitquote ließ den staatlichen Schuldendienst zu Lasten der Investitionsausgaben anwachsen. Die aufkommenden Zweifel an der Wiederholbarkeit der antizyklischen Therapie, verbunden mit der Erwartung künftiger Steuererhöhungen, dämpfte die Ausgabenneigung der Privaten, sodass zusätzlicher fiskalpolitischer Handlungsbedarf entstand.

28.3 Konjunktur und Krise
Erklärung des Konjunkturzyklus

> ▸ Stabilitätspolitisch primär an den Komponenten der volkswirtschaftlichen Gesamtnachfrage anzusetzen, wurde fragwürdig, als strukturelle Probleme, nicht aber Anzeichen einer allgemeinen Nachfrageschwäche in den Vordergrund rückten. Unzureichender Strukturwandel und nachlassende Wachstumsdynamik bedeuteten, dass sich die Erfolgsaussichten für die Nachfragesteuerung verschlechtern mussten und die Lösung der angebotsseitigen Probleme verzögert wurde.
> ▸ Die antizyklische Geld- und Fiskalpolitik lief Gefahr, die Wirtschaft entgegen der eigenen Absicht zu destabilisieren, sobald Haushalte und Unternehmer ihre Inflations- und Politikillusion verloren und immer weniger nach jenem Verhaltensmuster auf expansive und kontraktive Maßnahmen reagierten, das der theoretischen Wirkungsanalyse der Globalsteuerung zugrunde liegt.
> ▸ Schließlich erwiesen sich in einer Zeit, in der Anpassungsfähigkeit besonders gefordert war, Größe und Beharrungsvermögen des Staatssektors als schwere Hypothek, während die von der öffentlichen Neuverschuldung über das jeweils geldpolitisch induzierte Maß hinaus hochgehaltenen (Real-)Zinsen privatwirtschaftliche Investitionen erschwerten, die doch Voraussetzung für eine rasche Umstrukturierung des Produktionsapparates waren. Mehr noch, die Unternehmen legten ihre Eigenmittel, statt sie zu investieren, in renditeträchtigen Staatsschuldtiteln an.« (Cassel 1987, S. 81)

Richtig an dieser Einschätzung ist sicher die konstatierte asymmetrische Anwendung der Fiskalpolitik (d. h. die Erhöhung der Staatsausgaben in der Krise, nicht aber ihre Senkung im Boom) und ihre Unfähigkeit, Strukturprobleme zu lösen. Zusätzlich sind die Probleme des richtigen »Timings« der Ausgaben und des Crowding-out zu beachten (vgl. hierzu Kapitel 10). Damit ist jedoch kein abschließendes Urteil über die keynesianische Nachfragesteuerung gesprochen und vor allem keine Aussage darüber gemacht, ob die von solchen staatlichen Eingriffen unbeeinflusste wirtschaftliche Aktivität in einer Marktwirtschaft relativ störungsfrei verläuft. Wenn dies nicht der Fall ist – und die Autoren sind, u. a. weil es schon vor mehr als 100 Jahren auch ohne keynesianische Eingriffe in den Wirtschaftsprozess tief greifende Konjunkturzyklen gegeben hat, dieser Meinung –, so stellt sich die Frage, ob, und wenn ja, wie der Staat hier regulierend eingreifen kann. Seit Beginn der 1980er-Jahre ist ein mehr mittelfristiges Konzept populär und zur Anwendung gekommen, das die Wachstums- und Effizienzbedingungen der Produktion verbessern will: die **Angebotspolitik**. Die Grundsätze einer solchen Politik sind z. B. im Jahreswirtschaftsbericht 1984, S. 83, formuliert:

Angebotspolitik als Alternative zur Nachfragesteuerung?

▸ »ordnungspolitische Neubesinnung auf die Grundsätze der Sozialen Marktwirtschaft, insbesondere verlässliche und widerspruchsfreie wirtschaftspolitische Rahmenbedingungen, Stärkung der Leistungs- und Risikobereitschaft, Sicherung des Wettbewerbs und Verringerung bürokratischer Hemmnisse;
▸ Wiederherstellung der finanzpolitischen Handlungsfähigkeit des Staates, Konsolidierung der öffentlichen Finanzen, Rückführung des Staatsanteils, qualitative Verbesserung der Ausgabenstruktur und eine leistungsfreundlichere Besteuerung;

- eine Sozialpolitik, die sich von den Grundsätzen sozialer Gerechtigkeit, Solidarität und Subsidiarität leiten läßt und die Finanzierbarkeit der sozialen Sicherungssysteme dauerhaft gewährleistet; sowie
- intensives Bemühen um europäische und weltwirtschaftliche Konzertierung und Kooperation zur Verbesserung der Rahmenbedingungen für eine Ausweitung des Welthandels und die Bekämpfung der Arbeitslosigkeit.«

Aber obwohl die keynesianische Nachfragesteuerung seit Mitte der 1970er-Jahre in Deutschland (und anderen Ländern) stark an Bedeutung verloren hat und spätestens seit Beginn der 1980er-Jahre eine mehr angebotsorientierte Wirtschaftspolitik an ihre Stelle getreten ist, sind deutliche konjunkturelle Ausschläge nach wie vor beobachtbar. Im Zuge dieser Entwicklung verblieb die Arbeitslosigkeit – von der sicher nur ein Teil struktureller Natur ist – nicht nur auf hohem Niveau, sondern stieg sogar deutlich an. Es stellt sich somit nach wie vor die Frage, ob eine richtig praktizierte, d.h. mittelfristig orientierte »verstetigte« Nachfragesteuerung nicht einen Beitrag zur Lösung dieser Probleme liefern könnte. Bemerkenswert ist ferner, dass trotz aller theoretischen und politischen Vorbehalte praktisch alle Staaten der Welt im Zuge der Weltfinanzkrise 2008/2009 massiv keynesianische Interventionspolitik betrieben haben und betreiben.

Arbeitsaufgaben Kapitel 28

1. *Erläutern Sie die Begriffe Konjunkturzyklus und Konjunkturindikatoren.*

2. *Kennzeichnen Sie die Phasen eines typischen Konjunkturzyklus.*

3. *Welche wirtschaftlichen Größen schwanken parallel zum Konjunkturzyklus und welche nicht?*

4. *Welche Komponenten der Gesamtnachfrage sind den stärksten Schwankungen ausgesetzt?*

5. *Erläutern Sie den Modellrahmen des keynesianischen Akzelerator-Multiplikator-Modells.*

6. *Versuchen Sie, den kombinierten Multiplikator-Akzelerator-Prozess zu beschreiben.*

7. *Warum kann ein Beharrungsvermögen der Konsumausgaben den Konjunkturzyklus glätten?*

8. Erläutern Sie mögliche Einflüsse der Gewinnentwicklung auf den Konjunkturzyklus?

9. Wie erklärt Schumpeter den Konjunkturzyklus?

10. Inwiefern könnte der Staat Verursacher von Konjunkturschwankungen sein?

Lösungsvorschläge für die Arbeitsaufgaben finden Sie im »Übungsbuch zu Grundlagen und Probleme der Volkswirtschaft«.

Literatur Kapitel 28

Besters, Hans: Keynes im Licht der Erfahrungen der Nachkriegszeit, Wirtschaftsdienst, 1976, Heft VII.
Cassel, Dieter: Beschäftigungs- und Stabilitätspolitik. In: Bundesministerium für innerdeutsche Beziehungen, Materialien zum Bericht zur Lage der Nation im geteilten Deutschland 1987, Bonn 1987.

Einen einfachen Einblick in die Probleme des Konjunkturzyklus geben:
Samuelson, Paul A./William D. Nordhaus: Volkswirtschaftslehre, Übersetzung der 18. Aufl., Frankfurt/M. 2005.

Eine umfassende Darstellung des Konjunkturverlaufs, der Konjunkturtheorie und auch der Konjunkturpolitik geben:
Dahl, Dieter: Volkswirtschaftslehre, 8. Aufl., Wiesbaden 1993, 7. Teil.
Teichmann, Ulrich: Grundriß der Konjunkturpolitik, 5. Aufl., München 1997.

Eine sehr detaillierte, aber leider auch verhältnismäßig anspruchsvolle Darstellung der Konjunkturtheorie findet sich bei:
Assenmacher, Walter: Konjunkturtheorie, 8. Aufl., München 1998.

Weitere Lehrbuchdarstellungen sind:
Maußner, Alfred: Konjunkturtheorie, Berlin, Heidelberg, New York 1994.
Oppenländer, Karl H./Anette G. Köhler: Konjunkturindikatoren, 2. Aufl., München 1998.

Einen ausführlichen Überblick über die konjunkturelle Lage in der Bundesrepublik Deutschland gibt jeweils das jährlich im Dezember erscheinende:
Jahresgutachten des Sachverständigenrates zur Begutachtung der gesamtwirtschaftlichen Entwicklung. *(auch im Internet unter www.sachverstaendigenrat-wirtschaft.de erhältlich)*

29 Umweltökonomie

Leitfragen

Was ist Umwelt und warum ist die Umwelt bedroht?

▶ Welche Bedeutung hat die Umwelt?

▶ Was sind die Ursachen der Umweltschäden?

▶ Warum versagt der Preismechanismus bei der Regelung von Umweltproblemen?

▶ Wie kann die Umweltqualität erfasst werden?

Wie kann Umweltschutz praktiziert werden?

▶ Welche umweltpolitischen Ziele werden verfolgt?

▶ Welche umweltpolitischen Prinzipien gibt es?

▶ Welche umweltpolitischen Instrumente werden eingesetzt?

▶ Welche Rolle spielt die Internalisierung externer Effekte?

▶ Welche Rolle spielt die Verteilung der Eigentumsrechte?

29.1 Vorbemerkungen

Traditionell wurden in der Volkswirtschaftslehre die drei Produktionsfaktoren Arbeit, Kapital und Boden unterschieden. Natur und Umwelt spielten keine Rolle, sie waren einmal **freie Güter,** für die kein Preis gezahlt werden musste, da sie im Überfluss vorhanden waren. Dies hat sich im Laufe der wirtschaftlichen Entwicklung bis heute grundlegend geändert. Natur und Umwelt gehören zu den **knappen Gütern**, die im Produktions- und Konsumprozess verbraucht werden. Natur und Umwelt müssten daher eigentlich einen Preis haben, der die Kosten ihrer Reproduktion angemessen reflektiert. Eine solche Preisbildung gibt es aber bis heute nicht oder nur in Ansätzen und daher kann der Preismechanismus die optimale Allokation der Ressourcen im Umweltbereich nicht bewerkstelligen.

Umwelt ist heute ein knappes Gut.

Diese Frage der optimalen Allokation der Ressourcen im Umweltbereich hat zwei Dimensionen:

▶ Zum einen geht es um den optimalen gegenwärtigen Umweltschutz, um das optimale Ausmaß der Vermeidung von Umweltbelastungen.

▶ Zum anderen geht es um die langfristige Sicherung der Bereitstellung natürlicher Ressourcen für die zukünftigen Generationen. Dies ist ein intertemporales Allokationsproblem zwischen den Generationen, das nicht über den

Markt geregelt werden kann, weil im Markt prinzipiell nur die Bedürfnisse der gegenwärtig Lebenden berücksichtigt werden.

Wir behandeln in diesem Kapitel überwiegend die erste Frage, obwohl in der Praxis die Fragen des Umweltschutzes von denen der Rohstoffschonung kaum zu trennen sind. Wir klären die Ursachen der Umweltschäden und bewerten ihre Kosten, beschreiben die Prinzipien der Umweltökonomie und der Umweltpolitik und analysieren abschließend die Instrumente der Umweltpolitik.

29.2 Begriff und Nutzung der Umwelt

Umwelt wird vom Rat von Sachverständigen für Umweltfragen wie folgt definiert:

»Unter Umwelt (wird) der Komplex der Beziehungen einer Lebenseinheit zu ihrer spezifischen Umgebung verstanden. Umwelt ist stets auf Lebewesen oder – allgemeiner gesagt – biologische Systeme bezogen und kann nicht unabhängig von diesen existieren oder verwendet werden. Geht man vom Lebewesen (meistens dem Menschen) aus, so steht eine räumlich-strukturelle Betrachtung im Vordergrund. Dazu wird in der Regel das Gesamtsystem Umwelt in Teilsysteme, die Ökosysteme, untergliedert. Der Ort eines bestimmten, räumlich fixierten Ökosystems heißt Ökotop.« (Umweltgutachten 1987, S. 15).

Etwas weniger allgemein versteht man unter Umwelt häufig den in einer bestimmten zeitlichen und räumlichen Situation bestehenden Zustand natürlicher Lebensgrundlagen, nämlich der Umweltmedien Wasser, Luft, Boden einschließlich der Tier- und Pflanzenwelt, der Landschaft und der Bodenschätze.

Solche Definitionen werden operationaler, wenn man die Umwelt als natürliche Ressource erfasst, die umfangreiche Nutzungen in verschiedener Form zulässt:

Funktionen der Umwelt

▶ **Umwelt als Konsumgut**
Die Umwelt versorgt die Menschen mit lebenswichtigen Gütern wie Luft und Wasser und bietet Erholung und Freizeitaktivitäten.

▶ **Umwelt als Produktionsfaktor**
Die Umwelt liefert Rohstoffe, die als Input in den Produktionsprozess eingehen, wie Wasser, Bodenschätze oder Energie, und sie umfasst den Boden als Produktionsfläche.

▶ **Umwelt als Aufnahmemedium für Schadstoffe**
Schadstoffe wie Abwässer, Müll, Strahlungen oder Disprodukte, wie Lärm und Überhitzungen, werden von der Umwelt aufgenommen und zum Teil absorbiert.

In diesen Dimensionen gibt die Umwelt Leistungen ab, die im Prinzip über den Preis als optimales Informationskonzentrat zugeteilt und rationiert werden sollten, aber diese Preise gibt es nicht.

29.3 Ursachen für Umweltbelastungen

Warum kommt es zu einer Überbelastung der Umwelt? Es können im Wesentlichen zwei Kategorien von Ursachen ausgemacht werden:
- die entwicklungsbedingte Zunahme der Produktion und
- das Versagen des Preismechanismus.

29.3.1 Entwicklungsbedingte Zunahme der Produktion

Für die entwicklungsbedingte Zunahme der Produktion ist das **Bevölkerungswachstum** zwar nicht notwendigerweise, aber faktisch von entscheidender Bedeutung. Im Jahre 1950 betrug die Weltbevölkerung 2 Milliarden, 1994 hatte sie sich auf 5,5 Milliarden erhöht. Ende 2009 lebten gut 6,8 Milliarden Menschen auf der Erde und nach dem US-Bericht Global 2000 ist für das Jahr 2025 mit einer Erdbevölkerung von etwa 8 Milliarden zu rechnen. Es ist einleuchtend, dass sich aus dieser Entwicklung erhebliche Umweltprobleme ergeben. Denn zum einen muss die Nahrungsmittelproduktion durch intensive Bodennutzung sowie eine Ausdehnung der Anbaufläche erhöht werden. Gefahren wie Erosion, Verkarstung, Versalzung, Zunahme von Düngemitteln und der Einsatz von Schädlingsbekämpfungsmitteln sind die Folge. Zum anderen wird auch die industrielle Produktion erhöht werden müssen, z. B. für Kleidung und Wohnung, für Verkehrsmittel und langlebige Konsumgüter. Mit der steigenden Produktion von Gütern geht ein steigender Verbrauch von Energie, Rohstoffen und Umwelt einher. Und schließlich entstehen auch mehr Abfälle und Schadstoffe, deren ordnungsgemäße Entsorgung immer schwieriger wird.

> Bevölkerungswachstum führt zu intensiverer Bodennutzung und ...
>
> ... steigendem Natur- und Umweltverbrauch.

Mit dem Bevölkerungswachstum eng verknüpft ist das Problem der **Zunahme von städtischen Ballungszentren**. In Entwicklungsländern konnte die Landflucht bisher nicht erfolgreich eingedämmt werden. Durch räumliche Zusammenballung der Bevölkerung werden die Umweltmedien Luft, Wasser und Boden immer stärker beansprucht – weitere Umweltbelastungen und -gefährdungen sind die Folge.

Neben dem Wachstum der Bevölkerung ist auch die Zunahme der Produktion pro Kopf, also das **intensive Wachstum** der Weltwirtschaft, Ursache für den steigenden Umweltverbrauch – zwar nicht notwendigerweise, aber doch faktisch. In allen Sektoren steigt die Umweltbelastung. Der gewaltige Produktivitätsfortschritt im primären Sektor (Landwirtschaft) wurde erkauft mit dem Einsatz von Düngemitteln, Schädlingsbekämpfungsmitteln und der Mechanisierung der landwirtschaftlichen Produktion in Monokulturen: Dies verbraucht Boden (Bodenerosion) und führt zur Verschlechterung der Qualität von Wasser und Luft. Der sekundäre Sektor (Industrie) verbraucht Rohstoffe und Energie und belastet Luft und Wasser durch Schadstoffemissionen und sogar der tertiäre Sektor (Dienstleistungen) verbraucht Teile der Umwelt, insbesondere der Tourismus. Begleitet wird das Wirtschaftswachstum von einer **Zunahme des Verkehrs**, weil eine Triebfeder des Wachstums die zunehmende Arbeitsteilung

> Die Zunahme der Produktion pro Kopf erhöht die Umweltbelastung.

ist. Und generell wird das Wirtschaftswachstum durch **Kapitalakkumulation** gespeist, durch die zunehmende Substitution menschlicher Arbeit durch Maschinen, die Energie und Rohstoffe verbrauchen. Es ist aber zu fragen, warum der zunehmende Verbrauch der knappen Umwelt nicht durch den Preismechanismus gesteuert wird. Die Antwort gibt die ökonomische Analyse der Ursachen.

29.3.2 Versagen des Preismechanismus

Keine Anwendung des Marktausschlussprinzips

Produktion und Verbrauch von Umweltgütern werden nicht durch den Preismechanismus gesteuert, weil Umweltgüter in der Regel keinen Preis haben. Dies liegt daran, dass Umweltgüter partiell öffentliche Güter sind, für sie kann das Marktausschlussprinzip nicht oder nur unvollkommen angewendet werden, weil Eigentumsrechte nicht oder nur mit größter Mühe definiert und durchgesetzt werden können. Dies gilt für Luft, die Landschaft und die Natur; es gilt eingeschränkt für Wasser und es gilt nicht für den Boden, an dem Eigentumsrechte sehr einfach definiert und durchgesetzt werden können. Wenn Eigentumsrechte nicht existieren, gibt es zunächst auch keinen Preis, weil der Preis funktionslos wäre: Das Gut kann zu positiven Preisen nicht verkauft werden, weil auch Nichtkäufer das Gut nutzen können.

Umweltwirkungen sind häufig externe Effekte, die vom Verursacher nicht berücksichtigt werden.

In der Umweltökonomie wird diese Diskussion meist mit dem Konzept der externen Effekte geführt. **Externe Effekte** sind Auswirkungen der ökonomischen Aktivitäten eines Wirtschaftssubjektes, die, im Gegensatz zu Markttransaktionen, zwischen den Beteiligten keine Rechte auf Entgelt oder Kompensation begründen (vgl. Kapitel 2.4). Es sind Wirkungen, bei denen Verursacher und Betroffener nicht übereinstimmen. Diese Effekte werden dann vom Verursacher in der Regel nicht berücksichtigt. Solche Drittwirkungen können den Nutzen oder den Gewinn Anderer positiv oder negativ beeinflussen. Man spricht von positiven bzw. negativen externen Effekten bzw. von **externen Erträgen** und **externen Kosten**. Es sind also Effekte, die in die Gewinn- bzw. Nutzenfunktion Anderer eingehen, ohne dass sie im (internen) betrieblichen Rechnungswesen oder der (internen) Wirtschaftsrechnung der Verursacher als Kosten oder Erträge auftauchen (Luftverschmutzung durch Industrie- und Autoabgase, Verschlechterung der Trinkwasserqualität, Verringerung des Wohnwerts und der Wohnqualität durch Straßenverkehrs- oder Fluglärm als Beispiele für externe Kosten und die Verbesserung des Klimas durch die Forstwirtschaft oder die Erhaltung der Alpenflora durch die Bergbauernwirtschaft als Beispiele für externe Erträge). Da diese Kosten bzw. Erträge zusätzlich zu den privaten Kosten bzw. Erträgen anfallen, bezeichnet man sie auch als **soziale Zusatzkosten** bzw. **soziale Zusatzerträge**. Die Ursache für die Existenz solcher Externalitäten ist darin zu sehen, dass Eigentumsrechte an den infrage stehenden Umweltgütern nicht existieren. Der Luftverschmutzer muss für die Luftverschmutzung nicht bezahlen, weil keine Eigentumsrechte an sauberer Luft bestehen und die Forstwirtschaft bekommt für die Produktion von Sauerstoff kein Geld, weil sie keine Eigentumsrechte am Sauerstoff hat und diesen daher nicht verkaufen kann.

Weil die Nutzung der Umwelt nicht oder nicht angemessen bezahlt werden muss, gehen der Verbrauch der Umwelt und daraus resultierende Nutzeneinbußen Anderer nicht in das Entscheidungskalkül des Umweltverbrauchers ein: Die Umwelt wird exzessiv konsumiert und exzessiv im Produktionsprozess eingesetzt. Es fehlt der private Zwang zu sparsamer Nutzung der Umwelt. Und umgekehrt fehlt der private Anreiz, zur Verbesserung der Umweltqualität beizutragen.

29.4 Erfassung der Umweltqualität

Seit Einsetzen der Nachhaltigkeitsdiskussion haben sich mehrere internationale Organisationen intensiv mit der Entwicklung von Indikatorensystemen zur Messung der Nachhaltigkeit beschäftigt. Die UN-Kommission für Nachhaltige Entwicklung (Commission on Sustainable Development, CSD), deren Aufgabe die Überprüfung der Umsetzung und Weiterentwicklung der AGENDA 21 ist (»Rio-Nachfolge-Prozess«), verabschiedete 1995 ein mehrjähriges internationales Arbeitsprogramm zur Entwicklung und Erprobung von Nachhaltigkeitsindikatoren für die nationale Ebene. Kernelement des CSD-Arbeitsprogramms war eine Indikatorenliste mit 134 Einzelindikatoren für die Kapitel der Agenda 21, gegliedert in die Bereiche Soziales, Ökonomie, Ökologie und Institutionelles. Seit 2001 liegt eine Kernliste von 58 Nachhaltigkeitsindikatoren vor, von denen 19 unmittelbar dem Umweltbereich zugeordnet sind. Die Organisation für ökonomische Entwicklung und Zusammenarbeit (OECD) hat sich schon sehr früh maßgeblich in die Diskussion um Nachhaltigkeits- und Umweltindikatoren eingebracht und sie entscheidend geprägt durch die Entwicklung und Anwendung des »**Pressure-State-Response-Ansatz**« (OECD 1994). Da die Unterscheidung zwischen Antriebs-, Zustands- und Maßnahmenindikatoren auch der Umweltgesamtrechnung der Bundesrepublik Deutschland zugrunde liegt, beschreiben wir hier den OECD-Ansatz näher.

Nachdem die OECD im Jahr 1994 einen ersten Satz von circa 50 Umwelt-Kernindikatoren vorlegte, verständigte man sich in den Jahren 2001 und 2004 auf eine verkürzte Anzahl von Umweltindikatoren. Schließlich einigten sich die Umweltminister der 30 OECD-Länder auf einen Katalog von 10 Umwelt-Schlüsselindikatoren (»Key Environmental Indicators«). Die Umwelt-Schlüsselindikatoren werden dabei in die Kategorien der Umweltverschmutzung (»pressure«) und des Umweltzustands in Bezug auf die natürlichen Ressourcen eines Landes (»state«) unterteilt. Zu relevanten Umwelt-Schlüsselindikatoren, die Aufschluss über die Umweltverschmutzung zulassen sollen, zählt die OECD den Klimawandel, die Ozonschicht, die Luftqualität, das Abfallaufkommen und die Süßwasserbelastung. Auskunft über den Umweltzustand in Bezug auf die natürlichen Ressourcen sollen die Umwelt-Schlüsselindikatoren Süßwasserres-

Tab. 29-1

Umwelt-Schlüsselindikatoren der OECD

Schlüssel-Umweltindikator	Hauptgegenstand	Gegenmaßnahmen
1. Klimawandel	Effekte ansteigender atmosphärischer Treibhausgaskonzentrationen (CO_2 usw.) auf die globalen Temperaturen und das Klima mit Auswirkungen auf die Ökosysteme, Siedlungen, Landwirtschaft und andere sozioökonomische Aktivitäten	▸ CO_2 und andere Treibhausgase begrenzen ▸ Konzentration der Gase in Atmosphäre auf einem Niveau stabilisieren, welches gefährliche anthropogene Störungen des Klimasystems begrenzt; impliziert verstärkte Anstrengungen bei Implementierung zugehöriger (inter-)nationaler Strategien sowie die Entkopplung von Treibhausgasemissionen und Wirtschaftswachstum
2. Ozonschicht	Stratosphärischer Abbau der Ozonschicht und damit verbundene Auswirkungen angestiegener Ultraviolettstrahlung auf Gesundheit, Ernteerträge und natürlichen Lebensraum	▸ Abbau der Produktion und des Verbrauchs von Methylbromid und HCFC in industrialisierten Ländern ▸ Eindämmung von FCKW-Bewegungen und illegalen Handels mit FCKW
3. Luftqualität	Effekte von auf Feinpartikeln, Stickoxiden, giftiger Luftschadstoffe, bodennahen Ozon, u.v.m. beruhender Luftverschmutzung auf Gesundheit, Ökosysteme, Gebäude und ihre sozialen und ökonomischen Konsequenzen	▸ weitere Reduzierungen von Stickoxidemissionen und anderer regionaler, lokaler Luftschadstoffen um stärkere Entkopplung von Emissionen und BIP zu erreichen ▸ Begrenzung der Belastung der Bevölkerung mit Luftverschmutzung; impliziert Implementierung angemessener Luftreinhaltepolitik, technologische Fortschritte, Energiesparen und umweltbezogene nachhaltige Transportpolitik
4. Abfallaufkommen	Potenzielle Auswirkungen von unangemessener Abfallwirtschaft auf Gesundheit und Ökosysteme (Boden- und Wasserkontamination, Luftqualität, Landnutzung, Landschaftsraum)	▸ Verstärkung der Maßnahmen zur Abfallreduzierung speziell für Abfallvermeidung und Recycling ▸ Weiterentwicklung von Produktlebenszyklen und erweiterter Produzentenverantwortlichkeit; impliziert die Internalisierung der Kosten von Abfallmanagement in Konsumgüter- und Entsorgungspreise, die Sicherung hoher Kosteneffizienz und die vollständige Einbeziehung der Öffentlichkeit in die Maßnahmengestaltung
5. Süßwasserqualität	Auswirkungen von Wasserverschmutzung (Eutrophierung, Ansäuerung, toxische Kontaminierung) auf Gesundheit, Trinkwasseraufbereitungskosten und Wasserökosysteme	▸ Schutz und Wiederherstellung der Oberflächengewässer und Grundwasservorkommen, um das Erreichen der Wasserqualitätsziele zu sichern; impliziert weitere Reduktion von Schadstoffeinleitungen durch angemessen Abwasseraufbereitung und systematischere Integration von Wasserqualitätsberücksichtigungen in landwirtschaftlicher und sektorieller Politik sowie integriertes Wasserressourcenmanagement
6. Süßwasserressourcen	Ineffiziente Nutzung von Wasser und seine umweltbezogenen und sozioökonomischen Konsequenzen: niedrige Flussstände, Wassermangel, Versalzung küstennaher Süßgewässer, Gesundheitsprobleme, Verlust von Feuchtgebieten, Wüstenbildung und reduzierte Nahrungsmittelproduktion	▸ Vermeiden von Übernutzung und Degradation, sodass angemessenes Süßwasserangebot von entsprechender Qualität für menschlichen Gebrauch erhalten bleibt und Gewässer- und andere Ökosysteme unterstützt werden; impliziert Verringerung der Wasserverluste durch Einsatz effizienterer Technologien und Recycling, sowie Anwenden eines integrierten Flussgebietsmanagements
7. Waldressourcen	Auswirkungen menschlichen Handelns auf Walddiversität, Waldzustand, natürliches Waldwachstum, Waldregeneration und ihre Konsequenzen auf die Versorgung mit ökonomischen, ökologischen, sowie sozialen Walddienstleistungen	▸ Sichern eines nachhaltigen Waldressourcenmanagements ▸ Vermeiden von Raubbau und Degradation, sodass angemessene Waldproduktionsaktivitäten erhalten bleiben ▸ Sichern der Erbringung essentieller umweltbezogener Dienstleistungen, sowie der Biodiversität und Kohlenstoffsenken; impliziert Integration eines Umweltbewusstseins in Forstpolitiken

Tab. 29-1 (Fortsetzung)

Umwelt-Schlüsselindikatoren der OECD

Schlüssel-Um-weltindikator	Hauptgegenstand	Gegenmaßnahmen
8. Fisch-ressourcen	Auswirkungen menschlichen Handelns auf Fischbestände und Fischlebensräume in Meeresumwelt sowie Süßgewässern und ihre Konsequenzen auf die Biodiversität und das Fischfangangebot	▸ Sichern eines nachhaltigen Fischressourcenmanagements, sodass Fischbestandsentnahme nicht über längeren Zeitraum Fischbestandserneuerung übersteigt; impliziert Aufstellung und Durchsetzung von Begrenzung der Gesamtfangmengen, Fischfangzeiten, gesamten Fischfangarten und stärkere internationale Zusammenarbeit
9. Energie-ressourcen	Effekte von Energieproduktion und -verbrauch auf Treibhausgasemissionen und lokale, regionale Luftverschmutzung, Wasserqualität, Landnutzung sowie mit Kernbrennstoffkreisläufen, Gewinnung, Transport und Verbrauch von fossilen Brennstoffen verbundene Risiken	▸ weitere Entkopplung von Energieverbrauch, damit verbundener Emissionen in die Luft und Wirtschaftswachstum durch Steigerung der Energieeffizienz und Entwicklung, und Einsatz sauberer Kraftstoffe
10. Bio-diversität	Auswirkungen menschlichen Handelns auf biologische Vielfalt	▸ Erhalt und Wiederherstellung der Diversität und Integrität von Ökosystemen, Arten, Erbmaterial ▸ Sichern einer nachhaltigen Nutzung der biologischen Vielfalt; impliziert verstärkten Schutz von Lebensräumen und Arten, Beseitigung illegaler Nutzung und Handel sowie Integration der Belange der Diversität in die Politikbereiche und Schärfung des Bewusstseins der Öffentlichkeit

Quelle: OECD: OECD Key Environmental Indicators 2008.

sourcen, Waldressourcen, Fischressourcen, Energieressourcen und Biodiversität gewährleisten.

Mit verbesserter Wissens- und Datenbasis wird die Liste der Schlüssel-Umweltindikatoren in Zukunft um weitere Indikatoren ergänzt werden. So erwartet man die Erweiterung der Liste um die Indikatoren der Toxischen Kontamination, der Land- und Bodenressourcen und der städtischen Umweltqualität.

Tabelle 29-1 gibt einen Überblick über die Umwelt-Schlüsselindikatoren, den Gegenstand, den sie beschreiben, und möglicher Maßnahmen gegen eine Verschlechterung der indikatorbezogenen Umweltqualität.

Zwei Indikatoren sollen kurz genauer quantitativ für die OECD-Länder beschrieben werden.

Der **Klimawandel** wird entscheidend durch die Emission von Treibhausgasen, also Kohlenstoffdioxyd CO_2, Methan, Distickstoffoxyd (Lachgas), Fluorwasserstoff und Schwefelhexafluid bewirkt. Die Abbildung 29-1 gibt einen Überblick über Stand und Entwicklung dieses Indikators.

Im linken Teil der Abbildung sind die Emissionen pro BIP-Einheit wiedergegeben. Sie zeigen, dass Australien, Kanada, Neuseeland, Tschechien, aber auch Polen zu den Hauptsündern zählen, während Deutschland sich unterhalb des OECD-Durchschnitts hält. Die Werte der Pro-Kopf-Emissionen sind im

29.4 Umweltökonomie
Erfassung der Umweltqualität

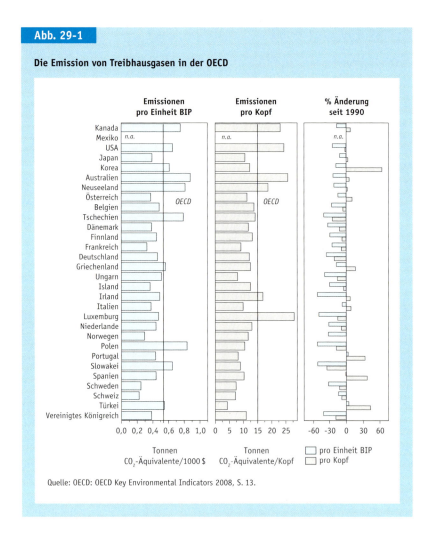

Abb. 29-1

Die Emission von Treibhausgasen in der OECD

Quelle: OECD: OECD Key Environmental Indicators 2008, S. 13.

Prinzip ähnlich, insbesondere bei Luxemburg zeigt sich jedoch eine signifikante Abweichung, die auf ein hohes Niveau bei der Vermeidung von Treibhausgasen in der Produktion hinweist, die aber durch einen hohen Verbrauch von Gütern, mit deren Produktion die Entstehung von Treibhausgasen verbunden ist, überkompensiert wird. Besonders interessant sind die auf der rechten Seite der Grafik dargestellten Änderungen seit 1990. Interessanterweise haben die Werte pro BIP-Einheit fast durchweg abgenommen. Pro Kopf kann man für Korea deutlich Zuwächse an Schadstoffausstoß beobachten, was mit dem enormen Wachstumsprozess dieses Landes in den beiden letzten Jahrzehnten zusammenhängt. Deutschland hat erfreulicherweise sowohl bei der Pro-Kopf-Rechnung als auch pro Einheit BIP seinen Ausstoß am Treibhausgasen prozentual verringern können. Wir kommen auf diesen Punkt im

29.4 Erfassung der Umweltqualität

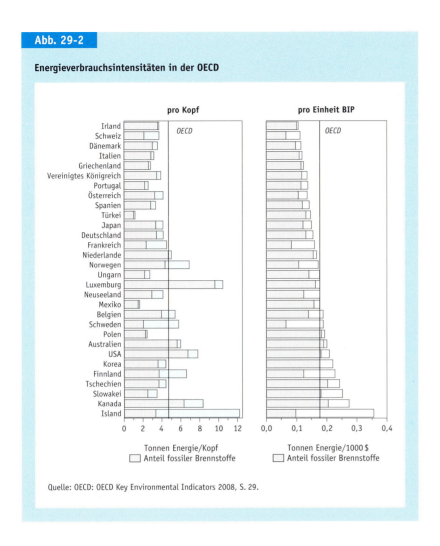

Abb. 29-2
Energieverbrauchsintensitäten in der OECD

Quelle: OECD: OECD Key Environmental Indicators 2008, S. 29.

Zusammenhang mit dem Emissionshandel im Kapitel 29.6 noch einmal zurück.

Die Abbildung 29-2 zeigt den Zustand in den OECD-Ländern bezüglich ihrer Energieverbrauchsintensität.

Die Abbildung zeigt, dass pro Kopf in Island und Luxemburg der Verbrauch an Energie am intensivsten ist, gefolgt – mit leichten Abstrichen – von Kanada und den USA. Island hat allerdings einen relativ geringen Anteil an fossilen Energieträgern. Der Wert pro Einheit BIP ist zumindest in Luxemburg deutlich geringer, was auf den schon oben beschriebenen Zusammenhang zurückzuführen sein dürfte.

Werfen wir abschließend einen genaueren Blick auf Deutschland. Abbildung 29-3 zeigt einen »Pressure«-Indikator, den Verbrauch oder die Inan-

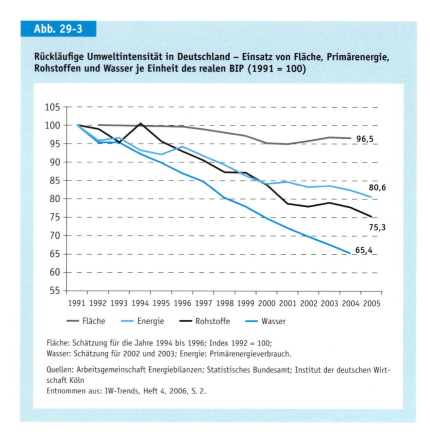

Abb. 29-3

Rückläufige Umweltintensität in Deutschland – Einsatz von Fläche, Primärenergie, Rohstoffen und Wasser je Einheit des realen BIP (1991 = 100)

Fläche: Schätzung für die Jahre 1994 bis 1996; Index 1992 = 100; Wasser: Schätzung für 2002 und 2003; Energie: Primärenergieverbrauch.

Quellen: Arbeitsgemeinschaft Energiebilanzen; Statistisches Bundesamt; Institut der deutschen Wirtschaft Köln
Entnommen aus: IW-Trends, Heft 4, 2006, S. 2.

spruchnahme natürlicher Ressourcen in Deutschland von 1991 bis 2005. In Deutschland ist der Verbrauch bzw. die Inanspruchnahme natürlicher Ressourcen pro Einheit reales BIP im Betrachtungszeitraum kontinuierlich gesunken. Am deutlichsten ist dies bei der Bodennutzung, signifikant aber auch bei den Rohstoffen und der Energie.

Ein **Beispiel für den Ausweis von Reaktionsindikatoren** (Response) ist die Zusammenstellung der Umweltschutzausgaben der Länder in Tabelle 29-2. Deutschland nimmt in dieser Aufstellung einen hinteren Platz ein, und der Anteil der Umweltschutzausgaben am BIP ist gesunken. Dies liegt aber auch an den unterschiedlichen Erfassungsmethoden: So werden in Deutschland nicht die vorsorgenden, sondern nur die nachsorgenden Umweltschutzausgaben erfasst.

In Deutschland hat das Statistische Bundesamt Umweltökonomische Gesamtrechnungen (UGR) entwickelt, die sich, wie schon erwähnt, im Prinzip an dem vorgestellten Pressure-State-Response-Ansatz orientiert.

Die UGR gliedern sich in fünf Bereiche:
- Material- und Energieflussrechnungen (Pressure),
- Nutzung von Fläche und Raum (Pressure),

Tab. 29-2

Umweltschutzausgaben des öffentlichen Sektors für ausgewählte Länder (in % des BIP)

Land	1994	2000	2001	2002	2003	2004	2005	2006	2007
Bulgarien	0,13*	0,32	0,46	0,36	0,31	0,34	0,38	0,36	0,50
Dänemark	1,29*	1,23	1,19	1,20	1,18	1,15	1,11	1,10	1,09
Deutschland (einschließlich ex-DDR seit 1991)	0,84*	0,46*	0,43*	0,44*	0,43*	:	:	:	:
Estland	0,88*	0,27	0,17	0,29	0,17	0,20	0,24	0,16	:
Frankreich	0,76*	0,31	0,33	0,34	0,34	0,33	0,34	0,34	:
Ungarn	:	:	0,57	0,64	0,49	0,52	0,64	0,60	0,29
Österreich	1,01*	0,21	0,21	0,44	0,49	0,48	0,47	:	:
Polen	:	0,76	0,73	0,45	0,44	0,42	0,43	0,48	0,44
Vereinigtes Königreich	:	0,48	0,45	0,46	0,45	0,48	:	:	:
Türkei	:	0,29	0,11	0,13	0,38	0,40	0,40	0,41	:

: Nicht verfügbar

Datenquelle: Eurostat, September 2009, *: Juni 2009
http://epp.eurostat.ec.europa.eu/tgm/table.do?tab=table&init=1&plugin=1&language=de&pcode=ten00049

- Umweltzustand (State),
- Maßnahmen des Umweltschutzes (Response) und
- Kosten der Vermeidung von Umweltschäden (Response).

Die statistische Erfassung ist unterschiedlich weit entwickelt, insbesondere Kosten der Vermeidung von Umweltschäden sind bislang nicht erfasst.

29.5 Umweltpolitische Ziele und Prinzipien

29.5.1 Ziele der Umweltpolitik

Mit dem Umweltprogramm 1971 der Bundesregierung ist die Umweltpolitik zu einer eigenständigen öffentlichen Aufgabe erklärt worden. Dem generellen Ziel »Schutz der natürlichen Lebensgrundlagen« wird damit der gleiche politische Rang eingeräumt wie anderen öffentlichen Aufgaben (Sicherheit, Bildung, soziale Sicherung). 1971 wird der Sachverständigenrat für Umweltfragen berufen, 1974 wird das Umweltbundesamt gegründet und ein eigenständiges Umweltministerium entsteht 1986 nach der Katastrophe von Tschernobyl. Und 1994 wird der **Umweltschutz als Staatsziel** in Art. 20a des Grundgesetzes verankert. »Der Staat schützt auch in Verantwortung für die künftigen Generationen die natürlichen Lebensgrundlagen im Rahmen der verfassungsmäßigen Ordnung

Entwicklung der Umweltpolitik zu einem zentralen Politikfeld

durch die Gesetzgebung und nach Maßgabe von Gesetz und Recht durch die vollziehende Gewalt und die Rechtsprechung.« Umweltpolitik hat sich also zu einem neuen Politikfeld entwickelt.

Ziele der Umweltpolitik

Welches sind nun konkret die Ziele der Umweltpolitik? Dabei geht es um alle Maßnahmen, die darauf gerichtet sind, die Umwelt so zu erhalten bzw. zu verbessern, dass

- bestehende Umweltschäden vermindert und beseitigt werden,
- Schäden für Mensch und Umwelt abgewehrt werden,
- Risiken für Menschen, Tiere und Pflanzen, Natur und Landschaft, Umweltmedien und Sachgüter minimiert werden,
- Freiräume für die Entwicklung der künftigen Generationen sowie Freiräume für die Entwicklung der Vielfalt von wildlebenden Arten sowie Landschaftsräumen erhalten bleiben und erweitert werden.

Prinzip der Nachhaltigkeit

Insbesondere der Schutz künftiger Generationen wird zunehmend wichtig. Das Prinzip der »**Nachhaltigkeit**« (sustainable development) als Leitvorstellung für wirtschaftliche Entwicklung ist erstmalig 1987 von der Weltkommission für Umwelt und Entwicklung im Brundtland-Bericht formuliert worden. Nachhaltige Entwicklung wird dort definiert als eine »Entwicklung, die die Bedürfnisse der Gegenwart befriedigt, ohne zu riskieren, dass künftige Generationen ihre eigenen Bedürfnisse nicht befriedigen können.«

Konstanz des natürlichen Kapitalstocks

Um spätere Generationen bei der Umweltqualität und Versorgung mit natürlichen Ressourcen nicht schlechter zu stellen, soll der »natürliche Kapitalstock« konstant gehalten werden. Dazu sollen folgende Regeln in der wirtschaftlichen Praxis beachtet werden:

- Der Abbau nicht erneuerbarer Ressourcen ist nur dann erlaubt, wenn späteren Generationen der Zugriff auf Alternativen ermöglicht wird. Es müssen also gleichzeitig zum Ressourcenverbrauch neue Techniken erschlossen werden, z. B. für die nachhaltige Nutzung regenerativer Quellen.
- Die Emissionen in Luft und Wasser sowie die Deponierung von Abfällen dürfen die Aufnahmefähigkeit der Natur nicht überschreiten.
- Erneuerbare Ressourcen wie Biomasse dürfen nur so weit genutzt werden, wie ihre Regenerationsrate nicht überschritten wird.

Solche recht allgemein gehaltenen Formulierungen werden dann in unterschiedlicher Weise und auf unterschiedlichen Ebenen konkretisiert. Darauf wird hier nicht einzugehen sein. Es sei nur darauf verwiesen, dass Ziele der Umweltpolitik, sofern sie grenzüberschreitender Natur sind, letztlich nur auf dem Verhandlungsweg erreicht werden können. Hier erweist es sich meist als notwendig, dass die »Geschädigten« die »Schädiger« für die Reduktion von Umweltbelastungen kompensieren müssen. Das macht die Verhandlungen schwierig.

Ziel ist nicht maximale, sondern optimale Umweltqualität.

Aus ökonomischer Sicht sind die Ziele der Umweltpolitik in das allgemeine Ziel der Wohlfahrtsmaximierung einzubetten. Wohlfahrtsmaximierung gilt als erreicht, wenn es nicht mehr möglich ist, durch eine Änderung des Zustands gesamtwirtschaftlicher Allokation ein Mitglied der Gesellschaft besser zu stellen ohne ein anderes schlechter zu stellen (Pareto-Optimum, vgl. Kapitel 2.3). Auf die Umwelt bezogen heißt dies, dass das Ziel nicht maximale, sondern optimale Umweltqualität ist. Diese ist in der Einzelfallbetrachtung z. B. dann erreicht, wenn der zusätzliche Schaden einer Umweltbelastung (Grenzschaden) gerade den zusätzlichen Kosten der Schadensvermeidung (Grenzvermeidungskosten) entspricht. Wenn also die Kosten einer Schadensbeseitigung größer sind als die Kosten der Umweltschäden selbst, würde sich aus ökonomischer Sicht eine Schadensbeseitigung nicht lohnen.

29.5.2 Prinzipien der Umweltpolitik

Die Durchsetzung der Umweltpolitik beruht in Deutschland auf mehreren grundlegenden Prinzipien, deren Bedeutung größtenteils auf die Ursachen für Umweltbelastungen zurückzuführen ist. Zu ihnen gehören das
- Verursacherprinzip,
- Kooperationsprinzip,
- Vorsorgeprinzip und das
- Gemeinlastprinzip.

Alle umweltpolitischen Maßnahmen, die sich am **Verursacherprinzip** – gewissermaßen der umweltpolitischen Leitlinie – orientieren, zielen darauf ab, die bisher als externe Kosten (soziale Zusatzkosten) entstandenen Umweltschäden von Konsum und Produktion möglichst vollständig den Umweltschädigern (Verursachern) anzulasten – aus externen Kosten werden dann interne Kosten bzw. die Kosten werden internalisiert. Auch wenn grundsätzlich die Anwendung dieses Prinzips – wo immer möglich – befürwortet werden kann, zeigen sich bei seiner praktischen Durchsetzung doch einige Probleme und Grenzen.

> Das Verursacherprinzip ist umweltpolitische Leitlinie.

Es ist nicht immer möglich, den Verursacher der Umweltbelastungen genau zu identifizieren. Das liegt einmal daran, dass es **kumulative Wirkungen** gibt (wessen Tropfen bringt das Fass zum Überlaufen?), zum anderen können auch **Wirkungsketten** entstehen, die es nahezu unmöglich machen, entstandene Schäden zuzurechnen, sodass eine Kostenaufteilung unmöglich ist (Beispiel: bei Kraftfahrzeugen gibt es eine emissionsbezogene Verursacherkette, an der der Fahrzeugbetreiber, der Hersteller und der Verkäufer von umweltbelastendem Treibstoff beteiligt sind).

> Probleme gibt es bei der Identifizierung des Verursachers, ...

Außerdem gibt es Fälle, in denen die Verursacher und deren Anteile an der Umweltbelastung unbekannt sind oder bei denen die anzulastende Höhe der Umweltkosten nicht berechenbar ist. Es kann auch sein, dass Umweltschäden bereits in der Vergangenheit verursacht worden sind oder durch ausländische Wirtschaftssubjekte hervorgerufen werden.

> ... der Feststellung des Umfangs seiner Umweltbelastung und ...

Und schließlich ist die Durchsetzung des Verursacherprinzips administrativ häufig schwierig, da Kontrollfunktionen von der staatlichen Verwaltung nicht effizient ausgeübt werden können (z. B. die Überwachung von individuell verursachten Belastungen im Verkehrsbereich). Aus diesen Gründen muss immer

> ... der administrativen Durchsetzung.

dann, wenn das Verursacherprinzip nicht angewendet werden kann, auf andere Prinzipien zurückgegriffen werden.

Beim **Kooperationsprinzip** handelt es sich um einen Ansatz, der die Mitverantwortlichkeit und Mitwirkung der Betroffenen von umweltbeeinträchtigenden Aktivitäten (Straßenbau, Errichtung von Kraftwerken, Bau von Müllverbrennungsanlagen usw.) und die Beteiligung bei vorgesehenen umweltschützenden Maßnahmen hervorhebt. Wenigstens theoretisch kann bei Anwendung dieses Prinzips ein ausgewogenes Verhältnis zwischen individuellen Freiheiten und gesellschaftlichen Bedürfnissen erreicht werden. Es stellt ein Leitbild für die Gestaltung von umweltpolitischen Entscheidungsprozessen dar, wobei die frühzeitige Einbindung der Betroffenen besonders wichtig ist. Beispiele sind Branchenabkommen, bei denen zwischen der Umweltbehörde und einer Branche oder einzelnen Branchenmitgliedern ein Umweltschutzziel festgelegt wird, das in einem bestimmten Zeitraum erreicht werden soll (Beispiel: Abkommen mit der Glasindustrie über mehr Altglasrecycling). Wenn sich die Mitglieder einer Branche zum Unterlassen von umweltschädigenden Aktivitäten verpflichten, spricht man von einem **Selbstbindungsabkommen** (z. B. Verzicht auf die Verwendung von FCKW). Wenn sie bereit sind, umweltfreundliche Aktivitäten durchzuführen, liegt ein **Selbstverpflichtungsabkommen** vor.

Beim **Vorsorgeprinzip** geht es darum, umweltpolitische Maßnahmen so zu treffen, dass möglichst von vornherein Gefahren für die Umwelt vermieden werden. Damit wird angestrebt, die natürliche Lebensgrundlage der Menschen schonend in Anspruch zu nehmen, sodass nicht nur das Wohlbefinden und die Gesundheit der Menschen jetzt gesichert, die Leistungsfähigkeit des Naturhaushalts erhalten, Schäden an Kultur- und Wirtschaftsgütern vermieden werden, sondern auch zukünftigen Generationen eine möglichst intakte Umwelt hinterlassen wird (Nachhaltigkeit). Dies ist deswegen von besonderer Bedeutung, weil Menschen tendenziell dazu neigen, Gegenwartsgüter höher zu bewerten als Zukunftsgüter. Dieses »Fehlverhalten« kann durch Anwendung des Vorsorgeprinzips korrigiert werden.

Wegen der komplexen Problemlage kann es zu Situationen kommen, in denen keines der bisher erörterten Prinzipien so richtig greift. In solchen Fällen sind Maßnahmen nach dem **Gemeinlastprinzip** vorzusehen, d. h. dass die öffentliche Hand anstelle der Verursacher Umweltbelastungen durch den direkten oder indirekten Einsatz öffentlicher Mittel zu verringern versucht. In unserer individualistisch-marktwirtschaftlich orientierten Wirtschaftsordnung sollte indes dem Gemeinlastprinzip bestenfalls ein komplementärer Charakter zukommen. Es als alleinige Strategie zu verfolgen, würde – nicht nur wegen begrenzt einsetzbarer Finanzmittel des Staates – wenig Erfolg verheißen. Im Allgemeinen unterliegen Maßnahmen, die nach dem Gemeinlastprinzip (z. B. Finanzierungsanreize für umweltfreundliche Investitionen, Finanzhilfen, Steuervergünstigungen, zinsverbilligte Darlehen usw.) durchgeführt werden, keiner marktmäßigen Bewertung. Somit besteht die Gefahr, dass die eingesetzten Ressourcen nicht unbedingt in die umweltpolitisch am meisten erwünschten Verwendungen gelenkt werden.

29.6 Instrumente der Umweltpolitik

29.6.1 Die Leitidee der Internalisierung externer Umwelteffekte

Mit den Instrumenten der Umweltpolitik soll ein optimaler Zustand der Umwelt erreicht werden. Dies kann nach der umweltpolitischen Leitidee der Umweltökonomie vor allem durch eine **Internalisierung der externen Effekte** der Umweltnutzung erreicht werden. Diese Strategie setzt an der Diagnose an, dass die eigentliche Ursache von Umweltschäden das Versagen des Preismechanismus als Allokationsmechanismus ist, weil Umweltgüter keine Preise haben. Daher konzentrieren sich die Überlegungen der Umweltökonomie primär auf Instrumente, die eine Zurechnung von Handlungsfolgen ermöglichen; nach Möglichkeit Preise, die die verlorene Optimalität des Marktes wiederherstellen. Solche Preise sollen die externen Effekte wieder in die privaten Kosten-Nutzen-Analysen einbringen, also internalisieren.

Zurechnung von Handlungsfolgen als Ziel

Möglichkeiten dazu sind **Verhandlungen** zwischen Schädigern und Geschädigten, die **Haftung** des Schädigers oder die **Besteuerung bzw. Subventionierung** von Umweltaktivitäten.

In der umweltpolitischen Praxis kann und soll die Internalisierung externer Umwelteffekte nicht immer realisiert werden. Sie wird ergänzt durch staatlich formulierte **Auflagen** bzw. Standards der Umweltnutzung und durch eine direkte staatliche Tätigkeit im Umweltbereich, z. B. eine kommunale Abwasserentsorgung. Auf diesen letzten Aspekt gehen wir hier nicht ein.

29.6.2 Internalisierung externer Effekte durch Verhandlungen

Das Grundprinzip lässt sich recht gut an dem aus Wildwestfilmen bekannten Konflikt zwischen Ranchern und Farmern, zwischen Viehzüchtern und Getreidebauern verdeutlichen. Viehzüchter lassen ihre Herden frei weiden, dabei werden auch die Getreidefelder zertrampelt und die Getreideernte wird kleiner ausfallen als ohne Schädigung (dies ist der negative externe Effekt der Viehzucht).

Dieser Zustand ist in aller Regel gesamtwirtschaftlich nicht optimal (höchstens durch Zufall), weil und insofern der Nutzen für die Viehzüchter kleiner ist als der Schaden für die Getreidebauern. Daraus ergibt sich ein Potenzial an Wohlfahrtsverbesserungen für beide Seiten, das durch Verhandlungen ausgelotet werden kann. Das gemeinsame Allokationsoptimum ist dann erreicht, wenn der Grenznutzen des Viehzüchters aus der Nutzung der Getreidefelder gerade genauso groß ist wie der Grenzschaden des Getreidebauers.

Voraussetzung für den Erfolg von Verhandlungen ist die Definition und die Zuteilung von Eigentumsrechten. Wie ebenfalls aus Wildwestfilmen bekannt, ist die Verteilung von Eigentumsrechten keineswegs naturrechtlich determiniert. Denkbar sind zwei Möglichkeiten: Der Viehzüchter darf seine Herde überall weiden lassen (das ist das **Laissez-Faire-Prinzip** oder das Wildwestprinzip) oder

der Getreidebauer hat das unbeschränkte Eigentumsrecht an seinen Feldern, also auch das Recht, seine Felder nicht zertrampeln zu lassen (das entspricht dem **Verursacherprinzip**, das europäischer Denktradition nahe steht). Die Entscheidung über die Zuteilung der Eigentumsrechte muss der Staat fällen.

Zuteilung von Eigentumsrechten

Mit der Zuteilung von Eigentumsrechten wird die vordem freie Ressource der Bodennutzung zu einem marktfähigen Gut gemacht. Dies ist die Parallele zur Umweltnutzung. Entweder zahlt der Verursacher (der Viehzüchter) für die angerichteten Schäden, nämlich dann, wenn der Getreidebauer die Eigentumsrechte hat, oder der Getreidebauer bezahlt den Viehzüchter dafür, dass dieser seine Herde einzäunt. Das Verhandlungsergebnis ist in beiden Fällen das Gleiche: Der Getreideanbau erfolgt ohne Störung durch die Viehherden des Viehzüchters, die Allokation der Ressourcen ist also unabhängig von der Verteilung der Eigentumsrechte. Diese entscheidet nur darüber, wer zahlt und wer bekommt. Das ist der Inhalt des berühmten **Coase**-Theorems, (nach *Ronald R. Coase*, geb. 1910 in England, Nobelpreis 1991).

Entscheidend für die Möglichkeit der Verhandlungslösung sind also Eigentumsrechte an Umweltgütern. Diese begründen dann einen Anspruch auf Schadensersatz oder Kompensation und damit werden die externen Effekte internalisiert.

Probleme der Zuteilung von Eigentumsrechten

Allerdings können Eigentumsrechte nicht generell und einfach definiert und zugeteilt werden, gerade bei internationalen Umweltproblemen nicht, weil es hier keine übergeordnete staatliche Gewalt gibt. Auch bei unklaren Nutzungsrechten sind Verhandlungen möglich, aber hier – auch das ist aus Wildwestfilmen bekannt – entscheidet die Verhandlungsmacht der Parteien im Rahmen des Laissez-Faire-Prinzips: Der Geschädigte kompensiert dann meist den Schädiger für die Unterlassung der Schädigung.

Auch bei einer großen Zahl von Betroffenen und/oder bei hohen Informations-, Verhandlungs- und Kontrollkosten der Vereinbarung können Verhandlungslösungen von dem Ergebnis abweichen, das *Coase* beschrieben hat. Zentral bleibt aber die Erkenntnis, dass Verhandlungen die Situation für alle verbessern können und dass Eigentumsrechte ein ideales Instrument sind, externe Effekte zu internalisieren.

29.6.3 Internalisierung externer Effekte durch das Umwelthaftungsrecht

Umwelthaftung bedeutet, dass Umweltschädiger für die Schäden haften müssen, die sie verursacht haben. Man unterscheidet hier die **Verschuldungshaftung**, bei der ein schuldhaftes Verhalten (meist die »Missachtung der im Verkehr erforderlichen Sorgfalt«) nachgewiesen werden muss und die strengere **Gefährdungshaftung**, bei der für den Schaden gehaftet werden muss, unabhängig davon, ob ein Verschulden vorliegt. In beiden Fällen muss in der Regel aber die Kausalität nachgewiesen werden, d. h. der Geschädigte muss seinen Schaden auf bestimmte Aktivitäten kausal zurückführen.

Unabhängig von diesen eher juristischen Problemen kann mit der Institution des Haftungsrechts eine Internalisierung externer Effekte erwartet werden, weil der Schädiger dann die Schadenskosten in seiner privaten Wirtschaftsrechnung berücksichtigen wird.

Das Haftungsrecht greift aber nur, wenn die Privatsphäre Einzelner direkt betroffen ist. Es greift also nicht bei globalen Umweltschäden oder bei Fragen der intertemporalen Allokation zwischen den Generationen.

Das seit 1991 in Deutschland geltende **Umwelthaftungsrecht** (UHG) kodifiziert in § 1 die Gefährdungshaftung und sieht in § 6, Abs. 1 eine allgemeine Kausalitätsvermutung vor (wenn die Anlage nach den Gegebenheiten des Einzelfalles geeignet ist, den Schaden zu verursachen), die allerdings durch den Nachweis eines bestimmungsmäßigen und störfallfreien Betriebs widerlegt werden kann. Die Möglichkeit, die allgemeine Kausalitätsvermutung zu widerlegen, schränkt die Internalisierung der Effekte sicher ein, insgesamt sind die Allokationseffekte aber positiv zu werten.

Das Haftungsrecht kann externe Effekte internalisieren.

29.6.4 Internalisierung externer Effekte durch Steuern und Subventionen

Die Idee, die Verursacher von negativen externen Effekten, z. B. einer Schadstoffemission, mit einer Steuer zu belegen und die Verursacher von positiven externen Effekten mit Subventionen (negativen Steuern) zu fördern, stammt von *Arthur C. Pigou* (1877–1959, britischer Ökonom). Daher werden solche Steuern auch **Pigou-Steuern** genannt. Dabei sollen die Steuersätze so kalkuliert werden, dass die externen Effekte in genau dem Umfang internalisiert werden, der zum gesamtwirtschaftlichen Optimum führt: Der Verursacher einer negativen Externalität wird mit einem Steuersatz belastet, der den externen Grenzkosten entspricht, die im gesamtwirtschaftlichen Optimum entstehen. Damit gehen die gesellschaftlichen Gesamtkosten der Schadstoffemission in die Wirtschaftsrechnung des Verursachers ein, mit der Folge, dass der Preis des umweltschädigend erstellten Gutes steigt und Nachfrage und Produktion des Gutes sinken.

Pigou-Steuern führen zum gesamtwirtschaftlichen Optimum.

Um eine *Pigou*-Steuer (in optimaler Höhe) kalkulieren zu können, müsste der Staat die Grenzschadenskosten und die genauen Grenzkosten der Produktion kennen und zudem das gesamtwirtschaftliche Optimum berechnen können. Dies ist praktisch nicht möglich. Daher begnügt man sich in der Praxis mit einer Besteuerung umweltschädigender Aktivitäten, die nur im Prinzip externe Kosten internalisiert. Die Produktionskosten steigen durch die Besteuerung und bewirken dann eine Annäherung an das Optimum. Man unterscheidet hier die **Besteuerung der Endproduktmenge** (z. B. phosphathaltige Waschmittel), die **Besteuerung von Produktionsmitteln** (z. B. Energie) oder die **Besteuerung der Schadstoffemission** selbst. Dabei gilt die Emissionssteuer als relativ am geeignetsten, weil die Verursacher hier flexibel gemäß ihrer individuellen Kostenstruktur reagieren können. Verursacher mit hohen Vermeidungskosten

Hohe Informationskosten bei Pigou-Steuern

Emissionssteuer gilt als angemessen.

drosseln ihre Emission dann weniger, während Verursacher mit geringen Vermeidungskosten ihr Emissionsvolumen stärker reduzieren.

Die ökologische Steuerreform arbeitet mit einer Produktionsmittelsteuer.

Die in Deutschland zum 01.04.1999 begonnene **ökologische Steuerreform** (»Gesetz zum Einstieg in die ökologische Steuerreform«) will den Verbrauch von Energie verteuern, es handelt sich also um eine Produktionsmittelsteuer, in diesem Fall auf Strom und auf Energie. Diese Verteuerung wird langfristig zu Energieeinsparungen im Produktionsprozess führen, sowohl dadurch, dass energieintensiv erstellte Produkte relativ teurer werden und daher weniger nachgefragt werden, als auch dadurch, dass Produktionsprozesse generell energiesparender werden.

Die ökologische Steuerreform in Deutschland will nicht nur den Umweltverbrauch verteuern, in diesem Fall Energie, sondern zugleich den Produktionsfaktor Arbeit verbilligen. Dahinter steht die Erkenntnis, dass die Verteuerung des Umweltverbrauchs nur eine Seite der Umweltpolitik sein kann, und dass es auch wichtig ist, die Substitution des Produktionsfaktors Umwelt durch den weniger Umwelt verbrauchenden Produktionsfaktor Arbeit zu fördern.

29.6.5 Umweltauflagen

Bei **Umweltauflagen** soll der Verursacher durch Einhaltung der Auflagen gezwungen werden, die Umweltbelastungen zu verringern. Bei Verboten wird das umweltschädigende Verhalten völlig unterbunden (Beispiel: DDT-Verbot), bei Geboten können bestimmte Umweltbelastungen noch zugelassen sein. Mögliche Ansatzpunkte sind **Emissionen** (Festlegung von Grenzwerten im Sinne höchstzulässiger Schadstoffmengen, wie sie z. B. nach der Feinstaub-Richtlinie der EU vom 22.04.1999 für Luft verunreinigende Stoffe wie Schwefeldioxid, Feinstaub und Blei festgelegt sind), der **Produktionsprozess** (Verbot der Verwendung bestimmter, die Umwelt stark belastender Roh- oder Betriebsstoffe; Festlegung der Anwendung einer bestimmten Technologie im Sinne einer Prozessnorm – Heizungsanlagen müssen einen bestimmten Wirkungsgrad haben) oder die **Produktion** selbst (Begrenzung der Produktionsmengen für besonders schadstoffintensiv produzierte Güter – wichtig z. B. bei Smog-Situationen – oder Produktionsverbote).

Vor- und Nachteile von Auflagen

Die Vorteile von Auflagen werden in ihrer schnellen Wirksamkeit, ihrer größeren Reaktionssicherheit in Bezug auf den angestrebten Erfolg sowie ihrer prinzipiell größeren Praktikabilität gesehen. Die Nachteile liegen vor allem darin, dass die verfolgten Umweltschutzziele nicht notwendigerweise mit den niedrigsten Kosten erreicht werden, dass es zu Wettbewerbsverzerrungen kommen kann, und dass die dynamische Anreizwirkung, nach neuen umweltverträglicheren Lösungen zu suchen, völlig fehlt.

Marktlösung für Umweltnutzungen

Bei **Umweltzertifikaten** (Emissionslizenzen) werden Märkte für die Inanspruchnahme von Umweltnutzungen geschaffen, meist handelt es sich um die Nutzung der Umwelt als Aufnahmemedium von Rückständen (Emissionen). Der Staat legt die Höchstmenge an Emissionen in einem bestimmten Gebiet fest.

Diese Höchstmenge wird gestückelt und in Emissionszertifikaten verbrieft. Diese Zertifikate werden dann an die potenziellen Emittenten verteilt oder verkauft. Wer dann mehr Schadstoffe emittieren will als er an Zertifikaten besitzt, muss Zertifikate zukaufen, und wer umweltschonend produziert, kann seine Zertifikate verkaufen. Damit bildet sich ein Markt für Umweltzertifikate und ein Preis für die Umweltbelastung. Dieser Preis belohnt die Umweltschonung und bestraft die Umweltschädiger. Zugleich ist damit sichergestellt, dass die Umweltschäden dort vermieden werden, wo die Schadensvermeidungskosten am geringsten sind. Eine solche marktbezogene Strategie wird z. B. seit dem 01.01.1995 in den USA zur Begrenzung von Schwefeldioxyd-Emissionen durchgeführt.

Der Handel mit Emissionsrechten ist auch ein Instrument innerhalb der Europäischen Union, um den Ausstoß von Treibhausgas zu senken. Danach dürfen ab dem Jahre 2005 energieintensive Unternehmen (große Kraftwerke, Stahlproduktion, Zementwerke, Papierfabriken, Eisengießereien u. a.) in der EU nur noch dann Kohlendioxyd (CO_2) emittieren, wenn sie über eine entsprechende Anzahl an Berechtigungen verfügen. Wenn sie mehr CO_2 emittieren als ihnen zusteht, müssen sie Rechte hinzukaufen oder in ihre Anlagen schadstoffsparend investieren. Wenn sie weniger CO_2 emittieren als sie eigentlich dürften, können sie die überschüssigen Berechtigungen auf dem freien Markt verkaufen. Von 2005 bis 2008 wurden die Emissionsrechte vom Staat gratis vergeben. Umweltschützern war die Wirkung dieser ersten Phase des Emissionshandels auf den Klimaschutz zu gering, vor allem weil die kostenlos zugeteilten Mengen recht großzügig bemessen waren. Im Zusammenhang damit schwankten die Preise pro Schadstofftonne an der Börse stark. Während im April 2006 noch circa 30 € für eine Tonne Kohlendioxyd bezahlt werden mussten, sank der Preis im Laufe des Jahres zum Teil auf 1 Euro. Der Preiseinbruch für Zertifikate macht Investitionen in Klimaschutz weniger attraktiv. Im September 2009 belief sich der Preis für Veräußerung von Emissionsberechtigungen in Deutschland auf durchschnittlich 13 € pro Tonne Schadstoff.

Von 2008 an wurden zehn Prozent der Zertifikate vom Staat kostenpflichtig verkauft, ohne dass sich die Schadstoffemission zielgemäß reduzierte.

Neue Hoffnungen werden nun in den Ende 2009 vom Bundeskabinett beschlossenen Einstieg in die Versteigerung von Emissionsrechten gesetzt. Die Emissionshandels-Versteigerungsverordnung bedarf allerdings noch der Zustimmung des Deutschen Bundestages. Laut Verordnung sollen jährlich 40 Millionen Emissionszertifikate der Kraftwerksbetreiber in Deutschland für die Jahre 2010 bis 2012 versteigert werden. Das entspricht zehn Prozent der Menge, die den Betreibern von Kraftwerken erlaubt wird. Die restlichen 90 Prozent werden weiterhin kostenlos zugeteilt. Die Auktion soll in wöchentlich gleichen Mengen an einer der bestehenden Emissionshandelsbörsen stattfinden.

Nach 2012 sollen die Versorger und stufenweise auch die Industrie dazu gezwungen werden, alle benötigten CO_2-Rechte zu kaufen.

29.7 Globale Umweltprobleme

Eine besondere Schwierigkeit der Umweltpolitik besteht darin, dass zahlreiche Umweltschäden internationale bzw. globale Dimensionen annehmen, insbesondere Luftverschmutzung, Gewässerverschmutzung und Klimaverschlechterung allgemein. Hier sind im Prinzip alle Länder in unterschiedlichem Umfang Verursacher und Geschädigte zugleich. Notwendig wären hier weltweit geltende Standards der Umweltpolitik, um Wettbewerbsverzerrungen zu vermeiden. Das Problem ist, dass es aber auf globaler Ebene keine Instanz gibt, die Umweltpolitik durchsetzen könnte, und dass die Länder in unterschiedlichem Maße über Mittel verfügen, Umweltschutzmaßnahmen zu finanzieren. Daher sollten die entwickelten Industrienationen eine Vorreiterrolle in den Anstrengungen zum Schutz der Umwelt übernehmen.

Im Prinzip ist dies im so genannten Kyoto-Protokoll, das am 16.02.2005 in Kraft getreten ist, auch so gehandhabt worden. Hier haben die Unterzeichnerstaaten völkerrechtlich verbindliche Grenzen für den Ausstoß von Treibhausgasen (vor allem CO_2) vereinbart: Bis 2012 soll der Ausstoß dieser Gase um 5 Prozent unter das Niveau von 1990 sinken und dabei sollen die alten Industrienationen den größeren Beitrag leisten, z. B. Deutschland mit einem Minus von 21 Prozent. Leider haben sich aber einige Länder, wie die USA, geweigert das Abkommen zu ratifizieren.

Arbeitsaufgaben Kapitel 29

1. Was versteht man unter Umwelt, und welche wichtigen Funktionen sollte die Umwelt erfüllen?

2. Worin sehen Sie die Hauptursachen des Umweltproblems?

3. Warum gibt es kaum Preise für die Umweltnutzungen und welche Konsequenzen ergeben sich daraus für das Ausmaß der Umweltnutzungen?

4. Erörtern Sie wichtige Ziele der Umweltpolitik.

5. Warum kann man das Verursacherprinzip als allgemeine umweltpolitische Leitlinie bezeichnen?

6. Aus welchen Gründen muss das Verursacherprinzip durch andere Prinzipien ergänzt werden?

7. Welche Instrumente der Umweltpolitik gibt es?

8. Erläutern Sie die Idee der Pigou-Steuer.

9. Erörtern Sie die Möglichkeiten der Internalisierung externer Effekte durch Verhandlungen.

10. Was sind die Vorteile von Umweltzertifikaten?

Lösungsvorschläge für die Arbeitsaufgaben finden Sie im »Übungsbuch zu Grundlagen und Probleme der Volkswirtschaft«.

Literatur Kapitel 29

Rat von Sachverständigen für Umweltfragen: Umweltgutachten 1987.

Einen kurzen Überblick zur Umweltökonomie geben:
Endres, Alfred/Brigitte Staiger: Umweltökonomie, in: Wirtschaftswissenschaftliches
Studium (WiSt), 23. Jg. (1994), S. 218–223.
Hartwig, Karl-Hans: Umweltökonomie, in: Vahlens Kompendium der Wirtschaftstheorie und Wirtschaftspolitik, Bd. 2, 9. Aufl., München 2007.

Lehrbücher zur Umweltökonomie sind:
Binder, Klaus Georg: Grundzüge der Umweltökonomie, München 1999.
Endres, Alfred: Umweltökonomie, 3. Aufl. Stuttgart u. a. 2007.
Frey, Bruno: Umweltökonomie, 3. Aufl., Göttingen 1992.
Siebert, Horst: Economics of the Environment, 7. Aufl., Berlin u. a. 2008.

Eine Darstellung von Politik, Recht und Management des Umweltschutzes bieten:
Jänicke, Martin/Philip Kunig/Michael Stitzel: Umweltpolitik, 2. Aufl., Bonn (Bundeszentrale für politische Bildung) 2003.

Die globale Perspektive beschreibt:
Simonis, Udo Ernst (Hrsg.): Weltumweltpolitik. Grundriß und Bausteine eines neuen Politikfeldes, Berlin 2001.

Zahlenmaterial und wichtige Überblicke bieten:
Rat der Sachverständigen für Umweltfragen: Umweltgutachten sowie eine Reihe von Sondergutachten.
Umweltbundesamt: Jahresberichte, Berlin, laufende Jahrgänge.
Bundesministerium für Umwelt, Naturschutz und Reaktorsicherheit (BMU): Berichte, Bonn, laufende Jahrgänge.
Institut der deutschen Wirtschaft: IW-Umwelt-Service (vierteljährlich).

Das Statistische Bundesamt gibt die Fachserie 19 »Umwelt« heraus. Hier sind auch die Umweltökonomischen Gesamtrechnungen enthalten (in Reihe 4 und 5).

Indikatoren zur Messung der Umweltqualität beschreibt:
Voss, Gerhard: Indikatoren der nachhaltigen Entwicklung, Aussagekraft und Probleme, in: iw-trends, Heft 3, 2000, S. 1–14.

Instrumente der Umweltpolitik beschreibt kurz:
Binder, Klaus Georg: Instrumente der Umweltpolitik, in: WISU, Heft 7, 2000, S. 983–989.

30 Probleme der Entwicklungsländer

Leitfragen

Wie lassen sich Entwicklungsländer beschreiben?

- Was definiert ein Entwicklungsland?
- Welche Gemeinsamkeiten lassen sich bei Entwicklungsländern feststellen?
- Welche Unterschiede lassen sich bei Entwicklungsländern feststellen?

Was sind die Ziele der internationalen Entwicklungszusammenarbeit?

- Was versteht man unter den Millenniumszielen der VN?
- Welche Zielvorgaben bestehen für die Millenniumsziele?
- Wie sind die Ziele »Beseitigung der Armut« und »Beseitigung des Hungers« definiert und in welchem Ausmaß wurden die Ziele erreicht bzw. nicht erreicht?

Welche Probleme stehen einer wirtschaftlichen Entwicklung in traditioneller Sicht entgegen?

- Welche Grundtatbestände setzt ein Entwicklungsprozess voraus?
- Welche Ursachen (Theorien) der Unterentwicklung werden traditionell unterschieden?
- Welche traditionellen Entwicklungsstrategien werden aus den unterschiedlichen Theorien der Unterentwicklung abgeleitet?

Was besagt der »Washington Konsensus«?

- Vor welchem Hintergrund kam der Washington Konsensus zustande?
- Was sind die konstitutiven Elemente des Washington Konsensus?
- Wie hat sich der Washington Konsensus ausgewirkt?

Welche neueren entwicklungspolitischen Konzepte wurden nach dem Washington Konsensus entwickelt?

- Welches sind die konstitutiven Elemente des »Comprehensive Development Framework« der Weltbank?
- Was sind Institutionen und welche Rolle spielen sie im Entwicklungsprozess?

Was versteht man unter Entwicklungshilfe?

- Wie definiert die OECD Entwicklungshilfe?
- Welche Ziele verfolgt Entwicklungshilfe?
- Welche Formen der Entwicklungshilfe lassen sich unterscheiden?
- Über welche Kanäle erreicht Entwicklungshilfe die Nehmerländer?
- Welche Entwicklungshilfe leistet die Bundesrepublik Deutschland?
- Was ist und wer leistet multilaterale Entwicklungshilfe?

30.1 Was ist ein Entwicklungsland?

30.1.1 Definitorisches

Es gibt keine einheitliche Definition eines Entwicklungslandes. Von Bedeutung sind insbesondere die Definitionsansätze der Weltbank, des Ausschusses für Entwicklungshilfe der OECD (DAC, Development Assistance Committee) sowie des Entwicklungsprogramms der Vereinen Nationen (UNDP, United Nations Development Program).

Definitionsansatz der Weltbank

Die Weltbank veröffentlicht im dreijährigen Turnus eine Aufstellung der durchschnittlichen Jahreseinkommen von fast allen Ländern der Welt. Dabei wird unterschieden zwischen

Einteilung der Länder nach dem kaufkraftparitätenkorrigierten Einkommen

- Ländern mit **niedrigen Einkommen** (bis 975 Dollar pro Jahr)
- Ländern mit **mittleren Einkommen**
  Untere Kategorie (976–3.855 Dollar)
  Obere Kategorie (3.586–11.905 Dollar)
- Ländern mit **hohen Einkommen** (über 11.905 Dollar).

Wichtig ist, dass die Weltbank bei der Berechnung der Einkommen die unterschiedliche Kaufkraft in den Ländern berücksichtigt. Es handelt es sich also nicht einfach um das Einkommen in Landeswährung, das nach dem herrschenden Wechselkurs in Dollar umgerechnet wird, sondern es werden die Preise in beiden Ländern berücksichtigt, um das Einkommen in Dollarkaufkraft zu bestimmen (so genannte Dollar-Kaufkraftparität). Ein bekanntes Beispiel ist der iPod-Index für das Gerät der Firma Apple, bei dem der Preis des iPods in verschiedenen Ländern verglichen wird. Kostet er in den USA das 4,5-Fache wie in Indien, dann sind die für Indien auf der Basis des offiziellen Wechselkurses berechneten Dollareinkommen mit 4,5 zu multiplizieren. Die sich ergebenden Unterschiede sind für Entwicklungsländer ganz erheblich. So war das 1997 von der Weltbank ermittelte kaufkraftparitätenkorrigierte Dollareinkommen Indiens circa viereinhalbmal so hoch wie das sich nach einfacher Umrechnung gemäß dem offiziellen Währungskurs ergebende Einkommen.

Länder mit niedrigen und mittleren Einkommen rechnet die Weltbank zu den Entwicklungsländern. Allerdings ist die Kategorisierung der Weltbank vor allem Basis für ihre Kreditvergabe und nicht zurückzahlbaren Zuwendungen. Ländern mit einem Einkommen bis zu 1.135 Dollar gewährt die Bank besonders günstige zinslose Kredite oder nicht rückzahlbare Zuwendung (so genannte IDA-Länder sind Länder, denen die International Development Association – eine Institution der Weltbank – zu diesen besonders günstigen Konditionen hilft).

Definitionsansatz der OECD

Entwicklungsländer stehen auf der DAC-Liste

Wichtig für die praktische Entwicklungshilfe ist auch die Kategorisierung der OECD, die, ebenfalls im dreijährigen Turnus, diejenigen Länder benennt, an die

Hilfeleistungen als offizielle Entwicklungshilfe (ODA, Official Development Assistance) gewertet werden. Solche Hilfen werden auf die 0,7 Prozent des Nationaleinkommens angerechnet, die zu leisten sich die entwickelten Länder der UNO schon 1970 verpflichtet haben. Praktisch übernimmt die so genannte **DAC-Liste** fast vollständig die von der Weltbank kategorisierten Länder mit niedrigen und mittleren Einkommen.

Definitionsansatz der Vereinten Nationen
In die Liste der am wenigsten entwickelten Länder (Least Developed Countries, LDC) der Vereinten Nationen werden wesentlich weniger Länder aufgenommen als in die OECD-Liste. Die Kriterien für die Anerkennung als LDC sind:
- das Pro-Kopf-Einkommen, das unter 975 Dollar pro Jahr liegen muss (Stand: 2009);
- eine Messgröße aus Kalorienverbrauch, Kindersterblichkeit und Alphabetisierungsrate und
- die wirtschaftliche Verwundbarkeit des Landes. Diese misst man zum Beispiel daran, ob ein Land von wenigen Exportprodukten abhängt oder kaum Industrie besitzt.

Merkmalskatalog der am wenigsten entwickelten Länder

Zu beachten ist, dass Länder mit mehr als 75 Millionen Einwohnern nicht als LDC klassifiziert werden können, eine Einschränkung, die wenig überzeugend ist.

Trotzdem fällt positiv auf, dass die Kategorisierung der Vereinten Nationen wesentlich differenzierter ist als die von Weltbank und OECD. Sie lehnt sich an den ebenfalls von den Vereinten Nationen 1990 entwickelten »Human Development Index« an (Index der menschlichen Entwicklung), der ebenfalls nicht nur das Bruttonationaleinkommen pro Einwohner eines Landes in (kaufkraftbereinigten) Dollar einbezieht, sondern ebenso die Lebenserwartung sowie den mithilfe der Alphabetisierungsrate und der Einschulungsrate der Bevölkerung gemessenen Bildungsgrad.

Mit dem LDC-Status sind Vorteile verbunden: Die LDCs erhalten einen hohen Anteil der Entwicklungshilfe als Zuschuss statt als Kredit, ihre Exporte nach Europa und in die USA sind zollbegünstigt und sie genießen Übergangsfristen oder Ausnahmen bei Marktöffnungspflichten nach dem Welthandelsrecht. Der Status als LDC ist daher begehrt.

2009 gibt es 49 LDCs, die auf die folgenden Regionen verteilt sind:
- **Afrika** (33)
  Angola, Benin, Burkina Faso, Burundi, Zentralafrikanische Republik, Tschad, Komoren, Demokratische Republik Kongo, Dschibuti, Äquatorialguinea, Eritrea, Äthiopien, Gambia, Guinea, Guinea-Bissau, Lesotho, Liberia, Madagaskar, Malawi, Mali, Mauretanien, Mosambik, Niger, Ruanda, Sao Tomé und Príncipe, Senegal, Sierra Leone, Somalia, Sudan, Togo, Uganda, Vereinigte Republik Tansania und Sambia;
- **Asien** (10)
  Afghanistan, Bangladesch, Bhutan, Jemen, Kambodscha, Laos, Malediven, Myanmar, Nepal, Osttimor;

Übersicht über die LDCs

30.1 Probleme der Entwicklungsländer
Was ist ein Entwicklungsland?

▸ **Pazifik** (5)
  Kiribati, Samoa, Salomoninseln, Tuvalu und Vanuatu;
▸ **Karibik** (1)
  Haiti.

Zwar liegt nur ein Teil dieser Länder südlich des Äquators, dennoch fällt auf, dass sie alle relativ weit südlich liegen. Dies illustriert die häufig verwendete Formel vom **Nord-Süd-Konflikt**.

Entwicklungsländer werden häufig auch als »Länder der Dritten Welt« oder einfach als »**Dritte Welt**« bezeichnet. Dieser Sprachgebrauch stammt aus der Zeit des Ost-West-Konfliktes, als man industrialisierte kapitalistische Länder als »Erste Welt«, industrialisierte sozialistische Länder als »Zweite Welt« und Entwicklungsländer als »Dritte Welt« bzw. die LDCs sogar als »Vierte Welt« bezeichnete. Wir folgen dieser Sprachregelung hier nicht.

Auch gegen den hier verwendeten Begriff »Entwicklungsländer« (wie auch immer genau definiert) gibt es Vorbehalte. Wir bleiben trotzdem bei dieser Terminologie.

30.1.2 Gemeinsamkeiten und Unterschiede bei Entwicklungsländern

Im Folgenden wird versucht, in Aufzählungsform die wichtigsten Kriterien kurz zu erläutern, die Entwicklungsländern gemeinsam sind, und anschließend Unterschiede zwischen Entwicklungsländern herauszuarbeiten. In der Literatur sind solche Kriterien zum Teil umstritten, etwa mit dem Argument, die angeführten Sachverhalte gäbe es entsprechend oder zumindest ähnlich auch in den entwickelten Ländern. Wir halten dieses Argument für überzogen, da die Unterschiede doch gravierend sind. Wir verzichten auf eine Unterscheidung der Kriterien nach »internen« oder »externen«, nach »ökonomischen« oder »soziologischen« usw., da die Interdependenzen sehr groß sind.

30.1.2.1 Gemeinsamkeiten von Entwicklungsländern

Niveau und Wachstum des Pro-Kopf-Einkommens

Ein **niedriges Pro-Kopf-Einkommen** und ein **niedriges Wachstum des Pro-Kopf-Einkommens** sind die »klassischen« Merkmale eines Entwicklungslandes. Insbesondere das absolute Niveau des Pro-Kopf-Einkommens geht bis heute in sämtliche Definitionen von Entwicklungsländern ein. Das ist auch berechtigt, denn abgesehen von Entwicklungshilfe stellt das Einkommen die einzige Quelle für einen selbst tragenden Entwicklungsprozess der Länder dar: Ein Teil des Einkommens darf nicht konsumiert werden, damit Ersparnisse gebildet werden, mit deren Hilfe Investitionsgüter – auch einfachster Art – finanziert werden können. Mit diesen kann die Produktion gesteigert werden, die mit den im Zuge der Produktion entstandenen Einkommen auch prinzipiell gekauft werden können. Von daher ist ein niedriges Einkommen nicht nur ein Indikator für einen niedrigen Lebensstandard, sondern zugleich für fehlende Entwicklungsmöglichkeiten.

Hinzu kommt, dass das Einkommen pro Kopf eine Durchschnittsgröße ist, die die Verteilung der Einkommen innerhalb des betreffenden Landes völlig außer Acht lässt. Gerade aber in der **äußerst ungleichen Einkommensverteilung** liegt ein zusätzliches Merkmal von Entwicklungsländern, in denen es häufig einer politischen Elite gelingt, einen Großteil des Nationaleinkommens für sich in Anspruch zu nehmen und darüber hinaus die getätigte Ersparnis ins Ausland zu transferieren, wo sie nichts zur heimischen Entwicklung beiträgt. Die ungleiche Einkommensverteilung ist zum einen wesentlich durch die meist noch ungleichere Vermögensverteilung bedingt, zum anderen durch die politischen Machtstrukturen (Diktaturen und korrupte Eliten), wobei beide Aspekte oft wieder eng zusammenhängen. Die Einkommensarmut in manchen Entwicklungsländern geht dabei so weit, dass auch einfachste Grundbedürfnisse der breiten Masse nicht befriedigt werden können. Die Folge sind Unterernährung, Krankheit und ein niedriger Bildungsstand, der sich im Fehlen von elementarer Schulbildung niederschlägt.

Extrem ungleiche Verteilung der Einkommen in den Entwicklungsländern

In den meisten Entwicklungsländern lebt ein großer Teil der Bevölkerung auf dem Land und arbeitet offiziell oder inoffiziell in der **Landwirtschaft**, die den Charakter einer Subsistenzwirtschaft hat, das heißt einer Selbstversorgungswirtschaft, die bestenfalls den dringendsten Lebensbedarf befriedigt. Dabei sind die von den Menschen bearbeiteten Landflächen in der Regel klein, das Saatgut schlecht sowie chemische und sonstige Möglichkeiten zur Erhöhung der Produktion nicht gegeben (weil nicht finanzierbar). Die Zahl der mitarbeitenden Familienmitglieder ist sehr groß (verdeckte Arbeitslosigkeit). Die Folgen sind niedrigste Produktivität mit entsprechend niedrigem Einkommen. Es gibt nur wenige landwirtschaftliche Betriebe, die eine hinreichend große Landfläche besitzen und zumindest über Mindeststandards in der Landbearbeitung verfügen. Größere landwirtschaftliche Betriebe befinden sich häufig nicht in der Hand einfacher Bauern, sondern in Händen von Großgrundbesitzern. Es gibt häufig nur wenige leicht oder stärker industrialisierte Ballungszentren, die gesamtwirtschaftlich und geographisch im krassen Gegensatz stehen zur ländlichen Peripherie.

Hohe **Arbeitslosigkeit** tritt auf dem Land überwiegend als verdeckte Arbeitslosigkeit auf, während sie sich in den wenigen Ballungszentren als offene Arbeitslosigkeit niederschlägt. Relativ hohe Löhne, die in den Ballungszentren mit industrieller Produktion gezahlt werden, locken Arbeitskräfte vom Land in die Stadt, ohne dass hier hinreichend Arbeitsplätze und sonstige infrastrukturelle Bedingungen für die zunehmende Bevölkerung vorhanden sind. Die Folge ist die Bildung von Slums mit den bekannten Nebenwirkungen im hygienischen, gesundheitlichen und sozialen Bereich. Durch die Wanderung in die Ballungszentren werden oft die wenigen, relativ qualifizierten und motivierten Arbeitskräfte aus dem landwirtschaftlichen Bereich abgezogen, der dadurch weiter entscheidend geschwächt wird. Hinzu kommt, dass häufig von staatlicher Seite versucht wird, die Preise für landwirtschaftliche Produkte unter »Marktniveau« zu halten, damit die städtische Bevölkerung billig versorgt werden kann und damit die Löhne niedrig gehalten werden können, um Export-

Arbeitslosigkeit auf dem Land ist oft verdeckt.

30.1 Probleme der Entwicklungsländer
Was ist ein Entwicklungsland?

produkte konkurrenzfähig zu halten. Da der Anteil des industriellen Bereiches an der Gesamtproduktion aber relativ klein ist, kann auch in den Ballungszentren kein Beitrag zur besseren Versorgung der im ländlichen Bereich lebenden Bevölkerung geleistet werden, mit der Folge, dass der Lebensstandard auf dem Land künstlich noch weiter gedrückt wird.

Entwicklungsländer verfügen meistens über einen **großen informellen Sektor**. Ein großer Teil der wirtschaftlichen Tätigkeit wird daher von den Behörden gar nicht erfasst (und ist in der Regel auch nicht im Bruttoinlandsprodukt berücksichtigt). Das impliziert, dass keine Besteuerung des Sektors erfolgt und die im informellen Sektor arbeitenden Menschen nicht in ein System der Sozialversicherung – sofern vorhanden – einbezogen werden.

Export von nichtindustriellen Gütern bedingt starke Abhängigkeit.

Es bestehen starke **außenwirtschaftliche Abhängigkeiten** durch den Export primär von Rohstoffen und landwirtschaftlichen Produkten und nur in geringem Ausmaß von Gütern des produzierenden Gewerbes. Darüber hinaus basiert der Export nicht selten auf Monokulturen, wie beispielsweise Baumwolle in Mali. Die starken Schwankungen der Weltmarktpreise dieser Produkte setzen die Länder hohen Unsicherheiten aus. Zudem stoßen die Entwicklungsländer nicht selten auf Schutzzölle und Importverbote der Industriestaaten für landwirtschaftliche Produkte, da diese ihre eigene Landwirtschaft schützen wollen. Darüber hinaus verschlechtern sich die realen Austauschverhältnisse zwischen exportierten Produkten des primären Bereiches und importierten Industrieprodukten häufig, unter anderem, weil die Einkommenselastizitäten der Nachfrage nach Primärerzeugnissen in den entwickelten Ländern oft sehr gering sind und die Preise deshalb sinken.

Gemeinsames Kennzeichen von Entwicklungsländern ist häufig auch eine hohe **Auslandsverschuldung**, die durch anhaltende Leistungsbilanzdefizite entsteht, und wegen der hohen Zins- und Tilgungslasten den Raum für eigenfinanzierte Investitionen entscheidend einengt.

Demographische Probleme der Entwicklungsländer

Die **Geburtenrate** ist hoch, ebenso wie die Kindersterblichkeit, die allerdings wegen verbesserter medizinischer Versorgung abnimmt. Es resultiert ein relativ hohes Bevölkerungswachstum, das die Armutsfalle weiter verschärft. Denn das Durchschnittseinkommen pro Kopf kann nicht zunehmen, solange die Wachstumsrate der Produktivität unter der der Bevölkerung liegt. Ein verschärfender Faktor liegt in den insbesondere in vielen afrikanischen Ländern verbreiteten Pandemien, insbesondere Aids. Betroffen sind vor allem der arbeitende Teil der Bevölkerung, der damit noch weiter ausgedünnt und geschwächt wird: Hoher Kinderanteil, hoher Anteil Arbeitsloser und ein hoher Anteil nur beschränkt Arbeitsfähiger führen zu hohen Versorgungslasten der produktiven Bevölkerung. Wenn ein großer Teil der Bevölkerung aufgrund von Krankheiten wie Aids nur eine geringe Lebenserwartung hat, können Investitionen in gute Bildung teilweise als »Verschwendung« erscheinen und daher eine zu geringe Priorität besitzen.

Ein niedriges **Bildungsniveau**, das sich in einer hohen Analphabetenquote und in niedrigen Besetzungsraten selbst auf Grundschulniveau manifestiert, lässt die Voraussetzungen fehlen, die für einen höheren Produktionsstandard unerlässlich sind. Insbesondere betroffen sind hiervon Frauen, die dadurch völlig von möglichen Entwicklungsprozessen abgekoppelt werden.

Darüber hinaus ist die **Infrastruktur** im weiteren Sinn, also in Bezug auf Rechtsordnung, Verwaltung, Verkehrswege, Energieversorgung, Kommunikationsmittel usw. deutlich unterentwickelt. Damit fehlen wichtige Voraussetzungen für die Ingangsetzung eines Erfolg versprechenden Entwicklungsprozesses.

Ein weiteres Kennzeichen der meisten Entwicklungsländer, das mit dem soeben erwähnten Infrastrukturdefizit eng zusammenhängt, sind **unterentwickelte Märk**te mit gewaltigen Informationsdefiziten und Informationsasymmetrien. Seit Ende des Ost-West-Konfliktes bewegen sich fast alle Entwicklungsländer in Richtung stärkerer marktwirtschaftlicher Organisation. Allerdings hängt der Erfolg marktwirtschaftlicher Organisation entscheidend ab von dem Vorhandensein institutioneller und kultureller Gegebenheiten, die in den meisten Industriestaaten vorhanden sind, nicht aber in den meisten am wenigsten entwickelten Ländern. Es gibt häufig nur ein schlecht funktionierendes, rudimentäres Rechtssystem, das kaum die Einhaltung von Verträgen sichert oder Eigentümerrechte stärkt, keine stabile und vertrauenswürdige Währung, eine nur minimale Verkehrs- und Kommunikationsinfrastruktur, die nur sehr beschränkten interregionalen Handel ermöglicht. Es existieren kein entwickeltes Banken- und Versicherungssystem, keine funktionierenden Kreditmärkte und es gibt kaum Informationen für Produzenten und Konsumenten über Preise und Qualitäten, Informationen über die Kreditwürdigkeit von Käufern oder Kreditnehmern. Dagegen gibt es zahlreiche, zum Teil unkalkulierbare Externalitäten, die das Marktgeschehen beeinträchtigen (z.B. wenn die in der unmittelbaren Umgebung tätigen Landarbeiter Wälder roden und damit auch die Bodenqualität des ökologisch vernünftig handelnden benachbarten Bauern verschlechtern oder wenn ungeklärte Abwasser und industriell verseuchtes Wasser Trinkwasser verderben). All dies verhindert oder erschwert die effiziente Allokation der Ressourcen.

Unterentwickelte Märkte und Institutionen

Infolge der herrschenden Armut ist das **ökologische Gleichgewicht** in vielen Entwicklungsländern besonders gefährdet. In der landwirtschaftlichen Subsistenzwirtschaft um ihr Überleben kämpfende Menschen versuchen die oft durch Monokulturen bedingte Auszehrung ihrer ohnehin kleinen Landflächen durch Waldrodung zu kompensieren und legen damit langfristig die Grundlage für Bodenerosion und Bodenversalzung. Das betrifft auch die tropischen Regenwälder, deren Bestand sich schon heute dramatisch verringert hat, verbunden mit einer Vernichtung einer einzigartigen biologischer Artenvielfalt. In den Ballungsräumen wird die dort angesiedelte Industrie praktisch ohne Rücksicht auf Umweltbelange betrieben, um die wenigen verarbeiteten Produkte, die exportiert werden können, preislich wettbewerbsfähig zu halten. Die Luftverschmutzung, die Verunreinigung von Boden und Gewässern durch nicht geklärte Abwässer und der Lärmpegel nehmen dabei zum Teil kaum vorstellbare Züge an. Das gilt in weiten Bereichen für Metropolen mit circa 20 Millionen Einwohnern wie Sao Paulo ebenso wie für kleinere Großstädte, wie die mongolische Hauptstadt Ulan Bator mit gut 1 Million Einwohnern.

Das ökologische Gleichgewicht in vielen Entwicklungsländern ist bedroht.

In sehr vielen Entwicklungsländern werden **Frauen systematisch diskriminiert.** Das gilt für ihre Ausbildungschancen, ihre an Ausbeutung grenzende Tätigkeit in Landwirtschaft, Haushalt und Erziehung ebenso wie für die Wahrnehmung vieler Menschenrechte und die Teilhabe am politischen Geschehen. In einer neuen Studie hat die OECD festgestellt, dass Frauen in circa 120 Entwicklungsländern diskriminiert werden.

30.1.2.2 Unterschiede bei Entwicklungsländern

Trotz der Vielzahl von Gemeinsamkeiten, gibt es auch eine Anzahl von Kriterien, die in den Entwicklungsländern sehr unterschiedlich ausgeprägt sind.

Stark unterschiedliche Fläche und Bevölkerungsgröße

So unterscheiden sich die Länder stark in der **Größe** und **Bevölkerungsstärke** ihrer Territorien, man denke etwa an Indien, Brasilien oder China im Vergleich zu Haiti oder Nepal. Insbesondere im Rahmen des Ost-West-Konfliktes bis Ende der 1980er-Jahre spielte die Größe der Volkswirtschaften für die Entwicklungshilfe von West und Ost eine wichtige Rolle, da jede Seite über die Entwicklungshilfe politischen Einfluss auf die entsprechenden Staaten zu gewinnen versuchte. Dieses Unterfangen war insbesondere bei bevölkerungsstarken Ländern attraktiv. Inwieweit und wie heute die Größe einer Nation ihre Entwicklungsbedingungen beeinflusst, ist eine schwer zu beantwortende Frage. Einerseits bedingt eine große Bevölkerung oft ein größeres Gewicht in den internationalen und supranationalen Organisationen. Und in der Regel sind die Vorkommen an unterschiedlichen Rohstoffen und die erschließbaren Märkte größer. Auf der anderen Seite ist die Bevölkerungsstruktur oft sehr heterogen und impliziert ethnische und religiöse Vielfalt, die im Entwicklungsprozess zu erheblichen Spannungen führen kann (vgl. den übernächsten Absatz). Außerdem weisen große Entwicklungsländer oft starke Unterschiede in ihrer regionalen Struktur auf und tun sich schwer bei einer sinnvollen politischen und wirtschaftlichen Verwaltung des Landes.

Rohstoffreiche und rohstoffarme Entwicklungsländer

Ein wichtiger Unterschied liegt in der **Verfügbarkeit natürlicher Ressourcen** (Qualität des Bodens, vorhandene Rohstoffe). Ein Extrembeispiel bieten hier die Erdöl exportierenden Länder, die allein aus diesem Ressourcenbestand ihren oft hohen Lebensstandard und ihre Zukunft finanzieren können. Aber auch südlich des Äquators gibt es in Afrika Länder mit ausgesprochen reichhaltigem Ressourcenbestand. Man denke nur an den Kongo mit seinem riesigen Bestand an unterschiedlichsten Rohstoffen. Daneben gibt es Länder wie den Jemen und Bangladesch, die kaum über Rohstoffe verfügen und deshalb nach anderen Möglichkeiten für ihre Entwicklung suchen müssen. Natürlich ist ein großer Reichtum an Bodenschätzen keine hinreichende Bedingung für Entwicklung, wie der soeben erwähnte Kongo nachdrücklich unter Beweis stellt. Weitere wichtige Unterschiede für die Entwicklung sind in der geographischen Lage und im Klima zu sehen. Bezüglich der geographischen Lage seien hier insbesondere kleine Länder ohne Zugang zur offenen See, wie z. B. die Mongolei, oder kleine Inselstaaten genannt.

Das Beispiel Kongo leitet über zu einem weiteren, zwischen Entwicklungsländern durchaus unterschiedlichem Merkmal, der **ethnischen und religiösen**

Struktur des Landes. Auch die Geschichte seit dem Zweiten Weltkrieg bietet zahlreiche Beispiele dafür, dass ethnische Konflikte fast jegliche Ansätze für Entwicklung infolge zahlreicher kriegerischer Auseinandersetzungen zerstören können. Wieder bietet der Kongo ein gutes Beispiel. Andere Beispiele sind Afghanistan, Ruanda und Sri Lanka. Aber selbst wenn ethnische oder religiöse Unterschiede innerhalb eines Landes nicht in kriegerischen Auseinandersetzungen münden, kann das fehlende Miteinander der verschiedenen Volksgruppen sich als signifikante Bremse für die Entwicklung erweisen. Umgekehrt sind erfolgreiche Entwicklungsländer wie Taiwan und Südkorea Beleg für die Bedeutung des Fehlens solcher Heterogenitäten im Entwicklungsprozess.

Länder mit großen ethnischen und religiös motivierten Problemen

Ein lange Zeit unterschätzter Faktor für die Entwicklung ist die **Qualität des politischen Systems**, die in den Entwicklungsländern zum Teil sehr unterschiedlich ist. Militär- und sonstige Diktaturen mit höchst korrupten politischen Eliten behindern in vielen Entwicklungsländern die Einleitung Erfolg versprechender Entwicklungsprozesse erheblich oder bringen sie sogar vollständig zum Erliegen. Allerdings versucht eine zunehmende Zahl von Staaten durch »good governance« hier andere Wege zu gehen, zum Teil erzwungenermaßen, weil die gute Staatsführung für die Geberländer eine immer wichtigere Voraussetzung geworden ist, Entwicklungshilfe zu gewähren.

Politische Unterschiede

Entwicklungsländer unterscheiden sich auch stark in der **Bedeutung des privaten Sektors** in Relation zum Staatssektor. Insbesondere in der Zeit des Kalten Krieges gab es eine Vielzahl von Ländern, die dem Modell Russlands folgend auf einen allgegenwärtigen, die Wirtschaft zentral steuernden Staat setzten, in dessen Eigentum sich auch die Produktionsmittel befanden. Mit dem Ende des Ost-West-Konflikts hat die Zahl dieser Länder stark abgenommen. Dabei mag einerseits die überzeugende Leistung einiger auf Marktwirtschaft setzender Entwicklungsländer, sicherlich aber auch die Praxis der internationalen Organisationen wie der Weltbank entscheidend gewesen sein, fast ausschließlich die Entwicklung marktwirtschaftlicher Strukturen zu fördern.

Schließlich unterscheiden sich Entwicklungsländer auch stark in der Relation zwischen **primärem Sektor** auf der einen und **sekundärem** und **tertiärem Sektor** auf der anderen Seite. So dominiert in den meisten Entwicklungsländern nach wie vor der landwirtschaftliche Sektor deutlich, auch wenn absolut, wie z. B. in Indien, der produzierende Sektor von erheblicher Größe sein kann. Insgesamt haben die südamerikanischen Länder in der Regel einen größeren industrialisierten Sektor als die afrikanischen und asiatischen Staaten und sind auch in Bezug auf die Entwicklung veränderter Größen und Eigentumsstrukturen im Landbereich weiter. Ökonomien wie Thailand, Südkorea und Singapur gelten inzwischen als industrialisierte Marktwirtschaften.

Unterschiede in der Größe der wirtschaftlichen Sektoren

Nicht unerwähnt bleiben sollten die **Unterschiede bei den Pro-Kopf-Einkommen**. Die von den Vereinten Nationen definierten »Least Developed Countries« (LDC) verfügen über ein (kaufkraftparitätenkorrigiertes) Durchschnittseinkommen von derzeit weniger als 975 Dollar. Berücksichtigt man zusätzlich die ungleiche Einkommensverteilung, so wird klar, dass die Ärmsten in diesen Ländern unter unsäglicher Entbehrung ihr Leben fristen müssen, insbesondere was Kalorienzufuhr, Wohnbedingungen, Hygiene und Gesundheit bzw. Gesundheitsgefährdung betrifft. Daneben machen sich 11.905 Dollar jährliches Durchschnittseinkommen von Entwicklungsländern aus der oberen Kategorie der Länder mit mittlerem Einkommen (gemäß Weltbankkategorisierung) geradezu fürstlich aus. Verständlich ist deshalb, dass sich die Bemühungen der Weltgemeinschaft seit dem Millenniumsgipfel 2000 verstärkt auf die Reduktion von absoluter Armut und von Hunger konzentrieren.

30.2 Ziele der Entwicklungszusammenarbeit

30.2.1 Der Zielkatalog

Mit dem zunehmendem Verständnis der zahlreichen Schwierigkeiten, mit denen Entwicklungsländer konfrontiert sind (vgl. den Merkmalskatalog in Kapitel 30.1), hat sich auch der Zielkatalog der Entwicklungspolitik erheblich erweitert. Ursprünglich hatte man das Problem der Entwicklungsländer überwiegend sehr einseitig gesehen: Es galt, das durchschnittliche Pro-Kopf-Einkommen zu steigern, wobei die Wege hierzu zum Teil kontrovers diskutiert wurden.

Insbesondere die so genannte Brandt-Kommission, eine 1978 vom damaligen Präsidenten der Weltbank eingesetzte Nord-Süd-Kommission mit vielen unabhängigen Fachleuten unter dem Vorsitz von Willy Brandt, kam 1980 zu dem Ergebnis: »Entwicklung ist mehr als der Übergang von arm zu reich, von einer traditionellen Agrarwirtschaft zu einer komplexen Stadtgemeinschaft. Sie trägt in sich nicht nur die Idee des materiellen Wohlstands, sondern auch die von mehr menschlicher Würde, mehr Sicherheit, Gerechtigkeit und Gleichheit.« Erweiterte dieser Bericht das Zielspektrum der Entwicklungspolitik in Bezug auf **grundlegende menschliche Werte und Menschenrecht**e, so wurde mit dem Brundtland-Bericht 1987 die Notwendigkeit einer nachhaltigen Entwicklung betont: »Dauerhafte Entwicklung ist Entwicklung, die die Bedürfnisse der Gegenwart befriedigt, ohne zu riskieren, dass künftige Generationen ihre eigenen Bedürfnisse nicht befriedigen können.« Diese Definition der intergenerativen ökologischen Gerechtigkeit ist seither Bestandteil aller vereinbarten Internationalen Umweltabkommen geworden. Zum ersten Mal ging dieser Grundsatz in die Deklaration der UN-Weltkonferenz von 1992 in Rio de Janeiro ein, in der u. a. erstmals global das Recht auf **nachhaltige Entwicklung** (sustainable development) verankert wurde. Weiter wurden das Vorsorge- und das Verursacherprinzip als Leitprinzipien anerkannt. Auch die Bedeutung des Schutzes der Erdatmosphäre, die Notwendigkeit der Bekämpfung der Entwaldung, des Erhalts der biologischen Vielfalt sowie einer umweltverträglichen Entsorgung von Abfällen wurden besonders betont.

Eine Konsolidierung dieser Entwicklungen und eine neuerliche Erweiterung des Zielkatalogs der Entwicklungspolitik brachte die so genannte **Millenniumserklärung** der Vereinen Nationen.

30.2 Ziele der Entwicklungszusammenarbeit

Anlässlich der Jahrtausendwende sind im September 2000 fast 150 Staats- und Regierungschefs in New York zum so genannten Millenniumsgipfel der Vereinten Nationen zusammengekommen, um die wichtigsten Probleme der Weltorganisation im 21. Jahrhundert zu benennen und die Rolle der Vereinten Nationen bei ihrer Lösung zu diskutieren. In ihrer »Millenniumserklärung« haben sich die Nationen verpflichtet

- die weltweite Armut zu bekämpfen,
- den Frieden zu sichern,
- die Umwelt zu schützen und
- die Globalisierung gerecht und nachhaltig zu gestalten.

Inhalt der UN-Millenniumserklärung

Auf der Grundlage der Millenniumserklärung hat die Generalversammlung der Vereinten Nationen auf Vorschlag ihres Generalsekretärs acht wichtige Ziele der Entwicklungspolitik festgelegt – so genannte »Millenniumsziele« (MZ) bzw. »Millennium Development Goals« (MDG) –, wobei sich alle Mitgliedstaaten verpflichtet haben, diese Ziele bis 2015 zu erreichen. Der Bericht zu den Millenniums-Entwicklungszielen wird nach dem Vorsitzenden des Projektes Jeffrey D. Sachs im Folgenden zitiert als Sachs-Bericht.

Die Millenniums-Entwicklungsziele sind die am breitesten unterstützten, umfassendsten und konkretesten Zielvorgaben der Entwicklungspolitik, die die Welt je aufgestellt hat. »Sie ... umfassen allgemein anerkannte menschliche Werte und Menschenrechte wie die Freiheit von Hunger, das Recht auf Grundbildung, das Recht auf Gesundheit und die Verantwortung gegenüber kommenden Generationen« (Ban Ki-moon, Generalsekretär der Vereinten Nationen, Vorwort Millenniums-Entwicklungsziel, Bericht 2008).

Die Tabelle 30-1 gibt einen Überblick über diese Ziele und die konkreten Zielvorgaben bis 2015.

Wenn es gelingen würde, die Millenniumsziele fristgerecht zu erreichen, würden 2015 nach dem Sachs-Bericht

Die Millenniumsziele

- mehr als 500 Millionen Menschen nicht mehr unter extremer Armut leiden,
- mehr als 300 Millionen Menschen nicht mehr hungern,
- 30 Millionen Kinder leben, die ohne das Aktionsprogramm vor Erreichen des fünften Lebensjahres gestorben wären,
- würde mehr als 2 Millionen Müttern das Leben gerettet werden,
- die Zahl der Menschen, die Zugang zu einwandfreiem Trinkwasser hätten, sich um 350 Millionen erhöhen,
- die Zahl der Menschen, die ohne minimale sanitäre Standards leben müssen, sich um 650 Millionen verringern,
- 100 Millionen mehr Frauen und Mädchen eine Schulbildung erhalten, wirtschaftliche und politische Gestaltungsspielräume besitzen und mehr Sicherheit genießen,

Die Millenniumsziele sind seitdem mehrfach von den Vereinten Nationen bekräftigt worden und 2007 um ein Beschäftigungsziel (vgl. Zielvorgabe 1.B in Tabelle 30-1) erweitert worden.

30.2 Probleme der Entwicklungsländer
Ziele der Entwicklungszusammenarbeit

Tab. 30-1

Millenniumsziele und Zielvorgaben

Ziel 1	**Beseitigung der extremen Armut und des Hungers**
Zielvorgabe 1.A	Zwischen 1990 und 2015 den Anteil der Menschen halbieren, deren Einkommen weniger als 1 Dollar pro Tag beträgt
Zielvorgabe 1.B	Produktive Vollbeschäftigung und menschenwürdige Arbeit für alle, einschließlich Frauen und junger Menschen, verwirklichen
Zielvorgabe 1.C	Zwischen 1990 und 2015 den Anteil der Menschen halbieren, die Hunger leiden
Ziel 2	**Verwirklichung der allgemeinen Grundschulbildung**
Zielvorgabe 2.A	Bis zum Jahr 2015 sicherstellen, dass Kinder in der ganzen Welt, Jungen wie Mädchen, eine Grundschulbildung vollständig abschließen können
Ziel 3	**Förderung der Gleichstellung der Geschlechter und Ermächtigung der Frauen**
Zielvorgabe 3.A	Das Geschlechtergefälle in der Grund- und Sekundarschulbildung beseitigen, vorzugsweise bis 2005 und auf allen Bildungsebenen bis spätestens 2015
Ziel 4	**Senkung der Kindersterblichkeit**
Zielvorgabe 4.A	Zwischen 1990 und 2015 die Sterblichkeitsrate von Kindern unter fünf Jahren um zwei Drittel senken
Ziel 5	**Verbesserung der Gesundheit von Müttern**
Zielvorgabe 5.A	Zwischen 1990 und 2015 die Müttersterblichkeitsrate um drei Viertel senken
Zielvorgabe 5.B	Bis 2015 den allgemeinen Zugang zu Leistungen der Reproduktionsmedizin verwirklichen
Ziel 6	**Bekämpfung von HIV/Aids, Malaria und anderen Krankheiten**
Zielvorgabe 6.A	Bis 2015 die Ausbreitung von HIV/Aids zum Stillstand bringen und allmählich umkehren
Zielvorgabe 6.B	Bis 2010 allgemeinen Zugang zu HIV/Aids-Behandlung für alle Behandlungsbedürftigen sicherstellen
Zielvorgabe 6.C	Bis 2015 die Ausbreitung von Malaria und anderen schweren Krankheiten zum Stillstand bringen und allmählich umkehren
Ziel 7	**Sicherung der ökologischen Nachhaltigkeit**
Zielvorgabe 7.A	Die Grundsätze der nachhaltigen Entwicklung in einzelstaatliche Politiken und Programme einbauen und den Verlust von Umweltressourcen umkehren
Zielvorgabe 7.B	Den Verlust an biologischer Vielfalt reduzieren, mit einer signifikanten Reduzierung der Verlustrate bis 2010
Zielvorgabe 7.C	Bis 2015 den Anteil der Menschen um die Hälfte senken, die keinen nachhaltigen Zugang zu einwandfreiem Trinkwasser und grundlegenden sanitären Einrichtungen haben
Zielvorgabe 7.D	Bis 2020 eine erhebliche Verbesserung der Lebensbedingungen von mindestens 100 Millionen Slumbewohnern herbeiführen
Ziel 8	**Aufbau einer weltweiten Entwicklungspartnerschaft**
Zielvorgabe 8.A	Ein offenes, regelgestütztes, berechenbares und nichtdiskriminierendes Handels- und Finanzsystem weiterentwickeln Umfasst die Verpflichtung auf gute Regierungsführung, Entwicklung und Armutsreduzierung auf nationaler und internationaler Ebene
Zielvorgabe 8.B	Den besonderen Bedürfnissen der am wenigsten entwickelten Länder Rechnung tragen Umfasst den zoll- und quotenfreien Zugang für die Exporte der am wenigsten entwickelten Länder, ein verstärktes Schuldenerleichterungsprogramm für die hochverschuldeten armen Länder und die Streichung der bilateralen öffentlichen Schulden sowie die Gewährung großzügigerer öffentlicher Entwicklungshilfe an Länder, die sich für die Armutsminderung einsetzen
Zielvorgabe 8.C	Den besonderen Bedürfnissen der Binnen- und kleinen Inselentwicklungsländer Rechnung tragen durch das Aktionsprogramm für die nachhaltige Entwicklung der kleinen Inselstaaten unter den Entwicklungsländern und die Ergebnisse der zweiundzwanzigsten Sondertagung der Generalversammlung

Tab. 30-1 (Fortsetzung)

Millenniumsziele und Zielvorgaben

Zielvorgabe 8.D	Die Schuldenprobleme der Entwicklungsländer durch Maßnahmen auf nationaler und internationaler Ebene umfassend angehen und so die Schulden langfristig tragbar werden lassen
Zielvorgabe 8.E	In Zusammenarbeit mit den Pharmaunternehmen unentbehrliche Arzneimittel zu bezahlbaren Kosten in den Entwicklungsländern verfügbar machen
Zielvorgabe 8.F	In Zusammenarbeit mit dem Privatsektor dafür sorgen, dass die Vorteile der neuen Technologien, insbesondere der Informations- und Kommunikationstechnologien, genutzt werden können

Das englische Original der Liste findet sich auf der Website »Millennium Development Goals Indicators – The official United Nations site for the MDG indicators«: http://mdgs.un.org/unsd/mdg/

Quelle: Vereinte Nationen, Deutscher Übersetzungsdienst, http://www.un.org/Depts/german/, Millenniums-Entwicklungsziele, Stand: 15.01.2008.

30.2.2 Der Zielerreichungsgrad

Heute, Ende 2009, ist zu fragen, wie weit man mit der Verwirklichung der Millenniumsziele vorangekommen ist. Basis der nachfolgenden Ausführungen ist der Bericht der Vereinten Nationen 2008 zu dieser Frage. Dabei würde es den Rahmen des Buches übersteigen, auf den Erreichungsgrad sämtlicher Ziele in allen Entwicklungsregionen der Welt detailliert einzugehen.

Wir werden deshalb hier nur den Erreichungsgrad der wohl wichtigsten Ziele näher beleuchten, die Beseitigung der extremen Armut und des Hungers in der Welt. Der Erreichungsgrad der übrigen Ziele wird nur anhand der zusammenfassenden Tabelle 30-2 dargestellt, die von den Vereinten Nationen Ende 2008 vorgelegt wurde.

Von absoluter Armut wird heute bei einem Einkommen von 1,25 Dollar Kaufkraftparität pro Tag ausgegangen. Nach Angaben der Vereinten Nationen sank die Zahl der in extremer Armut lebenden Menschen von 1,8 Milliarden im Jahr 1990 auf 1,4 Milliarden im Jahr 2005. Wenn sich diese Tendenz so fortsetzt, würde die Zielvorgabe erreicht, die extreme Armut bis 2015 weltweit zu halbieren. Allerdings ist zu berücksichtigen, dass die gegenwärtige Finanz- und Wirtschaftskrise in Verbindung mit hohen Nahrungsmittelpreisen in den Entwicklungsländern hier noch ein großes Gefahrenpotenzial beinhaltet.

Was bedeutet »Beseitigung extremer Armut«?

Außerdem war der erzielte Fortschritt, wie Abbildung 30-1 zeigt, in den einzelnen Regionen sehr unterschiedlich.

In Ostasien und in Südostasien konnte die extreme Armut drastisch reduziert und die Zielvorgabe bereits 2005 erreicht werden. Der Anteil der extremen Armut in der Region ist 2005 gegenüber 1990 um mehr als zwei Drittel gesunken – von 56 auf 18 Prozent, was zum großen Teil auf das rasche Wirtschaftswachstum in China zurückzuführen war, wo 475 Millionen Menschen der Armut entfliehen konnten. Gute Ergebnisse konnten auch in Südasien erzielt werden.

Erfolge bei der Bekämpfung extremer Armut

Gleichzeitig nahm die extreme Armut in den meisten anderen Entwicklungsregionen immer mehr Menschen in ihren Griff. In Afrika südlich der Sahara stieg

30.2 Probleme der Entwicklungsländer
Ziele der Entwicklungszusammenarbeit

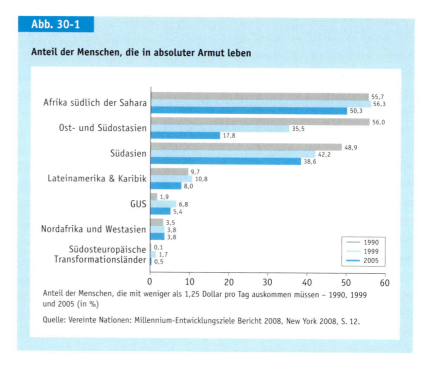

Abb. 30-1

Anteil der Menschen, die in absoluter Armut leben

Anteil der Menschen, die mit weniger als 1,25 Dollar pro Tag auskommen müssen – 1990, 1999 und 2005 (in %)

Quelle: Vereinte Nationen: Millennium-Entwicklungsziele Bericht 2008, New York 2008, S. 12.

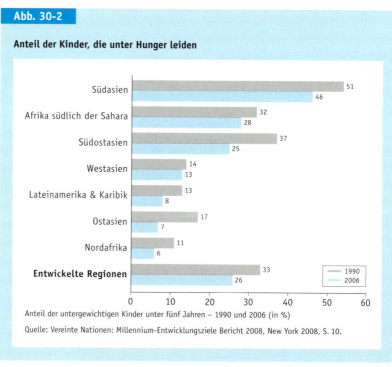

Abb. 30-2

Anteil der Kinder, die unter Hunger leiden

Anteil der untergewichtigen Kinder unter fünf Jahren – 1990 und 2006 (in %)

Quelle: Vereinte Nationen: Millennium-Entwicklungsziele Bericht 2008, New York 2008, S. 10.

die Zahl der Menschen, die unterhalb der neu festgesetzten Armutsgrenze lebten, zwischen 1990 und 2005 um 100 Millionen an (angesichts der prozentualen Abnahme der extremen Armut auch in Afrika südlich der Sahara ist die Zunahme der Absolutzahl nur über eine Zunahme der Bevölkerung erklärbar). Bei durchschnittlichen Konsumausgaben von 70 Cent pro Tag ist die Armut in Afrika ausgeprägter und schlimmer als in jeder anderen Region.

Hält der derzeitige Trend an, werden im Jahr 2015 weltweit noch immer eine Milliarde Menschen in extremer Armut leben.

Bezüglich der Erreichung des Ziels, den Hunger in der Welt bis 2015 zu halbieren, bestehen erhebliche Zweifel. Der Anteil der untergewichtigen Kinder unter fünf Jahren ging von 33 Prozent im Jahr 1990 auf 26 Prozent im Jahr 2006 zurück. Dennoch waren 2006 in den Entwicklungsländern immer noch mehr als 140 Millionen Kinder untergewichtig. Geht man davon aus, dass der Hunger bei Kindern dieser Altersgruppe im Großen und Ganzen der Verbreitung des Hungers in der Gesamtbevölkerung folgt, reichen die Fortschritte für die Erreichung der Zielvorgabe nicht aus. Im Gegenteil wird sich die weltweite Lage durch die höheren Nahrungsmittelpreise noch verschlimmern.

> **Unter der Lupe**
>
> **Zur Geographie Asiens**
>
> **Ostasien** ist der Teil Asiens, zu dem die heutigen Staaten Japan, Nordkorea, Republik China (Taiwan), Südkorea und die Volksrepublik China gehören.
>
> **Südasien** (Indischer Subkontinent) ist der Teil Asiens, der im Nordwesten, Norden und Nordosten durch Gebirge vom übrigen Asien abgetrennt ist. Dazu gehören insbesondere Indien, Pakistan und Bangladesch.
>
> **Südostasien** ist der Teil Asiens östlich von Indien und südlich von China. Dazu gehören insbesondere die Länder Indonesien, Kambodscha, Malaysia, Laos, Thailand, Vietnam und die Philippinen.
>
> **Westasien** (Vorderasien); folgende Staaten und abhängigen Gebiete werden zu Vorderasien gezählt: Afghanistan, Ägypten (nur die Halbinsel Sinai), Armenien, Aserbaidschan, Bahrain, Georgien, Irak, Iran, Israel, Jemen (außer Sokotra), Jordanien, Katar, Kuwait, Libanon, Oman, Palästinensische Autonomiegebiete, Saudi-Arabien, Syrien, Türkei (außer europäischem Teil), Vereinigte Arabische Emirate, Zypern.

Wie Abbildung 30-2 zeigt, konnte Ostasien, insbesondere China, den Anteil untergewichtiger Kinder zwischen 1990 und 2006 mehr als halbieren. Im Gegensatz dazu sind in Südasien trotz der seit 1990 erzielten Verbesserungen noch immer fast 50 Prozent der Kinder untergewichtig. Allein in dieser Region lebt mehr als die Hälfte der unterernährten Kinder der Welt. Die Länder, die die geringsten Fortschritte dabei erzielten, Mangelernährung bei Kindern zu reduzieren, befinden sich zumeist in Afrika südlich der Sahara.

Hunger wird gemessen am Anteil unterernährter Kinder.

Generell scheint für Untergewichtigkeit bei Kindern unter fünf Jahren das Geschlecht nicht signifikant zu sein, auch nicht in Südasien, wo frühere Daten darauf hindeuteten, dass Mädchen eher untergewichtig waren als Jungen. Der Unterschied zwischen Stadt und Land spielt für die Mangelernährung eine größere Rolle. So sind Kinder in Entwicklungsländern, wenn sie auf dem Land leben, doppelt so häufig untergewichtig wie die in städtischen Gebieten. In Ostasien, wo die Unterernährung insgesamt zurückgegangen ist und nun unter dem Durchschnitt der meisten anderen Entwicklungsregionen liegt, sind Kinder in ländlichen Gebieten fast fünfmal so oft untergewichtig wie in städtischen Gebieten.

Erfolge und Rückschläge bei der Bekämpfung des Hungers

Bezüglich der übrigen Ziele soll hier, wie schon ausgeführt, nur die zusammenfassende Tabelle der Vereinten Nationen von 2008 wiedergegeben werden (vgl. Tabelle 30-2).

30.2 Probleme der Entwicklungsländer
Ziele der Entwicklungszusammenarbeit

Tab. 30-2

Die Realisierung der Millenniumsziele im Jahr 2008 nach Regionen

Ziele und Zielvorgaben	Afrika		Asien				Ozeanien	Lateinamerika & Karibik	Gemeinschaft Unabhängiger Staaten	
	Nordafrika	südlich der Sahara	Ostasien	Südostasien	Südasien	Westasien			Europa	Asien
Ziel 1: Beseitigung der extremen Armut und des Hungers										
Extreme Armut halbieren	niedrige Armut	sehr hohe Armut	mäßige Armut	mäßige Armut	sehr hohe Armut	niedrige Armut	–	mäßige Armut	niedrige Armut	niedrige Armut
Produktive, menschenwürdige Beschäftigung	hohe Defizite bei menschenwürdiger Arbeit (Jugendliche und Frauen), mäßige Produktivität	sehr hohe Defizite bei menschenwürdiger Arbeit (Frauen), sehr niedrige Produktivität	hohe Defizite bei menschenwürdiger Arbeit (Jugendliche), mäßige Produktivität	hohe Defizite bei menschenwürdiger Arbeit (Frauen), mäßige Produktivität	sehr hohe Defizite bei menschenwürdiger Arbeit (Frauen), niedrige Produktivität	sehr hohe Defizite bei menschenwürdiger Arbeit (Jugendliche und Frauen), mäßige Produktivität	sehr hohe Defizite bei menschenwürdiger Arbeit (Jugendliche), sehr niedrige Produktivität	geringe Defizite bei menschenwürdiger Arbeit (Frauen), mäßige Produktivität	geringe Defizite bei menschenwürdiger Arbeit (Frauen), mäßige Produktivität	geringe Defizite bei menschenwürdiger Arbeit (Jugendliche), mäßige Produktivität
Hunger halbieren	sehr geringer Hunger	sehr verbreiteter Hunger	mäßiger Hunger	mäßiger Hunger	sehr verbreiteter Hunger	mäßiger Hunger	mäßiger Hunger	mäßiger Hunger	sehr geringer Hunger	sehr verbreiteter Hunger
Ziel 2: Verwirklichung der allgemeinen Grundschulbildung										
Allgemeine Grundschulbildung	hohe Einschulungsquote	niedrige Einschulungsquote	hohe Einschulungsquote	hohe Einschulungsquote	hohe Einschulungsquote	moderate Einschulungsquote	–	hohe Einschulungsquote	hohe Einschulungsquote	hohe Einschulungsquote
Ziel 3: Förderung der Gleichstellung der Geschlechter und Ermächtigung der Frauen										
Gleiche Einschulungsquote in Grundschulen	fast gleich	noch nicht ganz gleich	gleich	gleich	gleich	fast gleich	noch nicht ganz gleich	gleich	gleich	gleich
Frauenanteil an der Erwerbsbevölkerung	niedriger Anteil	mittlerer Anteil	hoher Anteil	mittlerer Anteil	niedriger Anteil	niedriger Anteil	mittlerer Anteil	hoher Anteil	hoher Anteil	hoher Anteil
Gleiche Vertretung von Frauen in nationalen Parlamenten	sehr niedrige Vertretung	niedrige Vertretung	mäßige Vertretung	niedrige Vertretung	niedrige Vertretung	sehr niedrige Vertretung	sehr niedrige Vertretung	mäßige Vertretung	niedrige Vertretung	niedrige Vertretung
Ziel 4: Senkung der Kindersterblichkeit										
Sterblichkeit von Kindern unter 5 Jahren um zwei Drittel senken*	geringe Sterblichkeit	sehr hohe Sterblichkeit	geringe Sterblichkeit	geringe Sterblichkeit	hohe Sterblichkeit	moderate Sterblichkeit	moderate Sterblichkeit	geringe Sterblichkeit	geringe Sterblichkeit	moderate Sterblichkeit
Immunisierung gegen Masern	hohe Impfungsrate	moderate Impfungsrate	hohe Impfungsrate	moderate Impfungsrate	niedrige Impfungsrate	moderate Impfungsrate	moderate Impfungsrate	hohe Impfungsrate	hohe Impfungsrate	hohe Impfungsrate
Ziel 5: Verbesserung der Gesundheit von Müttern										
Müttersterblichkeit um drei Viertel senken*	moderate Sterblichkeit	sehr hohe Sterblichkeit	niedrige Sterblichkeit	hohe Sterblichkeit	sehr hohe Sterblichkeit	moderate Sterblichkeit	hohe Sterblichkeit	moderate Sterblichkeit	niedrige Sterblichkeit	niedrige Sterblichkeit
Zugang zu Reproduktionsmedizin	mäßiger Zugang	geringer Zugang	guter Zugang	mäßiger Zugang	mäßiger Zugang	mäßiger Zugang	geringer Zugang	guter Zugang	guter Zugang	mäßiger Zugang

Tab. 30-2 (Fortsetzung)

Die Realisierung der Millenniumsziele im Jahr 2008 nach Regionen

Ziele und Zielvorgaben	Afrika		Asien					Ozeanien	Lateinamerika & Karibik	Gemeinschaft Unabhängiger Staaten	
	Nordafrika	südlich der Sahara	Ostasien	Südostasien	Südasien	Westasien				Europa	Asien

Ziel 6: Bekämpfung von HIV/Aids, Malaria und anderen Krankheiten

Ausbreitung von HIV/Aids zum Stillstand bringen und umkehren	niedrige Prävalenz	hohe Prävalenz	niedrige Prävalenz	niedrige Prävalenz	niedrige Prävalenz	niedrige Prävalenz	mittlere Prävalenz	mittlere Prävalenz	mittlere Prävalenz	niedrige Prävalenz
Ausbreitung von Tuberkulose zum Stillstand bringen und umkehren	geringe Sterblichkeit	hohe Sterblichkeit	geringe Sterblichkeit	moderate Sterblichkeit	moderate Sterblichkeit	geringe Sterblichkeit	moderate Sterblichkeit	geringe Sterblichkeit	moderate Sterblichkeit	moderate Sterblichkeit

Ziel 7: Sicherung der ökologischen Nachhaltigkeit

Waldverlust umkehren	geringe Waldbedeckung	mittlere Waldbedeckung	mittlere Waldbedeckung	hohe Waldbedeckung	mittlere Waldbedeckung	geringe Waldbedeckung	hohe Waldbedeckung	hohe Waldbedeckung	hohe Waldbedeckung	geringe Waldbedeckung
Anteil der Menschen ohne besseres Trinkwasser halbieren	hoher Versorgungsgrad	niedriger Versorgungsgrad	mittlerer Versorgungsgrad	mittlerer Versorgungsgrad	mittlerer Versorgungsgrad	hoher Versorgungsgrad	niedriger Versorgungsgrad	hoher Versorgungsgrad	hoher Versorgungsgrad	mittlerer Versorgungsgrad
Anteil der Menschen ohne Sanitärversorgung halbieren	mittlerer Versorgungsgrad	sehr niedriger Versorgungsgrad	niedriger Versorgungsgrad	niedriger Versorgungsgrad	sehr niedriger Versorgungsgrad	mittlerer Versorgungsgrad	niedriger Versorgungsgrad	mittlerer Versorgungsgrad	mittlerer Versorgungsgrad	hoher Versorgungsgrad
Lebensbedingungen von Slumbewohnern verbessern	mäßiger Anteil an Slumbewohnern	sehr hoher Anteil an Slumbewohnern	hoher Anteil an Slumbewohnern	mäßiger Anteil an Slumbewohnern	hoher Anteil an Slumbewohnern	mäßiger Anteil an Slumbewohnern	mäßiger Anteil an Slumbewohnern	mäßiger Anteil an Slumbewohnern	niedriger Anteil an Slumbewohnern	mäßiger Anteil an Slumbewohnern

Ziel 8: Aufbau einer weltweiten Entwicklungspartnerschaft

Internetnutzer	mittlerer Nutzungsgrad	sehr niedriger Nutzungsgrad	mittlerer Nutzungsgrad	niedriger Nutzungsgrad	niedriger Nutzungsgrad	mittlerer Nutzungsgrad	niedriger Nutzungsgrad	hoher Nutzungsgrad	hoher Nutzungsgrad	niedriger Nutzungsgrad

Die vorstehende Matrix umfasst zwei Informationsebenen. Der Text in jedem Kasten beschreibt den gegenwärtigen Erfüllungsstand jeder Zielvorgabe. Die Farben zeigen die Fortschritte bei der Umsetzung der Zielvorgabe entsprechend der nachstehenden Legende.

☐ Zielvorgabe erreicht oder beinahe erreicht
☐ Zielvorgabe wird nicht erreicht werden, wenn sich die derzeitigen Trends fortsetzen
☐ Zielvorgabe kann erreicht werden, wenn sich die derzeitigen Trends fortsetzen
☐ Stillstand oder Rückschritte
☐ Fehlende oder unzureichende Daten

* Die verfügbaren Müttersterblichkeitsdaten lassen keine Trendanalyse zu. Die zuständigen Organisationen haben die Fortschritte anhand von Ersatzindikatoren bewertet.

Die Daten für Regionalgruppen und Länder finden sich auf Englisch unter http://mdgs.un.org. Auf Grund neuer Daten und geänderter Methodologien ist diese Matrix nicht mit vorangegangenen vergleichbar. Die Erfahrungen der Länder jeder Region können erheblich vom regionalen Durchschnitt abweichen; Näheres auf Englisch unter 2008 Progress Chart: Country Progress Within Regions.
Quellen: Vereinte Nationen, unter Zugrundelegung von Daten und Schätzungen der Ernährungs- und Landwirtschaftsorganisation, der Interparlamentarischen Union, der Internationalen Arbeitsorganisation, der Internationalen Fernmeldeunion, des UNAIDS, der UNESCO, des UN-Habitat, des UNICEF, der VN-Abteilung Bevölkerungsfragen, der Weltbank und der Weltgesundheitsorganisation – gestützt auf die per Juni 2008 vorliegenden Statistiken. Zusammengestellt von der Statistikabteilung (VN-Hauptabteilung Wirtschaftliche und Soziale Angelegenheiten).

Probleme der Entwicklungsländer
Ursachen der Unterentwicklung und entwicklungspolitische Strategien

30.3 Ursachen der Unterentwicklung und entwicklungspolitische Strategien

30.3.1 Überblick

Das Ende des Zweiten Weltkrieges wird oft als die Geburtsstunde der Entwicklungstheorien gesehen. Mit den Unabhängigkeitsbestrebungen vieler Länder in Asien und Afrika wollten sich die USA und die ehemaligen europäischen Kolonialmächte den Zugang zu deren Märkten sichern. Die Entwicklungspolitik sollte nicht nur Hilfe zur Selbsthilfe sein, sondern verfolgte auch ökonomische Interessen der Industrieländer.

Aufkommen von Entwicklungstheorien nach dem Zweiten Weltkrieg

Der Erfolg des Marshall-Plans in Europa hatte der Idee Auftrieb gegeben, das Wirtschaftswachstum mithilfe von Fremdkapital zu generieren sei und ein solch aktiver Aufbauplan auch auf die ehemaligen Kolonien übertragbar sein müsste. Keynes Idee eines aktiven Staates hatte schon während der Weltwirtschaftskrise Ende der 1930er-Jahre zu einem Umdenken unter Politikern und Wirtschaftswissenschaftlern geführt. Die Arbeit der Entwicklungstheoretiker sollte in erster Linie Planungsagenturen praktischen Rat geben, wie das Wirtschaftswachstum in den Entwicklungsländern gesteigert werden könnte. In diesem Kapitel 30.3 soll zunächst die so genannte traditionelle Phase der Entwicklungstheorie und -politik betrachtet werden, die nach dem Zweiten Weltkrieg begann. Ein Bruch in der Entwicklungstheorie und -politik ist in den 1970er-Jahren mit dem Aufkommen der so genannten Dependenztheorien zu erkennen, ein nächster in den 1990er-Jahren mit dem Zusammenbruch der Sowjetunion und dem weltweiten Siegeszug des marktwirtschaftlichen, neoklassischen Paradigmas. Doch auch die neoklassischen Ideen der Entwicklungstheorie und -politik gerieten in die Kritik, sodass am Ende des Kapitels 30.3 ein kurzer Überblick über den heutigen Stand der Debatte gegeben wird.

30.3.2 Grundschema eines Entwicklungsprozesses

Wesentlich: Erhöhung der Pro-Kopf-Produktion über den Aufbau eines Kapitalstocks

Soll das Elend der Bevölkerung in Entwicklungsländern vermindert werden, dann muss die Produktion pro Kopf erhöht werden. Wenn der Mensch im Produktionsprozess nur den Boden und seine Arbeitskraft einsetzen kann, so kann er unter günstigen Bedingungen seinen Lebensunterhalt produzieren. Bei steigender Bevölkerungszahl und begrenztem Boden aber führt das Gesetz vom abnehmenden Ertragszuwachs zu Hunger und Armut. Deshalb ist Kapitalbildung eine notwendige, wenn auch keine hinreichende Bedingung für einen Entwicklungsprozess.

Ersparnis erlaubt über Investitionen den Aufbau eines Kapitalstocks

Welche Grundvoraussetzungen müssen erfüllt sein, damit eine **Kapitalgüterproduktion** innerhalb der Volkswirtschaft ermöglicht wird? Dies kann man sich anhand eines einfachen Beispiels klarmachen: Der Bauer, der eine Sense in seinem Betrieb einsetzen will, muss dem Schmied mindestens so viele Nahrungsmittel (oder entsprechende Geldmittel) zur Verfügung stellen, dass dieser sich ernähren kann. Der Bauer muss also einen Überschuss produzieren, er muss mehr produzieren, als er selbst verbraucht, er muss eine **Ersparnis** bilden und diese für die Kapitalbildung (also für Investitionen) verwenden. Wenn der Kapitalbildungsprozess einmal in Gang gekommen ist, kann er sich selbst verstärken: Mehr Maschinen bzw. bessere Maschinen erhöhen die Produktion pro Arbeitskraft. Der größere Überschuss ermöglicht eine Zunahme der Kapitalgüterproduktion, deren Einsatz wiederum die Produktion pro Kopf erhöht. Wichtig ist, dass ein solcher **Entwicklungsprozess** nicht schon im Vorfeld dadurch zum Scheitern verurteilt wird, dass der erwirtschaftete Überschuss zu früh für vermehrten Konsum verbraucht oder von der herrschenden Klasse ins Ausland transferiert wird.

Fassen wir die Grundbedingungen einer Entwicklung aus eigener Kraft zusammen:

▸ Es muss ein Überschuss produziert werden;
▸ der Überschuss darf nicht konsumtiv verwendet werden, sondern muss gespart werden;
▸ die Ersparnis muss im eigenen Land investiert werden;
▸ die Investition muss die Produktionsmöglichkeit erhöhen;
▸ die Produktion muss verkaufbar sein.

Zentrale Bedingungen für das Gelingen eines Entwicklungsprozesses aus eigener Kraft

Was hier für eine einzelne Wirtschaftseinheit formuliert worden ist, gilt auch für eine ganze Volkswirtschaft. Hat diese wirtschaftliche Beziehungen zum Ausland, so bleibt neben der Ersparnisbildung (und der hier zunächst vernachlässigten Möglichkeit von Schenkungen aus dem Ausland) grundsätzlich noch der Weg der Verschuldung gegenüber dem Ausland, um auf dem Importweg zusätzliche Produktionsmittel zu erwerben. Allerdings setzt dies voraus, dass die Verschuldung vom Ausland akzeptiert wird. Außerdem muss die Volkswirtschaft später einen Teil ihres geschaffenen Einkommens für Schuldentilgung und Zinsen verwenden, was dann ihre Kapitalbildungsmöglichkeit entsprechend einschränkt.

Aus den beschriebenen Grundbedingungen für einen Entwicklungsprozess lassen sich unmittelbar mögliche Ursachen für das Ausbleiben von Entwicklung und Möglichkeiten der Korrektur ableiten. Allerdings ist zu beachten, dass Entwicklung ein sehr komplexer Prozess ist und weitere wichtige (hinreichende) Bedingungen gegeben sein müssen, damit der oben beschriebene Mechanismus funktionieren kann. So müssen in einer arbeitsteiligen Wirtschaft Tauschmöglichkeiten bestehen, die ab einem gewissen Entwicklungsgrad nur noch über Märkte organisierbar sind. Und damit solche Märkte funktionieren, müssen eine Vielzahl weiterer Bedingungen wie Rechtssicherheit, Transparenz usw. gegeben sein, auf die im Folgenden noch ausführlich einzugehen sein wird.

30.3.3 Kapitalmangel

Ein sich unmittelbar aus dem Grundschema ergebendes Erfordernis für Entwicklung ist das Vorhandensein eines gewissen Sachkapitalbestandes.

Das Harrod-Domar-Modell als Grundlage einer Entwicklungstheorie

Im April 1946 publizierte der amerikanische Ökonom *Evsey Domar* einen Artikel, in dem er argumentierte, dass der Output eines Landes proportional zu seinem Kapitalstock sei. Eine ganz ähnliche Hypothese hatte schon 1939 der Brite *Roy Harrod* formuliert, sodass ihre Argumentation unter dem Namen **Harrod-Domar-Modell** bekannt wurde. Das *Harrod-Domar*-Modell (vgl. im Einzelnen Kapitel 27.9.1) geht zur Vereinfachung von einer Volkswirtschaft ohne wirtschaftliche Beziehungen zum Ausland aus (»geschlossene« Volkswirtschaft). Bei frei verfügbarer Arbeitskraft infolge von Arbeitslosigkeit verhält sich im Modell die mögliche Produktion Y proportional zum vorhanden Kapitalbestand. Ein Mehreinsatz von Arbeit allein kann wegen des komplementär notwendigen Einsatzes von Kapital (linear-homogene Technologie, vgl. Kapitel 15.2.1) keinen zusätzlichen Output erzeugen. Wenn man z. B. mit vier Kapitaleinheiten (Maschinen) maximal eine Produktionseinheit erstellen kann (Kapitalkoeffizient v = 4, vgl. Kapitel 27), so lautet der produktionstechnische Zusammenhang: $Y = ¼ \cdot K$. Eine Verzehnfachung der Produktion ist dann nur möglich, wenn auch K um das Zehnfache zunimmt. Die mögliche Wachstumsrate des realen Inlandsproduktes Y ($g_{yn.}$) entspricht dann ohne technischen Fortschritt der Wachstumsrate des Kapitalbestandes.

Kapitalmangel als Grundproblem ökonomischer Entwicklung

Dieses Modell wurde von zahlreichen Entwicklungsökonomen, die als Experten in Entwicklungsländer gesendet wurden, als Therapiegrundlage für die Entwicklungsländer angesehen: Entwicklungsländer, die über wenig Kapital verfügen, können nur ein geringes Inlandsprodukt Y und, bei gegebener Bevölkerung, auch nur ein niedriges Pro-Kopf-Einkommen erzeugen. Das führt dazu, dass sie wenig sparen, damit wenig investieren und kaum zusätzliches Kapital bilden können: Ein Teufelskreis der Armut, der nur durch von den Industrieländern zur Verfügung gestelltes Kapital durchbrochen werden kann. Entwicklungsländer bleiben also arm, solange ihr Kapitalmangel anhält. Auf der Basis des *Harro-Donar*-Modells lässt sich aber die für eine bestimmte Wachstumsrate des Inlandsproduktes nötige Investitionsrate bestimmen. Die Differenz zwischen dem für das Wachstum benötigten Kapital und den tatsächlichen Ersparnissen des Landes wurde als **Finanzierungslücke** (financing gap) bezeichnet. Entwicklungspolitik hieß, diese Finanzierungslücke durch Entwicklungshilfe der Industrienationen zu schließen, sodass die Entwicklungsländer in absehbarer Zeit aus dem Zustand der Unterentwicklung herauswachsen konnten. Da sich fast alle Befürworter der Entwicklungshilfe auf die Theorie der Finanzierungslücke beriefen, wurde die enorme Steigerung der Entwicklungshilfe bis in die 1980er-Jahre zu einem der größten (weitgehend gescheiterten) Politikexperimente, das nur auf einer einzigen ökonomischen Theorie basierte. Schon auf der Basis des oben aufgezeigten Grundschemas von Entwicklung sollte klar sein, dass der Ansatz der Entwicklungspolitik auf Basis des *Harrod-Domar*-Modells zum Scheitern verurteilt sein musste. Denn mit den Kapitalgütern müssen Güter ökonomisch günstig produziert und verkauft werden. Dazu bedurfte es unter anderem entsprechenden technischen Know-hows sowie Absatzmöglichkeiten für die zusätzlich produzierten Güter. Und das setzte letztlich das Vorhandensein funktionierender Märkte voraus, eine Voraussetzung, die in kaum einem Entwicklungsland erfüllt war.

30.3.4 Technischer Fortschritt

Auf modelltheoretischer Basis war es *Robert Solow*, ein amerikanischer Ökonom, der mit seinem neoklassischen Wachstumsmodell (vgl. Kapitel 27.9.2.2) 1956 ernste Einwände gegen eine Modernisierungspolitik über die Zurverfügungstellung allein von Kapitalgütern vorbrachte. In einer Welt mit substituierbaren Produktionsfaktoren, die Solow für die USA unterstellte, nehmen nach den üblichen Annahmen die Grenzproduktivitäten der Faktoren mit zunehmender Einsatzmenge ab, also auch die des Kapitals. Schon von daher ist intuitiv klar, dass nicht allein die Beschaffung von Maschinen zu ökonomisch vernünftigem dauerhaftem Wachstum führen kann.

Neoklassische Kritik am Harrod-Domar-Modell: das Solow-Modell

Im Detail weist Solow in seinem Modell nach, dass im langfristigen Wachstumsgleichgewicht, in dem alle Inputs und Outputs mit der gleichen Rate wachsen (dem berühmten »steady state«), das Inlandsprodukt pro Kopf der Bevölkerung dauerhaft nur wächst, wenn technischer Fortschritt existiert. Gibt es diesen, so wächst das Pro-Kopf-Einkommen der Bevölkerung genau mit der Rate des technischen Fortschritts.

Nur technischer Fortschritt sichert das Wachstum des Pro-Kopf-Einkommens.

Praktisch kann man sich dieses Ergebnis plausibel machen, wenn man bedenkt, dass z. B. einem Bauern bei gegebener Landfläche ein weiterer Traktor nur begrenzt zur Erhöhung seiner Produktion hilft. Der Grenzertrag der weiteren Maschine ist abnehmend und im Grenzfall null. Ein schnellerer Traktor mit verbesserter Technologie könnte aber sehr wohl die Arbeitsproduktivität des Bauers erhöhen. Technischer Fortschritt, so die Botschaft *Solows*, sei der Schlüssel zu langfristigem Wachstum. Allerdings wird Kapital dadurch nicht überflüssig, denn zum einen inkorporiert sich in ihm in der Regel der technische Fortschritt. Zum anderen: Wenn in der Wirtschaft noch sehr wenig Kapital vorhanden ist, wurde schon durch eine geringe Erhöhung des Kapitalstocks das Pro-Kopf-Inlandsprodukt stark zunehmen.

Für die Entwicklungstheorie ist wichtig, dass das Pro-Kopf Einkommen im langfristigen Wachstumsgleichgewicht nur dann mit einer positiven Rate wächst, wenn es technischen Fortschritt gibt. Von daher können Entwicklungsländer nicht einfach durch über Entwicklungshilfe finanzierte Kapitalanhäufung ihren Entwicklungszustand dem der Industrienationen annähern, sondern nur, indem sie versuchen, am technischen Fortschritt so weit wie möglich teilzuhaben. Doch nicht alle Länder haben den gleichen Zugang zu neuen Technologien und nicht überall entwickeln sich die Technologien gleich schnell. 1987 zeigte *Paul Romer* anhand von Daten von über 100 Ländern, dass arme Länder

Entwicklungsländer haben nicht den gleichen Zugang zu neuen Technologien wie Industrieländer.

mit geringem Kapitalstock nicht schneller wuchsen als reiche Länder und von daher die so genannte Konvergenzthese (These von der Annäherung der Wachstumsraten des Pro-Kopf-Einkommens zwischen Entwicklungs- und Industrieländern) nicht zutreffend ist. Kritisch zur Anwendung des *Solow*-Modells auf Entwicklungsländer sei schließlich bemerkt, dass das Modell voll flexible Preise und damit auch einen geräumten Arbeitsmarkt voraussetzt, wovon Entwicklungsländer mit ihrer massiven Arbeitslosigkeit natürlich weit entfernt waren und sind. Implizit ist damit auch unser obiges Argument von der Verkaufbarkeit der produzierten Produkte angesprochen, d. h. die Existenz funktionierender Märkte.

30.3.5 Bevölkerungswachstum

Malthus Prophezeiung der Hungerkatastrophe

Schon im frühen 19. Jahrhundert warnte der britische Ökonom *Thomas Malthus*, dass die Nahrungsmittelproduktion hinter dem exponentiellen Bevölkerungswachstum zurückbleiben und es zu Hungersnöten kommen könnte. Der amerikanische Biologe *Paul Ehrlich* sagte in seinem weit rezipierten Buch »The Population Bomb« voraus, dass Hungersnöte zwischen 1970 und 1980 bis zu einem Fünftel der Weltbevölkerung dahinraffen könnten.

Betrachten wir die Zusammenhänge aus der theoretischen Perspektive. Da das Einkommen pro Kopf y definiert ist als

$$y = Y/N$$

Das Bevölkerungswachstum kann die Entwicklung bedrohen

(mit N als der Bevölkerungszahl), folgt für die Veränderungsrate des Pro-Kopf-Einkommens g_y definitionsgemäß: $g_y = g_Y - g_N$, wobei g_Y die Wachstumsrate des Inlandsproduktes und g_N die Wachstumsrate der Bevölkerung ist. Wächst also zum Beispiel das Inlandsprodukt Y um 3 Prozent und die Bevölkerung um 4 Prozent, so nimmt das Pro-Kopf-Einkommen um 1 Prozent ab. Eine zunehmende Wachstumsrate der Bevölkerung führt also zu abnehmenden Pro-Kopf-Einkommen, wenn das Inlandsprodukt nicht hinreichend wächst: Ein weiterer Teufelskreis der Armut. Ein solcher ergibt sich häufig, wenn

- es bei zunehmendem Kapitalbestand zunächst zu einer Zuwachsrate des Inlandsproduktes kommt, die größer ist als die bisherige Zuwachsrate der Bevölkerung, sodass das Pro-Kopf-Einkommen steigt;
- die Wachstumsrate der Bevölkerung dann aber aufgrund der verbesserten Lebens- (und Überlebens-)Bedingungen so stark zunimmt, dass das Pro-Kopf-Einkommen wieder auf sein ursprüngliches Niveau absinkt (oder sogar darunter).

Restriktive Bevölkerungspolitik als Voraussetzung für Entwicklung

Für die Entwicklungstheorie ergibt sich aus diesem Zusammenhang die Schlussfolgerung, dass eine im Verhältnis zum Bevölkerungswachstum zu geringe Wachstumsrate des Inlandsproduktes eine Ursache der Unterentwicklung sein kann. Auch das *Solow*-Modell führt zu dem Ergebnis, dass eine zunehmende Wachstumsrate der Bevölkerung bei konstantem technischen Fortschritt und konstanter Sparquote das Niveau des Pro-Kopf-Einkommens reduziert (vgl. Kapitel 27.9.2.2).

Und für die Entwicklungspolitik ergibt sich hieraus die Therapie: Initiierung eines verstärkten Realkapitalzuflusses plus restriktive Bevölkerungspolitik, wobei versucht werden kann, letztere über Anreize oder per Dekret mit Strafandrohung umzusetzen (Beispiel seit den 1980er-Jahren: China).

30.3.6 Auslandsverschuldung als beschränkender Faktor für die Kapitalakkumulation

Werden die für den Wachstumsprozess notwendigen zusätzlichen Kapitalgüter den Entwicklungsländern bei stagnierenden Exporten nicht unentgeltlich, sondern nur über Kreditgewährung zur Verfügung gestellt, so ergibt sich im Zeitablauf eine Verstärkung des Problems des Realkapitalmangels.

Auslandsverschuldung als Voraussetzung für den Aufbau eines Kapitalstocks bei fehlender Ersparnis

In dem Umfang, wie die im Zuge des Importes von Kapitalgütern entstehenden Auslandsverbindlichkeiten zunehmen, steigen auch die Tilgungs- und Zinslasten, die von dem Schuldnerland zu tragen sind. Dies schränkt ihre Investitionsmöglichkeit in zukünftigen Perioden ein, da die Ersparnis durch den Kapitaldienst (Zinsen und Tilgung) entsprechend reduziert wird.

Trotz Schuldenerlass ist die Belastung der Entwicklungsländer durch Auslandsverschuldung gewaltig – wie Tabelle 30-3 zeigt.

Tab. 30-3

Entwicklung des Schuldenstands der ärmsten Länder 2003–2010

	Gesamte Auslandsschulden (in Mrd. $)							
	2003	2004	2005	2006	2007	2008	2009	2010*
Afrika	296.189	311.201	283.434	238.091	265.773	268.048	277.193	294.741
Afrika südlich der Sahara	238.294	253.266	233.735	198.286	222.684	224.680	235.791	252.339
Zentral- und Osteuropa	300.094	470.759	514.916	664.674	889.463	1.031.431	980.658	990.477
Gemeinschaft unabhängiger Staaten und Mongolei	253.040	297.928	360.886	461.827	675.665	735.474	668.207	678.594
Asien (u.a. China, Indien, Pakistan, Thailand, Vietnam)	712.543	777.249	816.474	896.787	1.022.466	1.128.488	1.222.602	1.323.458
Naher Osten	189.079	215.859	236.170	314.584	441.500	430.556	432.022	459.698
Lateinamerika und Karibik (Westliche Hemisphäre)	792.725	803.550	794.535	745.853	835.445	878.283	859.717	893.485
Summe	2.631.671	2.876.546	3.006.414	3.321.816	4.130.312	4.472.281	4.440.398	4.640.454

* geschätzte Werte

Quelle: IWF, World Economic Outlook Database, April 2009.

> **Unter der Lupe**
>
> ### Die Mexiko-Krise
>
> Am 18. August 1982 gab der mexikanische Finanzminister Jesus Silva Herzog bekannt, dass Mexiko seine ausländischen Kredite nicht länger bedienen könnte. Mexiko und viele andere Länder mit mittlerem Einkommen waren bei kommerziellen Banken verschuldet, die den Ländern nun keine weiteren Kredite gewähren wollte. Aber ohne neue Kredite konnte Mexiko seine alten Kredite nicht bezahlen. Insbesondere lateinamerikanische Länder hatten sich in den 1960er- und 1970er-Jahren hohe Summen geliehen, um riesige Industrie- und Infrastrukturprojekte zu finanzieren. Mit der Verkündung von Silva Herzog begann die Schuldenkrise in Ländern mittleren Einkommens in Lateinamerika und Afrika, da Banken plötzlich keine neuen Kredite mehr vergaben. Die 1980er-Jahre werden daher auch als »verlorenes Jahrzehnt« für die Entwicklung Lateinamerikas bezeichnet. Zur gleichen Zeit verschlimmerte sich die Verschuldungskrise für arme Länder in Afrika, da diese bei öffentlichen Institutionen überschuldet waren. Auch der Mittlere Osten und Nordafrika stürzten in die Krise, da einige überschuldet waren, andere unter dem Absturz des Ölpreises in den 1980er-Jahren litten.
>
> Der Überschuldung bei ausländischen Kreditgebern kann ein Entwicklungsland aus eigener Kraft nur entgegenwirken, indem es entweder
>
> ▸ den Konsumgüterimport (und notfalls auch Investitionsgüterimport) reduziert und durch eigene Produkte ersetzt (Importsubstitution) oder
> ▸ seinen Exportsektor so entwickelt, dass über die Exporterlöse der Schuldenaufbau aus dem Import von Gütern verhindert oder zumindest stark eingeschränkt wird (Exportausweitung und -diversifizierung).
>
> Wir erläutern diese Entwicklungsstrategien weiter unten im Zusammenhang mit einer weiteren Ursache der Unterentwicklung, der so genannten Abhängigkeits- oder Dependenz-Hypothese.
>
> Abgesehen von Importsubstitution und Exportförderung bleibt für die Entwicklungsländer nur die Möglichkeit, bei den Gläubigerländern auf Schuldenerlass oder zumindest Schuldenreduktion zu drängen. Zwischen 1989 und 1997 wurden 41 hochverschuldeten armen Ländern insgesamt 33 Milliarden Dollar Schulden erlassen. Allerdings verschuldeten sich gleich die Länder wieder am stärksten, die den höchsten Schuldenerlass bekommen hatten. Daher starteten Weltbank und IWF die Initiative HIPC (Highly Indebted Poor Countries), das nur armen Ländern mit »good policies« den Schuldenerlass ermöglichen soll. Auf das HIPC-Programm wird im Kapitel 30.4.2 noch ausführlicher eingegangen.

30.3.7 »Enge« der heimischen Märkte

Vorhandensein von Märkten als Voraussetzung von Entwicklung

Wie oben im Zusammenhang mit den Grundbedingungen ökonomischer Entwicklung erläutert, liegt das Problem der Entwicklung nicht nur in der **Verfügbarkeit** von Kapitalgütern. Die mit zusätzlich verfügbaren Kapitalgütern produzierbaren Güter müssen auch **absetzbar** sein, um die erforderliche Investitionsneigung zu stimulieren. Da dies aus weiter unten noch erläuterten Gründen nicht ohne Weiteres über die Exportschiene möglich war, andererseits aber wegen der niedrigen Pro-Kopf-Einkommen die heimische Kaufkraft gering ist, entsteht mit der für Entwicklungsländer typischen Enge des heimischen

Marktes ein weiteres Entwicklungshemmnis. Um dieses zu beseitigen, stehen sich zwei Strategien gegenüber, die des gleichgewichtigen und die des ungleichgewichtigen Wachstums.

Nach dem Konzept des **gleichgewichtigen Wachstums** sollen durch gleichzeitige staatliche Förderung möglichst vieler wichtiger Bereiche der Endnachfrage (Konsum- oder Investitionsgüter) mittels Subventionierung oder Eigennachfrage des Staates **expansive, sich kumulierende Nachfrageeffekte** ausgelöst werden. Der »big push« soll dabei dadurch erfolgen, dass

- die geförderten Bereiche weitere Endnachfrage stimulieren (Motto: Werden mehr Wohnungen nachgefragt, so steigt auch die Nachfrage nach Möbeln),
- die Expansion im Endnachfragebereich zu einer erhöhten Nachfrage nach Inputs vorgelagerter Produktionsstufen führt (Baustoffe wie Zement und Holz, Metallerzeugnisse usw.).

> Breite staatliche Förderung der Konsum und Investitionsgüternachfrage

Ein interessanter Nebeneffekt des Konzeptes des gleichgewichtigen Wachstums wird darin gesehen, dass auch eine gleichgerichtete landwirtschaftliche Entwicklung gefördert und damit eine »Dualisierung« der Volkswirtschaft (vgl. Kapitel 30.3.8) vermieden werden kann. Gründe hierfür sind:

- der zu erwartende Abzug verdeckter Arbeitsloser aus dem personell stark überbesetzten landwirtschaftlichen Bereich in die expandierende industrielle Produktion (mit der damit verbundenen Erhöhung der Produktivität der Landwirtschaft);
- die verstärkte Nachfrage nach landwirtschaftlichen Vorprodukten für die industrielle Produktion (z. B. Mehl für die Lebensmittelindustrie) sowie
- die verstärkte Nachfrage nach landwirtschaftlichen Konsumgütern durch die wachsenden Einkommen im industriellen Sektor.

> Eine Dualisierung der Wirtschaft könnte vermieden werden.

Industrieförderung könnte so gleichzeitig als Förderung der Landwirtschaft verstanden werden, die zu Beginn eines Entwicklungsprozesses zumeist der dominierende Sektor der Volkswirtschaft ist.

Nach dem Konzept des **ungleichgewichtigen Wachstums** soll – insbesondere in Hinblick auf die nur schwach ausgeprägte Unternehmerqualität – nur eine Stimulierung von Investitionen in **wenigen** zentralen Endproduktbereichen der Wirtschaft versucht werden. Die erwarteten **Rückkopplungseffekte auf nachgelagerte Produktionsstufen (Zulieferanten) sollen auf diesen** Märkten für Übernachfrage sorgen und so auch noch weniger ausgeprägte Unternehmerpersönlichkeiten auf expandierenden Märkten zu Investitionen animieren. Staatliche Aufgabe ist es dabei, geeignete Anstoßprojekte auszumachen und durch Subventionierung »Pionierunternehmer« zu Investitionen anzureizen.

> Punktuelle staatliche Förderung der Konsum- und Investitionsgüternachfrage

Letztlich ist der Unterschied zwischen gleichgewichtigem und ungleichgewichtigem Wachstum eher gradueller Natur, wobei beim Konzept des ungleichgewichtigen Wachstums die Rolle des Pionierunternehmers *Schumpeter*scher Prägung (vgl. Kapitel 27) besonders betont wird.

30.3.8 »Dependenz« als Ursache von Unterentwicklung

Neben den direkt aus dem oben vorgestellten Grundschema ökonomischer Entwicklung ableitbaren Ursachen von Unterentwicklung gibt es andere, als »extern« anzusehende Faktoren. Aufgrund der Ernüchterung in Bezug auf die herrschenden Entwicklungstheorien fand während der 1970er-Jahre, insbesondere unter Intellektuellen in Entwicklungsländern, die so genannte **Dependenz- oder Abhängigkeitstheorie** zunehmende Unterstützung.

Hier wird die These vertreten, dass die Industrienationen in ihren ehemaligen Kolonien eine für die jeweiligen Kolonialherren günstige »komplementäre« Wirtschaftsstruktur aufgebaut haben (z. B. Rohstoff-Abbauindustrien, um den heimischen Rohstoffbedarf zu decken) und in der Regel bis in die Gegenwart hinein erhalten konnten. Durch die ungleiche Beziehung zwischen reichen Ländern (Zentrum) und armen Ländern (Peripherie) seien Bestrebungen nach Selbstversorgung und Unabhängigkeit schwierig bis sogar unmöglich. Unterentwicklung ist nach der Dependenztheorie also ein extern verursachtes Phänomen im Gegensatz zu den Theorien, die Unterentwicklung durch interne Entwicklungshemmnisse erklärten, wie Kapitalmangel oder zu hohes Bevölkerungswachstum.

In den betroffenen Entwicklungsländern sei dadurch eine zu sozialen Spannungen führende Wirtschaftsstruktur entstanden, in der traditionell feudale Wirtschaftsweisen mit kapitalistischen Produktionsstrukturen aufeinanderprallen (**Dualismus**).

Vor allem aber sei die Außenhandelsstruktur der Entwicklungsländer so geprägt worden, dass diese mit ungünstigen Bedingungen für ihre Produkte auf den Weltmärkten konfrontiert waren und sind:

▸ Niedrigen Einkommenselastizitäten der von Entwicklungsländern erzeugten und exportierten Grundstoffe und Nahrungsmittel stehen hohe Einkommenselastizitäten bei den importierten Industrieprodukten (Kapital- und Konsumgüter) gegenüber, sodass der Exportsektor eher stagniert, während der Importbereich expandiert. Hieraus ergeben sich Abwertungstendenzen für die Währungen der Entwicklungsländer, die zu einer **Verbilligung der heimischen Produkte** im Ausland in Auslandswährung und zu einer **Verteuerung der ausländischen Produkte im Inland** führen, **ebenfalls in Auslandswährung gerechnet** (vgl. Kapitel 20). Dadurch verschlechtern sich die **»Terms of Trade«** der abwertenden Länder (vgl. Tabelle 30-4), die angeben, wie viele Einheiten ausländischer Produkte ein Entwicklungsland für eine Einheit inländischer Produkte erhält (z. B. die Zahl der Maschinen im Austausch gegen eine Tonne Zinn). Ein begleitender Effekt ist, dass selbst bei unveränderten exportierten und importierten Gütermengen der Außenbeitrag (ausgedrückt in Dollar) sinkt:

$$AB_\$ \downarrow = p_\$^{Ex} \downarrow \cdot x - p_\$^{Im} \uparrow \cdot m = \text{Nettodeviseneinnahmen} \downarrow.$$

Dadurch nehmen die Importmöglichkeiten des Entwicklungslandes ab, insbesondere an Kapitalgütern (bei unveränderter Auslandsverschuldung).

Unterentwicklung hat historische Ursachen.

Die Terms of Trade der Entwicklungsländer sinken.

Tab. 30-4

Entwicklung der Terms of Trade 1991–2010 (durchschnittliche jährliche Veränderung in %)

Länder	Jahre 1991–2000	2001–2010	2001	2002	2003	2004	2005	2006	2007	2008	2009*	2010*
	(Durchschnittswerte)											
Industrieländer	0,1	0	0,5	1	1,2	−0,3	−1,8	−1,3	0,4	−2,2	2,6	0
Entwicklungsländer insgesamt	−0,3	1,6	−2,3	0,5	1,2	3,1	6,6	3,9	0,8	4,3	−6,4	4,8
Entwicklungsländer, die Erdöl exportieren	1,5	4,5	−7,7	0,1	3,7	12,3	23,3	9,9	2,7	17,9	−22,4	13,7
Entwicklungsländer, die kein Erdöl exportieren	−0,5	0,4	0	0,5	0,3	−0,2	0,2	1,1	−0,1	−0,9	1,2	1,5

* IWF Prognosen
Quelle: IWF, World Economic Outlook, Oktober 2009, S. 185.

▶ **Hohe Preisschwankungen** der Exportprodukte (wie z. B. Rohkaffee und Metalle) auf den internationalen Märkten mit der Tendenz einer hohen Instabilität der Exporteinnahmen.

Die Exporterlöse schwanken stark.

Tabelle 30-4 zeigt die Entwicklung der Terms of Trade von 1991 bis 2010 für verschiedene Ländergruppen. Sie zeigt insbesondere, dass diejenigen Entwicklungsländer, die kein Erdöl exportieren, fast durchgehend Verschlechterungen ihrer Terms of Trade hinnehmen mussten.

Die Strategie der betroffenen Länder lag insbesondere in den 1950er- und 1960er-Jahren
▶ in der Ablösung der kapitalistischen Wirtschaftssysteme durch Systeme der zentralen Planung,
▶ in der zunächst Konsum-, dann auch Investitionsgüter betreffenden Importsubstitution,
▶ in der Exportdiversifizierung,
▶ in der Forderung nach Stabilisierung der Exporterlöse,

Wirtschaftspolitische Maßnahmen zur Aufhebung der Abhängigkeit von den Industrieländern

wobei die beiden erstgenannten Strategien häufig zusammen angewendet wurden.

Bei der **Importsubstitution** versucht das Entwicklungsland, die bisher importierten Güter in eigener Regie im eigenen Land zu erzeugen.

In einer ersten Phase sind dabei zunächst importierte Konsumgüter betroffen, die durch vergleichsweise einfache, standardisierte Inlandsprodukte ersetzt werden, welche mit wenig kapitalintensiven Verfahren produziert werden können. In einer späteren Phase werden auch Investitionsgüterimporte durch heimische Güter ersetzt. Da die Produktionsstrukturen, das technische Wissen

Die Strategie der Importsubstitution

und die Ausbildung der Arbeitskräfte im Vergleich zu den potenziell konkurrierenden Industrieländern hoffnungslos unterlegen waren, konnte diese Strategie nur durch eine fast totale Abschottung von den Exportmärkten der Industrienationen mittels hoher Zollschranken und anderer Importhemmnisse verwirklicht werden. Der Vorteil bestand dabei darin, dass Märkte für entsprechende Produkte bereits bestanden, auch wenn dies bis dahin ganz überwiegend Märkte für Importgüter waren.

Autozentrierte Entwicklung durch Entwicklungsprotektionismus

Da die Abschottung aber den internationalen Wettbewerb ausschaltete und zudem oft mit der grundsätzlichen Ineffizienz des zentralplanwirtschaftlichen Systems einherging (vgl. Kapitel 3), waren die letztlich von der heimischen Bevölkerung zu tragenden Preis- und Qualitätsunterschiede sehr groß. Angesichts der beschriebenen Ausgangssituation mag es aber für viele Volkswirtschaften keine Alternative zum Weg dieser **autozentrierten Entwicklung** gegeben haben. Allerdings ist zu betonen, dass der mangelnde Wettbewerb nicht notwendige Folge der autozentrierten Entwicklung ist. Solange für Wettbewerb zwischen den heimischen Anbietern gesorgt wird, besteht ein Anreiz für diese, neue Technologien und Produkte zu entwickeln, um höhere Erträge zu erzielen. Schließlich soll daran erinnert werden, dass fast alle Industrieländer, wie beispielsweise Großbritannien, USA oder Deutschland, ihre jungen Industrien im 19. Jahrhundert mit hohen Zöllen schützten, um sie wettbewerbsfähig zu machen, bevor sie ihre Märkte der Welt öffneten (**Entwicklungsprotektionismus**).

Unter der Lupe

Die »Außenhandelstheorie« der Unterentwicklung

Eng verwandt mit der Dependenztheorie ist die so genannte »Außenhandelstheorie« der Unterentwicklung. Hiernach ist in Bezug auf die Struktur der Weltwirtschaft zwischen einem »Zentrum« (Industrieländer) und einer »Peripherie« (Entwicklungsländer) zu unterscheiden, wobei – wie in der Dependenztheorie – niedrige Einkommenselastizitäten nach den von den Entwicklungsländern produzierten Grundstoffen in den Zentren, hohe Einkommenselastizitäten nach Industrieerzeugnissen in der Peripherie gegenüberstehen. Aus dieser Konstellation wird wie oben eine Abnahme der »Terms of Trade«, also des Austauschverhältnisses zwischen Entwicklungsländern und Industrieländern zulasten der Entwicklungsländer abgeleitet. Die Außenhandelstheorien gehen damit von den gleichen Voraussetzungen aus wie die Dependenztheorien, ohne aber die Ursache für die Existenz von Zentrum und Peripherie zu hinterfragen.

Die politische Abhängigkeit der Entwicklungsländer in der Kolonialzeit (über 100 Entwicklungsländer sind ehemalige Kolonien) und die damals festgeschriebene Wirtschaftsstruktur der Länder hat also gemäß der Dependenztheorie zu der bis in die Gegenwart andauernden Unterprivilegierung der Entwicklungsländer geführt. Dies gilt umso mehr, als es den Industrienationen im Zuge der Entkolonialisierung in der Regel gelungen ist, durch in den Entwicklungsländern tätige multinationale Unternehmen ihren Einfluss zu erhalten, da entweder noch keine heimische Industrie vorhanden war oder diese nicht konkurrenzfähig war.

Letztlich hat sich die Strategie der außenwirtschaftlichen Isolierung nicht bewährt, häufig weil die Zollschranken eben nicht zum Aufbau einer **wettbewerbsfähigen** Industrie genutzt wurden. Empirische Untersuchungen zeigen deshalb auch, dass Länder, die den alternativen Weg der **Exportdiversifizierung** gegangen sind, deutlich besser abgeschnitten haben.

Allerdings standen die Länder, die sich für die außenwirtschaftliche Öffnung entschieden, zunächst vor großen Schwierigkeiten, da sie

▸ die Qualität ihrer Produkte auf Weltmarktstandard bringen mussten,
▸ preislich zunächst meist nur über Exportsubventionierung wettbewerbsfähig waren,
▸ die neuen Märkte und ihre Bedingungen erst finden und im Detail erkunden und »bearbeiten« mussten.
▸ mit einer Abschottung der heimischen Märkte der Industrienationen durch tarifäre Hemmnisse (Zölle) und nichttarifäre Hemmnisse (Einfuhrkontingente) konfrontiert waren.

Die Strategie der Exportdiversifizierung

Häufig entschieden sie sich deshalb **zunächst** für die Importsubstitution, um die Produktion auf Weltmarktstandard vorzubereiten.

Allmählich wurden dann Güter, die zunächst als Importsubstitute fungierten, als Exportgüter entwickelt und eingesetzt. Dabei wurden meist in einer ersten Stufe rohstoff- und relativ arbeitsintensiv produzierte Industriegüter (wie Schuhe und Textilien) ausgewählt, bei denen aufgrund des niedrigen Lohnniveaus komparative Kostenvorteile bestanden. Später ging man dann zu kapitalintensiver produzierten Gütern über, deren Produktionstechnik schon relativ ausgereift und deshalb leicht imitierbar war (Fotoapparate, Uhren, Schiffsbau, Personenkraftwagen).

Letztlich hat gerade die Offenheit dieser Volkswirtschaften ihnen die Möglichkeit gegeben, technische Standards des Auslands leichter zu übernehmen und so langfristig ihre Wettbewerbsfähigkeit auszubauen. Mehreren südasiatischen Ländern (z. B. Singapur, Südkorea) ist es dabei sogar in relativ kurzer Zeit gelungen, die konkurrierenden alten Industrieländer in Bezug auf manche Produkte zu überflügeln. Allerdings mussten auch diese Länder im Zuge von Finanzkrisen ihren Preis für die bedingungslose Öffnung ihrer Märkte zahlen.

Erfolge der Exportdiversifizierung

Schon lange versucht eine Vielzahl von Entwicklungsländern eine **Stabilisierung ihrer Exporterlöse** zu erreichen. Am erfolgreichsten in ihren Bemühungen waren dabei die so genannten **AKP-Staaten**, also die Entwicklungsländer Afrikas (südlich der Sahara), der Karibik und des Pazifiks. Im Rahmen des erstmals 1975 zwischen der Europäischen Union und den AKP-Staaten geschlossenen **Abkommens von Lomé** wurde den AKP-Staaten neben weitgehenden Zugeständnissen bezüglich ihrer Exportmöglichkeiten in die EU auch eine signifikante Stabilisierung ihrer Erlöse zunächst aus den Exporten landwirtschaftlicher Produkte und später auch ihrer Bergbauerzeugnisse (z. B. Kupfer, Kobalt, Phosphate, Mangan, Bauxit, Zinn, Eisenerz und Gold) zugesagt. Die Systeme funktionierten dabei im Prinzip so, dass für Produkte, deren Exporterlöse einen bestimmten Anteil am Gesamtexport des Landes überschritten (z. B.

Maßnahmen zur Stabilisierung der Exporterlöse

Unter der Lupe

Importsubstitution und Exportdiversifizierung am Beispiel Brasilien und Südkorea

Brasilien und Südkorea werden oft als kontrastierende Beispiele zitiert, Brasilien für das Modell der Importsubstitution und Südkorea für das exportorientierte Modell. Beide erlebten schnelles Wachstum zwischen 1965 und 1980, für das die verarbeitende Industrie einen wichtigen Beitrag lieferte. Beide wurden in diesem Zeitraum von Militärdiktaturen beherrscht. Aber in den 1980er-Jahren, während der Schuldenkrise in Lateinamerika (vgl. oben »Unter der Lupe«: Die Mexiko-Krise), fiel Brasilien hinter Südkorea zurück.

Nach einer kurzen Phase der Importsubstitution in Südkorea in den 1950er-Jahren kam 1961 die Militärdiktatur an die Macht und verfolgte eine exportorientierte Politik, indem sie die Währung abwertete und schon zu Beginn der 1960er-Jahre Anreize für den Export einführte. Südkoreas Industrie blieb fast vollständig in der Hand von privaten Investoren und die Regierung behielt Staatsausgaben und Staatsverschuldung unter Kontrolle.

Brasiliens demokratische Regierungen in den 1950er-Jahren verfolgten das Modell der Importsubstitution, etablierten hohe Zölle für viele Importgüter und bauten Schlüsselindustrien, beispielsweise im Energie- und Transportsektor, mit massivem staatlichem Engagement auf. Der Anteil der Staatsausgaben am Bruttoinlandsprodukt war in Brasilien wesentlich höher als in Korea. Erst 1964, als die Militärregierung in Brasilien an die Macht gelangte, wechselte die Strategie zur Exportorientierung. Zölle wurden reduziert, die Währung schrittweise abgewertet, Märkte liberalisiert und Marktverzerrungen abgebaut. Aber der Ölpreisschock 1973 markierte das Ende des »brasilianischen Wunders«. Die Politikmaßnahmen der 1960er-Jahre wurden teilweise wieder rückgängig gemacht. Der Staat spielte in der Wirtschaft weiterhin eine wichtige Rolle und verschuldete sich bei ausländischen Kreditgebern um die hohen Staatsschulden zu finanzieren. Die hohe Auslandsverschuldung führt dann zur Schuldenkrise der 1980er-Jahre, die zu einem tiefen Einschnitt bei der Entwicklung Brasiliens führte.

Neoliberale Ökonomen argumentieren, dass Südkoreas Weg erfolgreicher war, da dort die Phase der Importsubstitution kürzer war und die Phase der Exportorientierung intensiver und länger. Als Brasilien zur exportorientierten Strategie wechselte, seien schon viele »high-cost import substitution industries« etabliert gewesen, die den weiteren Entwicklungsprozess gehemmt hätten.

Durchschnittliches jährliches Wachstum einiger ökonomischen Indikatoren (in %)

Land	Zeitraum	BIP	BIP pro Kopf	Industrie	Export von verarbeiteten Produkten	Inflation
Brasilien	1965–1980	8,8	6,4	9,8	31,1	31,5
	1980–1988	2,9	0,7	2,2	12,3	188,7
Südkorea	1965–1980	9,6	7,6	18,7	39,7	18,7
	1980–1988	9,9	8,7	13,5	15,3	5,0
LDCs[1]	1965–1980	5,8	3,5	8,2	–	16,5
	1980–1988	4,3	2,3	5,9	–	46,8

[1] Least Developed Countries
Quelle: Weltbankberichte, verschiedene Jahrgänge.

5 Prozent bei landwirtschaftlichen und 15 Prozent bei bergbaulichen Produkten), ein mehrjähriger durchschnittlicher Exporterlös ermittelt wurde. Unterschritt der tatsächliche Exporterlös eines Jahres dieses Durchschnittsniveau, so wurde die Differenz dem Land (mit geringfügigen Abschlägen) aus EU-Mitteln erstattet. Das letzte Lomé-Abkommen (Lomé IV) ist mit dem Februar 2000 ausgelaufen. An seine Stelle ist das im Juni 2000 unterzeichnete Partnerschaftsabkommen von **Cotonou** (Benin) getreten, das im Prinzip die Exportstabilisierung fortschreibt.

30.3.9 Kulturelle Ursachen der Unterentwicklung

Schon *Max Weber* hat zu Beginn des 20. Jahrhunderts darauf hingewiesen, dass ein Zusammenhang zwischen der **protestantischen Ethik** und dem **Geist des Kapitalismus** besteht.

Nach der protestantischen Ethik ist Gott demjenigen wohlgefällig, der hart arbeitet, aber sich durch den dabei erzielten Gewinn nicht zu übermäßigem Konsum verleiten lässt (»innerweltliche Askese«), sodass der Gewinn wieder investiert werden kann. Von daher besteht nach *Weber* ein Zusammenhang zwischen der wirtschaftlichen Entwicklung und dem religiös-kulturellen Wertesystem. Eine Hypothese über den Zusammenhang zwischen **gesellschaftlicher Organisation** und **Entwicklung** stammt von *Robert Putnam*. Er argumentiert, dass der im 12. Jahrhundert in Italien existierende autoritäre Zentralstaat im Süden und die kommunale Autonomie im Norden zu dem heutigen Gegensatz von Stagnation im Süden Italiens und der Prosperität in Norditalien geführt haben.

Asketische Ethik als Motor der wirtschaftlichen Entwicklung

Sicher existiert ein Zusammenhang zwischen dem historisch gewachsenen Wertesystem einer Gesellschaft und ihrer wirtschaftlichen Leistungsbereitschaft und auch die klimatischen Bedingungen dürften von Bedeutung sein. Daher sollten bei der Erklärung entwicklungstheoretischer Zusammenhänge **interdisziplinäre Aspekte** berücksichtigt werden.

30.3.10 Der »Washington Konsensus«

In den 1980er-Jahren kamen in den USA, Kanada, Großbritannien und Deutschland konservative Regierungen an die Macht. Parallel wurden in der ökonomischen Theorie und Politik zunehmend neoklassische Ideen vertreten. Anhänger der neoklassischen Theorie erhielten führende Positionen bei der Weltbank und beim Internationalen Währungsfonds. Sie forderten von den Entwicklungsländern u. a. Liberalisierung ihrer Märkte, Privatisierung von Staatsunternehmen, Abbau von staatlichen Regulierungen und Bürokratien, Haushaltsdisziplin. Denn die Unterentwicklung sei in der schlechten Ressourcenallokation infolge verzerrter Preise und zu intensiver Staatseingriffe begründet, argumentierten die Neoklassiker. Dieses entwicklungspolitische Konzept wurde

Abkehr von staatlich gesteuerter Entwicklungspolitik

30.3 Probleme der Entwicklungsländer
Ursachen der Unterentwicklung und entwicklungspolitische Strategien

nach einer Konferenz in Washington D.C. als »**Washington Konsensus**« bezeichnet und in den 1990er-Jahren im Wesentlichen von der US-Administration, dem Internationalen Währungsfonds (IWF) und der Weltbank propagiert und gefördert.

Der Washington Konsensus setzt auf Privatisierung, Liberalisierung und Stabilisierung

Entscheidendes Kennzeichen dieser Denkrichtung war, dass die weitgehende **Privatisierung** einer Volkswirtschaft verbunden mit einer **Liberalisierung (Deregulierung)** der nationalen Märkte und des internationalen Handels sowie einer makroökonomischen Stabilisierung im Sinne einer **Reduzierung der Inflation** bestenfalls begleitet noch von einem Ausbau der materiellen Infrastruktur als hinreichend dafür angesehen wurde, dass die Märkte ihre Kräfte entfalten und es zu Wohlstand und Wachstum in den Entwicklungs- und Transformationsländern kommen würde. Nachdem viele Entwicklungsländer in den 1960er- und 1970er-Jahren ihren Staatsapparat stark ausgebaut hatten, sollte dieser nach dem Motto »je weniger, desto besser« auf seine Minimalfunktionen und seine minimale Größe zurückgedrängt werden.

Besonders betroffen von diesem entwicklungspolitischen Paradigma waren und sind die osteuropäischen Transformationsländer (einschließlich der ehemaligen DDR). Die Ergebnisse sind bekannt: Die hastige Privatisierung der ehemaligen Staatsbetriebe und die Liberalisierung der Märkte in den Transformationsländern sorgten dafür, dass ihre Einkommen über lange Zeit unter dem Niveau vor der »Wende« lagen. Ein eindrucksvolles Beispiel hierfür lieferte Russland. Und auch für Ostdeutschland ist leider zu konstatieren, dass dort bis dato trotz starker Unterstützung aus den alten Bundesländern keine »blühenden Landschaften« entstanden sind.

Die wirtschaftlichen Erfolge der Tigerstaaten beruhen nicht auf dem Konzept des Washington Konsensus.

Vor dem Hintergrund dieser Erfahrungen und mit Blick auf die wirtschaftlichen Erfolge der südostasiatischen »Tigerstaaten« (Indonesien, Malaysia, Singapur, Südkorea, Thailand) kamen Zweifel an der empfohlenen Strategie des Washington Konsensus auf. Die Weltbank beschäftigte sich Mitte der 1990er-Jahre in einer breit angelegten Studie mit der Frage, wie der märchenhafte Aufstieg der Tigerstaaten über drei Jahrzehnte zu erklären sei, der dort

- zu einer Vervielfachung der Pro-Kopf-Einkommen bei relativ gleichmäßiger Verteilung und
- zu der Befreiung von Millionen von Menschen von den Geißeln der Einkommensarmut und der gesundheitlichen sowie ausbildungsbezogenen Unterversorgung geführt hatte.

Dieser in der Weltgeschichte als einmalig angesehene Entwicklungsprozess war dabei so ganz und gar nicht nach dem Muster des Washington Konsensus erfolgt, sondern stattdessen mit starker Beteiligung des Staates und vielen Marktregulierungen. Außerdem ist inzwischen weitgehend akzeptiert, dass Privatisierung und Liberalisierung ohne entsprechende Wettbewerbsordnung und Regulierungssysteme zu kurz greifen. Zumindest im Nachhinein steht fest, dass ein Teil der Misserfolge darauf zurückzuführen ist, dass wichtige Vorbedingungen für die Funktionsfähigkeit einer Marktwirtschaft nicht geschaffen wurden.

30.3.11 Neue Ansätze nach dem Washington Konsensus

Seit dem Washington Konsensus ist unter Ökonomen und Politikern bisher kein neuer »Konsens« entstanden. Gute Institutionen, Transparenz, Partizipation der Bevölkerung und nachhaltige Entwicklung wurden aber zu neuen Schlagwörtern in der Entwicklungspolitik. Hier sollen nur kurz drei unterschiedliche »Post-Washington Konsense« erwähnt werden.

Bedeutung von Institutionen, Transparenz und Partizipation der Bevölkerung

- Der britische Ökonom *John Williamson*, der den Washington Konsensus wesentlich mitgeprägt hatte, sprach sich 2003 für eine Vervollständigung der deregulierenden, liberalisierenden Reformen aus und setzte sich somit für eine »zweite Generation« des Washington Konsensus, also einer deutlichen Erweiterung des Konzeptes, ein.
- *Joseph Stiglitz* betonte seit 1998 immer wieder die Wichtigkeit von staatlichen Aktivitäten, damit die Märkte funktionierten. Der Staat sei ein Komplement zum Markt und nicht auf ein Minimum zurückzudrängen, wie es die Neoklassiker in den 1990er-Jahren gefordert hatten.
- Der mexikanische Ökonom *Adolfo Orive Alva* schlug 2004 einen »Konsens von Ecuador« (*Consenso de Ecuador*) vor, in Anlehnung an das Beispiel Ecuadors, dessen Präsident sich bereits seit Beginn seiner Amtszeit 2002 vom neoliberalen Modell abgewendet hatte. *Orive Alvo* forderte Umschuldung, einen nationalen Sozialpakt in lateinamerikanischen Ländern, Stärkung des Binnenmarktes, Preislenkung in sozial sensiblen Bereichen u.v.m.

Wir konzentrieren uns im Folgenden auf den *Stiglitz*-Ansatz bzw. das hieraus entwickelte »Umfassende Rahmenwerk für die Entwicklung« (einschließlich der »Strategie zur Armutsbekämpfung«).

Die Weltbank stellte 1999 einen neuen, breit angesetzten Entwicklungsansatz vor (Comprehensive Development Framework, CDF, **Umfassendes Rahmenwerk für Entwicklung**), der im Wesentlichen durch ihren damaligen Vizepräsidenten und Chefökonomen *Joseph Stiglitz* angeregt war (geb. 1943 in den USA, erhielt 2001 für seine Arbeiten zur Informationsökonomik den Nobelpreis). Das CDF ist ein **ganzheitlicher Ansatz**, in dem die Interdependenz von sozialer, menschlicher, struktureller, ökonomischer und ökologischer Entwicklung betont wird. Die punktuellen (häufig monokausalen) Ansätze, die die frühen Entwicklungskonzepte prägten, wurden damit überwunden. Insbesondere wurde auch anerkannt, dass man Entwicklungsländer nicht über einen Kamm scheren kann, sondern dass die spezifischen Bedingungen in jedem einzelnen Entwicklungsland Ansatzpunkt für Erfolg versprechende Entwicklungshilfe sein müssen. Ferner ist zu berücksichtigen, dass es üblicherweise unterschiedliche Phasen des Entwicklungsprozesses gibt. So praktizierte China unter Mao das Konzept der autozentrierten Entwicklung bei streng sozialistischer Wirtschaftslenkung und praktisch ausschließlich kollektivem Eigentum. Erst mit seinem Tod 1976 gab es marktwirtschaftliche Ansätze, verbunden mit einer stärkeren Exportorientierung. Letztlich ist das CDF-Konzept auch Ausdruck des

Der Entwicklungsansatz der Weltbank: CDF

30.3 Probleme der Entwicklungsländer
Ursachen der Unterentwicklung und entwicklungspolitische Strategien

Weltbank und IWF entwickelten eine Strategie zur Armutsreduzierung (PRS)

erweiterten Zielkataloges der Entwicklungshilfe, wie er in den Millenniumszielen seinen Niederschlag gefunden hat.

Die von Weltbank und Internationalem Währungsfonds (IWF) gemeinsam entwickelte **Strategie zur Armutsreduzierung** (Poverty Reduction Strategy, PRS) zielt darauf ab, dass sich Regierung und Zivilgesellschaft auf eine gemeinsame Strategie der Armutsminderung verständigen, die Prioritäten, Zeitziele und überprüfbare Ergebnisse enthält. Im Idealfall wird sich die Haushaltspolitik des jeweiligen Landes auf die Armutsbekämpfung ausrichten.

Die folgenden Merkmale kennzeichnen CDF und PRS:

- Entwicklungsziele und Programme werden von den Entwicklungsländern selbst formuliert und nicht von den Geberländern oder Geberinstitutionen (**»Ownership«** by the Country). Im Vordergrund stehen dabei so genannte Strategiepapiere zur **Reduzierung von Armut**, die von den betroffenen Ländern selbst zu entwickeln sind. Die Mittel, die zur Realisierung der Armutsreduzierungsprogramme notwendig sind, werden in Zusammenarbeit mit der Regierung, der Zivilgesellschaft und des privaten Sektors des betroffenen Landes festgelegt. Von den Entwicklungsländern wird **gute Regierungsführung** (»good governance«) verlangt, d. h. die Regierungen müssen auf gesetzlicher Grundlage handeln, demokratischen Prinzipien folgen und Menschenrechte achten, ihr Handeln muss für die Öffentlichkeit transparent sein, sie müssen effizient arbeiten, ihre Maßnahmen und deren Ergebnisse offenlegen und Korruption ausmerzen.
- Der Zeitrahmen für die Entwicklung ist langfristig angelegt und die Maßnahmen sollen von der Bevölkerung dauerhaft unterstützt werden.
- Soziale und strukturelle Faktoren sind genauso wichtig wie ökonomische Faktoren und werden gleichrangig gefördert.
- Landesspezifische Ursachen für die Armut sind herauszuarbeiten. Priorität haben Maßnahmen mit hoher Wirkung für die Armen.
- Kennzeichnend für den Ansatz ist im Gegensatz zum Washington Konsensus auch, dass der Staat eine wichtige Rolle im Entwicklungsprozess einnehmen soll. Beispiele für wesentliche Felder staatlicher Aktivität sind: makroökonomische Stabilisierung (über das Ziel der Inflationsbekämpfung hinaus), Wettbewerbsaufsicht und Wettbewerbsförderung, Etablierung eines funktionsfähigen Finanzsystems, Schaffung eines sozialen Netzes, Grundschulausbildung, Gesundheitswesen, Straßen, Umweltschutz, Recht und Ordnung. Technologieförderung und Sicherung des Technologietransfers.

Das BMZ unterstützt die Programme von Weltbank und IWF

Die Bundesregierung, speziell das Bundesministerium für Zusammenarbeit und Entwicklung (BMZ), setzt sich stark für die Verwirklichung von CDF und PRS ein und betont in diesem Zusammenhang die Rolle von Institutionen für den Entwicklungsprozess. In einer Publikation des Ministeriums für wirtschaftliche Entwicklung und Zusammenarbeit vom Januar 2005 heißt es hierzu: »Um nationale Entwicklungsstrategien zur Bekämpfung der Armut erfolgreich umzusetzen, bedarf es in vielen Entwicklungsländern neben ausreichendem politischen Willen auch effizienter Institutionen. Effiziente Institutionen – formelle und informelle Spielregeln, die das Verhalten einer Gesellschaft steuern, und Organisationen, in denen sich solche Spielregeln repräsentieren – sind für erfolgreiche Entwicklungsprozesse entscheidend … Die Erkenntnis, dass die Leistungsfähigkeit von Institutionen von entscheidender Bedeutung für den Entwicklungsprozess ist, hat in der Praxis der Entwicklungszusammenarbeit bisher nicht in ausreichendem Maße Eingang gefunden … Grundsätzlich richtige Empfehlungen wie Liberalisierung, Deregulierung und Privatisierung des Wirtschaftsprozesses dürfen nicht zum Rückzug des Staates aus Kernfunktionen führen.«

Beispiele für die Notwendigkeit der Bildung von Institutionen gibt es viele. So ist im monetären Bereich eines überwiegend landwirtschaftlich strukturierten Entwicklungslandes z. B. dafür zu sorgen, dass Kleinbauern über **Mikrokredite** Möglichkeiten zu kleinen Investitionen erhalten.

Notwendigkeit der Bildung von effizienten Institutionen

▸ Hierzu muss einerseits das Eigentumsrecht an Grund und Boden eindeutig dem Kleinbauern zugewiesen werden (was häufig eine **Bodenreform** voraussetzt). Und dieses Verfügungsrecht muss auch mittels staatlicher Autorität durchsetzbar sein. Damit steigt die Kreditwürdigkeit des Bauern erheblich, da er wegen des vollen Verfügungsrechtes das Land bei der Kreditaufnahme auch als Sicherheit verwenden kann;
▸ andererseits muss der Finanzsektor so entwickelt werden, dass es Anbieter für solche Kredite gibt. Gegebenenfalls müssen hierzu durch geeignete Rechtsvorschriften Anreize geschaffen werden (in Form von Garantieübernahmen, Steuervergünstigungen oder Ähnliches).

Die Investition des Bauern und damit die Stärkung seiner Produktivkraft (Einleitung eines individuellen Entwicklungsprozesses) wird also erst möglich, nachdem Institutionen neu geschaffen bzw. verändert worden sind, ohne die der Bauer auf seinem alten Produktionsniveau verharren würde.

Neben formellen (durch den Staat geschaffenen) Institutionen sind auch informelle (private) Institutionen für die Entwicklung von Bedeutung. Beispiele sind private Schiedsgerichte bei Rechtsstreitigkeiten oder die implizite Vereinbarung, sich wie ein »ehrbarer Kaufmann« zu verhalten (mit der möglichen Sanktion des Ausschlusses aus dieser Gemeinschaft bei Zuwiderhandlung).

Auch informelle, private Institutionen sind für Entwicklung wichtig.

Weitere Beispiele für in Entwicklungsländern häufig fehlende institutionelle Voraussetzungen für die Entfaltung von Märkten sind hinreichende **Rechtssicherheit** (z. B. die Sicherheit, nach der Lieferung der Ware auch das Entgelt einfordern zu können), Absicherungsmöglichkeiten gegen Schäden aus lang anhaltender Trockenheit (etwa durch die Möglichkeit der Versicherung), Schutz gegen Willkür staatlicher Stellen (z. B. zu Unrecht geforderte Steuern oder Abgaben). Man könnte sehr viele Beispiele dieser Art finden, doch wichtiger ist für uns die Schlussfolgerung: Indem die Betroffenen selbst oder der Staat die **Schaffung geeigneter Institutionen** vorantreiben, fördern sie die wirtschaftliche Aktivität und bringen einen Entwicklungsprozess in Gang. Natürlich ändert auch die Schaffung solcher Institutionen nichts daran, dass die Wirtschaftakteure für ihre unternehmerische Tätigkeit neben (meist reichlich

Institutionen als Voraussetzung für die Wirksamkeit von Entwicklungshilfe

vorhandener) Arbeitskraft auch Realkapital benötigen und für dessen Erwerb letztlich Ersparnisse bilden müssen bzw. Entwicklungshilfe benötigen. Aber vermutlich entsteht die Nachfrage nach solchem Kapital eher und vermutlich wächst die Möglichkeit und Bereitschaft zur Ersparnisbildung, wenn bestimmte institutionelle Voraussetzungen gegeben sind.

Ohne die notwendigen Institutionen können die traditionellen Produktionsfaktoren Boden, Arbeit und Kapital ihre Wirksamkeit nicht entfalten. Hiervon weitgehend zu abstrahieren, war sicher lange ein Fehler, nicht nur der Entwicklungstheorie und -politik, sondern der Volkswirtschaftslehre überhaupt.

> Mit diesen Ausführungen soll **nicht** der Eindruck erweckt werden, dass traditionelle Maßnahmen der Entwicklungspolitik wie die Bereitstellung von Mitteln für die Verbesserung der Infrastruktur oder für sonstige investive und konsumtive Ausgaben nunmehr weniger bedeutsam geworden wären. Es scheint nur so zu sein, dass die Berücksichtigung zusätzlicher Aspekte des Entwicklungsprozesses die Produktivität solcher Hilfen entscheidend erhöht und vielleicht langfristig sogar erst sicherstellt.

30.4 »Entwicklungshilfe«

30.4.1 Definitorisches

Entwicklungshilfe (ODA) als Leistungen an Länder, die auf der DAC-Liste stehen

In einem weiten Wortsinn kann man sämtliche von Industrieländern eingesetzten Maßnahmen, die unmittelbar oder mittelbar in den Empfängerländern zur Überwindung der Unterentwicklung beitragen sollen, als Entwicklungshilfe bezeichnen. Nach der Praxis des OECD Entwicklungshilfeausschusses DAC (Development Assistance Committee) und anderer multinationaler Organisationen werden jedoch nur die Leistungen an Entwicklungsländer, die in der DAC-Liste als solche erfasst sind, als offizielle Entwicklungshilfe (Official Development Assistance, ODA) bezeichnet, wenn sie die folgenden zusätzlichen Bedingungen erfüllen. Die Leistungen müssen

- von der öffentlichen Hand stammen,
- die Förderung des wirtschaftlichen Fortschritts der Entwicklungsländer zum Ziel haben und
- zu vergünstigten Bedingungen erbracht werden, d. h. ihr Zuschusselement (Schenkung) muss mindestens 25 Prozent betragen.

Zielgröße für Entwicklungshilfe der Geberländer

Nur diese ODA-Leistungen werden (neben Leistungen oder Teilen von Leistungen an bestimmte Entwicklungspolitik betreibende internationale Organisationen, wie die EU, die UN, die Weltbank oder den Internationalen Währungsfonds) auf die 0,7 Prozent des Bruttonationaleinkommens angerechnet, die 1970 auf der Generalversammlung der Vereinten Nationen als Zielgröße der Geberländer vereinbart wurden. Leider wurde damals kein Zeitpunkt für die Erfüllung dieser

Zusage festgelegt. Deutschland hat sich aber auf der Internationalen Konferenz zur Entwicklungsfinanzierung in Monterrey 2002 zu einer Steigerung der ODA-Quote auf 0,33 Prozent bis 2006 verpflichtet, um die Millenniums-Entwicklungsziele zu erreichen. Dieses Ziel hat Deutschland bereits im Jahr 2005 verwirklicht. Im Mai 2005 haben die EU-Entwicklungsminister darüber hinaus vereinbart, die Entwicklungsleistungen bis 2010 auf insgesamt 0,56 Prozent und bis 2015 auf 0,7 Prozent zu steigern. Diesen Beschluss haben die europäischen Staats- und Regierungschefs bei ihrem letzten Gipfeltreffen übernommen.

Erwähnt sei, dass die Bundesregierung nicht von Entwicklungshilfe, sondern pietätvoll von Entwicklungszusammenarbeit spricht.

30.4.2 Formen der Hilfe und Höhe der Leistungen Deutschlands

Deutschland orientiert sich bei der Vergabe von Entwicklungshilfe an internationalen Standards, wie sie z. B. im Millenniumsbericht formuliert sind. Schwerpunkt ist die Armutsbekämpfung, die gleichzeitig als Querschnittsaufgabe verstanden wird, d. h. von allen Ressorts zu beachten ist. Daneben wurden in den Koalitionsverhandlungen von 2005 als zentrale Ziele der deutschen Entwicklungspolitik festgelegt:

▸ Frieden zu sichern und Demokratie zu verwirklichen;
▸ die Globalisierung gerecht zu gestalten und
▸ die Umwelt zu schützen.

Deutsche Entwicklungshilfe dient vor allem der Armutsbekämpfung.

Tabelle 30-5 zeigt die um die Rückflüsse bereinigte Netto-ODA Deutschlands von 2002 bis 2007.

Die Tabelle zeigt, dass Deutschland bereits 2005 die bis spätestens 2006 zugesagten 0,33 Prozent ODA-Leistungen des Bruttonationaleinkommens erfüllt und seine Leistungen seitdem noch leicht gesteigert hat. International befin-

Vergleich der Entwicklungshilfe Deutschlands mit der anderer Länder

Tab. 30-5

Deutsche Netto-ODA 2002–2007 (in Mio. €)

	2002	2003	2004	2005	2006	2007
Öffentliche Entwicklungszusammenarbeit (ODA)	5.649,8	6.004,7	6.064,3	8.112,1	8.313,4	8.978,4
1. Bilateral	3.531,2	3.593,3	3.076,8	5.991,7	5.604,1	5.807,3
2. Multilateral	2.118,6	2.441,4	2.987,5	2.120,4	2.709,4	3.171,0
ODA-Anteil am BNE[1] in %	0,27	0,28	0,28	0,36	0,36	0,37
BNE[1] in Mrd. €	2.108,8	2.118,2	2.196,7	2.251,2	2.335,0	2.447,4

[1] Bruttonationaleinkommen
Quelle: BMZ, Medienhandbuch Entwicklungspolitik 2008/2009, Bonn 2008, S. 475.

30.4 Probleme der Entwicklungsländer
»Entwicklungshilfe«

det sich Deutschland damit allerdings nur im Mittelfeld. So haben in 2007 Norwegen, Schweden, Luxemburg, Dänemark und die Niederlande Werte von über 0,80 Prozent erreicht, Norwegen als – Spitzenreiter – dabei sogar 0,95 Prozent. Dagegen nehmen sich die 0,16 Prozent der USA mager aus, obwohl die USA absolut der größte Geber vor Deutschland sind. Positiv zu erwähnen ist bei der Entwicklungshilfe Deutschlands, dass ca. 97 Prozent der öffentlichen Hilfe an Entwicklungsländer geht, die »niedrige« bzw. »mittlere Einkommen der unteren Kategorie« (bis 3.855 Dollar) im Sinne der Weltbankkategorisierung beziehen. Das ist auch ein Hinweis darauf, dass der Schwerpunkt in der Entwicklungspolitik Deutschlands auf der bilateralen Entwicklungszusammenarbeit liegt und sich insgesamt auf der Armutsbekämpfung konzentriert.

Die folgenden Ausführungen beschränken sich im Wesentlichen auf die staatliche bilaterale Entwicklungshilfe Deutschlands, lediglich die Entschuldungsaktionen der Geberländer und handelspolitische Maßnahmen, die überwiegend im internationalen Kontext beschlossen wurden, werden als Beispiele multilateraler Hilfe thematisiert.

Das BMZ koordiniert die entwicklungspolitischen Akteure in Deutschland.

Deutschland hat schon aufgrund seiner föderalen Struktur eine große Anzahl von Akteuren in der Entwicklungspolitik (neben Bund, Länder und Gemeinden u. a. politische Stiftungen der Parteien, Nichtregierungsorganisationen (NGOs) wie die Hilfswerke der Kirchen, Deutsches Rotes Kreuz, Deutsche Welthungerhilfe, terres des hommes sowie die Wirtschaft). Trotzdem kann man sagen, dass das Bundesministerium für wirtschaftliche Zusammenarbeit und Entwicklung (BMZ) die zentrale Institution ist, die die meisten Aktivitäten entwicklungspolitischer Initiativen zumindest koordinierend begleitet. Das BMZ ist neben der Beschaffung der meisten Mittel für die Entwicklungspolitik zuständig (über seinen Etat), vor allem für das Konzept der Entwicklungshilfe. Es führt die internationalen Konsultationen und Verhandlungen mit den Entwicklungsländern über konkrete Programme und Projekte und vertritt Deutschland in den multinationalen Organisationen der Entwicklungspolitik. Das BMZ versucht dabei, bilaterale, europäische und multinationale Hilfe länder- und aufgabenspezifisch möglichst gut aufeinander abzustimmen.

Das BMZ führt die entwicklungspolitischen Maßnahmen allerdings nicht selbst durch, sondern beauftragt Durchführungsorganisationen mit der konkreten Umsetzung der entwicklungspolitischen Vorhaben. Die zuständigen Träger richten sich nach den unterschiedlichen Instrumenten der bilateralen Zusammenarbeit. Im Wesentlichen sind dies:

Die Instrumente der bilateralen Zusammenarbeit

▸ Die **Finanzielle Zusammenarbeit (FZ)**
Sie dient überwiegend dem Aufbau leistungsfähiger Strukturen sowie der Finanzierung von Sachgütern beziehungsweise Anlageinvestitionen. Die Mittel werden den Entwicklungsländern in der Regel in Form günstiger Kredite – für ärmste Entwicklungsländer (LDCs) als nicht rückzahlbare Finanzierungsbeiträge – zur Verfügung gestellt.

▸ **Technische Zusammenarbeit (TZ im engeren Sinne)**
Sie hat vor allem die Aufgabe, die Leistungsfähigkeit von Menschen und Organisationen in Partnerländern zu fördern.

▸ **Technische Zusammenarbeit (TZ im weiteren Sinne)**
Hierzu gehören die Ausbildung von Fach- und Führungskräften aus Entwicklungsländern, die Förderung ihrer beruflichen Eingliederung (insbesondere bei der Existenzgründung), die Vermittlung von integrierten Fachkräften und der Einsatz von Entwicklungshelferinnen und Entwicklungshelfern.

Verantwortliche Organisation für die Finanzielle Zusammenarbeit ist die KfW Entwicklungsbank. Die Deutsche Gesellschaft für Technische Zusammenarbeit (GTZ) ist für die Technische Zusammenarbeit mit den Partnerländern zuständig. Der Deutsche Entwicklungsdienst (DED) hat sich auf die Vorbereitung und Entsendung von Entwicklungshelferinnen und Entwicklungshelfern spezialisiert. Für Personalentwicklung und Weiterbildung ist vor allem die Internationale Weiterbildung und Entwicklung gemeinnützige GmbH (InWEnt) und für die Vermittlung von integrierten Fachkräften das Centrum für internationale Migration und Entwicklung (CIM) zuständig.

Zuständigkeiten in Deutschland

Im Interesse einer Konzentration und damit höherer Wirksamkeit ihrer Mittel konzentriert sich die Bundesregierung bei ihrer Hilfe auf eine Anzahl von **Partnerländern**, in denen dann in der Regel mehrere Projekte gefördert werden. Eine besondere Rolle unter den Partnerländern spielen die so genannten **Ankerländer**, das sind Staaten, die in ihren Regionen besonderen wirtschaftlichen und politischen Einfluss ausüben und zunehmend auch die internationale Politik mitgestalten (derzeit: Ägypten, Brasilien, China, Indien, Indonesien, Mexiko, Nigeria, Pakistan und Südafrika). Abgesehen von den Ankerländern gibt es eine starke regionale Konzentration der Partnerländer in Afrika südlich der Sahara.

Konzentration der Entwicklungshilfe auf Partnerländer

Zur finanziellen Zusammenarbeit gehört auch der Schuldenerlass für Länder mit großer Armut, die wegen der hohen Zins- und Tilgungsverpflichtungen kaum Mittel für entwicklungsfördernde Maßnahmen aufbringen können. Zentral für die Bemühungen um die Herbeiführung einer dauerhaft tragfähigen Schuldenlast hochverschuldeter Entwicklungsländer ist die so genannte »High indebted poor countries«-Initiative (HIPC-Initiative) die erstmals 1996 von Weltbank und Internationalem Währungsfonds beschlossen wurde (HIPC1). Auf dem G7-Gipfel von Köln 1999 (HIPC2) wurde eine Erweiterung der Entschuldungsinitiative durch eine zwischen öffentlichen Gläubigern im Rahmen der bi- und multilateralen Entwicklungshilfe koordinierte Schuldenerleichterung für solche hochverschuldeten Länder beschlossen, die

Schuldenerlass für einige Entwicklungsländer

▸ einen Schuldenstand aufweisen, der mehr als 150 Prozent der Exporte oder mehr als 250 Prozent der Staatseinnahmen ausmacht,
▸ sich deutlich zu wirtschafts- und sozialpolitischen Reformen bekennen und eine solide Wirtschaftspolitik betreiben sowie
▸ ein nationales Armutsbekämpfungsprogramm vorgelegt haben.

Der Umfang der bisherigen Entlastung durch den Wegfall von Zinszahlungen und Tilgungen wird auf circa 70 Milliarden Dollar beziffert.

30.4 Probleme der Entwicklungsländer
»Entwicklungshilfe«

Internationale Abkommen zur Stärkung der Position der Entwicklungsländer

Im Juni 2005 beschlossen die Finanzminister der G-8-Staaten einen weitergehenden Schuldenerlass, der den für die HIPC-Initiative qualifizierten Ländern zusätzlich noch einmal bis zu 55 Milliarden Dollar Verbindlichkeiten erlässt.

Zur Entwicklungshilfe gehören auch die Bemühungen zur Stärkung der Position der Entwicklungshilfe im Welthandel. Damit die Entwicklungsländer der Armutsfalle entkommen können, ist es notwendig, ihre Interessen im Welthandelssystem besser zu berücksichtigen, denn noch immer behindern Importzölle, Importkontingente, Exportsubventionierung und andere Handelsbarrieren massiv dem Absatz der Produkte der Entwicklungsländer.

Die WTO als Nachfolgeorganisation des GATT

Zentral sind hierbei die im Rahmen des GATT (General Agreement on Tariffs and Trade, Allgemeines Zoll und Handelsabkommen) und der Nachfolgeorganisation WTO (World Trade Organization, Welthandelsorganisation) erzielten Ergebnisse. Das GATT trat 1948 in Kraft und bestimmte lange die Regeln für den internationalen Handel. Das GATT bildete den Grundstein für die Gründung der Welthandelsorganisation (World Trade Organisation) im Jahr 1995. Verhandlungsrunden des GATT seit den 1960er-Jahren sind Genf 1960–1961 (Dillon-Runde), Genf 1964–1967 (Kennedy-Runde), Genf 1973–1979 (Tokio-Runde) und Genf 1986–1994 (Uruguay-Runde). Ministerkonferenzen der WTO fanden in Singapur 1996, Genf 1998, Seattle 1999 und Cancún 2003 statt. Die Konferenzen von Singapur (1996) und Genf (1998) überprüften im Wesentlichen nur die Umsetzung der Beschlüsse der Uruguay-Runde. Die dritte Ministerinnen/Ministerkonferenz in Seattle (1999) scheiterte formal wegen gewalttätiger Ausschreitungen, inhaltlich aber an der unterschiedlichen Interessenlage von Industriestaaten und Entwicklungsländern. Insbesondere wurde der Forderung der Entwicklungsländer nach Liberalisierung der Agrar- und Textilmärkte nicht entsprochen. Die vierte WTO-Ministerkonferenz fand in Doha (Katar) 2004 statt. In Doha wurde eine weitere Verhandlungsrunde mit dem Ziel beschlossen, die Märkte im industriellen, im Dienstleistungs- und im Agrarbereich weiter zu öffnen, um die Entwicklungsländer besser in den Welthandel zu integrieren. Die fünfte Verhandlungsrunde der WTO 2003 in Cancún, Mexiko, brachte jedoch keine Ergebnisse. Sie scheiterte am Widerstand zahlreicher Entwicklungsländer gegen die Vorstellungen von EU und USA. Die Ministerkonferenz im Dezember 2005 in Hongkong/China endete mit einem Kompromissvorschlag: Agrarexportstützungen sollen demnach in den entwickelten Ländern bis 2013 abgebaut werden, für Baumwolle bereits bis Ende 2006. LDCs sollen für fast alle ihre Produkte bis 2008 einen weitgehend zoll- und quotenfreien Zugang zum Weltmarkt erhalten. Das folgende Ministertreffen in Genf am 01.07.2006 wurde allerdings wiederum ergebnislos abgebrochen, da man sich wiederum nicht über die Regelung für die Agrarmärkte einigen konnte.

Hervorzuheben ist in diesem Zusammenhang die unter starker Unterstützung durch Deutschland betriebene »Everything but arms«-Initiative (»alles außer Waffen«) der EU seit 2001. Diese Initiative gibt den am wenigsten entwickelten Ländern (LDCs) die Möglichkeit, gemäß einem Stufenplan circa 800 Agrarprodukte ohne Quoten und ohne Zollschranken in die EU zu exportieren. Bei weiteren Produkten (Bananen, Reis und Zucker) ist eine stufenweise Liberalisierung mit Übergangsregeln geplant. Immer noch bleibt es aber auch bei der EU bei der häufig zu beobachtenden Vorgehensweise, Zölle umso höher anzusetzen, je höher der Verarbeitungsgrad der Waren ist (»Tarifeskalation«). Das ist besonders bedenklich, da die Exporte der Entwicklungsländer gegenwärtig schon zu einem hohen Prozentsatz aus verarbeiteten Produkten bestehen. Für Entwicklungsländer, die sich ja gerade über Exportdiversifizierung aus ihrer Schuldenfalle befreien wollen, werden damit häufig unüberwindbare Hürden aufgebaut. Hilfreich für die Entwicklungsländer wären dagegen diskutierte Formen der Preisstabilisierung ihrer Exporterzeugnisse, z. B. eine Koppelung der Preise der Exportprodukte der Entwicklungsländer und der Industrieländer (vgl. hierzu auch Kapitel 30.3.8).

Tarifeskalation bei Zöllen der EU

Arbeitsaufgaben Kapitel 30

1. Welche Merkmale werden im Allgemeinen einem Entwicklungsland zugeordnet?

2. Erläutern Sie folgende Begriffe:
   - Armutsfalle und Teufelskreis der Armut,
   - gleichgewichtiges und ungleichgewichtiges Wachstum,
   - Importsubstitution und Exportdiversifizierung,
   - autozentrierte Entwicklung,
   - nachhaltige Entwicklung,
   - Dualismus.

3. Diskutieren Sie die Bedeutung der Kapitalakkumulation für die Entwicklung.

4. Erläutern Sie zentrale Hemmnisse für eine wachstumskonforme Kapitalakkumulation in Entwicklungsländern.

5. Was besagt die Dependenztheorie?

6. Welche Sichtweise vertritt der Washington Konsensus im Hinblick auf geeignete Maßnahmen zur Schaffung von Entwicklung?

7. Nennen Sie mögliche Gründe, warum sich die Weltbank Ende der 1990er-Jahre vom Washington Konsensus gelöst hat.

8. Welche Bedeutung hat die Schaffung geeigneter Institutionen für den Entwicklungsprozess?

9. Benennen Sie zentrale Ziele des umfassenden Entwicklungsrahmens der Weltbank.

10. Wie definiert die OECD Entwicklungshilfe?

Lösungsvorschläge für die Arbeitsaufgaben finden Sie im »Übungsbuch zu Grundlagen und Probleme der Volkswirtschaft«.

Literatur Kapitel 30

Als Einstieg empfiehlt sich:
Bundeszentrale für politische Bildung, Entwicklung und Entwicklungspolitik, 2005.

Eine sehr umfassende Darstellung der wirtschaftstheoretischen und -politischen Grundlagen des Themas enthält der Band von:
Hemmer, Hans-Rimbert: Wirtschaftsprobleme der Entwicklungsländer. Eine Einführung, 3. Aufl., München 2002.

Grundlegend und gut verständlich:
Wolff, Jürgen H.: Entwicklungsländer und Entwicklungspolitik im Rahmen globaler politischer Strukturen und Prozesse, Paderborn 2003.

Wichtige Stichworte zu entwicklungspolitischen Themen finden sich in:
Nohlen, Dieter (Hrsg.): Lexikon Dritte Welt, Reinbek/Hamburg 2002.

Wegen der Anschaulichkeit sind zu Unterrichtszwecken gut einsetzbar:
Entwicklungsländer, Informationen zur politischen Bildung, H. 252, 1996.
Nohlen, D./Nuscheler, F.: Handbuch Dritte Welt, Bd. 1, Grundprobleme, Theorien, Strategien. 3. Aufl., 1992.
Nuscheler, Franz: Lern- und Arbeitsbuch Entwicklungspolitik, 5. Aufl., Bonn 2004.

Sehr übersichtlich und informativ sind die von der Weltbank publizierten Weltentwicklungsberichte (jährlich). Sie enthalten grundlegende Analysen der wichtigsten weltwirtschaftlichen und entwicklungspolitischen Probleme (mit vielen Statistiken). Instruktive Hinweise und Analysen zur deutschen und internationalen Entwicklungspolitik finden sich in:
Bundesministerium für wirtschaftliche Zusammenarbeit und Entwicklung: Medienhandbuch Entwicklungspolitik 2008/2009, im Internet unter www.bmz.de verfügbar.

Auf der Homepage des BMZ findet der Leser auch ansonsten sehr gutes Informationsmaterial.
Bundesministerium für wirtschaftliche Zusammenarbeit und Entwicklung, Dreizehnter Bericht zur Entwicklungspolitik der Bundesregierung, 2008.

Für die Beschreibung und Analyse der aktuellen Situation in den Entwicklungsländern ist sehr zu empfehlen:
VN-Millenniums-Projekt 2005. In die Entwicklung investieren: Ein praktischer Plan zur Erreichung der Millenniums-Entwicklungsziele. Überblick.

Für den Schulunterricht bietet ausgezeichnet aufbereitetes Material:
Bundesministerium für wirtschaftliche Zusammenarbeit und Entwicklung, Materialien, Entwicklungspolitik im Schaubild. Folien für Tageslichtschreiber. *(Die Publikation kann unentgeltlich als BMZ-Materialien bestellt werden.)*

Sachregister

Numerics
1. Gossensches Gesetz 123
2. Gossensches Gesetz 124

A
Abgabenbelastung
– in Deutschland 414
Abgabenquote 413
Abkommen von Lomé 955
Abschöpfung 708
Abschreibungen 242
Absprachen
– horizontale 217
– vertikale 217
Abwertung 602
Acquis communautaire 714
adverse Auslese (adverse selection) 53
Aggregat 235
Aggregation 230
Agrarabgaben 701
Agrarabschöpfung 708
Agrarpolitik 709
– Betriebsprämie 709
AKP-Staaten 955
Aktie 498
Aktion
– Konzertierte 448
Akzelerationshypothese 372
Akzelerator-Multiplikator-Modell 890
Allgemeinverbindlichkeitserklärung 794
Allokation
– Effizienz 174
Allokationspolitik 397
Altenlastquotient 479, 483
Angebotskurve
– individuelle 160
– Markt 160
Angebotspolitik 902
angreifbarer Markt 205
Anleihe 499
Anpassungssubventionen 418
Antiinflationspolitik 768
Antiinflationsrezession 769
Äquivalenzprinzip 401, 455
Arbeitgeberverbände 796
Arbeitnehmer
– Mobilität 818
Arbeitnehmerentgelte 244
Arbeitsangebot 119

Arbeitseinkommensquote 789
Arbeitsförderung 470
Arbeitskampf 795
Arbeitslosengeld I 471
– Anspruchsdauer 471–472
– Anwartschaft 471
– Höhe 471
Arbeitslosengeld II 456, 471, 478
– Bedarfsgemeinschaft 471
– Empfängerkreis 471
– Leistungsniveau 472
– Sozialgeld 471
Arbeitslosenhilfe 471, 478
Arbeitslosenquote 814
– in Deutschland 814
– inflationsstabile 821
– internationaler Vergleich 815
– quasi gleichgewichtige 821
– regionale Differenzierung 815
Arbeitslosenversicherung 470
– Beitragsbemessungsgrenze 470
Arbeitslosigkeit 811
– friktionelle 818
– gleichgewichtige 821
– keynesianische 385
– klassische 385
– konjunkturelle 820
– Mismatch 819, 830
– natürliche 819
– saisonale 819
– strukturelle 819
Arbeitsmarkt
– Dynamik 817
– Klassisches Modell 312
– neoklassische Synthese 353
Arbeitsmarktgleichgewicht 315
Arbeitsmarktkrise
– Lösungen 837
Arbeitsmarktmodell 820
Arbeitsnachfrage 152
Arbeitsproduktivität 847
– gesamtwirtschaftliche 149
Arbeitsteilung 22
– weltweite 573
Arbeitsvertrag 793
Arbitrage 496
Armutsgrenze 791
Armutsquote 791
Asset-Backed-Securities 502
Aufholfusion 213

Aufschwung 885
Aufwertung 601
Auktionator 167
Auktionsmarkt 169
Ausbeutung
– kapitalistische 69
Ausbeutungsmissbrauch 221
Ausländerkonvertibilität 598
Auslandskonto 250, 293
Auslandsschulden 666
– Arten 666
Auslandsverschuldung
– Entwicklungsländer 949
Ausschließlichkeitsbindung 218
Außenbeitrag 624, 626
– Bestimmungsgründe 599
– Einkommensmechanismus 605
– Preismechanismus 604
Aussperrung 795
Austauschbarkeit
– funktionale 206
Auszahlungsmatrix 190
Autarkie 580

B
Bankgebühr
– unterstellte 258
Banknoten 505
Barreserve 514
Barwert 163
Basel I 518
Basel II 518, 731
Basiszinssatz 552
Bedarf 14
Bedarfsgerechtigkeit 786
Bedürfnisse 14
Beharrungsvermögen
– Konsumausgaben 898
Behinderungsmissbrauch 220
– Formen 221
Beihilfenkontrolle
– in der EU 747
Beiträge 415
Beitragssatz 477
Berufsgenossenschaft 469
Beschäftigungstheorie
– keynesianische 380
Bestandsgröße 231
Besteuerung
– Grundsätze der 400

- nachgelagerte 484
- vorgelagerte 484
Bestimmungslandprinzip 734
Beteiligungspapiere 497
Beveridge-Kurve 831
Bevölkerungspolitik
- Entwicklungsländer 949
Bevölkerungswachstum 907
- Entwicklungsländer 948
Bewertungsproblem bei öffentlichen Gütern 253
Bewertungsvorschriften 515
Bilanz 247
Bildungspolitik 851
Binnenmarkt 686, 721, 725
BNE-Eigenmittel
- EU 702
Bodenreform 961
Bond 499
Bonität 610
Boom 886
Börse 169
Brandt-Kommission 936
Bretton-Woods-System 612, 652
Brundtland-Bericht 936
Bruttoinlandsprodukt 239, 243
- Beitrag der Länder 304
- Verwendung 304
- Verwendungsseite 244
Bruttoinvestitionen 241
Bruttoprinzip 428
Bruttowertschöpfung 274
Buchgeld 505
Budget 425
- optimales 426
Bundesagentur für Arbeit
- Arbeits- und Ausbildungsstellenvermittlung 471
- Arbeits- und Berufsberatung 471
- Arbeitsbeschaffungsmaßnahmen 470
- Arbeitsförderung 470
- Arbeitslosengeld I und II 470
- Aufgabenbereiche 470
- berufliche Bildung 471
- Konkursausfallgeld 470
- Kurzarbeitergeld 470
- Lohnkostenzuschuss 470
- Mobilitätshilfe 470
- Schlechtwettergeld 470
Bundesanstalt für Arbeit 470
Bundesanstalt für Finanzdienstleistungsaufsicht (BaFin) 520
Bundesministerium für Zusammenarbeit und Entwicklung, BMZ 960

Bündnis für Arbeit 448
Bürgergeld 479
Bürgerversicherung 479

C

Cecchini-Bericht 737
Ceteris-paribus-Klausel 6
cif 295
Coase-Theorem 920
Collateralized Debt Obligations 503
Commercial Papers 510
Comprehensive Development Framework, CDF 959
Cournot'scher Punkt 183–184
Credit Default Swaps 502
Cross Compliance 710
Crowding-out 438
- Effekt 341, 359
Currency Board 655

D

Daseinsvorsorge 454
Defizit 435
Defizitkriterium
- EWWU 676
Defizitquote 437
Deflation 755
Deflationierung 283
Deflationierungsmethode 286
Dependenz
- Entwicklungsländer 952
- -theorie 952
Depression 885
Deregulierung 54, 850
Derivate 501
Deutschland
- Steuern 403
- Strukturdaten 302
Development Assistance Committee, DAC 962
Devisenbewirtschaftung 598
Devisenbilanz 295
Devisenmarkt 605
Devisenreserven 664
- Wachstum 665
Devisenswaps 559
Dienstleistungs- und Niederlassungsfreiheit 729
Direktinvestitionen
- Globalisierung 589
Direktorium 553
Disinflation 755
Diskontpolitik 552
Distributionspolitik 399

Diversifizierungsvorteile 211
Doppelzählungen 238
Dualismus 952
Duopolist 187
Durchschnittskosten
- abnehmende 183
Durchschnittsproduktivität 148

E

economies of scale 52, 204, 210
economies of scope 52, 210–211
Effekt
- externer 52, 398, 908
effektive Nachfrage 324
Effizienz 48
- wirtschaftliche 580
Egalitätsprinzip 786
EG-Vertrag
- Integrationspolitik 724
Eigenkapital 515
Eigenkapitalquote 518
Eigenkapital-Richtlinie 731
Eigenkapitalverzinsung
- kalkulatorische 777
Eigenmittel
- EU 702
Einfuhrumsatzsteuer 406
Eingangssteuersatz 409
Einheit
- europäische 685
Einheit des Haushalts
- Grundsatz der 427
Einheitliche Europäische Akte (EEA) 686
Einkommen 314
- verfügbares 776
Einkommens- und Verbrauchsstichprobe (EVS) 789
Einkommensbildung 237
Einkommenseffekt 93, 114
Einkommenselastizität der Nachfrage 103
Einkommensentstehung 774
Einkommensentstehungskonto 274
Einkommenskonto 236
- Nationales 245
Einkommensmultiplikator 340
Einkommenspolitik
- Konzertierte Aktion 769
- produktivitätsorientierte Lohnpolitik 769
Einkommensteuer 404
- veranschlagte 404
Einkommensverteilung 774, 788

- Bestimmungsgröße 779
- funktionelle 775
- klassische Theorien 779
- personelle 775, 789
- primäre 275, 776
- sekundäre 275, 776

Einkommensverwendungskonto 275
Einlagefazilität 562
Einlagensicherung
- gesetzliche 519
Einzelplan 430
elektronisches Geld 505
Emissionsrechte
- Handel mit 923
Endprodukt 241
Energieverbrauchsintensität 913
Enge der Märkte
- Entwicklungsländer 950
Enteignung 804
Entgeltpunkt 466
Entscheidungshypothese
- duale 383
Entsenderichtlinie 729
Entwicklungshilfe
- Definition 962
Entwicklungsland
- Definition 928
- Definition der OECD 928
- Definition der VN 929
- Dritte Welt 930
- Weltbank-Definition 928
Entwicklungsländer
- Gemeinsamkeiten 930
- Unterschiede 934
Entwicklungspolitik
- Akteure in Deutschland 964
- Ankerländer 965
- Partnerländer 965
Entwicklungsprotektionismus 954
Entwicklungsprozess
- aus eigener Kraft 945
- Auslandsverschuldung 949
- autozentrierter 954
- Bevölkerungswachstum 948
- Dependenz 952
- Enge der Märkte 950
- Entwicklungsprotektionismus 954
- Exportdiversifizierung 955
- geeignete Institutionen 961
- Grundschema 944
- Importsubstitution 953
- Kapitalgüterproduktion 944
- Kapitalmangel 946
- technischer Fortschritt 947

- Teufelskreis der Armut 946
- Unterentwicklung 957
- Washington Konsensus 957
Entwicklungszusammenarbeit
- Zielkatalog 936
EONIA 511
Erbschaftsteuer 406, 804
Erhaltungssubventionen 418
Ersatzinvestitionen 242
Ertrags- oder Gewinnbeteiligung 805
Ertragsgesetz 131, 857
Erwartungen
- adaptive 364
- rationale 377
Erwartungs-Crowding-out 361
Erwerbseinkünfte 415
Erziehungszollargument 582
ESVG 1995 232, 252, 254, 256, 286
ESZB 553
- Ziele und Aufgaben 554
EU
- Acquis communautaire 714
- Agrarpolitik 706
- Beitrittsländer 715
- Disparitäten 713
- institutionelles System 694
- Osterweiterung 714
- Rat 695, 698
EU-Erweiterung 716
- Wohlfahrtseffekte 716
EU-Haushalt
- Agrarpolitik 709
- Ausgaben 700
- Eigenmittelobergrenze 702
- Einnahmen 701
- gemeinsame Agrarpolitik 706
- Verpflichtungsermächtigung 700
- Zahlungsermächtigung 700
EU-Mitglied
- Nettoposition 703
EURIBOR 511
Euro-Geldmarkt 510
Euromarkt 667
Euronotes 511
Europa-AG 733
Europäische Privatgesellschaft 733
Europäische Wirtschaftliche Interessenvereinigung (EWIV) 733
Europäische Wirtschafts- und Währungsunion (EWWU) 668
Europäische Zentralbank siehe EZB 558
Europäisches System Volkswirtschaftlicher Gesamtrechnungen 232

Europäisches Währungssystem (EWS) 668
Eurosklerose 826
Eurosystem 553
EU-Strukturpolitik 710
- Wirksamkeit 713
EU-Vertrag 688
EWWU
- Errichtung 671
experimentelle Wirtschaftsforschung 37
Exportabhängigkeit 571
Exportdiversifizierung 955
Exporte
- nach Regionen 299
Exportgüter 242
Exportüberschüsse
- nach Gütern 298
Exportweltmeister 571
Ex-post-Identität 264
externer Effekt 398
EZB
- Offenmarktpolitik 558
- Unabhängigkeit 555
- Ziele und Aufgaben 554
- Zwei-Säulen-Strategie 568
EZB-Rat 553

F

Fair Value 516
Faktorausstattung 575
Faktorproportionen-Theorem 576
Fazilitäten
- ständige 560
Feinsteuerungsoperationen 558
fester Wechselkurs
- Bandbreite 612
Festlohnfall 346, 354
Festpreisbasis 282
Financial Intermediation Services Indirectly Measured siehe FISIM 258
Finanzausgleich 421–422
Finanzhilfe 417
Finanzierungsrechnung 232
Finanzierungssaldo 249, 263
Finanzintermediäre 511
Finanzkapitalismus 493
Finanzkrise 560
Finanzplanung
- mittelfristige 432
Finanz-Serviceleistungen 258
Finanzsystem 494
Firmentarifvertrag 793
Fisher-Effekt 766

FISIM 258
– Produktion 259
Fiskalpolitik 442
– bei festem Wechselkurs 643
– bei flexiblem Wechselkurs 638
Fixkostendegression 52, 148
Flächentarifvertrag 793
Floater 499
fob 294
Forderungspapiere 497
Forum für Finanzstabilität 663
freier Marktzutritt 203
Freihandel 581
Freiheit 56
– formale 48
Freisetzungshypothese 836
Freizügigkeit
– in der EU 728
Fremdwährungsgeschäfte 667
Fristentransformation 513
Frühindikatoren 888
Fürsorgeprinzip 456
Futures 501

G

GATT 585
– und Entwicklungsländer 966
Gebietskörperschaft 396
Gebietsschutzkartell 217
Gebühren 415
Gefangenendilemma 190
Geld 504
– Erscheinungsformen 505
– Funktionen 504
Geldangebot 537
Geldbasis 536
Geldhaltung
– spekulative 334
Geldlohnsatzsenkung 358
Geldmarkt 334, 508
– Klassisches Modell 319
Geldmarktgleichgewicht 543
– Klassisches Modell 320
Geldmarktpapiere 510
Geldmarktsätze 510
Geldmenge 506
– Klassisches Modell 319
– M1 507
– M2 507
– M3 507
Geldmengenaggregate 507
Geldmengenpolitik
– potenzialorientierte 552

Geldnachfrage 539
– Klassisches Modell 319
– Zinsabhängigkeit 542
Geldpolitik 551
– bei festem Wechselkurs 645
– bei flexiblem Wechselkurs 639
– potenzialorientierte 566
geldpolitische Strategie
– des Eurosystems 566
– in Europa 564
Geldschöpfung 525
– multiple 535
Geldvermögen 249
Geldvernichtung 525
Geldwirkung 544
Gemeinschaftsaufgabe 421
Gemeinschaftssteuer 407
Gemeinschaftsunternehmung 208
Generationenvertrag 465, 479
Gerechtigkeit 785
Gerichtshof
– Europäischer 698
Gesamtkostenfunktion
– langfristige 146
Geschäftsbank 512
– Geldschöpfungspotenzial 531
Geschäftsbankengiralgeld 528
Geschäftsklimaindex 888
Gesetz der wachsenden Staatsausgaben 419
Gesetz gegen Wettbewerbsbeschränkungen siehe GWB 215
Gesetz von Walras 310
Gesetzliche Krankenversicherung 467
– Beitragsbemessungsgrenze 468
– Beitragsfinanzierung 468
– Beitragsrückgewährung 488
– Beitragssätze 468
– freiwillige zusätzliche Leistung 469
– Geldleistung 469
– Gesundheits-Reformgesetz 486
– Hausarztmodell 488
– Krankengeld 487
– Leistungsbegrenzung 486
– Praxisgebühr 487
– Probleme 485
– Regelleistung 469
– Risikostrukturausgleich 468
– Sachleistung 469
– Scheininnovation 487
– Selbstbehalt 488
– Versicherungspflichtgrenze 467
– Versicherungsträger 467
– Zahnersatz 487

– Zuzahlungspflicht 469, 478, 486
– Zuzahlungsregelung 487
Gesetzliche Pflegeversicherung 473
– Beitragsbemessungsgrenze 473
– Beitragsfinanzierung 473
– Höhe des Beitrages 473
– Leistungen 474
– Träger 473
Gesetzliche Rentenversicherung 465
– Anreizprobleme 480
– Beitragsbemessungsgrenze 465
– Beitragszahlung 465
– Bevölkerungsstrukturentwicklung 481
– Bundeszuschuss 465
– Demographie-Faktor 483
– Grundrente 482
– Nachhaltigkeitsfaktor 483, 485
– Probleme 479
– Rentenreformgesetz 482
– Schwankungsreserve 465
– Zuwanderung 481
Gesetzliche Unfallversicherung 469
Gesundheits-Reformgesetz 486
Gesundheitsstrukturgesetz 486
Gewerkschaften 795
Gewinn 154, 777
– Schwankung 899
Gewinne und Vermögenseinkommen 244
Gewinnmaximierung 154, 180
Gewinnquote 777
Gini-Koeffizient 791
Giralgeldschöpfung 529
gleiches relatives Opfer 402
Gleichgewichtspreis 177
– Konsumenten- und Produzentenrente 173
Gleichgewichtswechselkurs 606
Gleichordnungskonzern 208
globale Vernetzung
– Struktur 589
Globalisierung 24
– Ebenen 589
– Struktur 589
Globalsteuerung 61, 442
Gold 664
Gold-Dollar-Standard 653
Grenzkontrolle
– Binnenmarkt 726
Grenzkosten
– summierte 157
Grenzleistungsfähigkeit
– des Kapitals 164

Grenznutzen
- abnehmender 122
Grenzproduktivitätstheorie
- der Verteilung 781
Grenzrate der Substitution 109, 124
Grenzsteuersatz 409
Größentransformation 513
Größenvorteile 210
Grundfreibetrag 409
Grundsteuer 406
Gruppenfreistellungsverordnung 745
Gut 16
- demeritorisches 397
- Einteilung 17
- inferiores 707
- meritorisches 397
- öffentliches 50, 397
Güterangebot 154
- Klassisches Modell 312
- neoklassische Synthese 353
Güterangebotskurve 314
Güteraufkommen
- verfügbares 262
Gütermarkt
- keynesianischer 323
- neoklassische Synthese 356
- Zinsmechanismus 316
Gütermarktgleichgewicht
- Klassisches Modell 316–317
Gütersteuern 273
Gütersubventionen 273
GWB 215
- Ausblick 225
- Beurteilung 225
- Bußgeld 224
- Sanktionen 224

H

Halbeinkünfteverfahren 405
Handel
- Globalisierung 589
- interindustriell 575
- internationaler 571
- intersektoral 575
Handelsbilanz 296
- Überschüsse 573
Handelspartner
- von Deutschland 299
Harmonisierter Verbraucherpreisindex 754
Harrod-Domar-Modell 889
- Entwicklungsprozess 946
Hartz-Kommission 838
Hartz-Reform 456, 471

Hauptrefinanzierungsinstrument 558
Haushalt
- EU 699
Haushalte 260
- Bedarfsstruktur 107
- Nachfrage 87
Haushaltsdefizit
- des Staates 265
Haushaltsgleichgewicht 124
Haushaltskreislauf 428
Haushaltsplan 425
Haushaltsvermerke 430
Hedgefonds 517
hedonische Preismessung 290
Herstellungspreise 240, 272
heterogenes Polypol
- Effizienzverluste 194
- Produktvielfalt 194
- Wohlfahrtswirkungen 194
Human Development Index 929
Humankapital 801, 877
Hypothese 3
Hysterese 824, 833

I

Imitation 900
Importabhängigkeit
- Deutschland 572
Importe
- nach Regionen 299
Importgüter 242
Importsubstitution
- Entwicklungsländer 953
Importüberschüsse
- nach Gütern 298
Indikatorenliste 909
Indikatorensysteme 909
indirekte Steuern
- Regressionswirkung 799
Individualkonsum 254
Individualprinzip 454
Inflation
- Angebots- 758
- Arten 755
- Ausmaß 755
- Bedeutung 751
- Beschäftigungswirkungen 765
- Definition 751
- Erklärung 756
- Gewinndruck- 762
- importierte 758–759, 764
- kalte Progression 767
- Kostendruck- 759
- Lohndruck- 760

- Messung 751
- Nachfrage- 756
- Wirkung auf Einkommensverteilung 766
- Wirkung auf Vermögensverteilung 766
- Wirkung auf Wachstum 767
- Wirkungen 765
Inflationserklärung
- monetaristische 763
Inflationsrate 754
Information
- unvollkommene 364
Informationsasymmetrie-Ansatz 365
Infrastruktur 848
Inländer 292
Inländerkonvertibilität 598
Inländerkonzept 246
Inlandsgeldmarkt 508
Inlandsprimäreinkommen 244
Inlandsprodukt 239, 248
- als Konjunkturindikator 844
- als Maß für Wohlfahrt 269, 844
- Entstehungsrechnung 245
- Entwicklung 301
- Konjunkturaspekt 256
- nominales 282
- reales 282
- Struktur 301
- Verteilungsrechnung 245
- Verwendung 240
- Verwendungsrechnung 245
- Verwendungsseite 261
Innovationsfunktion 200
Input-Output-Rechnung 232
Insider-Outsider-Theorie 834
Instabilität
- säkulare 867
Institutioneller Investor 516
Institutionenökonomik 31
Integrationshemmnis 691
Integrationspolitik
- EU 721
Interdependenz
- allgemeine 4
- ökonomische 45
International Accounting Standards (IAS) 515
Internationaler Währungsfonds (IWF) 651
Interventionspreis 708
Interventionszyklus 900
Invention 900

Investition
- als Kreditnachfrage 317
- private 160
Investitionsfalle 351, 353
Investitionsgüter 241
Investivlohn 805
Investmentbanking 513
Investmentfondsanteile 500
Investmentzertifikate 500
IS/LM-Gleichgewicht
- bei variablem Preisniveau 346
IS/LM-Modell 323
- offene Volkswirtschaft 623
IS-Kurve 330
Isolationshypothese 636
Isoquanten 135
IWF
- Quoten 657

J
Jahreswirtschaftsbericht 447
Jährlichkeit
- Prinzip der 428
Joint Venture 208
Jugendlastquotient 479

K
kalte Progression 767
Kapitalakkumulation 73
Kapitalanlagegesellschaft 516
Kapitalbilanz 295
Kapitaldeckungsverfahren 465, 482
Kapitalertragsteuer 404
Kapitalexport 296, 608
Kapitalgesellschaften
- Finanzielle 260
- Nichtfinanzielle 260
Kapitalimport 296, 608
Kapitalintensität 73
Kapitalismuskritik
- marxistische 67
Kapitalmangel
- Entwicklungsländer 946
Kapitalmarkt 492, 497
- Zins 497
Kapitalmobilität 631
Kapitalstock 847
Kapitalwert 164
Kartell 209
Kartellverbot 216, 745
- Freistellung 218
- Legalausnahme 219
Kassenhaltungskoeffizient
- Klassisches Modell 319

Kaufkraftparität
- relative 610
Kaufkraftparitätentheorie 609
Kettenglieder 287–288
Kettenindizes 288
- Aggregationsprobleme 289
- Nichtadditivität 289
- Probleme 288
Key Environmental Indicators 909
Keynes-Effekt 347
Keynesianismus
- Neuer 386
- traditioneller 323
Klarheit
- Grundsätze von 427
klassische Dichotomie 320
Klassisches Modell 312
- angebotsseitig determiniert 319
- Arbeitsmarkt 312
- Flexibilität der Preise 312
- Geldmarktgleichgewicht 320
- Gütermarktgleichgewicht 316
- Kreditmarkt 316
- Zinsmechanismus 314
Klimawandel 911
Knappheit 21
Knappheitspreise 45
Koalitionsfreiheit 795
Kohäsion 710
- -fonds 710
Kollektivverbrauch
- des Staates 255
Kommission
- der EU 694
komparative Kosten 578
Konflikt 213
Konjunktur 61, 883
- Indikator 886
- Instabilität 866
- Zyklus 884
Konjunkturerklärung
- Schumpeter 900
Konjunkturrat 448
Konjunkturtheorie
- postkeynesianische 889
Konkurrenz
- Kreuzpreiselastizität 206
- monopolistische 192
- polypolistische 195
- vollkommene 60, 169
- vollständige 154, 170, 201
Konsum 252
Konsumausgaben
- des Staates 253

- individualisierbare 254
Konsumentenrente
- des Haushalts 124
Konsumgüter 241
Konsumgütermärkte 43
Konsumhypothese 119
Kontensystem
- Private Haushalte 269
Kontingente 583
Kontingentierungskartell 217
Kontrakt
- explizit 25
- implizit 25
Kontrakt-Ansatz 365
Kontrakt-Modell
- neoklassisches 367
Kontrollerwerb 223
Kontrollregeln 518
Konvergenz 693, 710
- -kriterien 669
- -programm 674
Konvertibilität 598
Konzentration 206
- absolute 207
- Ausmaß 214
- Definition 206
- diagonale 209
- Folgen 213
- horizontale 209
- konglomerate 209
- Messung 207
- relative 207
- Transaktionskostenersparnis 212
- Ursachen 210, 212
- vertikale 209
- Zusammenschlüsse 215
Konzentrationsrate 207
Konzernart 208
Konzertierte Aktion 769
Koordination 26
Kopenhagener Kriterien 689
Körperschaftsteuer 405
Kosten
- fixe 145
- komparative 578
- variable 145
Kostenfunktion 144
- kurzfristige 146
- langfristige 146
Kosteninflation
- Bekämpfung 768
Kostenunterschiede
- komparative 579
Kostenvorteile 204

Sachregister

Krankenkassen 467
Krankenversicherung
– Gesetzliche 467
Kreditfazilität
– IWF 660
Kreditfinanzierungsquote 435
Kreditmarkt 316–317
Kreditverbriefung 502
Kreditverkehr 492
Kreislauf 234
Kreislaufaxiom 250
Kreislaufgleichungen 264
Kreislaufprinzip 233
Kreuzpreiselastizität 206
– der Nachfrage 101
Kritik am Industrialismus 845
Kritik der Arbeitsteilung 846
Kritik des Konsums 845
Kündigungsschutz 827

L

langfristiges Marktgleichgewicht
– Konsumenten- und Produzentenrente 177
Langzeitarbeitslosigkeit 816, 834
Laspeyres-Preisindex 752
Laspeyres-Volumenmaß 284
Least Developed Countries, LDC 929
– Kriterien 929
– Übersicht 929
Leerverkauf 517
Leistungsanreiz
– innerbetrieblicher 783
Leistungsbilanz 294
– normale Reaktion 603
Leistungsbilanzüberschuss 296
Leistungsfähigkeitsprinzip 401
Leistungsgerechtigkeit 785
Lernkurveneffekte 210
Liberalismus
– klassischer 201
Liquidität 496, 519
– internationale 663
– offizielle internationale 664
– private internationale 666
Liquiditätsfalle 351, 353, 545
Liquiditätstheorie
– des Zinses 543
LM-Kurve 334
Lohn
– Ungleichheit 782
Lohnpolitik
– expansive 796
– kostenniveauneutrale 797

– produktivitätsorientierte 448, 797
Lohn-Preis-Spirale 761
Lohnquote 776, 788
Lohnsetzungskurve
– kollektive 822
Lohnspreizung 792
Lohnsteuer 404
Lohnstückkosten 759
Lohnsubvention 829
Londoner Club 667
Lorenzkurve 791
Lücke
– technologische 575

M

Makroökonomik
– Neue Klassische 377
Manteltarifvertrag 794
Markt 89
– angreifbarer 205
– bestreitbarer 205
– effizienter 45
– Effizienz 173–174
– Koordinierungsmechanismus 41
– relevanter 206
Marktabgrenzung 206
Marktangebot 159
Marktangebotskurve 160
– langfristige 177
Marktbeherrschung 219
– Definition 219
– Kriterien 220
– Vermutung 220
Marktbestimmung 252
Markteinkommen 791
Marktgleichgewicht
– langfristiges 176
– Unternehmensgewinn 176
Marktmacht
– Missbrauch 219
Marktmechanismus
– Eingriffe 197
Marktnachfrage 104
Marktnachfragekurve 104
– Verschiebung 105
Marktpreise 240
Marktstellung 220
Markttauschrate 107
Marktverhalten
– kooperatives 209
Marktversagen 50, 722
– Produktqualität 53
Marktvorgänge 252

Marktwirtschaft
– soziale 57, 62
Marktzutritt 204
Marktzutrittsschranken 204
– institutionelle 205
– strategische 204
– strukturelle 204
Maslow-Pyramide 15
Maximin-Kriterium 787
Mehrwertsteuer 406
Mehrwertsteuer-Eigenmittel
– EU 702
Meistbegünstigung 586
Mengenanpasserverhalten 154
Mengennotierung
– des Wechselkurses 600
Menükosten 390
Methodologischer Individualismus 31
Mexiko-Krise 950
Mikrokredite 961
Millennium Development Goals 937
Millenniumserklärung 936
Millenniumsgipfel 937
Millenniumsziele 937–939
– extreme Armut 939
– Hunger 941
– Zielerreichungsgrad 939
Mindestlohn 826
mindestoptimale Betriebsgröße (MOB) 211
Mindestreservepolitik 562
Mindestreservesatz 562
Minimalkostenkombination 139
Minimalmoral 36
Ministerrat
– der EU 695
Mismatch 830
– Arbeitslosigkeit 831
Missbrauchsaufsicht 219
Modell 5
– Struktur 7
Monetäre Finanzinstitute 507
Monopol 181
– natürliches 52, 183
Monopolkommission 216
Moral-Hazard-Problem 478, 486
Multiplikatoreffekt 627, 864
Multiplikatorprinzip 330
Mundell/Fleming-Modell 623
– bei festem Wechselkurs 640
– bei flexiblem Wechselkurs 635
Münzgewinn 526
Münzregal 525

N

Nachfrage
- abgeleitete 45
- Haushalte 87

Nachfragefunktion 93
Nachfrageinflation
- Bekämpfung 768

Nachfragekurve 105
- des Haushalts 124

Nachfrageüberhang 756
nachgelagerte Besteuerung 484
nachhaltige Entwicklung 936
Nachhaltigkeit 916
NAIRU 820, 824
Nash-Gleichgewicht 188, 191
Nationaleinkommen 245, 248
- Aufteilungsseite 262
- Verfügbares 246

Neoklassik 312
Nettoeinkommen
- verfügbares 791

Nettoinlandsprodukt 239, 242
- Verwendungsseite 243

Nettoinvestition 242, 263
Nettokapitalexport 296, 625
Nettokapitalimport 296
Nettokreditaufnahme 434
Nettoproduktionsabgaben 244
Nettoproduktionskonzept 238
Netto-Produktionsmaß 245
Nettowertschöpfung 274
Nettowohlfahrtsverlust 175
Netz
- transeuropäisches 743

Netzzugang
- allgemeiner 221
- Essential Facilities Doctrine 221

Neue Institutionenökonomik 31
Neue Klassische Makroökonomie 312
Neutralität des Geldes 320
Neuverschuldung 434
Nicht-Ausschluss 51
Nichtmarktproduktion 253
- des Staates 269
- Haushalte 256
- staatliche 254

Nicht-Rivalität 50
nichttarifäre Handelshemmnisse 584
Nichtzweckbindung 400
nominale Größen 754
Non-Accelerating Inflation Rate of Unemployment (NAIRU) 820, 824
Norderweiterung 689
Nord-Süd-Konflikt 930

Normung 727
Nutzen
- kardinal gemessen 123

Nutzenfunktion 122

O

Obligation 499
ODA-Leistungen 962
Offenmarktpolitik 556
Oligopol 185
- heterogenes 187
- Preissetzungsprozess 187
- Spieltheorie 190

Opfertheorie 401
Opportunistisches Verhalten 33
Opportunitätskosten 19
optimale Wettbewerbsintensität 203
Option 501
Ordoliberalismus 57
Originate-and-distribute 503
Originate-and-hold 502
Osterweiterung 689
OTC-Handel 497

P

Paasche-Preisindex 285
Parallelverhalten 216
Pareto-Optimum 49
Pariser Club 667
Parlament
- Europäisches 697

Pensionssatz 557
Persistenz 833
Pflegeversicherung
- gesetzliche 473

Phillips-Kurve 369
Pionierunternehmer 200, 852, 900
Planbilanz 77
Planung
- zentrale 27, 76

Pole 234
Polypol
- heterogenes 192
- homogenes 168

Portfoliokapital 593
- Globalisierung 589

Portfoliotheorie 542
Post-Washington Konsense 959
Poverty Reduction Strategy, PRS 960
Präferenzordnung 107
Präsensindikatoren 886
Preis-Absatz-Funktion
- doppelt geknickte 193

Preis-Absatz-Kurve 181

Preisanpassung 390
Preisbasisjahr 283
Preisbezugsbasis 289
Preisbildung 167
Preisbildungsprozess 171
- ohne Auktionator 171

Preise
- administrierte 186

Preiselastizität
- der Nachfrage 96

Preisempfehlung 217
Preisfixierer 168
Preisführer 186
Preiskartell 217
Preis-Lohn-Spirale 762
Preismechanismus 196
Preisnotierung
- des Wechselkurses 600

Preisschwankungen
- Entwicklungsländer 953

Preissetzer 388
Preissetzung 179
- heterogenes Polypol 192
- Monopol 181
- Oligopol 185

Preissetzungskurve 823
Preisstabilität 55, 567
Preisstruktur 856
Preiszusammenhang
- internationaler 619

Pressure-State-Response-Ansatz 909, 914
Prinzip der Additionalität 713
Prinzipal-Agent-Theorie 34
Private Equity 517
Privateigentum 46
Privatinvestitionen 242
production boundary 256, 266
Produktdifferenzierung 204
Produktinnovation 18, 847
Produktion 18, 314
- Banken 257
- Marktwert 242

Produktionsabgaben 273
- Sonstige 273

Produktionsfunktion 130, 315
- linear-limitationale 131, 862
- substitutionale 131

Produktionsgrenze 256
Produktionsinput 266
Produktionskonto 236–237, 239, 274
- Nationales 239

Produktionskosten
- variable 158

Produktionskostenrelationen 578
Produktionsmöglichkeiten 19, 578
Produktionsoptimum 49
Produktionsoutput 266
Produktionsstruktur 855
Produktionswert 239, 248
– zu Herstellungspreisen 272
produktivitätsorientierte Lohnpolitik 769
Produzentenrente
– individuelle 158
Profitrate
– tendenzieller Fall 73
Progression
– indirekte 407
Pro-Kopf-Einkommen 873
– technischer Fortschritt 947
Protektionismus 581
Prozess der schöpferischen Zerstörung 201
Prozessinnovation 18, 847

Q
Qualitätsänderung 290
Qualitätsbereinigung 290
Quantitätsgleichung 565
Quantitätstheorie 320–321, 565
Quellenabzugsverfahren 404
Quotenkartell 217

R
Rahmentarifvertrag 794
Ratingagentur 519
rationale Ignoranz 32
Rationalität 32
Rationierungsgleichgewicht 385
Rationierungstheorie 381
Reaktionsfunktion 188
Reaktionsindikator 914
reale Größe 283, 754
Realeinkommen 291
Realzins 754, 766
Rechnungssystem
– makroökonomisches 230
– Zweck 230
Refinanzierungsgeschäfte
– längerfristig 558
Reformvertrag von Lissabon 688
Regulierung 54
Reinvermögen 249
– -sänderung 263
– -sbildung 276
Rendite 496

Rente
– dynamische 467
Rentenartfaktor 466
Rentenformel
– aktueller Rentenwert 466
– Entgeltpunkte 466
– Rentenfaktor 466
– Zugangsfaktor 466
Rentenreformgesetz 482
Rentenversicherung
– Gesetzliche 457, 465
Rentenwert 466, 499
Repo-Geschäft 557
Repo-Rate 557
Reputation 36
Reservetranche 657
Rezession 886
Reziprozität 586
Riester-Rente 484
Risikotransformation 513
Rürup-Rente 485

S
Sachkapital 594
Sachleistungen
– individuell zurechenbare 254
– soziale 254
Sachvermögen 249
– -sbildung 276
Satellitensysteme 232
Sättigungsmenge 183
Say'sches Theorem 314
Schattenwirtschaft 256
Schatzanweisungen
– unverzinsliche 510
Schatzwechsel 510
Schenkungsteuer 406
Schleier des Nichtwissens 787
Schlichtungsverfahren 794
Schuldengrenze 437
– Nettokreditaufnahme 437
Schuldenquote 437
Schuldenstand
– Entwicklungsländer 949
Schuldverschreibung 499
Sektor 230, 235
Selbstproduktion 580
Selbstverwaltungsprinzip 456
Serviceleistungen
– Einlagen 258
– Kredite 258
Sicherheit 496
Sicherung
– Soziale 453

Skalenerträge 138
SNA 1993 233, 286
SOEP 790
Sonderziehungsrecht 658
Sozialbudget 457, 465
– Kennziffer 457
– nach Arten der Finanzierung 462
– nach Funktionen 462
– nach Institutionen 461
– Sozialbeiträge 462, 475
– Sozialleistungen 475
– Sozialleistungen nach Funktionen, Arten und Finanzierung 464
– Sozialleistungen nach Institutionen 459
– Sozialleistungsquote 475
– West-Ost-Transfers 462
– Zuweisungen 462
Sozialcharta 738
Soziale Sicherung
– Eigenvorsorge 454
– Fürsorgeprinzip 456
– Gestaltungsprinzip 455
– Grundprinzip 453
– Individualprinzip 454
– kollektive Vorsorge 454
– Kostenentwicklung 475
– Ordnungsprinzip 455
– Probleme 475
– Sozialprinzip 454
– Sozial-Versicherungsprinzip 455
– Versorgungsprinzip 455
Sozialgeld 471
Sozialhilfe 456, 471
Sozialleistung 457
– nach Institutionen 459–460
Sozialpolitik
– der EU 738
Sozialprinzip 455
Sozialversicherung
– Arbeitslosenversicherung 470
– Beitragssätze 476–477
– Gesetzliche Krankenversicherung 467
– Gesetzliche Pflegeversicherung 473
– Gesetzliche Rentenversicherung 465
– Gesetzliche Unfallversicherung 469
– paritätische Beitragsfinanzierung 477
– Zweige 454
Sozial-Versicherungsprinzip 455
Sozialversicherungsträger 396
Sparen 247
– als Kreditangebot 317

Sparförderungsmaßnahme 805
Spätindikatoren 886
Spekulation 496
Spekulationskasse 540
Spezialisierung
– Produktion 580
Spezialität
– Grundsatz der 427
Spiele
– sequenzielle 192
– wiederholte 192
Spieltheorie 190
Spitzenrefinanzierungsfazilität 560
Spitzensteuersatz 409
Staat 260, 395
staatliche Distribution 399
staatliche Produktion
– Ausgabenkonzept 253
– Verbrauchskonzept 253
staatliche Stabilisierung 399
Staatsausgaben
– Erklärung 419
Staatsfonds 665
Staatsquote 416
Staatsversagen 64
Staatsverschuldung 433
– ökonomische Grenzen der 437
– rechtliche Grenzen der 436
Stabilisator
– automatischer 446
Stabilisierungspolitik 399
Stabilitäts- und Wachstumspakt der EU
– Staatsverschuldung 437
Stabilitätsgesetz 447
Stagflation 759
Steady-State-Gleichgewicht 865, 871
– Stabilität 875
Steuer 400
– direkte 403
– indirekte 403
– Nettowohlfahrtsverlust 175
Steuerarten
– Systematisierung 403
Steuereinholung 411
Steuerhinterziehung 411
Steuerlast 413
Steuerlastverteilung 413
Steuern
– Stellung im Wirtschaftskreislauf 403
Steuerpolitik
– antizyklische 443
Steuerquote 413
Steuerreform 413
– ökologische 922

Steuerschätzung 429
Steuerschuldner 411
Steuertarif
– proportionaler 409
Steuerträger 411
Steuerüberwälzung 412
Steuervergünstigungen 417
Steuervermeidung 411
Steuerzahler 411
Strategie
– dominante 191–192
strategische Allianz 209
strategische Familie 209
strategische Gruppe 209
Streik 795
Strömungsgröße 231
Strukturfonds 710
strukturierte Wertpapiere 502
Strukturpolitik 61
– EU 710
Strukturwandel 855
Subsidiaritätsprinzip 723
Substitution
– intertemporale 116
Substitutionseffekt 93, 114
Subvention 273, 417
– Beurteilung 418
– Sonstige 273
Süderweiterung 689
Sustainable Development 936
Swaps 501
Synthese
– neoklassische 346
System of National Accounts 232

T

Tagesgeld 509
Tarif
– progressiver 407
– regressiver 409
Tarifautonomie 794
Tarifeskalation 967
Tarifvertrag 793
Tauschoptimum 49
Tauschrelationen
– externe 579
– interne 579
Tauschverhältnisse
– interne 579
Technischer Fortschritt
– Entwicklungsländer 947
Teilpole 235
Teilsektoren 260
Termingeld 509

Termingeschäft 501
Terms of Trade 584
– Deutschland 585
– Entwicklungsländer 952
Tertiarisierung 302, 856
Timing 445
trade-off 373
Transaktionskasse 540
– Crowding-out 360
Transaktionskosten 24–25, 494
– -ersparnisse 210
Transfers 246
– laufende 246
Transformationskurve 20, 578
Transparenzmängel 398
Transportkosten 590
Treibhausgase
– Emission 911
Trittbrettfahrer-Problem 478

U

Überschussreserve 514
übrige Welt 261
Umlageverfahren 465
Umlaufgeschwindigkeit
– des Geldes 565
Umsatzsteuer 406
Umverteilung 60
– der Markteinkommen 799
– durch Bildungspolitik 800
– staatliche 798
– Steuern 798
– Transfers 798
Umwelt
– Belastung 907
– Definition 906
– Politik 915
– Qualität 909
Umweltauflage 922
Umwelthaftungsrecht 920
Umweltökonomie 905
Umweltökonomische Gesamt-
 rechnungen 914
Umweltpolitik
– in der EU 740
Umweltproblem
– globales 924
Umweltschaden 854
Umwelt-Schlüsselindikatoren 909–911
Umweltschutzausgaben 914
Umweltzertifikat 922
Unfallversicherung
– Gesetzliche 469

Sachregister

Union
- Europäische 687
Universalbankensystem 513
Unterbeschäftigung 21
Unterentwicklung
- Außenhandelstheorie 954
- Dependenztheorie 952
- kulturelle Ursachen 957
- Ursachen 944
Unternehmen
- Abhängigkeit 208
Unternehmenskonzentration
- Diversifizierungsvorteile 211
- Formen 207
- Fusion 208
- Konzernbildung 208
Unternehmensverbindungen
- strategische 209
Unternehmerlohn
- kalkulatorischer 777
Unterordnungskonzern 208
Unterproduktion 51
Ursprungslandprinzip 724, 727, 734
Utilitarismus 786

V

Veränderungsbilanz 249
Verbraucherpreisindex 291–292, 567, 752
- Harmonisierter 754
- Wägungsschema 753
Verbrauchskonzept 254
Verbrauchsteuer
- allgemeine 406
- spezielle 406
Verbundvorteile 211
Verfahrens- und Produktneuerungen 200
Verfassungsvertrag
- EU 688
Vergleichsmarktkonzept
- räumliches 221
- sachliches 221
Verhalten
- aufeinander abgestimmtes 216
Vermögen
- Definition 800
Vermögensänderungskonto 236, 247, 249
Vermögensbildung 249, 262
Vermögens-Crowding-out 360
Vermögensteuer 804
Vermögenstransfers 249
Vermögensverteilung 800

Verpflichtungsermächtigung 430
Verschuldung
- explizite 434
- implizite 434
Versorgungsprinzip 455
Verteilung
- Volkseinkommen 788
Verteilungsgerechtigkeit 785
Verteilungskampf 764
Verteilungsmaße
- der Einkommen 790
- des Lohnes 792
Verteilungstheorie 779
- Marx 780
- Ricardo 779
Vertrag über die Europäische Union 688
Vertrag von Maastricht 687
Vertragskonzern 208
VGR siehe Volkswirtschaftliche Gesamtrechnung 252
Viereck
- magisches 447
Volkseinkommen 248
Volkswirtschaft
- offene 246
- Struktur 302
Volkswirtschaftliche Gesamtrechnung, VGR 229–230
- Banken in der 252
- Definition 232
- Grundschema 236
- im engeren Sinne 232
- Private Haushalte in der 252
- Produktionsbegriff 266
- Produktivvermögen 268
- traditionelle 231
- Umwelt 267
- Umweltproblematik 268
- Zweige 231
Vollbeschäftigung 55
- Klassisches Modell 312
vollständige Konkurrenz 170, 201
- als Denkmodell 171
- als Leitbild 171
Vollständigkeit
- Grundsatz von 427
Volumenindizes 287
Vorgelagerte Besteuerung 484
Vorherigkeit
- Prinzip der 428
Vorjahrespreisbasis 282–283, 286
Vorjahrespreismethode
- Dilemma 287
Vorleistungen 238, 240

Vorleistungsgüter 242
Vorratsinvestitionen 241
Vorsichtskasse 541

W

Wachstum
- Antriebskraft 851
- Bestimmungsgrund 846
- Definition 841
- Deutschland 301
- externes 207
- Grenzen des 857
- internes 207
- Kosten 853
Wachstumsgleichgewicht 947
Wachstumskritik 844
Wachstumspfad
- gleichgewichtiger 864
Wachstumspolitik 849
Wachstumstheorie
- neoklassische 868
- neue 876
- postkeynesianische 861
Wahrheit
- Grundsatz von 427
Währungskorb 659
Währungsraum
- optimaler 622
Währungsreserve 616, 664
Währungsschlange 668
Währungssystem 597
Währungsunion 622
Währungswettbewerb 620
Warenbilanz 296
Warenkorb 752
Washington Konsensus 957
Wechsel 510
Wechselkurs
- fester 612
- flexibler 605
- Mengennotierung 600
- nominaler 600
- Preisnotierung 600
- realer 604
Wechselkursbindung 655
Wechselkursmechanismus 600, 608
Wechselkurspolitik 647
Weltbank
- Comprehensive Development Framework, CDF 959
- Poverty Reduction Strategy, PRS 960
Welthandelsordnung 585
Weltwirtschaftskrise
- Klassisches Modell 323

Wertpapierpensionsgeschäft 557
Werturteil 7
Wettbewerb 60
- Allokationsfunktion 200
- Aufgaben 200
- Definition 199
- Dilemmasituation 214
- funktionsfähiger 202
- Innovationsfunktion 200
- Konflikt mit Effizienz 213
- Kontrollfunktion 200–201
- Oligopol 203
- Strukturprobleme 52
- Verteilungsfunktion 200–201
Wettbewerbsfähigkeitseffekt 681
Wettbewerbsfreiheit 203
Wettbewerbsintensität
- optimale 203
Wettbewerbspolitik 201–202
- Deutschland 215
- in der EU 744
Wirtschaftsgesellschaft
- Grundtatbestände 13
Wirtschaftspolitik 900
- neoklassische Synthese 357
Wirtschaftsraum 690
Wirtschaftssystem 27
- Einteilung 30
- klassisch-liberales 56
Wirtschaftsverfassung 28, 62
Wirtschaftswachstum
- Deutschland 302

Wirtschaftswissenschaft
- Systematik 1
Wohlfahrt
- Gesamtrente als Maß 174
Wohlfahrtmessung 256
Wohlfahrtsoptimum
- Marginalbedingungen 174
Wohlfahrtsprodukt 844
Wohlfahrtsvergleich
- interpersoneller 172
Wohlfahrtsverlust 197
WTO 586
- und Entwicklungsländer 966

Z

Zahlungsbereitschaft 125
- der Käufer 159
Zahlungsbilanz 232, 281, 296
- Aufbau 292
- ausgeglichene 630
- Begriff 292
- -defizit 614
- -saldo 626
- -überschuss 616
- -ungleichgewicht 613
Zahlungsforderung
- des Anbieters 159
Zahlungsverkehr 492
Zentralbank
- Geldschöpfungspotenzial 530
Zentralbankgeld 526
Zentralbankgeldmenge 536

Zerobond 499
Zertifikate 500, 923
Ziele
- wirtschaftspolitische 7
Zielkonkurrenz 8
Zinskanal 562
Zinsmechanismus
- am Gütermarkt 314–315
Zinsparität 611
Zinsparitätentheorie 610
Zinspolitik 552
Zinsspanne 513
Zoll 406, 583
Zollunion 685
Zugangsfaktor 466
Zumutbarkeitsregelung 473
Zusammenschluss
- Anmeldepflicht 223
- Bagatellklausel 223
- Zuständigkeit der EU 223
Zusammenschlusskontrolle 222
- Probleme 224
Zusammenschlusstatbestand 222
Zusatzlast 413
Zustand
- stationärer 857
Zutrittsschranken 204
Zwischenstaatlichkeitsklausel 744
ZZ-Kurve
- Herleitung 630

Basistraining Volkswirtschaft

Dem Lehrbuch ist eine CD-ROM mit einem Lernprogramm beigefügt. Die didaktisch optimierten, abgeschlossenen Lernmodule ermöglichen Studierenden ein selbstständiges »Modelltraining«. Ausführliche Tutorien bieten zusätzlich eine kompakte Wiederholung der Inhalte. Als Dozent können Sie das Programm in Übungen und Vorlesungen »live« mit Gewinn einsetzen und zudem komfortabel Abbildungen generieren.

Folgende Themengebiete werden auf der CD-ROM ausführlich dargestellt:
IS/LM-Analyse der geschlossenen Volkswirtschaft, IS/LM-Analyse der offenen Volkswirtschaft (flexible und feste Wechselkurse), Neoklassische Synthese bei vollkommener Information (flexible Löhne und Festlohnfall), Neoklassische Synthese bei unvollkommener Information (adaptive Erwartungen und rationale Erwartungen), Neoklassische Wachstumstheorie, Haushaltstheorie (optimale Konsumgüterwahl, optimales Arbeitsangebot und optimale Sparentscheidung), Produktions- und Kostentheorie (Kostenminimierung und gewinnmaximale Ausbringung bei vollkommener Konkurrenz und im Monopolfall).

Systemvoraussetzungen

Prozessor	Pentium IV (oder vergleichbarer Prozessor)
Betriebssystem	Windows 2000, XP, Vista oder 7
Browser	aktuelle Version Internet Explorer oder Firefox
Java	Java Runtime Version 6 (auf der CD-ROM enthalten)
Festplatte	mindestens 300 MB freier Speicher, falls Java Runtime installiert werden muss
Monitor	Monitor mit mindestens 800 × 600 Pixel Auflösung (empfohlen: 1024 × 768 Pixel)

Die Unterstützung von Cookies, Java, Javascript und Pop-Ups muss aktiviert sein. Weitere Informationen zum Aktivieren dieser Funktionen finden Sie im Hilfe-Menü Ihres Browsers. Bitte beachten Sie auch die Dateien »ReadMe.txt« und »Hilfe.htm« auf der CD-ROM.
Support-E-Mail: btvw@schaeffer-poeschel.de, Betreff: Support BTVW V 1.2

Installation Java Runtime

Auf der CD-ROM sind die Setups für die Java Runtime Version 6 für 32- bzw. 64-bit-Betriebssysteme enthalten. Unter Systemsteuerung/System können Sie prüfen, ob Sie ein 32- oder 64-bit-Betriebssystem verwenden. Wenn Sie ein 32-bit-Betriebssystem verwenden, installieren Sie bitte die Version »jre-6u17-windows-i586-s.exe« aus dem Verzeichnis »Java Runtime«. Wenn Sie ein 64-bit-Betriebssystem verwenden, installieren Sie bitte ebenfalls die Version »jre-6u17-windows-i586-s.exe« und anschließend die Version »jre-6u18-windows-x64.exe« aus dem Verzeichnis »Java Runtime«.

Starten der Anwendung

Sollte die Anwendung nach dem Einlegen der CD-ROM nicht automatisch starten, öffnen Sie bitte den Browser und geben [Laufwerksbuchstabe]:\start.htm (Bsp.: D:\start.htm) als Zieladresse ein. Alternativ: rechte Maustaste auf den Laufwerksbuchstaben und »Programm installieren oder ausführen«.

1. Die Startseite

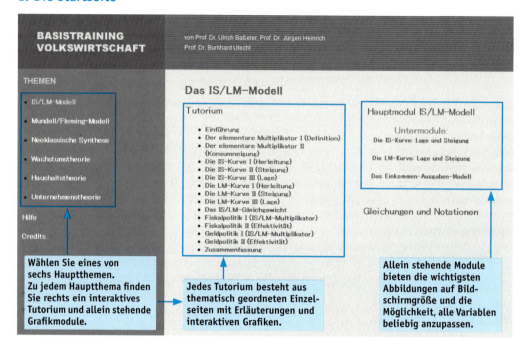

2. Nutzung der interaktiven Tutorien am Beispiel

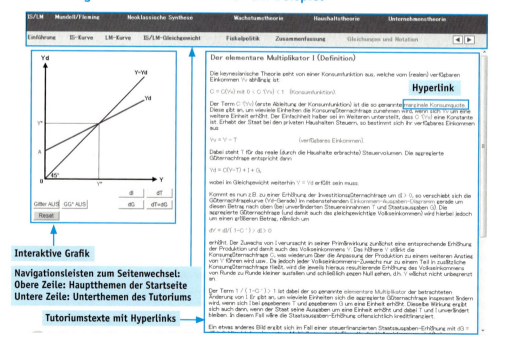

Basistraining Volkswirtschaft

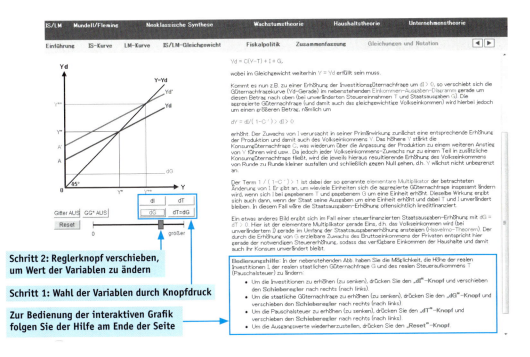

3. Nutzung der allein stehenden Grafikmodule am Beispiel

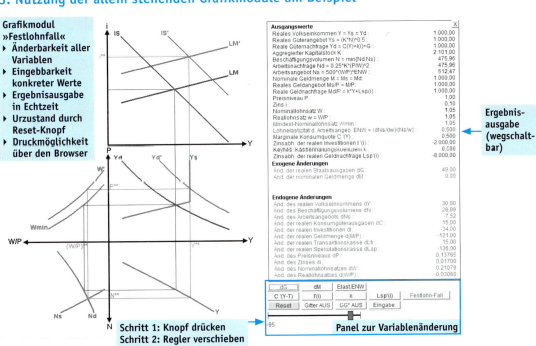

Damit das Wissen richtig sitzt!

Alle wichtigen Modelle für das Grundstudium

Das praktische Arbeitsbuch ergänzt perfekt die im Lehrbuch gestellten Aufgaben. Zahlreiche Übungen mit ausführlichen Lösungen helfen dabei, das Gelernte zu wiederholen und zu vertiefen. Das Themenspektrum reicht von der Volkswirtschaftlichen Gesamtrechnung über die Mikro- und Makroökonomik, die Finanzwissenschaft, den Außenhandel bis hin zu den wirtschaftspolitischen Teilgebieten. Dank umfassender Lösungshinweise auch zum Selbststudium bestens geeignet.

Baßeler/Heinrich/Utecht
Grundlagen und Probleme der Volkswirtschaft
Übungsbuch
5., überarb. Auflage 2006.
277 S., 45 s/w Abb., 45 Schaubilder. Kart. € 16,95
ISBN 978-3-7910-2547-6

Bitte bestellen Sie bei Ihrer Buchhandlung oder per Fax 08 00/7 77 77 70 (gebührenfrei) | www.schaeffer-poeschel.de